Werbe- und Konsumentenpsychologie

Georg Felser

Werbe- und Konsumentenpsychologie

2. Auflage

Schäffer-Poeschel Verlag Stuttgart
Spektrum Akademischer Verlag Heidelberg · Berlin

Die Deutsche Bibliothek – CIP-Einheitsaufnahme

Felser, Georg:
Werbe- und Konsumentenpsychologie / Georg Felser. - 2. Aufl.. - Heidelberg ; Berlin : Spektrum, Akad. Verl.; Stuttgart : Schäffer-Poeschel, 2001
ISBN 3-8274-1105-X (Spektrum) kart.
ISBN 3-7910-1944-9 (Schäffer-Poeschel) kart.

Lektorat: Katharina Neuser-von Oettingen/Anja Groth
Copy-Editing: Sylvia Kugler
Produktion: Ute Kreutzer
Umschlaggestaltung: Kurt Bitsch, Birkenau
Satz und Grafik: Graphik & Text Studio, Barbing
Druck und Verarbeitung: Franz Spiegel Buch GmbH, Ulm

Titelbild: Paul Klee: Berta, 1920, 77. Ölfarbe und Feder auf Papier auf Karton; 30,7 x 25,3 cm;
Galerie Rosengart, Luzern; © VG Bild-Kunst, Bonn 2001

Inhaltsverzeichnis

Vorwort

Die zweite Auflage zu einem Buch zu schreiben, gehört sicher zu den angenehmeren Aufgaben, die ein wissenschaftlicher Autor zu bewältigen hat. In den drei Jahren seit Erscheinen der »Werbe- und Konsumentenpsychologie« ist einiges an neuem und ergänzendem Material angefallen, und mit diesem Material ist auch der Umfang des Buches angewachsen. Vieles ist neu, manches ist umgeschrieben, weniges ist gestrichen worden. Der inhaltliche Aufbau hat sich nicht geändert, obwohl die Kapitel neu gegliedert wurden – ihre Zahl hat dabei zugenommen. Einige frühere Kapitel sind so stark erweitert worden, daß ich sie in zwei oder gar drei Kapitel aufgeteilt habe. Thematisch bewegt sich das Buch von einem allgemeinpsychologischen Schwerpunkt (etwa Kapitel 2–9) mit besonderer Berücksichtigung der jüngeren sozial-kognitiven Forschung (Kapitel 8 und 9) über klassische sozialpsychologische Themen (Kapitel 10–13) und einem neu hinzugekommenen Kapitel zur differentiellen Konsumentenpsychologie (Kapitel 14), zu praktischen Fragen wie etwa der Werbe- und Preisgestaltung oder der Marktforschung (Kapitel 15–18).

Einige Änderungen möchte ich besonders hervorheben:

- Dem Entscheidungsverhalten wird erheblich breiterer Raum gegeben, und der Unterschied zwischen präskriptiver und deskriptiver Entscheidungsforschung wird durch die neue Gliederung deutlicher.
- Bei den Themen Lernen (Kapitel 6) und Gedächtnis (Kapitel 7) werden neuere Auffassungen stärker berücksichtigt, die für die Wirkung von Werbung eine erhebliche Bedeutung haben: in Kapitel 6 das klassische Konditionieren und insbesondere das evaluative Konditionieren, in Kapitel 7 das Phänomen, daß wir Kognitionen eher für wahr halten, wenn wir glauben, uns an diese Kognitionen zu erinnern.
- Im neu hinzugekommenen Kapitel zur differentiellen Konsumentenpsychologie (Kapitel 14) werden auf verschiedenen Ebenen individuelle Unterschiede zwischen Personen betrachtet, die für das Konsumentenverhalten relevant werden – von Alter und Geschlecht bis hin zu psychologischen Variablen wie Motiven, Persönlichkeit oder Informationsverarbeitungsstil.
- Bei den Gestaltungsoptionen (Kapitel 16) sind vor allem die Ausführungen zur psychologischen Wirkung von Preisen neu hinzugekommen. Bei diesem Thema zeigt sich in besonderer Weise, wo die Psychologie die bisherigen ökonomischen Modelle erweitert und darüber hinausgeht.
- Im abschließenden, weitgehend neuen Kapitel 18 werden Ansätze aus der aktuellen sozialkognitiven Forschung aufgegriffen und auf Marktforschungs- und insbesondere Befragungssituationen angewandt.
- Und *last but not least* ist die Literaturliste beträchtlich angewachsen – gedacht für Leser, die sich mit einem Thema näher beschäftigen oder die nach weiterführenden Ideen suchen wollen.

Danksagungen
Ohne die Hilfe vieler Freunde, Kollegen und Studierenden wäre bereits die erste Auflage nicht zustande gekommen. Ihnen allen möchte ich an dieser Stelle herzlich danken.

Aus der Praxis von Marktforschung und Konsumentenpsychologie haben mich die Kolleginnen und Kollegen aus der Sektion Markt- und Kommunikationspsychologie des Bundesverbands Deutscher Psychologen (BDP) immer mit Rat und Auskünften unterstützt. Wichtige Hinweise zu meiner Arbeit am Manuskript verdanke ich insbesondere Dipl.-Psych. Heiko Bolz, Prof. Dr. Alfred Gebert, Dipl.-Psych. Ursula Müller und Dipl.-Psych. Dietger M. Sander. Als erfahrener Marktforscher hat mir Dr. Ulrich Lachmann in außerordentlich freundlichem, ja herzlichem Kontakt detaillierte und konstruktive Rückmeldung zu verschiedenen Teilen meiner Texte gegeben.

Ein erklärtes Ziel bei der Arbeit am Manuskript war, aktuelle psychologische Forschung aus verschiedenen inhaltlichen Bereichen für die Konsumentenpsychologie nutzbar zu machen. Hier habe ich viele Ideen und Anregungen aus dem Austausch mit Dr. Florian Bauer, Prof. Dr. Gerd Bohner, Prof. Dr. Herbert Bless, Bertram Gawronski, M.A., Dr. Uli Gleich, Dipl.-Psych. Henning Plessner, Prof. Dr. Michaela Wänke und Dr. Eva Walther gewonnen.

Prof. Dr. Peter Borkenau (Halle) und Prof. Dr. Jochen Brandtstädter (Trier) verdanke ich eine anregende Arbeitsatmosphäre, die großzügigen Freiraum für eigene Projekte wie dieses Buch bot. Unterstützt wurde ich in der Arbeit am Manuskript von Mitarbeiterinnen und Mitarbeitern von Spektrum Akademischer Verlag. Hier sei vor allem Frau Katharina Neuser-von Oettingen gedankt, die das Buchprojekt seit seinen Anfängen betreut. Prof. Dr. Friedhelm Bliemel hat als Verlagsgutachter wichtige Anregungen zum Manuskript beigetragen. Dipl. Grafikerin Sandra Rüttger hat das Layout konzipiert.

Das Buch ist in enger Abstimmung mit laufenden Lehrveranstaltungen zur Konsumentenpsychologie entstanden. So konnte ich stets neu geschriebene Teile erproben und manches Unverdauliche rechtzeitig identifizieren und neu bearbeiten. Dies war freilich nicht möglich ohne das Interesse und Engagement einer Vielzahl von Studierenden der Universität Trier, der Martin-Luther-Universität Halle, der Hochschule Harz in Wernigerode, und des Studiengangs Wirtschaftspsychologie der Universität Hohenheim am Lehrstuhl von Prof. Dr. Heinz Schuler. Besonders hervorzuheben sind in diesem Zusammenhang die Studierenden des Faches Kommunikationsdesign der Fachhochschule Trier. Dort habe ich seit 1993 bis zum Erscheinen des Buches Semester um Semester die einzelnen Kapitel als Skript ausgegeben. Wenn ich beim Schreiben des Buches immer viel Freude hatte, dann verdanke ich das sicher zu einem nicht geringen Teil dem ungezwungenen Austausch mit den Studierenden an der Fachhochschule in Trier. Die kritischen Rückmeldungen, die ich bei dieser Gelegenheit bekommen habe, kann man kaum hoch genug einschätzen. Ich würde mir sehr wünschen, solche Rückmeldungen auch in Zukunft zu erhalten.

Halle, im Mai 2001

Georg Felser

EINS: **Werbung und Kaufen,** *eine Einführung*

Zusammenfassung

1. *Die Haltung der Zuschauer zur Werbung ist vielfältig. Einerseits ist Werbung ein Reizthema mit vielen positiven Assoziationen, zum Beispiel wegen des Unterhaltungswerts, den gute Werbung hat. Auch als ein zentrales Element unseres Wirtschaftssystems wird Werbung in der Regel befürwortet. Andererseits versuchen die meisten Konsumenten eher, die Werbung zu meiden, anstatt sie zu suchen. Die durchschnittliche Betrachtungsdauer von Anzeigen in Zeitschriften beträgt nicht mehr als zwei Sekunden. Nur neun Prozent aller Fernsehzuschauer geben an, bei einer Werbeunterbrechung weder umzuschalten, noch den Raum zu verlassen.*

2. *Jede Form von Werbung hat das Ziel, das Beworbene attraktiv erscheinen zu lassen. Werbung setzt zwar kein spezifisches Interesse, wohl aber eine Identifikation mit dem Beworbenen voraus.*

3. *Mit Sicht auf den Konsumenten hat die Werbung die Funktion, Informationen, Normen und Modelle für das Konsumverhalten bereitzustellen. Sie setzt Anreize zum Kauf und Konsum und bekräftigt bereits erfolgte Konsumentscheidungen. Darüber hinaus erfüllt sie auch eine Unterhaltungsfunktion. Mit Sicht auf das Produkt hat die Werbung unterschiedliche Funktionen je nach Marktlage.*

4. *Modelle der Werbewirkung erklären nicht nur, wie Werbung wirkt, aus ihnen lassen sich auch konkrete Gestaltungsempfehlungen ableiten. Aus diesen Modellen ergeben sich auch Testmethoden für die Kontrolle der Werbewirkung. Zudem kann man aus den Modellen ableiten, welche Ziele für die Werbung sinnvoll sind.*

5. *Wenn man von einfachen Reiz-Reaktions-Modellen absieht, wird Werbewirkung traditionell vor allem als eine Abfolge hierarchisch geordneter Effekte verstanden. Dabei wird durchaus zugestanden, daß die Werbung in manchen Fällen zuerst auf das Verhalten und dann erst auf die Einstellung wirkt, in anderen Fällen ist die Einstellungsänderung die Voraussetzung für eine Änderung des Verhaltens.*

6. *Neuere Werbewirkungsmodelle beschreiben unterschiedliche Wirkmechanismen, je nachdem ob die Konsumenten sich mit der Werbebotschaft bewußt auseinandersetzen oder nicht.*

7. *Die Darbietung eines Zusatznutzens ist eines von mehreren »Rezepten« für Werbung. Andere Strategien werden durch die AIDA- oder die USP-Formel auf den Punkt gebracht.*

8. *Neben den üblichen Formen des Fernsehspots und der Anzeige lassen sich noch eine Reihe anderer Werbestrategien benennen, zum Beispiel Sponsoring, Product Placement, Game Shows, Teleshopping, Videoclips oder Merchandising.*

9. *Der Werbung werden durch Gesetze und durch selbstdisziplinäre Einrichtungen der Werbeindustrie Grenzen gesetzt. Das wichtigste juristische Regelwerk in Deutschland ist das »Gesetz gegen den unlauteren Wettbewerb« (UWG). Selbstdisziplinäre Einschränkungen werden in Deutschland vom Deutschen Werberat formuliert und überwacht.*

10. *Werbepsychologie stellt zur Zeit noch kein klar umrissenes Berufs- und Tätigkeitsfeld dar. Eine zentrale Funktion von Psychologen in der Werbung liegt im Bereich der Marktforschung.*

1.1 Werbung in der Wahrnehmung der Konsumenten

Werbung gehört zu denjenigen Erscheinungen unseres Lebens, zu denen fast jeder Mensch eine Meinung hat. Wenn man Personen zu einer Meinung über Werbung fragt, kann man ziemlich sicher sein, eine Antwort zu bekommen. Und diese Antwort wird von den meisten Antwortenden auch für kompetent gehalten (Bergler, 1984).

1.1.1 Akzeptanz

Das Image der Werbung in der Bevölkerung schwankt zwischen verschiedenen Standpunkten. Von gut gemachter Werbung geht auf die meisten Menschen eine erhebliche Faszination aus. Gut gemachte Werbung prägt unsere Vorstellung von Ästhetik, sie stimuliert und unterhält. Viele Werbeformen werden als Informationsquelle genutzt und bei Kaufentscheidungen berücksichtigt (Ehm, 1995). Andererseits hat Werbung in weiten Kreisen der Bevölkerung das Image, daß sie keine glaubhaften und zutreffenden Informationen bereitstellt. Auch heute noch findet sich die Meinung, durch Werbung würden Personen überredet, Dinge zu kaufen, die sie nicht brauchen (vgl. dazu Haller, 1974; Gesellschaft für Konsumforschung, 1976).
In den neunziger Jahren ist die Akzeptanz der Werbung sogar noch weiter gesunken. Allenfalls noch 20 Prozent der Konsumenten waren 1992 der Meinung, daß »Werbung glaubwürdige Auskünfte über die Qualität und Leistungen der Produkte [gibt]« (vgl. Mayer, 1993, S. 106). 1973 waren es noch 38 Prozent. Dieser Negativtrend scheint mittlerweile gestoppt; das deuten jedenfalls die Daten der Verbraucheranalyse für das Jahr 2000 an. In dieser Umfrage im Auftrag der Verlage Bauer und Springer wurden 31.106 Personen ab 14 Jahren in deutschen Privathaushalten befragt. 43,2 Prozent der Befragten stimmten der Aussage zu, Werbung sei hilfreich für den Verbraucher (*w&v*, 37/2000, S. 48).
Bei der Kritik gegenüber der Werbung besteht ein erhebliches Ungleichgewicht zuungunsten der Radio- und Fernsehwerbung gegenüber der Anzeigenwerbung (Baacke, Sander & Vollbrecht, 1993, S. 208).
Werbung wird von den meisten Konsumenten auch nicht gerade besonders gesucht. Die durchschnittliche Betrachtungsdauer von Anzeigen in Zeitschriften beträgt nicht mehr als zwei Sekun-

den (Meyer-Hentschel, 1993). Viele Erscheinungsformen der Werbung werden sogar als lästig und aufdringlich empfunden. Das zeigt sich zum Beispiel in der verbreiteten Praxis, die Annahme von Werbeprospekten bereits am Briefkasten durch einen entsprechenden Hinweis zu verweigern. Das zeigt sich aber auch in einem zunehmenden Unmut über Werbeunterbrechungen bei Spielfilmen im Fernsehen. Die Werbepausen werden im Fernsehprogramm erfahrungsgemäß dazu genutzt, Getränke zu holen, die Toilette aufzusuchen oder durch die anderen Kanäle zu schalten (siehe Exkurs 1). Mehr als 50 Prozent der Radiohörer und Fernsehzuschauer behaupten von sich, daß sie das Gerät abschalten, wenn Werbung kommt. Nur neun Prozent der Fernsehzuschauer geben an, daß sie bei einer Werbeunterbrechung der Aufforderung folgen: »Bleiben Sie dran« (Baacke et al., 1993, S. 208; *w&v*, 9/1996, S. 14; vgl. aber Tasche & Sang, 1996). Es ist sogar zu einem Werbeargument der Videoverleihe und des »Pay-TV« geworden, daß man dort keine Werbeunterbrechungen zu fürchten hat.

Exkurs 1 *Zapping und Zipping*

Das Wort »Zapping« entstammt eigentlich der Comicsprache um den Helden »Buck Rogers« und bedeutet soviel wie »abknallen« oder »jemandem ein Ding verpassen«. Mit den Begriffen »Zapping« und »Zipping« haben sich bestimmte Nutzungsstile beim Fernsehen etabliert. »Zapping« steht für das ständige Umschalten zwischen verschiedenen Kanälen. Dabei wird die Werbung in der Regel auf diesem Wege gemieden und nur in Ausnahmefällen direkt gesucht. »Zipping« steht dagegen für das gezielte Vermeiden von Werbepausen in Videoaufzeichnungen – entweder durch Herausschneiden während der Aufnahme oder durch Schnellvorlauf.

Wenn man die Sehdauer für einen Werbeblock an der tatsächlichen Dauer des Blocks relativiert, erhält man einen sogenannten »Stick-value«, der den Anteil der tatsächlich betrachteten Werbung angibt. Dieser Stick-value ist nach neueren Untersuchungen (Ottler, 1997) erstaunlich hoch, er liegt im Durchschnitt bei 82 Prozent.

Zapping ist besonders wahrscheinlich, wenn Zuschauer hoffen, mit dem Zapping einer übergroßen Informationsflut zu entgehen, wenn sie Werbung uninteressant finden, und wenn das Programm, das der Werbung vorangegangen ist, nach der Werbung nicht mehr fortgesetzt wird. In diesem Fall spricht man nicht von Unterbrecher- sondern von »Scharnierwerbung«. Der Stick-Value liegt hier bei 80,3 Prozent (im Unterschied zu 83,5 bei echter Unterbrecher-Werbung). Scharnierwerbung wird als weniger ärgerlich empfunden als Unterbrecherwerbung, was sich in manchen Untersuchungen als in geringerer Erinnerungsleistung für die Unterbrecher niederschlägt (zum Beispiel Mattenklott, Bretz & Wolf, 1997). Bei Spielfilmen wird häufiger gezappt als bei Game-Shows (Stick-Values von 78,8 versus 91,9 Prozent). Spielfilme werden aber auch vollständiger rezipiert, das heißt, die Stick-values sind für Spielfilme erheblich höher als für die Werbeblöcke, während das Verhältnis zum Beispiel bei Magazinen umgekehrt liegt.

Zapping ist besonders verbreitet bei Männern, bei Jugendlichen zwischen 14 und 19 Jahren und bei Personen mit höherer Bildung.

Der am häufigsten genannte Grund für das Umschalten ist der Wunsch, ›zu sehen, was es sonst noch gibt‹. Am zweithäufigsten wird bereits der Wunsch geäußert, die Werbung gezielt zu meiden. Wann, wie oft und wie lange das Programm unterbrochen wird, lernen Zuschauer sehr schnell und richten sich darauf ein, indem sie ihre anfallenden Bedürfnisse gezielt auf die Werbepause verschieben.

Die Zuschauer zappen vor allem am Anfang eines Blocks, und zwar nach etwa einer bis zehn Sekunden. Wer die ersten Spots angeschaut hat, wird dagegen meist auch bei den folgenden Spots noch dabeibleiben. Zuschauer, die sehr gezielt fernsehen und dabei ihren Lieblingssendern treu bleiben, schalten auch bei Werbung seltener um als Zuschauer mit eher wahllosem Fernsehkonsum.

Wenn Zuschauer eine Videoaufnahme anfertigen, dann sorgen sie bereits in zehn Prozent der Fälle dafür, daß sie die Werbung gar nicht erst mitaufnehmen. Mehr als die Hälfte der Zuschauer übergehen die Werbung beim Abspielen der Aufnahme (mit Fernbedienung sind es gar 74 Prozent).

Zum 1. April 2000 hat der vierte Rundfunkänderungs-Staatsvertrag erlaubt, daß bei Werbeblökken der Bildschirm nur teilweise mit Werbung belegt wird. Wenn etwa in der Quizshow die Kandidaten aufgerufen werden und eigentlich Zeit für Werbung ist, erscheint diese nur auf einem Teil des Bildschirms, während die Zuschauer auf dem anderen weiterhin das Geschehen im

Studio verfolgen können. Die ersten Einsätze dieses sogenannten Splitscreen-Verfahrens lassen erwarten, daß die Zapping-Quoten sinken werden. Die Werbezeiten werden übrigens auch beim Splitscreen voll angerechnet, es werden also mit dieser Technik unterm Strich nicht mehr Werbeminuten herauskommen als früher (*w&v*, 41/2000, 144*f*).
(Heeter & Greenberg, 1985; Yorke & Kitchen, 1985; Meyers, 1986; Gatter, 1987; Brockhoff, 1988; Brockhoff & Dobberstein, 1989; Gleich, 1997; Ottler, 1997; Schimansky, 1999; Stout & Burda, 1989; Mayer, 1993, S. 115*f*)

Die Akzeptanz der Werbung soll nicht zuletzt durch den Hinweis gesteigert werden, daß die Medien nur mit der Werbung preiswert zu haben sind. Auch die öffentlich rechtlichen Rundfunkanstalten, die sich nur zum Teil über Werbung finanzieren, betonen immer wieder, daß ohne Werbung alles noch viel teurer wäre. Trotzdem haben in einer Umfrage von 1995 noch immer zwei Drittel der befragten Fernsehzuschauer erklärt, sie würden es nicht begrüßen, wenn in den öffentlich rechtlichen Fernsehsendern nach 20 Uhr Werbung gezeigt würde, selbst wenn dabei die Gebühren gesenkt werden könnten (Brammen, 1995).
Im Jahr 1986 stimmten noch 91 Prozent der bundesdeutschen Bevölkerung der Aussage zu: »Werbung gehört in unsere Welt und sollte erhalten bleiben.« 44 Prozent hielten Werbespots im Fernsehen für unterhaltsam (Schwenckendiek, 1990; Mayer, 1993, S. 107). Von unterschiedlichen Bevölkerungsgruppen werden beim Urteil über Werbung unterschiedliche Gesichtspunkte in den Vordergrund gerückt. So zeigte sich zum Beispiel in den siebziger Jahren, daß Gastarbeiter in Deutschland Werbung grundsätzlich angenehmer fanden als die einheimischen Deutschen. Als Grund wurde vor allem angegeben, daß Werbung »das Leben bunter« mache und »zum Träumen verleite« (Bergler, 1984, S. 21). Diese Beurteilung war besonders bei den damaligen jugoslawischen Gästen ausgeprägt, die ja aus einem kommunistischen System stammten.
Eine jüngere Studie von Mittal (1994) zeichnet dagegen ein anderes Bild: Nur 23 Prozent der Befragten bewerteten Werbung positiv, der Rest hatte eine ablehnende Haltung. Die häufigsten Kritikpunkte betrafen den Einfluß der Werbung auf Kinder (90 Prozent), Verstärkung einer materialistischen Lebenseinstellung (70 Prozent) oder sexuelle Darstellungen in der Werbung (72 Prozent). Zudem waren 70 Prozent der Befragten der Meinung, Werbung verteuere die Produkte ohne dabei wesentlich zur Kaufentscheidung beizutragen. Insgesamt habe die Werbung zu geringe Informationsqualität bei gleichzeitig fehlendem Unterhaltungswert oder intellektuellem Niveau. Eine althergebrachte Kritik gegen die Werbung richtet sich vor allem auf den Konsumzwang, der durch Werbung gefördert werde, und auf die Beeinflussung, die von Werbung ausgehe – eine Beeinflussung, der man sich oft nicht entziehen könne.
Interessanterweise sind es in den Augen der Konsumenten vor allem die anderen, die sich von Werbung beeinflussen lassen. In entsprechenden Umfragen sind 70 Prozent der Befragten mit der Feststellung einverstanden, daß Werbung die Konsumenten zu Käufen veranlasse, die eigentlich unnötig wären. Gleichzeitig glauben aber 85 Prozent, daß sie selbst solchen Einflüssen nicht unterliegen (vgl. Kroeber-Riel & Meyer-Hentschel, 1982, S. 12). Dieser Effekt lehnt sich an den sogenannten »Dritte-Person-Effekt« (Davison, 1983, siehe 10.2.2): Offenbar tendieren Menschen extrem dazu, sich selbst für weniger beeinflußbar zu halten als die meisten anderen (siehe auch Moser & Hertel, 1998).

1.1.2 Verarbeitung

Die immer stärker werdende Informationsflut führt dazu, daß einzelne Informationsangebote immer kleinere Chancen haben, wahrgenommen zu werden. Die Entwicklung führt zu unterschiedlichen Schätzungen des Informationsüberschusses:
»Über 85 Prozent der Werbung verpufft wirkungslos, das haben Untersuchungen von 1986 in den USA ergeben. Von ca. 1.600 Werbeanstößen würden nur 80 bewußt aufgenommen und 28 davon positiv registriert« (Schwenckendiek, 1990, S. 6).
»Die Informationsüberlastung durch gedruckte Werbung beträgt [...] mehr als 95 Prozent. Es ist damit zu rechnen, daß Werbung in elektronischen Medien noch mehr Informationsüberlastung verursacht. Das bedeutet: Höchstens 5 Prozent der angebotenen Werbeinformationen erreicht ihre Empfänger: Der Rest landet auf dem Müll« (Kroeber-Riel, 1993b, S. 15).
»Dabei muß man bedenken, daß die Verbraucher wegen des übermäßigen Werbequantums nur noch ein knappes Prozent der Werbebotschaften verarbeiten können – in den sechziger Jahren waren es noch 30 bis 40 Prozent (Höfer, P., 1991. Wirb oder stirb. *Zeit Magazin, 26*, S. 32)« (Eicke, 1993, S. 33).
Mit Sicherheit sind unsere Möglichkeiten zur Informationsverarbeitung durch die Menge an Reizen überfordert. Zu einer bewußten Verarbeitung kann es nur noch in Ausschnitten kommen. Wir werden allerdings noch sehen, ob tatsächlich alles, was wir nicht bewußt aufnehmen, auch wirkungslos bleibt (vgl. zum Beispiel Kapitel 9).

1.1.3 Werbeumfang

Das finanzielle Werbevolumen ist riesig: Der Zentralverband der deutschen Werbewirtschaft (ZAW, 1993a) gibt für das Jahr 1992 die Gesamtausgaben für Werbung mit 47 Milliarden DM an. Dabei geht der ZAW von einer Steigerungsrate zwischen 5,5 und 9,9 Prozent aus. Im ersten Halbjahr 2000 stieg der Gesamtwerbeaufwand gar um 13,2 Prozent (*w&v*, 31/2000, 16).
Der Hauptwerbeträger in Deutschland ist nicht das Fernsehen – dazu sind die gesetzlichen Auflagen zu streng (siehe Exkurs 2). Die größten Werbeeinnahmen erzielen die Printmedien. In anderen Ländern ist das anders, dort spielt das Fernsehen eine noch größere Rolle. In Frankreich hatte die Fernsehwerbung nach einer Untersuchung von 1991 einen Marktanteil von 24 Prozent, in Japan 38 Prozent. In Deutschland waren es dagegen nur 11 Prozent. Zeitschriftenwerbung hatte in Deutschland (alte Bundesländer) einen Anteil von 81 Prozent, in Frankreich waren es 56 Prozent und in Japan 41 Prozent. Einen wesentlichen Marktanteil halten aber in allen Ländern andere Arten der Werbung, zum Beispiel Außenwerbung, Direktwerbung, Wirtschaftspresse... (vgl. Moser, 1991, S. 38; Kroeber-Riel, 1993a, S. 8, Fußnote; Kotler & Bliemel, 1995, S. 979). Allerdings verzeichnet das Fernsehen seit langem schon die größten Zuwachsraten (Baacke et al., 1993, S. 160). Mittlerweile ist der Besitz eines Fernsehgerätes so weit verbreitet, daß damit praktisch alle soziodemographischen Gruppen erreicht werden können (Franz & Bay, 1993). Zudem ist wohl das Fernsehen der Werbeträger, der beim Nachdenken über Werbung als erstes in den Sinn kommt.

Exkurs 2 *Werbezeiten*
Die öffentlich rechtlichen Rundfunkanstalten dürfen nur insgesamt 20 Minuten Werbung bringen, nach 20:00 Uhr bringen sie gar keine Werbung mehr. Eine Ausnahme bildet hier seit 1994 der Hinweis einzelner Unternehmen, daß sie das folgende Programm »präsentieren« oder »unterstützen«. Die privaten Fernsehanstalten dürfen ihr Programm höchstens zu 20 Prozent, also

zwölf Minuten pro Stunde, mit Werbung bestreiten. Werbeunterbrechungen eines Films sind erst ab einer Länge von 60 Minuten zulässig. Es gilt die Programmzeit ohne Werbung. Es wird auch zwischen der Art eines Programms unterschieden: Ein Spielfilm darf zum ersten Mal nach 45 Minuten unterbrochen werden, ein zweites Mal bei einer Länge von 90 Minuten, drei Mal bei einer Länge von 110 Minuten und ein weiteres Mal bei je zusätzlichen 45 Minuten Dauer. Bei einer Serie ist die erste Unterbrechung bereits nach 20 Minuten zulässig. Daher führte der Sender *RTL* die Sparte »Der große TV-Roman« ein. Spielfilme werden darin zu Serien gebündelt – mit dem Effekt, daß bei der Ausstrahlung mehr Werbung plaziert werden kann. Dieses Verfahren wird allerdings von der niedersächsischen Landesmedienanstalt als »Etikettenschwindel« bezeichnet (Schwenckendiek, 1990; Bahrmann, 1995; Schröder, 1996).
Wird die zulässige Werbezeit überschritten, drohen Geldbußen. So mußte beispielsweise unlängst *SAT1* für die Überschreitung der Werbezeiten 1,14 Millionen Mark an Geldbußen zahlen. In diesem Betrag sind nicht nur die Geldbußen für verschiedene Einzelfälle von Überschreitung enthalten, sondern auch die unzulässig erzielten Mehreinnahmen. Auch der Trick mit dem »großen TV-Roman« soll mit einer Strafe belegt werden (dpa-Meldung 7.3.1996; Schröder, 1996). Strittig ist zudem, wie Werbung für das eigene Haus bewertet werden soll. So wurde etwa *ProSieben* vorgeworfen, die Werbung für den Schwestersender *N24* nicht von der Werbezeit abgezogen zu haben (*w&v*, 29/2000, S. 42).

1.2 Zu Ziel und Zweck der Werbung

Natürlich geht es bei der Werbung – zumindest der Wirtschaftswerbung – darum, Umsatz und Verkaufszahlen zu beeinflussen. Man lernt allerdings nicht viel über Werbung, wenn man darin ihr Ziel sieht, denn das wäre ungefähr so präzise, als würde man das Zweck eines Haushaltsmessers im Kartoffelgratin sehen; selbst wenn man das Messer wirklich nur zum Kartoffelschälen benutzt, ist der spezifische Witz dieses Instruments nicht mit diesem Zweck erfaßt. Im folgenden möchte ich die Frage nach Ziel und Zweck der Werbung etwas präziser stellen. Dabei möchte ich keine Definition, sondern eher eine Reflexion von zentralen und peripheren Merkmalen der Werbung liefern.
Hierbei möchte ich zwischen zwei Arten von Zwecken unterscheiden: Zum einen dem Zweck der Werbung, den sie bereits hat, bloß weil sie Werbung ist, ihrer inhärenten Teleologie sozusagen. Zum anderen weiteren darüber hinausgehenden Zwecken, die sie aber eher zufällig hat. Der Zweck, Umsatz und Verkauf zu beeinflussen, gehört auf jeden Fall zu letzterem.[1]

1.2.1 Zur »Philosophie« der Werbung: Begriffliche Bestimmungsstücke

Typischerweise versucht Werbung, das Beworbene attraktiv erscheinen zu lassen. Letztlich will sie damit eine bestimmte Einstellung erzeugen, also eine Grundbereitschaft, sich dem Einstellungsgegenstand zu- oder abzuwenden.
Nun scheint es, als habe manche Werbung nicht zum Ziel, eine Sache attraktiv zu machen, sondern eher, davon abzuschrecken, man denke nur an drastische Plakate von wartenden Geiern oder Bestattungsunternehmern am Straßenrand, die sich an rasende Autofahrer richten. Diese Beispiele sind aber keine Widersprüche oder auch nur Ausnahmen zu der genannten These, daß der Zweck der Werbung darin besteht, das Beworbene attraktiv erscheinen zu lassen. Allenfalls sind sie die natürliche Kehrseite dieser These.

---

[1] Einen Großteil der folgenden Überlegungen verdanke ich Prof. Dr. A.W. Müller, Trier, der mir in persönlichem und E-Mail-Dialog die philosophischen Dimensionen der Werbung eröffnet hat.

Kann man werben, ohne das Beworbene selbst gut zu finden?
Eine interessante Frage ist, warum wir werben. Gibt es ein Motiv, aus dem heraus man wirbt und ohne das man nicht werben kann? Was könnte ein solches Motiv sein? Zum Beispiel, daß man selbst die Sache gut findet, für die man wirbt. Machen Sie es sich an dieser Stelle nicht zu leicht: Natürlich fallen uns sofort viele Beispiele ein, wo wir nicht erwarten, daß die Präsentatoren der Werbung das, was sie bewerben, besonders gut finden: Wer weiß schon, was Franz Beckenbauer, Boris Becker oder Thomas Gottschalk wirklich im stillen Kämmerlein über *AOL*, Mobiltelefone, Aktien, *Haribo* und so weiter, denken?
Aber das dürften bereits degenerierte, gewissermaßen parasitäre und auf jeden Fall uneigentliche Formen der Werbung sein; zudem werben ja nicht wirklich diese Personen, sogenannte Testimonials, sie tun das vielmehr im Auftrag von Personen, die ihrerseits durchaus dafür in Frage kommen, daß sie die beworbene Sache gut finden. Außerdem geben die Testimonials in einer Werbung auf jeden Fall vor, die beworbene Sache gut zu finden. Wenn Sie so wollen, spielen die Testimonials ja eine Rolle; und die Personen, die sie spielen, die finden auf jeden Fall gut, wofür sie werben. Wenn aber eine eigene positive Einstellung zum Beworbenen – und sei sie auch nur gespielt – immer mitgedacht werden muß, dann ist dies ein wesentliches Kernelement der Handlungsweise »Werben«. Wahrscheinlich ist die Zustimmung zur beworbenen Sache auf seiten des Werbenden genauso wichtig, wie das Ziel, sie attraktiv darzustellen.

Setzt Werben ein Interesse voraus?
Woher nun kommt diese Zustimmung? Im Falle der Wirtschaftswerbung werden Sie vielleicht sagen: Wer ein Produkt verkauft, wird es mindestens insofern gut finden, als es sein Interesse fördert, wenn das Produkt verkauft wird. Wer eine Stelle haben will, muß seine Bewerbung schon deshalb gut finden, weil es ihm nützen würde, wenn diese Bewerbung zum Erfolg führt. Diese Beispiele legen die Vermutung nahe, daß Werbung auch immer mit einem bestimmten Interesse verbunden ist. Das ist aber vermutlich falsch: Der Missionar, der für seinen Glauben wirbt, will auch eine Sache attraktiv machen, hat aber in vielen Fällen kein persönliches oder gar egoistisches Interesse dabei – jedenfalls nicht notwendigerweise.

Der Unterschied zwischen Empfehlung und Werbung
Von Studierenden werde ich oft nach Literatur zu diesem oder jenem Thema gefragt. Manche Texte empfehle ich dann, für andere jedoch mache ich regelrecht Werbung. Was ist der Unterschied? Wenn ich für einen Text werbe, dann *liegt mir* offenbar *daran*, daß auch die anderen diesen Text gut finden. Dies ist aber noch nicht alles; wenn der Begriff der Werbung in diesem Zusammenhang korrekt verwendet wird, dann liegt mir nicht allein der Studierenden wegen daran, daß sie den Text gut finden (etwa, weil sie nur so gute Psychologinnen und Psychologen werden). Offenbar muß auch eine gewisse Identifikation von meiner Seite hinzukommen – ich werbe für den Text, weil ich mich damit identifiziere. Hier haben wir erneut den Punkt von oben: Werbung setzt offenbar immer eine zustimmende Haltung des Werbenden zum Beworbenen voraus – wie wir hier sehen, hat diese Zustimmung sogar die Form einer Identifikation.

Der Unterschied zwischen Anreiz und Werbung
Alles Werben hat letztlich das Verhalten der Umworbenen im Blick. In diesem Sinne ist Werbung eine Handlungsweise, die das Ziel hat, die Verhaltens- und Entscheidungsspielräume von Personen zugunsten einer bestimmten Sache zu beeinflussen. Daher ist sie auch immer ein versuchter

Eingriff in Verhaltensmöglichkeiten – und muß als ein solcher Eingriffsversuch auch moralisch bewertet werden.
Hier soll jedoch zunächst ein anderer Punkt betrachtet werden: Verhalten im Markt kann ich auch durch andere Maßnahmen beeinflussen als durch Werbung. Wenn ich zum Beispiel meine Seife radikal verbillige, dann kann ich damit rechnen, daß ich damit meinen Verkauf verbessere. Der geringe Preis ist ein besonderer Anreiz zum Kauf, ist er aber auch Werbung? Eher nicht, denn die Art der Verhaltensbeeinflussung, die mit Werbung versucht wird, verlangt, daß die Käufer meiner Seife diese auch gut finden. Mehr noch: Die Zustimmung muß Ergebnis der Werbung sein. Das Marketing über den Preis ist also nur dann Werbung, wenn es bewirkt, daß die Konsumenten das Produkt gut finden, und wenn das auch die Absicht der Marketer war.
Was für eine Art von Werbung ist es nun, wenn *Media-Markt* mit dem Slogan wirbt: »...wir können nur billig«? Ist dann der Kaufanreiz auch gleichzeitig Werbung? In der Tat kann *Media-Markt* durch die Preise Werbung machen, allerdings weniger für die Produkte, die so billig verkauft werden, sondern eher für sich selbst. Die billig verkauften Produkte werden durch den billigen Preis nicht unbedingt attraktiver. Im günstigsten Fall bleibt ihre Attraktivität konstant (zum Beispiel wenn das Markenimage so stark ist, daß es selbst durch Dumping-Preise nicht beschädigt werden kann). In ungünstigen Fällen jedoch leidet das Image durch zu niedrige Preise. Dieses Phänomen ist psychologisch keineswegs unplausibel: Hohe Anreize sind oft eine schlechte Werbung, wie wir noch sehen werden (11.4.4).
Eine mögliche Konsequenz aus dem Gesagten ist, daß nicht unbedingt alles, was im Werbefernsehen läuft, in einem engen Sinne Werbung ist. Manche Formen der Werbekommunikation fallen vielleicht eher unter den allgemeineren Begriff der »Verkaufsförderung« (siehe unten). Mache Beispiele sind nur darauf aus, ein Angebot, nicht aber unbedingt das angebotene Produkt attraktiv zu machen. Bei anderen Versuchen der Beeinflussung geht es vielleicht in erster Linie darum, daß ein bestimmtes Produkt gewählt wird, ganz unabhängig von der dazugehörigen Einstellung (auch hier ist es psychologisch nicht unplausibel, daß sich der Effekt der Attraktivitätssteigerung später erst ergibt, als Folge der Wahl, Kapitel 11).

Werbung und Verkaufsförderung

Ein Beeinflussungsversuch, der die Einstellungen völlig umgeht, besteht darin, Anreize für ein Verhalten zu setzen. Wenn zum Beispiel ein Kaufverhalten mit einer bestimmten Belohnung (einem Rabatt oder einer Dreingabe) oder einer Bestrafung (einer Straf- oder Pfandgebühr) einhergeht, dann ist es wahrscheinlich, daß die Konsumenten dieses Verhalten zeigen, ohne dabei ihre Einstellung zu ändern. Wenn diese Anreize durch Werbung gesetzt werden, dann wäre dies eine Werbung, die Verhaltensänderung ohne Einstellungsänderung anstrebt.
Im Marketing ist das Setzen von Anreizen für den Kauf als »Verkaufsförderung« eine eigenständige Maßnahme neben der Werbung. Die Möglichkeiten hierzu sind vielfältig: »Produktproben, Gutscheine, Rückvergütungsrabatte, Sonderpreispackungen (Aktionspackungen), Geschenke, Gewinnspiele, Treueprämien, Probenutzungsangebote, Garantieleistungen und Produktvorführungen ... Kaufnachlässe, Gratiswaren, Funktionsrabatte, Gemeinschaftswerbung und Händlerwettbewerbe ... Verkaufswettbewerbe, Messen und Werbegeschenke.«
Das Gesetz gegen den unlauteren Wettbewerb und insbesondere die Zugabeverordnung machen es den Anbietern in Deutschland schwer, die psychologischen Möglichkeiten von Anreizen voll auszuschöpfen. Zu den psychologischen Aspekten dieser Verfahren möchte ich an dieser Stelle noch nichts sagen. Wir werden darauf im folgenden an mehreren Stellen zurückkommen (vor allem in 11.4.4 und 13.2.2). Hier noch einige praktische Beispiele:

- *Produktproben* sind zur Einführung eines neuen Angebots besonders beliebt und besonders wirksam. Allerdings sind sie für den Anbieter teuer, vor allem, wenn der Konsument den Umfang der Probe selbst bestimmen darf.
- *Gutscheine und Coupons* können dem Kunden einen bestimmten Preisnachlaß garantieren. Im Schnitt werden zwischen zwei und höchstens 30 Prozent der ausgegebenen Gutscheine eingelöst. Die mögliche Ersparnis beträgt bis zu 20 Prozent. In Deutschland hatte die Zugabeverordnung bis vor einiger Zeit verhindert, daß Rabatte über drei Prozent gewährt wurden.
- *Rückvergütungsrabatte* erhält der Käufer nach dem Kauf. Eine Spezialform sind Treueprämien, die erst nach wiederholtem Kauf gewährt werden. Zum Beispiel liegen dem Produkt Coupons mit Treuepunkten bei, die der Konsument später einschicken und auf diesem Wege einlösen kann.
- *Sonderpreispackungen* sind zur kurzfristigen Stimulierung des Absatzes besonders wirksam. Die interessantesten Varianten sind Mehrfachpackungen, in denen zwei Mal dasselbe Produkt zu einem wesentlich günstigeren Gesamtpreis angeboten wird, oder sogenannte Kopplungspakkungen, in denen verschiedene aber funktional zusammenhängende Produkte wie etwa Zahnbürste und Zahncreme enthalten sind.
- *Geschenke* sind verschiedene Formen der Dreingabe zu einem Produkt. Darunter fällt kleines Kinderspielzeug, das einem Produkt wie *Nutella* oder Corn-Flakes beigefügt ist. Darunter fallen aber auch die sogenannten Zweitnutzenpackungen, also Verpackungen, die so attraktiv oder stabil sind, daß sie der Konsument gerne behält und weiter verwendet, zum Beispiel Keksdosen oder Senfgläser.
- *Probenutzungsangebote* ermöglichen dem Konsumenten, ein Produkt kostenlos zu testen. Die Hoffnung besteht, daß der Konsument nach der Probe, etwa einer Probefahrt mit einem Auto, eher zu einem Kauf geneigt ist.
- *Garantieleistungen* übersteigen immer häufiger die gesetzlich vorgeschriebene Gewährleistungspflicht. Damit macht ein Hersteller sein Angebot interessanter und schafft zusätzliche Anreize zum Kauf.

(Vgl. Kotler & Bliemel, 1995, S. 1004*ff*, besonders Exkurs 24-1)

Exkurs 3 *Der Begriff des »Produktes«*

Im folgenden wird in der Regel von der Werbung für ein bestimmtes Gut oder eine Dienstleistung die Rede sein. Diese Rede wird erleichtert durch den Begriff des »Produktes«, wie er im Marketing verstanden wird: »*Ein Produkt ist alles, was einer Person angeboten werden kann, um ein Bedürfnis oder einen Wunsch zu befriedigen.* [...] Wir sehen ›Produkt‹ als Oberbegriff für Güter und Dienstleistungen an« (Kotler & Bliemel, 1995, S. 9; Hervorhebungen im Original).

Auch wenn man Werbung nur als »Wirtschaftswerbung« versteht, kommen als Gegenstände der Werbung noch immer mehr Gesichtspunkte in Frage als nur Güter und Dienstleistungen. Wenn die Produkte von verschiedenen Unternehmen einander immer ähnlicher werden, konzentriert sich die Werbung oft auf andere Aspekte der Transaktion, etwa die Identität des Unternehmens, seine Unternehmensphilosophie (wie sie sich beispielsweise in Sponsoringaktivitäten äußert), Auslieferung der Ware, Kundenbetreuung nach dem Kauf, weltweite Verbreitung des Unternehmens und so weiter (vgl. auch Kotler & Bliemel, 1995, S. 71). Daher scheint es gelegentlich sinnvoll zu sein, den »Begriff ›Produkt‹ im weitesten Sinne zu verstehen, [er] umfaßt also alles, was als Element des Austauschs mit dem Kunden eine Rolle spielt« (Kotler & Bliemel, 1995, S. 70; zum Begriff des Austauschs siehe 10.3.3).

1.2.2 Ziele der Werbung

Mit dem Ziel, das Beworbene attraktiv erscheinen zu lassen, haben wir einen zentralen Zweck der Werbung angesprochen. Im folgenden möchte ich nun die eher peripheren Zwecke diskutieren, die vor allem auf die Wirtschaftswerbung zutreffen. Lachmann (in Vorbereitung) sieht die beiden Hauptziele der Werbung im Verkaufen und im Vorprägen. Das Verkaufen soll die Werbung kurzfristig leisten. Die Prüfgröße hierfür ist der Umsatz.
Darüber hinaus soll die Werbung aber auch künftige Käufe von langer Hand vorbereiten. Das jedenfalls ist der Sinn beim Aufbau von Markenimages bzw. von starken Gedächtnisspuren. Insofern ist die Prüfgröße für das Vorprägen der Gedächtnistest oder andere Tests, die das Image einer Marke oder eines Produkts erfassen. Letztlich dient freilich auch das Vorprägen dem Verkauf.
So gesehen ist der Umsatz immer die kritische Größe, um gute von schlechter Werbung zu unterscheiden. Freilich kann man aus dem Umsatz nicht eindeutig auf den Erfolg oder Mißerfolg einer Werbung schließen, da für den Umsatz viele Ursachen in Frage kommen, »Werbung ist nur eine davon« (Lachmann, i.V., S. 86). Zudem darf man nicht erwarten, daß der Werbeerfolg kurzfristig und relativ schnell ablesbar ist. Lachmann (i.V., S. 86*f*) zitiert hierzu eine experimentelle Untersuchung der Gesellschaft für Konsumforschung (GfK) von 1988/89: »Während einer Testperiode von 20 Wochen wurde der Werbedruck bei einer Testgruppe von Haushalten (gegenüber einer Kontrollgruppe) verdreifacht. Der Umsatz (beim Testprodukt Waschmittel) wuchs nur um 17 Prozent in dieser Periode. Anschließend wurden beide Vergleichsgruppen ein ganzes Jahr lang weiter beobachtet.« In dieser Zeit bestand zwischen Experimental- und Kontrollgruppe kein Unterschied mehr im Werbedruck. Die Verkaufszahlen lagen aber in der Experimentalgruppe im ersten Vierteljahr um 22 Prozent über der Kontrollgruppe, im zweiten gar bei 29 Prozent, und nach einem Jahr war der Verkauf in der Experimentalgruppe immer noch um 17 Prozent höher. Diese Daten belegen eine »Depotwirkung« der Werbung. Hier hat der Werbedruck kurzfristig zwar nur geringe Erfolge gebracht, langfristig blieb aber – ohne jeden Mehraufwand – ein erheblicher Vorteil erhalten.

Ziele in bezug auf die Konsumenten
Kroeber-Riel (1992, S. 612; siehe auch Mayer, 1993) unterscheidet vier mögliche Funktionen der Werbung:
1. Sie soll informieren.
2. Sie soll motivieren.
3. Sie soll sozialisieren.
4. Sie soll verstärken.
5. Sie soll unterhalten.

Diese unterschiedlichen Funktionen sind bei verschiedenen Werbebeispielen unterschiedlich ausgeprägt. Versuchen wir, die Unterschiede dieser Funktionen nachzuvollziehen.
Informieren: Nicht jede Produktinformation kann gleich »Werbung« genannt werden. Gerade Informationen, die der Verbraucherberatung dienen, etwa die Informationen der Stiftung Warentest, haben eigentlich nicht das Ziel, das Produkt, über das sie informieren, attraktiv zu machen. Es kommt aber sicherlich vor, daß Konsumenten einen Informationsbedarf haben und die Werbung zur Deckung dieses Informationsbedarfs genutzt wird. So resümiert beispielsweise der Sprecher des Deutschen Direktmarketing Verbandes (DDV) Reis: »Sie werden niemanden finden, der spontan sagt, er liebe Prospekte, aber fest steht, daß immer mehr Haushalte auf die Angebote reagieren, sprich konkret nach Prospekt kaufen« (Ehm, 1995, S. 130).
Zudem sind Produkte unterschiedlich »erklärungsbedürftig« (vgl. Bergler, 1984, S. 22). Was es mit Zigaretten auf sich hat, weiß im Grunde jeder. Man weiß wie sie aussehen, wie sie konsumiert

werden und vieles mehr – im Hinblick auf mögliche Gesundheitsschäden wahrscheinlich mehr noch, als der Zigarettenindustrie lieb ist. Jedenfalls sind Zigaretten ein Beispiel für ein wenig erklärungsbedürftiges Produkt. Dagegen ist beispielsweise zu einem neuen Haarfärbemittel einiges zu sagen, bevor die Konsumenten dieses Produkt gerne und mit Erfolg anwenden. Die offenen Fragen sollen durch die Werbung beantwortet werden.

Es werden uns schnell Werbebeispiele einfallen, bei denen es mit der Information nicht weit her ist. Nehmen wir das Beispiel der sogenannten »Ereigniswerbung«. Mit diesem Begriff sind Werbespots gemeint, die überhaupt keine Argumente nennen, sondern zunächst nur als Kunstwerk erscheinen (insofern nämlich der Spot selbst das Thema ist, über das gesprochen wird). Eines der besten Beispiele dafür ist die *Langnese*-Werbung »Like ice in the sunshine«. Ähnlich funktionieren die »Ideenspots«: Auch hier wird nicht mit Argumenten geworben. Statt dessen wird – wie in einer Fortsetzungsserie – immer eine mehr oder weniger witzige Idee verfolgt, die mit dem Produkt fast nichts zu tun hat. Im Plakatbereich haben zum Beispiel die Zigarettenmarke *West* mit »Test it« und vor noch längerer Zeit Jägermeister mit »Ich trinke Jägermeister, weil...« Ideenkampagnen durchgeführt.

Nach Befunden aus den USA erfüllen weniger als die Hälfte aller Werbespots Informationsfunktion (Kroeber-Riel, 1992). Es ist auch für die Hersteller oft gar nicht sinnvoll, mit bestimmten Fakten zu ihrem Produkt zu werben. Gerade diejenigen Leistungen des Produkts, die den Gebrauchswert erhöhen, werden sehr schnell von der Konkurrenz nachgeahmt und sogar nicht selten übertroffen. Was nützt dann noch eine Werbung, die gerade diesen Vorteil in den Mittelpunkt stellt? Manche Produktleistungen sind sogar darauf angewiesen, daß die Konkurrenz sie imitiert, da ansonsten die gesamte Idee zum Scheitern verurteilt wäre. So hat zum Beispiel das Heimvideosystem *Video 2000* sich nicht gegen den Konkurrenten *VHS* durchsetzen können. Warum? Nicht etwa weil es unterlegen gewesen wäre. Es ist durchaus das höherwertige und zudem auch noch billigere System. Aber niemand in der Konkurrenz hat *Video 2000* mitgetragen. Die Unterstützung fehlte, so daß das System vom Markt verschwand (Kurz, 1993). Aus solchen Erfordernissen kann man erkennen, daß es oft genug gar nichts bringt, in der Werbung über konkrete Produktvorteile und -leistungen zu informieren. Die Einzigartigkeit der eigenen Leistung ergibt sich aus anderen Merkmalen.

Typischerweise fällt die Informationsfunktion der Werbung dann weg, wenn es um *gesättigte Märkte* geht. Wenn die Qualitätsunterschiede zwischen Produkten nicht besonders groß sind und der Kunde so gut wie gar kein Kaufrisiko wahrnimmt, dann nützt es der Werbung nicht viel, wenn sie sich auf das Verbreiten von Produktinformationen verläßt. Der Bedarf der Konsumenten an Produktinformationen sinkt, je ausgereifter Produkte werden. Selbst »kritische« Produktinformationen (zum Beispiel der Stiftung Warentest) werden auf gesättigten Märkten immer weniger nachgefragt (vgl. auch Kroeber-Riel, 1992, S. 130; 1993b, S. 21).

Motivieren: Wenn die Werbung einen besonderen Vorzug eines Produktes hervorhebt (wie etwa durch den Hinweis »... mit einem Schuß mehr Sahne!«), dann schafft sie Anreize, dann motiviert sie. Sie motiviert aber auch, wenn sie Emotionen weckt (zum Beispiel durch einen Slogan wie »Schluckimpfung ist süß, Kinderlähmung ist grausam«). Vielfach wird zwischen Emotion und Motivation nicht scharf unterschieden (vgl. auch Kroeber-Riel, 1992, S. 135*ff*). Es kommt bei dieser Funktion vor allem darauf an, daß durch Werbung ein Aktivationszustand erzielt wird, der zu Hinwendung oder Abwendung führt.

Der Begriff der »Aktivation« ist in der Forschung zum Konsumentenverhalten sehr geläufig (vgl. zum Beispiel Kroeber-Riel, 1992; Meyer-Hentschel, 1993; vgl. Exkurs 16 bzw. Kapitel 2). Der Punkt ist wohl, daß vielfach nicht spezifiziert werden kann, welche Emotion durch die Werbung beim Konsumenten geweckt werden soll. Die Werbung soll zwar »emotionale Konsumerlebnisse« verschaffen (Kroeber-Riel, 1992, S. 612), das heißt aber nicht, daß eine spezielle genau umrissene

Emotion erzeugt werden soll. Es ist im Gegenteil sehr schwierig, die Emotionen zu benennen, die durch eine bestimmte Werbung angesprochen wird. In der Werbung selbst werden kaum Emotionsbegriffe gebraucht. Negative Emotionen werden fast gar nicht benannt. Positive Emotionen werden zwar gelegentlich gezeigt, es wird aber selten spezifiziert, welche Emotion gerade vorliegt. Vielmehr herrschen allgemein positive Stimmungen vor, die sich in ihrer Unbestimmtheit leichter an die Stimmungslage des Zuschauers anpassen lassen.[2]

Sozialisieren: Werbung soll »Normen und Modelle für das Konsumverhalten« bereitstellen (Kroeber-Riel, 1992, S. 612). Dies geschieht zum Beispiel dann, wenn die Werbung Verhaltensmöglichkeiten zeigt, die normal sind oder sein können. Gerade in solchen Fällen sozialisiert sie. Dazu zwei Beispiele:

Ein Spot, der durch ein Vorbild zeigt, daß es nicht schlimm oder anrüchig ist, ein Kondom zu kaufen, will damit sozialisieren. Es werden Verhaltensweisen gezeigt, die wahrscheinlich in dieser Form und mit dieser Selbstverständlichkeit noch nicht genug verbreitet sind.

Wenn es noch nicht sehr verbreitet ist, alkoholfreies Bier zu trinken, dann muß man erst einmal das Image von alkoholfreiem Bier gestalten. Einen ähnlich schwierigen Stand hatte bis in die sechziger Jahre der Pulverkaffee. Die potentiellen Kunden mußten zunächst dazu gebracht werden, die neue Methode des Kaffeekochens zu akzeptieren. Andere Produktarten, für die die Konsumgewohnheiten verändert werden mußten, sind Kunststoffe, Fertiggerichte oder Filterzigaretten (vgl. ZAW, 1993b).

Verstärken: Die vierte, die sogenannte Verstärkerfunktion, führt uns direkt zu einem der wichtigsten Begriffe der Psychologie: Ein »Verstärker« ist derjenige Reiz, der ein bestimmtes mit ihm verbundenes Verhalten wahrscheinlicher macht. Ein typischer Verstärker ist eine Belohnung. Das belohnte Verhalten wird eher wieder gezeigt als das Verhalten, das nicht belohnt wird. Die Bedeutung von Verstärkern in der Psychologie und in der Werbung werden wir in Kapitel 6 noch ausführlicher diskutieren.

Eine Art der Verstärkung besteht im Aufbau und der Aufrechterhaltung angenehmer Assoziationen zu dem Produkt. In einem weiteren Sinne von »Verstärkung« geht es bei der Werbung auch darum, Markentreue zu verstärken. Es zeigt sich nämlich, daß Werbung weniger geeignet ist, einem Produkt »Frischlinge«, die das Produkt noch gar nicht kennen, zu verschaffen. Statt dessen läßt sich aber nachweisen, daß mit verstärkter Werbung die Stammkunden auch dazu neigen, höhere Produktmengen zu kaufen (Tellis, 1988). Die Unterstützung eines Verhaltens, das auch ohne die Werbung bereits gezeigt wurde, ist also eine sehr wichtige Funktion, auf der ein großer Teil der Werbewirkung beruht.

Unterhalten: Mit dem ersten Aufkommen der interaktiven Kabelprogramme haben einige Anbieter in aufrichtigem Stolz auf ihre Produkte eine Chance gesehen, den einfachen 30-Sekunden-Spot hinter sich zu lassen. Sie bereiteten große Datenbanken vor, in denen sich die Konsumenten über Produkteigenschaften, neue Anwendungsmöglichkeiten und konkrete Problemlösungen informieren konnten. Niemand interessierte sich für diese Informationen (vgl. Pratkanis & Aronson, 1991, S. 231). Als Werbung waren sie so lange ungeeignet, solange sie nicht *unterhaltsam* waren. Wir erwarten von Werbung stets ein Minimum an Unterhaltung oder angenehmem Zeitvertreib. Besonders eindringlich zeigt sich die Unterhaltungsfunktion in der alljährlichen Sammlung prämier-

---

[2] Die Basis für diese Feststellung sind zwei größere Stichproben von Fernseh-Werbespots, die in einer eigenen Studie im Rahmen einiger Lehrveranstaltungen im Dezember 1995 eingesetzt wurden. Es handelt sich dabei um zwei vierzigminütige Zufallsstichproben aus dem Werbeprogramm vom 12.11.1995 und vom 3.12.1995, jeweils nachmittags und abends in den Fernsehkanälen: *SAT1, RTL, PRO Sieben, Kabel1* und *ntv*. Diese Stichproben wurden auch nach anderen Gesichtspunkten ausgewertet, von denen in 2.2.5 und in 15.4 die Rede sein wird.

ter Werbespots in der *Cannes-Rolle*. Ihren Unterhaltungswert und ihren ästhetischen Reiz gewinnt Werbung aber manchmal nur dadurch, daß wir sie nicht mehr als Werbung, sondern eher als »Kunstwerk« betrachten. Die verschiedenen Betrachtungsweisen sind miteinander nicht unverträglich, sie weisen aber in verschiedene Richtungen.

Ziele in bezug auf den Markt
Funktionen der Werbung kann man auch daran unterscheiden, welche Situation auf dem Markt herrscht, und welche Ziele ein Unternehmen mit der Werbung verfolgt. Ist zum Beispiel eine Produkt neu, so hat die Werbung eine andere Funktion als wenn ein Produkt bereits lange existiert. Insgesamt kann man zwischen vier Formen unterscheiden (vgl. Rippel, 1990, S. 54*ff*):

1. *Einführungswerbung*: Das Produkt soll beim Verbraucher eingeführt werden. Der Verbraucher soll Interesse am Produkt aufbringen und sich ein positives Urteil über das Produkt bilden. Das Endziel ist, den Verbraucher als loyalen Kunden zu gewinnen.
2. *Durchsetzungswerbung:* Im Vordergrund steht hier die Abgrenzung gegen die Konkurrenz. Das Ziel ist, eine dauerhafte Präsenz auf dem Markt neben den Mitbewerbern zu sichern.
3. *Verdrängungswerbung*: Im Unterschied zur Durchsetzungswerbung legt es die Verdrängungswerbung direkt darauf an, den Konkurrenten Marktanteile abzunehmen. Diese Strategie wird notwendig, wenn der Markt eine Ausweitung nicht mehr zuläßt, womöglich weil er gesättigt ist und zu viele Angebote einer geringen und stagnierenden Nachfrage gegenüberstehen.
4. *Expansionswerbung*: Im Falle der Expansionswerbung versuchen die Anbieter neue Kunden zu gewinnen. Im Unterschied aber zur Verdrängungswerbung setzt die Expansionswerbung voraus, daß es ansprechbare Konsumenten gibt, die das Produkt noch nicht verwenden und die dem Markt neu hinzugewonnen werden können.

Diese vier Funktionen unterscheiden sich nur in Nuancen. Werbung hat fast immer die Funktion, Kunden zu gewinnen oder das Angebot gegen Konkurrenten durchzusetzen. Es macht aber einen Unterschied, ob man bei der Werbeanstrengung unterstellt, daß der Kunde das Produkt bereits kennt, oder daß keine Konsumenten mehr dazugewonnen werden können.
Es ist übrigens ein häufig zitiertes Argument der Zigarettenindustrie gegen Kritiker, daß ihre Werbebemühungen nur als Verdrängungs- und nicht als Expansionswerbung zu verstehen seien. Mit anderen Worten: Tabakwerbung richte sich nicht an Nichtraucher, die durch die Werbung zum Rauchen gebracht, sondern an die Verwender anderer Marken, die abgeworben werden sollen (ZAW, 1993b).

1.3 Modelle der Werbewirkung

Im folgenden möchte ich die wichtigsten Vorstellungen darüber diskutieren, wie Werbung ihre Wirkung erreicht. Solche Modelle der Werbewirkung haben vier Funktionen (Moser, 1997a, S. 282*f*):

1. Sie *erklären* die Entstehung der Werbewirkung. Sie unterscheiden dabei auch oft verschiedene Ebenen der Werbewirkung, und sie spezifizieren Bedingungen, unter denen bestimmte Wirkungen zu erwarten sind.

2. Sie erlauben die Ableitung von *Gestaltungsempfehlungen*. Aus einem Werbewirkungsmodell läßt sich ableiten, wie eine Vorlage gestaltet sein soll, damit der erwünschte Erfolg möglichst wahrscheinlich ist.
3. Sie legen fest, welche *Testmethoden für die Messung von Werbewirkung* angemessen sind. Aus dem Modell geht dann zum Beispiel hervor, ob die Erinnerung an das Produkt genügt, um Werbeerfolg festzustellen, oder ob andere Methoden besser geeignet sind.
4. Sie begründen *Werbeziele*. In dem Modell wird gesagt, worauf es in der Werbekommunikation ankommt. Es wird gesagt, ob zum Beispiel Aufmerksamkeit, Verständnis der Werbebotschaft, Einstellungsänderung oder andere Ziele erreicht werden müssen, um den Werbeerfolg sicherzustellen.

Im folgenden soll eine Auswahl an zentralen und traditionellen Werbewirkungsmodellen diese vier Funktionen illustrieren.

1.3.1 Mechanistische Ansätze zur Erklärung des Konsumentenverhaltens

In der Konsumentenpsychologie dominierte über lange Zeit ein Denkmodell, das mit dem Oberbegriff *S-R-Theorien* bezeichnet wird. Hierbei steht S für »Stimulus« und R für »Reaktion« oder »Response«. Die Grundidee hieran war, daß ein Konsumverhalten von bestimmten Reizen abhängt, und daß man das Verhalten erklären und vorhersagen kann, wenn man verstanden hat, von welchen Reizen es abhängt. Was sich zwischen Stimulus und Reaktion abspielt, wurde dabei nicht berücksichtigt, das wurde in die berühmte »black box« verbannt, in der sich alle nichtbeobachtbaren psychischen Phänomene sammelten (vgl. Abbildung 1.1).

Abbildung 1.1 Behavioristisches Modell der S-R-Theorien.

Als Erklärung für eine Verhalten kommen also in den S-R-Theorien nur beobachtbare Stimuli in Frage. Differentielle Personunterschiede wie Einstellungen, Temperamentsmerkmale oder Motive sind allenfalls in ihren Auswirkungen zu beobachten.

Eine einfache Ableitung aus einer S-R-Theorie wäre die, daß die Werbung als ein Stimulus immer ein bestimmtes Kaufverhalten als Reaktion hervorruft. Kommt es trotz Werbung nicht zum Kauf, lag es am Stimulus. Man muß dann die Werbung so lange verändern, bis sie das Verhalten quasi automatisch hervorruft.

Wegen ihrer Festlegung auf das beobachtbare Verhalten nennt man S-R-Theorien auch *behavioristisch*. Die sogenannten »neobehavioristischen« Ansätze haben ihre Scheu vor der »black box« zum Teil aufgegeben. Hier wird zumindest zugestanden, daß die Reaktionen auf gleiche Stimuli eben nicht immer gleich ausfallen. Im reagierenden Organismus wirken eine Reihe von intervenierenden Variablen, die ihrerseits erst bestimmen, wie ein Stimulus wirkt. Weil sie die »black box« durch einen immerhin erforschbaren Organismus ersetzt haben, bezeichnet man neobehavioristische Ansätze auch als S-O-R-Theorien (vgl. Abbildung 1.2).

Abbildung 1.2 Neobehavioristisches Modell der S-O-R-Theorien.

Heute gilt es als unpraktisch, in Begriffen der S-R-Theorien zu denken. Warum? Es lassen sich nur sehr eingeschränkt praktische Ableitungen aus diesen Theorien vornehmen. In der traditionellen S-R-Form hat man eigentlich nur die Möglichkeit, den Stimulus immer wieder zu verändern, bis die Reaktion kommt, die man erreichen will. Die Frage, ob nicht unterschiedliche Organismen auf dieselben Umweltreize unterschiedlich reagieren, kann man erst stellen, wenn man die Organismusvariable spezifiziert hat. Aber trotzdem bleibt die Umwelt die eigentliche Verhaltensdeterminante. Der Organismus – also zum Beispiel das individuelle Merkmalsprofil einzelner Personen – hat eben nur eine vermittelnde Funktion. Im wesentlichen reagiert er nur.
Diese Sichtweise muß als sehr verkürzt gelten. Die unabhängigen Variablen, die unser Verhalten bestimmen, sind allem Vermuten nach eben nicht immer beobachtbare Reize aus der Umwelt (vgl. zum Beispiel Kapitel 2). Man kann auch sehr wohl und ziemlich erfolgreich Aussagen über die »black box« treffen. Diese betreffen zum Beispiel das Funktionieren unseres kognitiven Apparates, unsere Wahrnehmung und Gedächtnisleistungen (vgl. zum Beispiel Kapitel 7).

1.3.2 Hierarchische Modelle der Werbewirkung

Intervenierende Variablen, die die frühere »black box« füllen, werden zum Beispiel in Stufen- oder hierarchischen Modellen der Werbewirkung beschrieben. Diese Modelle stellen die Werbewirkung als das »geordnete Durchlaufen verschiedener Wirkungsstufen und -ebenen« (Moser, 1997a, S. 270) dar. Eine erfolgreiche Wirkung auf der unteren Ebene ist dabei Voraussetzung für das Erreichen der nächsthöheren Stufe.

AIDA- und PPPP-Modell
Eine der bekanntesten hierarchischen Modellvorstellungen zur Werbewirkung ist das sogenannte *AIDA-Modell.* Darin wird eine bestimmte Sequenz von Reaktionen und Verhaltensweisen unterstellt, die auf Werbung hin erfolgen soll. Die Buchstaben in AIDA stehen für die einzelnen Elemente dieser Sequenz:

A – Attention: Die Reaktion beginnt mit der Aufmerksamkeit.
I – Interest: Wenn es zu einer aufmerksamen Reaktion kommt, kann sich Interesse entwickeln.
D – Desire: Auf der Basis des Interesses wiederum muß sich ein Wunsch nach dem Produkt entwickeln, damit es zum letzten Element der Sequenz kommt:
A – Action: Die Konsumhandlung wird vollzogen.

Unklar ist an diesem Modell, ob es sich um ein deskriptives oder präskriptives Modell handelt (Moser, 1997). Wird hier beschrieben, wie Werbung wirkt, oder wie sie wirken soll? Unter einer präskriptiven Perspektive ließe sich ableiten, daß ein Werbebeitrag möglichst mit dem Wecken von Aufmerksamkeit beginnen und mit einem Hinweis auf die Handlungsmöglichkeiten enden

sollte. Dazwischen hätte dann das Wecken von Interesse und Wunsch stattzufinden, etwa durch eine persönliche Ansprache an die Adressaten und einen Appell an allgemeine Motive. Hier gibt es durchaus eine Reihe von Situationen, in denen das AIDA-Modell passen würde.
Versteht man das AIDA-Modell allerdings deskriptiv, muß man feststellen, daß darin zu viel behauptet wird. Die folgenden Ausführungen werden zeigen, daß die unterstellte Grundvoraussetzung von Werbewirkung, nämlich die Aufmerksamkeit, nur sehr selten erfüllt ist, daß es aber eine ganze Reihe von Wirkmechanismen gibt, die auf eine aufmerksame Rezeption von Informationen nicht angewiesen sind (vgl. vor allem Kapitel 9).
Eine andere beliebte Formel ist das PPPP-Prinzip. Danach wird Werbung durch vier Merkmale bestimmt, die im Englischen alle mit P beginnen:

»Picture« – bildliche Darstellung
»Promise« – Versprechen
»Prove« – Beweise für die Behauptung
»Push« – Anstoß zum Handeln

Beiden Modellen ist als wesentliches Element gemeinsam, daß sie den Rezipienten zum Handeln anregen sollen. Danach soll also die Werbung immer einen Hinweis geben, was zu tun, bzw. wie das Problem zu lösen ist. Diese Hinweise können in konkreten Handlungsanweisungen bestehen, es hilft aber auch oft bereits eine Telefon- oder Faxnummer.

Drei Hierarchie-von-Effekten-Modelle
Das AIDA-Modell unterstellt, daß Werbung immer auf eine ähnliche Weise wirkt, was eigentlich unrealistisch ist. Aber auch wenn man diese Annahme aufgibt, ist es gleichwohl immer noch möglich, Regeln, immer wiederkehrende Muster der Werbewirkung zu unterscheiden. Auch der Gedanke einer hierarchischen Wirkung auf einzelnen Stufen muß nicht unbedingt aufgegeben werden. Ray (1973; vgl. Moser 1997a, S. 273*f*) unterscheidet drei verschiedene Modelle, die alle von einer bestimmten Effekthierarchie ausgehen, bei denen aber die Reihenfolge und damit auch die entscheidenden Wirkmechanismen verschiedene sind.
Die vermutlich einfachste dieser Hierarchien ist die *Lernhierarchie*: Die Rezipienten erhalten zunächst einmal Informationen über das Produkt, sie gewinnen daraufhin eine bestimmte Einstellung oder Gefühlshaltung gegenüber dem Produkt und als Folge davon verhalten sie sich entsprechend. Nach dieser Idee resultiert das Verhalten aus den Gefühlen und Einstellungen.
Die zweite Hierarchieform dreht diese Richtung um. In der *Dissonanz-Attributions-Hierarchie* ist das Verhalten die unabhängige und die Einstellung die abhängige Variable. Es zeigt sich nämlich, daß nach einem Verhalten die Einstellungen sehr viel eher zu dem Verhalten passen als davor. Die Tatsache, sich so und so verhalten zu haben, schafft offenbar vor sich und anderen den Druck zur Rechtfertigung. Ein unvernünftiges Verhalten würde als dissonant erlebt, daher werden positive Merkmale, die sich aus dem Verhalten ergeben, aufgewertet. Mit diesen positiven Merkmalen erklärt sich dann eine Person ihr eigenes Verhalten. (In der psychologischen Ausdrucksweise heißt das dann: Das Verhalten wird auf positive Merkmale der Verhaltensfolgen »attribuiert« – daher die Terminologie.)
In der Dissonanz-Attributions-Hierarchie wird also deutlich, daß sich Einstellungen oft erst nachträglich an ein längst gezeigtes Verhalten anpassen. Da es obendrein auch als dissonant erlebt werden kann, wenn man ein Verhalten nur einmal und dann nie wieder zeigt, spricht auch einiges dafür, daß es zu Wiederholungen, also einem Lerneffekt kommt. Ausführlich werden diese Phänomene in Kapitel 11 diskutiert.

Eine dritte Hierarchie gilt, wenn die Konsumenten nur mit geringem Engagement an die Konsumentscheidung herantreten, die *Geringes-Involvement-Hierarchie* (zum Begriff des Involvement siehe 2.3). Zunächst einmal lernen die Konsumenten durch ständige Wiederholung der Werbung. Die vielen Wiederholungen sind nötig, denn das Interesse der Konsumenten ist bei dieser Hierarchie nicht besonders hoch. Mangels Engagement ergibt sich auch das Kaufverhalten direkt aus dem Lernen; Einstellungen sind hierfür meist gar nicht nötig. Sollte es aber – etwa in Form von Probekäufen – zu einer Verhaltensänderung kommen, kann sich immer noch eine Einstellungsänderung ergeben. Entweder führen die Erfahrungen mit dem Produkt zu den entsprechenden Einstellungen, oder die oben bereits zitierten Mechanismen der Dissonanzreduktion setzen ein und das gewählte Produkt wird im nachhinein aufgewertet.

Tabelle 1.1 faßt die drei Modelle zusammen. Hierin werden auch die Bedingungen genannt, die entscheiden, wann welches Modell gilt. Es kommt offenbar darauf an, ob die Rezipienten involviert sind und ob die Produktalternativen deutliche Unterschiede aufweisen oder nicht.

Tabelle 1.1 Die drei Hierarchie-von-Effekten-Modelle

Lernhierarchie (learn-feel-do)	Dissonanz-Attributions-Hierarchie (do-feel-learn)	Geringes-Involvement-Hierarchie (learn-do-feel)
wenn Rezipienten involviert sind und wenn Alternativen klar unterscheidbar sind	wenn Rezipienten involviert sind und wenn Alternativen kaum unterscheidbar sind	wenn Rezipienten wenig involviert sind und wenn Alternativen kaum unterscheidbar sind
1. Lernen 2. Einstellungsänderung 3. Verhaltensänderung	1. Verhaltensänderung 2. Einstellungsänderung 3. Lernen	1. Lernen 2. Verhaltensänderung 3. Einstellungsänderung

Aus: Moser, 1997a, S. 273, Tabelle 2; in Anlehnung an Ray, 1973.

Ray (1973) kommt zu dem Ergebnis, daß die Lernhierarchie deutlich seltener gilt als die Geringes-Involvement-Hierarchie. »Vereinfacht läßt sich sagen, daß Menschen nicht deshalb Produkte kaufen, weil sie sie mögen, sondern daß sie diese mögen, weil sie diese gekauft haben« (Moser, 1997a, S. 274).

1.3.3 Zwei-Prozeß-Modelle

Offenbar ist eine der wichtigsten Weichen für die Werbewirkung das Involvement, das wir hier der Einfachheit halber und vorläufig als eine Art von Aufmerksamkeit verstehen wollen (näheres zum Involvement-Begriff in 2.3). Auch in den *Zwei-Prozeß-Modellen* ist die alles entscheidende Frage, ob die Rezipienten sich der Werbeinformation aufmerksam zuwenden oder nicht. Je nachdem bewegen sie sich auf einem von zwei Wegen der Beeinflussung (vgl. 13.3), bzw. es setzt einer von zwei möglichen Prozessen ein.

Bei hohem Involvement hängt die Kommunikationswirkung ausschließlich an der Qualität der Argumente. Bei starken Argumenten ist eine Einstellungs- und in der Folge dann eine Verhaltensänderung zu erwarten, bei schwachen Argumenten nicht.

Ist das Involvement niedrig, setzt der andere der beiden Prozesse ein. Darin spielen für die Wirksamkeit andere Merkmale als die Qualität der Argumente eine Rolle, zum Beispiel die Sympathie für die Vorführung und die Häufigkeit der Darbietung (vgl. Moser, 1997a, S. 277). Es ist sogar möglich, daß bei geringem Involvement (also auch bei geringem allgemeinen Interesse an der Kaufentscheidung) das Verhalten gezeigt wird, ohne daß es eine starke Einstellung hierzu gibt. Trotzdem kann sich hier in der Folge die Einstellung ändern, nachdem sich das Verhalten geändert hat (siehe oben). Ein besonders prominentes Zwei-Prozeß-Modell, das Modell der Elaborationswahrscheinlichkeit, wird in 13.3 vorgestellt.

1.3.4 Die Vielfalt der Modelle

Sie sollten die Vielfalt der Modelle, von denen ich oben nur einen kleinen Ausschnitt gezeigt habe, nicht als einen Nachteil betrachten. Die Techniken, mit denen Werbung auf unser Verhalten wirkt, sind allein schon deshalb schwer unter einen Hut zu bringen, weil Werbung auf verschiedene Aspekte unseres Verhaltens wirkt. Eine wesentliche Unterscheidung ist zum Beispiel die zwischen kontrollierten und überlegten Verhaltensweisen auf der einen Seite und automatisierten bzw. reflexartigen Verhaltensweisen auf der anderen Seite (vgl. Kapitel 9). Das Kaufverhalten besteht aus beidem, aus kontrollierten und überlegten ebenso wie aus automatisierten Abläufen. Für verschiedene dieser psychologischen Vorgänge gibt es unterschiedlich sinnvolle Werbetechniken und -strategien, die von unterschiedlichen Modellen beschrieben werden. Die verschiedenen psychologischen Abläufe sind Thema dieses Buches.
Die Vielfalt der Werbung wird oft außer acht gelassen, gerade dann, wenn Kritik an der Werbung geübt wird oder wenn die Werbung sich gegen solche Kritik verteidigt. Die Diskussion um die Werbung krankt sehr häufig daran, daß verschiedene Erscheinungsformen der Werbung über einen Kamm geschoren werden. Werbung ist ein sehr vielfältiges Phänomen, und es lohnt sich zum besseren Verständnis, Unterschiede auch zwischen solchen Beispielen zu vermuten, die oberflächlich betrachtet gleich aussehen. Ein Gedanke, der die gesamten folgenden Kapitel durchzieht, ist: Nicht alles, was gleich aussieht, sollte auch in derselben Weise beschrieben werden.

1.4 Konzepte und Begriffe zur Werbegestaltung

In den folgenden Absätzen werden verbreitete Begriffe vorgestellt, die den Aufbau und die Technik der Werbung charakterisieren.

1.4.1 Die USP-Formel

Ein besonderes Merkmal des Aufbaus ist die sogenannte »Unique Selling Proposition« (USP-Formel, nach Reeves, 1961). Nach dieser Strategie geht es darum, in der Werbung nur ein einziges Argument herauszustellen. Einige Beispiele aus der Werbung, bei denen das USP-Prinzip sehr gut funktioniert hatte (vgl. Clark, 1989, S. 48):

- Von *M&M's* der Firma *Mars* heißt es: »Schmilzt im Mund, nicht in der Hand.«
- Für *Bic*: »Er schreibt jedesmal wie das erste Mal.«
- Für die Navy: »Es ist nicht nur ein Job, es ist ein Abenteuer.«

Günstig ist es, wenn die USP ein Merkmal hervorhebt, das das Produkt von allen Konkurrenten unterscheidet. Am besten sollte es also ein Merkmal sein, das kein Konkurrent vorzuweisen hat. Wenn es ein solches Merkmal nicht gibt, dann ist die zweitbeste Option, ein Merkmal herauszuheben, das das Produkt in besonderer Weise und besser als bei den anderen bietet. Es gibt aber auch noch eine dritte Möglichkeit, die erfahrungsgemäß nicht ganz chancenlos ist: Eines der frühesten berichteten Beispiele für eine USP-Formel war nämlich bei näherem Hinsehen eine Trivialität: Der amerikanische Werbetexter Claude Hopkins stellte bei der von ihm betreuten Brauerei heraus, daß sie ihre Bierflaschen durch Dampf sterilisierten und keimfrei machten. Dies machte er zum zentralen Verkaufsargument – ohne freilich damit behaupten zu können, das sei bei dem besonderen Unternehmen etwas besonderes oder einzigartiges. Genau dasselbe Reinigungsverfahren wurde von jeder anderen Brauerei auch angewandt.[3] Die Absicht der USP-Strategie besteht auch nicht allein darin, einen Aspekt des Produktes hervorzuheben, der bisher verborgen geblieben ist. Im Zentrum steht das Ziel, die Werbebotschaft einfacher, klarer, prägnanter, eingängiger und vor allem »schneller« zu machen.

Die Fähigkeit zu dieser Strategie wird in der Werbebranche als eine Stärke gewertet: »Wichtige Voraussetzung für schnelles Verständnis ist die Beschränkung auf eine zentrale Information. [...] Es gibt kaum eine Kommunikations-Regel, über die so große Einigkeit herrscht. Es gibt aber auch kaum eine Kommunikations-Regel, gegen die so oft verstoßen wird. Warum? Man unterliegt immer wieder dem Denkfehler: ›Viel hilft viel‹. Zweifellos [...] erscheint [es] sicherer, vier oder fünf Argumente anzuführen als ein einziges. Klare Entscheidungen zu treffen ist nicht jedermanns Stärke. Statt dessen betreibt man Werbung ›mit Netz und doppeltem Boden‹« (Meyer-Hentschel, 1993, S. 157).

In Ausnahmefällen können auch mehrere Merkmale als USP eingesetzt werden. In diesen Fällen ist es allerdings günstig, wenn diese Merkmale aufeinander verweisen oder zumindest hoch verträglich sind. Zum Beispiel hat *Volvo* lange Zeit mit den Merkmalen ›Sicherheit‹ und ›Langlebigkeit‹ geworben (Meyer-Hentschel, 1996, S. 52) – zwei Merkmale, die durchaus zueinander passen.

1.4.2 Erlebniswert und Zusatznutzen

Mit dem Begriff des »Zusatznutzens« ist gemeint, daß bei einem Produkt nicht der eigentliche Gebrauchswert hervorgekehrt wird, sondern ein Nutzen, der nicht zentral ist, aber mit dem Produkt einhergeht. Typische Fälle von Zusatznutzen sind zum Beispiel das Prestige, das mit einem Produkt verbunden ist, sein »Drumherum«, etwa sein Design. Träger des Zusatznutzens ist meist die Marke.

Welchen Grund sollte man haben, von dem eigentlichen Wert eines Produkts abzusehen und einen Zusatznutzen ins Spiel zu bringen? Oftmals unterscheiden sich Produkte nicht allzu stark voneinander. Zum Beispiel sind die Geschmacksunterschiede bei verschiedenen Kaffeesorten – besonders von derselben Marke – selten so gravierend, daß man in der Werbung darauf abhebt. Statt dessen wird ein bestimmtes Lebensgefühl beschworen, das mit dem Konsum des Produktes verbunden sein soll.

---

[3] Vgl. Rippel, 1990, S. 52*f*. Man sollte freilich betonen, daß in einer Kommunikationssituation von den Empfängern stets unterstellt wird, daß relevante Informationen ausgetauscht werden (zum Beispiel Grice, 1975). Wenn also die Einzigartigkeit des Produktes nicht explizit behauptet wird, so geht doch der Empfänger der Werbebotschaft davon aus, daß das mitgeteilte Produktmerkmal nicht völlig trivial ist.

Viele Konsumenten erwarten von den Produkten einen Beitrag zu ihrem eigenen Lebensstil. Produkte mit einem klar beschriebenen Gebrauchswert werden zunehmend unattraktiv und durch Angebote ersetzt, die einen zusätzlichen »Erlebniswert« bieten. Dieser Bedarf wird zum Beispiel daran deutlich, daß immer weniger Menschen einfache Schwimmbäder und immer mehr Menschen sogenannte »Erlebnisparks« besuchen (Kroeber-Riel, 1992, S. 111*ff*; 1993b, S. 21).
Wie steht es nun um die Objektivität eines Zusatznutzens, wenn er einmal geschaffen ist? Wenn man versucht, verschiedene Zigaretten-Marken zu unterscheiden, wird es bei gleichen Schadstoffwerten bei den meisten Marken nicht gelingen, einen geschmacklichen Unterschied festzustellen. Raucher können diesen Test leicht selbst durchführen. Fragen Sie sich selbst: Was bringt Raucher dazu, eher die eine als die andere Marke zu wählen? Glauben Sie, die hätten die verschiedenen Marken probiert? Wohl kaum. Was hier gewählt wird, ist ein Zusatznutzen, ein Image, ein Erlebniswert (vgl. auch Ogilvy, 1984, S. 14). Wenn nun viele Konsumenten in der Wahrnehmung unterschiedlicher Erlebniswerte übereinstimmen, dann wird die Annahme einer objektiven Gleichwertigkeit der Produkte problematisch. Gerade von einem psychologischen Blickwinkel wird man sagen müssen: Die Produkte verschiedener Marken können sich auch dann objektiv voneinander unterscheiden, wenn der Unterschied ohne Kenntnis der Marke nicht feststellbar ist (vgl. auch Allison & Uhl, 1964).

1.4.3 Mental Design

Hinter der Idee des »Mental Design« steht die Absicht, ein Produkt nicht nur physisch, sondern auch mental, im Kopf der Konsumenten zu gestalten. Mentale Gestaltung bedeutet auch, daß das Produkt ohne weitere physische Veränderung gleichwohl für die Konsumenten eine andere Qualität bekommt.
Die Mittel hierzu decken sich zum Teil mit denen, die man zum Aufbau einer Markenidentität einsetzt. Entsprechend nennt Meyer-Hentschel (1996, S. 59) auch das Mental Design ein »Instrument zur *Feinsteuerung* des Markenimages«. Diese Feinsteuerung könne man seines Erachtens auch nicht aufgeben, wenn die Markenidentität erst einmal besteht, denn ohne Pflege eines Mental Design könne auch jedes Markenprodukt sehr schnell wieder als austauschbar erlebt werden.
Das physische Design ist freilich ein wichtiger erster Schritt, damit kann man bereits Assoziationen und Gedanken der Konsumenten lenken. Ein weiterer Schritt wäre etwa die Personalisierung: Das Produkt soll einen Namen haben, dann ist es zum Beispiel keine Uhr mehr, sondern eine *swatch*. Noch besser ist es, wenn weitere menschliche Merkmale hinzukommen – sofern das sich von der Logik her anbietet. Meyer-Hentschel (1996, S. 58*f*) zitiert als genialen Fall von Mental Design die Filmfigur *E.T.* Die Handlung des Films macht nicht viel daher, Eindruck hat vor allem die außerirdische Filmfigur gemacht: E.T. tritt menschlich auf, er hat einen Charakter – und entspricht zudem einer subtilen Alien-Version des Kindchenschemas.

1.4.4 Techniken der Fernsehwerbung

Werbebotschaften werden unterschiedlich eingekleidet. Werfen wir einmal einen kurzen Blick in die Garderobe der Fernsehwerbung. Dort können wir mindestens neun verschiedene Grundtechniken unterscheiden (vgl. Shimp, 1976; Kotler & Bliemel, 1995, S. 968*f*):

1. *Slice of life*: Bei dieser Technik sieht man Menschen in ihrem Alltag, die das Produkt verwenden, zum Beispiel die *Rama*-Familie beim Frühstück.

2. *Lifestyle*: Es wird herausgekehrt, daß ein Produkt besonders gut zu einem bestimmten Lebensstil paßt. Darunter fallen zum Beispiel die Werbung für *Diebels Alt,* einige Schokoriegel, etwa *Bounty* oder viele Light-Produkte, zum Beispiel *Krönung light* oder *Yoghurette.*
3. *Traumwelt*: Eine im Grunde irreale Szenerie wird um das Produkt aufgebaut, zum Beispiel die *Punica*-Oase, in die der Zuschauer direkt entführt werden kann.
4. *Stimmungs-* oder *Gefühlsbilder*: Es werden nur sehr stimmungsvolle Bilder gezeigt, ohne daß irgend eine Aussage zum Produkt getroffen wird. Das bekannteste Beispiel hierzu ist der *Marlboro*-Cowboy.
5. *Musical*: In solchen Spots dominiert die Musik. Meistens wird dabei gesungen, allerdings nicht immer (zum Beispiel im Fall von *Licher* Bier, wo eine Melodie aus »Peer Gynt« ohne den Gesang gespielt wird). Ein Beispiel für einen gesungenen Spot ist die Kaffee-Werbung für *Krönung light.*
6. *Persönlichkeit als Symbolfigur*: Um das Produkt ist eine zentrale Persönlichkeit entstanden, die als Repräsentant eingesetzt wird. Diese Persönlichkeiten können real (zum Beispiel Klementine) oder künstlich (zum Beispiel *Meister Proper*, *Bärenmarke* Bär) sein.
7. *Technische Kompetenz*: Im Mittelpunkt steht die Behauptung, in der Produktkategorie konkurrenzlos gut zu sein. Die technische Kompetenz wird oft aus Argumenten abgeleitet (zum Beispiel wenn *JVC* darauf hinweist, daß aus ihrem Hause die *VHS*-Technik für Videorecorder stammt). Oft sind aber Argumente gar nicht nötig. Aus einem Spruch wie »It's a *Sony*« spricht in diesem Sinne eine geradezu unverschämte Überzeugung von der eigenen Überlegenheit.
8. *Wissenschaftlicher Nachweis*: Man weist auf wissenschaftliche Erkenntnisse hin, die eine Überlegenheit des eigenen Produkts begründen. Oft genügt auch hier nur der entsprechende Kontext, etwa der Mann mit grauen Schläfen im weißen Kittel oder der einleitende Spruch »Neues aus der *Blend-a-med*-Forschung«.
9. *Testimonial-Werbung*: Eine glaubwürdige Person spricht sich für das Produkt aus. Dabei kann es sich um eine bekannte Persönlichkeit handeln, zum Beispiel um Thomas Gottschalk, der für *Haribo* wirbt. Dies wäre dann ein *Star-Testimonial.* Eine andere Kategorie bilden die *Experten-Testimonials*, etwa *Dr. Best*, als Experte für Zahnbürsten, der Monteur als Fachmann für die Verkalkung von Waschmaschinen, der Hundezüchter als Experte für Hundefutter und sogar der Italiener als Experte für Espresso (Mayer, 2000, S. 167*f*). Es kann aber auch einfach eine Person wie du und ich sein, die besonders gut zur Identifikation taugt (vgl. 10.1.2). Vor allem die letztere Version mit einem »typischen Produktverwender«, den sogenannten *Laien-Testimonials*, scheint besonders effektiv zu sein (Laskey, Fox & Crask, 1994).

1.5 Verschiedene Werbeformen

Werbungtreibende sind »auf unermüdlicher Suche nach neuen Werbeträgern« (Kotler & Bliemel, 1995, S. 980*f*). So wird der Verkaufsort selbst, der »Point of Purchase« (POP) oder »Point of Sale« (POS), durch großes Displaymaterial zur Werbung genutzt. Sogar der geflieste Boden eines Supermarktes kommt als Werbeträger in Frage. Einkaufswagen tragen bereits aktuelle Werbebotschaften, die in einigen Fällen nicht auf Schildern, sondern auf integrierten Computerbildschirmen dargeboten werden. Auch die Wartezimmer von Ärzten bieten sich zu gezielter Werbung an. Weil sie warten müssen, lesen viele Menschen dort Zeitschriften, die sie sonst nicht lesen würden. Wenn der Arzt nun darauf verpflichtet werden kann, nur bestimmte Magazine auszulegen, läßt sich dadurch ein Wettbewerbsvorteil erzielen (zu den Beispielen siehe Kotler & Bliemel, 1995, S. 980*f*).

Die Verquickung von Werbung mit anderen Elementen des täglichen Lebens geht besonders weit, wenn es um Kinder als Zielgruppe geht. Zum einen verfügen Kinder über eine beachtenswerte Kaufkraft. Zum anderen können Werbungtreibende an dieser zahlungskräftigen Zielgruppe spezifisch kindliche Schwachstellen ausnutzen. So bietet zum Beispiel der Reutlinger Hersteller Thorsten Rauser Computerspiele an, bei denen zwischen Werbung und Spiel nicht mehr zu unterscheiden ist. Keine Sekunde vergeht darin ohne Werbebotschaft (Brandmaier, 1996).[4]
Einige neuere Werbeformen sind mittlerweile bereits sehr gebräuchlich. Betrachten wir im folgenden einige Beispiele aus verschiedenen Bereichen (vgl. zum Beispiel Baacke et al., 1993, S. 55*ff*).

1.5.1 Blockwerbung

Damit ist die Fernsehwerbung neben dem Programm gemeint. Innerhalb eines umrissenen Blocks werden Spots ausgestrahlt, oft indem sie ein anderes gerade laufendes Programm unterbrechen. Wenn es gelingt, einen Bezug zwischen dem Programm und der Werbung herzustellen, spricht man von »Narrow Casting«. Bei dieser Methode hofft man, daß die Zuschauer des speziellen Programms ein Grundinteresse am Thema des Programms mitbringen und folglich auch einer thematisch ähnlichen Werbung gegenüber offener sind. Eine Form der Blockwerbung ist die sogenannte »Moderatorenwerbung«. Damit ist eine Werbesendung gemeint, die wie eine Nachrichtensendung aufgemacht ist. Ein Moderator vermittelt zwischen verschiedenartigen Werbeinformationen. Die Atmosphäre wird betont sachlich gehalten. Hier soll der Eindruck nüchtern-kompetenter Informationsvermittlung gegeben werden. Innerhalb der Blockwerbung werden in letzter Zeit immer häufiger »Tandemspots« eingesetzt. Dabei wird zunächst ein Basisspot mit der vollständigen Werbebotschaft geschaltet. Nach einigen anderen Spots folgt dann der »Reminder«, eine Kurzversion zur vorgeschalteten Basis. Der Vorteil dieses Vorgehens liegt vor allem in der besseren Erinnerungsleistung durch die Wiederholung (Fahr, 1996).

1.5.2 Sponsoring

Ein Unternehmen beteiligt sich an den Kosten einer Veranstaltung von allgemeinem Interesse und sorgt dabei dafür, daß ihr Name erwähnt wird. Im deutschen Fernsehen wurde das Sponsoring im großen Stil etwa für die Olympischen Spiele oder die Fußball-Weltmeisterschaft eingesetzt. Seit der Rundfunkstaatsvertrag 1994 geändert wurde, ist es im öffentlich-rechtlichen Fernsehen erlaubt, daß sich die Sponsoren zu Anfang und zum Ende eines Programmes zu erkennen geben. Der Sponsor handelt dabei im Interesse seines Unternehmens, die Förderung der jeweiligen Aktivität ist nur ein Nebeneffekt. Sponsoring unterliegt dem Prinzip »Leistung und Gegenleistung«. Das unterscheidet einen Sponsor zum Beispiel von einem »Mäzen«.
In der letzten Zeit ist sogenanntes »Öko- und Soziosponsoring« populär geworden. »Ob Pflege und Aufforstung des Regenwaldes am Amazonas (*Daimler-Benz*), die Renaturierung geschundener Skihänge im Allgäu (*Allianz*) oder Hege der Kolbenente im Wollmatinger Ried (*Lufthansa*) –

---

[4] Es ist nicht die Absicht dieses Buches, moralische Wertungen abzugeben. Eine ausführliche Würdigung der verschiedenen ethischen Aspekte des Werbeverhaltens würde zu viel Raum einnehmen. Die dazugehörige Argumentation möchte ich einem anderen Rahmen vorbehalten. Selbst wenn es zu dem ethischen Rang der oben dargestellten Verhaltensweisen eigentlich keinen Zweifel geben sollte, so ist auch diese verhältnismäßig einfache Bewertung auf differenzierte Argumente angewiesen. Für den Bereich Kinder und Werbung habe ich eine solche Argumentation in Felser (1994) versucht (siehe auch Exkurs 44).

deutsche Konzerne denken nicht nur an den Profit. Öko- und Soziosponsoring ist für sie Teil der Unternehmens-Gesamtkommunikation. Deren Motto lautet: Tu Gutes und rede darüber« (Bottler, 1995, S. 53). Dabei haben die Konzerne es keineswegs leicht, über ihre Sponsoring-Aktivitäten zu reden, denn eine direkte Werbung mit dem Sponsoring ist nach dem Gesetz gegen den unlauteren Wettbewerb untersagt (Bottler, 1995, S. 55).
Wird von einem Unternehmen eine Stiftung eingerichtet, darf ebenfalls »nicht ein einziger Pfennig für Werbezwecke ausgegeben werden« (Bottler, 1995, S. 54). Um trotzdem den positiven Imagetransfer von der Stiftung zum Unternehmen zu gewährleisten, bleibt in erster Linie eine Namensentsprechung von Stiftung und Unternehmen. Unternehmen versuchen durch ihre Sponsoringaktivitäten nicht, Produkte zu verkaufen. Vielmehr dienen diese Projekte dem Ziel »Glaubwürdigkeit und Vertrauen [zu schaffen]« (H.A. Hartwig, zit. n. Bottler, 1995, S. 54). Die Öffentlichkeit registriert das Engagement der Unternehmen. Die Firma erhält ein bestimmtes Profil und eine positive Bewertung. Für das Engagement in ökologischen oder sozialen Projekten gilt aber: »Höchstens fünf Jahre – dann ist die öffentliche Wirkung verpufft« (P. Philipp, zit. n. Bottler, 1995, S. 54).
Das Debakel des *Shell*-Konzerns, der im Juni 1995 mit dem Versuch scheiterte, eine gebrauchte Öl-Plattform im Meer zu versenken, hat die Praktiker des Öko-Sponsoring vorsichtig gemacht. »›Niemand sponsert ungestraft‹, warnt Bernhard Bauske, Umweltbeautragter beim Worldwide Fund for Nature (WWF): ›Das Engagement von Unternehmen, die in Umweltskandale verwickelt sind, fällt nicht nur negativ auf die gesponserte Organisation, sondern auch auf das Unternehmen selbst zurück.‹ [...] Glaubwürdigkeit ist entscheidend für gemeinnütziges Sponsoring. ›Umweltgerechte Unternehmensführung ist Pflicht, Umweltsponsoring dagegen die Kür‹, lautet daher das Credo von [*Lufthansa*-Chef] Jürgen Weber« (Bottler, 1995, S. 53).
Nach einer Untersuchung aus dem Jahr 2000 entfallen durchschnittlich 14,6 Prozent des gesamten Kommunikationsbudgets der Unternehmen auf Sponsoring. Nur noch 35 Prozent gehen in die klassische Werbung – verglichen mit 70 bis 80 Prozent in den frühen neunziger Jahren. Freilich kann der Gesponserte nicht die ganzen Finanzmittel allein einstecken. Die Hälfte aller Ausgaben für das Sponsoring muß in Begleitmaßnahmen wie Öffentlichkeitsarbeit investiert werden.
Empirische Kontrolle von Sponsoring-Aktivitäten ist allerdings eher die Ausnahme als die Regel: Allenfalls 20 Prozent der Unternehmen führen solche Kontrollen durch. Somit kann die Wirksamkeit des Sponsoring allenfalls in Einzelfällen belegt werden (*w&v*, 30/2000, S. 46*f*).

1.5.3 Product Placement

In vielen Film- und Fernsehproduktionen werden im Rahmen der Spielhandlung tatsächlich existierende Produkte verwendet und deutlich gezeigt. Von Product Placement im engeren Sinne spricht man eigentlich erst, wenn das Zeigen des Produkts über das Maß hinausgeht, das unverzichtbar ist, um eine natürliche Situation darzustellen. Es ist dem Product Placement zu verdanken, daß so viele von uns wissen, welches Auto Derrick, Magnum oder James Bond fahren (vgl. Baacke et al., 1993, S. 59). Manchmal werden in einem Film bestimmte Produkte so konsistent eingesetzt, daß man sich später noch daran erinnern kann, etwa wie im Film *Otto Teil II* nur die Biermarke *Jever* und keine Konkurrenz vorkam. Eine interessante Facette dieser Werbeform ist der touristische Werbeeffekt, der von Serien wie *Die Schwarzwaldklinik* oder *Das Haus am Wörthersee* ausgeht.
Ein Beispiel für das sogenannte »Creative Placement«, bei dem wesentliche Bereiche des erzählten Programmes auf das Produkt zugeschnitten sind: In dem Kinofilm *Zurück in die Zukunft* wird

der Held der Geschichte durch eine Zeitmaschine in die fünfziger Jahre zurückversetzt. In einer Milchbar bestellt er sich wie selbstverständlich eine »Cola ohne«, nämlich eine *Coca-Cola* ohne Kalorien. »Der Barkeeper, der dieses neuere Produkt nicht kennen kann, fragt verdutzt und verärgert zurück: ›Was? Eine Cola ohne Glas?‹ Filmgag und Werbung sind nicht voneinander zu trennen« (Baacke et al., 1993, S. 60).

Von Product Placment spricht man auch, wenn zum Beispiel in einem Warenkatalog andere existierende Produkte vorkommen. Systematisch wird diese Werbemöglichkeit von den Versandhäusern *Quelle* und *Otto* betrieben: »Die Katalog-Kühlschränke etwa sind stets mit Fisch von *Frosta* vollgestopft. Auf Geschirrspülern steht *Henkels Somat Supra*, und alle Fernseher sind auf *SAT1* geschaltet« (Manson, 1996, S. 90). Mit Hilfe dieser Plazierung werden die Produkte zielgruppengerecht dargeboten.

Wenn eine lokale Tageszeitung in ihrem redaktionellen Teil von einem Firmenjubiläum oder der festlichen Eröffnung einer Filiale berichtet, dann zerfließen die Grenzen zwischen Information und Product Placement. Die Praxis sieht aber so aus, daß oft ein gezielter Einfluß der Unternehmen die Berichterstattung prägt (Röper, 1989), so daß hier durchaus von einer weiteren Form der Werbung gesprochen werden kann.

1.5.4 Game-Shows

Quizsendungen werden vor allem in den privaten Kanälen oft zur Werbung genutzt. Dabei finanzieren Produktanbieter das Unterhaltungsprogramm und benutzen die Gelegenheit, ihre Produkte im Rahmen der Spiel-Show in Szene zu setzen – meist indem die Produkte als Preis zur Verfügung gestellt werden. Diese Strategie, Programm gegen Werbung zu tauschen, nennt man im Fachjargon »Bartering«.

1.5.5 Teleshopping

Beim Teleshopping können die Betrachter der Fernsehwerbung innerhalb kurzer Zeit auf ein Angebot reagieren, indem sie eine Telefonnummer anrufen, um sich weitere Informationen zu besorgen oder gar eine Bestellung aufzugeben. Diese Werbeform wird auch als »Direct Response Television« (DRTV) bezeichnet (Jäger, 1995). Als Teil des normalen Rundfunk- und Fernsehprogrammes ist Teleshopping bereits üblich. Mehrere Hersteller haben in der letzten Zeit mit Erfolg am Ende ihrer Werbespots eine Telefonnummer eingeblendet, etwa der koreanische Autohersteller *Daewoo* oder der *Brockhaus*-Verlag. Weniger attraktive Varianten des Teleshopping sehen vor, daß die Produkte lediglich gezeigt werden. Dazu wird ein Werbespruch aufgesagt. Auf dem Bildschirm erscheint ein Text, der erklärt, wie das Produkt zu beziehen ist. Das ist alles (Baacke et al., 1993, S. 62). Im Ausland sind auch reine Teleshopping-Kanäle üblich. Diese Einrichtung ist in Deutschland noch fraglich, denn ein Kanal, der nur Werbung anbietet, ist im Sinne des Rundfunkstaatsvertrages kein »Rundfunk« und unterliegt daher speziellen juristischen Bedingungen (vgl. Jäger, 1995, S. 115).

Der vernünftige Vorteil des »Direct Response«-Konzepts ist sicher, daß mit diesem Mittel besonders leicht und kostengünstig diejenigen Konsumenten erreicht werden, die wirklich an dem Produkt interessiert sind. Eine herkömmliche Werbemethode, beispielsweise das Werben auf dem Postwege über »Mailing«, ist demgegenüber aufwendiger, weniger effektiv und umweltbelastend.

Der Erfolg gibt den Anbietern recht: Innerhalb von zwei Wochen wollten über 1,2 Millionen Konsumenten Informationsmaterial und das Angebot einer Probefahrt bei *Daewoo* nutzen. *Brockhaus* wurde über DRTV um 25 Prozent mehr Enzyklopädien los als über das traditionelle »Mailing«. Psychologisch ist zu fragen, ob mit der Methode des DRTV nicht eine charakteristische Wechselwirkung des Produktinteresses mit einem anderen Merkmal der Konsumenten erreicht wird. Gerade sehr impulsive Menschen, Leute, die sich – freundlich ausgedrückt – eine Reihe von kindlichen Eigenschaften bewahrt haben, etwa die Unfähigkeit zum Belohnungsaufschub, dürften den Angeboten des DRTV besonders aufgeschlossen gegenüberstehen (vgl. auch Mischel, 1984). Von einem psychologischen Standpunkt ist auch das Argument, man sei durch den Anruf zu nichts verpflichtet, nicht ohne weiteres stichhaltig.

1.5.6 Videoclips

Mit dem Videoclip als visuelle Umsetzung eines Musikstücks ist gleichzeitig eine wirksame Werbemethode gegeben. Zum einen ist der Clip selbst Teil der »public relation« eines Künstlers. Insofern schwankt er zwischen Werbung und Kunstwerk. Darüber hinaus können aber auch Videoclips Werbung im engeren Sinne sein, etwa wenn Michael Jackson im Rahmen eines solchen Clips für *Pepsi* wirbt, oder wenn *Euro-Disneyland* mit einem Clip beworben wird. Auch Trailer eines Kinofilms etwa in Form von Kurzfilmen lassen sich in die Nähe von kleinen Kunstwerken rücken. Hier bestehen fließende Übergänge zwischen Kunst und Werbung.

1.5.7 Merchandising

Mit Merchandising ist die Vermarktung von populären Themen oder Personen gemeint. Das Prinzip des Merchandising ist einfach ausgedrückt: »Wenn die Kasse zweimal klingelt...« (Winkler, 1995). Typische Situationen für den Einsatz dieser Technik sind große einflußreiche Veranstaltungen, wie etwa Olympische Spiele, erfolgreiche Kinofilme oder Serien. Das Angebot besteht meist aus Spielzeug, T-Shirts, Mützen, Tassen, Puppen, Stickers, Ansteck-Buttons, CDs mit der passenden Musik, Bildbänden, Fähnchen, Schlüsselanhängern und so weiter. Zu manchen Fernsehveranstaltungen, Serien etwa oder Talk-Shows, werden Magazine und Zeitungen mit Hintergrundinformationen herausgebracht. Vor allem Kinder sind für Merchandising-Produkte zu gewinnen.
Der Sinn ist, die Popularität einer Sache auszunutzen und sich mit dem Produkt gleichsam parasitär in diese Popularität einzuklinken. Sehr nachdrücklich hat das zum Beispiel die Firma *Nestlé* mit einem Vertrag gemacht, der ihr die Rechte an Walt-Disney-Figuren für zehn Jahre sichert (Baacke et al., 1993, S. 71). Die Disney-Figuren sind die erfolgreichsten Stützen des Merchandising. Mit ihnen lassen sich die Einspielergebnisse eines Films oft erheblich übertreffen. So lag beispielsweise der Profit an Merchandising bei dem Film *Der König der Löwen* mit fast einer Milliarde Dollar um das Dreifache über dem Ergebnis an den Kinokassen (Winkler, 1995).

Exkurs 4 *He-Man*

Zur Technik des Merchandising gibt es einen interessanten Spezialfall, der die Verhältnisse umdreht (Baacke et al. 1993; Clark, 1989). Den Anfang hat die Figur des *He-Man* gemacht, eine kleine bewegliche Plastikpuppe. Die Hersteller von *He-Man* schufen einfach selbst ein Kinderprogramm, eine Trickfilmserie, in dem ihr Produkt die Hauptrolle spielte. Die verschiedenen Verbündeten und Feinde des Helden sind selbstverständlich ebenfalls als Plastikpuppen erhältlich. Die Neigung der Kinder, das Gesehene nachzuahmen, wird hier zielgenau genutzt. Dabei

ist die Vorgabe, wie gesagt, keineswegs ein Spot, sondern eine längere zusammenhängende Handlung in einem Trickfilm.
In gleicher Weise finden sich Trickfilmreihen zu den Figuren *Super-Mario* (eigentlich ein Computer-Spiel) und *Ninja Hero Turtles* (ebenfalls Plastikfiguren). Die große Vorliebe der Turtles für Pizza erklärt sich daher, daß die Serien von einer Pizza-Firma finanziert werden. Diese Werbeform tritt nicht mehr in der ursprünglichen Gestalt des Spots auf. Sie hat in erster Linie das Ziel, das Produkt »in den Herzen und Köpfen der Kinder zu verwurzeln« (Kline, 1991, S. 224; zit. n. Baacke et al., 1993; S. 70).

1.6 Grenzen der Wirtschaftswerbung

Der Werbung werden durch den Gesetzgeber Grenzen gesetzt. Hierbei wird zum einen auf geltendes Wettbewerbsrecht, zum anderen auf die guten Sitten verwiesen. Die ethischen Grenzen der Werbung werden damit nur zum Teil angesprochen. Die folgenden Ausführungen konzentrieren sich auf die gesetzlichen und die selbstdisziplinären Einschränkungen der Werbung. Zu ethischen Aspekten wird man in einem anderen Zusammenhang Stellung nehmen müssen (vgl. Felser, 1994).
Werbung zu treiben ist ein Recht, das durch Meinungs- und Gewerbefreiheit geschützt wird. Unter diesem Gesichtspunkt ergibt sich die Zulässigkeit der Werbung als Institution bereits aus dem Grundgesetz. Demgegenüber wird die Ausübung dieser Rechte durch verschiedene Gesetze und Gepflogenheiten eingeschränkt. Es war bislang ein Charakteristikum der deutschen Werbung, daß in ihr kein Konkurrenzprodukt namentlich genannt werden darf. Allerdings wurden die Beschränkungen der vergleichenden Werbung für Europa einheitlich gelockert. Danach sollen zum Beispiel direkte Preisvergleiche mit anderen existierenden Produkten erlaubt sein. Der Vergleich in der Werbung soll aber durch ausführliche Daten-Details begründet werden. Dies erfüllt zum Beispiel die Anzeige in Abbildung 1.3: Verglichen werden hier die Reichweiten verschiedener Frauenzeitschriften. Die Anzeige richtet sich nicht an die Leserinnen, sondern an potentielle Werbekunden. In den USA ist vergleichende Werbung bereits in einem viel größeren Umfang etabliert, was nach einer verbreiteten Meinung das Werbegeschehen dort aggressiver macht (siehe Exkurs 5).

Exkurs 5 *Vergleichende Werbung*

Wenn man dem Konsumenten demonstrieren will, daß es ungerechtfertigt ist, der Konkurrenz eine höhere Qualität zu unterstellen, dann verfolgt man eine Strategie, die im Marketing »Depositionierung der Wettbewerber« heißt (vgl. Kotler & Bliemel, 1995, S. 314). Eine Spielart dieser Strategie ist die vergleichende Werbung, die in Deutschland durch § 14 UWG eingeschränkt wird. Eines der interessantesten und originellsten Beispiele für aggressive vergleichende Werbung ist ein Spot für *Pepsi*-Cola, der beim Filmfestival von Cannes vor einigen Jahren als Sieger hervorging:
In der fernen Zukunft besucht eine Schulklasse mit ihrem Lehrer eine Ausgrabungsstätte. Die archäologischen Funde, die dort zutage gefördert werden, kommen uns wohlbekannt vor. Es sind in der Regel Gegenstände unseres täglichen Gebrauchs. Die Schüler schlendern über das Gelände, schlürfen aus ihren *Pepsi*-Cola-Dosen und bringen ihrem Lehrer immer neue Funde, mit denen sie nichts anfangen können. Der Lehrer erklärt geduldig bei jedem Gegenstand, wozu das Ding damals, 1987, gut war. Er scheint über ein unerschöpfliches historisches Wissen zu verfügen. Als schließlich ein Schüler eine alte verkrustete Glasflasche anbringt, erkennt jeder Zuschauer sofort den Hauptkonkurrenten von *Pepsi* an der eindeutigen unverwechselbaren – weil gesetzlich geschützten – Form der *Coca-Cola* Flasche. Der Lehrer säubert das Objekt, betrachtet es lange, und auf die Frage, was denn dieses merkwürdige Objekt sei, antwortet er schließlich bedauernd: »I have no idea!«

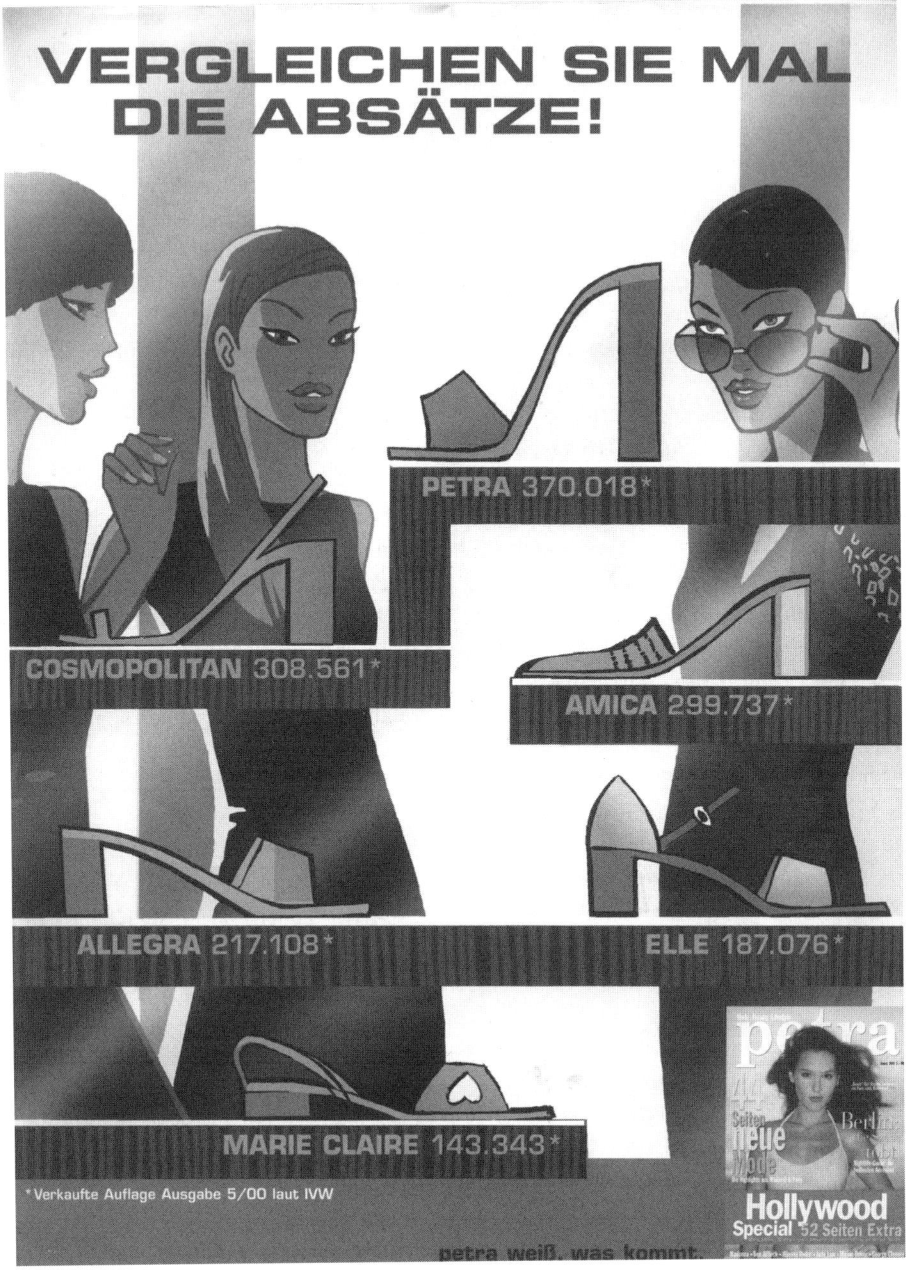

Abbildung 1.3 Vergleichende Werbung für eine Frauenzeitschrift.

1.6.1 Gesetze

Ein spezielles Werberecht gibt es nicht. Diejenigen Rechtsnormen, die die Gestaltung der Wirtschaftswerbung regeln, kann man in drei Kategorien unterteilen (Kienscherf, 1990, S. 253):

1. *Normen allgemeinen Charakters*, etwa das Grundgesetz, das Bürgerliche Gesetzbuch, das Strafgesetzbuch, das Gesetz gegen Wettbewerbsbeschränkungen (Kartellgesetz) und vor allem das Gesetz gegen den unlauteren Wettbewerb (UWG) mit seinen Klauseln, etwa gegen irreführende Werbung, das Lebensmittel-, das Berufsstände- oder das Heilmittelwerbegesetz.
2. *Urheberrechtliche Gesetze*, die sich auf verschiedene Bereiche beziehen, seien sie eher künstlerischer oder technischer Art. In letzterem Fall handelt es sich vor allem um Patent- und Gebrauchsmustergesetze. Im Falle der Werbung werden Urheberrechte auch auf bestimmte Designs und Warenzeichen angewandt. Ebenso gelten Urheberrechte beispielsweise bei der Erfindung von Geschmacksmustern.
3. *Kennzeichnungsrechtliche Bestimmungen*, insbesondere das Warenzeichengesetz.

In den Gesetzen und Einzelvorschriften wird darauf Rücksicht genommen, daß es besonders sensible Gebiete des ökonomischen Wettbewerbs gibt, die einer gesonderten Regelung bedürfen, etwa die Arzneimittelbranche. So darf etwa die »Anti-Raucherpille« *Zyban*, die nach großem Erfolg in den USA seit Juli 2000 auch auf dem deutschen Markt ist, nicht regulär beim Endkunden beworben werden, handelt es sich dabei doch immer noch um ein verschreibungspflichtiges Medikament. Zulässig ist nur die Werbung in Fachzeitschriften, etwa für Ärzte oder Apotheker. Gleichwohl soll eine Kampagne dazu motivieren, mit dem Rauchen aufzuhören und dazu zum Arzt zu gehen (*w&v*, 29/2000, S. 51).
Die Psychologie spielt bei den rechtlichen Einschränkungen eine erhebliche Rolle. Manchen Werbe- und Verkaufsstrategien haben wir als Konsumenten oft nur wenig Widerstand entgegenzusetzen, und diese Techniken werden im Gesetz besonders berücksichtigt. Betrachten Sie zum Beispiel folgende Auswahl von Praktiken, die nach dem UWG nicht erlaubt sind (zum Beispiel Mayer et al., 1982; Bultmann, 1989; Lehmann, 1989; Rost, 1989; Kienscherf, 1990; in Klammern finden Sie die Passagen, in denen wir im folgenden die dahinterstehenden psychologischen Prozesse ausführlich diskutieren werden):

– Ein Händler zeichnet eine bekannte Marke in seinem Sortiment besonders billig aus, um den Eindruck zu erwecken, alle – auch die weniger bekannten Artikel – seien bei ihm so billig (3.2.3).
– Ein Verkäufer bezeichnet eine Ware als verkauft, die in Wirklichkeit noch nicht verkauft ist (Kapitel 12).
– Eine Ware wird mit hohen Phantasiepreisen ausgezeichnet, und später mit viel niedrigeren handelsüblichen Preisen verkauft (10.3.2).
– Der Kunde erhält im Geschäft Zuwendungen, die es ihm unmöglich machen, aus dem Geschäft zu gehen, ohne etwas gekauft zu haben (10.3).
– Eine Werbung erzeugt massive Angst, damit die Kunden das Produkt kaufen (16.1).
– Ein Produkt wirbt mit seiner Testnote der Stiftung Warentest, ohne gleichzeitig seinen Testrang anzugeben. Wenn zum Beispiel alle anderen getesteten Produkte »sehr gut« bewertet wurden, dann nimmt ein mit »gut« eingestuftes Produkt den niedrigsten Rangplatz ein. Diese Information soll nachvollziehbar sein, sonst gilt die Werbung als irreführend. Ebenso irreführend ist es,

das Testdatum zu verschweigen oder mit einer Teilnote zu werben, obwohl die Gesamtnote schlechter ist.

- Eine Werbung preist das Produkt in ungerechtfertigten Superlativen. Der Gebrauch von Superlativen ist dann unzulässig, wenn die Gleichwertigkeit der Konkurrenzprodukte nachgewiesen werden kann. Er ist allerdings unbedenklich, wenn mit dem Superlativ gar keine ernst gemeinte Tatsachenbehauptung einhergeht. Unzulässig war dagegen zum Beispiel die Behauptung des Reiseveranstalters *air marin:* »Billiger kommen Sie nicht weg«. Dieser Spruch wurde von der Konkurrenz der anderen Billiganbieter als Provokation verstanden und wurde nach dem entsprechenden Protest in ein juristisch unbedenkliches »Billiger kommen Sie kaum weg« geändert (*w&v*, 30/2000, S. 55).
- Eine Werbung stellt Informationen bereit, die zwar der Wahrheit entsprechen, aber gleichwohl irreführende Vorstellungen beim Konsumenten wecken. So durfte der meistverkaufte Elektrorasierer der Welt in Deutschland nicht mit seiner Spitzenstellung werben. Viele Konsumenten neigen nämlich zu dem Fehlschluß, der meistverkaufte Rasierer der Welt müsse auch der meistverkaufte in Deutschland sein. Da diese Annahme nicht der Wahrheit entsprach, galt die Werbung als irreführend, obwohl sie nur wahre Angaben enthielt.
- Eine Werbung oder ein Verkaufsgespräch wird so lästig, daß der Kunde das Produkt kauft, um dieser Belästigung zu entgehen.
- In Briefkästen mit dem Aufkleber »Keine Werbung« darf auch keine Werbung eingeworfen werden. Ausgenommen sind hiervon allerdings Prospektwerbung politischer Parteien und die Werbung, die der Tagespresse beigefügt ist.[5]
- »Unverlangte Werbeanrufe per Telefon oder Fax gelten als rechtswidrige Eingriffe in die Privatsphäre des Menschen. Sie verstoßen gegen das Verbot unlauterer Werbung. [...] Wenn ein Empfänger seine Telefon- oder Faxnummer zum Zwecke der Kontaktaufnahme schriftlich bekanntgegeben hat, ist diese Form der Werbung ebenfalls zulässig« (Rhein-Zeitung, 13./14.4.1995, S. 19; siehe auch Exkurs 6).
- Paragraph 6d UWG untersagt die Werbung mit mengenmäßig beschränkten Angeboten, etwa »Abgabe nur in haushaltsüblichen Mengen« (Kapitel 12).
- Nach Paragraph 6e UWG ist es nicht erlaubt, mit genauen Preisgegenüberstellungen zu werben, etwa: »Jetzt 5.020 DM statt früher 7.520 DM«.

Die sogenannte »Zugabeverordnung«, die unter anderem verhindern sollte, daß der Kunde durch Werbegeschenke in ein Gegenseitigkeitsverhältnis zum Verkäufer gedrängt wird, ist mittlerweile aufgehoben worden. Der Wert von Werbegeschenken und Rabatten darf also den bisher üblichen Rahmen von drei Prozent des Warenpreises übersteigen. Die Aufhebung gilt auch für das Rabatt-

---

5 »Adressierte Werbebriefe lassen sich – zumindest teilweise – vermeiden, wenn man sich kostenlos in die ›Robinson-Liste‹ eintragen läßt. [...] Ein Antragsformular [kann] telefonisch oder schriftlich angefordert werden: Robinson-Liste, Postfach 1401, 71243 Ditzingen. Tel. 07156/951010« (*Rhein-Zeitung*, 13./14.4.1995, S. 19). In Deutschland haben etwa zehn Prozent der Haushalte den Aufkleber »Bitte keine Werbung«. Die Quote der Verweigerer ist in Universitätsstädten wie Freiburg oder Tübingen besonders hoch, während in gutsituierten Wohnvierteln fast kein Haushalt die Annahme von Werbeprospekten verweigert (Ehm, 1995, S. 132).
Eine interessante Variante zur Werbung über Info-Post, sogenannte »Kunden-Mailings«, besteht in der Strategie, in Zeitschriften personalisierte Anzeigen zu plazieren. So hat beispielsweise der *Otto*-Versand im Juli 1995 die Abonnenten der Zeitschrift *Super TV* in seinen Werbeanzeigen direkt angesprochen. Diese Technik wird dadurch möglich, daß Abonnenten ohnehin ein persönliches Exemplar der Zeitschrift erhalten, so daß auch in der Zeitschrift prinzipiell Seiten enthalten sein können, die sich ganz persönlich an den betreffenden Leser richten. Die Portokosten sinken bei diesem Verfahren gegenüber dem traditionellen »Mailing« erheblich. Allerdings sind die sonstigen Kosten für dieses Verfahren sehr hoch (*w&v*, 28/1995, S. 66).

gesetz und bringt mit sich, daß der Kunde in Zukunft mit dem Verkäufer den Preis einer Ware frei aushandeln kann. Sie bringt also mit Sicherheit einen Zuwachs an Wettbewerb. Solche Änderungen in der Rechtsordnung zeigen die Schwierigkeiten, in denen sich die Gesetzgeber befinden, wenn sie zwischen Wettbewerbs- und Verbraucherinteressen vermitteln müssen.

Exkurs 6 *Telemarketing*

Als einen zusätzlichen Kundenservice bieten viele Firmen Telefonleitungen an, über die Informationen, Bestellungen, Beschwerden, Nachkaufbetreuung und andere Dienstleistungen laufen können. Je nach Kampagne variieren die angebotenen Gebührentarife, die sich in den Vorwahlen ausdrücken: Eine 0130 ist die kundenfreundlichste Variante. Der Anruf kostet den Kunden gar nichts. Die 0190 ist dagegen für den Kunden teuer. Sie wird daher meist nur für sehr hochwertige Dienstleistungen angeboten. Der Anbieter wird zudem dabei in Rechnung stellen müssen, daß viele Konsumenten mit dieser Vorwahl andere Dienstleistungen verbinden, nämlich Telefonsex. Am gebräuchlichsten ist die 0180. Unter dieser Vorwahl teilen sich Anbieter und Anrufer die Kosten, bzw. der Anrufer trägt die Kosten allein, die nicht besonders hoch liegen (Müller, 1995).

Zur Rechtslage: »Grundsätzlich hält die deutsche Rechtsprechung das Telefonmarketing im Sinne des Gesetzes gegen den unlauteren Wettbewerb (UWG § 1) für gesetzeswidrig. Die Rechtsprechung unterscheidet deutlich zwischen Telemarketing im privaten und im gewerblichen Bereich. Bei ersterem ist es nicht erlaubt, Inhaber von Fernsprechanschlüssen unaufgefordert anzurufen, auch wenn der Anruf vorher brieflich angekündigt wurde. Im gewerblichen Bereich ist Telemarketing nicht erlaubt, wenn der Anzurufende nicht vorher ausdrücklich und konkludent sein Einverständnis zu dem Anruf gegeben hat. Dagegen ist es aber gestattet, wenn bereits Geschäftsbeziehungen vorliegen, der Werbeanruf den eigentlichen Geschäftsgegenstand betrifft oder der Anrufer das Einverständnis des Angerufenen vermuten kann. Nach einer Entscheidung des OLG Hamburg muß hier allerdings ein im Einzelfall herleitbarer konkreter Grund vorliegen, warum der Anzurufende mit dem Anruf einverstanden sein könnte« (W.E. Müller, 1995, S. 126).

1.6.2 Selbstdisziplinäre Einrichtungen

Es gibt bereits seit 1937 einen internationalen Code der Werbepraxis (ICC: »International Code of Advertising Practice«), der in selbstdisziplinierender Absicht von Industrie und Handel formuliert und mehrfach revidiert wurde. Darin ist in allgemeiner Form niedergelegt, welche Verhaltensweisen in Werbung und Konsumforschung von seiten der Betreiber als unethisch gelten (vgl. Kienscherf, 1990, S. 254*ff*). Die Marktforschung wird ihrerseits noch von einem Kodex geleitet, der von der Internationalen Handelksammer (IHK) und der European Society for Opinion and Marketing Research (ESOMAR) entwickelt wurde. Dieser Kodex untersagt zum Beispiel unethische Datenerhebungsmethoden, etwa das Verletzen der Intimsphäre bei der Konsumentenbeobachtung. Er regelt zudem den Umgang mit der Anonymität der Probanden, die natürlich nicht geringer sein darf, als bei der Datenerhebung angekündigt. Außerdem verbietet er, einen Verkaufsversuch durch eine Umfrage einzuleiten und ihn dadurch als Marktforschung zu tarnen. Überhaupt gehört es zu den selbst auferlegten Einschränkungen, daß im Rahmen von Marktforschung keine Versuchsperson ihr eigenes Geld einsetzen darf. Das führt dazu, daß die Probanden in simulierten Kaufsituationen oft symbolisches Geld, sogenannte »Tokens«, oder echtes Geld aus dem Forschungsetat erhalten, damit der Kauf möglichst authentisch erscheint (vgl. Kotler & Bliemel, 1995, S. 210*ff*; Salcher, 1995, S. 107).
Zurück zur Werbung: Als eine Art Gewissen der deutschen Werbeindustrie, vertreten durch den »Zentralausschuß der Werbewirtschaft«, ZAW, fungiert der Deutsche Werberat. Nach dem Vorbild vieler anderer Länder beurteilt und beanstandet der Werberat auch in Deutschland jene Grauzone der Werbebemühungen, die nicht gesetzlich geregelt wird (zur Organisation der Werbewirtschaft siehe Pflaum, 1990). Den Deutschen Werberat kann jede Person anrufen, um über eine Werbemaßnahme Beschwerde zu führen. Nach bestimmten Grundsätzen werden die Werbebei-

spiele geprüft und gegebenenfalls beanstandet. Manche Beschwerden werden an zuständige Stellen weiterverwiesen. Nach Stand von 1990 werden etwa 1/5 der vorgelegten Werbebeispiele beanstandet (Baacke, et al. 1993). Entscheidungsgrundsätze sind für folgende Themen formuliert (vgl. ZAW, 1990):

- Verhaltensregeln für die Werbung mit und vor Kindern (1974),
- Verhaltensregeln für die Werbung für alkoholische Getränke (1976),
- Verlautbarung zur Werbung mit unfallriskanten Bildmotiven (1974),
- Verlautbarung zur Reifenwerbung (1974),
- Verlautbarung zur Herabwürdigung von Frauen (1980).

1.7 »Werbepsychologie« – ein Markt mit Zukunft?

Wer behauptet, daß das Geschehen auf den Märkten und speziell in der Werbung »alles nur Psychologie« sei, braucht kaum Widerspruch zu fürchten. Und der Werbebereich boomt: Der Zentralverband der Werbewirtschaft berichtet für das erste Halbjahr 2000 von insgesamt 6.930 offenen Stellen in der Werbewirtschaft. Betrachtet man sich diese Stellen allerdings genauer (siehe Tabelle 1.2), wird man feststellen, daß die Berufsbezeichnung »Werbepsychologin/Werbepsychologe« darin fehlt.

Tabelle 1.2 Stellenangebote im Bereich »Werbung« für das erste Halbjahr 2000

Berufsbereich	Angebote	± zu Vorjahr in Prozent
Grafiker/Medien-Designer	1484	30
Medienexperten	1107	48
Kontakter	982	46
Art Director	748	59
Texter	622	48
Marketing + Werbung	545	11
Werbefachmann/-frau	388	24
Werbeassistenten	243	-14
Sekretärin/Assistentin	222	88
Werbeleiter	73	4
Hilfskräfte	67	72
Schauwerber	48	-16
Marktforscher	29	32
Geschäftsführer	29	-9
Gesamt	6930	36

Aus: w&v, 30/2000, S. 28. Quelle ZAW.

Der Grund hierfür ist einfach: Es gibt kein klar umrissenes Berufsfeld für Psychologen in der Werbung. Dies ist als Tatsache zunächst einmal einfach hinzunehmen – und ist auch nicht besonders bedauerlich: Wer in der Wirtschaft tätig ist, findet nicht immer eine Tätigkeit, die genau sei-

ner Ausbildung entspricht; er muß vielmehr häufig sehr flexibel sein und sich ein Aufgabenfeld selbst gestalten, Psychologen bilden da keine Ausnahme.
Allerdings müssen Psychologen im Bereich des Marketing und der Werbung auf einige Erwartungen und Vorurteile gefaßt sein. Eine davon ist: Das psychologische Know-how ist vor allem wegen seiner Methodik gefragt. Daher werden Psychologinnen und Psychologen vor allem in der Marktsondierung, der Werbewirkungs- und Marktforschung eingesetzt. Dieses Tätigkeitsfeld ist gegenwärtig noch bei weitem das wahrscheinlichste für Sie, wenn Sie als Psychologin oder Psychologe in die »Werbung« wollen.
Dabei haben Marktforscher in der Wirtschaftspraxis nicht immer einen leichten Stand. Nicht selten müssen die Kolleginnen und Kollegen aus der Marktforschung gegenüber dem Management eine hinderliche »Kommunikationsmauer« (Lachmann, 1994) überwinden, um ihre Arbeit zu verkaufen. Das Management seinerseits beklagt, daß die Ergebnisse der Marktforschung oft zu spät einträfen, zu komplex, zu unverständlich, zu vieldeutig und zu teuer seien und keine Folgerungen für die Praxis abwerfen würden (Lachmann, 1994, S. 32). Oft genug bevorzugen Mediaplaner am Ende auch angesichts umfangreicher und zuverlässiger Daten und Erfahrungswerte noch immer die »Bauchentscheidung« (*w&v*, 31/2000, S. 94), lassen sich also nicht durch Daten, sondern durch andere Impulse leiten. Dieses Problem haben freilich nicht nur Psychologen in der Marktforschung.
Ein anderes Vorurteil, mit dem Sie in der Wirtschaftspraxis rechnen müssen: Unter psychologischen Methoden verstehen viele Praktiker der Wirtschaft vor allem den Umgang mit qualitativen Daten, Interviews, assoziativen Verfahren, Gruppendiskussionen, projektiven Tests und so weiter. Dieses Vorurteil wird verstärkt durch eine unglückliche Tendenz, immer dann von *»psychologischer* Marktforschung« zu sprechen, wenn man eigentlich nur einen sehr kleinen Ausschnitt aus der Marktforschung meint (zum Beispiel Kepper, 1996; Salcher, 1995):
Mit »psychologischer Marktforschung« ist in der Regel ein Untersuchungsansatz gemeint, der in besonderem Grade am Individuum ansetzt, mehr auf Verstehen als auf Beschreiben ausgerichtet ist, und insbesondere tieferliegende, nicht offen artikulierte Motiv- und Bedürfnisstrukturen aufdeckt. Somit gilt beispielsweise die Motivforschung (vgl. Felser, 1999a) als eine besondere Domäne der psychologischen Marktforschung. Die zentrale Kompetenz von psychologischer Seite wird bei der Durchführung und Auswertung solcher qualitativer Verfahren gesehen.
Bei dieser Sicht auf die psychologischen Beiträge zur Markt- und Konsumentenforschung bleibt freilich ein sehr umfangreiches Potential ungenutzt. Dies betrifft nicht nur die Kompetenzen im Umgang mit quantitativen Daten. Die folgenden Kapitel zeigen – so hoffe ich wenigstens – daß die Psychologie praktisch zu allen Bereichen des Konsumentenverhaltens wichtige Beiträge leisten kann.
Viele auch überraschende Phänomene der Konsumentenpsychologie sind in der jüngeren Vergangenheit besser erforscht worden, so daß man sie nicht mehr einfach als Anomalien oder irrationales Verhalten hinnehmen muß, sondern sie im Gegenteil vorhersagen und bei Bedarf bewußt steuern kann. Ich weise an dieser Stelle nur beispielhaft auf die Urteilstendenzen zu Kontrast und Assimilation (siehe Kapitel 8) oder auf die psychologische Bedeutung von Preisstrukturen (16.3.5) hin. In solchen Forschungsergebnissen zeigt sich nicht selten ein bedeutender Vorsprung der Psychologie als einer empirischen Wissenschaft, die noch immer sehr von ihren neuesten Forschungsergebnissen geprägt wird.
Es scheint daher auch nicht sinnvoll, in einem engen Sinne von »Werbepsychologie« zu sprechen, wenn sich die psychologischen Beiträge auf diesem Gebiet leicht auf andere Aspekte des Konsumverhaltens übertragen lassen. Es bleibt zu hoffen, daß diese Beiträge in Zukunft mehr nachgefragt – freilich von den praktisch arbeitenden Psychologinnen und Psychologen auch entsprechend gut »verkauft« werden. Mit diesem Buch habe ich versucht, einen Beitrag dazu zu leisten. Die Zukunft der »Werbepsychologie« kann davon nur profitieren – und mit ihr der ganze Markt.

ZWEI: **Aktivierende Prozesse des menschlichen Verhaltens**

Zusammenfassung

1. *Zum Verhalten gehört ein gewisses Maß an Aktiviertheit des Organismus. Da Konsumenten zumeist Produkt und Konsum gegenüber nicht besonders aktiviert sind, ist es Aufgabe der Werbung, das Aktivationsniveau zu heben. Hierzu kann sie an Emotionen, Motiven und Einstellungen der Konsumenten ansetzen.*

2. *Emotionen regeln ähnlich wie Einstellungen und Motive die Handlungsbereitschaft des Organismus. Sie haben immer eine Valenz, werden also immer entweder als positiv oder negativ erlebt. Komplexere Emotionen beruhen auf der Aktivation des Organismus und dessen Interpretation der Außenwelt.*

3. *Konsumenten erwarten verstärkt emotionale Konsumerlebnisse. Das Vermitteln angenehmer Empfindungen spielt bei der Produktgestaltung eine zunehmend wichtige Rolle.*

4. *Theorien der menschlichen Motivation unterscheiden sich darin, ob sie die treibenden Kräfte hinter dem Verhalten (zum Beispiel Triebe, Instinkte, Motive, Bedürfnisse, Wünsche, Ziele und Erwartungen) oder ob sie den Prozeß des motivierten Handelns thematisieren. Eine bekannte Prozeßtheorie der Motivation beschreibt das motivierte Verhalten als das Produkt aus dem Wert, den die Handlungsfolgen für das Individuum haben und der subjektiven Wahrscheinlichkeit, mit der das Handeln zum Erfolg führt.*

5. *Inhaltliche Motivtheorien setzen eine unterschiedliche Anzahl von Motiven voraus. Die verschiedenen Motive sind unterschiedlich grundlegend für das Individuum. Höhere Bedürfnisse werden nicht befriedigt, bevor grundlegende Bedürfnisse gesichert sind.*

6. *Menschliches Verhalten hat nicht nur das Ziel, mit dem Ergebnis des Handelns ein bestimmtes Motiv zu befriedigen. Oft ist das Verhalten selbst das Ziel, indem die Person dadurch ihre Identität ausdrückt oder innere Zustände (Emotionen, Anspannung) reguliert.*

7. *Die meisten Menschen sind nicht von grundlegenden Bedürfnissen nach Nahrung oder physischer Sicherheit getrieben, wenn sie Werbung rezipieren. Daher ist der Appell an diese Bedürfnisse keine geeignete Basis für die Wirksamkeit von Werbung. Werbung muß sich darauf beziehen, was sich Konsumenten unter einem guten Leben vorstellen. »Gutes Leben« setzt sich aus verschiedenen Zielen zusammen. Diese Ziele stehen bei einer Reihe von Handlungen mindestens implizit im Hintergrund.*

8. *Konkrete Produktwünsche lassen sich auf die Ziele der Konsumenten beziehen. Diese Wünsche münden aber nicht immer in Kaufhandlungen.*

- *Manche Wünsche bestehen nur latent. Der Konsument weiß nicht, daß er mit einem bestimmten Produkt ein Ziel erreichen könnte.*
- *Manche Wünsche bleiben passiv. Der Konsument hat zwar einen Wunsch, der durch das Produkt befriedigt würde, gleichzeitig empfindet er aber die finanziellen oder sozialen Kosten, die mit dem Produkt verbunden sind, als unangemessen.*
- *Manche Wünsche werden ausgeschlossen. Der Konsument hat zwar den Wunsch nach dem Produkt, er sieht sich aber gezwungen, dem Wunsch nicht nachzugeben.*

9. *Auch motivierte Menschen handeln nicht immer so, wie die Motive erwarten lassen. Gründe hierfür liegen in Motivkonflikten, in der unterschiedlichen Spezifität von Motiven oder möglicherweise auch darin, daß wichtige Motive nicht hinreichend bewußt sind.*

10. *Die Frage, welche psychologische Regel das Konsumentenverhalten angemessen beschreibt, hängt wesentlich daran, ob die Personen in einer bestimmten Situation involviert sind oder nicht. Involvement bezeichnet das Ausmaß an innerer Beteiligung des Individuums an einem Verhalten.*

Verhalten braucht Energie, und der Organismus folgt bei der Zuweisung von Energie bestimmten Regeln. Beispielsweise wird Energie bereitgestellt, wenn wir Wünsche und Motive befriedigen wollen, aber auch wenn persönlich wichtige Werte auf dem Spiel stehen. Andere Arten der Aktivation gehen demgegenüber auf rein physiologische Gründe zurück. Kroeber-Riel (1992, S. 49*ff*) unterteilt die aktivierenden Prozesse in Emotion, Motivation und Einstellung. Von allen Komponenten wird im folgenden die Rede sein (wenn auch von der Einstellung etwas ausführlicher, so daß hierfür ein anderes Kapitel reserviert bleibt; vgl. Kapitel 13).
Das Konzept der *Aktivation* bezeichnet eine sehr weit gefaßte, ziemlich unspezifische Art der Erregung oder Zuwendung, die ein Stimulus, beispielsweise Werbung beim Rezipienten auslöst.[1] Dabei bleibt noch unbestimmt, was genau aktiviert wird. Dies mag psychologisch etwas unbefriedigend sein, zumal der Zusammenhang zwischen Aktivation und Akzeptanz einer Werbevorlage nicht eindeutig ist. Zum Beispiel zeigten die Probanden von Hering, Feist und Bente (1996) bei Werbung eine höhere physische Aktivation (gemessen anhand von Herzrate und Hautwiderstand), waren aber gleichzeitig gegenüber der Werbung weniger aufmerksam als gegenüber anderen Programmteilen. Die höchste Aktivation zeigte sich bei den am schlechtesten bewerteten Spots, nämlich bei Waschmittelwerbung.
Aktivation, so wie es von Kroeber-Riel (1992; 1993a) oder Meyer-Hentschel (1992) gebraucht wird, kann allerlei heißen, etwa eine Erhöhung der physischen Spannung, eine Zuwendung der Aufmerksamkeit, Neugier, die Stimulation bestimmter Motive und Bedürfnisse, Erregung von Emotionen und anderes mehr.
Aktiviert werden können wir zum Beispiel rein körperlich, indem bestimmte Nervengruppen des zentralen Nervensystems gereizt werden. In diesem Sinne bezeichnet Aktivation die Reaktions- und Leistungsbereitschaft des Organismus. Physiologisch aktiviert werden wir bereits durch die Zufuhr von Substanzen, etwa Koffein, Alkohol (in kleinen Mengen) oder Hormonen. In anderen

[1] Kroeber-Riel spricht eigentlich von »Aktivierung« und nicht von »Aktivation«. Lachmann (i.V.) kritisiert an dieser Terminologie, daß der Begriff »Aktivierung« nicht zwischen dem intransitiven Sinn (aktiviert sein) und dem transitiven Sinn (andere aktivieren) unterscheidet – beides kann mit »Aktivierung« bezeichnet werden. Er schlägt daher den Begriff »Aktiviertheit« vor, um den transitiven Sinn zu betonen. Mit dem selben Ziel werde ich im folgenden von »Aktivation« sprechen, wenn ich den Zustand und nicht die Handlung meine.

Fällen entsteht physische Aktivation mittelbar als Folge von psychischen Zuständen, insbesondere aufgrund von Wahrnehmungen. Die Wahrnehmung von Gefahr oder von sexuellen Reizen aktiviert den Organismus auf biologisch vorprogrammiertem Wege.
Erregung äußert sich körperlich zum Beispiel in Herzschlag, Atmung, Pupillenreaktion oder elektrischer Leitfähigkeit der Haut. Alle diese Maße sind geeignet, die Aktivation eines Organismus anzuzeigen (vgl. 17.3). Eine hohe Aktivation erleichtert nicht nur das direkte Verhalten, sondern auch die Informationsverarbeitung, allerdings gilt dies nur für ein mittleres Erregungsniveau (Greenwald & Leavitt 1984; Kroeber-Riel, 1992, S. 66; Meyer-Hentschel, 1993).
Für diese Erkenntnis steht das klassische *Yerkes-Dodson-Gesetz* (Yerkes & Dodson, 1908) Pate, das vor allem im Bereich der Leistungsmotivation einschlägig ist. Diesem Gesetz zufolge ist der Zusammenhang zwischen der Qualität einer Leistung und der Aktivation immer kurviliniear, und zwar hat er die Form eines umgekehrten U (siehe Abb. 2.1). Das Yerkes-Dodson-Gesetz behauptet also, daß es immer ein Optimum an Aktivation gibt, jenseits dessen die Qualität einer Leistung wieder abnimmt.

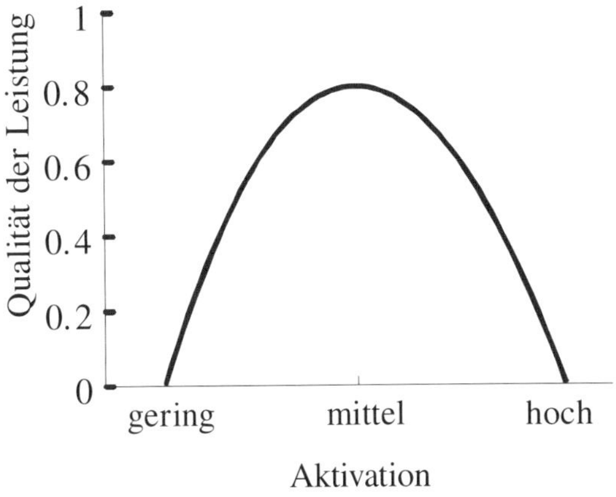

Abbildung 2.1 Qualität der Leistung in Abhängigkeit vom Aktivationsniveau: Schemazeichnung des Yerkes-Dodson-Gesetzes.

Wo das Optimum liegt, wird wesentlich davon bestimmt, wie schwierig oder komplex die Aufgabe ist, um die es geht. Bei leichten Aufgaben steigt die Qualität der Lösung noch mit der Stärke der Aktivation; ein Absinken ist erst bei sehr hoher Erregung zu beobachten. Bei schweren Aufgaben jedoch ist das Optimum schnell erreicht; hier schadet die Erregung bereits bei einer verhältnismäßig moderaten Ausprägung.
Bei der Rezeption von Werbung besteht die »Aufgabe« in der Verarbeitung der Werbeinformation. Aus dem Yerkes-Dodson-Gesetz ließe sich dann ableiten, daß zur Verarbeitung einer komplexen Werbeinformation eine geringere Aktivation optimal ist zur Verarbeitung einfacher Informationen. Theoretisch könnte es durchaus vorkommen, daß wir zu stark aktiviert wären, um eine Werbeinformation angemessen zu verarbeiten. Allerdings gilt diese Erwartung häufig nur theoretisch, denn tatsächlich ist Werbung auch aus anderen Gründen möglichst wenig komplex. Kroeber-Riel (1992) fordert, daß Werbebemühungen stets nach der höchstmöglichen Aktivation streben sollten. Zwar räumt auch er ein, daß optimale Leistung nur bei mittlerer Erregung erbracht wird, er betont aber gleichzeitig, daß das Ausgangsniveau der Aktivation beim Betrachten von Werbung stets gering

sei, da Werbung fast nie mit besonderem Interesse betrachtet wird. Daher kann er folgern: »In der Werbung besteht praktisch keine Gefahr, zu viel zu aktivieren« (S. 96).
Ist das Interesse (das Involvement, vgl. 2.3) eines Rezipienten an der Information gering, dann läßt sich durch bekannte Mittel der Aktivierung (vgl. 5.3) eine leichte Steigerung erzielen. Die Grenzen, in denen durch zusätzliche Stimulation die Aktivation gesteigert werden kann, sind allerdings relativ eng. Wird die Informationsverarbeitung nicht durch Aktivierung erleichtert, so kann statt dessen die Wiederholung der Information für die entsprechend effiziente Wahrnehmung sorgen.

2.1 Emotionen

Ähnlich wie Einstellungen bezeichnen Emotionen eine grundsätzlich positive oder negative Haltung des Organismus. Emotionen haben immer eine Valenz, das heißt, sie werden immer angenehm oder unangenehm erlebt.
Emotionen lassen sich meistens auf Gegenstände und Situationen der Außenwelt beziehen, auf die sie sich richten, oder von denen sie abhängen. Sie sind auf ein gewisses Mindestmaß von Aktivation angewiesen. Dementsprechend bestimmen Emotionen auch die Handlungsbereitschaft des Organismus.

2.1.1 Das Schachter-Singer-Paradigma

Am Beispiel von Aktivation und Emotion möchte ich einen wichtigen psychologischen Grundgedanken diskutieren, der uns an anderen Stellen wiederbegegnen wird. Ich beginne mit einem klassischen Experiment (Schachter & Singer, 1962):
Den Versuchspersonen wird Epinephrin verabreicht, eine Droge, die eine unspezifische körperliche Erregung erzeugt. Einige Probanden werden über die Wirkung der Injektion informiert. Andere Versuchspersonen werden so instruiert, daß sie keine Erregung oder jedenfalls eine andere Reaktion als Folge der Spritze erwarten. Im Verlauf des Experiments begegnen die Probanden einer weiteren Person, die sich entweder in einer freudig-euphorischen oder einer ärgerlich-gereizten Stimmung befindet. Jene Versuchspersonen, die die Wirkung der Droge kennen, bleiben von der Begegnung verhältnismäßig unbeeindruckt. Demgegenüber lassen sich die uninformierten Probanden deutlich von der jeweiligen Stimmung der anderen Person beeinflussen. Wer es mit einem fröhlichen Gegenüber zu tun hat, wird selbst fröhlich, wer sich in Gesellschaft einer gereizten Person befindet, nimmt selbst eine verärgert-reizbare Stimmung an.
Die Informiertheit machte in diesem Experiment den entscheidenden Unterschied: Wer die Wirkung der Spritze kannte, deutete seine Erregung als eine Folge der Droge und nicht der emotionalen Situation. Wer dagegen erregt war, ohne zu wissen warum, nutzte zur Erklärung des Erregungszustandes die Situationsinformation, die jeweils klare Emotionshinweise enthielt.
Das Schachter-Singer-Experiment ist ein Klassiker, weil sich in ihm zeigt, daß wir innere Zustände oft nicht richtig deuten und äußere Informationen zum vollständigen Verständnis nutzen. Hierbei kann es auch zu Fehlinterpretationen kommen, auch das deutet sich in der Schachter-Singer-Untersuchung bereits an: Der objektiv gleiche Aktivationszustand wird von den einen als Freude von den anderen als Ärger erlebt.
Daß diese Interpretationen innerer Zustände möglich sind, kann nicht bezweifelt werden. Uneinig ist man sich in der Forschung allerdings noch über die Frage, ob diese Art, zu einer Emotion zu kommen, die Regel oder die Ausnahme ist. Schachter und Singer selbst tendierten zu der

Ansicht, daß die physiologische Grundlage unserer Emotionen immer unspezifisch ist, so daß zu einer gegebenen Aktivation beinahe beliebige Emotionen »hinzu interpretiert« werden können. Diese Annahme erscheint den meisten Forschern heutzutage überzogen. Freilich steht mit der Forschung in der Tradition des Schachter-Singer-Experiments fest, daß es wenigstens einige Fälle gibt, in denen ein Körperzustand erst anhand bestimmter Außenkritierien interpretiert – und unter gewissen Gesichtspunkten dabei sogar *fehl*-interpretiert wird.

Spätere Arbeiten setzten die Idee von Schachter und Singer in einer Weise fort, die für die Unterbrecher-Werbung von Bedeutung ist (vgl. Cantor, Bryant & Zillmann, 1974; Zillmann, Kachter & Milavsky, 1972): Versuchspersonen machen eine Sportübung, von der ihr Kreislauf in Schwung und der Körper in einen unspezifischen Erregungszustand versetzt wird. In der Folge sollen sie zum Beispiel andere Versuchspersonen durch Belohnung und Bestrafung dazu bringen, bestimmte Dinge zu lernen. Oder sie sollen Cartoons, erotisches Material oder einen Vortrag bewerten. Wenn die zweite Aufgabe kurz auf die körperliche Anstrengung folgt, hat die Erregung noch keinen Einfluß auf das Urteil. Liegt aber eine gewisse Zeit dazwischen, dann neigen die erregten Personen zu härteren Strafen in der Lernaufgabe, sie finden die Cartoons lustiger, das erotische Material stimulierender und so weiter. Diese Experimente gelten als Beleg dafür, daß wir unspezifische Erregung, die nicht eindeutig einer Quelle zugeordnet werden kann, mit dem nächstbesten Material verknüpfen. Die Basis für diesen Effekt ist offenbar unsere Unkenntnis über unsere eigenen Erregungszustände. Wir überschätzen die Geschwindigkeit, mit der sich Erregung in unserem Körper wieder abbaut. Bereits nach kurzer Zeit, wenn unser Erregungsniveau in Wirklichkeit noch immer recht hoch ist, tun wir so, als seien wir so gelassen wie vorher und schreiben jede folgende Erregung dem nächsten plausiblen Anlaß zu, und sei der auch noch so unschuldig.

Dieser Effekt wird auch bei der Unterbrecher-Werbung erwartet (zum Beispiel Mattes & Cantor, 1982; kritisch Mundorf, Zillmann & Drew, 1991): Wenn die Werbung das Programm an einer Stelle unterbricht, bei der die Zuschauer noch stark aktiviert sind, dann würde diese Aktivation während der ersten Spots noch dem Programm, später dann aber zunehmend mehr den Spots zugeschrieben. Spätere Spots könnten sich dann in diese Aktivation einklinken, indem sie quasi ihre eigenen Interpretationen für den Erregungszustand anbieten.

2.1.2 Emotion und Kognition

Nach Schachter und Singer besteht eine Emotion also aus der Aktivation und einer kognitiven Komponente. In der Literatur ist von dieser kognitiven Komponente häufig als »Deutung« oder »Interpretation« die Rede (zum Beispiel Kroeber-Riel 1992, S. 100). Dieser Begriff kann allerdings leicht in die Irre führen. Deuten ist eine Handlung, die nur unter besonderen Umständen einsetzt – etwa in dem oben genannten Experiment, wenn die Bedeutung eines Erregungszustandes unklar ist. In den allermeisten Fällen jedoch kommt die kognitive Komponente ganz ohne Deutung – sozusagen als unmittelbares »Verstehen« – zu der Aktivation hinzu.

Gerade in der Praxis der Werbung und des Marketing ist es populär geworden, diesen Punkt der Emotionspsychologie zu vernachlässigen und den kognitiven Anteil von Gefühlen als eine nachträgliche Deutung auszugeben. Besonders einflußreich waren hierbei Theorien, die betonen, daß die affektive Reaktion gegenüber Reizen äußerst schnell einsetzt. Da darüber hinaus Affekte häufig noch unbestimmt sind und oft in nicht mehr als einer globalen Ablehnung oder Akzeptanz eines Reizes bestehen, wurde darin die Grundform unserer emotionalen Reaktionen schlechthin gesehen (vgl. Zajonc, 1980). Nach dieser Idee ist also die affektive Reaktion stets die eigentliche und ursprüngliche und die kognitive nur ein nachträglicher, beeinflußbarer Überbau hierzu. Diese Position übersieht jedoch, daß Kognitionen häufig ebenso spontan einsetzen wie Affekte. Urteile über eine Situation ergeben sich in der Regel ganz spontan als unmittelbares Verständnis. Ich werde diesen Gedanken noch einmal aufgreifen, wenn es um die Rationalität von Entscheidungen geht (4.2).

2.1.3 Emotionale Erlebnisse als Ziel des Marketing

Emotionen sind unterschiedlich komplex. Manche Emotionen setzen sehr differenzierte Kognitionen voraus, zum Beispiel Eifersucht. Weniger komplex sind dagegen zum Beispiel Freude, Kummer, Furcht oder Ekel. Biologische Emotionstheorien sehen daher in den weniger komplexen Gefühlen die sogenannten »primären Emotionen«, die auf einer biologisch festgelegten Grundlage beruhen (vgl. Kroeber-Riel, 1992, S. 101).

Auf diese elementaren Emotionen hat es das Marketing eher abgesehen als auf die kognitiv komplexen. Auf gesättigten Märkten, in denen sich Produkte in ihrem Gebrauchswert wenig unterscheiden und die Konsumenten nur ein geringes Kaufrisiko wahrnehmen, spielen solche Emotionen aus zwei Gründen eine besondere Rolle:

1. Je weniger kognitiver Aufwand um eine Entscheidung getrieben wird, desto mehr hängt die Entscheidung von solchen Prozessen ab, die relativ automatisch ablaufen. Dies trifft auf viele einfache Emotionen zu. Daher sind Emotionen in zunehmendem Maße an der Entscheidung beteiligt, je ähnlicher sich die Angebote werden.
2. Bei Produkten wird immer häufiger auf ihren Zusatznutzen und Erlebniswert geblickt. Die Produkte sollen emotionale Zusatzerlebnisse vermitteln. So wird zum Beispiel von einem öffentlichen Schwimmbad mehr erwartet, als nur, daß man darin ein gekacheltes Becken vorfindet, in dem man von Kopf bis Fuß naß werden kann. Es werden mehr Anregungen und Erfahrungen gewünscht, etwa durch »Musik- und Lichtwirkungen, gemütliche Kommunikationsgelegenheiten, simulierte Urlaubseindrücke usw.« (Kroeber-Riel, 1992, S. 121). Das Schwimmbad soll ein emotionales Erlebnis bieten, wie überhaupt die an die Konsumhandlung geknüpfte Stimmung ein zunehmendes Gewicht erhält.

Produkte sollen also über den bloßen Gebrauchswert hinaus einen Erlebniswert haben und angenehme Gefühle vermitteln. Das betrifft aber nicht nur das Endprodukt selbst, sondern eben auch die Ausstattung der Verkaufsräume oder die Inszenierung von Firmen auf Ausstellungen oder Messen. Die Attraktivität von Museen, Bibliotheken und Bildungseinrichtungen hängt ebenfalls sehr vom Anregungsgehalt der Gestaltung ab. Dies wird zum Beispiel sehr gut umgesetzt in den Vatikanischen Museen in Rom: Dort befindet sich eine große Abteilung mit alten Codizes, die der Betrachter natürlich nur unter Glas mit je einer aufgeschlagenen Seite bestaunen kann. Im Ausstellungsraum befinden sich jedoch außer den jahrhundertealten Originalen an vielen Stellen Computermonitore, die die Besucher selbst bedienen können. Auf dem Monitor ist dann ein bestimmter Codex zu sehen, den die Betrachter per Mausklick regelrecht durchblättern können. Andere Bildschirmfunktionen erlauben Detailansichten der verschiedenen enthaltenen Miniaturen. Eine besondere Erlebnisqualität ergibt sich allerdings aus der Möglichkeit, die Kirchengesänge, die auf der jeweiligen Seite aufgezeichnet sind, tatsächlich anzuhören. Man klickt auf eine bestimmte Stelle der Seite und es ertönt mönchischer Gesang. Da an fast allen Terminals in dezenter Lautstärke diese Musik gespielt wird, entsteht ein besonderes Klangerlebnis. Dies verleiht dem ohnehin durch Licht- und Farbeffekte angenehm geprägten Raum einen weiteren zusätzlichen Erlebniswert.

2.2 Motivation

Wer wissen will, wie Konsumenten sich verhalten werden, braucht einen Einblick in die Bedürfnisstruktur der Zielgruppen, in die Gründe, aus denen heraus Menschen handeln. Diese Gründe können rein äußerlich sein, zum Beispiel ein bestimmter Anreiz, eine externe Belohnung. Die Konsumentenforschung wendet sich jedoch meist weniger den Außen- als vielmehr den Innenaspekten eines motivierten Verhaltens zu. Hierunter fallen angeborene Triebe (zum Beispiel Hunger), erlernte Bedürfnisse (zum Beispiel Geltungsbedürfnis), wie auch individuelle Wünsche (zum Beispiel einmal im Leben eine Weltreise machen). In der Praxis des Marketing interessieren vor allem die Bedürfnisse der Konsumenten.
Motive regeln unsere Bereitschaft zum Handeln, indem sie bereits bestehende Bedürfnisse aktivieren. Im Unterschied zu Einstellungen, die überdauernd bestehen, sind Motive auf einen Spannungszustand angewiesen. Sie treten zurück, sobald sie befriedigt sind. Normalerweise können sie aber immer wieder aktiviert werden.

2.2.1 Grundlegende Konzepte der Motivation

Wenn man sich mit Motivation beschäftigt, stellt man sich in der Regel zwei strukturell unterschiedliche Fragen: Zum einen fragt man nach dem, was Menschen inhaltlich wollen, was sie antreibt, zum anderen fragt man danach, wie Motivation entsteht, wie motiviertes Verhalten abläuft, etwa auch, wie motivierte Menschen Entscheidungen treffen. Dies ist die Unterscheidung zwischen Inhalts- und Prozeßtheorien der Motivation.

Inhaltstheorien
Eine Inhaltstheorie fragt also wie gesagt nach den treibenden Kräften hinter dem menschlichen Verhalten. Besonders grundlegende Motivationskonzepte sind hier biologische Begriffe, zum Beispiel Instinkte oder Reflexe (vgl. Geen, 1995, S. 6*ff*). Eine sehr biologische Erklärung von Verhalten, die auf Instinkten beruht, würde auch beim Menschen unveränderliche Reaktionsmuster voraussetzen. Tatsächlich gibt es solche Reaktionsmuster, aber sie sind nicht besonders häufig. Ein alternatives Konzept zum Instinkt ist der Trieb. Eine Verhaltenserklärung durch Triebe folgt der Metapher, den Menschen als Maschine zu sehen (Geen, 1995, S. 15, S. 21). Solche Erklärungen haben oft den Nachteil, daß sie den gewohnten Begriffshorizont verlassen. Man kann sie nicht immer leicht nachvollziehen, denn die Rede von bewußten Absichten, Zielen und Wünschen hat darin keinen Platz. Dafür sind Triebtheorien des menschlichen Verhaltens gegenüber der Annahme unbewußter Absichten und Ziele um so offener.[2]
Heutige Inhaltstheorien nutzen sehr viel mehr die Begriffe Ziele, Wünsche und Bedürfnisse. Den meisten inhaltlichen Theorien gemeinsam ist die Idee, daß die grundlegenden Motive des Menschen stabil sind und nicht durch Werbung geschaffen werden können. Der Einfluß der Werbung

---

[2] Der Marktforscher Ernest Dichter (zum Beispiel 1964; vgl. auch Packard, 1974/1957; Clark, 1989) bezieht sich in seiner Argumentation immer wieder auf unbewußte Motive, die den Konsumentscheidungen zugrunde liegen. Dabei läßt er sich von der Triebtheorie Sigmund Freuds inspirieren. Kotler und Bliemel (1995) zitieren folgende »Ergebnisse« seiner Forschungen: »Konsumenten haben etwas gegen Dörrpflaumen, weil diese so runzelig aussehen und an das Alter denken lassen. Männer rauchen Zigarren als Ersatz für das Daumenlutschen. [...] Frauen verwenden lieber pflanzliche als tierische Fette, weil letztere ihnen Schuldgefühle wegen der Tötung von Tieren verursachten. [...] Ein Frau nimmt das Backen eines Kuchens sehr ernst, weil sie darin eine symbolische Geburt durchmacht« (S. 296).

besteht allenfalls darin, Motive zu wecken. Wir diskutieren vor allem solche Theorien im folgenden Kapitel.

Eine Prozeßtheorie: Erwartung und Wert
Ein typisch prozeßtheoretischer Ansatz findet sich in den *Erwartungs-Wert-Modellen* der Motivationspsychologie (vgl. Tolman, 1932). Danach beruhen die motivierenden Kräfte hinter einem Verhalten auf zwei Faktoren, nämlich dem Wert, den die Folgen des Verhaltens für den Organismus haben, und die Erwartung, mit dem Verhalten Erfolg zu haben. Die Motivation zu dem Verhalten wird dann als das Produkt aus »Erwartung« und »Wert« angesehen. Stellen wir uns ein Beispiel aus dem Konsumbereich vor. Es geht um die Frage: Wird sich Sabine das neue *Windows 3000* kaufen? Der Kauf dieser Software soll ihren Rechner schneller und effektiver machen. Wir wissen nun, daß Sabine sehr gerne hätte, daß ihr Rechner schneller und effektiver arbeitet. Damit wäre der Faktor »Wert« bei ihr stark ausgeprägt. Gleichzeitig käme aber dazu, daß sie nicht sicher ist, ob *Windows 3000* wirklich hält, was es verspricht. Also die Erwartung, mit dem Kaufverhalten den erwünschten Erfolg zu haben, ist eher mittelstark ausgeprägt. Damit wäre auch eine mittelmäßig starke Motivation zu erwarten. Ähnlich liegt der Fall, wenn Sabine zwar sicher ist, daß mit *Windows 3000* ihr Rechner besser arbeiten wird, sie aber auf diese Verbesserung nicht allzu viel Wert legt. Auch in diesem Fall resultiert eine Motivation von mittlerer Stärke. Stark ist die Motivation immer dann, wenn beide Faktoren hoch ausgeprägt sind: Der Konsument legt auf die Folgen seiner Kaufhandlung sehr hohen Wert und erwartet sicher, daß die spezifische Kaufhandlung den gewünschten Erfolg haben wird. Keiner der beiden Faktoren darf Null werden, denn dann fällt die gesamte Motivation in sich zusammen. Aber wenn einer der beiden Faktoren unendlich groß wird, dann kann der andere mikroskopisch klein sein, und trotzdem kann ein Antrieb zum Verhalten resultieren. Die Erwartungs-Wert-Modelle sind für die Erklärung von Konsumetenverhalten einflußreich, da auf ihrer Basis auch die Rationalität von Verhalten, sein Verhältnis zu Kosten und Nutzen, beschrieben werden kann.

2.2.2 Motivtheorien

Inhaltliche Motivtheorien kann man in drei Gruppen unterteilen (siehe auch Felser, 1999). Die sogenannten *monothematischen Theorien* gehen davon aus, daß wir im Grunde nur ein zentrales Motiv befriedigen wollen und daß alle unsere Bedürfnisse letztlich auf das zentrale Motiv verweisen. Besonders prominent ist beispielsweise die Freudsche Motivtheorie, in der der Libido, also der sexuellen Lust, diese zentrale Rolle zugeschrieben wird.
Marketinganwendungen von Motivtheorien Freudscher Prägung sehen strukurell meist so aus, daß eine Konsumhandlung als eine hintergründige und sublime Form der Triebabfuhr gedeutet wird. Die Werbung wird auf Sexualsymbole hin untersucht, was einen nicht unerheblichen Aufwand an interpretatorischem Geschick erfordert (zum Beispiel Key, 1980).
Die meisten Motivtheorien sind allerdings *polythematisch*, das heißt, sie gehen davon aus, daß wir durch eine ganze Reihe verschiedener Motive angetrieben werden. Hier ist besonders die Motivtheorie von Abraham Maslow (1943) hervorzuheben, die weiter unten diskutiert wird. Eine andere grundlegende polythematische Motivationstheorie stammt von Henry Murray (1938). Seine Theorie war ebenfalls von der Freudschen, mehr jedoch von der Jungschen Version der Psychoanalyse beeinflußt. Nach seiner Ansicht sind wir im wesentlichen von drei Motiven getrieben: *Leistung, Macht* und *Anschluß.* Die Bedeutung der ersten beiden Motive ist wohl unmittelbar ver-

ständlich; mit dem dritten, dem »Anschlußmotiv«, ist das Bedürfnis gemeint, Gemeinschaft mit anderen zu haben, Intimität zu pflegen, Isolation zu vermeiden und so weiter.
In den *athematischen Motivationstheorien* schließlich wird das Konsumentenverhalten überhaupt nicht aus einem allgemeingültigen Satz von vorher bekannten Motiven bestimmt. Bei einem athematischen Ansatz wird nicht vorgegeben, welche Motive man mit Sicherheit bei den Konsumenten antreffen wird. Es ist dann eine empirische Frage und zunächst nur für die gegebene Situation zu beantworten, welche Motive gerade gelten und sich möglicherweise neu herausgebildet haben. Im ungünstigsten Fall hat man freilich bei einer athematischen Theorie für jede Frage und jedes Produkt ein eigenes Motiv. Allgemeine Aussagen wären dann nicht mehr möglich. Einem athematischen Ansatz wenden wir uns in 2.2.5 zu.

2.2.3 Die Bedürfnishierarchie nach Maslow

Abraham Maslow (1943; 1954) stellte eine der bekanntesten Anordnungen von Motiven auf, deren Prinzip einfach und nachvollziehbar ist. Danach sind die Bedürfnisse der Menschen hierarchisch geordnet, je nachdem, wie wichtig sie für das (Über-)Leben des Menschen sind. Die Bedürfnisbefriedigung beginnt immer mit den elementarsten Forderungen, zum Beispiel, etwas zu essen zu haben. Andere Bedürfnisse, wie etwa das Bedürfnis nach Selbstverwirklichung, stellen sich erst dann ein, wenn die Befriedigung auf niedrigerer Ebene sichergestellt ist. Maslow geht von fünf Dringlichkeitsstufen aus:

1. biologische Bedürfnisse (Hunger, Durst, Sexualität);
2. Sicherheitsbedürfnisse (auch: Ordnung, Stabilität);
3. Bedürfnisse nach Zuneigung und Liebe;
4. Bedürfnisse nach Geltung (vor sich selbst und vor anderen);
5. Bedürfnisse nach Selbstaktualisierung (Selbstverwirklichung).

Demnach beginnt seine Hierarchie mit den Bedürfnissen, die auf das Überleben gerichtet sind. Es folgen später Bedürfnisse höherer Ordnung, kulturbedingte Bedürfnisse.
Für das Marketing wird aus dieser Motivtheorie zum Beispiel deutlich, unter welchen Bedingungen ein existierendes Motiv *nicht* aktiviert werden kann. Wer um seine Sicherheit bangt, wird durch die Aussicht auf Geltung oder Selbstverwirklichung nicht motiviert werden können. Dies erlaubt Rückschlüsse auf die Ansprechbarkeit bestimmter Zielgruppen. Das angesprochene Bedürfnis kann um so höher veranschlagt werden, je mehr Finanzkraft man unterstellen kann. Um so geringer sind dann nämlich voraussichtlich die Sorgen auf den unteren Motivebenen.
Auf der anderen Seite wird man freilich zugeben müssen, daß in unserer Gesellschaft die Bedürfnisse nach Nahrung und physischer Sicherheit in aller Regel relativ problemlos befriedigt werden, und daß man jedenfalls kein Marketing braucht, um sie zu aktivieren, falls die Befriedigung fraglich ist. Dagegen erscheinen die weniger grundlegenden Bedürfnisse vielfältiger und facettenreicher, als daß sie mit drei Stichworten erschöpfend beschrieben wären.
Entsprechend angestrengt wirken denn auch Versuche, die Maslowsche Motivationstheorie auf Werbung anzuwenden (zum Beispiel Mullen & Johnson, 1990, S. 98*f*, Fig. 7.2). So gibt es sicher Werbebeispiele, die sich auf physiologische Bedürfnisse, Bedürfnisse nach Sicherheit, Liebe, Selbstbewußtsein und Selbstverwirklichung richten. Versuchen wir es mit einigen Beispielen: »Hoffentlich *Allianz* versichert.« Wohin das gehört, scheint noch recht einfach zu sein. Eine Versicherung befriedigt das Bedürfnis nach Sicherheit. An welches Bedürfnis appelliert nun ein

Spruch wie, »*Rama* macht das Frühstück gut«? An Hunger? Oder an das Bedürfnis, gesund zu sein, ebenfalls ein grundlegendes Bedürfnis der ersten Stufe? Vollends schwierig wird es mit dem Spruch für ein Boulevard-Blatt, das speziell auf Frauen zugeschnitten ist: »Damit Sie montags mehr wissen als andere Frauen.« Um welches Bedürfnis geht es? Neugier, epistemische Motivation, Wissensdrang? Sensationslust? Das Bedürfnis nach sozialem Vergleich (siehe 10.1.2)?
Der Gedanke von Maslow hat für unsere Zwecke zwei Probleme. Werbung appelliert unserer Erfahrung nach nur sehr selten an das Bedürfnis des nackten Überlebens. Schon unsere Zuordnung der *Rama*-Werbung zur ersten Dringlichkeitsstufe bei Maslow war eigentlich übertrieben. Kein Konsument, der *Rama* nicht kauft, wird deshalb den Hungertod befürchten. Was die Konsumenten zum Kauf von *Rama* motivieren soll, ist nicht, daß man ihnen Essen in Aussicht stellt. Daß ihnen mit dem Produkt der Hunger genommen wird, setzen die Konsumenten als selbstverständlich voraus. Es sollen zusätzliche Gründe für das Produkt sprechen, denn satt kann man auf sehr verschiedene Weise werden.
Auch das Bedürfnis nach Gesundheit ist eigentlich in den seltensten Fällen der entscheidende von der Werbung propagierte Nutzen. Bei Produkten, die die Gesundheit fördern sollen, wird dem Verbraucher in der Regel nicht die Alternative »Gesundheit oder Krankheit«, sondern allenfalls »mehr oder weniger Gesundheit« vor Augen geführt. Die meisten Produkte können für sich nicht in Anspruch nehmen, der eine wahre Weg aus der Krankheit in die Gesundheit zu sein. Vielmehr verschaffen sie nur einen Zuwachs an Gesundheit, einen Zuwachs an Lebensqualität, einen Zuwachs an Wohlbefinden. Damit richten sie sich eben auch nicht eigentlich auf das elementare Bedürfnis nach Gesundheit, sondern eher auf ein Bedürfnis nach Wohlbefinden. Als Fazit bleibt: Die unteren Kategorien der Maslowschen Hierarchie werden in der Werbung selten angesprochen.
Das zweite Problem ist nun, daß in den oberen Kategorien vermutlich zu viele Ausdifferenzierungen erforderlich sind, um den Einfluß der Werbung auf Kaufentscheidungen angemessen zu beschreiben. Unter diesem Blickwinkel erscheint die Anwendung des Maslowschen Modells auf die Werbung als problematisch. Ein Modell, in dem nahezu 100 Prozent der Fälle in zwei von fünf Kategorien fallen, differenziert für die gegebenen Zwecke an der falschen Stelle.

2.2.4 Regulative, expressive und soziale Funktionen des Verhaltens

Kommen wir noch einmal auf das Beispiel des Essens in der Maslowschen Theorie zurück. Wie schon gesagt, erscheint es problematisch und zu kurz gegriffen, wenn man meint, mit der bloßen Zufuhr von überlebensnotwendigen Nahrungsmitteln sei das wichtigste über das Essen bereits gesagt. Auch das nächsthöhere Bedürfnis nach Gesundheit und Unversehrtheit, das sich leicht auf die Ernährung beziehen läßt, erschöpft noch längst nicht das Motivationspotential, das durch Nahrungsaufnahme aktiviert werden kann. Menschen befriedigen durch ihr Eßverhalten noch ganz andere, psychologisch hoch relevante Bedürfnisse. Dies kann man leicht daran erkennen, daß unser Bedürfnis in diesem Zusammenhang fast immer auf eine bestimmte Nahrung gerichtet ist, daß wir bei gleichen Nährstoffen meist deutliche Vorlieben haben, und daß Ort, Gelegenheit und Zubereitung des Essens eine erhebliche motivierende Rolle spielen (Grunert, 1994, S. 54*ff*).
Sicher kennen Sie selbst aus eigener Erfahrung die beruhigende, sedierende Wirkung des Essens, die sich aus der Kombination von eiweiß- und glukosehaltiger Nahrung ergibt. Der typische Beispielfall ist das Hausmittel, sich als Einschlafhilfe Milch mit Honig zu genehmigen. Hierfür ist noch ein rein biologischer Effekt verantwortlich: Die Proteine sind für eine verstärkte Freisetzung des Beruhigungshormons Serotonin verantwortlich und das Insulin, das sich infolge von Zuckerzu-

fuhr breitmacht, senkt die Blut-Hirn-Schranke und bahnt so dem Serotonin den Weg ins zentrale Nervensystem.

Solche und andere Mechanismen, die mit der Ernährung zusammenhängen, geben dem Essen eine ganze Reihe von zusätzlichen Funktionen in unserem Leben, die ich – im Kontrast zur instrumentellen Funktion – unter die Begriffe »regulativ«, »expressiv« und »sozial« fassen möchte. Soziale Funktionen des Essens werden zum Beispiel erfüllt, wenn man sich gegenüber anderen dadurch aufwertet, was oder wo man ißt (Lachs im Unterschied zu Hering, *Maxim* im Unterschied zu *MacDonald's*). Soziale Funktionen hat das Essen auch, wenn es zu einem Vertragsabschluß, zum Kennenlernen oder zur Feier eines Anlasses dazugehört.

Expressive Funktionen hat ein Verhalten, wenn es dem Ausdruck der Persönlichkeit oder persönlicher Werte dient. Zum Beispiel könnte es ein expressiver Aspekt meines Eßverhaltens sein, wenn ich meine Lebensmittel im Bio-Laden kaufe. Dieses Verhalten wäre zum Beispiel dann expressiv, wenn ich es aus Prinzip tue, und nicht (nur), um eine andere Qualität an Nahrungsmitteln zu erhalten.

Mit regulativen Funktionen meine ich all jene Maßnahmen, die wir zur Gestaltung unseres emotionalen Haushaltes ergreifen. Was wir tun, um uns selbst zu beruhigen, froh zu stimmen oder die Angst zu nehmen, erfüllt demnach eine (selbst-)regulatorische Funktion. Unser Eßverhalten dient auch diesen Zwecken; die bekannten Eßstörungen Bulimie oder Anorexia Nervosa sind nur krankhafte Auswüchse dieses weit verbreiteten Verhaltens (Grunert, 1994).

Die Möglichkeit, das Befinden über das Essen zu regulieren, gibt auch Raum für eine Kombination mit sozialen Funktionen: So kann man Menschen durch Essen beeinflussen. Dabei stelle ich dahin, ob wirklich »Liebe durch den Magen geht«, so daß man also eine Mahlzeit zur Verführung nutzen kann. Sicher ist, daß Essen als Erziehungsmittel bei Kindern genutzt und nicht selten mißbraucht wird.

In anderen Situationen nutzt man das Essen, um einen angenehmen Zustand zu verlängern und auszudehnen, etwa wenn Essen mit einer erotischen Begegnung verknüpft wird, oder auch wenn der Ablauf einer Feier durch Mahlzeiten gestaltet wird.

Diese Beispiele zeigen, daß unser Eßverhalten gar nicht besonders eng an die elementaren Grundbedürfnisse, zumindest aber nicht an das Bedürfnis der untersten Stufe bei Maslow geknüpft ist. Ein weiteres Beispiel hierfür sollte hervorgehoben werden: Üblicherweise verlernen wir es, unser Eßverhalten von inneren Signalen wie unserem Hunger abhängig zu machen. Wann, was und wieviel wir zu essen haben, wird zu einem großen Teil von äußeren Stimuli bestimmt, etwa von der Kalorienmenge, die auf der Verpackung zu lesen ist, oder der Tageszeit und unseren daran ausgerichteten Gewohnheiten. Wenn die Zeit zum Essen gekommen ist, dann nehmen wir oft auch dann etwas zu uns, wenn wir eigentlich gar keinen großen Hunger haben.

Alle diese Funktionen bieten mögliche Angriffsflächen für Werbung und Marketing. So unterstreicht zum Beispiel ein Slogan wie »Have a break, have a *Kitkat*« die Funktion des Schokoriegels als Mittel der Entspannung und als Marker für eine Unterbrechung in der Arbeit. Der Markenname *Du darfst* greift die erwartbare kognitive Kontrolle auf, nach der sich die Menge des Essens nicht mehr nach dem Hungergefühl, sondern nach den zugeführten Kalorien richtet. Was schließlich erlaubt einem denn *Du darfst*? Wir dürfen hierbei vor allem einmal die Kontrolle fahren lassen und dem Hungergefühl nachgeben.

Unser Verhalten ist oft, nicht nur beim Essen, von Motiven beeinflußt, die weit über einen instrumentellen Nutzen hinausgehen. Eine stimmungsregulierende Funktion kann zum Beispiel auch dem Kaufen selbst zugeschrieben werden – viele Personen neigen zu impulsiven Käufen, wenn sie in einer besonders guten aber auch in einer besonders schlechten Stimmung sind (siehe auch 3.2.2).

Was die expressive Funktion eines Verhaltens betrifft, so steht diese häufig im Dienste des Selbstwertgefühls, also der Überzeugung, ein wertvoller und kompetenter Mensch zu sein. Dies kann auch unser Konsumverhalten leisten, denn hierdurch können wir uns auf- oder abwerten. Der Gebrauch eines Produktes kann uns das Gefühl von Kompetenz aber auch von Inkompetenz geben. Dies zeigen die folgenden historischen Beispiele:

Als in den 30er und 40er Jahren Backmixturen für Fertigkuchen auf den Markt kamen, waren sie zunächst nicht sehr populär. Der Kern des Problems offenbarte sich, als die Hersteller sich in die Situation der Käuferinnen, in der Regel Hausfrauen, hineinversetzten. Die einzige Aufgabe bei den Backmischungen bestand nämlich darin, ein Pulver mit Wasser zu verrühren und den dabei entstehenden Teig zu backen. Das Bedürfnis, eine kompetente Hausfrau zu sein, mußte auf diese Weise frustriert werden. Die Herstellerfirma *Betty Crocker* reagierte darauf, indem sie die Backmischung so veränderte, daß nunmehr jeweils ein Ei dazuzugeben war. Wohlgemerkt, das Ei wäre eigentlich gar nicht nötig gewesen. Es hätte genausogut Teil der Grundmischung in Pulverform sein können. Aber mit dem Ei hatten die Hausfrauen das Gefühl, tatsächlich an diesem Kuchen etwas gemacht zu haben. Sie mußten sich nicht völlig inkompetent vorkommen (Myers & Reynolds, 1967; vgl. auch Clark, 1992, S. 102; Kotler & Bliemel, 1995, S. 40).

Packard (1974/1957) führt ein ähnliches Beispiel an: *Jell-O*, ein »Wackel-Pudding«, in den verschiedensten Geschmacksrichtungen (und Farben) zu haben, ist in Amerika eine weitverbreitete und beliebte Form der schnell zubereiteten Nachspeise. In dieser Eigenschaft, nämlich extrem einfach und anspruchslos zu sein, ist *Jell-O* auch jedermann vertraut. »Anfang der fünfziger Jahre zeigten [die] Werbeberater mit einem Mal [...] *Jell-O* als eindrucksvolle, kunstreich gestaltete, mehrfarbige Schöpfung mit deutlich herausgearbeiteten dekorativen Akzenten« (Packard, 1974/1957, S. 48). Der Erfolg der Anzeigen blieb jedoch aus, und eine psychologische Erklärung hierzu lautete: »Die Frauen empfanden beim Anblick dieser wundervollen Schöpfungen auf den Inseraten vage Minderwertigkeitsgefühle. Sie fragten sich, ob es ihnen gelingen würde, das nachzumachen, und wehrten sich innerlich gegen den Gedanken, daß ihnen jemand sozusagen über die Schulter schaute und sagte: ›Das muß so aussehen.‹ Deshalb dachten viele Frauen, wenn sie ein *Jell-O* Inserat sahen, ›Wenn ich mir diese ganze Arbeit machen soll, dann kann ich ebensogut selber einen Pudding kochen‹« (Packard, 1974, S. 48).

Die Interpretation des Beispiels über angebliche »Minderwertigkeitsgefühle« klingt etwas dramatisch. Man kann aber zwischen verschiedenen Elementen dieser Interpretation unterscheiden. Der eine Aspekt des Grundgedankens ist einfach formulierbar: Ein Produkt kann beim Betrachter Gefühle der Unterforderung oder der Überforderung erzeugen. Ein anderer Aspekt ist eher tiefenpsychologisch inspiriert. Gewährsmann für diese Art der Interpretation ist der langjährige Werbeforscher Ernest Dichter. Er ist der Meinung, daß Werbung den Betrachtern immer etwas zu tun übriglassen sollte: »[...] in einer Untersuchung von Ketchup-Werbung [haben wir] folgendes herausgefunden: Wenn wir in der Anzeige eine exakt abgemessene Menge Ketchup auf einen Hamburger taten, wurde dem potentiellen Käufer dadurch das Gefühl genommen, er könne seine Handlung selbst vollenden. Praktisch gesprochen heißt das, daß ein Plakat, auf dem das Ausgießen von Ketchup beginnt, aber nicht vollendet wird, der Kreativität des Betrachters eine Chance bietet, weil es eigene Mitwirkung zuläßt« (Dichter, Research in Marketing, Bd. 1 1978, in Clark, 1989, S. 100).

Die Beispiele zeigen, daß mit dem Backen eines Kuchens oder dem Kochen eines Puddings mehr bezweckt werden kann als einfach nur das Ergebnis. Hier sind Werte im Spiel wie »die unverkäufliche Qualität des Selbstgemachten«, »Kompetenz« oder »Häuslichkeit«. Interessant ist der Unterschied zwischen den beiden Beispielen: Während *Betty Brocker* die Bindung der Konsumenten an diese Werte zu unrecht unterschätzte, hatten die Hersteller von *Jell-O* eine solche Bindung zu unrecht unterstellt.

Exkurs 7 *Marken als Identitätsstifter*

Auch die Wirkung von Marken ist wohl zum Teil erklärbar über die expressive Funktion unseres Verhaltens. Eine Marke kann identitätsstiftend wirken, die Marke enthält einzigartige Informationen zu unserer Person, wenn nicht als Individuum, so doch als soziale Gruppe. Ein Beispiel hierzu ist ein nun schon historischer Versuch von *Coca-Cola*, die an *Pepsi* verlorenen Marktanteile durch eine neue Version des Erfolgsgetränks zurückzugewinnen (Rhodes, 1997, S. 203*ff*). In der Tat war zunächst der etwas weichere (»smoother«) Geschmack von *Pepsi* in Blindversuchen populärer und als *Coca-Cola* mit veränderter Formel ein neues Getränk produzierte, schlug auch dieses den Klassiker bei der Blindverkostung um immerhin sechs Prozentpunkte. Die Marktforscher gaben grünes Licht, denn nur elf Prozent der *Coca-Cola* Konsumenten kündigten heftigen Ärger an, wenn *Coke* der bewährten Formel eine neue Zutat hinzufügte. Aber in der Formulierung saß wohl bereits der Wurm, denn die Marktforscher haben nicht gefragt, was die Konsumenten wohl sagen würden, wenn *Coke* vom Markt genommen und durch ein anderes Getränk ersetzt würde. Dies war nämlich nach Einführung der neuen Formel die Wahrnehmung vieler Konsumenten. Die Empörung war groß, wie der folgende Beschwerdebrief zeigt: »Changing *Coke* is just like breaking the American dream, like not selling hot dogs at a ball game« (Pendergrast, 1993, S. 363, zit. n. Rhodes, 1997, S. 203). Die Konsumenten identifizierten sich mit der Marke, sie verbanden wichtige Lebensereignisse damit. Ihre Erinnerung, ihre Identität, ihre ganze Kultur war eng mit der Marke verbunden, so daß sie auch das Gefühl hatten, die Firma vergreife sich an »ihrer« *Coca-Cola*. Das Beispiel zeigt unter anderem auch die Grenzen des Marketing; offenbar akzeptieren die Konsumenten nicht alles, was ihnen Marketer und Werbung vorsetzen. Nach einiger Zeit wurde *Classic Coke* wieder eingeführt, *New Coke* kam nie über einen Marktanteil von sieben Prozent hinaus – und heute heißt es: »You can't beat the feeling.«

Würden wir die Motivation der Konsumenten nur zweckrational verstehen, wäre es ziemlich unverständlich, warum ein Produkt, das in Blindversuchen doch von den meisten Konsumenten nur auf Platz zwei verwiesen wird, über so starke Bindungen verfügt. Mit dem Konsum geht aber mehr einher als nur das Durstlöschen oder das »feeling«. Die Konsumhandlung ist eben auch ein Teil der Selbstdarstellung, der Identitätsbildung und der Bestätigung.

2.2.5 Gutes Leben

Der Werbung geht es fast nie um elementare und grundlegende Bedürfnisse. Menschen, die Werbung sehen, denken fast gar nicht mehr an das Überleben. Sie denken daran, gut zu leben (vgl. Exkurs 8). Nach O'Shaughnessy (1987) ist Kaufen ein zielgerichtetes Handeln, dem unausgesprochen der Glaube zugrunde liegt, daß mit dem Kauf das Leben schöner ist als ohne. Er bezieht die Kaufhandlung auf diese Weise nicht so sehr auf elementare Lebensbedürfnisse oder gar Triebe, sondern auf die »Vorstellung der Konsumenten vom guten Leben« (»vision of the good life«, S. 9). Diese Vorstellung bildet die Ziele, die man jedem Menschen unterstellen kann. Sie ist einfach und alltagssprachlich faßbar. O'Shaughnessy stellt einige Gegensatzpaare vor, die kaum einen Widerspruch zulassen. Menschen sind grundsätzlich ...

- lieber gesund als krank.
- lieber voller Leben als elend und träge.
- lieber physisch sicher als bedroht.
- lieber geliebt und bewundert als gehaßt und gemieden.
- lieber Insider als Outsider, die nur Zuschauer spielen dürfen.
- lieber zuversichtlich als unsicher.
- lieber heiter und gelassen als angespannt und ängstlich.

– lieber schön als häßlich.
– lieber reich als arm.
– lieber sauber als schmutzig.
– lieber wissend als unwissend.
– lieber Bestimmer über das eigene Schicksal als Spielball der Ereignisse.
– lieber gut unterhalten als gelangweilt.

Exkurs 8 *Das gute Leben*

Der Begriff des guten Lebens hat in der Philosophie seit Aristoteles (384–323 v. Chr.) Tradition. Er wird häufig verwechselt mit der Vorstellung eines Lebens in Saus und Braus. Der Begriff des »guten« will aber mehr sagen. Nach der traditionellen Vorstellung ist er in seiner ganzen Breite zu verstehen. »Gut« zu leben heißt nach Aristoteles zwar tatsächlich zunächst, glücklich zu leben. Es heißt aber gleichzeitig auch »moralisch gut« oder »tugendhaft« zu leben. »Gut gehen« und »gut sein« ist für Philosophen der Antike eng verknüpft. In der Neuzeit und vor allem in der Aufklärung wurde die Verknüpfung des »moralisch Guten« mit dem »Guten durch Annehmlichkeit« aufgelöst. Gleichzeitig entstand der Eindruck, es komme auf das angenehme Leben nicht an. Das eigentlich gute Leben sei das »moralisch gute« Leben, und moralisch gut werde man durch Überwindung der Neigungen. Die aristotelische Vorstellung bewegt sich wesentlich näher an unseren Alltagsvorstellungen davon, was gut, und was schlecht ist. Danach gehören zum wirklich guten Leben auch bestimmte »Glücksgüter«, etwa Gesundheit, Freunde und die Freiheit von Schmerzen. Aristoteles betont, daß ein Mensch, der durch seine Tugendhaftigkeit auf der Folterbank gelandet ist, nicht »glücklich« genannt werden kann (NE 1153b20). Moralisch gut zu sein, ist für ihn also nicht völlig gleichbedeutend mit »glücklich sein« oder ein »gutes Leben führen«.

In letzter Zeit ist es Mode geworden, Ökonomen an die Philosophie heranzuführen (zum Beispiel Wührl-Struller, 1993). Dabei wird sehr gerne der aristotelische Gedanke des guten Lebens zitiert. Aus diesem Gedanken kann man nämlich trefflich ableiten, daß die Orientierung an materiellen Gütern und Gewinn nicht von vornherein ein Streben minderer Qualität darstellt. Dabei wird aber leicht vergessen, daß die aristotelische Lehre vom guten Leben in erster Linie eine »Ethik« ist, und daß darin vor allem Aussagen über den guten und tugendhaften Charakter gemacht werden. Für Aristoteles hat ein Erzschuft keine Chance auf ein gutes Leben – ganz gleich wie groß seine Reichtümer sein mögen.

Aus diesen Gegensätzen ergeben sich also die Ziele der Konsumenten. Wie gesagt, wer will hier widersprechen? Die Frage nach dem »guten Leben« zum Verständnis von Konsumentenverhalten kann in dieser einfachen Form auch nur eine Heuristik darstellen. Insofern stellt O'Shaughnessys Idee gegenüber dem System von Maslow sicher einen Rückschritt dar. Zum Beispiel erlaubt sie uns keine Aussage darüber, wann die Liste vollständig ist. Als weiteren Einwand müßte man anführen, daß nicht viel über das Verhältnis der Ziele untereinander gesagt wird. Wahrscheinlich sind die meisten Menschen im Zweifelsfall lieber gesund und unwissend als wissend und krank. Insofern hätte O'Shaughnessy seine Liste vielleicht doch besser sortiert und die Ziele nach ihrer Wichtigkeit geordnet.

Dieser Einwand ist zwar nicht ganz falsch, man kann ihm aber mit zwei Argumenten begegnen: Erstens unterstellen die meisten Menschen in ihrer Wahrnehmung, daß alle Merkmale, die gut, schön, edel und richtig sind, miteinander Hand in Hand gehen (vgl. Exkurs 23). In unserer Wahrnehmung treten gute Eigenschaften immer in Rudeln auf, und mit den schlechten Eigenschaften ist es ganz genauso. Mit dem weisen Spruch »lieber arm und gesund als reich und krank« wird man niemanden hinter dem Ofen hervorlocken, da kaum jemand glaubt, bei Armen wäre die Wahrscheinlichkeit, krank zu sein, genauso groß wie bei Reichen. Im Gegenteil: In der Wahrnehmung gruppieren sich gute Merkmale zu guten und schlechte zu schlechten. Wer arm und häßlich ist, wird auch eher für krank und dumm gehalten. Unter diesem Blickwinkel verschwimmt die hierar-

chische Anordnung wieder. Es erscheint ein Stück weit beliebig, welches Ziel genau verfolgt wird, denn in der Wahrnehmung sind die Ziele ohnehin sehr eng miteinander verknüpft.
Die zweite Erwiderung auf den Einwand kann man sich in der direkten Erfahrung bestätigen lassen. Eigentlich wird kaum eines der genannten Ziele durch noch so große Defizite in den anderen Zielen völlig ausgelöscht. Wenn die Gesundheit bedroht ist, beherrscht sie zwar das Denken und Handeln. Sicher wird sich dieses Ziel bei einer Bedrohung auch vor allen anderen durchsetzen. Die Aktivierung dieses Zieles bringt aber andere keineswegs zum Erlöschen. Auch schwer kranke Menschen werfen ihre Ziele und Bedürfnisse mit der Erfahrung der Krankheit nicht über den Haufen. Eine Aktivation anderer Ziele ist grundsätzlich möglich. Auch im Krankenbett will man unterhalten sein und ist lieber sauber als schmutzig.
Ein besonderer Vorzug der Sichtweise von O'Shaughnessy liegt aber in folgendem Punkt: Die meisten Überlegungen zur Motivation des Konsumentenverhaltens gehen davon aus, daß wir vor der Kaufhandlung einen Mangelzustand wahrnehmen, den wir durch die Kaufhandlung beheben wollen (zum Beispiel Kotler & Bliemel, 1995, S. 8). Demgegenüber betont O'Shaughnessy lediglich eines: Als Käufer folgen wir der impliziten Annahme, daß es besser ist zu kaufen, als nicht zu kaufen. Ein Mangel und ein Wunsch nach Bedürfnisbefriedigung wird nicht vorausgesetzt. Dies ist aus zwei Gründen plausibel. Der erste Grund ist ein psychologischer: Wenn Sie mir in der rechten Hand einen 50-DM-Schein und in der linken einen 100-DM-Schein anbieten würden, dann braucht niemand vorauszusetzen, daß mir 50 DM *fehlen*, um treffend vorherzusagen, daß ich lieber die 100 DM als die 50 DM nehme. Niemand braucht bei sich selbst einen Mangel festzustellen, um bei der Wahl zwischen dem guten und dem besseren das bessere zu wählen. Ähnlich sind auch viele Situationen in der Werbung zu verstehen. Es werden Konsumenten angesprochen, denen es auch ohne die Werbung schon gut geht. Ihnen muß nur plausibel gemacht werden, daß es mit den Produkten noch besser geht.[3] Der zweite Grund ist ein empirischer: Es kommt in der Werbung äußerst selten vor, daß ein Mangelzustand angesprochen oder Unzufriedenheit mit dem Bestehenden erzeugt wird.[4] Insofern geht ein Motivationskonzept, mit dem man das Kaufverhalten erklären will, an den Realitäten vorbei, wenn darin angenommen wird, am Anfang jeder Kaufentscheidung ständen drängende Wünsche der Konsumenten nach Bedürfnisbefriedigung.
Um die beschriebenen Ziele zu verwirklichen, zeigen verschiedene Menschen verschiedene Verhaltensweisen. Das liegt nicht nur daran, daß es unmöglich ist, alle Ziele gleichzeitig zu verfolgen, und man deshalb Prioritäten setzen muß. Ein anderer Grund ist, daß es meist verschiedene Wege zu dem Ziel gibt. Man kann seine Ziele auf verschiedene Weise umsetzen. Bis zu einem gewissen Grad kann man die eine Umsetzung durch eine andere ersetzen. An diesen beiden Punkten kann man ansetzen, um das Konsumentenverhalten zu formen: Es können einerseits die Prioritäten

---

[3] Die Motivationstheorie von Frederick Herzberg (vgl. Kotler & Bliemel, 1995, S. 297*f*) enthält als einen Kerngedanken die Unterscheidung zwischen »Satisfaktoren« und »Dissatisfaktoren«. Auf den Konsumbereich übertragen bezeichnet der Begriff »Satisfaktoren« diejenigen Merkmale eines Produktes, die Zufriedenheit beim Konsumenten erzeugen können. Die »Dissatisfaktoren« sind die Merkmale, die Unzufriedenheit erzeugen. Es wird ausdrücklich betont, daß ein Fehlen eines Satisfaktors nicht automatisch Unzufriedenheit zur Folge hat. Zum Beispiel kann ein bestimmtes Extra an einem Produkt begrüßt werden und zur Zufriedenheit führen. Hätte es dieses Extra aber nicht gegeben, hätte man es auch nicht vermißt. Dieser Gedanke ist die Umkehrung aus dem oben genannten Argument, das besagte: Man muß keine Unzufriedenheit voraussetzen, um die Erwartung zu begründen, daß die Konsumenten durch Anreize zu motivieren sind.

[4] Hierbei beziehe ich mich auf die in Kapitel 1, Fußnote 2 erwähnten Ergebnisse. In den Stichproben fand sich kein Werbespot, in dem der Zuschauer auf unbefriedigte Wünsche, Mangelzustände oder eine spezifische Unzufriedenheit hingewiesen wurde.

einzelner Ziele verschoben werden, es können aber auch andererseits neue Wege aufgezeigt werden, die ein Ziel als erreichbar erscheinen lassen, das vorher unerreichbar schien.
Wenn ein Ziel aktiviert wird, dann entsteht in der Person ein *Wunsch.*[5] Unter »Wunsch« versteht O'Shaughnessy die konkrete Ausformung eines Zieles, zum Beispiel den Wunsch nach einem Schutz vor UV-Strahlen, das dem Ziel der Gesundheit dient. An dem Beispiel des Sonnenschutzes kann man sehr gut sehen, daß ein Wunsch nicht immer bewußt vorhanden sein muß: Wer vom möglichen Schaden durch UV-Strahlen nichts weiß, kann trotzdem den *latenten* Wunsch nach Sonnenschutz haben (O'Shaughnessy, 1987, S. 16).
Es wird gelegentlich gesagt, Werbung könne den Wunsch nach Dingen *erzeugen.* Dies geschehe, indem die Werbung die Konsumenten davon überzeugt, ein Produkt sei eine neue Umsetzung eines bestimmten Zieles. O'Shaughnessys Beispiel sind Deodorants (S. 15*f*): Die Unterdrückung des Körpergeruchs galt über lange Zeit nicht als der Ausdruck irgendeines Ziels. Dieser Aspekt des Lebens spielte einfach keine Rolle. Heutzutage ist aber ein effektive Dämpfen des Körpergeruchs nicht nur eine Forderung der Hygiene (also des Ziels, lieber sauber als schmutzig zu sein), sondern gleichzeitig auch der Gesundheit und der Attraktivität. An dem Wertewandel hin zu einer gezielten Unterdrückung des Körpergeruchs war die Werbung wesentlich beteiligt.

2.2.6 Wünsche ohne Kaufhandlungen

Latente Wünsche
Viele Wünsche schlafen, und man muß sie wecken. Dies kann zum Beispiel geschehen, indem vernachlässigte Ziele wieder ins Bewußtsein gehoben werden. »The aim is to alter goal priorities by dramatizing what it would be really like to reemphasize some neglected goals« (O'Shaughnessy, 1987, S. 12). Wenn dann die Zielerfüllung realistisch erscheint, entsteht der Wunsch. Wenn ein Konsument nicht weiß, daß ihm ein bestimmtes Produkt in wichtigen Punkten sehr nützlich sein kann, dann hat er einen *latenten Wunsch* nach diesem Produkt. O'Shaughnessys Beispiel sind Seeleute aus früheren Zeiten, die an Skorbut erkrankt waren (vgl. S. 27). Da Skorbut vor allem aus einem Mangel an Vitamin-C entsteht, hätte sie bereits die Einnahme von Zitronensaft von dieser Krankheit geheilt. Davon wußten die Seeleute allerdings nichts, solange sie nichts von der Verbindung zwischen Vitamin-C, Zitronen und Skorbut wußten. Ihr »Wunsch« nach Zitronen war nur latent vorhanden. Mit den richtigen Informationen erwachte der Wunsch und wurde manifest.
Werbekommunikation kann also versuchen, latente Wünsche zu wecken, indem sie auf die Verbindung zwischen einem Produkt und den Zielen der Konsumenten hinweist, Verbindungen, die ohne die Werbung verborgen geblieben wären. Zum Beispiel galten in den USA die Papiertücher von *Kleenex* über viele Jahre als ein reines Kosmetikmittel, etwa um Make-up zu entfernen. Erst als *Kleenex* den Slogan veröffentlichte: »Don't put a cold in your pocket« erkannten die Verbraucher den Nutzen der kleinen Wegwerf-Tücher als Alternative zu Stofftaschentüchern (Mullen & Johnson, 1990, S. 21).

---

[5] Ich übersetze hier »want« mit »Wunsch«, um damit auch dem Wortgebrauch anderer Konsumentenforscher zu entsprechen. Danach ist der naheliegende Begriff des »Bedürfnisses« auf der Ebene der Ziele bei O'Shaughnessy anzusiedeln. So erklären zum Beispiel Kotler und Bliemel (1995, S. 8; vgl. auch Kroeber-Riel, 1992, S. 677, Fußnote): »Der Marketer schafft keine Bedürfnisse; sie existieren bereits, wenn er auf den Plan tritt. Der Marketer beeinflußt – wie dies auch andere gesellschaftliche Faktoren tun – die Wünsche der Menschen.«

Manchmal ist es recht einfach, einen latenten Wunsch zu identifizieren. Manche Wünsche nach Produkten ergeben sich direkt aus den Produkten, die es schon gibt. So war es kein besonderes Kunststück, ein Bedürfnis nach Farbfernsehen vorherzusagen, als es nur Schwarzweiß-Fernsehen gab; ähnliches gilt in neuerer Zeit für nachbespielbare DVD's. Auch die ständige Verbesserung von Computer Hard- und Software kann kaum noch auf eine prophetische Kenntnis der latenten Konsumentenwünsche zurückgeführt werden. Solche Innovationen sind die mehr oder weniger logische Fortsetzung einer Tendenz auf dem Markt.

Eine ständige Steigerung der Produkte in ihrem Gebrauchswert wird aber von den Konsumenten nicht immer honoriert. Der Bedarf an einer Verbesserung der Produkte ist irgendwann ausgereizt. Weitere Verbesserungen werden nicht mehr gewünscht und können oft auch gar nicht mehr nachvollzogen werden (O'Shaughnessy, 1987, S. 110*ff*; Kurz, 1993; siehe auch Exkurs 9). Eine Uhr, die noch präziser die Zeit anzeigt, als andere bereits existierende Uhren, wird kaum ein zentrales Konsumentenbedürfnis befriedigen. Andere durchaus sinnvolle Steigerungen zu bereits existierenden Produkten haben es deshalb schwer, weil die Märkte für die entsprechenden Produkte viel zu klein sind und sehr schleppend reagieren. Kotler und Bliemel (1995) berichten zum Beispiel von der Kunstfaser *Kevlar*, die von *Du Pont* bereits 1972 entwickelt wurde. »*Kevlar* ist so reißfest wie Stahl, aber nur ein Fünftel so schwer. [...] Es stimmt schon: *Kevlar* ist eine sehr gute Kunstfaser für kugelsichere Westen, aber bisher gibt es eben keinen Riesenmarkt für kugelsichere Westen« (Kotler & Bliemel, 1995, S. 22). Auch wenn sich die Wunderfaser in Zukunft als Material für Reifen, Schiffssegel und Seile durchsetzen sollte, hat sie doch durch die unerfreuliche Reaktion des Marktes weniger eingebracht, als sich die Hersteller erträumt hatten.

Exkurs 9 *Produktkonzept*

Derartige Entwicklungen am Markt vorbei sind nach Kotler und Bliemel (1995, S. 20*ff*) ein Symptom des sogenannten »Produktkonzeptes« von Unternehmen. Damit meinen die Autoren eine bestimmte »Grundeinstellung gegenüber dem Markt. [...] Das Produktkonzept geht von der Prämisse aus, daß die Konsumenten jene Produkte bevorzugen werden, die ein Höchstmaß an Qualität, an Leistung und gesuchten Eigenschaften bieten.« Diese Einstellung führt unter den Praktikern zu folgender vielzitierter Erwartung: »Wenn einer [...] eine bessere Mausefalle herstellt [...], so wird die Welt einen Pfad zu seiner Tür trampeln« (zit. n. Kotler & Bliemel, 1995, S. 22). Diese Erwartung wird immer wieder enttäuscht. Verbesserte Qualität bringt nichts, wenn niemand ein Interesse an der Verbesserung hat. Durch alleinige Konzentration auf die Qualität des Produkts können die Unternehmen also an den Erfordernissen des Marktes vorbeiproduzieren.
Andere Grundeinstellungen, die Kotler und Bliemel (1995) beschreiben, sind:

- Produktionskonzept: »[...] geht von der Prämisse aus, daß die Verbraucher jene Produkte bevorzugen werden, die weithin verfügbar gehalten werden und kostengünstig sind. Daher konzentrieren sich die Entscheidungsträger in produktionsorientierten Unternehmen auf zwei Ziele: eine hohe Fertigungseffizienz und ein möglichst flächendeckendes Distributionssystem« (S. 20).
- Verkaufskonzept: »[...] basiert auf der Annahme, daß die Verbraucher von sich aus in der Regel keine ausreichende Menge der [...] angebotenen Produkte kaufen werden. Daher muß das Unternehmen aggressiv verkaufen und aggressiv Absatzförderung betreiben« (S. 23).
- Marketingkonzept: »[...] besagt, daß der Schlüssel zur Erreichung unternehmerischer Ziele darin liegt, die Bedürfnisse und Wünsche des Zielmarktes zu ermitteln und diese dann wirtschaftlicher zufriedenzustellen als die Wettbewerber« (S. 25).

Das Marketingkonzept ist den anderen Konzepten überlegen, weil es die Erfordernisse des Marktes in den Mittelpunkt der Betrachtung stellt. So ist es zum Beispiel das Ziel der Unternehmer mit Verkaufskonzept »[...] das zu verkaufen, was sie herstellen, anstatt das herzustellen, was sie verkaufen können« (S. 24). Ein perfektes Marketing dagegen macht Verkaufen in einem gewissen Sinne überflüssig. Wenn nämlich die Erfordernisse des Marktes berücksichtigt wurden, steht am Ende der unternehmerischen Bemühungen nicht mehr das Überzeugen eines widerspenstigen Konsumenten, sondern lediglich die Bereitstellung eines Produktes, das der Konsument ohnehin kaufen wird.

Es gibt Neuerungen, die sich auf nichts beziehen lassen, was es schon auf dem Markt gibt. Solche Produkte haben es besonders schwer. Oft weiß ein Anbieter selbst gar nicht, daß mit seinem Produkt irgendwelche Probleme gelöst werden. So erging es zum Beispiel dem Erfinder des Teebeutels, der ursprünglich seinen Kunden nur bequeme Warenproben mitgeben wollte, die für eine geringe Aufgußmenge reichten. Die erhöhte Nachfrage nach diesen Proben ließ ihn erst erkennen, wie sehr die Konsumenten die Bequemlichkeit schätzten, fertig abgepackte Teemengen für eine einzige Tasse zu erhalten (O'Shaughnessy, 1987, S. 29).
Am Erfolg einer Innovation kann man auch ablesen, ob und wie sich die Wünsche der Konsumenten verändert haben. In den frühen neunziger Jahren wurden beispielsweise die meisten Genußmittel noch erfolgreich mit dem Hinweis auf Gesundheit verkauft. Nach einer Verkaufsstudie von 1995 haben sich aber von den Neuerungen auf dem Lebensmittel-Markt vor allem diejenigen durchgesetzt, die sich durch Bequemlichkeit auszeichnen. Erfolgreich seien vor allem solche Lebensmittel, die sich leicht zubereiten lassen, zum Beispiel Nudeln im Portionsbeutel oder Tiefkühltorten. Der Gesundheitstrend sei dagegen deutlich abgeschwächt (*w&v*, 27/1995, S. 6).

Passive Wünsche
Latente Wünsche gehen mit keiner Kaufhandlung einher, weil die Konsumenten die Verbindung zwischen dem Produkt und ihren Zielen nicht sehen. Es genügt aber nicht, diese Verbindung zu erkennen, damit es zur Kaufhandlung kommt. In vielen Fällen überwiegen die Kosten eines Produktes in den Augen der Konsumenten ihren möglichen Nutzen. Das heißt, die Konsumenten wissen sehr wohl, daß das Produkt ihnen nützen wird. Sie glauben aber gleichzeitig, daß es die Kaufhandlung letztlich nicht wert ist.
Ein persönliches Beispiel mag das illustrieren: Es ist üblich, auf einem geschlossenen Gelände, zum Beispiel bei einem Festival oder Konzert, Imbiß und Getränke teurer anzubieten als sonst üblich. Wenn ich nun als Besucher der Veranstaltung den Wunsch verspüre, etwas zu essen oder zu trinken, töten überzogene Preise jenseits einer bestimmten Grenze jeden Kaufimpuls ab. In einem solchen Fall würde O'Shaughnessy (1987, S. 29*ff*), von einem *passive want* sprechen. Der erwartete Nutzen kann mit den wahrgenommenen Kosten, hier dem Preis, nicht Schritt halten. Andere Beispiele (O'Shaughnessy, 1987, S. 31*ff*):

– *Soziale Kosten*: Hörgeräte wurden nur schleppend verkauft, solange das Tragen eines Hörgeräts mit dem Bild, das die potentiellen Kunden von sich vermitteln wollten, nicht verträglich war. Eine leichte Abhilfe schufen auch Vorbilder, die in der Öffentlichkeit Hörgeräte trugen, wie etwa der amerikanische Präsident Ronald Reagan. Eine andere Abhilfe wird durch immer kleiner werdende Geräte geschaffen.
  Der Kauf und Gebrauch von Kosmetika wurde von amerikanischen Männern nicht als ein angemessen männliches Verhalten wahrgenommen. Auch heute, wo kosmetische Körperpflege bei Männern ein weit verbreitetes Verhalten ist, wird bei diesen Produkten eher ein Fitneß-Aspekt betont. Schönheitspflege und Sorge um die eigene Attraktivität sind weiterhin eher Gesichtspunkte des weiblichen Körperpflegeverhaltens.
– *Finanzielle Kosten*: Eine Kundin berichtet: »Ich denke, ich werde das *Opium* (Eau de toilet) demnächst kaufen. Ich will es, und ich mag seinen Geruch. Ich habe auch das Geld, und ich kann es mir leisten, aber meine lebenslangen Gewohnheiten zur Sparsamkeit halten mich bei dem endgültigen Kauf noch zurück. Ich betrachte das als eine Extravaganz, den reinen Luxus!

Ich werde mich wohl noch ein bißchen umsehen, um es zum günstigsten Preis zu bekommen, der möglich ist« (O'Shaughnessy, 1987, S. 30; Übers. GF). Es ist übrigens wichtig, daß im vorliegenden Beispielfall das Geld zum Kauf tatsächlich vorhanden ist. Ansonsten würde es sich nämlich um ein ausgeschlossenes, nicht ein passives Bedürfnis handeln.

- *Aufwand:* Viele Konsumenten, die sehr wohl wissen, daß sie von einem Computer profitieren würden, schrecken vor dem Kauf zurück, weil sie befürchten, das Gerät erst nach einer aufwendigen Einarbeitung nutzen zu können. *Steinway* begegnete dem analogen Problem, indem mit dem Kauf eines Flügels einige Stunden gratis Klavierunterricht verbunden wurden.
- *Unbequemlichkeit:* Harte Kontaktlinsen sind unbequem zu tragen. Diese Unannehmlichkeit schreckt manche Konsumenten völlig von dem Kauf ab, auch wenn sie eigentlich Kontaktlinsen gebrauchen könnten. Dieser Effekt wurde durch die Entwicklung weicher Kontaktlinsen gemildert.
- *Erwartungen an den Markt:* Manche Produkte werden sehr schnell durch andere ersetzt. Besonders rasant entwickelt sich zum Beispiel der Computer-Markt. Viele Konsumenten erwarten, daß ein Produkt, das sie sich heute kaufen, schon sehr bald veraltet sein wird. Diese Erwartung läßt sie den Kauf immer wieder aufschieben.

Ausgeschlossene Wünsche

Von den passiven Wünschen unterscheiden wir solche, die zwar als Wünsche bestehen, die aber von den Konsumenten im vorhinein bereits ausgeschlossen werden (*excluded wants*). Der Grund für die Ausschließung ist meist, daß die Konsumenten durch andere Bindungen von einem Kauf abgehalten werden. Zum Beispiel können Personen, denen ihre Religion den Alkohol verbietet, durchaus potentielle Kunden für alkoholische Getränke sein. Das heißt, nicht ihre Überzeugung, sondern ihre Bindung an die spezielle Religion hält sie von dem Kauf ab. Eine ähnliche Form der Ausschließung besteht, wenn der Sohn den Eltern versprochen hat, kein Motorrad zu kaufen. In beiden Fällen ist der Verzicht nicht intrinsisch motiviert. Wir gehen davon aus, daß ohne diese Bindungen, das Versprechen bzw. das religiöse Bekenntnis, das Kaufverhalten außer Frage steht.

Ein anderer Fall von ausgeschlossenen Wünschen ist der, wo wichtige Randbedingungen des Kaufes nicht gegeben sind. Wenn mir zum Beispiel das Geld für den Kauf fehlt, dann ist es trivial, daß ich nicht kaufen werde. Es können aber auch technische oder physikalische Randbedingungen sein, die nicht erfüllt sind. Stellen wir uns vor, ich wollte einen Video-Recorder kaufen, um Fernsehsendungen aufzuzeichnen. Solange ich keinen vernünftigen Empfang der entsprechenden Programme habe, ist der Kauf aber sinnlos. Der Punkt bei den ausgeschlossenen Wünschen ist der, daß die Konsumenten durch Marketing nicht mehr gewonnen werden müssen (wie etwa bei den passiven). Sie sind längst bekehrt. Es gibt aber spezielle äußere Gründe, die sie nachhaltig von der Kaufhandlung abhalten.

2.2.7 Zur Struktur von Motiven: Wie wird der motivierte Mensch handeln?

Nach Motiven und Bedürfnissen fragt man sich typischerweise vor der Neuentwicklung oder Neugestaltung eines Produktes. Betrachten wir hierzu ein Beispiel. Monika, eine Marktleiterin, möchte ihren Supermarkt familienfreundlicher gestalten. Die Motivforschung soll Anregungen zu möglichen Umgestaltungen oder zu Dienstleistungsangeboten geben. In diesem Beispiel weiß Monika noch nicht, welche Wünsche und Bedürfnisse die Konsumenten überhaupt haben. Sie sucht nach »Bedürfnislücken« (Salcher, 1995, S. 184), die noch nicht befriedigt werden.

Was ist nun davon zu halten, wenn eine Erhebung als Ergebnis eine Reihe von relevanten Motiven benennt? Zum Beispiel könnte Monika die Information erhalten, daß ihre Kundinnen und Kunden am liebsten einkaufen würden, ohne dabei auf ihre Kinder achten zu müssen, und daß sie sich mehr Komfort beim Transport der Waren wünschen. Ein solches Ergebnis würde auf der Basis einer weitgehend athematischen Orientierung zu erwarten sein, in der die Form der letztlich relevanten Bedürfnisse nicht vorgegeben und nach allgemeingültigen Motiven im Hintergrund nicht gefragt wird.

Um dem erstgenannten Wunsch der Kundinnen zu begegnen, richtet Monika nun eine Kinderbetreuung in ihrem Markt ein, wo die Kleinen für die Zeit des Einkaufs unter Aufsicht betreut werden. Kann sie sich nun darauf verlassen, daß die Kundinnen dieses Angebot nutzen werden?

Leider gibt es eine ganze Reihe von Argumenten, die besagen, daß sie das nicht kann. Es genügt nicht, daß die Konsumenten sagen: »schön wär's«. Selbst wenn sich Monika sicher sein kann, daß ihre Kunden das betreffende Bedürfnis wirklich haben, kann sie nicht sicher sagen, daß sich dieses Bedürfnis auch in Verhalten äußern wird. Dieses Problem hat die Motivforschung mit der Einstellungsforschung (vgl. Kapitel 13) gemeinsam.

Unter welchen Umständen werden nun nachgewiesene Bedürfnisse verhaltenswirksam, unter welchen nicht? Zunächst einmal muß das Bedürfnis eine gewisse *Realisierungschance* (Salcher, 1995, S. 190) besitzen. Zum Beispiel muß das in Frage stehende Verhalten überhaupt kontrollierbar sein. Dies ist nicht der Fall, wenn die Mittel für ein Konsumverhalten fehlen. Wer kein Geld für einen *Porsche* hat, der wird sich auch bei starkem Motiv keinen *Porsche* kaufen. Allerdings kann man erwarten, daß jemand im Rahmen seiner Möglichkeiten sein Motiv mit Ersatzhandlungen befriedigt. So kann sich eine *Porsche*-Leidenschaft in anderen Konsumhandlungen ausdrücken, etwa dem Abonnieren von Fachzeitschriften, Besuchen von Ausstellungen, Sammeln von Modellen oder dem Kauf eines Autos, das man subjektiv als »*Porsche*-ähnlich« erlebt. So findet sich hier also quasi durch die Hintertür doch noch eine Korrespondenz zwischen Bedürfnis und Konsumverhalten.

Die zweite Bedingung beruht auf der Hierarchie von Bedürfnissen: manche Bedürfnisse sind grundlegender als andere – das war ein wichtiger Punkt der Maslowschen Theorie (2.2.2) – und manche Bedürfnisse sind aus anderen Gründen stärker als andere. Eine Person kann zum Beispiel eine Kinderbetreuung während des Einkaufens ausdrücklich begrüßen, und dann trotzdem aus Eile das Kind im Wagen behalten. Sie empfindet es als zeitraubend, das Kind bei der Betreuung abzuliefern und nach dem Einkauf wieder einen Umweg dorthin zu machen. Da sie den schnellen einem bequemen Einkauf vorzieht, wird sie das Angebot zwar begrüßen, aber nicht nutzen.

Unverträgliche Bedürfnisse von unterschiedlicher Stärke sind noch relativ leicht zu organisieren, es setzt sich das stärkere durch. Zum Verständnis des Konsumentenverhaltens wären hier nicht nur die Motive selbst, sondern auch ihre Stärke zu ermitteln.

Wenn jedoch gleich starke Bedürfnisse als unverträglich erlebt werden, haben wir eine dritte Bedingung, unter der Bedürfnisse nicht verhaltenswirksam werden: den *Motivkonflikt*. Es werden drei Arten von Motivkonflikten unterschieden:

Bei einem *Appetenz-Appetenz-Konflikt* gibt es zwei gleich attraktive Optionen, von denen nur eine verwirklicht werden kann. Der Wunsch nach einem erholsamen und einem Abenteuerurlaub ist vermutlich nicht gleichzeitig zu erfüllen, daher wäre dies ein Beispiel für einen Appetenz-Appetenz-Konflikt.

Ein *Aversions-Aversions-Konflikt* liegt vor, wenn zwei gleich unattraktive Optionen gemieden werden sollen. Zum Beispiel zahle ich weniger Steuern, wenn ich sorgfältig Belege sammele und meine Steuererklärung regelmäßig und frühzeitig abgebe. Der Verzicht auf Geld, das ich eigentlich haben könnte, ist die eine unattraktive Option, die andere ist der lästige Aufwand des Sammelns und der Steuererklärung.

Beim *Appetenz-Aversions-Konflikt* besitzt dasselbe Verhalten sowohl eine positive als auch eine negative Seite. Dieser Fall kommt im Konsumentenalltag regelmäßig vor, denn jeder Preis, der für ein Konsumverhalten gezahlt wird, kann als die negative Kehrseite des eigentlich positiv bewerteten Produktes angesehen werden.

Wir haben dieses Phänomen oben unter den passiven Wünschen diskutiert, wo nicht nur finanzielle, sondern auch soziale Kosten einer Konsumhandlung zu Motivkonflikten geführt haben. Betrachten wir nur das Beispiel des schwerhörigen Jugendlichen, der zwar mit einem Hörgerät besser hören, gleichzeitig aber unter seinesgleichen unangenehm auffallen würde. Hier steht das soziale Problem der Diskriminierung in Konflikt zu dem Bedürfnis, den Hörschaden auszugleichen.

Die Unverträglichkeit der Motive muß bloß subjektiv empfunden werden, das genügt für den Konflikt. So könnte es zum Beispiel sein, daß Menschen von betont gesunden Produkten nicht erwarten, daß sie auch Genuß bereiten. Sie erwarten im Gegenteil, daß alles, was gut schmeckt, nicht wirklich gesund sein kann. In diesem Fall sind die Bedürfnisse wechselseitig voneinander abhängig (Salcher, 1995, S. 187 spricht von der »Interdependenz« von Bedürfnissen).

Was bedeutet das praktisch? Wenn zum Beispiel ein Joghurthersteller sicher ist, daß seine Kunden sowohl Gesundheit als auch Genuß wünschen, kann er in der Werbung für seinen Joghurt nicht beide Wünsche gleichzeitig ansprechen. Die Aktivierung des einen Wunsches dämpft nämlich bei den angesprochenen Personen automatisch die Erwartung, den anderen befriedigen zu können. Hier wäre es entweder zielführend, nur ein Bedürfnis anzusprechen und das andere zu ignorieren, oder – in einem etwas offensiveren Vorgehen –, die Unvereinbarkeit der Bedürfnisse in Frage zu stellen. Hierfür könnte die Werbung vermeintlich gegensätzliche Begriffe zusammenbringen. Für den Joghurt würde sich etwa die Verbindung »leicht genießen« anbieten.

Die vierte Bedingung beruht auf der unterschiedlichen *Spezifität* oder *Allgemeinheit* von Wünschen und Bedürfnissen. Betrachten wir wieder das Beispiel mit der Marktleiterin. Eine allgemeine Erkenntnis der Motivforschung wäre: »Die Kunden wünschen einen bequemen Einkauf.« Auf diese Aussage wäre Monika allerdings auch ohne Motivforschung gekommen. Eine weitere Erkenntnis ist dagegen: »Die Kunden wünschen insbesondere einen kinderfreundlichen Einkauf, denn gerade davon versprechen sie sich mehr Komfort.« Dieses Ergebnis ist schon wesentlich spezifischer. Trotzdem ist es noch immer ein großer Schritt zu der Erwartung: »Also wollen die Kunden, daß sich jemand während ihres Einkaufs um die Kinder kümmert.« Ob diese Übersetzung von »Bequemlichkeit und Kinderfreundlichkeit« in »Betreuungsangebot« von den Konsumenten überhaupt nachvollzogen wird, muß noch eigens geprüft werden.

Der vorangegangene Gedanke zeigt, daß Motive manchmal als »Übersetzung« anderer Motive verstanden werden können. Zum Beispiel läßt sich ein spezifischer Wunsch in aller Regel leicht auf ein allgemeineres Motiv oder Bedürfnis beziehen, so wie etwa die meisten unserer Handlungen irgendwie auf unser Ziel verweisen, ein gutes Leben zu führen (2.2.5; Exkurs 8).

Unter Umständen lassen sich aber auch weniger triviale Beziehungen zwischen Motiven beschreiben, etwa die Beziehung zwischen oberflächlichen und tieferliegenden Bedürfnissen. Nach dieser Unterscheidung ist es möglich, daß hinter einem offen sichtbaren und berichteten Motiv ein anderes, sozusagen »eigentliches« Motiv steht, dem die Handlung letztlich dient. Dieser Gedanke soll uns im folgenden beschäftigen.

2.2.8 Unbewußte Motive: Die »wahren« Bedürfnisse?

Die Motivforschung hat sich in der Vergangenheit oft zum Ziel gesetzt, die »wahren« oder »letzten« Motive im Konsumentenverhalten zu beschreiben. In monothematischen Motivtheorien wird zum Beispiel diskutiert, daß nahezu alle Konsumhandlungen letztendlich, wenngleich unbewußt, dem Geltungsstreben oder der Aufwertung der eigenen Person, dem Sexualtrieb, einem Bedürfnis nach Einzigartigkeit oder nach Macht dienen. Solche Ideen sind in mehrfacher Hinsicht problematisch.

Die Annahme von unbewußten Motiven ist in vielen Fällen nicht begründet. Es ist nicht von vornherein plausibel, daß es unbewußte Motive geben soll. Diese Annahme solcher Motive sollte daher nur in Ausnahmefällen getroffen und stets eigens begründet werden. Ich erörtere diesen Punkt weiter unten.

Unbewußte Motive sind nicht automatisch auch die »wahren« Beweggründe. Selbst wenn die Annahme von unbewußten Motiven plausibel sein sollte, ist noch immer fraglich, ob man bei Kenntnis der unbewußten Motive die besseren Verhaltensvorhersagen macht. Zum Beispiel ist leicht vorstellbar, daß die bewußten Beweggründe des Verhaltens zu genau denselben Verhaltenskonsequenzen führen, so daß es zur korrekten Beschreibung des Verhaltens genügt, die bewußten Motive zu kennen. Und selbst wenn unbewußte und bewußte Beweggründe miteinander im Widerstreit liegen, ist noch nicht gesagt, daß sich unbewußte Motive gegen die bewußten durchsetzen werden. Die Annahme, daß die »eigentlichen« oder »wahren« Beweggründe unseres Handelns unbewußt sind, muß mit einem großen Fragezeichen versehen werden.

Im ungünstigsten Fall sind unbewußte Motive eine Glaubensfrage. Unbewußte Motive sind schwierig zu messen. Wer den Aufwand scheut, wird keine verläßliche Auskunft darüber erhalten, ob er zu recht unbewußte Motive unterstellt. Bei ungenügender Datenlage gerät die Annahme, daß unbewußte Beweggründe beim Konsumentenverhalten ein Rolle gespielt haben, zu einem bloßen Bekenntnis. Man kann dran glauben oder auch nicht. Besonders problematisch sind allerdings monothematische Modellvorstellungen, nach denen nahezu alles Konsumhandeln »in Wahrheit« einem oder wenigen letzten Motiven dient. Annahmen von dieser Struktur lassen sich in der Regel überhaupt nicht prüfen. Sie entsprechen eher einer Weltanschauung. Argumente gibt es hier kaum.

Wann ist die Vorstellung von »unbewußten Motiven« gerechtfertigt? Betrachten wir hierzu ein vorangegangenes Beispiel: Es mag »politisch korrekt« sein, von einer gesunden Ernährung genauso viel Genuß zu erwarten wie von fetten, süßen und ballaststoffarmen Nahrungsmitteln. Auf die Frage, ob Gesundheit und Genuß vereinbar sind, werden dann womöglich viele Menschen antworten: »Auf jeden Fall«. Gleichzeitig können aber dieselben Personen uneingestandene Erwartungen hegen, die genau diese Behauptung in Frage stellen.

Insbesondere die Tiefenpsychologie geht davon aus, daß unser Verhalten in vielen Fällen von unbewußten Bedürfnissen geleitet wird. Eine unkritische Anwendung dieses Grundgedankens auf die Marktforschung hat in der Vergangenheit mitunter groteske Formen angenommen (wie etwa in den Arbeiten von Key, 1980, oder Dichter, 1964).

Es ist zwar richtig, daß Personen oft nicht korrekt über ihre eigenen Beweggründe Auskunft geben können, allerdings läßt sich dies auch für viele Fälle nachweisen, in denen sicher keine Motive beteiligt waren (s.u. 2.2.9). Im ganzen lassen sich mindestens drei Situationen denken, in denen Menschen ihre eigenen Bedürfnisse nicht kennen und darüber keine Auskunft geben können:

1. Ein Wunsch oder Beweggrund ist nicht bewußt, weil er *unangenehm*, vielleicht zu emotional, konfliktträchtig oder peinlich ist. Zum Beispiel ist man insgeheim durchaus neugierig und nicht abgeneigt beim Gedanken an Pornographie, man würde diesen Konsumwunsch aber nicht offen eingestehen. Dies ist der eigentlich prototypische Fall eines unbewußten Motivs. Allerdings kann man nur dann wirklich von einem unbewußten Motiv sprechen, wenn man darüber nicht einmal vor sich selbst Rechenschaft ablegen kann. Ansonsten würde die Tatsache, daß eine Person diesen Wunsch nicht eingesteht, nur bedeuten, daß sie die Auskunft bewußt zurückhält und mauert.

2. Ein Wunsch oder Beweggrund ist *schwer zu artikulieren*. Zum Beispiel neigt man manchmal zu einem spontanen Urteil über ein Produkt, kann sich aber keine Rechenschaft darüber geben, wie dieses Urteil zustande gekommen ist. Möglicherweise ist der Anlaß, der einen letztlich zu der Wahl bewogen hat, derart nebensächlich, daß man ihn nicht bewußt registriert hat. In diesem Fall ist jede Angabe von Gründen nur eine invalide Konstruktion (siehe 2.2.9). Hier ist der Grund für die Wahl zwar nicht bewußt, er besteht aber nicht eigentlich in einem »Motiv«.
3. Ein Wunsch oder Beweggrund ist *nur latent vorhanden* (O'Shaughnessy, 1987, S. 16*ff*; s.o. 2.2.5). Man hätte ihn, wenn man wüßte, daß es bestimmte Möglichkeiten der Bedürfnisbefriedigung gibt. So hat man, solange man keine Kartoffelchips kennt, auch kein Bedürfnis danach.

2.2.9 »Telling more than we can know«

In einer fingierten Marktforschungsstudie werden Versuchspersonen aufgefordert, aus einer Reihe von Kleidungsstücken zu wählen. Dabei variiert die Position der Darbietungen – mit dem Ergebnis, daß das am weitesten rechts liegende Kleidungsstück bis zu vier Mal häufiger gewählt wird als das am weitesten links liegende. Gleichwohl gibt keine der Versuchspersonen an, daß die serielle Position der Kleidungsstücke bei ihrer Wahl irgendeine Bedeutung gehabt hätte. Auf die entsprechenden Hinweise der Versuchsleiter reagieren die Probanden verständnislos.

Dieses Experiment ist eines von vielen, mit denen Nisbett und Wilson (1977a) in ihrer klassischen Überblicksarbeit belegen, daß Menschen über ihre eigenen inneren Zustände oft keine korrekten Angaben machen können und daß sie die Einflüsse auf ihr eigenes Verhalten häufig nicht durchschauen. Das Beispiel zeigt gleichzeitig, daß man keine unbewußten Motive unterstellen muß, um zu der Erkenntnis zu gelangen, daß wir oft nicht korrekt darüber Auskunft geben können, warum wir in einer bestimmten Weise gehandelt haben.

Die Probanden von Nisbett und Wilson wurden nicht durch ein unbewußtes Motiv beeinflußt, sondern durch ein Merkmal, das sie nicht für wesentlich hielten, und dessen Bedeutung sie nicht einsahen. Als sie daher ihre Produktwahl begründen sollten, ist ihnen die Position der Produkte nicht als ein relevantes Merkmal eingefallen und wurde also auch nicht in die Begründung aufgenommen.

Interessant ist nun freilich, daß die Probanden die Relevanz dieses Merkmals auch dann nicht anerkennen wollten, als sie von den Versuchsleitern darauf aufmerksam gemacht wurden. Vielmehr wiederholt sich über eine Reihe von Experimenten immer dasselbe Phänomen: Im günstigsten Falle räumen die Probanden noch ein, daß vielleicht andere Personen sich durch die externen Stimuli (eben zum Beispiel die Position der Darbietung) beeinflussen lassen, weisen aber weit von sich, daß sie selbst diesen Einflüssen erlegen seien (ein Beispiel für den Dritte-Person-Effekt, vgl. Moser & Hertel, 1998; 10.2.2). In anderen Fällen lassen sich die Versuchspersonen durch keine noch so zwingenden Daten davon überzeugen, daß überhaupt der unterstellte Einfluß wirksam sein könnte (Nisbett & Wilson, 1977a).

Eine Erklärung hierfür könnte in dem Umstand liegen, daß die Position, an der ein Produkt liegt, nicht eben ein wesentliches Zeichen seiner Qualität ist. Eine Wahl, die sich durch ein derart peripheres Merkmal beeinflussen läßt, mußte daher den Versuchspersonen als töricht erscheinen, so daß sie also guten Grund hatten, diesen Einfluß für die eigene Wahl zurückzuweisen. Statt dessen konstruierten sie eine Erklärung aus den Gründen, die normalerweise für eine vernünftige Produktwahl stehen, wie etwa »überragende Qualität«, »gutes Preis-Leistungs-Verhältnis« oder »persönliches Gefallen«.

Mit diesen Begründungen gingen die Probanden allerdings über das hinaus, was sie erwiesenermaßen wissen konnten. Die experimentelle Anordnung belegt, daß es sich bei den Begründungen um Konstruktionen im nachhinein handeln muß. Wie schon eingangs gesagt: Auch wenn wir gar nicht davon ausgehen, daß wir durch unbewußte Motive angetrieben werden, müssen wir Selbstauskünften über innere Zustände mit Mißtrauen begegnen. So versagen wir auch nicht selten bei der Vorhersage unseres eigenen Nutzens, das heißt, wir irren uns in der Erwartung, dies oder jenes werde uns gefallen oder nicht gefallen. Oft kennen wir die wirklichen Einflüsse auf unser Verhalten nicht, und wenn wir in diesen Fällen gefragt werden, begründen wir unser Verhalten mit dem, was uns plausibel vorkommt. Es braucht sorgfältige Experimente, um wirklich klar zu identifizieren, wann uns die Markt- und Motivforschung bei dem antrifft, was wir offenbar gern und häufig tun: »Telling more than we can know.«

2.3 Die Involviertheit des Kunden

Der entscheidende Erkenntnisfortschritt in der Forschung zum Konsumentenverhalten besteht vielleicht nicht so sehr darin, daß man die Regeln erkennt, nach denen unser Verhalten funktioniert. Mindestens genauso wichtig ist es, zu erkennen, wann eine bestimmte Regel gilt und wann nicht. Es gibt in unserem Verhalten immer wieder bestimmte Weichen; dort wird quasi ein Hebel umgelegt, und je nach Position des Hebels gilt dann diese oder jene Regel.

Eine der wichtigsten »Weichen« im Konsumentenverhalten wird mit dem Begriff des *Involvement* bezeichnet. Unser Verhalten fällt anders aus, je nachdem ob wir hoch oder niedrig involviert sind. Was aber heißt »involviert sein«?

Der Begriff des Involvement wird häufig gebraucht, um das Maß an innerer Beteiligung sowie die Tiefe und Qualität der Informationsverarbeitung zu beschreiben, mit denen sich der Kunde einer Werbe- und Kaufsituationen zuwendet (Krugman, 1966; vgl. auch Mühlbacher, 1982, S. 188*ff*; Kroeber-Riel, 1992, 1993a; Moser, 1990; Lloyd & Clancy, 1991; Meyer-Hentschel, 1993; Baker, 1993, S. 63*ff*; Rhodes, 1997, S. 193*f*). Die Involviertheit des Kunden gilt auch als Maß für die kognitive Kontrolle, die der Konsument bei seiner Entscheidung ausübt.

Voraussetzungen für ein geringes Involvement sind beispielsweise:

- geringes subjektives Kaufrisiko,
- geringer Bezug der Konsumhandlung zu persönlichen Werten,
- keine Identifikation mit den in Frage stehenden Produkten.

Dies hat dann zur Folge:

- niedrige Aufmerksamkeit (zum Beispiel bei der Rezeption von Werbung),
- keine absichtliche Suche nach Produktinformation,
- relative Gleichgültigkeit gegenüber Preis- und Qualitätsunterschieden,
- geringe Tiefe in den beteiligten Informationsverarbeitungsprozessen,
- höhere Empfänglichkeit für emotionale Ansprache (im Unterschied zu einer rationalen),
- keine kognitive Kontrolle bei der Urteilsbildung (dadurch auch erhöhte Anfälligkeit gegenüber automatischen und irrationalen Effekten; vgl. Kapitel 9),
- Kommunikationswirkung (zum Beispiel von Werbung) nur bei häufiger Wiederholung,
- nur geringe kognitive Widerstände gegen beeinflussende Kommunikation,
- schwache Gedächtnisspuren für den Vorgang (zum Beispiel Begegnung mit Werbung, Kaufhandlung).

Als Oberbegriff für diese verschiedenen Konzepte (Aufmerksamkeit, Kaufrisiko, Ich-Beteiligung, Identifikation etc.) bezeichnet das Involvement sicherlich die bedeutendste »Weiche«, besser: »Moderatorvariable« im Konsumentenverhalten. Die Frage, wie eine bestimmte Marketingmaßnahme auf die Konsumenten wirkt, wird zu großen Teilen davon abhängen, wie involviert die Konsumenten sind. Das Involvement bietet auch das Rahmenkonzept für die Erwartung, daß Werbung sowohl bei aufmerksamer als auch bei unaufmerksamer Rezeption wirken kann, daß sie aber in den jeweiligen Fällen auf unterschiedliche Weise wirkt. Allerdings wurde der Involvement-Begriff von unterschiedlichen Autoren mit unterschiedlicher Akzentuierung gebraucht. Während beispielsweise für einige die Ich-Beteiligung und der persönliche Bezug das Kernstück des hohen Involvement ist, betonen andere das Ausmaß an Aktivation, Aufmerksamkeit und kognitiven Ressourcen (zum Überblick siehe Greenwald & Leavitt, 1984). Dies mag die inhaltliche Breite erklären, die aus der obigen Aufzählung hervorgeht.

2.3.1 Ebenen des Involvement

Greenwald und Leavitt (1984) unterscheiden vier Ebenen des Involvement. Sie veranschaulichen diese unterschiedlichen Niveaus an folgendem Beispiel: »Zwei Musiker, Mann und Frau, fahren über eine altbekannte Strecke auf der Autobahn. Im Radio läuft ein Sender mit klassischer Musik. Dazwischen wird der Verkauf von Konzertkarten angekündigt. Es geht um eine Aufführung in einer nahen Stadt, bei der einer der höchstgeschätzten Violinisten als Solist auftreten wird. Der Mann unterbricht das Gespräch und hört aufmerksam zu. Unmittelbar auf die Ankündigung folgt eine Werbung für eine Stereoausrüstung, die die beiden schon haben. Dann folgt ein Spot für ein Erfrischungsgetränk, den sie beide mindestens schon 20 Mal gehört haben. Das Gespräch wird wieder aufgenommen, ein nun folgender Werbespot für ein Bekleidungsgeschäft kann es nicht mehr unterbrechen. Schließlich endet auch die Unterhaltung und der Mann schläft ein. (Zum Glück sitzt die Frau am Steuer.)« (S. 581; Übersetzung GF).

Die vier verschiedenen Werbebeiträge treffen bei dem Paar auf vier verschiedene Empfängerhaltungen. Das vermutliche Minimum an Involvement ist beim Schlaf gegeben, wobei es freilich zweifelhaft ist, ob der Spot für das Bekleidungsgeschäft auf bessere Bedingungen gestoßen ist. Hier sprechen Greenwald und Leavitt von »Preattention«, man könnte also sagen: *Vor-Aufmerksamkeit* (vgl. Greenwald & Leavitt, 1981, S. 594*f*). Die Informationsaufnahmekapazitäten sind auf diesem Niveau minimal.

Größer war das Involvement bei dem Spot für das Erfrischungsgetränk. Immerhin haben die beiden den Inhalt wiedererkannt, denn sie konnten bemerken, daß es sich um eine Information handelt, die sehr oft schon wiederholt wurde. Eine grobe Kategorisierung von Namen, Inhalten und Wörtern ist kennzeichnend für dieses Niveau der *fokalen Aufmerksamkeit* oder »focal attention«.

Der vorangegangene Werbebeitrag erhielt schon allein deshalb eine höhere Aufmerksamkeit, weil es sich um Musik handelte. Hier stellten die beiden Empfänger zum Beispiel fest, daß sie das Produkt schon selbst besitzen. Diese Feststellung setzt ein tieferes Verständnis voraus als das bloße Erkennen von Wörtern oder Namen. Hier setzt bereits eine Analyse des Gesagten ein, eine mentale Repräsentation wird erzeugt. Dies sind die Merkmale der *Verstehensebene* oder »comprehension«.

Die Ankündigung des Konzerts wird von dem Ehemann besonders aufmerksam aufgenommen, handelt es sich doch bei dem Solisten um einen seiner Lieblingskünstler. Er überlegt bereits, ob er Karten für das Konzert besorgen soll und an welchem Abend sie beide am besten kommen kön-

nen. Hier werden offenbar kognitive Verbindungen in verschiedene Richtungen gezogen, zum Beispiel in die Zukunft, wenn es um den Konzertbesuch geht, oder in die Vergangenheit, wenn es um die Wertschätzung für den Solisten geht. Hier erst erfolgt eine wirkliche Integration der Information in eine Vielzahl anderer Repräsentationen, Erinnerungen, Pläne, Überzeugungen, Wissen, und so weiter. Diese Stufe nennen Greenwald und Leavitt »elaboration«. Auf der Ebene der *Elaboration* werden die Informationen also ausgearbeitet und ihre Implikationen werden ausbuchstabiert.
Eine Besonderheit der Position von Greenwald und Leavitt ist ihre Unterscheidung von diskreten Ebenen. Sie sehen Involvement nicht als ein Kontinuum, sondern als klar unterscheidbare Stufen zunehmender Elaboration. Die Stufenkonzeption ist freilich nicht zwingend und wird nicht von allen Wissenschaftlern geteilt. Nützlich ist dagegen die Möglichkeit, unterschiedlich komplexe Forderungen an das Involvement einzelnen Stufen zuordnen zu können.
Wir wissen aus bestimmten Aufmerksamkeitsphänomenen (siehe 5.3.1), daß wir offenbar eine gewissen Basisaufmerksamkeit mitbringen, die nur in Ausnahmefällen unterschritten wird. Daher ist es auch möglich, aus dem vor-aufmerksamen Zustand heraus in eine hohe Aufmerksamkeit überzuwechseln, wenn zum Beispiel persönlich relevante oder neue und ungewohnte Informationen genannt werden. Ebenso ist die vor-aufmerksame Stufe in der Lage, das ungewohnte Fehlen von Reizen zu entdecken (zum Beispiel wenn der Müller aufwacht, weil das gewohnte Geräusch der Mühle plötzlich aufgehört hat). Diese Eigenschaft wird weidlich ausgenutzt, wenn Werbung mit neuartigem und persönlich relevantem Material an die Konsumenten herantritt, um damit Aufmerksamkeit auf sich zu ziehen.
Bei fokaler Aufmerksamkeit können bereits Namen gelernt werden. Allerdings ist diese Ebene auf eine hohe Zahl von Wiederholungen angewiesen, bevor eine Information Wirkung zeigt. Die Effekte höherer Niveaus sind demgegenüber stärker und robuster. Auf der Verstehensebene werden Relationen zwischen verschiedenen Informationen festgestellt, etwa Ähnlichkeit oder Widersprüchlichkeit. Auf dieser Ebene ist es aber nicht üblich, daß bereits eigene kognitive Reaktionen auf die Information erfolgen. Zum Beispiel ist ein inneres Gegenargumentieren gegen eine beeinflussende Kommunikation auf dieser Ebene noch nicht wahrscheinlich. Dies geschieht erst bei elaborierter Informationsverarbeitung.
Greenwald und Leavitt schließen ihre Diskussion mit einer zusammenfassenden Definition:
»Involvement ist die Bereitstellung von Aufmerksamkeit gegenüber einer Informationsquelle. Es wird die Aufmerksamkeit zugewiesen, die nötig ist, um die Information auf einem bestimmten Repräsentationsniveau zu analysieren. Es stehen mehrere solcher Niveaus von zunehmender Abstraktheit zur Verfügung. Niedrige Niveaus beanspruchen auch geringe Kapazitäten. Sie ziehen aus der Nachricht nur so viel Information, wie erforderlich ist, um zu bestimmen, ob ein höheres Verarbeitungsniveau angestrebt wird. Kommt es zu einer höheren Verarbeitung, dann dient die bereits analysierte Information des vorangegangenen Niveaus als die Rohmasse für das nächsthöhere Niveau. Je höher das Niveau, desto höher ist auch der Bedarf an Verarbeitungskapazitäten, desto stärker sind aber auch die Gedächtniswirkung und der Effekt auf die Einstellung« (Greenwald & Leavitt, 1984, S. 591, Übers. GF).

2.3.2 Arten des Involvements

Eine relativ neue Sichtweise auf den Involvement-Begriff stammt von Lachmann (in Vorbereitung). Hierin wird zunächst einmal scharf getrennt zwischen dem tatsächlichen Zuwendungsverhalten und der bloßen Bereitschaft, sich mit einem Thema zu befassen: Unter Involvement sei nur

das letztere zu verstehen. Mit anderen Worten: Involviert sein bedeutet demnach keineswegs automatisch, daß man sich mit einer Sache befaßt; das Involvement ist allenfalls »die mentale Bedingung, auf die Werbung beim Empfänger trifft« (Lachmann, i.V., S. 13). Lachmann erklärt – im Unterschied etwa zu Kroeber-Riel (1992) – , daß Involvement durchaus nicht immer Aktiviertheit bedeuten muß. Involvement sei sogar die meiste Zeit nur latent vorhanden und werde überlagert von anderen Themen. Die Aktiviertheit jedenfalls komme zum Involvement noch hinzu.
Wenn wir uns nun tatsächlich mit einer Sache beschäftigen, spricht Lachmann von »Engagement«. Selbst bei sehr hohem Involvement – etwa dem Interesse, das Eltern ihrem Baby entgegenbringen – ist das Engagement nicht immer gegeben. Das liegt daran, daß neben dem hoch involvierenden Thema auch andere auf der Tagesordnung, den Agenda, stehen. Die Agenda sind nach Priorität geordnet, die Reihenfolge allerdings ist sehr instabil. Engagement zeigen wir jeweils für das »Agendum«, das an oberster Stelle steht.
Lachmann unterscheidet Bedingungs- und Folgeinvolvement. Das Bedingungsinvolvement ist die Voraussetzung, auf die das Werbemittel trifft, also etwa ein grundsätzliches Interesse (persönliches Involvement) oder ein akutes Problem (Anlaß-Involvement). Das Folgeinvolvement löst das Werbemittel über die Aktivierung selbst aus.

Persönliches Involvement
Die wichtigste Unterscheidungsdimension bei den Arten des Involvements ist die Zeit. Ein Involvement, das über eine längere Zeit besteht, wird als das *persönliche Involvement* bezeichnet. Damit ist ein bestimmtes Grundinteresse gemeint, das der Kunde schon wegen seiner sonstigen Interessen und Vorlieben hat. Ein großer Fußballfreund ist wegen seiner persönlichen Neigung automatisch involviert, sobald es um Fußball geht. Ein chronisch erhöhtes Involvement bringen auch Liebhaber und Fans in bestimmten Produktbereichen mit; solche Personen gibt es etwa im Bereich von Computertechnik, Autos oder Hifi-Produkten. Sie können als Meinungsführer (vgl. 14.2.3) gelten und sind daher für eine gezielte Ansprache durchaus interessant. Für Lachmann (1993) bilden sie allerdings »als Zielgruppe eher ein Nischensegment« (S. 839).
Das persönliche Involvement steigt mit der Spezifität des Gegenstandes. Zum Beispiel ist das Involvement eines allgemein Fußballinteressierten sicher geringer als das eines Fans des *FC Kaiserslautern*. Mit anderen Worten: »Der Anbieter muß damit rechnen, daß an seinem (spezifischen!) Angebot nur ein Teil der an der Kategorie Involvierten richtig hoch involviert ist. Die Mehrheit ist entweder allgemein interessiert = mäßig involviert oder an anderen Spezifitäten hoch involviert.« (Lachmann, i.V., S. 22).

Situationsinvolvement
Meistens ist man nur für eine bestimmte Zeit involviert. In diesem Fall spricht man von *situativem* oder *Situationsinvolvement.* Ein Kunde ist involviert, wenn er in einer bestimmten Situation ein Produkt kaufen will. Diese Art des Involvement besteht nur, solange der Kunde die Kaufabsicht hat. Es entsteht durch den Entscheidungsdruck und wird stärker, wenn der Entscheidungsdruck steigt.
Lachmann (i.V., S. 15) unterteilt das situative Involvement noch einmal in drei Arten:

1. Das *Phasen-Involvement* stellt sich ein, wenn ein mittelfristiger Bedarf besteht. Wenn wir uns zum Beispiel eine Waschmaschine kaufen müssen, dann sind wir über einen längeren, wenngleich absehbaren Zeitraum bereit, entsprechende Informationen aufzunehmen. Eltern, die ein kleines Kind haben, sind ebenfalls in bezug auf kindspezifische Produkte involviert. Gleichwohl ist auch dieses Involvement nur eine vorübergehende Phase.

2. Das *Anlaß-Involvement* ergibt sich aus sehr kurzfristigen konkreten Anlässen oder Terminen, etwa bei einer Krankheit, einer Autopanne oder bei Hunger und Durst.
3. Das *induzierte Involvement* schließlich kommt von außen. Es stellt sich etwa ein, wenn eine bestimmte Forderung mit einem Mal die Tagesordnung umstellt, zum Beispiel nach einer Nachricht vom Chef oder einem wichtigen Anruf. Obwohl das induzierte Involvement auf einen auslösenden externen Reiz angewiesen ist, gehört es doch noch zur Grobkategorie des *Bedingungs-Involvements*, also der Bedingung, auf die das Werbemittel beim Empfänger trifft. Der entscheidende Gedanke in der Einordnung ist weniger die Quelle als vielmehr die Kurzfristigkeit des Involvements.

Produktinvolvement

Das sogenannte *Produktinvolvement* ist unabhängig von Zeitdimension zu sehen. Es geht davon aus, daß manche Formen der »Ich-Beteiligung« schon davon bestimmt werden, um welches Produkt es geht. So kauft vermutlich kaum jemand seine Zahnbürste oder Schnürsenkel mit dem Gefühl, etwas persönlich wichtiges zu erwerben, womit er sich auch später noch identifizieren will. Bei Kleidung sieht das schon anders aus. Das Produktinvolvement ist tendenziell immer dann hoch, wenn die Konsumenten erwarten, daß es Unterschiede zwischen den Marken gibt, und daß man etwas falsch machen kann, wenn man diese Unterschiede nicht berücksichtigt. Ist eine dieser beiden Bedingungen aber nicht erfüllt, dann sinkt das Involvement sofort erheblich (Baker, 1993, S. 64*f*). Bei mittlerem Produktinvolvement ist ein Befriedigungsprinzip (3.1.2) die wahrscheinlichste Kaufstrategie. In diesen Fällen brechen die Konsumenten die Produktvergleiche ab, sobald sie ein befriedigendes Produkt gefunden haben. Konsumenten sind dann schnell der Meinung, über alle erforderlichen Informationen zu verfügen. Neue Informationen interessieren sie nicht mehr, sie wären nur Ballast. Alle Produkte, die bis zu diesem Zeitpunkt noch gar nicht erwogen wurden, hatten also nicht den Hauch einer Chance.
Die Idee, daß Involvement direkt von einem Produkt ausgehen kann, wird auch kritisiert. So spricht etwa Lachmann (i.V.) nur von »low«- und »high-interest«-Produkten, da Involvement in erster Linie über seine zeitliche Umgrenzung beschrieben wird. Viele Artikel lassen sich auf der Dimension von »low«- und »high-interest«-Produkten einordnen, aber nicht alle. So ist zum Beispiel die eine Person in den Kauf einer Camping-Ausrüstung hoch involviert, die andere dagegen nicht. Bei einem solchen Produkt hängt es vom persönlichen Involvement, von ganz bestimmten Interessen ab, ob eine »Ich-Beteiligung« besteht oder nicht. Daher muß man neben »low«- und »high-interest«- auch noch die »special-interest«-Produkte unterscheiden.
Ein hohes Produktinvolvement geht auch von Produktinnovationen aus, hierauf reagieren auch niedrig involvierte Personen mit erhöhtem Interesse (Lachmann, 1993, S. 842*f*). Den »Erfinder« merkt man sich gut, nicht aber die Nachahmer, Innovationen strahlen zudem auch auf andere Produkte im Sortiment aus.

Werbemittel- und Medieninvolvement

Das Werbemittel selbst kann seinerseits ein weiteres Involvement erzeugen, Lachmann spricht hier vom Folge-Involvement, an anderer Stelle (zum Beispiel Kroeber-Riel, 1993a, S. 222*ff*) findet sich hierfür der Begriff *Werbemittel- oder Reaktionsinvolvement*. Dieses Involvement entsteht durch die Werbung selbst. Eine Anzeige ist derart wirkungsvoll, daß sie eine Zuwendung des Konsumenten bewirkt und die Aufmerksamkeit auf sich zieht.
Eine letzte mögliche Kategorie bildet das *Medieninvolvement*. Rezipienten zeigen unterschiedlich starke Zuwendung bei der Nutzung ihrer Medien. Zum Beispiel ist in der Regel die Zuwendung

zum Medium Fernsehen weniger stark als zu einer Zeitung, die man liest. Auch innerhalb der Medien, zum Beispiel zwischen verschiedenen Programmen, kann man unterschiedliche Fähigkeiten unterscheiden, den Zuschauer zu involvieren (Lloyd & Clancy, 1991).

Wir können anhand des Involvements drei Kaufstrategien unterscheiden (Baker, 1993, S. 64*ff*). Sind wir hoch involviert, streben wir beim Kauf nach Optimierung. Das heißt, wir versuchen, das Bestmögliche zu kaufen. Bei mittlerem Involvement streben wir nur nach Befriedigung. In diesem Fall halten wir immer noch einen Fehlkauf für möglich und wollen ihn vermeiden. Aber oberhalb eines befriedigenden Niveaus ist eine weitere Verbesserung der Wahl nicht mehr möglich oder wenigstens witzlos. Völlig überflüssig ist jeder kognitive Aufwand bei extrem niedrigem Involvement. Unsere Kaufentscheidung ist von Gleichgültigkeit geprägt, wenn wir überhaupt keine Markenunterschiede wahrnehmen und wir überdies mit keinem Kauf irgendein Risiko verbinden. Insgesamt gilt: »Viele Anbieter überschätzen das Involvement der Umworbenen, das fast immer gering ist« (Kroeber-Riel, 1993a, S. 225)!

DREI: **Prinzipien der Kaufentscheidung**

Zusammenfassung

1. *Kaufentscheidungen lassen sich wie Problemlösungen beschreiben, die besser oder schlechter gelingen können. Kriterium für eine gute Problemlösung ist in diesem Fall die Frage, wie gut das Ergebnis der Entscheidung den eigenen Nutzen fördert.*

2. *Um das Ergebnis einer Kaufentscheidung den eigenen Präferenzen so nahe wie möglich zu bringen, kann man verschiedene Entscheidungsstrategien einsetzen. Ein wesentliches Unterscheidungsmerkmal verschiedener Strategien ist die Frage, ob Abstriche von den eigenen Wünschen erlaubt sind, um zu einer Entscheidung zu gelangen.*

3. *Die präskriptive Entscheidungstheorie beschreibt idealtypische Modelle der Entscheidung. Obwohl das tatsächliche Entscheidungsverhalten diesen Modellen nicht immer entspricht, bilden sie doch einen Maßstab, anhand dessen ein Verhalten als mehr oder weniger »rational« beschrieben werden kann.*

4. *Je nachdem, welche Art von Produkt gekauft wird, können verschiedene Kaufarten unterschieden werden, die für die Art der damit verbundenen Werbung bestimmend sind. Wir unterscheiden: extensiven, impulsiven, limitierten und habitualisierten Kauf.*
   - *Beim extensiven Kauf verarbeiten Konsumenten die verfügbaren Informationen ausgiebig und sind in der Regel hoch involviert.*
   - *Der impulsive Kauf wird wesentlich von äußeren Bedingungen bestimmt. Er hat unter Umständen eine stimmunsregulierende Funktion.*
   - *Limitierte Kaufentscheidungen sind zu erwarten, wenn wir in der Kaufsituation nicht über alle nötigen Informationen verfügen und auf Heuristiken und Faustregeln zurückgreifen müssen.*
   - *Habitualisierte Kaufentscheidungen bestehen in längerfristigen und daher meist auch stabilen Verhaltensgewohnheiten. Sie können einerseits eine Entlastungsfunktion haben, andererseits bringen Konsumenten aber auch durch ihre Konsumgewohnheiten eigene Überzeugungen und bevorzugte Selbstbilder zum Ausdruck.*

5. *Konsumenten können sich auch gegen den Kauf von Produkten entscheiden. Geläufige Gründe dafür sind das Mißfallen gegenüber der Werbung oder moralische Erwägungen.*

Die Entscheidung für einen Gegenstand, der gekauft werden soll, läßt sich als eine Art Problemlösen beschreiben. Von einem rein ökonomischen Standpunkt aus gesehen, bedeutet eine maximale Rationalität beim Kauf, daß man den eigenen Vorteil bei diesem Kauf so groß wie möglich macht (Exkurs 10). Diese Vorstellung dominiert die wissenschaftlichen Überlegungen zu Konsumentscheidungen noch immer (vgl. Payne, Bettman & Johnson, 1992).

Exkurs 10 *Der* Homo oeconomicus *und das Prinzip der Nutzenmaximierung*

Von einem vereinfachten ökonomischen Blickwinkel aus gesehen ist der Mensch in erster Linie »homo oeconomicus«, dessen wichtigstes Ziel in der persönlichen Nutzenmaximierung besteht (Kotler & Bliemel, 1995, S. 50*ff*, sprechen von »Wertmaximierung«). Dieses Bild bereitet gelegentlich nicht unerhebliche Schwierigkeiten, wenn zum Beispiel das Prinzip der Nutzenmaximierung zum Prinzip rationalen Verhaltens schlechthin erhoben wird. In solchen Fällen wird es schwierig, die Einhaltung von einschränkenden Regeln noch rational zu nennen. Im Sinne der Nutzenmaximierung ist nämlich auf jeden Fall rational, sich nicht an die einschränkende Regel zu halten, denn den größten Nutzen verspricht immer noch, »wenn alle sich an die Regel halten, nur ich nicht«. Der *homo oecomicus* erscheint als der Prototyp des Egoisten – und es gibt gute Argumente dagegen, eine egoistische Haltung »vernünftig« zu nennen (zum Beispiel Müller et al., 1995, Rothermund, 1995).

In wirtschaftlichen Kontexten gilt weitgehend die Überzeugung, daß kein Verhalten gezeigt wird, das dem Prinzip der Nutzen- oder Wertmaximierung widerspricht. Viele Verhaltensweisen, die auf den ersten Blick dem Prinzip der Nutzenmaximierung widersprechen, werden demnach entweder als erzwungen angesehen, oder man unterstellt, daß sie diesem Prinzip letztendlich wenigstens mittelbar dienen. Eine mittelbare Nutzenmaximierung bei einer Kaufentscheidung wäre es zum Beispiel, wenn man von günstigeren Käufen absieht, um eine freundschaftliche Beziehung zu einem Verkäufer nicht zu gefährden, weil sich diese Beziehung auf lange Sicht auszahlt (Beispiel nach Kotler & Bliemel, 1995, S. 54). Das Verhalten, beim Freund zu kaufen, ist demnach deshalb rational, weil es sich auf Dauer auszahlen kann. Auch Spendenverhalten wird von Ökonomen häufig unter einem Nutzenaspekt gesehen (Dichtl & Schneider, 1994). Problematisch wird diese Sicht dann, wenn man sie reduktionistisch betrachtet. Das würde heißen, man unterstellt, daß eine Spende im Grunde *nichts anderes* ist, als eine Weise, auf lange Sicht Vorteile zu erlangen (zu den Problemen solcher reduktionistischen Positionen siehe Müller et al. 1995, S. 66*ff*).

Nutzenmaximierung als Rationalitätsprinzip hat mindestens drei Probleme: Erstens sieht dieses Prinzip nicht vor, Ziele nach ihrer Vernünftigkeit zu bewerten. Zweitens ist es in dem Modell keine Frage der Rationalität, ob die Personen vernünftige Erwartungen daran haben, was aus ihren Handlungen folgt. Drittens, und das scheint ein ganz entscheidender Mangel des Modells zu sein, erlaubt das reine Prinzip der Nutzenmaximierung nur sehr beschränkte Handlungsmöglichkeiten in Situationen, in denen mehrere Personen handeln, und in denen es auf Kooperation ankommt. Einige vernünftige Varianten der Kooperation sind nicht auf der Dimension der Nutzenmaximierung bewertbar. Hier ist man vielmehr auf traditionelle Vorstellungen der Gerechtigkeit angewiesen. Das Grundmodell der Nutzenmaximierung muß für solche Probleme verlassen, oder, um es weniger dramatisch auszudrücken, »erweitert« werden (zum Beispiel in dem Katalog zur Charakterisierung optimaler und fairer Strategiekombinationen von Nash, 1950).

Entscheidungssituationen, die auf Kooperation angewiesen sind, bringen noch weitere Probleme für das Modell des Nutzenmaximierers mit sich: Führt man andere als den rein egoistischen Nutzen ein, und nennt das Wohl des anderen auch einen »Nutzen«, dann wird der Begriff des Nutzens nach und nach aufgeweicht. Am Ende ist nie im voraus klar, was für ein Individuum im gegebenen Augenblick der Nutzen ist, da es einmal der eigene Profit, das andere Mal der Profit des anderen sein kann (ein unter diesem Gesichtspunkt problematisches Modell des Spendenverhaltens legen zum Beispiel Dichtl & Schneider, 1994, vor; zu kooperativem versus wettbewerbsorientiertem Verhalten siehe auch Grzelak, 1990).

Dieser Gedanke verdient eine kurze Vertiefung: Es ist ja nicht unbedingt klar, was wir sagen sollen, wenn eine Person gegen ihre wohlverstandenen Interessen handelt und hinter dem maximalen Profit, den sie erzielen könnte, zurückbleibt (vgl. auch Kirchler, 1995, S. 19*ff*). Unsere Vorstellungen darüber, was ein Nutzen sein kann, und was nicht, können von solchen erwartungsdiskrepanten Fällen ja durchaus bereichert werden. So nehmen wir also in unser Nutzenmodell die gute Beziehung zu Handelspartnern auf, um derentwillen wir auch einmal geringeren Profit in Kauf nehmen. Wir können auch manche altruistischen Motive annehmen, die wir womöglich befriedigen, um dem schlechten Gewissen zu entgehen, das seinerseits Kosten verursacht hätte. In unsere Nutzenrechnung können wir auch die Zeitersparnis aufnehmen, die entstanden ist, als wir einmal von einer Abwägung abgesehen und das erstbeste gekauft haben. Wir können also verschiedene neue Nutzen und Wertgewinne (vgl. Exkurs 52) sozusagen im nachhinein entdecken, und das mag für unsere theoretischen Überlegungen sehr anregend sein. Nur: Wenn der Nutzen eines Verhaltens nicht im vorhinein bestimmt werden kann, wenn er daran abgelesen wird, daß die Person sich zu diesem und nicht zu einem möglichen anderen Verhalten entschlossen hat, dann befinden wir uns in einem Zirkel. Die Aussage, daß Personen um ihres Nutzens willen handeln, ist dann keine empirische Aussage mehr.

Dem Bild des rational denkenden Menschen sind auch die Modelle der sogenannten »präskriptiven Entscheidungstheorie« verpflichtet. Der Begriff der »Theorie« wird hier in einer etwas abgewandelten Form verwendet: Normalerweise meinen wir mit einer Theorie einen Satz von Annahmen, die bestimmte empirische Phänomene erklären und verständlich machen, so daß man ähnliche Phänomene vorhersagen und eventuell sogar beeinflussen kann. Die präskriptive Entscheidungstheorie erklärt jedoch nicht, wie Personen zu Entscheidungen kommen, sondern eher, »wie man sich verhalten bzw. welche Option man wählen *sollte*, wenn man bestimmte Grundpostulate rationalen Denkens für richtig hält; sie liefert formalisierte Regeln und Verfahren zur Strukturierung und Verarbeitung von Information und sieht ihre Aufgabe darin, Menschen bei schwierigen Entscheidungen zu unterstützen« (Jungermann, Pfister und Fischer, 1998, S. 6; Hervorhebung GF).

3.1 Präskriptive Entscheidungsmodelle

Was bedeutet eine rationale Kaufentscheidung im konkreten Beispiel? Wenn ich etwa ein Hemd kaufen möchte, dann habe ich dabei auf mehreren Dimensionen vermutlich unterschiedliche Vorlieben. Beim Material kann ich zwischen Polyester, Polyacryl, Leinen, Baumwolle und einer Beimischung von Schurwolle wählen. Als Farben stehen zur Verfügung: Blau, Grün und Gelb. Einige der Hemden haben Brusttaschen vorne, andere nicht. Es stehen aber nicht alle denkbaren Kombinationen zur Auswahl, und die Kombination, die auf allen Dimensionen meine Favoriten auf sich vereinigt, gibt es schon gar nicht. Also muß ich Kompromisse machen. Vielleicht muß ich auf die Beimischung von Schurwolle verzichten, nur um ein Exemplar mit Brusttasche zu bekommen. Vergessen wir nicht, daß auch der Preis in die Kaufentscheidung hineinspielt.
Jungermann, Pfister und Fischer (1998, S. 116*ff*) sprechen in einem solchen Beispiel von einer Entscheidung bei multiplen Zielen, denn hier verfolgen wir mehrere Ziele gleichzeitig und können unter Umständen nicht alle realisieren. Die Entscheidung kann nach unterschiedlichen Regeln getroffen werden. Eine erste wichtige Unterscheidung bei diesen Regeln – häufig wird statt *Regel* auch von *Modell* oder *Strategie* gesprochen – trifft die Frage, ob sie kompensatorisch ist oder nicht. Betrachten wir zunächst die kompensatorischen Modelle.

3.1.1 Kompensatorische Entscheidungsregeln

Das zentrale Merkmal der kompensatorischen Entscheidungsregeln ist, daß ich bei meiner Wahl Kompromisse zulasse. Es ist danach also möglich, daß ein Nachteil auf dem einen Merkmal durch einen Vorteil auf dem anderen Merkmal ausgeglichen, eben kompensiert werden kann.
Bringe ich alle meine Wünsche in eine Hierarchie (oder würde ich allen meinen Wünschen eine Zahl für »Wichtigkeit« zuordnen), dann könnte man für jedes mögliche Sortiment von Angeboten errechnen, mit welcher Wahl die meisten von meinen Wünschen verwirklicht würde. Dieses Entscheidungsverfahren wird als *Fishbein-Modell* bezeichnet (Kotler & Bliemel, 1995, S. 324). Rational zu wählen bedeutet in diesem Beispiel, daß ich möglichst wenig Kompromisse machen muß.

Ein entsprechendes Verfahren diskutieren Jungermann et al. (1998, S. 120*ff*) als die MAU-Regel (das additive multiattributive Nutzenmodell, MAU = Multi-Attribute-Utility). Danach wird der Gesamtnutzen einer Entscheidung als lineare Funktion der Wichtigkeit und des Partialnutzens einzelner Attribute beschrieben. Stellen wir uns vor, ich hätte für meine Mittagspause zwischen dem *Maxim* und *MacDonald's* zu entscheiden, und es gibt für mich nicht mehr als zwei Merkmale, auf denen sich die beiden Restaurants unterscheiden: Entfernung von meinem Büro und Menge an Freunden, die ich dort treffen kann. Im *Maxim* essen immer vier von meinen Freunden, bei *MacDonald's* fünf. Je mehr Freunde desto besser, aber ab zehn ist der Grenznutzen erreicht: ein elfter kann meinen Genuß nicht mehr steigern.
Maxim liegt sechs Minuten von meinem Büro, den Nutzen an gesparter Zeit veranschlage ich mit 4, *MacDonald's* liegt sieben Minuten entfernt, den Nutzen veranschlage ich mit 3. Müßte ich überhaupt nicht laufen, würde ich das mit 10 bewerten. Nun muß ich mir noch überlegen, wie wichtig mir die einzelnen Komponenten sind. Ich komme zu dem Schluß, daß – ebenfalls auch einer Skala von 0 bis 10 – die Unterhaltung mit Freunden ein Gewicht von 8 und eine günstige Entfernung ein Gewicht von 7 erhält.
Der Nutzen nach der MAU-Regel errechnet sich als eine einfach lineare Funktion, in der die Wichtigkeiten konstante Gewichte und die Partialnutzen der einzelnen Attribute die Variablenwerte bilden:

$$Gesamtnutzen = Nutzen_{Freunde} * Wichtigkeit_{Freunde} + Nutzen_{Entfernung} * Wichtigkeit_{Entfernung}$$

Würden wir das Zahlenbeispiel nach dieser Regel ausrechnen, würde *MacDonald's* knapp vor dem *Maxim* liegen – und der Ort für meine Mittagspause wäre entschieden (siehe Tabelle 3.1).

Tabelle 3.1 Die MAU-Regel: Gesamtnutzen zweier Optionen als lineare Funktion des Nutzens einzelner Attribute und deren Wichtigkeit.

	Nutzen Freunde	Wichtigkeit Freunde	Nutzen Entfernung	Wichtigkeit Entfernung	*Gesamtnutzen*
Maxim	4	8	4	7	*60*
MacDonald's	5	8	3	7	*61*

Nach der MAU-Regel könnte man zum Beispiel eine Produktentscheidung anhand einer Bewertungstabelle der *Stiftung Warentest* vornehmen: Die Nutzenwerte sind vorgegeben, das sind die Testergebnisse. Auch die Wichtigkeit ist gegeben, denn jeder Komplex von Einzelattributen geht mit einem bestimmten, explizit angegebenen Gewicht in die Gesamtbewertung ein. Freilich können die Konsumenten ihre eigenen Gewichte vergeben – und damit auch einen individuellen Gesamtnutzen bestimmen.
Es gibt eine Reihe von Belegen, daß die mit der MAU-Regel berechneten Entscheidungen relativ gut mit tatsächlichen korrelieren (siehe Jungermann et al., 1998, S. 124). Dies ist allerdings kein Beleg dafür, daß die kognitiven Prozesse bei Entscheidungen tatsächlich nach dieser Regel ablaufen. Zudem hat die MAU-Regel, wie andere Modelle in diesem Abschnitt auch, die besondere Voraussetzung, daß alle notwendigen Informationen auch tatsächlich vorliegen.
Eine Variante zu dem Entscheidungsverfahren nach Fishbein ist das sogenannte *Idealabstandsmodell* (Kotler & Bliemel, 1995, S. 324). Danach hat der Konsument bestimmte Idealvorstellungen von einem Produkt. Für jedes einzelne Produktmerkmal kann er angeben, was für ihn die optimale Ausprägung wäre, und wie wichtig ihm dieses Merkmal ist. Die Grundlage für eine solches Ideal

könnte auch ein Konkurrenzprodukt sein. Diese Vorstellung gilt als der Standard, an dem das gesuchte Produkt gemessen wird (O'Shaughnessy, 1987, S. 43). Das zu wählende Produkt ist jenes, das den geringsten Abstand zum Ideal aufweist.

3.1.2 Nicht-kompensatorische Entscheidungsregeln

Man ist bei einer Entscheidung durchaus nicht immer bereit, Kompromisse einzugehen. Wenn sich etwa ein Kandidat um die Stelle eines Piloten bewirbt, dann wird er mangelnde Sehschärfe nicht durch andere Vorzüge ausgleichen können. In solchen Fällen werden für die nicht-kompensatorische Entscheidung bestimmte (Schwellen-)werte festgelegt, die mindestens gegeben sein müssen, damit man sich für die Option entscheidet.

Zum Beispiel könnte ich mir beim Hemdenkauf vornehmen: »Ich nehme das Hemd nur, wenn es rot ist und auch Schurwolle enthält.« Für die beiden Merkmale Material und Farbe habe ich somit bestimmte Werte festgelegt, von denen ich nicht abweichen will. Diese beiden Werte müssen überdies gleichzeitig vorliegen. Deshalb nennt man ein solches Verfahren *konjunktives Modell* (zum Beispiel Kotler & Bliemel, 1995, S. 325). Allgemein gesagt: Nach einem konjunktiven Modell wird eine Entscheidung nur getroffen, wenn alle Merkmale, die der Konsument spezifiziert hat, die gewünschten Werte besitzen.

Stellen wir uns demgegenüber folgende Entscheidungsstrategie vor: »Das Hemd muß entweder Schurwolle enthalten, oder es darf nicht mehr als 49 DM kosten.« In diesem Fall werden ebenfalls für zwei Merkmale Werte angegeben. Aber es genügt offenbar, wenn einer dieser beiden Werte vorliegt. Daher spricht man von dieser Strategie als einem *disjunktiven Modell.* Wir können disjunktive und kunjunktive mit kompensatorischen Modellen verbinden, indem wir verschiedene Merkmalsgruppen bilden: Eine Gruppe sind Merkmale, deren Fehlen den Kauf insgesamt ausschließt (»rejection inducing dimension«), eine zweite Gruppe sind die Merkmale, die zur Not auch durch andere aufgewogen werden können (»trade-off dimension«), eine letzte Gruppe sind schließlich die Merkmale, die einen Vorteil darstellen, ohne unverzichtbar zu sein (»relative preference dimension«, vgl. Bettman, 1979).

Schließlich gibt es noch das *lexikographische Modell* (O'Shaughnessy, 1987, S. 170; Kotler & Bliemel, 1995, S. 326). Ich überlege mir im vorhinein zu einer Reihe von Merkmalen, welche Werte ich mir wünsche. Die Merkmale sortiere ich nach ihrer Wichtigkeit. Ich beginne mit dem wichtigsten und schaue, wo ich im Angebot diese Merkmalsausprägung finde. Besitzen mehrere Exemplare im Angebot das Merkmal in der gewünschten Ausprägung, dann vergleiche ich diese Exemplare anhand des zweitwichtigsten Merkmals.

Der Begriff »lexikographisch« bezieht sich auf die klare Regel, nach der die Schritte zur Entscheidung geordnet sind, wie im Lexikon eben: Dort schaue ich auch zunächst auf den ersten Buchstaben, wenn mehrere Wörter den gleichen haben, dann setze ich die Suche mit diesen Wörtern fort, und betrachte nun den zweiten und so fort. Dieses Verfahren wiederhole ich so oft, bis an einer Buchstaben-Position der gesuchte Buchstabe nicht mehr mehrfach vorkommt. Dann habe ich – im günstigen Fall – meinen Eintrag gefunden.

Breche ich dagegen die Suche in dem Augenblick ab, in dem das erste Produkt die in Frage stehenden Merkmale besitzt, ohne danach zu fragen, ob diese Merkmale auch bei anderen Produkten vorliegen, dann verfahre ich nach der *Satisficing-Regel* (vgl. Simon, 1955) oder dem *Befriedigungsprinzip.* Das Befriedigungsprinzip bietet sich besonders dann an, wenn die Optionen nicht gleichzeitig, sondern nacheinander verfügbar sind, etwa bei der Entscheidung für eine Wohnung.

Es wird sehr häufig eingesetzt, denn es schont die geistigen Ressourcen und es führt dazu, daß der Konsument zwar nicht notwendig die beste, aber doch eine gute Wahl trifft. Daran zeigt sich auch, wie wichtig es für die Anbieter ist, daß ihr Produkt bei den ersten ist, die erwogen werden.
Man kann die Entscheidungsregeln noch zusätzlich danach unterteilen, ob sie deterministisch oder stochastisch sind: Eine deterministische Regel kommt bei mehrmaliger Anwendung immer zum selben Ergebnis, bei einer stochastischen dagegen könnte in unterschiedlichen Durchgängen auch unterschiedliches gewählt werden. Zum Beispiel enthält die *Elimination-by-Aspects*-Regel (Tversky, 1972) ein solches stochastisches Element. Ihr zufolge werden Optionen anhand von *Aspekten* (ich habe hierzu bisher *Merkmalsdimensionen* gesagt) beschrieben. Aspekte beim Kauf eines Fahrrades sind zum Beispiel die Gangzahl, die Farbe, die Marke, der Preis und so weiter. Die Aspekte sind unterschiedlich wichtig; je wichtiger ein Aspekt ist, desto wahrscheinlicher ist es, daß ein Objekt aus dem wählbaren Feld entfernt wird, wenn es auf dem Aspekt keine befriedigende Ausprägung hat. Im Grunde entspricht die *Elimination-by-Aspects*-Regel dem lexikographischen Modell mit dem Unterschied, daß die Reihenfolge, mit der Aspekte »abgearbeitet« werden, nur einer bestimmten Wahrscheinlichkeit unterliegt und nicht determiniert ist.

3.1.3 Präskriptive und deskriptive Entscheidungsmodelle

Die oben genannten Beispiele bezeichnen nur einen Ausschnitt aus der präskriptiven Entscheidungstheorie. Die Forderungen dieser Theorie werden freilich nur selten erfüllt. Tatsächliche Entscheidungen werden häufig vereinfacht – wie zum Beispiel in der Satisficing-Regel. Zudem widersprechen die Ergebnisse tatsächlicher Entscheidungen oft den Prinzipien der Rationalität; nicht nur dem der Nutzenmaximierung, sondern auch anderen, etwa der formalen Logik.
Die tatsächlichen Mechanismen menschlicher Entscheidungen werden in der deskriptiven Entscheidungstheorie untersucht. Solche Prinzipien diskutiere ich ausführlich in Kapitel 4.
Nun kann man sich fragen, warum es sich eigentlich lohnt, ohne empirische Absicherung die Einhaltung von Regeln zu fordern, an die sich in Wirklichkeit sowieso niemand hält. In der Tat sind für die Vorhersage und Beeinflussung menschlicher Entscheidungen die Erkenntnisse der deskriptiven Entscheidungsforschung hilfreicher als die der präskriptiven.
Nützlich sind die präskriptiven Entscheidungsmodelle insofern, als sie eine Richtschnur oder einen Maßstab für Urteile und Entscheidungen abgeben: Eine Entscheidung ist danach insofern und in dem Grade rational, in dem sie einem präskriptiven Modell entspricht.
Viele Phänomene der deskriptiven Entscheidungstheorie sind traditionell als Irrtümer, Fehlschlüsse und Anomalien verstanden worden (zum Beispiel Tversky & Kahneman, 1974). Dieses Verständnis ist ebenfalls nur möglich, wenn man die präskriptive Entscheidungstheorie als Maßstab betrachtet, an dem gemessen das tatsächliche Verhalten seine spezifisch menschlichen Unzulänglichkeiten zeigt.
Die präskriptive Entscheidungstheorie enthält die implizite Annahme, daß unsere Entscheidungen die besten Ergebnisse erwarten lassen, wenn wir alle Informationen nutzen und sorgfältig gewichten. Wie sonst könnte dieser Denkansatz sich zum Ziel machen, menschliche Entscheidungen zu *verbessern*? Allerdings ist gerade diese Überlegung in der jüngeren Vergangenheit erheblich erschüttert worden:
Czerlinski, Gigerenzer und Goldstein (1999) demonstrieren in einer Reihe von Computer-Simulationen, daß Entscheidungen aus den unterschiedlichsten Lebensbereichen (Medizin, Ökonomie, Psychologie, Soziologie...) am zutreffendsten anhand von sehr einfachen Faustregeln und

am schlechtesten auf der Basis der multiplen Regression getroffen wurden. Dabei kann die in den Simulationen untersuchte multiple Regression als ein analoger Fall für die oben diskutierte MAU-Regel oder das Fishbein-Modell gelten. Der Versuch, alle Aspekte der Entscheidung zu berücksichtigen, und zudem auch noch alle diese Aspekte mit einem eigenen Gewicht in die Entscheidung eingehen zu lassen, führte zu weniger treffsicheren Ergebnissen als etwa eine minimalistische Regel, bei der von den verschiedenen möglichen Aspekten immer nur einer herausgegriffen wurde, auf dem sich die zwei in Frage stehenden Objekte unterschieden, und alle anderen Aspekte ignoriert wurden.

Zum Beispiel: Bei der Wahl zwischen zwei möglichen Aktien-Paketen gibt es eine Reihe von Variablen, die man berücksichtigen könnte. Die MAU-Regel würde alle diese Aspekte berücksichtigen, würde jeden mit einem Gewicht versehen – denn manche sind vielleicht wichtiger als andere – und würde daraus für jedes der beiden Pakete einen Wert bestimmen.[1] Wer jedoch nach der minimalistischen Strategie vorgeht, würde sich per Zufall einen der Aspekte herauspicken, würde dann prüfen, ob eines der beiden Pakete auf diesem Merkmal dem anderen überlegen ist, und wenn ja, würde dieses Paket wählen, ohne sich um die anderen Aspekte zu kümmern. Diese einfache Strategie ist geradezu erschreckend effektiv und das gleich auf mehreren Anwendungsfeldern. Was übrigens bei Aktien eine der nützlichsten und zielführendsten Faustregeln war, um die Überlegenheit eines Aktienpaktes festzustellen, war die einfache Regel: »Wenn du von einem der beiden schon einmal gehört hast und von dem anderen nicht, dann wähle jenes, das dir bekannt vorkommt« (Borges et al., 1999).

In dem Test von Czerlinski et al. (1999) waren Entscheidungen auf der Basis einer multiplen Regression höchstens genauso gut wie minimalistische Entscheidungen, oft waren sie sogar unterlegen. Dies ist ein doppelter Nachteil für das aufwendige Verfahren, denn neben der hohen Treffsicherheit spricht auch noch die hohe Schnelligkeit für ein minimalistisches Vorgehen.

Zu betonen bleibt: Die Ergebnisse von Czerlinski et al. (1999) wurden mit einer Computer-Simulation erzeugt. Sie enthalten also kein deskriptives Element und testen so die Annahmen einer präskriptiven Entscheidungstheorie sozusagen mathematisch genau. Menschliche Unzulänglichkeiten sind hier noch ebensowenig thematisiert wie menschliche Flexibilität, zu der auch das adaptive Umschalten von einer Faustregel auf die andere gehört. Diese spontane Anpassungsleistung ist ein Ergebnis der Lebenserfahrung und dürfte die Effektivität von Entscheidungen noch einmal zusätzlich steigern.

Als Computer-Simulation zeigen die Ergebnisse von Czerlinski et al. (1999) auch, welchen Weg präskriptive Entscheidungstheorien in Zukunft werden gehen müssen: Offenbar sind menschliche Entscheidungen nicht nur dadurch zu optimieren, daß sie immer mehr Informationen immer komplizierter verrechnen. Die Genauigkeit, mit der eine Entscheidung das bessere trifft, kann auch durch das Weglassen von Informationen und das Abkürzen des Entscheidungsweges gesteigert werden. Es wäre zu prüfen, in welchen Situationen dies zu erwarten ist und in welchen nicht.

---

[1] Die multiple Regression würde aus einem Datensatz von früheren Werten ermitteln, welche Aspekte den Erfolg der Aktien am besten vorhersagen. Das Ergebnis dieser Ermittlung ist eine lineare Gleichung ähnlich wie bei der MAU-Regel und diese Gleichung kann auch eingesetzt werden, um daraus den zukünftigen Erfolg der Aktien vorherzusagen.

3.2 Arten des Kaufs

Äußerlich hängen Kaufentscheidungen wesentlich davon ab, was gekauft wird, und welche Voraussetzungen der Konsument mitbringt. Diese Dimensionen erlauben eine hilfreiche Systematisierung von Kaufentscheidungen, die im folgenden diskutiert werden soll. Hierzu möchte ich vier Kaufarten unterscheiden (vgl. Katona, 1960; Howard & Seth, 1969; Kroeber-Riel, 1992, S. 370 *ff*; Kaas, 1994, S. 256*f*; Moser, 1990, S. 84*f*; Weinberg, 1994, S. 174 *ff*), mit deren Hilfe es vielleicht leichter fallen wird, verschiedene Entscheidungswege einzuordnen.

3.2.1 Extensiver Kauf

Beim extensiven Kauf ist der Käufer noch unentschlossen, sucht daher aktiv nach Information und ist in der Regel hoch involviert. Er erwartet nennenswerte Produktunterschiede und ist der Werbebotschaft gegenüber verhältnismäßig aufmerksam. Ein typisches Beispiel, wo wir alle vermutlich einen »extensiven Kauf« betreiben, ist der Kauf eines Autos oder einer Stereoanlage. Kleine Dinge, wie etwa Genußmittel oder Artikel für den täglichen Bedarf werden dagegen kaum extensiv gekauft. Der extensive Kauf wird noch am ehesten nach rationalen Kriterien getätigt. Der Begriff des »Extensiven Kaufs« entspricht dem »Komplexen Kaufverhalten« bei Kotler und Bliemel (1995, S. 304*f*).

Man kann zwischen zwei Haltungen des extensiven Käufers unterscheiden. Die eine besteht nur in einer insgesamt erhöhten Aufmerksamkeit gegenüber Produktinformationen. Die andere besteht dagegen in der aktiven Suche nach Informationen und dem gezielten Nutzen der bevorzugten Informationsquellen. Eine Werbung, die – zum Beispiel nach dem AIDA-Prinzip – Argumente liefert, paßt besonders gut zu einem extensiven Kauf, denn der extensive Käufer sucht Informationen und Entscheidungshilfen. Allerdings »[ist] der Anteil von solchen extensiven Entscheidungen auf 15–20 Prozent aller Kaufentscheidungen zu schätzen, der Anteil von teilweise überlegten Kaufentscheidungen auf 30 Prozent und der Anteil der rein gefühlsmäßigen und gewohnheitsmäßigen Entscheidungen auf mindestens 50 Prozent« (Kroeber-Riel & Meyer-Hentschel, 1982, S. 14).

Lachmann (1993) diskutiert den Kauf langlebiger Gebrauchsgüter, der üblicherweise einer extensiven Kaufentscheidung folgt. Er unterscheidet dabei vier Phasen, in denen die Konsumenten jeweils auf unterschiedliche Weise angesprochen werden sollten:

1. *Kaufinteresse*: In dieser Phase äußern oder bejahen die Konsumenten erstmals ein Interesse, schätzen ihre Kaufwahrscheinlichkeit hoch ein, sind im Produktfeld einigermaßen informiert.
2. *Wunschphase*: Diese Phase hat meist besondere Auslöser, die zu einem wellenförmigen Übergang zwischen Interesse und Wunsch führt. Ein möglicher Auslöser könnte etwa sein: »Mein Nachbar hat sich gerade auch so ein Ding gekauft«, »Mein alter versagt hin und wieder«, »Ich erfahre von Neuerungen auf dem Markt«. Je höher die Welle schwappt, desto wahrscheinlicher ist, daß der Konsument in die Entscheidungsphase eintritt. Ein wellenförmiger Verlauf, in dem sich das Interesse bis zur eigentlichen Entscheidung hochschaukelt, ist nicht immer zu erwarten. Er ist vielmehr wahrscheinlich, wenn das Produkt selbst zum Beispiel ein teures Zusatz- oder Ersatzgerät darstellt. Wenn dagegen das alte wirklich verschrottet wird, geht der Wunsch natürlich direkt in die Entscheidung über.
3. *Eigentliche Entscheidungsphase*: Erst in dieser Phase beginnen die sehr bewußten und kontrollierten Prozesse der Entscheidung, die auch in diesem Kapitel diskutiert werden. Allerdings ist

diese Phase auch bei langlebigen Gebrauchsgütern oft sehr kurz. Lachmann (1993) gibt für die Entscheidung für Produkte aus der Unterhaltungselektronik zwischen maximal zwei Monaten bis wenige Tage an. Daher sei Massenwerbung hier völlig fehl am Platz, denn sie erreiche die Menschen eben in der Regel nicht in der Entscheidungsphase.

In der Entscheidungsphase allerdings ist die Wirkung von Marketingkommunikation maximal: Hier kann es auch zum dem von Lachmann (1993, S. 849) beschriebenen Tunneleffekt kommen: Der Käufer taucht in die Entscheidungsphase (Tunnel) mit der Absicht, A zu kaufen, und kommt am Ende des Tunnels mit B wieder heraus. Im Tunnel unterliegt er bestimmten Einflüssen. Je nachdem, wie sicher er sich bei der Produktwahl im vorhinein war, können in der Entscheidungsphase verschiedene Punkte seine Meinung ändern, zum Beispiel auch, wenn das Produkt nicht auf Lager ist, ein Meinungsführer oder der Verkäufer ihn beeinflußt, er ein Sonderangebot oder eine Produktneuheit entdeckt.

4. *Bestätigung*: Auch diese Phase gehört noch zum Kaufprozeß. Kurz nach einer Kaufentscheidung sind Konsumenten weiterhin hoch empfänglich für Informationen, die die Entscheidung unterstützen, bzw. sie sind durch Informationen zu verunsichern, die sie in Frage stellen. Auch in dieser Phase ist also eine unterstützende Informationspolitik angemessen, etwa in Form von bestätigenden Testergebnissen. Ich werde die hier wirksamen psychologischen Mechanismen ausführlich in Kapitel 11 diskutieren.

   Diese Phase sollte von der sogenannten »Nachkaufwerbung« begleitet werden. Diese Art der Kommunikationspolitik hat aber nicht nur die Funktion, beim Käufer Unsicherheit (zum Beispiel kognitive Dissonanz, siehe Kapitel 11) zu reduzieren, sondern auch die Kommunikation zwischen Interessierten bzw. Käufern in der Wunschphase und sogenannten »rezenten Käufern« in Gang zu bringen. Denn die ist eine der besten Quellen zur Einstellungsbeeinflussung der suchenden Käufer, viel besser als Massenkommunikation (Lachmann, 1993, S. 853).

   Im Bereich langlebiger Gebrauchsgüter ist dieser Prozeß der eigentlich entscheidende für die Marketingkommunikation. Außerhalb dieses Kaufprozesses kann Werbung »generisch« wirken, das heißt, sie wirkt nicht nur für das eigene Produkt, sondern auch für die Konkurrenz.

3.2.2 Impulsiver Kauf

Manchmal kaufen wir das erste beste, was uns begegnet, zumindest entscheiden wir uns nicht erst großartig für eine Marke. Einleuchtende Beispiele sind ein Getränk im Kino oder ein Eis, wenn es warm ist. Der impulsive Kauf ist ein »reaktives Verhalten«, er wird von Umweltbedingungen kontrolliert (Kroeber-Riel & Meyer-Hentschel, 1982, S. 14). Für ihn ist entscheidend, daß der Person im richtigen Augenblick, also zum Beispiel vor dem Regal, das richtige in den Sinn kommt. Das ist alles, was verlangt wird. Also sind für den impulsiven Kauf Argumente nicht besonders wichtig. Ein gutes Beispiel dafür ist die »Ausbrecher-Werbung« von *Langnese* (siehe Exkurs 11). Es gibt kein Argument für *Langnese*, nur der Name wird noch einmal ins Gedächtnis gerufen und der Impuls soll geweckt werden. Vielleicht ist Ihnen schon in manchen Geschäften aufgefallen, daß die Einkaufswagen an ihrer »Bug«-Seite eine kleine Werbeanzeige mittransportieren. Beim Herumfahren mit dem leeren Wagen sieht man immer diese Anzeigen. Dadurch – genauso wie durch die Durchsagen über die aktuellen Angebote – soll Ihre Bereitschaft zu spontanen Einkäufen gefördert werden (Rulffs, 1988, zit. n. Kroeber-Riel, 1992, S. 387). Man kann davon ausgehen, daß zwei Drittel aller Kunden in einem Supermarkt mindestens einen Impulskauf in ihrem Einkaufswagen an die Kasse fahren (vgl. Pratkanis & Aronson, 1991, S. 26).

Exkurs 11 *Ausbrecher-Werbung*
Wir beobachten einen ausbrechenden Häftling, der mühsam eine steile Mauer emporklettert. Plötzlich wird er von einem Scheinwerfer angestrahlt, Sirenen heulen, alles scheint verloren. Im selben Augenblick aber ruft der Regisseur »Schnitt!«, der »Ausbrecher« entpuppt sich als Schauspieler, er hängt auch nicht an einer steilen Wand, sondern liegt vielmehr auf einer Schräge, mit der nur durch eine verdrehte Kameraperspektive eine Wand simuliert wird. Eine Mitarbeiterin reicht ihm zur Pause ein Schachtel Eiskonfekt, und eine Stimme aus dem »Off« sagt: »*Langnese* gibt es auch hier im Kino.«

Wie alles impulsive Verhalten unterliegt auch der impulsive Kauf gewissen Normen. Mehr als bei anderen Arten des Kaufverhaltens achten viele Konsumenten beim impulsiven Kauf darauf, daß er nur in angemessenen Situationen erfolgt (Rook & Fisher, 1996). Aus der Sicht der Konsumenten ist der impulsive Kauf dann gerechtfertigt, wenn sich die Produkte kaum in ihrer Qualität unterscheiden. Es lohnt dann die Mühe nicht, die Produkteigenschaften genau abzuwägen, weil man am Ende ohnehin keine großartigen Unterschiede finden wird. Die Wahl eines Produktes wird als beliebig empfunden. Dabei müssen die konkurrierenden Produkte nicht exakt gleich sein. Den Käufern genügt, daß das Produkt auf den Merkmalsdimensionen, die sie interessieren, einander nicht viel nehmen (vgl. O'Shaughnessy, 1987, 64*ff*).
Impulsive Kaufentscheidungen hängen eng mit der Stimmung zusammen. Man kann sowohl in negativer als auch in positiver Stimmung Impulskäufe beobachten. In positiver Stimmung sind diese Käufe darauf gerichtet, die positive Stimmung zu halten; sie sind dann meist nicht sehr gezielt. In negativer Stimmung dagegen kaufen Personen gezielt – wenn auch impulsiv – um einen bestimmten Zweck zu erreichen, nämlich in der Regel: die negative Stimmung wieder zu heben. Zum Beispiel berichten Personen, die eben einen Mißerfolg erlebt haben (zum Beispiel schlechte Klausur), daß sie sich gezielt eine CD gekauft haben, um sich wieder ein wenig aufzuheitern (Rook & Gardner, 1993). Dieser Befund paßt zu einer allgemeinen Argumentationslinie, nach der das Verhalten bei positiver Stimmung weniger reflektiert und einkommende Information weniger intensiv geprüft wird als bei negativer oder neutraler Stimmung (vgl. Bless, Bohner, Schwarz & Strack, 1990; Bohner, Chaiken & Hunyadi, 1994).
Offenbar hat das Kaufen selbst mitunter eine regulierende Funktion (vgl. 2.2.4). Diese Funktion scheint auch den pathologischen Extremfällen impulsiven Kaufverhaltens zu Grunde zu liegen. Ein derart unkontrolliertes Kaufverhalten äußert sich in starken, geradezu zwanghaften Bedürfnissen, zu kaufen, wiederholtem Kauf immer der gleichen Sache sowie erfolglosen Versuchen, das eigene Kaufverhalten zu kontrollieren. In der Regel wirkt sich ein unkontrolliertes Kaufverhalten auf verschiedene Aspekte des Lebens negativ aus: Auf die eigene Stimmung genauso wie auf das soziale und berufliche Leben und natürlich auf die finanzielle Situation. Zwischen einem und fünf Prozent der Bevölkerung neigen zu unkontrolliertem Kaufen. In der Regel hat dieses Verhalten wie gesagt eine kompensatorische Funktion, indem es kurzfristig negative Stimmungen bessert (zum Überblick Lejoyeux, Ades, Tassain & Solomon, 1996). Einen Ratgeber für Personen, die zu unkontrolliertem Kaufverhalten neigen, legen Catalano und Sonenberg (1996) vor.

3.2.3 Limitierter Kauf

Wenn eine Person dem Verhaltensmuster des limitierten Kaufs folgt, dann hat sie auf dem Gebiet schon einige Kauferfahrung und verfährt nach bewährten Faustregeln. Charakteristisch für den limitierten Kauf ist, daß eine Person sich beim Kaufen nicht auskennt. Sie hat so gut wie keine

Erfahrung beim Kauf bestimmter Produkte. Gleichzeitig hat sie aber Erfahrungen mit dem Kaufen insgesamt. Durch diese Erfahrungen haben sich Urteilsheuristiken ausgebildet. Beim Kauf genügen oft kleine Argumente, die solche Heuristiken anstoßen. Diese Argumente sind zum Beispiel der Preis eines Produktes, denn wir machen die Erfahrung, daß im Schnitt die teuren Produkte auch die besseren sind. Auch wenn die Qualität eines Produktes noch gar nicht erwiesen ist, würden wir daher vom Preis auf seine Qualität schließen. Wenn ich mir zum Beispiel Batterien kaufen will, und kenne die Marken nicht, weil ich im Ausland bin, dann hilft mir die Heuristik: »Je teurer, desto besser.« Die meisten Konsumenten haben zusätzlich zu dieser Preis-Qualitäts-Regel noch einen persönlichen Ankerpunkt innerhalb des Preisspektrums, an dem sie ihre Kaufentscheidungen ausrichten (Tull, Boring & Gonsior, 1964).

Ein anderes Entscheidungskriterium, auf das die Werbung auch systematisch setzt, ist das der Umweltverträglichkeit: Viele von uns folgen der Vorstellung, daß umweltfreundliche Produkte vorzuziehen sind. Wir glauben das weniger aus ökonomischen, sondern aus ökologischen, beinahe moralischen Gründen. Wenn es einer Werbung gelingt, ihrem Produkt einen umweltfreundlichen Anstrich zu geben, wird sie den »moralischen Mechanismus« in uns anstoßen, und damit hat sie bei uns Punkte gemacht.

Eine der wichtigsten Regeln scheint darin zu bestehen, das Vertraute systematisch zu bevorzugen. Wenn alle anderen Merkmale weitgehend gleich sind, wird stets dasjenige Produkt die besseren Chancen haben, das irgendwie vertraut erscheint. Einen Namen schon einmal gehört oder eine Verpackung schon einmal gesehen zu haben, scheint auch dann eine Empfehlung zu sein, wenn der Zusammenhang der früheren Begegnung völlig neutral gewesen ist und zu einer Aufwertung gar nicht taugt.

Zwei unterschiedliche psychologische Prinzipien sind hierfür verantwortlich. Zum einen zeigt sich, daß Personen häufig recht gute Entscheidungen treffen, wenn sie von zwei Optionen, bei denen sie eine wiedererkennen, das Vertraute wählen (Borges et al., 1999; Goldstein & Gigerenzer, 1999). Insofern repräsentiert die häufige Anwendung der Wiederkennungsheuristik (siehe 4.1.1) nur die gute Erfahrung, die man mit diesem Entscheidungsprinzip gemacht hat.

Zum anderen gibt es einen weiteren Vertrautheitseffekt, der überhaupt nicht darauf angewiesen ist, daß sich der Konsument daran erinnert, woher ihm das Produkt vertraut ist, der sogenannte »Mere-exposure-Effekt« bzw. Effekt der bloßen Darbietung (9.2.2). Die Ursachen für diesen Effekt liegen vermutlich in automatischen Prozessen der Informationsverarbeitung. Hier einige weitere Beispiele für Kaufheuristiken, nach denen wir verfahren:

- *Die Konsensheuristik*: Sie beobachten, daß viele Leute eine bestimmte Marke kaufen, und getreu dem Motto, so viele Menschen können sich nicht irren, schließen Sie sich in Ihrer Wahl an (vgl. 10.1.2).
- *Preis-Qualitäts-Regel*: Ein bestimmtes Produkt ist soeben im Sonderangebot. Ohne zu wissen, wieviel der Artikel nun wirklich taugt, können Sie nach der Preis-Qualitäts-Regel davon ausgehen, daß Sie mit dem Kauf des angebotenen Artikels für wenig Geld verhältnismäßig hohe Qualität erhalten. Man könnte sagen: Sie kaufen auf einem hohen Preisniveau, ohne dafür zu bezahlen. Außerdem spielt beim Sonderangebot auch noch die zeitliche Begrenzung eine Rolle – Sie müssen jetzt zuschlagen, nächste Woche schon kann das Angebot aufgehoben sein.
- *Expertenheuristik*: Ein Mensch, dem Sie eine fundierte Meinung zutrauen, empfiehlt dieses Produkt oder benutzt es auch. Dieser Experten-Mechanismus wird von Verkäufern häufig genutzt, indem sie sagen, daß sie das Produkt, zum Beispiel einen Fernseher, selbst bei sich zu

Hause stehen haben. Auch in der Anzeigen- und Fernseh-Werbung wird auf diese Karte gesetzt, wenn echte oder vermeintliche Experten das Produkt empfehlen.

- *Homogenitätshypothese*: »Das Preisniveau für die Artikel in demselben Laden ist einigermaßen homogen.« Mit anderen Worten, wenn ein repräsentativer Artikel im Geschäft besonders preisgünstig angeboten wird, vermuten wir, daß die restlichen Artikel ähnlich billig sind. Wenn ein bestimmter Artikel besonders teuer ist, wird der Laden seine Artikel vermutlich insgesamt auf einem hohen Preisniveau anbieten. Diese gedankliche Abkürzung benutzen wir, weil wir normalerweise nur von einigen wenigen Artikeln wissen, was sie »fairerweise« kosten sollten. Je bekannter und je alltäglicher ein Produkt ist, desto konkreter und desto weiter verbreitet ist die Vorstellung darüber, was ein fairer Preis dafür ist. Deshalb ist es für Ladeninhaber eine sinnvolle Strategie, einige – möglichst bekannte – Artikel verhältnismäßig billig (manchmal sogar unter dem Einkaufspreis) anzubieten, um diese »Homogenitätshypothese« der Käufer für sich auszunutzen. Für diese Verkäuferstrategie gibt es gesetzliche Grenzen (vgl. 1.6.1).

Exkurs 12 *Reagieren auf Schlüsselreize*

Die Urteilsheuristiken beim limitierten Kauf haben gelegentlich etwas Irrationales. Bei der Anwendung unserer Urteilsheuristiken überprüfen wir nicht, ob die entscheidenden Kriterien erfüllt sind, also wir überprüfen nicht tatsächlich die Überlegenheit des Produkts, sondern reagieren auf Merkmale, die mit den entscheidenden Merkmalen mehr oder weniger zusammenhängen. In einem originellen Experiment konnten Langer, Blank und Chanowitz (1978) zeigen, wie in einer alltäglichen sozialen Situation das Verhalten der Versuchspersonen von Merkmalen abhing, die mit dem eigentlich vernünftigerweise verhaltenssteuernden Kriterium nur sehr lose zusammenhängen. Der entscheidende Ausgangsgedanke in ihren Experiment war folgender: Wir reagieren auf begründetes Verhalten mit mehr Verständnis als auf unbegründetes. Wir nehmen auch auf begründetes Verhalten anderer mehr Rücksicht als auf unbegründetes. Im Experiment erschien an einer Schlange vor dem Kopierer eine Frau und wollte sich vordrängen. Wenn sie ihren Wunsch nun begründete, indem sie sagte: »Excuse me, I have five pages. May I use the *Xerox* machine because I'm in a rush?«, ließen sie 94 Prozent der Wartenden vorgehen. Wenn sie dagegen die Begründung wegließ und lediglich sagte: »Excuse me, I have five pages. May I use the *Xerox* machine?«, ließen sie nur noch 60 Prozent der Wartenden vor.

Die Personen reagieren auf die Tatsache, daß das fremde Verhalten begründet ist. Nun kann es aber auch vorkommen, daß Personen gar nicht wirklich erwägen, ob ihnen eine Begründung einleuchtet, sondern auf andere äußere Merkmale eines begründeten Verhaltens reagieren, zum Beispiel auf die grammatische Form. Tatsächlich brauchte die Frau ihren Wunsch gar nicht wirklich zu begründen. Wenn sie an der grammatischen Stelle der Begründung im kausalen Nebensatz einfach dasjenige wiederholte, was sowieso jeder schon wußte, wurde sie genauso vorgelassen, als ob sie ihren Wunsch anständig begründet hätte. Wenn sie also sagte: »Excuse me, I have five pages. May I use the Xerox machine because I have to make some copies?«, dann hatte diese Aussage allenfalls die äußere Form eines begründeten Anliegens, in Wirklichkeit ist sie natürlich trivial. Das Wort »weil« hatte hier die Funktion eines »Placebos«. Trotzdem ließen sie 93 Prozent der Wartenden vorgehen, genausoviel wie bei einer echten Begründung.

Dieses Beispiel zeigt, daß wir tatsächlich im Alltag sehr häufig die Dinge, die uns begegnen, nicht prüfen, sondern für unsere Bewertungen gedankliche Abkürzungen verwenden. Ein werbepsychologisches Beispiel für solche gedanklichen Abkürzungen ist der Befund, daß Anzeigen, die Fließtexte enthalten, für glaubwürdiger gehalten werden – und zwar unabhägig davon, ob der Fließtext gelesen wird oder nicht (vgl. Kroeber-Riel & Meyer-Hentschel, 1982, S. 109*f*). Der Fließtext stellt die Werbung in einen argumentativen Kontext (ähnlich wie bei der zweiseitigen Information, vgl. 13.4.2). Dieser Hinweisreiz genügt, um die Wahrnehmung zu beeinflussen.

Die Erwartung eines gut begründeten Verhaltens läßt sich auch beim »Anpumpen« erzeugen. Wir kennen vermutlich alle die Situation, auf der Straße mit der Bitte angesprochen zu werden: »Entschuldigen Sie, könnten Sie wohl eine Mark entbehren?« (in der Realität klingt diese Bitte freilich meistens ungefähr wie »Hassmanemaak?«). Würden uns dieselben Personen nicht um eine Mark, sondern um 1,25 DM oder um 75 Pfennig anpumpen, hätten sie eine wesentlich bessere Aussicht auf Erfolg (vgl. Pratkanis & Aronson, 1991, S. 27). Überlegen Sie selbst, was würden Sie bei einer solchen Fragen denken? Auch ohne, daß wir weitere Informationen haben, würden doch die meisten von uns davon ausgehen, daß jemand, der 1,25 DM erbittet, ein konkreteres und besser begründetes Anliegen hat, als jemand, der »mal 'ne Mark« haben will.

Als Kaufheuristik dienen oft auch verbreitete Vorurteile gegenüber Marken, Produkte oder Werbung. Solomon (1999, S. 289) benutzt den Begriff »common market beliefs«. Beispiele für solche Annahmen sind in Tabelle 3.2 aufgeführt. Viele von ihnen beruhen auf völlig korrekten Beobachtungen und sind allenfalls in ihrer Verallgemeinerung oder ihrer Änderungsresistenz nicht ganz korrekt zu nennen. Einige, wie die oben genannte »Homogenitätshypothese«, bieten Ansatzpunkte zur Ausnutzung der Konsumenten.

Tabelle 3.2 Vorurteile und Mythen zu Produkten, die sich besonders auf limitierte Kaufentscheidungen auswirken können.

Annahme zu	»Vorurteil«
Marken	No-Name Produkte sind im Grunde dieselben wie die Markenprodukte, sie kosten nur weniger.
	Die besten Marken sind jene, die am meisten gekauft werden.
	Im Zweifelsfall ist eine einheimische Marke immer am besten.
Geschäften	Im Fachgeschäft sollte man sich nur über die Produkte informieren. Man kauft billiger im Supermarkt.
	Je größer das Geschäft, desto besser die Preise.
	Lokale Geschäfte bieten einen besseren Service als überregionale Ketten.
	Geschäfte, die gerade erst eröffnet haben, bieten besonders gute Preise.
Preise und Sonderangebote	Mit Sonderangeboten wollen die Anbieter typischerweise Ladenhüter loswerden.
	Ein Geschäft, das ständig nur Sonderangebote führt, bietet nicht wirklich gute Preise.
Werbung	Je aggressiver die Werbung, desto schlechter die Qualität.
	Bei einem Produkt das hart beworben wurde, bezahlt man die Marke, nicht die Qualität.
Produkt	Verpackungen mit großen Mengen sind umgerechnet billiger als kleine Mengen.
	Kurz nach der Einführung sind Produkte am teuersten; die Preise sinken mit der Zeit.
	Wenn man nicht sicher ist, wozu man das Produkt alles brauchen wird, lohnt es sich, in die Extras zu investieren, denn später würde man sie ganz bestimmt vermissen.
	Natürliche Produkte sind besser als synthetische.
	Wenn ein Produkt noch ganz neu ist, sollte man vorerst die Finger davon lassen. Der Hersteller braucht noch einige Zeit, um kleine Mängel zu beseitigen.

Aus: Solomon, 1999, S. 289, Tab. 9–3; Übersetzung GF.

3.2.4 Gewohnheitskauf

Beim habitualisierten oder Gewohnheitskauf kauft eine Person das, was sie schon immer gekauft hat. Typische Artikel für den habitualisierten Kauf sind Nahrungs- und Genußmittel, zum Beispiel Brot und Fleisch, das man oft beim selben Bäcker bzw. Metzger kauft, oder die Tabak-, Kaffee- oder Biermarke. Wie der Impulskauf enthält auch der Gewohnheitskauf keine Entscheidung. Konsumenten unterstellen aber meist, daß ein habitualisiertes Kaufverhalten früher einmal gut begründet gewesen ist. Dies muß nicht unbedingt wirklich der Fall sein. Die Entstehung der Gewohnheit kann bei genauem Hinsehen völlig zufällig und arbiträr erscheinen. Gleichwohl ist es wahrscheinlicher, daß der Konsument die Gewohnheit für gut begründet hält.[2]
Mindestens zwei Arten von Gewohnheitskäufen lassen sich unterscheiden (vgl. Kroeber-Riel, 1992, S. 378). Es gibt Kaufgewohnheiten, die wir ausgebildet haben, um in Zukunft entlastet zu werden, und solche, die unsere besonderen Vorlieben widerspiegeln.

Entlastungsfunktion
Im ersten Fall geht es den Konsumenten darum, über unwichtige Punkte nicht immer neu nachdenken zu müssen. Solche Gewohnheiten laufen relativ gleichgültig ab. Zu den Produkten, die man auf diese Weise kauft, besteht kaum eine Bindung.
Gewohnheitskäufe entlasten das Denken. Daher kann man über diese Kaufart zweierlei sagen. Erstens: Je sicherer man sich in seiner Kaufentscheidung ist, desto eher kauft man ein Produkt gewohnheitsmäßig. Der Trend vom Fachgeschäft zum Supermarkt spiegelt genau diese gewachsene Sicherheit wider: Wenn ich keine Beratung mehr brauche, dann kann ich meine Einkäufe im Supermarkt tätigen (vgl. Kroeber-Riel, 1992, S. 390). Zweitens: Zu Gewohnheitskäufen neigen vor allem solche Personen, die nicht besonders gerne einkaufen. Für diese Menschen ist die Entlastungsfunktion offenbar sehr zentral (Kroeber-Riel, 1992, S. 393*f*).

Ausdruck einer stabilen Präferenz
Es gibt aber auch Artikel, die wir gerade deshalb gewohnheitsmäßig kaufen, weil wir es besonders gern tun, zum Beispiel wenn wir eine eindeutige Lieblingsmarke haben. Hier besteht eine emotionale Bindung, unter Umständen auch ein Gefühl der Loyalität gegenüber einer Marke oder einem Produkt (Mullen & Johnson, 1990, S. 120). Je stärker der Loyalitätsanteil an einer Produktwahl wird, desto weniger ist der Käufer davon geleitet, seinen eigenen Nutzen zu maximieren. Vielmehr wird der Konsument seinem Produkt auch dann noch die Treue halten, wenn er selbst zugeben muß, daß es bessere Alternativen gibt. Loyalität zu einer Marke oder einem Produkt findet sich vor allem dort, wo das Kaufverhalten »persönlich« geworden ist, zum Beispiel wo ein persönlicher Kontakt zu einem Verkäufer oder Vertreter besteht.
Die Gewohnheit kann auch Teil eines expressiven Verhaltens sein (vgl. 2.2.4). Wer zum Beispiel *Coca-Cola* als Teil des »American Dream« betrachtet (vgl. Exkurs 7), wird sich möglicherweise persönlich mit dem Konsum von *Coca-Cola* identifizieren. Dessen Gewohnheit ist auch gleichzeitig Teil eines Selbstkonzeptes, das er gerne nach außen kommuniziert.

---

[2] Auch Marektingtheoretiker wie etwa Kotler und Bliemel (1995), gehen davon aus, daß eine Konsumgewohnheit auf gute Gründe zurückgeht – und zwar meist auf Zufriedenheit mit dem Produkt (vgl. vor allem S. 27). Aus der psychologischen Sicht auf das Kaufverhalten ist auf Konsistenzmechanismen im Verhalten (Kapitel 11) und *post-hoc*-Rationalisierungen einer im Grunde recht beliebigen Wahl (zum Beispiel Zajonc, 1980) hinzuweisen, die als weitere Mechanismen der Gewohnheitsbildung der Zufriedenheit zur Seite gestellt werden sollten.

Änderungsresistenz
Habitualisiertes Kaufverhalten stellt für Werbungtreibende eine große Herausforderung dar. Das zeigt eine Untersuchung von Charlton und Ehrenberg (1976). Die Autoren versuchten, ihre Versuchspersonen von deren etablierten Kaufgewohnheiten abzubringen: »durch Sonderpreise, Werbung, veränderte Verfügbarkeit des Produktes und Einführung einer neuen Marke« (Kroeber-Riel, 1992, S. 395). Keine der Strategien hatte nennenswerte Nachwirkungen. Parfitt und Collins (1972) »weisen darauf hin, daß der Konsument bei routinemäßigem Verhalten zwar die Angebotsbedingungen beachtet und bereit ist, vorübergehend auf ein anderes Produkt überzugehen. Er kehrt aber schnell wieder zur gewohnten Marke zurück, wenn die Sonderaktionen nachlassen« (Kroeber-Riel, 1992, S. 395; vgl. auch O'Shaughnessy, 1987, S. 57). Dieses immer wieder bestätigte Muster zeigt, daß Gewohnheitskäufe keine Automatismen sind, die vom Gedanken an den eigenen Nutzen losgekoppelt wären. Gewohnheitskäufe werden unterlassen, wenn sich andere interessante Optionen ergeben. Man kehrt aber zu den Gewohnheiten zurück, sobald die besonderen Gründe, die den Wechsel angeregt haben, weggefallen sind.
Tragischerweise entwickeln die Konsumenten kaum einen Blick für die Vorzüge eines Produktes, das sie nur im Rahmen einer Sonderaktion zu besonders günstigem Preis oder mit einem anderen Bonus gewählt haben. Gerade die Tatsache, daß es ein lockendes Kaufargument gab, versperrt den Konsumenten den Blick auf weitere Gründe über dieses lockende Argument hinaus, die ebenfalls für einen Wechsel gesprochen hätten. Das eigene Kaufverhalten ist mit dem Argument der Sonderaktion und den damit verbundenen Vorteilen mehr als hinreichend begründet. Diese Begründung ist völlig external – so nimmt es auch der Konsument wahr. Eine intrinsische Motivation ist nicht zu erkennen. Eine Bindung an das Konkurrenzprodukt ist nicht zu erwarten. Dieses Phänomen nennt man »Oversufficient-justification«-Effekt (vgl. 11.4.4).
Warum ist der Gewohnheitskauf eigentlich so eine harte Nuß? Etwas gründlichere psychologische Erklärungen hierfür werden wir bei der Diskussion der »psychologischen Konsistenz« kennenlernen. Der für unser Problem relevante Grundgedanke ist, daß wir die Richtung unseres Verhaltens nicht ohne besonderen Grund ändern, während für die Beibehaltung der Richtung keine weitere Begründung erforderlich ist (mehr dazu im Kapitel 11). Das bedeutet für das Kaufverhalten, daß ein konkurrierendes Produkt *besser* sein muß, als das gewohnheitsmäßig gekaufte Produkt. Keine Konkurrenz kann es sich leisten, nur *genausogut* zu sein, wie die anderen (vgl. O'Shaughnessy, 1987, S. 59).
Zudem wird eine Person, die einen Artikel gewohnheitsmäßig kauft, mit diesem Artikel zufrieden sein. Zufriedenheit gehört zum habitualisierten Kauf dazu – sonst hätte man die Gewohnheit ja nicht. Für das Marketing ergibt sich hieraus: Es ist leichter Kunden zu halten, als welche hinzuzugewinnen. Meist sind nämlich die anzuwerbenden Kunden bereits Gewohnheitskäufer anderer Marken. Besonders augenfällig ist das Anliegen, Gewohnheiten aufzubrechen in der Werbeserie »Test the *West*«. Dort werden immer wieder merkwürdige Leute mit absonderlichen Gewohnheiten von sympathischen *West*-Rauchern bekehrt. Diese Werbung soll nicht zuletzt an ein Bedürfnis nach Abwechslung appellieren. Durch die klare Verteilung der Identifikationsmöglichkeiten wird auch an eine soziale Norm appelliert, »öfter mal etwas neues« zu machen, Neuerungen ein Chance zu geben und »Probieren über Studieren« gehen zu lassen (O'Shaughnessy, 1987, S. 76, Punkt 1b). Das Bemühen, die bisherigen Kunden zu halten, wird als *defensive Marketingstrategie* bezeichnet. Das Bemühen um neue Kunde heißt dementsprechend *offensive Strategie*. Zu der defensiven Strategie gehört, daß man sich ein Bild von der normalen »Kundenverweildauer« verschafft, um herauszufinden, wie lange Kunden normalerweise dem Unternehmen oder der Marke treu bleiben. Der Verlust eines Kunden, der abwandert, noch bevor er die durchschnittliche »Verweildauer« erreicht hat, gilt als besonders kritisch, denn dieser Verlust erscheint in besonderem Maße vermeidbar (Kotler & Bliemel, 1995, S. 75).

3.3 Kaufentscheidungen gegen ein Produkt

3.3.1 Die Rolle der Werbung

»Haben Sie schon einmal ein Produkt bewußt deshalb nicht gekauft, weil Sie sich über dessen Werbung geärgert haben?« Diese Frage richtete im März 1995 die GfK-Marktforschung an eine Stichprobe von 2.565 Konsumenten (*Horizont*, 11/95, S. 26). Immerhin 30 Prozent der Befragten in den alten Bundesländern gaben an, daß sie sich schon einmal aus Ärger über die entsprechende Werbung gegen den Kauf eines Produktes entschieden haben. Am häufigsten wurde ganz unspezifisch Waschmittelwerbung als Ärgernis genannt. Die Gründe für das Mißfallen werden in der Analyse nicht berichtet. In den meisten Fällen sind es aber nicht Produktgruppen, sondern spezielle Kampagnen einzelner Marken, die zu einer Abwertung der Marke insgesamt geführt haben. Wer sich an die Kampagnen erinnert, wird darüber spekulieren können, warum die Werbung so wenig Anklang gefunden hat. Am bekanntesten ist vielleicht die in den Jahren 1993/1994 äußerst umstrittene Werbung der Firma *Benetton*. Es ist kaum verwunderlich, daß sie auf Platz sechs der als ärgerlich empfundenen Markenwerbung rangiert. In einer Untersuchung aus den achtziger Jahren (Aaker & Bruzzone, 1981) benannten die Konsumenten verschiedene Typen von ärgerlicher Werbung:

- Am ärgerlichsten wurden verschiedene Spots für Frauen-Hygiene-Produkte wahrgenommen. Das extremste Beispiel war ein Spot für *Stayfree Maxi-Pads*, in dem eine Frau eben noch ein Taxi einholt, und dann während der Fahrt ihrer Freundin die Vorteile ihrer Monatsbinde darlegt. Unangenehm bis zur Peinlichkeit fanden die Konsumenten auch einige Spots für Magen- und Darmpräparate sowie für Damenunterwäsche.
- Viele Konsumenten betrachteten Werbung für Dinge, die eigentlich nicht beworben werden sollten, als ärgerlich. Darunter fiel zum Beispiel die Werbung für Zigaretten und für scharfe Alkoholika.
- Einige Spots wurden als extrem dumm, albern oder unlogisch empfunden. Zum Beispiel wurde in einem Spot für *Bubble Yum Bubble Gum* auf einer Party vorgeschlagen, den Kaugummi als Vorspeise zu benutzen. Ein anderer Spot zeigte Sir Isaak Newton, wie er den *Care-Free Sugarless Gum* erfindet.
- Sogenannte »Slice-of-life«-Spots, die besonders um Authentizität bemüht sind (vgl. 1.4.4), wurden in einigen Fällen als »verlogen« empfunden und daher abgewertet. Zum Beispiel wurde in einer simulierten natürlichen Situation von einem Fleckenentferner behauptet, er könne schwere Ölflecken entfernen.

Bergler, Pörzgen und Harich (1992, S. 104*ff*) berichten von ihren Befragten, daß hauptsächlich Unglaubwürdigkeit der Werbung eine gezielte Ablehnung des Produktes zur Folge habe. Der von ihnen untersuchte Grund der Frauendiskriminierung in der Werbung spielte bei solchen Entscheidungen dagegen eine eher geringe Rolle. Nach Young und Robertson (1992) wird eine Werbung dann negativ bewertet, wenn »die für das Verständnis und die Verarbeitung notwendige Dramaturgie nicht mehr erkennbar bzw. nachvollziehbar ist« (Schimansky, 1999, S. 131).
In einer Untersuchung von Schimansky (1999) wurden von 129 untersuchten Spots besonders solche positiv bewertet, die humorvoll gestaltet waren oder mit besonders eingängiger Musik einhergingen. Interessanterweise wurden Spots, die versuchten, über die Vorteile des Produkts zu

informieren, eher negativ erlebt. Typischerweise gehören zu den negativ bewerteten Spots solche für Wasch- und Geschirrspülmittel und Zahnpflegeprodukte. Die in einem Vortest besonders positiv bzw. besonders negativ bewerteten Spots wurden Versuchspersonen präsentiert. Hierbei zeigte sich, daß die unabhängig festgestellte Spotqualität einen erheblichen Einfluß auf die Tendenz zur Werbevermeidung sowie auf die Produkt- und Spotsympathie hatte. Nach diesen Befunden kann man davon ausgehen, daß Zuschauer ihre Bereitschaft, Werbung zu betrachten, stark von der erlebten Qualität der Werbespots abhängig machen.

3.3.2 Unternehmensphilosphie

Als im Juni 1995 der *Shell*-Konzern die ausgediente Öl-Plattform »Brent Spar« in der Nordsee versenken wollte, protestierten Politiker wie Verbraucher gegen dieses Vorgehen. Eine Boykott-Welle von *Shell*-Tankstellen setzte – zumindest in Deutschland – ein. In der Billig-Entsorgung des konzerneigenen Schrottes sahen die Verbraucher nicht nur die Schadstoffbelastung der Nordsee. Sie wurde auch als Zeichen für Zynismus und Kaltschnäuzigkeit von seiten des *Shell*-Konzerns verstanden. Die damalige Werbekampagne von *Shell* stellte aber gerade Verantwortungsbewußtsein und Sorge für die Zukunft in den Mittelpunkt. Der Slogan: »*Shell.* Wir kümmern uns um mehr als Autos«, mußte den Verbrauchern wie blanker Hohn vorkommen. Ein frustrierter Mitarbeiter der Werbeagentur konnte daher in einem Fernsehinterview (14.6.1995 in der ARD-Sendung *Im Brennpunkt*) nur noch raten, diese Werbekampagne so schnell wie möglich zu stoppen, was dann auch tatsächlich geschehen ist (*w&v*, 29/1995, S. 66*f*). Eine folgende Anzeigenkampagne trug den Titel »Wir werden uns ändern« (*w&v*, 28/1995, S. 4).
Dieses Beispiel stößt uns auf einen anderen Punkt, der bei Kaufentscheidungen eine Rolle spielt: Konsumenten schreiben den Herstellern und Unternehmen in wichtigen Bereichen des öffentlichen Lebens die Hauptverantwortung zu. Zu diesen Bereichen gehören in erster Linie der Umweltschutz und der verantwortliche Umgang mit neuen Technologien (vgl. Hansen, Schoenheit & Devries, 1994, S. 236). Probleme in diesen Bereichen fallen nicht auf Staat und Bürger, sondern in erster Linie auf die Unternehmen zurück.[3] In der Folge entwickeln Konsumenten »moralische« Kriterien, anhand deren sie Produkte bewerten. Thunfisch, Pelze oder bestimmte Kosmetika werden von manchen Konsumenten abgelehnt, weil sie mit dem Quälen oder unsinnigen Töten von Tieren in Verbindung gebracht werden (vgl. auch O'Shaughnessy, 1987, S. 143). Andere Produkte erscheinen den Konsumenten zu wenig umweltverträglich, wie zum Beispiel Sprühdosen, die noch immer Fluorkohlenwasserstoffe als Treibgas enthalten. Wieder andere Produkte werden mit der Politik eines Unternehmens oder gar eines ganzen Landes identifiziert und deshalb boykottiert. *Shell* ist hierfür ein Beispiel, ebenso wie Frankreich, das im Herbst 1995 mit Atomtests im Südpazifik begann und dadurch einigen Konsumenten die Idee eines Boykotts französischer Waren nahelegte. Für den einzelnen Konsumenten gibt es neben den Prinzipien der Nutzenmaximierung Erwägungen darüber, was richtig oder falsch ist, die eine Kaufentscheidung beeinflussen (O'Shaughnessy. 1987, S. 144). Mehr als zwei Drittel der Konsumenten sind dabei der Meinung, sie könnten durch ihre Kaufentscheidung »erheblichen Druck auf die Hersteller ausüben« (Hansen et al., 1994, S. 238). Hinzu kommt, daß viele dieser »moralischen« Entscheidungen die Konsumenten nicht viel

---

[3] Dagegen werden Unternehmen weit weniger für andere naheliegende Aufgaben in die Pflicht genommen. Zum Beispiel sehen die Konsumenten nach einer EMNID-Unfrage (vgl. Hansen et al., 1994, S. 236) nur sehr geringe Verantwortung für den Aufschwung in den neuen Bundesländern oder für gerechten Handel mit Entwicklungsländern bei den Unternehmen. Diese Arbeit soll in erster Linie vom Staat geleistet werden.

kosten. Zum Beispiel war es für die meisten Autofahrer kein besonderes Problem, nicht bei *Shell*, sondern woanders zu tanken. Daher sind altruistische oder ideelle Motive bei der Kaufentscheidung auch dann in Rechnung zu stellen, wenn man – wie einige beinharte Ökonomen (vgl. O'Shaughnessy, 1987, S. 144; Exkurs 8) – davon ausgeht, kein Konsument wäre bereit, aus »moralischen« Gründen materielle Nachteile in Kauf zu nehmen.

Das Interesse an »moralischem« oder »politisch korrektem« Einkauf wird durch entsprechende Broschüren und Buchveröffentlichungen befriedigt. In den USA ist der Ratgeber »Shopping for a better world« sehr populär. Seit einiger Zeit gibt es hierzu für die Lebensmittelbranche ein deutsches Pendant, ein sogenannter »Ratgeber für den verantwortlichen Einkauf«, der unter dem Titel »Der Unternehmenstester. Die Lebensmittelbranche« bei *Rowohlt* erschienen ist (Dammann & Strickstrock, 1995). Im ersten Monat seien von diesem Ratgeber bereits 8.000 Exemplare verkauft worden. Grundlage für diese Broschüre sind Auskünfte von Unternehmen bzw. Recherchen der Herausgeber. Über die Unternehmen werden nicht nur produktbezogene Informationen vorgelegt. Es geht auch um wichtige Punkte der Unternehmensphilosophie, zum Beispiel »wie sie mit Verbrauchern, Arbeitnehmern, Frauen, Behinderten und der Umwelt umgehen. Gefragt wurde auch nach Sponsoring, Tierschutz oder Gentechnologie«. Nicht immer stoßen die Herausgeber, das Institut für Markt-Umwelt- Gesellschaft (Imug) in Hannover, auf auskunftsbereite Unternehmen. Trotzdem sei aber die Resonanz auf die Broschüre insgesamt positiv, auch von seiten einiger kritisierter Unternehmen (*w&v*, 10/1994, S. 66; *w&v*, 28/1995, S. 10).

Die Moralität scheint freilich auch ihre eigenen Konjunkturgesetze zu haben. So zeigt die Verbraucheranalyse 2000: »Ökologie ist nicht mehr en vogue. Während 1992 noch rund 70 Prozent aller Deutschen gezielt umweltschonende Produkte kauften, sind es heute nur noch rund 47 Prozent« (*w&v*, 37/2000, S. 48).

VIER: **Zur Psychologie der Kaufentscheidung**

Zusammenfassung

1. *Menschen vereinfachen ihre Entscheidungen im Alltag. Üblich sind folgende Abweichungen von den Forderungen der perfekten Rationalität:*
   - *Wir nutzen stark vereinfachende Faustregeln.*
   - *Wir bewerten ökonomisch gleichwertige Optionen ungleich.*
   - *Wir lassen uns durch irrelevante Informationen beeinflussen.*

2. *Die geistige Verfügbarkeit einer Information, die Leichtigkeit, mit der sie uns in den Sinn kommt, werten wir selbst wieder wie eine Information. Wir werten sie als Hinweis auf Wichtigkeit, Relevanz oder Wahrheit.*

3. *Wenn wir von zwei Optionen eine wiedererkennen und eine andere nicht, dann neigen wir stark dazu, die wiedererkannte Option zu wählen – weitgehend unabhängig davon, warum wir sie wiedererkennen.*

4. *Beim Urteil über einen Gegenstand orientieren wir uns daran, wie repräsentativ dieser Gegenstand für eine bestimmte Kategorie erscheint. Dabei vernachlässigen wir oft aussagekräftige statistische Informationen.*

5. *Bei objektiv gleichwertigen Optionen werden drohende Verluste höher bewertet als erhoffte Gewinne.*

6. *Werden zwei Objekte miteinander verglichen, dann sind die Ergebnisse dieses Vergleichs nicht unbedingt symmetrisch. Durch eine Verschiebung des Vergleichsfokus können unterschiedliche Ergebnisse erzeugt werden.*

7. *Objektiv gleichwertige Gegenstände werden unterschiedlich bewertet, je nachdem, wo sie herkommen.*

8. *Wir weisen unsere Ressourcen mentalen Konten zu. Wenn eine Ressource (zum Beispiel Geld) bereits für ein bestimmtes Ziel bestimmt war, wird sie nicht ohne weiteres für ein anderes Ziel eingesetzt.*

9. *Wir neigen grundsätzlich dazu, Informationen zu nutzen, wenn wir sie erhalten, egal ob sie relevant sind oder nicht. Dies gilt insbesondere für solche Informationen, um die wir uns selbst bemüht haben. Daher kann man durch die Gabe irrelevanter Informationen erheblichen Einfluß auf Urteile und Entscheidungen ausüben.*

10. *Unsere vereinfachenden Entscheidungsstrategien führen nur unter besonderen Bedingungen zu irrationalen Urteilen. Zudem beruhen Verstöße gegen die Rationalität eines Urteils nur in manchen Fällen auf emotionalen Einflüssen.*

11. *Die verbreitete Unterscheidung von »rational« und »emotional« bildet die Unterschiede in unserem Urteils- und Entscheidungsverhalten nur unvollkommen ab. Relevanter ist hier die Unterscheidung zwischen automatischen und kontrollierten Prozessen der Informationsverarbeitung.*

4.1 Psychologische Mechanismen bei der Kaufentscheidung

Einer wissenschaftlichen Tradition zufolge besteht der Inbegriff der Rationalität darin, alle relevanten Fakten zu einer Entscheidung zu kennen und alle möglichen Folgen der verschiedenen Optionen bis in alle Ewigkeit zu überblicken (Gigerenzer & Todd, 1999). Selbst wenn diesem Idealbild nichts in der Realität entspricht, so hat es doch in der Vergangenheit als Maßstab für die Rationalität menschlichen Denkens hergehalten. Zum Beispiel wäre danach eine Entscheidung, die viele relevante Informationen berücksichtigt, einer anderen überlegen, die weniger Informationen einbezieht.

Da wir schon allein wegen unserer begrenzten Verarbeitungskapazität hinter dem Ideal zurückbleiben müssen, werden menschliche Entscheidungen unter der Voraussetzung einer eingeschränkten oder begrenzten Rationalität (»bounded rationality«) konzipiert. Den Begriff der »bounded rationality« hatte ursprünglich Herbert Simon geprägt. Simon meinte mit diesem Begriff allerdings nicht so sehr eine Rationalität, die unter der Bedingung eingeschränkter Ressourcen genau dieselben Kriterien erfüllt wie das Ideal unter der Bedingung unbegrenzter Ressourcen. Entscheidend war vielmehr die Orientierung daran, wie menschliche Entscheidungen tatsächlich und nicht idealerweise funktionieren, und die Erforschung derjenigen Entscheidungsregeln, die sich in einer bestimmten Umwelt am besten bewähren.

Unter diesem Blickwinkel scheint das menschliche Entscheidungsverhalten vor allem durch eines dominiert zu sein: einfache Entscheidungsregeln, die in einer gegebenen Situation schnell und mit hinreichender Genauigkeit zum Erfolg führen. Die meisten dieser Regeln sind nicht mehr als bloße Faustregeln, Heuristiken (siehe Exkurs 13) oder die bereits zitierte Satisficing-Regel (siehe 3.1.2). Sie haben den Vorteil, einfach und effizient zu sein, ihr Nachteil ist, daß sie nur mit einer gewissen Wahrscheinlichkeit, nicht aber mit Sicherheit zu einer korrekten Lösung führen.

Exkurs 13 *Auszeit! Was ist eine Heuristik?*

Also: Mit »Heuristik« ist eine grobe Regel gemeint, die uns hilft, ein Problem zu lösen, Entscheidungen zu fällen oder Erkenntnisse zu gewinnen. In der Forschungspraxis spricht man von einer Heuristik auch als einer »Arbeitshypothese«. Ein alltägliches Beispiel für eine Heuristik wäre folgendes: Ich erwarte einen Brief von meiner Tante aus Übersee. Von einem riesigen Posthaufen will ich so schnell wie möglich entscheiden können, ob der Brief dabei ist oder nicht. Hierzu folge ich beim Durchsehen der Regel: »Der Brief muß einen Luftpost-Aufkleber haben.« Diese Regel könnte man eine Heuristik nennen. Eine Heuristik muß keineswegs immer zu einer Lösung führen (Anderson, 1988, S. 193). Das unterscheidet sie von einem Algorithmus. Auf das Beispiel übertragen heißt das, daß ich mit meiner groben Methode den entscheidenden Brief übersehen könnte. Ich kann mich also nicht darauf verlassen, daß der Brief nicht dabei ist, wenn ich ihn nicht unter den Luftpost-Briefen gefunden habe. Das ist der Nachteil einer Heuristik. Ein Algorithmus würde mir garantiert eine Lösung bescheren. Demnach wäre die Methode, jeden Brief in dem Stapel tatsächlich zu lesen, um den richtigen zu finden, ein Algorithmus. Heuristiken werden zur Problemlösung unter folgenden Bedingungen eingesetzt (vgl. Pratkanis, 1989):

- Wenn wenig Zeit zur Verfügung steht.
- Wenn wir vor einer zu großen Informationsmenge stehen, die wir nicht erschöpfend verwerten können.
- Wenn das Problem nicht besonders wichtig ist.
- Wenn wir nur wenig Erfahrung mit dem Problem haben.
- Wenn uns eine bestimmte Heuristik besonders schnell einfällt.

Manche Heuristiken verletzen sogar elementare logische Prinzipien, wie etwa das Gesetz der Transitivität. Wenn ich Produkt A dem Produkt B vorziehe, und gleichzeitig B dem C vorziehe, dann verlangt es das Gesetz der Transitivität, daß ich mich beim Vergleich von A und C nicht für C entscheide. Genau das ist aber bei Einsatz mancher vereinfachter Entscheidungsregeln und damit bei vielen Konsumentscheidungen durchaus möglich (vgl. Aschenbrenner, 1987; Gigerenzer & Goldstein, 1999, S. 83, Fußnote 2).

In früheren Arbeiten (zum Beispiel Tversky & Kahneman, 1974) wurden die meisten entscheidungsrelevanten Heuristiken wie Fehlerquellen oder Unterwanderungen der Rationalität beschrieben. In der Tat werden Sie in der folgenden »Revue« verschiedener psychologischer Entscheidungsregeln eine ganze Reihe von potentiell verzerrenden Einflüssen erkennen. Zudem wurde unterstellt, daß Menschen nur dann auf Heuristiken zurückgreifen, wenn ihnen die entscheidungsrelevanten Informationen nicht zur Verfügung stehen oder keine Möglichkeit besteht, diese Informationen sämtlich zu nutzen.

Neuere Forschungen jedoch (siehe hierzu vor allem Gigerenzer, Todd et al., 1999) zeigen, daß diese Sicht auf menschliches Entscheidungsverhalten nicht korrekt ist: Zum einen greifen Menschen sehr häufig auch bei günstiger Informationslage und wenig belasteten Ressourcen auf Faustregeln zurück, zum anderen sind sie mit dieser Strategie erstaunlich erfolgreich. Gigerenzer und Goldstein (1999) konnten beispielsweise zeigen, daß extrem einfache Entscheidungsregeln, die nur einen Bruchteil der verfügbaren Informationen nutzen, genauso treffsichere Entscheidungen zur Folge hatten wie komplizierte Methoden, die alle Informationen gewichtet miteinander verrechnen (ähnlich etwa dem Fishbein-Modell oder der MAU-Regel, vgl. 3.1.1). Ich werde diesen Punkt weiter unten noch einmal aufgreifen.

4.1.1 Entscheidungsheuristiken

Wie oben schon angedeutet, vereinfachen Konsumenten ihre Kaufentscheidung sehr gern. Sie setzen gewissermaßen persönliche Filter vor das Angebot, die aus den verschiedenen Informationen nur eine Handvoll aussondern, die bei der Entscheidung verwertet werden. Diese Filter werden auch als »Entscheidungsheuristiken« (vgl. Exkurs 13) bezeichnet. Im folgenden diskutiere ich die wichtigsten dieser Heuristiken.

Die Verfügbarkeitsheuristik

Eine Faustregel, die eigentlich auf so gut wie alle unsicheren Entscheidungssituationen einen Einfluß hat, ist die *Verfügbarkeitsheuristik* (vgl. Tversky & Kahneman, 1974). Diese Regel besagt mehr als nur, daß für eine Problemlösung in erster Linie die besonders gut verfügbaren Informationen genutzt werden. Diese Tatsache allein hat bereits erhebliche Konsequenzen für Konsumentscheidungen: »Da die Konsumenten Kaufentscheidungen oft sehr schnell und mit geringem geistigen Aufwand treffen, werden zur Markenwahl einfach zu erinnernde Informationen, die sich sozusagen an der geistigen Oberfläche bewegen, eher genutzt als schwierig zu erinnernde und schwer zugängliche Informationen. Das gilt auch dann, wenn die schwer zu erinnernden Informationen für die Kaufentscheidung von gleicher oder gar noch größerer Relevanz sind. [...] Das bedeutet: Wenn eine Werbeinformation zwar nicht vergessen, aber nur mit geistigem Aufwand abzurufen ist, dann wird ihr Platz bei der Konfrontation mit verschiedenen Marken von einer anderen, leichter verfügbaren Information eingenommen« (Baker, 1993, S. 55, Übers. GF).

Wenn wir die Verfügbarkeitsheuristik benutzen, kommt noch ein anderer entscheidender Aspekt hinzu: Die Tatsache, daß uns eine bestimmte Information eher als eine andere einfällt, werten wir selbst wieder wie eine Information. Die Tatsache der Verfügbarkeit wird also nach einer bestimmten Regel in die Entscheidung mit einbezogen.

Wie würden Sie zum Beispiel folgende Aufgabe lösen (vgl. Tversky & Kahneman, 1973): Ist es wahrscheinlicher, daß ein zufällig gezogenes Wort K als ersten oder K als dritten Buchstaben hat? Wie die meisten Menschen kennen auch Sie vermutlich keine Statistik über die Häufigkeit von Buchstaben in Wörtern. Bei einer Aufgabe wie dieser fragen Sie sich also: ›Wie viele Wörter fallen mir ein, die diesem, wie viele, die jenem Kriterium genügen?‹ Sie beginnen zu grübeln, wann hat ein Wort einmal K als dritten Buchstaben, und während Ihnen laufend Beispiele mit K als erstem Buchstaben einfallen, will es mit den anderen Beispielen nicht recht funktionieren. Diese »Ladehemmungen« beim Generieren von Beispielen nehmen Sie nun als Zeichen, nach dem Motto: ›Wenn es mir schon so viel schwerer fällt, mir Beispiele auszudenken, dann muß es auch weniger Wörter geben, die K als dritten Buchstaben haben.‹ Sie haben dabei also gleichsam Ihre eigene kognitive Verarbeitungsflüssigkeit beobachtet und daraus Schlüsse für die Beantwortung der Frage gezogen.

Dieses Verfahren wenden Sie öfter an, als Sie vielleicht meinen. In der Regel führt es auch zu recht guten Ergebnissen, allerdings nicht im genannten Beispiel: Zumindest im Englischen haben drei Mal mehr Wörter K als dritten denn als ersten Buchstaben. So führt die Anwendung der Verfügbarkeitsheuristik in manchen Fällen zu unkorrekten Ergebnissen.

Die geistige Verfügbarkeit einer Information selbst wird also als Indikator für andere Merkmale betrachtet. Die Tatsache, daß uns etwas schnell und ohne viel Nachdenken in den Sinn kommt, kann als Beleg für viele wichtige Eigenschaften erlebt werden, etwa dafür, daß eine Information wahr, relevant, einschlägig oder wichtig ist.

Stellen Sie sich zum Beispiel vor, Sie wollten Ihre nächste Urlaubsreise planen. Hier sind viele Dinge zu berücksichtigen, etwa der Termin, die Wünsche der Mitreisenden, das Transportmittel, die Unterkunft, ganz zu schweigen von dem Ziel. Als erstes fällt Ihnen ein, daß Sie im letzten Urlaub in den unmöglichsten Betten übernachten mußten. Die besondere Verfügbarkeit dieser einen Information führt nicht nur dazu, daß Sie sie besonders früh berücksichtigen. Die Verfügbarkeit hat auch zur Folge, daß Sie die Information *für wichtig halten.* Man könnte es auch so ausdrücken: die Verfügbarkeitsheuristik besagt: »Achte besonders auf die Dinge, die dir als allererstes einfallen. Es hat schon seine Gründe, daß dir eher diese als andere Dinge einfallen.«

Die Verfügbarkeitsheuristik dürfte auch für viele Vorurteile verantwortlich sein. Stellen Sie sich zum Beispiel folgende Fragen: Wie viele berühmte Persönlichkeiten der Geschichte waren Frauen? Wie hoch ist die Kriminalität unter schwarzen Amerikanern? Wie hoch ist die Wahrscheinlichkeit ermordet zu werden – im Unterschied etwa dazu, an Magenkrebs zu sterben? Vermutlich werden Sie jede einzelne dieser Fragen auf der Basis der Verfügbarkeitsheuristik beantworten: Sie werden sich Beispiele für die jeweiligen Fälle vor Augen führen – und je nachdem, wie leicht

Ihnen diese Beispiele in den Sinn kommen, werden Sie urteilen. Bei der Beantwortung der genannten Fragen freilich werden Sie vermutlich vor Verzerrungen nicht sicher sein. Zum Beispiel wird ein Mord mit sehr viel größerer Wahrscheinlichkeit in den Medien berichtet, als ein Tod durch Krebs. Daher werden Ihnen als durchschnittlichem Zeitungsleser die wenigen Morde in der letzten Zeit möglicherweise verhältnismäßig leicht einfallen. Das birgt das Risiko, daß Sie eine verschwindend kleine Zahl überschätzen. Dieses Risiko ist noch größer für Personen mit einem besonders ausgiebigen Medien-Konsum (Gerbner, Gross, Morgan & Signorielli, 1986). Umgekehrt neigen zum Beispiel Ärzte dazu, die Wahrscheinlichkeit für bestimmte Erkrankungen zu überschätzen, einfach weil sie ihnen hoch verfügbar sind.

Breite Berichterstattung in den Medien kann Versicherungskunden dazu verleiten, die Wahrscheinlichkeit bestimmter Schadensfälle falsch zu bewerten. So überschätzen etwa Bewohner der Küstengegenden in Kalifornien die Wahrscheinlichkeit eines Erdbebens, während sie die Wahrscheinlichkeit eines Brandes unterschätzen (Kardes, 1999, S. 408).

Stellen Sie sich nun einmal vor, es ginge darum, die Popularität eines politischen Kandidaten, einer Rockband oder eines Produktes einzuschätzen. Oft genug beantworten wir uns auch solche Fragen mit der Feststellung »Habe ich jedenfalls schon mal gehört«. Das bedeutet: Wenn in einer Entscheidungssituation der Name des Produkts mit großer Leichtigkeit in den Sinn kommt, dann kann diese Leichtigkeit vom Subjekt als Indiz für Produktmerkmale gewertet werden. Die hohe Verarbeitungsflüssigkeit kann dann beispielsweise als Zeichen für Popularität, langjährige Bewährung oder hohe Verbreitung erlebt werden.

Exkurs 14 *Die Marken mit dem größten Umsatz*

Meyer-Hentschel (1996, S. 66) stellt seine Leser vor folgende Aufgabe: »Kennen Sie die Riesen? Jährlich ermitteln die Marktforscher, welche der bekannten Marken den größten Umsatz machen. Nachfolgend eine Liste mit 20 Marken. Wer gehört nach Ihrer Kenntnis, Ihrem Gefühl oder Ihrer Eingebung zu den Umsatzriesen? Wählen Sie jetzt:«

Es folgt eine Liste mit 22 Markennamen:

Ariel	*Eduscho Kaffee*	*Lucky Strike*	*Mars*	*Onken*
Bärenmarke	*HB*	*Langnese*	*Melitta Kaffee*	*Persil*
Clearasil	*Iglo*	*Maggi*	*Milka*	*Schwartau*
Coca-Cola	*Jacobs Kaffee*	*Marlboro*	*Nivea*	*Valensina*
Dr. Oetker	*Kraft*			

Wie würden Sie die Aufgabe von Meyer-Hentschel lösen? Nun, vermutlich werden Sie nicht zu den wenigen Menschen gehören, die über die Umsätze der größten Unternehmen im Bilde sind. Das »Gefühl« oder die »Eingebung«, die Meyer-Hentschel in diesem Fall von Ihnen fordert, können Sie aber mit Namen benennen; voraussichtlich werden Sie die *Verfügbarkeitsheuristik* bemühen. Sie werden sich die Namen »durch den Kopf gehen lassen« und an der Leichtgängigkeit – der Verarbeitungsflüssigkeit –, mit der sie Ihren Kopf passieren, entscheiden, welchen Rang das Unternehmen wahrscheinlich haben dürfte. Wie gut sind die Treffer, die man bei diesem Vorgehen erzielt? Das hängt davon ab, wie viel die Verarbeitungsflüssigkeit mit den tatsächlichen Umsätzen zu tun hat. Es wirken nämlich auch viele irrelevante Einflüsse auf Ihre Verarbeitungsflüssigkeit. Wenn Sie zum Beispiel neben einer *Eduscho*-Filiale wohnen, könnte Ihnen *Eduscho* überdurchschnittlich gut verfügbar sein, obwohl dies nichts mit dem Umsatz des Unternehmens zu tun hat.

Die Lösung zu Meyer-Hentschel's Rätsel – aus dem Jahr 1996 – finden Sie weiter unten.

Wohlgemerkt: Es geht nicht allein darum, *daß* die Information überhaupt in den Sinn kommt. Die Leichtigkeit, mit der das geschieht, ist entscheidend. Dieser Gedanke geht über die einfache Vorstellung hinaus, daß die bei der Entscheidung letztlich ausschlaggebenden Informationen Teilmengen unterschiedlicher Sets sind (zum Beispiel *awareness set*, *consinderation* bzw. *evoked set*, *relevant set, available set*; Kroeber-Riel, 1992; Mowen & Minor, 1998). Theoretisch kann ein durchaus präsenter Produktvorteil zum Nachteil des Produktes ausschlagen – wie bei der Klientin in der Eheberatung, die der Therapeut bittet, einmal die Vorzüge ihres Mannes aufzuzählen. Es gelingt ihr auch, eine Reihe von positiven Merkmalen zu generieren, aber nachher ist sie mit ihrer Ehe unzufriedener als zuvor (Beispiel nach Kunda, 1999). Auch hier wirkt die Verfügbarkeitsheuristik: Vermutlich war es nicht einfach, positive Merkmale eines Partners zu finden, mit dem man sich in einer Krise befindet. Die Mühen beim Suchen lastet die Klientin ihrem Partner an: Wenn er wirklich so ein toller Typ wäre, müßte sie doch ganz mühelos auf positive Merkmale kommen.

Fortsetzung zu Exkurs 14: *Die Marken mit dem größten Umsatz (Lösung)*

1. Marlboro	2.1 Mrd. DM	6. Dr. Oetker	1.2 Mrd. DM
2. Coca-Cola	1.7 Mrd. DM	7. Milka	1.0 Mrd. DM
3. Jacobs Kaffee	1.4 Mrd. DM	8. Kraft	956 Mio. DM
4. Maggi	1.3 Mrd. DM	9. Langnese	927 Mio. DM
5. Iglo	1.3 Mrd. DM	10. HB	825 Mio. DM

(Meyer-Hentschel, 1996, S. 68)

Wänke, Bless und Biller (1996; siehe auch Schwarz et al., 1991; Wänke, Bohner & Jurkowitsch, 1997) wiesen diesen Effekt der Verfügbarkeitsheuristik für Produktbeurteilungen experimentell nach. Sie baten ihre Versuchspersonen, drei Argumente zu nennen, die dafür sprechen, einen *BMW* zu kaufen, die öffentlichen Verkehrsmittel zu benutzen oder *F.D.P.* zu wählen. Üblicherweise übt die Tatsache, daß die Personen über Argumente nachgedacht haben, einen positiven Einfluß auf ihre Einstellung aus (13.4.5). Dieser Effekt kehrt sich allerdings um, wenn die Personen nicht drei, sondern sieben Argumente generieren sollen. Es ist nämlich meistens gar nicht leicht, sich sieben Argumente für (oder gegen) eine Sache auszudenken. Die Verarbeitungsflüssigkeit ist bei dieser Aufgabe deutlich herabgesetzt. Das wird von den Personen wahrgenommen und fälschlicherweise einer vermeintlich geringeren Gültigkeit der so mühsam gesammelten Argumente angelastet. Man könnte nun meinen, ab dem vierten Argument würden den Probanden nur noch schwache Gesichtspunkte einfallen, die dann auch die vorangegangenen starken Argumente kontaminierten (in der Tat kann der positive Effekt starker Argumente geschwächt werden, wenn schwache Argumente hinzukommen, siehe auch Petty & Cacioppo, 1984). Dies ist aber in dem Experiment nicht der Fall gewesen. Hier war offensichtlich die subjektive Erfahrung einer geringeren Verarbeitungsflüssigkeit entscheidend für den Effekt, denn er stellt sich nicht bei Personen ein, die die Argumente nicht selbst erfinden, sondern nur lesen sollen. In dieser Situation wird die längere Liste von Argumenten überzeugender erlebt als die kürzere. Interessanterweise kommt es nicht einmal so sehr darauf an, daß die Probanden wirklich die Mühen einer Suche nach Argumenten erleben. Es genügt bereits, sich vorzustellen, man müßte zehn Gründe für den Kauf eines *BMW* generieren (Wänke et al., 1997). Daß diese Aufgabe nicht flüssig erledigt werden kann, leuchtet offenbar jedem intuitiv sofort ein, und diese bloß antizipierte geringe Verfügbarkeit genügt, um den Effekt der Verfügbarkeitsheuristik zu erzeugen.

Die Verarbeitungsflüssigkeit kann auch kurzfristig manipuliert werden, mit entsprechenden Folgen, wenn die Verfügbarkeitsheuristik zur Anwendung kommt: Fazio, Effrein und Falender (1981) stellten ihre Versuchspersonen vor unterschiedliche Ausgangsfragen. Die einen fragen sie: »Was würden Sie tun, um in eine müde Fete Leben zu bringen?«, die anderen: »Welche Dinge gibt es an lauten Feten, die Ihnen mißfallen?« In einer späteren Befragung beschrieben sich die Probanden der ersten Gruppe als deutlich extravertierter als die Probanden der zweiten Gruppe. Erklärbar ist dieser Effekt damit, daß die Suggestivfragen selektiv Verhaltens- und Einstellungsmerkmale der

Extra- bzw. der Introversion aktivierten. Diese Merkmale waren dann bei der Selbstbeschreibung jeweils unterschiedlich verfügbar.
Ein Effekt wie dieser wird besonders für solche Personen stark sein, die sich nicht schon seit Jahren mit hoher subjektiver Sicherheit als extra- oder introvertiert beschreiben – subjektive Unsicherheit im Urteil ist eben eine der zentralen Voraussetzungen beim Gebrauch einer Heuristik.
Die erhöhte Verfügbarkeit muß nicht einmal als Fakt und Realität empfunden werden. Auch was sich erwiesenermaßen nur in unserer Phantasie abgespielt hat, wirkt gleichwohl auf die Verfügbarkeit und beeinflußt damit auch das Ergebnis der Verfügbarkeitsheuristik. Zum Beispiel ließen Gregory, Cialdini und Carpenter (1982) ihre Versuchspersonen darüber phantasieren, wie es wohl wäre, wenn sie dieses oder jenes Produkt hätten. Diese rein hypothetische Vorstellung allein hatte bereits eine Einstellungsänderung zu Gunsten des Produkts zur Folge (siehe auch 13.4.5).

Rekognitionsheuristik
Amerikanische Studenten werden gefragt, welche US-Stadt wohl mehr Einwohner habe, San Diego oder San Antonio? Fragen Sie sich doch zunächst selbst einmal, welche Sie für größer halten. Eine überwältigende Mehrheit von 80 Prozent der amerikanischen Studierenden wußte, daß die richtige Antwort San Diego lauten mußte. Was kommt nun heraus, wenn man dieselbe Frage an deutsche Studierende richtet. Wie viele werden hier auf San Diego tippen? Das Ergebnis ist vielleicht auf den ersten Blick überraschend: Hundert Prozent der deutschen Studierenden hielt San Diego für größer. Wieso waren die deutschen Studierenden bei dieser Frage so viel erfolgreicher als die amerikanischen? Auf den zweiten Blick wird Sie vielleicht das Ergebnis nicht mehr besonders erstaunen: Der Grund liegt wohl darin, daß die Deutschen in der Regel nur San Diego kannten, viele hatten von San Antonio noch nie gehört. Und so benutzten sie die einfache Faustregel, daß der Name, der ihnen bekannt vorkam, auch der bedeutendere sein mußte.
Die Deutschen haben hier die Wiedererkennungs- oder Rekognitionsheuristik (»recognition heuristic«, Goldstein & Gigerenzer, 1999) angewandt. In vielen Situationen beruht unsere Entscheidung einfach auf dem Argument: »Kenne ich, habe ich schon einmal von gehört.« Das bloße Wiedererkennen eines Objekts wirkt oft so überzeugend, daß weitere Entscheidungskriterien außer acht gelassen werden. Dabei kommt es nicht darauf an, daß man weiß, warum man sich an die betreffende Sache erinnert; das Gefühl des Wiedererkennens genügt.
Um die Rekognitionsheuristik anwenden zu können, brauchen wir ein gewisses Maß an Ignoranz. Der Kern dieser Faustregel besteht nämlich in folgendem Prinzip: »Wenn du zwischen zwei Alternativen zu wählen hast, von denen dir eine bekannt vorkommt und die andere nicht, dann wähle die bekannte.« Ein solches Prinzip ist natürlich nicht anwendbar, wenn uns beide Alternativen bekannt vorkommen. So waren also auch die amerikanischen Studierenden einfach nicht ignorant genug, um von der Heuristik zu profitieren. Und weder das Wissen noch die Faustregeln, die sie statt dessen anwenden konnten, waren so treffsicher wie die Rekognitionsheuristik für die Deutschen.
Die Rekognitionsheuristik funktioniert immer dann, wenn die Wahrscheinlichkeit, mit der uns eine Sache bekannt vorkommt, mit dem Kriterium, um das es bei der Wahl geht, korreliert. Zum Beispiel müssen im allgemeinen die größeren Städte auch die bekannteren sein. Bei der Produktwahl ist zum Beispiel die Qualität eines Produktes ein solches naheliegendes Kriterium. Und in Situationen, in denen die bekannten Produkte auch tendenziell die besseren sind, ist die Rekognitionsheuristik eine gute Wahl.
Goldstein und Gigerenzer (1999) demonstrierten in einer Computersimulation ein Phänomen, das sie den »less-is-more effect« nennen. Der Computer erhält Zufallspaare von Namen der 83 deut-

schen Städte mit über 100.000 Einwohnern und soll angeben, welche der beiden Städte größer ist. Wo immer möglich, verwendet der Computer die Rekognitionsheuristik. Hierzu muß er zunächst einige Städtenamen »lernen«. Er lernt nun die Namen so wie Außenstehende normalerweise die Namen deutscher Städte kennenlernen. In einer Befragung unter amerikanischen Studierenden war zum Beispiel München so gut wie jedem bekannt. Also lernt der Computer München als erstes. Eine Stadt wie Stuttgart kannten nur 63 Prozent der Befragten, also lernt der Computer Stuttgart später, noch später zum Beispiel Duisburg, denn das kennen nur sieben Prozent der Befragten (vgl. Goldstein & Gigerenzer, 1999, S. 45, Table 2-1).

Der Computer erzeugt die meisten Treffer, wenn er ein mittleres Wissen hat, wenn er also etwa die Hälfte der Städtenamen kennt und die andere Hälfte nicht. Je mehr Wissen hinzukommt, desto seltener kann der Computer die Rekognitionsheuristik anwenden, denn desto häufiger kommen dann Paare vor, bei denen beide Paarlinge bekannt sind. Dann nimmt die Treffsicherheit wieder ab.

Dies also ist der »less-is-more effect«, der demonstriert, wie uns unsere Unwissenheit zu schlauen Entscheidungen führt. Allerdings gilt dieser Effekt auch dann noch, wenn wir weitere Hinweise haben. Zum Beispiel »erfuhr« der Computer zusätzlich beim Lernen des Städtenamens, ob die Stadt eine Fußballmannschaft in der Bundesliga hat oder ob es eine Intercity-Verbindung in die Stadt gibt. Diese Merkmale hängen sehr eng mit der Größe der Stadt zusammen. Die Hinweise hierauf verbesserten die Vorhersagen auch bei zunehmender Kenntnis der Städte, aber nie wurde die Treffsicherheit so hoch wie sie bei mittlerer Bekanntheit der Städte und Anwendung der Rekognitionsheuristik ist. Selbst wenn neun durchaus valide Hinweise auf die Größe der Stadt vorliegen, ist die Rekognitionsheuristik noch immer die überlegene Entscheidungsstrategie – wohl dem, der unwissend genug ist, daß er sie auch anwenden kann.

Die Überlegenheit der Rekognitionsheuristik zeigt sich natürlich auch in empirischen Studien mit menschlichen Versuchspersonen. Man kann zeigen, daß Personen diese Strategie sehr häufig anwenden, und daß sie um so bessere Ergebnisse erzielen, je häufiger sie sie anwenden (Goldstein & Gigerenzer, 1999).

Wenn man das Gebiet der Computer-Simulation verläßt, ergeben sich noch andere Möglichkeiten, bei denen die Rekognitionsheuristik wirksam werden könnte. Vielleicht haben Sie sich selbst schon gefragt: Was ist, wenn wir keine der Alternativen kennen? Dann können wir immer noch raten. Dabei könnten wir jedoch noch immer mit größerer Wahrscheinlichkeit das Bekanntere treffen – dies jedenfalls lassen Befunde zum Phänomen des impliziten Erinnerns erwarten (mehr hierzu in 9.2).

Als in den neunziger Jahren Oliviero Toscani mit seiner Werbung für *Benetton* die Welt schokkierte, plazierte er damit die italienische Firma im Handumdrehen unter die fünf bekanntesten Marken der Welt (zit. n. Goldstein & Gigerenzer, 1999, S. 56). Im Grunde war seine Strategie eine besonders konsequente Umsetzung der Forderungen, die die Rekognitionsheuristik stellt: Es kommt nicht so sehr darauf an, *warum* man wiedererkannt wird. Wichtiger ist, überhaupt wiedererkannt zu werden.

Freilich profitiert *Benetton* nicht nur von der Rekognitions-, sondern ebenso auch von der Verfügbarkeitsheuristik. Überhaupt scheint es auf den ersten Blick, als liefen diese beiden Entscheidungsverfahren im wesentlichen auf das gleich hinaus. Aber das stimmt nur zum Teil.

Die Rekognitionsheuristik hat mit der Verfügbarkeitsheuristik gemeinsam, daß beide auf einer Meta-Kognition beruhen (vgl. Yzerbyt, Lories & Dardenne, 1998): Die Rekognitionsheuristik wird von dem Gefühl ausgelöst, sich zu erinnern, die Verfügbarkeitsheuristik beruht auf der Erfahrung einer mehr oder weniger flüssigen Informationsverarbeitung. Ein wesentlicher Unterschied zwischen beiden liegt in den beteiligten Gedächtnisprozessen: Die Verfügbarkeitsheuristik braucht ein spontanes Erinnern, die Rekognitionsheuristik dagegen kann nur angewendet werden, wenn der Gegenstand schon vorliegt und entschieden werden muß, ob man ihn wiedererkennt oder nicht (der Unterschied zwischen Recall und Recognition, siehe auch 7.3.4). Ein weiterer Unterschied zwischen beiden besteht im »binären Charakter« der Rekognition (Goldstein & Gigerenzer, 1999, S. 56*f*): Entweder man erkennt die Sache wieder oder nicht. Dabei spielt es keine Rolle, ob man dem Reiz früher drei, neun oder nur ein Mal begegnet ist. Dieser Umstand ist aber von großer Bedeutung für die Verarbeitungsflüssigkeit und damit für die Verfügbarkeit.

Markenvertrautheit

Marken werden aufgebaut, um neben der Bekanntheit des Produktes auch ein Gefühl der Vertrautheit oder Familiarität zu etablieren (zum Beispiel Hoyer & Brown, 1990). Die Bekanntheit einer Marke wird aber auch als Heuristik bei der Entscheidung eingesetzt. Die Häufigkeit der früheren Darbietung kann dabei fehlinterpretiert und unbewußt und automatisch als Merkmal der Qualität gesehen werden – insofern beruhen die Effekte der Markenbekanntheit vermutlich im Kern auf der Verfügbarkeits und der Rekognitionsheuristik. Sofern es aber um Marken*vertrautheit* geht, besteht ein Unterschied zur Rekognitionsheuristik: Vertrautheit ist ein graduelles Phänomen; man ist mehr oder weniger vertraut mit einer Sache und diese graduellen Abstufungen entscheiden darüber, wie man über sie urteilt.

Unter Umständen kann nun die Orientierung an der vertrauen Marke auch zu suboptimalen Entscheidungen führen: Hoyer und Brown (1990) ließen ihre Probanden drei Gläser mit Erdnußbutter beurteilen. In den Gläsern waren Produkte von unterschiedlicher Qualität und zwar unabhängig vom Etikett. Die Probanden konnten vor einem Präferenzurteil mehrmals probieren. In der Markenbedingung war eines der Etiketten sehr bekannt, in der Kontrollbedingung waren alle drei Marken unbekannt. (Die Markenbekanntheit haben die Autoren nicht manipuliert, sondern vorgefunden.) Die Ergebnisse:

– Wenn die Marke bekannt war, wurde fast immer die Marke gewählt.
– Dieser Effekt galt auch dann, wenn in dem Markenglas ein eigentlich minderwertiges Produkt enthalten war.
– Wenn die Marke nicht bekannt war, testeten die Probanden intensiver.
– Wenn die Marken nicht bekannt waren, wählten die Probanden mit höherer Wahrscheinlichkeit auch das höchstwertige Produkt. Sie verließen sich also sehr viel mehr auf ihr Geschmacksurteil, als wenn die Marke bekannt war.

Die Ergebnisse zeigen, daß die Markenbekanntheit eine sehr wichtige Heuristik bei der Produktwahl darstellt. Die meisten der Probanden gaben demnach auch an, daß sie bei der Wahl von ihrem Markenbewußtsein Gebrauch gemacht hatten. Auffällig ist vor allem, daß die Information über die Marke die eigentlich entscheidende Information über die Qualität überdecken konnte. Obwohl der Qualitätsunterschied für die Probanden in der Kontrollbedingung ja offensichtlich wahrnehmbar war, ließen sich die Probanden in der Markenbedingung durch die Markeninformation beirren.

Ziel beim Aufbau einer Marke ist nun freilich, daß sich die Konsumenten bei ihrer Marke gut aufgehoben, gleichsam »zuhause« fühlen (vgl. Hoyer & Brown, 1990, S. 142). Die Marke ist eben »vertraut« in einem sehr affektiv getönten Sinne. Insofern ist natürlich zu fragen, wie irrational die Orientierung an der Marke denn nun ist. Immerhin konnten die Probanden, die nach ausgiebigem Kosten die vertraute Marke gewählt hatten, sich dadurch dieses Gefühl der Vertrautheit verschaffen – mochte die Erdnußbutter im Marken-Topf nun gut oder schlecht sein.

Die Repräsentativitätsheuristik
Der Grundgedanke der Repräsentativitätsheuristik ist ziemlich einfach: Die Wahrscheinlichkeit, mit der ein Gegenstand einer Kategorie angehört, wird nach der Ähnlichkeit beurteilt, die er mit der Kategorie hat. Oder noch einfacher: Was aussieht wie eine Ente, watschelt wie eine Ente, quakt wie eine Ente und auf dem Wasser schwimmt, wird wohl eine Ente sein.
Die Repräsentativitätsheuristik folgt dabei im weitesten Sinne dem Prinzip der Ähnlichkeit, etwa nach dem Motto: »Große Ereignisse haben große Ursachen«; »Schweres Verbrechen – schwere Strafe« oder »Was von außen schlecht aussieht, ist innen auch schlecht« (klappt ja auch gut bei Obst, nicht aber bei Menschen oder Büchern...).
Dieser Repräsentativitätsschluß hat mehrere Gesichter, zum Beispiel:
- Eine Stichprobe ist repräsentativ für die Grundgesamtheit.
- Ein Element ist repräsentativ für eine Kategorie.
- Ein Verhalten ist repräsentativ für einen Handelnden.

Interessant und problematisch wird die Repräsentativitätsheuristik in solchen Fällen, in denen wir andere wichtige Informationen ignorieren, nur weil uns die Repräsentativität eines Beispiels in die Irre führt.
Stellen Sie sich vor, sie hätten vor dem Autokauf zunächst die Pannenstatistik des *ADAC* genau studiert und ständen nun vor zwei Modellen: dem *Schumi Formula 1.2* und dem *Mika Starship*. Der *Mika* hat genau doppelt so viele Pannen wie der *Schumi*. Gleichzeitig hat *Schumi* sämtliche Eigenschaften eines hochwertigen Autos, wie Sie fachmännisch am Geräusch beim Zuschlagen der Wagentür, an der Innenausstattung, den Extras einschließlich Lackierung und beim Blick unter die Motorhaube feststellen. Keine Frage, Sie wählen *Schumi*. Überraschend ist nun aber, was passiert, wenn man die Pannenstatistik umdrehen würde, wenn also *Schumi* gegenüber *Mika* doppelt so viele Pannen hätte. Die Wahrscheinlichkeit, mit der Sie *Schumi* wählen, würde davon kaum affiziert – solange *Schumi* hinreichend repräsentativ für ein hochwertiges Auto ist.
Dieses Beispiel ist einem klassischen Experiment nachempfunden (Kahneman & Tversky, 1972): Die Versuchspersonen sollten von einer Person entscheiden, ob sie wohl Anwalt oder Ingenieur ist:
Jack ist 45 Jahre alt. Er ist verheiratet und hat vier Kinder. Im allgemeinen ist er konservativ, sorgfältig und ehrgeizig. Er interessiert sich nicht für Politik oder soziale Fragen und verwendet den größten Teil seiner Freizeit auf eines seiner Hobbies, wie zum Beispiel Tischlern, Segeln und mathematische Denksportaufgaben.
Vor dieser Beschreibung wird eine wichtige Zusatzinformation gegeben: Jack entstammt einer Gruppe von 100 Personen, von denen 70 Anwälte und 30 Ingenieure sind. Diese Information wird aber praktisch nicht genutzt. Das sieht man nicht nur daran, daß Jack mit höherer Wahrscheinlichkeit für einen Ingenieur gehalten wird (weil er eher »ingenieur-typische« Eigenschaften hat), sondern noch mehr daran, daß sich an dem Wahrscheinlichkeitsurteil kaum etwas ändert, wenn man die Verteilungsmerkmale umdreht (so daß in der Gruppe, aus der Jack kommt, 30 Anwälte und 70 Ingenieure vertreten sind).
Die meisten Beispiele für Verzerrungen durch Nutzung der Repräsentativitätsheuristik basieren auf der Mißachtung statistischer Regeln (siehe auch Exkurs 15). Das Jack- bzw. *Schumi*-Beispiel besteht in der Mißachtung von *Basisraten*. Bei der Frage, wie wahrscheinlich ein bestimmtes Ereignis ist, muß man immer im Auge behalten, wie häufig das Ereignis insgesamt auftritt. Also:
- Wie wahrscheinlich ist es, daß dieses Auto eine Panne haben wird? Hierzu muß man wissen, wie wahrscheinlich Pannen überhaupt sind, und noch besser: Wie wahrscheinlich sind Pannen für Autos dieses Typs.

- Wie gut sind die Erfolgsaussichten meines Unternehmens? Hierzu sollte man in Rechnung stellen, wie hoch die Rate von Unternehmenspleiten insgesamt ist. In der Regel werden diese Raten unterschätzt – was freilich für die Motivation sicher eher günstig ist. Eine andere Unternehmung, bei der die Grundrate des Scheiterns regelmäßig außer acht gelassen wird, ist übrigens das Heiraten. Vielleicht überzeugen Sie diese beiden Beispiele davon, daß die Fehlurteile bei Mißachtung der Grundrateninformation psychologisch durchaus ihren Sinn haben können und nicht unbedingt mit allen Mitteln bekämpft werden müssen.
- Wie hoch ist die Wahrscheinlichkeit, daß ein Patient diese Krankheit hat? Hierzu muß man wissen, wie oft die Krankheit in der Bevölkerung überhaupt vorkommt. Diese Wahrscheinlichkeitsschätzung nehmen selbst Ärzte in der Mehrzahl unkorrekt vor und schließen – ohne die Grundraten zu beachten – aus einem Testergebnis auf die Wahrscheinlichkeit der Erkrankung (Gigerenzer, 1993).[1]

Exkurs 15 *Regression zur Mitte*

Auch andere Fälle, in denen wir statistische Informationen vernachlässigen oder falsch nutzen, werden gerne mit der Repräsentativitätsheuristik erklärt (Kunda, 1999). Zum Beispiel neigen wir häufig dazu, ein statistisches Artefakt inhaltlich zu interpretieren, nämlich die »Regression zur Mitte«. Dieses Phänomen stellt sich immer dann ein, wenn man eine Extremgruppe aus einer ersten Messung ein zweites Mal betrachtet. Stellen Sie sich vor, Sie suchten für eine große Feier eine Gaststätte und probieren nun während der Vorbereitungen eine ganze Reihe von Restaurants aus. Sie bilden eine Rangreihe und fragen für Ihren Termin natürlich nur in der Spitzengruppe nach. Am entscheidenden Tag kommen Ihnen aber Essen und Service irgendwie schwächer vor als beim ersten Mal. Stellen wir uns alternativ vor, die Restaurants der Spitzengruppe seien alle ausgebucht und Sie müßten auf die schwache Gruppe zurückgreifen. Am Fest selbst erscheint Ihnen alles durchaus besser und solider als beim ersten Mal.

Solche Effekte können viele Gründe haben, aber einer davon spielt jedoch mit Sicherheit hinein, und der ist trivial: Wenn man Fälle betrachtet, die in einer ersten Messung (Ihrem Test-Essen) eine Extremgruppe bildeten, dann tendieren diese Fälle bei einer zweiten Messung (dem Fest) zum Gruppenmittelwert: Extrem gute Fälle bringen tendenziell schwächere Meßwerte, extrem schwache Fälle tendenziell bessere Werte. Dieses Phänomen ist eine statistische Notwendigkeit – unter der Voraussetzung, daß Erst- und Zweitmessung nicht perfekt korreliert sind bzw. nicht absolut fehlerfrei gemessen wurde (diese Voraussetzung ist in der Psychologie praktisch immer erfüllt).

Worin besteht diese Notwendigkeit? Wie gut Ihnen das Restaurant gefällt, hängt von zwei Faktoren ab, nämlich einerseits der stabilen Qualität des Restaurants und andererseits von Zufallsfaktoren, die unsystematisch variieren und vielleicht nur an einem bestimmten Tag gelten. Diese Zufallsfaktoren sind für Ihren Zweck »Meßfehler«, denn auf die können Sie ja Ihre Planung nicht bauen. Es ist leicht einzusehen, daß in Fällen, in denen diese Zufallsfaktoren besonders stark wirken, auch mit höherer Wahrscheinlichkeit Extremwerte herauskommen. Das bedeutet anders gesagt, daß in den Extrembereichen einer Verteilung von Meßergebnissen die Messungen stärker fehlerbehaftet sind. Dieser Fehler, der ja wie gesagt zufällig ist, gilt bei der zweiten Messung für andere Exemplare als bei der ersten (gerade darin besteht ja die Zufälligkeit). Da-

---

[1] Verbreitet ist zum Beispiel, die Sensitivität eines Tests falsch zu interpretieren. Dieses Maß gibt an, mit welcher Wahrscheinlichkeit ein Test positiv ist, vorausgesetzt, daß das Merkmal vorliegt. Gigerenzer (1993) berichtet ein Beispiel, in dem die Mammographie eine Sensitivität von 79 Prozent besitzt. Bedeutet dies also, daß eine Frau mit einem positiven Ergebnis nun mit einer rund 80-prozentigen Wahrscheinlichkeit damit rechnen muß, Krebs zu haben? Diese Einschätzung ist auch bei Medizinern verbreitet, sie ist aber falsch. Die Patientin braucht eine ganz andere Zahl, nämlich die Wahrscheinlichkeit, daß sie Krebs hat, wenn das Ergebnis positiv ist (die Sensitivität ist wie gesagt die Wahrscheinlichkeit, daß der Test positiv wird, wenn die Frau Krebs hat). Die eigentlich interessierende Wahrscheinlichkeit kann man erst berechnen, wenn man die Grundraten für Krebs in der Bevölkerung kennt. Wenn diese für die interessierende Altersgruppe realistisch bei 1 Prozent veranschlagt wird, dann steigert das positive Ergebnis der Mammographie nun diese Wahrscheinlichkeit auf 7,5 Prozent. Damit ist die Wahrscheinlichkeit zwar ganz erheblich gestiegen (eben um das siebeneinhalbfache), aber sie liegt natürlich nicht, wie oft irrtümlich angenommen bei der Sensitivität des Tests, nämlich bei rund 80 Prozent.

her kommt dann der falsche Eindruck, die Stars aus der ersten Messung würden beim zweiten Mal nachlassen und andere wären nun besser.

Ein berühmt gewordenes Beispiel für die Mißachtung dieses Effekts ist die Tendenz israelischer Fluglehrer, ihre Schüler für besonders gute Landungen nicht mehr zu loben und statt dessen für besonders schlechte Landungen zu »bestrafen« (Tversky & Kahneman, 1974). Die Fluglehrer hatten nämlich die Erfahrung gemacht, daß ihre Schützlinge nach einem besonders gelungenen Versuch im unmittelbar folgenden Durchgang schlechtere Leistung brachten, während nach schlechten Durchgängen die folgenden tendenziell immer besser waren. In Unkenntnis der mathematischen Notwendigkeit für diesen Effekt interpretierten die Fluglehrer dieses Phänomen inhaltlich. So meinten sie etwa, daß die besonders erfolgreichen Durchgänge die Schüler übermütig oder überheblich machten und daß sie sich deshalb danach nicht mehr anstrengten. Dieser Interpretation wegen ignorierten sie sogar elementare Lerngesetze (siehe 6.2.1) und ersetzten das sinnvolle Lernmittel, die Ermutigung nach dem Erfolg, durch ein nachweislich wenig wirksames Mittel, die Bestrafung nach Mißerfolg.

Im Alltag müssen wir uns immer wieder davor hüten, diesem Fehler aufzusitzen, indem wir dem Effekt inhaltliche Gründe geben. Wenn die besten Produkte aus einem ersten Probedurchgang beim zweiten Mal schlechter sind, dann muß das eben nicht heißen, daß sich die Produzenten nicht mehr anstrengen oder sich auf ihren Lorbeeren ausruhen. Auch in der Marktforschung kann man durch Mißachtung des Regressionsphänomens Fehler begehen. Stellen Sie sich etwa vor, man wäre in einer Untersuchung besonders an den Unterschieden zwischen sehr konservativen und sehr innovativen Konsumenten interessiert. Um besonders pointierte Ergebnisse zu haben, oder um die teuren Versuchsdurchgänge nicht häufiger durchführen zu müssen, als unbedingt nötig, lädt man nur solche Probanden ein, die in einem Vortest extrem konservativ oder extrem innovativ waren; Probanden mit durchschnittlichen Ausprägungen läßt man weg. Dieses Verfahren ist nicht falsch, aber man darf sich nicht wundern, wenn bei der zweiten Messung die innovativen plötzlich weniger innovativ und die konservativen weniger konservativ sind. Das ist bereits aus statistischen Gründen zu erwarten, inhaltlich muß das keine Bedeutung haben.

Welcher Fall ist wahrscheinlicher? (A) Ich ziehe aus dem Stapel von Karten ein Pik. Oder (B) Ich ziehe ein Pik As. Unter dieser Beschreibung würden Sie vermutlich keine Sekunde zögern – allenfalls noch um sich zu fragen, warum ich so eine einfache Frage stelle und wo der Trick ist. Ein verbundenes Ereignis, nämlich Pik und As gleichzeitig, kann einfach nicht wahrscheinlicher sein als die Einzelereignisse. Trotzdem zählt aber der Verstoß gegen diese Regel zu den hartnäckigsten Fehlurteilen überhaupt.

In der Regel wird dieser Irrtum mit dem Linda-Beispiel demonstriert (Tversky & Kahneman, 1983), das denn also auch bei uns nicht fehlen darf:

Linda ist 35 Jahre alt, sehr intelligent und nimmt kein Blatt vor den Mund. Sie schwimmt gerne und geht oft ins Kino. Schon seit Jahren ist sie treue Abonnentin der Emma. *Sie setzt sich intensiv mit Fragen der sozialen Gerechtigkeit auseinander. Das politische Geschehen verfolgt sie mit lebhaftem Interesse.*

Welche der folgenden Aussagen über Linda ist wahrscheinlicher?

1 Linda ist Bankangestellte.

2 Linda ist Bankangestellte und in der Frauenbewegung aktiv.

Natürlich ist die Aussage 2 nur eine Teilmenge dessen, was in Aussage 1 behauptet wird. Deshalb kann 2 nicht wahrscheinlicher sein als 1. Gleichwohl ist die Beschreibung von Linda repräsentativer für die zweite Aussage, jedenfalls für ihr Engagement in der Frauenbewegung. So werden im Dienste der Repräsentativität verbundene Ereignisse für wahrscheinlicher gehalten als die Einzelereignisse.

4.1.2 Der Endowment-Effekt

Stellen Sie sich vor, ich hätte Ihnen im Rahmen eines Experiments soeben einen kleinen Becher geschenkt. Den können Sie mit nach Hause nehmen, wenn Sie mögen. Sie können ihn aber auch verkaufen, wenn Sie einen Käufer finden, der Ihren Preis bezahlt. Dann können Sie das Geld mitnehmen. Einer Reihe von anderen Teilnehmern habe ich keinen Becher geschenkt. Aber auch diese Gruppe kann mit Becher oder Geld nach Hause gehen, sie können wählen. Wenn Sie jetzt meinen, die Situationen seien ökonomisch gesehen gleich, dann befinden Sie sich in guter Gesellschaft. Eine streng ökonomische Theorie würde hier auch keinen wesentlichen Unterschied unterstellen. Wenn nun aber die Geldbeträge variieren, die die Personen mit nach Hause nehmen könnten, zeigt sich etwas anderes: Die meisten Personen, denen der Becher (noch) nicht gehört, wählen bereits ab einem Betrag von etwa $ 3 lieber das Geld. Die Personen, denen der Becher bereits vor der Wahl gehört hat, verkaufen ihren Besitz erst dann, wenn er ihnen $ 7 einbringt. Andernfalls behalten sie lieber den Becher. Dieser Befund, der sogenannte *Endowment-Effekt* (Kahneman, Knetsch & Thaler, 1990; Thaler, 1980; Tverksy & Kahneman, 1991; vgl. auch 11.3.6) widerspricht zwei wichtigen ökonomischen Prinzipien. Das eine ist die Annahme, daß die Präferenzen der Konsumenten im wesentlichen stabil sind. Der Endowment-Effekt zeigt uns nun, daß die Präferenzen schon bei der verhältnismäßig einfachen Frage, ob jemand eine Sache bereits besitzt oder nur kurz davor steht, sie zu besitzen, wie eine Fahne im Wind hin und her flattern.[2] Weiterhin ist ein ökonomisches Prinzip, daß der Wert von A im Tausch gegen B derselbe ist wie der Wert von B im Tausch gegen A. Also hätte doch auch dasselbe herauskommen sollen, ob die Versuchspersonen nun einen Becher gegen Geld oder Geld gegen den Becher tauschen. Weit gefehlt.

Das zentrale Merkmal des Endowment-Effekts besteht darin, daß mögliche Verluste höher bewertet werden als gleichwertige Gewinne. Der Verkauf des Bechers, wenn man ihn schon besitzt, wird eher als Verlust, der Kauf eher als Gewinn erlebt. So erklärt sich die Asymmetrie.

Ein geflügeltes Wort besagt daher: »losses loom larger than gains«. Wenn zum Beispiel ein Konsument bei einer der Optionen einen Verlust wittert (zum Beispiel durch einen überhöhten Preis), wird er von dem Kauf Abstand nehmen. Ein gleichwertiger Gewinn (zum Beispiel durch einen entsprechenden Preisnachlaß) wird ihn aber umgekehrt nicht zum Kauf motivieren können. Ein einleuchtendes Anwendungsgebiet dieser Regelmäßigkeit sind Versicherungen. Eine Versicherung ist eine Möglichkeit, einen denkbaren Verlust zu verhindern oder wenigstens abzumildern. Ein Lotterielos ist dazu die Kehrseite, nämlich eine Möglichkeit, einen denkbaren Gewinn zu erzielen. Es ist sicher kein Zufall, daß viel mehr Leute ihr Geld in Versicherung stecken als in Lotterielose. Auch wenn Gewinn und Verlust als gleich wahrscheinlich erlebt würden (beide sind ja in Wirklichkeit extrem unwahrscheinlich), hielten es wahrscheinlich immer noch die meisten Menschen für vernünftiger, in eine Versicherung zu investieren als in Lotterielose. Das zu sichern, was man bereits besitzt, ist ein stärkeres Motiv, als neue Gewinne zu erzielen.

Nun sind aber die Gewinn- und Verlusterwartungen bei objektiv gleichen Wahrscheinlichkeiten psychologisch nicht gleich verteilt. Vielmehr unterliegt die Einschätzung von Gewinn- und Verlustwahrscheinlichkeiten typischen Wahrnehmungsverzerrungen: Geringe Wahrscheinlichkeiten

[2] Ein weiterer Beleg für die Annahme, daß Präferenzen von Konsumenten nicht stabil sind, ist die »peak & end rule«, die »Spitzen-Ende-Regel« (Kahneman, 1994). In dieser Regel offenbart sich, daß Konsumenten ihre Präferenzen nicht aus ihren gesamten vorausgegangen Erfahrungen gewinnen, sondern aus wenigen besonders hervorstechenden Erfahrungen (»peaks«) und den jeweils letzten Erfahrungen (»end«). Das bedeutet zum Beispiel, daß ich einen Urlaub, der eigentlich meine Bedürfnisse mehr befriedigen würde als ein anderer, trotzdem kein zweites Mal unternehmen werde, wenn das Ende des Urlaubs nicht so schön war wie der Rest, oder wenn es ein einziges hervorstechendes negatives Erlebnis in diesem Urlaub gegeben hat.

werden über-, hohe Wahrscheinlichkeiten werden unterbewertet. Das zeigt sich, wenn sich Wahrscheinlichkeiten ändern. Personen sind zwar bereit, ein zweites Lotterielos zu kaufen, das ihre Chancen von fünf Prozent auf zehn Prozent verdoppelt. Sie sind aber gleichzeitig leicht zu irritieren, wenn ein sicherer Gewinn (Wahrscheinlichkeit von 100 Prozent) aus irgendeinem Grund nur noch sehr wahrscheinlich (90 Prozent) ist. In Kombination mit dem Endowment-Effekt läßt sich zudem beobachten, daß Personen selbst mit Geld nicht dazu zu bewegen sind, ein Lotterielos, das sie bereits besitzen, gegen ein anderes einzutauschen, das objektiv dieselben Gewinnchancen hat (Bar-Hill & Neter, 1996).

4.1.3 Vergleichsasymmetrien

Die Psychologie kennt eine Reihe von Fällen, in denen wir Alternativen, die eigentlich kommutativ sein sollten, sehr unterschiedlich bewerten, je nachdem, wie sie uns präsentiert werden. Werden zum Beispiel zwei Optionen hintereinander dargeboten, dann entscheiden die einzigartigen Eigenschaften der zweiten Option, was gewählt wird. Hat die zweite Option positive Eigenschaften, die die erste nicht hat, dann wird die zweite gewählt, auch wenn die erste ihrerseits andere positiven Merkmale besitzt, die die zweite nicht hat. Hat die zweite einzigartige negative Merkmale, wird die erste gewählt, auch wenn die ihrerseits eigene negativen Merkmale besitzt (Houston, Sherman & Baker, 1989).
Eigentlich sollte die Reihenfolge der Präsentation bei der Wahl unwesentlich sein, genauso wie der Vergleichsfokus bei einem komparativen Urteil. Dem ist aber nicht so: Wenn ich ein Objekt A mit einem anderen Objekt B vergleiche, komme ich nicht unbedingt zum selben Ergebnis, wie wenn ich B mit A vergleiche (Tversky, 1977). Stellen wir uns vor, ich sollte das wohlvertraute Unternehmen *MacDonald's* mit dem mir weitgehend unbekannten *Burger King* vergleichen. Fokussiere ich in dem Vergleich auf *MacDonald's,* werden mir viele Merkmale einfallen, die für *MacDonald's* allein charakteristisch sind, etwa das Marketing-Konzept oder die Werbefigur. Geht mein Vergleich aber von *Burger King* aus, dann fallen mit nur jene Merkmale ein, die beide Unternehmen gemeinsam haben, zum Beispiel das Angebot oder die Zielgruppe. Diese Unterschiede durch die Fokussierung führen zu dem paradoxen Ergebnis, daß die Gemeinsamkeiten von *Burger King* mit *MacDonald's* größer sind als die Gemeinsamkeiten von *MacDonald's* mit *Burger King*.

Schwarz und Scheuring (1989) befragten Probanden nach ihrer Beziehungszufriedenheit. Zuvor sollte ein Teil der Probanden ihren realen Partner mit ihrem Partnerideal vergleichen. Der andere Teil sollte sich den idealen Partner vorstellen und diesen mit dem tatsächlichen vergleichen. Die aktuelle Beziehungszufriedenheit war im ersten Fall höher als im zweiten. Im ersten Fall gingen die Probanden von ihrem tatsächlichen Partner aus; daher wurden die Merkmale, die der aktuelle Partner nicht aufweist, mit geringer Wahrscheinlichkeit beim Zufriedenheitsurteil genutzt als im umgekehrten Fall, wenn der Idealpartner den Ausgangspunkt bildete.
Bei einem Vergleich unterscheiden wir das Subjekt, also den Gegenstand, von dem der Vergleich ausgeht, und das Referenz-Objekt, also der Reiz, mit dem das Subjekt verglichen wird. Zum Beispiel:

A Verglichen mit Ihrer Tageszeitung, ist das Fernsehen eigentlich besser oder schlechter in der Berichterstattung?

B Ist Ihre Tageszeitung eigentlich besser oder schlechter in der Berichterstattung als das Fernsehen?

In A ist das Fernsehen das Subjekt, in B ist es die Zeitung (Beispiel nach Wänke, 1996b).
Am günstigsten ist immer die Position des Subjekts: Wenn eine Alternative auf dieser Position steht, hat sie eine größere Wahrscheinlichkeit gewählt zu werden bzw. fallen ihre Nachteile weniger und ihre Vorteile mehr ins Gewicht als wenn sie auf der Position des Referenz-Objekts steht. Das bedeutet wohlgemerkt nicht, daß das Subjekt immer positiver wahrgenommen wird als die Referenz. Wenn ich zum Beispiel meine alte Waschmaschine mit einer brandneuen vergleiche, dann wird mit hoher Wahrscheinlichkeit das neue Produkt besser bewertet als das alte. Der Punkt ist aber: Wenn ich meine alte mit einer neuen vergleiche, dann kommt die alte besser weg, als wenn ich die neue mit meiner alten verglichen hätte!
Bei den Asymmetrie-Effekten ist die Reihenfolge, mit der die Alternativen präsentiert werden, weniger entscheidend als vielmehr die Richtung des Vergleich. Wänke (1996b) konnte zeigen, daß der Asymmetrie-Effekt unabhängig von der Reihenfolge, in der nach Subjekt und Referenz gefragt wird, immer zugunsten des Subjekts ausfällt. Das heißt: Personen wählen eine Alternative immer eher dann, wenn sie als Subjekt und nicht als Referenz präsentiert wird. Ob sie als erstes oder zweites präsentiert wird, spielt dabei keine Rolle.
Stellen wir uns vor, wir wollten in der Werbung Unzufriedenheit mit dem herkömmlichen Produkt erzeugen. In diesem Fall ist es offenbar wirksamer, wenn wir vom idealen Produkt ausgehen, denn dann fließen die Merkmale, die das herkömmliche nicht hat, eher in das Zufriedenheitsurteil mit ein. Also nicht: »Betrachten Sie einmal Ihre Waschmaschine; sollte eine gute Waschmaschine nicht X, Y und Z haben?«, sondern: »Was sollte eine gute Waschmaschine haben? Hat Ihre all diese Merkmale?« Auch wenn in beiden Fällen die alte Waschmaschine schlechter abschneiden würde als die neue, dürfte dieser Effekt doch im zweiten Fall viel ausgeprägter sein.
Die Wirkung des Vergleichsfokus auf Präferenzurteile läßt sich auch mit Hilfe des Endowment-Effektes erklären. Stellen wir uns vor, wir müßten zwischen den Reisezielen Rom und Paris entscheiden. Folgen wir bei unserer Entscheidung der Frage: »Welche Vorteile und welche Nachteile hat Rom im Vergleich mit Paris«, dann fokussieren wir also auf Rom und ziehen von da aus unsere Vergleiche. In diesem Fall hätte Rom auf jeden Fall einen Vorteil und könnte gewählt werden, selbst wenn die nüchterne Bilanz zugunsten von Paris ausfiele. Dieser Vorteil scheint nur darauf zu beruhen, daß Rom den Fokus unserer Abwägung bildet. Wie kann man sich diesen Effekt erklären? Rom gilt als »status quo«-Option. Würden wir uns unter dieser Bedingung für Paris entscheiden, dann würden wir die Preisgabe eines Vorteils von Rom als Verlust erleben. Vermeiden wir durch die Wahl von Paris einen Nachteil von Rom, empfinden wir das als Gewinn. Unter diesem Blickwinkel unterliegt die Entscheidung zugunsten einer anderen Option dem Endowment-Effekt. Und da nach diesem Prinzip die Aversivität eines Verlustes nicht durch gleichwertige Gewinne aufgewogen werden kann, ist die fokussierte Option immer im Vorteil (siehe auch Dhar & Simonson, 1992).

4.1.4 Ursprungsabhängigkeit

Was wäre Ihnen lieber: DM 1.000 in einer Lotterie oder bei einem Quiz zu gewinnen? Vermutlich würden Sie wie die meisten Menschen einen Gewinn durch eigene Leistung höher bewerten als durch pures Glück (vgl. Jungermann et al., 1998, S. 66*ff*). Diesen Effekt nennen Loewenstein und Issacharoff (1994) das Prinzip der Ursprungsabhängigkeit (*source dependency*). Ökonomisch gleichwertige Optionen werden unterschiedlich bewertet, je nachdem, woher sie stammen. Dieser Effekt hat auch direkte in Geld meßbare Konsequenzen:

Versuchspersonen erhielten Kaffeebecher mit unterschiedlicher Begründung. Einem Teil der Probanden erklärte man, sie hätten in einem vorangegangenen Test so gut abgeschnitten und dies sei die Belohnung dafür; den anderen wurde erklärt, sie seien durch Glück zu ihrem Kaffeebecher gekommen. Nun sollten die Probanden erklären, zu welchem Betrag sie ihren Becher wieder verkaufen würden. Wer den Becher durch »Leistung« erhalten hatte, wollte im Schnitt $ 6,35 dafür haben, wer dagegen durch Glück an den Becher gekommen war, hätte durchschnittlich schon ab $ 4,71 wieder verkauft (Loewenstein & Issacharoff, 1994; siehe auch Jungermann et al., 1998, S. 67). (In dem Experiment zeigte sich übrigens auch ein Endowment-Effekt: Versuchspersonen, die den Becher nicht besaßen, gaben einen mittleren Kaufpreis von $ 3,23 an. Mit anderen Worten: Die bloße Tatsache, den Becher durch Zufall zu besitzen, erhöhte seinen Wert bereits um beinahe $ 1,50. Den Becher durch eigene Leistung zu besitzen, erhöhte seinen Wert noch einmal um gut $ 1,50.)
Für viele Menschen bedeuten Marketing und Werbung nichts wesentlich anderes als ein Objekt aufzuwerten, ohne objektiv daran etwas zu ändern. Das Prinzip der Ursprungsabhängigkeit gibt jedenfalls ein konkretes Beispiel für diese Möglichkeit ab: Dieselben Gegenstände werden danach in der Tat wertvoller, je nachdem woher sie stammen. Eine Deko-Figur wird als Souvenir oder als Geschenk zumindest für den Besitzer aufgewertet. Derselbe Kuchen ist wertvoller, wenn er selbstgebacken ist, als wenn er aus dem Supermarkt stammt.
Stellen Sie sich nur selbst einmal auf die Probe, indem Sie Ihren Keller oder Schränke ausmisten und von Gerümpel befreien: Üble Staubfänger, überflüssige »Stehrümchen« werden aufbewahrt, weil sie der Preis für einen gewonnen Hundert-Meter-Lauf, eine frühe eigene Laubsägearbeit oder ein Geschenk waren. Würden Ihnen dieselben Gegenstände auf dem Flohmarkt angeboten, wären Sie eher bereit, selbst Geld zu zahlen, nur um den Plunder nicht mitnehmen zu müssen!

4.1.5 Mentale Kontoführung

Stellen Sie sich folgendes Beispiel vor: Sie haben eine Kinokarte für DM 10 gekauft, und beim Eintreten ins Kino bemerken Sie, daß Sie diese Karte verloren haben. Werden Sie eine neue Karte kaufen, um den Film doch noch zu sehen? Vergleichen Sie diese Situation mit einer anderen: Sie bemerken noch vor dem Kauf der Karte, daß Sie DM 10 verloren haben. Der Verlust ist in beiden Beispielen der gleiche. Es würde nur rational erscheinen, daß beide Verluste auch in gleicher Weise geeignet sein müßten, den Verlauf zu beeinflussen, den das Geschehen ohne den Verlust genommen hätte. Die Dinge liegen aber anders. Wesentlich mehr Personen nehmen vom Kinobesuch Abstand, wenn sie die Karte als wenn sie das Geld verloren haben (bei Verlust der Karte 54 Prozent, bei Verlust des Geldes 22 Prozent; vgl. Tversky & Kahneman, 1981).
Warum werden diese ökonomisch gleichwertigen Situationen so sehr unterschiedlich bewertet? Tversky und Kahneman (1981) gehen davon aus, daß wir die beiden Ereignisse unterschiedlich kategorisieren (sie sprechen von »framing«): Geht die Karte verloren, dann gehört dieser Verlust bereits zum Kinobesuch dazu; bei einem neuen Kauf der Karte würde sich dann diese Konsumhandlung auf DM 20 verteuern. Der Verlust des Geldes wird dagegen anders kategorisiert, er hat viel weniger mit dem Kinobesuch zu tun, wird also gleichsam von einem anderen Rahmen gefaßt.
Viele Phänomene des sozialen Urteilens lassen sich als Kategorisierungsproblem beschreiben. Der Einfluß mentaler Kategorisierung auf Konsumentscheidungen ist immens und wird uns an anderer Stelle noch ausführlicher beschäftigen (vgl. Kapitel 8; Wänke, 1998). Das spezifische Bild zu diesem Kategorisierungsproblem ist das der mentalen Buchhaltung oder Kontoführung (»mental accounting«). Die Idee dahinter ist, daß wir unsere Aufwendungen – sei es nun Zeit, Anstrengung,

Geld oder anderes – bestimmten mentalen Konten zurechnen. Zum Beispiel wird die verlorene Karte einem mentalen »Kino-Konto«, der verlorene Zehn-Mark-Schein dagegen einem anderen Konto zugewiesen. Auf dem Kino-Konto sieht es dann bei Verlust der Karte düster aus, denn dann müßte der Verlust mit der neuen Aufwendung, dem erneuten Kauf der Karte, verrechnet werden, der Verlust steigt damit auf DM 20 an. Geht hingegen das Geld verloren, wird dieser Verlust auf einem anderen Konto eingetragen und wird also beim neuen Karten-Kauf nicht mit verrechnet.

Ein zweites Beispiel (Tversky & Kahneman, 1981): Versuchspersonen sind im Begriff, sowohl einen Taschenrechner für $ 25 und eine Jacke für $ 120 zu kaufen. Einem Teil der Probanden wird gesagt, sie könnten beim Taschenrechner $ 15 sparen, wenn sie 20 Minuten zu einem anderen Laden führen. Der andere Teil der Versuchspersonen kann $ 15 bei der Jacke sparen, ebenfalls unter der Bedingung, daß sie 20 Minuten Weg investieren. Auch hier ist die Situation ökonomisch gleichwertig, trotzdem entscheiden sich mehr Personen für den Umweg, wenn sie beim Taschenrechner sparen können. Dieser Befund macht Sinn, wenn man davon ausgeht, daß beide Konsumartikel und damit auch die jeweilige Ersparnis unterschiedlichen Konten zugewiesen werden. In diesem Fall wiegt nämlich in der Tat die Ersparnis beim Taschenrechner schwerer als bei der Jacke.

Wie werden nun diese mentalen Konten gebildet? Wovon hängt es ab, ob ein Posten diesem oder jenem Konto zugeschlagen wird? Brendl, Markman und Higgins (1998) schlagen hierzu ein »Ziel-Repräsentativitäts-Modell« vor. Danach richten Menschen mentale Konten für ihre unterschiedlichen *Ziele* ein. Welchem Konto eine Aufwendung oder ein Ertrag zugewiesen wird, hängt davon ab, wie repräsentativ der Posten für das Ziel ist.

Damit wird zum Beispiel erklärlich, warum Menschen nach dem Kauf eines Surfbretts nicht sofort ein zweites Mal in ihre Freizeit investieren und sich etwa einen neuen Videorecorder zulegen; wohl aber bereit sind, ein Surfbrett und ein Arbeitsgerät, etwa einen Notebook-Computer zu kaufen. Die jeweiligen Konsumartikel Surfbrett, Videorecorder und Notebook sind in unterschiedlichem Grade repräsentativ für die Ziele »Freizeitgestaltung« und »Arbeiten«, daher werden die Ausgaben hierfür auch unterschiedlichen Konten zugerechnet.

Ein entscheidender Gedanke beim Ansatz von Brendl et al. (1998) ist, daß die Posten graduell zugewiesen werden. So kann zum Beispiel die Ausgabe für das Notebook auch zum Teil das Freizeit-Konto belasten – je nachdem, wie dieses Gerät beim Käufer subjektiv repräsentiert ist. »Je repräsentativer ein Ereignis für das kontoerstellende Ziel ist, mit einem um so höheren Gewicht wird es in dieses Konto eingetragen werden« (Brendl et al, 1998, S. 94). Dies zeigt sich auch in einer Untersuchung von Heath und Soll (1996): Probanden beurteilten unterschiedliche Produkte danach, ob sie typisch für Unterhaltung seien. Sportereignisse galten als ein besonders typisches, Partyhäppchen als eher untypisches Beispiel, Rollschuhverleihe rangierten dazwischen. Wenn sich nun eine Versuchsperson vorstellte, sie habe bereits einen Betrag in Unterhaltung investiert, dann verringerte sich dadurch der Restbetrag, den sie in derselben Woche noch in Unterhaltung zu investieren bereit war. Der Minderungsbetrag variierte allerdings, je nachdem wie typisch das Produkt für Unterhaltung war: Eine Ausgabe für ein Sportereignis verringert das Unterhaltungsbudget stärker als wenn derselbe Betrag für Partyhäppchen ausgegeben worden wäre.

Für die Verkaufspraxis ergeben sich aus der mentalen Buchhaltung zweierlei Konsequenzen: Zum ersten sollte ein Verkäufer wissen, wie seine Kunden ihre Ausgaben kategorisieren, um abschätzen zu können, ob sie noch mehr investieren würden oder nicht. Normalerweise gilt: Wer zum Beispiel gerade eine Karte für ein Sportereignis gekauft hat, ist in der Folge weniger bereit, in derselben Woche zusätzlich in die Oper zu gehen. Wie gesagt, diese Kontostruktur ist plausibel, aber nicht zwingend. Wenn der Konsument einen Besuch in der Oper als Unterhaltung ansieht, dann belastet er beim Kauf der Opernbillets sein Unterhaltungskonto, und das ist ja schon durch die Karten für das Basketballspiel strapaziert. Vielleicht sieht er aber auch die Oper als Investition in seine Bildung an, dann belastet er eher das (Aus-)Bildungs-Konto – und wäre folglich eher zu einem Kauf zu motivieren.

Darin liegt also die erste Herausforderung, nämlich zu wissen, wie die Konten gebildet werden. Dabei können die Dinge, die unter ein Ziel gefaßt werden, extrem heterogen sein. Für unterschiedliche Personen mögen auch sehr unterschiedliche Dinge zu Zielen wie »Unterhaltung«, »Gewinnmaximierung« oder »Bequemlichkeit« beitragen – und das sind noch die banalen Ziele, die fast jeder hat. Im Einzelfall können die Ziele aber auch eher von weit hergeholt erscheinen, etwa »verhindern, von der Mafia getötet zu werden« oder »die alte Erb-Tante als Begleiter auf ihrer Japan-Reise möglichst gut unterhalten« (Beispiele zit. n. Brendl et al., 1998). Zu solchen Zielen paßt nun allerhand, was man auf den ersten Blick nicht als zusammengehörig erleben würde.

Hieraus ergibt sich die zweite Herausforderung, nämlich die, auf die mentale Kontoführung selbst einzuwirken. Stellen Sie sich vor, eine Kundin kauft sich einen Wintermantel. Ihr Ziel könnte gewesen sein: »Für kalte Jahreszeit gerüstet sein«. Das Konto zu diesem Ziel ist belastet und wird vorderhand weniger bereitwillig geplündert. Die Verkäuferin hat nun aber ein elegantes Kostüm aus einem warmen Stoff, das der Kundin recht gut passen würde. Unter der Überschrift: »Mit neuen Sachen in die Wintermonate«, kann sie die Kundin vermutlich weniger gut motivieren, als wenn sie ganz neue Ziele in Spiel bringt, an denen dann auch andere Konten hängen, etwa: »Andere Leute beeindrucken«, »Sich selbst mal etwas gönnen« oder »Im Beruf immer schick aussehen«. Mit anderen Worten, sie kann die mentale Buchhaltung ihrer Kundin verkaufsstrategisch nutzen, indem sie verschiedene Artikel auch unterschiedlichen mentalen Konten zuweist.

Durch die mentale Kontoführung werden oft ökonomisch gleiche Sachverhalte unterschiedlich bewertet – mit erheblichen Folgen für das ökomomische Verhalten. Das erscheint zunächst irrational[3], Brendl et al. (1998) sehen aber einen zentralen selbstregulativen Nutzen in diesem Verhalten: Die mentale Kontoführung, in der Güter für bestimmte Ziele reserviert werden, ist eine Methode der Selbstkontrolle. Sie erlaubt langfristige Planungen und gehört daher zu anderen Selbstregulierungsstrategien wie etwa dem Belohnungsaufschub (der Fähigkeit, sich eine kurzfristige kleine Belohnung zu versagen, um später in den Genuß einer größeren zu kommen). Betrachten wir das Beispiel eines mentalen Urlaubskontos: »Daß Menschen Geld für Urlaub zur Seite legen, könnte sie in die Lage versetzen, ihren Urlaub zu genießen, ohne sich damit zu quälen, andere Geldziele (wie zum Beispiel Vermögen anzusammeln) verletzt zu haben« (Brendl et al. 1998, S. 100). Die mentale Kontoführung erlaubt es uns überhaupt erst, mehrere Ziele gleichzeitig zu verfolgen, denn durch diese psychologische Buchhaltung werden Ziele vor anderen konkurrierenden Zielen geschützt, es wird sozusagen eine ständige Interferenz der Ziele verhindert. Darin liegt der rationale Kern dieses auf den ersten Blick irrational erscheinenden Phänomens.

---

[3] Das Verhalten im Kinokarten-Szenario verstößt nicht nur deshalb gegen die Forderungen der Rationalität, weil hierbei ökonomisch gleichwertige Optionen unterschiedlich behandelt werden. Zudem werden bei dem Szenario sogenannte »versunkene Kosten« berücksichtigt. Die vorhergehenden Kosten haben aber keine Auswirkung darauf, wie groß der zukünftige Verlust oder Gewinn ausfällt. Näheres hierzu in 11.4.5.

4.1.6 Der Einfluß irrelevanter Informationen

In meiner Schublade befinden sich nur einzelne Socken, 25 sind schwarz und 15 sind blau. Wie viele Socken muß ich höchstens aus der Schublade nehmen, um ganz sicher ein gleichfarbiges Paar zu haben? Wie beantworten Sie diese Frage? Vielleicht haben Sie auch einen Augenblick gezögert und überlegt, was sich wohl aus der Verteilung der Socken für die Frage ergibt. Wenn Sie sich freilich bildlich vorstellen, wie Sie in die Schublade greifen, wird ziemlich schnell deutlich, welche Bedeutung diese Information für das Problem hat, nämlich gar keine. Wenn es nur zwei Farben gibt, dann muß ich spätestens nach dem dritten Hineingreifen ein gleichfarbiges Paar haben – ganz egal ob das Verhältnis dieser beiden Farben nun 25:15 oder 25:25 oder gar 1:500 ist.
Dieses Beispiel illustriert ein interessantes psychologisches Phänomen: Es ist anscheinend eine grundsätzliche Tendenz unserer Urteilsbildung, daß wir Informationen nutzen, wenn sie uns gegeben werden. Da aber nicht jede Information wichtig, nützlich oder relevant ist, kann diese Tendenz auch zu verzerrten Urteilen oder suboptimalen Entscheidungen führen, wie die folgenden Beispiele zeigen.

Verwässerungseffekt und die Wirkung zusätzlicher Informationen
Zwei Personen, Fritz und Franz, wer von beiden wird mit größerer Wahrscheinlichkeit kleine Kinder mißhandeln: Franz neigt zu abnormen sexuellen Phantasien, hatte eine schlimme Kindheit und trinkt zu viel. Fritz neigt zu abnormen sexuellen Phantasien, ißt gerne Pizza, hatte eine schlimme Kindheit, arbeitet in einem Geschäft für Herrenoberbekleidung und trinkt zu viel. Bei einer solchen Entscheidung schreiben die meisten Menschen das größere Risiko Franz zu (vgl. auch Nisbett, Zukier & Lemley, 1981). Seine Merkmale entsprechen wohl alle dem Vorurteil, das man normalerweise von einem Menschen hat, der kleine Kinder mißhandelt. Dieselben Merkmale hat Fritz auch, nur wurde die Beschreibung bei ihm um einige Merkmale erweitert, die im Hinblick auf die Kategorisierung irrelevant sind. Für die Frage der Kindesmißhandlung ist eine Vorliebe für Pizza nicht weiter diagnostisch – trotzdem neigen Personen dazu, diese irrelevante Information in ihre Entscheidung einzubeziehen. Nisbett et al. (1981) nennen diesen Effekt daher den *Verwässerungs-Effekt* (*dilution effect*). Er ist übrigens erklärbar mit der Repräsentativitätsheuristik (s.o. 4.1.1; vgl. auch Kunda, 1999, S. 69): Franz sieht mit seinen Merkmalen dem typischen Kindesmißhandler ähnlicher und ist also insofern für diese Kategorie repräsentativer als Fritz.
Den Verwässerungs-Effekt könnte man werbetechnisch dort nutzen, wo eine eigentlich diagnostische Information ein geringeres Gewicht erhalten soll. Wenn zum Beispiel der Kunde beim Kauf eines Gebrauchtwagens das Risiko einer baldigen Reparatur abschätzen möchte, dann könnte der Verkäufer neben den diagnostischen Merkmalen (zum Beispiel Alter, Kilometerstand, bisherige Unfälle und Pannen) auch einige undiagnostische Informationen einflechten (zum Beispiel Bereifung, Benzinverbrauch, Innenausstattung). Für uns als Urteiler ist der Verwässerungs-Effekt freilich eine dringende Warnung, belegt er doch unsere grundsätzliche Tendenz, Informationen, die uns angeboten werden, auch zu nutzen, auch wenn diese Informationen für die Frage, um die es geht, gar nicht wichtig sind.
Diese Tendenz zeigt sich auch in folgendem Beispiel: Versuchspersonen sollen an der Börse spekulieren und verlassen sich dabei mit solidem Erfolg zunächst auf wenige Informationen und grobe Faustregeln wie etwa die Wiedererkennungsheuristik (s.o.). Nun erhalten diese Versuchspersonen weitere Informationen, sie versuchen, diese auch zu berücksichtigen – und je mehr Informationen sie berücksichtigen wollen, desto geringeren Erfolg haben sie mit ihren Investitionen (Beispiel nach Davis, Lohse & Kotteman, 1994). Auch hier wird die Präzision eines Urteils durch

zusätzliche Informationen verwässert, allerdings hat sich dieser Effekt auch mit Informationen zeigen lassen, die durchaus relevant waren.

Die menschliche Neigung, Informationen auf jeden Fall zu nutzen, sobald man sie hat, trägt oft nicht zur Verbesserung, sondern eher zur Verschlechterung der Urteile bei (siehe hierzu auch Gigerenzer, Todd et al., 1999). Daß dies auch für im Grunde relevante Informationen gilt, ist freilich überraschend. Ein möglicher Grund hierfür mag darin liegen, daß viele relevante Detailinformationen viel zu starken Schwankungen unterliegen und daher zu wenig robust sind, um präzise Vorhersagen zu ermöglichen.

Gigerenzer und Todd (1999, S. 19) erinnern hier an das Problem des »Overfitting«. Dies besteht in der Tendenz, bei Vorhersagen zu spezifisch zu sein und jedes kleine Detail noch zu berücksichtigen. Zum Overfitting neigen wir nicht zuletzt aufgrund einer simplen Tatsache: Bei einem bereits eingetretenen Ereignis verbessert sich die »Vorhersage« (wohlgemerkt: die »Vorhersage« im nachhinein) tatsächlich mit jeder relevanten Information, die ich hinzunehme. So kann ich zu dem Schluß kommen: Die Börsendaten des Tages Y hingen mit den Variablen X_1 bis X_{25} zusammen, wobei der fünfundzwanzigste Prädiktor das Stirnrunzeln des Brokers rechts neben mir sein könnte. Also bestimme ich meine Vorhersage zukünftiger Börsendaten aus diesen 25 Variablen, denn die waren es ja, die tatsächlich am Tag Y die beste Datenanpassung (man könnte auch sagen: »Datenfit«, daher der Begriff »Overfitting«) erreichten. Aber dieser Schluß ist eben trügerisch: Oft genug empfiehlt es sich, nicht alle relevanten Merkmale der Vergangenheit auf die Zukunft zu übertragen. Man erhält dann zwar nur vergröberte Vorhersagen, im Beispiel etwa nur den Verlauf einer bestimmten Branche oder eines Aktienpaketes, aber die erwünschte Akkuratheit würde man mit dem überangepaßten Modell mit den 25 Variablen auch nicht erreichen. Die Moral ist vielmehr: Jede Umwelt hat ihr Optimum an Vorhersagegenauigkeit, das mit entsprechend groben oder feinen Methoden am besten erzielt wird. Der Versuch, noch feinere Vorhersagemethoden einzusetzen, kann in eine Erhöhung der Fehler münden.

Das Bemühen um eine Information

Daß Menschen dazu neigen, Informationen zu nutzen, wenn sie sie haben, zeigt sich noch eindrucksvoller in folgendem Beispiel (Bastardi & Shafir, 1998). Studentische Versuchspersonen werden mit folgender Situation konfrontiert:

»Sie finden einen sehr günstigen CD-Player, der noch für eine Woche zu diesem Preis zu haben ist. Sie würden ihn gerne kaufen. Die Frage ist aber: Soll ich das Geld jetzt ausgeben? Der Verstärker Ihrer Anlage muß nämlich leider in Reparatur und die Garantie ist abgelaufen.« In dieser Kontrollbedingung würden sich 91 Prozent der Personen für den Kauf entscheiden. Eine andere Gruppe von Versuchspersonen steht vor einem leicht abgeänderten Problem. Die Sache mit der Garantie für den Verstärker ist unklar. Die Werkstatt würde am nächsten Tag erst noch prüfen, ob sie dies als Garantiefall anerkennt oder nicht. Die Versuchspersonen haben nun Gelegenheit, zwischen drei Optionen zu wählen:

a) ich kaufe den CD-Player auf jeden Fall;
b) ich kaufe den CD-Player auf keinen Fall; und
c) ich warte ab, ob ich die Reparatur bezahlen muß, und entscheide mich dann.

Nüchtern betrachtet müßte die Option c) für die willigen Käufer, die 91 Prozent aus der Kontrollgruppe, eigentlich gleichgültig sein. Sie wollten ja so oder so kaufen. Was sollte es da ausmachen, ob sie das Geld für die Reparatur sparen oder nicht? Trotzdem ändern sich die Verhältnisse dramatisch, wenn die Information über die Garantie unsicher ist: 69 Prozent aller Personen würden am liebsten abwarten und sich dann erst entscheiden, fünf Prozent würden so oder so nicht kaufen, und 26 Prozent kaufen auf jeden Fall. Dieser Befund alleine widerspricht bereits den Normen des rationalen ökonomischen Verhaltens. Die Information über die Garantie ist ja für die 91 Prozent, die ohnehin kaufen würden, eigentlich nutzlos. Trotzdem entscheiden sich 65 Prozent aller Personen dafür, diese nutzlose Information vor der Entscheidung noch einzuholen.

Aber der Verstoß gegen die ökonomische Rationalität geht noch weiter: Wer die Option c) gewählt hat, erfährt nun, daß er in der Tat die Reparatur bezahlen muß. Am Ende ist also die Situation in der zweiten Bedingung genauso wie in der ersten. Es müßten sich demnach nun die ursprünglichen Verhältnisse herstellen, so daß alle, die in der ersten Bedingungen gekauft hätten, auch in der zweiten kaufen. Aber weit gefehlt: Nachdem sie einmal auf die Information gewartet haben, entscheiden sich nur noch 29 Prozent für und 40 Prozent der Personen gegen den Kauf (siehe Tabelle 4.1). In den beiden Situationen, die ökonomisch völlig gleich sind, entscheiden sich einmal 91 Prozent und ein anderes Mal 55 Prozent aller Konsumenten für einen Kauf.

Tabelle 4.1 Personen, die den CD-Player gekauft haben (Prozent)

		Zeitpunkt der Wahl		
Version	Antwort	Sofort	Nach Abwarten	Gesamt
Ohne Warten	Kaufen	91	–	91
	Nicht kaufen	9	–	9
Mit Warten	Kaufen	26	29	55
	Nicht kaufen	5	40	45

Aus: Bastardi & Shafir, 1998, S. 24, Tafel 5.

Offenbar hat es einen sehr starken Effekt, wenn man Personen dazu anregt, Informationen zu nutzen, die eigentlich für sie völlig nutzlos sein müßten. Eine Information, die eigentlich die Entscheidung nicht beeinflussen kann, gewinnt instrumentellen Wert, sobald sie gesucht wird.

Das bedeutet natürlich auch, daß die Informationspolitik beim Verkauf großen Einfluß ausübt. Der Verkäufer kann entweder ungefragt sagen: »Ich kann Ihnen diesen Rabatt gewähren«; oder er sagt: »Möglicherweise kann ich Ihnen diesen Rabatt gewähren. Wenn Sie wünschen, werde ich mich danach erkundigen«. Niemand, der sowieso gekauft hätte, wird bei der zweiten Formulierung vom Kauf Abstand nehmen. Allerdings werden umgekehrt viele Leute, die in der ersten Bedingung sofort den Kauf abgelehnt hätten, in der zweiten Bedingung immer noch die Information abwarten (obwohl das eigentlich irrational ist). Und sobald sie dann die positive Auskunft bekommen, behandeln sie sie als wichtig und relevant und entscheiden sich nun mit größerer Wahrscheinlichkeit für den Kauf (was im Grunde noch irrationaler ist – aber es funktioniert, vgl. Bastardi & Shafir, 1998).

Die Handlungsanweisung lautet also kurz gesagt: Sorge dafür, daß der Kunde die Vorteile deines Angebots erfragt und die Nachteile ohne Nachfrage erhält. Informationen, um die man sich selbst bemüht hat, werden nämlich bei der Entscheidung eher genutzt als Informationen, die man ohne weiteres Bemühen sofort hatte.

Ankereffekt

In einer klassischen Demonstration von Tversky und Kahneman (1974) sollten die Probanden schätzen, wie viele afrikanische Staaten in der UNO vertreten seien. Von einem Glücksrad wurde ihnen eine Zahl vorgegeben: entweder 65 oder zehn. Die Frage lautete nun: »Ist der Anteil an afrikanischen Staaten in der UNO höher oder niedriger als 65 (10) Prozent?« Obwohl die Vorgabe nichts mit der Antwort zu tun hatte, schätzten die Probanden den Anteil afrikanischer Staaten sehr unterschiedlich, nämlich entweder mit durchschnittlich 45 oder 25.

Die Vorgabe einer ganz offensichtlich beliebigen Zahl beeinflußte das Urteil der Probanden, so daß sie ihre Schätzung an diese Vorgabe anpaßten. Die Vorgabe diente als Anker; der Ankereffekt besteht nun darin, daß wir uns in einem numerischen Urteil an solchen Ankerreizen orientieren und uns nur wenig davon entfernen.

Ankereffekte kann man nicht nur in solch künstlichen Versuchsanordnungen wie bei Tversky und Kahneman (1974) nachweisen. Northcraft und Neale (1987) ließen beispielsweise Makler den Wert eines Hauses schätzen. Im Exposé erhielten sie die nötigen Randinformationen; zudem hatten sie Gelegenheit, das Haus zu besichtigen. Der Anker wurde variiert, indem den Maklern unterschiedliche Listenpreise genannt wurden. In Abhängigkeit von dieser Vorgabe differierten die Schätzungen der Experten um mehr als $ 7.000, was etwa zehn Prozent des Wertes ausmachte.

Einen Ankereffekt macht sich ein Anbieter auch zunutze, wenn er zum Beispiel drei Baseballkappen nach der Regel verkauft: »buy two get one for free«. Die ersten beiden Kappen kosten $ 15, die dritte geht dann mit $ 0 in die Berechnung mit ein. Dieses Angebot ist subjektiv attraktiver als das ökonomisch gleichwertige Angebot: drei Kappen zu dem Einzelpreis $ 10. Durch den Anker von $ 15 wird der »Preis« der dritten Kappe im Kontrast überbewertet (vgl. Bauer, 2000, S. 12).

Ankereffekte sind außerordentlich robust. Sie treten offenbar auch dann ein, wenn der Anker für das in Frage stehende Urteil überhaupt keinen Informationswert hat, wie das Eingangsbeispiel zeigt. Die Untersuchung von Northcraft und Neale (1987) belegt zudem, daß auch Experten Ankereffekten unterliegen und daß der Effekt nicht durch die eigentlich relevanten Informationen (zum Beispiel nach Besichtigung des Hauses) neutralisiert werden kann. Selbst völlig unplausible extreme Vorgaben können Ankereffekte hervorrufen. Strack und Mussweiler (1997) konnten gar noch einen Ankereffekt nachweisen, wenn die Probanden das Alter von Mahatma Gandhi schätzen sollten und als numerische Vorgabe die Zahl 140 erhielten.

Auch die Motivation hat keinen Einfluß auf den Ankereffekt. Selbst wenn für eine möglichst präzise Schätzung eine Belohnung ausgeschrieben wird, oder die Probanden die ausdrückliche Instruktion erhalten, den irrelevanten Einfluß durch die Vorgabe zu unterdrücken, bleibt der Ankereffekt gleichwohl erhalten (zusammenfassend Mussweiler, Strack & Pfeiffer, 2000).

Eine wirksame Strategie zur Unterdrückung des Ankereffekts haben erstmals Mussweiler et al. (2000) vorgestellt. Sie leiten die Strategie aus ihrem Modell der selektiven Zugänglichkeit ab (siehe auch Mussweiler, Förster & Strack, 1997). Danach wird bei einer numerischen Schätzung immer als Ausgangswert der Anker verwendet, und es werden Hypothesen erwogen, nach denen der gesuchte Wert größer, kleiner oder gleich dieser Vorgabe ist. Dieses Verfahren erhöht die kognitive Verfügbarkeit für Schätzungen, die nah an der Vorgabe liegen. Dieser Effekt ist selbst dann zu erwarten, wenn gar nicht ernsthaft erwogen wird, daß der gesuchte Wert der Vorgabe entspricht.

Wenn der Ankereffekt überwunden werden soll, dann muß nach dieser Modellvorstellung solche Information verfügbar gemacht werden, die mit dem Anker nicht verträglich ist. Mussweiler et al. (2000) testeten diese Überlegung in einem Feldexperiment, bei dem sie einen alten *Opel Kadett* zu Autohändlern bzw. Werkstätten brachten, um dessen Wert schätzen zu lassen. Sie gaben hierbei vor, sie würden die Ausbesserung einer Beule erwägen, wüßten aber nicht, ob sich das bei dem Auto noch lohne. Die Experten erhielten die nötigen Informationen und hatten Gelegenheit, sich den Wagen anzusehen. Als Anker gaben die Versuchsleiter vor, sie hätten daran gedacht, den Wagen für DM 2.800 bzw. für 5.000 zu verkaufen. Dann fragen sie den Experten nach seiner Meinung.

In dieser Kontrollbedingung hatte der Anker seinen üblichen Effekt: Wenn die Vorgabe bei DM 5.000 lag, schätzten die Experten das Auto im Durchschnitt auf DM 3.563, wenn die Vorgabe bei DM 2.800 lag, wurde ein Preis von DM 2.520 geschätzt (siehe Abbildung 4.1). Die unterschiedliche Vorgabe hatte also bei den Experten einen Unterschied in der Schätzung von mehr als DM 1.000 zur Folge.

Zur Überwindung des Ankereffektes sollte für die Urteiler Information verfügbar gemacht werden, die mit dem Anker im Widerstreit liegt. Hierzu fuhren die Versuchsleiter in der Experimentalbedingung gegenüber den Experten fort: »Ein Freund von mir sagte mir neulich, er halte meinen Preis für zu hoch (in der 5.000-Mark-Bedingung) bzw. für zu niedrig (in der 2.800-Mark-Bedingung). Was spricht Ihrer Meinung nach gegen den Preis, den ich im Sinn habe?« Auf diese Weise generierten die Experten selbst Informationen, die sie vom Anker wegführen mußte. In der Tat war unter dieser Bedingung der Unterschied zwischen den Vorgaben schwächer: Bei hohem Anker wurden nur noch DM 3.130 und beim niedrigen DM 2.783 geschätzt.

Das Erwägen der widersprechenden Argumente hatte also eine abschwächende Wirkung auf den Ankereffekt – vollständig neutralisieren konnte diese Strategie ihn allerdings nicht!

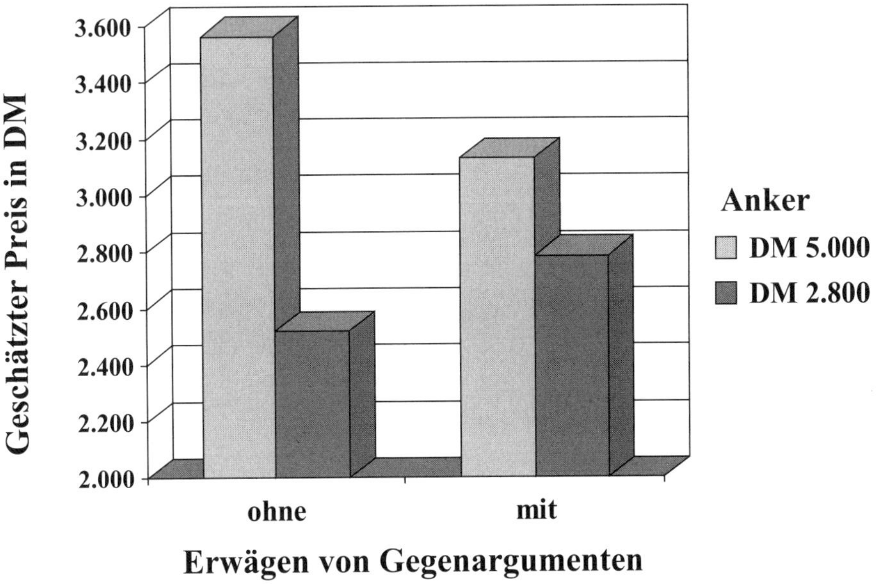

Abbildung 4.1 Preisschätzungen für das Auto in Abhängigkeit von Anker und selbstgenerierten Gegenargumenten (Daten aus Mussweiler et al., 2000, S. 1146; Tab. 1).

Bereitstellen einer Attrappe: Der Attraktions-Effekt

Stellen wir uns vor, wir wollten Pizza essen und ständen vor folgender Wahl (Beispiel in Anlehnung an Pratkanis & Aronson, 1992, S. 67*f*):

1. Wir können ins *Venezia* gehen. Dort ist die Pizza ganz o.k., und wir haben nicht so weit zu laufen.
2. Wir können aber auch ins *Pizza Sole* gehen. Dort gibt's die beste Pizza. Allerdings ist es weit bis dahin. Entweder wir nehmen das Auto, oder wir haben einen weiten Fußmarsch vor uns.

Die Argumente liegen miteinander im Wettstreit. Tabelle 4.2 zeigt die Alternativen. Eine Bewertung wäre vielleicht kein Problem, wenn es eine klare Regel gäbe, wie man gelaufene Kilometer in Qualitätspunkte umrechnet (dies war ja eine der Voraussetzungen, damit man die MAU-Regel anwenden kann, siehe oben 3.1.1). Darüber können Sie sich aber nicht einigen, und so bleibt die Situation verfahren.

Tabelle 4.2 Zwei Wahlmöglichkeiten: Ausprägungen auf zwei Merkmalsdimensionen

	Qualität[1]	Entfernung (min)
Venezia	7	5
Pizza Sole	10	35

[1] 10 = höchste Qualität

Das Hinzufügen einer dritten Option kann diesen Wettstreit entscheiden, und zwar ohne daß diese dritte Option jemals ernsthaft in Erwägung gezogen würde. Stellen wir uns vor, jemand käme mit folgendem Argument:

3. Es gibt ja auch noch das *Vesuvio*. Die Pizza ist dort nur Mittelklasse, aber das ist ebenfalls nicht weit.

Man möchte fragen, warum bringt hier jemand eine Option ins Spiel, zu der es bereits bessere Alternativen gibt, nämlich das *Venezia*? Aber genau darin liegt der Punkt. Durch die neue Option wird ein Kontrasteffekt erzeugt, von dem vor allem das *Venezia* profitiert. Die neue Option ist nur eine Attrappe, die einzig dem Zweck dient, eine andere Option durch Kontrast aufzuwerten.

Tabelle 4.3 Zwei Wahlmöglichkeiten mit Attrappe: Ausprägungen auf zwei Merkmalsdimensionen

	Qualität[1]	Entfernung (min)
Venezia	7	5
Pizza Sole	10	35
Vesuvio	*5*	*5*

[1] 10 = höchste Qualität

Man hätte ebensogut hinzufügen können: »Vergessen wir nicht das *Palermo*. Dort ist die Pizza etwas besser als im *Venezia*. Es ist allerdings genauso weit wie das *Pizza Sole*.« *Palermo* wäre ebenfalls eine Attrappe, mit der aber durch Kontrastbildung unsere zweite Option aufgewertet worden wäre.

Dieses Phänomen wurde von Huber, Payne und Puto (1982) als »attraction effect« beschrieben. Der Attraktions-Effekt verletzt eine zentrale Grundannahme ökonomischer Entscheidungsmodelle. Danach sollte die Relation zwischen zwei Wahlmöglichkeiten A und B nicht davon abhängen, ob als weitere Optionen C, D oder E zur Auswahl stehen. Ob A besser oder schlechter ist als B, läßt sich aber durch das Hinzufügen einer irrelevanten Alternative, Huber et al. (1982) sprechen von einem »decoy«, sowohl in die eine als auch in die andere Richtung entscheiden.

Die Anwendungsmöglichkeiten dieser Strategie sind deutlich: Durch Hinzufügen eigentlich indiskutabler Alternativen kann ein Verkäufer bestimmte Produktattribute in den Mittelpunkt stellen und auf dieser Dimension Kontrasteffekte zugunsten der Optionen in engerer Wahl erzeugen. Was aber sind die Mechanismen, denen der Attraktions-Effekt unterliegt?

Das Hinzufügen der Attrappe verändert die Verteilung der Merkmalsausprägungen. Sinnvollerweise ist die Attrappe so gewählt, daß sich der Wertebereich des einen Merkmals vergrößert, während er für das andere Merkmal einigermaßen konstant bleibt. Das *Vesuvio* im Beispiel (siehe Tabelle 4.3) vergrößert den Wertebereich für Qualität dergestalt, daß sich *Venezia* nun im Mittelfeld wiederfindet. Damit verliert der Qualitätskontrast zwischen *Venezia* und *Pizza Sole* an Gewicht. Der Kontrast auf dem Merkmal Entfernung bleibt dagegen erhalten, ja wird sogar unterstrichen, da nun die Verteilung für die Entfernungsvariable eindeutig in Richtung 5 Minuten tendiert (der Modalwert für »Entfernung« liegt nun ja bei 5) – die 35 Minuten für *Pizza Sole* sehen nun erst recht wie ein Extremwert aus.

Huber und Payne (1983) konnten allerdings zeigen, daß der Attraktions-Effekt nicht gesteigert werden kann, wenn man besonders extreme Attrappen wählt. Entscheidend ist einzig die Rang-Relation zwischen Attrappe, Zielprodukt und Konkurrent. Es hätte demnach keinen Unterschied gemacht, ob die Qualitätspunkte für *Vesuvio* nun bei 6, 5 oder 3 liegen, oder ob man dorthin nun fünf oder vielleicht doch sieben Minuten laufen muß. Hauptsache es kommt eine Rangreihe heraus, bei der die Relation zwischen *Venezia* und *Pizza Sole* klar bestimmt werden kann.

Nach Ratneshwar, Shocker und Stewart (1987) sorgt die Attrappe dafür, daß uneindeutige Merkmalsausprägungen Bedeutung erhalten. Ob eine Qualitätsausprägung von 7 viel oder wenig ist, zeigt sich am besten, wenn man sieht, welche Ausprägungen andere Konkurrenten haben, auch wenn diese Konkurrenten gar nicht in Betracht kommen. Diese Bedeutungszuschreibung nehmen wir zum Beispiel häufig vor, wenn wir Preise beurteilen: Ob DM 500 für ein Paar Boxen eher ein hoher oder ein niedriger Preis sind, zeigt sich dem Laien, wenn er eine Reihe von Preisen gesehen hat.

Merkmale, deren Bedeutung offensichtlich ist bzw. bei denen man sich gut auskennt, wären demnach vom Attraktions-Effekt weniger betroffen. In der Tat konnten Ratneshwar et al. (1987) zeigen, daß sich der Effekt abschwächt (ohne ganz zu verschwinden), wenn man die Variablen Bedeutung (»meaningfulness«) und Vertrautheit (»familiarity«) kontrolliert.

Eine andere theoretische Erklärung, die Ratneshwar et al. (1987) diskutieren, geht davon aus, daß die Konsumenten beim Hinzufügen einer Attrappe nach der Entscheidungsheuristik der sequentiellen Elimination (Bettman, 1979) verfahren. Danach werden die Produktmerkmale nacheinander geprüft und das jeweils schwächste Exemplar für dieses Merkmal wird eliminiert. Beim Merkmal »Qualität« würde also das *Vesuvio* und bei »Entfernung« das *Pizza Sole* aus den Optionen gestrichen. Wo diese Strategie angewandt wird, gibt es offensichtlich immer die Möglichkeit, das Verhältnis zwischen zwei Alternativen durch Hinzufügen irrelevanter dritter Optionen in jede Richtung zu manipulieren.

4.2 Die Rationalität von Entscheidungen

Die vorangegangenen Beispiele würden von einem ökonomischen Standpunkt beinahe alle als Unterwanderungen der Rationalität einer Entscheidung gelten. Warum eigentlich? Die Kriterien der Rationalität sind nicht messerscharf. Viele der genannten Phänomene führen nur in Ausnahmefällen zu irrationalen Entscheidungen (zum Beispiel die Verfügbarkeitsheuristik), andere sind nur auf den ersten Blick »irrational« und wirken unter einem anderen Blickwinkel vernünftig (zum Beispiel die mentale Kontoführung; vgl. hierzu auch Gigerenzer et al., 1999). Gleichwohl, gegen einige verbreitete Prinzipien vernünftigen Entscheidens verstoßen die genannten Beispiele nun doch. Nehmen wir diese Prinzipien als grobe Bestimmungsstücke für das, was eine rationale Entscheidung ausmacht. Demnach ist die Rationalität einer Entscheidung in Frage gestellt, wenn...

- gleichwertige Optionen nicht gleich behandelt werden,
- die verfügbaren relevanten Informationen nicht genutzt werden,
- die Entscheidung durch irrelevante Informationen kontaminiert wird,
- die Gesetze der Logik (zum Beispiel Transitivität) verletzt werden,
- das Ergebnis der Entscheidung dem Prinzip der Nutzenmaximierung widerspricht,
- Außenstehende nicht zum gleichen Ergebnis kommen, die Entscheidung oder das Urteil also nicht objektiv ist,
- man unter gleichen Umständen nicht zum gleichen Urteil kommt, die Entscheidung oder das Urteil also nicht reliabel ist.

Dies sind einige der Prinzipien, die in den genannten Beispielen verletzt wurden. Der Begriff der Rationalität ist damit nun freilich keineswegs erschöpft. Ihnen wird vielleicht auffallen, daß in den Beispielen keine emotionalen oder affektiven Einflüsse genannt werden. Ein übergeordneter Erklärungsansatz für diese Entscheidungsanomalien liegt demnach auch nicht so sehr in dem Einfluß von Motiven, Emotionen oder Wünschen. Diese Einflüsse werde ich unter der Überschrift »konklusionsgetriebene Informationsverarbeitung« noch in 13.3.4 diskutieren.

Zur Erklärung von diesen und einer Reihe von ähnlichen Effekten wird gerne das Bild vom »kognitiven Geizhals« (»cognitive miser«, vgl. zum Beispiel Fiske, 1995) herangezogen: Wir neigen offenbar stark dazu, Anstrengungen zu vermeiden, und diese Tendenz wirkt sich auch auf unsere kognitiven Tätigkeiten aus. Daher bevorzugen wir zum Beispiel auch einfache Faustregeln gegenüber strengen aber aufwendigen Algorithmen. Die Idee des kognitiven Geizhalses ist sozusagen ein Leitmotiv in der modernen sozialkognitiven Forschung. Ihr zufolge bevorzugen wir also in den meisten Situationen nicht nur körperlich, sondern auch geistig die weniger aufwendigeren Lösungswege – auch auf Kosten der Fehlerfreiheit und Genauigkeit.

Webster, Richter und Kruglanski (1995) zeigten, daß Personen besonders bei Müdigkeit dazu neigten, sich bei der Beurteilung eines Bewerbers auf den ersten Eindruck zu verlassen. Diese Tendenz war weniger stark ausgeprägt bei ausgeruhten Personen oder bei Probanden (müde oder ausgeruht), die ihre Entscheidung gegenüber einem Außenstehenden begründen mußten.

Befunde wie dieser stützen freilich ein Vorurteil, nach dem die Orientierung an Heuristiken (hier die Regel: »Verlaß dich auf die erste Information, die du erhältst«) zu minderwertigen Urteilen führt; schließlich ist Müdigkeit (Webster et al., 1995, benutzen den alten Begriff »mental fatigue«) nicht eben ein Zustand der uneingeschränkten Leistungsfähigkeit. Es ist jedoch keineswegs sicher, daß die Anwendung von Heuristiken automatisch weniger »rational« ist als ein aufwendigeres Verfahren, das alle Informationen einbezieht.

Gigerenzer und Goldstein (1999) haben in der jüngeren Vergangenheit mit ihren Forschungen den traditionellen Rationalitätsbegriff herausgefordert und in Frage gestellt. Sie sehen als ein wesentliches Element traditioneller Rationalitätsvorstellungen folgende zwei Forderungen (S. 83):
»(1) *Complete search*: Thou shalt find all the information available. [...]
(2) *Compensation*: Thou shalt combine all pieces of information. Thou shalt not rely on just one piece.«
Eine Entscheidung wäre demnach nur dann rational, wenn sich die Person um alle relevanten Informationen bemüht und diese auch alle berücksichtigt hat – dies entspricht in Teilen durchaus den oben entwickelten Bestimmungsstücken. Gigerenzer und Goldstein (1999) können jedoch nachweisen, daß Entscheidungen, die nur ein Bruchteil der verfügbaren Informationen nutzen, zu ebenso treffsicheren Ergebnissen führen, wie komplizierte Algorithmen, etwa die multiple Regression, bei denen alle relevanten Informationen miteinander verrechnet werden.
Die Forschungen zu diesen Eigenschaften menschlichen Entscheidungsverhaltens stecken noch in ihren Anfängen, ihre praktische Bedeutung erstreckt sich aber über viele Gebiete. Nicht nur unsere täglichen Konsumentscheidungen, sondern auch die Entscheidung für eine Geldanlage an der Börse, für eine Marketingstrategie, für einen Bewerber auf eine Stelle, für die Behandlung eines Unfallopfers, für den Menschen, den man heiraten wird..., alle diese Entscheidungen sind möglicherweise durch mehr und immer mehr Informationen nicht wirklich zu optimieren. Eine einfache und schnelle Heuristik ist oft genauso effektiv.
Freilich kann man eine Heuristik genausowenig »einfach so« und ohne Voraussetzungen effektiv einsetzen wie die multiple Regression. Das Forschungsprogramm von Gigerenzer, Todd et al. (1999) dreht sich um den Begriff der »ökologischen Rationalität«; damit ist eine Form der Anpassung gemeint, bei der die Heuristiken stets die Besonderheiten der Umwelt berücksichtigen. Ein Beispiel von Simon mag das illustrieren (zit. n. Gigerenzer & Todd, 1999, S. 13): Stellen wir uns ein Tier vor, in dessen Umwelt das Futter zufällig auf verschiedene Orte verteilt ist. Dieses Tier käme mit der Heuristik aus: »Lauf ziellos herum, bis du Futter gefunden hast.« In einer anderen Umwelt ist das Futter an bestimmten Stellen versteckt, zum Beispiel unter Steinen und zwischen Sträuchern. In dieser Umwelt käme das Tier mit einer komplizierteren Heuristik besser zurecht, der zufolge es die Hinweise auf das Futter, Steine und Sträucher, besonders beachtet. Hier bräuchte es auch – im Unterschied zur ersten Umwelt – Lern- und Merkfähigkeit.
Um zu wissen, was ökologische Rationalität im Einzelfall fordert, muß man also auf die Struktur der Umwelt und die darin enthaltenen Informationen schauen. Nicht Heuristiken allgemein sind gut, sondern eben immer nur die richtigen. Die richtigen zu finden ist eine Folge der Anpassung, das kann im Einzelfall auch heißen: des Wissens und der Erfahrung. Hier wie überall ist es günstig, viel zu wissen, lern- und anpassungsfähig zu sein. Auch in der Vorstellung von Gigerenzer, Todd et al. (1999) bleibt es bei der Überlegenheit von Experten gegenüber Laien. Nur: Wir unterschätzen vermutlich die Bedeutung, die grobe Faustregeln auch für die erfahrensten Experten noch immer haben!

4.2.1 Rational und emotional

Wo findet sich nun aber das geläufige Gegensatzpaar »rational – emotional«? Wenn mit dem Begriff »rational«, so wie ich ihn bisher gebraucht habe, »vernünftig« gemeint ist, dann gibt es keinen notwendigen Gegensatz zwischen rationalen und emotionalen Einflüssen. Es muß ja keineswegs unvernünftig sein, sich bei einer Entscheidung von Affekten beeinflussen zu lassen. Unvernünftig wird das erst, wenn die Entscheidung dadurch den oben genannten Kriterien widerspricht. Ein Gegensatz wird erst dann möglich, wenn man mit »rational« nicht »vernünftig«, sondern »verstandesbetont« oder etwas ähnliches meint (wie zum Beispiel Meyer-Hentschel, 1996, mit dem Begriff »kognitiv«). In der Konsumentenforschung gibt es leider eine grundsätzliche Tendenz, die nicht-rationalen Anteile in den Entscheidungen von Konsumenten als ein Verhalten »aus dem Bauch« (Lackner, 1992) bzw. diejenigen Entscheidungen, die nicht »rational« sind, »emotional« zu nennen (Meyer-Hentschel, 1993, S. 19*f*; Salcher, 1995, zum Beispiel S. 5). Diese Redeweise kann zu nichts führen. Entweder man nimmt den Begriff »emotional« in seiner eigentlichen Bedeutung, dann ist die Redeweise sicher falsch. Zum Beispiel kann eine Entscheidung, die aus Zeitdruck oder Bequemlichkeit nicht den Anforderungen der Rationalität entspricht, ohne jede Gefühlsregung getroffen werden. Oder man weicht von der eigentlichen Bedeutung ab, führt einen neuen Begriff ein und spricht von der »emotionalen Entscheidung« (Meyer-Hentschel, 1993, S. 19*f*). Dieser Begriff wäre aber so umfassend-nichtssagend, daß man ihn für jeden Einzelfall von Entscheidung neu spezifizieren müßte. Eine Klassifikation nach »rational« und »emotional« trägt also wenig zur Klärung verschiedener Kaufentscheidungen bei.

O'Shaughnessy (1987, S. 55*ff*) schlägt daher vor, den Begriff »decision« vom Begriff »choice« zu unterscheiden. Beim Kauf werde keineswegs immer eine »decision«, also eine Entscheidung, getroffen. Bei Gewohnheitskäufen oder sehr impulsiven Kaufhandlungen (O'Shaughnessy verwendet hierzu den Begriff »picking«) spielten rationale Gründe beim einzelnen Kaufverhalten kaum eine Rolle. Diese Verhaltensweisen seien überhaupt nicht »Entscheidungen« zu nennen.

Kommen wir auf die Begriffe »rational« und »emotional« zurück. Einen kleinen Beitrag zu der Begriffsverwirrung hat vielleicht Zajoncs (1980) einflußreiche Arbeit über »Affekt und Kognition« geleistet. Zajonc betont ebenfalls, daß Entscheidungen nicht immer rational sind. Damit meint er aber nicht nur, daß bei der Entscheidung einige Schritte ausgelassen werden, die eine optimale Abstimmung zwischen eigenen Wünschen und dem Angebot sichergestellt hätten. Er ist vielmehr der Ansicht, daß einige Entscheidungen überhaupt nicht aus Vernunftgründen getroffen werden. Vielmehr seien unsere Vorlieben für eine Option oft schneller als die Gründe für solche Vorlieben. Wir haben uns manchmal schon entschieden, noch bevor wir überhaupt an Vor- und Nachteile für eine Sache gedacht haben.

Er führt das Beispiel einer Kollegin an, die sich entscheiden sollte, ihre Arbeitsstelle zu wechseln. Wie es sich für einen besonnenen und rationalen Menschen gehört, habe die Kollegin sich vor ein großes Blatt Papier gesetzt, für jede der Optionen eine Spalte mit Vor- und eine mit Nachteilen vorbereitet, und wacker alles eingetragen, was sie für wichtig hielt. Eine ganze Reihe von Eintragungen später habe sie sich dann die Haare gerauft und zu sich selbst gesagt: »Verdammt, es kommt nicht das richtige dabei heraus. Ich muß einen Weg finden, wie ich ein paar Vorteile auf die andere Seite bekomme...« (vgl. Zajonc, 1980, S. 155, Fußnote 6).

Dieses Beispiel illustriert vielleicht am besten, wie sich Zajonc das Zusammenspiel von Affekten und rationalen Gründen vorstellt: Im Grunde hatte die Kollegin sich schon entschieden. Es ging nur noch darum, der Entscheidung den passenden rationalen »Überbau« zu verschaffen. Die Gründe, die sie dann später würde anführen können, wären wohl kaum diejenigen Gründe gewesen, die sie letztlich zu ihrer Entschcidung gebracht haben. Zajonc würde sagen: Rationale Gründe im Sinne einer rechnerischen Abwägung von Vor- und Nachteilen waren es nie gewesen. Es gab eine frühe affektive Reaktion auf die Optionen, in der sich die Sympathien eindeutig verteilt haben, und die später durch rationale Überlegungen nicht mehr überwunden werden konnte.

Die Abbildungen 4.2 und 4.3 zeigen zwei Beispiele aus der Werbung, die im Konflikt zwischen einer Entscheidung »aus dem Bauch« und einer Entscheidung nach reiflicher Überlegung unterschiedliche Empfehlungen geben.

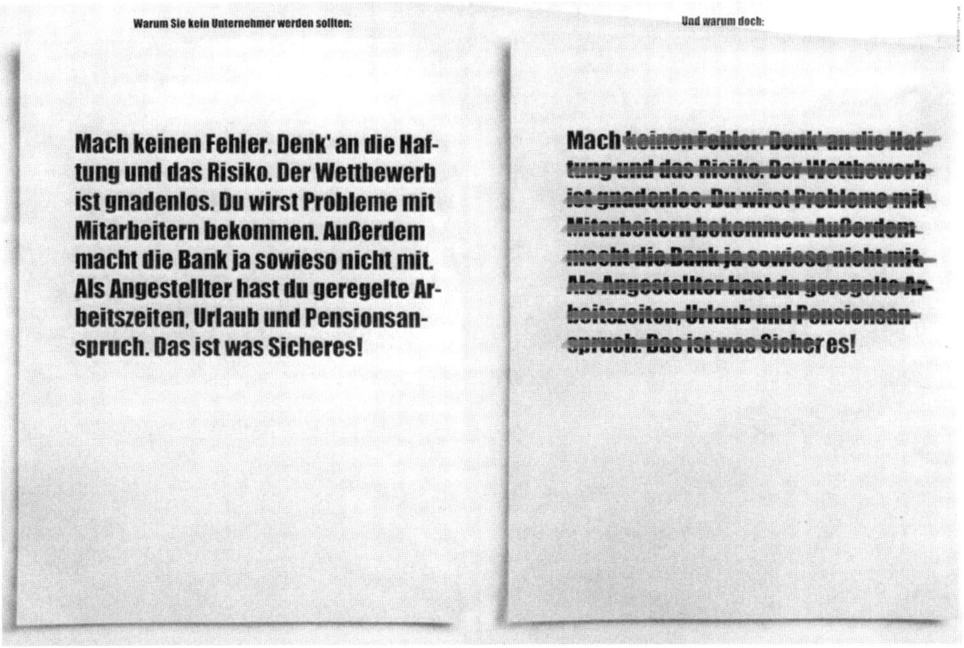

Abbildung 4.2 Werbeempfehlung für eine Entscheidung »aus dem Bauch«.

Zu Zajoncs Argumenten möchte ich zweierlei anmerken: Erstens sollten wir uns die »Überbau«-These gut im Hinterkopf bewahren. Zajonc hat recht, wenn er darauf aufmerksam macht, daß die Gründe, die wir für eine Sache angeben, häufig nicht dieselben sind, weswegen wir die Sache eigentlich bevorzugen (vgl. 2.2.9; Nisbett & Wilson, 1977b; Wilson & Schooler, 1991). Auch Kaufentscheidungen leben oft von sehr spontan gefaßten Sympathien, über die sich die Konsumenten keine vollständige Rechenschaft ablegen können. Zweitens aber möchte ich auf die oben angesprochene Begriffsverwirrung zurück kommen. Ich habe dafür plädiert, daß nicht alles, was nicht »rational« ist, gleich »emotional« genannt werden sollte. Zur Erinnerung ein anderes Beispiel: Wenn ich eine Sache per Münzwurf entscheide, wird man diese Entscheidung ebenfalls nicht rational nennen können. Höchstens die Wahl des Entscheidungsverfahrens könnte durch Vernunftgründe motiviert sein. Die Entscheidung selbst beruht nur auf Kopf oder Zahl. Trotzdem ist eine Entscheidung per Münzwurf keine emotionale Entscheidung.

Zajoncs Anliegen ist eigentlich nicht, das Verhältnis zwischen »Emotionen« und »Rationalität« zu klären. Ihm geht es um »Emotionen« bzw. um »Affekte« im Verhältnis zu »Kognitionen«. »Kognition« ist ein Sammelbegriff für geistige Phänomene wie Überzeugungen, Urteile, Erinnerungen, Wissen, Absichten... Man spricht gern von einem Gegensatz zwischen Kognition und Emotion, womit klar wird, daß mit Kognition meist etwas Verstandesmäßiges, Intellektuelles, Rationales gemeint ist. Zajonc zieht die Trennlinie zwischen Affekten und Kognitionen sehr scharf – wie ich meine zu scharf. Dabei begeht er zwei Fehler:

„Was mich den Kopf kosten kann, entscheide ich doch nicht mit dem Bauch."
Handelsblatt
Substanz entscheidet

Abbildung 4.3 Werbeempfehlung für eine sorgfältig überlegte Entscheidung.

Der erste ist, daß sein Ansatz nicht erlaubt, daß Kognitionen Bewertungen enthalten. Ein Urteil wie »Dieses Hemd ist besser als jenes« scheint aber meines Erachtens ein klarer Fall von einer

Kognition zu sein, die mit oder ohne Affekt auf eine Bewertung und ein Präferenzurteil hinausläuft. Der zweite Fehler liegt darin, daß Zajonc zwar hervorkehrt, wie uns unsere Affekte automatisch, unkontrollierbar und überfallartig heimsuchen können, er aber nicht in Rechnung stellt, daß uns dasselbe mit Kognitionen passieren kann. Daß zumindest einige Kognitionen genauso wie Gefühle prinzipiell den Charakter eines Widerfahrnisses haben, kann man schon daran erkennen, daß wir uns nicht aussuchen können, was wir für wahr halten. Wir halten das für wahr, was uns einleuchtet. Wenn uns etwas nicht einleuchtet, dann können wir uns mit dem besten Willen nicht selbst dazu überreden, daß wir es trotzdem für wahr halten. Wenn aber der Prototyp einer Kognition, das Urteil, von Prozessen abhängt, die nicht der Kontrolle unterliegen, dann haben Kognitionen und Affekte mehr gemeinsam als Zajonc einräumen will (mehr zu unkontrollierten kognitiven Prozessen in Kapitel 9). Das Verhältnis von Rationalität, Affekten und Kognitionen ist also kompliziert und nicht als eine Konstellation von Gegensätzen beschreibbar.

Exkurs 16 *Emotion und Kognition*

Auch in der Konsumentenforschung wird gerne scharf zwischen Emotionen und Kognitionen, zwischen affektiv und rational dominiertem Verhalten oder zwischen Gefühl und Verstand unterschieden (zum Beispiel Kroeber-Riel & Meyer-Hentschel, 1982; Forschungsgruppe Konsum und Verhalten, 1994; Meyer-Hentschel, 1996). Der oben zitierte Widerfahrnis-Charakter von Kognitionen ist einer der Gründe, weshalb ich in meinen Ausführungen eine solche scharfe Trennlinie nicht ziehe. Es gibt aber noch weitere Gründe, die dafür sprechen, Emotionen und Kognitionen nicht als Gegensätze zu begreifen.

Meyer-Hentschel (1996, zum Beispiel S. 43) neigt dazu, Kognitionen als »kalt« und Emotionen als »warm« zu bezeichnen. Diese unterschiedlichen Temperaturen schreibt er auch unterschiedlichen Werbestrategien zu. Diese Dichotomie geht allerdings am Verhältnis zwischen Emotion und Kognition vorbei und kann daher letztlich nicht zielführend sein. Betrachten wir etwa die Kognition: »Dieser Mensch hat mir die Vorfahrt genommen.« Man wird sicher zugeben, daß auch *Mr. Spock* (die jüngeren unter Ihnen werden vielleicht nur doch *Data* kennen, egal, beide Filmfiguren sind dafür bekannt, daß sie keine Emotionen kennen), daß also auch *Mr. Spock* diesen Satz gesagt haben könnte, und daß er dann wirklich »kalt« wäre. Nun werden Sie sich aber die Temperatur, die in diesem Satz schwingt, wenn Sie selbst ihn aussprechen, lebhaft vorstellen können. Die meisten Menschen läßt diese Kognition keineswegs kalt. Hat nun die »Wärme«, die uns in dem Beispiel anfliegt, tatsächlich nichts mit der Kognition zu tun? Können wir uns diese »Wärme« überhaupt unabhängig von der Kognition vorstellen?

Die meisten Emotionen (wie zum Beispiel auch Ärger) lassen sich ohne bestimmte Kognitionen überhaupt nicht denken. Es ist beispielsweise ausgemachter Unsinn, von »Dankbarkeit« zu sprechen, ohne dabei zu implizieren, daß die betreffende Person ein angenehmes Ereignis oder einen Sachverhalt auf eine Ursache außerhalb der Person zurückführt. Genauso ist bei der Emotion »Stolz« eine entsprechende internale Ursachenzuschreibung impliziert.

Diese Kognitionen liegen den Emotionen als begriffliche Implikationen zugrunde. Daher sind die Kognitionen weder Ursachen noch Wirkungen der Emotionen (wie zum Beispiel in der Debatte zwischen Zajonc, zum Beispiel 1980, und Lazaurs, zum Beispiel 1984, angenommen wird). Sie sind vielmehr deren Konstituenten. Anders gesagt: Die Emotion wird nicht durch die Kognitionen verursacht, sie besteht aus ihnen. (Weitere Argumente zu diesen Aspekten der Psychologie finden sich bei Brandtstädter, 1982, 1984, 1985; oder bei Smedslund, 1988).

Kroeber-Riel (1992; vgl. auch Kroeber-Riel & Meyer-Hentschel, 1982, S. 61) spricht bei der Diskussion nicht-rationaler Effekte der Werbung nicht von »Emotionen«, sondern von »Aktivierung«. Der Aktivierungsbegriff ist hinsichtlich der Qualität der Aktivation völlig unbestimmt (vgl. auch Weinberg, 1994). Insofern ist er gegenüber dem qualifizierten Begriff der »Emotion« im Vorteil. Die oben genannten begriffsanalytischen Argumente treffen auf den Begriff der Aktivierung nicht zu. Probleme bereitet er allerdings, wenn man versucht, ihn gegen Konzepte der unspezifischen physiologischen Erregung oder der erhöhten Bereitschaft zur Reizaufnahme, wie er durch das Konzept der »Aufmerksamkeit« ausgedrückt wird, abzugrenzen. Auch empirisch ist das Aktivierungskonzept nicht über jeden Zweifel erhaben. So wird man widersprüchliche Ergebnisse finden, wenn man sich fragt, ob eine hohe Aktivierung mit positiver Bewertung der Werbevorlagen einhergeht (zum Beispiel LaTour, Pitts & Snook-Luther, 1990), oder ob sie vielmehr auch eine negative Bewertung vorhersagen kann (zum Beispiel Hering, Feist & Bente, 1996).

Eine Unterscheidung, die viele psychologische Phänomene im Konsumentenverhalten besser zu sortieren vermag, ist die zwischen automatischen und kontrollierten Prozessen. Diese Unterscheidung spielt im folgenden eine wichtige Rolle (zum Beispiel Kapitel 9). Sie entspricht an vielen Stellen der Unterscheidung zwischen »affektiv« und »kognitiv«. Da es aber auch »automatische Kognitionen« gibt, weichen die Unterscheidungen in einigen wesentlichen Punkten voneinander ab.

4.2.2 Automatisch und reflektiert

Die vorangegangen Überlegungen deuten darauf hin, daß die interessantesten Unterschiede in den psychologischen Prozessen bei der Kaufentscheidung nicht so sehr entlang der Dimension *emotional* versus *kognitiv* bzw. *rational* zu suchen sind. Es ist anscheinend mehr der Gegensatz zwischen *automatischen* bzw. *spontanen* Prozessen auf der einen und *reflektierten* bzw. *kontrollierten* Prozessen auf der anderen Seite. Dieser Gegensatz hängt zudem eng mit dem Verhältnis von hohem zu niedrigem Involvement zusammen (2.3).

Es spielt offenbar bei Entscheidungen eine sehr wichtige Rolle, ob die betreffende Person über die Kriterien ihrer Entscheidung nachdenkt oder nicht. Eine reflektierte Entscheidung hat oft ein anderes Ergebnis, als eine spontane Entscheidung über denselben Gegenstand. Nun wird man wahrscheinlich davon ausgehen, daß die Reflexion der Entscheidung nützt. Eine Entscheidung, für die man Gründe angeben kann, erscheint als die reifere, angemessenere Entscheidung. Da man die Gründe der Entscheidung durch Nachdenken selbst generiert, müßten reflektierte Entscheidungen auch näher an den eigenen Wünschen und Zielen liegen, und also auch nach diesem Kriterium die besseren sein. Wilson und Schooler (1991) konnten jedoch zeigen, daß das Nachdenken über eine Entscheidung in manchen Fällen schlechtere Ergebnisse brachte, als eine spontane unreflektierte Entscheidung gebracht hätte. Sie ließen ihre Versuchspersonen verschiedene Sorten von Erdbeermarmelade beurteilen. Als Kriterium für eine »gute Entscheidung« zogen sie das Urteil von Lebensmittelexperten in einem Verbrauchertest heran. Nach diesem Test unterschieden sich die untersuchten Marken erheblich voneinander. Wenn die Versuchspersonen die Marken spontan beurteilen sollten, dann entsprach ihr Urteil ungefähr dem der Experten (Korrelation von r=.55). Wurden die Versuchspersonen allerdings vor ihrem Urteil gebeten, die Gründe für ihre Präferenzen zu analysieren und aufzuschreiben, wich ihr Endergebnis von dem der Experten deutlich ab. Man könnte also für diesen Fall behaupten, daß die Reflexion über die Beurteilungskriterien dem Urteil geschadet hatte.

Studien über die Stabilität solcher Präferenzen zeigen, daß Versuchspersonen in späteren Situationen wieder zu den Präferenzen zurückkehren, die sie ohne Reflexion gehabt hätten. In einem entsprechenden Experiment waren Personen, die eine reflektierte Wahl getroffen hatten, mit ihrer Entscheidung später weniger zufrieden als Pers<onen, die spontan gewählt hatten (Wilson & Schooler, 1991, S. 185). Dieses Ergebnis widerspricht einer Vorhersage der Dissonanztheorie (11.3.3), nach der die Zufriedenheit mit einer Entscheidung um so größer sein müßte, je mehr man darein investiert hat. Allerdings betonen die Autoren selbst, daß ihre Ergebnisse für bestimmte Ausnahmesituationen gelten. Reflexion und analytisches Denken bringt in verschiedenen Situationen deutliche Vorteile. Zum Beispiel hat es eine positive Wirkung, wenn man eine Person, die Angst hat, vor Gruppen zu reden, dazu auffordert, über die Gründe dieser Angst nachzudenken (Wilson & Schooler, 1991, S. 191).

FÜNF: **Wahrnehmung und Aufmerksamkeit**

Zusammenfassung:

1. *Beim Prozeß der Wahrnehmung werden Reize der Außenwelt in Sinnesempfindungen übersetzt. Es sind aber nicht alle physikalisch meßbaren Reize der Außenwelt für den Menschen wahrnehmbar. Zum Beispiel sind einige Reize zu schwach, um wahrgenommen zu werden. Sie liegen unterhalb der Empfindungsschwelle. Auch Unterschiede zwischen verschiedenen Reizstärken kann der Mensch nicht perfekt wahrnehmen. Die Sensibilität für Unterschiede wird bei zunehmender Reizstärke immer geringer.*

2. *Der Gesichtssinn folgt bei der Repräsentation der Außenwelt bestimmten Tendenzen. Dazu gehört die Neigung, in zweidimensionalen Vorlagen räumliche Tiefe wahrzunehmen. Diese Tiefeninformation wird vor allem aus folgenden Informationen gewonnen: teilweise Überlappung von Objekten, Schatten, Texturdichte und parallaktische Verschiebung.*

3. *Die Wahrnehmung folgt den »Gestaltgesetzen«. Unter die Gestaltgesetze fällt zum Beispiel die Tendenz, unvollständige Figuren vollständig wahrzunehmen. Andere Gestaltgesetze sind: die Gliederung nach Figur und Grund, das Gesetz der Nähe, der Ähnlichkeit und der Kontinuität. Außerdem prägen Erfahrung und Erwartungen unsere Wahrnehmung.*

4. *Aufmerksamkeit ist die Fähigkeit, einigen Informationen vor anderen den Vorzug in der Verarbeitung zu geben. Sie kann willentlich gesteuert werden. Grundsätzlich ist die Aufmerksamkeit begrenzt. Der Verlauf unserer Informationsverarbeitungsprozesse hängt in vielen Fällen davon ab, welchen Grad der Aufmerksamkeit wir diesen Prozessen widmen.*

5. *Bestimmte Reize sind besonders gut geeignet, Aufmerksamkeit an sich zu binden. Das sind vor allem farbige, neuartige, intensive und große Reize, Dinge, die sich bewegen, und Reize, die ohne besondere Anstrengung aufgenommen werden können.*

6. *Starke Aufmerksamkeit genießen jene Inhalte, mit denen wir uns aktuell gerade beschäftigen, oder die aktuell in der Öffentlichkeit eine Rolle spielen. Erotische Reize können fast immer mit Leichtigkeit Aufmerksamkeit auf sich ziehen.*

Über die Prozesse der menschlichen Wahrnehmung weiß man schon sehr viel. Für unsere Zwecke möchte ich nur wenige sehr grundlegende Dinge ansprechen, die uns später noch einmal beschäftigen werden. Ich werde mit der Wahrnehmung im allgemeinen beginnen, mich dann aber besonders auf die optische Wahrnehmung konzentrieren. Einer der wichtigsten Abschnitte wird sich dann mit dem Begriff der Aufmerksamkeit und der Aufmerksamkeitssteuerung beschäftigen.

5.1 Psychophysik

Zunächst sollte man an den Wahrnehmungsprozessen folgende Unterscheidung treffen: Bis wir etwas wahrnehmen, also bis wir sagen können, »ich sehe oder höre... das und das«, muß der Körper mit seinen Sinneszellen körperfremde physikalische Reize in körpereigene physiologische Energie umgewandelt haben. Aus dieser physiologischen Energie müssen psychologisch gehaltvolle Größen, Empfindungen werden. Der Wahrnehmungsprozeß hat demnach drei Komponenten:
- eine physikalische: zum Beispiel Wellenlänge des Lichts, Schallintensität, Frequenz einer Schwingung,
- eine physiologische: bestimmte Tätigkeit der Nervenzellen,
- eine psychologische: zum Beispiel Farbempfindung, Lautstärke oder Höhe eines Tones.

Wir konzentrieren uns im folgenden auf die psychologische Komponente. Die Psychophysik hat sich damit beschäftigt, wie physikalische Reize zu unseren Empfindungen in Beziehung stehen. Das erste, was man zu dieser Beziehung sagen muß, ist, daß nicht alles, was physikalisch meßbar ist, auch zu einer Empfindung führt. Für manche Reize sind unsere Sinnesorgane qualitativ nicht ausgerüstet, wie zum Beispiel bestimmte Wellenlängen des Lichts (Radio- oder Mikrowellen, Röntgenstrahlen) oder bestimmte Frequenzen des Schalls.

5.1.1 Empfindungsschwelle, Unterschiedsschwelle und Empfindungsmessung

Physikalische Reize können aber auch einfach zu schwach sein, als daß wir sie wahrnehmen könnten. Qualitativ sind sie zwar zur Wahrnehmung geeignet, nur eben quantitativ nicht. Sie sind nicht intensiv genug. Diejenige Intensität eines Reizes nun, bei der Versuchspersonen beginnen, etwas wahrzunehmen, nennt man absolute Reiz- oder Empfindungsschwelle. Dabei ist zu bedenken, daß in einem bestimmten Intensitätsbereich derselbe schwache Reiz von derselben Person einmal wahrgenommen wird und ein anderes Mal nicht. Doch genau um diesen Bereich geht es bei der Festlegung der absoluten Reizschwelle. Um zu einem Ergebnis zu kommen, legt man fest, wie häufig sich die Versuchspersonen noch irren dürfen, also falschen Alarm geben oder einen Reiz auslassen. Bei einer Entdeckungswahrscheinlichkeit von 50 Prozent ist die Schwelle überschritten. Liegt der Reiz unterhalb dieser Schwelle, wird er zwar immer noch gelegentlich wahrgenommen, nur nicht mehr häufig genug; die Irrtumswahrscheinlichkeit ist zu hoch.
Die nächste wichtige Frage ist nun, wie stark sich Reize denn physikalisch unterscheiden müssen, damit der Unterschied wahrgenommen wird. Dieses Problem läßt sich veranschaulichen, wenn man bedenkt, daß eine geringe Veränderung am Lautstärkeregler der Stereoanlage mitunter gar nicht wahrgenommen wird. Stellen Sie sich vor, Sie hätten an der Stereoanlage einen Regler mit 100 Punkten. Wenn Sie zum Beispiel von 10 nach 20 drehen, empfinden Sie die Musik als wesentlich lauter, drehen Sie aber von 90 nach 100, merken Sie den Unterschied gar nicht. Dieses Phänomen liegt nicht (nur) an der mangelhaften Leistung Ihres Verstärkers oder Ihrer Lautsprecher, sondern am Verhältnis zwischen Schallintensität und Lautheit, allgemein zwischen Reizintensität und Empfindung. Je höher die Intensität des Reizes ist, desto größer müssen auch Unterschiede sein, um eben noch wahrgenommen zu werden. Die Unterschiedsschwelle ist also um so höher, je höher die Reizintensität ist.

Die Unterschiedsschwelle ist zur Reizintensität konstant proportional. Dieses Prinzip nennt man nach seinem Entdecker »Webersches Gesetz«. Das heißt zum Beispiel für die Lautstärke, daß ein Schallreiz gegenüber seinem Vorgänger um 9 Prozent intensiver sein muß, um als unterschiedlich wahrgenommen zu werden (Bourne & Ekstrand, 1992, S. 88). Wenn mein Regler 10 anzeigt, muß ich ihn nur auf 11 drehen, um einen Unterschied zu bemerken. Zeigt er mir aber 80 an, dann muß ich auf ungefähr 87 weiterdrehen, damit ich es überhaupt als lauter empfinde.

Auf der Grundlage des Weberschen Gesetzes lassen sich Wahrnehmungseindrücke messen. Betrachten wir hierzu ein einfaches Beispiel: Der Webersche Quotient für den Geschmack von Salz in Wasser ist 1/3 (vgl. Levine, 2000, S. 15). Stellen wir uns nun der Einfachheit halber vor, wir hätten eine Wassermenge, in die man genau einen Teelöffel Salz geben muß, damit wir das Salz bemerken. Damit wäre die absolute Reizschwelle für Salz in diesem Fall also Eins und die Einheit ist ein Teelöffel. Nun gibt jemand weitere Teelöffel in das Wasser, und wir sollen angeben, wann das Wasser salziger schmeckt als zuvor. Bei einem Weberschen Quotienten von 1/3 würden wir den ersten Unterschied bereits bemerken, wenn nur ein Drittel Teelöffel hinzugegeben wurde. Nun sind also 1,33 Teelöffel Salz im Wasser, den nächsten Unterschied bemerken wir, wenn die Salzmenge demgegenüber wieder um 1/3 steigt, wenn also 1,78 Teelöffel drin sind. Abbildung 5.1 drückt diese Funktion aus: Auf der Abszisse sehen Sie die Salzmenge in Teelöffeln und auf der Ordinate ein Maß für unsere subjektive Empfindung. Dieses Maß ist natürlich nichts anderes als die jeweiligen Unterschiedsschwellen für bestimmte Ausgangsmengen von Salz.

In die Punkte der Abbildung ist bereits eine kontinuierliche logarithmische Funktion gelegt; in Wirklichkeit erscheint es ja eher so, als bewege sich unsere Wahrnehmung stufenweise von einer Reizschwelle zur nächsten. Sobald das Wasser bereits etwa zehn Teelöffel Salz enthält (Empfindungsstärke von 8), brauchen wir bereits mehr als drei neue Löffel, um den Zuwachs zu bemerken.

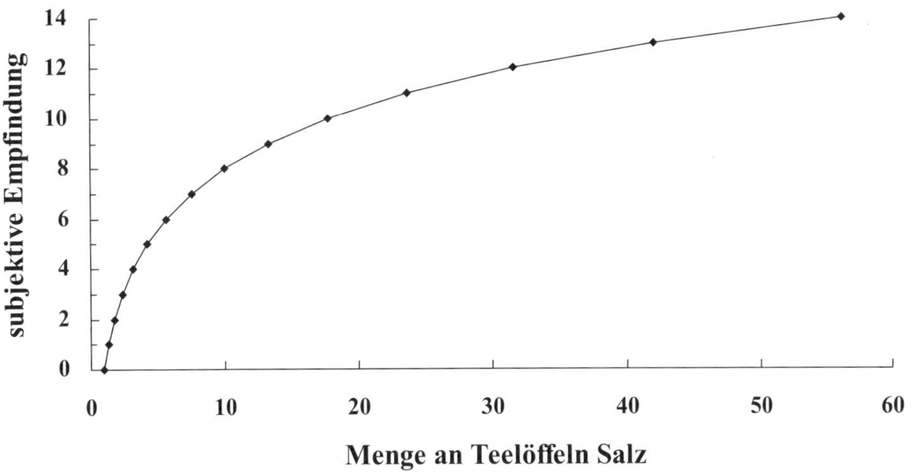

Abbildung 5.1 Zuwachs der Empfindungsstärke als logarithmische Funktion der Reizstärke.

Warum beschäftigen wir uns so ausführlich mit dieser Beziehung zwischen Reiz- und Empfindungsstärke? Dieser Punkt hat für die Konsumentenpsychologie wichtige Implikationen:

Stellen Sie sich etwa seine Anwendung auf die Frage vor: Wie groß soll eine Anzeige sein, damit sie optimale Wirkung erzielt? Eine minimale Vergrößerung mag vielleicht die Kosten für die Anzeige nennenswert steigern, aber wird sie auch wahrgenommen?[1] Diese Anwendungsfrage bezieht sich noch relativ anschaulich auf die sinnliche Wahrnehmung.

Das Webersche Gesetz hat aber noch andere ökonomische Bezüge. Historisch geht es nämlich auf eine Beobachtung zurück, die bereits im 18. Jahrhundert der Mathematiker Daniel Bernoulli machte. Betrachten wir hierzu das sogenannte St. Petersburg-Paradox (vgl. Jungermann et al., 1998, S. 61): Ich biete Ihnen ein Spiel an. Wenn bei einem Münzwurf »Kopf« erscheint, zahle ich Ihnen DM 2. Wenn nicht, werfe ich noch einmal, und wenn dann »Kopf« erscheint, zahle ich Ihnen DM 4. Erscheint »Kopf« erst beim dritten Münzwurf, bekommen Sie DM 8, und Sie erhalten DM 2^n, wenn die Münze erst beim n-ten Durchgang »Kopf« zeigt. Der mögliche Gewinn bei diesem Spiel steigt mit zunehmender Häufigkeit für den Münzwurf offenbar exponentiell an, und auch wenn es nur wenig wahrscheinlich ist, daß die Münze erst bei einem sehr späten Wurf »Kopf« zeigt, ist doch der statistisch zu erwartende Gewinn unendlich groß.[2] Die Frage ist nun: Was ist es Ihnen wert, dieses Spiel zu spielen? Um einen unendlich großen Gewinn zu erzielen, müßte man eigentlich alles aufwenden, was man hat. Aber in aller Regel sind Versuchspersonen selten bereit mehr als DM 20 dafür auszugeben, daß sie an diesem Spiel teilnehmen (Jungermann et al., 1998, S. 61).

Dieses Paradox ist nur eine von vielen Beobachtungen, die uns zeigen, daß der subjektive Wert eines Gutes (hier Geld) nicht linear mit seiner Menge ansteigt. Die enormen Gewinnmöglichkeiten dieses Spiels erleben die meisten Menschen subjektiv keineswegs als einen entsprechend großen Nutzen. Anders gesagt: »Für die meisten Menschen ist der Nutzen von zwei Millionen Mark *nicht* doppelt so hoch wie der Nutzen von einer Million, der Zuwachs an Nutzen von einer auf zwei Millionen *nicht* so hoch, wie der Zuwachs von keiner Million auf eine Million« (Jungermann et al., 1998, S. 62, Hervorhebungen im Original).

Offenbar können wir in Abbildung 5.1 die Abszisse auch mit abstrakteren Reizstärken beschriften, eben zum Beispiel Geld. Die subjektive Empfindung würde sich dann zum Beispiel in Zufriedenheit äußern. Die Funktion ist dieselbe: Die Zufriedenheit mit dem monatlichen Einkommen etwa hängt in ähnlich logarithmischer Form vom tatsächlichen Einkommen ab wie die Empfindung der Lautheit vom Schalldruck oder das Erleben der »Salzigkeit« von der Salzmenge.

Diese Ähnlichkeit der ökonomischen Nutzenfunktionen und der Beziehung zwischen physikalischer und psychologischer Reizstärke ist kein Zufall. Gustav Theodor Fechner, der im Jahr 1860 das Webersche Gesetz zu der Funktion von Abbildung 5.1 transformierte, bezog sich dabei ausdrücklich auf die Arbeit von Bernoulli.

---

[1] Siehe 15.3.2; vgl. auch Mayer, 1993, S. 61. Um Mißverständnisse zu vermeiden: Die Fragen, »Merkt der Betrachter überhaupt, daß die Anzeige größer geworden ist?« und »Wirkt eine große Anzeige anders als eine kleine?« sind grundverschieden. Eine wahrnehmbare Vergrößerung garantiert keine veränderte Wirksamkeit. Umgekehrt kann man zeigen, daß es nicht-wahrnehmbare Unterschiede gibt, die sich in der Produktwahrnehmung niederschlagen (vgl. Exkurs 30; Naylor, 1962).

[2] Das können Sie leicht nachrechnen: Der Erwartungswert für den ersten Münzwurf ist DM 1, denn sie bekommen mit einer Wahrscheinlichkeit von ½ von mir DM 2. Der Erwartungswert beim zweiten Münzwurf ist wieder DM 1, denn hier bekommen Sie mit einer Wahrscheinlichkeit von ¼ DM 4. Die Wahrscheinlichkeit von ¼ berechnet sich als das Produkt aus der Wahrscheinlichkeit für »Zahl« beim ersten und »Kopf« beim zweiten Münzwurf, denn das ist ja genau der Fall, bei dem Sie DM 4 bekommen würden. Genauso ist in jedem folgenden Durchgang der Erwartungswert DM 1. Theoretisch ist es möglich, daß wir unendlich viele Münzwürfe brauchen, um ein Mal »Kopf« zu erhalten, und da der Erwartungswert für das gesamte Spiel aus der Summe der Erwartungswerte für jeden einzelnen Durchgang besteht, können Sie mit dem Spiel also unendlich viel Geld gewinnen.

Es ist also nicht ganz falsch, die Gesetze der sinnlichen Wahrnehmung auf abstraktere Repräsentationen zu übertragen und so etwa eine »Psychophysik des Geldausgebens« (Jungermann et al., 1998, S. 64) zu formulieren. Trotzdem möchte ich Sie mit dem folgenden Abschnitt auch wieder davor warnen, gleich alle ähnlich aussehenden psychologischen Phänomene auch mit den gleichen Gesetzen zu erklären.

5.1.2 Der Bezugspunkt der Wahrnehmung

Die Wahrnehmung eines Objektes wird von den Bezugspunkten beeinflußt. Dieselbe Musik kann von dem einen als ohrenbetäubend und vom anderen als normal laut empfunden werden. Banale Dinge des Lebens erscheinen uns als besonders angenehm und erstrebenswert, wenn wir sie über eine längere Zeit entbehrt haben. Unsere eigenen Probleme erscheinen uns erträglicher, wenn wir Leute gesehen haben, denen es noch schlechter geht als uns. Die Wahrnehmung von Produkten in der Werbung wird oft durch geschickte Plazierung in die richtigen Kontexte beeinflußt. Es lohnt sich also, die Wahrnehmungsgesetze, die solchen Kontexteffekten unterliegen, näher zu untersuchen.

Ich möchte aber daran erinnern, daß die oben genannten verschiedenen Variationsmöglichkeiten in der Urteilsbildung zwar ähnlich aussehen, in Wirklichkeit aber auf verschiedene psychologische Mechanismen zurückgehen. Betrachten wir dazu zwei Beispiele:

Erstens: Sie haben vor sich drei Kübel mit Wasser stehen. Die Temperatur im linken Kübel beträgt 40 °C, die im rechten 27 °C. Der mittlere Kübel hat eine Wassertemperatur von 33,5 °C. Wenn Sie nun Ihre rechte und linke Hand jeweils in den beiden außen stehenden Kübeln vorwärmen bzw. -kühlen und dann beide Hände in den mittleren Kübel stecken, dann wird die Hand, die »aus der Kälte kommt«, eine deutliche Erwärmung verspüren, die Hand aus der Wärme dagegen wird das Wasser im mittleren Kübel als kalt empfinden.

Zweitens: Kenrick und Gutierres (1980) ließen Versuchspersonen die Attraktivität einer Person auf einem Foto einschätzen. Alle Versuchspersonen sollten ihre Einschätzungen vor einem laufenden Fernseher abgeben. Lief nun während der Einschätzung die Serie *Charlie's Angels*, eine Serie mit attraktiven Models in der Hauptrolle, dann wurden die weiblichen Personen auf der Photographie wesentlich weniger attraktiv eingeschätzt, als wenn ein neutrales Programm lief. Kenrick, Gutierres und Goldberg (1984) zeigten ihren Versuchspersonen Pinup-Bilder aus *Playboy* bzw. *Playgirl*. Nachdem die Personen der übertriebenen physischen Attraktivität der dargestellten Modelle ausgesetzt waren, berichteten sie über eine geringere Zufriedenheit mit ihren jeweiligen Lebenspartnerinnen bzw. -partnern.

Das zweite Beispiel gibt einen entscheidenden Effekt der sozialen Urteilsbildung wieder: Unser Urteil hängt oft von einem Bezugspunkt ab, einem Anker, den wir für unsere Betrachtung einmal gesetzt haben. Vergleichsobjekte werden vor allem in ihrer Abweichungen von diesem Ankerpunkt gesehen. Liegt aber das erste Beispiel auf derselben Ebene? Auch hier findet aufgrund vorher gesetzter Reize eine Wahrnehmungsverzerrung statt. Aber diese Wahrnehmungsverzerrung ist nicht psychologisch sondern physiologisch bedingt: Die Haut mißt Temperatur mit speziellen Nervenzellen für Wärme und für Kälte. Wenn die Wärmezellen lange genug gereizt werden, dann ermüden sie und geben keine Meldung mehr weiter. Dasselbe gilt für die Kältezellen. Daher hat die warme Hand beim Eintauchen in den mittleren Kübel gut ausgeruhte Kälterezeptoren, die auch prompt mit der Arbeit beginnen, dagegen sehr träge Wärmezellen. Entsprechendes gilt für die kalte Hand (vgl. hierzu Plattig, 1984, S. 20). Solcherart physiologisch bedingte Kontrasteffekte

gibt es auch für andere Sinnesmodalitäten. So läßt sich zum Beispiel das Phänomen, daß Sie nach Betrachten einer intensiven Rotfläche beim Schließen der Augen ein grünes Nachbild empfinden, auf eine ähnliche Weise physiologisch erklären.
Die beiden diskutierten Kontrasteffekte sind sich also zwar ähnlich, aber sie funktionieren nach verschiedenen Prinzipien. Leider neigen wir sehr stark dazu, solche Unterschiede zu vernachlässigen. Diesen Fehler begeht zum Beispiel Cialdini (1988, S. 12*f*), der in seinen Ausführungen über Kontrasteffekte die oben genannten Beispiele auf dieselbe Weise zu erklären versucht. Ich denke aber, es ist sehr wichtig, daß man Unterschiede in den zugrundeliegenden Mechanismen kennt und mit ihnen rechnet. Diese Unterschiede haben nämlich auch praktische Konsequenzen. Gegen die physiologisch bedingte Verzerrung ist kein Kraut gewachsen. Sie können sich dagegen nicht wehren. Die Wahrnehmungsverzerrungen beim sozialen Urteil dagegen könnten prinzipiell durchbrochen werden (hierzu mehr in den Kapiteln 8 und 9). Die Moral: Nicht alles, was gleich aussieht, funktioniert auch nach demselben Muster.

5.2 Das Sehen

Betrachten wir nun den für die Wahrnehmung von Werbung vermutlich wichtigsten Sinn, den Gesichtssinn. Nehmen wir das Sehen hier auch beispielhaft für verschiedene Wahrnehmungsprobleme allgemein. Die Netzhaut, also sozusagen die Projektionsfläche für visuelle Reize, besitzt einen bestimmten »Punkt des schärfsten Sehens«, die *Fovea centralis*. Die *Fovea* wird gereizt, wenn man einen Gegenstand im geraden Blick fixiert. Was sich in diesem Moment am Rande des Blickfelds befindet, kann nur unscharf wahrgenommen werden.
An der *Fovea* findet sich die größte Dichte von Rezeptorzellen. Die Lichtinformation wird über zwei unterschiedliche Rezeptorarten weitergegeben, einerseits über die farbempfindlichen Zapfen, andererseits über die auf Hell-Dunkel-Kontraste spezialisierten Stäbchen. In der *Fovea* befinden sich relativ mehr Zapfen als Stäbchen – dieses Verhältnis kehrt sich immer weiter um, je weiter man an die Peripherie der Netzhaut geht. Daher sehen wir Dinge aus dem Augenwinkel nicht nur weniger scharf, sondern auch weniger farbig. Dagegen sind wir im Augenwinkel – besser: in der Peripherie unseres Gesichtsfeldes – sensibler für Hell-Dunkel-Kontraste bzw. Flimmern.
Was wir sehen, ist ein Abbild der Realität – oder etwa nicht? Es gibt gute Argumente gegen die Vorstellung, daß die Außenwelt bei uns auf einer »inneren Leinwand« abgebildet wird, die eine naturgetreue Nachbildung der Welt darstellt – holographisch, versteht sich, denn wir können schließlich dreidimensional sehen (Frisby, 1983). Argumente gegen diese Theorie bestehen beispielsweise in optischen Täuschungen. Betrachten wir nur zwei Beispiele (Abbildung 5.2 und Abbildung 5.3). Das erste ist die sogenannte »Zylinder«-Illusion (vgl. auch Frisby, 1983, S. 16): Vertikale Linien, die eine gleichlange Horizontale halbieren, erscheinen im Vergleich zu der Linie, auf der sie stehen, viel länger (Abbildung 5.2). Das andere Beispiel ist dem sogenannten »Hermannschen Gitter« nachempfunden (Abbildung 5.3). Wir können uns nicht dagegen wehren, in den Punkten, in denen sich die weißen Flächen kreuzen, das Weiß dunkler, unsauberer zu sehen. Ausgenommen ist allenfalls der Punkt, den wir gerade fixieren, ansonsten sehen wir an den Kreuzungen stets dunklere Flecken. Die Fixation überzeugt uns aber davon: Die Kreuzungen sind nicht wirklich dunkler als das restliche Weiß. Offenbar sehen wir also in beiden Vorlagen etwas anderes, als was objektiv vorhanden ist.

Abbildung 5.2 und 5.3 Zylinder-Täuschung und Hermannsches Gitter.

Andere Beispiele gehen in diesem Punkt noch weiter, wir sehen nicht einfach etwas anderes, wir sehen mehr, als tatsächlich vorhanden ist. In manchen Fällen können wir in einer Abbildung mehrere Bilder sehen, etwa einen Hasen und eine Ente oder eine alte und eine junge Frau. Bei den besten dieser Bilder scheint die Wahrscheinlichkeit, daß wir das eine oder das andere sehen, nahezu gleich groß zu sein, sie »kippen« tatsächlich hin und her – was wir übrigens auch noch willentlich mitbeeinflussen können.
Eine andere Kategorie von Täuschungen konfrontiert uns einfach mit dem Absurden und Unmöglichen und hält uns dadurch zum Narren, daß unsere Wahrnehmung uns immer wieder suggeriert, es müsse doch möglich sein, was wir da sehen. Hier sind die berühmten Bilder des holländischen Grafikers Maurits Cornelis Escher einschlägig.
Die Gründe für die Täuschungen können vielfältig sein. Einige liegen in psychologischen Mechanismen, andere haben, wie zum Beispiel auch das Hermannsche Gitter, wahrscheinlich eine physiologische Basis (diskutiert wird zum Beispiel die sogenannte »laterale-« oder »Umfeldhemmung«, vgl. Galley, 1984a). Aber eines können wir in jedem Fall aus den Beispielen lernen: Wir »sehen« nicht immer das, was man physikalisch in der Außenwelt nachweisen kann. Außerdem müssen wir zugeben, daß wir das, was wir sehen, offenbar sehr häufig mit Sinn ausstatten. Dieser Sinn wohnt nicht dem Wahrgenommen inne. Wir tun ihn zum Wahrgenommenen hinzu, was man daran erkennen kann, daß wir manchmal einen grob falschen, manchmal einen doppelten »Sinn« erkennen.

5.2.1 Tiefenwahrnehmung

Eines der Hauptprobleme bei der Verarbeitung von visuellen Eindrücken besteht darin, daß beim Sehen zunächst zweidimensionale Netzhautbilder in eine räumliche Empfindung übersetzt werden müssen. Räumliche Tiefe sieht man auf verschiedene Art. Zum einen ist da die komplizierte Methode des beidäugigen Sehens. Unsere beiden Augen nehmen zwei verschiedene Bilder wahr, immer um den Abstand der Augen und die daraus sich ergebenden unterschiedlichen Einfallswinkel des Lichtes verschieden. Aus diesen beiden Bildern wird im Gehirn ein einziges. Wie das vor sich geht? Fragen Sie mich nicht, es muß irre kompliziert sein. Das räumliche Sehen hängt aber nicht allein vom beidäugigen Sehen ab. Auch der Einäugige sieht räumlich. Zwar fehlen ihm zentrale Qualitäten des dreidimensionalen Bildes, wovon sich jeder überzeugen kann, indem er einmal ein Auge zukneift und auf das räumliche Empfinden achtet, aber er nimmt deshalb seine Umwelt noch lange nicht flächig wahr. Was sind nun aber die Merkmale, die auch beim einäugigen Sehen Tiefe suggerieren?

1. Wir sehen räumliche Tiefe, wenn Objekte sich gegenseitig *teilweise überlappen*. Wenn der Honigtopf den Blick auf die Kaffeekanne teilweise versperrt, dann sieht man darin unweigerlich eine räumlich Anordnung: Der Honigtopf steht eben vor der Kaffeekanne.
2. Ein anderer wichtiger Tiefenhinweis wird durch *Schatten* erzeugt. Dabei gibt es neben den Schatten, die eine Figur wirft, auch Schattierungen, die der Figur anhaften und ihr dadurch eine konturierte Oberflächenstrukur verleihen.
3. Das nächste dieser Phänomene betrifft die *Texturdichte* eines visuellen Eindrucks: Die Gegenstände im Vordergrund stehen weniger dicht beieinander als die im Hintergrund. Stellen Sie sich vor, Sie müßten ein Ährenfeld zeichnen. Um das Bild mit der nötigen Tiefeninformation auszustatten, würden Sie sicherlich die Ähren im Vordergrund weniger dicht zusammenrücken als die im Hintergrund. Damit erzeugen Sie einen bestimmten Texturdichte-Gradienten, der einen mehr oder weniger weiten Blick in das Ährenfeld suggeriert. Auch der räumliche Eindruck in Abbildung 5.4 geht auf unterschiedliche Texturdichte zurück. Allein die Dichte, mit der weiße und schwarze Quadrate, Vierecke und Rauten gesetzt werden, erweckt den Eindruck, es handele sich in Wirklichkeit um immer gleiche Figuren, die nur durch ihre Anordnung im dreidimensionalen Raum verzerrt wahrgenommen werden. Äquivalent zur Texturdichte verhält sich die sogenannte *lineare Perspektive*. Damit ist das »scheinbare Zusammenlaufen paralleler Linien, wie Bahnschienen oder gepflügte Ackerfurchen« (Bourne & Ekstrand, 1992, S. 104) gemeint. Ich halte allerdings dieses Phänomen für einen Spezialfall der Texturdichte und sehe darin eigentlich keinen eigenständigen Mechanismus.
4. Die vorangegangenen Mechanismen können bereits durch statische Bilder, also zum Beispiel Zeichnungen angestoßen werden. Die nun folgende *parallaktische Verschiebung* stellt sich dagegen nur bei Bewegung ein. Dieses Phänomen bemerkt man zum Beispiel, wenn man im fahrenden Zug sitzt und die Gegenstände im Vordergrund nur so verbeihuschen und die im Hintergrund sich ganz langsam und allmählich weiterbewegen. Sie werden feststellen, daß solche Verschiebungen schon bei den geringsten Kopfbewegungen erkennbar werden. Das Gehirn ist sehr sensibel dafür und setzt diese Wahrnehmung sofort in Tiefeninformation um.
5. Der Mechanismus der *Größenkonstanz* wird normalerweise vom visuellen Verarbeitungsprozeß nicht benutzt, um Tiefe zu suggerieren. Er arbeitet vielmehr bereits mit Tiefeninformationen und unterstützt sie gewissermaßen in einer Art Wechselwirkung. Das entscheidende Problem ist, daß Objekte auf der Netzhaut eigentlich um so kleiner erscheinen, je weiter sie entfernt sind. Der Mechanismus der Größenkonstanz sorgt dafür, daß wir diesen Objekten unter Berücksichtigung der Tiefeninformation ihre richtige Größe zuschreiben.

Die Abbildung 5.5 enthält eine optische Täuschung, in der die lineare Perspektive gegen die Größenkonstanz ausgespielt wird: Die unterschiedlich großen »Distanzen« scheinen auf einen Fluchtpunkt hinauszulaufen. Dies wird als Tiefenhinweis gewertet, und unter dieser Bedingung müssen die gleich großen Netzhautbilder der beiden »A's« von unterschiedlichen Entfernungen stammen. Folglich wird ihnen auch eine unterschiedliche Größe zugewiesen.

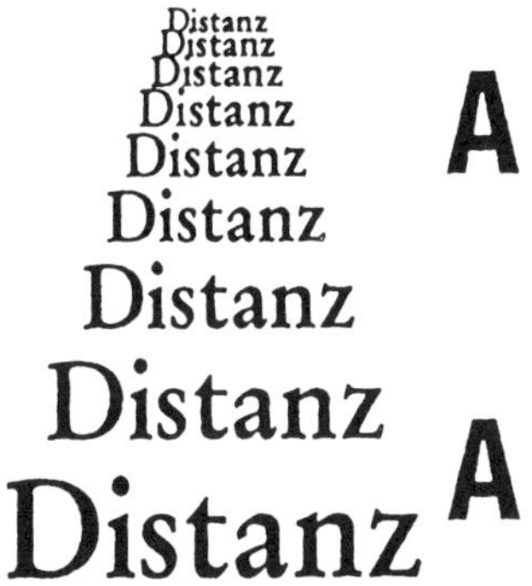

Abbildung 5.4 und 5.5 Tiefenhinweis durch Texturdichte und Optische Täuschung durch die Kombination von linearer Perspektive und Größenkonstanz.

5.2.2 Gestaltprinzipien der Wahrnehmung

Ist Ihnen schon passiert, daß Sie einen Tippfehler übersehen haben? Mir passiert so etwas ständig – Sie hätten einmal frühere Versionen dieses Manuskripts sehen sollen. Gerade Schreibfehler werden leicht übersehen, weil die Erwartungshaltung schon so stark ist, daß die Form nur noch grob als ganze erkannt aber nicht mehr eigentlich analysiert wird. Dieser Vorgang, nämlich Wahrnehmungseindrücke als Ganzes und nicht in Teilen aufzunehmen, wird in der Psychologie unter der Überschrift »Gestaltpsychologie« behandelt. Für die Gestaltwahrnehmung gilt mit vollem Recht, daß das Ganze mehr ist als die Summe seiner Teile. Die Gestaltpsychologen unterstellen dem Menschen ein Streben nach der »guten Gestalt«. Damit ist Ordnung, Prägnanz, Einklang, Harmonie oder sinnvolle Form gemeint. Daß es überhaupt etwas gibt wie eine Gestalt, die nicht auf die Einzelteile eines komplexen Reizes reduziert werden kann, sieht man daran, daß eine bestimmte Melodie, wenn sie in einer anderen Tonart mit einem anderen Instrument gespielt wird, noch immer als dieselbe Melodie erkannt wird. Das heißt, selbst wenn kein Element der Ausgangs- und der Zielmelodie gleich ist, bemerkt man beim Hören der gesamten Melodie die Gleichheit. Das, was in diesem Fall gleich ist, was also über die Elemente hinaus das Ganze charakterisiert, ist die Gestalt.
Reize und Reizgruppen, die eine »gute Gestalt« aufweisen, sind beim Rezipienten stets im Vorteil: Sie werden schneller wahrgenommen, identifiziert und prägen sich leichter ein. Reize, die gegen die Gesetze der Gestaltwahrnehmung verstoßen, können nicht leicht mit Zuwendung rechnen, vor allem weil der Wahrnehmungsaufwand höher ist. Im folgenden möchte ich einige Prinzipien der Gestaltwahrnehmung nennen.

Figur und Grund
Eine Szene wird bei der Wahrnehmung in Figur und Grund eingeteilt. Figur ist das, worauf es ankommt, was heraustritt, was prägnante Konturen hat, was hervorsticht. Grund ist das, wovon es sich abhebt – »Hinter«-Grund eben. Es gibt interessante graphische Beispiele, in denen Figur und Grund bei der Wahrnehmung austauschbar sind. Die vielleicht bekannteste Variante ist wohl der »Rubinsche Becher«, ein Bild von zwei gegenüberstehenden Profilen, die nach Vertauschung von Figur und Grund eine Vase bilden. Die Werbegestaltung hat freilich normalerweise kein besonderes Interesse am spielerischen Umgang mit Figur und Grund. Suchbilder, die erst nach längerer Betrachtung ihren Sinn offen-

baren, werden kaum die berühmten zwei Sekunden überleben, die einer Werbeanzeige vom nicht involvierten Betrachter vergönnt sind. Werbepraktiker versuchen solche Fälle in der Regel zu vermeiden.

Ähnlichkeit

Ähnliche Figuren werden als zusammengehörig wahrgenommen. Dieses Prinzip läßt uns zum Beispiel beim Gruppentanz diejenigen Tänzer als zusammengehörig wahrnehmen, die die gleichen Bewegungen machen, unter Umständen auch dann, wenn sie nicht nah beieinander stehen. Nur so sind wir überhaupt in der Lage, kunstvolle Figuren ganzer Tänzergruppen zu erkennen und zu würdigen.

Geschlossenheit

Wir sehen Figuren lieber als ein Ganzes. Das kann mehrererlei bedeuten. Zum einen kann das heißen, daß wir Figuren, die Lücken aufweisen, ohne diese Lücken wahrnehmen. Betrachten Sie dazu zum Beispiel die »Vierecke« in Abbildung 5.6. Sie sehen in der Tat Vierecke, auch mit den Lücken. Darin äußert sich das Streben nach der »guten Gestalt«: Die »gute Gestalt« ist vollständig! Ein anderes Prinzip der guten Gestalt ist, daß sie alles Wahrnehmbare integriert: Ein Wahrnehmungsbild wird so organisiert, daß möglichst alle Wahrnehmungeindrücke verarbeitet werden und »ohne Rest aufgehen«.

Nähe

Was nahe beieinander steht, gehört auch zusammen und wird als zusammengehörig gesehen. Das Gesetz der Nähe ist interessanterweise so stark, daß es sich im Zweifelsfall sogar gegen andere Wahrnehmungsgewohnheiten durchsetzt. Davon können Sie sich durch die Wörter in Abbildung 5.7 überzeugen. Welches Wort haben sie zuerst gelesen, das in der Spalte oder das in der Zeile? Die räumliche Nähe der »Spalten-Wörter« setzt sich gegen die gewohnte zeilenweise Leserichtung durch. Bei Mitteilungen und Hinweisen wie zum Beispiel einem Straßenschild schafft die Einhaltung des Gesetzes der Nähe Übersicht und Verständlichkeit. Zum Beispiel sind Wegweiser oder ein Flußdiagramm dann besonders hilfreich, wenn die passenden Erläuterungen möglichst nah am richtigen Pfeil oder dem richtigen Knotenpunkt stehen. Das Gesetz der Nähe wird aber auch ausgenutzt, wenn in der Anzeigenwerbung Slogans und Behauptungen über das Produkt so nah wie möglich an dem Produkt plaziert werden.

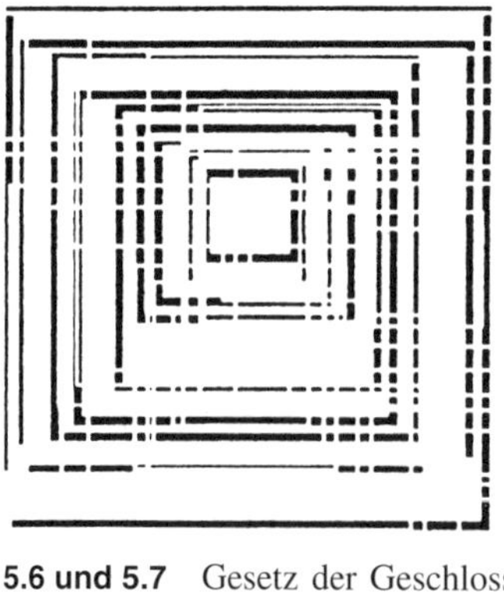

Abbildung 5.6 und 5.7 Gesetz der Geschlossenheit: Auch unvollständige Figuren werden immer noch als Vierecke wahrgenommen. Gesetz der Nähe: Die größere Nähe setzt sich gegen die gewohnte Leserichtung durch.

Kontinuität

Verschiedene räumlich oder zeitlich aufeinanderfolgende Wahrnehmungseindrücke werden derart wahrgenommen, daß Sie sich aufeinander beziehen und ein sinnvolles Ganzes ergeben. Das einfachste Beispiel ist ein Argument von Max Wertheimer, nach dem die menschliche Wahrnehmung dazu neigt, diskontinuierliche visuelle Stimulation nicht als ein Staccato von Lichtreizen, sondern, wenn es irgend möglich ist, als Bewegung wahrzunehmen. Das ist das Grundprinzip einer Filmprojektion, die ja ihrerseits nur aus vielen einzelnen Bildern besteht, die in großer Geschwindigkeit nacheinander gezeigt werden. Wenn diese Tendenz bei uns nicht so ausgeprägt wäre, dann hätte die Super-8-Technik niemals eine Chance gehabt.

Erfahrung und Erwartung

Was im Einzelfall als gute Gestalt wahrgenommen wird, hängt zum Teil davon ab, was wir erwarten oder gewohnt sind. Warum entdecken wir Tippfehler nicht so leicht? Weil wir die richtige Buchstabenanordnung bereits erwarten. Wir nehmen die Worte, mit denen auf jeden Fall zu rechnen ist, vorweg und analysieren sie nicht mehr, wie ein ABC-Schütze. Erfahrung sorgt dafür, daß eine – meist angemessene – Erwartung an das Wahrnehmungsobjekt herangetragen wird. Das Objekt wird in einen Erfahrungskontext gestellt.

Auch die Wahrnehmung von Produkten und ihren Eigenschaften ist von Gewohnheiten und Erwartungen geprägt. Dazu einige Beispiele: Margarine hat normalerweise ein weißliches Aussehen und schmeckt ein wenig ölig, Butter sieht gelblich aus und schmeckt eher cremig. Heutzutage wird Margarine mit Karotin eingefärbt, wodurch sie eine gelbliche Färbung wie Butter erhält. Dies ist nach Ergebnissen von Cheskin (1957) erforderlich, da der wenig beliebte ölige Geschmack von Margarine sehr stark mit der weißen Färbung verbunden ist.[3] Cheskin zeigte, daß von weiblichen Versuchspersonen der Geschmack von weißer Butter als ölig und der Geschmack von gelber Margarine als cremig beschrieben wird. Noch radikaler erscheint der »Pudding-Befund« von Tom, Barnett, Lew und Sermants (1987): Ihre Versuchspersonen sollten einen Vanille-Pudding probieren, der aber schokoladenbraun gefärbt war. Niemand bemerkte den Vanillegeschmack. Den Erwartungseffekt bei der Geschmackswahrnehmung können Sie auch daran überprüfen, wenn Sie einmal frischen Ananassaft probieren. Durch jahrelange Erfahrung mit dem metallenen Geschmack, den Ananassaft in Dosen annimmt, entwickeln wir bereits das Gefühl, mit dem natürlichen Saft müßte irgendetwas nicht stimmen (vgl. Schrank, 1977, zit n. Mullen & Johnson, 1990: »the pineapple juice bias«).

Exkurs 17 *Synästhetische Wirkungen*

Diese Effekte beruhen auf einer menschlichen Bereitschaft, die Wahrnehmung in einer Sinnesmodalität in Begriffen einer anderen zu beschreiben. So kann es beispielsweise gelingen, ohne Vermittlung durch die Sprache, den Wahrnehmungseindruck von Schwere durch eine Melodie darzustellen. Es ist sogar möglich, dieses Phänomen zur Messung von Wahrnehmungseindrükken zu nutzen, die schwer zu beschreiben sind. Zum Beispiel kann man die Versuchspersonen bitten, ein Geruchserlebnis durch die Wahl einer Farbe auszudrücken. Synästhetische Wirkungen spielen auch bei der Wahrnehmung von Produkten eine große Rolle. So wird zum Beispiel die Viskosität von Öl bei unterschiedlichen Farben verschieden erlebt. Rote Farbtöne erwecken eher den Eindruck eines dickflüssigen Öls, während gelbe Farbtöne auf eine dünnflüssige Konsistenz hinweisen.

Diese Wahrnehmungswirkung ist besonders zu beachten, wenn man, wie in der Anzeigenwerbung, nur statische Bilder zeigen kann (vgl. Kroeber-Riel, 1992, S. 118).

---

[3] Kroeber-Riel (1993a, S. 268) macht allerdings auf Befunde aufmerksam, nach denen Margarine in ihrer hellgelben Farbe eine leichte Rotbeimischung haben sollte, damit sie als streichfähig wahrgenommen werde.

5.3 Aufmerksamkeit

Für die Werbepsychologie ist der Umgang, die Steuerung, vielleicht auch die Manipulation der Aufmerksamkeit zentral. Der erste Schritt im AIDA-Modell besteht ja im Wecken von Aufmerksamkeit (vgl. 1.3.2). Wenn sich ein Angebot gegen ein anderes durchsetzen soll, dann muß es zunächst im Bereich der Aufmerksamkeit des Kunden liegen. Diese Forderung wird durch Befunde zugespitzt, nach denen Kunden bei der Kaufentscheidung nur einen Bruchteil der Produkte in Erwägung ziehen, die sie kennen. Ein nicht unbeträchtlicher Teil der Konkurrenzprodukte scheidet schon aus, bevor es überhaupt zur Abwägung kommt – eben weil sich die Aufmerksamkeit des Käufers nicht auf das gesamte Angebot erstreckt (Kroeber-Riel, 1992, S. 410). Wir müssen uns im folgenden also damit beschäftigen, wie man Aufmerksamkeit steigern und steuern kann.

5.3.1 Aufmerksamkeitssteuerung

Haben Sie schon einmal die Erfahrung gemacht, daß Sie in einer Gruppe von Menschen stehen, alle reden durcheinander, Ihnen gegenüber steht Ihr Gesprächspartner und langweilt Sie tödlich. Statt ihm zuzuhören, lauschen Sie einem anderen Gespräch. Und obwohl dieses andere Gespräch weiter weg ist und Sie viel leiser erreicht als das, was Ihr Gegenüber Ihnen erzählt, haben Sie kaum Schwierigkeiten, woanders zuzuhören. Dieses Phänomen, den sogenannten Cocktailparty-Effekt (Galley, 1984b; Anderson, 1988, S. 53), verdanken Sie Ihrer Fähigkeit, Ihre Aufmerksamkeit willentlich zu steuern. Ein Wirrwar von Stimmen wird dadurch handhabbar, und Sie können sich trotz der komplexen Geräuschkulisse auf einen Punkt konzentrieren. Man spricht hier von selektiver Aufmerksamkeit.

Man kann das Cocktailparty-Phänomen als die akustische Version der Figur-Grund Wahrnehmung ansehen: Auch hier versuchen wir, bestimmte Strukturen in den Vordergrund zu heben und zur »Figur« zu machen. Stellen Sie sich ein gutes Musikstück vor. Wenn die Musik hinreichend komplex ist, dann besteht ein besonders Vergnügen darin, bei wiederholtem Hinhören jeweils verschiedene Stimmen zu beachten. Die Kompositionsweise der Fuge ist besonders für diese Art von Hörerlebnis geeignet, denn sie spielt ja gerade mit unserem ständigen Bemühen, Ordnung und Struktur in das Gehörte zu bringen. Das Thema, das durch häufige Wiederholung und besondere Melodik als Figur etabliert ist, taucht immer wieder an verschiedenen Stellen auf, drängt damit eine Stimme in den Vordergrund, zwingt sie aber gleich darauf wieder zum Zurücktreten.

Die Aufmerksamkeit unterliegt aber nicht völlig der willentlichen Steuerung. In der oben beschriebenen Cocktailparty-Situation braucht nur jemand in Hörweite Ihren Namen im Gespräch zu erwähnen und schon wird Ihre Aufmerksamkeit in seine Richtung gelenkt (Cherry, 1953). Dieses Beispiel zeigt, wie sehr die Aufmerksamkeit beeinflußbar ist. Es zeigt aber darüber hinaus – und das ist wichtig –, daß auch Reize, denen wir keine Beachtung schenken, irgendwie verarbeitet werden und bei uns eine Wirkung hinterlassen. Wir werden darauf in Kapitel 9 zurückkommen.

Ein wichtiger Punkt bei der Aufmerksamkeit ist nun folgender: Sie ist prinzipiell begrenzt (Anderson, 1988, S. 52). Man kann nicht unbegrenzt viele Dinge gleichzeitig beachten. Nicht alles, was wir wahrnehmen, erhält unsere Aufmerksamkeit. Aufmerksam sein heißt gerade, daß man die Menge der verarbeiteten Informationen gegenüber der Menge der verfügbaren Informationen klein hält. Sind wir aufmerksam, dann sind wir zwar einerseits besonders offen für bestimmte Stimuli, aber gleichzeitig verengt sich auch unsere Aufnahmebereitschaft für andere Reize. Diese Doppelfunktion der Aufmerksamkeit ist wichtig, denn an ihr hängen auch zwei unterschiedliche, aber gleichermaßen wichtige Prozesse. Einerseits nämlich wird bei erhöhter Aufmerksamkeit ein bestimmter Bereich der Informationsverarbeitung besonders aktiviert, andererseits werden aber auch andere Informationsverarbeitungskanäle und andere Inhalte gezielt unterdrückt (zum Beispiel Broadbent, 1958; Easterbrook, 1959).

Unter hoher Konzentration ist unser Aufmerksamkeitsfokus kleiner, wir lassen uns weniger leicht ablenken, uns entgeht aber auch, was sich in unserer nicht beachteten Umgebung tut. Wenn wir uns etwa auf eine Klausur vorbereiten, dann beachten wir im optimalen Falle nur die wichtigen Informationen, die Bücher und Veranstaltungsunterlagen etwa. Unwichtige Informationen wie das Telefonklingeln, das Kinoprogramm oder die Unordnung in unserer Wohnung werden zeitweilig ausgeblendet. Sollten sie sich doch in unseren Arbeitsspeicher drängen, dann ist dies ein Zeichen für Konzentrationsschwäche.

Übrigens scheint sich die Fähigkeit zum Ausblenden irrelevanter Informationen mit dem Alter abzuschwächen. Dieses Phänomen wird in der Forschungsliteratur als »loss of inhibition« (Hasher & Zacks, 1988) bezeichnet. Mit diesem Argument läßt sich die Forderung mancher Werbepraktiker begründen, man sollte besonders Werbung, die sich an ältere Personen richtet, nicht mit ablenkenden Informationen überfrachten (Meyer-Hentschel, 1996, S. 76).

5.3.2 Reizverarbeitung ohne Aufmerksamkeit

Im Prinzip gilt: Je größer die Aufmerksamkeit, desto besser. Allerdings nur im Prinzip. Es gibt Einschränkungen. So zeigt sich zum Beispiel, daß es gar nicht so günstig ist, wenn ich bei einem Beeinflussungsversuch die volle Aufmerksamkeit meines Publikums bekomme. Ein mittleres Aufmerksamkeitsniveau scheint für die Einstellungsänderung am besten, da auf diese Weise Gegenargumente nicht so leicht aktualisiert werden (kritisch hierzu jedoch zum Beispiel Ray & Ward, 1976). In einem Experiment von Festinger und Maccoby (1964) »hörten Mitglieder einer Studentenvereinigung eine Rede, in der Studentenvereinigungen kritisiert wurden. Dazu lief entweder ein Video der Rede oder ein sehr unterhaltsamer Stummfilm, der mit dem Vortrag nichts zu tun hatte. Die Einstellungen der Probanden zu Studentenvereinen wurden unter der zweiten Bedingung mehr beeinflußt als unter der ersten, offenbar, weil der unterhaltsame Film die Probanden davon abhielt, die Argumente des Überzeugungsversuchs für sich zu entkräften« (Bourne & Ekstrand, 1992, S. 410).

Übertragen wir diesen Gedanken auf die Werbung: Es ist zumindest unter diesem Gesichtspunkt gar nicht so ungünstig, wenn die Werbung nicht mit voller Aufmerksamkeit rezipiert wird. So fanden zum Beispiel Tavassoli, Shultz und Fitzsimons (1995), daß Werbung, die nur mit einem mittleren Involvement rezipiert wurde, effektiver war, als solche, bei der das Involvement hoch war. Aus einer ZDF-Studie aus dem Jahr 1988 wurde gefolgert, »daß ablenkende Beschäftigungen keine Beeinträchtigung der Werbewirkung nach sich ziehen« (Baacke et al., 1993, S. 157). Die Autoren erklären sich den Effekt damit, daß Werbung auf mehreren Kanälen läuft (beim Zuschauer, nicht im Fernsehen). Die Person vor dem Fernseher, während sie Kreuzworträtsel löst, immer noch merken kann, ob für sie etwas interessantes kommt. Außerdem wird Werbung ja immer wiederholt, so daß ein Zuschauer, der bei der einen Darbietung unaufmerksam war, bei der anderen wieder dabei sein kann. Eine zusätzliche Erklärung mag sein, daß eine Darbietung, die nur beiläufig bemerkt wird, auch keine Widerstände gegen die Beeinflussung auslösen kann (vgl. Kapitel 12), so wie vermutet wird, daß das Formulieren von Gegenargumenten schwieriger ist, wenn man abgelenkt wird (vgl. Kapitel 13).

Die Werbung selbst sorgt bereits ausgiebig dafür, daß ihre Botschaften nicht ohne gewisse ablenkende Reize dargeboten wird. Solche Reize können Erotik, Musik, eine Geschichte, in die die Werbung eingebettet ist, schöne Bilder oder irrelevante Zusatzinformationen sein. Vielleicht ist Ablenkungswirkung auch von der immer häufigeren Technik zu erwarten, manche Werbebotschaften mit einem fremdländischen Akzent zu sprechen (vgl. auch Kroeber-Riel, 1992, S. 678).
Eine beeinflussende Kommunikation profitiert von Ablenkung besonders dann, wenn sie nur schwache Argumente aufzuweisen hat. Wenn die Argumente der Nachricht stark sind, dann wäre es für die Beeinflussungsabsicht günstiger, wenn die Kommunikation auch die volle Aufmerksamkeit erhält. Ablenkung dämpft dagegen den Vorteil starker Argumente (vgl. 13.3).
Wir haben festgestellt, daß die Aufmerksamkeit prinzipiell begrenzt ist. Das kann zweierlei bedeuten: Zum einen kann die Aufmerksamkeit ermüden, das heißt sie ist begrenzt über die Zeit. Wenn Sie zum Beispiel schon sehr viel Werbung an einem Stück rezipiert haben, dann sinkt Ihre Aufmerksamkeit dafür immer mehr, und in der Folge sinkt auch der Effekt der Werbung auf Ihr Gedächtnis und Ihre Einstellungen (Mord & Gilson, 1985).
Zum anderen treffen wir bei der Aufmerksamkeit auch auf typische Ressourcenprobleme, das heißt, wir können einem zweiten Gegenstand weniger Aufmerksamkeit schenken, wenn wir uns bereits einem ersten Gegenstand widmen. Wir müssen daher immer damit rechnen, daß die Beschränkung der Aufmerksamkeit auch die psychologischen Prozesse beeinflußt, die bei der Verarbeitung von Reizen normalerweise ablaufen. Es ist eine psychologisch außerordentlich spannende Frage, wie sich Kapazitätsbeschränkungen auf die Informationsverarbeitung auswirken. Die Beschränkung der Aufmerksamkeit kann bestimmte neue Effekte hervorrufen, zum Beispiel eben die höhere Beeinflußbarkeit. Umgekehrt ist damit zu rechnen, daß andere normalerweise zu erwartende Effekte ausbleiben, wenn es den Rezipienten an der nötigen Aufmerksamkeit fehlt.
Werbung wird in aller Regel mit geringer Aufmerksamkeit rezipiert. Eine Werbeanzeige wird im Durchschnitt lediglich zwei Sekunden betrachtet. Wenn man also darauf setzt, durch originelle Gestaltung, etwa durch Verstoß gegen die Gestaltprinzipien, Aufmerksamkeit zu erzeugen, dann muß man sich zuvor fragen, ob der angestrebte Effekt nicht durch die ziemlich sichere Knappheit an Aufmerksamkeit wieder zunichte gemacht wird. Ein Experiment von Houston, Childers und Heckler (1987) kann zeigen, wie diese Knappheit den Effekt beeinflussen kann. Betrachten wir hierzu die Darstellung aus Meyer-Hentschel (1993, S. 193). Es geht um das Verhältnis zwischen Überschrift und der bildlichen Darstellung in einer Anzeige:
»›Die Illustration muß dasselbe Versprechen telegraphieren wie die Überschrift.‹ In einer Untersuchung versuchten Houston, Childers und Heckler (1987), die Erkenntnis der Altmeister zu widerlegen – vergeblich. Ihre Hypothese: Wenn zwischen Bild und Text eine Diskrepanz besteht, fördert dies die Erinnerungsleistung. Erklärung: Der Leser beschäftigt sich intensiver mit der Anzeige, um die Diskrepanz zu beseitigen. Ergebnis der Studie: Die Hypothese wurde bestätigt. Bild und Text sollten unterschiedliche Inhalte transportieren. Aber: Kein Grund zur Aufregung! Die Forscher haben ihr Ergebnis mit theoretischer Raffinesse (sprich: Weltfremdheit) erreicht. Sie ließen ihren studentischen Testpersonen 15 (!) Sekunden Zeit, sich mit der getesteten Anzeige zu beschäftigen. Als sie in einem weiteren Experiment vorsichtig eine verkürzte Bearbeitungszeit von 10 Sekunden probierten, löste sich der wundersame Effekt in akademischen Rauch auf« (Hervorhebung im Original).

Ich habe das Experiment von Houston et al. (1987) im Wortlaut von Meyer-Hentschel (1993) zitiert, weil man hieran sehen kann, wie man sich durch eine bestimme Art, wissenschaftliche Überlegungen zu rezipieren, völlig die Möglichkeit nehmen kann, daraus zu lernen. Nach der vorangegangenen Darstellung würde der Witz der Untersuchung von Houston et al. (1987) darin bestehen, daß man bestätigt hat, was die Altmeister sowieso schon immer wußten. So kann man solche Untersuchungen natürlich sehen und dann kann man sich auch trefflich darüber lustig machen. Aber mit einer solchen Sicht manövriert man sich selbst in eine Sackgasse. Was hilft die ganze ausgelassene Heiterkeit angesichts der weltfremden Wissenschaftler, wenn man selbst jedenfalls die Bedingungen nicht spezifiziert hat, wann die Vorhersagen der Altmeister eintreffen, und wann sie scheitern werden? Vielleicht hat man aufgrund der eigenen Weisheit überhaupt nicht erwartet, daß die Vorhersagen der Altmeister auch scheitern könnten. Vergessen wir nicht: Sie scheitern ja in der Tat – bei langer Darbietungszeit nämlich. Der Effekt ist alles andere als »akademischer Rauch«. Warum auch? Erstens tritt er ein. Zweitens ist er plausibel und läßt sich auf gut fundierte und gleichzeitig alltagsnahe Modellvorstellungen vom Funktionieren des kognitiven Apparats beziehen. Und drittens deutet er auf die sehr wichtige und von der Werbewirkungsforschung bisher noch wenig beachtete Tatsache hin, daß Informationsverarbeitungsprozesse, die ohne Aufmerksamkeit erfolgen, mitunter wesentlich anders funktionieren als solche mit Aufmerksamkeit. Von Kapitel 9, in dem ich diese Gedanken vertiefen werde, gehen also einige beachtenswerte »akademische Rauchzeichen« aus.

Plausible Effekte werden also durch Knappheit der Verarbeitungskapazitäten beeinträchtigt. Diese Beeinträchtigung kann bis zur Umkehrung der Effekte gehen. Wir erhalten widersprüchliche Befunde je nachdem, wie groß die investierte Aufmerksamkeit war. Der praktische Schluß liegt auf der Hand: Da man nicht davon ausgehen darf, daß Werbung hohe Aufmerksamkeit genießt, sollte man bei widersprüchlichen Ergebnissen denjenigen den Vorzug geben, die mit dem niedrigeren Aufmerksamkeitsniveau erzeugt wurden.

Nun ist aber die Aufmerksamkeit keine so homogene Größe wie zum Beispiel die Speicherkapazitäten eines Rechners. Im Computer stört beinahe jede neue Aufgabe die anderen, die bereits bearbeitet werden, genau in dem Ausmaß, in dem sie selbst Speicherressourcen beansprucht. Der menschliche »Arbeitsspeicher« wird aber durch dieselben Tätigkeiten weniger beansprucht, wenn sie besser geübt, wenn sie automatisiert sind (Anderson, 1988, S. 55*f*). Ein einfaches Beispiel betrifft das Einstudieren eines Musikstücks. In den ersten Übungsdurchgängen ist man noch mit den Noten und dem Fingersatz beschäftigt. Ist man aber etwas routinierter geworden, dann beansprucht das Spielen auch weniger Aufmerksamkeit. Die freien Kapazitäten kann man nutzen, um das Stück zu gestalten, es zu variieren, oder dazu zu improvisieren.

Verschiedene aufmerksamkeitsbeanspruchende Tätigkeiten stören einander um so mehr, je ähnlicher sie sich sind. Paulhan (1987, zit. n. Neumann, 1992) konnte zeigen, daß das gleichzeitige Ausrechnen verschiedener Gleichungen im Kopf sich gegenseitig sehr behindert, während das Aufsagen eines Gedichts gleichzeitig mit einer Kopfrechenaufgabe nur mäßige Beeinträchtigung nach sich zog. Wir kennen dieses Phänomen auch aus dem Alltag. Bedenken Sie nur welche Leistungen zum lauten Lesen dazugehören: Es ist hier fast immer notwendig, mit dem Sehen bereits weiter zu sein als mit dem Sprechen. Sehen und Sprechen liegen also ein gutes Stück auseinander und trotzdem behindern sie sich gegenseitig kaum (weitere Ergebnisse hierzu berichtet Neumann, 1992). Diese Erkenntnis hat eine sehr praktische Bedeutung: Es ist uns von unserer Kapazität her tatsächlich möglich, mehrere, möglicherweise sogar schwierige Aufgaben gleichzeitig zu bewältigen – so wie man Julius Cäsar nachsagt, er habe, um Zeit zu sparen, mehrere Kapitel von »*De bello gallico*« gleichzeitig diktiert. Es kommt eben nur darauf an, daß sie als hinreichend verschieden erlebt werden.

5.3.3 Aufmerksamkeitssteuerung durch formale Gestaltung

Im folgenden werden einige Techniken genannt, mit deren Hilfe man Aufmerksamkeit steigern kann. Wenn wir als prototypischen Fall Werbeanzeigen betrachten, können wir als allgemeine Faustregel vorwegnehmen: Eine Anzeige hat um so bessere Chancen auf Aufmerksamkeit, je stärker sie sich von anderen Anzeigen *unterscheidet* (Andrews et al., 1992). Es kommt also mehr auf den Kontrast zu dem Umfeld als auf ein isoliertes Einzelmerkmal an.
Lachmann (i.V.) unterscheidet zwei Arten von Kontrast: Der A-Kontrast folgt dem Prinzip »Auffallen, Aufmerksamkeit erregen, Aktivieren«. Um diesen Kontrast zu erreichen, eignen sich Reize, die innovativ und überraschend sind. Ein A-Kontrast ist im Grunde schon erreicht, wenn ein Stimulus sich von seinem aktuellen Reizumfeld hinreichend abhebt. Wenn sich etwa die Werbung mit hoher Reizsstärke, laut, schrill und grell in unsere Aufmerksamkeit drängt, dann hat das sicher einen Effekt auf unsere Aufmerksamkeit. Möglicherweise werden aber diese Strategien von mehreren Kampagnen gleichzeitig eingesetzt. Dann wäre zwar der A-Kontrast gegeben, nicht aber der B-Kontrast. Mit Hilfe dieses Kontrastes soll der Reiz in der Folge leicht wiedererkannt und identifiziert werden. Hierzu eigenen sich Reize, die eigentypisch und vertraut sind, die also nur für eine bestimmte Kampagne gelten. Während also der A-Kontrast auf das aktuelle Stimulus-Umfeld bezogen bleibt, gilt der B-Kontrast für einen viel weiteren, oft nur potentiellen bzw. allenfalls im Gedächtnis repräsentierten Stimulus-Kontext.
Im optimalen Fall geht der A-Kontrast mit der Zeit in den B-Kontrast über, wie es etwa mit *Milka*'s lila Kuh geschehen ist: Die zunächst nur verrückt-neuartige Darstellung hat sich mittlerweile zu einem unverwechselbaren Markenzeichen entwickelt.

Farbe

Bunte Gegenstände, vor allem bunte Anzeigen in Zeitungen haben eine größere Chance auf Aufmerksamkeit als schwarzweiße. Der Effekt ist aber nicht überragend, und es fragt sich im Einzelfall, ob sich der Mehraufwand für farbige Anzeigen angesichts eher durchschnittlicher Effekte lohnt (Mullen & Johnson, 1990; vgl. 15.4). Das entscheidende Merkmal ist auch nicht die Buntheit. Zunächst kommt es auch hier auf den Kontrasteffekt an. In einer bunten, farbenfrohen Umgebung kann man eher mit einem schwarzweißen Gegenstand auf Aufmerksamkeit hoffen. Farben steigern also die Aufmerksamkeit in ihrer Eigenschaft als Förderer von Kontrasten!
Dieser Gedanke hat noch eine andere Konsequenz: Kontraste innerhalb einer Vorlage werden durch Buntheit verringert. Je bunter eine Anzeige ist, desto weniger wird eine deutliche Gestalt-Wahrnehmung zu erwarten sein. Meyer-Hentschel (1993, S. 54) empfiehlt als Test, von einer bunten Vorlage eine schwarz-weiße Kopie, im einfachsten Falle eine Fotokopie zu erstellen. Daran erkenne man die tatsächlichen Kontraste in der Vorlage. Zu bunte Vorlagen verhindern eine deutliche Figur-Grund-Gliederung. Eine häufig praktizierte Alternative zur bunten Anzeige besteht darin, in der Werbung nur einen einzigen Farbton dominieren zu lassen. Tatsächlich folgen mehr als 2/3 aller Werbespots diesem Gestaltungsprinzip (siehe 15.4).

Mehrdeutigkeit und Neuartigkeit

Neuartigkeit und Mehrdeutigkeit verweisen auf einen der wichtigsten aufmerksamkeitssteuernden Mechanismen. Kaum etwas kann so gut die Aufmerksamkeit an sich binden, wie ein Gegenstand, der neuartig ist und mit dem man noch nichts anzufangen weiß. Solche Dinge rufen eine Orientierungsreaktion hervor, man kommt ins Stutzen. Was fällt alles unter die Kategorie? Zunächst einmal alles wirklich Neue, noch nie Dagewesene, aber auch einfach Dinge, die unklar erscheinen.

Dazu zählen auch bewußte Verstöße gegen Wahrnehmungs- und Gestaltgesetze (5.2.2): Heller (1956) konnte zeigen, daß Versuchspersonen Werbeslogans, bei denen jeder siebte Buchstabe fehlte, besser erinnerten als vollständige Slogans. Die Firma *Kellogg* hat in einer Werbekampagne ihren Namen auf das äußerste Ende einer Reklametafel anbringen lassen, wobei der letzte Buchstabe, das zweite »g« durch den Rand der Tafel abgeschnitten wurde. Die unvollständige Figur hatte Irritation und damit größere Aufmerksamkeit zur Folge (Myers & Reynolds, 1967). Ein ähnliches Ergebnis erzielten Heimbach und Jacoby (1972, zit. n. Mullen & Johnson, 1990, S. 21), die ihren Versuchspersonen unvollständige Werbespots darboten. Offenbar wird der Wahrnehmungsapparat aktiv, indem er versucht, eine »gute Gestalt« herzustellen. Diese nahezu unwillkürliche Tendenz führt zu Aufmerksamkeitssteigerung. Irritierende Elemente in der Werbung haben nach einer Untersuchung von Witt und Witt (1990) aber nur bei jüngeren Zielgruppen bis etwa 26 Jahren Aussicht auf Erfolg. Zu den eingesetzten Methoden zählen dabei »kurze Bild- und Tonstörung am Anfang von Fernsehspots, Fernsehspots ohne Ton, Schreibfehler in Anzeigenwerbungen, Auf›dem-Kopf-Stehen‹ von Objekten« (Groebel & Gleich, 1991, S. 209).

Mehrdeutigkeit kann aber auch als die semantische Mehrdeutigkeit im engeren Sinne verstanden werden. Mullen und Johnson (1990) erinnern an eine Kampagne für *Campari*: In den Anzeigen wurde regelmäßig eine bekannte Schauspielerin in einem Interview nach ihrem »ersten Mal« befragt. Die Schauspielerin erklärte, wie wenig »es« ihr beim ersten Mal gefallen habe, und wie sie erst habe lernen müssen, »es« zu lieben. Der Leser merkte erst am Ende der Anzeige, daß »es« um das Trinken von *Campari*, dem bitter schmeckenden Aperitif, ging.

Es ist vielleicht nicht überflüssig, darauf hinzuweisen, daß Neuartigkeit nur wirken kann, wenn sie im Kontext von Vertrautem steht. Nur die Kombination von Dingen, die man kennt, und Dingen, die neu sind, hat etwas Anregendes. Wenn alle Elemente einer Situation neu und ungewohnt sind, ist Aversion, Irritation und Abwendung die wahrscheinlichere Folge (Kover, Goldberg & James, 1995). Eine in diesem Sinne neuartige Gestaltung basiert auf einem Mißverständnis dessen, was Kreativität ausmacht.

Intensität und Menge

Klar, ohne jede Frage: Viel, laut, grell, schrill... all das kann unsere Aufmerksamkeit binden. Viele Werbeanzeigen nutzen diese Binsenweisheit auch ausgiebig. Ein interessantes und etwas ungewöhnliches Anwendungsbeispiel stammt von LaBarbera und MacLachlan (1979; siehe auch Exkurs 39). Sie setzten ihre Versuchspersonen verkürzten Werbespots im Radio aus. Durch Kürzen von Sprechpausen und längeren Vokalen gelang es ihnen, in dieselbe Zeit, das 1,3fache an Information zu packen, ohne die Werbebotschaft unverständlich zu machen oder die Stimmen zu verzerren. Die komprimierten Spots erhielten mehr Aufmerksamkeit und wurden besser erinnert.

Größe

Je größer eine Sache ist, desto mehr Aufmerksamkeit erregt sie. Allerdings besteht keine 1:1-Beziehung zwischen Größe und Aufmerksamkeitssteigerung. Der Effekt wird als die Wurzel aus dem Betrag des Mehraufwands geschätzt. Eine doppelt so große Anzeige würde also eine Effektsteigerung um den Faktor 1,4 versprechen, eine vier Mal so große nur den zweifachen Effekt (Mullen & Johnson, 1990, S. 18; vgl. auch Meyer-Hentschel, 1993, S. 44). Also stellt sich auch hier wie schon beim Thema Farbe das Problem der Kosten-Nutzen-Abwägung.

Zudem ist der Kontext zu beachten, in dem die Anzeigen stehen. Ulin (1962, zit. n. Mullen & Johnson, 1990, S. 18) stellte für ein Experiment zwei Exemplare derselben Zeitschrift her, von denen eine das Format von *Reader's Digest* (etwas weniger als DIN-A5) und die andere die Größe des *Life-*

Magazine hatte (etwas weniger als DIN-A4). Natürlich waren auch die Anzeigen in den jeweiligen Ausgaben entsprechend vergrößert bzw. verkleinert. Ulin konnte aber nicht nachweisen, daß die kleine Version der Anzeigen etwa weniger beachtet worden wäre als die große. Allenfalls zeigten sich Unterschiede für die relative Anzeigengröße, so daß also Anzeigen, die innerhalb des jeweiligen Heftes zu den kleineren zählten, zu geringerer Aufmerksamkeit führten. Demnach ist also die Aufmerksamkeitswirkung von Größe auch eine Frage des Kontexts und der Bezugspunkte.
Praktiker sollten aber nicht vergessen, daß sich bei konstanten Kosten sehr leicht durch Größenveränderung ein Aufmerksamkeitsgewinn erzielen läßt. Denn: »Je größer die Abbildung im Verhältnis zum Text, desto größer das Aktivierungspotential« (Meyer-Hentschel, 1993, S. 45). Ebenso steigert sich die Aktivierung bei einem besonders großen Bildausschnitt, also einer Nahaufnahme, bzw. die überdimensionierte Darstellung von Gegenständen wie etwa in Abbildung 5.8.

Abbildung 5.8 Aufmerksamkeitsbindung durch Größe.

Bewegung
Bewegung in unserer unmittelbaren Umgebung führt oft geradezu unwillkürlich zu Orientierungsreaktionen. Stellen Sie sich nur vor, jemand geht dicht an Ihnen vorbei. Sie drehen fast automatisch Ihren Kopf nach ihm um. Dieses Phänomen wird zum Beispiel durch ganz spezielle Anordnungen in Schaufenstern, an Häuserfassaden oder im Verkaufsraum von Kaufhäusern genutzt, wo durch kleine Motoren eine ausgestellte Werbegruppe in ständiger Bewegung gehalten wird. Auch Abbildungen in Anzeigen, die man ja nun an keinen Motor anschließen kann, sollen häufig Bewegung suggerieren. Eine der weniger traditionellen Methoden besteht darin, durch einfache graphische Mittel wie Spiralen oder Wellenlinien Bewegungen anzudeuten. Ein originelles Beispiel für diese Art der Werbung am Verkaufsort stammt von *Pepsi* aus einer Kampagne in den frühen 80er Jahren: Zum einen gab es die »pouring bottle« oder die »pouring can«: Eine rotierende Acryl-Masse erzeugte den Eindruck, daß *Pepsi* permanent aus seinem Behälter gegossen wurde. Das beste war allerdings die »tipping can«. Dabei handelt es sich um einen Sechserpack *Pepsi*-Dosen, der aussieht, als falle er jeden Augenblick aus dem Regal, der sich aber immer selbst im letzten Augenblick fängt und wieder in eine stabile Position bringt (*Sales & Marketing Management, 131*, 1983, S. 21, zit. n. Mullen & Johnson, 1990, S. 19).

Positionierung
Die größte Chance auf Aufmerksamkeit haben Gegenstände, die ohne Aufwand wahrgenommen werden können. Man kann zum Beispiel die Verkaufschancen eines Produktes vergrößern, wenn man es so plaziert, daß es mühelos wahrgenommen und gegriffen werden kann. Dieser Vorteil wird manchmal eingesetzt, um einen Nachteil auf einer anderen Dimension auszugleichen. So werden zum Beispiel beim Gestalten der Regale im Verkaufsraum eines Supermarktes gelegentlich Artikel, die weniger gut verkauft werden, in Augenhöhe plaziert, während die populären Artikel etwas tiefer untergebracht werden (Schober, 1976; Mullen & Johnson, 1990; Kirchler, 1995, S. 151*f*). Es scheint auch eine kulturell geprägte Gewohnheit zu geben, beim Betrachten einer Szene (oder einer Zeitschriftenseite) entsprechend der Leserichtung links oben zu beginnen, so daß diese Ecke bevorzugt ins Zentrum der Aufmerksamkeit rückt (vgl. auch 15.3.2).
Eine hohe Aufmerksamkeitswirkung ist freilich auch zu erwarten, wenn ein Gegenstand an einem völlig unerwarteten Ort erscheint. So sicherte sich beispielsweise ein amerikanischer Hersteller von Suppen die Aufmerksamkeit der Betrachter, indem er in lokalen Kirchenblättern inserierte (Rhodes, 1997, S. 88).

5.3.4 Aufmerksamkeitssteuerung durch konkrete Inhalte

Es lassen sich auch ganz konkrete Inhalte benennen, die eine besonders große Chance haben, Aufmerksamkeit zu erregen. Vor einigen Jahren kündigte in einer Kampagne der Werbe- und Anzeigenindustrie auf einem weithin sichtbaren Plakat an: »Hier eine Liste der Personen, die ihre Fernsehgebühren nicht zahlen«. Darunter befindet sich eine Menge Kleingedrucktes in unregelmäßigen kurzen Zeilen – genau wie eben eine Adressenliste aussieht. Eine andere Anzeige derselben Reihe verspricht: »Hier die Privatadressen aller Millionäre, die noch unverheiratet sind«. Geht man näher, erkennt man allerdings in dieser Liste nur den ständig wiederholten Text: »Werbung macht neugierig, Werbung macht neugierig...«. Man kann davon ausgehen, daß die meisten Menschen in irgendeiner Weise ein Interesse an den versprochenen Informationen haben, zumindest

ruft man durch das ungewöhnliche Versprechen eine Orientierungsreaktion hervor und macht sich auf diese Weise die Effekte der Neuartigkeit eines Reizes zunutze.
Wenn Personen auf die Reizaufnahme eingestimmt sind, dann haben nicht nur neuartige Reize, die von der Erwartung abweichen, eine Chance auf Aufmerksamkeit. Zunächst werden grundsätzlich solche Reize besser aufgenommen, die auf ein akutes Bedürfnis bezogen sind. Wenn ich zum Beispiel einen Computer kaufen möchte, dann beachte ich Computer-Anzeigen mit größerer Aufmerksamkeit. Aber nicht nur das. Andere, eher ungewöhnlich Dinge werde ich womöglich gezielt ausblenden. Stellen wir uns vor, ich betrete das Computer-Geschäft. Die Aufmerksamkeit richtet sich hier vor allem auf solche Reize, mit denen ich sowieso schon gerechnet habe. Meine Erwartung beeinflußt meine Aufmerksamkeit. Ein Radio, das vielleicht ebenso in dem Geschäft zu bemerken wäre, wird mir in dieser Situation entgehen (Kotler & Bliemel, 1995, S. 298).
Eine spannende Frage ist nun, ob es nicht vielleicht Inhalte gibt, bei denen wir unter einer großen Menge von Bedingungen – vielleicht gar generell – Interesse voraussetzen können. Ich denke, solche Inhalte gibt es in der Tat. So erwarte ich zum Beispiel, daß speziell die Verwendung von roter Farbe einen besonderen aufmerksamkeitssteigernden Effekt hat (vgl. 15.4). Eine grundlegende aufmerksamkeitsfördernde Wirkung unterstellt zum Beispiel Teigeler (1982) der intellektuellen Anregung durch Rätsel, unerwartete Zusammenhänge, unerwartete Unterschiede und Neugier-Fragen. Die damit verbundenen Impulse haben wir schon unter der Überschrift »Neuartigkeit« besprochen. Wichtig ist hier jedoch zu betonen, daß mit der Neugierde ein wichtiges menschliches Bedürfnis angesprochen ist, das nicht nur besonders »intellektuelle« Personen besitzen. Die zeitweilig populären dreidimensionalen Grafiken zum »magischen Auge« sind mit dieser Erwartung auch zu Werbezwecken eingesetzt worden. Die Hoffnung ist offenbar, daß das Interesse an diesen spielerischen Aufgaben groß genug ist, um die Aufmerksamkeit zu binden. Intellektuelle Reize in der Werbung wirken aber grundsätzlich schwächer als emotionale. Vor allem nutzen sie sich schnell ab. »Der sinnvollste Einsatzbereich gedanklicher Reize liegt wohl bei gebildeteten Zielgruppen mit hohem Produktinteresse« (Meyer-Hentschel, 1993, S. 40).

Exkurs 18 *Anagramme in der Werbung*

Holsten Pils veränderte nach einer Idee der Werbeagentur Gold Greenless Trott den Produktnamen so, daß zwar ungewöhnliche, aber doch nicht völlig unsinnige Begriffe herauskommen. Entsprechend dem englischen Ideenlieferanten kommen dabei etwa »Heltons Lips«, »Hillson Pets«, »Spot ill hens« und »Hellins post« heraus. Der Schriftzug und der deutlich gelbe Farbton der normalen Anzeigen wird beibehalten, so daß stets eine weitere Gedächtnisstütze das Lösen der Anagrammaufgaben erleichtert (Diekhof, 1995).

Mehr noch erwarte ich allerdings Aufmerksamkeit bei besonderen »Schlüsselreizen«, denen man eine biologische Basis unterstellen kann. Ein solcher Reiz wäre zum Beispiel Erotik. Den meisten von uns, Männern oder Frauen, würde es schwer fallen, die Orientierungsreaktion zu unterdrükken, die sich aus der Wahrnehmung von offensichtlich nackter Haut ergibt. Auch hierzu hat die Werbeindustrie vor einigen Jahren eine passende Kampagne durchgeführt: Auf einem großen Plakat war ein weiblicher Hintern mit knappem Slip zu sehen, darüber stand: »Schau weg«. Das Üble an der Sache war, niemand konnte wegschauen, ohne genau zu registrieren, was da zu sehen war. Beim Einsatz von Erotik müssen wir kaum berücksichtigen, ob die Betrachter besonders für Erotik motiviert sind. Der Betrachter braucht aktuell gar kein besonderes Interesse an Erotik zu haben. Die Ansprechbarkeit auf sexuelle Reize ist uns angeboren. Die Werbungtreibenden können sich auf sie verlassen. Kroeber-Riel (1979) konnte zeigen, daß bei der Verwendung von erotischem Material auch die Dauer anstieg, mit der das Werbematerial betrachtet wurde. Ob die Strategie, mit Erotik zu werben, allerdings mehr verspricht als nur Aufmerksamkeitsvorteile, ob sich also die erhöhte Aufmerksamkeit auch in einem Verlangen nach dem beworbenen Artikel niederschlägt, ob die Einstellung zu dem Artikel durch Erotik verbessert wird, soll in einem anderen Kapitel diskutiert werden (16.2).

Die konkreten Inhalte, mit denen man Aufmerksamkeit binden kann, hängen auch von aktuellen Strömungen, Modeerscheinungen oder dem Tagesgeschehen ab. Ein Hinweis auf jüngste bedeutende oder nur interessante Ereignisse in einer Schlagzeile stößt oft, ganz ohne reißerisch zu sein, auf Interesse. Aber nicht alle Inhalte, die Aufmerksamkeit auf sich ziehen, lösen auch gleichzeitig positive Assoziationen aus. Blutige Schlachtfelder werden zwar bemerkt, sie werden aber nicht mit angenehmen Gefühlen verbunden. Der Erfolg bei der Aufmerksamkeitslenkung entspricht nicht unbedingt einem Erfolg in der Werbewirkung. Dies gilt nicht nur für abstoßende oder angsteinflößende Inhalte. Auch Verfremdungen können aversiv wirken. Stellen wir uns zum Beispiel eine Werbeanzeige vor, in der die Personen verzerrt abgebildet werden, etwa so wie in den Zerrspiegeln auf dem Rummelplatz. Eine Orientierungsreaktion beim Betrachter kann man ziemlich sicher erwarten, aber kann man auch mit positiven Reaktionen rechnen? Ein Beispiel für solche Werbegestaltungen ist eine Anzeigenkampagne von 1995, mit der dafür geworben werden sollte, daß man mehr Zeit mit seinen Kindern zubringen soll. Auf den kleinen Kinderschultern ist der Kopf eines Haustiers, das grimmige Gesicht des Chefs oder gar ein einfacher Fußball zu sehen. Alle diese Ersatzköpfe sollen daran gemahnen, daß uns oft andere Dinge wichtiger sind als unsere eigenen Kinder. Aber dadurch, daß die Gesichter der Kinder fehlen, verschenken diese Anzeigen ihr wirksamstes Kapital.

SECHS: **Lernen**

Zusammenfassung:

1. *Mit »Lernen« bezeichnet man den Erwerb neuer Verhaltensmöglichkeiten. Eine Grundform des Lernens ist der Aufbau von bedingten Reflexen, das sogenannte »klassische Konditionieren«. Dabei werden die Reaktionen des Organismus auf bestimmte Reize durch zeitliches Zusammentreffen auf andere, ursprünglich neutrale Reize übertragen. Diese Art, assoziative Verbindungen herzustellen, wird als ein zentrales Modell der Werbewirkung diskutiert.*

2. *Moderne Varianten des klassischen Konditionierens unterscheiden das Signallernen vom evaluativen Konditionieren. Die letztere Form ist für die Werbung von besonderem Interesse; sie besteht aus dem Erwerb von Werturteilen und Einstellungen. Dabei ist sie auf geringere kognitive Beteiligung angewiesen als das Signallernen, zudem sind ihre Lernergebnisse stabiler.*

3. *Die Wirksamkeit des klassischen Konditionierens für das Konsumentenverhalten kann zwar nicht bezweifelt werden, aber die tatsächliche Werbepraxis setzt die Bedingungen für ein optimales Konditionierungs-Ergebnis nur selten um.*

4. *Im Unterschied zum klassischen Konditionieren muß beim sogenannten »operanten Konditionieren« der Organismus selbst aktiv werden. Diese Form des Lernens folgt dem einfachen Grundgedanken, daß ein Verhalten durch seine Konsequenzen kontrolliert wird. Diejenige Konsequenz, die geeignet ist, die Auftretenswahrscheinlichkeit des Verhaltens zu erhöhen, wird »Verstärker« genannt. Typische Verstärker sind Belohnungen oder die Linderung unangenehmer Zustände.*

5. *Neutrale Reize können durch Koppelung an einen Verstärker selbst Verstärkungswert erhalten. Man spricht von »sekundären Verstärkern«. Ein alternatives Modell der Werbewirkung besteht aus dem Gedanken, daß ein Produkt durch Koppelung an einen Verstärker zu einem sekundären Verstärker wird.*

Das erste, was uns im Alltag zum Begriff »Lernen« einfallen würde, ist sicher die Schule. Man lernt beispielsweise Vokabeln oder Mathematik. Man lernt einen Text oder ein Computerprogramm. Man lernt aber auch Autofahren, Tanzen oder Klavierspielen. Schließlich, so wird man einräumen, lernt man auch so schwierige Dinge wie Verzichten, Verzeihen oder den Geschmack von schwarzen Oliven lieben. Der Begriff, den die Psychologie traditionell vom Lernen hat, umfaßt alle diese Dinge und noch mehr. Gelernt werden nach dieser Begriffsverwendung bestimmte Fertigkeiten und Techniken, spontane Reaktionen, überlegtes Handeln, Reflexe, ja sogar Emotionen und Einstellungen. Alle diese Merkmale des menschlichen Verhaltens sind prinzipiell durch Lernen beeinflußbar. Allgemein gesprochen: Unter Lernen verstehen wir eine Änderung in den

Verhaltensmöglichkeiten einer Person. Diese Änderung kann bedeuten, daß die Person in Zukunft Vokabeln verwenden kann, die sie vorher nicht verwenden konnte. Sie kann aber auch bedeuten, daß die Person in einer Situation angstfrei ist, in der sie sich vorher gefürchtet hat.
Aber nicht jede Veränderung in den Verhaltensmöglichkeiten einer Person ist gleich Lernen. Das entscheidende Merkmal des Lernens ist, daß die Änderung *erworben* ist. Sie kommt von außen und war nicht in der Person (etwa biologisch) angelegt. Zudem bedeutet Lernen eine Änderung in den Verhaltens*möglichkeiten* (Bredenkamp & Wippich, 1977, Bd. I, S. 19). Das besagt: Nicht alles, was gelernt wurde, zeigt sich sofort im Verhalten.

6.1 Das klassische Konditionieren

Wenn man nun die Geschichte von der Psychologie des Lernens von Anfang an erzählen möchte, dann muß man mit dem Pawlowschen Hund beginnen. Der Pawlowsche Hund muß vermutlich nicht mehr vorgestellt werden. Rekapitulieren wir: Wenn man einem Hund sein Fressen hinstellt, zeigt er reflexartig eine verstärkte Speichelsekretion. Der russische Physiologe Ivan Pawlow ließ vor der Fütterung eines Versuchs-Hundes stets einen Glockenton erklingen. Nach einigen Versuchsdurchgängen zeigte der Hund den Speichelreflex auch auf den bloßen Glockenton, ganz unabhängig von der Fütterung.
Damit war ein *bedingter Reflex* geschaffen worden. Die Speichel-Reaktion auf das Füttern erfolgte unter allen Umständen, also unbedingt. Die Speichel-Reaktion auf den Glockenton war aber von der Koppelung zwischen Glocke und Fütterung abhängig und erfolgte nur unter der Bedingung, daß beide Ereignisse gekoppelt waren. Auf den Pawlowschen Grundansatz beziehen sich in der Folge diejenigen psychologischen Theorien, die sich Lernen im wesentlichen als eine Koppelung von bestimmten Reaktionen an bestimmte Reize vorstellen. Diese Theorien werden oft unter dem Oberbegriff *S-R-Theorien* zusammengefaßt, wobei S für »Stimulus«, also »Reiz«, steht und R für »Response« bzw. »Reaktion« (vgl. 1.3.1).
S-R-Theorien waren in früheren Zeiten auch bei der Erklärung von Werbewirkung sehr einflußreich. Es bietet sich an, die Werbung als den Stimulus und das Kaufverhalten als die dazugehörige Reaktion zu betrachten. Im Rahmen der S-R-Theorien war nur nach der wirksamsten Koppelung zwischen Reiz und Reaktion zu fragen, ohne daß dabei irgendwelche vermittelnden Prozesse, etwa Bewertung oder Entscheidung, beschrieben werden mußten. Diese mechanistische Sicht auf das Konsumentenverhalten trug nicht wenig zum schlechten Ruf der Werbepraktiker bei. Daher werden sie auch heute nicht müde zu betonen, daß S-R-Theorien überholt seien und längst nicht mehr den »state of the art« widerspiegeln (zum Beispiel Baacke et al., 1993, S. 122; Nickel, 1993, 1998).

6.1.1 Zentrale Begriffe des Konditionierens I: klassisches Konditionieren

Den Vorgang der Koppelung von Verhalten an äußere Bedingungen nennt man Konditionieren. Grundsätzlich werden zwei Arten des Konditionierens unterschieden: klassisches und operantes Konditionieren. Pawlows Ansatz gilt als »klassisches Konditionieren«. Dem operanten Konditionieren wenden wir uns weiter unten zu (6.2). Beim klassischen Konditionieren werden neutrale Stimuli mit anderen nicht neutralen Reizen gekoppelt. Betrachten wir zunächst das klassische Konditionieren in Reinform. Auf den unkonditionierten Reiz erfolgt eine unkonditionierte Reaktion. Im Pawlowschen Beispiel war der unkonditionierte Reiz das Fressen und die unkonditionierte Reaktion der Speichelfluß. Der Glockenton war demgegenüber ein völlig neutraler Reiz. Auf den Ton hin erfolgte überhaupt keine Reaktion.

Wir wissen, daß die Glocke später den Speichelfluß von selbst ausgelöst hatte. Offenbar kam es darauf an, daß der Ton hinreichend oft und hinreichend präzise der Darbietung des Fressens voranging. Der Hund mußte die Zusammengehörigkeit von Ton und Fressen erleben können. Der Begriff hierfür ist »Kontiguität«, was »Berührung, zeitliches Zusammentreffen« bedeutet. Die räumliche und zeitliche Nähe der beiden Reize galt lange Zeit als die Grundlage des Lernprozesses.

Wenn nun der Glockenton häufiger dargeboten wird, ohne daß Fressen in Sichtweite kommt, dann wird sich der Hund das Sabbern wieder abgewöhnen. Die Wirksamkeit des konditionierten Stimulus ist also nur erborgt. Das Verschwinden der konditionierten Reaktion, nachdem dem konditionierten Reiz über längere Zeit der unkonditionierte nicht mehr gefolgt ist, nennt man *Löschung* oder *Extinktion*.

Als nächstes möchte ich Sie mit dem kleinen Albert bekannt machen (vgl. Lefrançois, 1976, S. 50; Bredenkamp & Wippich, 1977, Bd. I, S. 10): Als Albert elf Monate alt war, geriet er zu seinem Pech dem Behavioristen John B. Watson in die Hände. Watson wollte demonstrieren, daß auch Emotionen nichts anderes als klassisch konditionierte Reaktionen sind. Er ließ hierzu den kleinen Albert mit einer kleinen weißen Ratte spielen, was Albert normalerweise auch sehr gern tat. Im Versuchsdurchgang wurde aber gemeinsam mit dem kleinen Nager ein sehr unangenehmes Geräusch laut. Albert fürchtete sich vor diesem Geräusch und nach einiger Zeit fürchtete er sich ebenso vor der Ratte. Es genügte schon der Anblick der Ratte, um bei Albert Fluchtreaktionen auszulösen. Aber nicht nur die Ratte selbst, sondern auch andere Pelztiere, zum Beispiel ein Kaninchen konnten bei Albert Furcht erzeugen. Die Reaktion wurde also auf andere, gleichartige Reize ausgeweitet. Sie wurde *generalisiert*. Ein längeres und umständlicheres Verfahren hätte bei Albert vielleicht zur Diskriminierung geführt. Wäre nämlich auf Dauer bei dem Kaninchen, bei Plüschtieren und Hunden der Ton ausgeblieben, hätte sich seine Furchtreaktion wahrscheinlich nur noch auf die Ratte beschränkt.

Das nächste wichtige Phänomen ist die *Konditionierung zweiter Ordnung*. Die Idee ist einigermaßen einfach: Wenn ein vormals neutraler Reiz bereits eine konditionierte Reaktion hervorrufen kann, kann er nun seinerseits mit anderen neutralen Reizen gekoppelt werden, so daß diese nun die Reaktion hervorrufen. Die Glocke beim Pawlowschen Hund kann an ein Lichtsignal gekoppelt werden, Alberts Ratte kann – ganz ohne Generalisierung – mit einem anderen Signal, etwa ihrem Käfig, dem Versuchsleiter oder anderen Dingen verbunden werden, so daß die jeweiligen Reaktionen auf die neuen Reize übertragen werden. Geht man davon aus, daß Konditionierungseffekte höherer Ordnung möglich sind, dann erweitern sich damit die Gelegenheiten, bei denen Konditionierungseffekte im Alltag vorkommen, erheblich. Ein Konditionierungseffekt höherer Ordnung setzt nämlich nicht voraus, daß der konditionierte Stimulus gemeinsam mit den unkonditionierten aufgetreten sein muß.

6.1.2 Signallernen

Nach neuerer Auffassung werden beim klassischen Konditionieren zwei Prozesse unterschieden, nämlich das Signallernen und das evaluative Konditionieren. Beim Signallernen werden Verbindungen zwischen Stimuli gelernt, wobei der eine Stimulus als Hinweis dafür erlebt wird, daß mit

dem anderen Stimulus zu rechnen ist. Beim evaluativen Konditionieren geht es dagegen nicht darum, ein Ereignis vorherzusagen, sondern um das Erlernen von Einstellungen. Hierzu werde ich weiter unten noch mehr sagen. Zunächst zum Signallernen:
Es ist eine traditionelle Auffassung beim klassischen Konditionieren, daß der Schlüssel des Lernprozesses in der Kontiguität, also im zeitlichen Aufeinandertreffen des unkonditionierten mit dem neutralen Stimulus beruht. Diese Ansicht gibt aber nur die halbe Wahrheit wieder. Rescorla (1988) betont, daß nicht eigentlich derjenige Reiz gelernt wird, der mit dem unkonditionierten Stimulus zusammentrifft, sondern derjenige, der über den unkonditionierten Reiz die meiste Information birgt. Demnach ist der Schlüsselbegriff für das Signallernen nicht Kontiguität, sondern Kontingenz. Mit Kontingenz meint man hier die bedingte Wahrscheinlichkeit, daß der unkonditionierte Stimulus auftritt, wenn der konditionierte Stimulus gegeben ist.
Das Zusammentreffen und der Informationsgehalt sind nicht dasselbe. Dies zeigt sich an folgender Beispielrechnung (siehe Tabelle 6.1). Wir versuchen, unser Produkt mit einem positiven Stimulus, etwa einer besonders angenehmen Musik zu assoziieren. Im Sinne des Signallernens bedeutet das, daß die Probanden mit der angenehmen Musik rechnen, wenn sie das Produkt wahrnehmen. Tabelle 6.1 gibt nun Wahrscheinlichkeiten für verschiedene Ereignisse wieder. Diese Wahrscheinlichkeiten sind um des Beispiels willen so gewählt, daß der Unterschied zwischen Kontiguität und Kontingenz besonders groß ist. Da wir von 100 Situationen ausgehen, sind die absoluten Häufigkeiten auch besonders einfach in relative, eben in Prozentzahlen umzurechnen.
Die Wahrscheinlichkeit, daß die Musik kommt, wenn das Produkt gegeben ist, ist also mit 40 Prozent vier Mal so groß, wie die Wahrscheinlichkeit, daß bei gegebenem Produkt keine Musik kommt.
Den Randverteilungen von Tabelle 6.1 können wir entnehmen, daß in der Hälfte davon das Produkt vorhanden sein wird, in der anderen Hälfte nicht. Wenn wir nur die Fälle betrachten, in der das Produkt vorkommt, dann sind innerhalb dieser Spalte 80 Prozent der Fälle (also 40 von den insgesamt 50 Fällen) von Musik begleitet.
Mit anderen Worten: In 80 Prozent der Fälle, in denen die Konsumenten unserem Produkt begegnen, bekommen sie auch die Musik zu hören. Das ist als zeitliches Zusammentreffen schon ganz erheblich, aber der Informationsgehalt des Produkts zur Vorhersage der Musik ist trotzdem gleich Null.

Tabelle 6.1 Bedingte und unbedingte Auftretenswahrscheinlichkeiten für zwei Ereignisse (niedrige Kontingenz)

	Produkt	Kein Produkt	
Musik	40	40	80
Keine Musik	10	10	20
	50	50	100

Das zeigt sich, wenn man die anderen Fälle betrachtet, vor allem: wie häufig Produkt und Musik überhaupt anzutreffen sind. Diese Fälle zeigen sich in der Tabelle als die Randhäufigkeiten. Die Randhäufigkeiten sind eine sehr wichtige Information. In 4.1.1 bei der Diskussion der Repräsentativitätsheuristik habe ich diese Information als die Basis- oder Grundraten bezeichnet. Die

Grundraten zeigen an, wie hoch die Wahrscheinlichkeit für ein Ereignis (hier also: dem Produkt oder der Musik zu begegnen) grundsätzlich ist. Etwas genauer spricht man hier von *unbedingten Wahrscheinlichkeiten*.

Erst wenn man die Grundraten kennt, kann man wissen, wie hoch der Informationsgehalt einer bedingten Wahrscheinlichkeit ist. In dem Beispiel interessiert ja vor allem die Wahrscheinlichkeit, daß man die Musik hört, *unter der Bedingung*, daß man dem Produkt begegnet ist.

Unsere fiktiven Konsumenten leben offenbar in einer Welt, in der die Wahrscheinlichkeit, der angenehmen Musik zu begegnen, ziemlich hoch ist: In 80 Prozent der Fälle gibt es Musik zu hören. Damit wird aber klar, daß sich die Vorhersage des Ereignisses »Musik« durch unser Produkt überhaupt nicht verbessert, denn die bedingte Wahrscheinlichkeit (Musikhören unter der Bedingung, daß man auch das Produkt sieht) ist gleich der unbedingten Wahrscheinlichkeit, eben 80 Prozent. Damit sind die Ereignisse »Produkt« und »Musik« unkorreliert – das eine Ereignis birgt keine Information für das andere und es besteht auch keinerlei Kontingenz.

Die Kontingenz bestimmt sich als die Phi-Korrelation zwischen den beiden Ereignissen »konditionierter« und »unkonditionierter Reiz«.[1] Der Betrag dieser Korrelation wird um so größer, je mehr Fälle in der Diagonale einer Kontingenztafel wie Tabelle 6.1 stehen. Jeder Fall außerhalb der Diagonale schwächt die Kontingenz bzw. den Phi-Koeffizienten.

Was heißt das praktisch? Bleiben wir bei dem Beispiel; wir wollten unser Produkt mit einer sehr angenehmen Musik einführen. Wir können zwar jede einzelne Darbietung des Produktes mit der Musik koppeln, so daß ein perfektes Zusammentreffen garantiert ist. Wenn aber die Musik zu allen möglichen anderen Gelegenheiten ohne unser Produkt ebenfalls erklingt, dann enthält unser Produkt in einem technischen Sinne trotzdem nur geringe Information über die Musik. Den Rezipienten wird das Erklingen der Musik mit unserem Produkt genauso wahrscheinlich vorkommen wie ohne unser Produkt (siehe auch Exkurs 50). Aus eben diesem Grund empfiehlt etwa Solomon (1999, S. 75): »a novel tune should be chosen over a popular one to pair with a product, since the popular song might also be heard where the product is not present« (siehe auch McSweeney & Bierley, 1984).

Dieses Argument können wir uns in Tabelle 6.2 auch numerisch veranschaulichen. Hier wurde die Kontingenz derart verändert, daß nun wirklich jede Darbietung des Produktes auch mit der Musik einhergeht. Es gibt jetzt keinen Fall mehr, in dem das Produkt ohne Musik angetroffen wird. Trotzdem stehen noch immer relativ viele Fälle, nämlich 30 Prozent außerhalb der Diagonalen (dementsprechend erreicht der Phi-Koeffizient nur .50).

Tabelle 6.2 Bedingte und unbedingte Auftretenswahrscheinlichkeiten für zwei Ereignisse (hohe Kontingenz)

	Produkt	Kein Produkt	
Musik	50	30	80
Keine Musik	00	20	20
	50	50	100

[1] Der Phi-Koeffizient mißt die Stärke des Zusammenhangs zweier Merkmale, die jeweils nur in zwei Ausprägungen vorliegen (zum Beispiel Produkt/kein Produkt; männlich/weiblich). Er kann zwischen –1 und +1 variieren. Ein hoher Betrag spricht für einen engen Zusammenhang.

Das Signallernen betrifft den Aufbau einer *Erwartung* nach dem Prinzip »wenn, dann«. Der Organismus erwirbt die Erwartung, daß der unkonditionierte Stimulus folgt, wenn der konditionierte gegeben wird.

Diese Sicht auf das klassische Konditionieren ist neu. In ihr wird der Konditionierungsprozeß nicht mehr als das Erwerben von bedingten Reflexen gesehen, sondern als der Aufbau einer möglichst brauchbaren Repräsentation der Welt. Ein geringer Informationsgehalt ist auch dann gegeben, wenn der neutrale Reiz redundant ist. Was heißt das? In einem Experiment könnte das folgendes bedeuten: Wieder koppeln wir unser Produkt an das Erklingen einer angenehmen Musik. Nun bereiten wir aber eine zweite Gruppe von Versuchspersonen noch anderweitig auf die Musik vor. Stellen wir uns um des Beispiels willen vor, die Musik würde live gespielt, und bei jedem Durchgang müßten zuvor die Instrumente nachgestimmt werden. In diesem Fall wäre das Stimmen der Instrumente mindestens ebenso informativ über das Erklingen der Musik wie das Produkt. Damit wäre aber unser Produkt von seinem reinen Informationswert her überflüssig. Die Erwartung der Musik könnte sich ebensogut auf das Geräusch des Stimmens übertragen. Das geschilderte Experiment ist natürlich erfunden. Ein ähnliches, sehr viel schematischeres Vorgehen berichtet Rescorla (1988, S. 153; »the blocking effect« nach Kamin). Der Witz ist: Die konditionierte Reaktion überträgt sich auf denjenigen Reiz, der hinreichend informativ ist. Andere Reize, die dieselbe Information enthalten, gehen in der Folge leer aus.

Diese Argumente zeigen, daß es vom Standpunkt des Signallernens aus nicht ohne weiteres empfehlenswert ist, bei der Werbung auf weithin bekannte Kontextreize zurückzugreifen. Gerade solche Stimuli, die wirklich immer wieder im Alltag auftauchen, etwa Hits, die häufig im Radio gespielt werden, oder Filmszenen, die jeder Mensch mindestens schon hundertmal gesehen hat, werden kaum noch wirksam mit einem anderen Reiz gekoppelt.

Die Abweichungen von traditionellen Auffassungen zum klassischen Konditionieren sind sicher eine wertvolle Ermahnung an alle diejenigen, die meinten, das Pawlowsche Gedankengut sei völlig veraltet und seit Jahrzehnten nicht mehr modernisiert worden (eine Anwendung der modifizierten Gedanken auf die Werberezeption stellt die Arbeit von Janiszewki & Warlop, 1993, dar). Man wird aber auch zugeben müssen, daß die Konditionierungs-Theoretiker sehr starke Anleihen bei der kognitiven Psychologie machen mußten, die sich mit Informationsverarbeitungsprozessen beschäftigt, und daß sie damit zumindest den alten Behaviorismus über die Klinge springen lassen.

6.1.3 Evaluatives Konditionieren

Sehr viel mechanistischer als das Signallernen funktioniert das sogenannte »evaluative Konditionieren«. Hierbei wird ein neutraler Stimulus gemeinsam mit einem unbedingten Reiz präsentiert, der eindeutig positiv oder negativ bewertet wird. Dabei wird der vormals neutrale Stimulus nun in ähnlicher Weise bewertet wie der unbedingte Reiz. Im Unterschied zum Signallernen geht es beim evaluativen Konditionieren nicht um Vorhersagen über die Umwelt. Es werden vielmehr Assoziationen gebildet.

In ihrem klassischen Experiment gelang es Staats und Staats (1958), eine Nationalitätenbezeichnung mit negativen Reizen derart zu koppeln, daß die Nennung der Nation bereits unangenehme Gefühle auslöste. Ihren Versuchspersonen wurden unangenehme Gefühle beim Hören des Wortes »Holländisch« und angenehme beim Hören von »Schwedisch« induziert. Dies gelang ihnen durch die gleichzeitige Darbietung von positiven Wörtern in dem einen und negativen Wörtern in dem

anderen Fall. Die Beliebigkeit dieses Vorgehens läßt sich daran bemessen, daß die Autoren in einer Kontrollbedingung die positiven und negativen Kontexte umkehren und auf die jeweils andere Nation anwenden konnten, ohne daß der Effekt dadurch beeinträchtigt worden wäre. Zudem funktionierte dieselbe Versuchsanordnung auch mit beliebigen Männernamen.
Drei Besonderheiten unterscheiden das evaluative Konditionieren vom Signallernen (Überblick in Walther, 2000):

(1) Es wird nicht vorausgesetzt, daß Personen die Verbindung zwischen konditioniertem und unkonditioniertem Reiz erkennen. Evaluatives Konditionieren ist nicht auf höhere kognitive Prozesse angewiesen.
(2) Eine erfolgreiche evaluative Konditionierung wird nicht gelöscht, wenn in späteren Durchgängen der konditionierte Stimulus ohne den unkonditionierten dargeboten wird.
(3) Die evaluative Konditionierung braucht lediglich die raum-zeitliche Koppelung zwischen konditioniertem und unkonditioniertem Stimulus. Hier genügt also die Kontiguität, und Kontingenz ist nicht gefordert.

Somit wäre auch in der Versuchsanordnung von Tabelle 6.1 ein Effekt für das evaluative Konditionieren zu erwarten gewesen. Die positive Bewertung der Musik hätte sich vielleicht auf das Produkt übertragen, die Probanden hätten allerdings nicht bei Präsentation des Produktes mit dem Erklingen der Musik gerechnet.
Evaluative Konditionierung bedeutet: Ohne daß es Personen merken, können Einstellungen verändert oder erworben werden, die sehr lange bestehen bleiben. Walther (2000) konnte zudem zeigen, daß hierzu nicht einmal eine direkte Erfahrung mit dem unkonditionierten Reiz erforderlich ist. Sie machte sich dabei das Phänomen der sensorischen Präkonditionierung zu Nutze (vgl. auch Hammerl & Grabitz, 1996). Hierbei wird lediglich die Reihenfolge der Konditionierung, die wir schon vom Konditionieren zweiter Ordnung kennen (siehe oben), umgedreht.
Die Idee ist einfach folgende: Paul und Günter sind weder besonders sympathisch noch besonders unsympathisch. Beide sind aber fast immer zusammen anzutreffen. Es bildet sich also via Signallernen eine starke Assoziation zwischen beiden aus; sieht man den einen, erwartet man auch, den anderen bald zu sehen. Nun läßt sich Paul mit dem Widerling Richard ein, das heißt, man sieht nun diese beiden für eine Weile zusammen. Per evaluative Konditionierung überträgt sich die negative Bewertung von Richard auch auf Paul. Walther (2000) kann nun mit ihren Daten zeigen, daß in einem solchen Szenario auch Günter, der sich gar nicht mit Richard abgegeben hat, bloß über die Assoziation mit Paul schlechter bewertet wird. Dieser Effekt ist nicht auf negative Assoziationen beschränkt, auch positive Stimuli können entsprechend konditioniert werden (siehe Walther, 2000, Experiment 3).
Zur Rekapitulation: Beim Konditionieren zweiter Ordnung wäre zuerst Paul mit dem Widerling Richard und dann erst mit Günter in Verbindung gebracht worden. Die sensorische Präkonditionierung zeigt, daß auch die umgekehrte Reihenfolge funktioniert. Die Experimente von Walther (2000) verdeutlichen also zwei wichtige Punkte:
- Zum einen breiten sich konditionierte Bewertungen offenbar auf andere Gegenstände oder Personen aus. Für die Frage, wie andere mich wahrnehmen, ist also nicht nur wichtig, welche Freunde ich habe, sondern auch, wer die Freunde meiner Freunde sind. Mit denen kann ich nämlich assoziiert werden, ohne daß ich denen jemals begegnet bin (vgl. auch Hammerl & Grabitz, 1996).

– Zum anderen breiten sich die konditionierten Bewertungen auch auf solche Gegenstände oder Personen aus, die *noch vor der Konditionierung* mit dem neutralen Stimulus assoziiert wurden. Ich muß also nicht nur darauf achten, mit wem sich meine Freunde in der Vergangenheit eingelassen haben, sondern auch, womit sie sich in Zukunft in Zusammenhang bringen.

Darüber hinaus zeigte Walther (2000), daß die Konditionierungseffekte unbewußt waren. Ihre Versuchspersonen nahmen nicht einmal wahr, daß ihre Bewertung von Paul sich im Laufe des Experiments veränderte, noch viel weniger bemerkten sie, welchen Einfluß die Assoziation von Günter mit Richard, dem Widerling, hatte. Mehr noch: Es scheint, daß die Effekte stärker ausfallen, wenn die Probanden abgelenkt sind, also noch weniger Gelegenheit haben, das Zusammenwirken von unkonditioniertem und konditioniertem Reiz zu bemerken (Experiment 5). Demzufolge gehört das evaluative Konditionieren zu einer Gruppe von automatischen Prozessen der Informationsverarbeitung, auf die ich an anderer Stelle noch ausführlicher eingehen werde (siehe Kapitel 9).

6.1.4 Konsumenten als Pawlowsche Hunde?

»Man bedenke, was Pawlow leistete: Er nahm einen neutralen Gegenstand, und indem er ihn mit einem bedeutungsvollen Gegenstand in Verbindung brachte, machte er ihn zu einem Symbol für etwas anderes; er erfüllte ihn mit Metaphorik, er gab ihm eine zusätzliche Bedeutung. Ist das nicht genau das, was wir in der modernen Bildwerbung zu tun versuchen?«[2]

Wenn im Rahmen einer Werbebemühung ein positiver Reiz, etwa schöne Musik oder ein schönes Bild, mit dem Produkt gleichzeitig vorgegeben wird, dann scheint dieses Verfahren das klassische Konditionieren nachzuzeichnen. Welche Bedeutung kommt der Technik des klassischen Konditionierens nun tatsächlich in der Werbung zu? Ist es plausibel, die Effekte von Werbung auf die Wirksamkeit des klassischen Konditionierens zurückzuführen? Etliche Autoren sind der Meinung, das klassische Konditionieren sei ein sehr zentraler Mechanismus der Werbewirkung (zum Beispiel Rossiter & Percy, 1980; Mullen & Johnson, 1990; Kroeber-Riel & Meyer-Hentschel, 1982, S. 116*ff*; Kroeber-Riel, 1992, 1993a).

Die oben beschriebene Unterscheidung von Signallernen und evaluativem Konditionieren wird dagegen in der gegenwärtigen Konsumentenforschung noch kaum nachvollzogen (zum Beispiel Kardes, 1999; Mowen & Minor, 1998; Solomon, 1999). In den meisten konsumentenpsychologischen Anwendungen des klassischen Konditionierens mischen sich Anteile von beidem. Nun ist die Beziehung zwischen Signallernen, evaluativem und klassischem Konditionieren auch in der Grundlagenforschung noch umstritten. Unklar ist etwa, ob es sich um unterschiedliche Prozesse handelt bzw. ob das eine ein Spezialfall des anderen ist (zum Beispiel Baeyens et al., 1998; Davey, 1994). Andere Autoren gehen gar davon aus, daß die im Konsumentenverhalten berichteten Effekte ohnehin kein Konditionieren seien, sondern auf ganz andere Mechanismen zurückgingen (Allen & Madden, 1985).

Kroeber-Riel (1992) spricht von der »emotionalen Konditionierung«, der er sowohl Merkmale des Signallernens wie auch der evaluativen Konditionierung zuschreibt. Zur Einordnung dieses Phänomens meint er: »Es ist müßig, sich darüber zu streiten, ob diese Konditionierung eine ›echte‹ klassische Konditionierung oder ein modifizierter Lernvorgang ist, der wesentliche Züge der klassischen Konditionierung aufweist« (S. 127).

---

[2] »Joel S. Dubow, ein für Kommunikationsforschung bei *Coca Cola* zuständiger Manager [...] auf einem Workshop über Werbeforschung...« (*Advertising Age*, 30.1.1984, zit. in Clark, 1989, S. 86*f*).

Mit dieser Haltung müssen wir rechnen, wenn wir die Anwendungen des klassischen Konditionierens auf das Konsumentenverhalten betrachten. Daß der Streit um die tatsächliche Natur der Prozesse nicht wirklich müßig ist, wird jedoch aus den oben angedeuteten Unterschieden deutlich. Offenbar sind beide Prozesse für die Anwendung nicht in gleicher Weise interessant. Vielmehr scheint es, als sei das evaluative Konditionieren für die Werbung relevanter als das Signallernen: Erstens kommt es ohne das Bewußtsein der Kontingenz aus. Zweitens ist es resistenter gegen Löschung und drittens ist es wirklich nur auf das raum-zeitliche Zusammentreffen von konditioniertem und unkonditioniertem Reiz angewiesen. Zudem ist es auch weitgehend unplausibel, daß das Produkt beim Konditionieren wirklich die Funktion eines Signals für den unkonditionierten Stimulus erhält. Das würde nämlich bedeuten, daß das Produkt zum Beispiel die angenehmen Bilder der Werbung ankündigt und daß es seine Wertschätzung beim Konsumenten eben darum erhält, nach dem Motto: »Dieses Produkt sagt mir, wann ich mit den angenehmen Bildern rechnen darf...«

Das klassische Konditionieren gilt als ein besonders herausragendes Beispiel für eine S-R-Theorie des Verhaltens (siehe 1.3.1). Oben habe ich betont, daß sich Werbepraktiker von dieser Sicht auf die Konsumenten gerne distanzieren (zum Beispiel Nickel, 1993, siehe oben 6.1), eben weil sie so mechanistisch erscheint und die Konsumenten auf ihre automatischen und unreflektierten Verhaltensanteile reduziert. Die Differenzierung zwischen evaluativem Konditionieren und Signallernen könnte aber zu einer Renaissance der S-R-Theorien führen, denn anscheinend ist zumindest für einen Teil unserer klassisch konditionierten Verhaltensweisen eine mechanistische Beschreibung durchaus angemessen.

Allerdings muß man sich von der Idee verabschieden, daß *jede* Bedeutungsänderung durch Konditionierung verursacht wurde. Der Basisvorgang beim Konditionieren, also Bildung einer assoziativen Verknüpfung, bzw. das Abfärben von Bewertung, ist aber an vielen Prozessen der Bedeutungsänderung beteiligt.

Experimentelle Belege

Betrachten wir nun einige Arbeiten, die das klassische Konditionieren im Konsumentenverhalten untersucht und seine Bedeutung belegt haben. Ich muß noch einmal betonen, daß die meisten bisherigen Arbeiten zu diesem Thema noch nicht zwischen Signallernen und evaluativem Konditionieren unterschieden haben. Diese Unterscheidung können wir meist nur post hoc und per Augenschein vornehmen. Beginnen wir zunächst mit einigen Arbeiten, die von ihrem Ergebnismuster wohl eher dem evaluativen Konditionieren zuzuordnen sind.

Stuart, Shimp und Engle (1987) haben in einer Experimentreihe versucht, ihre Probanden durch angenehme Bilder auf eine erfundene Zahncreme klassisch zu konditionieren. Es gelang in der Tat, die Einstellung gegenüber dem Produkt durch die Darbietung von schönen Naturszenen, Wasserfällen, Sonnenuntergängen oder einem wunderschönen blauen Himmel zu verbessern. Ähnliche Ergebnisse erzielten dieselben Autoren (Shimp, Stuart & Engle, 1991) mit mehr oder weniger bekannten Cola-Marken als konditionierte Stimuli. Dabei betonen sie aber zwei wichtige Bedingungen: Der Konditionierungseffekt war größer für wenig bekannte Marken, und er trat nur auf, wenn die Probanden die Beziehung zwischen konditioniertem und unkonditioniertem Stimulus (die Kontingenz) auch bemerkten.

Kroeber-Riel (1992, S. 128*ff*) berichtet von einem eigenen Experiment, in dem Phantasie-Marken mit emotionalen Bildern dargeboten wurden. Er konnte zeigen, daß sich die Einstellung gegenüber der bislang unbekannten *HOBA*-Seife durch klassisches Konditionieren auf ein beeindruckend hohes Niveau heben ließ. Gleichzeitig betont er, daß dieser Effekt unabhängig davon erzielt wur-

de, ob in der Werbung auch Informationen über das Produkt enthalten waren. Mit anderen Worten: Informationen sind für Effekte des klassischen Konditionierens von Produkteinstellungen überflüssig.
Gorn (1982) präsentierte seinen Probanden angenehme und unangenehme Musik, die die Werbung für einen Füllfederhalter begleitete. Die Probanden wählten später mit erhöhter Wahrscheinlichkeit den Federhalter, der mit der angenehmen Musik einherging, bzw. mieden den Stift, der von unangenehmer Musik begleitet war. Das Experiment von Gorn (1982) gilt bereits als Beleg für eine Konditionierung höherer Ordnung, da Musik nicht aus sich heraus, sondern wegen ihrer Assoziation zu positiven Erlebnissen (zum Beispiel Parties, gute Stimmung) angenehm – oder in entsprechenden Fällen eben auch unangenehm – sei (vgl. auch Kardes, 1999, S. 216).
Eher dem Signallernen zuzurechnen ist eine Arbeit von Janiszewki und Warlop (1993). Die Autoren boten ihren Probanden Bilder von nichtalkoholischen Getränken als konditionierte und Bilder von attraktiven jungen Menschen am Strand als unkonditionierte Stimuli dar. Bei einer genauen Umsetzung der Bedingungen für das Signallernen – nämlich zuerst den konditionierten, dann den unkonditionierten Stimulus – konnten sie die Aufmerksamkeit ihrer Probanden auf das Produkt in späteren Darbietungen erhöhen. Dabei waren die Versuchspersonen sich zwar durchaus bewußt, daß bei den Darbietungen assoziative Verknüpfungen des Produkts mit den angenehmen Bildern angestrebt wurden. Sie konnten aber die wirksamen Spots nicht von den unwirksamen unterscheiden. Die Aufmerksamkeitswirkungen entgingen den Probanden. Sie waren nur mit Hilfe der Blickbewegungsmethode meßbar (17.3.1).
An der Möglichkeit, Konsumenten durch klassisches Konditionieren zu beeinflussen, kann es somit keinen Zweifel geben, auch wenn der genaue Mechanismus der Konditionierung in manchen Fällen noch unklar ist. Verbreitet ist freilich die Auffassung, daß keine Form des klassischen Konditionierens ein hohes Involvement voraussetzt. Die Einsicht in den Zusammenhang zwischen konditioniertem und unkonditioniertem Stimulus kann bereits bei geringer innerer Beteiligung erfolgen. Die Konsumenten lassen sich auf jeden Fall konditionieren, ob sie sich nun für die Werbung interessieren oder nicht.[3]

Bedingungen und Einschränkungen

Wie sieht es aber mit den Bedingungen für diese Technik in der Praxis aus? Konditionierungseffekte sind unter bestimmten Bedingungen eher zu erwarten als unter anderen. Wie oben bereits mehrfach dargelegt, hat besonders das Signallernen spezielle Voraussetzungen:

– *Neuartigkeit des konditionierten Stimulus*: Man kann mit Konditionierungseffekten besonders dann rechnen, wenn eine Marke neu und noch unbekannt ist. Stuart et al. (1987) und Kroeber-Riel (1992, S. 128*ff*) verwendeten in ihren Untersuchungen jeweils unbekannte Phantasie-Marken. Meistens sind aber die Produkte bereits bekannt, bevor eine Kampagne beginnt. Das ist eigentlich ungünstig. Konditionierungseffekte werden grundsätzlich erschwert, wenn die Zielpersonen den konditionierten Stimulus vor der eigentlichen Koppelung mit dem angenehmen Reiz bereits in neutralem Kontext kennenlernen konnten. Dieses Phänomen nennt man »latente Inhibition« (Stuart et al., 1987). Damit diese Erschwernis eintritt, genügt es, daß das Produkt nur bekannt ist. Dabei könnte es theoretisch völlig neutral bewertet werden. In der Realität wird es aber meistens längst definitive Assoziationen gegenüber dem Produkt geben. Dann ist sogar

[3] Vgl. hierzu auch Kroeber-Riel, 1992, S. 126: »Abgesichert ist [...] die Erkenntnis, daß das Involvement beim Konditionierungslernen extrem gering sein kann: Die emotionale Konditionierung ist deswegen eine besonders geeignete Sozialtechnik, um passive Konsumenten zu beeinflussen, denen die Produkteigenschaften gleichgültig sind.«

denkbar, daß die Reaktion auf die Werbung durch das Produkt konditioniert wird und nicht umgekehrt.

- *Zuerst der konditionierte, dann der unkonditionierte Stimulus*: Um optimale Konditionierungseffekte zu erzielen, muß der konditionierte Stimulus zuerst dargeboten werden, dann der unkonditionierte. Es sollte also zuerst das Produkt gezeigt werden und dann der angenehme Reiz folgen. In vielen Werbespots wird diese Reihenfolge umgedreht. Die Produkte werden erst gegen Ende gezeigt. Vor allem wird der Markenname erst am Ende genannt. In etlichen Werbespots wird ein regelrechtes Spiel um den Zweck der Werbung getrieben. Man spricht dann von »mystery ads«, also Spots, bei denen bis zum Schluß nicht klar ist, worum es geht. Ich will nicht behaupten, daß solche Spots keinen Erfolg haben. Sie bewähren sich im Gegenteil sogar bei neuen Marken recht gut (Fazio, Russell, Herr & Powell, 1992). Nur hat diese Bewährung nicht viel mit klassischem Konditionieren zu tun. Nach dem Grundgedanken des klassischen Konditionierens verhindert die falsche Reihenfolge die Konditionierungseffekte zwar nicht völlig, sie hat aber eine erhebliche Dämpfung zur Folge (Stuart et al., 1987). Wie wichtig die Reihenfolge ist, zeigt eindrucksvoll das Experiment von Janiszewski und Warlop (1993). Ihre Versuchspersonen sahen die Spots nämlich in verschiedenen Versionen. Die Reihenfolge der wichtigen Stimuli wurde in ihrem Experiment per Zufall variiert. Es zeigte sich, daß ein Konditionierungseffekt nur in der Bedingung auftrat, in der das Bild des Produktes den angenehmen Kontextbildern vorausging (zur Bedeutung der Reihenfolge siehe auch Bierley, McSweeney & Vanieuwkerk, 1985; Kellaris & Cos, 1989). Solomon (1999, S. 75) ist gar der Meinung, wegen der Wichtigkeit der Reihenfolge seien statische Medien wie Anzeigen für klassisches Konditionieren ungeeignet.
- *Vorhersage des unkonditionierten Stimulus durch den konditionierten*: Der konditionierte Stimulus darf dem unkonditionierten nicht einfach nur vorangehen, er muß ihn regelrecht vorhersagen. Die meisten unkonditionierten Stimuli kommen im normalen Leben so oft vor, daß die Werbung große Schwierigkeiten hat, sie nachhaltig mit dem Produkt zu koppeln (vgl. oben Tabelle 6.1, siehe auch Exkurs 50). Daher kommt auch Mayer (1993, S. 83*f*) zu dem Schluß, daß das klassische Konditionieren eine eher geringe Bedeutung in der Werbepsychologie hat. Zudem tun sich die Werbungtreibenden kaum einen Gefallen, wenn sie in ihre Bildvorlagen zu viel Abwechslung bringen (Ruge & Andresen, 1994). Um eine wirksame Koppelung von konditioniertem und neutralem Stimulus zu erreichen, sind Gleichmaß und Wiederholung erforderlich (Kroeber-Riel, 1992, S. 132).
- *Stärke der unkonditionierten Stimuli*: Frühere Autoren gingen noch davon aus, daß die unkonditionierten Reize wirklich stark sein, daß sie unter die Haut gehen müssen (Kroeber-Riel, 1992, S. 132). An einen schwachen Reiz, der selbst nur schwache Reaktionen auslöst, könne man nichts koppeln. Diese Ansicht wird allerdings durch Befunde zum evaluativen Konditionieren relativiert: In der Untersuchung von Hammerl und Grabitz (1996) etwa wurde die ästhetische Wirkung von Statuen und Springbrunnen, also nicht unbedingt sehr aufdringlichen affektiven Stimuli, erfolgreich konditioniert.
- *Konsistenz der Reize*: Eine konditionierte Reaktion ist schneller und effizienter zu etablieren, wenn die hierbei benutzen Reize nicht zu stark variieren. Wenn die Werbung zum Beispiel den Genuß des Produktes zunächst allein zu Hause, dann im Freundeskreis, dann auf einem spannenden Abenteuerurlaub zeigt, dann mag das vielleicht eine wichtige Produkteigenschaft kommunizieren, dem Konditionierungseffekt dient das aber nicht.
- *Häufigkeit der Darbietung*: Je häufiger die Stimuli dargeboten werden, desto größer ist auch der Konditionierungseffekt. Stuart et al. (1987) zeigten ihren Versuchspersonen Bilder und das

Produkt zwischen einem und 20 Mal. Interessant ist, daß erste Effekte bereits nach einer einmaligen Darbietung auftraten. Grundsätzlich ist aber nur eine häufigere Darbietung wirklich effektiv. Die optimale Obergrenze ist mit den untersuchten 20 Durchgängen sicher noch nicht erreicht. »Die emotionale Konditionierung von Marken erfordert bei wenig involvierten Personen stoßkräftige emotionale Reize und zahlreiche Wiederholungen« (Kroeber-Riel, 1992, S. 130; Hervorhebung GF).

Die genannten Bedingungen sind in der Werbepraxis keineswegs immer erfüllt. Es gibt zusätzliche, eher theoretische Gründe, die einer Erklärung von Werbewirkungseffekten über klassisches Konditionieren im Wege stehen. Zum Beispiel ist bekannt, daß die bloße Vertrautheit mit einem Reiz zu einer positiveren Einstellung führt (vgl. 9.2.2). Ein immer wieder gezeigtes Produkt hat schon aufgrund dieses Effekts die Chance, angenehmere Assoziationen zu wecken. Das bedeutet, daß man Konditionierungseffekte leicht überschätzen kann. Es gibt eben auch Einstellungsverbesserungen gegenüber dem Produkt, die ganz ohne Koppelung mit angenehmen Reizen, nur aufgrund der bloßen Darbietung zu erwarten gewesen wären. Stuart et al. (1987) konnten zwar zeigen, daß ihre Versuchspersonen die positivsten Meinungen gegenüber dem Produkt hatten, wenn sie es im Zusammenhang mit angenehmeren Bildern gesehen hatten. Trotzdem zeigte sich auch eine leichte Verbesserung der Einstellung nach einer neutralen Darbietung.
Ein Konditionierungseffekt kann auch überschätzt werden, wenn man semantisch zu ähnliche Stimuli verwendet. Bedenken Sie, daß der spezifische Witz des klassischen Konditionierens in der Verknüpfung von Reizen besteht, die eigentlich nichts miteinander zu tun haben. Wenn zum Beispiel der Pawlowsche Hund auf den *Duft* des Fressens hin gesabbert hätte, dann hätte man dazu kaum eine neue Theorie formuliert. Die besondere Qualität des klassischen Konditionierens zeigt sich nur dort, wo völlig unzusammenhängende Reize gekoppelt werden. Die Werbung setzt aber zur Aufwertung ihrer Produkte häufig solche Reize ein, die sich ohnehin auf das Produkt beziehen lassen. Die dabei entstehenden kognitiven Verbindungen sind dann aber keine reinen Konditionierungseffekte mehr. So kann man Effekte für Konditionierung halten, die in Wirklichkeit nichts weiter als Fälle von Bedeutungsaktivierung oder schlußfolgerndem Denken sind. Stellen wir uns zum Beispiel vor, wir wollten die Bewertung eines Sportschuhs verbessern. Wir bringen unseren Sportschuh nun mit einem populären Sportler in Verbindung. Sollten wir von klassischer Konditionierung reden, wenn der Sportschuh nach Darbietung unseres Werbespots besser bewertet wird? Wenn die Konsumenten die Verbindung zwischen Schuh und Sportler sehen, dann bringt das womöglich viel mehr zum Ausdruck, etwa, daß sie glauben, der Sportler verwende diesen Schuh auch oder wenigstens, er könne ihn empfehlen. Dies sind bereits kognitive Prozesse höherer Ordnung, die über das assoziative Lernen hinausgehen. Es scheint zumindest fraglich, ob man diese Prozesse mit den Begriffen des klassischen Konditionierens noch angemessen beschreibt.

Volker Nickel, Sprecher des Deutschen Werberates, resümiert zu der Frage, ob Werbung vor Kindern zulässig sei: »Menschen sind keine Pawlowschen Hunde; sie reagieren anders beim Ertönen eines Glöckchens« (Nickel, 1997, S. 128). Die vorausgegangene Diskussion hat Ihnen hoffentlich gezeigt, wie sinnlos Äußerungen in dieser Allgemeinheit sind. In unserem Verhalten zeigen sich Unterschiede und Gemeinsamkeiten in bezug auf das Pawlowsche Experiment – und die Gemeinsamkeiten sind mitunter beträchtlich.

6.1.5 »I'll teach you differences«[4]

Im Zusammenhang mit Werbung und Konsumentenverhalten können die Phänomene der Generalisierung und der Diskriminierung zu Problemen führen. Man wünscht ja beispielsweise bei der Etablierung einer Markenidentität, daß der Kunde auf die eigene Identität positiv reagiert, nicht aber auf die konkurrierende andere. Wenn aber das Auftreten bestimmter Marken sehr ähnlich ist, dann führt die Generalisierung dazu, daß positive Reaktionen sowohl auf die eine als auch auf die andere Marke erfolgen. Zum Beispiel haben *Tchibo* und *Eduscho* über lange Zeit ein sehr ähnliches Erscheinungsbild gehabt. Eine Anzeige des einen Unternehmens war auf den flüchtigen Blick nicht von einer des anderen zu unterscheiden. Wenn ein neues Produkt einem bereits existierenden nachempfunden wird, dann kann man das als einen Versuch der Konkurrenz verstehen, die Reizgeneralisierung für sich auszunutzen (vgl. Kroeber-Riel, 1992, S. 330; Pratkanis & Aronson, 1992, S. 155). Die Konkurrenz will gleichsam auf den bereits fahrenden Zug aufspringen. Das kann natürlich nicht im Sinne des ursprünglichen Anbieters sein. Der wünscht sich eher eine genaue Unterscheidung zwischen sich selbst und der Konkurrenz. Sein Ziel ist eine hinreichende Diskriminierung durch sein Erscheinungsbild. Der Betrachter soll auf ihn, nicht aber auf andere, die ihm ähnlich sind, positiv reagieren.

Es ist wohl bereits ein Fall von Reizgeneneralisierung, wenn die Konsumenten das Produkt B kaufen, wenn A ausverkauft ist. Konsumenten entwickeln im Laufe der Zeit und als Ergebnis einer Lerngeschichte bestimmte Vorstellungen davon, welches Produkt man durch welches ersetzen kann. Daß man zum Beispiel auf Gorgonzola zurückgreifen kann, wenn kein Roquefort zu haben ist, muß man als Konsument genauso lernen wie umgekehrt die diskriminierende Überzeugung, daß zwischen den beiden Käsesorten Welten liegen.

Exkurs 19 *Positionierung*

Der Begriff der Diskriminierung hat Ähnlichkeit mit dem Begriff der »Positionierung«, der im Marketing üblich ist. Bei einer gelungenen Positionierung wird das eigene Angebot anders wahrgenommen als das der Konkurrenz. Mißlungen ist die Positionierung dann, wenn die Angebote als austauschbar erlebt werden. So machen zum Beispiel die meisten Konsumenten keinen besonderen Unterschied zwischen den Kaufhäusern *Karstadt* oder *Kaufhof*. Die Positionierung dieser Angebote ist also noch steigerungsfähig (vgl. Ries & Trout, 1981; Kroeber-Riel, 1993b, S. 22).

Meyer-Hentschel (1996, S. 56) formuliert die »drei ewigen Gesetze« der Positionierung:

1. Eigenständigkeit: Wenn sowohl in der Werbung für *Liz* als auch für *Vizir* gegen Flecken von Fahrradöl gekämpft wird, drängt sich nicht eben auf, worin die beiden denn verschieden sein sollen.
2. Einfachheit und Klarheit: »Kompliziertheit ist das Wahrnehmungsgrab Nr. 1 der Werbung.« (S. 56). *Ein* Produktvorteil oder *ein* Erlebniswert genügen.
3. Langfristigkeit: Eine Positionierung kann sich nur auf Dauer ergeben – und auf Dauer soll sie auch halten. Frühe und häufige Veränderungen des Marktauftrittes füllen nur die Kassen der Werbedesigner, nicht aber die der Auftraggeber. Beeindruckend ist die Marke *Jack Daniels*, deren emotionale Positionierung seit 40 Jahren unverändert ist, und die damit auch noch wirbt (Anzeigentext: »Whiskey maker content with business as usual«).

Das Ziel der Diskriminierung verlangt deutliche Kontinuität insbesondere bei den Werbebildern. Wer seine Kampagne häufig wechselt, verspielt die Chance einer ausreichenden Reizdiskriminierung beim Kunden. Das Ergebnis ist vielmehr ein »Bildersalat« (Kroeber-Riel, 1993a, S. 285*ff*) von immer wechselnden visuellen Eindrücken. »Viele Kampagnen würden bereits erheblich an

---

[4] Shakespeare, True Chronicle Historie of the Life and Death of King Lear, Act I, Sc. 4, ln. 90 (prose).

Wirkung gewinnen, wenn die Zahl der benutzten Bildmotive drastisch gekürzt würde, wenn weniger Motive mit mehr Frequenz geschaltet würden« (Kroeber-Riel, 1993a, S. 287).
Bei einer optimalen Diskriminierung hat man sogar die Möglichkeit, verschiedene Unternehmen eines Verbundes mit derselben Strategie zu bewerben. Die *Volksbanken Raiffeisenbanken* werben beispielsweise unter der Überschrift: »Wir machen den Weg frei«. Als *Genossenschaftsbank* wirbt derselbe Verbund mit dem Slogan »Wir geben Ihren Ideen Perspektive«. Als *R+V Versicherung*, ebenfalls im Verbund mit den *Volksbanken Raiffeisenbanken*, lautet das Motto: »Wir öffnen Horizonte.« Auch die Bilder zu diesen Werbeinhalten ähneln sich (vgl. Kroeber-Riel, 1993a, S. 281, S. 338). Diese Ähnlichkeit ist Absicht. Hier soll über mehrere Angebote hinweg eine Identität vermittelt werden. Auch wenn die eingesetzten Bilder nicht immer besonders »aktivierend« gewirkt haben, hat diese Kampagne weit besser zu einer Erinnerung beim Kunden beigetragen als abwechslungsreiche Kampagnen der Konkurrenzbanken.
Nicht nur gegen die Konkurrenz muß sich der Anbieter abgrenzen. Eine besondere Herausforderung stellt es dar, das eigene Angebot als einzigartig darzustellen, obwohl in der Wahrnehmung des Kunden nichts dafür spricht, daß sich Produkte von verschiedenen Anbietern nennenswert unterscheiden. Ich erinnere nur an den Slogan des Bananen-Anbieters *Chiquita*: »Nenn' nie *Chiquita* nur ›Banane‹«.

6.2 Operantes Konditionieren

Die meisten Begriffe, die wir oben auf das klassische Konditionieren angewendet haben, gelten auch für das operante Konditionieren. Auch in dieser Theorie wird ein Verhalten an angenehme oder unangenehme Reize gekoppelt. Auch hier kann eine Generalisierung des Verhaltens auf ähnliche Reizkategorien stattfinden. Auch operant konditioniertes Verhalten kann gelöscht werden. Zum operanten Konditionieren machen wir aber eine entscheidende Zusatzannahme. Der Organismus wird selbst aktiv. Das erlernte Verhalten wird gezeigt, um die angenehmen Reize zu erleben. Das bedeutet: Das Verhalten wird gezeigt, *noch bevor* die Reize vorliegen, von denen es abhängt.
Beim operanten Konditionieren[5] bekommt das Verhalten den Charakter eines Mittels. Das Verhalten wird durch seine Konsequenzen bestimmt. Verhalten wird dann gelernt, wenn es zum Erfolg führt, und dann verlernt, wenn der Erfolg ausbleibt. Wenn ich die Erfahrung mache, daß ich mit Höflichkeit weiter komme, dann erwerbe ich auf diese Weise höfliches Verhalten. Wenn ich feststelle, daß der erwünschte Erfolg ausbleibt, wenn ich eine kleine Puppe von der Gestalt meines Psychologie-Dozenten über einer Flamme brate und ihr haarfeine Nadeln in die Herzgegend steche, dann lasse ich dieses Verhalten auf Dauer bleiben, ich verlerne es wieder.
Ein frühes Beispiel für operantes Lernen sind die berühmten Ratten in der »Skinner-Box«. Die Behavioristen haben gezeigt, daß Ratten lernen können, sich über eine Fütterungsvorrichtung Futter zu beschaffen. Wieder einmal kam es auf die Kontiguität an. Ein spontanes Verhalten, zum Beispiel das Drücken eines Hebels im Käfig, mußte zuverlässig mit einer angenehmen Folge, etwa der Vergabe einer Futterpille, verbunden sein. Wenn eine hinreichend starke Verbindung zwischen

---

[5] Die Erkenntnisse der Lerntheorie sind sehr detailliert, so zum Beispiel auch ihre Aussagen zu der Stabilität von abergläubischem Verhalten. Wer sich für die Details interessiert, der wird sicher viel Vergnügen mit dem Buch von LeFrançois (1976) haben. Dieses Buch ist aus der Sicht eines mit unserer Lebensweise unvertrauten Außerirdischen geschrieben, der einen erstaunlich unterhaltsamen Schreibstil hat.

dem Verhalten und den Konsequenzen bestand, dann fungierte die Konsequenz als Verstärker für das Verhalten. Die positive Konsequenz machte das vorausgehende Verhalten für die Zukunft wahrscheinlicher.
Der Begriff des Verstärkers ist für die Lernpsychologie unentbehrlich. Ein Verstärker ist allgemein gesprochen ein Zustand, der geeignet ist, ein mit ihm verbundenes Verhalten wahrscheinlicher zu machen. Eine typische Art von Verstärkern sind Belohnungen. Ein Verhalten, das belohnt wurde, wird mit größerer Wahrscheinlichkeit in Zukunft wieder gezeigt als ein Verhalten, das nicht belohnt wurde. Grundsätzlich kann jede Art von Erfolg eines Verhaltens eine Verstärkungsfunktion bekommen. Wenn ich ein Produkt kaufe und damit zufrieden bin, dann wächst damit die Wahrscheinlichkeit, daß ich es in Zukunft wieder kaufe. Der Verstärker ist hier die Zufriedenheit. Auch Lob und Dankbarkeit, die von außen auf ein Verhalten hin gezeigt werden, können das Verhalten für die Zukunft wahrscheinlicher machen. Carey, Clicque, Leighton und Milton (1976) versuchten auf einem solchen Wege Konsumentenverhalten zu beeinflussen: Sie riefen die Kunden einer Einzelhandelskette persönlich an, um ihnen dafür zu danken, daß sie Kunden seien. Die Verkaufszahlen stiegen daraufhin erheblich.

6.2.1 Zentrale Begriffe des Konditionierens II: operantes Konditionieren

Wir wollen mit einigen Begriffsklärungen fortfahren, die die oben unter 6.1.1 vorgestellten Begriffe ergänzen sollen. Die meisten Begriffe lassen sich sowohl auf operantes als auch auf klassisches Konditionieren anwenden.
Den Begriff des Verstärkers müssen wir spezifizieren. Ich habe gesagt, daß diejenigen Reize, die die Auftretenswahrscheinlichkeit eines Verhaltens erhöhen, Verstärker genannt werden. Ein solcher Reiz ist nicht nur die Bereitstellung eines positiven Zustands, sondern auch der Wegfall eines negativen Zustands. Wenn ich zum Beispiel eine Tablette nehme, und meine Kopfschmerzen verschwinden, dann verstärkt der Reiz »Schmerzlinderung« das Verhalten »Einnehmen der Tablette«. Diesen Fall der Verstärkung, wo ein negativer Zustand ausgeräumt wird, nennt man negative Verstärkung. Der Begriff der negativen Verstärkung stellt eines der traurigsten Beispiele psychologischer Terminologie dar. Kaum ein anderer psychologischer Fachterminus wird so häufig falsch verwendet, wie »negative Verstärkung«. In aller Regel wird negative Verstärkung mit Bestrafung verwechselt.[6] Unter Bestrafung versteht man einen aversiven Reiz, der einem Verhalten folgt. Ein negativer Verstärker ist dagegen auf jeden Fall ein angenehmer Reiz, sonst hieße er nämlich nicht Verstärker. Negativ ist der negative Verstärker nicht deswegen, weil er unangenehm wäre, sondern weil er im Verschwinden eines Zustandes besteht. Das Bereitstellen eines angenehmen Zustandes, etwa durch eine Belohnung, wird demzufolge auch häufig positive Verstärkung genannt. Der Unterschied zwischen negativer und positiver Verstärkung ist für die Praxis eigentlich gar nicht oft von Bedeutung. In beiden Fällen ist der Zustand durch den Verstärker angenehmer geworden. Oft kann man durch die Wahl der Begriffe sofort anschaulich machen, daß hier eine Verstärkung vorliegt, etwa, wenn man statt »Wegfall der Schmerzen« von »Linderung« spricht.
Ein Produktkauf kann eine negative Verstärkung sein, wenn dadurch ein quälendes Gefühl gelindert oder ein Bedürfnis gestillt wird. So unterscheiden zum Beispiel Rossiter und Percy (1987)

[6] Dieser Fauxpas unterläuft sogar solch gestandenen Autoren wie Bornstein. In folgendem Satz aus Bornstein (1989a, S. 282) erscheint der Begriff »negative reinforcement« nur verständlich, wenn man ihn falsch, nämlich als »Bestrafung« versteht: »Only after repeated exposures coupled with a consistent absence of negative reinforcement associated with the stimulus can one reliably conclude that the object is nonthreatening.«

»zwei Sorten von Benefits«, die von einem Produkt ausgehen können, einmal mit einem »negativen Touch« – hier wird ein Problem beseitigt, einmal mit einem »positiven Touch« – hier erleben wir durch den Kauf eine »Anreicherung« (siehe auch Lachmann, i. V., Abb. 23). Eine solche Kategorisierung entspricht der von positiver und negativer Verstärkung.

Noch einige Worte zum Begriff der Bestrafung: Strafreize spielen in der Theorie des operanten Konditionierens keine besonders dominante Rolle (vgl. Lefrançois, 1976, S. 72*f*). Das liegt unter anderem daran, daß Strafreize nicht geeignet sind, ein bestimmtes Verhalten wahrscheinlicher zu machen. In ungünstigen Fällen dient die Strafe nur dazu, daß ein Verhalten unter bestimmten Umständen unterdrückt wird, nämlich dann, wenn diskriminative Hinweisreize dafür sprechen, daß es zu einer Strafe kommen kann (vgl. hierzu das Beispiel der Gurtbenutzung in 13.2.2). Damit wird das Verhalten lediglich unterdrückt. Verlernt wird ein Verhalten nur dann, wenn die Verstärker ausbleiben, die es ursprünglich einmal wahrscheinlicher gemacht haben, oder wenn andere, wirksamere Verstärker hinzutreten, die nur mit einem veränderten Verhalten erlangt werden können.

Hierzu ein literarisches Beispiel. Goethe plaudert über seine Kindheit und sein Vaterhaus:

»Die alte, winkelhafte, an vielen Stellen düstere Beschaffenheit des Hauses war [...] geeignet, Schauer und Furcht in kindlichen Gemütern zu erwecken. Unglücklicherweise hatte man noch die Erziehungsmaxime, den Kindern frühzeitig alle Furcht vor dem Ahndungsvollen und Unsichtbaren zu benehmen, und sie an das Schauderhafte zu gewöhnen. Wir Kinder sollten daher allein schlafen, und wenn uns dieses unmöglich fiel, und wir uns sacht aus den Betten hervormachten und die Gesellschaft der Bedienten und Mägde suchten; so stellte sich, in ungewandtem Schlafrock und also für uns verkleidet genug, der Vater in den Weg und schreckte uns in unsere Ruhestätte zurück. Die daraus entspringende üble Wirkung denkt sich Jedermann. Wie soll derjenige die Furcht los werden, den man zwischen ein doppeltes Furchtbare einklemmt? Meine Mutter [...] erfand eine bessere pädagogische Auskunft. Sie wußte ihren Zweck durch Belohnungen zu erreichen. Es war die Zeit von Pfirsichen, deren reichlichen Genuß sie uns jeden Morgen versprach, wenn wir nachts die Furcht überwunden hätten. Es gelang, und beide Teile waren zufrieden.«[7]

Johann Wolfgang und seine Schwester hatten offenbar ein Vermeidungsverhalten gelernt. Das nächtliche Verschwinden aus dem Bett ist durch die Linderung der Furcht negativ verstärkt worden. Das Ziel war nun, dieses Verhalten zu löschen. Einen Strafreiz zu setzen erwies sich aber nicht als effektiv. Die Kinder konnten nicht anders als verstört reagieren. Erst als die Verhaltensalternative, das Verbleiben im Bett, mit angenehmen Konsequenzen gekoppelt wurde, hatte der Erziehungsplan Erfolg.

Eine weitere Spezifikation des Verstärker-Begriffs: Zunächst denkt man bei Verstärkern besonders an diejenigen Dinge, die unzweifelhaft positiv erlebt werden. Damit können eigentlich nur solche Dinge gemeint sein, die in der Lage sind, Triebe zu befriedigen und Spannungszustände zu beseitigen. Wir wissen aber, daß auch Dinge Verstärkungswert besitzen, die nicht unmittelbar auf das menschliche Wohlbefinden bezogen werden können, zum Beispiel einen Orden bekommen oder in der Zeitung erwähnt werden (Pallak, Cook & Sullivan, 1980). Solche Dinge haben ihre Bedeutung als Verstärker nur erborgt, indem sie selbst wieder mit echten Verstärkern gekoppelt sind. Die Lernpsychologie spricht von *primären* und *sekundären Verstärkern* (vgl. Bredenkamp & Wippich, 1977, Bd. I, S. 69*ff*). Sekundäre Verstärker gewinnen ihre Verstärkungswirkung aus ihrer Koppelung mit primären Verstärkern. Der typische sekundäre Verstärker ist Geld. Geld kann man nicht essen, es riecht nicht besonders gut, es bringt einen nicht zum Lachen, es hat eigentlich aus sich heraus keine Eigenschaften, die es besonders erstrebenswert machen. Es wirkt nur deshalb als

---

[7] Dichtung und Wahrheit, Erster Teil, Erstes Buch. Zitiert nach der Münchner Ausgabe, Hanser, 1985. S. 16*f*.

Verstärker, weil es Mittel zu anderen Verstärkern sein kann. Würde es diese Mittelfunktion verlieren, wie zum Beispiel ein Geldschein aus der Inflationszeit, dann würde auch sein Verstärkercharakter verloren gehen.

In Experimenten werden sekundäre Verstärker dadurch geschaffen, daß sie die primären Verstärker zuverlässig ankündigen. Stellen wir uns vor, eine Ratte lernt, einen Hebel zu drücken, um eine Futterpille zu erhalten. In einem weiteren Schritt wird ihr beigebracht, daß das Drücken des Hebels nur dann sinnvoll ist, wenn sie einen bestimmten Ton hört. Ohne Ton ist das Hebeldrücken sinnlos, es kommt kein Futter. Der Ton dient der Ratte als *diskriminativer Hinweisreiz*, der ihr zuverlässig ankündigt, wann der primäre Verstärker zu haben ist. Stellen wir uns nun weiter vor, der Ton könnte seinerseits dadurch erzeugt werden, daß die Ratte eine bestimmte Route in ihrem Käfig läuft. Wenn die Ratte nun auch lernt, diese Route zu laufen, dann können wir sagen, der Ton habe Verstärkungswert erhalten. Am Ende der Route steht ja, wie wir gesagt haben, nicht die Futterpille, sondern eben nur der Ton. Es steht also für das Ablaufen der Route nur eine »Belohnung« zur Verfügung, die auf eine andere Belohnung verweist.

Allgemein gesagt: Wir haben die Ratte dahin gebracht, daß sie schon bei dem Ton »Hurra« schreit, obwohl sie doch den Ton nicht essen kann. Der Ton ist aber zuvor wirkungsvoll mit dem primären Verstärker Futterpille gekoppelt worden. Da nimmt die Ratte schon einige Mühen auf sich, um den Ton zu hören. Den Ton kann man nun seinerseits wieder an einen diskriminativen Hinweisreiz koppeln, zum Beispiel das Aufleuchten eines kleinen Lämpchens. Wenn diese Koppelung gelungen ist, so daß der Ton in Zukunft mit diesem Lämpchen assoziiert ist, dann wird es auch gelingen, der Ratte ein bestimmtes Verhalten beizubringen, das ihr am Ende das Lämpchen beschert – und so fort (vgl. Bredenkamp & Wippich, 1977, Bd. I, S. 70). So kann man im Tierexperiment bereits alle möglichen Reize zu Verstärkern machen. Die dabei erzeugten Verhaltensweisen sind durchaus stabil. Unsere Ratte wird die Wertschätzung des Tones und des Lämpchens über eine nennenswerte Frist hinweg beibehalten.

Bei Menschen kann man über einen ähnlichen Weg beliebige Reize an andere koppeln. Beispielsweise werden in psychologischen Lernexperimenten gelegentlich keine echten Belohnungen, sondern lediglich Märkchen eingesetzt, die gleichsam sinnbildlich für eine Belohnung stehen. Man spricht hierbei von »Token reinforcement« (Bredenkamp & Wippich, 1977, Bd. I, S. 72*f*).

6.2.2 Die Bedeutung des operanten Konditionierens für das Konsumentenverhalten

Welche Rolle spielt das operante Konditionieren im Konsumentenverhalten? Auf den ersten Blick kommen als Beispiele alle Situationen in Frage, in denen das Marketing mit Anreizen arbeitet (siehe zum Beispiel 1.2.1). Eine Dreingabe, besondere Garantieleistungen, Prämien und dergleichen wären demnach positive Verstärker; Rabatte, Preisnachlässe oder günstige Leasing-Angebote wären negative Verstärker (weil sie die unangenehme Seite des Kaufes, die Bezahlung, abmildern). Mowen und Minor (1998, S. 139) zitieren etwa eine Praxis von *Chrysler*. Der Autokonzern bot in den Jahren der Rezession von 1980–1982 seinen Kunden $ 25, wenn sie zu einer Probefahrt bereit waren.

Hierbei ist allerdings der Unterschied zwischen einem Anreiz und einem Verstärker zu beachten: Streng genommen fungieren die genannten Beispiele in erster Linie als Anreiz, denn sie entfalten ihre Wirksamkeit bereits, bevor das (Kauf-)Verhalten gezeigt wird. Verstärker sind sie dann, wenn sie auf das Verhalten folgen und damit in Zukunft dessen Auftretenswahrscheinlichkeit erhöhen. So gesehen kann natürlich ein Anreiz auch gleichzeitig ein Verstärker sein, so daß eine Unterscheidung müßig erscheint. Allerdings gibt es sehr häufig Verstärker, die keine Anreize sind, nämlich immer dann, wenn ein Verhalten eine positive Konsequenz hat, ohne daß diese Konsequenz bereits vorher zu dem Verhalten motiviert hätte. Wenn ich etwa verschiedene Kaffeesorten ausprobiere, ist die Qualität der besten Sorte ein Verstärker für den Kauf, sie war aber nicht gleichzeitig ein Anreiz dafür.

Umgekehrt gibt es auch Anreize, die keine Verstärker sind. Wenn ich zum Beispiel in einer Lotterie spiele, ist der mögliche Gewinn ein Anreiz für meine Beteiligung; ein Verstärker ist er aber nur, wenn ich auch wirklich gewinne.

Wie Sie sehen, kann man sich auch hier – wie beim klassischen Konditionieren – zunächst fragen, wann der Mechanismus des instrumentellen Lernens überhaupt wirksam war, und wann andere Regeln hinter einem Verhalten stehen.

Da für das instrumentelle Lernen der Organismus selbst aktiv werden muß, halten sich die Anwendungsmöglichkeiten bei passiv rezipierter Werbung eher in Grenzen. Allenfalls wird man sagen können, daß jedes Verhalten, das der Konsument in der erwünschten Richtung zeigt, auch verstärkt werden sollte. So sollte ein Kunde, der sich für Werbung interessiert, nicht frustriert werden. Das Anschauen von Werbung soll mit angenehmen Konsequenzen einhergehen, zum Beispiel einem hohen Unterhaltungswert und geringer Anstrengung. Das Anschauen von Werbung darf nicht aversiv erlebt werden, etwa wegen häßlicher oder furchteinflößender Bilder (vgl. 16.1). Der Punkt ist, daß aversive Werbung, die also in gewissem Sinne das Anschauen von Werbung »bestraft«, nicht der einzige Fehler ist, den man im Sinne des operanten Konditionierens begehen kann. Das Ausbleiben von Verstärkern ist für den Lernerfolg bereits genauso verheerend wie das Einsetzen von Strafreizen.

Neuere Computer-Technologien geben den Rezipienten der Werbung mehr Möglichkeiten zur aktiven Teilnahme und ermöglichen daher auch Anreiz- bzw. Verstärkersysteme: So stellt etwa die Münchner Internet-Firma *J-Point* ihren Adressaten Werbespots in Form von kleinen Dateien zur Verfügung. Das Abspielen dieser Dateien auf dem Rechner wird mit Punkten honoriert, die später in einem Bonus-Shop eingelöst werden können (*w&v*, 29/2000, S. 44).

Der nächste Punkt, in dem das operante Konditionieren Vorhersagen macht, erscheint ebenfalls weitgehend trivial: Der Kunde darf vom Produkt nicht enttäuscht werden. Dies würde bedeuten, daß das Kaufverhalten nicht verstärkt wurde. Eine Wiederholung des Verhaltens würde dementsprechend unwahrscheinlich. Somit stellt die Theorie des operanten Konditionierens ein Modell bereit, mit dem man Markentreue erklären könnte (zum Überblick Kroeber-Riel, 1992, S. 335*f*; vgl. dagegen aber Kapitel 11 mit einem konkurrierenden Erklärungsansatz).

Der Mechanismus der negativen Verstärkung ist häufig auch verantwortlich für die Beibehaltung eines eigentlich dysfunktionalen Verhaltens. Wenn ich etwa schreckliche Angst vor einem Zahnarzttermin habe, dann würde diese Angst verschwinden, wenn ich den Termin einfach absage. Die Linderung meiner Angst ist dann der negative Verstärker für das Verhalten, nämlich das Kneifen. Dieses Verhaltensmuster ist erschreckend stabil, weil es praktisch immer dadurch verstärkt wird, daß man sich *nicht* verhält.

Entsprechend könnte man sich vorstellen, daß Personen liebgewonnene Gewohnheiten durch negative Verstärkung untermauern: Die Gewohnheit ablegen zu müssen, wird als bedrohlich erlebt. Das damit verbundene negative Gefühl wird durch jede neue Ausübung der Gewohnheit gelindert, was die Gewohnheit weiter verstärkt. Auch dies dürfte eines der Hindernisse sein, mit dem neue Produkte zu kämpfen haben, wenn sie sich gegen alte durchsetzen müssen, zu denen die Konsumenten bereits feste Gewohnheiten haben.

Strafreize müssen natürlich ganz ausbleiben. »Strafen« könnte im Konsumzusammenhang nicht nur darin bestehen, daß das Produkt nicht hält, was sich der Konsument davon versprochen hat. Ebenso bestrafend mag es empfunden werden, wenn etwa das Produkt im Freundeskreis belächelt wird, der Verkäufer taktlose Bemerkungen macht oder das Produkt nicht vorrätig ist, wenn man es wieder kaufen will (vgl. Mowen & Minor, 1998, S. 140*f*).

Dies sind verhältnismäßig einfache Ableitungen aus der Theorie des operanten Konditionierens für das Konsumentenverhalten. Unsere Ausführungen zu sekundären Verstärkern scheinen dagegen mehr abzuwerfen. Folgende gewagte These wäre zu erwägen: Kann man Werbewirkung so beschreiben, daß sie das Produkt zu einem sekundären Verstärker macht? Was würde diese Beschreibung bedeuten? Ein sekundärer Verstärker ist eigentlich mehr als nur ein Platzhalter für den primären. Wenn zunächst das Verhalten eigentlich auf den primären Verstärker gerichtet war, dann wird in der Folge, wenn tatsächlich ein sekundärer Verstärker geschaffen wurde, ein Verhalten *um dieses sekundären Verstärkers willen* gezeigt. Im optimalen Falle wird der sekundäre Verstärker also um seiner selbst willen angestrebt. Im Falle des Geldes wirkt diese Sicht plausibel: Die meisten Menschen müssen nicht an das denken, was sie mit dem Geld kaufen wollen, um durch Geld motiviert zu werden. Geld an sich, obwohl es doch ganz sicher kein primärer Verstärker ist, kann ohne Bedenken eingesetzt werden, um damit bestimmte Verhaltensweisen wahrscheinlicher und andere unwahrscheinlicher zu machen. Könnte man sich nicht Werbewirkung so vorstellen? Das würde nämlich bedeuten, daß man dem Konsumenten gar nicht unterstellen müßte, er wollte mit dem Produkt die primären Verstärker erlangen. Das Produkt wurde so effektiv als Hinweisreiz für diese Verstärker eingesetzt, daß es einen ganz eigenen Wert gewonnen hat. Der Konsument fragt nicht mehr nach der Assoziation mit den primären Verstärkern. Diese Verknüpfung hat er längst hinter sich gelassen. Ihm geht es nur noch um das Produkt selbst, das er schätzen gelernt hat, so wie wir das Geld, und wie die Ratten den Ton schätzen gelernt haben.

Stellen wir uns zum Beispiel ein Rasierwasser vor. In der Werbung lernt der duftende Träger dieses Rasierwassers tolle Frauen kennen. Die Aufmerksamkeit attraktiver Frauen kann für die Zielgruppe als ein primärer Verstärker angesehen werden. Dem Rasierwasser wird in der Werbung der Charakter eines Mittels zu diesem Ziel unterstellt. Aber seien wir ehrlich: Glauben wir im Ernst, der Käufer des Rasierwassers wollte mit dem Rasierwasser tatsächlich die Frauen aus der Werbung erobern? Glauben wir überhaupt, er denke beim Kauf noch an die Frauen? Es ist keine sehr schmeichelhafte Erwartung an die Intelligenz der Konsumenten, wenn man unterstellt, sie würden Werbeaussagen wörtlich nehmen. Wer überhaupt glaubt, die Werbung setze die angenehmen Reize, die sie als Anreize zum Kauf einsetzt, muß sich diese Wirkung schon stark vermittelt vorstellen. Wenn sich unser Rasierwasser-Kunde das Produkt im Ernst im Hinblick auf das *Werbeversprechen*[8] »Aufmerksamkeit attraktiver Frauen« gekauft hätte, dann würde er nie und nimmer eine zweite Flasche kaufen. Eine theoretisch plausible Art, wie der primäre Verstärker auf das Kaufverhalten wirken könnte, wäre vielleicht in der Tat die Wirkung eines sekundären Verstärkers. Der Käufer des Rasierwassers hätte dann zwar über die Assoziation mit attraktiven Frauen das Produkt schätzen gelernt. Es wäre aber das Produkt selbst, das er schätzt. Das Produkt zu besitzen, wäre ihm Belohnung genug.

---

[8] Schon der Ausdruck Werbeversprechen scheint die Sache nicht zu treffen, denn in der Regel wird ja gar nicht behauptet, das und das Verhalten wird diese und jene Folge haben.

SIEBEN: **Gedächtnis**

Zusammenfassung:

1. *Das menschliche Gedächtnis besteht aus mehreren Teilkomponenten. Die erste ist ein »sensorischer Speicher«, in dem eine große Menge von Informationen für sehr kurze Zeit abgelegt werden können. Die zweite Komponente ist ein »Kurzzeitspeicher« mit eingeschränkter Speicherkapazität, in dem die wichtigsten Verarbeitungsprozesse stattfinden. Jene Informationen, die weiterverarbeitet werden, gelangen in den »Langzeitspeicher«, die dritte Komponente.*

2. *Innerhalb des Langzeitspeichers sind Informationen netzwerkartig abgelegt. Zwischen verschiedenen Knotenpunkten der Informationen bestehen assoziative Verbindungen. Verbunden sind Informationen, die von ihrer Bedeutung her ähnlich sind, die raum-zeitlich aufeinander bezogen sind, oder die mit ähnlichen Emotionen verbunden sind. Die Aktivierung eines der Knotenpunkte im Netzwerk hat die Aktivierung der verbundenen Informationen zur Folge.*

3. *Bildhafte Informationen werden wesentlich besser behalten als abstrakte, denn sie können sowohl eine bildhafte als auch eine begrifflich-abstrakte Repräsentationsform nutzen. Abstrakte Informationen sind demgegenüber nur auf eine einzige Weise repräsentiert.*

4. *Das Phänomen des Vergessens beruht in den meisten Fällen nicht auf dem Löschen oder dem Zerfall von Gedächtnisspuren, sondern auf Problemen beim Zugriff auf vorhandene Informationen.*

5. *Informationen, die auf die eigene Person bezogen sind, werden leichter erinnert. Das gleiche gilt für Informationen, die man selbst generiert hat. Zudem wird der Abruf von Informationen dadurch erleichtert, daß im Moment des Abrufens ähnliche äußere Bedingungen herrschen, wie im Moment der Informationsaufnahme.*

6. *Die Gedächtnisleistung ist von der Methode abhängig, mit der man die Gedächtnisinhalte abruft. Ein freies Erinnern hat andere Gedächtnisleistungen zur Folge als ein Erinnern mit Hilfestellung oder die Aufgabe, etwas wiederzuerkennen.*

7. *Bei der seriellen Darbietung von Informationen werden die ersten und die letzten Informationen am besten behalten.*

8. *Erinnerungsleistungen gehen in sehr vielen Fällen nicht darauf zurück, daß man eine Gedächtnisspur abruft, sondern darauf, daß man aus lückenhaften Informationen eine plausible Version der Vergangenheit rekonstruiert. Wir unterschätzen unsere konstruktive Leistung beim Erinnern leicht, weil wir eine Rekonstruktion nur dann eindeutig als solche erkennen, wenn sie falsch ist.*

9. *Wird ein Sachverhalt wiederholt dargeboten, dann steigert dies allein bereits die Wahrscheinlichkeit, daß dieser Sachverhalt später akzeptiert bzw. für wahr gehalten wird.*

Die S-R-Theorien haben gezielt vermieden, Aussagen über die vermittelnden Prozesse zu machen, die zwischen Verhalten und Reiz treten. Damit haben sie ihre Möglichkeiten nicht unerheblich beschnitten. Heute wird ihnen gerade aus dem Blickwinkel der Konsumentenforschung vorgeworfen, sie hätten »nicht gehalten, was man sich von ihnen versprochen hatte« (Kroeber-Riel, 1992, S. 342). Die meisten aktuellen Ansätze in der Lernpsychologie stellen sich im Unterschied zu den S-R-Theorien die Frage, wie es im Kopf der lernenden Subjekte aussieht, wie dort Informationen verarbeitet werden, und wie sie später repräsentiert sind. Fragen wir uns also im folgenden nicht allein, wie ein bestimmtes Verhalten erworben, sondern auch, wie das dazugehörige Wissen verarbeitet und gespeichert wird. Beginnen wir mit dem menschlichen Gedächtnis. Werbung soll im Gedächtnis Spuren hinterlassen. Dieses zentrale Ziel der Werbegestaltung wird so hoch bewertet, daß man die Wirksamkeit einer Werbevorlage vielfach schon für ausgemacht hält, wenn man eine Gedächtniswirkung nachgewiesen hat.

7.1 Das Speichermodell des Gedächtnisses

Über das Gedächtnis ist in der Psychologie viel gearbeitet worden (zum Überblick zum Beispiel Bredenkamp & Wippich, 1977). Die zentralen Modelle, die diskutiert werden, nehmen an, daß die Behaltensleistung von der Tiefe der Verarbeitung bzw. von dem Übergang eines Materials in einen anderen »Speicher« abhängt. Ich möchte mich hier an das verbreitete Speicher-Modell des Gedächtnisses nach Atkinson und Shiffrin (1968, zit. n. Bredenkamp & Wippich, 1977) anlehnen.

7.1.1 Sensorischer Speicher

Im Speichermodell wird angenommen, daß Information über die Außenwelt zunächst über die Sinne in einen »sensorischen Speicher« kommt. Der sensorische Speicher hat eine extrem große Kapazität. Er speichert aber nur für kurze Zeit. Das heißt, wenn ich etwa eine oder zwei Sekunden nach der Darbietung eines bestimmten Bildes frage, »Hatte der Junge eine blaue oder eine grüne Hose an?«, dann dürften diese und fast beliebige andere Informationen noch verfügbar sein und abgerufen werden können. Wenn ich dagegen nur wenig später wieder frage, ist alles, was nicht aus irgendeinem Grunde weiter verarbeitet wurde, aus dem sensorischen Speicher gelöscht.
Der Name »sensorischer Speicher« verweist auf die besonders »sinnennahe« Repräsentationsform in diesem Gedächtnisteil. So können zum Beispiel Versuchspersonen auf die Instruktion: »Was war in dem Bild rechts oben zu sehen?« korrekt antworten, wenn sie diese Information noch aus dem sensorischen Speicher abrufen, nicht aber wenn sie hierzu auf den Kurzzeit-Speicher angewiesen sind. Die Erklärung hierfür liegt darin, daß in dieser Speicherform das Bild tatsächlich noch in seiner physischen Ausdehnung ganz ähnlich dem Sinnen-Eindruck, dem Netzhautbild, repräsentiert ist. Die anderen Speicherformen scheinen demgegenüber wesentlich abstraktere Codierungen zu verwenden (was natürlich nicht ausschließt, daß eine Person aus diesen Gedächtnisinhalten das Bild wieder sinnennah rekonstruieren kann).

7.1.2 Kurzzeit-Speicher

Bei Weiterverarbeitung gelangt das Gedächtnismaterial in den »Kurzzeit-Speicher«. Diesen muß man sich als eine Art Arbeitsspeicher des Menschen vorstellen: Hier werden die Informationen geordnet und bereit gehalten. Im Kurzzeit-Speicher können Informationen bis zu 30 Sekunden verbleiben, bevor sie verloren gehen. Miller (1956) wies darauf hin, daß im Kurzzeit-Speicher normalerweise nur etwa 7 ± 2, also fünf bis neun Einheiten behalten werden können. Müßten wir uns zum Beispiel einige sinnfreie Zeichen wie zum Beispiel Telefonnummern merken, würden wir bei mehr als neun Ziffern schon die Waffen strecken müssen. Wir sehen also, daß der Kurzzeit-Speicher extrem begrenzt ist.
Einheiten einer Werbevorlage sind beispielsweise Marke, Produktname, Produktgattung, Headline oder Slogan. Der Text einer Vorlage besteht oft aus einer ganzen Reihe von Einheiten. Die Folgerung liegt auf der Hand: Sind es mehr als die vorgegebenen sieben Einheiten, dann haben einige dieser Inhalte keine Chance, in den Kurzzeit-Speicher zu gelangen. Sie werden auf gar keinen Fall alle abgespeichert. Es gibt diese Kapazitätsgrenze, und sie läßt sich nicht verschieben. Dies ist ein entscheidendes Argument gegen eine zu komplexe Gestaltung einer Werbevorlage (vgl. auch Meyer-Hentschel, 1993, S. 171).
Die Begrenzung können wir allenfalls dadurch aufheben, daß wir die Einheiten, die wir behalten möchten, sinnhaft verbinden. Wenn ich zum Beispiel bei einer Telefonnummer eine Struktur erkannt habe, zum Beispiel daß die einzelnen Zahlen gleichzeitig das Geburtsdatum meiner Tante darstellen, dann wird das Abspeichern wieder einfach. Ich brauche mich nur an *ein Datum* zu erinnern. Dadurch wird Kapazität im Kurzzeit-Speicher frei, die ich für eine andere Telefonnummer nutzen kann. Die entscheidende Frage ist die der Einheitenbildung. Wenn es Ihnen gelingt, einen Bezug zwischen verschiedenen Vorgaben zu schaffen, dann bilden sie gemeinsam eine einzige Einheit, und neuer Speicherplatz wird frei. So würde es zum Beispiel kaum einem von uns besonders schwer fallen, wenn in einer Wortliste der Name »Lennon« vorkommt, den später auftauchenden Namen »McCartney« zusätzlich abzuspeichern. Beide Namen gemeinsam brauchen nur den Speicherplatz von einer Einheit. Diese Technik der Einheitenbildung wird in der Literatur »chunking« genannt (Miller, 1956; vgl. auch Anderson, 1988, S. 134*f*).

7.1.3 Langzeit-Speicher

Schließlich wandert das im Kurzzeit-Speicher verarbeitete Material in den »Langzeit-Speicher«, wo es permanent abgelegt wird. Der Langzeit-Speicher gilt als unbegrenzt. Zumindest sind seine Grenzen so weit, daß sie uns praktisch nicht zu interessieren brauchen. Die entscheidende Frage an den Langzeit-Speicher ist nur: Wie ist die Information dort abgelegt? Kann sie im gegebenen Fall wieder abgerufen werden? Diese Frage betrifft die Organisation des Langzeit-Speichers. Der Vergleich mit dem Computer liegt nahe: Wer auf seiner Festplatte Ordnung hat, der findet seine Dateien auch. Aber der Vergleich mit dem Computer kann auch in die Irre führen. Im Computer sind die Daten wirklich physikalisch an einem bestimmten Punkt abgelegt. Wie dagegen die Informationen in unserem Gehirn, oder unserem Langzeitspeicher konserviert sind, muß offen bleiben. Es ist durchaus hinderlich, sich die Organisation der Gedächtnisspuren wie eine tatsächliche hochkomplizierte physikalisch organisierte »Festplatte« auf der Großhirnrinde vorzustellen. Die Anschlußfragen, die sich daraus ergeben würden, führen nicht sehr weit (vgl. hierzu Bredenkamp & Wippich, 1977, Bd. II, S. 41; siehe auch Collins & Loftus, 1975; Anderson, 1988, S. 141). Gedächtnisleistungen hängen von vielen Merkmalen ab, zum Beispiel, wie gut ein bestimmtes Wissen organisiert ist, mit wievielen anderen Elementen es zusammenhängt, wie oft es normalerweise abgerufen wird usw. Hiervon im folgenden mehr.

7.2 Die Organisation von Gedächtnisinhalten

Die Informationen im Langzeitspeicher sind untereinander vernetzt. Einzelne Gedächtnisspuren verweisen aufeinander. Die Aktivierung einer bestimmten Gedächtnisspur zieht eine Aktivierung der vernetzten Gedächtnisspuren nach sich (das Prinzip des *Priming* vgl. Kapitel 8). Zum Beispiel sind die Begriffe »Urlaub« und »Ferien« durch eine assoziative Bahn miteinander verbunden. Wenn ich mich an das Wort »Urlaub« erinnere, dann ist gleichzeitig das Wort »Ferien« aktiviert. Wenn mich nun jemand bitten würde, möglichst viele dreisilbige Wörter mit »F« zu produzieren, dann würde mir »Ferien« schneller einfallen, als wenn ich nicht an »Urlaub« gedacht hätte. Man spricht hier vom Prinzip der »Aktivierungsausbreitung« (Collins & Loftus, 1975). Die Verarbeitung eines Begriffs befördert ihn vom Langzeit- in den Kurzzeitspeicher. Der Begriff ist für die nächste Zeit besser abrufbar. Er ist aktiviert. Diese Aktivierung aber breitet sich über ein ganzes Netz von verknüpften Repräsentationen aus. Je nach Nähe zu dem ursprünglichen Begriff werden benachbarte Repräsentationen stark oder weniger stark aktiviert. Anderson (1988, S. 142) vergleicht die Aktivierungsausbreitung mit Wasser in einem Kanalsystem: Es strömt gleichsam durch verschiedene Kanäle und Bahnen. An der Quelle ist der Druck am stärksten, in entlegenen Winkeln fern von der Aktivationsquelle läßt dagegen die Strömungsstärke schon erheblich nach.
Die entscheidenden Prinzipien der Aktivationsausbreitung sind also die folgenden (vgl. auch Grunert, 1996, S. 91):

- Die Aktivation breitet sich parallel aus, das heißt gleichzeitig von allen aktivierten Knoten.
- Während der Ausbreitung geht Aktivation verloren. Je stärker die Verbindung zweier Knoten ist, desto weniger Aktivation geht verloren.
- Die resultierende Aktivation an einem bestimmten Punkt ist die Summe aller eingehenden Aktivationen.
- Wenn die Gedächtnisinhalte nicht erneut aktiviert werden, läßt der Grad der Aktivierung relativ schnell nach und erreicht ein asymptotisches Niveau.

Informationen sind nach verschiedenen Kriterien miteinander vernetzt. In meinem Beispiel verweisen semantisch ähnliche Gedächtnisspuren aufeinander. Nachdem die gemeinsame Bedeutung der beiden Begriffe »Urlaub« und »Ferien« angewärmt wurde, ist es wahrscheinlich, daß diese Bedeutung eher als andere Bedeutungen abgerufen wird. Genauso sind aber auch zeitlich geordnete Informationen miteinander verbunden. Ereignisse, die nacheinander stattgefunden haben, werden besonders dann gut erinnert, wenn sie in der Reihenfolge ihres Auftretens erinnert werden. Zum Beispiel würde ich nach der Aktivierung von »Urlaub« auch meinen eigenen letzten Urlaub besser abrufen können als etwa meinen vorvorletzten.
Dieser Punkt findet sich auch in der generellen Unterscheidung eines semantischen und eines episodischen Gedächtnisses wieder (vgl. Bredenkamp & Wippich, 1977, Bd. II; Kroeber-Riel, 1993a, S. 136). Im semantischen Gedächtnis sind Informationen wie Definitionen abgespeichert, etwa: »Eine Spinne hat immer acht Beine.« Im episodischen Gedächtnis sind dagegen Ereignisse und Abläufe gespeichert. Ein typischer episodischer »Speicherinhalt« wäre zum Beispiel folgen-

der: »...dann nahm mein Bruder den Pantoffel und schlug nach der Spinne. Er traf sie aber nicht, sondern sie lief unter den Schrank und blieb dort...«

Die Unterscheidung von semantischem und episodischem Gedächtnis macht es zum Beispiel plausibel, warum manchmal Informationen aus einer unglaubwürdigen Quelle (zum Beispiel Werbung im Unterschied zur Information von Verbraucherorganisationen) einige Zeit nach der Darbietung an Glaubwürdigkeit gewinnen. Das, was gesagt wird, ist ein Inhalt des semantischen Gedächtnisses, während die Quelle, die es gesagt hat, vom episodischen Gedächtnissystem verwaltet wird. Die unterschiedlichen Gedächtnissysteme erleichtern die Entflechtung der beiden Informationen (vgl. hierzu Exkurs 41). Verschiedene Gedächtnisinhalte verweisen also durch semantische oder durch episodische Verbindungen aufeinander. Damit sind aber die Ordnungsgesichtspunkte des Langzeitspeichers nicht erschöpft. Zum Beispiel sind auch solche Inhalte, die einander affektiv ähneln, verbunden. Wenn Sie an etwas Schönes denken, werden Sie leichter andere positive Dinge assoziieren, als wenn Sie an etwas Schlechtes denken. Ein anderer Gesichtspunkt ist ein phonetischer. Begriffe, die ähnlich klingen, sind auch im Langzeitspeicher über besondere Bahnen miteinander verbunden. Das merkt man zum Beispiel dann, wenn man einmal etwas reimen möchte: Man macht sich das Reimen einfacher, wenn man die Begriffe, auf die man ein Reimwort sucht, durch häufiges Vorsprechen aktiviert. Über eine solche phonetische Bahn hat zum Beispiel auch der Hersteller des Sonnenblumenöls *Livio* bei den Verbrauchern eine Assoziation zum höherwertigen Olivenöl herzustellen versucht (Kroeber-Riel & Meyer-Hentschel, 1982, S. 164).

Von großer Bedeutung für die Organisation des Langzeit-Speichers ist auch die Frage, in welcher Form die Gedächtnisspuren kodiert wurden. Für unsere Zwecke ist die Unterscheidung zwischen bildhaftem und sprachlichem Gedächtniscode besonders wichtig. Nach dieser Idee (vgl. Paivio, 1971; »duale Kodierung«) können Informationen grundsätzlich auf zwei verschiedene Weisen abgespeichert werden: bildhaft oder sprachlich. Die beste Behaltensleistung erlauben Informationen, die in beiden Codes gleichzeitig repräsentiert sind. Das sind vor allem sehr konkrete Begriffe, wie zum Beispiel »Ratte«, »Palme« oder »Ring«. Abstrakte Begriffe können nur in einem Code abgespeichert werden. Niemand hat eine bildliche Vorstellung von einem Begriff wie »Bruttosozialprodukt« oder »Relativität«. Diese Begriffe prägen sich daher weit weniger stark ins Gedächtnis ein.[1]

Diese Erkenntnis schlägt sich in der Empfehlung nieder, neben einer bildhaften Sprache in der Werbung Bilder einzusetzen, die den Text mehr unterstützen als ergänzen (Kroeber-Riel, 1993a). Lutz und Lutz (1977) konnten zeigen, daß eine besonders starke Gedächtniswirkung zu erwarten ist, wenn zwischen Text und Bild eine regelrechte Interaktion stattfindet, so daß der Text beispielsweise graphisch in das Bild eingebunden wird. Dieser Effekt funktioniert besonders gut für das Einprägen von Herstellernamen, die ansonsten leicht vergessen würden.

Der Vorteil der dualen Kodierung ist aber nicht auf ein tatsächliches Bild angewiesen, solange nur der Inhalt, der abgespeichert werden soll, bildhaft ist. Eine Untersuchung von Unnava und Burnkrant (1991) kann das belegen: Bei sehr stark bildhafter Werbesprache konnte eine passende Abbildung keine weitere Steigerung der Erinnerungsleistung bewirken. Ein Erinnerungsvorteil zeigte sich nur, wenn das Werbebild zu einem eher trockenen, wenig bildhaften Text hinzugefügt wurde.

---

[1] Mit manchen abstrakten Begriffen verbinden sich allenfalls noch allegorische Vorstellungen. Man kann sie eventuell »versinnbildlichen«. Solche Begriffe sind zum Beispiel »Freiheit« oder »Gerechtigkeit«. Hierzu gibt es kulturell vorgeformte Schemabilder, etwa die Freiheitsstatue oder die Justitia mit ihrer Waage.

7.3 Kodierung und Abruf

Werbeinformation muß irgendwie in den Langzeitspeicher gelangen, und das entscheidende Mittel dazu ist Verarbeitung. Der Prozeß, in dem eine externe Information zu einer internen Repräsentation verarbeitet wird, heißt in der Gedächtnispsychologie »Kodierung« oder »Encodierung« (Bredenkamp & Wippich, 1977, Bd. II, S. 40*ff*). Von großer praktischer Bedeutung ist die Frage, welche Faktoren die Kodierungsprozesse beeinflussen. Wenn wir zum Beispiel ein Gedicht oder eine Telefonnummer lernen wollen, dann versuchen wir, uns durch Wiederholung und »Eselsbrücken« das Abspeichern leichter zu machen. Damit haben wir also schon zwei wichtige Bestimmungsstücke einer effektiven Kodierung: Wiederholung und semantische Verknüpfung.
Aber nicht alle Kodierungsprozesse laufen – wie in dem Beispiel – bewußt ab. Wir wissen, daß wir manchmal Werbeslogans oder -melodien, die wir nie aktiv memoriert haben, auswendig kennen. Die häufige Wiederholung hat die Inhalte ohne unser Zutun in unser Gedächtnis eingeschleust. Wiederholung der Vorgabe ist offenbar eine der einfachsten Methoden, die Verarbeitung anzuregen. Ein Spot, der mehrmals dargeboten wird, hat größere Chancen darauf, behalten und erinnert zu werden. Allerdings bringt Wiederholung keinen zusätzlichen Effekt mehr, wenn eine Person ohnehin die Werbeinformation aktiv aufnimmt, zum Beispiel weil sie Informationen zu einem Produkt sucht. Kodierung von Information kann also bewußt gesteuert oder ganz unbewußt angeregt werden. Auf beiden Wegen können starke Gedächtnisspuren entstehen. Wir werden später darauf zurückkommen (vgl. Kapitel 9).

7.3.1 Bildhafte und abstrakte Kodierung

Die Gedächtnisleistung ist sehr stark von der Kodierung des Materials abhängig. In seiner Arbeit über Bildkommunikation wird Kroeber-Riel (1993a) nicht müde zu betonen, daß gute Chancen auf eine längere Behaltensleistung nur bei konkretem und bildhaften Material zu erwarten ist. An reale Objekte kann man sich besser erinnern als an Bilder. An Bilder kann man sich besser erinnern als an Text (vgl. Kroeber-Riel, 1993a, S. 26*ff*, S. 75*f*). Sprache und Begriffe werden um so besser erinnert, je bedeutungsvoller und je konkreter sie sind. Aus einer Liste von Silben, die aus Konsonant-Vokal-Konsonant bestehen, werden solche Silben wesentlich leichter erinnert, die eine Bedeutung haben, zum Beispiel, »tot«, »tat«, »lug«, »sog«, »hut«. Dagegen werden sinnlose Silben eher vergessen, zum Beispiel »wus«, »dox«, »wäf«, »mip«.
Genauso ist es mit dem sogenannten Imaginationsgehalt und der Konkretheit eines Begriffes. Ein Wort wie »Alligator«, unter dem man sich – trotz seines Fremdwortcharakters – etwas sehr Konkretes lebhaft vorstellen kann, wird allemal besser erinnert, als ein wenig bildhaftes Wort wie zum Beispiel »Abweichung« (Moser, 1990). Bildhafte und bedeutungsstarke Wörter werden im Alltag auch häufiger verwendet (Bransford, 1979).
Die Überlegenheit von Bildern beim Erinnern kann als gesichertes Wissen gelten. Dieser Effekt wird meist mit dem Prinzip der dualen Kodierung erklärt, das ich oben bereits angesprochen habe (Paivio, 1971; vgl. auch Bredenkamp & Wippich, 1977, Bd. II, S. 55*f*). Nach dieser Idee stehen uns zum Abspeichern von Informationen ein bildhafter und ein verbaler Code zur Verfügung. Die besten Behaltensleistungen sind bei einer doppelten Kodierung zu erwarten, wenn also bildhaft und sprachlich kodiert wird. Das ist zum Beispiel bei sehr konkreten Begriffen der Fall. Ein Markenname wie *Frosch* hat bessere Chancen, behalten zu werden als ein Markenname wie *Moment* (Kroeber-Riel, 1992, S. 356; 1993a, S. 75; Robertson, 1987). Man kann also bei der Werbegestal-

tung nichts dümmeres tun, als sich für eine sprachliche Gestaltung zu entscheiden, wenn man ebensogut eine bildliche hätte wählen können. Kroeber-Riel (1992, S. 357*f*) erinnert an die Werbung einer Fluggesellschaft, die die weiten Verzweigungen ihres Liniennetzes demonstrieren wollte. In einem längeren Text wurden die angeflogenen Flughäfen namentlich aufgeführt. Die bildliche Alternative springt den Gestalter regelrecht an: Man hätte ebensogut eine Karte zeigen können, über das sich der angebotene weitverzweigte Linienservice tatsächlich wie ein weit gespanntes Netz legt.

7.3.2 Verarbeitungstiefe, Selbstreferenz- und Generierungs-Effekt

Es gibt neben der Bildhaftigkeit noch eine Reihe von anderen Merkmalen, die sich auf die Erinnerungsleitung auswirken. Zum Beispiel bringt es mehr, sich zu fragen, *warum* ein Geschäft jetzt von da nach dort gezogen ist, oder *warum Raider* jetzt *Twix* heißt, als nur zur Kenntnis zu nehmen, *daß* das so ist. Dieser Unterschied wird damit erklärt, daß die Informationen bei der Analyse von Gründen tiefer verarbeitet werden als bei der bloßen Kenntnisnahme. Das entscheidende Konzept ist also die »Verarbeitungstiefe« (»level of processing«; Craik & Lockart, 1972).

Eine eher flache Art der Verarbeitung würde zum Beispiel darin bestehen, von einem Stimulus nur physische Oberflächenmerkmale zur Kenntnis zu nehmen. Wenn ich Ihnen beispielsweise eine Liste von Produktnamen präsentieren und Sie bitten würde, zu entscheiden, ob diese Wörter in Groß- oder Kleinbuchstaben geschrieben wären, dann würden Sie nach Erledigung dieser Aufgabe verhältnismäßig wenige Namen erinnern. Auch das Memorieren durch bloßes ständiges Wiederholen ist eigentlich eine sehr flache Art des Lernens und daher vergleichsweise ineffektiv.

Sehr viel besser wäre Ihre Gedächtnisleistung, wenn Sie die Wörter daraufhin prüften, ob sie aus der deutschen oder einer anderen Sprache stammten, oder ob es Phantasienamen sind. Hier müßten Sie bereits etwas tiefer in die Bedeutung der Wörter eindringen. Noch tiefer wäre Ihre Verarbeitung allerdings, wenn Ihre Aufgabe eng an die Bedeutung der Wörter geknüpft wäre; etwa wenn Sie entscheiden müßten, ob die Namen Tiere, Menschen oder Lebensmittel bezeichnen.

Den größten Effekt hätte es allerdings, wenn Sie die Begriffe irgendwie auf sich selbst anwenden müßten. Variieren wir unser Experiment von oben, um diesen zentralen Gedächtniseffekt, den sogenannten »Selbstreferenz-Effekt«, anschaulich zu machen (vgl. Rogers, Kuiper & Kirker, 1977): Stellen Sie sich vor, Sie sollten von einer Adjektivliste nicht entscheiden, ob die Begriffe groß oder klein geschrieben sind, sondern, ob die Adjektive Sie selbst beschreiben oder nicht. Sie werden alle Wörter, die Sie in dieser Aufgabe auf sich selbst anwenden, besser erinnern als Wörter, die Sie nur oberflächlich verarbeiten – unabhängig davon ob Sie zu dem Schluß kommen, daß der Begriff auf Sie zutrifft oder nicht. Der Selbstreferenz-Effekt ist eines der einfachsten und effektivsten Mittel, eine Werbekommunikation effektiver zu machen: die Adressaten werden so persönlich wie möglich angesprochen und die Inhalte werden dabei so anschaulich wie möglich an die eigene Person geknüpft.

Wenn Sie also bei der Produktliste entscheiden sollten, ob Sie diese Produkte schon einmal gekauft haben, ob Sie sie kaufen wollten oder irgend etwas anderes, wobei Sie selbst ins Spiel kommen dann können Sie sich diese Liste noch besser merken. Dieser Effekt läßt sich natürlich auch leicht zu anderen Lernaufgaben nutzen, etwa bei der Klausurvorbereitung. (Ich habe auch nicht ohne Hintergedanken in meinem Beispiel von *Ihnen* gesprochen und nicht von irgendwelchen anonymen Versuchspersonen!)

Vielleicht kennen Sie auch folgendes Phänomen: Sie haben an einer Besprechung teilgenommen und sollen nun einen Kollegen, der nicht dabei war, möglichst genau über den Verlauf der Diskussion unterrichten. Wenn Sie sich aber nun frei erinnern müssen, fallen Ihnen vorzugsweise die Punkte ein, die Sie selbst zur Diskussion beigetragen haben. Selbst die Dinge, die Sie sich selbst nur gedacht, aber nicht gesagt haben, sind Ihnen besser präsent als manche gewichtigen Beiträge der anderen.

Hierin zeigt sich das allgemeine Prinzip, daß Informationen, die man selbst generiert hat, immer einen besonderen Gedächtnisvorteil haben, (»Generierungs-Effekt«, »generation effect«; Slamecka & Graf, 1978). Das macht es beispielsweise zu einer didaktisch sinnvollen Strategie, Lernende die Antwort zu einer Frage selbst finden zu lassen. In der Einstellungsforschung stellt sich daher auch immer die Frage, ob es nicht besser ist, die Schlußfolgerung aus einer beeinflussenden Kommunikation wegzulassen und dem Publikum zu überlassen (siehe hierzu 13.4.4).

Wenn man überzeugende Argumente für ein Produkt vorgelegt hat, sind die Schlußfolgerungen ja im Grunde redundant, und es könnte ja im Sinne des Generierungs-Effektes nur vorteilhaft sein, wenn nun das Publikum selbst folgert: »...also ist XY das bessere Produkt«. Empirisch zeigt sich allerdings leider, daß das Involvement der Adressaten oft zu gering ist, um eine solche Strategie zu rechtfertigen. Der Generierungseffekt wirkt nur, wenn man zu gewissen Anstrengungen bereit ist. Passives Rezipieren genügt nicht. Allerdings muß man betonen: Der Gewinn aus dem Generierungseffekt ist ein doppelter. Zunächst einmal profitiert das Gedächtnis, dann aber auch die Einstellung, denn nichts überzeugt mehr als Argumente, auf die man selbst gekommen ist (vgl. 13.4.5).

Reardon und Moore (1996) konnten allerdings einen Generierungseffekt für Werbespots nachweisen: In ihrem Experiment wurden die Versuchspersonen mit Spots konfrontiert, in denen der Produktname zunächst fünf Mal genannt wurde. In einer von zwei Bedingungen folgte am Ende von einer anderen Person noch eine weitere Nennung des Namens. In der anderen Bedingung fragte diese andere Person dagegen: »Hey, wie war nochmal der Name dieser...?« (zit. n. Gleich, 1998, S. 209). Wer diese zweite Version des Spots gehört hatte, wer also demnach in dem Spot nach dem Namen gefragt wurde, erkannte den Produktnamen mit signifikant höherer Wahrscheinlichkeit wieder und war sich zudem in seinem Urteil auch sicherer als Personen, die die erste Version gehört hatten.

Wenn man Gedächtnisspuren besonders gut verankern will, sollte man also versuchen, selbst Vernetzungen zu erfinden. Es gibt Gedächtnistrainings, die genau das versuchen. Man soll die Inhalte, die man sich merken will, mit bestimmten einfachen Gedächtnisspuren verknüpfen, etwa den Gegenständen der eigenen Wohnung.

7.3.3 Encodierungsspezifität

Marcel will sich erinnern. Wie war das damals? Nun tunkt er seinen Keks in den Tee. Den Rest erzählt er uns lieber selbst:

»In der Sekunde, wo dieser mit dem Kuchengeschmack gemischte Schluck Tee meinen Gaumen berührte, zuckte ich zusammen und war wie gebannt durch etwas Ungewöhnliches, das sich in mir vollzog [...] Und dann war mit einem Male die Erinnerung da. Der Geschmack war der jener Madeleine[2], die mir am Sonntagmorgen [...] meine Tante Léonie anbot [...] Sobald ich den Ge-

---

[2] Französisches Sandkuchengebäck.

schmack jener Madeleine wiedererkannt hatte, die meine Tante mir, in Lindenblütentee eingetaucht, zu verabfolgen pflegte [...] trat das graue Haus mit seiner Straßenfront [...] hinzu [...] und mit dem Hause die Stadt, der Platz, auf den man mich vor dem Mittagessen schickte, die Straßen, die ich von morgens bis abends und bei jeder Witterung durchmaß...«[3]

Die Proustsche Erinnerungshilfe beruht auf der Tatsache, daß beim Kodieren von Informationen eine ganze Reihe von Begleit- oder Kontextinformationen mitkodiert werden. Diese Kontextinformationen – im Beispiel der Geschmack eines bestimmten Gebäcks – sind später wertvolle Erinnerungshilfen. Die Erinnerung gelingt dann am besten, wenn die Bedingungen, die bei der Kodierung vorgelegen haben, auch beim Abruf wieder realisiert werden. Dieses Prinzip bezeichnet man als »Encodierungsspezifität« (Tulving & Thomson, 1973; siehe auch Bredenkamp & Wippich, 1977, Bd. II, S. 37, S. 67; Tulving, 1983; Anderson, 1988, S. 177*ff*; Keller, 1993, S. 18, S. 26*f*).

Wir kennen dieses Phänomen aus dem Alltag sehr gut. Wenn wir uns an eine bestimmte Episode erinnern wollen, versuchen wir uns so genau wie möglich die Kontexte vorzustellen, in denen wir die Informationen aufgenommen haben. Diese Kontextinformationen sind oft völlig nebensächlich, etwa die Stelle auf einer Buchseite, wo die Antwort auf eine Prüfungsfrage gestanden hat, oder das Tropfen des Wasserhahns, während man Vokabeln gelernt hat. Es müssen keine sinnvollen Verknüpfungen zwischen den Kontexten und der eigentlichen Zielinformation bestehen. Es geht auch nicht allein um sachliche Informationen, die bei der Informationsaufnahme gegeben waren. Auch Stimmungen, die sowohl bei der Aufnahme als auch später beim Abruf vorliegen, können die Gedächtnisleistung verbessern (Bower, Gilligan & Monteiro, 1981).

Gegenüber den Konsumenten ist es demnach günstig, sowohl für die Kodierung der Werbeinformation als auch für den späteren Abruf möglichst gleiche Rahmenbedingungen zu schaffen. Wenn beispielsweise sowohl in der Werbung als auch im Geschäft, am »Point of sale« (POS), genau dieselben visuellen Bedingungen realisiert werden, dann würde damit das Prinzip der Encodierungsspezifität optimal ausgenutzt. Ein Beispiel für einen solchen Versuch ist ein spezieller Verkaufsstand im Geschäft, an dem das Produkt in einem eigenen Regal steht und von Displaymaterial aus der Werbung umgeben ist. Ein anderes Beispiel ist ein Bild aus der Werbung, das auf der Verpackung des Produktes wieder auftaucht (vgl. Dickinson, 1972; Mayer, 1993, S. 123; Keller, 1993, S. 26*ff*). Keller (1993) betont nachhaltig die Wichtigkeit solcher Entsprechungen: »although advertising may have the potential to impact brand evaluations, it may not do so without the proper cues or reminders at the POP«[4].

Doch man muß daran denken, daß es um Enkodierungs*spezifität* geht. Das heißt, die Kontextbedingungen müssen für den Gedächtnisinhalt spezifisch sein. Bemühen wir noch einmal unser literarisches Beispiel: »Der *Anblick* jener Madeleine hatte mir nichts gesagt, bevor ich davon gekostet hatte; vielleicht kam das daher, daß ich dies Gebäck, ohne davon zu essen, oft auf den Tischen der Bäcker gesehen hatte, und daß dadurch sein Bild sich von jenen Tagen [...] losgelöst und mit anderen, späteren verbunden hatte...« (S. 66, Hervorhebung GF). Anders gesagt heißt das, daß ein Kontextreiz, der in sehr vielen Zusammenhängen vorkommt, nicht als Erinnerungshilfe dienen kann.[5]

---

[3] Marcel Proust, Auf der Suche nach der verlorenen Zeit (Übersetzung: Eva Rechel-Mertens). Suhrkamp, 1979, Bd. I, S. 63-67.

[4] Keller, 1993, S. 37*f*. Keller (1993) untersuchte die Wirksamkeit solcher Hinweisreize und Erinnerungshilfen auf die Markenerinnerung und -einschätzung. Seine Versuchspersonen betrachteten allerdings die Werbevorlagen mit besonderer Aufmerksamkeit, eine Bedingung, die in der Wirklichkeit kaum jemals realisiert sein dürfte.

[5] Es gibt an dieser Stelle Überlappungen mit dem Prinzip der klassischen Konditionierung. Dort habe ich betont, daß der konditionierte Stimulus den unkonditionierten regelrecht ankündigen muß, um effektiv zu sein. Das bedeutete, daß sich ein Reiz, der sehr häufig vorkommt, eigentlich nicht zum konditionierten Reiz

7.3.4 Recall und Recognition

Was bedeutet es, wenn ich sage, ich erinnere mich an eine bestimmte Werbung? Das kann zum Beispiel heißen, daß ich mich frei an bestimmte Inhalte der Werbung, an bestimmte Spots und Marken erinnere. Diese Erinnerungsleistung heißt »freies Erinnern«, »Free-recall«. Die Ergebnisse mit dem freien Erinnern sind in der Werbewirkungsforschung in der Regel ernüchternd: Meyer-Hentschel (1996, S. 78) zitiert Ergebnisse von Leo Borgart, der über Jahrzehnte Zuschauer nach dem Betrachten von Werbeblocks zum freien Erinnern aufgefordert hatte. Selbst den zuletzt gesehenen Spot konnten 1965 nur 18 Prozent erinnern. Diese Zahl sei 1971 bereits auf zwölf, 1981 dann auf sieben Prozent geschrumpft. Mitte der neunziger Jahre habe der Wert dann allenfalls noch bei drei Prozent gelegen. Schimansky (1999, S. 125) stellt fest: »Unmittelbar nach einem Werbeblock können sich drei von zehn Zuschauern an keinen einzigen Spot erinnern; die restlichen sieben erinnern sich zwar dunkel an eine Marke, aber drei von ihnen an die falsche.«
»Erinnern« kann aber auch heißen, daß ich auf bestimmte Hinweise, auf Kontextreize, die in der Werbung vorkamen, im Sinne der Werbebotschaft reagiere. Diese Erinnnerungsleistung nennen wir »unterstütztes Erinnern«, »Aided-« oder »Cued-recall«. Stellen wir uns vor, in einer Reihe von Spots kam die Werbung für *Clausthaler*-Bier vor. Im freien Erinnern würden wir von einer Versuchsperson erwarten, daß sie beim Aufzählen dessen, was sie gesehen hat, irgendwann auch einmal die *Clausthaler*-Werbung nennt. Beim unterstützten Erinnern würden wir ihr einen Hinweis geben, zum Beispiel indem wir sagen »Nicht immer...«, und dann schauen, ob sie den Slogan noch auf der Pfanne hat, vor allem aber, ob sie dann auch den richtigen Namen reproduziert.
Es liegt auf der Hand, daß die Versuchspersonen beim freien Reproduzieren wesentlich weniger Informationen nennen als beim unterstützten Erinnern. Diese Tatsache gilt übrigens als eines der Argumente für die These, daß die Inhalte des Langzeitspeichers nicht gelöscht werden, und daß somit ein Problem bei der Reproduktion der Inhalte im wesentlichen ein Problem des Zugriffs ist (Anderson, 1988, S. 131; siehe unten 7.3.5). Allerdings ist es keineswegs so, daß der Wiedererkennungstest einfach nur mehr Informationen zutage fördert. Es kann auch vorkommen, daß *anderes* Material wiedererkannt als frei erinnert wird (siehe du Plessis, 1994, für einen Nachweis im Bereich der Werbung).
In der Werbewirkungsforschung wird zudem sehr häufig der Wiedererkennungstest eingesetzt (vgl. Kroeber-Riel, 1992, S. 363*f*; Moser, 1990, S. 56*f*, siehe 17.3.2). Dabei geht es darum, von bestimmten Vorlagen zu entscheiden, ob man sie schon einmal gesehen hat oder nicht. Auch hier sind wiederum bessere Ergebnisse zu erwarten als beim ganz freien Reproduzieren oder auch bei Vorgabe eines einzelnen Hinweises.
Eine einfache theoretische Idee geht davon aus, daß das Wiedererkennen ein Teilprozeß des freien Erinnerns ist: Beim freien Erinnern würden in einem ersten Schritt Informationen generiert und in einem zweiten würde von diesen generierten Informationen entschieden, ob sie vorher vorkamen oder nicht. Das Wiedererkennen würde nach dieser Idee nur aus dem zweiten Schritt bestehen, denn die Information müßte ja nicht generiert werden, sondern läge schon vor. Allerdings kann es durchaus vorkommen, daß eine Information zwar frei erinnert, aber nicht wiedererkannt wird. Dieses Phä-

---

eignet. Dieser Gedanke ähnelt unserem gegenwärtigen Problem. Der entscheidende Unterschied ist hier eigentlich nur, daß es beim klassischen Konditionieren um das Hervorrufen einer geradezu reflexartigen unkonditionierten Reaktion ohne den dazugehörenden Stimulus geht. Hier geht es uns aber nur um das Wiedererkennen. Keiner der Reize, weder der Kontext- noch der Zielstimulus, müssen dafür von sich aus eine Reaktion auslösen.

nomen, der sogenannte Wiedererekennungs-Fehler (Groome, 1999), ist ein Hinweis darauf, daß für »Recall« und »Recognition« unterschiedliche kognitive Prozesse verantwortlich sind.
Die Gedächtnisleistung ist also offenbar nicht nur von dem Material abhängig, das erinnert werden soll, sondern auch von der Methode, mit der die Erinnerung überprüft wird.
Je nach Situation ist entweder das Wiedererkennen oder das freie Erinnern wichtiger für das Konsumentenverhalten. Beim Vergleich vorgegebener Alternativen, zum Beispiel vor dem Regal im Supermarkt, ist das Wiedererkennen ausreichend. Wenn die Alternativen nicht erkennbar sind, werden trivialerweise nur die frei erinnerten Produkte in die Entscheidung einbezogen. Die unterschiedlichen Erinnerungsarten sind auch für die Regeln verantwortlich, anhand deren wir unsere Entscheidungen treffen: Sie erinnern sich, daß die Rekognitionsheuristik tyischerweise bei wiedererkanntem Material angewendet wird, während Entscheidungen nach der Verfügbarkeitsheuristik eher bei frei erinnertem Material zu erwarten sind (4.1.1).

7.3.5 Vergessen und Interferenzeffekte

Werden die Inhalte des Langzeitspeichers jemals gelöscht? Oder bleibt alles im Prinzip erhalten, und es kommt nur darauf an, wie man es abruft? In den späten sechziger Jahren fragten die Gedächtnisforscher Elizabeth und Geoffrey Loftus sowohl Laien als auch Experten danach, welcher Aussage sie eher zustimmen würden:

(1) Alles, was jemals gelernt wurde, ist im Gedächtnis permanent gespeichert, und wenn es einmal nicht gefunden wird, kommt es nur auf die richtige Methode an (zum Beispiel Hypnose), um es doch noch zu aktivieren.

(2) Manche Informationen, die einmal gelernt wurden, können endgültig verloren gehen. Sie sind dann mit keiner Erinnerungstechnik mehr zugänglich, eben weil sie nicht mehr existieren.

Damals stimmten 84 Prozent der Psychologen und 60 Prozent der Laien der ersten Aussage zu. Unter Laien ist diese Meinung auch heute noch genauso verbreitet, unter Experten macht sich allerdings mittlerweile Skepsis breit. In einer entsprechenden Umfrage von 1996 stimmten zwar 62 Prozent der Laien der ersten Aussage zu, unter den Experten fand sich jedoch mittlerweile eine Mehrheit von 87 Prozent für die zweite (Squire & Kandel, 1999, S. 76*f*).
Was müssen wir aus diesen Hinweisen resümieren? Erstens: Die von früheren Konsumentenforschern (zum Beispiel Kroeber-Riel, 1992, S. 362, siehe auch die erste Auflage dieses Buches, S. 116) vertretene Position, die Inhalte des Langzeitspeichers würden niemals gelöscht, entspricht nicht dem aktuellen Stand der Diskussion. Zweitens aber: Daß Informationen aus dem Langzeitspeicher dauerhaft verloren gehen, ist vermutlich eher die Ausnahme. Neu ist nur die Position, daß *manche* Informationen vollständig und unwiderruflich gelöscht werden. An einem wesentlichen Punkt der alten Position können wir dagegen wohl festhalten: Der Standardfall des Vergessens ist nicht der Verfall bzw. Verlust von Information, sondern der erfolglose Versuch, auf eine Information zuzugreifen, die prinzipiell vorhanden ist.
Wie soll man sich also das Vergessen technisch vorstellen? Weitere hereinkommende Informationen können den Zugriff auf bereits gelernte Informationen behindern. Diese neuen Informationen können die bereits abgespeicherten überlagern, mit ihnen interferieren. Das Phänomen der *Interferenz* von Informationen zeigt, daß das Vergessen häufig eine Folge davon ist, daß weitere, und zwar ähnliche Informationen, hinzugekommen sind (Anderson, 1988, S. 145; Keller, 1993, S. 17*f*).
Eine Art der Behinderung ist die *retroaktive Hemmung*. Damit ist gemeint, daß ein später hinzugekommenes Material den Zugriff auf vorher gespeicherte Elemente behindert. Umgekehrt kennt

man aber auch das Phänomen der *proaktiven Hemmung*, bei dem das vorher gespeicherte Material das später hinzukommende hemmt (zum Überblick zum Beispiel Bredenkamp & Wippich, 1977, Bd. II; Kroeber-Riel, 1992, S. 362).

Stellen wir uns eine Person vor, die eine Zeitschrift durchgeblättert hat. Wir gehen davon aus, daß unser Zeitschriftenleser auf Nachfrage die Anzeigen nach ihren Inhalten gruppieren kann. Störungen durch die Menge und die Ähnlichkeit der Informationen hat es daher schon auf der hohen Ebene der Gruppierung gegeben. Auf diese Weise konnten ganze Kategorien vergessen werden. Die Interferenz dürfte allerdings um so größer sein, je ähnlicher sich die zu erinnernden Informationen waren. Das bedeutet, daß sich verschiedene Anzeigen gegenseitig behindert hätten. Es würde nur eine bestimmte Menge an Anzeigen erinnert. Auf die Frage, »Welche Anzeige kam noch in der Zeitschrift vor?«, könnte man ab einem bestimmten Punkt keine Antwort mehr erwarten.

Die Sache sieht anders aus, wenn die zu erinnernde Information von anderer Art ist. Wenn wir zum Beispiel das Gedächtnis des Zeitschriftenlesers restlos ausgequetscht zu haben glauben, so werden wir ihm immer noch eine Frage stellen können, wie zum Beispiel: »Welche Personen sind eigentlich ins Zimmer gekommen, während Sie die Zeitschrift gelesen haben?« Diese Information könnte durchaus verfügbar sein, denn sie ist von den Werbeinformationen hinreichend verschieden und ist deshalb wahrscheinlich weder pro- noch retroaktiv gehemmt worden. Aber auch die Erinnerung an die Anzeigen kann man noch steigern. Wenn man Erinnerungshilfen anbietet, etwa indem man zum Beispiel die Produktkategorie Waschmittel ins Gedächtnis ruft, kann man diese Interferenzeffekte teilweise wieder aufheben (vgl. Keller, 1993, S. 18).

Mit Interferenzeffekten ist vor allem dann zu rechnen, wenn die eingehenden Informationen einander zu ähnlich sind. Zum Beispiel konnten Berry, Gunter und Clifford (1980) zeigen, daß Nachrichten leichter vergessen werden, wenn sie in thematisch homogenen Blocks präsentiert werden. Diese Ergebnisse lassen sich auf die Werbung übertragen: Offensichtlich schaden verschiedene Werbedarbietungen einander mehr, wenn sie sich auf konkurrierende Produkte beziehen (Kent, 1993). In einem Experiment von Brosius und Fahr (1996) wurden bestimmte Ziel-Werbespots gemeinsam mit thematisch ähnlichen und thematisch unähnlichen Kontextspots präsentiert. Insbesondere die Detailerinnerung an die Ziel-Spots litt deutlich unter der Bedingung eines thematisch ähnlichen Kontextes. Diese Interferenzeffekte sind offenbar besonders ausgeprägt bei Sendern, die sich von vornherein an eine ausgewählte Zielgruppe wenden (Mandese, 1993). In Deutschland wäre zum Beispiel die Werbung in Sendern wie *Eurosport* oder *Viva* besonders von solchen Interferenzeffekten bedroht.

Der entscheidende Punkt ist aber nicht so sehr die Ähnlichkeit der Informationen, sondern die Ähnlichkeit der beteiligten Informationsverarbeitungsprozesse. Diese Erkenntnis hat zu der Hypothese geführt, daß die Programme, die die Werbung umgeben, die Behaltensleistung bei den Werbespots hemmen können. In Deutschland ist es in den öffentlich-rechtlichen Sendern üblich, zwischen die Werbespots kurze Cartoons einzubinden. Im ZDF sind dies die Mainzelmännchen. Es ist in der Tat gelungen zu zeigen, daß die Darbietung von Mainzelmännchen-Cartoons die Erinnerungsleistung an die zugehörigen Werbespots behindert. Die Fernsehbilder haben sich gegenseitig überlagert – so die Interpretation (vgl. Krauss, 1982). Jüngere Ergebnisse von Brosius und Fahr (1996) beziehen sich auf Cartoons der ARD, nämlich Affe und Pferd (SWF und SDR) und Onkel Otto (HR). Einbußen bei der Markenerinnerung fanden sich bei Onkel Otto, einer Trickfigur, die üblicherweise die Inhalte der vorangegangenen Spots aufgreift und parodiert. Zwischeneinblendungen mit Affe und Pferd dagegen, die oft Dialoge und über mehrere Cartoons verteilt eine zusammenhängende Handlung enthalten, führten bei den Versuchspersonen zwar zu einer erhöhten Gesamtattraktivität des Werbeblocks, aber zu keinen Gedächtniseinbußen. Diese Ergeb-

nisse unterstreichen noch einmal deutlich, daß vor allem ähnliche Informationsverarbeitungsprozesse einander behindern.
Ein Ziel der Werbegestaltung ist, im Gedächtnis netzartige Verbindungen zu Gunsten der Marke oder des Produktes herzustellen oder zu stärken. Wenn man zum Beispiel einen beliebten Filmstar ein Produkt vorstellen läßt, dann steht dahinter mindestens der allgemeine Gedanke, daß eine Verbindung zwischen Produkt und Star hergestellt wird. Die Vernetztheit der Gedächtnisinhalte kann es der Erinnerung aber schwer machen, denn allzu ähnliche Gedächtnisinhalte können einander überlagern. So berichtet Keller (1993, S. 23) von einem unerfreulichen Interferenzeffekt, unter dem *Polaroid* zu leiden hatte: Der Schauspieler James Garner trat in einem Werbespot der Firma auf. Viele der später befragten Konsumenten meinten aber fälschlicherweise aus der Erinnerung heraus, es habe sich um einen Werbespot für *Kodak* gehandelt. Keller macht für solche Pannen eine zu schwache Assoziation zwischen Markennamen und Werbevorlage verantwortlich. Das Problem beginne bereits damit, daß in vielen Werbespots der Markenname nur einmal, und dann auch nur am Ende der Anzeige genannt wird. Dieser Umstand war, wie wir in 6.1.4 gesehen haben, bereits zur Ausnutzung klassischer Konditionierungseffekte eher ungünstig.

7.3.6 Serielle Effekte bei der Kodierung: Primacy- und Recency-Effekt

Bei der Darbietung einer Liste werden normalerweise die ersten und die letzten Elemente der Liste am besten erinnert, schlechter dagegen die Elemente in der Mitte. Wenn man eine semantisch möglichst bunte Wortliste mehreren Personen vorliest und danach die Wörter reproduzieren läßt, müßte sich eigentlich abzeichnen, daß im Schnitt meistens die Worte am Anfang und (noch mehr) am Ende der Liste erinnert werden. Wir haben es hier mit dem sogenannten »Primacy-recency-Effekt« zu tun. Dieser Effekt wurde bereits 1902 von Hermann Ebbinghaus beschrieben. Ebbinghaus arbeitete stets mit sinnfreiem Material, also mit Buchstabenfolgen, die keine Bedeutung haben. Der Primacy-recency-Effekt kann nämlich durch weitere Erinnerungshilfen, zum Beispiel eine semantische Verbindung zwischen den Elementen der Liste, überlagert werden.
Präziser wird man von zwei getrennten Effekten, einem Primacy- und einem Recency-Effekt sprechen, denn beide können auch unabhängig voneinander auftreten. Sie sind auch in der Regel nicht gleich stark, meist ist der Recency-Effekt der stärkere. Zudem sind die theoretischen Erklärungen für beide Effekte unterschiedlich:
Das Speicher-Modell erklärt dieses Phänomen damit, daß die Wörter am Ende der Liste noch direkt aus dem Kurzzeit-Speicher abgerufen werden können. Die Wörter am Anfang der Liste können nicht mehr im Kurzzeit-Speicher sein, denn die Kapazität dieses Speichers ist begrenzt. Sie müssen also aus dem Langzeit-Speicher abgerufen werden. Dorthin sind sie nur dann gelangt, wenn sie irgendwie verarbeitet wurden, und sei es auch nur durch Wiederholung beim Memorieren. Bei der Verarbeitung wurden sie allerdings durch ständig neu eintreffende Informationen gestört. Die besten Chancen darauf, behalten zu werden, hatten noch immer die verhältnismäßig früh dargebotenen Wörter, denn die hatten unter den widrigen Umständen die längste Verarbeitungszeit zur Verfügung (vgl. auch Bredenkamp & Wippich, 1977, Bd. II, S. 32*f*).

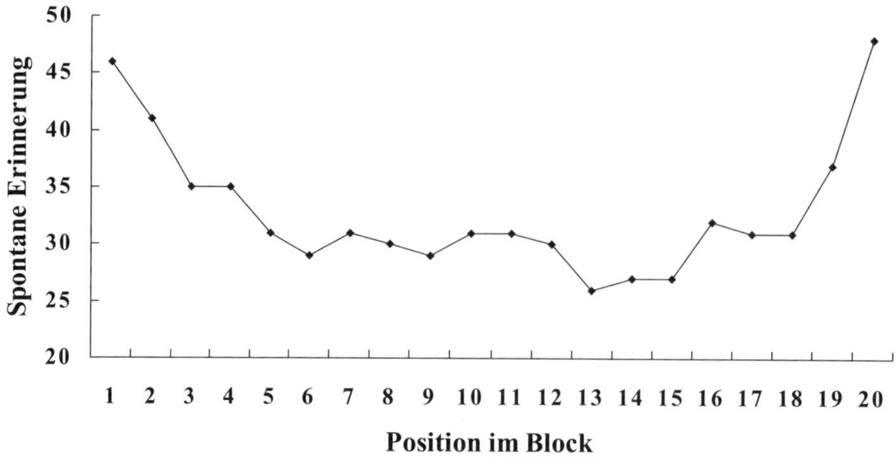

Abbildung 7.1 Primacy-recency-Kurve für Werbespots aus den Jahren 1998, 1999 und 2000 (Quelle: Imas Institut, Linz/München).

Abbildung 7.1 enthält eine typische »Vergessenskurve« für einen Primacy-recency-Effekt in einer Befragung an 1.840 Personen. Wenn man die spontane Erinnerungsleistung für verschiedene Vorgaben – im Beispiel Werbespots – gegen die serielle Position der Vorgaben abträgt, dann erhält man fast immer eine annähernd U-förmige Verteilung der Werte für die Gedächtnisleistung. Aus diesem Befund ergibt sich, daß der letzte Eindruck, den ein Spot macht, von besonderer Bedeutung ist. Nicht umsonst wird der Name des Produkts oder die Aufforderung an den Betrachter am Ende eines Spots meistens wiederholt. Daraus ergibt sich aber auch, daß bei der Darbietung einer Reihe von Spots der erste und der letzte die beste Chancen auf Erinnerung haben – und das nicht nur deshalb, weil sowieso die meisten Menschen in dem Augenblick, in dem die Werbeunterbrechung im Spielfilm kommt, eine Pause einlegen und zum Kühlschrank gehen (Krugman, 1962).
Zhao (1997) befragte in einer Felduntersuchung telefonisch 1.134 Personen während eines Football-Spiels nach den in den Spielpausen gezeigten Werbespots. Die Position im Block hatte erhebliche Auswirkungen auf die Gedächtnisleistung. Besonders stark fiel der Primacy-Effekt aus: Spots an der ersten Position hatten die beste Chance, erinnert zu werden. »Mit jedem zusätzlichen Spot verringerten sich die Recall- bzw. Recognitionwerte um 1 bzw. 2.5 Prozentpunkte « (Gleich, 1998, S. 207). Nachteile durch eine ungünstige Position konnten jedoch durch Wiederholungen des Spots innerhalb des gleichen Blocks bzw. durch Reminder-Spots wieder ausgeglichen werden. Pieters und Bijmolt (1997) berichten von einer ähnlich angelegten Studie aus den Niederlanden, bei der die Fernsehzuschauer innerhalb von zehn bis 30 Minuten nach Ausstrahlung eines Werbeblocks zuhause aufgesucht und zu der Werbung befragt wurden. Auch hier zeigten sich deutliche Primacy- und Recency-Effekte.
Der Recency-Effekt ist also einer der Gründe, die dafür sprechen, den Produktnamen am Ende des Spots zu nennen. Dies steht im Widerspruch zu den Forderungen der lerntheoretischen Interpretation von Werbeeffekten (6.1.4). Dort hat es noch geheißen, daß zumindest zum Signallernen eine *frühe* und *einmalige* Nennung des Produktnamens sinnvoller ist. Für die Ausnutzung der Gedächtniseffekte wäre es natürlich nicht problematisch, als Kompromiß den Namen einfach mehrmals zu nennen. Für ein Signallernen nach den Regeln der Kunst wäre eine Mehrfachnennung aber eher ungünstig. Es würde dann nämlich der neutrale Stimulus mindestens einmal dargeboten, ohne daß der unkonditionierte Stimulus folgen könnte.

7.4 Erinnerung und Rekonstruktion

Marder und David (1961) präsentierten ihren Versuchspersonen Werbeanzeigen, aus denen einige Elemente wie zum Beispiel die Überschrift, ein Textteil oder ein Bild entfernt worden waren. Später wurden die vollständigen Anzeigen gezeigt. Dabei sollten die Versuchspersonen angeben, an welche Elemente sie sich erinnern konnten. Erstaunlich oft gaben sie an, sich an Teile der Anzeigen zu erinnern, die sie in Wirklichkeit nicht gesehen hatten. Zum Beispiel meinten 35 Prozent der Versuchspersonen sich an eine Überschrift zu erinnern, die nicht da war. In einer anderen Gruppe fehlten einige Zeichnungen bei der ersten Präsentation, die gleichwohl 24 Prozent der Versuchspersonen später »wiedererkannten«.

Diese mentale Vervollständigung nehmen die Probanden vermutlich in der reinsten Unschuld vor. Was sie eigentlich selbst konstruiert haben, erleben sie als eine echte Erinnerung. Auch das, was eine Person für extrem plausibel hält, kann ihr – irrtümlich – wie eine tatsächliche Erinnerung vorkommen (vgl. Jacoby & Kelley, 1992, S. 209*f*). Stellen wir uns nur vor, ein Zeuge soll sich vor Gericht an den Ablauf eines Tages erinnern, zu dem es in seinem Leben bisher schon tausend ähnliche Tage gegeben hat. Vieles, was an solchen Tagen für ihn normalerweise passiert, wird er »erinnern«, ohne daß es deshalb wirklich am fraglichen Tag stattgefunden haben muß (Wippich, 1989, S. 232*ff*; Anderson, 1988, S. 167).

Wir tun dies permanent, wenn wir Informationen aus der Vergangenheit nutzen wollen. Der Grund hierfür ist ganz einfach: Die bloße Tatsache, daß wir uns nicht erinnern, ist eben in aller Regel kein überzeugendes Argument dafür, daß eine bestimmte Sache auch nicht der Fall ist. Wenn wir also in unserem Gedächtnis kramen und wir nichts finden, sind wir damit noch lange nicht überzeugt, daß es auch nichts zu finden gibt. Wir neigen dann vielmehr dazu, das einzusetzen, was wir für plausibel halten.

Ich möchte im folgenden zwischen dem tatsächlichen Erinnern und der Rekonstruktion unterscheiden. Unter Erinnerung verstehe ich die Nutzung einer Gedächtnisspur. Eine Rekonstruktion ist entweder ein Schluß aus den Kontextinformationen auf ein fehlendes Element in der Erinnerung oder bloßes Raten. In beiden Fällen von Rekonstruktion wird nicht auf eine Gedächtnisspur zurückgegriffen.

Unsere Erinnerungsleistungen sind derart durchzogen von konstruktiven Leistungen, daß es beinahe unmöglich ist, zwischen Rekonstruktion und dem echten Zugriff auf eine Gedächtnisspur zu unterscheiden. Auf den ersten Blick scheint es nur einen Fall zu geben, bei dem man in dieser Beziehung sicher sein kann: Wenn jemand im Glauben sich zu erinnern, das Falsche »erinnert«, dann wissen wir positiv, daß er für seine Antwort nicht auf eine Gedächtnisspur zurückgegriffen hat. Wenn der Zuschauer auf die Frage, an welche Marken aus dem vorausgegangenen Werbeblock er sich erinnert, eine falsche Marke nennt, dann muß es sich um eine Rekonstruktion handeln. Wenn er aber umgekehrt eine korrekte Antwort gibt, ist zwischen Erinnerung und Rekonstruktion nicht zu unterscheiden.

Auf den zweiten Blick wird diese Beziehung noch ein wenig komplizierter. Wir müssen nämlich beim Gedächtnis unterscheiden zwischen dem tatsächlichen Erinnern, also der Nutzung einer Gedächtnisspur, und dem *Gefühl sich zu erinnern*. Es kommt durchaus vor, daß wir Gedächtnisspuren nutzen, ohne es zu merken (ausführlich hierzu Kapitel 9) und daß wir umgekehrt ein starkes Erinnerungserleben haben, ohne daß uns die dazugehörige Situation wirklich schon einmal begegnet wäre (siehe Exkurs 20).

Exkurs 20 *Die Illusion einer Erinnerung*
Bei manchen hirnorganisch erkrankten Patienten kommt es vor, daß sie »konfabulieren«. Sie erzählen mit voller Überzeugung Geschichten, die sie nie erlebt haben können. Sie haben demnach die Illusion einer Erinnerung. Ein ähnliches, aber unpathologisches Phänomen ist das »Déjà vu«-Erlebnis. Das Gefühl der Erinnerung ist sehr stark, trotzdem spricht alles dafür, daß es ein illusorisches Erlebnis ist.
Eine solche Illusion läßt sich auch experimentell erzeugen. Wenn zum Beispiel Wörter mit größerer und weniger großer visueller Klarheit dargeboten werden, dann werden die klareren Wörter leichter verarbeitet als die verschwommenen. Das kann zur Folge haben, daß Versuchspersonen später von den klaren Wörtern glauben, sie hätten sie bereits früher einmal gesehen. Diese Illusion wird wieder aufgehoben, wenn die Versuchspersonen auf die unterschiedliche visuelle Klarheit der Vorgaben aufmerksam gemacht werden.
Auch ein anderes spektakuläres Phänomen der Gedächtnisforschung hat sich im Zuge der näheren Erforschung in vielen Fällen als eine illusionäre Erinnerung erwiesen, nämlich die sogenannten »flashbulb memories« (etwa: »Blitzlicht-Erinnerungen«). Brown und Kulik (1977) berichteten, daß die meisten Zeitzeugen des Kennedy-Mordes eine sehr lebhafte Erinnerung daran hatten, bei welcher Gelegenheit sie von dem Attentat zum ersten Mal gehört hatten. Diese Situation war bei ihnen auf Dauer konserviert. So als wäre eine »mentale Blitzlichtaufnahme« angefertigt worden, war ihnen auf immer verfügbar, was sie in dem Moment gerade getan hatten, als ihnen jemand die Nachricht von der Mordtat überbrachte. Bei näherer Prüfung erwiesen sich einige dieser »Erinnerungen« als unhaltbar. Das bedeutende und unerhörte Ereignis war offenbar in vielen Fällen nachträglich mit anderen alltäglichen Situationen verknüpft worden, die nicht gleichzeitig stattgefunden haben konnten (Neisser, 1982).
Solche Befunde sprechen dafür, das Gefühl, sich zu erinnern, von tatsächlichen Gedächtniseffekten losgelöst zu betrachten. Nach Jacoby und Kelley (1992) besteht das Erlebnis des Erinnerns darin, daß eine Person bei sich selbst kognitive Aktivitäten der Informationsverarbeitung wahrnimmt. Diese Wahrnehmung wird als »Erinnerung« *interpretiert* (– oder auch nicht, wie wir im Falle der Fehlzuschreibungen sehen werden, vgl. 9.2.1, besonders Abb. 9.1). Diese theoretische Idee kann sich an traditionelle Vorstellungen anlehnen (denken Sie etwa an das Experiment von Schachter und Singer, 1962, vgl. 2.1.1, wo dieser Gedanke in der Emotionspsychologie umgesetzt wurde).

7.4.1 Zur Beeinflußbarkeit des Gedächtnisses

Kommen wir zurück zur Rekonstruktion von Gedächtnisinhalten: Meist geschieht das ganz automatisch – manchmal allerdings können andere von außen nachhelfen. Zum Beispiel konnten Braun und Loftus (1998) zeigen, daß eine Beeinflussung des Gedächtnisses auch durch Werbung möglich ist. Ihre Probanden sahen Werbung zu einem Schokoriegel, den sie bereits kannten. In der Werbung wurde suggeriert, die Verpackung habe eine andere Farbe als sie in Wirklichkeit hatte. Diese Fehlinformation beeinflußte das Gedächtnis der Probanden und zwar sowohl wenn sie bildlich als auch wenn sie rein sprachlich gegeben wurde (wenngleich die bildliche Fehlinformation noch wirkungsvoller war).
Sie kennen solche Beeinflussungsmöglichkeiten vielleicht von Zeugenaussagen. Stellen wir uns vor, Gabi sei Zeugin eines Unfalls geworden. Ein *Ferrari* und ein *Opel* sind zusammenstoßen. Nun wird sie in einem Prozeß befragt.
Der Anwalt des *Opel*-Fahrers möchte gerne eine besonders rücksichtslose Fahrweise des Unfallgegners nachweisen. Möglicherweise rennt er hiermit bei Gabi bereits offene Türen ein, denn im Protokoll zu ihrer Aussage sagte sie bereits, daß der *Ferrari* »mit hoher Geschwindigkeit« gefahren sei. Gleichzeitig steht aber im Protokoll, Gabi sei erst durch den Knall auf den Unfall aufmerksam geworden. Es ist also zweifelhaft, ob sie den *Ferrari* hat fahren sehen. Somit könnte die Aussage »mit hoher Geschwindigkeit« also eine Rekonstruktion sein. Solche Rekonstruktionen basieren zum Beispiel auf sozialen Stereotypen: Vielleicht glaubt Gabi wie viele Menschen, daß die

Fahrer von Sportwagen besonders dazu neigen, schnell zu fahren. Daher unterstellt sie, ohne hier über eine klare Erinnerung zu verfügen, daß der *Ferrari* sehr schnell gefahren ist.

Wenn nun der Anwalt fragt: »Haben Sie die Glassplitter auf dem Boden gesehen?«, ist zweierlei zu erwarten. Erstens wird Gabi auch ohne echte Erinnerung eher glauben, es seien Glassplitter zu sehen gewesen, und zweitens wird sie in der Folge die Aufprallgeschwindigkeit höher einschätzen (Loftus & Palmer, 1974).

Den ersten Effekt erzielt der Anwalt durch den bloßen Gebrauch des bestimmten Artikels, indem er nämlich nach »*den* Glassplittern« fragt. Dies beeinflußt natürlich kolossal, denn hier wird nahegelegt, daß es Glassplitter zu sehen gab, und die Frage ist nur noch, ob Gabi sie auch gesehen hat. In dieser Form ist die Frage vor Gericht vermutlich ohnehin nicht zulässig. Was also ist zu erwarten, wenn der bestimmte Artikel weggelassen wird? Auch dann ist noch ein Einfluß möglich. Selbst wenn die Frage überhaupt nicht beantwortet werden muß, weil sie der Richter vielleicht zurückweist, wird Gabi von der Formulierung beeinflußt sein und ihr Gedächtnis wird gleichsam von der Vorstellung von splitterndem Glas unterwandert (Fiedler et al., 1996b). Ich werde auf diesen Punkt gleich wieder zurückkommen.

Zuvor aber noch eine wichtige Differenzierung: Bislang scheint es, als ob Gabi nur dazu gebracht werden könnte, eine Rekonstruktion vorzunehmen und diese dann als Erinnerung auszugeben. Der umgekehrte Fall ist aber ebenfalls möglich. Der Anwalt des *Ferrari*-Fahrers könnte versuchen, Gabi Zweifel an ihrem Gedächtnis einzuflößen, so daß sie am Ende das, was sie eigentlich erinnert, für zweifelhafte Rekonstruktionen hält. Was könnte er tun?

Wir alle wissen, daß man unter Ablenkung oder anderen ungünstigen Wahrnehmungsbedingungen deutlich schlechtere Gedächtnisleistungen zuwege bringt. Dies könnte sich der Anwalt zunutze machen, indem er Gabi fragt, ob sie einen Beifahrer hatte, mit dem sie sich unterhalten hat, oder ob das Radio lief. Unter Umständen könnte er dann darauf hin argumentieren, daß Gabi abgelenkt war, und daß somit ihren Erinnerungen nicht zu trauen ist. Dabei geht es nicht allein um Außenstehende, die an der Aussage zweifeln könnten. Es geht um Gabi selbst: Sie kann an ihren eigenen Erinnerungen irre gemacht werden, wenn sie glaubt, daß sie in dieser Situation nicht aufmerksam war.

Wichtig ist: Es genügt, daß Personen glauben, die Wahrnehmungsbedingungen seien nicht optimal gewesen, damit sie später leicht zu beeinflussen sind. Das erlaubt noch andere praktische Folgerungen. Man könnte den Personen einreden, sie hätten unter suboptimalen Bedingungen encodiert, selbst wenn das vermutlich gar nicht stimmt.

Unter welchen Bedingungen sind wir noch besonders leicht zu beeinflussen? Der wirksamste Druck läßt sich in der Abrufbedingung selbst herstellen. Wenn die Decodierungsbedingungen nicht optimal sind, wird eine erfolglose Suche nach einer Gedächtnisspur nicht als Beleg für ihr Fehlen interpretiert. Das macht empfänglich für sozialen Einfluß. Zum Beispiel: Man muß sehr schnell antworten, man ist abgelenkt, man hat Prüfungsangst... In all diesen Fällen neigt man dazu, ein vergebliches Kramen im Gedächtnis nicht eindeutig als Beweis dafür zu sehen, daß es nichts zu finden gibt.

Die Beeinflußbarkeit des Gedächtnisses hängt auch von Metakognitionen ab, die man ihrerseits beeinflussen kann. Förster und Strack (1996) ließen ihre Probanden glauben, daß Musik ihre Gedächtnisleistung entweder verbessert oder verschlechtert. Die Verbesserer-Gruppe war weit weniger zu beeinflussen als die Verschlechterer-Gruppe.

Insgesamt kann man sagen: Alles, was unser Vertrauen in unsere Gedächtnisleistung untergräbt, macht uns anfällig für äußere Beeinflussung. Die geringste Beeinflußbarkeit ist gegeben, wenn man von sich ohnehin schon glaubt, daß man ein gutes Gedächtnis hat. Dann ist man nämlich weniger bereit, anzunehmen, daß man an irgendeiner Stelle einen Erinnerungsfehler begeht. Man ist weniger von außen beeinflußbar.

Grundsätzlich: Wie bringt man Menschen dazu, ihrem Gedächtnis zu mißtrauen und sich von außen beeinflussen zu lassen? Man gibt ihnen eine plausible Theorie, warum sie sich nicht erinnern. Das ist zwar noch nicht hinreichend, aber ein erster Schritt in diese Richtung. Wirksame Mittel der Beeinflussung sind:

- Der bestimmte statt des unbestimmten Artikels.
- Implizite Voraussetzungen in Fragen (zum Beispiel »Welches Fabrikat hatte das Auto vor dem Haus?«, wenn bereits das Auto nicht eigentlich erinnert wurde, oder »Wann haben die Symptome aufgehört?«, wenn bereits die Erfahrung der Symptome nicht erinnert wird).
- Dieselbe Frage zweimal stellen. Beim zweiten Mal wird die Zuversicht untergraben, daß man mit der Erinnerung richtig liegt. Man kann zeigen, daß Personen ihre Antwort ändern, wenn sie zwei Mal hintereinander das gleiche gefragt werden.

Dies sind Methoden, mit denen man Menschen dazu bringen kann, ihre eigentlich vorhandenen Gedächtnisspuren nicht zu nutzen, weil sie verunsichert werden. In Marketing und Werbung sollte man eines bedenken: Wenn die Encodierungsbedingungen offenbar ungünstig sind, dann ist das für die Gedächtnisleistung doppelt schlecht. Betrachten wir hierzu einen Werbespot, der durch schnelle Schnitte, starke Musikuntermalung und schnelles Sprechen nur eine erschwerte Informationsaufnahme zuläßt. Was wird man sich davon merken? Etliches wird man schon wegen der Machart den Weg in den Langzeitspeicher gar nicht erst finden. Merkt sich der Betrachter aber die Machart, dann wird er sogar bei den Erinnerungen, die er wirklich hat, noch unsicher – so als würde er sich sagen: »Ich glaube, da wurde gesagt, es sei 100 Prozent Fruchtsaft, aber das ging da alles so schnell, ich könnte mich auch irren.« Das bedeutet, wie gesagt, eine doppelte Beeinträchtigung, aber auf der anderen Seite bedeutet es auch eine höhere Beeinflußbarkeit nach der Informationsverarbeitung. Mit dieser Beeinflussung, die nun ganz offenkundige Anwendung in der Konsumentenpsychologie hat, wollen wir uns im folgenden befassen.

7.4.2 Eindringlinge im Arbeitsspeicher

Betrachten wir wieder Gabis Erinnerung an den Unfall. Stellen wir uns vor, sie sei an diesem Tag später als sonst zur Arbeit gefahren, könne sich aber daran nicht erinnern. Statt dessen glaubt sie, zur gewohnten Zeit gefahren zu sein. Die Erinnerungslücke wird also gefüllt mit der Information, die die plausibelste ist. Ich möchte einen solchen Fall in Anlehnung an Fiedler et al. (1996b) einen *Intrusionsirrtum* nennen. Eine *Intrusion*, also ein »unzulässiges Eindringen«, findet hier insofern statt, als eine lediglich plausible Information im Gewand der Erinnerung erscheint und sich auf dem freien Terrain der Gedächtnislücke breit macht. Ein *Irrtum* ist die ganze Sache deshalb, weil Gabi in Wirklichkeit an diesem Tag später als sonst zur Arbeit gefahren ist.

Die meisten Intrusionseffekte sind vermutlich keine Irrtümer. Wenn eine plausible Information an die Stelle gesetzt wird, an die eigentlich eine Erinnerung gehört, dann wird bei diesem Verfahren in den meisten Fällen das getroffen, was auch der Fall ist. Die Frage, was Erinnerung, und was bloße Rekonstruktion ist, läßt sich dann kaum entscheiden. Nur wenn falsch rekonstruiert wurde, ist die Trennung einfach.

Nun hat sich oben gezeigt, daß nicht nur selbstgenerierte Informationen zu Intrusionseffekten führen, sondern mehr noch Informationen von außen. Was ist zum Beispiel von folgendem Effekt zu halten: Die Verteidigung hat einen Experten geladen und die Anklage möchte das Vertrauen der

Geschworenen in diesen Experten untergraben. Der Staatsanwalt fragt nun: »Stimmt es nicht, daß Ihre Kollegen Sie für inkompetent halten?« Der Experte wird vermutlich wahrheitsgemäß verneinen. Aber das hilft nicht sehr viel, denn in den Köpfen der Zuhörer hat sich nun das Bild des inkompetenten Sachverständigen eingenistet und von dort kann es bei Bedarf ganz unwillkürlich abgerufen werden, um sich an die Stelle zu setzen, wo eigentlich eine Erinnerung sein sollte (vgl. Kassin, Williams & Saunders, 1990).

Fiedler et al. (1996b) präsentierten ihren Probanden Videoaufnahmen, die das Innere einer Wohnung zeigten. Danach beantworteten die Versuchspersonen Fragen nach bestimmten Objekten in der Wohnung. Einige der erfragten Objekte waren zu sehen gewesen, andere nicht. Die Probanden antworteten auch in der Regel korrekt, das heißt, sie stellten zutreffend fest, welche Objekte sie gesehen hatten, und welche nicht. Nach einer darauffolgenden Ablenkungsaufgabe sollten die Versuchspersonen in Recall- und Rekognitionstests die gesehenen Objekte noch einmal erinnern. Es zeigte sich, daß überzufällig häufig auch solche Objekte »erinnert« wurden, die bei der vorherigen Abfrage enthalten waren. Für diesen Effekt war es unerheblich, ob die Probanden zuvor noch korrekt festgestellt hatten, daß diese Objekte nicht Teil der Präsentation waren.

Einfach ausgedrückt heißt das: Man erklärt deutlich, daß man verstanden hat, daß X nicht der Fall ist, man verspricht, es nicht zu verwenden, und tut es trotzdem. Dieser nachgewiesene Effekt zeigt zweierlei. Zum einen demonstriert er die Beeinflußbarkeit des Gedächtnisses und des sozialen Urteils. Zum anderen aber zeigt er eine besondere Macht der Intrusionsirrtümer: Die Komplettierung des unvollständigen Erinnerungsbildes geht so weit, daß man zur konstruktiven Ergänzung auch solche Informationen nutzt, die man zuvor als nicht zutreffend erkannt hat.

Die Ergebnisse von Fiedler et al. (1996b) setzen eine ganze Reihe von Belegen für die Wirksamkeit von Intrusionsirrtümern fort (siehe unten 7.4.3). Sie unterstreichen eindrucksvoll die Erfahrung, daß das bloße Erwägen einer Information bereits ihre Gültigkeit plausibler macht. In diesem Sinne stützt also jede Unterstellung – und sei sie auch noch so falsch – die Annahme, daß ein bestimmtes Objekt existiert oder ein Sachverhalt der Fall ist.

Die praktischen Konsequenzen dieses Effekts für Werbung und Marketing sind deutlich: Zur Etablierung eines bestimmten Erinnerungsbildes ist es gar nicht erforderlich, daß die Personen an das glauben, was sie bei der Präsentation sehen. Auch Informationen, von denen man weiß, daß sie falsch sind, werden bei der Erinnerung genutzt und herangezogen. So kann die eine oder andere kühne Behauptung über ein Produkt auch gerne Lügen gestraft werden, wenn sie nur lebhaft in den Köpfen der Verbraucher spukt.

Ganz ähnliches gilt auch für Verneinungen: Im Rahmen von Warentests wird immer wieder einmal eine falsche Behauptung über ein Produkt entdeckt und angeprangert. So ist es zum Beispiel unzulässig, einen Superlativ zu behaupten, etwa daß man »der größte« oder »der erste« sei, wenn das nicht stimmt (vgl. 1.6.1). Kein Problem für die Anbieter. Die Behauptung kann ruhig später wieder zurückgenommen werden, ihren Nutzen wird sie dann schon erzielt haben.

Unter welchen Bedingungen können wir Intrusionseffekten unterliegen? Das sind zum Beispiel Bedingungen, unter denen man Informationen selbst generiert, etwa wenn man sich etwas vorstellt, oder jemand anderem etwas erklären soll. Starke Intrusionseffekte sind auch zu erwarten, wenn das Intervall zwischen der Reizdarbietung und der Informationsabfrage groß ist, aber auch wenn man sich in guter Stimmung befindet (vgl. Fiedler et al., 1996b, S. 508).

Außerdem sollte die eindringende Information mit unseren sonstigen Überzeugungen verträglich sein, sie sollte also plausibel sein. Intrusionseffekte lassen sich nicht mit übertriebenen oder weit hergeholten Informationen erzeugen, etwa wenn Ihnen jemand einreden will, Helmut Kohl sei eine umoperierte Frau.

Entscheidend sind die Bedingungen Informationsverlust (Gedächtnislücken) und Unsicherheit (zum Beispiel bei einer komplexen Reizumgebung), wenn also entweder ohnehin Unklarheit herrscht, oder wenn man an seiner Erinnerung irre gemacht wird. Wenn es dagegen ein leichtes Kriterium für eine perfekte Reproduktion gibt (zum Beispiel: Alle Personen aus meinem Haus waren anwesend, keiner mehr und keiner weniger), dann gibt es keine Möglichkeit zu einem Intrusionsirrtum. Allerdings ist gerade hier die Grenze zwischen Rekonstruktion und Erinnerung besonders dünn. Bei so einem einfachen Algorithmus werden leicht Informationen »errechnet« anstatt erinnert.

7.4.3 Wahr und Falsch: Die Rolle des Gedächtnisses

Wie wir gesehen haben, ist die Frage nach dem Gedächtnis nicht zuletzt eine Frage danach, was wir für wahr und was wir für falsch halten. Stellen wir uns vor, in der Presse würde verbreitet: »Angebliche Verwicklung der Bundesregierung in Geschäfte der Mafia sind bloße Gerüchte«. Obwohl die Aussage »Die Bundesregierung ist in Mafia-Geschäfte verwickelt« deutlich bestritten wird, kann man damit rechnen, daß nach Verbreiten dieser Nachricht eine Menge Menschen, besonders diejenigen, die von dem Gerücht zuvor nichts wußten, eine solche Verwicklung für möglich halten (Wegner, Wenzalaff, Kerker & Beattie, 1981).

Für solche Effekte gibt es eine Reihe von Erklärungen. Sie sind in verschiedenen Forschungstraditionen diskutiert worden; ich möchte an dieser Stelle einige der bekanntesten Befundstränge zusammenführen.

Betrachten wir das folgende Beispiel für das sogenannte *Perseveranz-Paradigma*: Nachdem Sie einen Test absolviert haben, erhalten Sie die Rückmeldung, daß Sie eine bestimmte Begabung haben. Später erfahren Sie, daß diese Rückmeldung falsch war. Trotzdem neigen Sie in der Folge dazu, sich diese Begabung weiterhin zuzuschreiben (Ross, Lepper & Hubbard, 1975). Ein anderes Beispiel bildet der *Truth-Effect* (zum Beispiel Hawkins & Hoch, 1992): Er besteht darin, daß Aussagen, die zuvor schon einmal präsentiert wurden, eher für wahr gehalten werden – unabhängig davon, ob sie es tatsächlich sind. Hawkins und Hoch (1992) demonstrierten den Truth-Effekt in mehreren Experimenten für eine vielfältige Reihe von Werbe- und Produktaussagen. Nach ihren Befunden war der Effekt am stärksten, wenn die Probanden die Aussagen mit besonders geringem Involvement rezipierten. Der Truth-Effekt geht auf ein Gefühl der Vertrautheit, also auch ein Gefühl der Erinnerung zurück. Er ist um so stärker, je eher die Probanden glauben, der Aussage früher schon einmal begegnet zu sein (siehe auch Bacon, 1979). Jüngere Untersuchungen von Law, Hawkins und Craik (1998) zeigen, daß ältere Probanden, die objektiv schwächere Erinnerungsleistungen aufweisen, zu stärkeren Truth-Effekten neigen. Demnach ist der Truth-Effekt keineswegs tatsächlich an ein gutes Gedächtnis für die Werbung geknüpft – eher im Gegenteil: Der Truth-Effekt ist stärker, wenn die Informationsquelle nicht wirklich erinnert wird (Law & Hawkins, 1997). Allenfalls das Gefühl, sich zu erinnern, scheint den Effekt zu stützen.

Eine Quelle für den *Truth-Effekt* war der *Effekt der referentiellen Validität* (»referential validity effect«, auch »Frequency-Validity-Effekt«), der von Hasher, Goldstein und Toppino (1977) beschrieben wurde: Die wiederholte Darbietung einer Aussage erhöht die Wahrscheinlichkeit, daß diese Aussage auch später als wahr anerkannt wird. Allerdings tritt dieser Effekt vor allem dann auf, wenn bei den ersten Konfrontationen keine klare Entscheidung über Wahrheit oder Falschheit getroffen werden konnte (Gilbert, Krull & Malone, 1990).

Wenn man Personen bittet, die bloße Möglichkeit eines Sachverhaltes zu untersuchen, kann man schon relativ sicher sein, daß die Personen eher nach Evidenzen für als gegen diesen Sachverhalt suchen werden (zum Überblick Gilbert et al., 1990, S. 611). Offenbar unterstützt bereits das bloße Erwägen einer Sache eine Tendenz, diese Sache eher für wahr zu halten als ihr Gegenteil – ein Effekt, der am besten dadurch zu umgehen ist, daß man genau dieses Gegenteil ebenfalls hypothetisch durchspielt (Lord, Lepper & Preston, 1984).

Loftus (zum Beispiel 1997) untersuchte ausgiebig die Beeinflußbarkeit des Gedächtnisses. Einen besonders starken Einfluß auf Gedächtnisverzerrungen hat nach ihrer Auffassung die *Inflation der Imagination* (»imagination inflation«): Wenn man Personen bittet, sich etwas lebhaft vorzustellen, steigert das die Wahrscheinlichkeit, daß sie das Vorgestellte für wahr halten. Fatalerweise setzen Psychiater zur Entdeckung verlorener Gedächtnisinhalte (etwa ein sexueller Mißbrauch aus früher Kindheit) die Imagination sozusagen als ein Werkzeug zur Wahrheitsfindung ein. Die Patienten werden gebeten, »ihrer Phantasie freien Lauf« zu lassen oder »sich ganz der Imagination hinzugeben«. Dies geschieht oft mit Hilfe von Hypnose, allerdings zeigen experimentelle Untersuchungen, daß es weniger auf die Hypnose als vielmehr auf die Imagination selbst ankommt (zusammenfassend zum Beispiel Loftus, 1997). Auf diese Weise lassen sich leicht falsche Gedächtnisinhalte erzeugen, die aber von dem Gefühl der Erinnerung (vgl. Exkurs 20) begleitet werden. Das Risiko ist also relativ groß, daß die in solchen psychiatrischen Befragungen zutage geförderten »Erinnerungen« falsch sind.

Exkurs 21 *Der Rückschau-Fehler*

Eine der ganz großen Szenen der abendländischen Literatur: Soeben ist dem jungen Dänenprinzen Hamlet der Geist seines Vaters erschienen und hat ihm hinterbracht, daß er deshalb spuken müsse, weil er, ohne noch beichten zu können, »in seiner Sünden Blüte« von seinem eigenen Bruder, Hamlets Onkel, *ermordet* wurde. Bei dieser unerhörten Nachricht entfährt es dem Sohn: »Oh mein prophetisches Gemüt!« (»O my prophethic soul«; Shakespeare, The Tragedy of Hamlet Prince of Denmark, Act I, Sc. 5, ln. 40). Hamlet hat es also die ganze Zeit schon gewußt. Doch halt! Seien wir auf der Hut, die wir uns ja jetzt mit Gedächtnisverzerrungen und -irrtümern auskennen. Erinnert sich Hamlet da richtig? Wußte er es wirklich schon immer?

Stellen wir uns vor, wir bitten Versuchspersonen um eine Einschätzung, wie die nächste Wahl ausgehen wird. Dann warten wir den Wahltermin ab, das Ergebnis ist amtlich und nun fragen wir unsere Versuchspersonen erneut. Diesmal sollen sie erinnern, welchen Wahlausgang sie bei der ersten Fragen erwartet hatten (Beispiel nach Hertwig, 1993, S. 40). Diese Erinnerungen werden in der Regel deutlich verzerrt sein, nämlich immer in Richtung der nun bereits bekannten Information. Anders gesagt: Im Rückblick haben wir tendenziell stets das Gefühl, das, was wir heute wissen, bereits früher gewußt zu haben. Dieser Effekt ist in der Literatur als der »Rückschau-Fehler« (»hindsight bias«, vgl. Fischoff, 1977) bekannt. Er besteht genauer gesagt aus zwei Effekten: (a) die Information, daß ein bestimmtes Ereignis eingetreten ist, steigert im Rückblick unsere subjektiv erlebte Wahrscheinlichkeit, daß es eintreten würde, und (b) wir unterschätzen den verzerrenden Einfluß, den diese Information auf uns hat (vgl. Fischoff, 1977, S. 349).

Über die theoretischen Gründe für den Rückschau-Fehler gehen die Meinungen unter den Wissenschaftlern noch auseinander. Vermutlich beruht er aber nicht auf einem Ankereffekt (vgl. 4.1.6), denn der stellt sich auch bei falschen Ereignissen ein. Wenn ich Ihnen zum Beispiel eine beliebige Sitzverteilung als Wahlausgang präsentiere und Ihnen gleichzeitig sage, daß diese Verteilung nicht der Wahrheit entspricht, wird sich Ihre Erinnerung gleichwohl dieser Verteilung annähern – das ist der Ankereffekt. Wenn Sie aber davon ausgehen, daß Ihnen die richtige Verteilung vorliegt, dann verzerrt sich Ihre Erinnerung zu Gunsten dieser Information noch stärker – das ist der Rückschau-Fehler (Hertwig, 1993, S. 48).

Die bisherigen Beispiele lassen sich noch gut mit der Verfügbarkeitsheuristik erklären (4.1.1). Dabei wird ja die Verarbeitungsflüssigkeit einer Information selbst wieder wie eine Information gewertet. Die frühere Begegnung mit der Information erhöht ihre Verfügbarkeit. Zu einem späteren Zeitpunkt wird diese hohe Verfügbarkeit als ein Hinweis auf Wahrheit fehlinterpretiert.

Diese Interpretation läßt aber eine Frage offen: Im Perseveranz-Paradigma und bei den Intrusionseffekten war doch die Information eindeutig als falsch klassifiziert worden. Warum wird sie trotzdem später als wahr behandelt? Auf diese Frage kann man zwei Antworten geben. Eine betrifft einen bekannten Effekt aus der Einstellungsforschung, den sogenannten Schläfer-Effekt (siehe Exkurs 41): Offensichtlich trennt sich mit der Zeit im Gedächtnis die Erinnerung an den Inhalt einer Nachricht von der Erinnerung an die Quelle. Man erinnert sich dann zwar noch, was gesagt wurde, aber nähere Qualifikationen, etwa *wer* es gesagt hat, erinnert man nicht mehr. Dadurch werden Informationen aus unglaubwürdigen Quellen mit der Zeit glaubwürdiger und Informationen aus glaubwürdiger Quelle büßen mit der Zeit an Glaubwürdigkeit ein.
Die zweite Antwort betrifft eine bestimmte theoretische Idee darüber, wie im Langzeitspeicher Wahrheitswerte vergeben werden. Daniel Gilbert (Gilbert, Krull & Malone, 1990) benutzt hierzu folgendes Bild. Stellen Sie sich den Langzeitspeicher wie eine Bibliothek vor, die zwei Kategorien von Büchern enthält: Romane und Sachbücher. Sachbücher enthalten nur Aussagen über Dinge, die tatsächlich der Fall sind, Romane dagegen enthalten fiktive Ereignisse, die im logischen Sinne falsch sind. Wie verwaltet nun der Bibliothekar diese beiden Kategorien? Er könnte den Sachbüchern eine blaue und den Romanen eine grüne Markierung verpassen. Dies ist aber eigentlich redundant, denn wenn alle Romane eine grüne Markierung haben, dann kann man die Bücher auch so eindeutig zuordnen: Alle Bücher ohne Markierung sind dann Sachbücher.
Dieses ökonomischere Verfahren hat nur einen Nachteil: Bücher, die noch nicht eingeordnet sind, sind nicht mehr eigens kenntlich. Diese Kategorie ist in dem System gar nicht vorgesehen. Daher könnte der Bibliothekar ein neu eingetroffenes Buch, das noch keine Markierung hat, versehentlich für ein Sachbuch halten.
Diesen verschiedenen Verfahrensweisen entsprechen unterschiedliche Ansichten darüber, wie wir im Gedächtnis mit den Kategorien »wahr« und »falsch« umgehen. Gilbert ordnet diese Ansichten den Philosophen Descartes und Spinoza zu. Descartes sei der Meinung gewesen, wir könnten eine Information noch eine Weile gleichsam »in der Schwebe« belassen, bevor wir uns endgültig festlegen, ob wir sie für wahr oder falsch halten. Spinoza dagegen habe einen solchen Schwebezustand nicht für möglich gehalten. Seiner Meinung nach werde eine Information immer zunächst einmal akzeptiert, so als ob sie wahr wäre, um dann nach einer Prüfung eventuell als falsch markiert zu werden.
Aus der Spinoza-Interpretation ergibt sich zum Beispiel, daß ohne Prüfung die Information immer tendenziell eher für wahr gehalten wird. Wenn man nun zusätzlich annimmt, daß die Prüfung kognitive Ressourcen bindet, dann müßten Menschen, die diese Ressourcen nicht haben, falsche Informationen eher für wahr halten, als Menschen, die genug Gelegenheit zur Prüfung haben. Wahre Informationen versehentlich für falsch zu halten, sollte deutlich seltener vorkommen: Wenn ein Wahrheitswert falsch zugeordnet wird, dann immer in die eine Richtung.
Diese Erwartung haben Gilbert et al. (1990) auf folgende Weise geprüft. Die Versuchspersonen sollen Wörter aus der Sprache der Hopi-Indianer lernen. Am Computer werden sie mit Aussagen konfrontiert wie: »Ein *cirell* ist ein Baum« oder »Ein *nasli* ist eine Schlange«. In Wirklichkeit waren die Begriffe Unsinnswörter, die konstruiert wurden, damit das Ergebnis des Experimentes nicht durch das Vorwissen der Probanden verzerrt wird. Nach der Präsentation zeigte der Bildschirm an, ob die Aussage wahr oder falsch sei. Einige der Sätze wurden also im nachhinein als falsch klassifiziert. An ausgewählten Stellen nun wurden die Probanden bei der Information über den Wahrheitswert noch durch eine Ablenkungsaufgabe unterbrochen – sie mußten auf einen Signalton hin einen Knopf drücken. In einem zweiten Durchgang wurden dieselben Aussagen als Fragen präsentiert (»Ist ein *cirell* ein Baum?«) und die Probanden sollten mit »ja« oder »nein«

antworten. Interessant waren nun die Antworten auf die Aussagen, bei denen die Probanden unterbrochen wurden. Hier waren der Theorie zufolge die geistigen Ressourcen nicht ausreichend, um die Information wirklich zuverlässig als wahr oder falsch zu klassifizieren. Folgerichtig ergaben sich dort auch die meisten Fehler im Frage-Durchgang.

Welche Fehler aber waren die häufigeren, eine wahre Aussage als falsch zu betrachten oder umgekehrt? Wenn Descartes recht hat, dann sind beide Fehler gleich wahrscheinlich. Hat jedoch Spinoza recht, dann wird eine nicht klassifizierte Information tendenziell eher für wahr gehalten. Daher sollte bei den unterbrochenen Aussagen vor allem der Fehler auftreten, daß eine falsche Information für wahr gehalten wird, nicht aber umgekehrt. In der Tat war dieser Fehler beinahe doppelt so wahrscheinlich wie der entsprechende andere.

Mit anderen Worten: Die Unterbrechung untergräbt in erster Linie das korrekte Erkennen von *Falschheit*. Wir schreiben eher zu Unrecht Wahrheit zu, wenn uns die geistigen Ressourcen zu einer näheren Prüfung fehlen. Diesen Effekt konnten die Autoren in mehreren Variationen des oben beschriebenen Experiments nachweisen. Zum Beispiel hatte es keinen Einfluß, ob die Probanden im vorhinein bereits wußten, daß eine Aussage falsch sein würde – unter Ablenkungsbedingungen hielten sie auch dann die falschen Informationen eher für wahr, aber nicht umgekehrt.

Eine konkurrierende Idee hierzu stammt von Fiedler et al. (1996a), denen zufolge bei einem Erinnerungsvorgang prinzipiell zwei Quellen von Informationen aktiviert werden: Wissensstrukturen auf der einen Seite und Evidenzen auf der anderen (»epistemic knowledge«; »empirical evidence«). Je weniger aktuelle Belege für eine Information vorliegen, desto stärker greifen die Wissensstrukturen in den Konstruktionsvorgang ein, der dann das Erinnerungsbild ausmacht. Sie fahren fort: »Die bloße Frage, ob ein bestimmter Politiker korrupt sei, hat auch ohne jede Evidenz bereits einen abwertenden Effekt. [...] Es gibt immer eine zweite Quelle zusätzlich zur empirischen Evidenz, nämlich die Schlußfolgerungen, die man auf der Basis älteren Wissens zieht. Eine Aussage zu bestreiten, bedeutet nur, daß es keine Evidenz für diese Aussage gibt. Aber dieser Mangel an Evidenz verhindert eben solche Schlußfolgerungen auf der Basis älteren Wissens nicht. Das bloße Erwägen der Aussage kann solche Folgerungen aktivieren [...] und dieser Aktivierungsprozeß hängt nicht von Belegen dafür ab, daß die Aussage wahr ist. Der Aktivierungseffekt ist vielmehr eine Funktion der Anwendbarkeit oder semantischen Passung zwischen der Aussage und der aktivierten Wissensstruktur« (Fiedler et al., 1996a, S. 870; Übersetzung GF).

Die Überlegung von Fiedler et al. (1996a) geht also davon aus, daß Negationen vor allem unter zwei Bedingungen ignoriert werden: Erstens wenn keine klaren Belege für die Negation vorliegen, wenn also – um im Beispiel zu bleiben – die Ehrlichkeit des Politikers nur unterstellt aber nicht durch eine Vielzahl von Beweisen gestützt wird. Und zweitens: Wenn die negierte Aussage – trotz der Negation – gut zu anderen Wissensstrukturen (hierunter fallen eben auch Stereotype und Vorurteile) paßt.

Die vorangegangenen Überlegungen zeigen für Werbung und Konsumentenverhalten vor allem eines: Die bloße Präsentation eines Sachverhaltes lohnt sich auf jeden Fall, denn sie erhöht die Wahrscheinlichkeit, daß der Sachverhalt akzeptiert wird. Die Präsentation lohnt sich auch dann, wenn dabei der Sachverhalt als unzutreffend klassifiziert wird. Insbesondere unter Ablenkungsbedingungen ist die Wahrscheinlichkeit nicht besonders hoch, daß diese Klassifikation wirklich nachvollzogen wird.

Von manchen Experten des Konsumentenverhaltens hört man die These, daß Verneinungen keine Imagery-Wirkung hätten, und daß man sie deshalb nicht in der Werbung einsetzen sollte (Kroeber-Riel, 1993, S. 70). Die vorangegangenen Befunde zeigen aber, daß dies nicht so ist. Verneinte Aussagen können durchaus mentale Bilder erzeugen, die dann durch erhöhte Verfügbarkeit spätere Urteile und Entscheidungen beeinflussen. Das Problem ist vielmehr, daß die Verneinung dabei meist nicht mitübersetzt wird.

ACHT: **Assoziative Bahnung und Kontexteffekte**

Zusammenfassung:

1. *Die Aufnahme einer Information aktiviert über assoziative Bahnen automatisch eine Reihe verwandter Informationen. Dievielleicht se Aktivierung wird »Priming« genannt. In der Folge eines Priming werden aktivierte Informationen leichter abgerufen als nicht aktivierte. Dadurch wird die folgende Informationsverarbeitung beeinflußt. Beispielsweise werden Werturteile unter Zuhilfenahme der aktivierten Informationen abgegeben.*

2. *Werturteile werden dadurch beeinflußt, welche Kontextinformationen zum Zeitpunkt des Urteils besonders leicht abgerufen werden. In der Regel werden die Eigenschaften der Kontextinformation auch den Zielreizen zugeschrieben, über die das Werturteil abgegeben wird. In bestimmten Fällen werden die Kontextinformationen aber auch als Maßstab betrachtet. In diesen Fällen werden die Zielreize mit der Kontextinformation kontrastiert.*

3. *Neue Produkte stehen fast immer im Kontext einer herstellenden Firma, einer Marke oder Produktlinie oder der konkurrierenden Produkte. Wie Produkte in ihrem Kontext wahrgenommen werden, ist nicht so sehr eine Frage von Ähnlichkeit zwischen Produkt und Marke oder Produkt und Konkurrent. Die entscheidende Frage ist vielmehr, wie Produkt, Marke und Konkurrent kategorisiert werden – Ähnlichkeit und Unähnlichkeit sind lediglich Folgen der Kategorisierung.*

4. *Das Produkt wird in der Wahrnehmung an Objekte aus der eigenen Kategorie assimiliert und von Objekten aus fremden Kategorien kontrastiert.*

5. *Werbung versucht gezielt, beim Betrachter solche Informationen verfügbar zu machen, die ein Produkt aufwerten und attraktiv machen. Der Begriff des Priming und die diskutierten Kontexteffekte geben den theoretischen Rahmen für solche Strategien ab.*

Sie kennen sicher das Spiel, bei dem man eine andere Person mehrere Male das Wort »Blut« wiederholen läßt. Danach fragt man sie, wann man eine Kreuzung überqueren soll und klopft sich auf die Schenkel, wenn es gelungen ist, die Person zu der Antwort »Bei Rot« zu bewegen. Das ständige Aufsagen von »Blut, Blut, Blut...« hat offenbar beim spontanen Reagieren die Antwort »Rot« wahrscheinlicher gemacht. Nach dem Prinzip der Aktivationsausbreitung (siehe 7.2) ist eine bestimmte assoziative Verbindung gebahnt worden. Diese Wirkung von bestimmten Informationen auf spätere Informationsverarbeitung nennt man »Priming«[1]. Der Begriff »Priming« beruht auf einem Bild: Das Wort »Blut« war gleichsam der *Zünder* für bestimmte Folge-Reaktionen.

---

[1] Engl. »to prime« = zünden, scharfmachen, anlassen, antreiben.
Man kann Priming, so wie wir es hier verstehen, auch zutreffend mit »assoziativer Bahnung« übersetzen. Priming-Phänomene beruhen nicht ausschließlich auf automatisierten Prozessen. Hier interessiert also vor allem jener Teilbereich von Priming, der ohne Aufmerksamkeit erfolgt. Zum Verhältnis zwischen automatischen und kontrollierten Prozessen in der Aktivationsausbreitung durch Priming siehe Posner und Snyder (1975) oder Neely (1977).

Ich möchte noch ein anderes alltägliches Beispiel für assoziative Bahnung oder Priming anführen, nämlich das Gesellschaftsspiel *Tabu*. Dabei geht es darum, der eigenen Mannschaft einen Begriff zu erklären, ohne bestimmte Tabu-Begriffe zu gebrauchen. Stellen wir uns vor, es ginge um den Begriff »Eisschrank«. Ihre Mannschaft soll aus Ihrer Erklärung so schnell wie möglich diesen Begriff erraten. Aber außer dem Wort »Eisschrank« selbst sind noch fünf andere Wörter verboten. Sie dürfen beim Erklären weder »kühl«, noch »kalt«, »Temperatur«, »Speisen« oder »Küche« verwenden. In der Praxis sieht das dann so aus: Sie nehmen die Karte. Sie lesen das Wort. Sie wollen anfangen zu erklären. Doch halt! Sie müssen die Tabu-Wörter kennen, denn die gegnerische Mannschaft wacht darüber, daß Sie diese Wörter nicht gebrauchen. Die Uhr läuft. Sie lesen die Tabu-Wörter. Und von diesem Augenblick an kommt Ihnen keine andere Möglichkeit in den Sinn, den Begriff zu erklären, als eben nur mit diesen fünf Wörtern.

Was passiert in diesem Fall? Das Durchlesen der Tabu-Wörter macht diese Wortliste besonders verfügbar. Diese Wörter sind Ihnen vorderhand besser präsent als andere. Diese erhöhte Verfügbarkeit ist die einfachste und trivialste Version eines Priming-Effektes. Hier hat die Verarbeitung eines bestimmten Begriffs die spätere Verarbeitung genau desselben Begriffs erleichtert. Unser blutiges Eingangsbeispiel war subtiler: Es zeigt uns, daß nicht nur der Begriff selbst nach einer vormaligen Verarbeitung besser verfügbar ist, sondern daß auch der Zugriff auf semantisch ähnliche Begriffe erleichtert wurde.

Wir haben es hier wieder mit dem Phänomen der Aktivationsausbreitung zu tun: Die kognitive Verarbeitung eines Begriffes aktiviert die kognitive Repräsentation des Begriffes über den Zeitpunkt der Verarbeitung hinaus. Es wird aber nicht nur ganz spezifisch diese eine Bedeutung angekündigt, sondern auch verwandte. Die Vorgabe eines Wortes wie »Brot« erleichtert nicht nur das spätere Abrufen von »Brot«, sondern auch den Abruf semantisch verwandter Begriffe wie »Butter«. Der Witz ist also: Mit Hilfe des Priming mache ich den Abruf eines ganzen Netzwerks von Bedeutungen wahrscheinlicher.

8.1 Kontexteffekte

Das Phänomen des Priming zeigt uns, wie vorher dargebotene Informationen die spätere Informationsverarbeitung beeinflussen können. Ein wichtiger Bereich dieses Einflusses betrifft Urteile, die wir über bestimmte Zielgegenstände fällen. Unser Urteil über einen Gegenstand oder einen Sachverhalt kann verschieden ausfallen, je nachdem, woran wir zuvor gedacht haben, oder woran wir zuvor erinnert wurden. Verkäufer wissen, daß ein mäßig attraktives Angebot interessanter aussieht, wenn man es gemeinsam mit einer Reihe von unattraktiven Angeboten vorlegt. Die Absicht ist, einen Kontrast zwischen den Angeboten hervorzukehren und diesen Kontrasteffekt dann auszunutzen (eine gelungene Umsetzung dieses Kontrasteffektes findet sich in Exkurs 22). Man könnte dieses Prinzip auch eine Art Wahrnehmungsregel nennen, denn es gibt analoge Phänomene bei der Wahrnehmung. Sie haben aber im Kapitel über Wahrnehmung (vgl. 5.1.2) gesehen, daß für verschiedene Kontrasteffekte auch verschiedene Erklärungen gelten.

Exkurs 22 *Das Kontrastprinzip in Anwendung (nach Cialdini, 1993, S. 14, Übers. GF)*

Liebe Eltern,

seit ich ins College gegangen bin, habe ich nicht viel geschrieben, und ich muß mich für diese Nachlässigkeit entschuldigen.

Zur Zeit geht es mir ziemlich gut. Der Schädelbruch und die Gehirnerschütterung, die ich mir beim Sprung aus dem Fenster zugezogen habe, als mein Zimmer im Wohnheim kurz nach meiner Ankunft abbrannte, sind recht gut verheilt. Ich war nur zwei Wochen im Krankenhaus und nun kann ich fast wieder normal sehen, und die starken Kopfschmerzen mit Erbrechen habe ich nur noch einmal am Tag. Zum Glück wurden das Feuer im Wohnheim und mein Sprung aus dem Fenster von einem Tankwart in der Nähe beobachtet. Er war es auch, der die Feuerwehr und den Krankenwagen rief. Er hat mich sogar im Krankenhaus besucht, und da ich nach dem Brand keine Unterkunft hatte, war er so freundlich, sein Appartement mit mir zu teilen. Eigentlich ist es nur ein Kellerraum, aber es ist gemütlich. Er ist ein sehr netter Kerl, und wir haben uns ineinander verliebt und beabsichtigen jetzt zu heiraten. Wir haben noch keinen genauen Termin, aber es wird auf jeden Fall sein, bevor man etwas von meiner Schwangerschaft sieht.
Ja, Mama und Papa, ich bin schwanger. Ich weiß, wie sehr Ihr Euch freut, Großeltern zu werden, und ich weiß, Ihr werdet das Baby herzlich aufnehmen und ihm dieselbe Liebe und Hingabe und zärtliche Zuwendung zukommen lassen, die ich bei Euch hatte, als ich Kind war. Der Grund für die Verschiebung des Heiratstermins ist, daß mein Freund zur Zeit eine kleine geringfügige Infektion hat, die uns daran hindert, den Bluttest zu bestehen, und er hat mich dummerweise damit angesteckt. Ich weiß, daß Ihr ihn mit offenen Armen in die Familie aufnehmen werdet. Er ist freundlich und, obwohl er keine besondere Ausbildung hat, sehr ehrgeizig. Er gehört zwar einer anderen Rasse und Religionsgemeinschaft an als wir, aber ich weiß, daß Eure oft bekräftigte Toleranz nicht zulassen wird, daß Ihr Euch daran stört.
Nun, da ich Euch auf den neuesten Stand gebracht habe, möchte ich Euch sagen, daß es keinen Brand im Wohnheim gab, ich weder Schädelbruch noch Gehirnerschütterung hatte, auch nicht im Krankenhaus war, auch nicht schwanger, verlobt oder infiziert bin, und ich habe keinen Freund. Ich werde allerdings in Chemie durchfallen, und in Geschichte bekomme ich ein »Ausreichend«. Ich wollte nur, daß Ihr diese Noten aus einem angemessenen Blickwinkel betrachtet.
Eure liebende Tochter
Sharon

Andererseits versucht die Werbung häufig, ihr Produkt in einen angenehmen Kontext zu stellen. Sie tut das sicher nicht in der Absicht, ihr Produkt in Kontrast zu der angenehmen Umgebung möglichst mittelmäßig und langweilig aussehen zu lassen, sondern im Gegenteil in der Hoffnung, daß das angenehme Drumherum auf die Wahrnehmung des Produktes abfärbt. Wir sehen also, daß die Information, die durch Priming verfügbar gemacht wird, ganz unterschiedliche Effekte auf die Beurteilung dieses Zielreizes haben kann. Betrachten wir nun diese speziellen Priming-Phänomene, die Kontexteffekte etwas genauer.

Stellen wir uns vor, Sie sollen sich eine Meinung über einen bestimmten Gegenstand bilden. Sie sollen beispielsweise eine politische Partei, einen einzelnen Politiker oder ein zum Verkauf stehendes Produkt bewerten. Ihr Urteil ist ganz wesentlich davon abhängig, welche Informationen Ihnen in diesem Augenblick zur Verfügung stehen, woran Sie gerade denken. Der Gegenstand Ihrer Bewertung erscheint gleichsam in Gesellschaft mit diesen anderen Dingen, die gleichzeitig Ihre Aufmerksamkeit binden.

Sie werden selbst schon einmal die Erfahrung gemacht haben, daß Ihre Urteile über dieselbe Sache nicht unter allen Umständen gleich ausfallen. Ein einfaches Beispiel ist die Antwort auf die Frage: »Bist du mit deinem Leben zufrieden?« Wenn Sie kurz zuvor über persönliche Mißerfolge und Katastrophen nachgedacht haben, wird Ihr Urteil weniger positiv ausfallen, als wenn Sie soeben an die schönen Seiten Ihres Lebens erinnert wurden (vgl. Strack, Schwarz & Gscheidinger, 1985). In das Urteil fließen diejenigen Informationen mit ein, die zum Zeitpunkt des Urteilens am besten verfügbar waren. Allgemein gesprochen: Andere Informationen, mit denen zusammen der Gegenstand einer Bewertung gesehen wird, beeinflussen das Urteil. Diese Einflüsse werden als »Kontexteffekte« bezeichnet.

Exkurs 23 *Der Halo-Effekt*

Einschlägig ist in diesem Zusammenhang der Halo-Effekt[2]. Damit ist gemeint, daß ein Attribut in der Wahrnehmung auf die anderen wahrgenommen Eigenschaften ausstrahlt, so daß seine Positivität oder Negativität auf andere Bereiche übertragen wird (Thorndike, 1920). Technisch ausgedrückt könnte man sagen: Das Eigenschaftsprofil wird homogener, gleichförmiger wahrgenommen als es in Wirklichkeit ist. Oben habe ich festgestellt: In unserer Wahrnehmung treten gute Eigenschaften immer in Rudeln auf, und mit den schlechten Eigenschaften ist es ganz genauso (2.2.5). Wenn zum Beispiel feststeht, daß ich fleißig bin, dann werden mich die Leute auch eher für gewissenhaft und intelligent halten. Der Halo-Effekt geht in der Regel vom ersten Eindruck aus, den man von einer Sache oder einer Person hat. Ihm unterliegen viele der nachfolgenden Eindrücke. Am stärksten findet sich der Halo-Effekt im Bereich der physischen Attraktivität. Physisch attraktiven Menschen werden alle möglichen positiven Eigenschaften zugetraut, ohne daß es dafür hinreichende Evidenz gäbe (vgl. 10.2.3).

In einer oft replizierten Untersuchung konnten Landy und Sigall (1974) die Wirksamkeit des Halo-Effekts auf die Einschätzung einer Leistung nachweisen. Sie legten ihren männlichen Versuchspersonen Aufsätze unterschiedlicher Qualität vor. Den Probanden wurden Fotos der vermeintlichen Autorinnen gezeigt. Als nun die Männer die Aufsätze beurteilen sollten, schnitten die Arbeiten der attraktiven Autorinnen besser ab als die der weniger attraktiven. Dieser Effekt fand sich vor allem für die Arbeiten, die – absichtlich – abgrundtief schlecht geschrieben waren. An diesem Experiment wird auch deutlich, daß die beeinflussende Information nicht dazu genutzt wird, um auf Eigenschaften zu schließen, über die man unzureichende Informationen hat. Den Probanden im Experiment von Landy und Sigall hatten zur Beurteilung der Aufsätze alles, was sie brauchten. Der Einfluß der Attraktivitätsinformation war allem Vermuten nach ein unbewußter. Nisbett und Wilson (1977b) zeigten, daß Urteile durch den Halo-Effekt beeinflußt werden, ohne daß die urteilenden Personen den Effekt bemerken oder auch nur eingestehen würden. Sie schließen aus ihren Ergebnissen, »that the altered judgements require the absence of awareness« (Nisbett & Wilson, 1977b, S. 256).

Kontexteffekte haben aber nicht immer die gleiche Richtung. Vielmehr schwankt der Einfluß der Kontexte zwischen Angleichung bzw. Assimilation und Kontrast (vgl. Schwarz & Bless, 1992; Henss, 1993). Für beide Effekte ein Beispiel: Sie sehen Ihren Studienkollegen Paul zusammen mit dem Bundespräsidenten in angeregtem Gespräch. Ganz unwillkürlich steigt Ihre Bewertung von Pauls Qualitäten. Das Ansehen des Präsidenten färbt gleichsam auf Paul ab. Dies wäre ein Assimilationseffekt (vgl. auch Sigall & Landy, 1973). Ein anderes Mal sehen Sie Paul gemeinsam mit Antonio Banderas und Richard Gere durch die Straßen spazieren. Würden Sie jetzt danach gefragt, ob Sie Paul für einen attrakiven Mann halten, was würden Sie sagen? Eigentlich sah Paul in Ihren Augen bisher ganz passabel aus, aber verglichen mit Antonio Banderas gleicht er doch eher einer Kröte. Dies wäre ein Beispiel für einen Kontrasteffekt (vgl. auch Kenrick & Gutierres, 1980; 3.1.3; Abbildung 8.1 zeigt ein Beispiel für einen Kontrasteffekt in der Werbung).

Nun werden Sie sich vielleicht gedacht haben, daß man sich die Effekte – zumindest theoretisch – auch umgekehrt vorstellen könnte. Einmal ganz abgesehen von der Frage, ob Sie Antonio Banderas für einen attraktiven Mann halten, ist doch im vorhinein kaum zu entscheiden, ob nicht vielleicht die Gesellschaft von attraktiven Personen Paul ebenfalls als attraktiv erscheinen läßt, anstatt ihn häßlich und mickerig aussehen zu lassen. Wir brauchen also Regeln für die Frage, wann wir einen Assimilations- und wann einen Kontrasteffekt zu erwarten haben.

[2] Halo (engl.): (Licht-)Hof, Schein; hier besonders: Heiligenschein.

Abbildung 8.1 Kontrasteffekt in der Werbung. Das Produkt hebt sich kontrastierend von seinem Kontext ab.

Nach Schwarz und Bless (1992) hängt die Frage danach, ob Assimilation oder Kontrastierung eintritt, davon ab, wie die Informationen kategorisiert werden (siehe Abbildung 8.2). Das heißt zum Beispiel, daß für einen Assimilationseffekt Zusammengehörigkeit wahrgenommen werden muß. Allgemein gesprochen: Der Kontextreiz muß zur selben Kategorie gehören wie der Zielreiz. Umgekehrt werden bei einem Kontrasteffekt die beiden Reize so wahrgenommen, als gehörten sie zu verschiedenen Kategorien. Dann kann der Kontextreiz ein Maßstab der Beurteilung werden.

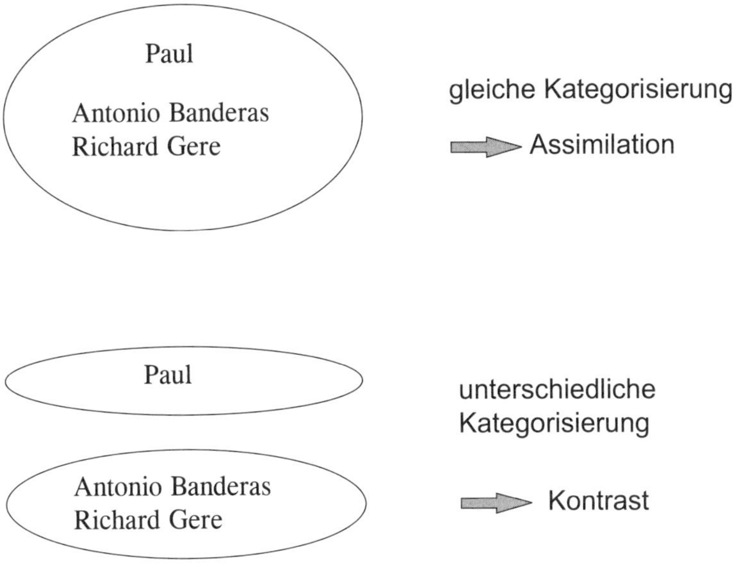

Abbildung 8.2 Grundgedanke des Inklusions-Exklusionsmodells (Schwarz & Bless, 1992).

Ein direkter Ausschluß des Zielreizes aus der Kategorie, zu der der Kontextreiz gehört, muß aber in der Regel eigens ausgelöst werden (Schwarz & Bless, 1992, S. 221). Die Kontrastierung ist auch der kognitiv aufwendigere Prozeß; wenn unsere Kapazität oder Motivation beschränkt sind, assimilieren wir eher als daß wir kontrastieren (Martin, Seta & Crelia, 1990). Anders ausgedrückt: »Per Voreinstellung« wird der Zielreiz an den Kontextreiz assimiliert. Nur wenn es besondere Gründe gibt, die einen Ausschluß des Zielreizes aus der Kontextkategorie auslösen können, ist auch ein Kontrasteffekt zu erwarten.

8.2 Empfehlungen zur Erzeugung von Kontrasteffekten

Stellen wir uns im folgenden vor, Sie wollten die Wahrnehmung eines Zielgegenstandes durch Kontextreize manipulieren. Da der Kontrasteffekt der seltenere Fall ist, möchte ich im folgenden vor allem Empfehlungen zur Erzeugung eines Kontrasteffektes aussprechen. Auf diese Weise ist in den Empfehlungen auch gleichzeitig impliziert, wie man statt dessen den Assimilationseffekt wahrscheinlicher macht.

8.2.1 Ausdrücklicher Ausschluß aus der Kontextkategorie

Wenn Sie einen Kontrasteffekt erzeugen möchten, versuchen Sie, den Zielreiz direkt aus der Kontextkategorie zu subtrahieren. Man kann die Kontextinformation zu einem Teil der Zielinformation machen, oder man kann sie umgekehrt gerade von der Zielinformation ausschließen. Stellen Sie sich vor, die Frage ist: »Was halten Sie von der CDU?« (Beispiel nach Schwarz & Bless, 1992). Stellen Sie sich weiterhin vor, man hätte Sie kurz zuvor gefragt: »In welcher Partei ist der ehemalige Bundespräsident Richard von Weizsäcker Mitglied?« Es wird eine Kontextinformation aktiviert. Man denkt an Richard von Weizsäcker. Vor allem aber denkt man an Richard von Weizsäcker in seiner Eigenschaft als prominentes Mitglied der Partei, die es später zu beurteilen gilt. In Übereinstimmung mit dem hohen Ansehen, das Richard von Weizsäcker in Deutschland genießt, wird das Wissen um seine Mitgliedschaft in der CDU auch auf das Urteil gegenüber der CDU abfärben. Schwarz und Bless (1992) haben diesen Effekt zu einer Zeit, als Richard von Weizsäcker noch Bundespräsident war, deutlich nachweisen können. Bei diesem Vorgehen wird eine Zusammengehörigkeit von Richard von Weizsäcker und der CDU betont, und eine Assimiliation ist die Folge. Das Amt des Bundespräsidenten bringt es aber mit sich, daß man das Verhältnis von Richard von Weizsäcker zur CDU auch ganz anders sehen kann. Schwarz und Bless fragten einige Versuchspersonen: »Welches Amt bekleidet Richard von Weizsäcker, das ihn aus der Parteipolitik ausschließt?« In diesem Fall dachten die Versuchspersonen bei der Beurteilung der CDU ebenfalls an »Richard von Weizsäcker«. Aber diesmal wurde ihnen ausdrücklich nahegelegt, seine Parteimitgliedschaft außer acht zu lassen. In der Folge über die CDU nachzudenken, bedeutete, ein Urteil über »die CDU ohne Richard von Weizsäcker« abzugeben. Richard von Weizsäcker wurde sozusagen aus der Zielkategorie CDU subtrahiert. Das Urteil über die CDU fiel unter dieser Bedingung wesentlich schlechter aus.

8.2.2 Große zeitliche Distanz zwischen Ziel- und Kontextreiz

Wenn Sie einen Kontrasteffekt erzeugen möchten, rücken Sie, wenn möglich, Ziel- und Kontextreiz zeitlich weit auseinander. Ein Kontrasteffekt ist bereits wahrscheinlicher, wenn Ziel- und Kontextreiz nacheinander und nicht gleichzeitig dargeboten werden (Schwarz & Bless, 1992, S. 233*f*). Strack, Schwarz und Gscheidinger (1985) ließen ihre Versuchspersonen an kürzlich zurückliegende Ereignisse denken. Eine der Experimentalgruppen wurde instruiert, an angenehme Ereignisse zu denken, die anderen sollten sich an unangenehme Ereignisse erinnern. Wenn diese Versuchspersonen danach ihre gegenwärtige Lebenssituation beurteilen sollten, dann berichteten sie hohe Zufriedenheit bei positivem Ereignis und niedrige Zufriedenheit bei negativem Ereignis. Dieser Assimilationseffekt verkehrte sich in einen Kontrasteffekt, wenn die Personen an länger zurückliegende Ereignisse denken sollten. Eine hohe zeitliche Distanz war ein Kriterium dafür, die Ereignisse von der Gegenwart als nicht repräsentativ auszuschließen.
Ein entsprechendes Ergebnis kann man erzielen, wenn man als Kontextreize Ereignisse der Zukunft aktiviert. Die entscheidende Bedingung ist, daß diese Ereignisse nicht als repräsentativ für die Gegenwart betrachtet werden, etwa weil ihnen ein wichtiger Einschnitt vorausgegangen ist (Strack, 1994, S. 91).

8.2.3 Wenig gemeinsame Merkmale zwischen Ziel- und Kontextreiz

Wenn Sie einen Kontrasteffekt erzeugen möchten, geben Sie Ziel- und Kontextreiz so wenig gemeinsame Merkmale wie möglich. Je ähnlicher sich der Ziel- und der Kontextreiz sind, desto eher ist damit zu rechnen, daß das Urteil über den Zielreiz dem Kontextreiz angepaßt ist (Schwarz & Bless, 1992, S. 230*f*). Das bedeutet allgemein gesprochen, daß Ziel- und Kontextreiz bestimmte Eigenschaften gemeinsam haben sollten, damit es zu einem Assimilations- und nicht zu einem Kontrasteffekt kommt. Zum Beispiel könnte eine angenehme Umgebung, in der das Produkt zu sehen ist, auch farblich dem Produkt entsprechen, oder eine Form enthalten, die durch das Design des Produktes vorgegeben ist.
Wänke, Bless und Schwarz (1998) zeigten, daß bereits das Merkmal eines gemeinsamen Namens eine Assimilation herbeiführen kann. Durch den Namen wurde das Zielprodukt als Fortsetzung einer bestimmten Produktserie dargestellt – oder eben nicht.
In dem Experiment wurde zunächst eine Serie von Autos präsentiert: Der *Winston Silverpride*, *Silverstar* und *Silverhawk*. Die Autos werden alle als sportlich beschrieben. Vom selben Hersteller kommt nun ein neuer Wagen hinzu, der allerdings eher in die Kompaktkategorie eingeordnet wird, weniger in die Sportwagenkategorie. In den beiden experimentellen Bedingungen erscheint der Neue nun entweder als Fortsetzung oder als Unterbrechung der bisherigen Produktlinie. In der Fortsetzungsbedingung heißt er *Winston Silverray*, in der Unterbrechungsbedingung heißt er *Winston Miranda*. Die Probanden sollen das Auto auf der Dimension: »sports-car: high« bzw. »low« einschätzen. Wie erwartet, bekam das Modell bei einer Fortsetzung der Namensgebung eher Eigenschaften eines Sportwagens zugeschrieben, und zwar sowohl die positiven als auch die negativen.
In einem zweiten Experiment (das in Deutschland durchgeführt wurde, wo die Namen weniger Bedeutung haben) wurde eine Kontrollgruppe eingeführt, die keine Information über die Namensgebung erhielt, sondern nur das neue Produkt bewerten sollte. Im Vergleich mit dieser Kontrollgruppe zeigte sich, daß die Effekte der Exklusion wirkliche Kontrasteffekte und nicht etwa das

Ausbleiben einer Assimilation darstellen. Offenbar kann man also durch das gezielte Unterdrücken gemeinsamer Merkmale mehr bewirken als nur, eine Assimilation zu verhindern.
Wenn zum Beispiel der *Smart* keinen *Mercedes*-Stern erhält, dann verhindert diese Maßnahme nicht nur, daß die Wahrnehmung von *Mercedes* nicht durch ein Exemplar verwässert wird, das für das sonstige *Mercedes*-Image eher untypisch ist. Voraussichtlich unterstreicht ein solches Marketing auch die Eigenständigkeit der bisherigen Produktlinie im Unterschied zu dem neuen Produkt und schärft das jeweilige Profil.
Allerdings zeigen Wänke et al. (1998) auch, daß Experten, die sich mit Autos auskennen, weniger von der Manipulation beeinflußt wurden. Das ist insofern bemerkenswert, als die Experten ja nur von Autos insgesamt etwas verstanden, nicht aber speziell von dem einen im Experiment, das ja ein Phantasieprodukt war.

8.2.4 Extreme Ausprägung des Kontextreizes

Wenn Sie einen Kontrasteffekt erzeugen möchten, wählen Sie einen möglichst extremen Kontextreiz. Neben dem erotischsten Mann aller Zeiten muß Paul unattraktiv wirken. Wäre die Vergleichsgröße nur der nette, gutaussehende Junge von nebenan gewesen, dann hätte Paul vielleicht sogar von dessen Attraktivität profitiert und würde ebenfalls attraktiver wahrgenommen. Ein extremes Exemplar ist trivialerweise weniger typisch für eine Kategorie als ein durchschnittliches und wird daher eher exkludiert (Herr, Sherman & Fazio, 1983). Antonio Banderas ist für die Kategorie »Jungs wie Paul einer ist« eben ein zu extremes Beispiel, als daß er da noch hineinpassen würde. Der gutaussehende Junge von nebenan gehört dagegen schon eher zu den »Jungs wie Paul einer ist«, gelangt daher in dieselbe Kategorie wie Paul und beeinflußt daher unsere Wahrnehmung von Paul in Form einer Assimilation.

8.2.5 Eindeutige Vergleichbarkeit von Kontextkategorie und Zielreiz

Wenn Sie einen Kontrasteffekt erzeugen möchten, dann vergleichen Sie nicht Äpfel mit Birnen, sondern wählen Sie die Kontextkategorie so, daß ihre Eigenschaften leicht auch auf den Zielreiz angewendet werden können. Sowohl Restaurants als auch Modegeschäfte können teuer oder billig, einfach oder gehoben, für die breite Masse oder exklusiv sein. Trotzdem sind die beiden Produktkategorien doch auch wieder sehr verschieden. Wie vergleicht man das *Maxim* mit *H&M*? Für diesen »Vergleich« müssen wir die oben genannten Begriffe zu Hilfe nehmen, denn nur die schaffen die erforderliche Gemeinsamkeit.
Stapel, Koomen und Velthuijsen (1998) gehen nun davon aus, daß für die Vergleichsprozesse, auf denen ein Kontrasteffekt ja beruht, keine abstrakten Begriffe taugen. Hierzu seien vielmehr klare Objektgrenzen erforderlich. Objekte lassen sich mit anderen Objekten, nicht aber mit abstrakten Begriffen vergleichen. Begriffe, zum Beispiel Eigenschaftswörter, haben jedoch immer noch einen Effekt als »Primes«, also als Aktivatoren einer bestimmten Valenz oder Bedeutung.
Stapel et al. (1998) ließen ihre Versuchspersonen ein fiktives neues Restaurant bewerten. Sie konnten Kontrasteffekte nachweisen, wenn gemeinsam mit dem neuen Restaurant teure bzw. billige andere Restaurants aktiviert wurden. Wenn die »Primes« hingegen aus teuren oder billigen Modegeschäften bestanden, waren Assimilationseffekte die Folge. Die Autoren interpretieren ihre Befunde als Beleg für ihren Ansatz der »Vergleichsrelevanz«, dem zufolge Kontexte vor allem dann zu Kontrasteffek-

ten führen, wenn sie eine hohe Vergleichsrelevanz besitzen, während bei geringer Vergleichsrelevanz Assimilationseffekte erwartet werden.

8.2.6 Geringe Größe der Zielkategorie

Wenn Sie einen Kontrasteffekt erzeugen möchten, wählen Sie die Zielkategorie so klein wie möglich. Ein Kontextreiz wird um so eher eingeschlossen, je größer die Zielkategorie ist, und um so eher ausgeschlossen, je enger die Zielkategorie ist. In Anlehnung an Schwarz und Bless (1992, S. 225*ff*) ließe sich folgendes Phantasiebeispiel zur Illustration vorstellen: Ein Skandal um die Herstellung von Zeitungspapier aus genmanipulierter Altpappe hat das Vertrauen in die Papierindustrie stark erschüttert. Fragt man Personen auf der Straße nach Ihrer Meinung zu den deutschen Papierfabrikaten, sagen sie einhellig: »Alles Gauner!« Der Kontext, der hier wirkt, ist der Skandal. Die Zielkategorie sind die Papierhersteller ganz allgemein. Wird aber die Zielkategorie verkleinert, dann verringert sich auch die Tendenz, die Zielkatogerie noch genauso wahrzunehmen wie den Kontext. Geht es letztendlich nur noch um einen einzigen Fabrikanten, der beurteilt werden soll, so ist eine pauschale Abwertung als Konsequenz des Skandals kaum noch wahrscheinlich. Vielmehr könnte eine einzelne Person im Extremfall womöglich sogar einen Nutzen aus dem Skandal ziehen. Einzelne Personen können nämlich dem Skandal regelrecht entgegengehalten werden.

Schwarz und Bless (1992, S. 225*ff*; siehe auch Bless, Igou, Schwarz & Wänke, 2000) wiesen ähnliche Effekte im Bereich politischer Skandale nach. Entscheidend ist hierbei das kategoriale Niveau: Exemplare derselben Kategorienebene, Bless et al. (2000) sprechen dabei von »lateralen Kategorien«, können eigentlich kaum assimiliert werden. So wird ein skandalgeschüttelter einzelner Politiker dem anderen eher nützen als schaden, da ja die einzelnen Personen auf demselben kategorialen Niveau liegen und der eine Politiker schlecht in den anderen inkludiert werden kann. Wenn es aber nicht zur Inklusion kommt, ist eine Exklusion zu erwarten und die führt zu einem Kontrasteffekt.

Ein Schaden ist eben nur auf höherer Kategorienebene möglich: Wer mit einem Skandal assoziiert wird, schadet demnach der Partei oder den Politikern allgemein, den einzelnen Kollegen nützt er aber eher.

Allerdings zeigen Bless et al. (2000) auch, daß die Kategoriengröße nicht nur die Richtung, sondern auch die Stärke des Kontexteffektes bestimmt. Zur Zeit der Amigo-Affäre um den Bayerischen Ministerpräsidenten Max Streibel ließen sie Versuchspersonen die Vertrauenswürdigkeit von Politikern beurteilen. Zuvor mußten die Probanden eine Gruppe von drei Ministerpräsidenten ihren Ländern zuordnen; einer davon war Max Streibel. Erwartungsgemäß wurden Politiker allgemein als weniger vertrauenswürdig, einzelne Ministerpräsidenten aber als vertrauenswürdiger eingeschätzt, wenn zuvor Max Streibel aktiviert wurde. Auf derselben Kategorienebene zeigte sich also der Kontrasteffekt, bei der übergeordneten Kategorie dagegen Assimilation. Beide Effekte schwächten sich jedoch ab, wenn Max Streibel als Teil einer Gruppe von sechs Ministerpräsidenten aktiviert wurde. Der Effekt, den ein Kontext-Exemplar auf die Beurteilung einer Ziel-Kategorie hat, kann also abgeschwächt, ja sogar neutralisiert werden, wenn sehr viele Exemplare aktiviert werden.

Bless et al. (2000) diskutieren vor diesem Hintergrund auch eine alternative Interpretation für den immer wiederkehrenden Effekt, daß Experten in der Regel weniger anfällig für Kontexteffekte sind: Ursprünglich geht man davon aus, daß Experten meist bereits ein Urteil über den Gegenstand (zum Beispiel ein Produkt, eine Partei) haben, das sie abrufen können anstatt ad hoc aus den verfügbaren Informationen eines konstruieren zu müssen. Eine andere Interpretation wäre nun, daß Experten in der Situation viel mehr Beispielexemplare generieren können und daher dem »Verwässerungseffekt« unterliegen, den Bless et al. (2000) nachgewiesen haben.

Exkurs 24 *Was tun bei einem Skandal in der eigenen Partei?*

Spenden- und Korruptionsaffären erscheinen für Politik und Politiker auf den ersten Blick genauso katastrophal wie etwa der BSE-Skandal für die Landwirtschaft. Der politische Gegner freilich will sich diese Affären zunutze machen, indem er eine Inklusion von Kandidat und Affäre herbeizuführen versucht (siehe Abbildungen 8.3 und 8.4). Allerdings ist Inklusion nicht die einzige mögliche Reaktion der Wähler – oft ist sie nicht einmal wahrscheinlich.

Bless, Igou, Schwarz und Wänke (2000, S. 1044) raten daher unseren Volksverterinnen und -vertretern, bei einem Skandal in der eigenen Partei nicht zu verzagen und geben ihnen folgende Ratschläge:

1. Hauptsache, Sie stehen nicht im Zentrum des Skandals. Ist das gewährleistet, dann läßt jeder deutlich sichtbare Gauner Ihre eigene moralische Verfassung – und sei die auch nur mittelmäßig – im Vergleich glänzend rein aussehen. Je näher Sie am Skandal dran sind, desto eher sollten Sie versuchen, sich davon zu dissoziieren – aber das tun Sie sicher sowieso.
2. Der Skandal kann Ihnen nur nützen, wenn er den Wählerinnen und Wählern im Moment der Wahl präsent ist. Es ist also nicht in Ihrem Interesse, daß allzu schnell Gras über die Sache wächst oder der Skandal heruntergespielt wird. Bringen Sie aber keine vertrauenswürdigen Kolleginnen und Kollegen mit ins Spiel; die verwässern nur den Kontrasteffekt, bei dem Sie so gut wegkommen.
3. Wenn die Wählerinnen und Wähler Sie nicht kennen, haben Sie ein Problem. Die fällen dann nämlich ihr Urteil über Sie nicht anhand von individuierenden Informationen, sondern auf der Basis Ihrer Kategorienzugehörigkeit. Sie werden dann betrachtet als Politiker oder Parteimitglied und nicht als die Person, die Sie sind. Machen Sie sich also bekannt!
4. Wenn Ihnen daran liegt, wie Ihre Partei oder Politiker allgemein wahrgenommen werden, achten Sie darauf, wer der Öffentlichkeit präsentiert wird. Je mehr unglaubwürdige Kolleginnen und Kollegen den Wählern einfallen, desto schlechter für das Image der gesamten Kategorie (Partei bzw. Politiker allgemein). Diese Information wird Sie nicht überraschen. Allerdings bedenken Sie: Ob diese Strategie Ihnen auch persönlich nützt, hängt davon ab, ob man Sie als Individuum oder als Parteimitglied wahrnimmt. Wenn Sie als Individuum gesehen werden, dann helfen glaubwürdige Kollegen bei einem Skandal zwar dem Image der Partei, denn sie verwässern den Assimilationseffekt von Skandal an Partei, sie helfen aber Ihnen nicht, denn sie verwässern auch den Kontrasteffekt zwischen Ihnen und dem skandalerschütterten Kollegen. Wenn Sie als Parteimitglied wahrgenommen werden, dann ist alles, was für die Partei gut ist, auch gut für Sie. Die Frage ist dann allenfalls: Wollen Sie tatsächlich eine profillose Nummer in einer Liste von Abgeordneten sein?
5. Konzentrieren Sie sich bloß nicht nur auf die Gauner! Die Stars Ihrer Partei können Ihnen genauso schaden, wie Ihnen die Gauner nützen können. So wurde zum Beispiel der Senator Bob Dole in den USA neben dem hochangesehenen General Colin Powell stets schlechter bewertet als ohne diesen Vergleichsmaßstab. Die republikanische Partei hat dagegen sehr davon profitiert, wenn Colin Powell zu ihr gezählt wurde (Stapel & Schwarz, 1998).

   Bedenken Sie insgesamt: Was für Ihre Partei gut ist, ist meistens schlecht für Sie, es sei denn, Ihre Parteizugehörigkeit ist das einzige, was die Wählerinnen und Wähler von Ihnen wissen.

Meine WestLB:
miles & more. W. Clement
Die neue CDU im Westen

www.cdu-nrw.de

Der Kohl. Der Kiep. Der Kanther. Der Rüttgers.
Richtung Zukunft.
NRW
SPD

Abbildung 8.3 und 8.4 Versuch einer Inklusion: der politische Gegner als Zielreiz und der Korruptionsskandal als Kontext.

8.2.7 Geringe Größe der Kontextkategorie

Wenn Sie einen Kontrasteffekt erzeugen möchten, wählen Sie auch die Kontextkategorie so klein wie möglich. Ein Kontextreiz bildet eine Kategorie. Einige Kategorien sind sehr klein und spezifisch, andere sind aus verschiedenen Elementen zusammengesetzt. Zum Beispiel bildet der Kontextreiz »Richard von Weizsäcker« eine kleine, unitäre Kategorie. Die CDU als Partei oder die Politiker als Berufsgruppe bilden ebenfalls eine Kategorie. Diese letzteren Kategorien sind aber zusammengesetzt. Kontextkategorien, die nicht zusammengesetzt sind, führen in der Regel zu Kontrasteffekten (Schwarz & Bless, 1992, S. 23*f*). Das beste Beispiel sind Kontextkategorien, die aus einer Person bestehen. Somit müßte zum Beispiel ein Politiker, der für sich selbst werben will, bedenken, ob er sich häufig mit einem populären Kollegen zeigen sollte. Solange es um Personen geht, ist es durchaus wahrscheinlich, daß beim direkten Vergleich eher Unterschiede als Gemeinsamkeiten gesehen werden. Wenn dagegen die Kontextkategorie aus verschiedenen Elementen zusammengesetzt erscheint, dann wird es zunehmend wahrscheinlich, daß der Zielreiz in die Kontextkategorie aufgenommen und in gleichem Sinne beurteilt wird. Unser Politiker hätte also bessere Chancen, wenn er sich mit einer Gruppe von populären Kollegen in Zusammenhang bringt. Für den Bereich der Produktwerbung läßt sich eine ähnliche Ableitung vornehmen. Wenn Sie einen Assimilationseffekt erzeugen möchten, sollten Sie das Produkt in einen möglichst breiten und komplexen Positiv-Kontext stellen, zum Beispiel das Unternehmen oder eine bewährte Palette anderer Produkte. Dagegen ist es ein weniger geschickter Kunstgriff, ein Produkt einem einzigen anderen Produkt an die Seite zu stellen. Dieses Verfahren führt eher zur Kontrastbildung.
Diesen Gedanken haben wir in einer eigenen Untersuchung geprüft (Felser & Baum, 1999). Wir wählten hierzu Firmen, die zwar eine vielfältige Produktpalette anbieten, aber doch in der Regel mit einem Spitzenprodukt im besonderen assoziiert werden. In unterschiedlichen experimentellen Bedingungen wurde dann diese Firma entweder als besonders groß bzw. besonders klein dargestellt. In der »kleinen Bedingung« wurden die Probanden im Rahmen einer fingierten Werbepräsentation nur an das eine bekannte Produkt erinnert, etwa im Falle der Firma *Mövenpick* an das Eis. In der »großen Bedingung« wurde von derselben Firma eine weit umfangreichere Produktpalette aufgezählt, also Kaffee, Konfitüre, Eis und so weiter. In einer Kontrollfrage sollten die Probanden später einschätzen, ob sie *Mövenpick* (bzw. die anderen Firmen) eher für eine große oder eine kleine Firma halten, und es zeigte sich, daß die Firmen in der großen Bedingung signifikant größer geschätzt wurden als in der kleinen.

Die entscheidende Frage war nun: Wie wirkt sich die Repräsentation der Firmengröße auf die Wahrnehmung eines neuen Produktes aus? In unserem Experiment wurden den Probanden fiktive neue Produkte präsentiert, im Falle von *Mövenpick* etwa war das Tee. Dieses neue Produkt sollte genauso wie die Firma anhand der jeweils gleichen Merkmale bewertet werden. Aus diesen Merkmalen ließ sich ein Positivitätsindex berechnen, der die Bewertung in einem einzigen Maß zusammenfaßt. Abbildung 8.5 zeigt die Ergebnisse für die Beispielfirma *Mövenpick*.

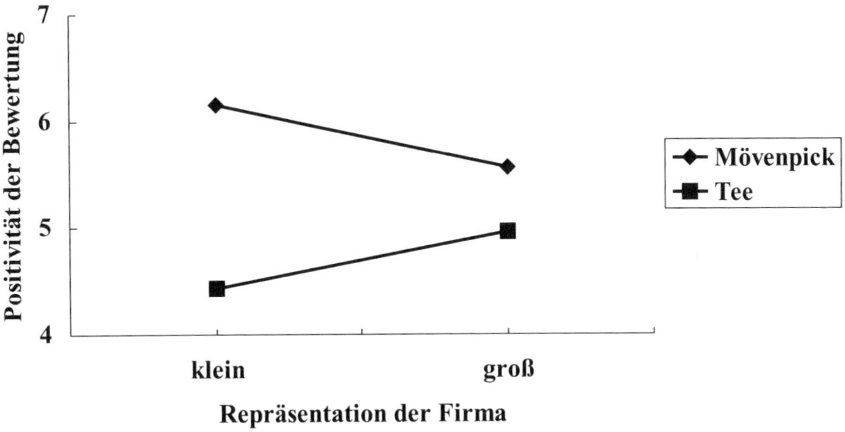

Abbildung 8.5 Bewertung von Produkt und Firma unter verschiedenen Repräsentationen der Firma.

Unter der kleinen Bedingung werden Firma und Produkt deutlich unähnlicher erlebt als unter der großen Bedingung (die Interaktion des Größenfaktors mit der Bedingung Firma vs. Produkt ist mit $F(1;58) = 9.35$ und $p = .003$ hochsignifikant). Es ist also in der Tat eher dann eine Assimilation zu erwarten, wenn die Kontextkategorie als groß erlebt wird. Interessant ist an den Ergebnissen in Abbildung 8.5 auch, daß sich nicht nur die Wahrnehmung des Produktes, sondern auch die der Firma über die experimentellen Bedingungen verändert. Kontrollanalysen zeigen, daß dieser Effekt nicht etwa darauf zurückgeht, daß eine große Firma *Mövenpick* negativer wahrgenommen wird als eine kleinere. Wäre das Produkt, der erfundene *Mövenpick*-Tee, nicht präsent, würde sich die Wahrnehmung der Firma von der großen zur kleinen Bedingung kaum verändern. Man kann also davon ausgehen, daß Produkt und Firma gegenseitig aufeinander wirken. Mit anderen Worten: Auch eine etablierte Marken- und Firmen-Identität ist nicht davor sicher, daß ein neues Produkt dieses Profil noch einmal verändert – der Prozeß der Assimilation verändert nicht nur die Wahrnehmung des Zielreizes, sondern eben auch die des Kontextes.

Die Daten in Abbildung 8.5 suggerieren, daß das neue Produkt negativer bewertet wird als die Firma, so daß eine Assimilation für die Firma eine Abwertung bedeuten würde. Es ist vielleicht nicht überflüssig zu betonen, daß der umgekehrte Fall ebenso denkbar ist und in unseren Daten auch vorkam: In zwei von vier untersuchten Firmen wurde das Produkt deutlich positiver bewertet als die Firma, so daß eine Assimilation in diesen Fällen der Firmenbewertung eher guttat.

Betrachten wir als weiteres Beispiel die Werbung für Kinofilme. Ein Satz wie »...vom selben Regisseur, der Sie schon mit *Harry und Sally* begeisterte«, soll den Zuschauer dazu bewegen, Gemeinsamkeiten zwischen dem bekannten guten Film und dem unbekannten neuen zu unterstellen. Da aber beides nur singuläre Kategorien sind, liegt es nicht nahe, beide derselben Ober-Kategorie zuzuordnen. Der Zuschauer kann seine Wahrnehmung genauso gut auf dem bestehenden Niveau belassen, von zwei verschiedenen Filmen ausgehen und Vergleiche folgender Art ziehen: »Was unterscheidet diesen Film von *Harry und Sally*?« Werden die Kontexte weiter gefaßt, sind solche Kontrastbildungen weniger wahrscheinlich. Wenn man zum Beispiel mit folgendem Satz wirbt: »*Walt Disney Productions* präsentiert...« dann ist die Kontextkategorie *Walt Disney Productions* derart breit, daß es keine Schwierigkeit machen würde, die Zielkategorie, den beworbenen Film, zu subsumieren.

Neben einem Star sieht der Einzelne eigentlich immer blaß aus. Das liegt unter anderem daran, daß zwischen einzelnen Exemplaren einer Kategorie in der Regel keine Assimilation stattfindet. In einem Experiment von Wänke, Bless und Igou (2001) zeigte sich dieser Effekt für zwei Toaster von mittlerer Qualität, dem ein Starprodukt zur Seite gestellt wurde. Unter dieser Bedingung verschlechterte sich die Einschätzung für beide mittelmäßige Produkte. Die Tatsache, daß eines der beiden Zielprodukte zur selben Marke gehörte wie der Star, hatte zunächst keinen Effekt. Der stellte sich erst ein, wenn die gemeinsame Markenzugehörigkeit von Star und Zielprodukt betont wurde. Die eigentlichen Produktmerkmale wurden nicht verändert; nur die Präsentation wurde in Farbe, Logo, Überschrift und anderen oberflächlichen Merkmalen zwischen Zielprodukt und Star angeglichen. Diese Manipulation hatte bereits einen Effekt auf die Bewertung: Zwar verblaßte der Ziel-Toaster immer noch neben dem Star, aber er war – dank seiner gemeinsamen Mitgliedschaft in derselben Markenfamilie – seinem direkten Mittelklasse-Konkurrenten überlegen.
Zwei wichtige Folgerungen aus den Experimenten von Wänke et al. (2001) möchte ich besonders betonen. Zum einen: Wenn Ziel- und Kontextreiz auf demselben kategorialen Niveau liegen (zum Beispiel beides Produkte sind), dann ist eine Inklusion kaum möglich. Dies geschieht erst, wenn eine übergeordneten Kategorie aktiviert wird. Zum anderen: Ein Star kann auf zwei Weisen die Wahrnehmung eines Zielreizes beeinflussen: Einerseits als Vergleichsstandard und andererseits über die geteilte Zugehörigkeit zur selben Kategorie. Wänke et al. (2001) konnten zeigen, daß diese beiden Einflüsse offenbar nicht alternativ, sondern additiv wirken: Die Bewertung des Mittelklasse-Toasters wurde auch dann durch den Star beeinträchtigt, wenn die gemeinsame Markenzugehörigkeit betont wurde (Kontrast gegenüber dem Star), allerdings hatte die Betonung eine Aufwertung relativ zum direkten Konkurrenten zur Folge (Assimilation an den Star). Grundsätzlich kann man sagen, je breiter eine Kontextkategorie ist, desto eher wird eine weitere Information in diese Kategorie eingeschlossen, und desto eher kommt es zu Assimilationseffekten.
Nun bilden unterschiedlich vorbereitete Personen auch unterschiedlich breite Kategorien. Zum Beispiel habe ich bisher immer zwischen Autos und Fahrrädern unterschieden. Eine feinere Unterscheidung innerhalb der Kategorie »Autos« ist mir nicht geläufig. Nun kenne ich aber Leute, und bin sogar mit ihnen befreundet, die innerhalb der Autos weitere Kategorien bilden, etwa Limousinen, Cabriolets, Caravans, oder *Mercedes*, *BMW*, *VW* und so weiter. Stellen wir uns nun vor, ich wollte ein Auto kaufen, und der Gebrauchtwagenhändler weiß zufällig, daß ich von einem Auto, wie mein Onkel es fährt, sehr viel halte. Wenn er sein Angebot mit einem solchen Auto in Zusammenhang bringen kann, dann kann er erwarten, daß ich über dieses Angebot ähnliche Gedanken fasse, wie über das Auto meines Onkels. Ziel- und Kontextreiz wären beide Elemente derselben Kategorie, Autos eben. Die Sache sähe anders aus, wenn ich einen meiner gut informierten Freunde zu den Verhandlungen mitnähme. Für diesen Freund ist die Frage der Kategorienzugehörigkeit nicht damit erledigt, daß sowohl Ziel- als auch Kontextreiz Autos sind. Wenn das Auto meines Onkels ein *BMW* und der angebotene Wagen ein *Opel* ist, dann wird mein Freund beide Reize in unterschiedliche Kategorien einordnen. Er wird gar nicht anders können, als in erster Linie die Unterschiede des Angebotes zu dem Vergleichsauto zu sehen (vgl. Bettman & Sujan, 1987; Herr, 1989).

8.2.8 Untypische Exemplare

Wenn Sie einen Kontrasteffekt erzeugen möchten, dann sollten Sie den Kontext als besonders untypisch für den Zielreiz darstellen.

Günters Kollegin Astrid schimpft immer über das Fernsehprogramm und läßt kein gutes Haar an den schlichten Abendvergnügungen, mit denen Günter pro Woche reichlich Zeit verbringt. Nun hat Günter herausgefunden, daß Astrid keine Folge der Serie *Akte X* versäumt. Mit diesem Argument will er auftrumpfen; so schlecht könne sie das Fernsehen ja gar nicht finden, wo sie doch immerhin auch eine heftige Vorliebe habe... Merkwürdigerweise ist aber der Hinweis auf das eine über jeden Zweifel erhabene Programm für Astrid keineswegs ein Argument, ihre Antipathie abzuschwächen, im Gegenteil. Wie läßt sich das erklären?
Eigentlich sollte sich das Urteil über den Zielreiz »Fernsehprogramm« an das Urteil über das Positivbeispiel *Akte X* assimilieren. Für Astrid aber ist diese Ausnahmeerscheinung auf der Mattscheibe eben genau das: Eine Ausnahme eben. *Akte X* repräsentiere nicht das Programm, wie es normalerweise ist. Diese Sendung führe vielmehr schmerzlich vor Augen, wie grottenschlecht es eigentlich um das normale, das alltägliche Fernsehen bestellt ist.
Bless und Wänke (2000) zeigten, daß die Frage nach Assimilation oder Kontrast davon abhängt, ob ein Beispielexemplar als typisch oder untypisch für die Kategorie angesehen wird. In ihrem Experiment ging es – wie im Beispiel – um das allgemeine Urteil zum Fernsehprogramm. Eine Vorstudie stellte zunächst fest, welche Fernsehsendungen als positiv oder negativ, bzw. welche als typisch bzw. untypisch galten. Im Experiment wurden nur solche Programme verwendet, die für das allgemeine Programm weder besonders typisch noch besonders untypisch waren.
Die Probanden hatten nun eine von vier Auswahlaufgaben zu erfüllen. Aus einer Liste von Fernsehsendungen sollten sie bestimmte benennen, nämlich entweder jene, die (a) untypisch positiv, oder (b) typisch positiv, oder (c) untypisch negativ oder schließlich (d) typisch negativ waren. Da die Programme, die zur Auswahl standen, ja weder besonders typisch, noch besonders untypisch waren, wählten die Probanden in den jeweiligen Bedingungen immer dieselben Programme, also in (a) und (b) die guten und in (c) und (d) die schwachen.
In der Folge waren noch zwei allgemeine Urteile über das Fernsehprogramm gefordert. Wie nun wurden diese Urteile von der Aufgabe beeinflußt? Interessanterweise gab es keinen Haupteffekt für die Positivität des Programms: Wer positive Beispiele wählen mußte, urteilte deshalb nicht notwendig besser über das Programm als andere, die negative Beispiele wählen sollten. Dieser Unterschied zeigte sich erst, wenn die positiven und negativen Beispiele auch als *typisch* galten. Der umgekehrte Effekt trat ein, wenn die Fernsehsendungen als *untypisch* kategorisiert wurden. Dies hatte also einen Kontrasteffekt zur Folge: Wenn eine positive Sendung untypisch war, dann verschlechterte dies das Gesamturteil, eine untypische negative Sendung dagegen hatte auf das Gesamturteil eine positive Auswirkung.
Entscheidend in der Argumentation von Bless und Wänke (2000) ist, daß nicht die Programme, also die Kontextreize per se für die Effekte verantwortlich sind. Das kann ausgeschlossen werden, denn die Kontextreize waren ja in allen Bedingungen dieselben. Entscheidend war vielmehr die Art, wie die Kontextreize kategorisiert wurden, nämlich entweder als typisch oder als untypisch.
Romeo (1991) berichtet Fälle, in denen eine Marke insgesamt positiver bewertet wird, nachdem zuvor negative Produktbeispiele dieser Marke aktiviert wurden. Dieser Befund wird plausibel, wenn man die Kategorisierungsleistung der Urteiler berücksichtigt: Werden diese Produkte als untypische Beispiele erlebt, dann tritt die eigentliche Positivität der Marke sogar noch stärker hervor.
Die Ergebnisse von Bless und Wänke (2000) deuten auch auf mögliche Grenzen in der Bekämpfung von Vorurteilen und Stereotypen. Zum Beispiel könnte das Beispiel von erfolgreichen »Karrierefrauen« das Frauenstereotyp sogar festigen, anstatt es aufzuweichen, wenn nämlich die Beispiele als untypische Ausnahmen kategorisiert werden und es am Ende heißt: Es gibt die

Frauen auf der einen und die Karrierefrauen auf der anderen Seite (vgl. Wortberg, Wänke & Bless, 1998).

8.2.9 Bewußtheit

Wenn Sie einen Kontrasteffekt erzeugen möchten, machen Sie den Urteilsprozess bei Ihrem Publikum bewußt. Wenn man eine Person darauf aufmerksam macht, daß ihr Urteil über einen Zielreiz durch einen Kontextreiz beeinflußt werden könnte, dann wird diese Person sich bemühen, diesen Effekt auszuschließen. Stellen wir uns vor, im vorangegangenen Beispiel mit dem Autokauf (siehe 8.2.7) hätte man mir gesagt: »Gib acht, laß dich nicht davon beeinflussen, daß neben diesem Gebrauchtwagen ein Auto steht, das du schon zu kennen glaubst.« Eine solche Instruktion würde meine Aufmerksamkeit auf einen Mechanismus lenken, der mein Urteil andernfalls unbewußt und beiläufig beeinflußt hätte. Der Assimilationseffekt wird deutlich gedämpft. In der Folge wächst die Erwartung, daß mit dem Hinweis auf die Wirksamkeit der Kontextreize Kontrasteffekte einsetzen (Greenwald & Banaji, 1995, S. 10; Moskowitz & Roman, 1992; Schwarz & Bless, 1992, S. 234).

In diesem Zusammenhang ist wieder die Unterscheidung von semantischem und episodischem Gedächtnis bedeutsam (7.2): Ein Assimilationseffekt ist besonders wahrscheinlich, wenn die Person sich war an den aktivierten Inhalt erinnert, nicht aber an die Aktivierungsepisode. Wenn dagegen die Situation, in der die Kontextinformation aktiviert wurde, klar vor Augen steht, dann werden Kontrasteffekte wieder wahrscheinlicher.

Martin (1986) geht davon aus, daß im Falle einer plumpen Aktivierung der episodische Gedächtnisinhalt (zum Beispiel die Situation, in der der Autoverkäufer mir das Auto meines Onkels in Erinnerung gerufen hat) zu sehr im Vordergrund steht und daher leicht erinnert werden kann. Dadurch wird der urteilenden Person deutlich, daß der semantische Gedächtnisinhalt (das Auto meines Onkels mit seinen von mir geschätzten Eigenschaften) auf das Urteil Einfluß nehmen kann. Um ein unverzerrtes Urteil abzugeben, werde ich diese Information bewußt unterdrücken und statt dessen Informationen heranziehen, die mit der so plump aktivierten Information nicht viel zu tun haben. So entsteht dann ein Kontrasteffekt.

Eine subtile Aktivierung hinterläßt dagegen kaum Spuren im episodischen Gedächtnis – hier wirkt nur der Inhalt der Information. Lombardi, Higgins und Bargh (1987) erwarten, daß das Fehlen einer episodischen Gedächtnisspur die Informationsverarbeitung eher auf automatische Prozesse zurückwirft, während die Informationsverarbeitung flexibler ist, wenn sowohl semantisch als auch episodisch erinnert wird.

In Experimenten zur Personwahrnehmung beispielsweise werden Probanden mit einem zweideutigen Verhalten konfrontiert, das man als hilfsbereit, aber auch als unehrlich deuten könnte (zum Beispiel Strack et al., 1993). Wenn nun den Probanden zuvor eine Reihe von Synonymen für »hilfsbereit« oder »unehrlich« präsentiert werden, dann deuten sie das vieldeutige Verhalten auch entsprechend dieser Information. Dieser Effekt kehrt sich allerdings um, wenn die Probanden vor ihrem Urteil an die präsentierten Begriffe erinnert werden. So wird aus einem Assimilationseffekt durch Erinnerung an die Priming-Episode ein Kontrasteffekt.

Eine mögliche Interpretation für das Einsetzen von Kontrasteffekten bei Bewußtheit geht – wie gesagt – davon aus, daß die urteilende Person einsieht, daß der Einfluß des Kontextes auf den Zielreiz im Grunde irrelevant ist, und nun versucht, diesen Einfluß zu korrigieren. Diese Korrektur stellt ein bewußtes Gegensteuern zu dem ursprünglichen Einfluß dar, die beobachteten Kontrasteffekte sind dann quasi Symptome der *Über*korrektur (zum Beispiel Strack, 1992a; Wegener & Petty, 1995; siehe auch Exkurs 25).

Dagegen gehören Assimilationseffekte offenbar zu denjenigen psychologischen Mechanismen, die am besten funktionieren, wenn sie beiläufig, automatisch und ohne Aufmerksamkeit erfolgen können. Daher macht man Kontrasteffekte bereits dadurch wahrscheinlicher, daß man das Publikum einfach ausdrücklich zum Vergleich auffordert, etwa: »Vergleichen Sie *Charisma* mit Ihrem herkömmlichen After Shave«.

Exkurs 25 *Zum Verschwinden des Halo-Effektes: Der Wasservogel-Effekt*

Beim Halo-Effekt (Exkurs 23) wirken früh wahrgenommene Merkmale wie physische Attraktivität auf die Beurteilung später wahrzunehmender Merkmale. Wie die meisten Kontexteffekte beruht aber auch diese Variante des Halo-Effektes auf einem Automatismus, der erheblich gestört wird, wenn er in den Aufmerksamkeitsbereich des Subjekts gerät. Illustrieren möchte ich dies mit einem literarischen Beispiel. Ein Mitschüler des jungen Hanno Buddenbrook hat beim Lehrer, Herrn Ballerstedt, zu repetieren:

»Der Schüler Wasservogel stand auf, ein Junge mit entzündeten Augen, aufgestülpter Nase, abstehenden Ohren und zerkauten Fingernägeln. [...] Er hatte etwas äußerst Widerliches an sich, aber Herr Ballerstedt lobte ihn sehr für alle seine Bemühungen. Der Schüler Wasservogel hatte es insofern gut im Leben, als die meisten Lehrer ihn gern und über seine Verdienste lobten, um ihm, sich selbst und den anderen zu zeigen, daß sie sich durch seine Häßlichkeit keineswegs zur Ungerechtigkeit verführen ließen...« (Thomas Mann, Buddenbrooks. Fischer, 1986, S. 715).

In Anlehnung an dieses Beispiel möchte ich diese »Ausgleichs-Tendenz« den »Wasservogel-Effekt« nennen. Einen Ansatz zum Nachweis des Wasservogel-Effektes liefert die Untersuchung von Schmitt (1992). In einem Versuch, die Ergebnisse von Landy und Sigall (1974; vgl. Exkurs 23) zu replizieren, konnte Schmitt zeigen, daß der Halo-Effekt der Attraktivität auf die wahrgenommene Güte eines Textes ausblieb, ja sogar tendenziell umgekehrt wurde, wenn der Einschätzung des Textes eine andere Einschätzung vorausging, die ihrerseits dem Halo-Effekt unterworfen war. In weiteren Varianten dieses Experiments sammelte Schmitt (1992) Belege für die Annahme, daß eine »Wiedergutmachungs-Tendenz« bei den Versuchspersonen dazu geführt haben könnte, die in der ersten Einschätzung begangenen Einschätzungsfehler zu Gunsten der attraktiveren Autorin in der zweiten Einschätzung wieder auszubügeln, wenn nicht sogar umzukehren.

Eine Methode, den Halo-Effekt zu dämpfen, besteht in der Erzeugung von Selbstaufmerksamkeit. Zum Beispiel läßt sich zeigen, daß öffentlich ausgesprochene Beurteilungen (etwa die Beurteilung eines Angeklagten vor Gericht) weniger dem Attraktivitätsstereotyp unterliegen, als stillschweigend und anonym abgegebene Urteile (vgl. Patzer, 1985). Der Grund für diesen Unterschied wäre in der erhöhten Selbstaufmerksamkeit durch die Öffentlichkeit zu sehen, die das Funktionieren automatischer kognitiver Prozesse behindern dürfte. Ähnliche Erwartungen lassen sich aber auch formulieren, wenn eine Person ihre Aufmerksamkeit auf ihr eigenes Verhalten richtet, ohne daß sie dabei von anderen beobachtet wird (»private« Selbstaufmerksamkeit). Der Effekt des Attraktivitäts-Stereotyps läßt sich darüber hinaus bereits deutlich dämpfen, wenn die Beurteiler dazu angewiesen werden, genaue Urteile anstatt eines persönlichen Eindrucks abzugeben (Eagly, Ashmore, Makhijani & Longo, 1991). Tetlock (1983) untersuchte den Einfluß, den ein Rechtfertigungsdruck auf den Halo-Effekt hatte. Wenn Probanden wußten, daß sie später ihr Urteil anderen gegenüber begründen müssen, waren sie deutlich weniger vom ersten Eindruck zu beeinflussen, als wenn sie nicht meinten, eine Begründung geben zu müssen.

Insgesamt bewirkt das Bewußtmachen eines automatischen Einflusses auf das Urteil, daß dieser Einfluß geringer ausfällt: »When a decision maker is made aware of the source and nature of a bias judgement, that bias may be effectively anticipated and avoided« (Greenwald & Banaji, 1995, S. 19). Schließlich zeigen die Ergebnisse von Schmitt (1992), daß der Halo-Effekt auch dann ausgeschaltet werden kann, wenn mehrere Urteile hintereinander gefordert werden, die allesamt demselben Halo-Effekt unterliegen könnten: Das unvermittelte Urteil unterliegt dem Halo-Effekt tatsächlich, während nachfolgende Urteile der Tendenz zur Wiedergutmachung folgen.

8.3 Priming und Kontexteffekte in Werbung und Konsum

Wenn ein neues Produkt auf den Markt kommt, ist es weitaus wahrscheinlicher, daß die Hersteller versuchen, es als Marken- oder Produktlinienerweiterung an bereits existierende Produkte anzuschließen, als daß sie eine neue Marke kreieren. Etwa 80 Prozent aller neuen Produkte können als Erweiterung der Marke oder Produktlinie gelten (zum Beispiel Solomon, 1999, S. 75). Aus diesem Grunde ist es von entscheidender Bedeutung, ob das neue Produkt in der Wahrnehmung der Verbraucher auch wirklich mit den bereits existierenden »in einen Topf« geworfen wird, denn nur dann ist die erwünschte Assimilation zu erwarten. Wänke (1998) beschreibt daher »Markenmanagement als Kategorisierungsproblem«.

Eine Marke bildet eine Kategorie und die Produkte, die vom Markenimage profitieren sollen, müssen als Teil dieser Kategorie gesehen werden. Die Marke kann durch ein Produkt oder eine Produktkategorie bekannt sein. In diesem Fall ist die Wahrnehmung natürlich eng an dieses entscheidende Produkt geknüpft. In vielen Fällen ist die Marke aber auch eine Dachmarke mit einer sehr breiten Produktpalette, wie etwa *Nestlé, Mercedes, Mövenpick* und so weiter. Unter dieser Bedingung ist die Markenwahrnehmung bereits teilweise von der Wahrnehmung der Produkte losgelöst, was möglicherweise die Übertragung des Markenimages auf neue Produkte erleichtert (vgl. auch Wänke, 1998, S. 118).

Traditionell ging man davon aus, daß ein neues Produkt dann in die Kategorie der bereits existierenden Produkte bzw. in das Markenimage aufgenommen wird, wenn eine hinreichende *Ähnlichkeit* zwischen beiden Kategorien besteht. Die vorangegangenen Überlegungen haben jedoch gezeigt, daß die Frage der Kategorisierung keineswegs auf die Frage der Ähnlichkeit reduziert werden kann, daß sogar vielmehr die Ähnlichkeit zwischen Zielreiz und Kontext oft nicht die Ursache, sondern allenfalls die Folge der Kategorisierung ist (Wänke, 1998, S. 118). Was »ähnlich« bedeutet, ist ohnehin eine Frage des Kontextes (Tversky, 1977), die Kriterien der Ähnlichkeit sind variabel – und manipulierbar.

Dies zeigt sich zum Beispiel in dem Experiment von Wänke et al. (1998), in dem die Probanden ein Phantasieprodukt, den *Winston Silverray* bzw. den *Winston Miranda* bewerten sollten (s.o. 8.2.3). In dieser Untersuchung wurden nicht die Stimuli selbst, sondern nur deren Kategorisierungen variiert. Das neue Produkt war in allen experimentellen Bedingungen das gleiche, somit war auch seine Ähnlichkeit zu der Produktlinie die gleiche. Nur die Vergabe von gemeinsamen oder unterschiedlichen Oberflächenmerkmalen, etwa dem Namen, beeinflußte Assimilation und Kontrast. Dies belegt, daß in der Tat das Marketing selbst noch Möglichkeiten hat, ein längst existierendes Produkt in Marke oder Produktlinie einzupassen oder davon abzuheben.

Was ist vor diesem Hintergrund von der Strategie zu halten, zur Aufwertung des neuen ein altes Spitzenprodukt zu aktivieren? Wänke (1996a; siehe auch Wänke, Bless & Schwarz, 1999a) befragte in einem Feldexperiment Kunden eines Supermarktes nach ihrem Urteil zu *Maggi*-Suppen. Verschiedene Produktlinien wurden präsentiert. In der Inklusions-Bedingung waren alle Kategorien auf einer Seite gemeinsam zu sehen: reguläre Produkte, internationale Spezialitäten, herzhafte Eintöpfe und die Gourmet-Linie. In der Exklusions-Bedingung wurde die Produktlinie aus der Spitzenkategorie, die Gourmet-Linie, von den anderen deutlich abgehoben. Diese rein graphische Manipulation hatte einen bedeutsamen Effekt auf die Urteile: In der Inklusions-Bedingung bewerteten die Probanden *Maggi* besser als eine Kontrollgruppe, der vor ihrem Urteil keine Produkte präsentiert wurde. Der Einschluß der Spitzenkategorie hatte also eine Aufwertung der Marke als Ganze zur Folge. Anders in der Exklusions-Bedingung: Hier wirkte der visuelle Ausschluß der Spitzen-Produkte aus den übrigen Produktlinien negativ auf die Marke. Im Vergleich zur Kon-

trollbedingung schnitt *Maggi* in der Bewertung schlechter ab, und, was vielleicht noch schwerer wiegt, die Versuchspersonen der Exklusions-Bedingung wählten als Dankeschön für ihre Teilnahme weniger *Maggi*-Produkte als die Probanden der Kontrollgruppe.
Die Präsentation des Spitzenproduktes hat also in der Exklusions-Bedingung der Markenbewertung insgesamt geschadet. Offenbar ist die Inklusion des neuen Produktes in die bereits existierende Kategorie keineswegs trivial. Es gibt eine ganze Reihe von Einflüssen, die einen Einschluß, die Inklusion in die Kategorie behindern – und unter Umständen ist es ja auch genau das, was das Markenmanagement bezweckt. Man muß eben nur die psychologischen Regeln kennen, nach denen bei der Kategorisierung Ein- und Ausschluß funktionieren. Ohne Kenntnis dieser Mechanismen ist »die Marketingstrategie, Spitzenmodelle als Werbeträger für die ganze Marke zu benutzen, [...] mit Vorsicht anzuwenden« (Wänke, 1998, S. 121).
Auch folgende Daten zeigen noch einmal die Manipulierbarkeit von Kategorisierungsprozessen (Wänke, Bless & Schwarz, 1999a): Was haben Hummer, Wein, Zigaretten und Fernsehzeitungen miteinander zu tun? Das kommt ganz darauf an, unter welchem Blickwinkel man sie betrachtet. Unter dem Blickwinkel der Nahrungsmittel sind etwa Hummer und Wein Exemplare derselben Kategorie. Wenn Sie aber nach Produkten gefragt werden, die innerhalb einer relativ kurzen Zeit verkauft werden, dann bilden Hummer und Fernsehzeitungen eine gemeinsame Kategorie, denn beides sind Produkte mit relativ kurzen Verfallszeiten. Solche Kategorisierungsentscheidungen ergeben sich aus aktuellem Bedarf – sie haben aber eine wichtige Konsequenz für die Beurteilungen der Exemplare in der Kategorie. So beurteilen Versuchspersonen das Produkt »Wein« positiver, wenn sie es in dieselbe Kategorie wie den Hummer aufnehmen. Dies wurde in der Untersuchung von Wänke et al. (1999a) dadurch erreicht, daß die Probanden aus der oben genannten Liste die Nahrungsmittel auswählten. Wenn sie statt dessen Produkte mit kurzfristigem Verfallsdatum auswählen sollten, gelangte der Wein nicht in dieselbe Kategorie wie der Hummer – und wurde weniger positiv beurteilt. Diese Untersuchung zeigt noch einmal, daß die Beurteilung eines Produkts auch dann noch manipuliert werden kann, wenn die Kontextstimuli bereits feststehen. Entscheidend war die kognitive Aufgabe, die zu unterschiedlichen Kategorisierungen geführt hat. Wänke et al. (1999a, S. 56) warnen daher: »So next time someone tastes your wine, make sure you ask the right question first.«

8.3.1 Verfügbarmachen von Informationen

Was bedeutet Priming in der Werbung? Zunächst eine wichtige technische Anmerkung zu dieser Frage: Mit welcher Art von Information ich Priming-Effekte erzeugen möchte, ist relativ gleichgültig. Priming funktioniert mit Bildern ungefähr genauso gut wie mit Begriffen. Die in der Werbewirkungsforschung oft nachgewiesene Überlegenheit der Bildinformation gegenüber Worten (vgl. Kroeber-Riel & Meyer-Hentschel, 1982, S. 57*f*; Kroeber-Riel, 1993a) findet sich bei den hier diskutierten automatischen Varianten des Priming nicht. Sowohl Bild- als auch Wortinformationen sind geeignet, semantische, affektive oder episodische Verknüpfungen zu verwandten Informationen herzustellen.
Die wohl banalste Anwendung von Priming in der Werbung ist das gezielte Verfügbarmachen der Produktinformation in Geschäften. Der Konsument soll die Produktinformation vor anderen abrufen, falls es zu einer Entscheidungssituation kommt. Daher werden beispielsweise die Angebote durchgegeben, oder es befinden sich Werbetafeln an den Einkaufswagen (Rulffs, 1988, zit. n. Kroeber-Riel, 1992, S. 387). Auch wenn im Kino für Eis geworben wird, und kurz darauf das

Licht noch einmal angeht und Gelegenheit zum Kauf gegeben wird, kann man diese Strategie auf die Erwartung von Priming-Effekten zurückführen.

Exkurs 26 *John Cleese*

In einem Kino-Spot für *Schweppes* tritt John Cleese, ehemaliges Mitglied in Monty Pythons flying Circus, in gewohnter Pose als würdiger Herr in Anzug mit Krawatte hinter dem Schreibtisch sitzend auf.

»Hello, I'm John Cleese and today I'm here to address a very serious issue, an issue with a potential to affect us all: subliminal advertising – a very subversive technique which uses images flashed before our eyes that last only a split second but just long enough to imprint in our vulnerable minds a product's name. [...]

So suddenly there we are in the market buying things like crazy without knowing why. Well, I say if an advertiser has something to say let him or her come right out and say it. The thought that these people are hurting us with their hidden persuasions morally offends me.

There I said what I came here to say. And now there's a film to be seen – or a ›movie‹ as you American persons call it. [...] So sit back relax and if I may be so bold try pouring yourself a glass of the first nonalcoholic sparkling beverage that comes to mind. Whatever it may be. Thank you.«

Zu Beginn seines Plädoyers sitzt John Cleese am Schreibtisch. Er steckt seinen Kugelschreiber ins Jackett – und in dem Moment, in dem er sein Jackett öffnet, wird auf der Innenseite ein deutliches *Schweppes*-Emblem sichtbar. John Cleese knöpft sich wieder zu, und das Bild ist verschwunden. Dann macht er es sich bequem. Er legt seine Füße hoch, so daß der Zuschauer seine Sohlen von unten zu sehen bekommt. Eine der beiden Schuhsohlen enthält die Abbildung einer *Schweppes*-Flasche. In aller Seelenruhe steht er wieder auf und geht im Zimmer umher, während er weiterhin eindringlich in die Kamera spricht. Hinter ihm hängen Jagdtrophäen an der Wand. Als John Cleese eine kurze Redepause macht, wenden sich die Tierköpfe der Kamera zu, und wie aus einem Mund rufen sie beschwörend »*Schweppes, Schweppes, Schweppes, Schweppes...*« Irritiert schaut John Cleese nach der Wand, und sofort ist der Spuk wieder vorbei. Ein wertvolles Gemälde, ein alter Meister, verwandelt sich in einem unbemerkten Moment in eine *Schweppes*-Anzeige. John Cleese hat seine Rede gerade beendet, da neigen sich die Rouleaus am Fenster für einen Augenblick, und eine große *Schweppes*-Werbung wird sichtbar, von Lauflichtern umgeben, und eine laute Werbemusik erklingt. John Cleese dreht sich verstört dem Fenster zu, die Rouleaus heben sich, die Musik hört auf. Aber der Zuschauer sieht zum ersten Mal den Rücken des Redners und erkennt darauf abgebildet: eine riesige *Schweppes*-Flasche.

Lassen Sie sich nicht dadurch irritieren, daß dieser Spot kein unterschwelliges, sondern überschwelliges Priming einsetzt (vgl. hierzu 9.5). John Cleese wollte keine Psychologie-Vorlesung halten, sondern einen Gag machen. Aber noch einfacher und plakativer kann man den Gedanken des Priming in der Werbung eigentlich nicht veranschaulichen.

Eine werbetechnische Ableitung aus den Überlegungen zu Priming-Phänomenen wurde von Yi (1990) getestet. Er ging davon aus, daß Aussagen über ein Produkt häufig mehrdeutig sind und auf verschiedene Weise verstanden werden können. Wenn zum Beispiel von einem Reisekoffer behauptet wird, er sei leicht, kann der Konsument daraus entnehmen, daß er den Koffer mühelos wird tragen können. Er kann aber auch schließen, daß der Koffer voraussichtlich sehr schnell kaputt geht und daher nichts taugt. Die beide Schlüsse widersprechen sich nicht. Daher ist es in gewissem Sinne das vernünftigste für den Konsumenten, auch beide Schlüsse zu ziehen, um zu einem differenzierten Urteil zu kommen.

Tatsache ist nun aber, daß Personen aus solchen vieldeutigen Informationen nicht alle Schlüsse ziehen, die möglich und sinnvoll sind. Manche Schlüsse werden eher gezogen als andere. Welcher Schluß wahrscheinlich ist, hängt zum Beispiel von der Verfügbarkeit der dazugehörigen Informationen ab. Je nachdem, welche Information zum Zeitpunkt des Urteils gerade aktiviert wurde, würde in unserem Beispiel der vorteilhafte oder der unvorteilhafte Schluß gezogen.

In seinem Experiment wollte Yi (1990) zeigen, daß die Beurteilung derselben Produkteigenschaft durch Randinformationen beeinflußt werden kann. Er wählte dazu eine Anzeige für einen Computer, der sehr viele verschiedene Anwendungen und Funktionen erlaubt. Die Menge an Möglichkeiten kann als Vielseitigkeit wahrgenommen und positiv bewertet werden. Gleichzeitig kann sie aber auch suggerieren, daß der Rechner sehr kompliziert zu bedienen sein muß. Beide Denkweisen sollten in einer Priming-Prozedur nahegelegt werden.

Bei einer Werbeanzeige ist Priming prinzipiell auf verschiedenen Wegen denkbar. Schon der Ort, wo die Anzeige zu finden ist, sorgt dafür, daß bestimmte Gedanken verfügbarer sind als andere. Desgleichen kann zum Beispiel ein vorangegangener Zeitschriftenartikel, der sich etwa mit der Benutzerfreundlichkeit von Computern beschäftigt, eine bestimmte Interpretation nahelegen. Yi (1990) entschied sich dafür, je eine von zwei anderen Anzeigen der Zielanzeige voranzustellen. In einer der Kontextanzeigen wurde von einem Konkurrenz-Computer behauptet, er sei kinderleicht zu bedienen. Die andere Anzeige legte ein ständiges Staunen über die Vielseitigkeit ihres Rechners nahe.

In der Tat gelang es, die Aufmerksamkeit der Betrachter durch diese vorher dargebotenen Anzeigen in eine der beiden Richtungen zu lenken. Je nachdem, welche Information vorausgegangen war, wurde der Zielcomputer nach seiner Vielseitigkeit oder nach seiner Benutzerfreundlichkeit beurteilt. Dies war bei der Vieldeutigkeit der Werbeinformation gleichbedeutend mit entweder einer positiven oder einer negativen Beurteilung.

Dieser Nachweis hat für die Werbung wichtige Konsequenzen. Zunächst wird wieder unterstrichen, wie wichtig der Kontext ist, in dem eine Werbekommunikation erscheint. Es tut sich damit aber auch eine weitere Möglichkeit einer indirekten, eher beiläufigen Beeinflussung auf. Man hätte schließlich auch einfach explizit schreiben können: »Unser Computer ist vielseitig«, um sicher zu sein, daß die Betrachter diesen Aspekt in den Mittelpunkt ihrer Überlegungen stellen. Aber dieses Vorgehen hätte unter Umständen zu Abwehrreaktionen beim Betrachter führen können. Ein bloßes Nahelegen dieses Schlusses durch Priming wirkt wesentlich subtiler, indirekter und ist daher weniger anfällig für unvorteilhafte kognitive Reaktionen (Yi, 1990, S. 220; vgl. Kapitel 12; dagegen 13.4.4 zu der Frage, ob man in einer beeinflussenden Kommunikation explizite Schlüsse anbieten soll). Subtil allerdings muß das Priming auch sein, denn wie ich oben dargelegt habe, untergräbt es typischerweise einen Assimilationseffekt, wenn Personen ihre Aufmerksamkeit auf eine Priming-Episode richten, und Kontrasteffekte werden wahrscheinlicher (s.o.; Strack et al., 1993). So ist auch zu bezweifeln, daß Yi (1990) seine Ergebnisse replizieren könnte, wenn die Probanden vor ihrem Urteil über den Computer an den Einfluß durch die Artikel im redaktionellen Teil erinnert worden wären.

Auch die Wahrnehmung eines Kommunikators ist durch Priming beeinflußbar. Stellen wir uns vor, eine Versuchsperson liest einen Bericht über Albert Einstein oder Marie Curie. Durch diese Information werden unter anderem Begriffe wie Kompetenz und Sachverstand aktiviert. Eine andere Person liest einen Bericht über den skandalerschütterten Politiker Uwe Barschel oder den Immobilienunternehmer Jürgen Schneider. In diesem Fall erfolgt eher eine Aktivation der Begriffe Eigennutz und Skrupellosigkeit. Danach folgen unsere Versuchspersonen einer Diskussion, in der ein Chemiker für die Fluoridierung des Trinkwassers argumentiert. Der Chemiker ist langjähriger Experte auf dem Gebiet der Fluoridierung und er ist Leiter eines privaten Instituts, das die Vermarktung von Technologien zur Trinkwasserfluoridierung betreibt.

Unsere Versuchspersonen haben unterschiedliche Priming-Prozeduren hinter sich. Diese Prozeduren prägen die Wahrnehmung des Chemikers. Die Eigennutz-Versuchspersonen gewichten die Information stärker, daß der Chemiker einen persönlichen Nutzen aus dem Beschluß ziehen würde, das Trinkwasser mit Fluoriden anzureichern. Die Kompetenz-Versuchspersonen neigen dagegen eher dazu, den Expertenstatus hoch zu gewichten. Diese unterschiedliche Einstimmung führt dazu, daß im Experten-Fall die Qualität der Argumente eine entscheidende Rolle für die Einstellungsänderung spielt. Mit den Begriffen aus 13.3.1 würden wir sagen: Im Falle des Experten wird der zentrale Weg der Überredung eingeschlagen. Wenn die Versuchspersonen auf den möglichen Eigennutz des Kommunikators eingestimmt sind, spielt die Qualität der Argumente keine Rolle mehr. Das heißt, starke Argumente haben in diesem Fall keinen wesentlich besseren Effekt als schwache (nach einem Experiment von Bohner, Erb & Crow, 1995).

8.3.2 Plazierung eines bestimmten Kontextes zur Imageverbesserung

Eine geringfügige Veränderung an einem Zielreiz, das Hinzufügen eines kleinen Kontextreizes kann bereits deutliche Veränderungen in der Wahrnehmung dieses Zielreizes bewirken. In einer frühen Arbeit von Thornton (1943, 1944) wurde dieser Effekt bereits für die Personwahrnehmung demonstriert. Er konnte nämlich zeigen, daß das Hinzufügen einer Brille dieselbe Person sowohl auf Fotos als auch bei einer kurzen Begegnung intelligenter, zuverlässiger und fleißiger erscheinen läßt. Solche Effekte sind nicht immer überragend stark, aber sie sind sehr einfach zu erzielen, und man muß in jedem Fall mit ihnen rechnen. Kontexteffekte dieser Art werden in Werbung und Produktgestaltung schon seit langem eingesetzt. Einige Beispiele:

- Bereits in den sechziger Jahren zeigte sich folgendes Phänomen: War der Verschluß einer Weinbrandflasche aus Plastik anstatt aus Blei, wurde derselbe Weinbrand als »nicht mehr natürlich, sondern kriegsmäßig, synthetisch, ersatzstoffhaft« und so weiter empfunden (Spiegel, 1961, S. 132).
- Smith und Engel (1968) legten ihren Versuchspersonen eine Werbeanzeige für ein Auto vor. In einer Version war das Auto gemeinsam mit einer verführerischen Frau abgebildet. Die andere Version bestand aus derselben Abbildung ohne die Frau. In der Experimentalgruppe nahmen die Versuchspersonen das Auto als schneller, teurer, ansprechender und schöner wahr als in der Kontrollgruppe ohne die Abbildung der Frau. In einer Nachbefragung gaben 22 von 23 Versuchspersonen an, sich nicht einmal an die Abbildung der Frau zu erinnern. Auf die Abbildung aufmerksam gemacht, bestritten sie einen möglichen Einfluß.
- In Werbeanzeigen zeigt sich, daß bereits ein Blumenstrauß, der in einer Anzeige unauffällig in der Bildecke plaziert wurde, den Wahrnehmungskontext (Kroeber-Riel, 1993a, S. 90, spricht vom »Wahrnehmungsklima«) erheblich beeinflussen kann.
- Howard (1992) konnte zeigen, daß ein Produkt als wertvoller wahrgenommen wurde, wenn es dem Konsumenten zuerst in einer schönen Geschenkpackung präsentiert wurde, als wenn es in einer einfachen Verpackung enthalten war.
- Eine Werbeanzeige wird als glaubwürdiger wahrgenommen, wenn sie einen Fließtext enthält. Durch das Textelement wird ein argumentativer Kontext geschaffen. Die Glaubwürdigkeit wird auch dann wahrgenommen, wenn der Fließtext gar nicht gelesen wird (vgl. Kroeber-Riel & Meyer-Hentschel, 1982, S. 109*f*, siehe auch Exkurs 12).
- Feinberg (1986) untersuchte die Einflüsse von Kreditkarten auf das Kaufverhalten. Seinen Ergebnissen zufolge geben die Käufer größere Geldmengen aus, wenn sie mit Kreditkarten bezahlen. Es ist aber offenbar nicht das Zahlen mit der Kreditkarte allein, was – vielleicht durch die unsichtbare und in die Zukunft verschobene Abrechnung der Geldbeträge – zu größeren Ausgaben führt. Es genügten mitunter nur die Insignien der Kreditkarten, etwa das Zeichen, mit dem mitgeteilt wird, welche Kreditkarten akzeptiert werden, um die Personen zu höheren Ausgaben zu bewegen, selbst wenn sie in bar bezahlten. Die Kreditkarten fungierten offenbar als

eine Art Kontextreiz, der auf die Situationswahrnehmung Einfluß nahm, ohne selbst erinnert zu werden. (Der Befund von Feinberg, 1986, wird von anderen Autoren gerne als Beispiel für erfolgreiches klassisches Konditionieren zitiert; vgl. Kardes, 1999; Mowen & Minor, 1998; Solomon, 1999).

Einige der diskutierten Kontexteffekte werden auch als »Irradiationsphänomene« bezeichnet (vgl. Spiegel, 1970; siehe auch Tabelle 8.1). Damit ist in einem sehr weiten Sinne die Einfärbung eines Urteils durch andere Wahrnehmungen gemeint. Unter den Begriff der Irradiation fallen daher also nicht allein die hier diskutierten Kontexteffekte, sondern auch Wahrnehmungstäuschungen oder der Einfluß von Stimmungen auf unser Urteil (vgl. zum Beispiel Kirchler, 1995, S. 124*f*).

Tabelle 8.1 Beispiele für Irradiationsphänomene

Merkmal...	strahlt aus auf die Wahrnehmung von...
Art des Verpackungspapiers	Frische des Brotes
Farbe	Wohlgeschmack von Speiseeis oder Streichfähigkeit von Margarine
Farbe der Innenlackierung	Kühlleistung des Kühlschrankes
Geruch/Stärke der Schaumbildung	Reinigungskraft eines Reinigungsmittels
Größe des Lautsprechers	Klangqualität
Sattes Geräusch beim Zuschlagen der Wagentür	gute Verarbeitung und solide Karosserie.
Stärke der Rückholfeder des Pedals	Beschleunigungsvermögen des Autos

Vgl. Kroeber-Riel, 1992, S. 309

Herkunftsland

Auch der Hinweis auf die Herkunft eines Produktes beeinflußt die Produktwahrnehmung. Bei ansonsten gleichen Informationen über das Produkt kann man erwarten, daß verschiedene Annahmen über das Herkunftsland auch verschiedene Produktwahrnehmungen nach sich ziehen (siehe Exkurs 27). Diesen Einfluß kann man als das Ergebnis eines »Schlußfolgerns« betrachten (zum Beispiel Schweiger & Friederes, 1994, S. 158). Unter bestimmten Umständen aber kann die Länderinformation auch als ein Kontextreiz fungieren, der *automatisch* bestimmte Urteile über den Zielreiz wahrscheinlicher macht. Dieser Einfluß wäre bei dieser Interpretation parallel zum Halo-Effekt bei der physischen Attraktivität zu verstehen, bei dem man auch nicht sagen kann, der Beobachter *schließe* aus der Attraktivität auf positive Eigenschaften der Stimulusperson. Im Unterschied zu einem Schlußverfahren, werden beim Halo-Effekt sozusagen ungeschützt alle möglichen verknüpften Informationen verfügbar. In unserem Beispiel können das rational begründbare Erwartungen an das Produkt sein, genauso wie Vorurteile, Schemata oder Länderstereotype. Der Einfluß dieser Informationen wird beim Halo-Effekt von der beeinflußten Person nicht auf Gültigkeit geprüft.

Ein entscheidendes Merkmal der hier diskutierten automatischen Prozesse ist, daß sie schwächer werden, wenn sich die Aufmerksamkeit auf sie richtet (näher hierzu Kapitel 9). Wenn also die Information über das Herkunftsland wie ein Halo-Effekt wirkt, dann müßte ihr Einfluß sinken, wenn sie nicht am Anfang gegeben wird und auf diese Weise alle anderen Urteile automatisch

»einfärben« kann. Einen Beleg für diese Annahme, und damit gegen die Annahme des Schlußfolgerns, zitieren Schweiger und Friederes (1994): »Wenn den Konsumenten in dem Experiment von Hong und Wyer (1989) das Herkunftsland erst gleichzeitig mit anderen [...] Produktattributen mitgeteilt wurde, so stellte es für die Teilnehmer lediglich ein weiteres Produktattribut dar. Wenn die Information über die Produktherkunft den Teilnehmern jedoch einige Zeit vor den anderen Attributen mitgeteilt wurde, so beeinflußte das Herkunftsland auch die Interpretation der übrigen Produktattribute und hatte einen insgesamt stärkeren Einfluß auf die Produktwahl« (S. 161; vgl. auch Han, 1989; Hong & Wyer, 1990).

Exkurs 27 *Der Einfluß des Herkunftslandes*

Der Einfluß des Herkunftslandes auf die Produktwahrnehmung hat verschiedene Aspekte. Zum einen kann aus der Länderinformation wirklich ganz bewußt auf eine Befähigung zur hochwertigen Herstellung geschlossen werden, etwa bei Espresso aus Italien, Wein aus Frankreich oder Bier aus Deutschland. Andererseits können aber auch vage Merkmale des Länderimages auf die Produktwahrnehmung abfärben. Zu diesem Länderimage gehören:

- Kultur des Landes. Bei Österreich gelten etwa folgende Assoziationen: Mozart, Strauß, Wiener Walzer, Wiener Philharmoniker, Musikverein Wien, Neujahrskonzert, Wiener Sängerknaben, Wiener Staatsoper, Salzburger Festspiele, Hofreitschule, Opernball, Trachtenfeste, Fiaker, Kaffeehaustradition.
- Land und Leute. Zum Beispiel Stereotype wie »der charmante Franzose«, »der fleißige Deutsche«, »der vornehme Engländer«, aber auch Assoziationen wie »Umweltverschmutzung« und »Waldsterben«, die ebenfalls mit Deutschland verknüpft sind.
- Bekannte Persönlichkeiten. In Deutschland sticht etwa Steffi Graf hervor, die 1987 noch verknüpft mit der Überschrift »Made in Germany« für Opel werben konnte.
- Politik. Politische Verhältnisse werden sowohl als Indiz für die wirtschaftliche Kraft eines Landes gewertet (Beispiele sind kommunistische Länder wie etwa früher die UdSSR oder heute die Volksrepublik China), als auch als ein Kriterium für »moralischen« Wert herangezogen (vgl. 3.3.2). Zu Zeiten der Apartheid wurden beispielsweise ganz unabhängig von der Qualität der Produkte Waren aus Südafrika boykottiert. In der über hundertjährigen Geschichte des Labels »Made in Germany« war Deutschland auch mehr als einmal von solchen Boykotts betroffen.

Untersuchungen zeigen, daß Länderstereotype sehr stabil sind und von kurzfristigen Ereignissen kaum beeinflußt werden. So hatte beispielsweise die zweifelhafte militärische Vergangenheit des früheren österreichischen Bundespräsidenten Kurt Waldheim nur einen sehr kurzfristigen Einfluß auf das Österreichbild in den USA (und das, obwohl gegen Waldheim in den USA ein Einreiseverbot verhängt war). Ebenfalls blieb die Tatsache, daß Deutschland sich nicht am Golfkrieg beteiligte, trotz gegenteiligen Erwartungen deutscher Unternehmen ohne nachhaltigen Einfluß auf das Deutschlandbild.

Das Herkunftsland spielt meist nur bei der Beurteilung höherwertiger Produkte eine Rolle. Dabei haben die meisten Nationen eine Tendenz, einheimische Produkte zu bevorzugen. Dieser Effekt schwächt sich aber für weniger industrialisierte Länder ab und schlägt dort sogar oft ins Gegenteil um, so daß ausländische Produkte bevorzugt werden. Wenn einem Land die fragliche Produktkompetenz nicht zugeschrieben wird, kann es neben einer wenig aussichtsreichen Kampagne zur Verbesserung des Länderstereotyps auch »Tricks« anwenden: »Südkorea zum Beispiel stellt hochwertige Lederbekleidung her, die dann zur Endfertigung nach Italien gesandt wird. Das Fertigprodukt wird dann mit dem Etikett ›Made in Italy‹ exportiert und bringt dadurch im Markt einen höheren Preis« (Kotler & Bliemel, 1995, S. 301). Wenn ein Hersteller mit dem Herkunftsland wirbt, dann riskiert er allerdings, daß er sich gerade dadurch von der Konkurrenz nicht genügend abhebt. So können zum Beispiel österreichische Unternehmen auf den Ruf ihres Landes in der Herstellung von Skiern bauen. Bei dieser Strategie besteht aber die Befürchtung, daß die Konsumenten das eigene Angebot nur als ein Produkt des Landes und nicht des betreffenden Unternehmens wahrnehmen. Konsumenten wollen dann eben »österreichische Ski« kaufen. Bei dieser Motivation besteht kein Anlaß, daß der Konsument das eigene Angebot dem der österreichischen Konkurrenz vorzieht.

(Siehe hierzu auch Kurz, 1992; Schweiger & Friederes, 1994; Kotler & Bliemel, 1995, S. 301*f.*)

Marke
Einer der wichtigsten Kontexteffekte ist schließlich der Einfluß der Marke auf die Produktwahrnehmung (vgl. auch 4.1.1). Kennen wir die Marke eines Produktes, stellt sich beinahe automatisch eine bestimmte Produktwahrnehmung ein. Der bekannte Spruch »It's a *Sony*« ist nichts anderes als der Versuch, eine Assimilation herzustellen: Das in Rede stehende Produkt soll in der Wahrnehmung Eigenschaften von *Sony* erhalten. Die Zuschreibung dieser Eigenschaften geht oft weit über das hinaus, was eine Produktbeurteilung ohne Markenkenntnis hergegeben hätte. Nachgewiesen wurde der Effekt zum Beispiel in einem Experiment von Allison und Uhl (1964): Die Versuchspersonen waren gestandene Biertrinker, alles Männer. In einem ersten Durchgang wurde ihnen ein Sechserpack Bier verschiedener Sorten zum Testen mit nach Hause gegeben. Die Flaschen konnten nur durch Buchstaben auseinander gehalten werden. Eine Woche später wurden im zweiten Durchgang die gleichen Sorten, diesmal mit dem handelsüblichen Etikett ausgegeben. Diese Information beeinflußte die frühere Einschätzung erheblich. Markenimage und bisherige Bevorzugung verzerrten die Urteile aus dem früheren Blindversuch (siehe auch die Untersuchung von Hoyer & Brown, 1990, in 4.1.1).

Prominente
Man kann es auch als einen Kontexteffekt verstehen, wenn eine bekannte Persönlichkeit dem Produkt beigesellt wird, um dafür zu werben (vgl. auch Greenwald & Banaji, 1995, S. 9). In vielen Werbebeispielen ist es eher unplausibel, daß Prominente als Identifikationsfiguren auftreten. In solchen Fällen spricht mehr dafür, daß der Prominente nur seinen Glanz auf das Produkt strahlen läßt, ähnlich wie ein physisch attraktiver Mensch auch einfach als »Garnierung« der Werbeinformation eingesetzt werden kann (10.2.4). Daß Prominente oft nur als Kontextreize wirken, kann man auch einer Untersuchung von Kamins (1990; vgl. auch Misra & Beatty, 1990) entnehmen: Er legte seinen Versuchspersonen Spots vor, in denen Tom Selleck und Telly Savallas jeweils für einen Sportwagen warben. Der Effekt der Prominenten auf die Urteile der Konsumenten war insgesamt sehr schwach. Es zeigte sich aber, daß bei einer Passung von Produkt und Prominentem die Werbeaussage aufgewertet wurde. Das war der Fall, wenn Tom Selleck für den Sportwagen warb, denn im Unterschied zu Telly Savallas wurden ihm die nötigen Merkmale zugeschrieben, die zum Fahren eines Sportwagens gehören. Wir können mit unseren oben diskutierten Begriffen einen »Assimilationseffekt« vermuten. Dieser Effekt kommt dann zustande, wenn es dem Zuschauer gelingt, Person und Produkt im selben Schemabild zu sehen (vgl. auch Lynch & Schuler, 1994). Ein Kontrasteffekt ist ebenso denkbar, wenn nämlich Produkt und Prominenter überhaupt nicht zusammenpassen.

8.3.3 Kontrasteffekte

Cialdini (1993, S. 15) berichtet von einem Immobilienmakler, der seinen Kunden immer zuerst einige Häuser zeigt, die wenig ansprechend aussehen, und die sie ganz bestimmt nicht kaufen würden. Haben seine Kunden nur genug unattraktive Objekte gesehen, dann erscheint ihnen später das normale Angebot um so interessanter. Dazu ein weiteres Beispiel für den Kontrasteffekt im Verkauf (Cialdini, 1993, S. 13): Stellen Sie sich vor, ein Kunde kommt zu Ihnen ins Geschäft für Herrenbekleidung und sagt, er wolle einen dreiteiligen Anzug und einen Pullover kaufen. Sie haben nun das Ziel, an diesem Mann möglichst viel Geld zu verdienen. Was würden Sie ihm als erstes zeigen? Man mag vielleicht vermuten, daß ein Mann, nachdem er soeben sehr viel Geld ausgegeben hat, wenig motiviert sein dürfte, sofort darauf wieder viel Geld zu investieren. Demnach würde man mit dem Pullover beginnen und den Anzug später präsentieren. Die Dinge liegen aber umgekehrt: Es läßt sich zeigen, daß nach dem Kauf einer teuren Sache mehr Geld für weitere billige Accessoires ausgegeben wird als vor dem Kauf (Whitney, Hubin & Murphy, 1965). Alles weitere erscheint vor dem Hintergrund der soeben getätigten großen Investition klein und preiswert. Ein ähnlicher Effekt wird in *Consumer Reports* von 1975 (S. 62) berichtet. Die Mitarbeiter einer Firma, die Billardtische verkauft, zeigten ihren Kunden zuerst die billigen Tische, in der Hoffnung, durch langsame Vorbereitung die Bereitschaft zu stärken, einen teuren Tisch zu kaufen. Auf den Rat eines Experten hin änderten sie ihr Konzept und zeigten nun zuerst den teuren Tisch für $ 3.000. Während unter der alten Bedingung der Umsatz im Schnitt bei $ 550 lag, konnten sie nun einen durchschnittlichen Kauf von $ 1.000 verzeichnen (zit. n. Cialdini, 1993, S. 41*f*). Diese Kontrasteffekte lassen sich freilich auch als Ankereffekte im Sinne unserer Diskussion in 4.1.6 verstehen.

Man kann Kontrasteffekte auch dadurch erzeugen, daß man zusätzliche, im Grunde irrelevante Informationen gibt. Ich habe solche Möglichkeiten in 4.1.6 als »Bereitstellen einer Attrappe« diskutiert. Wie wir vom Ankereffekt bereits wissen, können die indiskutablen Kontext-Alternativen praktisch beliebig gewählt werden.

NEUN: **Automatische Prozesse der Informationsverarbeitung**

Zusammenfassung:

1. *Einige unserer Verhaltensweisen sind derart automatisiert, daß sie praktisch ohne bewußte Kontrolle, und ohne unsere Aufmerksamkeit zu beanspruchen, ablaufen können. Hierunter fallen auch Urteile. Allerdings ist nur ein Teil unserer automatischen Verhaltensweisen so stark automatisiert, daß wir sie nicht kontrollieren können, selbst wenn wir es wollten.*

2. *Auch Informationen, die wir nur beiläufig aufgenommen haben, hinterlassen Spuren in unserem Gedächtnis. Diese Spuren können spätere Informationsverarbeitung beeinflussen, ohne daß wir diesen Einfluß bemerken.*

3. *Besonders häufig wirkt eine frühere Informationsverarbeitung auf unsere Werturteile: Wir geben gegenüber solchen Informationen, die wir schon einmal verarbeitet haben, günstigere Werturteile ab. Dieser sogenannte Mere-exposure-Effekt ist besonders stark, wenn wir uns an die früheren Darbietungen nicht erinnern. Da Werbung sehr häufig nur beiläufig aufgenommen wird, kann sie von dem Mere-exposure-Effekt sehr profitieren.*

4. *Auch unsere Einstellungen und Assoziationen zeigen sich häufig beiläufig und automatisch in unserem Verhalten. Die Einflüsse automatisch aktivierter Informationen lassen sich mit indirekten Meßverfahren, zum Beispiel Reaktionszeitmessungen, nachweisen.*

5. *In der Psychologie ist noch umstritten, ob unterschwellige Wahrnehmung tatsächlich möglich ist. Unterschwellige Aufforderungen sind aber mit Sicherheit wirkungslos. Falls unterschwellige Wahrnehmung eine Wirkung hat, dann ist diese Wirkung analog zum Mere-exposure-Effekt und zum Priming zu verstehen. Die angenommenen Effekte unterschwelliger Beeinflussung sind nicht größer als andere Effekte einer unbemerkten aber überschwelligen Informationsaufnahme.*

Wir verarbeiten Informationen nur zu einem Teil bewußt und kontrolliert. Viele Teilprozesse der Wahrnehmung, des Lernens oder des Gedächtnisses beruhen auf Automatismen, die keine bewußte Steuerung brauchen. Wir haben in den vorausgegangenen Kapiteln längst einige automatische Verhaltenskomponenten kennengelernt und vor diesem Hintergrund ist es fast nicht zu rechtfertigen, nun noch einmal ein ganzes Kapitel dem Thema »automatische Prozesse« zu widmen – so als ob hier zum ersten Mal davon die Rede wäre.
Ich möchte hier aber eine besondere und sehr zentrale Kategorie von Automatismen ansprechen, und – indem ich das tue – möchte ich auch gleichzeitig den Begriff des automatischen Verhaltens selbst noch einmal problematisieren. Wenn nämlich in der Forschung zum Konsumentenverhalten vom automatischen Verhalten die Rede ist, finden sich einige sehr einseitige und sogar einige durchaus falsche Ansichten. Dies rechtfertigt denn nun doch ein eigenes Kapitel.

9.1 Was ist »automatisch«?

Was bedeutet es nun, daß ein bestimmter Prozeß »automatisch« abläuft? Bargh (1996, S. 170) nennt verschiedene Kriterien. Danach sind automatische Prozesse üblicherweise

- nicht beabsichtigt: sie setzen ein, ohne daß das Subjekt dies intendiert hätte;
- nicht kontrollierbar: das Subjekt kann sie nicht mehr stoppen, wenn sie einmal begonnen haben;
- effizient: sie beanspruchen nur sehr geringe Ressourcen und
- können parallel zu anderen Tätigkeiten erfolgen.

Eine ähnliche Definition gibt Grunert (1996): »Automatic cognitive processes are unconscious, parallel, and not subject to capacity limitations and are always triggered in response to a certain cognitive input. [...] They require no conscious attention and do not noticeably prevent people from doing other things simultaneously« (S. 88).

9.1.1 Reflexe

Ein typischer Automatismus, der alle diese Kriterien erfüllt, wäre etwa ein *Reflex*. Frühere Forscher auf dem Gebiet der Werbewirkung stellten sich die Automatismen des kognitiven Apparates insgesamt wie *Reflexe* vor (zum Beispiel Kroeber-Riel, 1993b). So schreiben zum Beispiel Kroeber-Riel und Meyer-Hentschel (1982):

»Der auslösende Reiz kann ein Symbol (Wort, Bild) oder ein Gegenstand (Produkt, Verkäufer) sein. Zum Beispiel reagieren CDU-Anhänger automatisch mit meßbaren inneren Erregungen, mit Abneigung, wenn sie das Wort ›Juso‹ hören. Fernsehzuschauer werden erregt, wenn sie eine erotische Szene beobachten. Sie können nicht anders, und sie können nichts dafür!« (S. 15).

»Die Werbung löst Verhaltensweisen aus, denen sich der Betroffene nicht entziehen kann. Das ist der Fall, wenn die Wirkungen einer Werbung *automatisch* eintreten. [...] Bei automatischem Verhalten erfolgt die Werbewirkung (1.) spontan, unmittelbar nach der Reizdarbietung, (2.) mit sehr großer Regelmäßigkeit« (S. 25).

Automatismen dieser Art gibt es sicher auch im menschlichen Verhalten. Einiges habe ich dazu in den vorangegangenen Kapiteln 5 und 6 bereits gesagt. Von den dort beschriebenen Wahrnehmungs-, Aufmerksamkeits-, Lern- und Gedächtniseffekten kann man sagen, daß sie zu einem großen Teil automatisch auftreten.

Reflexartige Automatismen bilden aber nur eine, und dabei weder die größte noch die interessanteste Kategorie von automatischen Verarbeitungsprozessen. Die psychologische Forschung hat bereits früh gezeigt, daß die Automatismen unseres Verhaltens nur selten alle vier der oben genannten Kriterien gleichzeitig erfüllen. Insbesondere kann man nicht davon ausgehen, daß alle unsere automatischen Verarbeitungsprozesse auch gleich unkontrollierbar sind. Ein gutes Beispiel, das uns auch weiter unten noch beschäftigen wird, sind Vorurteile (Devine, 1989; siehe unten 9.3): Viele unserer Vorurteile und Stereotype beeinflussen ganz automatisch und unbeabsichtigt unser Urteil. Wir können dies aber verhindern, wenn wir uns darum bemühen. Letztlich ist das entscheidende Merkmal eines automatischen Prozesses das der *Autonomie* (Bargh, 1996, S. 173*ff*): Er kann ohne Überwachung ganz für sich alleine ablaufen.

Im folgenden soll uns eine Klasse von Reaktionsweisen interessieren, die in früheren Vorstellungen der Werbewirkung kaum eine Rolle gespielt haben. Es gibt eine Reihe von Automatismen in meinem Verhalten, bei denen es einen Unterschied macht, ob ich meine Aufmerksamkeit darauf

richte oder nicht. Einige meiner Verhaltensweisen erfolgen wesentlich anders, wenn ich nicht viel Aufmerksamkeit auf sie verwenden kann (vgl. 5.3.2).
Wenn wir ein reflexartiges Verhalten zeigen, dann läuft dieses Verhalten immer gleich ab. Es ist völlig irrelevant, ob wir dabei meine Aufmerksamkeit auf den Reflex richten oder nicht. Wie Kroeber-Riel und Meyer-Hentschel (1982) sagen: »Ich kann nicht anders, und ich kann nichts dafür.«
Die folgenden psychologischen Prozesse haben dagegen alle die Besonderheit, daß ihnen die Aufmerksamkeit des informationsverarbeitenden Subjektes regelrecht »schadet« (Greenwald & Banaji, 1995, S. 17*f*). Diese Effekte vermindern sich, oder verkehren sich gar in ihr Gegenteil, wenn die Zielpersonen ihre Informationsverarbeitungsprozesse bewußt steuert und nicht »sich selbst überläßt«.

9.1.2 Affekte

Es ist sicher verkürzt, wenn man sich unser automatisches Verhalten im wesentlichen reflexartig vorstellt; wir können viele unserer Automatismen eben doch kontrollieren und insofern werden diese also durch höhere kognitive Prozesse regelrecht gestört. Zudem können natürlich viele unserer Automatismen sozusagen das Ergebnis höherer kognitiver Prozesse sein, indem sie nichts weiter sind als besonders gut eingeübtes *kognitives* Verhalten. Grunert (1996) diskutiert diese Art von erworbenen Automatismen, die sich von kontrollierten, oder, wie Grunert sie nennt, »strategischen Prozessen« dadurch unterscheiden, daß diese eher flexibel auf neue Situationen reagieren und sich anpassen, während jene enorm änderungsresistent sind.
Überlegungen wie diese führen zu dem zweiten problematischen Gedanken, der in der Werbewirkungsforschung weit verbreitet ist. Spätestens seit der einflußreichen Arbeit von Zajonc (1980) zu »Affekt und Kognition« hängen die meisten Konsumentenforscher der Meinung an, spontane Reaktionen seien immer affektiver Natur und Kognitionen stellten sich im Prozeß der Informationsverarbeitung immer erst später ein. Man kann ohne Übertreibung sagen, die meisten Werbewirkungsforscher sind der Regel gefolgt: »*automatisch = affektiv*«.
Diese Sichtweise hat zwar auch in der Psychologie Tradition, sie ist aber trotzdem falsch. Auch kognitive Prozesse können automatisch erfolgen. Dies wird nicht nur durch die Forschung eindrucksvoll belegt (zum Beispiel Bargh, 1996; Bargh, Chen & Burrows, 1996; Greenwald & Banaji, 1995; Grunert, 1996). Das lehrt uns auch die Alltagserfahrung. Das Einsehen von Argumenten, das Wahrnehmen von unmittelbarer Evidenz, einfache Urteile wie etwa »Dies ist eine Schachtel Pralinen«, Erinnerungen wie zum Beispiel »Dich habe ich gestern im Bus getroffen« sind alles Kognitionen, die uns typischerweise automatisch »widerfahren«. Sie werden auch in der Regel nicht artikuliert. Sie liegen unserem Verhalten längst implizit zugrunde. Nur in Ausnahmefällen gelangt man durch kontrollierte und strategische Prozesse zu solchen Kognitionen.
So ist es zum Beispiel falsch zu erwarten, die spontanen Reaktionen von Konsumenten auf Werbe- und Produktdarbietungen kämen vollständig »aus dem Bauch« (Lackner, 1992) – jedenfalls wenn man damit meint, sie seien unbelastet von Gedanken und Urteilen. Soziale Stereotype, Erwartungen und Erinnerungen werden ebenso automatisch aktiviert wie Gefühle (zum Beispiel Bargh, 1996). Die Unterschiede zwischen einer automatischen und einer kontrollierten Informationsverarbeitung sucht man entlang der Dimension von »affektiv« und »kognitiv« vergeblich.

9.1.3 Beiläufige Informationsverarbeitung

In der letzten Zeit ist in der psychologischen Forschung das Interesse an automatischer Informationsverarbeitung sehr gestiegen (zum Beispiel Bargh & Chartrand, 1999). Es zeigt sich in vielen Bereichen des Verhaltens, daß auch nebensächliche, beiläufig aufgenommene oder aktiv unterdrückte Informationen späteres Verhalten beeinflussen. Seit langem schon weiß man beispielsweise, daß die Absicht, sich ein bestimmtes Material einzuprägen, für das Lernergebnis gar keine so große Rolle spielt. Informationen, die gar nicht mit einer Lernabsicht rezipiert wurden, werden oft mit der gleichen Genauigkeit reproduziert, wie absichtlich gelerntes Material. Man spricht von diesem Phänomen als *inzidentelles Lernen* (vgl. zum Beispiel Anderson, 1988, S. 153).
Beim inzidentellen Lernen kann man die früheren Informationen allerdings explizit wieder abfragen. Die Personen erinnern sich durchaus an die Information, die sie beiläufig aufgenommen haben. In diesem Kapitel interessieren uns vor allem solche Effekte, die sich in erster Linie dann zeigen, wenn man sie indirekt mißt (vgl. Exkurs 28). Damit meine ich Fälle der folgenden Art: Wenn man eine Person konkret fragen würde: »Hat die Information A dein Verhalten beeinflußt?«, dann würde die Person dies verneinen. Bestimmte Merkmale ihres Verhaltens sind aber derart deutlich mit der Information verknüpft, daß man auf diesem indirekten Weg zu der Feststellung gelangen würde: »Die Person verhält sich so, als ob die Information A ihr Verhalten beeinflußt hätte.« Die im folgenden diskutierten automatischen Prozesse beruhen also auf der absichtslosen Verwertung bestimmter Informationen, die in einem anderen Kontext dargeboten oder aktiviert wurden.
Wegen ihres indirekten Auftretens werden diese Prozesse auch »implizite Prozesse« genannt (zum Überblick siehe zum Beispiel Greenwald & Banaji, 1995). Dieser Begriff ist sehr gebräuchlich. Er charakterisiert aber nicht so sehr die kognitiven Prozesse der Informationsverarbeitung sondern eher deren Effekte bzw. die Methoden, mit deren Hilfe sich die Effekte nachweisen lassen.

Exkurs 28 *Was ist eine indirekte Messung?*

Greenwald und Banaji (1995) sagen dazu: »The distinction between direct and indirect measures depends only on the relation between what the subject is informed about the purpose of a measure and what the researcher chooses to infer from the subject's response« (S. 8). Beispielsweise könnte die Messung einer Reaktionszeit ein indirektes Maß für eine Einstellung sein. Ein sehr typisches Verfahren (zum Beispiel Greenwald & Banaji, 1995, S. 15) besteht darin, daß Versuchspersonen Worte und sinnlose Buchstabenfolgen vorgegeben bekommen. Die Aufgabe ist, in möglichst kurzer Zeit zu erkennen, ob es sich um eine sinnvolle oder eine sinnlose Buchstabenfolge handelt. Aus der Geschwindigkeit, mit der solche Wort-Nichtwort-Entscheidungen getroffen werden, kann man Rückschlüsse über die kognitive Verfügbarkeit bestimmter Begriffe oder Begriffskonstellationen ziehen. Wenn etwa die Vorgaben sowohl positive als auch negative Adjektive jeweils gepaart mit einem Produktnamen sind, dann könnte man der Geschwindigkeit, mit der die Versuchspersonen bei Entscheidungsaufgaben auf diese Vorgaben reagieren, als Maß für die Assoziationsstärke ansehen. Ist die Reaktionszeit bei der Paarung mit positiven Adjektiven kürzer, so deutet das auf ein positivere Einstellung. Bei dem beschriebenen Verfahren haben die Versuchspersonen *direkt* ihre Ansichten über den Wort-Nichtwort-Charakter verschiedener Buchstabenkombinationen abgegeben. *Indirekt* haben sie allerdings – so die Interpretation – auch ihre Einstellungen offenbart.
Ein anderes indirektes Meßverfahren sind die sogenannten projektiven Methoden (siehe 17.3.5). Dabei wird ein vieldeutiges Reizmaterial vorgegeben, auf das die Versuchspersonen meist frei assoziieren sollen. Diese Assoziationen, seien es nun einzelne Begriffe oder ganze Geschichten, werden nach Gesichtspunkten ausgewertet, die die Versuchspersonen nicht kennen.
Andere indirekte Messungen sind (vgl. auch Greenwald & Banaji, 1995, S. 20; Roediger, Weldon & Challis, 1989):

- Häufigkeit des Blickkontakts und Körperdistanz als Maß für Sympathie bzw. Vorurteile gegenüber einer Person.

- Die Bereitschaft einen gefundenen und bereits frankierten Brief seiner tatsächlichen Bestimmung zuzuführen als ein Maß für die Einstellung gegenüber dem Adressaten (die sogenannte *lost-letter*-Technik).
- Die Bereitschaft einer Frau bzw. einem Mann am Kopfende eines Tisches eine Führerrolle zuzuschreiben als Maß für Geschlechtsstereotype.
- Blickbewegungen als Maß für Aufmerksamkeit und als Nachweis von Konditionierungseffekten (Janiszewki & Warlop, 1993).
- Die Antwort auf die Frage: »Was wären Sie bereit, für dieses Produkt zu bezahlen?« oder »Was wäre eine fairer Preis für dieses Produkt?« als Maß für ein Werturteil (vgl. auch Salcher, 1995, S. 77*ff*). In einer Untersuchung wurden Versuchspersonen gebeten, einer Reihe von Produkten, es waren Pralinenschachteln, Preisschilder zuzuordnen, die »leider durcheinander geraten« waren (Spiegel, 1970, S. 125). Dieses Maß ist besonders dann interessant, wenn sehr viele Produkte zu bewerten sind und die Personen durch Nachdenken kein differenziertes Urteil abgeben können.

Ein erstes wichtiges Beispiel für einen Prozeß, der im oben angesprochenen Sinne »automatisch« abläuft, ist das evaluative Konditionieren, das in 6.1.3 diskutiert wurde. Hierzu konnte Walther (2000) zeigen, daß die Konditionierungseffekte von einer Ablenkung nicht beeinträchtigt wurden – dieser Teilbefund zeigt, daß das evaluative Konditionieren das Kriterium der Effizienz erfüllt (siehe oben). In den Daten zeigte sich aber mehr noch, daß die Konditionierungseffekte bei Ablenkung sogar stärker waren – dieser Teilbefund war zwar zunächst nur deskriptiv sichtbar (wurde also nicht statistisch signifikant), er deutet aber in die oben angezeigte Richtung: Offenbar gibt es automatische Prozesse, die nicht nur keine Aufmerksamkeit brauchen, sondern die obendrein durch das Fehlen von Aufmerksamkeit sogar verstärkt werden. Walther (2000) spekuliert hierzu: »Too much attention to the neutral stimuli may presumably block primitive associative learning by triggering higher cognitive processes.«

9.2 Implizites Erinnern und der *Mere-exposure*-Effekt

Die meisten unserer bisherigen Überlegungen zum Gedächtnis haben keine Aussage darüber gemacht, ob das zu behaltende Material mit Aufmerksamkeit oder gar mit einer erklärten Behaltensabsicht verarbeitet wird. Eine Aussage hierzu ist aber eigentlich notwendig. Werbung wird in aller Regel nicht mit Aufmerksamkeit oder gar dem Wunsch betrachtet, möglichst viel davon im Kopf zu behalten. Wir müssen uns also die Frage stellen: Welche Effekte der Informationsverarbeitung sind ohne Aufmerksamkeit und ohne gezielte Verarbeitung zu erwarten?

9.2.1 Effekte des impliziten Erinnerns

Stellen wir uns vor, eine Versuchsperson hat eine Liste von Wörtern gelernt. In der Folge wird ihre Erinnerungsleistung in einem Wiedererkennungstest geprüft. An einige Wörter kann sie sich erinnern, an andere nicht. Nach dem Rekognitionstest haben wir also eine Liste mit Wörtern, die die Person zwar zuvor einmal gesehen, aber später bewußt nicht mehr wiedererkannt hat. Diese Liste sollten wir uns etwas näher betrachten. Benutzen wir diese Liste beispielsweise zu Anagramm-Aufgaben (vgl. Exkurs 18). Das heißt, wir stellen die Buchstaben der Wörter um, und lassen unsere Versuchsperson das richtige Wort erraten. Aus »SCHRANK« wird zum Beispiel »CRKAHSN«, aus »BILD« wird »LIBD«. Zum Vergleich lassen wir in dieser Rätselaufgabe auch neue, zuvor

nicht gesehene Wörter vorkommen. Mit großer Wahrscheinlichkeit wird unsere Versuchsperson bei den bereits gesehenen Wörtern bessere Ergebnisse erzielen.
Einen solchen Unterschied in der Bearbeitungsleistung würde man wohl mit einigem Recht als einen Gedächtniseffekt bezeichnen, denn die frühere Darbietung, allgemein gesprochen, die Informationsverarbeitung in der Vergangenheit beeinflußt das Verhalten in der Gegenwart. Der Punkt ist: Ein bewußtes Erinnern war dazu nicht erforderlich. Die Testleistung in diesem indirekten Verfahren der Gedächtnisprüfung scheint aber vorauszusetzen, daß die Person vorliegende Gedächtnisinhalte genutzt hat. Die Gedächtniswirkung ist also implizit. Ohne ein explizites Erinnern, einen expliziten Bezug auf eine bestimmte vorangegangene Episode, wirkt diese Episode trotzdem auf das Verhalten fort.
Diese Phänomene wurden in den letzten Jahren in der kognitiven Psychologie verstärkt erforscht. Sie beeinflussen unsere Erkenntnisse über das Gedächtnis erheblich. In der Werbepsychologie spielen sie noch eine verhältnismäßig geringe Rolle, obwohl ihre Anwendung auf die Werbewirkung sich geradezu aufdrängt (vgl. zum Beispiel Perfect & Askew, 1994). Doch davon später (9.2.3). Betrachten wir zunächst die impliziten oder »unbewußten« Gedächtniseffekte noch etwas genauer. Besonders interessant sind solche Fälle, in denen dem früher dargebotenen Wort bei der wiederholten Darbietung besondere Eigenschaften zugeschrieben werden. Drei Beispiele (vgl. Jacoby & Kelley, 1992, S. 206*ff*):

– Bei der Darbietung einer Wortliste ertönt ein störendes Geräusch. Wenn die Versuchspersonen später die Wörter wieder hören, meinen sie, das Geräusch sei leiser geworden. Früher bereits gehörte Wörter werden subjektiv von einer wesentlich leiseren Geräuschkulisse begleitet, als Wörter, die neu sind. Dieser Effekt läßt sich auch nicht durch den Hinweis abstellen, daß die Geräuschkulisse in Wirklichkeit die gleiche geblieben ist.
– Wenn eine Person eine fremde Sprache lernt, dann schätzt sie die Sprechgeschwindigkeit der Muttersprachler in der fremden Sprache sehr hoch ein. Je vertrauter sie aber mit der fremden Sprache wird, desto weniger schnell kommt ihr das Sprechen der Muttersprachler vor. Im Labor genügt bereits eine einzige Darbietung, um der Versuchsperson bei der Wiederholung das Gefühl zu geben, die Darbietung dauere beim zweiten Mal länger.
– Den Versuchspersonen werden Namenslisten vorgelegt. Diese Namen werden in eine spätere Liste von Namen eingestreut. Die zweite Liste sollen die Versuchspersonen danach beurteilen, ob es sich um berühmte oder weniger berühmte Namen handelt. Die Namen der alten Liste schneiden dabei grundsätzlich besser ab als die der neuen Liste, egal, ob diese Namen berühmt sind oder nicht. Dieses Phänomen ist als der *False-fame*-Effekt bekannt (vgl. Jacoby et al. 1989).

Wie sind diese Effekte zu erklären? Folgende Modellvorstellung wird diskutiert (Jacoby & Kelley, 1992; Bornstein & D'Agostino, 1994): Eine frühere Informationsverarbeitung sorgt für eine bessere Abrufbarkeit. Die spätere Informationsverarbeitung ist also grundsätzlich erleichtert, wenn dieser Reiz irgendwann früher schon einmal verarbeitet wurde. Die Person bemerkt die Erleichterung, aber sie ist nicht unbedingt in der Lage, den Grund für die verbesserte Verarbeitung zu erkennen. Richtig wäre, die Erleichterung auf die früher geschlossene Bekanntschaft mit dem Reiz zu schieben. Die Person sagt sich gleichsam: »Ich verarbeite diesen Reiz deshalb so flüssig, weil ich ihn nicht zum ersten Mal verarbeite.« Diese Zuschreibung verschafft das Gefühl des Erinnerns. In vielen Fällen wird aber die verbesserte Verarbeitung nicht auf frühere Erfahrung zurückgeführt. Statt dessen wird zum Beispiel fälschlicherweise angenommen, die störende Geräuschkulisse sei leiser geworden, oder die Leute würden langsamer sprechen. Oder nehmen wir den *False-fame*-Effekt. Das, was eigentlich bloße Erinnerung war, wird fälschlich als Berühmtheit des Namens wahrgenommen.

Es werden also dem Reiz besondere Eigenschaften zugeschrieben, mit deren Hilfe die verbesserte Verarbeitung erklärt werden soll. Jacoby und Kelley (1992) sprechen von einer »Fehlzuschreibung von Erinnerung«. Dieser Grundgedanke ist in Abbildung 9.1 dargestellt.

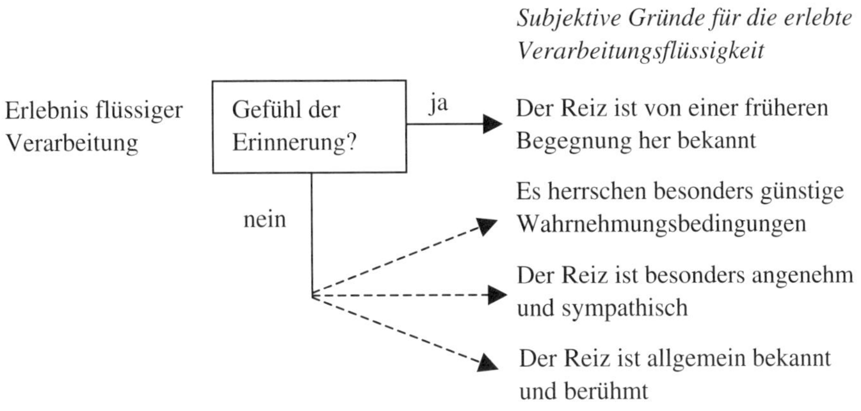
Subjektive Gründe für die erlebte Verarbeitungsflüssigkeit
Erlebnis flüssiger Verarbeitung
Gefühl der Erinnerung?
ja
nein
Der Reiz ist von einer früheren Begegnung her bekannt
Es herrschen besonders günstige Wahrnehmungsbedingungen
Der Reiz ist besonders angenehm und sympathisch
Der Reiz ist allgemein bekannt und berühmt

Abbildung 9.1 Fehlzuschreibung einer Erinnerung.

Ausgangspunkt in dem Modell ist das Erlebnis einer erhöhten Verarbeitungsflüssigkeit. Dafür könnten eine Reihe von Gründen verantwortlich sein, von denen einige auf der rechten Seite aufgezählt werden. Welcher der Gründe subjektiv als gültig erlebt wird, hängt offenbar entscheidend davon ab, ob das Erlebnis der flüssigen Verarbeitung von dem Gefühl der Erinnerung begleitet wird. Wenn ja, dann liegt es nahe, eine frühere Begegnung mit dem Reiz als Grund für die Verarbeitungsflüssigkeit anzusehen. Dieses Gefühl kann man natürlich auch im nachhinein noch erzeugen: Würde die Person auf diese Erklärung aufmerksam gemacht, dann würde sie die bessere Verarbeitung als einen Gedächtniseffekt ansehen. Andere Erklärungen würde sie nicht mehr erwägen.

Fehlt das Gefühl der Erinnerung jedoch, denkt die Person nicht an einen Gedächtniseffekt. Sie greift dann vielmehr auf andere Erklärungen zurück, die sich ebenfalls anbieten. So kann es also zu den impliziten Gedächtniseffekten kommen.

Im Grunde ist diese Darstellung eine Karikatur. Warum? In dieser modellhaften Darstellung entsteht leicht der Eindruck, die Personen würden bewußt nach Erklärungen für bessere Verarbeitungen suchen. Diese Vorstellung ist im Grunde grotesk. Schon der Gedanke, die bessere Verarbeitung würde bewußt erlebt, ist eine Überzeichnung. Der Pfeil in dem Modell ist nicht reflektiert und absichtsvoll gezogen worden. Er deutet vielmehr *automatische Prozesse* an, die von der bewußten Informationsverarbeitung normalerweise ausgenommen sind.[1]

Zwischen einem Gedächtniseffekt und dem Gefühl der Erinnerung sollte man sorgfältig unterscheiden. Das Erlebnis des Erinnerns ist nur ein Teil der gesamten Gedächtnisprozesse. »Gedächtniseffekte sind insofern automatisch, als sie weder die Absicht voraussetzen, das Gedächtnis zu nutzen, noch auch nur das Bemerken, wenn man es tatsächlich tut. Der Gebrauch eines Gedächtnisinhaltes wird nicht immer von dem Gefühl begleitet, sich an irgend etwas zu erinnern« (Jacoby

[1] Falls Sie bei diesen Effekten Parallelen zu »unterschwelliger Wahrnehmung« (vgl. 9.5) vermuten, seien Sie hier auf einen wesentlichen Unterschied hingewiesen: Implizite Gedächtnisphänomene machen nicht die Voraussetzung, daß die Person die Reizaufnahme selbst nicht bemerkt. Diese Effekte treten auch dann auf, wenn eine Person die Reize zwar beiläufig, aber oberhalb der Wahrnehmungsschwelle verarbeitet, ja sogar, wenn sie sie ganz bewußt gelernt hat.

& Kelley, 1992, S. 208, Übers. GF). Das bedeutet, daß es Gedächtniseffekte ohne das Gefühl der Erinnerung gibt. Diesen Gedanken habe ich bereits in Exkurs 20 ausgeführt.

Offenbar ist ein solcher Gedächtniseffekt ein unbewußter Vorgang. In der Wissenschaft sollten Sie vorsichtig mit dem Begriff des Unbewußten umgehen. Auch die Forschungen um das implizite Erinnern haben sich oft der Frage gewidmet, ob denn wirklich das Gedächtnis unbewußt genutzt wurde.

Die zur Zeit gebräuchlichste Methode zum Nachweis einer unbewußten Reizverarbeitung ist die Oppositionstechnik (zum Beispiel Jacoby et al., 1989). Sie besteht darin, daß von den Probanden für einen bewußt verarbeiteten Reiz eine Reaktion verlangt wird, die das genaue Gegenteil von dem wäre, was sie bei unbewußter Reizverarbeitung tun würde. Zum Beispiel instruiert man beim Nachweis des *False-fame*-Effektes die Probanden ausdrücklich, daß jeder Name, der in der vorangegangenen Präsentation vorkam, auf keinen Fall berühmt ist. Ein wiedererkannter Name würde dann also als nicht berühmt klassifiziert, ein gesehener aber nicht wiedererkannter Name dagegen als berühmt. Wenn nach dieser Instruktion immer noch der *False-fame*-Effekt beobachtet wird, ist nachgewiesen, daß die Namen der vorherigen Liste unbewußt registriert wurden.

Die Oppositionstechnik wurde später noch verfeinert: Stellen wir uns vor, nach der Präsentation einer Wortliste sollen Wortstämme ergänzt werden (zum Beispiel Ap___ für Apfel). Eine erste Instruktion (die »inclusion task«) verlangt, daß zur Ergänzung der Wörter die Begriffe aus der Lernliste verwendet werden sollen. Wenn man sich nicht erinnern kann, sollte man das erste Wort nehmen, das einem einfällt. Die andere Instruktion (»exclusion task«) verlangt dagegen, daß man ein Wort verwendet, das nicht in der Lernliste vorkam. Falls dann doch Wörter aus der Lernliste als Ergänzung auftauchen, kann man auf einen unbewußten Effekt schließen. Jacoby (1998) nennt diese Methode »Process-Dissociation Procedure«. Sie erlaubt es, den unbewußten Effekt sogar zu quantifizieren.

Eine terminologische Anmerkung ist hier noch angebracht: Sie werden in der Forschungsliteratur zu impliziten Kognitionen oft den Begriff »implizites Gedächtnis« antreffen. Ich bevorzuge für das gleiche Phänomen allerdings »implizites Erinnern«. Implizit, das heißt aus Verhaltensdaten erschlossen, ist das funktionale Gebilde, das wir »Gedächtnis« nennen, sowieso, das ist keine Neuigkeit. Schließlich liegt das Gedächtnis nicht insofern »explizit« vor, als man es unters Mikroskop legen könnte. Das Interessante bei den oben diskutierten Phänomenen ist ja, daß auch das *Erinnern* nur aus Verhaltensdaten erschlossen wird, also nicht mit der »expliziten« Feststellung einhergeht: »Ich erinnere mich...« Um diesen Umstand zu betonen, spreche ich also lieber von implizitem *Erinnern*.

9.2.2 Der Effekt der bloßen Darbietung: *Mere-exposure*-Effekt

Wir haben oben Gedächtniseffekte diskutiert, die fälschlicherweise anderen Quellen als der Erinnerung zugeschrieben werden. Die möglichen anderen Quellen waren »Berühmtheit eines Namens« oder »verbesserte Wahrnehmungsbedingungen«. Einen speziellen Fall dieser Fehlzuschreibung möchte ich hier vertieft diskutieren, weil er für unser Thema besonders wichtig ist. So wie Versuchspersonen schon gesehene aber nicht erinnerte Namen für berühmter halten würden, so ist auch zu erwarten, daß sie gegenüber diesen Namen günstigere Werturteile abgeben würden. Anders ausgedrückt: Der eigentliche Gedächtniseffekt kann auch »irrtümlich« auf eine positivere Einstellung, ein günstigeres Werturteil zurückgeführt werden. Wir können also unsere Liste von

möglichen Erklärungen für eine bessere Verarbeitung um einen wichtigen Punkt ergänzen, nämlich um die positive affektive Haltung gegenüber dem Reiz.
Diese spezielle Fehlzuschreibung, die Zuschreibung auf eine positive affektive Haltung, knüpft an einen der robustesten Effekte der Psychologie an, an den sogenannten *Mere-exposure*-Effekt.[2] Seit der grundlegenden Arbeit von Zajonc aus dem Jahre 1968 fanden sich immer wieder Bestätigungen für die These, daß »mere repeated exposure of the individual to a stimulus is a sufficient condition for the enhancement of his attitude towards it« (Zajonc, 1968, S. 1). Zum Beispiel zeigte Zajonc (1968) seinen Versuchspersonen chinesische Schriftzeichen auf Dias. Einige der Schriftzeichen kamen häufiger vor als andere. Die Darbietungshäufigkeit variierte von einem bis zu 25 Mal. Später sollten die Versuchspersonen auf einem semantischen Differential (vgl. 17.3.5) angeben, ob sie den gesehenen Schriftzeichen eher eine positive oder eher eine negative Bedeutung unterstellten. Es zeigte sich, daß von den häufiger gesehenen Schriftzeichen positivere Bedeutungen erwartet wurden, als von den seltener gesehenen.
Zajonc zeigte wiederholt, daß der *Mere-exposure*-Effekt nicht nur im Labor auftritt. Zum Beispiel gelang es ihm, einer studentischen Öffentlichkeit sinnlose Phantasie-Wörter sympathisch zu machen. Die Wörter erschienen einfach wiederholt in der Campus-Zeitung (vgl. Sawyer, 1981, S. 240). Andere Versuche, mit Hilfe des *Mere-exposure*-Effekts Gefallen und Sympathie zu erzeugen, sind uns aus dem Alltag ebenfalls vertraut. Zum Beispiel ist eines der Hauptinstrumente der Vermarktung eines Musikstücks, daß es immer wieder im Radio gespielt wird. Genauso sollen Politiker durch ständig wiederholte Darbietung auf Wahlplakaten bekannt und populär gemacht werden.
Unter welchen Bedingungen kann nun besonders mit einem *Mere-exposure*-Effekt gerechnet werden? Bornstein (1989a) hat in seiner umfassenden Meta-Analyse 134 verschiedene empirische Arbeiten verglichen und zusammengefaßt. Seine Zusammenschau belegt nicht nur eindrucksvoll die Robustheit des *Mere-exposure*-Effekts. Vor allem kann man ihr die besonderen Bedingungen entnehmen, unter denen *Mere-exposure*-Effekte am stärksten ausfallen.

1. *Mere-exposure*-Effekte lassen sich mit sehr verschiedenem Stimulus-Material erzeugen, handelt es sich nun um Bilder, akustisches Material, Nonsens-Wörter oder sinnvolle Begriffe, Gerüche, wirkliche Personen oder Polygone.
2. *Mere-exposure*-Effekte sind stärker bei komplexen Reizvorgaben. Zu einfache Reize, etwa sehr einfache im Unterschied zu komplexen geometrischen Figuren, erzeugen vergleichsweise geringe Affektverbesserungen nach häufiger Darbietung.
3. Der *Mere-exposure*-Effekt läßt sich nicht beliebig steigern. Schon nach einem Minimum von zehn Darbietungen kann die Affektverbesserung nachlassen. In den von Bornstein betrachteten Untersuchungen lag das mittlere Plateau der Affektsteigerungen bei etwa 21 Darbietungen. Die Standardabweichung lag jedoch bei 32,28. Es gab also auch Fälle, in denen nach mehr als 50 Durchgängen noch eine Affektsteigerung erzielt wurde. Trotzdem folgert Bornstein (1989a, S. 272) insgesamt: »the exposure effect is greatest when a relatively small number of exposures is used«.
4. Je länger die Darbietungszeit ist, desto kleiner wird der *Mere-exposure*-Effekt. Eine Darbietungszeit von weniger als einer Sekunde führt zu den stärksten Effekten.

---

[2] Eine gute Übersetzung für den Begriff »*Mere-exposure*-Effekt« wäre: »Effekt der bloßen Darbietung«; gelegentlich trifft man auch auf die weniger elegante Formulierung »Kontakt-Affekt-Phänomen« (zum Beispiel Nemetz, 1992). Obwohl das sicher für einen deutschen Text ebenfalls unelegant ist, werde ich im folgenden meist bei der englischen Originalbezeichnung bleiben, da diese innerhalb der Psychologie fast ausschließlich verwendet wird.

5. Der *Mere-exposure*-Effekt hängt nicht davon ab, ob die Versuchspersonen sich daran erinnern, die Reizvorgabe schon einmal wahrgenommen zu haben. Das heißt: Der *Mere-exposure*-Effekt ist *kein Wiedererkennungseffekt*! Er zeigt sich auch bei Material, das ohne Aufmerksamkeit – und daher auch ohne bewußte spätere Erinnerung – aufgenommen wurde. Ebenso zeigt er sich bei Material, das die Versuchspersonen nicht mehr bewußt erinnern oder wiedererkennen können. Um genau zu sein, muß man betonen, daß die Effektstärke für diejenigen Fälle, in denen sich die Versuchspersonen an die Reizvorgabe erinnern konnten, geringer war als für die Fälle, wo es keine Erinnerung gab. Bewußte Erinnerung dämpft also den *Mere-exposure*-Effekt.
6. Für den *Mere-exposure*-Effekt ist es vor allem typisch, daß die Versuchspersonen vorgeben, den betreffenden Reiz zu mögen und angenehme Gefühle damit zu verbinden. Andere Angaben über die Positivität, zum Beispiel der objektive ästhetische Wert oder die unterstellte Qualität der Reizvorgabe profitieren ebenfalls. Die Effekte fallen hier aber schwächer aus.
7. Der *Mere-exposure*-Effekt ist am stärksten, wenn die Zielpersonen nicht sofort nach der Darbietung um eine Einschätzung gebeten werden. Eine gewisse zeitliche Distanz zwischen Darbietung und Werturteil fördert den Effekt.
8. Jüngere Versuchspersonen, insbesondere Kinder, zeigen schwächere *Mere-exposure*-Effekte.

Der *Mere-exposure*-Effekt beruht nicht auf der Vertrautheit einer Vorlage, denn das bewußte Wiedererkennen ist für die uneingeschränkte Entfaltung des Effekts eher hinderlich (vgl. Punkt 5.; Bornstein, 1989a, S. 281: »...stimulus awareness actually inhibits the exposure effect«). Er muß, wenn überhaupt, dann ein nicht-bewußter Effekt des Wiedererkennens sein. Das heißt, beiläufige, nicht bewußt wahrgenommene und nicht erinnerte Reizverarbeitung ist für den *Mere-exposure*-Effekt besonders effektiv. Damit ist die Brücke zu den impliziten Gedächtniseffekten geschlagen.
Unsere theoretische Idee einer Fehlzuschreibung von Erinnerung ist mit vielen der oben genannten Bedingungen für den *Mere-exposure*-Effekt verträglich. Nicht nur der zentrale Punkt 5., sondern auch die Punkte 4. und 7. sind mit der Annahme einer Fehlzuschreibung in Einklang zu bringen: Sowohl eine längere Darbietungszeit als auch eine große zeitliche Nähe von Darbietung und Werturteil machen ein bewußtes Erinnern an die Reizdarbietung wahrscheinlicher. Damit wird auch die korrekte Zuschreibung der Erinnerung wahrscheinlicher – und der *Mere-exposure*-Effekt würde gedämpft.
Diese Argumente zeigen, daß die Effekte der Rekognitionsheuristik (4.1.1) nicht mit dem *Mere-exposure*-Effekt verwechselt werden dürfen. Die Rekognitionsheuristik wird durch das Gefühl ausgelöst, sich zu erinnern (vgl. Goldstein & Gigerenzer, 1999, S. 38). Der *Mere-exposure*-Effekt würde durch dasselbe Gefühl gedämpft.
Offenbar besteht auch zwischen dem *Mere-exposure*-Effekt und dem Truth-Effekt, den ich in 7.4.3 diskutiert habe, eine enge Verbindung. In beiden Fällen profitiert ein Stimulus davon, daß er wiederholt dargeboten wird. Drei Unterschiede sind allerdings zu beachten: Erstens kann sich der *Truth*-Effekt sinnvollerweise nur bei Stimuli zeigen, die wahr oder falsch sein können, also bei Aussagen und Urteilen, während sich der *Mere-exposure*-Effekt auch auf sinnfreies Material, Logos, Geruche, einzelne Wörter und so weiter erstreckt. Demnach ist also der Geltungsbereich für den *Mere-exposure*-Effekt deutlich größer. Zweitens besteht natürlich auch ein Unterschied zwischen der Zuschreibung eines Wahrheitswertes und der Zuschreibung einer Valenz. Drittens aber – und das ist sicher der wichtigste Unterschied: Der *Truth*-Effekt geht offenbar auf ein Gefühl der Vertrautheit, also auch ein Gefühl der Erinnerung zurück. Er ist um so stärker, je eher die Probanden glauben, der Aussage früher schon einmal begegnet zu sein (Hawkins & Hoch, 1992). Dies ist bekanntlich beim *Mere-exposure*-Effekt gerade nicht der Fall.

9.2.3 Anwendung auf die Werbung

Wie ich oben bereits betont habe, wurden implizite Gedächtniseffekte in der Diskussion um Werbewirkung in der Vergangenheit kaum berücksichtigt (Sanyal, 1992). Die Überlegungen kreisten dagegen zum Beispiel um Möglichkeiten der unterschwelligen Beeinflussung (vgl. 9.5). Daß die Besonderheit beiläufig aufgenommener Informationen bisher kaum erkannt wurde, ist um so erstaunlicher als doch eigentlich schon der in der Konsumentenforschung so zentrale Begriff des »Involvement« deutlich macht, wie wichtig die Unterscheidung zwischen aufmerksamer und nicht aufmerksamer Informationsaufnahme ist. Trotzdem wurde das Charakteristische der impliziten und automatischen Prozesse nicht erkannt, wie auch aus einem Argument von Kroeber-Riel deutlich wird. In seiner Arbeit über Bildkommunikation diskutiert er zwar die Möglichkeit, daß ein nicht beachtetes Bildelement spätere Auswirkungen auf Verhalten und Erleben hat (Kroeber-Riel, 1993a, S. 93). Er beschreibt jedoch den Effekt eines früher dargebotenen aber nicht erinnerten Bildes auf die spätere Beurteilung dieses Bildes als einen Wiedererkennungseffekt. Ich hoffe aber, daß aus den vorangegangenen Ausführungen deutlich geworden ist, daß implizite Gedächtniseffekte *nicht auf Wiedererkennung angewiesen sind.* Gerade die Fehlzuschreibung der Erinnerung auf eine positive Einstellung würde durch ein Wiedererkennen eher behindert. Implizite Gedächtniseffekte in der Werbung bestehen eben nicht im Wiedererkennen, sondern zum Beispiel in einer *positiveren Bewertung* der vorher gesehen Vorlage. Und dieser Effekt kann bei bewußter Erinnerung sogar wieder aufgehoben werden.

Experimentelle Belege

Ein Beispiel für die Anwendbarkeit unserer Überlegungen auf Werbung: Perfect und Askew (1994) legten ihren Versuchspersonen Werbeanzeigen in Illustrierten vor. Einige Versuchspersonen wurden aufgefordert das Layout des Magazins auf seine Lesbarkeit hin einzuschätzen. Eine andere Gruppe sollte dagegen gezielt einige Werbeanzeigen in dem Magazin beurteilen. Wie zu erwarten war, erinnerten sich die Versuchspersonen, deren Aufmerksamkeit gezielt auf bestimmte Anzeigen gerichtet wurde, wesentlich besser an diese Vorlagen als die andere Experimentalgruppe. Das Ergebnis einer direkten Überprüfung der Gedächtniseffekte wäre also eher ernüchternd ausgefallen: Bei einer beiläufigen Verarbeitung der Werbevorlagen war die bewußte Erinnerung sehr gering.

Es wurde aber auch eine indirekte Form der Überprüfung eingesetzt, mit der sich Effekte des impliziten Gedächtnisses zeigen sollten. Die Versuchspersonen sollten die entscheidenden Werbevorlagen danach beurteilen, ob sie »ins Auge springen«, sich deutlich von anderen Anzeigen unterscheiden, leicht zu merken und ansprechend sind. Auf allen diesen Bewertungsdimensionen schnitten die gesehenen Anzeigen besser ab als Vergleichsanzeigen, die die Versuchspersonen noch nie vorher gesehen hatten. Das wichtigste aber ist: Die gesehen Anzeigen wurden unter allen Bedingungen positiver bewertet. Für diesen Effekt war es offenbar ganz gleich, ob die Anzeigen bewußt erinnert worden waren oder nicht. Ebensowenig machte es einen Unterschied, ob sie beiläufig oder aufmerksam wahrgenommen wurden. Kurz gesagt: Um eine positivere Einstellung gegenüber den Anzeigen zu erzeugen, genügte es offenbar, die Versuchspersonen den Werbevorlagen auszusetzen. Es war keineswegs erforderlich, daß sie sich später bewußt an die Anzeigen erinnerten.

Perfect und Edvards (1998) wiesen einen ähnlichen Effekt für Radiospots nach: Ihre Probanden hörten beiläufig ein 30minütiges Radio-Programm, in das unterschiedlich lange Werbespots eingestreut waren. Bereits gehörte Spots wurden deutlich positiver bewertet als Kontrollspots.

Duke (1995) ließ seine Vesuchspersonen Anzeigen nach unterschiedlichen Kriterien bewerten. Nach 48 Stunden wurden die Probanden verschiedenen Gedächtnistests ausgesetzt. In einem freien Erinnern konnten zunächst nur sehr wenige Markenamen erinnert werden. Wenn allerdings in einer neuen Lernliste alte und neue Namen gemischt auftraten, und diese Liste innerhalb von drei Minuten gelernt werden sollte, wurden die alten Namen – obwohl sie bewußt nicht erinnert wurden – deutlich besser gelernt.
In einem weiteren Experiment wurden unterschiedliche Verarbeitungsstrategien bedeutsam: Eine Gruppe sollte zu den präsentierten Anzeigen Fragen beantworten, die eher auf die Marke und ihre Eigenschaften bezogen waren, während die andere Fragen nach Oberflächenmerkmalen der Anzeige (zum Beispiel der Verwendung von Farben) beantworteten. Dadurch sollten unterschiedlich tiefe Verarbeitungsstrategien induziert werden. Duke verglich im späteren Erinnerungstest (wieder nach 48 Stunden) zwei Erinnerungsmaße. Als direktes Maß wählte er einen Wiedererkennungstest, als indirektes Verfahren eine Wortstammergänzung. Die unterschiedliche Verarbeitung hatte einen deutlichen Effekt auf die Leistung im Wiedererkennungstest. Die Differenz zwischen korrekt wiedererkannten Anzeigen und ›falschem Alarm‹ (Anzeigen, die ›wiedererkannt‹ wurden, obwohl sie nicht Teil der Präsentation waren) war deutlich größer bei den tief verarbeiteten gegenüber den oberflächlich betrachteten Anzeigen. Auf die Wortstammergänzung hatten die unterschiedlichen Verarbeitungsstile jedoch keine Auswirkung: Hier waren die Leistungen der Probanden unter beiden Bedingungen gleich gut. Die Leistungen im impliziten Erinnern waren also in der Regel besser und gegenüber Manipulationen der Verarbeitungstiefe weniger anfällig als Leistungen im expliziten Erinnern.
Krishnan und Shapiro (1996) demonstrierten den oben (9.2.1) skizzierten impliziten Gedächtniseffekt mit der Aufgabe der Wortstamm-Ergänzung: Wortanfänge werden korrekter zu den dazugehörigen Markennamen ergänzt, wenn die Marke bereits früher in einer Werbeanzeige vorkam. Dieser Effekt ist unabhängig von den Leistungen in Erinnerungs- oder Wiedererkennungstests (Krishnan & Shapiro, 1996).
Shapiro, Macinnis und Heckler (1997) ließen ihre Versuchspersonen einen Text lesen, der über einen Computerbildschirm lief. Gleichzeitig mußten die Probanden noch den Cursor nach einer bestimmten Regel über den Bildschirm bewegen. Damit war die Aufmerksamkeit der Testpersonen sehr stark gebunden. Am Bildschirmrand erschienen nun zu bestimmten Zeitpunkten Werbeanzeigen. Diese Anzeigen wurden in der Folge nicht mehr bewußt erinnert: Die Wiedererkennungsrate für die beworbenen Produkte lag nicht höher als die Trefferwahrscheinlichkeit bei bloßem Raten. In einer simulierten Kaufsituation allerdings wurden die beworbenen Produkte signifikant häufiger gewählt als vergleichbare nicht gezeigte.
Einen besonders beeindruckenden Effekt impliziten Erinnerns konnten unlängst Betsch, Plessner, Schwieren und Gütig (2001) nachweisen: Ihre Versuchspersonen sahen Werbespots mit unten eingeblendeten fortlaufenden Börsendaten. Diese Börsendaten sollten die Probanden laut mitlesen, beachten sollten sie aber die Werbung, denn angeblich ging es in dem Experiment genau darum und die Börsendaten wurden – angeblich – nur zur Ablenkung präsentiert. Diese Instruktion hatte erwartungsgemäß zur Folge, daß die Probanden später außerstande waren, auch nur den ungefähren Wert einer Aktie zu erinnern. Sollten die Personen aber in der Folge die Aktien auf einer Skala von »sehr gut« bis »sehr schlecht« bewerten, dann entsprach diese Bewertung der Rangfolge, die sich bei Summierung der Börsendaten ergeben hätte. In einem Folgeexperiment stellten die Autoren sicher, daß die Basis für diese Bewertung in der Tat eine interne Summenbildung und nicht etwa eine Erinnerung an besonders herausragende Notierungen oder die interne Berechnung eines Durchschnittswertes war. Betsch et al. (2001) sehen in ihren Daten einen Beleg für die These, daß

Menschen grundsätzlich dazu neigen, Informationen, die man bewerten kann, auch tatsächlich zu bewerten – selbst wenn sie dies gar nicht beabsichtigen. Es geht in dieser Arbeit natürlich nicht im engeren Sinne um Gedächtnis, sondern um Einstellungsbildung. Ein Beispiel für das Phänomen des impliziten Erinnerns sind diese Ergebnisse aber insofern, als sich hier wieder die frühere Konfrontation mit dem Reiz im Verhalten zeigt (nämlich der Bewertung), nicht aber in der expliziten Erinnerungsleistung.

Implizites Erinnern außerhalb des Labors

Die genannten Beispiele sind freilich Laborexperimente, die unter kontrollierten Bedingungen durchgeführt wurden. Was spricht aber dafür, daß solche Effekte auch außerhalb der psychologischen Labore zu erwarten sind? Bornstein und D'Agostino (1994, S. 123) rechnen mit durchaus starken Effekten; sie erwarten sogar, daß *Mere-exposure*-Effekte, die im Labor gefunden wurden, eher geringer ausfallen, als die tatsächlichen *Mere-exposure*-Effekte in der natürlichen Umwelt. Sie begründen das damit, daß der *Mere-exposure*-Effekt am stärksten ist, wenn die Versuchspersonen keine Verbindung zwischen der Reizdarbeitung und ihrem Affekturteil ziehen. Um den Effekt im Labor nachzuzeichnen, müssen die Versuchspersonen erst einmal mit dem Zielreizen vertraut gemacht werden. Diese notwendige vorherige Darbietung gelingt fast nie mit der gleichen Beiläufigkeit, die in natürlichen Situationen vorkommt. Die Darbietung wird in den meisten Fällen von den Versuchspersonen als Teil des Experiments und damit als absichtsvoll wahrgenommen. Zum Beispiel werden die Versuchspersonen im Experiment von Perfect und Askew (1994) erwartet haben, daß es einen zum Experiment gehörenden Sinn hat, daß sie jetzt eine Zeitschrift durchblättern sollen. Solche Effekte der laborhaften Künstlichkeit erhöhen das Risiko, daß sich die Person an die früheren Reizdarbeitungen eben doch erinnert, und damit der *Mere-exposure*-Effekt kleiner ausfällt, als es eigentlich möglich wäre.

Unter Berücksichtigung des *Mere-exposure*-Effekts ist es offenbar ungeschickt, vielleicht sogar irreführend, wenn man Werbewirkung daran mißt, ob eine Anzeige erinnert oder wiedererkannt wird (vgl. 17.3.2). Man kann sich sogar im Gegenteil Fälle vorstellen, in denen die bewußte Erinnerung eher hinderlich ist. Die bewußte Erinnerung, »Diese Anzeige habe ich da und da schon einmal gesehen«, würde dem Betrachter eine flüssige Verarbeitung der Vorlage vollständig erklären. Damit bestände kein Anlaß mehr, die verbesserten Informationsverarbeitung mit positiven Merkmalen der Anzeige in Verbindung zu bringen.[3]

Auch zu der Rolle einer aufmerksamen gegenüber einer eher beiläufigen Informationsaufnahme kämen neue Gesichtspunkte hinzu: Wenn die Aufmerksamkeit bei der Wahrnehmung geteilt ist, werden wesentlich weniger Reize später bewußt erinnert. Implizite Gedächtnisphänomene leiden dagegen kaum unter einer Ablenkung während der Informationsaufnahme (vgl. Jacoby & Kelley, 1992, S. 212). War die Aufmerksamkeit bei der Aufnahme einer Werbeinformation geteilt, dann fehlt später das Erlebnis der Erinnerung. Das unbewußte Gefühl der Vertrautheit mit den Reizen bleibt dagegen erhalten, mit seinen positiven Begleiterscheinungen.

---

[3] Wie wichtig die Fehlzuschreibung der Erinnerung für den *Mere-exposure*-Effekt ist, wird auch in einem Befund von Bornstein und D'Agostino (1994) deutlich. Sie konnten zeigen, daß man einen *Mere-exposure*-Effekt dadurch steigern kann, daß man den Personen gezielt ausredet, sie hätten bestimmte Reize schon einmal gesehen. Sie erklärten ihren Versuchspersonen, daß die zu beurteilenden Stimuli einigen zuvor gesehenen zwar ähnlich seien, daß es sich aber gleichwohl um neue Reize handelte. Auf diese Weise induzierten sie eine Fehlzuschreibung der Erinnerung auch für solche Stimuli, die die Versuchspersonen eigentlich bewußt hätten erinnern können.

Diese Überlegungen werfen ein neues Licht auf das Problem der Aufmerksamkeit gegenüber Werbung und der Erinnerung an Werbebotschaften. Sowohl mit den Forschungs-Ansätzen zum impliziten Erinnern als auch mit dem *Mere-exposure*-Effekt kann man die Erwartung begründen, daß eine beiläufige Darbietung die spätere Wahrnehmung des Dargebotenen beeinflußt. Die Beeinflussung geht in eine positive Richtung, die vorher dargebotenen Reize werden positiver bewertet. Sawyer (1981) tritt dafür ein, daß *Mere-exposure*-Effekte auch für beeinflussende Kommunikation, also für Gedanken und Argumente nutzbar gemacht werden können. Solche Überlegungen haben bereits erste Stützungen erfahren: Arkes, Boehm und Xu (1991) konnten zeigen, daß bei immer gleichen Botschaften sogar die Überzeugungskraft mit der Menge der Darbietungen steigt.

Neuere Werbetechniken dürften die Beiläufigkeit der Werbedarbietung, die ja für implizite Gedächtniseffekte wesentlich ist, noch unterstützen. Hierzu zählt etwa das Splitscreen-Verfahren, bei dem die Werbung nur auf einem Teil des Bildschirmes präsentiert wird, während auf dem anderen das Programm, zum Beispiel eine Sportübertragung, weiterläuft (vgl. Exkurs 1).

Der *Mere-exposure*-Effekt ist auch in einer anderen Hinsicht unbewußt: Versuchspersonen können ihn an sich selbst nicht korrekt vorhersagen. Kahneman und Snell (1992; siehe auch Jungermann et al. 1998, S. 56*f*) untersuchten die häufig zu beobachtende Diskrepanz zwischen vorhergesagtem und tatsächlichem Nutzen, mit anderen Worten: das Phänomen, daß Konsumenten sehr häufig nicht korrekt vorhersagen können, was ihnen zu einem späteren Zeitpunkt wie gut gefallen wird.

Die folgende Frage wird Ihnen vermutlich keine Schwierigkeiten bereiten:

»D. und J. arbeiten beide für die gleiche Firma, die gerade ein neues abstraktes Firmenlogo für ihre Briefköpfe eingeführt hat. D. kommt heute aus dem Urlaub zurück und sieht das neue Logo zum ersten Mal; J. hat Briefe mit dem neuen Logo bereits seit zwei Wochen benutzt. Wem gefällt heute das Logo besser? D. oder J.?« (zit. n. Jungermann et al. 1998, S. 56).

Kennt man den Effekt der bloßen Darbietung, muß man erwarten, daß J. heute positiver über das neue Logo urteilt; trotzdem erwarten mehr als die Hälfte der Befragten, D. würde das Logo besser gefallen (Kahneman & Snell, 1990). Dieser Befund ist eines von mehreren Beispielen, die belegen, daß Personen ihren eigenen Nutzen nicht korrekt vorhersagen können. Für unsere Zwecke ist noch ein anderer Gesichtspunkt wichtig: Offenbar ist der *Mere-exposure*-Effekt zu wenig bekannt, als daß er intuitiv in die Nutzenerwartung von Konsumenten einbezogen würde. Hier liegt eine Quelle für Fehleinschätzungen des eigenen Verhaltens – und selbstverständlich auch eine Fehlerquelle für Marktforschungsdaten.

Andere Besonderheiten impliziten Erinnerns

Auch andere Besonderheiten einer Reizverarbeitung ohne Aufmerksamkeit wurden bislang in der Werbewirkungsforschung nicht ausreichend berücksichtigt. So gilt beispielsweise als ein zentraler Lehrsatz der Werbekommunikation, daß Bildinformation stets die effektiveren Gedächtnisspuren hinterläßt (Kroeber-Riel, 1993a; Pavio, 1971). Diese traditionell unterstellte Bildüberlegenheit fehlt bei vielen impliziten Prozessen (Roediger & McDermott, 1993). Hier zeigen Wörter, seien sie nun geschrieben oder gesprochen, ganz ähnliche Aktivierungseffekte wie Bilder.

Grundsätzlich gilt, daß Randbedingungen, die unter normalen Umständen ein Erinnern extrem behindern, für implizites Erinnern keine besondere Einschränkung darstellen. Darunter fällt nicht nur fehlende Aufmerksamkeit bei der Reizaufnahme, sondern auch die Beeinträchtigung durch Alter oder Depression, die Interferenz durch ähnliches Material oder die Behinderung durch Amnesien, Alkohol und andere Drogen. Auch Absichten und Instruktionen haben auf implizite Effekte kaum einen Einfluß. Zum Beispiel lassen sich explizite Lernergebnisse dadurch beeinflussen, daß man Personen bittet, bestimmtes Material zu memorieren und anderes zu vergessen. Auf implizite Effekte haben diese Instruktionen dagegen kaum eine Wirkung. Zudem verfallen implizite Gedächtnisspuren langsamer als explizite (Perruchet & Baveaux, 1989; Roediger & McDermott, 1993).

9.3 Unterdrückung automatisch aktivierter Informationen

Der *Mere-exposure*-Effekt wird durch Erinnerung an die Priming-Episode abgeschwächt – insofern ist er und die anderen impliziten Gedächtnisphänomene in Grenzen kontrollierbar. Nun wird man sich andererseits nicht so leicht vornehmen können, eine Begegnung mit einem Reiz zu erinnern – allenfalls könnte man quasi »auf Verdacht« erwägen, daß man eine bestimmte Information bereits früher gekannt hat. Daß man automatisch aktivierte Informationen aktiv unterdrücken kann, zeigt sich eindrucksvoller noch in einem anderen Gebiet, nämlich bei automatisch aktivierten Einstellungen. So finden sich zum Beispiel oft in unserem Verhalten Spuren unserer Vorurteile – selbst dann wenn wir uns in dieser Beziehung völlig unschuldig fühlen. Diese automatisch genutzten Informationen, die Vorurteile und impliziten sozialen Kognitionen nämlich, können wir jedoch durchaus aktiv unterdrücken. Ein Beispiel hierfür habe ich in Exkurs 25 mit dem »Wasservogel-Effekt« gegeben. Aber auch andere Forschung belegt eindrucksvoll die prinzipielle Kontrollierbarkeit automatisch aktivierter Information.

Patricia Devine (1989) untersuchte in einem vielbeachteten Experiment den Umgang mit Vorurteilen und Stereotypen. Sie ging aus von dem Vorurteil, Afro-Amerikaner seien aggressiv. Ihre Vermutung war: Amerikaner denken automatisch »aggressiv«, wenn sie an Schwarze denken. Sie tun dies ganz unabhängig davon, ob sie bei bewußter Nachfrage dieses Vorurteil auch unterschreiben würden. Um diese These zu belegen, präsentierte sie ihren Versuchspersonen unterschiedliche Begriffe, die auf Afro-Amerikaner verweisen, etwa *Basketball, Blues, Rap*. Die Präsentationen lagen bei 80 Millisekunden und wurden zudem von Maskierreizen umgeben, so daß ein bewußtes Wiedererkennen unwahrscheinlich war. Der Anteil der Begriffe, die auf Afro-Amerikaner verwiesen, variierte zwischen 80 und 20 Prozent. In der Folge sollte das Verhalten einer Zielperson, Donald, bewertet werden, das uneindeutig-aggressive Züge trug. In der 80-Prozent-Bedingung wurde Donald als deutlich aggressiver eingeschätzt als in der 20-Prozent-Bedingung.

Devine (1989) schließt aus ihren Befunden, daß das Wissen von Personen um die Stereotype überall gleich ist. Dieses Wissen wird auch bei allen Personen gleichermaßen automatisch aktiviert. Personen unterscheiden sich nur darin, inwieweit dieses Wissen bei ihrem reflektierten Urteil eine Rolle spielt, bzw. inwieweit sie die spontane Wirksamkeit des Stereotyps zulassen.

Nach Devine gehört das Unterdrücken solcher Vorurteile zu dem Bereich der »controlled inhibitory processes«, also solcher Prozesse, die das Wirksamwerden bestimmter kognitiver Inhalte verhindern. Hier liegt die Botschaft von Devines Befunden für unsere Zwecke: Offenbar werden manchmal andere Informationen im bewußten Urteil verwendet als ursprünglich einmal automatisch aktiviert wurden. Der Unterschied zwischen »automatisch« und »kontrolliert«, der das gesamte Kapitel bestimmt, bekommt hier eine besondere Dimension: Das Automatische wird manchmal bewußt unterdrückt, obwohl es eigentlich als Reaktionstendenz vorhanden ist. Möglich wird das durch die Unterscheidung zweier unterschiedlicher Prozesse, der Aktivation und der Anwendung. Die Aktivation des Stereotyps ist danach offenbar ein automatischer Prozeß der reflexhaft funktioniert – gegen die Akti-

vation eines Stereotyps können wir uns anscheinend nicht wehren. Wohl aber können wir auf unser automatisches Verhalten Kontrolle ausüben, können also den Automatismus durchbrechen.
Solche Unterdrückungsmechanismen können wir uns im Produktbereich durchaus vorstellen, zum Beispiel wenn eine bestimmte Einstellung politisch korrekt ist, aber gegenläufige Reaktionstendenzen damit in Konkurrenz stehen. Hat zum Beispiel ein alkoholfreies Bier wirklich »alles was ein Bier braucht«, oder legt sich hier trotzig die promillebewußte Vernunft über eine automatische Erwartung, daß man alkoholfrei nur halb so gut genießen kann? Mögliche weitere Kandidaten für solche »politisch korrekten« Einstellungen wären etwa: »Sex macht mit Kondom genausoviel Spaß wie ohne«, »Gesundes Essen schmeckt genausogut wie fettes und süßes«, »Phosphatfreie Waschmittel waschen genauso sauber wie phosphathaltige« und so weiter.

9.4 Messung automatisch aktivierter Informationen und impliziter Assoziationen

Im Exkurs 28 habe ich bereits wichtige Methoden angesprochen, wie man implizite Kognitionen erfaßt. Im folgenden möchte ich noch einige weitere traditionelle und neuere Methoden hierzu ansprechen.
Implizite Prozesse brauchen indirekte Zugänge. Die Liste an Methoden, die hierzu in Frage kommen, ist prinzipiell offen: »Every sort of judgement or test that is (a) affected by past experience, and (b) given under conditions in which subjects are not explicitly instructed to remember earlier events, would qualify« (Roediger & McDermott, 1993, S. 69).
Der Kern einer indirekten Messung besteht meist in der Reaktion auf ein bestimmtes Stimulusmaterial. Diese Reaktion ist so beschaffen, daß sich in ihr die frühere Reizverarbeitung oder zum Beispiel eine Einstellung niederschlagen kann. Dabei enthält das Material in der Regel eine große Menge von Distraktoren, die mit der früheren Reizdarbietung oder der zu untersuchenden Einstellung nichts zu tun haben.

9.4.1 Implizites Erinnern

Die frühesten Nachweise impliziten Erinnerns gehen auf den deutschen Psychologen Hermann Ebbinghaus zurück, der bereits nachwies, daß Material, das nicht bewußt erinnert wird, gleichwohl in einem zweiten Lerndurchgang leichter gelernt werden kann als neues Material. Die Zeitersparnis beim Wiederlernen ist also eines der grundlegendsten Maße für implizites Erinnern (wir haben dieses Verfahren oben in 9.2.3 bei dem Experiment von Duke, 1995, kennengelernt).
Bei den klassischen Methoden, mit denen indirekt Gedächtnisspuren nachgewiesen werden, unterscheiden wir perzeptuelle von konzeptuellen Tests. Im Falle eines perzeptuellen Tests ist der Hinweisreiz bei der Abfrage eine irgendwie degenerierte Form des Zielreizes (zum Beispiel schwer zu entziffern, verkürzt, verdreht, umgestellt, zerpflückt...). Perzeptuelle Tests setzen nur eine Verarbeitung der Oberflächenmerkmale des Zielreizes (etwa dem Erscheinungsbild eines Wortes, Schriftzuges oder Logos) voraus. Daher ist in diesem Fall auch die Ähnlichkeit zwischen Ziel- und Hinweisreiz auf der Wahrnehmungsebene von großer Bedeutung.
Im Falle von konzeptuellen Tests wird demgegenüber nicht vorausgesetzt, daß sich Ziel- und Hinweisreiz äußerlich ähnlich sind. Die Ähnlichkeit besteht nur in der Bedeutung. Konzeptuelle Tests sind unsensibel für Änderungen in der Modalität (zum Beispiel den Unterschied zwischen

gesprochener und geschriebener Sprache). Sie reagieren nur auf Änderungen in der Bedeutung. Tabelle 9.1 enthält einige Beispiele von verschiedenen impliziten Maßen. In all den unten vorgestellten Maßen sind früher dargebotene Stimuli im Vorteil, auch wenn eine bewußte Erinnerung nicht nachweisbar ist (vgl. Bargh, Chen & Burrows, 1996; Perruchet & Baveaux, 1989; Roediger & McDermott, 1993):

Tabelle 9.1 Perzeptuelle und konzeptuelle Verfahren zum indirekten Nachweis früherer Informationsverarbeitung und impliziter Einstellungen

Perzeptuelle Tests	
Sprachlich: • Wortidentifikation (zum Beispiel nach einer Präsentation von 35 ms) • Wortstammergänzung (ele ---) • Wortfragment Ergänzung (E --- f --- n -) • Anagramme lösen (lafente) • Lexikalische Entscheidung (Wort-Nichtwort Entscheidung zwischen »Elefant« und »Alufint«) • Invertierten Text lesen • Eine künstliche Grammatik erlernen • Tastenfolgen erlernen	Nichtsprachlich: • Bild-Fragment Benennung • Einen Gegenstand im Spiegel zeichnen • Objektentscheidung (Entscheidung, ob ein dargebotener Gegenstand in der Wirklichkeit existiert) • Urteile über Helligkeit oder die Stärke eines Störgeräuschs abgeben

Konzeptuelle Tests	
Sprachlich: • Wort-Assoziation (Rüssel – ?) • Beispiel für eine Kategorie (Tier – ?) • Wissensfragen (»Wie kam Hannibal über die Alpen?«) • Früher schon einmal verarbeitete Informationen neu lernen	Nicht sprachlich: • Sympathieurteile oder Präferenzurteile abgeben • Namen oder Gesichter nach ihrer Bekanntheit (Berühmtheit) einschätzen • Höflichkeit einer Person nach der Aktivation der Begriffe »freundlich« oder »unhöflich« in anderem Kontext. • Gehgeschwindigkeit nach der Aktivation des Altenstereotyps • Empörung über ungerechte Behandlung nach der Aktivation von benachteiligten Gruppen

Bei weitem am häufigsten werden verbale Tests eingesetzt und zwar Wortidentifikation, Wortstamm- und Fragmentergänzung. Die angeführte Liste läßt sich problemlos ergänzen.
Zur indirekten Messung kommen auch eine Reihe von Methoden in Frage, die in der Marktforschung bereits Tradition haben, so zum Beispiel auch Blickbewegung, Hautwiderstand, Pupillenreflex oder projektive Verfahren wie etwa die projektive Frage, Ballon-Test oder Wortassoziation (vgl. Salcher, 1995; siehe Kapitel 17). Diese Methoden lassen sich ohne weiteres zur Messung impliziter Phänomene einsetzen, sie haben allerdings nicht immer alle Vorteile der sonst üblichen Verfahren.
Einige Varianten der nicht-sprachlichen konzeptuellen Tests belegen, daß die automatische Aktivation bestimmter Assoziationen kein reines Laborphänomen ist. Sie hat auch außerhalb des La-

borkontextes meßbare Konsequenzen in offenem Verhalten. Bargh, Chen und Burrows (1996; repliziert bei Dijksterhuis & van Knippenberg, 1998; Dijksterhuis et al., 1998) ließen ihre Versuchspersonen zum Beispiel Aufgaben bearbeiten, bei denen das Altenstereotyp aktiviert wurde. Die Versuchspersonen sollten zum Beispiel Sätze aus Wörtern bilden, wie: *Florida, starrköpfig, weise, allein, Bingo, sentimental* und so weiter (Bargh et al., 1996, S. 236). Das Stereotyp wurde also eher indirekt aktiviert, ebenso indirekt wurde später gemessen: Nach dem Experiment verließen die Probanden das Labor über eine längeren Flur. Hierbei wurde verdeckt die Gehgeschwindigkeit erfaßt. Versuchspersonen, bei denen zuvor das Altenstereotyp aktiviert wurde, gingen signifikant langsamer als eine Kontrollgruppe. In einem Experiment von Dijksterhuis et al. (1998) sollten die Probanden nach Aktivierung von intelligenten und unintelligenten Personkategorien (Professor versus Supermodel) einen Wissenstest bearbeiten. Sie schnitten signifikant schlechter ab, wenn der unintelligenten Kontext aktiviert war.

9.4.2 Implizite Assoziationen

Die psychologische Einstellungsforschung beschäftigt sich seit einiger Zeit schon mit automatischen, »impliziten« Einstellungen (Greenwald & Banaji, 1995; Banaji, in Druck). Unlängst haben nun Greenwald, McGhee und Schwartz (1998) mit dem Impliziten-Assoziations-Test (IAT) eine Methode zur Messung impliziter Einstellungen vorgestellt.

Um den IAT direkt an einem konsumentenpsychologischen Beispiel vorzustellen, konstruiere ich folgendes Beispiel: Ein Joghurthersteller hat den Verdacht, daß die Zustimmung der befragten Konsumentinnen und Konsumenten zu einer gesunden Ernährung ein bloßes Lippenbekenntnis ist. Sein Versuch, sein Produkt mit den Begriffen Fitneß und Gesundheit zu positionieren, hatte bislang wenig Erfolg. Nun möchte er wissen, wie positiv seine Leitbegriffe »tatsächlich« bei den Kunden repräsentiert sind. Hierzu setzen wir den IAT ein.

Die Probanden sitzen vor dem Computer, legen rechten und linken Zeigefinger auf je eine Taste der Tastatur und sollen eine Reihe von Wörtern, die ihnen auf dem Bildschirm gezeigt werden, kategorisieren.

In der ersten Aufgabe soll die Valenz von Begriffen (beispielsweise Adjektive) eingeschätzt werden. Zum Beispiel gewöhnen sich die Probanden in diesem Durchgang daran, bei einem positiven Adjektiv wie »hübsch« die Antworttaste der rechten Hand zu drücken und auf einen negativen Reiz wie »schmutzig« mit der linken Hand zu reagieren. Die häufige Wiederholung der Antworten führt dazu, daß diese Aufgabe immer schneller ausgeführt werden kann und zunehmend weniger kognitive Kapazität beansprucht. Man könnte davon sprechen, daß ein motorisches Programm erlernt wird, in dem festgelegt ist, bei positiver Bedeutung die rechte und bei negativer die linke Taste zu drücken.

Es folgt eine zweite Kategorisierungsaufgabe. Darin soll entschieden werden, ob dargebotene Begriffe oder Bilder alternativen Kategorien zuzurechnen sind. Für den Joghurthersteller würden wir zum Beispiel in diesem Durchgang Begriffe aus seiner Produktpositionierung (etwa: light, gesund, Lactobakterien, fit, kalorienarm) und neutrale Begriffe verwenden. Die Versuchspersonen sollen diese Begriffe wieder mit linker oder rechter Taste einordnen.

Die Art der Kategorisierungsaufgabe ist dabei relativ beliebig. Die Hauptsache ist, daß die Begriffe, die man untersuchen will, mit der einen Taste und die Kontrollbegriffe mit der anderen bestätigt werden. So könnte man hier zum Beispiel die Probanden zunächst mit der Werbung des Joghurts konfrontieren, um sie dann später zu fragen, welche Begriffe Teil der Werbung waren und

welche nicht. Die Kategorisierungsaufgabe wäre dann gleichzeitig ein Gedächtnistest; das kann ganz nützlich sein, für das Funktionieren des IAT ist es aber nebensächlich.
Nach einem kurzen Übungsdurchgang kommt dann die erste eigentliche Messung. Darin werden erster und zweiter Durchgang kombiniert. Tabelle 9.2 enthält einen beispielhaften Aufbau eines IAT: Im dritten Durchgang sollen also sowohl die Produkt-Begriffe als auch die positiven Wörter aus dem ersten Durchgang mit der linken Taste bestätigt werden. Die neutralen bzw. negativen Begriffe werden dementsprechend mit rechts quittiert.

Tabelle 9.2 Typischer Ablauf eines IAT

Durch-gang	Menge der Präsentationen	Aufgabe	Zuordnung der Tasten: Linke Taste	Rechte Taste
1	40	Bewertung	Gut	Schlecht
2	40	Produkt	Produkt-Begriffe	Neutrale Begriffe
3	40 +120	Bewertung + Produkt	Gut	Schlecht
			Produkt-Begriffe	Neutrale Begriffe
4	40	Produkt, Umkehrung	Neutrale Begriffe	Produkt-Begriffe
5	40 +120	Bewertung + Produkt	Neutrale Begriffe	Produkt-Begriffe
			Gut	Schlecht

Wie man sich leicht vorstellen kann, wird sich dieses Verfahren auf die Reaktionszeiten der Probanden auswirken: Stellen wir uns etwa vor, die Produkt-Begriffe würden negativ bewertet. Dann lägen bei den Probanden zwei Reaktionstendenzen im Widerstreit. Wenn nämlich die negativ bewerteten Produkt-Begriffe erscheinen, würden die Probanden zwar intuitiv die rechte Taste (für negative Begriffe) drücken, die Instruktion zwingt sie jedoch, die linke zu wählen. Das verlangsamt die Reaktionszeiten. Umgekehrt würden die Rekationszeiten sich beschleunigen, wenn die Produkt-Begriffe positiv bewertet würden, denn dann befänden sich die Reaktionstendenzen aus erstem und zweitem Durchgang im Einklang.
Wann eine Reaktionszeit »beschleunigt« oder »verlangsamt« ist, hängt unter anderem von individuellen Merkmalen ab. Diese Merkmale werden beim IAT »herausgerechnet«. Hierzu werden zwei weitere Durchgänge benötigt. Zunächst lernen die Probanden im vierten Durchgang eine veränderte Tastenzuordnung. Nun müssen sie die Produkt-Begriffe mit rechts und die neutralen mit links bestätigen. Nach einem kurzen Training wird auch diese Aufgabe wieder mit den positiven und negativen Begriffen aus dem ersten Durchgang kombiniert.
Wie Sie sehen, muß sich in den Durchgängen drei und fünf einmal die Beschleunigung und einmal die Verlangsamung der Reaktionszeiten zeigen – vorausgesetzt, die Produkt-Begriffe werden überhaupt positiv oder negativ bewertet. Die entscheidende Variable beim IAT ist jedenfalls die Differenz der Reaktionszeiten in den beiden kombinierten Durchgängen.
Technisch wäre noch anzumerken, daß nur korrekte Klassifikationen ausgewertet werden; wenn also jemand einen negativen Begriff mit »positiv« bestätigt, fällt dies aus der Bewertung heraus. Tabelle 9.2 zeigt auch in der zweiten Spalte, wie viele Einzelentscheidungen pro Durchgang verlangt werden. In den kombinierten Durchgängen ist oft das erste Viertel der Entscheidungen noch unbrauchbar– hier müssen sich die Probanden noch eingewöhnen. Daher werden oft auch diese Durchgänge nicht ausgewertet.

Ebenso werden Reaktionszeiten ober- und unterhalb bestimmter Schwellenwerte nicht in die Auswertung einbezogen. Bei einer zu geringen Reaktionszeit (zum Beispiel weniger als 300 Millisekunden) ist nicht mehr gewährleistet, daß die Probanden den Reiz überhaupt erkannt haben; vielleicht haben sie sich statt dessen bereits im vorhinein vorgenommen, diesmal mit rechts zu reagieren, komme was da wolle. Bei einer zu hohen Reaktionszeit (zum Beispiel mehr als 3.000 Millisekunden) kann man nicht mehr von einer »automatischen« Reaktion sprechen. Dieses Vorgehen ist bei allen Reaktionszeit-Verfahren üblich.

Der IAT ist kurz nach seiner Veröffentlichung sofort vielfach aufgegriffen, eingesetzt und diskutiert worden. Er ist erstaunlich wirkungsvoll, da er praktisch nicht willentlich unterlaufen werden kann: Wenn etwa das Stimulusmaterial aus vorurteilsbehafteten Begriffen besteht, dann kann man ziemlich sicher sein, daß die erwartbaren Reaktionszeitdifferenzen auch herauskommen – selbst wenn man sich anstrengt, die eigenen Reaktionstendenzen nicht zu offenbaren. Das liegt eben daran, daß die Datenbasis des IAT sehr schnelles, automatisches Verhalten ist und manipulierte Reaktionen sofort an den unrealistischen Reaktionszeiten erkannt und aussortiert werden

Teil der Diskussion und auch der Kritik am IAT ist unter anderem die Frage, was genau mit diesem Verfahren gemessen wird (siehe Plessner & Banse, 2001). Die Autoren selbst waren vorsichtig, indem sie nicht von implizite Einstellungen, sondern von impliziten Assoziationen sprachen (siehe auch Banaji, in Druck). Gleichwohl ist auch diese Frage in der Forschung zur Zeit noch umstritten.

Der Idee nach ist ein Verfahren wie der IAT in der Lage, die Einstellungen zu jenen Produkten oder Konsumhandlungen zu ermitteln, die noch ambivalent sind, oder bei denen explizite und implizite Meinung auseinanderklaffen. Auf die Frage, ob denn die impliziten Einstellungen gegenüber den expliziten wirklich so wichtig sind, möchte ich an dieser Stelle nur noch einmal zu bedenken geben, daß die implizite Einstellung deshalb »implizit« heißt, weil wir durch das *Verhalten* der Person erst darauf schließen.

Eine kritische Anmerkung: Oben habe ich angedeutet, der IAT würde unserem Joghurthersteller die »tatsächliche« Einstellung seiner Kunden offenbaren. Den Begriff »tatsächlich« habe ich mit Anführungszeichen versehen. Man sollte nicht davon ausgehen, daß die impliziten Einstellungen immer die wichtigeren oder gar die »wahren« sind. Das ist manchmal der Fall und manchmal nicht. Interessant werden implizite Einstellungen eben dann, wenn explizite Einstellung und Verhalten nicht übereinstimmen; das habe ich oben betont. Dann nämlich liegt der Verdacht nahe, daß das Verhalten durch implizite Einstellungen beeinflußt wird. Man darf aber nicht vergessen, daß es auch viele Verhaltensweisen gibt, die überhaupt nicht von irgendwelchen Einstellungen abhängen (13.2.2).

Außerdem: Manchmal haben wir implizite Einstellungen, die sich nicht in Kauf- oder Konsumhandlungen niederschlagen. So wie wir unseren Vorurteilen und Stereotypen nicht unbedingt immer nachgeben (siehe oben 9.3), unterdrücken wir bewußt und erfolgreich andere Einstellungen, so daß sie sich nicht im Verhalten niederschlagen. So hält uns vielleicht unsere »Wohlanständigkeit« davon ab, in den Sex-Shop zu gehen, obwohl wir im IAT für Begriffe aus dem Erotik-Bereich ein verdächtig positives Reaktionszeit-Muster an den Tag gelegt haben. Dies muß man bedenken, wenn man den IAT oder andere indirekte Messungen zur Vorhersage von Konsumhandlungen heranziehen will.

9.5 Unterschwellige Wahrnehmung

Die meisten Menschen können mit dem Begriff »unterschwellige Wahrnehmung« etwas anfangen. Laut verschiedenen Umfragen in den USA kennen zwischen 75 und 81 Prozent der Bevölkerung den Begriff, 74 bis 81 Prozent glauben, daß die Werbung mindestens »manchmal« unterschwellige Botschaften aussendet und zwischen 68 und 72 Prozent glauben, daß die Werbung damit auch Erfolg hat (Rogers & Smith, 1993; Smith & Rogers, 1994, S. 866*f*; vgl. auch Zanot, Pincus & Lamp, 1983).

Der Gedanke, daß Werbung durch das Phänomen der unterschwelligen Wahrnehmung profitieren könnte, beruft sich auf eine berühmt-berüchtigte Untersuchung des Marktforschers Vicary aus dem Jahr 1957. Es heißt, Vicary habe in Absprache mit einem Kinobesitzer in New Jersey, einen speziellen zweiten Projektor im Kino installiert. Während der Vorführung des Films *Picnic* (1955) habe der zweite Projektor alle fünf Sekunden die Worte »EAT POPCORN« und »DRINK *COCA-COLA*« (oder etwas ähnliches) auf die Leinwand projiziert. Die jeweilige Dauer der Projektion soll zwischen 1/300 und 1/6000 Sekunde gelegen haben. Die Widersprüchlichkeiten in der angegebenen Darbietungsdauer gehen darauf zurück, daß Vicary selbst sich mit den Informationen zu seinem Vorgehen sehr zurückgehalten hat, und daß man auf einander widersprechende zusätzliche Quellen angewiesen ist.[4] Das Experiment sei über einen Zeitraum von sechs Wochen fortgeführt worden. In dieser Zeit sei der Popcorn-Verbrauch um 18 Prozent und der *Coca-Cola*-Verbrauch um 57 Prozent gestiegen.

Leider sei Vicary nicht dazu bereit gewesen, wichtige Einzelheiten zu seinem Vorgehen zu veröffentlichen. Statt dessen habe er nichts eiligeres zu tun gehabt, als sein Vorgehen patentieren zu lassen (Brand, 1978). Dieses Verhalten ist natürlich nicht sehr günstig, wenn man die wissenschaftliche Öffentlichkeit überzeugen will. In der Folge hat eine hitzige Diskussion über die Möglichkeit der unterschwelligen Werbung stattgefunden, die bis in die Gegenwart andauert. Noch wichtiger sind die einzelnen Versuche, die jeweils mit unterschiedlichem Erfolg Effekte durch unterschwellige Beeinflussung erzielen wollten (zum Überblick vgl. Brand, 1978, S. 176*ff*, Tab. 3; siehe auch Moore, 1982; Holender, 1986; Pratkanis & Greenwald, 1988; Bornstein, 1989b; Hawkins, 1970; Beatty & Hawkins, 1989; Mayer, 1993; Theus, 1994).

Während sich Experten dergestalt streiten, erfreut sich das Konzept der unterschwelligen Beeinflussung in der Öffentlichkeit großer Beliebtheit (vgl. Exkurs 25). Dabei werden die interessantesten Fragen an diese Technik selten diskutiert. Eine sinnvolle Auseinandersetzung mit dem Phänomen sollte aber zu folgenden Problemen eine Antwort ermöglichen (vgl. auch Bornstein, 1989b, S. 235):

- Was ist überhaupt unterschwellige Wahrnehmung (etwa im Unterschied zu einer beiläufigen, unaufmerksamen bzw. unbewußten Wahrnehmung)?
- Ist eine Wahrnehmung unterhalb der Reizschwelle überhaupt möglich?
- Wenn eine unterschwellige Wahrnehmung möglich ist, wie kann man diese Wahrnehmungsprozesse zur Beeinflussung von Wünschen und Affekten nutzen?
- Wie weit werden die unterschwelligen Reize analysiert? Macht es einen Unterschied ob ich darbiete »Trink *Coca-Cola*« oder nur »*Coca-Cola*« oder gar »Paul trinkt *Coca-Cola*«?[5]

---

[4] Zum Überblick über die unterschiedlichen Angaben siehe Brand, 1978, S. 168, Tab. 2. Das Experiment zitiere ich nach Mullen und Johnson (1992) sowie nach Brand (1978); siehe auch Brooks, 1958.

[5] Ein Unterschied zwischen beiden Formulierungen hat sich in einer Untersuchung von Hawkins (1970) nicht zeigen lassen. Die Effekte dieser Untersuchung hielten aber einem Replikationsversuch nicht stand (vgl. Beatty & Hawkins, 1989).

- Wie kann über Wahrnehmung ein verhaltenswirksames Motiv erzeugt werden? Ein solches Motiv ist schon mit überschwelliger Wahrnehmung schwer zu erzeugen, wie soll es dann so einfach durch unterschwellige Wahrnehmung zu haben sein?
- Stellen wir uns vor, die unterschwellige Botschaft sollte tatsächlich als Aufforderung wirken. Was soll mich davon überzeugen, daß eine unterschwellig dargebotene Aufforderung mich zu irgendetwas bewegt, wo doch schon überschwellige Aufforderungen, speziell Werbeaufforderungen, in den seltensten Fällen Erfolg haben. Welche Vorstellung von Kommunikation liegt diesem Gedanken zugrunde (vgl. Baacke et al., 1993, S. 73)? Wie läßt sich der weit verbreitete Glaube begründen, daß eine unterschwellig dargebotene Aufforderung nahezu zwangsläufig zum Erfolg führt?
- Sind die Effekte, die mit unterschwellig dargebotenem Material erzeugt werden, stärker als solche, die mit demselben Material bei beiläufiger oder nur besonders kurzer Darbietung oberhalb der Wahrnehmungsschwelle zu erzielen sind?
- Wie lange halten Effekte, die mit unterschwellig dargebotenen Reizen erzeugt wurden, an?
- Lassen sich unterschwellig erzeugte Effekte auch außerhalb des Labors realisieren?
- Können sich Rezipienten gegen subliminale Reizdarbietung zur Wehr setzen?
- Wie werden Reaktanzeffekte bei Mißlingen der Unterschwelligkeit aufgefangen (vgl. Kapitel 12)?

Exkurs 29 *Heavy Metal*

Die Vorstellung von der Möglichkeit einer unterschwelligen Beeinflussung hat – trotz den unklaren wissenschaftlichen Befunden – in der öffentlichen Diskussion nichts an Faszination eingebüßt. Von religiösen Fundamentalisten und sogar von Richtern wird sie sogar wie eine erwiesene Tatsache behandelt. Dies beweist ein relativ junger Fall, der vom *TIME-Magazine* aufgegriffen und ernsthaft diskutiert wurde (Henry, 1990; vgl. auch Pratkanis & Aronson, 1992, S. 205). Dabei geht es um die beiden jungen amerikanischen Heavy-Metal Fans Ray Belknap und James Vance, von denen einer Selbstmord beging. Der andere der beiden gab nach einem ersten mißglückten Selbstmordversuch an, sie seien durch die Texte der Gruppe Judas Priest davon überzeugt worden, daß das Leben nichts tauge, und daß es besser sei, sich umzubringen. Die Eltern der Fans strengten einen Prozeß gegen Judas Priest an. Der entscheidende Punkt in diesem Prozeß war nun, ob man den Musikern unterschwellige Botschaften in ihren Stücken nachweisen kann, denn eine überschwellige Botschaft mit dem Inhalt »Das Leben taugt nichts, gib dir die Kugel...« würde in den USA als eine Form der freien Meinungsäußerung durch den ersten Artikel der Verfassung geschützt. Als unterschwellige Darbietung wäre die Botschaft dagegen verboten. Sowohl in den USA als auch in Deutschland wurden nämlich bereits relativ kurz, nachdem die Diskussion über unterschwellige Beeinflussung aufkam, entsprechende Gesetze erlassen. In seiner Reportage dieses Falls erklärt Henry (1990), daß »researchers debate whether [visual subliminal images] have any proven persuasive effect. The notion that auditory images of this type could shape listeners' behavior is even more in dispute.«

Ich möchte im folgenden zu zeigen versuchen, welchen Stellenwert der mittlerweile schon traditionsreiche Gedanke der unterschwelligen Beeinflussung für uns hat. Dabei möchte ich mich an einigen der oben aufgeworfenen Fragen orientieren.

9.5.1 Wann sollte man von unterschwelliger Wahrnehmung sprechen?

In der Forschungspraxis wird der Begriff der Unterschwelligkeit unterschiedlich weit gefaßt. In einem engen Verständnis ist mit Unterschwelligkeit die Darbietung unterhalb der absoluten Reizschwelle gemeint (vgl. 5.1.1). Ein zweites etwas weiteres Verständnis nennt auch solche Reizdarbietungen unterschwellig, die zwar oberhalb der absoluten Reizschwelle liegen, bei denen aber eine Identifikation des Reizes aus anderen Gründen prinzipiell ausgeschlossen ist. Dies ist zum Beispiel gegeben, wenn der dargebotene Reiz von konkurrierenden Maskier-Reizen umgeben ist, die den Zielreiz überlagern. Dabei entstehen Interferenzen, die unter bestimmten Bedingungen eine bewußte Reizaufnahme prinzipiell unmöglich machen. Beiden Verstehensweisen ist gemeinsam, daß Personen die unterschwellig dargebotenen Reize auch dann nicht wahrnehmen können, wenn sie bewußt ihre Aufmerksamkeit darauf richten.

Dies ist anders bei einer dritten, besonders weiten Verstehensweise. Hier wird mit unterschwelliger Darbietung nicht viel anderes gemeint als »beiläufige Darbietung«. Die so dargebotenen Reize können vielleicht jeder einzeln sehr wohl bewußt wahrgenommen werden. »Unterschwellig« werden sie allenfalls dadurch, daß sie nicht beachtet werden. Die hierbei unterschrittene Schwelle wird weniger durch psychophysikalische Bedingungen, sondern eher durch kognitive Aufmerksamkeitsressourcen bestimmt. Man könnte also von einer Wahrnehmung unterhalb der »Aufmerksamkeitsschwelle« sprechen.

Schließlich findet sich noch ein weiterer Wortgebrauch, nach dem bestimmte hoch wirksame Beeinflussungstrategien »unterschwellig« genannt werden – weitgehend unabhängig davon, ob sie wahrgenommen werden oder nicht (ein solcher Wortgebrauch findet sich zum Beispiel bei Kellermann, 1997). Hier spielt allenfalls noch eine Rolle, wie diese Strategien interpretiert werden. Unter der einen Interpretation gilt die Strategie als durchschaut und demnach nicht mehr als unterschwellig, unter der anderen Interpretation wird sie nicht durchschaut und bleibt also unterschwellig. Hierbei haben wir es freilich mit einem sehr weit degenerierten Begriff der Unterschwelligkeit zu tun. Dieser Wortgebrauch wird zudem um so nutzloser, wenn man bedenkt, daß er nicht leistet, was er zu leisten vorgibt: Es gibt nämlich durchaus Beeinflussungsstrategien, die auch dann noch wirken, wenn man sie durchschaut. Wir haben das klassische Konditionieren als eine solche Strategie kennengelernt (6.1). Ein Beispiel aus dem Bereich der sozialen Beeinflussung wäre etwa die Regel der Gegenseitigkeit (siehe 10.3). Ob wir diesen Beeinflussungsstrategien unter- oder überschwellig ausgesetzt werden, spielt für unsere Beeinflußbarkeit keine erhebliche Rolle (das Signallernen, 6.1.2, zum Beispiel ist im Gegenteil sogar darauf angewiesen, daß die Kontingenz der Reize durchschaut wird).

Im folgenden soll der Begriff der Unterschwelligkeit auf die reine Wahrnehmung, also auf die ersten beiden Verstehensweisen beschränkt bleiben. Nur unter diesem Begriffsverständnis ist das zentrale Kriterium erfüllt, nämlich, daß selbst dann keine bewußte Wahrnehmung stattfindet, wenn die Rezipienten ihre Aufmerksamkeit auf die Reizdarbietung lenken.

Daß bis heute strittig ist, ob unterschwellige Wahrnehmung überhaupt vorkommt, liegt unter anderem daran, daß die absolute Reizschwelle, also jene Stärke eines Reizes, die gerade noch wahrgenommen werden kann, intraindividuell variieren kann. Eine bewußte Reizaufnahme kann also bei Stimuli, die nur knapp unterschwellig dargeboten werden, nicht immer ausgeschlossen werden. Zusätzlich wird der Nachweis unterschwelliger Wahrnehmung dadurch erschwert, daß Reizschwellen in der Regel nur unter starken Restriktionen gelten. So wird beispielsweise die Reizschwelle zur Wahrnehmung von kurzen visuellen Reizen (im populären Verständnis ist das der Prototyp einer unterschwelligen Darbietung) enorm von der Kontextbeleuchtung bestimmt. Wird die räumlich Umgebung heller oder dunkler, ändert sich die Reizschwelle, und was zuvor noch unterschwellig war, ist es nun vielleicht nicht mehr.

9.5.2 Gibt es überhaupt eine unterschwellige Wahrnehmung?

Der Gedanke der unterschwelligen Beeinflussung beruht auf der Erwartung, daß ein Reiz bestimmte Aktivierungsprozesse in Gang setzt, das heißt im wesentlichen einen Priming-Effekt hervorruft, ohne bewußt identifiziert zu werden. Das Problem bei den Arbeiten über unterschwellige Wahrnehmung scheint nach einer Kritik von Holender (1986; vgl. auch Brand, 1978) zu sein, daß es bisher auch in gut kontrollierten Experimenten noch nicht gelungen ist, eindeutig zu klären, daß ein Reiz im entscheidenden Augenblick dem Bewußtsein nicht zugänglich war.

Bornstein (1989b, S. 232) hält dagegen, daß eine im vorhinein eingenommene Skepsis gegenüber dem Phänomen der Unterschwelligkeit den kritischen Blick trübe. Er erklärt: »subliminінal effects are only counterintuitive to those who do not believe in them«. Nun wird jedermann in der Psychologie einräumen, daß ein Reiz, der bei der Reizaufnahme nicht mit Aufmerksamkeit bedacht wurde, trotzdem eine Wirkung haben kann. Das gesamte Kapitel hat bisher immer wieder die Frage diskutiert, welche Wirkung Reize haben können, die nicht aufmerksam und bewußt verarbeitet wurden. Die entscheidende Frage ist also, ob auch solche Reize eine Wirkung haben, die nie auch nur die Chance hatten, bewußt wahrgenommen zu werden.

Bornstein (1989b, S. 236) muß einräumen, daß bisher kein einheitliches Konzept von Aufmerksamkeit (»awareness«) in die Diskussion eingeführt wurde. Die Methoden, mit denen in Untersuchungen sichergestellt wird, ob eine bewußte Reizverarbeitung stattgefunden hat, hält er aber für überzeugend. Dabei haben Versuchspersonen in Recall- und Rekognitionstests Gelegenheit, sich an das dargebotene Material zu erinnern. Eine unterschwellige Wahrnehmung wird dann unterstellt, wenn die Identifikation des dargebotenen Materials nicht besser ist als bloßes Raten und wenn gleichzeitig bestimmte andere Maße dafür sprechen, daß eine Reizverarbeitung stattgefunden hat. Solche anderen Maße sind zum Beispiel Reaktionszeiten bei Entscheidungsaufgaben, die das dargebotene Material betreffen, elektrodermale Hautreaktionen oder evozierte Potentiale auf der Großhirnrinde. Ich habe solche Maße in Exkurs 28 als »indirekte Messungen« bezeichnet.

Diese Maße zeigen also, daß der Reiz verarbeitet wurde. Nun fehlt noch ein Argument dafür, daß der Reiz wirklich unterschwellig war, daß er also bewußt nicht erkannt werden konnte. Ein überzeugendes Argument für die tatsächliche Unterschwelligkeit der dargebotenen Reize ist, daß sich die Identifikationsleistung der Versuchspersonen nicht einmal dann bessert, wenn man ihnen für ein korrektes Wiedererkennen des unterschwellig dargebotenen Materials Geld anbietet. Dieses Argument widerspricht vor allem der These, die Versuchspersonen seien einfach unwillig, die unterschwelligen Reize wiederzuerkennen. Demnach sprechen mindestens einige Verhaltensmaße, etwa der Hautwiderstand, dafür, daß eine Darbietung unterhalb der Wahrnehmungsschwelle zu einer Aktivation führt.

Die oben beschriebene Oppositionstechnik bzw. die »Process-Dissociation Procedure« (siehe 9.2.1) sind auch für den Nachweis unterschwelliger Reizverarbeitung die zur Zeit wichtigsten Methoden. Das Grundprinzip ist wie gesagt, daß eine Instruktion von den Probanden ein Verhalten verlangt, das der unterstellten Reaktion auf den unterschwellig verarbeiteten Reiz genau widerspricht. Verfahren nach diesem Prinzip tragen zumindest einigen der bekannten Einwände gegen unterschwellige Reizverarbeitung Rechnung.

Bornstein (1989b) spricht wenig über die technische Umsetzung der Unterschwelligkeit. Seine Analyse bleibt zudem auf visuelle Unterschwelligkeit beschränkt. Dabei nennt er Darbietungszeiten von vier bis fünf Millisekunden, die verwendet wurden, um Unterschwelligkeit sicherzustellen. Er sieht freilich auch das Problem, daß die Wahrnehmungsschwelle nicht bei jeder Person und zu jedem Zeitpunkt gleich ist. Eine einheitliche Vorgabe für den Grauzonenbereich, der zwar nicht mehr wahrgenommen wird, in dem aber gleichwohl noch Aktivierungseffekte auftreten, ist also offenbar sehr schwierig.

Moore (1982) ist der Überzeugung, daß ein überschwellig dargebotener Reiz, der mit Aufmerksamkeit betrachtet wird, die Wirksamkeit von unterschwelligen Stimuli zunichte macht, weil er die dafür nötigen Speicherkapazitäten bindet. Er betont, daß vor und nach dem unterschwellig dargebotenen Zielreiz je 100 Millisekunden völlig neutraler Hintergrund gezeigt werden soll, um Maskierungseffekte zu verhindern.

Exkurs 30 *Kartoffelchips*
Unterschwellig im Sinne einer Wahrnehmung unterhalb der Unterschiedsschwelle (vgl. 5.1.1) könnte man auch folgendes »Wahrnehmungsphänomen« nennen: Naylor (1962) ließ seine Versuchspersonen Chipspackungen von unterschiedlichem Gewicht beurteilen. Die vertraute Pakkung wog neun Unzen (etwa 255 Gramm). Die Vergleichspackungen wogen jeweils neun, acht (227 Gramm) und sieben (198 Gramm) Unzen. Die Versuchspersonen mochten die Chips der leichteren Packungen deutlich weniger, gleichwohl bemerkten sie den Gewichtsunterschied nicht. In jeder Packung waren stets die gleiche Sorte Chips. Wenn man nun nicht davon ausgeht, daß Chips in Gesellschaft von 255 Gramm anderer Chips objektiv anders schmecken, als wenn sie nur von 198 Gramm umgeben sind, dann kann man hier eine Beeinflussung der Sympathie unterhalb der Wahrnehmungsschwelle annehmen: Ein nicht wahrnehmbarer Unterschied im Gewicht hätte demnach eine unterschiedliche Beurteilung zur Folge gehabt. Untersuchungen wie diese zählen nicht zu den typischen Beispielen für eine unterschwellige Beeinflussung, sie haben allerdings in der Forschung zur unbewußten Wahrnehmung Tradition (zum Beispiel Peirce & Jastrow, 1884, zit. n. Perrig, Wippich & Perrig-Chiello, 1993, S. 57).

Ich möchte hier noch auf ein verwandtes Phänomen aufmerksam machen, das vielleicht die Probleme der unterschwelligen Wahrnehmung in ähnlicher Brisanz enthält: das der Reizverarbeitung unterhalb der Aufmerksamkeitsschwelle. Dazu möchte ich zunächst ein Experiment vorschlagen: Betrachten Sie einmal den Text aus Abbildung 9.2 (aus Lindsay & Norman, 1981, S. 223, Abb. 7.9). In diesem Text sind zwei Schriftarten kombiniert. Einige der Wörter sind zudem kursiv gedruckt, andere nicht. Bitte lesen Sie jetzt laut alle nicht kursiven Wörter, ohne die kursiven zu beachten.

Wenn man ein Experiment wie dieses *Mann* **zur Aufmerksamkeit** *Auto* **durchführt,** *Hans* **ist es** *Junge* **sehr** *Hut* **wichtig,** *Schuh* **daß** *Bonbon* **das alte Material,** *Pferd* **das** *Baum* **die** *Stift* **Versuchspersonen** *Telefon* **als** *Kuh* **relevante** *Buche* **Aufgabe** *heiß* **dargeboten** *Tonband* **bekommen,** *Nadel* **zusammenhängend steht und** *Sicht* **grammatisch** *Himmel* **vollständig** *gelesen* **ist;** *Mann* **auf** *Auto* **der** *Haus* **anderen** *Junge* **Seite** *Hut* **darf** *Schuh* **es weder** *alte* **zu** *Pferd* **einfach** *Baum* **sein,** *Stift* **daß es** *Kuh* **nicht** *Buch* **die** *heiß* **volle** *Tonband* **Aufmerksamkeit** *Nadel* **beansprucht,** *steht* **noch** *Sicht* **zu** *Himmel* **schwierig** *gelesen* **konzipiert sein.**

Abbildung 9.2 Text zur Aufmerksamkeitssteuerung 1.

Fertig? Also: Sie werden feststellen, daß Sie sich an die kursiven Wörter nur sehr schlecht erinnern können. Haben Sie zum Beispiel bemerkt, daß jedes kursive Wort zwei Mal vorkam? Den meisten Personen fällt dies beim ersten Lesen nicht auf. Statt dessen ist Ihnen wahrscheinlich gelungen, ähnlich wie beim Cocktailparty-Effekt (5.3), das irrelevante Material aus Ihrer Aufmerksamkeit zu verbannen. Demnach hätten Sie also alles zurückgewiesen, was kursiv gedruckt war. Lesen Sie jetzt bitte den Text aus Abbildung 9.3 (Lindsay & Norman, 1981, S. 224, Abb. 7.10).

Es ist wichtig, daß die Versuchspersonen *Mann* **während** *Auto* **der** *Haus* **Aufgabendurchführung** *Junge* **gerade** *Hut* **unter** *Schuh* **ihrer** *hübschen* **Kompetenzgrenze** *Bonbon* **verbleiben,** *Pferd* **weil** *man* **Stift** *nur* **sein** *so* **Telefon** *sicher* **Kuh** *sein* **Buch** *kann,* **heiß** *daß* **Tonband** *sie* **Nadel** *sich* **lieben** *wirklich* **steht** *auf* **mit** *die* **relevante** *Zähne* **Aufgabe** *in* **konzentrieren** *an* **und** *der* **die** *leere* **sekundäre** *Luft* **oder** *Hut* **periphere** *Schuh* **Aufgabe** *Bonbon* **nur minimal beachten.**

Abbildung 9.3 Text zur Aufmerksamkeitssteuerung 2.

Wenn Sie tatsächlich alles zurückweisen würden, was kursiv gedruckt ist, dann würde Ihnen auch entgehen, daß an der Stelle, an der der relevante Text in ein wirres Kauderwelsch übergeht, die eigentliche bedeutungsvolle Nachricht im kursiven Teil fortgesetzt wird. Tatsächlich entgeht das aber nur sehr wenigen Personen, die meisten analysieren den kursiven Test mindestens so weit, daß sie diesen Wechsel mitbekommen und automatisch in den bedeutungstragenden Teil überwechseln.

Treisman (1960) wies dieses Phänomen für das beidohrige Hören nach. Ihre Versuchspersonen sollen einen Text nachsprechen, der über Kopfhörer auf einem Ohr präsentiert wird, während auf dem anderen sinnfreies Material präsentiert wird. Der Text des beachteten Kanals geht unvermutet in den Unsinnstext des anderen Kanals über und der bislang nachgesprochene Inhalt wird auf dem nicht beachteten Ohr fortgeführt. Der semantische Schwenk auf den nicht beachteten Kanal wird von vielen Versuchspersonen bemerkt, einige folgen sogar, ohne es zu merken, der Bedeutung und widmen nun die Aufmerksamkeit dem anderen Ohr. Obwohl in Treismanns Arbeit nur sechs Prozent der Probanden tatsächlich beim Sprechen den Kanal wechselten, war doch der Nachweis dieser Tatsache allein bahnbrechend. Treismanns Untersuchung kann als der erste experimentelle Beleg für eine automatische Informationsverarbeitung gewertet werden (Bargh, 1996, S. 1975).

Bedenken Sie nun, daß Ihre Wahrnehmungsschwelle in dem Versuch aus Abbildung 9.2 und 9.3 auf jeden Fall überschritten war – genauso wie bei den Probanden von Treisman (1960). Es fand eben nur keine absichtsvolle Verarbeitung statt. Trotzdem ging die Reizverarbeitung auf dem unbeachteten Kanal offensichtlich bis zu einem gewissen Grad von semantischer Analyse. Experimente wie diese belegen, daß auch dann, wenn es keine Reizverabeitung unterhalb der Wahrnehmungsschwelle geben sollte, eine Reizverabeitung unterhalb der Aufmerksamkeitsschwelle stattfindet. Anders gesagt: Auch wenn die Skeptiker der unterschwelligen Wahrnehmung recht haben sollten (zum Beispiel Holdender, 1986), kann man doch eine Aktivierung unterhalb der »Aufmerksamkeitsschwelle« nachweisen.

9.5.3 Können sich unterschwellige Reize auf unsere Absichten, Wünsche und Bedürfnisse auswirken?

Moore (1982) traf in seiner kritischen Analyse der Arbeiten zur unterschwelligen Beeinflussung die Unterscheidung zwischen »starken« und »schwachen« subliminalen Effekten. Ein starker Effekt wäre es, wenn eine unterschwellige Botschaft, die die Form eines direkten Befehls oder einer Aufforderung hat, zu einer Ausführung dieses Befehls führt. Er resümiert, daß die Versuche, eine direkte Aufforderung über eine unterschwellige Botschaft auszusenden, bisher fehlgeschlagen sind. Dieses Resümee kann man auch aus jüngerer Sicht bestätigen (vgl. Bornstein, 1989b; Smith

& Rogers, 1994). Anders ausgedrückt: Eine unterschwellige Botschaft mit dem Inhalt »Trink *Coca-Cola*« oder »Iß Popcorn« hat nach allem, was an Daten über derartige Effekte vorliegt, keine Aussicht auf Erfolg. Damit wären die ursprünglichen Hoffnungen der Werbeindustrie, wie sie aus Vicarys zweifelhaftem Versuch hervorgegangen sind, auf Eis gelegt.
Bornstein (1989b) betont jedoch, daß die Befundlage anders aussieht, wenn man weniger direkte als vielmehr indirekte Wege der Beeinflussung annimmt. Damit meint er das, was Moore schwache subliminale Effekte nennt. Bedenken wir dazu noch einmal, welcher Art die Einflüsse sind, die beiläufige Informationen auf uns haben. Ein Beispiel: Nehmen wir an, Sie würden zufällig Zeuge des folgenden Gesprächs:
A: Hast du eigentlich Jochen noch einmal gesehen?
B: Ja, er hat jetzt eine neue Stelle.
A: Arbeitet er jetzt nicht mehr in Saarbrücken?
B: Nein, das war ihm zu lästig, immer mit dem Zug dahin zu fahren.
A: Wenn du ihn siehst, dann sag ihm einmal, ich würde ihn gerne nochmal auf eine Cola einladen und mich mit ihm unterhalten.
B: Mach ich gerne, im Augenblick ist er allerdings in Urlaub.

Ein völlig alltägliches Gespräch, wie Sie zugeben werden, und trotzdem dürfte es Sie beeinflußt haben. Gehen wir davon aus, eine ganze Gruppe hätte das Gespräch gehört. Wenn jetzt jemand die ganze Gruppe bitten würde, das erste nichtalkoholische Getränk aufzuschreiben, das ihnen einfällt, dann würden sicher mehr Personen *Coca-Cola* oder *Pepsi* nennen, als wenn im Gespräch das Wort »Cola« nicht vorgekommen wäre. Zugegeben sicher nicht alle, aber einen Einfluß würde es haben. Und was wäre jetzt, wenn Sie Durst hätten und sich etwas zu trinken bestellen könnten?
Ein typisches Priming-Phänomen, das ganz beiläufig erfolgen kann. In dem Gespräch ging es gar nicht um Cola, das Wort ist ganz zufällig in einem ganz anderen Zusammenhang gefallen, und schon gar nicht wurde es mit einer Aufforderung verbunden, etwa »Kauf *Coca-Cola*«. Die entscheidende Frage für die unterschwellige Beeinflussung scheint zu sein: Kann man von Priming mehr erwarten als einfach nur die Aktivierung bestimmter Inhalte? Hätte es einen Unterschied gemacht, ob in dem Gespräch der Satz vorgekommen wäre, »Trink *Coca-Cola*«? Macht es einen Unterschied, ob in dem Gespräch vorkommt: »Ich möchte mit ihm eine Cola trinken« oder »Ich möchte mit ihm keine Cola trinken»? Das heißt, spielt die Negation beim »Vorwärmen« der Bedeutung »Cola« eine Rolle, oder findet ein Priming von »Cola« statt, egal wie das Wort im Gespräch erwähnt wurde?
Der Versuch, Konsumenten direkt durch unterschwellig dargebotene *Befehle* und *Aufforderungen* zu beeinflussen, muß als gescheitert betrachtet werden (Moore, 1982; Bornstein, 1989b; Smith & Rogers, 1994). Eine Beeinflussung wie die oben beschriebene Priming-Prozedur ist jedoch durchaus plausibel. Bornstein (1989b) unterscheidet drei Möglichkeiten, wie dieses Priming wirken könnte: Erstens könnte die reine Bedeutung eines Begriffes verfügbar gemacht werden, so daß spätere Informationsverarbeitung – zum Beispiel Wortassoziation, oder lexikalische Entscheidungen – von dieser erhöhten Verfügbarkeit profitiert. Zweitens könnten Motiv- und Affektzustände des Rezipienten durch den unterschwelligen Reiz angesprochen werden. Wenn der Reiz zu einem bereits existierenden Bedürfnis paßt, dann wird dieses Bedürfnis zusätzlich aktiviert. Ein neues Bedürfnis wird aber nicht durch den Reiz erzeugt. Das könnte höchstens auf dem dritten angesprochenen Weg erfolgen. Der unterschwellig dargebotene Reiz könnte nämlich einfach von einem *Mere-exposure*-Effekt profitieren. Eine häufige einfache unverstärkte Darbietung bewirkt bereits bei überschwellig dargebotenen Reizen eine positivere Affektlage gegenüber diesen Reizen.

Insbesondere die letzten beiden Arten von Effekten sind für die Werbung von großer Bedeutung: Wenn es gelingt, existierende Bedürfnisse zu aktivieren, oder unspezifische Affekte gegenüber einer Sache zu verbessern, dann ist immerhin ein Teil des ehrgeizigen Programmes »unterschwellige Beeinflussung« geglückt. Ein älteres Experiment von Byrne (1959, siehe Exkurs 31) deutet bereits an, daß eine unterschwellige Aktivierung von existierenden Bedürfnissen möglich zu sein scheint. Bornstein (1989b) führt weitere Beispiele aus dem tiefenpsychologischen Bereich an, bei denen den Versuchspersonen triebthematisches Material unterschwellig dargeboten wurde. Demzufolge sei auch eine Aktivierung von Trieben – also von angeborenen Bedürfnissen – durch unterschwellige Reize möglich.

Exkurs 31 *Beef*

Wie unterschwellig dargebotene Reize auf Bedürfnisse wirken können, zeigt eine Untersuchung von Byrne (1959). Hier haben die subliminal dargebotenen Stimuli Bedürfnisse anstoßen können, die es schon gab. Byrne (1959) zeigte Studenten in einer Lehrveranstaltung einen Film, in den im Abstand von sieben Sekunden für 1/200 Sekunde das Wort »beef« eingeblendet war. Nach der Vorführung kamen »zufällig« einige andere Studenten in den Hörsaal und baten die Kommilitonen, einen Fragebogen zum Gesundheitsverhalten auszufüllen. In diesen Fragenbogen waren Fragen nach ihrem Hungergefühl, Vorliebe für einen bestimmten Brotbelag sowie die Dauer seit der letzten Mahlzeit eingestreut. Es zeigte sich, daß die Studenten die die unterschwellige Darbietung »beef« miterlebt hatten, einen größeren Hunger berichteten. Die Bedeutung von »beef« ist also aktiviert worden, allerdings nicht in einem eng semantischen, sondern eher in einem affektiv-motivationalen Sinn. Es wurden weniger Bedeutungsstrukturen als vielmehr bereits existierende Bedürfnisse angestoßen. Man muß allerdings hinzufügen, daß auf eine entsprechende Kontrollfrage drei von 108 Versuchspersonen angaben, sie hätten während der Vorführung das Wort »beef« oder »beer« wahrgenommen. Diese Personen wurden zwar von der Auswertung ausgenommen. Es fehlt aber eine Handhabe, um auszuschließen, daß auch die anderen Teilnehmer irgendetwas gesehen hatten, ohne daß sie es später mitgeteilt hätten.

9.5.4 Sind unterschwellige Effekte wirksamer als überschwellige?

Es wäre nun noch zu fragen, wie mächtig diese Effekte sind. Gerade beim *Mere-exposure*-Effekt, der uns ja durch seine überschwelligen Varianten bereits als robust und wirksam bekannt ist, stellt sich die Frage: Bringt es etwas, auf unterschwellige Beeinflussung zu setzen, wenn man dieselben Effekte im wesentlichen auch mit überschwelligen Reizen haben kann? Wir haben oben bereits betont, daß der *Mere-exposure*-Effekt ganz erheblich davon profitiert, wenn die Reizdarbietung ohne Aufmerksamkeit erfolgt. Bornstein (1989b, S. 244) betont: »There is an inverse relationship between recognition accuracy and the magnitude of the mere exposure effect.« Nach seiner Meta-Analyse (Bornstein, 1989a) sind daher *Mere-exposure*-Effekte, die mit unterschwellig dargebotenem Material erzielt wurden, beinahe fünf Mal so stark wie überschwellig erzielte.
Zu einem ähnlichen Ergebnis kommt Bornstein (1989b, S. 245*f*) bei der Analyse zu der Aktivierung von Trieben, Wünschen und Bedürfnissen: Unterschwellig dargebotenes Material zieht die stärkeren Effekte nach sich. Allerdings muß man betonen: Es ist nicht die Unterschwelligkeit, die für den stärkeren Effekt sorgt. Worauf es ankommt ist das Fehlen von Aufmerksamkeit bei der Reizverarbeitung. Unterschwellige *Mere-exposure*-Effekte sind nicht deshalb besonders wirksam, weil sie unterschwellig sind, sondern weil durch die Unterschwelligkeit eine Reizverarbeitung ohne Aufmerksamkeit sichergestellt ist. Eine überschwellige Reizverarbeitung, die ebenfalls ohne Aufmerksamkeit bzw. bewußte Erinnerung erfolgt, hat daher ungefähr die gleichen Aussichten auf Erfolg.
Dieser Gedanke ergibt sich aus dem oben geschilderten Modell der Fehlzuschreibung einer Erinnerung (siehe Abbildung 9.1). Bornstein und D'Agostino (1994) sprechen von einem »perceptual

fluency/attributional model«. Damit meinen sie, daß die besonders flüssige Informationsverabeitung (»perceptual fluency«) auf eine günstige affektive Haltung zurückgeführt (attribuiert) wird. Sie fahren fort: »it is important to note, that this model does not suggest that a stimulus must be presented subliminally in order to produce an enhanced mere exposure effect. In fact, the perceptual fluency/attributional model hyopthesizes that the key variable underlying the enhanced mere exposure effects in [subliminal mere exposure] is not stimulus subliminality per se, but rather the subject's *lack of awareness* of the relationship between stimulus exposures and subsequent affect rating« (Bornstein & D'Agostino, 1994, S. 107, Hervorhebung GF). Die Stabilität der Effekte liegt verhältnismäßig hoch. Bornstein (1989b, S. 248) berichtet von einer Persistenz bis zu mehreren Tagen.

Danach spricht einiges dafür, unterschwellige Reizdarbietung zur *indirekten* Beeinflussung von Verhalten für wirksam zu halten. Wenn dagegen eine *direkte* Beeinflussung des Verhaltens angestrebt wird, wenn also direkte Appelle an das Publikum ergehen sollen, sind die üblichen Werbemethoden den Versuchen zur unterschwelligen Beeinflussung überlegen. Zum Beispiel versuchten Smith und Rogers (1994) in ihrer Untersuchung eine direkte unterschwellige Beeinflussung. Ihre Versuchspersonen bekamen die unterschwellige Botschaft »coose this«. Bei dieser Prozedur blieb den Autoren nur die Folgerung, »that the largest possible effect of subliminal messages is much smaller than the effect of supraliminal messages« (Smith & Rogers, 1994, S. 872).

Die bisher nachgewiesenen unterschwelligen Effekte haben noch vor ihren praktischen Konsequenzen eine wichtige theoretische Folge: Viele Psychologen waren im wesentlichen der Meinung, daß zwischen der Stärke eines Reizes und dem Effekt, den man mit diesem Reiz erzielt, eine eindeutige positive Beziehung besteht. Je mehr von dem Reiz geboten wird, desto stärker der Effekt. Eine solche Denkweise ist in der Lernpsychologie (vgl. Kapitel 6) durchaus angemessen und zielführend. Nur ist sie eben leider nicht ganz richtig. Die ganzen Überlegungen zu automatischen Prozessen der Informationsverarbeitung, vor allem aber die Überlegungen zur unterschwelligen Beeinflussung, zeigen, daß mitunter sehr schwache Reizenergie genügt, um Effekte zu erzielen, die mit einer höheren Dosierung genau derselben Reize nicht erreicht werden können.

Warum ist das so? Wie kann man sich die gelegentliche Überlegenheit von Reizen, die nicht bewußt wahrgenommen werden, erklären? Der theoretische Gedanke dahinter ist, daß bei einer bewußten und aufmerksamen Reizverarbeitung bestimmte Kontrollprozesse einsetzen, die die Wirksamkeit eines Stimulus dämpfen können. So ein Mechanismus könnte zum Beispiel das bewußte Gegenargumentieren sein, das einsetzt, wenn man merkt, daß man überzeugt werden soll (vgl. Kapitel 12 und 13). Ein solcher Kontrollmechanismus kann aber auch darin bestehen, daß man sich bewußt dem einflußreichen Reiz aussetzen oder eben entziehen kann. Diese Kontrollmöglichkeiten fallen bei einer nicht bewußten Reizdarbietung weg. Darin liegt wohl ihre Wirksamkeit – und natürlich auch ihr praktisches Problem. Dazu unten mehr.

9.5.5 Welche praktische Bedeutung hat unterschwellige Reizdarbietung für die Werbung?

Bornstein (1989b, S. 254) nennt vier entscheidende Vorteile einer unterschwelligen Beeinflussung:

1. Die Herkunft einer unterschwelligen Darbietung bleibt unklar. Das ist besonders günstig, wenn der Absender in keinem guten Ruf steht und nicht auf Wohlwollen rechnen kann.
2. Man kann sich der unterschwelligen Darbietung nicht entziehen.
3. Die Rezipienten können kaum bewußte Strategien gegen die Beeinflussung einsetzen.

4. Da die Herkunft einer unterschwelligen Beeinflussung unklar bleibt, können sich die beeinflußten Personen auch später keine Rechenschaft über ihre veränderten Affekte und Einstellungen geben. Dadurch könnten im nachhinein Rationalisierungen eingesetzt werden, die zusätzliche Bindung an die veränderte Affektlage schafft (vgl. Kapitel 11).

Gibt es nun Möglichkeiten, außerhalb des psychologischen Labors diese Vorteile der unterschwelligen Aktivierung, zum Beispiel zur Werbung zu nutzen? Wenn im psychologischen Labor unterschwellige Effekte untersucht werden, dann geht es darum, diese Effekte in Reinform nachzuweisen. Wenn ein solcher Nachweis gelungen ist, ist damit seine praktische Relevanz noch nicht ausgemacht. Ein extremes Problem für die Nutzung von unterschwelliger Wahrnehmung stellt die Annahme dar, daß die absolute Reizschwelle nicht für alle Personen und für alle Situationen gleich ist. Was für den einen unterschwellig ist, muß es für den anderen nicht sein. Es ist auch möglich, daß bestimmte Erwartungshaltungen den Abruf der Reizinformation erleichtern. Zum Beispiel ist die Erwartung bei Werbespots mit Produkten konfrontiert zu werden sehr hoch, so daß eine tatsächliche Konfrontation insgesamt leichter registriert wird und daher auch keine so starke Reizenergie voraussetzt. Schließlich muß sich die Annahme unterschwelliger Wahrnehmung zum Beispiel dagegen durchsetzen, daß die Versuchspersonen eventuell Teile des Reizes wahrgenommen haben und daraufhin den vollständigen Reiz leichter assoziieren.

Technisch ist zu fragen, ob die zur Verfügung stehenden Medien, vor allem das Fernsehen, in der Lage sind, die erforderlichen Reizbedingungen zu schaffen. Zunächst wäre zu klären, ob ein Fernseher überhaupt zuverlässig eine Kurzeinblendung von vier bis fünf Millisekunden zuläßt. Dabei ist weiterhin zu bedenken, daß die Raumbeleuchtung beim Fernsehen eine entscheidende Rolle für die Wahrnehmung von kurzen Flimmerepisoden spielt.

Allen diesen Problemen steht eine zentrale Erkenntnis entgegen, die auch von jenen vertreten wird, die eine unterschwellige Beeinflussung für möglich halten. Ich habe sie oben von Bornstein und D'Agostino (1994, S. 107) zitiert, hier nun in den Worten von Bargh (1996, S. 172): »it is [...] lack of awareness of the effect of a stimulus – not awareness of the stimulus itself (subliminality) – that is the critical variable in determining how a person will react to it«. Es geht also ohnehin nicht darum, Stimuli so darzubieten, daß niemand sie wahrnehmen kann, sondern es geht darum, ob wir die Stimuli aufmerksam verarbeiten und ob wir ihren Effekt vorhersagen können. Wird eine dieser beiden Fragen mit »nein« beantwortet, sind die Effekte überschwellig dargebotener Reize mindestens so stark wie die der (angeblich) unterschwelligen.

Die wenigen seriösen Berichte über unterschwellige Werbung unterzog Trappey (1996) einer Meta-Analyse. Aus insgesamt 23 veröffentlichten Studien ergab sich eine mittlere Effektstärke für die Beeinflussung einer Produktentscheidung durch unterschwellige Werbung von $r = .0585$. Diese Zahl liegt zwischen dem Effekt von Aspirin auf das Herzinfarktrisiko und dem Zusammenhang zwischen Alkoholismus und der Teilnahme am Vietnamkrieg (Trappey, 1996). Die wenigen Arbeiten, die überhaupt als Argument für eine unterschwellige Beeinflussung herangezogen werden könnten, berichten also von ausgesprochen kleinen Effekten. Freilich ist zu betonen: Wenn es überhaupt einen Effekt gibt, wie in den Arbeiten der Meta-Analyse berichtet, dann ist das durchaus mindestens von theoretischem Interesse. Und wenn es bei den Effekten nicht um verkaufte Waschmittel, sondern um Menschenleben geht, erscheinen auch angeblich kleine Effekte plötzlich beachtenswert. Fraglich ist eben nur, ob Praktiker der Werbung diese Effekte der Mühe für wert erachten.

Neben diesen eher technischen Problemen würde die Möglichkeit einer unterschwelligen Beeinflussung noch ganz andere praktische Fragen aufwerfen: Die Tatsache, daß man sich unterschwelliger Beeinflussung nicht erwehren kann, ja daß man sich unterschwelliger Reizdarbietung nicht einmal entziehen kann, begründet für viele Kritiker ein ernstes *ethisches Problem.* Dieses Problem soll hier nur kurz angerissen werden. Ich habe bereits eingangs erklärt (1.6), daß die ethische Dimension der Werbung ein sehr wichtiger Themenbereich ist, der eine eigene Diskussion verdient. Diese Diskussion wird in dem vorliegenden Buch nicht geliefert. Sie bleibt anderen Arbeiten vorbehalten.

An dieser Stelle soll es genügen, wenn wir ein Argument von Bornstein (1989b, S. 255*f*) zurückweisen. Bornstein erinnert daran, daß auch andere psychologische Beeinflussungsmechanismen ohne bewußte Kontrolle ablaufen. Unsere eigene vorangegangene Diskussion ist dafür ein gutes Beispiel: Effekte des impliziten Gedächtnisses, der *Mere-exposure*-Effekt, verschiedene Arten des Priming und deren Einflüsse auf Urteile und Bewertungen funktionieren immer dann am besten, wenn die Rezipienten von diesen Einflüssen nichts wissen.

Bornstein ist der Ansicht, eine unterschwellige Beeinflussung sei nichts wesentlich anderes: In allen Fällen werde der Rezipient beeinflußt, ohne daß er etwas dagegen unternehmen könne. Um die versprochene Kürze in der Argumentation einzuhalten, möchte ich hier nicht diskutieren, welche ethischen Probleme es aufwirft, wenn man einen Beeinflussungsversuch geradezu auf der Unaufmerksamkeit der Rezipienten aufbaut. Es liegt aber zwischen den oben diskutierten Mechanismen und der Beeinflussung unterhalb der Wahrnehmungsschwelle ein erheblicher Unterschied: Die Beeinflussung unterhalb der Wahrnehmungsschwelle will es dem Rezipienten prinzipiell unmöglich machen, die Mechanismen der Beeinflussung zu durchbrechen. Damit geht aber die gesamte Verantwortung für eine mögliche Beeinflussung an den Absender.

Das ist bei anderen Arten der Beeinflussung anders. Wir haben in den meisten Fällen eine Vorstellung von einer »reifen« Art mit solchen Beeinflussungsversuchen umzugehen. Gerade im Zusammenhang mit Werbung werden die meisten Menschen eine Vorstellung davon haben, wie man vernünftigerweise mit Werbung umgehen soll, wie ein erwachsener Mensch sie verstehen, vor allem aber, wie er sie nicht verstehen sollte. Dies zeigt bereits, daß die Beeinflussung durch Werbung in den üblichen Fällen nicht allein eine Sache der Werbungtreibenden, sondern zum Teil auch des Publikums ist. Damit ist nicht gesagt, daß diese Beeinflussung über jeden Zweifel erhaben wäre. Damit ist nur gesagt, daß sie ethisch anders zu bewerten ist als eine gezielte Manipulation oder eine Gehirnwäsche.

Die hier über weite Strecken diskutierten Prozesse der automatischen, nicht-bewußten Informationsverarbeitung liegen bereits an der Grenze. Die meisten von uns würden sich wohl nicht eben wünschen, bei ihren Urteilen Kontexteffekten, dem Halo- oder dem *Mere-exposure*-Effekt zu erliegen. Wir können zwar mit Sicherheit sagen, daß in normalen, unbewachten Alltagssituationen auch wir »aufgeklärten« Konsumenten von diesen Prozessen beeinflußt werden. Aber immerhin: prinzipiell gibt es einen Ausweg. Wer seine Aufmerksamkeit auf die beeinflussenden Prozesse richtet, kann vieles daran kontrollieren und neutralisieren. Die Unkontrollierbarkeit der oben beschriebenen automatischen Prozesse ist also in gewisser Hinsicht nur ein »Zufall«, da sie in Grenzen wieder neutralisiert werden kann.

Hier liegt der entscheidende Unterschied, der es nötig macht, eine eventuelle unterschwellige Beeinflussung anders zu behandeln als andere Mechanismen der Beeinflussung. Dem Empfänger der unterschwelligen Reizdarbietung fehlt prinzipiell jede Kontrollmöglichkeit. Daher gibt es für den Rezipienten auch keinen »vernünftigen Umgang« mit der Botschaft. Er ist völlig auf seine »Automatismen« zurückgeworfen. Er ist überhaupt nicht mehr als Rezipient im eigentlichen Sinne anzusehen, jedenfalls nicht als ein Rezipient, der eine freie Meinungsäußerung entgegennimmt. Daher kann eine unterschwellige Reizdarbietung auch nicht durch das Recht auf freie Meinungsäußerung geschützt werden.[6] Es ergeben sich also eine Reihe von ethisch und juristisch bedeutsamen Folgen aus der Unterscheidung zwischen prinzipiell und »zufällig« unkontrollierbaren Beeinflussungsprozessen.

Ein ähnlicher Unterschied liegt wohl einem in der Philosophie häufig diskutierten Problem zugrunde: Eine Täuschung ohne Falschaussage ist nicht ohne weiteres dasselbe wie Lügen. Wenn ich jemanden täusche, indem ich eine Information nicht gebe, nach der ich nicht gefragt wurde, dann ist diese Täuschung anders zu bewerten, als wenn ich jemanden täusche, indem ich ihn ins Gesicht anlüge. Der Unterschied sollte evident sein, genauso wie die Tatsache, daß Täuschen mit und ohne Lügen ein ethisches Problem darstellt. Die ethische Diskussion um die Werbung habe ich hier also nur angedeutet. Ich wollte lediglich zeigen, daß Bornstein (1989b) mit seinen Gedanken weit hinter den tatsächlichen praktischen Problemen zurückbleibt.

---

[6] Das Argument hierfür ist nicht, daß das Recht auf freie Meinungsäußerung erlischt, wenn man es für so schäbige Dinge wie unterschwellige Beeinflussung gebraucht. Vielmehr muß, wie oben angedeutet, bezweifelt werden, daß für die Meinungsäußerung ein Empfänger vorhanden ist, der die Meinungsäußerung als solche versteht. Dieser Empfänger fehlt hier auch nicht zufällig, sondern prinzipiell. Betrachten wir einen ähnlichen Fall, in dem ebenfalls der Empfänger fehlt: Eine Person, die gegen eine nackte Wand spricht, besitzt zwar ein Recht auf freie Meinungsäußerung, sie übt es aber nicht aus, indem sie gegen die nackte Wand spricht. Die Berufung auf das Recht auf freie Meinungsäußerung ist hier nicht unzulässig, sie ist unsinnig. Dieses Argument gilt übrigens auch für die Werbung vor Kindern (Felser, 1994).

ZEHN: **Sozialpsychologische Grundlagen**

Zusammenfassung:

1. *Etliche unserer Verhaltensweisen als Konsumenten werden erst verständlich, wenn wir unsere Situation in einer Gruppe in Rechnung stellen. Kaufverhalten wird auf vielfache Weise sozial kontrolliert. Einen besonderen Stellenwert nehmen hierbei Familie und Partnerschaft ein. Die Werbung appelliert nicht selten an soziale Kontrollmechanismen, wie etwa Konventionen, Modeerscheinungen, das Verhalten vergleichbarer anderer Personen oder Erfordernisse des sozialen Status.*

2. *Der Vergleich mit anderen Personen, die uns in relevanter Hinsicht ähnlich sind, liefert uns Maßstäbe und Normen. Er bildet die Grundlage für eine Reihe von psychologisch wichtigen Prozessen, zum Beispiel*
   - *Urteile: etwa Präferenzurteile über Produkte;*
   - *Entscheidungen: etwa Kaufentscheidungen, bei denen wir uns noch unsicher sind;*
   - *Erwerb von neuen Verhaltensweisen: etwa das »Erlernen« eines Konsumverhaltens an Modellen.*

3. *Wenn wir das Verhalten anderer Personen beobachten, neigen wir dazu, Situationseinflüsse zu vernachlässigen und den Beitrag der Personmerkmale zu dem Verhalten zu hoch zu veranschlagen. Dies gilt auch für die Erwartung an unser eigenes Verhalten. Hieraus ergeben sich verschiedene Urteilsverzerrungen.*

4. *Starke Beeinflussungswirkung geht von Personen aus, die uns besonders sympathisch sind. Diese Einflüsse werden nicht nur in der Werbung, sondern auch in der direkten Interaktion deutlich. Eine besondere Rolle im Rahmen der Sympathiemechanismen kommt der physischen Attraktivität zu, da sie sowohl Mittel der Werbung als auch ihr Gegenstand sein kann.*

5. *In vielen für das Kaufverhalten relevanten Situationen läßt sich die Wirksamkeit psychologischer Gegenseitigkeitsprinzipien nachweisen. Der Kern dieser Prinzipien besteht in folgenden Punkten:*
   - *Eine Gefälligkeit oder ein Dienst, den mir ein anderer erweist, stellt einen Druck her, die Gefälligkeit zu erwidern.*
   - *Um den Gefallen muß ich dabei gar nicht gebeten haben.*
   - *Der Gefallen muß mir nicht willkommen sein. Auch wenn ich mit dem Gefallen nichts anfangen kann, bleibt das Gesetz der Gegenseitigkeit wirksam.*
   - *Die Person, die mir den Gefallen tut, muß mir nicht sympathisch sein, damit ich die Verpflichtung zur Gegenseitigkeit verspüre.*
   - *Die Erwiderung eines Gefallens muß keineswegs dem ursprünglichen Gefallen entsprechen. Sie kann im Gegenteil weit über das hinausgehen, was eigentlich erwidert werden soll.*

– *Das Nachgeben bei Verhandlungen wird wie ein Gefallen gewertet. Ein Rückzug von einer hohen Forderung verbessert die Chancen, daß die neue Forderung, auf die man sich zurückgezogen hat, akzeptiert wird.*

In den vorangegangenen Kapiteln haben wir uns mit der menschlichen Informationsverarbeitung beschäftigt. Nun werden wir einen anderen Blickwinkel einnehmen, nämlich den der Sozialpsychologie. Die Sozialpsychologie beschäftigt sich mit der Tatsache, daß wir nicht auf einer Insel leben, sondern daß wir von anderen Personen umgeben sind. Viele unserer Verhaltensweisen und Konsumwünsche sind sozial bedingt, das heißt, ohne den Einfluß anderer Personen würden wir sie nicht zeigen. Die soziale Situation der Konsumenten wird in der Werbung thematisiert, denn Kaufentscheidungen lassen sich durch andere Personen erheblich beeinflussen. Besonders augenfällig ist das bei folgenden drei Produktkategorien (vgl. Kroeber-Riel & Meyer-Hentschel, 1982, S. 134; Fisher & Price, 1992):

1. Produkte, die öffentlich konsumiert werden, zum Beispiel Genußmittel wie Zigaretten oder Alkohol.
2. Produkte, deren Konsum von der Öffentlichkeit bemerkt wird, zum Beispiel Kosmetika.
3. Produkte, die Gegenstand von Gesprächen sind, zum Beispiel Reisen oder Filme.

10.1 Die soziale Bezugsgruppe

Ein Großteil unseres Verhaltens wird von der sozialen Gruppe kontrolliert. Diese Effekte sind nicht darauf angewiesen, daß zwischen den Individuen einer sozialen Gruppe irgendeine Beziehung besteht. Die Kontrolle beginnt bereits bei der bloßen Anwesenheit anderer Personen (zum Beispiel Exkurs 32). Oft entscheidet nur, daß zum selben Zeitpunkt verschiedene Individuen am selben Ort sind. Zunächst aber wird es darum gehen, welchen Einfluß andere Personen haben, wenn zwischen uns und ihnen eine Beziehung besteht.

Exkurs 32 *Reinlichkeit*

Es scheint Situationen zu geben, in denen eine gewisse soziale Kontrolle sehr wünschenswert und offensichtlich auch notwendig wäre. Pedersen, Keithly und Brady (1986) untersuchten in Damentoiletten, ob die Besucherinnen sich die Hände wuschen. In der Anwesenheit anderer Personen wuschen sich 18 von 20 Frauen nach der Toilettenbenutzung die Hände. In einer zweiten Untersuchungsbedingung schloß sich eine der Beobachterinnen in eine Toilettenzelle ein, hängte ein Schild mit der Aufschrift »Out of order« an die Tür und achtete darauf, ob eine Person vor dem Hinausgehen das Wasser laufen ließ. Zu ihrem Schrecken mußten die Forscherinnen feststellen, daß unter dieser Bedingung, wenn (vermeintlich) niemand es sehen konnte, nur noch drei von 19 Frauen so reinlich waren, sich die Hände zu waschen.

Es gibt die verschiedene Kriterien, nach denen zwischen Individuen eine Beziehung besteht. Nach diesen Kriterien gruppieren wir uns oft selbst, oder werden von außen gemeinsam mit ganz bestimmten anderen gesehen. Verwandtschaft ist ein solches Kriterium. Aber auch bestimmte Arten der Übereinstimmung zwischen Personen, etwa in Alter, Geschlecht, Herkunft, Interessen oder Tätigkeiten, lassen uns Beziehungen wahrnehmen. Schließlich gibt es auch bestimmte Arten der Passung, aufgrund deren wir fast unwillkürlich bestimmte Individuen als zusammengehörig wahrnehmen. Diese Passung beruht nicht immer auf Gleichheit, sondern oft auch auf der Verschiedenheit der einzelnen Individuen, zum Beispiel Mann und Frau, Arbeitgeber und Arbeitnehmer, Kunde und Verkäufer, Streicher und Bläser und so weiter. Die Beliebigkeit, mit der sich Gruppen erzeugen lassen, hat schon etwas Erschreckendes. Zum Beispiel kann man in sozialpsychologischen Experimenten einander völlig fremden Versuchspersonen erklären, die Menschheit zerfalle in zwei Gruppen, die Leute, die gerne und die, die weniger gerne ins Theater gehen, oder Leute, die sich beim Zählen von Schneeflocken nach oben und solche, die sich nach unten verschätzen. Man gliedert die Personen in Gruppen und kann fortan mit diesen Gruppen die typischen Gruppeneffekte nachweisen, angefangen bei selektiver Bevorzugung bis hin zum Rassismus (zum Beispiel Sherif, Harvey, White, Hood & Sherif, 1961; Tajfel, 1981; Turner, 1987; Brown, Collins & Schmidt, 1988).

Wir haben zudem eine ausgeprägte Neigung, unsere Gruppenzugehörigkeit nach außen zu kommunizieren, besonders, wenn unsere Gruppe zur Gewinnerseite gehört. Dieses Phänomen zeigt sich zum Beispiel, wenn Sporterfolge zu feiern sind. Die Bereitschaft, sich als ein Mitglied einer Gemeinschaft auszuweisen (zum Beispiel durch Tragen eines entsprechenden T-Shirts) steigt, wenn diese Gemeinschaft soeben einen Erfolg zu verzeichnen hatte (Cialdini, Borden, Thorne, Walker, Freeman & Sloan, 1976).

Man unterscheidet zwischen Primär- und Sekundärgruppen (zum Beispiel Kotler & Bliemel, 1995, S. 284). Primärgruppen bilden zum Beispiel die Familie, der Freundeskreis oder die Nachbarn. Der Kontakt der Mitglieder in Primärgruppen findet häufig statt und ist von informeller Art. Sekundärgruppen sind zum Beispiel Religionsgemeinschaften, Arbeitsverbände, Gewerkschaften oder der Vorstand in der Firma. In diesen Gruppen ist der Kontakt eher formell und findet nicht so häufig statt.

10.1.1 Kaufentscheidungen in der Gruppe

Kaufentscheidungen werden von der Bezugsgruppe beeinflußt. Grob geschätzt werden etwa 60 Prozent aller Kaufentscheidungen nicht allein gefällt. Besonders stark orientieren sich Konsumenten an ihrer Bezugsgruppe, wenn es um teure Produkte wie Autos und Farbfernsehgeräte geht, und wenn ein Produkt noch relativ neu ist (vgl. Kirchler, 1995, S. 97; Kotler & Bliemel, 1995, S. 284).

Primärgruppen

Besonders die Familie spielt bei Konsumentscheidungen eine wichtige Rolle. Nachgewiesen ist beispielsweise der Einfluß, den Kinder auf die Kaufentscheidungen ihrer Eltern nehmen (zum Beispiel Atkin, 1978; Goldberg, 1990; Felser, 1994). In diesen Untersuchungen ging es freilich meist um kindtypische Produkte wie Frühstücksflocken. Aber auch die Anschaffung eines Wagens, die Bildung von Rücklagen oder die Planung einer Urlaubsreise werden häufig mit der ganzen Familie vorgenommen (Kroeber-Riel, 1992, S. 443*ff*; Kirchler, 1995, S. 89*ff*; Kotler & Bliemel, 1995, S. 286*ff*). Ein Konflikt zwischen den beteiligten Personen kann unterschiedliche Quellen haben. Divergenzen ergeben sich, wenn die Partner die Attribute der Produkte unterschiedlich wahrnehmen oder aber, wenn sie unterschiedliche Ziel- und Wertvorstellungen haben (Kirchler, 1993, 1995, S. 92*f*).

Stellen wir uns vor, die Ehefrau möchte sich einen Pelzmantel kaufen (Beispiel nach Kirchler, 1993, S. 106). Sie kann nun mit ihrem Partner darüber uneins sein, ob dieser oder jener Pelz gut verarbeitet oder zu einem angemessenen Preis zu haben ist. Das wäre ein Sachkonflikt, den man durch Argumente beilegen könnte.

Die Sache sieht aber anders aus, wenn der Partner meint, Pelzmäntel kämen aus moralischen Erwägungen gar nicht in Frage. Hier prallen Werthaltungen aufeinander. Das Argumentieren hat hier

schnell ein Ende und andere Konfliktlösungsstrategien werden wahrscheinlicher (zum Beispiel Verführungskünste, Rückzug, vor vollendete Tatsachen stellen etc.; Kirchler, 1993).
Eine dritte Konfliktart betrifft Verteilungen in Familie und Partnerschaft. Sie können sich sicher leicht vorstellen, welche Probleme möglich sind, wenn zwei Partner Nutzen und Lasten einer Anschaffung zu verteilen haben. Immer wieder werden Kompromisse und Zugeständnisse gefordert sein. Wie nehmen das die Partner wahr? Wie verrechnen sie Zugeständnisse und Entgegenkommen? Welche Rolle spielen dabei die Präferenzen des anderen? Entscheiden sich die Partner, um selbst einen Nutzen zu haben, oder auch dem anderen zuliebe? Wer ökonomisch inspiriert ist, wird sagen: Wir wollen in einer Beziehung auf unsere Kosten kommen. Die Beziehung muß sich auch *für uns* auszahlen, nicht nur für unseren Partner. Eine Beziehung, bei der zu viele Kompromisse nötig sind, ist instabil. Unsere Vorstellung von Liebes- und Geschäftsbeziehungen allerdings läßt uns einen wesentlichen Unterschied wahrnehmen. Gelten für Geschäftspartner dieselben Bedingungen wie für Intimpartner? Liegt da nicht ein wesentlicher Unterschied?
Um die Frage weiter zuzuspitzen, kann man noch folgendes Argument ins Feld führen. Stellen wir uns vor, Paul und Clara, ein Paar aus unserer Bekanntschaft, würden einige ihrer Konsumentscheidungen in unserer Anwesenheit diskutieren. Dabei fällt uns auf, daß beide geradezu beckmesserisch darauf achten, wer in einer bestimmten Situation mehr hat als der andere. Wären die beiden zwei Geschäftspartner, könnten sie nicht genauer über ihre Verhältnisse Buch führen. Würden wir den beiden eine liebevolle und innige Beziehung bescheinigen? Wie wäre es nun mit Rainer und Ruth, ebenfalls Freunde von uns, bei denen über Verteilungen kein Streit entbrennt. Der Grund hierfür ist einfach: Rainer hat das Sagen, und Ruth steckt ein. Die vielen materiellen und immateriellen Unausgewogenheiten zu Rainers Gunsten scheint Ruth damit zu verrechnen, daß Rainer solch ein toller Prinz ist, der in hohem Ansehen steht, und den viele andere Frauen auch gerne abbekommen hätten. In dieser Beziehung hat das Verrechnen der Vorteile und Zugeständnisse keinen Platz. Aber welche Prognose würden wir dieser Partnerschaft geben?
Was lernen wir aus den Beispielen? Vermutlich entsprechen beide Beziehungen nicht unserem Ideal. Es mag wohl sein, daß Kaufentscheidungen in Liebesbeziehungen anders ablaufen als in Geschäftsbeziehungen. In einer Partnerschaft verrechnen die Partner Vorteile und Zugeständnisse nicht mit spitzem Stift. Es ist geradezu üblich, daß sich ein Partner das Wohl des anderen zu eigen macht und bei der Entscheidung berücksichtigt (vgl. Kirchler, 1989; 1995, S. 42*ff* und S. 89*ff*; vgl. auch Menasco & Curry, 1989). In einer Untersuchung von Wind (1976) beispielsweise war der vermutete Wunsch des Partners das zweitwichtigste Entscheidungskriterium nach dem Preis. Aber daraus ergibt sich nicht, daß Liebesbeziehungen ganz ohne Fairneß auskommen. Im Gegenteil: Positiv ist die Beziehung in unseren Augen nur dann, wenn sich unterm Strich doch noch eine Ausgewogenheit ergibt. Das zeigt sich auch empirisch. Zum Beispiel wird die Wahrscheinlichkeit, daß sich der eine Partner in Zukunft bei einer Kaufentscheidung durchsetzt, immer geringer, je häufiger er sich in der Vergangenheit durchgesetzt hat (Kirchler, 1995, S. 111*ff*). Wir sehen, auch Liebesbeziehungen und Partnerschaften stehen unter dem natürlichen Druck, daß sich Geben und Nehmen in der Beziehung ungefähr die Waage halten.

Sekundärgruppen
Die Verhaltensunterschiede zwischen Individuen sind kleiner, wenn sie zu derselben Gruppe gehören, als wenn sie alleine sind. Die bloße Zugehörigkeit zu einer Gruppe scheint oft die Unterschiede einzuebnen, die zwischen den Gruppenmitgliedern bestanden haben. Zum Beispiel fällt das Entscheidungsverhalten verschiedener Personen vielfältiger aus, wenn jede Person alleine für sich selbst entscheidet. Wenn Personen in Gesellschaft einkaufen, besuchen sie mehr Geschäfte, machen mehr

ungeplante Einkäufe und erzielen größere Übereinstimmung in ihrer Warenauswahl, als wenn sie allein unterwegs sind (Duncker, 1938; Marinho, 1942; Granbois, 1968; Reingen, Foster, Brown & Seidman, 1984; Witt & Bruce, 1972). Sommer, Wynes und Brinkley (1992) beobachteten zufällig ausgewählte Personen im Supermarkt. Es zeigte sich, daß Personen, die in Gesellschaft waren, sowohl länger im Supermarkt blieben als auch größere Mengen einkauften.

Foster, Pratt und Schwortz (1955) ließen die Süße von Fruchtsäften in Gruppen beurteilen. Nachdem der erste ein Urteil ausgesprochen und eine Eigenschaft zugeschrieben hatte, zogen andere nach, und das Produkt wurde in einer gruppenkonformen Weise von allen Mitgliedern wahrgenommen. In einem anderen Experiment (Venkatesan, 1966) sollten Versuchspersonen die Qualität von drei Anzügen beurteilen. Es handelte sich um drei gleiche Anzüge. Den Versuchspersonen wurde aber gesagt, die Anzüge seien von unterschiedlicher Qualität. Wenn sich vermeintliche andere Versuchspersonen klar und eindeutig für einen bestimmten Anzug aussprachen, erhielt dieser Anzug auch von den tatsächlichen Versuchspersonen deutlichere Zustimmung als ohne das klare Votum.

Rhodes (1996, S. 200) ließ weibliche Versuchspersonen an einer fingierten Focus-Gruppe zum Thema Mode teilnehmen. Die Probandinnen sollten eingangs einige Modefotografien bewerten. In einer Gruppe mit hohem sozialen Druck erfuhren die Frauen, daß ihre Bewertung später von allen anderen in der Gruppe diskutiert werden würde, in einer Gruppe mit niedrigem sozialen Druck erwarteten die Probandinnen, daß ihre Einschätzung geheim bleiben würde. Zudem erhielten die Versuchspersonen noch die – fingierten – Einschätzungen der anderen Gruppenmitglieder, die entweder eine deutlich positive oder deutlich negative Tendenz hatten. Das Urteil der anderen Gruppenmitglieder hatte nur dann einen Einfluß auf die Probandinnen, wenn diese erwarteten, daß alle ihr Urteil kennenlernen würden. Das heißt also, nur der soziale Druck, als Abweicherin erkannt zu werden, motivierte die Personen überhaupt zu einer höheren Konformität. Darüber hinaus fand Rhodes jedoch noch eine interessante Asymmetrie: Konform gingen die Versuchspersonen vor allem mit negativen Urteilen der Gruppe. Wenn dagegen der Rest der Gruppe – angeblich – eine positive Bewertung der Modeentwürfe abgegeben hatte, ließ das die Probandinnen weitgehend unbeeindruckt. Nach diesen Befunden sind wir offenbar durch den Gruppendruck eher in negativer als in positiver Richtung zu beeinflussen. Möglicherweise ist es weniger unangenehm, der einzige zu sein, der eine Sache schlecht findet, die anderen gefällt, als umgekehrt als einziger eine allgemein gering bewertete Sache hoch zu schätzen. Rhodes (1996) spekuliert dagegen, daß das besondere Gewicht negativer Information (hierzu auch Richins, 1983) von ihrer höheren Salienz herrührt: Da Information vom Hörensagen eher positiv als negativ sei, falle negative Information sofort auf und erhalte daher auch ein besonderes Gewicht.

Die höhere Konformität von Individuen in einer Gruppe läßt den Gedanken eines gezielten Impulses aufkommen, einem Druck, den die Gruppe auf uns ausübt. Dabei müssen wir nicht einmal die Annahme machen, es läge irgendwie im Interesse der Gruppe, daß sich einzelne Individuen konform verhalten. Zumindest wird eine Abweichung nicht unter allen Umständen sanktioniert. Der Gruppendruck kann auch auf einem Bedürfnis beruhen, das die einzelnen Mitglieder mitbringen. Der Wunsch, Teil einer Gruppe zu sein, Anschluß zu haben und dazuzugehören ist vermutlich ein sehr elementares menschliches Bedürfnis (vgl. auch die Liste der Ziele von O'Shaughnessy, 1987, 2.2.5, in der das Ziel der Zugehörigkeit enthalten ist). In manchen Fällen wird der Einfluß der Gruppe ziemlich handgreiflich. Das Bedürfnis, vor den anderen eine gute Figur zu machen und nicht unangenehm aufzufallen, findet im Kindes- und Jugendalter eine manchmal geradezu groteske Ausformung. Ab dem Alter von acht bis neun Jahren achten Kinder ganz enorm darauf, was andere Kinder tun. Von da an wird die Frage, was in der gleichaltrigen Bezugsgruppe gerade »in« ist, zum beherr-

schenden Problem. Die Kinder übernehmen auch unsinnige Aufgaben, etwa Mutproben, oder sie begehren heiß ein bestimmtes Spielzeug, nur um sicher zu sein, daß sie dazugehören.
Dieses Phänomen, der »Peer-pressure«[1], scheint darin zu bestehen, daß die Kinder ihr Selbstwertgefühl aus dem Kontakt mit den Gleichaltrigen und nicht mehr mit den Eltern beziehen. Wie gewissenlos manche Hersteller damit manchmal umgeht, kann man an manchen Beispielen aus der Spielzeug-Werbung sehen (vgl. Felser, 1994). Den Kindern wird dort regelrecht beigebracht, einem Gruppendruck nachzugeben. Freilich finden manche Kinder Vorbilder zu diesem Verhalten im eigenen Haus. Auch Erwachsene erliegen dem »Peer-pressure«, wenn sie sich bange Fragen danach stellen, was wohl die Kollegen oder die Nachbarn hierzu oder dazu sagen.

10.1.2 Soziale Einflüsse auf Urteile und Verhaltensweisen

Für viele Urteile ist für uns von Bedeutung, was vergleichbare andere denken, tun oder erleben. Wenn es darum geht, eine bestimmte Situation zu bewerten, orientieren wir uns häufig an anderen Personen. Allgemein spricht man bei diesen Gelegenheiten vom »sozialen Vergleich«, das heißt wir vergleichen, wie unsere Situation im Vergleich mit anderen aussieht. Soziale Vergleichsprozesse dienen unserem elementaren Bedürfnis, etwas über die Wirklichkeit zu erfahren (Festinger, 1954). Dieses Bedürfnis ist besonders ausgeprägt, wenn wir über bestimmte eigene Merkmale unsicher sind. So fragt man sich etwa: »Bin ich eher faul oder eher fleißig?«, oder »War das jetzt richtig, was ich da gemacht habe?« Zur Antwort schaut man auf das, was andere tun. Die Vergleichsgruppe stellt Normen und Bewertungsstandards bereit.
Die Werbung ist nicht immer eine relevante Quelle für den sozialen Vergleich. Hierzu ein Beispiel: Cash, Cash und Butters (1983; vgl. auch Richins, 1991) ließen Studentinnen die physische Attraktivität von Frauenfotos einschätzen. Eine Gruppe der Studentinnen sollte die Fotos besonders attraktiver Frauen einschätzen, eine andere Gruppe hatte als Vorlage die Fotos weit weniger attraktiver Frauen. Später wurden die Versuchspersonen gebeten, auch ihre eigene Attraktivität einzuschätzen. Wie zu erwarten war, schätzen sich diejenigen Versuchspersonen, die besonders attraktive andere Exemplare ihres Geschlechts gesehen hatten, selbst weniger attraktiv ein, als die Gruppe, die zuvor eher mittelmäßig attraktive Fotos beurteilen sollten. Auch die Zufriedenheit mit der eigenen Attraktivität nahm ab. Dieser Effekt verschwand aber wieder, wenn zu den Fotos der attraktiven Frauen noch der Namenszug eines Produktes hinzugefügt wurde, und dadurch diese Vorlagen wie Werbeanzeigen wirkten. Die Autoren gehen davon aus, daß in diesem Fall dieselben Frauen nicht mehr als relevante Vergleichspersonen erschienen, also ganz normale Frauen, sondern als besondere Personen, mit denen man sich nicht vergleichen kann (Cash, Cash & Butters, 1983). Glück für die Werbung, denn unter normalen Umständen würde die übertriebene Attraktivität der Fotomodelle bei den Betrachterinnen das Gefühl auslösen, nicht besonders gut abzuschneiden. Daß trotzdem nicht mit Abwendung von der Werbung zu rechnen ist, verdankt sich der Tatsache, daß manche Präsentatoren und Modelle in der Werbung aus einer anderen Welt zu stammen scheinen, daß sie »larger than life« erscheinen. Andererseits ist es aber für die Werbung wiederum nicht immer so erfreulich, daß einige ihrer Modelle offenbar per Voreinstellung aus sozialen Vergleichen herausgehalten werden. Das zeigt nämlich, daß das Auftreten von Werbefiguren oft gar nicht auf den eigenen Alltag bezogen wird. Es ist keineswegs selbstverständlich, daß sich ein Betrachter mit Modellen aus der Werbung identifiziert.

---

[1] Von mehreren Bedeutungsfacetten des Ausdrucks »peer« steht hier die Bedeutung »Gleichgestellter, Ebenbürtiger« im Vordergrund.

Die Konsensinformation als soziale Bestätigung

Stellen Sie sich vor, Sie stehen bereits eine geraume Zeit auf einer zweispurigen Strecke im Stau. Immer wieder geht es zähflüssig voran, und bei einem dieser mageren Impulse nach vorne bemerken Sie, wie einige Ihrer Vorderleute die Spur wechseln. Es gibt keinen ersichtlichen Grund dafür. Eine Fahrbahnverengung wurde nicht angezeigt und ist auch nicht vorauszusehen. Keine der beiden Spuren hatte bisher den Eindruck besonderer Vorzüglichkeit gemacht. Was also sollen Sie tun (Beispiel nach Cialdini, 1993)? Je unsicherer und unklarer Ihnen selbst die Situation ist, desto eher werden Sie geneigt sein, das Verhalten der anderen nachzuahmen, ohne zu wissen, wozu das gut sein soll. Es ist sogar in solchen Situationen oft völlig nutzlos zu wissen, was der Vordermann denkt, weil der nämlich genau so schlau ist, wie Sie selbst. Welche anderen Situationen gibt es, in denen wir aus dem Verhalten anderer auf die Angemessenheit unseres eigenen Verhaltens schließen? Betrachten wir eine Reihe von Beispielen, die für das Thema Konsumentenverhalten und Werbung von Bedeutung sind (vgl. Cialdini, 1993):

- Manche Kellner folgen der Strategie, ein vermeintliches großzügiges Trinkgeld des Vorgängers an einem Tisch noch einen Augenblick liegen zu lassen, so daß es der nachfolgende Gast registriert und aus dieser Verhaltensweise des angeblichen anderen entnehmen kann, was hier angemessen ist.
- Von dem amerikanischen Prediger Billy Graham wird berichtet, daß er einen eigenen Trupp von Anhängern zum Jubeln und Beklatschen mit sich geführt habe, die an ausgewählten Punkten seiner Veranstaltung in »spontanen« Jubel auszubrechen hatten.
- Auf dem Höhepunkt des Disco-Fiebers erzeugten einige Diskothekenbesitzer vor ihrem Schuppen künstliche Schlangen, die, auch wenn es drinnen leer war, nach draußen hin den Eindruck vermittelten, hier sollte man unbedingt reingehen.
- Wer mag, kann folgendes Experiment von Milgram, Bickman und Berkowitz (1969) wiederholen: Stellen Sie sich auf die Straße, wählen Sie einen beliebigen Punkt im Himmel und beobachten Sie diesen Punkt für eine Minute. Was meinen Sie, was die Passanten tun werden, die Sie dabei beobachten? Richtig, sie werden weitergehen und Sie für einen Spinner halten. Gehen Sie am nächsten Tag zu derselben Stelle, und bringen Sie vier Freunde mit, die gleichzeitig mit Ihnen eine Minute lang in den leeren Himmel starren, und Sie haben nach Milgram, Bickman und Berkowitz Chancen auf die Gesellschaft von etwa 80 Prozent der Passanten.
- Ein Tip für die Pferderennbahn: Die Gewinnquoten eines Pferdes hängen davon ab, wieviel Geld auf dieses Pferd gewettet wurde. Personen, die sich mit dem Pferderennen nicht gut auskennen, setzen häufig auf Pferde, auf die auch viele andere gewettet haben. Sie können dann zwar nicht allzuviel Geld gewinnen, dafür haben sie aber wahrscheinlich auf den Favoriten gesetzt. Sie folgen einfach dem Beispiel vieler anderer, die es vermutlich besser wissen als sie selbst, und die deshalb ihr Geld mit wenig Risiko eingesetzt haben. Wenn man dagegen das große Geld machen will, und zudem die Favoriten des Rennens schon vor dem Wetten kennt, dann empfiehlt sich eine andere Strategie: Sofort nach Öffnen des Wettbüros setzt man einen nennenswerten Betrag auf ein schwaches Pferd. An der Tafel erscheint dieses Pferd daraufhin mit einer entsprechenden Quote. In einem frühen Stadium sieht es für den uneingeweihten Beobachter wie der Favorit aus. In diesem Augenblick werden viele Nicht-Experten auf den vermeintlichen Favoriten setzen, was sich in der entsprechenden Quote äußert, woraufhin wieder andere von der Favoritenrolle des Außenseiters überzeugt werden, und so fort. Auf den tatsächlichen Favoriten wird auf diese Weise verhältnismäßig wenig Geld gesetzt. Wenn man nun seine eigentliche Wette abschließt, hat man einen um so höheren Gewinn – vorausgesetzt der Favorit enttäuscht uns nicht.
- In der Werbung wird von einem Produkt mit Vorliebe behauptet, es sei das »meistverkaufte«. Auf diese Weise braucht man niemanden direkt davon zu überzeugen, daß das Produkt gut ist. Man

muß nur erklären, daß viele Leute glauben, das Produkt sei gut, was offenbar Beweis genug ist. Friedman und Fireworker (1977) konnten zeigen, daß Konsumenten ihr Urteil über ein Produkt bereits durch eine Information beeinflussen ließen, die mit den Worten anfing: »Einige Leute sagen über dieses Produkt, es sei...«. Es mußte also nicht einmal eine riesige Zahl von überzeugten anderen Konsumenten angenommen werden. Zur Beeinflussung genügte die Unterstellung, daß es schon ein Urteil *irgendwelcher* anderen Leute gab, an dem man sich orientieren konnte.

Der Verkaufsexperte Cavett Robert hat erklärt: »Since 95 percent of the people are imitators and 5 percent are initiators, people are persuaded more by the action of others than by any proof we can offer« (Cialdini, 1993, S. 97). Cialdini (1993) versteht unter dieser Art der Imitation eine Orientierung am »social proof«, der »sozialen Bestätigung«. Das Prinzip der sozialen Bestätigung bringt er griffig auf die Formel: »The greater the number of people who find any idea correct, the more a given individual will perceive the idea to be correct« (S. 105). Erb (1998) spricht in demselben Zusammenhang von »Konsens«. Er meint damit die Information darüber, daß andere in bezug auf ein bestimmtes Einstellungsobjekt eine übereinstimmende Meinung haben.

Der Effekt der Konsensinformation erschöpft sich nicht in einem Druck der sozialen Umwelt, sich konform zu verhalten. Wie bereits mehrmals angedeutet, wird die Information, wie andere urteilen, eher als eine Hilfe oder Unterstützung beim eigenen Urteil, gegebenenfalls auch als eine Bestätigung erlebt. Dies zeigt sich zum Beispiel in dem Experiment von Cohen und Golden (1972), deren Versuchspersonen eine neue Kaffeemarke bewerten sollten. Bei der Untersuchung waren die Einschätzungen der anderen Vorgänger auf einer Tafel deutlich sichtbar. Obwohl keine andere Person anwesend war und also kein direkter Konformitätsdruck ausgeübt werden konnte, beeinflußte die Konsensinformation die Bewertung erheblich.

Burnkrant und Cousineau (1975) zeigten in einem ähnlichen Experiment, daß die Probanden sich nicht davon beeinflussen ließen, ob die Urteile auf der Tafel von Mitgliedern der eigenen oder einer Fremdgruppe stammten oder ob die Urteile privat oder öffentlich abzugeben waren (ähnliche Ergebnisse berichten Pincus & Waters, 1977). Nach diesen Befunden nutzen wir also Konsensinformationen nicht (allein) deshalb, weil wir uns unter einem sozialen Druck fühlen, ähnlich zu urteilen. Wir nutzen vielmehr die Urteile anderer als Zeichen dafür, wie in einer bestimmten Situation zu urteilen ist, was vermutlich das korrekte oder wahre Urteil ist.

Der Gedanke der sozialen Bestätigung bzw. des Konsens kann zum Beispiel den von Leibenstein (1950) beschriebenen »Bandwagon-Effekt« erklären, nach dem die Nachfrage nach einem Produkt wächst, je mehr andere Konsumenten das Produkt haben wollen. Dieser Effekt ist mit ökonomischen Prinzipien allein nicht erklärbar, da mit der Nachfrage auch der Preis steigt, und daher der Nutzen für den einzelnen Konsumenten abnimmt. Erb (1998) betont, daß durchaus kein Widerspruch zwischen der Konsensinformation und der Exklusivität des Produktes bestehen muß. Zwar sei es grotesk, wenn »für eine sehr exklusive und luxoriöse Armbanduhr damit geworben wird, sie sei die ›meistverkaufte‹. Trotzdem muß es hohen Konsens darüber geben, daß die Uhr tatsächlich gut ist und die gewünschte Exklusivität vermittelt, denn es sind ›die anderen‹, die den Besitz der Uhr bewundern sollen« (S. 163).

Die Konsensinformation kann auch die Verbreitung und Geläufigkeit von Verhaltensweisen beeinflussen, sei es nun der Gebrauch von Kondomen, kalorienbewußtes Essen oder Rauchen und ein hochprozentiger Drink zwischendurch. Die Geläufigkeit eines Verhaltens wächst mit der Häufigkeit, mit der man es an anderen Personen beobachtet. Dabei kann die unterstellte Normalität des Verhaltens auch eine Illusion sein. Man kann beispielsweise beobachten, daß Menschen, die sehr viel fernsehen, über ihre soziale Umwelt Urteile abgeben, die eher mit der Fernsehrealität als mit der echten übereinstimmen (Gerbner et al., 1986; experimentelle Befunde hierzu Iyengar & Kinder, 1987). Zum

Beispiel überschätzen Vielseher die Wahrscheinlichkeit, in ein Verbrechen verwickelt zu werden oder die Häufigkeiten, mit der Leute Arzt, Rechtsanwalt oder ein Sportheld werden. Insbesondere aber unterschätzen Vielseher die Häufigkeit prosozialer Verhaltensweisen.
Die Orientierung an dem Verhalten anderer ist am stärksten ausgeprägt, wenn *Unsicherheit* über das angemessene Verhalten herrscht. Somit ist Unsicherheit die erste und wichtigste Bedingung für die Wirksamkeit der sozialen Bestätigung. Im Konsumentenverhalten ist Unsicherheit ein sehr häufiges Phänomen. Eigentlich sind nur habitualisierte Kaufentscheidungen einigermaßen frei von Unsicherheit. Besonders starke Unsicherheiten finden sich bei der Einführung neuer Produkte oder von Produkten, denen gegenüber bestimmte Vorbehalte herrschen. Auch das Bemühen um Rat bei einer Produktentscheidung dient der Verringerung einer bestehenden Unsicherheit oft nur insofern, als der Fragende sich die Angemessenheit seiner Entscheidung bestätigen lassen will (O'Shaughnessy, 1987, S. 144*ff*). Soziale Bestätigung liefern vor allem Personen, die uns ähnlich sind. Die Werbung versucht über die Darstellung von Personen »wie du und ich« die Akzeptanz von Produkten zu erhöhen. Eine beliebte Strategie dabei ist das gestellte Interview. Personen werden dargestellt, als seien sie eben auf der Straße auf das Produkt angesprochen worden. Eine andere Situation, die denselben Effekt erzielen soll, ist der Verbraucher oder die Verbraucherin in ihrer Privatsphäre.

Modell-Lernen: Eine soziale Variante des Lernens
Eine der effektivsten Gestaltungsformen von Fernsehspots ist die, in der der »typische Verwender« eines Produktes gezeigt wird (zum Beispiel Laskey, Fox & Crask, 1994), eine Person, mit der wir uns leicht identifizieren können, und die uns die Verwendung des Produktes vormacht. Auf welche Mechanismen kann sich eine solche Werbeform stützen? Andere Personen können mein Verhalten in der Weise beeinflussen, daß ich ihre Verhaltensweisen übernehme, ohne sie jemals vorher für mich selbst ausprobiert zu haben. Dies ist der Fall beim sozialen Lernen oder Modell-Lernen. Andere können für mich ein Art Vorbild-, eben Modellfunktion haben, so daß ein Teil unserer Verhaltensweisen nicht etwa von uns selbst, sondern von Modellen erprobt werden. Das besondere am Modell-Lernen ist, daß ein Verhalten, das zunächst überhaupt nicht im Repertoire einer beobachteten Person vorhanden war, durch Beobachten erworben wird. Demgegenüber ging es bei der sozialen Bestätigung darum, eine Verhaltensweise, die durchaus längst geübt und verfügbar sein kann, in einer gegebenen Situation als angemessen zu betrachten, weil so viele andere sie auch zeigen.
Die Überlegungen zum operanten Konditionieren (vgl. 6.2) besagten, daß ein Verhalten dann gelernt wird, wenn es positive Konsequenzen hat. Die Theorie des sozialen Lernens fügt dem die Feststellung hinzu, daß ich längst nicht alle Handlungserfolge am eigenen Leibe erfahren haben muß. Vielmehr genügt es oft schon, wenn ich sehe, wie andere mit einem bestimmten Verhalten Erfolg haben bzw. dafür belohnt werden. Klassisch ist folgendes Experiment von Albert Bandura (vgl. Bandura, 1971):
»Er zeigte 66 Kindern im Alter von drei bis knapp sechs Jahren eine Filmszene, in der eine Person (›Rocky‹) eine Puppe [einen Clown] in Erwachsenengröße recht aggressiv traktierte und beschimpfte. Insbesondere zeigte Rocky vier für die Kinder neue Verhaltensweisen [...]. Bei einem Drittel der Kinder endete der Film damit, daß Rocky für sein aggressives Verhalten belohnt wurde; ein weiteres Drittel sah die Bestrafung des Modells, und in dem Film, den die restlichen Kinder sahen, blieb das Modellverhalten ohne Konsequenzen. Nach der Filmszene wurden die Kinder in einen ›Spielraum‹ geführt, in dem neben vielen anderen Spielsachen auch die Requisiten des Films (Puppe, Bälle, Hammer) bereit lagen. Jedes Kind durfte dort zehn Minuten für sich allein spielen. [...]
Nach dieser Phase wurden die Kinder an den Film erinnert und aufgefordert, wenn möglich das Modellverhalten nachzuahmen (›Zeige mir, was Rocky getan hat!‹). Dafür wurden ihnen kleine Belohnungen versprochen. [...] Das Ergebnis dieses Experiments war, daß das spontane Imitieren des Mo-

dells in der ersten Phase deutlich davon abhing, ob das Modell im Film bestraft worden war oder nicht. Dieser Unterschied verschwand jedoch in der zweiten Phase: *Gelernt* hatten die Kinder die Verhaltensweise also unabhängig davon, welche Konsequenzen das Modell zu ertragen hatte. Ob das Gelernte *spontan in Verhalten umgesetzt* wurde, hing jedoch deutlich von diesen Konsequenzen ab« (Greve & Wentura, 1991, S. 2*f*, Hervorhebungen im Original).

Das Experiment von Bandura zeigt uns zum einen, daß Kinder ein Verhalten, das sie selbst nie gezeigt haben, spontan übernehmen, wenn sie es bei anderen sehen. Das Experiment zeigt uns überdies, daß es eine wichtige Rolle spielt, wie es dem Modell, dem Vorbild ergeht: Erlebt das Modell positive Konsequenzen, dann wird das Verhalten bereitwillig gezeigt, so als habe das Kind am eigenen Leib die Erfahrung positiver Folgen gemacht.

Schließlich zeigt das Experiment noch einen dritten Umstand: In jedem Fall wissen die Kinder, was das Modell getan hat, und könnten es auch nachmachen. Nur weil sie keine positiven Konsequenzen erwarten, unterdrücken sie ein Verhalten, das zu zeigen sie durchaus in der Lage wären. Das Verhalten ist nach dem Beobachten als Option im Repertoire der Kinder vorhanden. Unter gewissen Umständen, wenn sie nämlich damit günstige Folgen erwarten, zeigen sie es auch tatsächlich. Anders ausgedrückt: »Verstärker determinieren nur die Ausführung gelernter Reaktionen« (Mayer, 1993, S. 89). *Gelernt* – im Sinne von: als Verhaltensmöglichkeit gespeichert – wird das Verhalten auch ohne Verstärker. Aus dieser Erkenntnis, daß nämlich auch diejenigen Verhaltensweisen gelernt wurden, die später zunächst nicht spontan auftraten, folgert Kroeber-Riel (1992, S. 647), »daß die häufig festgestellte geringe Wirksamkeit der von den Massenmedien – insbesondere vom Fernsehen – vermittelten Verhaltensmodelle eine *vorgetäuschte* Unwirksamkeit ist« (Hervorhebung im Original).

Für das Konditionieren von Reaktionen durch Werbung kann das bedeuten, daß die Beobachter nicht unbedingt den unkonditionierten Reiz – etwa die Vorzüge des angepriesenen Produkts – selbst empfinden müssen, um bei der Darbietung positive Reaktionen zu entwickeln. Es würde bereits helfen, wenn sie die Wonnen anderer Personen im Zusammenhang mit dem Produkt beobachten. Wie man sehen kann, ist das Modell-Lernen für Werbung sehr wichtig. Eine mögliche Anwendung ist folgende: Ein Verhalten, von dem man wünscht, daß es häufiger gezeigt wird, wird von Modellen beispielhaft ausgeübt, und die Modelle werden in ihrem Verhalten bestärkt. Das ist die erste wichtige Bedingung für das optimale Wirken von Modell-Lernen: Die Modelle sollten tunlichst verstärkt werden. Hierzu ein Beispiel: Ein junger Mann will im Supermarkt eine Packung Kondome kaufen und schiebt sie an der Kasse ganz verschämt unter seine weiteren Waren, nicht ohne vor sich in der Schlange eine junge Frau zu registrieren, vor der er unter allen Umständen einen peinlichen Auftritt vermeiden will. Aber sein Alptraum wird wahr: Die Kassiererin zerrt die Kondome aus dem Stapel hervor und ruft durch den Laden, was denn wohl die Kondome kosten sollen. Anstatt daß sich nun der gesamte Laden über die Perversion des jungen Mannes mokiert, kommt sachlich-freundliche Hilfestellung von allen Seiten. Zum Beispiel weist die ältere Dame hinter ihm darauf hin, daß die Kondome zur Zeit im Sonderangebot seien. Das hübsche Mädchen verabschiedet sich mit einem Lächeln – Erleichterung beim jungen Mann.

Wichtig ist natürlich auch, daß die Modelle zur Identifikation taugen. Sie sollten der Zielgruppe möglichst ähnlich sein. Zudem ist aber auch günstig, wenn es sympathische – womöglich attraktive – Personen sind (vgl. 10.2). Prominente Personen eignen sich besonders gut als Modelle. Der junge Mann im oben genannten Beispiel, Ingolf Lück, zum Beispiel als Schauspieler und Moderator bekannt und wirkt überdies in einer ganzen Reihe von Spots zur AIDS-Prävention mit. Prominente wirken wegen ihrer Bekanntheit und ihres Sympathievorsprungs. Interessanterweise scheinen Prominente oder »Stars« auch eine nicht unerhebliche Glaubwürdigkeit zu genießen (Mayer, 1993, S. 208), obwohl sie in vielen Fällen der Werbepräsentation nicht als Experten für das Produkt gelten können.

Nach einer Inhaltsanalyse von Werbeanzeigen besitzen die abgebildeten Personen in Zigaretten-Werbung folgende Eigenschaften, mit denen ihre Modellwirkung verstärkt wird (vgl. Kroeber-Riel, 1992, S. 659):
- jugendliches bis mittleres Alter – bis 40 Jahre (95 Prozent),
- freie Natur als Umfeld zum Beispiel Waldlandschaften (40 Prozent),
- hobby- und freizeitbeschäftigt (64 Prozent),
- lebensfrohe Geselligkeit (66 Prozent),
- das Produkt direkt konsumierend, also rauchend (64 Prozent).

Durch die Darstellung soll also einerseits die Identifikation erleichtert, noch mehr aber soll gezeigt werden, wie gut es den Modellpersonen geht, während sie das Produkt konsumieren. Die erwarteten Effekte des Modell-Lernens mögen es gewesen sein, die 1966 (und in einer Verschärfung 1993) die Tabakindustrie bewogen haben, sich bestimmte Einschränkungen aufzuerlegen. Danach dürfen zum Beispiel die Personen in der Zigaretten-Werbung nicht jünger als 30 Jahre sein (ZAW, 1993b). Jüngere Modelle würden vermutlich über die Identifikation eher Jugendliche ansprechen und damit der Möglichkeit Raum geben, daß durch die Werbung nicht etwa Überläufer von anderen Marken zu der eigenen bewegt werden, sondern daß Frischlinge geworben würden, die ohne Werbung nicht geraucht hätten (diese Behauptung wird freilich durch die Aussagen von einigen Angehörigen der Zigarettenindustrie Lügen gestraft; J. Greenwald, 1997; siehe Exkurs 42).
Auf die Gefahr hin, mich zu wiederholen: Wichtig für das Modell-Lernen ist, wie es dem Modell ergeht. Geht es der Modellperson gut, dann kann das in mir die Erwartung nahelegen, daß ihr Verhalten mit der positiven Situation zusammenhängt. Würde dagegen die angenehme Situation der Modellperson auf mich direkt angenehm wirken, würde ich zum Beispiel das Bild der schönen Landschaft, in der sich die Modellpersonen aufhalten, direkt genießen, dann würde man nicht von Modell-Lernen sondern von klassischem Konditionieren sprechen (vgl. 6.1). Das angenehme Gefühl hat beim Modell-Lernen die Modellperson – stellvertretend für mich.
Die positive Darstellung von Modellpersonen in der Werbung geht sogar so weit, daß sie jeder vernünftigen Erfahrung widerspricht. Dafür ist nicht nur der berühmte »*Marlboro*-Mann« ein Beispiel, der in den Werbespots Verwegenheit, Robustheit und Gesundheit verkörpert hatte, im »wirklichen Leben« dagegen qualvoll seiner Lungenkrebs-Erkrankung erlegen ist. Einer Analyse von Kaufman (1980) zufolge dominieren in der Fernsehwerbung für Nahrungsmittel solche, die eigentlich keinen besonderen Nährwert haben und vor allem dick machen (80 Prozent). Die Verhaltensweisen, die mit dem Verzehr dieser Nahrungsmittel verknüpft werden, sind ebenfalls aus rein gesundheitlicher Perspektive eher fragwürdig und kaum zu empfehlen. Zum Beispiel werden die meisten Snacks oder Schoko-Riegel im Vorbeigehen konsumiert. Ihr Konsum soll auch nicht unbedingt den Hunger sondern vielmehr andere Bedürfnisse befriedigen, zum Beispiel soziale oder emotionale (siehe 2.2.4). Gleichwohl sind die meisten Modelle, die dieses Verhalten zeigen, schlank bis sehr schlank (42 und 38 Prozent). Übergewicht wird aus der Perspektive der Beobachter höchstens bei 20 Prozent der dargestellten Modelle gesehen. Dieser Befund ist ein gutes Beispiel für die im Grunde naive Weltsicht, die durch Werbung vermittelt wird, denn streng genommen widerspricht die Assoziation von Schlankheit und Gesundheit mit dem gewohnheitsmäßigen Konsum von Süßigkeiten und »junk-food« jedem gesunden Menschenverstand.

10.2 Personwahrnehmung aus der Außenperspektive

Die Forschung zur Personwahrnehmung ist eines der größten und wichtigsten Forschungsgebiete der Sozialpsychologie (zum Beispiel Jones, 1990; Kunda, 1999). Wie wir selbst andere sehen, und wie wir von anderen gesehen werden, beeinflußt unser soziales Handeln sehr. Gleichzeitig erfahren wir nur äußerst selten, was andere von uns denken – und nicht selten befinden wir uns auch gerade darüber im Irrtum (zum Beispiel Felser, 1999, 2000a). Die folgenden Ausführungen geben hierein nur einen kleinen Einblick. Ich beginne mit einer der wichtigsten Wahrnehmungsverzerrungen überhaupt und diskutiere dann im folgenden wichtige Einflußfaktoren, die darüber entscheiden, wie sympathisch wir anderen sind.
Erlauben Sie mir an dieser Stelle eine persönliche Einschätzung: In der letzten Zeit sind in der Populärwissenschaft besonders gerne biologische Faktoren der interpersonellen Wahrnehmung diskutiert worden. So sind heutzutage vielen psychologischen Laien oder Erstsemestern in der Psychologie die biologischen Duftstoffe, die Pheromone, die ebenfalls unsere Sympathiewirkung beeinflussen, ein Begriff. Nun ist es sicher gut und richtig, wenn eine breite Öffentlichkeit von aktueller Forschung Notiz nimmt. Die folgenden Ausführungen allerdings machen Sie mit Einflüssen bekannt, die in der Regel sehr viel stärker wirken als unsere biologischen Programme. Nehmen Sie diese als das Pflichtprogramm für Interessierte, die etwas über interpersonelle Wahrnehmung wissen wollen. Pheromone sind verglichen damit allenfalls die Kür.

10.2.1 Der fundamentale Attributionsirrtum

Im Fernsehquiz hat soeben der Kandidat ein kleines Vermögen verspielt, indem er Karl Marx mit Karl May verwechselt. Welcher Gedanke kommt uns als Betrachter dabei? »Wie kann man nur so blöd sein. Mir wäre das nie passiert.« Wäre uns das wirklich nie passiert? Betrachten Sie die Beispiele von Beeinflussung in diesem Buch. Viele davon sind gut belegt und sehr wirkungsvoll (zum Beispiel die Regel der Gegenseitigkeit, 10.3, oder die Fuß-in-der-Tür-Technik, 11.4.2). Was sagen Sie hier zu Ihrer eigenen Beeinflußbarkeit: Werden Sie sich auch so verhalten, wie die meisten Personen?
In den meisten Fällen neigen wir dazu, die Wirkung von Situationen zu vernachlässigen und die Einflußmöglichkeiten der eigenen Personen zu stark zu betonen. Diese Tendenz ist einer der robustesten und traditionsreichsten Irrtümer, den die Psychologie beschrieben hat. Er ist unter zwei Bezeichnungen bekannt. Sein »Entdecker« Edward E. Jones nannte ihn noch »correspondence bias«, bekannter wurde dann aber die Bezeichnung von Lee Ross: »fundamental attribution error« oder deutsch »fundamentaler Attributionsirrtum« (zum Überblick Gilbert, 1995, 1998). Was hat es also mit diesem grundlegenden Irrtum auf sich?
In einem klassischen Experiment hierzu sollten Versuchspersonen Aufsätze beurteilen, die für oder gegen das Regime von Fidel Castro argumentierten (Jones & Harris, 1967). Einem Teil der Probanden wurde gesagt, die Autoren hätten die Aufsätze freiwillig geschrieben, die anderen erfuhren, die Autoren hätten das Thema nicht wählen können und seien gezwungen gewesen, entweder für oder gegen Castro zu argumentieren. Aufgabe der Probanden war nun, die tatsächliche Einstellung der Autoren gegenüber Fidel Castro einzuschätzen.
In der Attributions-Theorie von Kelley (zum Beispiel 1972) wird unterstellt, daß ein Verhalten nur dann einen Schluß auf die Personeigenschaften zuläßt, wenn die Situationsanforderungen dieses Verhalten nicht ohnehin nahelegen. Dies wird als das Abwertungsprinzip der Attribution (»discoun-

ting principle«) bezeichnet. Ein Beispiel: Ob ich ein Angsthase bin, kann man nicht erschließen, wenn ich mit schlotternden Knien gemeinsam mit einem hungrigen Löwen in einem engen Käfig sitze. Hier sind die Situationsanforderungen so stark, daß mein Verhalten über meine Eigenschaften (Angsthase oder nicht) keinen Aufschluß erlaubt. In dieser Situation würde jeder Angst haben, sei er nun ein Angsthase oder nicht. Die starke Situation wertet den Informationsgehalt meines Verhaltens (die schlotternden Knie) ab, daher der Name.
Im Fidel-Castro-Fall bedeutet das: Außenstehende sollten nur dann den Autoren eine Pro-Castro-Einstellung zuschreiben, wenn diese frei wählen konnten. Wer nicht frei wählen konnte, teilt uns mit seinem Pro-Castro-Aufsatz nichts über seine Einstellung mit. Die Situation, der Zwang, wertet den Informationsgehalt des Verhaltens ab.
So rational dieser Schluß auch ist, die Versuchspersonen zogen ihn offenbar nicht. Sie unterstellten den Autoren immer die Einstellung, die sie in ihren Aufsätzen vertraten, ob sie dies nun freiwillig taten oder gezwungen.
Dieser Befund war einer der Ausgangspunkte für die Forschung zu dem fundamentalen Attributionsirrtum. Die Probanden hatten anscheinend die Situationsinformation, den Zwang, unter dem die Autoren standen, nicht in Rechnung gestellt und daher aus dem Verhalten auf die Einstellung der Person geschlossen. Genauso schließen wir in dem Eingangsbeispiel aus dem Quiz auf die Personeigenschaften, hier die Blödheit des Kandidaten, ohne viel an die Situationseinflüsse zu denken, etwa an die Studioatmosphäre, das perfide Lächeln des Quizmasters oder den Streß durch die bisherigen Fragen.
Der Irrtum besteht in der Annahme, das menschliche Verhalten werde im wesentlichen von den Eigenschaften der handelnden Individuen bestimmt. Daß wir als Individuen immer in Situationen handeln und daß diese Situationen oft einen starken Druck ausüben, übersehen wir sehr leicht.
Wir übersehen das auch gerne für uns selbst: Wenn wir einmal unter den Druck einer Situation geraten, verhalten wir uns oft anders als wir vorhergesagt hätten. Aus der Außenperspektive sehen wir bei uns wie bei anderen stets die Eigenschaften. Das kann übrigens positiv wie negativ gewendet werden: Stellen wir uns eine Person vor, die sich selbst für ängstlich hält. Manche Situationen im Leben üben nun aber vielleicht so starken Druck aus, daß Personen sich darin mutig verhalten, ganz unabhängig davon, ob sie im allgemeinen eher ängstlich sind oder nicht. In solchen Situationen wird unsere Beispielperson ihr eigenes Verhalten nicht korrekt vorhersagen. Sie sieht immer nur ihre Eigenschaft, die Ängstlichkeit und stellt nicht in Rechnung, daß die Situation sie zu einem Verhalten treiben kann, das zu diesen Eigenschaften anscheinend gar nicht paßt.
Wir unterstellen also Personen, deren Verhalten wir sehen, daß dieses Verhalten etwas mit ihren Eigenschaften oder Einstellungen zu tun hat und wir vernachlässigen die Möglichkeit, daß die Situation dieses Verhalten bereits ausreichend erklärt. Wenn sich etwa ein Testimonial in der Werbung für ein Produkt ausspricht, neigen wir – ähnlich wie die Probanden in dem Fidel-Castro-Experiment – dazu, der Person eine dazu passende Einstellung zu unterstellen. Daß in Wirklichkeit auch hier eine wichtige Situationsvariable im Spiel war (die Testimonial-Person hat nämlich viel Geld für diesen Auftritt bekommen), bringen wir nur wenig in Anschlag.

10.2.2 Der Dritte-Person-Effekt

Als Sie Kind waren, hat Sie damals die Werbung so weit beeinflußt, daß Sie Ihre Eltern überredet haben, Ihnen Dinge zu kaufen, die Sie ohne Werbung nicht gewollt hätten? Sind nach Ihrer Erinnerung andere Kinder von der Werbung derart beeinflußt worden? In der Regel sehen sich auf eine solche Frage die Befragten als deutlich weniger beeinflußt als andere.

Dieses als »Dritte-Person-Effekt« (»Third-person-effect«; Davison, 1983; Moser & Hertel, 1998) bekannte Phänomen ist ähnlich wie der fundamentale Attributionsfehler eine sehr grundlegende Tendenz, der wir bei der Beurteilung anderer Personen folgen. Er besteht im Grunde in zwei Hauptkomponenten: Zum einen hält man sich selbst für widerstandsfähiger und resistenter gegen einen Beeinflussungsversuch als andere. Zum anderen neigt man dazu, die Wirkung einer persuasiven Botschaft auf andere zu überschätzen, so daß man unabhängig von der Wirkung auf die eigene Person glaubt, alle anderen müßten von dieser Botschaft auf jeden Fall überzeugt werden.

So universell diese Tendenz auch ist, gibt es doch eine Reihe von Bedingungen, unter denen sie eher zu erwarten ist als unter anderen. Grundsätzlich scheint mit dem Begriff der Beeinflussung eine abwertende Bedeutung einherzugehen. Niemand gibt gerne von sich zu, beeinflußt worden zu sein. Dagegen hat es bereits eine abmildernde Wirkung, wenn statt von »beeinflussen« von »stimulieren« oder »ansprechen« gesprochen wird (Brosius & Engel, 1996). Andere nachgewiesene Einflußfaktoren sind die folgenden (siehe Moser & Hertel, 1998, S. 148*ff*):

- *Parteilichkeit der persuasiven Botschaft*: Der Effekt ist größer, wenn die Botschaft einseitig und tendenziös ist. In diesen Fällen unterschätzen Personen auch den Effekt, den die Botschaft auf die eigene Person hat; das heißt, sie ändern ihre Einstellung, ohne daß sie dies merken.
- *Inhalt der persuasiven Botschaft*: Der Effekt ist größer, wenn die Botschaft negative und sozial unerwünschte Inhalte anspricht. Wenn dagegen das Thema image-förderlich ist, kann der Effekt ganz verschwinden oder sich sogar in sein Gegenteil verkehren. So behaupten Personen zum Beispiel durchaus gerne von sich, von Werbung gegen Ausländerfeindlichkeit angesprochen zu werden, während sie eine Wirkung von Mode-Werbung nur bei anderen vermuten (Moser & Hertel, 1998, S. 149).
- *Soziale Distanz*: Der Dritte-Person-Effekt nimmt zu, je weiter diese Dritten von der eigenen Person entfernt sind. Diese Distanz kann auch in der zunehmenden Abstraktheit bestehen. Zum Beispiel sind Studierende einer anderen Universität beeinflußbarer als die Kommilitonen am eigenen Studienort, besonders beeinflußbar ist allerdings die abstrakte »öffentlich Meinung«.
- *Alter*: Ältere Menschen zeigen einen stärkeren Dritte-Person-Effekt.
- *Wissen:* Je mehr Wissen sich eine Person in einem Gebiet zutraut, desto eher hält sie andere bei diesem Thema für beeinflußbar.

Der letztere Punkt hat einen vernünftigen Kern: Je mehr sich eine Person durch ihr Wissen von anderen unterscheidet, desto mehr Grund hat sie, anzunehmen, daß sie in diesem Gebiet weniger beeinflußbar ist als andere. Dies ist einer von wenigen Erklärungsansätzen für den Dritte-Person-Effekt, der keinen motivationalen Aspekt enthält. Andere Ansätze sehen in diesem Effekt schlicht eine Methode, sich selbst gegenüber anderen aufzuwerten und erklären ihn also mit dem Motiv, den Selbstwert bei allen günstigen Gelegenheiten zu erhöhen.

Im Grunde kann der Dritte-Person-Effekt als ein Spezialfall des fundamentalen Attributionsirrtums gelten. Auch hier wird nämlich wieder die Wirkung der Situation, hier: der persuasiven Botschaft, gegenüber den Personmerkmalen besonders gering veranschlagt. Wäre diese situationale Wirkung stark, dann würde sie auf alle Menschen in etwa gleich wirken. Dies ist jedoch – in meiner Wahrnehmung – nicht der Fall. Vielmehr wirkt die Situation nur auf einige, nämlich solche, die die entsprechenden Merkmale (Beeinflußbarkeit, Anpassungsdrang etc.) mitbringen, während Menschen mit anderen Merkmalen (starke Persönlichkeit, klarer eigener Wille) davon unberührt bleiben.

10.2.3 Sechs Merkmale, die sympathisch machen

Attraktiv und sympathisch ist eines der vornehmsten Ziele des sozialen Handelns – und dieses Ziel scheint sich auch zu lohnen. Es ist eine Binsenweisheit, daß wir Personen, zu denen wir uns hingezogen fühlen, besser behandeln als Personen, die uns abstoßen. Ich möchte im folgenden zwei Themen diskutieren, die mit Sympathie und Attraktivität zu tun haben. Das erste ist die Frage, wovon Attraktivität abhängt. Das zweite Thema widmet sich dem naheliegenden Spezialfall der physischen Attraktivität.
Beginnen wir mit sechs Einflußfaktoren, von denen abhängt, wie attraktiv andere für uns sind (vgl. auch Bourne & Ekstrand, 1992, S. 415; Hassebrauck, 1985; Jones, 1990; S. 167*ff*; Mikula & Stroebe, 1991): Ähnlichkeit, Nähe, sozialer Austausch, Sympathie uns gegenüber, Assoziation mit angenehmen Dingen und physische Attraktivität.

Ähnlichkeit
Wir empfinden Personen als um so sympatischer, je ähnlicher sie uns sind. Damit ist nicht (nur) gemeint, daß sie aussehen wie wir, sondern auch, daß sie ähnliche Einstellungen und Werthaltungen haben wie wir. Wenn sich zum Beispiel bei einer mir zunächst fremden Person herausstellt, daß sie die selben Filme mag wie ich, dann hat die Person bei mir schon einen Pluspunkt. Ohne Frage muß eine solche Person einen ganz erlesenen Geschmack haben. Eine mögliche Erklärung für den Effekt der Einstellungsähnlichkeit könnte in der sozialen Bestätigung (10.1.2; siehe aber auch Heider, 1977/1958) liegen: Die Übereinstimmung meiner Meinung mit der anderer Personen gibt mir das Gefühl, daß meine Einstellung angemessen ist. Die andere Person wird damit zu einer Quelle der Bestätigung: An ihr wird die eigene Kompetenz und Adäquatheit deutlich.
Die Ähnlichkeit ist neben der physischen Attraktivität vermutlich der am häufigsten diskutierte Sympathiefaktor. Dabei ist nicht immer klar, ob denn wirklich die Ähnlichkeit die Ursache für Sympathie ist. Auch der umgekehrte Fall ist nachweisbar: Wenn uns Personen sympathisch geworden sind, nehmen wir sie auch in der Folge als ähnlicher wahr (zum Beispiel Dryer & Horowitz, 1997). Zudem hängt Ähnlichkeit mit einer sehr trivialen Bedingung der Sympathie zusammen: Ähnliche Menschen haben bessere Chancen einander zu begegnen. Besonders die Ähnlichkeit von Einstellungen und Interessen zeigt sich ja in bestimmten Verhaltensweisen, zum Beispiel das gleich Fach zu studieren, die gleichen Parties zu besuchen, im gleichen Verein Sport zu treiben und so weiter. Und da ja die Wahrscheinlichkeit einander zu begegnen die wohl entscheidendste, wenngleich triviale Bedingung der Sympathie ist, muß auch aus diesem Grund ein Zusammenhang zwischen Ähnlichkeit und Sympathie erwartet werden.
Daß Ähnlichkeit darüber hinaus auch tatsächlich Sympathie verursacht, läßt sich nachweisen, wenn eine Person dadurch, daß sie sich ähnlich macht, sympathischer wird. In der Tat kann man Sympathie erzeugen, indem man von sich behauptet, man habe zum Beispiel die gleichen Einstellung wie die andere Person.
Diese Bedeutung der Ähnlichkeit wird in Trainingsprogrammen für Verkäufer verwertet: Es ist wahrscheinlicher, daß eine Person von einem Verkäufer kauft, der ihr ähnlich ist (zum Beispiel Lombard, 1955; Evans, 1963; Gadel, 1964; Brewer, 1979). Also werden Verkäufer angewiesen, auf besondere Personmerkmale der potentiellen Käufer zu achten, etwa die Herkunft oder Hobbies, und in der Folge Ähnlichkeiten zu sich selbst herauszustellen. Es kommt nur darauf an, die Merkmale mit detektivischem Gespür zu ermitteln, indem man etwa auf das Autokennzeichen oder den Dialekt eines Käufers achtet, und die Ähnlichkeit überzeugend darzustellen (Cialdini, 1993). Ein solches Verfahren wurde zum Beispiel von Woodside und Davenport (1974) in einem Experiment einge-

setzt. In einem Fachgeschäft für Schallplatten und Tonbänder sollte ein Tonkopfreiniger verkauft werden. Als die Kunden mit ihren ausgesuchten Kassetten an die Kasse gingen, um zu bezahlen, pries der Kassierer diesen Reiniger an. In einigen Fällen erwähnte er überdies, daß er denselben Musikgeschmack habe wie die Käufer. Der Verkauf unter dieser Ähnlichkeitsbedingung war deutlich höher, als wenn die Ähnlichkeit nicht bestand.
Nicht nur Personen, die mir in Einstellungen und Werthaltungen ähnlich sind, haben bessere Aussichten auf meine Sympathie. Auch wenn eine Person mit mir nur den Geburtstag oder -monat gemeinsam hat, kann sie mir sympathischer werden. Wenn zum Beispiel Verhandlungspartner voneinander glauben, sie hätten am gleichen Tag Geburtstag, ist ihre Bereitschaft zur Kooperation höher (zusammenfassend Greenwald & Banaji, 1995, S. 11*f*). Dieser Effekt ist analog zu den in Kapitel 9 diskutierten automatischen Prozessen zu verstehen. Er schwächt sich also deutlich ab, wenn Versuchspersonen auf die Irrelevanz des gemeinsamen Merkmals aufmerksam gemacht werden.

Nähe
Personen, die sich räumlich nahe sind, schließen eher Freundschaften und gehen auch eher Intimbeziehungen ein, als weiter voneinander entfernte Personen. Dies ist in einer Hinsicht trivial: Personen, die sich näher sind, begegnen sich häufiger und haben deshalb viel mehr Gelegenheit, sich kennenzulernen und anzufreunden (vgl. Schellenberg, 1960). Außerdem sind sich Personen, in größerer räumlicher Nähe auch meistens in ihren Einstellungen, ihren Familienhintergründen oder Vorlieben ähnlicher, zum Beispiel weil sie in derselben Gegend wohnen, weil sie denselben Beruf ausüben, weil sie zu derselben Kirchengemeinde gehören usw. Ein anderer Grund ist vielleicht weniger trivial: Sozialbeziehungen lassen sich über kurze Distanzen leichter aufrecht erhalten als über lange. Daher sind Personen, die uns näher sind, auch vielversprechendere Sozialpartner. Eine Beziehung mit ihnen würde sich eher auszahlen als eine mit einer weiter entfernten Person.
Die bloße Erwartung, auch in Zukunft mit einer Person wieder zu tun zu bekommen, begünstigt Interesse und Sympathie (Berscheid, Graziano, Monson & Dermer, 1976). Dies zeigt sich im sogenannten »anticipated-interaction«-Paradigma (Darley & Berscheid, 1967). Die Grundstruktur einer solchen Untersuchung ist folgende: Die Versuchspersonen sollen eine Aufgabe ausführen und werden dabei von einer netten Versuchsleiterin betreut. Das Experiment hat mehrere Teile, so daß sie in den nächsten Wochen noch zwei oder drei Mal wiederkommen sollen. Nun erfahren einige Versuchspersonen, daß sie bei den anderen Gelegenheiten einen anderen Versuchsleiter kennenlernen werden. Anderen Versuchspersonen wird gesagt, daß sie dieselbe Versuchsleiterin wieder antreffen werden. Am Ende sollten die Probanden einschätzen, wie nett sie die Versuchsleiterin finden. Es zeigt sich, daß dieselbe Person als sympathischer erlebt wird, wenn die Versuchspersonen glauben, sie würden sie noch einmal wiedersehen. Die Verfügbarkeit macht hier also in Form eines sicheren Wiedersehens sympathischer.

Sozialer Austausch
Diejenigen Sozialbeziehungen, in denen sich das Geben und Nehmen der Beteiligten einigermaßen die Waage hält, sind die günstigeren. Personen, die von uns etwas nehmen, ohne uns etwas zurückzugeben, sind für uns unattraktiv (vgl. Burgess & Huston, 1979). Diese Feststellung wurde zunächst in Wirtschafts- dann aber auch in Intimbeziehungen diskutiert. Aber auch alltägliche Interaktionen werden von diesem Effekt geprägt. So wird Ihnen zum Beispiel ein Gesprächspartner, dem Sie eine Menge persönliche Dinge von sich selbst erzählen, unsympathisch, wenn er seinerseits nie etwas von sich offenbart. Das Ausmaß der Selbstoffenbarung sollte in einer normalen Interaktion einigermaßen ausgewogen sein (Thibaut & Kelley, 1959; Schmidt-Atzert, 1986).

Sympathie uns gegenüber

Wir mögen diejenigen Leute, die uns mögen. Dieser Effekt setzt sich sogar gegen andere Effekte wie zum Beispiel dem der Einstellungsähnlichkeit durch (Berscheid & Walster, 1969; Berman & Brickman, 1971; Byrne & Rhamey, 1965; Condon & Crano, 1988; Jones, Bell & Aronson, 1972; Murstein & Lamb, 1973). Sehr schön ist diese psychologische Regel in Shakespeares »Much ado about nothing« illustriert: Beatrice und Benedict können sich nicht leiden und lassen keine Gelegenheit aus, sich in geistreichen Dialogen anzugiften. Diese offenbare Abneigung reizt die Freunde der beiden dazu, aus den Streithähnen ein Paar zu machen. Sie lassen Beatrice wissen, Benedict habe sich hinter ihrem Rücken sehr positiv über sie geäußert – und umgekehrt. Ohne daß die Annahme fundiert wäre, nehmen beide also daraufhin Sympathie von seiten des anderen wahr. Diese bloße Wahrnehmung führt bereits dazu, daß sie den anderen mit positiveren Augen sehen, daß sie ihm eine Chance geben, und am Ende...

Die Bedeutung von Sympathiekundgebungen und Schmeichelreden für den Verkauf wurde schon im 16. Jahrhundert in einem Ratgeber für den erfolgreichen Verkauf niedergelegt (zitiert nach Kirchler, 1995, S. 161): »Ist dir an aine Kundin was gelegen, so mache dich gesellig, sage, daß sie schönleibig sey und du Wohlgefallen an ihr findest, sie wird geblendet sain und du kannst auf vorteilhaften Verkauf sicher sain, auch wenn die Waiber häßlich und narbig saint, thue ihnen schön, es bringt Nutz.« Verkäufer haben bessere Chancen, wenn sie persönliches Interesse an ihren Kunden signalisieren (Lombard, 1955). So hat es bereits einen deutlichen positiven Effekt, wenn ein Verkäufer den Namen eines Kunden im Gedächtnis behält und in Zukunft verwendet (Howard, Gengler & Jain, 1995). Ein weiteres Beispiel für die Wirksamkeit von Sympathiekundgebungen: Der Welt bester Autoverkäufer ist nach dem Stand von 1993 laut Guinness Buch der Rekorde Joe Girard aus Detroit. Anscheinend kann man von diesem Menschen einiges lernen. Interessant ist jedenfalls folgende Gewohnheit: Jeden Monat schickt Girard seinen früheren Kunden – es sind mittlerweile über 13.000 – eine Grußkarte, je nachdem zum Geburtstag, zu Weihnachten, Ostern oder Thanksgiving. Die Karte enthält nicht weiter als die Grüße und den einfachen Satz: »I like you«. Den Karten sieht man durchaus an, daß sie nicht persönlich bearbeitet wurden – und trotzdem. So wird man erfolgreicher Autoverkäufer und verdient über $ 200.000 im Jahr (Cialdini, 1993).

Assoziation mit positiven Dingen

Dieser Punkt ist äußerst einfach und ergibt sich unmittelbar aus der Lerntheorie (6.1). Einfache Variante: Der Kartenverkäufer im Kino hat eine bessere Chance darauf, von Ihnen gemocht zu werden als der Polizist, der Ihnen soeben einen Strafzettel wegen falschen Parkens verpaßt hat. Die Assoziation von Personen mit positiven oder negativen Umständen kann bis hin zu abergläubischem Verhalten führen: Ganz analog zu der antiken persischen Praxis, den Überbringer einer schlechten Nachricht das Schlechte selbst büßen zu lassen, müssen sich in heutiger Zeit gelegentlich Meteorologen groteske Vorwürfen wegen des schlechten Wetters anhören (Cialdini, 1993, S. 154*ff*; vgl. auch Rosen & Tesser, 1970). Sie sehen, die Assoziation muß keine logische sein, solange sie eben nur positiv ist.

Physische Attraktivität

Folgende Eigenschaften haben physisch attraktivere Personen in den Augen anderer angeblich in besonderem Ausmaß: Sie sind wärmer, sensibler, freundlicher, entgegenkommender, interessanter, stärker, ausgeglichener, bescheidener, geselliger, fähiger, haben einen besseren Charakter, verfügen über mehr Prestige, bekommen voraussichtlich bessere Arbeitsstellen, führen eine bessere Ehe und führen überhaupt voraussichtlich ein erfüllteres Leben. Attraktive Personen gelten auch als »vielschichtiger, aufnahmefähiger, umsichtiger, zuversichtlicher, selbstsicherer, glücklicher, aktiver, kooperativer, [...] freimütiger, humorvoller, selbstbeherrschter und flexibler«. Aber nicht nur in den Augen anderer besitzen physisch attraktive Personen besondere Vorzüge. Physisch attraktive Personen zeigen auch eine sichereres soziales Auftreten als weniger attraktive, so daß man zu dem Schluß gelangen könnte, physisch attraktive Personen seien auch tatsächlich besonders selbstsicher (zusammenfassend Berscheid & Walster, 1974; Huston & Levinger, 1978, S. 123; Asbell & Wynn, 1993, S. 60).

Diese Zuschreibungen haben praktische Konsequenzen: Physisch attraktive Personen gewinnen eher eine Wahl (Efran & Patterson, 1976), ihnen wird bereitwilliger geholfen (Benson, Karabenic & Lerner, 1976) und sie bekommen eher eine Arbeitsstelle (Mack & Rainey, 1990; Schuler & Berger, 1979). Sie haben auch bessere Chancen vor Gericht (zusammenfassend Cialdini, 1993; Kulka & Kessler, 1978; Bierhoff, Buck & Klein, 1989). Physisch attraktiven Personen wird wesentlich seltener zugetraut, daß sie überhaupt ein Verbrechen begangen haben. Ist das Vergehen allerdings nachgewiesen, dann hat dasselbe Vergehen bei attraktiven Personen eine geringere Bestrafung zur Folge als bei unattraktiven (Patzer, 1985). Zu diesem Befund gibt es allerdings eine wichtige Ausnahme, die für das Thema Überzeugen und Verkauf von Bedeutung ist: So zeigt sich in einer Studie (Sigall & Ostrove, 1975), daß attraktive weibliche Straffällige nachsichtiger behandelt werden. Dieser Effekt kehrt sich allerdings um, wenn bei dem Vergehen die körperliche Attraktivität eine Rolle gespielt hat. Dies ist zum Beispiel bei Betrügerei der Fall, im Unterschied etwa zu Einbruch. Ein attraktiver Betrüger kann seine körperlichen Vorzüge nutzen, um das Vertrauen des Betrogenen zu erschwindeln, denn attraktive Personen haben bessere Aussichten auf Erfolg, wenn sie andere überzeugen wollen (Chaiken, 1979). In solchen Fällen wurden attraktive Sünderinnen mit härteren Strafen bedacht. Das zeigt, daß gerade in den sensiblen Bereichen, wo Vertrauen eine Rolle spielt, attraktive Menschen zwar im Vorteil sind, daß aber dieser Vorteil bei der Bewertung des Verhaltens in Rechnung gestellt wird.

Die Industrie macht sich solche Forschungsergebnisse gern zunutze. Wenn nachweisbar ist, wie viele Vorteile Schönheit mit sich bringt, dann muß sie diese Nachweise auch unter die Leute bringen, denn um so größer ist die Chance, daß ihr Angebot, etwa Mode, Diät oder Kosmetik, angenommen wird. Dies tut zum Beispiel die Cosmetic, Toiletry und Fragrance Association aus Washington, indem sie die Durchführung und Verbreitung von wissenschaftlicher Forschung über die Vorzüge der physischen Attraktivität besonders fördert (Cialdini, 1993). Weitere Befunde und theoretische Überlegungen möchte ich in der folgenden Vertiefung diskutieren.

10.2.4 Physische Attraktivität in Werbung und Verkauf

Gutes Aussehen ist für Werbung und Verkauf in mindestens zweierlei Hinsicht wichtig. Zum einen kann man unbesehen vorhersagen, daß die meisten Menschen lieber attraktiv als häßlich sein möchten (vgl. 2.2.5). Mit dem Ziel der Attraktivität spricht man ein sicheres Bedürfnis der Konsumenten an. Zum anderen gefallen physisch attraktive Menschen natürlich besonders gut. Daher sind sie besser als andere geeignet, eine beeinflussende Kommunikation zu übermitteln. Man vertraut ihnen leichter (vgl. Mills & Aronson, 1965; Eagly & Chaiken, 1975; Joseph, 1982), sie sind geeignetere Modelle (10.1.2), und manchmal sind sie einfach nur nützlich, um in der Werbung einen angenehmen Kontext abzugeben (Joseph, 1982; 8.3.2).

Patzer (1985, S. 200*ff*) konnte in einem Experiment zeigen, daß physisch attraktivere Fotomodelle in der Werbung vertrauenswürdiger und sympathischer wahrgenommen wurden. Außerdem wurde ihnen eher zugetraut, daß sie sich mit dem Produkt auskannten. Patzer schließt aus seinen Ergebnis-

sen sogar, daß es für die Werbegestaltung besser sei, gar keinen Kommunikator zu wählen als einen unattraktiven. Eine Erklärung für die Überzeugungswirkung bei attraktiven Personen ist vielleicht ein gewisser Ablenkungseffekt. Die hohe Attraktivität bindet die Aufmerksamkeit des Publikums und lenkt sie von einer angemessenen Verarbeitung der Argumente ab (vgl. Festinger & Maccoby, 1964; Patzer, 1985, S. 191; Petty & Cacciopo, 1986). Vielleicht läßt sich die höhere Glaubwürdigkeit aber auch damit erklären, daß attraktiven Leuten sehr viel eher unterstellt wird, sie seien die Bestimmer und Lenker ihres eigenen Schicksals. Diese Zuschreibung bringt es mit sich, daß ihnen auch eher eine unbeeinflußte eigene Meinung zugetraut wird. Daher wird ihrer Meinung auch eher vertraut (Joseph, 1982, S. 16). Aber auch diese Erklärung deckt noch nicht alle Effekte ab: Eine besondere Spielart der physischen Attraktivität, das kindliche Gesicht oder »baby-face«, ist offenbar ebenfalls mit einer besonderen Glaubwürdigkeit gesegnet. Sowohl weibliche als auch männliche Verkäufer erzielen bessere Ergebnisse, wenn sie ein »baby-face« haben (Olson & Zanna, 1993). Eine besondere Selbstsicherheit wird den erwachsenen Kindergesichtern vermutlich nicht unterstellt.
Der Glaubwürdigkeitsvorteil physisch attraktiver Menschen verschwindet wieder, wenn zusätzliche Informationen gegeben werden. Dies unterstreicht noch einmal, daß wir es bei den Attraktivitätseffekten mit Automatismen im Sinne von Kapitel 9 (vgl. auch Exkurs 23) zu tun haben. Wenn zum Beispiel das Publikum eine Person für einen kompetenten Experten hält, dann spielt die Attraktivität dieses Experten für seine Glaubwürdigkeit keine Rolle mehr. Ebenso ist es in der Werbung weniger günstig, auf Attraktivität zu setzen, wenn das Produkt überhaupt nicht auf Attraktivität bezogen werden kann. Es lassen sich durchaus nicht für alle Produktkategorien Vorteile für attraktive Kommunikatoren nachweisen. Wenn es etwa um Fruchtsaft oder Käse geht, und nicht um Kosmetika, findet sich kein besonders vorteilhafter Einfluß attraktiver Kommunikatoren auf die Kaufabsicht der Konsumenten (Baker & Churchill, 1977; Joseph, 1982, S. 22; Kahle & Homer, 1985; Caballero, Lumpkin & Madden, 1989).
Wie in anderen Gebieten der Urteilsbildung finden wir auch bei der Einschätzung von Attraktivität das Phänomen, daß der Kontext einer Urteilsbildung einen Einfluß auf das Urteil hat (vgl. Kapitel 8). Cash, Cash und Butters (1983) zeigten zum Beispiel in einem Experiment, daß beim Urteil über die eigene Attraktivität Kontrasteffekte vorkommen können. Wer soeben die herrlichsten Gestalten bewundern durfte, hat zu seiner eigenen Attraktivität eine nüchternere Meinung, als eine andere Person, die vielleicht nur mit durchschnittlich attraktiven anderen konfrontiert war. Dieser Kontrasteffekt konnte in dem Experiment von Cash et al. (1983) ausgeschaltet werden, indem die Bilder von hochattraktiven Kontext-Personen – im Experiment nur Frauen – als Bilder einer Werbeanzeige ausgegeben wurden. Das heißt: Wenn dieselbe Person als ein Werbemodel in Erscheinung trat, wurde sie plötzlich nicht mehr als Vergleichsperson herangezogen. Sie spielte gleichsam »außer Konkurrenz« (siehe oben 10.1.2). Dies bedeutet für die Werbung, daß sie beim Einsatz von hyperattraktiven Super-Models nicht unbedingt fürchten muß, die betrachtenden Frauen kämen sich dagegen häßlich vor. Statt dessen ist vielmehr damit zu rechnen, daß die Models nicht zum Vergleich herangezogen werden. Als Rollenmodelle oder Lieferanten für die soziale Bestätigung sind übertrieben attraktive Menschen in der Werbung also weniger geeignet als durchschnittlich attraktive Personen.
Die Werbung wird in ihrem Umgang mit physischer Attraktivität nicht selten kritisiert. In der Tat kommt ihr bei der Untermauerung des Attraktivitäts-Stereotyps ein besonderes Gewicht zu (vgl. Patzer, 1985, S. 250*ff*). Downs und Harrison (1985) konnten zeigen, daß mehr als ein Viertel von 4.294 untersuchten Werbespots im Fernsehen direkt physische Attraktivität zum Thema hatte. Dabei wurden immer wieder Gelegenheiten genutzt, das Ziel der Attraktivität aufzuwerten. In einem besonders einprägsamen Spot sagte beispielsweise eine ältere Frau: »Sie nennen es Altersflecken; ich nenne es einfach nur häßlich!« Überhaupt appelliert die Werbung noch immer wesentlich häufiger

bei Frauen als bei Männern an das Ziel der Attraktivität. Diese Ungleichverteilung findet sich nicht nur in traditioneller Werbung. Auch jugendorientierte und fortschrittliche Werbung wie sie zum Beispiel in dem Jugend-Sender *MTV* erwartet werden kann, bestätigt nach wie vor traditionelle Geschlechtsstereotype, nach denen in erster Linie Frauen attraktiv zu sein haben (Kerin, Lundstrom & Sciglimpaglia, 1979; Signiorelli, McLeod & Healy, 1994).

10.3 Die Regel der Gegenseitigkeit – *quid pro quo*

»Ein Dienst ist wohl des andern wert« [Goethe: Faust I, Z. 3033, Straße]

Der italienische Einwanderer Amerigo Bonasera muß an der Gerechtigkeit in seiner neuen Heimat Amerika zweifeln. Die Burschen, die auf brutale Weise versucht haben, seine Tochter zu vergewaltigen, werden von der amerikanischen Justiz trotz Beweisen und Geständnis nur zu drei Jahren Gefängnis auf Bewährung verurteilt. Bei seinem Padrone Don Vito Corleone bittet er um Gerechtigkeit. Der Don läßt sich halb widerwillig zu dieser Ausübung seiner Macht bewegen: »You shall have your justice. Some day, and that day may never come, I will call upon you to do me a service in return. Until that day consider this justice a gift from my wife, your daughter's godmother« (Puzo, 1973, S. 31). Der Gefallen wird getan und Bonasera macht sich darauf gefaßt, eines Tages – vielleicht bald, vielleicht nie – seinem Padrone einen Dienst zu erweisen. Don Corleone hat es geschafft. Er hat eine ganze Subkultur, eine weitverzweigte Gruppe von Personen über Verwandtschaftsbeziehungen, Gefälligkeiten und Zuwendungen zur Loyalität verpflichtet. Mit dieser Stärkung im Rücken geht er unauffällig und konsequent den verschiedensten Geschäften nach. Offiziell handelt er freilich Zeit seines Lebens nur mit Olivenöl.

Wie war diese Macht über andere Menschen möglich? Wie konnte er sich andere Personen auf Dauer zu einer Verbundenheit verpflichten, die bis hin zum Verbrechen geht? In den Anfängen seiner Karriere findet sich eine Situation, in der Vito Corleone seinen Freunden und Geschäftspartnern vorschlägt, sie von unangenehmen Zahlungen an einen lokalen Don zu befreien. Wie er das anstellen will? »Surely that's no concern of yours [...]. I'll reason with him [...]. Just remember that I've done you a service« (Puzo, 1973, S. 205*f*). Damit hat alles angefangen: Ich habe dir einen Gefallen getan und habe daher das Recht, diesen Gefallen wieder zurückzufordern. Dieses Prinzip, die »Regel der Gegenseitigkeit« (»rule for reciprocation«, Cialdini, 1993; Gouldner, 1960) wird in *The Godfather* als außerordentlich mächtig geschildert. Ich möchte im folgenden prüfen, wie mächtig dieses Prinzip nach dem Stand der psychologischen Forschung tatsächlich ist.

10.3.1 Die Regel der Gegenseitigkeit in der psychologischen Forschung

Betrachten wir zunächst ein Experiment (Regan, 1971): Eine Versuchsperson sollte mit einer anderen Person zusammen als Teilnehmer eines Experiments zur Wahrnehmung von Kunst Bilder einschätzen. Die andere Person, nennen wir sie »Joe«, war – wie oft in solchen Experimenten – keine Versuchsperson, sondern ein Assistent des Versuchsleiters. In einer der Versuchsbedingungen tat Joe der Versuchsperson unaufgefordert einen Gefallen, indem er ihr in einer Pause eine Cola mitbrachte. In der anderen Bedingung kam Joe mit leeren Händen aus der Pause zurück. Als schließlich alle Bilder eingeschätzt waren, bat Joe seinen Kollegen, ob er ihm in einer Sache gefällig sein wolle. Er verkaufe nämlich Lose für ein Auto, und wenn er besonders viele Lose verkaufe, bekomme er eine

Prämie. Die entscheidende Frage war nun: Wie viele Lose kaufen die Versuchspersonen? Nach dem Prinzip der Gegenseitigkeit kann man vorhersagen, daß die Versuchspersonen, die von Joe eine Cola erhalten haben, mehr Lose gekauft haben, als die, die keine Cola bekommen haben. Das ist auch tatsächlich der Fall gewesen. Was das Experiment von Regan (1971) aber eigentlich interessant macht, sind die folgenden Besonderheiten. Die erste springt schon bei der oben geschilderten Rohfassung des Experiments ins Auge: Die Versuchspersonen haben um den Gefallen gar nicht gebeten (im Unterschied zu Amerigo Bonasera in *The Godfather*). Trotzdem verhalten sie sich so, als seien sie Joe gegenüber zu etwas verpflichtet.

Gegenseitigkeit und Sympathie

Die zweite Besonderheit ergibt sich aus einer zusätzlichen Befragung, die Regan in seinem Experiment durchgeführt hat: Die Versuchspersonen wurden danach befragt, ob ihnen Joe sympathisch war. Normalerweise würden Personen, die Joe mögen, mehr Lose kaufen, als solche, die ihn nicht mögen. Dieser Effekt galt aber nur für diejenigen Versuchspersonen, die keine Cola bekommen hatten. Die Personen, die Joe einen Gefallen schuldig waren, kauften ihm die Lose ab, ungeachtet ob sie ihn mochten oder nicht. Dieses Ergebnis zeigt die Macht der Gegenseitigkeitsregel: Sie setzt andere Regeln außer Kraft, die sonst eine starke Wirkung haben.

Ist Ihnen schon einmal passiert, daß Ihnen jemand auf der Straße ein Geschenk gemacht und Sie unmittelbar darauf um eine Spende gebeten hat. Dieses Prinzip wurde in den letzten Jahren zum Beispiel regelmäßig von Sekten eingesetzt (Pratkanis & Aronson, 1992, S. 178*ff*; Cialdini, 1993, S. 23*f*). Die Hare Krishna Sekte versuchte auf diese Weise Spenden zu bekommen. Der Ausgangspunkt war, daß die Mitglieder der Gemeinschaft durch ihr Äußeres weithin erkennbar waren und bei der Durchschnittsbevölkerung im günstigsten Falle als merkwürdig galten – keine gute Voraussetzung, um Spenden zu bekommen. Die Krishnas fanden eine Lösung, die es ihnen ersparte, ihre Kleidungsgewohnheiten und Haartracht aufgrund von weltlichen Erwägungen aufzugeben. Ihre Lösung war gar nicht darauf angewiesen, daß die Spender irgendwelche Sympathien für sie aufbrachten. Die Krishnas taten einfach vor der Bitte um die Spende wildfremden Passanten einen »Gefallen«. In der effektivsten (weil kostengünstigsten) Variante bekamen die Passanten einfach eine Blume geschenkt, die sie unter keinen Umständen zurückgeben durften. Wenn die Personen nun die Blume hatten und klar war, daß sie sie behalten sollten, in dem Augenblick also, wo der Druck der Gegenseitigkeitsregel am stärksten war, baten die Krishnas um einen Beitrag zu ihrer Religionsgemeinschaft. Überflüssig zu sagen, daß die Krishnas mit der Strategie Erfolg hatten. Interessanterweise konnte man beobachten, daß die Geschenke weder erbeten (das haben wir oben schon gesehen) noch in irgendeiner Weise willkommen waren. Vielfach wurden die Blumen von den Passanten auf dem weiteren Weg in die nächste Mülltonne geworfen. Selbst solche Personen, die eine Spende geleistet und die Blume sozusagen teuer gekauft hatten, legten keinerlei Wert auf das »Geschenk«. Dieses Verhalten war so verbreitet, daß es sich für die Krishna lohnte, den Weg der Passanten nachzugehen und die Blumen aus dem Müll wieder hervorzuholen, um sie wiederzuverwerten.[2]

---

[2] Cialdini, 1993, S. 31. Übrigens gibt es noch einen anderen Effekt, den sich die Krishnas zunutze machten, der sich aber mit der Zeit abnutzt: den Überraschungseffekt. Überraschung ist ein unterstützendes Mittel der Beeinflussung, das unabhängig von anderen Mechanismen für sich allein bereits wirkt. Milgram und Sabini (1975, zit. n. Cialdini, 1993, S. 30 FN) konnten zeigen, daß Personen in der U-Bahn eher bereit sind, ihren Sitz abzutreten, wenn sie durch die Bitte »Entschuldigen Sie, dürfte ich Ihren Sitz haben« überrascht wurden, als wenn sie dem Verhalten des Bittenden schon entnehmen konnten, daß er sie bald fragen würde. Dementsprechend legten es auch die Krishnas darauf an, die Passanten mit der Blume zu überraschen. Ich betone aber noch einmal: Der Überraschungseffekt ist kein Teil der Gegenseitigkeitsregel.

Das Ausmaß der Entschädigung

In den späten sechziger Jahren, zur Zeit von Regans Experiment, kostete eine Cola etwa zehn Cent. Joes Lose dagegen kosteten 25 Cent. Joe hatte also bereits einen Gewinn von 150 Prozent gemacht, wenn die Versuchsperson ihm nur ein einziges Los abkaufte. Die Durchschnittsabnahme in der Cola-Bedingung war aber sieben Lose! Was motiviert jemanden so stark, seine Schuld zu begleichen, daß er sogar weit über das hinausgeht, was eigentlich fair wäre? Cialdini (1993, S. 32*f*) bietet zwei Erklärungen an: Zum einen erinnert er daran, wie unangenehm es ist, Schulden zu haben. Man denke nur an das Gefühl von Amerigo Bonasera, wenn ihm der Pate sagt: »Ich werde dich bitten, mir dafür einen Gefallen zu tun«, wie er dann zitternd dem Tag entgegensieht, an dem der Don auf ihn zukommen und sagen wird: »Erinnerst du dich, daß ich dir einen Gefallen getan habe?«, und an seine Aufregung, als schließlich später tatsächlich der Padrone ruft, um seine Dienste in Anspruch zu nehmen. Eine weitere Erklärung ist, daß die soziale Umwelt darüber wacht, daß Gefallen erwidert werden. Schnorrer und Parasiten werden nicht geduldet. Diese soziale Ächtung besteht nicht nur in den Köpfen der Schuldner, sie existiert tatsächlich. Eine Ausnahme bilden solche Personen, die aufgrund ihrer besonderen Situation mit einem allgemeinen Verständnis rechnen können, wenn sie nicht in der Lage sind, eine eingegangene Schuld abzutragen: Dies gilt zum Beispiel für Kinder oder für Personen, die zu arm oder krank sind. Auch im umgekehrten Fall reagiert die soziale Umwelt mit Unbehagen und Antipathie: Eine Person, die einer anderen einen Gefallen tut, ohne der anderen die Gelegenheit zu geben, den Gefallen zu erwidern, wird von neutralen Beobachtern deutlich negativ eingeschätzt. Dieser Befund ließ sich in einer kulturvergleichenden Studie für Schweden, die USA und Japan bestätigen (Gergen, Ellsworth, Maslach & Seipel, 1975).

Ein weiterer Gesichtspunkt ist die Störung der Kommunikation durch »Rauschen«. Damit ist das Risiko gemeint, daß meine Entschädigung ohne mein Verschulden nicht vollständig beim anderen ankommt – sei es nun daß der andere die Entschädigung als kleiner interpretiert oder daß auf dem Weg zu ihm tatsächlich physisch etwas verlorengeht. Um ganz sicher zu gehen, wähle ich das Ausmaß der Entschädigung so hoch, daß ich mir auch ein »verrauschtes« Signal an mein Gegenüber leisten kann. So berichtet zum Beispiel Van Lange (1999), daß gegenüber der einfachen Kooperationsstrategie »tit for tat« die Variante »tit for tat – plus one« deutlich überlegen sei.

Ich möchte zusätzlich eine eigene Erklärung anbieten: Eine Rückzahlung, die exakt der Vorleistung entspricht, stellt nur einen Gegenwert wie eine Bezahlung dar. Dadurch wirkt sie erzwungen. Eine Gegenleistung, die über den obligatorischen Umfang hinausgeht, ist dagegen freiwillig. Wer also mehr zurückzahlt, als er bekommen hat, kann sich immer sagen, er tue dies freiwillig und sei eigentlich zu nichts verpflichtet. Durch die angenommene Freiwilligkeit kann man sich weiter der Überzeugung hingeben, Herr über die eigenen Handlungen zu sein. Die Gegenleistung erscheint nicht als erzwungene Rückzahlung, sondern als freiwilliger Gefallen.

10.3.2 Gegenseitige Zugeständnisse

Stellen Sie sich vor, ein Freund bittet Sie, eine umfangreiche schriftliche Arbeit für ihn zu tippen – eine Bitte, die normalerweise wohl etwas weit geht. Sie lehnen ab, aber sofort kommt die nächste Bitte: Ob Sie nicht wenigstens bereit wären, für ihn die Tippfehler zu korrigieren. Stellen Sie sich vor, die Sache käme Ihnen so oder so ungelegen, würden Sie immer noch »Nein« sagen, nachdem Sie schon einmal abgelehnt haben? Es ist offenbar wesentlich einfacher, jemanden zu einer Gefälligkeit zu bewegen, nachdem er schon einmal eine andere, größere Gefälligkeit abgelehnt hat. Dieses

Prinzip wird als »Tür-ins-Gesicht« beschrieben (»door-in-the-face«), offenbar, weil man sich zunächst einmal die Tür vor der Nase zuschlagen lassen muß, um dann in der Folge sehr viel bessere Erfolgsaussichten zu haben als ohne die zugeschlagene Tür.
Dazu ein anderes Beispiel: Cialdini, Vincent, Lewis, Catalan, Wheeler und Darby (1975) tarnten sich als Mitarbeiter des »County Youth Counseling Program« und fragten Studenten, ob sie bereit seien, unentgeltlich eine Gruppe von jugendlichen Delinquenten auf einem Ausflug in den Zoo zu begleiten. Die Mehrheit (83 Prozent) lehnte ab. Wenn die Studenten allerdings zuvor gebeten wurden, für ein Minimum von zwei Jahren einige Stunden pro Woche als Berater für jugendliche Delinquenten zu fungieren, was natürlich jeder ablehnte, betrug die Zustimmungsrate zu der zweiten Bitte nahezu 50 Prozent.
Wenden wir die Regel der Gegenseitigkeit auf dieses Vorgehen an. Der Rückzug von der ersten Forderung kann wie ein Zugeständnis an die ablehnende Person empfunden werden. Indem man seine erste Position abschwächt, kommt man dem Partner gleichsam entgegen und kann demnach auch verlangen, daß dieser seinerseits Teile seiner Position aufgibt. Dieses Prinzip liegt offenbar den verschiedensten Arten von Verhandlungen zu Grunde, sei es beim Versuch, das Auto der Eltern für einen Abend zu leihen, seien es Tarif- oder Abrüstungsverhandlungen, sei es auf dem Flohmarkt oder Basar.
Wenn ich auf die Gegenseitigkeit von Zugeständnissen hoffe, stehe ich offenbar immer auf der Gewinnerseite. Wenn ich Sie zum Beispiel um zehn Mark anpumpe, obwohl ich nur fünf Mark brauche, dann kann es sein, daß Sie mir tatsächlich zehn Mark geben – und dagegen würde ich mich nicht wehren. Wenn Sie sich aber erwartungsgemäß weigern, habe ich mit meiner nun folgenden eigentlichen Bitte um fünf Mark wesentlich größere Chancen auf Erfolg, weil jetzt die Regel der Gegenseitigkeit für mich arbeitet. Ein herrliches Lotteriespiel: Bei Kopf gewinne ich, bei Zahl verlieren Sie (Cialdini, 1993, S. 41).

Das Kontrastprinzip im Dienste der Gegenseitigkeitsregel

Die Gegenseitigkeitseffekte bei Zugeständnissen stellen eine nicht unerhebliche Abkehr von ökonomischen Prinzipien der Wertmaximierung dar. Bedenken wir: In vielen Fällen wird ja objektiv gar kein Gewinn erzielt. Was von uns psychologisch auf der Gewinnseite verbucht wird, ist in Wirklichkeit nichts weiter als die triviale Feststellung, daß eine Person, die viel von uns verlangt, theoretisch noch mehr verlangt haben könnte. Offenbar stehen hier das Kontrastprinzip (vgl. 8.3.3) bzw. der Ankereffekt (4.1.6) Pate. Wie für den oben schon beschriebenen Überraschungseffekt gilt aber auch für das Kontrastprinzip, daß es bereits ohne Gegenseitigkeitsregel funktioniert. Der einfache Grundgedanke ist der, daß neben einer extremen Forderung jede andere Forderung wie ein Zugeständnis aussehen muß, wenn sie nur kleiner ist. Auf diesem Boden gedeiht auch die »That's-not-all-Technik«, nur mit anderem Vorzeichen: Ein Verkäufer macht ein Angebot, und bevor sein Gegenüber ihm antworten kann, verbessert er das Angebot noch durch eine Dreingabe oder einen Preisnachlaß. Im Unterschied zur Gegenseitigkeit bei Verhandlungen bezieht die That's-not-all-Technik ihre Kraft aus der Tatsache, daß das Entgegenkommen des Verkäufers, die Verbesserung des Angebots, spontan erfolgt und nicht ausgehandelt wurde (Burger, 1986).
In allen diesen Fällen kommt es darauf an, in welchen Kontext die Dinge gestellt werden. Das Kontrastprinzip ermutigt uns, auf Gegenseitigkeitsmechanismen auch dann zu hoffen, wenn der erste Versuch, durch eigene Zugeständnis andere zu erlangen, fehlschlägt. Goldman und Creason (1981) konnten zeigen, daß die letztendliche Gefälligkeit sogar noch größer ausfiel, wenn die erste Bitte sehr unverschämt war – und abgelehnt wurde –, die zweite Bitte immerhin noch ziemlich unverschämt

war – und auch abgelehnt wurde –, und sich erst die dritte Bitte in einigermaßen vernünftigen Dimensionen bewegte.
Eine andere Technik, den Effekt zu steigern, besteht aber darin, die gebetenen Personen selbst das Ausmaß bestimmen zu lassen, in dem sie gefällig sein wollen (Goldman & Creason, 1981). Gelegentlich läßt sich die geforderte Gefälligkeit in Zahlen oder Geldbeträgen messen. In solchen Fällen zeigt sich, daß es sich nicht lohnt, mit der entscheidenden Bitte eine Zahl vorzugeben, die den größten Erfolg verspricht. Noch größeren Erfolg hat man, wenn dieses Ausmaß von den Personen selbst festgelegt wird.

Exkurs 33 *Eine Notiz in einer Tageszeitung*

»In einer Kneipe mit dem bezeichnenden Namen ›?‹ im fränkischen Fürth machen die Gäste große Augen, wenn sie Wirt Franz Bayer nach der Rechnung für das Essen fragen. »Bei mir bezahlt jeder nur das, was ihm das Essen wert war«, sagt der 37jährige. Zusammen mit seinem Partner Arno Hoffmann hat er das ›alternative‹ Lokal eröffnet. Wer für den Schweinebraten mit Knödel nur drei Mark auf den Tisch legt, muß für seine Knausrigkeit wenigstens eine Begründung geben. Doch dabei sind die Wirte nicht kleinlich. ›Wenn ein Gast keinen Pfennig mehr in der Tasche hat, bekommt er trotzdem sein Essen.‹ Aber beim nächsten Mal sollte er schon mehr Geld mitbringen, sagt Bayer. Denn Schmarotzer setze er schließlich doch vor die Tür« (*Trierischer Volksfreund*, 23.10.1995, S. 23).

Hätten Sie Lust, in diesem Restaurant zu essen? Würde dann jemand, der gerne gut und gleichzeitig preiswert ißt, in diesem Restaurant auf seine Kosten kommen? Ich glaube kaum. Die beiden Wirte lassen die Gegenseitigkeitsregel im vollen Umfang für sich arbeiten, indem sie es den Gästen anheim stellen, wieviel das Essen nun wirklich wert war. Die Freiwilligkeit, mit der die Gäste zu bezahlen gezwungen werden, hat etwas sehr Subtiles. Sie verhindert die ganze Freude, die man gehabt hätte, wenn man irgendwo für einen Spottpreis ein prima Essen bekommen hätte, wo aber dieser Spottpreis vorher festgestanden hätte.

Ein geflügeltes Wort ist in diesem Zusammenhang die Feststellung »even a penny helps«. Wenn bereits ein Penny eine Hilfe darstellt, wie ließe sich da noch begründen, daß man nichts beitragen will? Wenn man nun akzeptiert, daß man sich unter diesen Umständen der Bitte nicht verweigern kann, dann heißt das aber nicht, daß man die Geschmacklosigkeit begeht, tatsächlich nur einen Penny zu spenden. Eine üble Zwickmühle: Die Bitte wird so mikroskopisch verkleinert, daß ihr wirklich jeder ohne Probleme stattgeben kann. Aber tatsächlich in diesen winzigen Ausmaßen der Bitte zu entsprechen, das bringt niemand übers Herz. Da legt man schon lieber selbst, ganz freiwillig, eine Größe fest, mit der man der Bitte nachkommt. Ihr Freund in dem oben genannten Beispiel könnte Sie also bitten, daß Sie ihm wenigstens eine einzige Seite korrekturlesen. Nun könnte man meinen, unser Freund müßte wohl jetzt bis zum Sankt Nimmerleinstag Leute anheuern, die ihm so wie Sie in kleinsten Portionen den gewünschten Gefallen erweisen. Aber das wird er nicht nötig haben. Es zeigt sich nämlich, daß nach der Verringerung der Bitte auf eine Micro-Version die tatsächlich gewährten Gefälligkeiten, Zuwendungen oder Spenden genauso groß ausfallen wie bei der Normalversion der Bitte. Der einzige Unterschied: In der Micro-Version geben wesentlich mehr Personen der Bitte nach (Cialdini & Schroeder, 1976).

Zufriedenheit mit der Entscheidung

Sie erkennen vielleicht die Möglichkeiten zur Manipulation und stellen sich die Frage, ob die betroffenen Personen nicht auf Dauer mit ihrem sozusagen erzwungenen Verhalten unzufrieden sind und sich sagen: »Einmal und nie wieder«. Auch zu dieser Frage wurden Experimente durchgeführt (Benton, Kelley & Liebling, 1972; siehe auch Cialdini & Ascanti, 1976). Versetzen Sie sich in folgende Situation: Sie und ich nehmen an einem Experiment teil, in dem wir DM 100 unter uns aufteilen sollen. Wenn wir in einer bestimmten Frist eine Einigung erzielt haben, dann können wir das

Geld in diesem Einvernehmen aufteilen und damit nach Hause gehen. Wenn wir uns nicht einigen können, dann bekommt keiner von uns einen Pfennig. »Nichts leichter als das« höre ich Sie schon sagen, »jeder kriegt DM 50«. Aber Sie haben nicht mit mir gerechnet. In einer von mehreren Versuchsbedingungen beanspruche ich DM 56, ohne von dieser Position zu weichen. Sie können den Restbetrag akzeptieren, oder Sie lassen den gesamten Geldbetrag für Sie und für mich verfallen. In einer anderen Bedingung verlange ich zunächst DM 85, aber Sie merken, daß ich nachgebe. Unter Zeitdruck – immerhin geht das gesamte Geld verloren, wenn wir nicht rechtzeitig ein Ergebnis erzielen – versuchen Sie, mich weichzuklopfen. Am Ende gehen Sie mit DM 39 nach Hause. Welche Bedingung ist Ihnen am liebsten? Auch hier scheint die Antwort zunächst einfach: In der zweiten Bedingung haben Sie am Ende doch DM 44, also müßten Sie in dieser Bedingung auch am zufriedensten sein. Dem ist aber nicht so. Normalerweise sind Versuchspersonen sehr viel zufriedener mit einem Ergebnis, das sie selbst herbeigeführt haben, auch wenn der Netto-Ertrag dabei geringer ausfällt als unter anderen Bedingungen, auf die sie aber keinen Einfluß haben (Benton, Kelley & Liebling, 1972). Wenn Personen das Gefühl haben, selbst an einem Ergebnis mitgewirkt zu haben, dann sind sie offensichtlich schon mit verhältnismäßig geringen Erträgen zufrieden. In entsprechenden Untersuchungen nach dem geschilderten Muster brachen die Versuchspersonen bei der Verhandlungsbedingung sogar ihre Bemühungen ab, nachdem sie dem Partner nur verhältnismäßig kleine Zugeständnisse entlockt hatten. Die Zufriedenheit mit dem Ergebnis stellte sich also schon zu einem Zeitpunkt ein, von dem aus die Probanden durchaus noch einen höheren Ertrag hätten erzielen können.

10.3.3 Gegenseitigkeitsprinzipien im Konsumentenverhalten

Prinzipien des Austauschs gehören zu den Kernkonzepten eines marketingorientierten Wirtschaftssystems. Man mißversteht den Austauschbegriff des Marketing aber, wenn man ihn auf ein einfaches Befolgen der Gegenseitigkeitsregel reduziert, an dessen Ende ausgeglichene Verhältnisse stehen sollen. Der entscheidende Punkt beim Austausch ist, daß beide Parteien nach dem Austausch besser dastehen als vorher. »In diesem Sinne wirkt der Austausch als Wertschaffungsprozeß« (Kotler & Bliemel, 1995, S. 11). Das Prinzip der Gegenseitigkeit ist nur eines von verschiedenen psychologischen Momenten, die bei der Wahrnehmung und Bewertung wirtschaftlicher Austauschprozesse eine Rolle spielen. Dabei ist seine Bedeutung allerdings zentral.

»Surely the rule ›not let someone take advantage of you‹ was a social rule before being a rule of economic exchange« (O'Shaughnessy, 1987, S. 93). Jeder Konsument fragt, ob er durch sein Konsumverhalten auf seine Kosten gekommen ist, ob er den Gegenwert seiner Investition bekommen hat. Das ist nicht identisch mit der Frage, ob er mit dem Konsumverhalten besser dasteht als ohne. Erinnern wir uns an Woody Allens *Annie Hall*. In einem Gleichnis auf das Leben als solches beklagt sich Woody Allen über ein Restaurant: »The food is horrible and, what's worse, they serve such small portions« (zitiert nach O'Shaughnessy, 1987, S. 94). Diese Argumentation ist keine reine Überzeichnung. Sie macht auf eine interessante psychologische Unterscheidung aufmerksam: Die Frage, ob man ein Produkt mag, läßt sich zumindest teilweise von der Frage unterscheiden, ob man einen angemessenen Gegenwert zu seiner Investition erhalten hat.

Als Konsumenten wollen wir bekommen, wofür wir bezahlt haben. Störungen dieser Stimmigkeit motivieren uns stärker als gleichwertige Gewinne oder Verluste, die ohne das Prinzip der Gegenseitigkeit erzielt wurden. Erinnern Sie sich nur an das bekannte Phänomen mit der verlorenen Kinokarte (vgl. 4.1.5): Wer ins Kino gehen will und am Eingang bemerkt, daß er die Karte im Wert von DM 10 verloren hat, ist weniger geneigt nun eine neue Karte zu kaufen, als jemand, der an er Kinokasse bemerkt, daß er einen Zehn-Mark-Schein verloren hat (Kahneman & Tversky, 1982). In 4.1.5 habe ich dieses Phänomen als ein Beispiel für »mentale Kontoführung« beschrieben. O'Shaughnessy (1987, S. 93*f*) erklärt diesen Befund damit, daß nach Verlust der Karte durch einen neuen Kauf Gegenseitigkeitsprinzipien verletzt würden. Der Konsument würde doppelt bezahlen, obwohl er nur den einfachen Gegenwert erhält. Bei Verlust der DM 10 würde die Situation dagegen überhaupt nicht als eine soziale Situation wahrgenommen. Man hätte die DM 10 niemandem gegeben, um dafür etwas zu erhalten. Daher wäre es auch keine Verletzung der Gegenseitigkeitsprinzipien, sich gleich nach dem Verlust noch einmal um DM 10 zu erleichtern.

Dieses Beispiel zeigt, wie Gegenseitigkeitsprinzipien uns dazu motivieren können, eine bestimmte Form des Nutzens bei unseren Transaktionen zu bevorzugen. Das Beispiel ging davon aus, daß wir investiert haben, und nun auf unsere Kosten kommen wollen. Die Standardfälle, die wir oben diskutiert haben, hatten demgegenüber eine andere Struktur. Darin wurde uns eine Gefälligkeit erwiesen oder ein Geschenk gemacht, und wir standen unter dem Druck der Regel. Diese Fälle sind im Konsumentenverhalten besonders interessant. Wer nämlich die Gegenseitigkeitsregel in diesem Sinne für sich arbeiten läßt, braucht nicht mehr an die Nutzenmaximierung der Partner zu denken. Die Gegenseitigkeitsregel führt uns als Partner in der Transaktion geradewegs zu der Überlegung: »Wie kann ich meine Schuld begleichen?« oder »Wie kann ich ausgeglichene Verhältnisse schaffen?« Der Gedanke »Ist das ein gutes Geschäft?« oder »Was habe ich von der Transaktion?« tritt in den Hintergrund (Pratkanis & Aronson, 1992, S. 183).

Ein erstes Beispiel liefert uns die Technik der Gratisprobe. Gratisproben haben eine wichtige Doppelfunktion. Zunächst einmal informieren sie den Kunden über das Produkt. Der Kunde soll wissen, woran er mit dem Produkt ist. Darüber hinaus ist eine Gratisprobe aber auch ein Geschenk, und als solches ist es in der Lage, den Gegenseitigkeitsmechanismus anzustoßen. Insbesondere in der direkten Kaufsituation im Supermarkt kann man mit dieser Technik eine starke Wirkung erzielen. Packard (1957) erwähnt einen Supermarkt in Indiana, der seine Verkaufszahlen beim Käse extrem gesteigert haben soll, indem den Kunden einfach erlaubt wurde, beliebig viele Käseproben zu entnehmen. Das Unternehmen *Amway*, das seine Produkte von Tür zu Tür verkauft, weist seine Verkäufer an, den Kunden stets eine Kollektion der Produkte gratis im Haus zu lassen. Es handelt sich dabei um Putzmittel, Shampoo und Insektenvertilgungsmittel. Die Kollektion soll zwischen einem und drei Tagen beim Kunden verbleiben und keine Verpflichtung darstellen. Der Verkäufer bittet lediglich, daß der Kunde die Produkte testen soll. Nach dem Test nimmt er sie wieder mit und gibt sie an einen anderen Kunden weiter. Die Erfolge, die *Amway* nach Einführen dieser Verkaufstechnik zu verzeichnen hatte, waren überwältigend (Cialdini, 1993, S. 28).

Exkurs 34 *Rabatt*

Seit das Rabattgesetz und die sogenannte »Zugabeverordnung« aufgehoben wurden, ist in Deutschland auch im regulären Handel der Preis einer Ware prinzipiell verhandelbar. Bislang durften auf eine regulär ausgezeichnete Ware nur Rabatte oder Dreingaben von äußerst geringem Wert (3 Prozent des Verkaufspreises) gewährt werden. Diese Regelung stammt aus dem Jahr 1933 und hatte sicher unter anderem den Sinn, den Konsumenten davor zu schützen, daß er durch Zuwendungen in ein Gefühl der Verpflichtung gedrängt wird. Die Aufhebung des Gesetzes wird einen Zuwachs an Wettbewerb bringen und wird auf diesem Wege sicher auch positive Folgen haben. Es ist aber auch für die Händler leichter geworden, die Regel der Gegenseitigkeit gegenüber dem Kunden für sich auszunutzen. Die meisten von uns, Konsumenten oder Händler, werden mit den neuen Regelungen noch nicht viel anfangen können. Es entspricht noch keiner Gewohnheit, im Supermarkt um ein Pfund Butter zu feilschen. Zudem soll die Rabattgewährung auf hochwertige Güter beschränkt bleiben.

Die Reziprozitätsnorm läßt sich auch auf dem eher unpersönlichen Postweg aktivieren: Wenn Spendenaufrufe mit einem Geschenk einhergehen, zum Beispiel individuelle Adreß-Sticker, dann erhöht sich die Spendenbereitschaft von 18 auf 35 Prozent (Smolowe, 1990). Berry und Kanouse (1987) berichten von einem Fall, in dem Ärzte für eine Fragebogen-Umfrage gewonnen werden sollten. Wenn das Honorar für das Ausfüllen bereits mit dem Fragebogen verschickt wurde, nahmen 78 Prozent der angeschriebenen Ärzte teil. Von diesen lösten 95 Prozent den Scheck auch tatsächlich ein. Wenn dagegen das Honorar erst später kommen sollte, nahmen nur 66 Prozent teil.
Offenbar wurde die Stichprobe sehr viel besser ausgeschöpft, wenn das Honorar bereits im Voraus gezahlt und damit die Reziprozitätsnorm aktiviert wurde. Nun kann man sich natürlich fragen, ob dieses Verfahren nicht extrem teuer ist, denn man schickt ja auch an jene, die letztlich doch nicht teilnehmen einen Scheck. Allerdings wirkt die Reziprozitätsnorm auch auf die Nicht-Teilnehmer: Von den Ärzten, die nicht teilgenommen hatten, lösten nur 26 Prozent den Scheck ein, 74 Prozent nahmen also unter diesen Umständen das Geld gar nicht erst an. Die Regel der Gegenseitigkeit wirkte also auf zwei unterschiedliche Weisen: Entweder sie motivierte Teilnehmer, die sonst den Fragebogen nicht ausgefüllt hätte, oder sie hielt etliche von denen, die sich nicht motivieren ließen, davon ab, das Geld, das sie praktisch schon besaßen auch tatsächlich abzuholen.
Ein persönliches Beispiel: Neulich erhielt ich mit der Post einige mund- und fußgemalte Grußkarten. Beigefügt war ein Überweisungsformular, mit dem man sich für die Gabe durch eine Spende erkenntlich zeigen konnte. Die Karten waren nicht bestellt, sie kamen einfach so. Die Parallele zu den Blumen der Krishnas ist offenkundig. Offenbar wird hier aber zusätzlich gezielt mit der Betroffenheit gearbeitet, die der Hinweis auf das Schicksal der mund- und fußmalenden Künstler erzeugt. Der Gedanke an die schwierigen Bedingungen, unter denen die unerwarteten Geschenke entstanden sind, verstärkt den Druck der Gegenseitigkeitsregel. Das Verfahren erweist sich also als ein ziemlich drastischer Beeinflussungsversuch, ein Trick, mit dem man sich Spenden an Land ziehen kann. Führt man sich vor Augen, daß hier eine etablierte nicht-rationale Beeinflussungstechnik angewandt wird, dann erzeugt das Reaktanz (vgl. Kapitel 12). Nicht-rationale Beeinflussungsversuche sind auch dann problematisch, wenn die Ziele dieser Technik im Grunde ehrenhaft sind (siehe auch 16.1). Das jedenfalls waren meine Gedanken in der Situation. Ich habe die Karten behalten und das Überweisungsformular zum Altpapier gegeben.
Ein weiteres Beispiel, in dem Gegenseitigkeitsmechanismen greifen, sind Überlassungen, Spenden, Geschenke und Sponsoring (vgl. Kotler & Bliemel, 1995, S. 12; 1.3.2).[3] Wenn man etwas abgibt,

---

[3] Kotler & Bliemel, 1995, S. 12. Oben wird gesagt, daß Gegenseitigkeitsprinzipien nur einen von mehreren Aspekten des Marktverhaltens wiedergeben. Die Gesichtspunkte, die über bloße Gegenseitigkeit hinausgehen, sind aber nicht nur die Anreize eines »Wertgewinns« (vgl. Exkurs 55), die mit dem Austausch erzielt werden können. Auch moralische Erwägungen können im Austausch eine Rolle spielen. Es ist aus einem ökonomischen Blickwinkel populär, Spenden als ein Marktverhalten anzusehen, bei dem die Spendenden letztlich eine Art der »Gratifikation« anstreben (Dichtl & Schneider, 1994). Diese Sicht wird unplausibel, sobald man die Gratifikationen, die mit einer Spende verbunden sind (zum Beispiel Wohlfahrtsmarken, Benefizprodukte, Lotterie- und Tombola-Lose, Entrümpelung des Haushaltes, die Aussicht auf soziales Prestige...) als die Gründe betrachtet, auf denen das Spendenverhalten im wesentlichen beruht. Wenn dies nämlich tatsächlich die wesentlichen Gründe wären, dann wäre überhaupt nicht einzusehen, warum es die Institution des Spendens überhaupt gibt. Denn die Gratifikationen sind auf anderem Weg viel einfacher zu haben. Zudem erhält man die Gratifikationen in der Regel ja auch nicht vom Empfänger der Spende, sondern aus anderen Quellen. Gratifikationen sind wahrscheinlich stützende, vielleicht sogar *aufrechterhaltende Bedingungen* für ein stabiles Spendenverhalten in der Bevölkerung. Es mag auch sein, daß das Spendenverhalten eines einzelnen – insbesondere aber von Unternehmen – durch Gratifikationen motiviert ist. Daraus läßt sich aber nicht ableiten, daß Spenden insgesamt *nichts anderes* ist, als eine besondere Art Gratifikationen zu erhalten.
Der Grund dafür, daß Spenden sinnvoll und vernünftig ist, liegt nicht darin, daß man durch Spenden Nutzen oder Wert maximieren kann (vgl. Exkurs 10). Die tatsächlichen Gründe sind auf moralische Gewißheiten

ohne greifbare Gegenleistung, dann entsteht notgedrungen ein Ungleichgewicht und eine Störung der Reziprozitätsnorm. In vielen Fällen des Wirtschaftslebens lassen sich aber doch Mechanismen benennen, über die die Schenkenden ihre Erwartungen erfüllen und ihren Zwecken dienen können. Sie können sich das Wohlwollen des Beschenkten für die Zukunft sichern. Sie können neue Möglichkeiten der Imagepflege erhalten, indem sie beispielsweise mit dem Sponsoring werben. Sie können vom Beschenkten in eine Gemeinschaft eingebunden werden, etwa als Abnehmer einer Mitgliederzeitschrift oder als Ehrengäste auf einer Veranstaltung der betreffenden Wohltätigkeitsorganisation.

Die Beteiligten einer Verhandlung sind mit den Verhandlungsergebnissen wesentlich zufriedener, wenn sie das Gefühl haben, zu dem Ergebnis wirklich etwas beigetragen zu haben. Diese Erklärung kann zum Verständnis eines Befundes zur Markentreue von Konsumenten beitragen: »Von den Kunden, die sich beschweren, werden 54–70 Prozent wieder beim Unternehmen kaufen, wenn der Beschwerdegrund beseitigt wird. Dieser Wert erhöht sich sogar bis auf 95 Prozent, wenn der Kunde das Gefühl hat, daß seine Beschwerde rasch erledigt wurde«. Dies zeigt, wie wichtig es ist, Beschwerden von Kunden ernst zu nehmen: Dadurch, daß er sich beschwert, zeigt der Kunde bereits eine gewisse Bereitschaft, ein korrigierendes Entgegenkommen von seiten des Unternehmens zu akzeptieren. Das heißt, die Kunden, die sich beschweren, stellen von vornherein eine Positivauslese dar, »denn 95 Prozent der unzufriedenen Kunden beschweren sich nicht beim Unternehmen. Viele hören einfach auf zu kaufen«. Wer nun das Gefühl bekommt, durch seine Beschwerde tatsächlich etwas bewirkt zu haben, ist um so zufriedener. Allgemein gesagt: Je stärker der Kunde seine Eigenbeteiligung am Aushandeln eines fairen Ergebnisses wahrnimmt, desto größer ist seine Bindung an den Partner in dieser Verhandlung. Und außerdem: »Kunden, die sich beschwert haben, und deren Beschwerden zu ihrer Zufriedenheit erledigt wurden, berichten im Durchschnitt fünf anderen von der Behandlung, die sie erfahren haben« (Zitate aus Kotler & Bliemel, 1995, S. 28).

---

bezogen, die durch Nutzenerwägungen nicht in Frage gestellt werden können (vgl. Müller et al., 1995). Vor jeder Institutionalisierung von Hilfeleistungen steht die Gewißheit, daß Hilfeleistungen insgesamt etwas Gutes sind. Diese Feststellung ist genauso banal, wie sie klingt. Eben deswegen ist sie eine zentralere Voraussetzung für das psychologische Verständnis von Spendenverhalten als darüber hinausgehende Nutzenerwägungen bzw. die Erwartung einer Gratifikation. Praktisch bedeutet das, daß wahrscheinlich die meisten Menschen deswegen spenden, weil sie es für gut und richtig halten, hin und wieder etwas an Bedürftige abzugeben. Die weiteren Gründe ihres Spendenverhaltens betreffen meist eher die Frage, was an wen auf welchem Wege zu spenden ist, nicht so sehr das Spenden selbst.

ELF: **Psychologische Konsistenz**

Zusammenfassung:

1. *Wir streben nach Übereinstimmung zwischen dem, wofür wir einstehen und dem, was wir tatsächlich tun. Werden wir auf Widersprüche aufmerksam, richten wir unser zukünftiges Verhalten deutlicher darauf ein, daß es mit den Fakten unseres Einstehens in Einklang steht.*

2. *Habe ich etwas getan, was mit meinen Einstellungen unverträglich ist, dann suche ich nach äußeren Rechtfertigungen dafür. Finde ich keine, entsteht eine kognitive Dissonanz zwischen meiner Erinnerung an das Verhalten und meiner Einstellung. Die Dissonanz kann dazu führen, daß sich meine Einstellung dem Verhalten anpaßt. Diese Tatsache läßt sich zur Einstellungsbeeinflussung strategisch nutzen. Der Paradefall hierzu wird im* Forced-compliance-*Paradigma beschrieben.*

3. *Kognitive Dissonanz kann nur entstehen, wenn die Person eine psychologische Bindung an ein Verhalten eingegangen ist, das mit Einstellungen oder anderen Verhaltensweisen inkonsistent ist. Eine Bindung kann auf verschiedene Weisen entstehen:*
   - *Der äußere Anreiz für ein Verhalten war nicht besonders groß.*
   - *Es bestand kein äußerer Druck, das Verhalten zu zeigen.*
   - *Das Verhalten war mit Hindernissen und Kosten verbunden.*
   - *Zu dem Verhalten gehörte ein schriftliches Bekenntnis.*
   - *Zu dem Verhalten gehörte ein öffentliches Bekenntnis.*

4. *Eine besondere Bindung besteht auch zu Gegenständen, die man besitzt. Solche Gegenstände werden aufgewertet. Wir sind stärker motiviert, den Verlust dieser Gegenstände zu verhindern, als den Gewinn gleichwertiger Dinge herbeizuführen.*

5. *Die einmal eingeschlagene Richtung eines Verhaltens wird ohne Gründe nicht geändert. Für die Beibehaltung der Verhaltensrichtung sind dagegen keine weiteren Gründe erforderlich. Dieser Gedanke, auf dem die Fuß-in-der-Tür-Technik beruht, gründet auf der Annahme, daß nicht hinter allen Verhaltensweisen Überzeugungen und Einstellungen stehen.*

6. *Die Fuß-in-der-Tür-Technik besagt, daß eine Gefälligkeit viel eher erwiesen wird, wenn bereits vorher eine andere, kleinere Gefälligkeit erwiesen wurde.*

7. *Bei der Beeinflussungstechnik des* Low-balling *wird ein Anreiz für ein Verhalten gesetzt und später wieder entfernt. Dabei besteht die Hoffnung, daß in der Zwischenzeit verschiedene Formen der Bindung an das Verhalten realisiert wurden, so daß das Verhalten auf seinen ursprünglichen Grund, den mittlerweile entfernten Anreiz nicht mehr angewiesen ist.*

8. *Je stärker ein Verhalten durch äußere Anreize motiviert wird, desto unwahrscheinlicher ist eine Bindung der Person an dieses Verhalten. Daher entwickeln Konsumenten gegenüber Produkten, deren Kauf durch starke Anreize wie zum Beispiel Rabatte oder Geschenke motiviert wird, keine Loyalität oder Markentreue.*

9. *Bereits getätigte Investitionen motivieren mich, bei einem Verhalten zu bleiben, auch wenn dies ökonomisch unsinnig ist.*

Unter der Überschrift der »Konsistenz« möchte ich auf eine Gruppe von Ansätzen in der Psychologie zu sprechen kommen, die für die Bildung und Veränderung von Meinungen, Einstellungen und Werthaltungen von großer Wichtigkeit sind. Der entscheidende gemeinsame Nenner dieser Ansätze ist, daß in unserem Denken zumindest einige Arten von Widersprüchlichkeiten, Inkonsistenzen und Diskontinuitäten zu Unbehagen führen und von uns vermieden oder wieder neutralisiert werden. Die wichtigste dieser Theorien ist die Theorie der kognitiven Dissonanz von Leon Festinger (vgl. Festinger & Carlsmith, 1959; Aronson, 1969, 1992).

11.1 Wenn Widersprüche das Verhalten lenken

Konsistenztheorien gründen auf folgender Kernannahme: Widersprüche zwischen verschiedenen Kognitionen werden ungern hingenommen. Was kann das konkret heißen? Wir verstehen unter »Kognition« geistige Phänomene wie Überzeugungen, Urteile, Erinnerungen, Wissen oder Absichten. Kognitive Konsistenz bedeutet somit, daß sich Gedanken, Meinungen, Erinnerungen einer Person miteinander in Einklang befinden. Eine banale kognitive Unverträglichkeit besteht schon, wenn ich verspreche, etwas zu tun, es dann aber doch nicht tue. Der Widerspruch zwischen dem, was sich gesagt, und dem, was ich getan habe, kann bei mir Unbehagen verursachen. Ich werde ungern an solche Widersprüche erinnert.
Gibt es bereits für diese sehr einfache Art der psychologischen Inkonsistenz Möglichkeiten der verkaufstechnischen Nutzung? Ein Beispiel: Als Student habe ich mein Geld bei einem großen Spielwaren-Supermarkt verdient. In der Vorweihnachtszeit wurden bestimmte Artikel besonders aus dem Sortiment hervorgehoben. In einem Jahr war dies das *Barbie*-Wohnmobil, für das zwar fleißig inseriert wurde, das aber im Grunde so gut wie immer vergriffen war. Für die Mitarbeiter war es natürlich unangenehm, den Kunden immer wieder sagen zu müssen, »haben wir nicht, kriegen wir später wieder rein«. Damals sollte ich das begehrte Spielzeug auch für meine beiden Cousinen besorgen, die jede eine kleine Tochter haben. Nur dank meiner bevorzugten Position direkt an der Quelle, konnte ich bis zu Weihnachten eines – nicht aber die verlangten zwei – beschaffen. Was hätten Sie wohl gemacht, wenn Sie die verzweifelten Eltern ohne Wohnmobil gewesen wären? Bis zu Weihnachten mußte Ersatz beschafft werden, denn der Gabentisch durfte ja schließlich nicht leer sein. Nach Weihnachten schien der Wohnmobil-Engpaß überstanden, und der Artikel war wieder zu haben. Für solche Eltern, die bei dem kleinen Kind die begründete Erwartung auf ein Wohnmobil geweckt hatten, galt es, ein Versprechen einzulösen. Und die Spielwarengeschäfte hatten beste Aussichten, kurz nach Weihnachten gleich wieder zu verkaufen.
Cialdini (1993) schildert genau dasselbe Phänomen, für das ich hier aus eigener Erfahrung ein authentisches Beispiel angeführt habe. Der Unterschied zwischen Cialdinis Beispiel und meinem

besteht nur darin, daß Cialdini von einem Insider, einem Mitarbeiter der Spielwarenbranche, berichten kann, der darlegt, wie hinter diesem Verfahren eine Methode steckt. Er schildert diese Methode als einen Trick mit drei Stufen: Auf der ersten Stufe werden die Kinder auf ein ganz bestimmtes Produkt heiß gemacht. Natürlich stellen Eltern ihren Kindern zur Weihnachtszeit größere Geschenke in Aussicht, erst recht, wenn bestimmte Artikel von der Werbung hervorgehoben und als Super-Weihnachts-Sonder-Angebote verkauft werden. Die Erwartung, ein bestimmtes Geschenk zu bekommen, ist also ziemlich stark. Die zweite Stufe besteht in einer gezielten Unterversorgung der Spielwarenfilialen mit dem begehrten Artikel. Alle Eltern wollen das Teil kaufen, die wenigsten kriegen aber eins ab. Was tun die Kunden? Sie kaufen etwas anderes, solange das Gewünschte nicht da ist. Wenn die Uhr bis zum Heiligabend tickt, dann kann man ziemlich zuverlässig damit rechnen, daß die Kunden solche Ersatzkäufe unternehmen. Die dritte Stufe schließlich: Nach Weihnachten kommt die Mangelware wieder in die Regale. Die Eltern, die sich in der Mehrzahl vermutlich während der Adventszeit Andeutungen oder gar Versprechen haben entlocken lassen, das teure Spielzeug zu kaufen, stehen vor dem Problem: Was wird mein Kind von meinen Versprechungen halten? Bin ich ihm ein gutes Vorbild, wenn ich sage, »du bekommst das Spielzeug«, und am Ende wird aus dieser Zusage nichts? Nach Cialdini (1993) setzt die Spielwarenindustrie diese Strategie alle Jahre wieder ganz bewußt ein. Ob ich aus meiner Erfahrung bestätigen kann, daß die Unterversorgung Methode hat? Verständlicherweise bin ich nicht in Verkaufsstrategien des Geschäftes einbezogen worden, daher kann ich nur sagen: Den oben beschriebenen Effekt hatte der Spielwaren-Supermarkt, bei dem ich gearbeitet hatte, ganz sicher – und das auch sicher nicht nur in einem Fall. Das könnte natürlich auch ein Zufall sein; bilden Sie sich eine eigene Meinung.

Manchmal genügt es einfach, Personen an ihre Ansichten, Überzeugungen und Interessen zu erinnern. Wenn Ihnen Ihre eigenen Ansichten soeben ins Gedächtnis gerufen wurden, Sie sich eventuell sogar öffentlich dazu bekannt haben, wird es Ihnen sehr schwer fallen, im nächsten Augenblick dagegen zu handeln. Stellen Sie sich dazu folgendes Beispiel vor: Ein Freund kommt zu Ihnen und sagt: »Hör mal, wir sind doch Freunde, oder?« Leicht irritiert und etwas zögernd werden Sie wohl sagen, »Ja«. – »Und Freunde sollten einander doch in schwierigen Situationen helfen und füreinander da sein?« Wie soll man darauf antworten? Natürlich mit »Ja«. Aber in diesem Augenblick wissen Sie meist schon, wohin der Hase läuft. Elliot Aronson, einer der »Pioniere« der Konsistenztheorien, hat in mehreren Experimenten die Wirksamkeit solcher Erinnerungen nachgewiesen. So engagierte er beispielsweise Studierende für eine Art Werbe-Video, in dem die Kommilitonen aufgefordert werden sollten, in Zukunft Kondome zum Schutz vor AIDS zu benutzen. Studierende, die ein solches Video gemacht hatten, waren in der Folge eher bereit, auch in Zukunft Kondome zu benutzen, als solche, die lediglich passiv mit den Argumenten konfrontiert wurden. In einer anderen Studie wurden College-Studentinnen gebeten, einen öffentlichen Aufruf zum Wassersparen zu unterzeichnen. Kurze Zeit später benutzten dieselben Studentinnen nach einer Sportveranstaltung die Duschen. Ihr Wasserverbrauch und ihre Duschzeit wurden bei dieser Gelegenheit gemessen. Wie erwartet fiel beides wesentlich geringer aus, als dies unter normalen Umständen ohne Aufruf zu erwarten gewesen wäre (zusammenfassend Aronson, 1992).

Aber Konsistenztheorien wären sicher nicht besonders bedeutsam, wenn sie nur davon handelten, daß man lieber seine Versprechen hält oder das praktiziert, wofür man eintritt. Schließlich wäre dieses Verhalten auch dann schon zu erwarten, wenn wir nur zu befürchten hätten, unseren Kindern ein schlechtes Beispiel zu sein, oder selbst etwas auf die Mütze zu bekommen, wenn wir uns nicht an das halten, was wir sagen. Kommen wir also zu noch feineren Mechanismen der kognitiven Konsistenz.

11.2 Die Dissonanztheorie

Beginnen wir mit einem der berühmtesten Experimente der Psychologie, mit der Untersuchung von Festinger und Carlsmith (1959). Die Versuchspersonen waren Studenten, die an einem angeblichen Leistungstest teilnehmen sollten. Die Aufgabe bestand zunächst darin, eine Reihe von Spulen auf ein Tablett zu legen, sie wieder herunterzunehmen und danach wieder darauf zu legen – dasselbe immer wieder, über 30 Minuten lang. Danach bekamen die Versuchspersonen die Aufgabe, eine Reihe von viereckigen Pflöcken im Uhrzeigersinn zu drehen, wieder 30 Minuten lang. Nach dieser Prozedur begann für die Autoren das eigentliche Experiment. Der Versuchsleiter bedankte sich bei den Teilnehmern, hatte dann aber noch eine Bitte. Die Versuchspersonen sollten einer wartenden Studentin erzählen, dieses Experiment sei sehr interessant und anregend. Es ginge nämlich darum herauszufinden, wie unterschiedliche Erwartungen an das Experiment die Leistung beeinflußten, und der Student, der sonst die anderen vorbereiten sollte, sei nicht erschienen. Für diese Aufgabe der Einweisung sei auch ein Honorar vorgesehen. Dieses Honorar freilich variierte unter verschiedenen Bedingungen und betrug einmal $ 1 und einmal $ 20.

Nachdem die Versuchspersonen ihrer Nachfolgerin erzählt hatten, das Experiment sei interessant, ihr Geld erhalten hatten und gegangen waren, wurden sie auf dem Gang von Studenten des jüngeren Semesters angesprochen, die im Rahmen einer Interviewstudie etwas über die an der Universität durchgeführten Untersuchungen erfahren wollten. Bei diesen Interviews wurde regelmäßig nach dem soeben absolvierten Experiment gefragt. Die Versuchspersonen hatten Gelegenheit, unverblümt zu sagen, was sie von der Prozedur hielten. Die entscheidende Frage war: Welche Gruppe würde das Experiment interessanter finden, die die für das Lügen $ 1 oder die, die $ 20 bekommen hatten?

Was würde hier die Lerntheorie (6.2) sagen? Der Grundgedanke war ja, daß ein Verhalten stärker gezeigt wird, wenn es belohnt bzw. verstärkt wird. Diejenigen Versuchspersonen, die für die Aussage, das Experiment sei interessant, die größere Belohnung erhalten haben, sollten dieses Verhalten auch bereitwilliger zeigen. Also sollte die $-20-Gruppe das Experiment als interessanter bewerten.

Festinger und Carlsmith (1959) bezogen aber die Gedankengänge ihrer Versuchspersonen mit ein. Beide Gruppen, die der Nachfolgerin erzählt hatten, das Experiment sei interessant, hatten gelogen, soviel ist sicher. Wer aber für $ 20 gelogen hatte, der hatte einen gewichtigen Grund zum Lügen, er wurde fürstlich dafür bezahlt. Wer dagegen fürs Lügen nur $ 1 erhalten hatte, der konnte sich sein Lügen nicht so einfach erklären. Die Dissonanztheorie setzt aber voraus, daß wir uns Verhalten – zumal unser eigenes – erklären wollen, und zwar stimmig und widerspruchsfrei. Nun steht die Behauptung: »dieses Experiment ist interessant« in einer sehr unharmonischen Beziehung zu der Tatsache, daß es sterbenslangweilig ist. Dieser offenkundige Widerspruch wird unter bestimmten Bedingungen als unangenehm, eben dissonant empfunden. Die $-20-Gruppe hat einen guten externalen Grund für ihr Verhalten, nämlich eine Stange Geld. Nicht so die $-1-Gruppe. Als externer Anreiz ist der eine Dollar zu schwach, um das im Grunde widersprüchliche Verhalten zu erklären. Die $-1-Gruppe ist es demnach auch, die kognitive Dissonanz empfinden sollte.

Die Dissonanz wird als eine Art Motivations- oder Mangelzustand verstanden. Sie soll nach Möglichkeit aufgehoben werden. In allgemeiner Form sagt die Dissonanztheorie, daß es von einer Person als unangenehm erlebt wird, wenn sie zwei widersprüchliche Kognitionen, also Gedanken, Meinungen, Urteile etc. gleichzeitig hegt. Diese Unannehmlichkeit soll beigelegt werden, indem die Person ihr Wissen in bezug auf die Kognitionen um einige konsonante Elemente erweitert, oder indem sie eine oder beide dissonante Kognitionen ändert, so daß sie wieder zueinander passen (Aronson, 1969). In unserem experimentellen Beispiel könnte man die beiden Kognitionen so formulieren:

A *Das Experiment ist sterbenslangweilig.*
B *Ich habe behauptet, das Experiment sei interessant.*

A und B sind durchaus unverträglich. Die $-20-Gruppe wird dieser Unverträglichkeit mit folgender Kognition begegnet sein:

C *Ich habe eine Dienstleistung ausgeübt, indem ich für $ 20 gesagt habe, das Experiment sei interessant. Das war nur ein Job, für den ich angemessen bezahlt wurde.*

Genau dieser Vorstellung, nämlich angemessen bezahlt worden zu sein, konnte sich die $ 1-Gruppe nicht hingeben. Als externale Rechtfertigung wog die Entlohnung zu leicht. Daher konnte sie nicht, wie die $-20-Gruppe eine weitere Kognition C hinzuziehen. Statt dessen änderten sie die Kognition A:

A *So schlimm war das Experiment nun auch wieder nicht.*

Weil die $-1-Gruppe unter den externalen Bedingungen keinen überzeugenden Grund vorfindet, von dem Experiment zu behaupten, es sei interessant, paßt sie die internalen Bedingungen an und wertet das Experiment auf. Nachdem sie einmal ihre Meinung zu dem Experiment geändert hatte, gab es für die $-1-Gruppe keine kognitive Dissonanz mehr bei der Behauptung.
Eine andere berühmte Untersuchung sollte die Befunde von Festinger und Carlsmith (1959) mit einer neuen Methode replizieren (Cohen, 1962, zit. n. Stroebe, 1980): Studenten sollten einen Aufsatz schreiben, der ihrer eigentlichen Meinung durchaus zuwiderlief. Es ging darum, das Eingreifen der Polizei bei Studentenunruhen zu verteidigen. Den Studenten wurde erzählt, aus Gründen der Ausgewogenheit sollten für beide Seiten Argumente gesammelt werden. Wieder wurden die Versuchspersonen entlohnt, und zwar zwischen zehn Dollar und 50 Cent. Wieder zeigte sich, daß die Gruppe, die am wenigsten entlohnt wurde, die stärkste Einstellungsänderung vornahm.
Die Experimente von Festinger und Carlsmith (1959) oder von Cohen (1962) sind Beispiele für das sogenannte *Forced-compliance*-Paradigma, einer Versuchsanordnung, die aufgrund einer forcierten oder erzwungenen Einwilligung zu einer Einstellungsänderung führt. Der dahinterstehende Gedanke ist einigermaßen originell. Normalerweise würde man wohl davon ausgehen, daß man, um eine Person in ihrem Verhalten zu beeinflussen, zunächst durch Überzeugung und Überredung ihre Einstellung ändern muß, um in der Folge auf entsprechend verändertes Verhalten zu hoffen. Nicht jede Verhaltensänderung ist aber auf eine Einstellungsänderung angewiesen (vgl. 1.3.2, vor allem aber 13.2.2). Die Dissonanztheorie macht uns nun mit dem *Forced-compliance*-Paradigma noch ganz andere Hoffnungen: Nicht nur, daß wir Personen dazu bringen können, etwas zu tun, wovon sie gar nicht überzeugt sind. Zu allem Überfluß könnten die Personen, wenn wir es nur geschickt genug anfangen und die Anreize für das Verhalten nicht zu hoch setzen, auch noch im nachhinein eine zum Verhalten passende Einstellung entwickeln. Somit hätten wir beides: Einstellungs- und Verhaltensänderung, nur in umgekehrter Reihenfolge.
Ein Mißverständnis, das auch unter Experten häufig vorkommt, betrifft den Charakter der vermuteten dissonanzreduzierenden Mechanismen, besonders der Einstellungsänderung. Wenn oben davon die Rede war, daß die Personen die kognitive Dissonanz dadurch zu vermeiden suchen, daß

sie ihre Einstellung an das Verhalten anpassen, dann könnte man meinen, sie täten dies absichtsvoll und bewußt. Meine Redeweise von oben legt dieses Verständnis in der Tat nahe, daher muß ich hier betonen: Dissonanzreduzierende Anpassungsstrategien müssen keinesfalls bewußt ablaufen. Es ist meines Erachtens sogar eher unwahrscheinlich, daß sich eine Person dieser Überlegungen bewußt ist. Der Umgang mit dissonanten Kognitionen hat weit mehr Aussicht auf Erfolg, wenn sie ohne bewußte Steuerung, selbständig erfolgt (ganz analog zu den automatischen Prozessen, die in Kapitel 9 diskutiert werden). Personen können auch im nachhinein nicht mehr korrekt einschätzen, was sie vorher gedacht haben: Wenn sich zum Beispiel im *Forced-compliance*-Paradigma eine Einstellung geändert hat, und man bittet Versuchspersonen, sich an ihre frühere Einstellung zu erinnern, so können diese von keiner Änderung berichten. Sie behaupten vielmehr, sie hätten ihre jetzige Einstellung schon immer gehabt (zum Beispiel Bem & McConnell, 1970; Nisbett & Wilson, 1977a). Hier findet also ein Rückschau-Fehler (vgl. Exkurs 21) statt, dem zufolge wir unsere eigenen inneren Zustände nicht richtig erinnern und sie deshalb den jetzigen für ähnlicher halten als sie tatsächlich sind.
In Kapitel 9 haben wir Automatismen der Informationsverarbeitung kennengelernt, die sich verflüchtigen oder in ihr Gegenteil verkehren, wenn das Subjekt seine Aufmerksamkeit auf sie richtet. Dies gilt auch im *Forced-compliance*-Paradigma: Wenn Versuchspersonen den einstellungskonträren Essay vor einem Spiegel schreiben, dann zeigen sie keine Einstellungsänderung (Scheier & Carver, 1980). Der Spiegel ist ein verbreitetes Utensil, um in psychologischen Experimenten Selbstaufmerksamkeit zu erzeugen. Vor einem Spiegel richten wir also verstärkt Aufmerksamkeit auf unser eigenes Verhalten. Die vorherigen Einstellungen werden wesentlich bewußter wahrgenommen und der automatische Effekt der Dissonanzreduktion wird behindert.
Wir kennen auch andere ganz alltägliche Beispiele für nicht-bewußte, automatisch ablaufende Prozesse im Dienste des seelischen Gleichgewichts. Das einfachste dieser Beispiele ist das Vergessen: Jeder weiß, daß man sich nicht vornehmen kann, etwas zu vergessen. Trotzdem kennt man das Phänomen, daß bevorzugt Dinge vergessen werden, die einem besonders unangenehm sind, oder daß Unstimmigkeiten einer Geschichte im Gedächtnis geglättet werden und stimmig erscheinen (Bartlett, 1932; 13.3.2). Auch der Vorgang des Vergessens erfolgt in einer Weise, die zumindest teilweise so aussieht, als sei sie zielgesteuert. Trotzdem widerfährt einem das Vergessen, man kann es nicht bewußt steuern.

11.3 Die Bedingung für kognitive Konsistenzmechanismen: Bindung

Seit die Dissonanztheorie formuliert wurde, versuchen sich die Forscher daran, die spezifischen Bedingungen zu formulieren, unter denen Widersprüche verhaltenswirksam werden. Eines jedenfalls ist klar: Ein Widerspruch als solcher löst noch kein Unbehagen aus. Was also macht die Inkonsistenzen aversiv? In manchen Varianten der *Forced-compliance*-Experimente wurde gezeigt, daß die Versuchspersonen ihre Einstellung nicht änderten, wenn ihr Verhalten ohne Konsequenzen blieb. Erst wenn klar war, daß die anderen Personen ihnen ihre Lüge glaubten, oder daß andere durch ihren Aufsatz manipuliert würden, erfolgte eine Einstellungsänderung. Waren dagegen keinerlei Konsequenzen mit dem Handeln verbunden, blieb auch die Größe des Handlungsanreizes für die Einstellungsänderung bedeutungslos. Daher wird von manchen Theoretikern (zum Beispiel Cooper, 1992) die alles entscheidende Bedingung für Dissonanzphänomene in den negativen Konsequenzen des eigenen Handelns gesehen. Neuere Forschungen zeigen aber, daß dieser Gedanke in seiner Ausschließlichkeit nicht haltbar ist (Harmon-Jones, Brehm, Greenberg, Simon & Nelson, 1996; Harmon-Jones, 2000).

Andere Forscher (zum Beispiel Bem, 1972) meinten, Inkonsistenzen seien überhaupt nicht aversiv; Personen, die im *Forced-compliance*-Paradigma ihre Einstellung änderten, nutzten die gegebenen Informationen ($ 1 versus $ 20 Entlohnung) nicht anders als dies ein Außenstehender auch getan hätte. Sie beobachteten quasi ihr eigenes Verhalten aus der Außenperspektive und stellten fest: Jemand, der für $ 1 behauptet, das Experiment sei interessant, wird wohl daran glauben, denn ohne guten Grund behauptet man das nicht von einem derart langweiligen Experiment.

Diese These von Bem kann mittlerweile als widerlegt gelten; die experimentelle Anordnung, mit der sie widerlegt wurde, ist einigermaßen originell. Sie ist auch in anderen Zusammenhängen von Interesse, deshalb sei sie hier geschildert.

Beginnen wir mit folgender Überlegung: Wenn kognitive Dissonanz ein aversiver Zustand ist, dann müßte er auch mit körperlicher Erregung einhergehen. Wenn dagegen die Einstellungsänderung im *Forced-compliance*-Paradigma nichts mit der Bereinigung eines unangenehmen Zustands zu tun hat und nur auf der Selbstwahrnehmung beruht, dann dürfte Erregung dabei auch keine Rolle spielen. Dies war der Ausgangspunkt für das Experiment von Zanna und Cooper (1974). Sie übernahmen den Grundgedanken des Schachter-Singer-Paradigmas (siehe 2.1.1) und verabreichten ihren Versuchspersonen im *Forced-compliance*-Paradigma eine Placebo-Pille mit unterschiedlichen Instruktionen über deren Wirkung. Ein Teil der Gruppe wurde instruiert, die Pille habe gar keine Wirkung auf den Erregungszustand, ein anderer Teil erfuhr, daß die Pille ihre körperliche Erregung steigern werde und ein dritter Teil ging davon aus, daß die Pille sie entspannen werde.

Wer keine Wirkung erwartete, gehörte zur Kontrollgruppe: Hier zeigte sich der übliche Dissonanzeffekt, also starke Einstellungsänderung bei geringer Entlohnung. Bems Theorie würde nun einen ähnlichen Effekt auch in den beiden Experimentalbedingungen vorhersagen, denn für die Auswertung von Information, die auch ein Außenstehender genutzt hätte, ist der innere Erregungszustand unbedeutend. Zudem geht Bem ja davon aus, daß objektiv überhaupt keine Erregung gegeben ist, da ja Dissonanz nicht aversiv ist und die Pille ein Placebo war.

Die Dissonanztheorie sagt demgegenüber vorher, daß Personen in der Dissonanzbedingung des *Forced-compliance*-Paradigmas immer erregt sind. Wer nun allerdings seine Erregung der Pille zuschreibt, hat vorderhand keinen Grund, die kognitive Dissonanz zu reduzieren. Etwas karikierend könnte man unterstellen, diese Person sagt sich: »Woher kommt eigentlich meine Anspannung? Ach ja, die Pille, alles klar...« und damit hat sich der Fall. Also wird in der Erregungsbedingung keine Einstellungsänderung erwartet.

Ganz anders in der Entspannungs-Bedingung. Personen in dieser Gruppe sagen sich: »Woher kommt eigentlich meine Anspannung? Und das auch noch, obwohl die Entspannungs-Pille genommen habe! Hier liegt etwas im Argen, hier klingt's dissonant, das muß ich beheben...« Wie gesagt, das Selbstgespräch ist eine Karikatur. Aber auf der Basis einer solchen Überlegung wird für die Entspannungs-Gruppe sogar eine besonders starke Einstellungsänderung erwartet.

In der Tat bestätigten sich diese Erwartungen: In der Gruppe, die eine starke Erregungswirkung der Pille erwartete, wurde eine Neutralisierung des Dissonanzeffekts beobachtet, während in der Entspannungsgruppe der Dissonanzeffekt verstärkt auftrat. Kognitive Dissonanz ist also in der Tat ein unangenehmer Zustand. Die beobachteten Dissonanzeffekte müssen motivational erklärt werden, eine rein kognitive Erklärung wie Bem (1972) sie versucht hat, reicht nicht aus.

Es bleibt also die Frage: Was macht Widersprüche und Unstimmigkeiten aversiv? Nun, was würden Sie sagen, wenn ich Sie darauf aufmerksam machte, daß aus den Annahmen der Lerntheorie und denen der Dissonanztheorie logisch widersprüchliche Vorhersagen folgen? Vielleicht sind

einige von Ihnen so freundlich und verändern interessiert Ihren Gesichtsausdruck, aber Kummer würde Ihnen diese Inkonsistenz sicher nicht bereiten. Vielleicht aber, und damit kommen wir der Sache schon näher, würden Sie mir zutrauen, daß das Nachdenken über zwei einander widersprechende psychologische Theorien mir Kopfzerbrechen bereitet. Nun stellen Sie sich einmal einen Professor vor, der sein ganzes Leben lang einer dieser Theorien verpflichtet war und nun Widersprüche mit plausiblen anderen Theorien bemerken muß, der muß nun wirklich Sorgen haben.
Eine der Kernbedingungen für das Wirksamwerden von Inkonsistenzen ist der Grad, bis zu welchem die eigenen Person in diesen Widerspruch verstrickt ist. Inkonsistenzen und Unverträglichkeiten führen dann zu Dissonanz, sie werden dann als unangenehm empfunden, wenn die Person einen Bezug zu mindestens einem der logischen Elemente besitzt. Diesen Bezug bezeichnen wir als »commitment« (Aronson, 1969; Cialdini, 1993). Auf Deutsch werde ich von »Bindung« sprechen.[1] Je größer die Bindung einer Person in eine Sache ist, desto eher wird sie Bedrohungen dieser Sache als unangenehm empfinden.
Einen dramatischen und anschaulichen Beispielfall für ein solches »commitment« ist folgendes Experiment von Ziva Kunda (vgl. Kunda, 1990, S. 489*f*): Ihre Versuchspersonen lasen einen Artikel, in dem behauptet wurde, Koffein erhöhe das Brustkrebsrisiko bei Frauen. Das hat bisher natürlich kein Mensch geglaubt. Es handelt sich also um eine Information, die mit dem, was man bisher für wahr gehalten hat, unverträglich ist. Kommt es deshalb zu einem dissonanzreduzierenden Verhalten? Nicht unbedingt: Es zeigte sich, daß nur Frauen und keine Männer an der Gültigkeit dieser These zweifelten. Auch in der Gruppe der Frauen waren es nur solche, die viel Kaffee tranken und die glauben gemacht wurden, das Risiko sei recht hoch. Es genügte nicht, daß die neue Information mit dem, was die Versuchspersonen bisher geglaubt haben, unverträglich war. Die dissonanten Kognitionen waren nicht:
A Bisher habe ich Koffein in bezug auf Krebserkrankungen für harmlos gehalten.
B Frauen könnten durch Koffein Brustkrebs bekommen.

Das haben die Männer auch gedacht, und die zeigten kein dissonanzreduzierendes Verhalten. Die Dissonanz mußte mit der eigenen Person etwas zu tun haben, damit sie sich niederschlug. Der Mißklang entstand erst bei folgender Konstellation:
A Bisher habe ich Koffein für harmlos gehalten. Ich habe gern und häufig Kaffee getrunken.
B *Ich* könnte durch Koffein Brustkrebs bekommen.

Dies ist nur ein Beispiel dafür, wie eine Person in einen Widerspruch eingebunden sein kann. Im Fall des einstellungskonträren Verhaltens zum Beispiel ist die Bindung um so größer, je stärker die Person sich für das Verhalten verantwortlich fühlt. Das Zauberwort heißt also Bindung. An den oben genannten Beispielen kann man schon sehen, was diese zunächst nahezu inhaltsleeren Begriffe bedeuten können: Ich binde mich, indem ich eine Behauptung über eine Sache öffentlich ausspreche, indem ich ein Versprechen abgebe, indem ich in eine Sache Geld oder Zeit investiere, vor allem, wenn ich dabei nicht auf meine Kosten komme, oder auch, indem ich eine Sache unter anderen auswähle. Ich bin gebunden an alle Dinge, die mich selbst betreffen, zum Beispiel meine Fähigkeiten, meine Charakter- und Temperamentsmerkmale und meinen moralischen Wert.

---

[1] Dieser Bindungs-Begriff ist nicht zu verwechseln mit dem Begriff des »attachment« (Bowlby, 1969), der im Deutschen ebenfalls mit »Bindung« übersetzt wird.

11.3.1 Die Größe des Handlungsanreizes

Es gibt eine nicht zu kleine Grauzone von Handlungsanreizen, in deren Bereich ein Verhalten zwar noch tatsächlich gezeigt wird, die aber zu klein sind, um das Verhalten wirklich restlos zu rechtfertigen. In diesem Grauzonen-Bereich muß der Handlungsanreiz liegen, damit Dissonanz auftritt. Um im ersten Beispiel zu bleiben: Gebe ich wesentlich mehr als einen Dollar, dann ist keine Einstellungsänderung zu erwarten, weil die Belohnung zu groß ist. Gebe ich aber gar keinen Grund für das Verhalten, kein Geld und keine andere Begründung, muß ich damit rechnen, daß das Verhalten überhaupt nicht gezeigt wird. Der Anreiz muß eben so klein wie möglich sein, damit das Verhalten gerade eben noch gezeigt wird. (Wir werden unten beim *Oversufficient-justification-*Effekt, 11.4.4, noch sehen, wie sonst der Schuß nach hinten losgehen kann.)

11.3.2 Wahlfreiheit

Nun mag man sich fragen, ob denn zum Beispiel das Schreiben auch dann eine innere Bindung zur Folge hätte, wenn die Handlung erzwungen wäre. Im Prinzip muß man darauf antworten: Um eine Einstellungsänderung erwarten zu können, ist internale Ursachenzuschreibung unverzichtbar. Anders ausgedrückt: Die Person muß sich selbst als Verursacher ihrer Handlung wahrnehmen. Wer für ein Verhalten großzügig belohnt worden ist, der sieht die Ursache für dieses Verhalten in der Belohnung, nicht bei sich selbst. Wer zu einem Verhalten gezwungen wurde, der erklärt sich sein Verhalten mit dem Zwang, nicht mit seinen Einstellungen, Überzeugungen oder Wünschen. Wie wir oben gesagt haben: Es darf kein äußerer Handlungsanreiz erkennbar sein, der das Verhalten plausibel erklären kann. Alle diese Äußerlichkeiten, Belohnung oder Zwang, verhindern, daß sich die Person für ihr eigenes Verhalten verantwortlich fühlt.

11.3.3 Hindernisse, Nachteile, Anstrengungen

Fred möchte ein Autoradio kaufen. Er schwankt zwischen zwei Geräten. Der Verkäufer bringt ihn so weit, daß er sich dafür entscheidet, das Gerät A zu kaufen. Das Problem besteht nun darin, daß Gerät A nicht sofort zu haben ist, sondern erst noch bestellt werden muß. Die Wartezeit von einer Woche ist zwar nicht allzu lang, sie ist aber unangenehm. Wenn Fred nun endlich das Gerät A eingebaut und eine Zeitlang benutzt hat, wie wird seine Einschätzung von Gerät A gegenüber Gerät B ausfallen? Die Konsistenztheorien machen zwei Vorhersagen: Erstens wird Fred ohnehin das Gerät A positiver beurteilen, weil er es gewählt hat. Die Differenz zwischen A und B wird ein Woche nach dem Kauf größer sein als im Augenblick der Entscheidung. Zweitens aber wird Fred auch das Gerät A positiver bewerten als ein anderer Beispielkonsument, nennen wir ihn Paul. Paul konnte ebenfalls zwischen A und B wählen, er ist auch auf dieselbe Weise letztlich an A gekommen. Der Unterschied zu Fred ist aber: Paul mußte nicht warten. Fred müßte also durch seine Aufwertung von A auch die Wartezeit rechtfertigen, während Paul nur seine Entscheidung rechtfertigen müßte. Der Hintergedanke bei dieser Vorhersage ist, daß alle Mühsal, alle Anstrengung, alle Hindernisse, alle Extra-Investitionen, die man auf sich nimmt, um eine Sache zu erreichen, eine Art des Engagements sind und Bindung erzeugen. Was ganz leicht zu haben ist, hat demnach keine so starke Bindung zur Folge, wie das, was mit Anstrengungen verbunden ist.

11.3.4 Die magische Handlung: Schreiben

Ich bin besonders engagiert in die Dinge, die ich unterschrieben habe. Das zeigt, welche Effekte Unterschriften-Aktionen haben können: Die Unterzeichner haben ihre Bindung an die Sache, um die es geht, durch ihre Unterschrift noch erheblich erhöht. Dem Schreiben wird deshalb bei der Bindung ein besonderes Gewicht gegeben: Was ich geschrieben habe, damit bin ich schon ein wenig enger verbunden als mit dem, was ich nur gesagt habe. Cialdini (1993) nennt das Schreiben gar eine magische Handlung (»magic act«), mit der man die Bindung einer Person an das Geschriebene erhöhen kann.

Dies ist einer der Gründe, warum bei manchen Preisausschreiben die einzige Leistung darin besteht, daß man einen Slogan, der überall auf dem Teilnahmeschein oder der Anzeige zu finden ist, noch einmal eigenhändig in einen ausgesparten Freiraum hineinschreibt. Die bloße Tatsache, daß man eigenhändig diesen Slogan geschrieben hat, trägt schon dazu bei, daß man sich mit dem Inhalt des Slogans enger verbunden fühlt. Wenn man sich freilich im Rahmen eines Preisausschreibens auch noch den Kopf darüber zerbrochen hat, wie man die Tugenden des Produktes in einem zweizeiligen Slogan anpreisen könnte, wenn also die Aufgabe darin bestanden hat, Vorschläge zu einem Werbespruch zu machen, dann ist das Engagement natürlich noch viel höher.

Diese Magie der selbstgeschriebenen Worte machen sich die Vertreter des Unternehmens *Amway* zunutze, um zu verhindern, daß die Kunden von ihrem Recht Gebrauch machen, einen Kauf, den sie an der Haustür getätigt haben, innerhalb der Frist zu widerrufen. Sie lassen die Kunden einfach ihre Bestellung selbst ausfüllen. Dadurch erhöht sich die Verbundenheit mit der Handlung und ein Widerruf wird unwahrscheinlicher (Cialdini, 1993). Eine andere Taktik beim Tür-zu-Tür-Verkauf besteht darin, ein schriftliches Urteil über das Produkt zu erbitten. Nach einer unverbindlichen Präsentation werden die Kunden gefragt, ob sie bereit sind, Ihre Meinung über das Produkt schriftlich darzulegen. Es werden die bevorzugten Produktmerkmale erfragt, und damit die Phantasie ein bißchen angeregt wird, sollen die Kunden den Bogen einfach ausfüllen, »as if you were buying a set today« (Pratkanis & Aronson, 1992, S. 183). Auf diesem Weg gleiten die Kunden ganz sachte in eine Bindung an das Produkt. Dieser Effekt kann noch verstärkt werden, wenn der Verkäufer die Angaben als eine Bestellung »mißversteht«. Er nutzt dann nämlich eine Facette der Fuß-in-der-Tür-Technik, nach der auch eine fälschlich unterstellte Bindung noch immer bindende Kraft besitzt. Wir kommen darauf weiter unten wieder zu sprechen.

11.3.5 Öffentlichkeit

Stellen Sie sich vor, Sie wollten das Rauchen aufgeben. Eine Strategie, die Ihnen dabei helfen sollte, besteht darin, daß Sie sich den Rückfall in die alte Gewohnheit so schwer wie möglich machen. Wie wir oben gesehen haben, könnte dieses Ziel schon ein Stück weit erreicht werden, indem Sie sich einen Zettel schreiben: »Ich will nie wieder rauchen. Echt, ehrlich!« – mit Unterschrift. Noch viel besser wäre es aber, diesen Zettel nicht nur in der Wohnung aufzuhängen, so daß ihn jeder Mitbewohner oder Besuch lesen kann, sondern die ganze Umgebung, Freunde, Verwandte, Kollegen davon in Kenntnis zu setzen, daß Sie das Rauchen bleiben lassen wollen. Ihre Hoffnung dabei: Der drohende Gesichtsverlust, wenn Sie eine dieser informierten Personen wieder mit dem Glimmstengel antrifft, wird Sie wirksam allen Versuchungen widerstehen lassen. (Abgebrühte Anhänger des blauen Dunstes mit einiger Erfahrung versichern freilich, daß der Gesichtsverlust viel kleiner ausfällt, als man ihn sich im vorhinein ausmalt, und daß er ab dem dritten oder vierten Anlauf kaum noch ins Gewicht fällt.)

Das Verhältnis der beiden Techniken, nämlich des Aufschreibens und des Publik-Machens wurde in einem Experiment von Deutsch und Gerard (1955) untersucht. Ihre Versuchspersonen sollten die Länge von Linien schätzen. Eine Gruppe der Personen sollte ihre Schätzung auf einen Zettel schreiben, unterschreiben und beim Versuchsleiter abgeben. Eine andere Gruppe sollte die Schätzung lediglich aufschreiben, hatte aber die Gewähr, daß die Informationen anonym blieb. Eine Kontrollgruppe schließlich schätzte ganz im Stillen für sich allein, ohne zu schreiben und ohne gefragt zu werden. Nun gab der Versuchsleiter den Personen Zusatzinformationen über die abgebildeten Linien, die in der Kontrollgruppe fast unweigerlich dazu führte, daß das ursprüngliche Urteil revidiert wurde. In der Gruppe, die ihre erste Schätzung für sich alleine aufgeschrieben hatte, führte die gleiche Information erkennbar weniger zu einer Revision der Meinung. Die stärkste Hartnäckigkeit, oder besser Loyalität gegenüber der ursprünglichen Meinung, fand sich aber in der dritten Gruppe, die ihr Urteil öffentlich machen mußten.

Man kann sich hierzu eine Werbestrategie vorstellen, die genau auf diesem Gedanken beruht: Eine Werbung verlangt nicht, daß man das Produkt kauft oder benutzt, sondern daß man sich öffentlich für das Produkt ausspricht. Das kann natürlich voraussetzen, daß man das Produkt zuvor gekauft und benutzt hat, aber darauf kommt es gar nicht an. Die Werbung macht vor, wie man sich zu dem Produkt bekennt, man soll es einfach nachmachen. Das heißt: Nicht der Konsum wird durch die Werbung vorgemacht, sondern das Bekenntnis zum Produkt. Ein Beispiel für diese Technik ist etwa, wenn für ein Preisausschreiben verlangt wird, daß die Teilnehmer am Telefon einen Slogan aufsagen. Um den Effekt zu steigern, sollte man allerdings den entscheidenden Anruf öffentlich machen, zum Beispiel im Radio ausstrahlen.

Exkurs 35 *Weitere Beispiele für Bindung*

Nach dem Massaker an Regimegegnern auf dem Platz des Himmlischen Friedens in Peking 1989 veranstaltete die chinesische Regierung allein in Peking über neun Zeitungen Aufsatz-Wettbewerbe zu dem Thema: »Wie man konterrevolutionärer Rebellion begegnen sollte« (Cialdini, 1993). Wohlgemerkt: Was es bei dem Wettbewerb zu gewinnen gab, blieb unbestimmt; wir haben oben schon gesehen, daß eine Einstellungsänderung nicht zu erwarten ist, wenn das einstellungskonträre Verhalten hoch belohnt wird.

Nun die Version für Cineasten: Der Film *Green Card* von Peter Weir ist ein sehr gutes Beispiel für die Wirkung von Konsistenzmechanismen auf die Einstellung. Es geht in der Geschichte darum, daß Andie McDowell und Gerard Depardieu nach außen hin ein Ehepaar spielen müssen, weil jeder der beiden davon einen Vorteil hat. Um sich auf neugierige Fragen der Einwanderungsbehörde vorzubereiten, legen die beiden fingierte Urlaubs-Fotoalben an, vereinbaren Antworten auf die Frage nach Gewohnheiten des anderen und – vor allem – schreiben einander weit zurückdatierte Liebesbriefe (denken Sie an die magische Handlung: Schreiben). Am Ende müssen sie dann tatsächlich – sozusagen öffentlich – voneinander die vorteilhaftesten Dinge behaupten. Klar, daß die Einstellungsänderung nicht ausbleibt.

Eine andere Szene in demselben Film: Das Paar ist zu Besuch bei einer reichen Erbin, von der abhängt, ob das Begrünungsprojekt, um das Andie McDowell leidenschaftlich kämpft, tatsächlich durchgeführt werden kann. Nachdem Gerard Depardieu sich als enfant terrible am Klavier vor dem eitlen intellektuellen Publikum bewährt hat, so daß ihm alle aus der Hand fressen, wird er romantisch und rezitiert französische Poesie. Die Gastgeberin, selbst stolz auf ihre Französisch-Kenntnisse, wird aufgefordert, die französischen Verse für die anderen zu übersetzen. Und so kommt's, daß die Frau, die sich eigentlich stets gegen die Vorstellung gesträubt hat, sich für die Begrünung der Großstadt-Slums zu engagieren, mit Hingabe und romantisch verklärtem Blick Sätze ausspricht wie: »...Und die armen Kinder [...] oh weh, wo ist der Baum, das Grün! Hinfort, hinfort!« Besonders das letztere ist ein interessanter Fall, denn die Erbin hat allen Grund, ihr Verhalten für freiwillig zu halten. Schließlich schmeichelt es ihrer Eitelkeit, daß sie das Französisch übersetzen kann. Gleichzeitig ist der Inhalt, den sie übersetzt, offensichtlich eine ad hoc-Erfindung des verschlagenen Pianisten, mit ihrem bisherigen Verhalten unverträglich: Wer so spricht, kann sich dem Begrünungsprojekt nicht mehr verschließen.

11.3.6 Besitz

Die bloße Tatsache, daß man einen Gegenstand besitzt, wertet diesen Gegenstand auf. Sobald man beispielsweise Versuchspersonen beliebige Objekte aushändigt, so daß sie sie besitzen, steigt der subjektive Wert dieser Objekte. Wir kennen dieses Phänomen aus 4.1.2 als Endowment-Effekt. Geläufig ist auch die Bezeichnung »Mere-ownership-Effekt« (Kahneman & Tversky, 1982; Kahneman, Knetsch & Thaler, 1990; Tversky & Kahneman, 1991; Thaler, 1992; zusammenfassend Greenwald & Banaji, 1995, S. 11; Cialdini, 1993, S. 196). Wenn wir dieses Phänomen mit dem Begriff der Bindung beschreiben, können wir es zur konsistenztheoretischen Erklärung anderer motivationspsychologischer Effekte nutzen.

Beginnen wir mit einer einfachen Frage: Was würden Sie tun, um ganz beiläufig DM 50 zu bekommen? Wieviel Mühen würden Sie auf sich nehmen? Sicher nicht alle möglichen. Manches würden Sie vielleicht nicht machen, weil es am Ende zu mühsam würde und sich nicht lohnt. Und nun eine zweite Frage: Was würden Sie tun, um zu verhindern, daß Sie ohne einen vernünftigen Grund DM 50 verlieren? Stellen wir uns einmal vor, der Verlust wäre Ihnen sicher, Sie könnten ihn aber mit gewissen Anstrengungen abwenden. Welche Art von Anstrengungen würden Sie noch als angemessen akzeptieren? Rein ökonomisch liegen die Fälle parallel, denn in beiden Fällen geht es um den Besitz von DM 50. Trotzdem gibt es einen entscheidenden Unterschied. In einem Fall geht es darum, DM 50, die man noch nie besessen hat, zu bekommen, im anderen aber darum, den Verlust von DM 50, die man bereits hatte, zu verhindern. Da Personen in stärkerem Maße von einem drohenden Verlust als von der Hoffnung auf Gewinn motiviert werden, würden die meisten Leute vermutlich mehr unternehmen, das Geld, das sie schon haben, auch zu behalten, als neues dazu zu gewinnen.

Was könnten die Gründe sein, weswegen der drohende Verlust mehr motiviert als die Hoffnung auf Gewinn? Was haben diese Gründe mit Konsistenztheorien, vor allem mit Bindung oder Commitment zu tun? Wir können den Besitz einer Sache als eine Art der Verbundenheit, eine persönliche Bindung an die Sache, eben als eine Form des Commitment verstehen. Der Verlust dieser Sache muß dann Dissonanz hervorrufen.

Was bedeutet das für die Praxis? Auch wenn man Angebote macht, kann man berücksichtigen, daß ein drohender Verlust mehr motiviert als ein ebenso wahrscheinlicher Zugewinn. Es genügt manchmal schon eine kleine Akzentverschiebung, um ein und dasselbe Angebot in dieser Hinsicht zu verbessern. Wurde Ihnen auch schon einmal auf dem Umschlag eines adressierten Werbebriefes erklärt: »Mit dieser Gewinnummer sind Sie vielleicht jetzt schon stolzer Besitzer eines *BMW*«? Hätte die Ankündigung gelautet: »Mit dieser Gewinnummer können Sie einen *BMW* gewinnen«, würde der Endowment-Effekt nicht optimal genutzt. Wenn der Gewinn »bereits für Sie reserviert« ist, wird er Ihnen gleichsam bereits als Besitz zugeschrieben. Den Umschlag ungeöffnet zum Altpapier zu geben, würde Dissonanz hervorrufen.

In einem Feldexperiment von Gonzales, Aronson und Costanzo (1988) ging es darum, Hausbesitzer zu einer besseren Isolierung ihrer Häuser zu bewegen. Wenn man diesen Hausbesitzern nun in Aussicht stellte, daß ihnen dadurch beachtliche Summen zusätzlich in die Haushaltskassen fließen würden, dann hatte das keinen so großen Effekt, wie wenn man ihnen ausmalte, wieviel Geld sie durch unsachgemäße Isolierung an ihrem Haus völlig unnötig verheizten. Maheswaran und

Meyers-Levy (1990) hatten bei ihren Versuchspersonen mit der Formulierung: »Wenn Sie diesen Bluttest machen, erfahren Sie Ihren Cholesterin-Spiegel« keinen Erfolg. Der stellte sich erst ein, wenn es etwas zu verlieren gab, wenn es nämlich hieß: »Wenn Sie diesen Bluttest nicht machen, erfahren Sie nichts über Ihren Cholesterin-Spiegel«. Smith (1996) konnte einen entsprechenden Effekt für negativ formulierte Werbeanreize, zum Beispiel »Sie verschenken..., wenn Sie X nicht kaufen« oder »Ohne X verpassen Sie...« (vgl. Gleich, 1997, S. 403), nachweisen. Allerdings beschränkte sich der Effekt der Verlustangst auf Probanden mit geringerem Bildungsstand. Für Personen mit höherer Bildung war es dagegen attraktiver, einen positiven Effekt herbeizuführen als einen negativen zu vermeiden.
Betrachten wir noch das Beispiel einer amerikanischen Gesundheitskampagne, das sich leicht auf unser deutsches System der Zahnbehandlung mit Bonus-Heft übertragen läßt (in der Orginalstudie sollten Frauen von der regelmäßigen Selbstuntersuchung auf Brustkrebs überzeugt werden, Meyerowitz & Chaiken, 1987). Wenn die Kampagne die möglichen Verluste in den Mittelpunkt stellt (»Sie verspielen einen Krankenkassenzuschuß von mehreren hundert Mark zu Ihrer prothetischen Versorgung, wenn Sie nicht einmal im Jahr Ihre Zähne kontrollieren lassen«), dann scheint sie mehr Aussicht auf Erfolg zu haben, als wenn sie umgekehrt einen möglichen Gewinn diskutiert (»Sie gewinnen einen Krankenkassenzuschuß von mehreren hundert Mark zu Ihrer prothetischen Versorgung, indem Sie einmal im Jahr Ihre Zähne kontrollieren lassen«).

11.4 Konsistenzmechanismen in Werbung und Verkauf

Konsumenten bringen nach den Konsistenztheorien offenbar eine deutliche Tendenz mit, bei den Entscheidungen zu bleiben, die sie einmal getroffen haben. Allein mit dieser Feststellung kann man zum einen die Werberezeption vorhersagen: Konsumenten verarbeiten bevorzugt solche Werbeinformationen, die mit ihrem bisherigen Verhalten in Einklang zu bringen sind (Calder, 1981). Zum anderen kann man eine wichtige Marktregel ableiten: Der Zeitpunkt, wann ein Produkt relativ zu der Konkurrenz auf den Markt kommt, ist von allergrößter Bedeutung. Hat das Entscheidungsverhalten der Konsumenten bereits eine bestimmte Richtung, kann man mit Werbung nur noch wenig daran ändern (Tellis, 1988). Die Konsistenztheorien erlauben aber mehr Ableitungen als nur eine Erklärung für die Stabilität von Gewohnheiten. Gerade wenn man die direkte Interaktion zwischen Verkäufer und Kunde betrachtet, ergeben sich einige tiefergehende Mechanismen, die für das Konsumentenverhalten bedeutsam sind. Betrachten wir einige Anwendungsfälle im einzelnen.

11.4.1 Dissonanz nach Entscheidungen

Ein beispielhafter Fall von kognitiver Dissonanz ist das ungute Gefühl nach Entscheidungen (vgl. auch Kapitel 12). Festinger selbst hat schon früh gezeigt, wie Autokäufer nach ihrer Kaufentscheidung mit relevanten Informationen umgehen: Typischerweise haben Konsumenten nach einer Kaufentscheidung für solche Informationen, die die Entscheidung stützen, ein offenes Ohr. Sie meiden dagegen solche Informationen, die die Entscheidung in Frage stellen (Ehrlich, Guttman, Schoenbach & Mills, 1971; Silberer, 1987). Die mögliche kognitive Dissonanz, die in der Vermutung besteht, eine falsche Entscheidung getroffen zu haben, kann auch von Verkäufern selbst aufgefangen werden, indem sie die Kaufentscheidung gut heißen und unterstützen. Eine weitere Methode, Dissonanz nach Kaufentscheidungen möglichst gering zu halten, besteht in der sogenannten Nachkaufwerbung, bei der ein Kunde nach seinem Kauf immer noch mit Werbung bedacht wird (vgl. auch 13.1).

Kyner, Jacoby und Chestnut (1976) wiesen nach, daß die Nach-Entscheidungs-Dissonanz bereits bei Kindern im Alter von sechs bis neun Jahren auftritt. In ihrer Untersuchung sollten die kleinen Versuchspersonen in einer gespielten Kaufsituation Schokoriegel verschiedener erfundener Marken erwerben. Dabei hatte jedes der Kinder eine mehr oder weniger bevorzugte Marke. Nachdem die Schokoriegel gekauft waren, sollten die Kinder noch einmal die Marken bewerten. Es zeigte sich, daß bei den Kindern die jeweils gewählte Marke sehr viel besser bewertet wurde. Dieser Effekt – und hier beginnt es erst interessant zu werden – war besonders stark, wenn die Marken ursprünglich ungefähr gleich bewertet wurden. Im nachhinein wurde also die Bewertung mit dem gezeigten Verhalten, dem Kauf, in Einklang gebracht. Wir werden im folgenden Kapitel noch sehen, daß unter bestimmten Umständen dieser Dissonanz-Reduktions-Prozeß durch Bestrebungen, die eigene Handlungsfreiheit zu sichern, behindert werden kann.

Die Dissonanztheorie sagt auch für die Phase nach einer Kaufentscheidung einen Zusammenhang zwischen Preis und wahrgenommener Qualität des Produktes vorher. Habe ich viel Geld in eine Sache investiert, dann muß sie es wert sein. Die Dissonanz, viel Geld für etwas ausgegeben zu haben, was man vielleicht auch billiger hätte haben können, wird dadurch umgangen, daß der Gegenwert des Geldes besonders hoch veranschlagt wird.

11.4.2 Die Fuß-in-der-Tür-Technik

Wenn Sie im Rahmen einer Umfrage unverbindlich gefragt werden, ob Sie zu einer freiwilligen Arbeit im Dienste der Wohltätigkeit bereit wären, werden Sie in den meisten Fällen wohl »Ja« sagen – zum einen, weil Sie nur hypothetisch gefragt und nicht etwa ernsthaft gebeten werden, zum anderen, weil Sie sich ungern als mitleidlosen Eisklotz darstellen. Wenn aber einige Tage nach dieser Umfrage die tatsächliche Bitte an Sie herangetragen wird, etwa Geld für die Krebsforschung zu sammeln, dann steht Ihre öffentliche Erklärung im Hintergrund und gemahnt Sie an Ihre großen Töne. Diese Technik ist mehrfach erprobt worden (zum Beispiel Sherman, 1980; Pliner, Hart, Kohl & Saari, 1974; Greenwald, Carnot, Beach & Young, 1987). Eine ähnlich Technik wie die oben genannte möchte ich anhand eines Dialoges vorstellen:

A Guten Tag, Herr Felser, wie geht es Ihnen heute?

F Vielen Dank, mir geht es sehr gut.

A Das freut mich, denn ich wollte Sie fragen, ob Sie vielleicht zu einer kleinen Spende bereit wären. Es geht um die unglücklichen Opfer von...

Hat man einmal öffentlich bekräftigt, daß alles in bester Ordnung ist, fällt es natürlich schwer, plausibel zu machen, daß es nun doch nicht so gut geht, daß man gleich echtes Geld entbehren könnte. In der Tat macht es einen nennenswerten Unterschied, ob man bei der Bitte die Frage nach dem Befinden vorausschickt oder nicht: Howard (1990) fragte seine Probanden, ob jemand wegen einer Spende bei ihnen vorbeikommen könne. Ohne die Frage nach dem Befinden gaben 18 Prozent der Befragten die Erlaubnis. Mit Frage waren es 32 Prozent – nachdem sie wie erwartet geantwortet haben, es gehe ihnen gut. Von diesen spenden 89 Prozent.

Exkurs 36 *Eitelkeit*
Sehr ähnlich ist die Technik, die Cialdini (1993) nach seinem Bericht offenbar am eigenen Leib erfahren hat: Eine sehr attraktive junge Frau steht vor der Tür, und bittet, daß man an einer Befragung teilnimmt. Besonders der männliche Teil der Befragten wird diese Bitte nicht ohne weiteres ausschlagen, um so weniger als die Befragung sich als eine gute Gelegenheit entpuppt, die eigene Person der attraktiven Frau gegenüber in einem positiven Licht darzustellen. Es geht nämlich um kulturelle Interessen, also um diejenigen Eigenschaften, die eine Person als gebildet, kultiviert und intelligent ausweisen. Interessant ist, welche Fragen Cialdini (1993, S.86*f*; Übersetzung GF) berichtet, und welche Antworten er – sicher mit einiger karikierender Übertreibung – gegeben haben will. Diese Antworten zeigen in amüsanter Weise, was für Amerikaner zu einem exclusiven, distinguierten Geschmack gehört:
»Die wahnsinnstolle Frau: Wie oft gehen Sie auswärts essen?
Cialdini: Oh, sicher drei bis vier Mal in der Woche. Ich liebe vorzügliche Restaurants.
Die wahnsinnstolle Frau: Bestellen Sie dann Wein zum Essen?
Cialdini: Nur, wenn er importiert ist.
Die wahnsinnstolle Frau: Gehen Sie oft ins Kino?
Cialdini: Ich kann nicht genug davon bekommen. Besonders liebe ich diese intellektuellen Filme, wo die Dialoge unten auf der Leinwand geschrieben stehen.
Die wahnsinnstolle Frau: Gehen Sie zu Konzerten?
Cialdini: Symphonische Musik meistens, aber ich schätze gelegentlich auch Pop-Musik, wenn sie eine hohe Qualität besitzt.
... einige Fragen später ...
Die wahnsinnstolle Frau: Tja, ich glaube, bei Ihrem Interessenspektrum kann ich Ihnen ein ganz vorzügliches Angebot machen. Es ist sicher nicht ganz billig, diese Gewohnheiten zu pflegen, und wenn Sie dem *Clubamerica* beitreten, könnte Ihnen das $ 1.200 im Jahr ersparen. Jemand, der so engagiert und interessiert ist wie Sie, wird sicher diese Vorteile nutzen wollen, was meinen Sie?
Cialdini: Nun ...«

Ist es Ihnen auch schon einmal passiert, daß Sie in einem Geschäft ein paar Schnürsenkel gekauft, in einem Hotel einmal eine Nacht verbracht oder bei einer Bank einmal für kurze Zeit ein Konto mit DM 50 geführt haben, und danach lebenslang als Kunde galten? Dahinter steckt eine Erkenntnis der Verkaufspsychologie, die Fuß-in-der-Tür-Technik: Ungeachtet wie klein die Bindung einer Person an unser Angebot ist, sobald er bei uns etwas kauft, haben wir ihn als Kunden. Indem nun der Kontakt zu dem Kunden gepflegt wird, zum Beispiel durch freundliches Grüßen oder durch Weihnachtspost oder durch bevorzugte Nachricht über günstige Angebote, wird er immer an sein Engagement erinnert. Gleichzeitig appelliert das Unternehmen auf diese Weise an unsere natürlichen Konsistenzbestrebungen: Man will ja sein früheres Verhalten nicht dadurch in Frage stellen, daß man später völlig andere Entscheidungen trifft (Cialdini, 1993).
Das Gewicht der Fuß-in-der-Tür-Technik zeigt eindrucksvoll eine Studie von Freedman und Fraser (1966): Sie befragten zunächst Anwohner einer Vorstadt-Wohngegend in Kalifornien, ob sie bereit seien, ein kleines Schild vor ihrem Haus aufzustellen, mit dem die vorbeifahrenden Fahrzeuge an eine vorsichtige Fahrweise erinnert werden sollten. Die Bitte war im Grunde klein, das Schild störte kaum. Die meisten der Befragten willigten also ein. Wenig später allerdings kam eine erneute Anfrage, diesmal mit dem Anliegen, ein wirklich großes Schild aufstellen zu dürfen. Dieses Schild hätte das Haus in seinen enormen Schatten gestellt, und es war überdies auch noch sehr plump geschrieben. Wenn nun die Bitte wegen des kleinen Schildes nicht vorausgegangen war, dann waren nur 17 Prozent der Befragten bereit, sich das Haus durch ein riesiges Schild verstecken und verdunkeln zu lassen. Von denjenigen Befragten jedoch, die in das Aufstellen des kleinen Schildes eingewilligt hatten, willigten 76 Prozent nun auch in das Aufstellen des großen Schildes ein.
Das kleine Entgegenkommen, das die Befrager im Hinblick auf das kleine Schild erwirkt hatten, genügte also schon, um den Anwohnern das Gefühl zu geben, in die Kampagne so stark involviert

zu sein, daß ihnen weitere, größere Gefälligkeiten folgerichtig und passend vorkamen. Eine Verweigerung wäre als inkonsistentes Verhalten empfunden worden. Kurz gesagt ist bei der Fuß-in-der-Tür-Technik zu beachten, daß schon das kleinste Entgegenkommen eine Art des Engagements darstellt, und daß in der Folge immer wieder der Druck aufgebaut werden kann, im Einklang mit dieser anfangs gezeigten Verhaltensweise zu handeln.

Hier drängen sich übrigens Kombinationsmöglichkeiten mit der Regel der Gegenseitigkeit auf (vgl. 10.3): Habe ich jemanden mit Hilfe der Gegenseitigkeit dazu gebracht, daß er mir einen Gefallen tut, dann kann ich ihn in der Folge durch geschicktes Erinnern an sein früheres Verhalten daran gemahnen, daß es sehr merkwürdig aussieht, wenn er mir an einem Tag freundlich entgegenkommt und sich dann am anderen verstockt und kleinlich meinen Bitten verschließt.

Sogar eine Bindung, die uns ein anderer irrtümlich unterstellt, und die wir gar nicht eingegangen sind, stellt eine Art von Verpflichtung dar. Das Gefühl, in den Augen des anderen bereits eine Bindung eingegangen zu sein, kann bei uns selbst ein Gefühl der Bindung verstärken. Stellen wir uns vor, Sie führen ein Verkaufsgespräch und Sie bemerken, daß der Verkäufer seit einiger Zeit davon auszugehen scheint, daß Sie sich längst zum Kauf entschlossen haben. Sie möchten das richtigstellen und erklären, daß Ihre Kaufentscheidung sich eigentlich noch in der Schwebe befindet. Der Verkäufer entschuldigt sich, und erklärt, er habe da etwas mißverstanden. Aber er hat damit bei Ihnen den Keim einer Bindung gepflanzt (vgl. Pratkanis & Aronson, 1992, S. 183).

Die Fuß-in-der-Tür-Technik zeigt einen Aspekt der Konsistenztheorien auf, die ich »das Trägheitsprinzip der Psychologie« nennen möchte. Es geht hier um die Konsistenz zwischen ähnlichen Verhaltensweisen. Diese Konsistenz beruht auf dem Prinzip, daß ich gute Gründe brauche, um die Richtung meines Verhaltens zu ändern. Für die Beibehaltung der Richtung bedarf ich dagegen keiner besonderen Gründe. Wenn ich zum Beispiel einmal eine Spende für die AIDS-Hilfe geleistet habe und nun vor der Entscheidung stehe, wer meine nächste Spende erhalten soll, dann spielt mein Verhalten von früher bei dieser Entscheidung eine Rolle. Dieses Verhalten spielt auch dann eine Rolle, wenn ich durch mein Verhalten gar nicht davon überzeugt wurde, daß die AIDS-Hilfe eher meine Spende verdient als zum Beispiel die Krebs-Forschung. Gerade wenn ich AIDS-Hilfe und Krebs-Forschung gleichermaßen für förderungswürdig halte, könnte die Tatsache, daß ich für eines der beiden schon einmal gespendet habe, den Ausschlag geben.[2]

Eine andere Ableitung aus dem Fuß-in-der-Tür-Prinzip kann einen Befund zur Werberezeption erklären. Es zeigt sich, daß Konsumenten eine Werbeunterbrechung besonders dann durch Umschalten meiden, wenn das vorangehende Programm ohnehin beendet war und nach der Werbeunterbrechung nicht mehr fortgesetzt wird. Dagegen wird, je weiter das Programm fortgeschritten ist, auch der Ausstieg der Zuschauer durch Umschalten immer unwahrscheinlicher (vgl. Exkurs 1; 15.1.4; Barclay, Doub & McMurtrey, 1965; Yorke & Kitchen, 1985; Brockhoff & Dobberstein, 1988). Verstehen wir die Zeit, die ein Zuschauer in das Programm investiert als ein Commitment, dann stellt dieses Programm sozusagen mit jeder weiteren Minute den Fuß weiter in die Tür. Es sinkt die Bereitschaft, dem Verhalten im folgenden noch eine neue Richtung zu geben, und es steigt die Bereitschaft, das Programm mit seinen sämtlichen Begleiterscheinungen, eben der Werbung, zu rezipieren.

---

[2] Lassen Sie sich nicht dadurch verwirren, daß ich vielleicht aus Gründen der Gerechtigkeit meinen könnte, die Krebs-Hilfe sei jetzt dran. Mein Punkt ist: Der Schwenk zu einer anderen Handlungsweise muß begründet werden (zum Beispiel durch Gerechtigkeitserwägungen), das Beibehalten eines einmal gezeigten Verhaltensmusters braucht dagegen keine besondere Begründung.

11.4.3 *Low-balling*

Eine geschickte auf Dissonanz aufbauende Beeinflusssungstechnik sollte die Handlungsanreize so gestalten, daß sie gerade eben noch stark genug sind, ein Verhalten herbeizuführen, gleichzeitig aber, bei Lichte besehen, der handelnden Person zu schwach erscheinen, um das Verhalten völlig zu rechtfertigen. In diesen Fällen müßte die Dissonanz maximal sein. Es gibt aber eine interessante »Tiefschlag«-Technik aus der amerikanischen Auto-Branche, die es überflüssig macht, einen Handlungsanreiz umständlich so schwach wie möglich und gleichzeitig so stark wie nötig zu wählen (Cialdini, Cacioppo, Bassett & Miller, 1978):
Ein Auto wird zu einem Spottpreis angeboten, so daß willige Käufer in diesem billigen Preis einen überzeugenden Anreiz zum Kauf des Autos sehen. Der Verkäufer indessen hat keineswegs die Absicht, zu diesem Preis wirklich zu verkaufen. Er will nur die Aufmerksamkeit des Käufers und sein Engagement. Im Zuge der Verhandlungen werden verschiedene Mechanismen eingesetzt, die die Bindung des Kunden erhöhen, etwa eine Probefahrt mit dem neuen Wagen für einen ganzen Tag, was übrigens mit dem Unterzeichnen von Dokumenten verbunden ist. Üblicherweise stellen sich bei solchen Probeunternehmungen beim Käufer ganz von selbst Gründe ein, die aus seiner Sicht für das Auto sprechen. Der Kunde entschließt sich also zum Kauf. Und nun kommt's: Der ursprüngliche Vorteil verschwindet. Der Verkäufer kann ihm das Auto nicht zu dem billigen Preis lassen. Ein unverzeihlicher Fehler der Bank oder der Druck des Herstellers oder was auch immer, was der brave Verkäufer eigentlich nicht zu verantworten hat. Naja, aber eins steht doch fest: Das war doch das Auto, das der Kunde haben wollte, oder etwa nicht?
Es kommt also darauf an, daß der Kunde in der Zwischenzeit eine ganze Reihe von Argumenten kennengelernt hat, die für das Auto sprechen. Das eine Argument, der Preis, trägt die Entscheidung für das Auto nicht mehr allein. Neue Gesichtspunkte sind zwischenzeitlich dazugekommen. Der Entscheidung zum Kauf sind in der Zwischenzeit sozusagen neue Beine gewachsen, so daß sie auf das eine ursprüngliche Standbein nicht mehr angewiesen ist.
Für diese Technik gibt es noch eine Reihe weiterer Beispiele, zum Teil experimentelle: Cialdini et al. (1978) nutzten in ihrem Experiment die Tatsache, daß Studierende der Psychologie verpflichtet sind, als Versuchspersonen an Untersuchungen teilzunehmen. Ihre Probanden konnten zwischen zwei Test-Teilnahmen wählen, von denen Test B zwar der interessantere war, aber nur mit einer Bonusstunde vergütet wurde, während der uninteressantere Test A zwei Stunden einbrachte. Ein Teil der Probanden durfte frei wählen, der anderen Teil wurde dagegen vom Versuchsleiter gedrängt, den vorteilhafteren, aber uninteressanten Test A zu wählen. Nachdem die Studierenden zu ihrer Entscheidung gelangt waren, wurde ihnen mitgeteilt, daß sie durch einen Irrtum eine falsche Information zu Test A bekommen hatten: Er bringe doch nur eine Bonus-Stunde. Unter diesen geänderten Bedingungen durften sich die Probanden neu entscheiden. Die Probanden, die nicht hatten wählen können, entschieden sich unter den nun geänderten Bedingungen mehrheitlich für den anderen Test (58 Prozent); sie näherten sich damit dem Wert einer Kontrollgruppe, die bereits von Anfang an wußte, daß Test A nur eine Stunde bringt; hier wählten 69 Prozent den interessanteren Test. Unter den Probanden jedoch, die frei wählen konnten, blieben 75 Prozent bei ihrer anfänglichen Entscheidung für den uninteressanten Test A, obwohl der ursprüngliche Vorteil dieser Wahl eigentlich weggefallen war. Das Experiment zeigt deutlich den Einfluß des »commitments« auf die Konsistenz in der Entscheidung: Durch die Freiwilligkeit ihrer Wahl (denken Sie an das Bindungsmerkmal aus 11.3.2: Wahlfreiheit) sind die Studierenden eine Bindung eingegangen, die auch dann wirksam bleibt, wenn der eigentliche Grund für die Wahl gar nicht mehr besteht.

Pallak, Cook und Sullivan (1980) baten Hausbesitzer, an einem Projekt zum Energiesparen teilzunehmen. Zunächst wurden die Versuchspersonen in einer Voruntersuchung nur über das Projekt informiert, mit Information zum Energiesparen versorgt und gebeten, in Zukunft einen geringeren Energieverbrauch anzustreben. Der Effekt dieser Maßnahme war gleich Null. In der eigentlichen Phase des Experiments wurde einer anderen Gruppe von Versuchspersonen in Aussicht gestellt, daß sie bei einem Erfolg der Kampagne mit ihrer Energiesparleistung namentlich in der Zeitung erscheinen würden.[3] Der Erfolg der Maßnahme blieb nicht aus, die Energieersparnis in den beteiligten Haushalten war beträchtlich. Nach einiger Zeit aber wurden die Haushalte davon in Kenntnis gesetzt, daß aus der versprochenen Zeitungserwähnung nichts werde. Der Grund für die Absage ist gleichgültig; die Versuchspersonen hatten jedenfalls Grund genug, enttäuscht und verärgert zu sein. Unter dieser Voraussetzung hätte es nahegelegen, die alten Gewohnheiten wieder aufzunehmen und das Energiesparen anderen zu überlassen. Doch tatsächlich verstärkte sich sogar die Energiesparleistung in den betroffenen Haushalten, nachdem am Tage war, daß aus der Zeitungsveröffentlichung nichts wird. Das Engagement für die Sache war im Grunde unverständlich – mußte sogar töricht erscheinen, nachdem einmal der ursprünglich wirksame Grund weggefallen war. Aber in der Zwischenzeit hatten sich so viele zusätzliche Gesichtspunkte gefunden, daß die Verhaltensweise aus guten Gründen weiterverfolgt werden konnte.

Die Technik des *Low-balling* ist alles andere als selten, man muß sie sich auch nicht als besonders kompliziert vorstellen. Sie funktioniert schon in folgendem einfachen Beispiel (Cialdini, 1993): Eine Tankstelle hängt einen Benzinpreis aus, der wenige Pfennige unter dem Durchschnittspreis liegt: Ist man einmal an diese Tankstelle herangefahren, stellt sich heraus, daß die Preise an der Zapfsäule in Wirklichkeit doch höher liegen, daß also der außen angegebene Preis wohl nicht umgestellt worden ist. Wer aber tanken muß, der tankt jetzt auch, zumal dann, wenn der tatsächliche Preis überall sonst auch zu erwarten gewesen wäre. Nur wenige Personen machen sich die Mühe, jetzt ihre Entscheidung noch einmal zu überdenken.

11.4.4 *Oversufficient-Justification*-Effekt

Man kann beobachten, daß der Absatz von Produkten, die mit einem besonderen Bonus verbunden waren (in den USA sind das häufig Coupons, die man sammeln muß und mit denen man dann einen Rabatt erhält), erheblich zurückgeht, wenn dieser Bonus nicht mehr zu haben ist (Mullen & Johnson, 1990). Mit Hilfe von Dissonanztheorie kann man diesen Effekt erklären. Die Käufer hatten für das eigene Kaufverhalten in dem Bonus bereits eine hinreichende Begründung. Auf die Frage, »Warum dieses Produkt und nicht das andere?«, konnte man mit dem Hinweis auf den Bonus bereits eine ausreichende Begründung geben. Diese Rechtfertigung für den Kauf war mehr als hinreichend (»oversufficient«). Herausragende Produkteigenschaften mußten zur Begründung des Kaufverhaltens gar nicht mehr bemüht werden.

---

[3] An dieser Stelle ist vielleicht ein kurzer Exkurs in die amerikanische Kultur angebracht: In Amerika hat es für einen Normalbürger eine ungleich höhere Bedeutung, in die Zeitung zu kommen, als in Europa (vgl. Watzlawick, 1989). Warum das so ist, sei dahingestellt. Sicher ist aber, daß in amerikanischen Zeitungen auch bei Zufallsaufnahmen von Beteiligten an einem Unfall oder aus einem Publikum in den Bildunterschriften, so gut es eben geht, die vollständigen Namen der abgebildeten Personen erscheinen. Auch der obligatorische kleine Junge, der das erste Eis am ersten schönen Frühlingstag des Jahres schleckt, wird nicht einfach – wie bei uns – als namenloser Frühlingsbote in der Zeitung abgebildet: Es ist der kleine Dennis Warren aus Springfield, Ohio. Diese Information ist vielleicht nicht überflüssig, um zu verstehen, was für ein unglaublich attraktives Angebot die Versuchsleiter den Hausbesitzern gemacht haben.

Diesen Effekt der übergenügenden Rechtfertigung kennt man auch aus der Forschung zur Leistungsmotivation: Sie können zum Beispiel die Motivation bei einer Aufgabe gründlich untergraben, wenn Sie ohne Not eine Belohnung anbieten. In einer klassischen Arbeit konnten Lepper, Greene und Nisbett (1973) zeigen, daß ein vormals gerne gezeigtes Verhalten durch eine Belohnung entwertet werden kann: Die Probanden waren Kinder, die mit bunten Stiften malten. Diese Beschäftigung machte ihnen erwartungsgemäß viel Spaß. Einer Teilgruppe der Kinder wurde nach einer ersten Phase des Experiments gesagt, sie würden für das Malen in der nun kommenden Phase belohnt. In der Tat malten diese Kinder in der Belohnungsphase besonders wacker. In der dritten Phase war keine Belohnung mehr zu erwarten. Die Kinder durften in der verbleibenden Zeit malen oder irgend etwas anderes tun. Genau das war das interessante dieser Phase, denn hier konnte gemessen und verglichen werden, welche Gruppe der Kinder länger beim Malen blieb. In der Tat ließ das Interesse der belohnten Kinder deutlich nach; in dieser Gruppe wandten sich mehr Kinder einer anderen Tätigkeit zu als in der Kontrollgruppe, die nicht belohnt wurde.

Unter dem *Oversufficient-justification*-Effekt, oder kürzer: *Overjustification*-Effekt, leidet durchaus nicht nur die Motivation von Kindern (Felser, 2000). Daher ist es eben auch nicht besonders geschickt, ein Kaufverhalten durch allzu hohe Anreize zu stimulieren. Wesentlich stärkeren Effekt hätte es, wenn das Kaufverhalten durch Gründe, die außerhalb der Produkteigenschaften bzw. der eigenen Vorlieben liegen, nicht erklärbar wäre. Die Dissonanztheorie erfordert gerade hier ein Defizit an Erklärungen. Hierzu ist es vorteilhaft, wenn mit dem Produkt auch einige wenige Nachteile verbunden sind, etwa daß es schwer zu bekommen ist, daß es teuer ist, daß seine Herstellung umständlich ist, daß es nur die allernötigsten Extras hat, daß man es lange vorher bestellen muß usw. (vgl. oben 11.3.3) – um so größer wird die Loyalität zu dem Produkt sein, denn um so weniger kann man den tatsächlichen Kauf des Produktes durch Eigenschaften rechtfertigen, die das Produkt nicht unmittelbar selbst betreffen.

Die Hersteller von *J&B Scotch* versprachen ihren Kunden einen ungewöhnlich hohen Bonus, wenn sie ihr Produkt kaufen: Mit jeder Flasche war ein Gutschein für eine Uhr, ein Radio oder eine Videocassette verbunden. Eine derart hohe Dreingabe muß unter normalen Umständen den *Overjustification*-Effekt hervorrufen – und nicht nur das: Die Geschenke waren teurer als die Flasche selbst. Nun war aber der Gutschein Teil des Flaschenetiketts. Nur wenige Konsumenten machten sich die Mühe, tatsächlich das Etikett von der Flasche zu lösen (was allenfalls in Seifenlauge, jedenfalls nur mit größter Sorgfalt gelingen konnte). Der hohe Anteil an »slippage« (Prozentsatz derjenigen Personen, die einen angebotenen Rabatt bzw. eine Dreingabe nicht nehmen) sorgte dafür, daß das Unternehmen bei dem Angebot kein Minusgeschäft machte (Beispiel nach Mowen & Minor, 1998, S. 141). Damit ist gleichzeitig auch die Gefahr der übergenügenden Rechtfertigung abgewendet – und man befindet sich bereits auf halbem Weg zum »low balling«.

Mit einem *Overjustification*-Effekt muß man auch rechnen, wenn man gesetzliche Anreize schafft, um ein Verhalten zu erreichen. So sollte beispielsweise der Einbau von Katalysatoren in Kraftwagen durch Steuervorteile attraktiver gemacht werden. Wenn nun aber ein Autofahrer nicht schon von vornherein Katalysatoren für eine gute Sache gehalten hat, konnte man dann hoffen, daß die Steuervorteile seine Einstellung gegenüber Katalysatoren verbessern? Die Dissonanztheorie würde hier zur Skepsis raten: Gerade, wenn das Verhalten selbst eigentlich nicht sehr akzeptiert ist, sorgen Belohnungen eher dafür, daß eine distanzierte Haltung aufrechterhalten wird (zu dem Beispiel vgl. auch Stroebe & Jonas, 1990, S. 191).

11.4.5 Ausgaben-Effekt

Stellen Sie sich vor, Sie müßten als Vorstandsvorsitzende einer Fluggesellschaft entscheiden, ob Sie eine Million Dollar in die Entwicklung eines neuen Flugzeugs investieren wollen, bei dem der Konkurrent bereits einen nennenswerten Vorsprung hat. Unter dieser Beschreibung würden nur 17 Prozent von befragten Probanden investieren. Das ändert sich jedoch, wenn die Probanden erfahren, daß die Gesellschaft in dieses Projekt bereits neun Millionen Dollar investiert hat. Unter dieser Beschreibung würden 85 Prozent der Befragten das Projekt zu Ende führen (Arkes & Blumer, 1985). Dieses Verhalten ist irrational, weil hier »gutes Geld schlechtem hinterhergeworfen wird«. Hier werden »versunkene Kosten« (»sunk costs«) berücksichtigt, das heißt, man blickt in die Vergangenheit anstatt in die Zukunft und legt Ausgaben in die Waagschale, die ökonomisch für die Folgen der aktuellen Entscheidung irrelevant sind.

Sie können sich vorstellen, daß ein solches Verhalten durchaus weit verbreitet ist. Die Konsistenztheorien können dieses Verhalten erklären: Jede Aufwendung, die in der Vergangenheit erbracht wurde, erhöht die Bindung. Am Ende kann es zu einer »Eskalation des commitment« (*escalation of commitment*, Brockner et al., 1986; vgl. auch Jungermann et al., 1998, S. 71*ff*) kommen: Man hält um so hartnäckiger an einer sinnlosen Tätigkeit fest, je mehr man bereits darein investiert hat.

Der Ausgaben-Effekt zeigt sich in einem weiteren experimentellen Beispiel, das sich allein deshalb zu zitieren lohnt, weil hier das Kriterium nicht etwa ein hypothetisches, sondern ein tatsächliches Marktverhalten war (Arkes & Blumer, 1985). Versuchspersonen waren 60 Studierende, die sich ein Theater-Abonnement für die kommende Saison kauften. Dabei wurden nach einem Zufallsprinzip drei verschiedene Versionen des Abos ausgegeben: das normale Abo zu $ 15 sowie eine um $ 2 und eine um $ 7 verbilligte Version. Die Karten hatten unterschiedliche Farben, so daß leicht festgestellt werden konnte, in welchem Umfang die Studierenden von ihrem Abonnement Gebrauch machten.

Nach der ersten Hälfte der Saison hatten erheblich mehr Inhaber des normalen Abos die Vorstellung besucht als Studierende, die verbilligte Abos bekamen. Dieses Experiment ist eine besonders »reine« Demonstration des Ausgaben-Effekts, weil hier nicht unterstellt werden kann, daß die Studierenden im vorhinein bereits unterschiedliche Erwartungen an den Theaterbesuch hatten, daß sich also die Studierenden, die mehr investiert hätten, auch mehr davon versprechen würden. Man kann vielmehr davon ausgehen, daß die Tatsache, daß sie einen bestimmten Betrag investiert hatten, eine Bindung erzeugt hat, und daß diese Bindung um so größer war, je höher die Investition ausfiel.

ZWÖLF: **Die Reaktanztheorie**

Zusammenfassung:

1. *Reaktanz ist die Folge einer wahrgenommenen Freiheitseinschränkung. Der Effekt der Reaktanz besteht in der Aufwertung der bedrohten oder verlorenen Alternative. Das kann im Einzelfall bedeuten, daß eine Person nach der bedrohten Option strebt, um die Freiheit wieder herzustellen. Ist eine Option endgültig verloren, dann wird sie im Rückblick höher bewertet. Die Quelle der Einschränkung wird abgewertet.*

2. *Eine Trotzreaktion im Sinne der Reaktanztheorie tritt auf, wenn man mir etwas verbieten will, wovon ich eigentlich erwarte, daß ich darüber frei verfügen kann.*

3. *Reaktanz tritt auch auf, wenn ich bemerke, daß mich jemand beeinflussen – also auf meine freie Meinung Zwang ausüben will. Ein solcher Beeinflussungsversuch kann mißlingen und einen Bumerang-Effekt erzeugen.*

4. *Reaktanz ist an folgende Bedingungen geknüpft:*
   - *Eine Beeinflussungsabsicht muß deutlich sein. Es muß sich um einen ungeschickten, plumpen Beeinflussungsversuch handeln.*
   - *Wenn es um Verhalten geht, müssen wir tatsächlich Freiheit erwarten. Wo keine Freiheit erwartet wird, gibt es auch keine Reaktanz. Statt dessen ist dort, wo keine Freiheit erwartet wird, mit einem »Saure-Trauben-Effekt« zu rechnen: Das, was nicht mehr erreichbar ist, wird abgewertet. Bei Einstellungen und Meinungen erwarten wir immer Freiheit. Dort kann also auch immer Reaktanz auftreten.*
   - *Die Freiheit muß uns etwas bedeuten.*
   - *Freiheitseinschränkung durch Personen ist wirksamer als durch äußere Umstände.*

5. *Anbieter und Werbungtreibende möchten vermeiden, daß Konsumenten dem eigenen Angebot mit Reaktanz begegnen. Daher ist es für eine Werbebotschaft ungeschickt, beim Konsumenten Gedanken an Entscheidungsfreiheiheiten und Freiheitseinschränkungen zu begünstigen. In der sensiblen Phase kurz nach der Entscheidung für ein Produkt sollte diese Entscheidung durch den Anbieter bekräftigt werden.*

6. *Anbieter und Werbungtreibende können Reaktanz auch strategisch einsetzen, um damit ihrem Produkt zu nützen. Solche Einsatzmöglichkeiten bestehen darin, ein Produkt kurzfristig aus dem Handel zu nehmen, es nur in limitierter Menge zur Verfügung zu stellen oder seine Exklusivität zu betonen.*

Sie erinnern sich sicher an Tom Sawyer. Eines der ersten Abenteuer, das er zu bestehen hat, ist eine psychologische Herausforderung. Er muß nämlich für Tante Polly den großen Zaun tünchen, eine Strafarbeit, die auf ein zuvor bestandenes Abenteuer zurückgeht. Es ist ein wunderschöner Tag, und alle Freunde von Tom haben große Pläne. Nur Tom nicht. Er geht widerwillig vor das Haus und ringt sich mühsam die ersten Pinselstriche ab. Toms Verzweiflung steigert sich. Er malt sich den Verlust an Freiheit, der ihm so despotisch zugemutet wird, in den düstersten Farben aus – und doch hat er, als sein Freund Ben auf dem Weg zum Schwimmen an ihm vorbeikommt, eine bange Hoffnung... Ben muß sich wundern, daß sein Freund Tom gar nicht auf ihn reagiert, daß er vielmehr in eine recht unangenehme Tätigkeit vertieft zu sein scheint. Mehrmals spricht er ihn an, endlich reagiert der wackere Arbeiter:
»Ach du bist's Ben! Ich hab' dich gar nicht bemerkt.«
»Ich geh' jetzt Schwimmen, hör mal. Würdest du nicht auch gern? Ach ja, du arbeitest wohl lieber, was?«
»Was nennst du Arbeit?«
»Na, wenn das keine Arbeit ist...«
»Nun, vielleicht ist es Arbeit, vielleicht nicht... Alles was ich weiß, ist, es ist genau das richtige für Tom Sawyer.«
»Jetzt hör' aber mal auf, du willst doch nicht sagen, daß du das gerne machst.«
Der Pinsel bewegte sich weiter.
»Es gerne machen? Nun, ich sehe nicht, warum ich es nicht gerne machen sollte. Kriegt ein Junge denn alle Tage die Chance, einen Zaun zu tünchen?«
Das warf ein neues Licht auf die Dinge. [...] Tom strich mit dem Pinsel auf und ab – trat zurück, um den Effekt zu begutachten – fügte hier und da einen Klecks hinzu – beäugte das Resultat erneut –, während Ben jede Bewegung beobachtete und immer mehr interessiert, immer mehr gefesselt wurde. Mit einem Mal sagte er:
»Hör mal Tom, kann ich einmal ein bißchen tünchen?«
Tom dachte nach, er war kurz davor einzuwilligen, doch er änderte seine Meinung:
»Nein, nein, ich denke, das würde nicht gehen, Ben. Schau, Tante Polly nimmt's sehr genau mit diesem Zaun – gerade hier zur Straße hin, weißt du – wenn es die Rückseite wäre, hätte ich nichts dagegen, und sie auch nicht. [...]«
»[...] Mensch, laß mich doch einmal versuchen. Nur ein bißchen – Ich würde dich lassen, wenn du an meiner Stelle wärest.«
»Ben, ich würde ja gerne, echt ehrlich. Aber Tante Polly – nun, Jim wollte schon, und sie ließ ihn nicht, Sid wollte, und sie ließ auch Sid nicht. Siehst du nicht, in was für einer Klemme ich stecke?«
»Ich bin auch ganz vorsichtig. Laß mich doch versuchen. Ich gebe dir auch das Gehäuse von meinem Apfel.«
»Naja gut – Ach nein, Ben, laß. Ich hab Angst...«
»Ich gebe dir den ganzen Apfel.«
Tom gab den Pinsel mit Widerstreben im Blick, aber mit Triumph im Herzen. Und während [Ben] in der Sonne schwitzte, setzte sich der vormalige Künstler auf ein Faß in den Schatten, knabberte an seinem Apfel und schmiedete Pläne, wie er weitere Unschuldige zur Schlachtbank führen könnte. Es gab genug Auswahl; immer wieder kamen Jungs vorbei; sie kamen um zu spotten, sie blieben zum Tünchen. Zum Zeitpunkt als Ben abgearbeitet war, hatte Tom bereits die nächste Runde an Billy Fisher verkauft, für einen Drachen in leidlich gutem Zustand; und als dieser fertig war, hatte sich bereits Jonny Miller eingekauft, für eine tote Ratte an einer Schnur, an der man sie herumwirbeln konnte...
(Twain, 1960, S. 32*f*; Übers. GF)

12.1 Die Theorie

12.1.1 Aufwertung durch Unzugänglichkeit

Wir sehen, Tom spart sich nicht nur die Arbeit, er geht aus der ganzen Sache sogar als reicher Mann hervor. Tom erweist sich als geschickter Werbefachmann: Er kann seine Freunde dazu bringen, etwas zu tun, was sie unter normalen Umständen nie getan hätten. Aber wie gelingt es ihm, die eigentlich unangenehme Arbeit attraktiv zu machen? Tom versucht bei Ben gar nicht erst, die Arbeit nicht als Arbeit hinzustellen, sondern er sagt: »Well, maybe it is work, maybe it ain't. All I know, is, it suits Tom Sawyer [...]. I don't see why I oughtn't to like it. Does a boy get a chance to whitewash a fence every day?« Damit hat er schon die halbe Miete: Die Arbeit erscheint als eine exklusive Sache, die nicht jeder jeden Tag machen kann. Aber als Ben dann fragt, ob denn er auch mal ein bißchen streichen könne, treibt Tom es auf die Spitze: Er verbietet es ihm. Aber gerade durch das Verbot, daß nämlich nicht einfach jeder diese Arbeit machen dürfe, macht Tom die Sache geradezu maßlos attraktiv. Man könnte sagen, er schafft den Reiz des Verbotenen. Nachdem Ben weiß, es ist ihm eigentlich verboten, den Zaun zu streichen, will er es nur um so mehr.

Ich möchte nun ein anderes Beispiel vorstellen, eine alltägliche Situation, die vielleicht mit der Geschichte von Mark Twain auf den ersten Blick nichts zu tun hat, die aber mit denselben psychologischen Begriffen erklärt werden kann. Es handelt sich diesmal nicht um eine erfundene Geschichte, sondern um einen authentischen Bericht einer Konsumentin (vgl. Link, Schmidt, Gniech & Dickenberger, 1977, Geschichte 27):

»Ich will Fleisch für sieben Leute einkaufen, da ich Besuch bekomme. Ich bin unschlüssig, was ich nehmen soll: Zigeunerrollbraten, Kotelett, Geflügel. Auf einmal sehe ich, wie eine Dame die letzte Packung des Sonderangebots herausnimmt; es ist Jungschweinefleisch. Aus der Tafel entnehme ich, daß vier Kotelett, ein Stück Braten, ein Eisbein, Rippchen und Schulter drin sind. In diesem Augenblick denke ich mir, das wäre das richtige gewesen! Ich hoffe, daß die Dame das Paket wieder hinlegt. Als ich sehe, daß es aussichtslos ist, nehme ich mißmutig Kotelett.

Eine Woche später komme ich wieder in das Kaufhaus und sehe, daß es das oben erwähnte Sonderangebot wieder gibt. Da es noch immer attraktiv für mich ist, greife ich zu. Die verschiedenen Fleischsorten schmecken lecker, aber erst jetzt wird mir klar, daß das Paket letzte Woche für meinen Zweck überhaupt nicht geeignet gewesen wäre, da ich mindestens drei verschiedene Gerichte hätte machen müssen.«

Eine andere Dame schnappt unserer Konsumentin das Sonderangebot vor der Nase weg. Was ist die Konsequenz? Im selben Moment wünscht die Konsumentin, das Produkt selbst zu bekommen. Sie wünscht es sich offenbar sehr, denn erstens reagiert sie mißmutig, nachdem sie keinen Erfolg hat, und zweitens kauft sie, ohne zu zögern, das Angebot, nachdem es wieder verfügbar ist. Doch offenbar hat sie, nüchtern betrachtet, gar keinen Grund, dieses Produkt so sehr zu begehren, denn ihren Zwecken dient es kaum. Es ist etwas anderes, was ihre Interessen auf das Angebot richtet – und das hat damit zu tun, daß ihre freie Wahl durch die andere Konsumentin behindert wird. Hier haben wir die Parallele zu unserem Anstreicher aus dem vorangegangenen Beispiel: Auch Ben wird ganz unverhofft mit Hindernissen konfrontiert. Er stößt auf ein Verbot, mit dem er nicht gerechnet hat. Und auch ihm erscheint das, was hinter den Hindernissen liegt, attraktiv.

Was unsere beiden Beispielpersonen erleben, wird in der *Reaktanztheorie* (Brehm, 1966) beschrieben. In der Reaktanztheorie geht es darum, wie Personen reagieren, wenn ihre Freiheit bedroht wird oder sogar schon verloren scheint. »Reaktanz ist ein Zustand, der die Energien eines

Menschen darauf richtet, Freiheit wiederherzustellen. Das bedeutet, daß ein Mensch, dessen Freiheit bedroht oder eliminiert ist, sein Handeln danach ausrichtet, diese Freiheit wiederzugewinnen« (West & Wicklund, 1985, S. 255).

Wie sieht die Anwendung auf unsere Beispiele aus? Im Konsum-Beispiel ist die Anwendung klar: Die Option dieses Sonderangebots verschwindet vor meinen Augen. Diese Option wird aufgewertet, ich trauere ihr nach und entscheide mich auch später noch mit größerer Bereitwilligkeit für die entgangene Wahlmöglichkeit.

Reaktanz wird als ein unangenehmer Spannungszustand verstanden, der irgendwie abgebaut werden soll. Der Spannungszustand äußert sich auf verschiedenen Ebenen: *Emotional* kann es zu Verärgerung oder Wut kommen, die sich meist gegen die Quelle der Freiheitseinschränkung richtet. Auf der *kognitiven* Ebene ändern Personen oft ihre Einstellung zu einer Sache; bewerten die verlorene Option positiver und die Quelle der Einschränkung negativer. Auf der *Verhaltensebene* schließlich zeigen Personen bei Reaktanz oft demonstrativ das verbotenc Verhalten (nach dem Motto: »Jetzt erst recht«), oder sie verweigern sich einem Beeinflussungsversuch (»Mit mir nicht«), oder sie verlassen eine einengende Situation ganz (Schimansky, 1999, S. 126).

Nicht alle Freiheiten kann man wirklich wieder herstellen, und in manchen Fällen macht es keinen Sinn, sich um eine Wiederherstellung zu bemühen. Aber auch in diesen Fällen kann man Reaktanz beobachten. Sie äußert sich dann eben nicht unbedingt in einem aktiven Bemühen um diese Freiheit (wie zum Beispiel das Bitten von Ben), sondern eher auf emotionaler und kognitiver Ebene: Ärger über die Quelle der Freiheitseinschränkung, der starke Gedanke, die verlorene Option wäre gerade die richtige gewesen (ähnlich wie im Beispiel mit der Konsumentin).

Wegen dieser verschiedenen Erscheinungsformen der Reaktanz bevorzuge ich folgende Definition: Reaktanz zeigt sich, wenn eine Freiheit bedroht wird oder schon verloren ist. Sie besteht in der Aufwertung der bedrohten oder verlorenen Alternative.

Der Begriff der »Aufwertung« soll ganz allgemein bezeichnen, was bei der Reaktanz passieren kann: Aktives Bemühen, »Jetzt erst recht«, Ärger, Hinterher-Heulen und so weiter.

12.1.2 Der Bumerang-Effekt bei der Beeinflussung

Man kann die Wirkung von Reaktanz nicht nur beobachten, wenn etwas verboten ist. Auch dann, wenn ich versuche, einer Person etwas einzureden, sie von einer Sache zu überzeugen, kann das als Freiheitseinschränkung gesehen werden. Stellen wir uns folgende Situation vor (Beispiel nach West & Wicklund, 1985; Bohner, Erb & Crow, 1995): Es geht um das Reizthema Fluoridierung des Trinkwassers. Sie wissen zu wenig über dieses Thema, um wirklich mitreden zu können, aber Sie wurden nun einmal in das Gremium gewählt, das in Ihrer Gemeinde darüber zu befinden hat. Sie kommen aus einer Sitzung und wollen Pause machen. In diesem Moment kommt ein Mann auf Sie zu und beschwört Sie nachdrücklich: »Es ist doch gar keine Frage, natürlich muß die Fluoridierung sein.« Wie wird Ihre Meinung nach diesem Satz aussehen? Stellen wir uns zur Verschärfung vor, Sie kennen diesen Mann: Er ist ein Chemiker, der sich zwar auskennt, der aber ein Unternehmen leitet, das von dem Beschluß zur Fluoridierung sehr profitieren würde. Wie groß ist Ihre Bereitschaft, dem Projekt in kommenden Sitzungen zuzustimmen?

Der Beeinflussungsversuch stellt einen Eingriff in Ihre Freiheit dar, nämlich in Ihre Entscheidungsfreiheit. Die beste Methode, diese Freiheit wieder sicherzustellen, besteht darin, gerade nicht das zu machen, zu dem Sie überredet werden sollten. Ihre Neigung, dem Projekt zuzustimmen, wird mit diesem Beeinflussungsversuch geringer sein als ohne. Ein so plumper Versuch, Ihnen etwas aufzuschwatzen, hat nicht selten die gegenteilige Wirkung. man spricht deshalb auch von einem *Bumerang-Effekt.*

12.2 Einschränkungen und Bedingungen der Reaktanztheorie

Der Bumerang Effekt bringt uns auf eine interessante Frage, nämlich die Frage nach den Bedingungen, unter denen Reaktanz auftritt. Nicht jeder Versuch, Sie zu beeinflussen, hätte bei Ihnen Trotz und Gegenwehr bewirkt. Wenn der Chemiker einfach gesagt hätte: »Also ich halte diese Idee für vernünftig«, dann wäre Ihre Reaktion vielleicht eher neutral ausgefallen. Vielleicht hätten Sie sich sogar von der Meinung beeinflussen lassen, erst recht, wenn wir annehmen, der Chemiker hätte kein Unternehmen und demnach auch keine eigennützigen Motive. Worin unterscheiden sich die beiden Situationen? Im ersten Fall scheint es deutlich zu sein, daß der Chemiker Sie beeinflussen will, im zweiten Fall nicht. Durch den Nachdruck, zum Beispiel indem er sagt »Das ist doch gar keine Frage...«, läßt er seine Beeinflussungsabsicht deutlich durchscheinen. Der Bumerang-Effekt lebt von der *deutlich sichtbaren Beeinflussungsabsicht.* Davon hängt nämlich auch ab, wie stark die Bedrohung der Freiheit empfunden wird. Wenn wir die Anwendung der Reaktanztheorie in der Werbung betrachten, werden wir darauf wieder zurückkommen.

Doch zunächst zu einer anderen wichtigen Bedingung von Reaktanz. Reaktanz tritt nur dort auf, wo wir auch *Freiheit erwarten.* Wenn ich zum Beispiel erfahre, daß die neue *S-Klasse* des *Mercedes* teurer geworden ist, dann stellt das zwar eine weitere Einschränkung meiner Freiheit dar, einen *Mercedes* zu kaufen. Da ich aber aus Kapitalgründen sowieso nie geglaubt habe, daß ich überhaupt die Freiheit hätte, einen *Mercedes* zu kaufen, wird mich diese Freiheitseinschränkung kalt lassen. In Situationen, in denen man ohnehin nicht glaubt, wählen zu können, wird auch keine Reaktanz auftreten.

Eine Freiheitseinschränkung wirkt besonders dann, wenn sie *neu* ist, wenn sie zum ersten Mal auftritt. Wenn ich zum Beispiel beim wöchentlichen Einkauf im Supermarkt bei einem Produkt meine bevorzugte Marke nicht vorfinde, dann mag diese Situation dazu geeignet sein, daß ich jetzt erst recht – und zwar woanders – nach dieser Marke suche. Wenn diese Situation aber immer wieder auftritt, dann verliert sich der Effekt auf Dauer (vgl. Clee & Wicklund, 1980, S. 400). Das hat damit zu tun, daß ein häufiges Ereignis allein durch die Häufigkeit ein Stück Normalität gewinnt. Dies dämpft die Freiheitserwartung.

Eine weitere Bedingung ist die *Wichtigkeit der Freiheit.* Auch hierzu ein Beispiel: Ich kann wählen, welche Sorte von Streichhölzern ich kaufe. Wenn nun aber eine bestimmte Sorte zufällig nicht verfügbar ist, kaufe ich ohne weitere Bedenken eine andere. Wenn ich aber einen Videorecorder kaufen will, dann ist die Tatsache, daß eine bestimmte Marke nicht vorrätig ist und ich sie also nicht wählen kann, für mich eine unangenehme Erfahrung. Die eine Marke, die fehlt, erscheint mir dann besonders attraktiv, auch wenn man mir versichert, daß die anderen genauso gut sind. Warum sollte hier Reaktanz auftreten? Eben weil es mir nicht gleichgültig ist, ob ich mir einen Videorecorder aussuche oder einfach nehme, wozu ich durch die Umstände gezwungen werde. Clee und Wicklund (1980, S. 391) erklären, unter welchen Bedingungen Wahlfreiheit wichtig ist und unter welchen weniger. Wichtig ist Wahlfreiheit dann, ...

– wenn man durch Ausüben dieser Freiheit ein wichtiges Bedürfnis befriedigen kann. Also ist die Wahl der Berufsausbildung wichtiger als die Wahl des Mittagessens in der Kantine.

– wenn man durch Ausüben dieser Freiheit mit hinreichender Gewißheit zum eigenen Nutzen beitragen kann. Die Freiheit zu Handlungsweisen, die man zwar frei wählen kann, deren Bedeutung aber unklar und deren Nutzen zweifelhaft ist, wird nicht besonders wichtig empfunden. Ein Beispiel: Man besitzt zwar beim Tippen der Lottozahlen größere Freiheitsgrade als bei der Wahl der Losnummer für das Spiel 77, trotzdem ist diese Freiheit verhältnismäßig unwichtig, da mit ihr nicht das sichere Gefühl einhergeht, den Lauf der Dinge beeinflussen zu können. Wer das glaubt, der ist dem Aberglauben verfallen. Dagegen ist die Freiheit, zwischen Butter und Margarine zu wählen, wesentlich deutlicher mit realen Effekten verknüpft, und würde vermutlich bei Bedrohung heftiger verteidigt.
– wenn die zur Verfügung stehenden Optionen einander möglichst unähnlich sind. Stellen wir uns vor, es würden aus Gründen des Umweltschutzes phosphathaltige Waschmittel verboten. Mazis, Settle und Leslie (1973) haben unter entsprechenden realen Bedingungen hierzu eine Studie durchgeführt (vgl. unten 12.4). Solch ein Verbot ist bestens dazu geeignet, Reaktanz zu erzeugen: Phosphathaltige Waschmittel werden stärker begehrt. Dieser Effekt ist vor allem bei solchen Leuten zu erwarten, für die es keine Ausweichmöglichkeit gibt, die sie für gleichwertig halten. In der Studie von Mazis et al. (1973) waren das solche Konsumenten, deren Marke keine äquivalente Alternative zur phosphathaltigen Version des Waschmittels zur Verfügung stellte. Anders ausgedrückt: Die Konsumenten, in deren Augen die Alternativen zu ihrem üblichen Waschmittel sehr unähnlich waren, weil sie von einer anderen Marke stammten, legten auch größeren Wert auf die Wahlfreiheit und zeigten daher auch stärkere Reaktanz.

12.2.1 Wettbewerb

Reaktanz ist am stärksten im Falle der »sozialen Freiheitseinschränkung«, das heißt, einer Freiheitseinschränkung durch andere Personen. Worchel, Lee und Adewole (1975) untersuchten das Urteil ihrer Probanden über Schokoladenkekse. Eine bestimmte Sorte dieser Kekse – nennen wir sie *Voltaire* – war für eine Gruppe in großen Mengen vorhanden, für die andere Gruppe gab es von derselben Sorte nur zwei Kekse. Die geringe Verfügbarkeit der Kekse kann als eine Art Freiheitseinschränkung wahrgenommen werden. Reaktanzeffekte waren also möglich. Wie wir oben gesehen haben, muß bei den Personen eine Erwartung bestehen, frei wählen zu können. Folgerichtig gab es auch im Experiment von Worchel et al. (1975) nur dann Reaktanzeffekte, wenn die Versuchspersonen zuerst viele *Voltaires* hatten, die ihnen später weggenommen wurden. Wenn die Versuchspersonen von Anfang an nur zwei *Voltaires* sahen, wenn sie also nie auf den Gedanken kamen, daß man genausogut auch mehr haben könnte, wurde *Voltaire* auch nicht aufgewertet.
Das Intereressante an diesem Experiment liegt aber in einem anderen Punkt. Reaktanzeffekte waren bei den Versuchspersonen besonders dann stark ausgeprägt, wenn die Freiheitseinschränkung durch andere Personen stattfand. Wenn die Versuchsleiter nämlich zuerst einen großen Kekstopf auf den Tisch stellten, und diesen später wieder mit dem Hinweis wegnahmen, daß auch andere Person aus diesem Topf bedient werden müßten, waren die Reaktanzeffekte stärker als wenn der Kekstopf nur mit der Begründung reduziert wurde, dies sei ein Irrtum, und jeder bekomme nur zwei Kekse. Durch diese Versuchsanordnung wird deutlich, wie man sich die soziale Freiheitseinschränkung vorzustellen hat: Es muß niemand böswillig etwas wegnehmen, was man selbst gerne hätte, es genügt die Wahrnehmung, daß es andere gibt, die auf das seltene Gut ebenfalls Anspruch haben – wohlgemerkt: *haben*. Reaktanz kann bereits eintreten, bevor die Konkurrenten den Anspruch durchsetzen wollen. Das Keks-Experiment zeigt auch, welche Dynamiken bei Versteigerungen wirksam werden, wenn sich nach und nach zeigt, wer alles sich für das Gut interessiert.

12.2.2 Lust am Besitz versus Gebrauchswert

Das Keks-Experiment von Worchel et al. (1975) hat noch eine andere Besonderheit. Aus den Antworten der Versuchspersonen wird deutlich, wie Reaktanz genau wirkt. Die Versuchspersonen sollten nämlich sagen, wie ihnen die Kekse schmeckten, aber auch, für wie wertvoll, teuer oder begehrenswert sie die Kekse hielten. Interessanterweise schmeckten die *Voltaire*-Kekse gar nicht wirklich besser. Sie wurden eben nur als wertvoller erlebt. Allgemein gesagt: Der wahrgenommene Wert der Kekse war von ihrem Gebrauchswert nur sehr schwach abhängig.

Das mag zunächst nicht einleuchten, denn was sollte einem an Keksen schon anderes interessieren, außer, ob sie schmecken. Überträgt man diese Beobachtung allerdings auf andere Bereiche, findet man schnell Beispiele, wo der Gebrauchswert eines Gegenstandes nicht der zentrale Faktor ist, nach dem sich sein Wert insgesamt bemißt. Man denke hier nur an Sammlerobjekte: Bedenken wir, daß häufig einzigartige Sammlerobjekte, Einzelstücke, keinen ästhetischen Reiz oder Gebrauchswert haben. Sammlerstücke werden sogar oft dadurch besonders wertvoll, daß sie fehlerhaft sind, etwa ein Fehldruck bei einer Briefmarke. Andere häufige Sammlerobjekte sind Schallplatten und CD's. Oft sind die heiß begehrten Aufnahmen nach normalen Hifi-Standards völlig unzulänglich. Wenn jemand von einer Schallplatte eine Erstausgabe haben möchte, kann er kaum hoffen, ein unzerkratztes Exemplar zu bekommen – und das, obwohl für weit weniger Geld die gleiche Aufnahme überall zu haben ist. Hier zeigt sich, daß die Reaktanz in erster Linie auf den Besitz hinausläuft, nicht auf den Gebrauch. Es hat offenbar über den Gebrauchswert hinaus noch einen eigenständigen Wert, über ein seltenes Gut verfügen zu können. Dieser Wert drückt sich in der Wertschätzung dieser seltenen Güter aus.

12.2.3 Reaktanz und Saurer-Trauben-Effekt

Wir haben oben festgestellt, daß Reaktanz nur dort auftritt, wo auch Freiheit erwartet wird. Ich möchte nun anhand eines Experiments (vgl. Brehm, Stires, Sensening & Shaban, 1966; Hammock & Brehm, 1966) zeigen, welche Rolle die Freiheit bei den Reaktanzphänomenen spielt. Stellen wir uns vor, ich legte Ihnen vier Schallplatten vor und würde Sie bitten, die vier in einer Rangreihe zu bewerten. Einem Teil der Gruppe würde ich sagen, »Sie können sich später eine der Platten aussuchen und behalten«. Dem anderen Teil sage ich, »ich werde Ihnen am Ende des Experiments eine der Platten schenken«. Damit hat die erste Gruppe das Gefühl, die Freiheit der Wahl zu haben, während die zweite Gruppe nicht glaubt, frei wählen zu können. Sie hören sich die Platten an und bringen alle in eine Hierarchie. Ich bitte Sie nun, zu einem zweiten Termin zu kommen, wonach Sie dann eine der Schallplatten mitnehmen dürfen. Wenn Sie zum zweiten Termin erscheinen, muß ich Ihnen mitteilen, daß die Platte, die bei Ihnen an dritter Stelle rangiert hat, leider vergriffen ist. Ich bitte Sie nun, noch einmal anzugeben, wie gut Ihnen die vier Platten gefallen, überlasse Ihnen eine der Platten, und das Experiment ist zu Ende.

Was ist nun für die neue Rangreihe zu erwarten? Wenn Sie zum zweiten Termin erfahren haben, daß eine der Alternativen ausscheidet, wird diese neue Situation Ihr Urteil beeinflussen. Die Personen, die geglaubt haben, sie könnten frei wählen, sehen durch die Einschränkung ihre freie Wahl bedroht. Die bedrohte Alternative, nämlich die Platte, die nicht zur Verfügung steht, erscheint nun attraktiver als vorher. Sie rutscht in der Rangreihe nach oben. Dagegen dürften die Personen, die sowieso nicht erwartet haben, frei wählen zu können, auch keine besondere Einbuße wahrnehmen. Die fehlende Möglichkeit erscheint nicht attraktiver als vorher. Im Gegenteil: Wenn die Personen keine Freiheit erwarteten, wurde die bedrohte Alternative sogar abgewertet. Die Versuchspersonen fanden die vergriffene Platte nun noch weniger attraktiv. Allgemein gesagt: »Wenn jemand keine Freiheit erwartet, und es wird etwas eliminiert, dessen Besitzer er potentiell hätte werden können, wird er dazu neigen, diese Sache abzuwerten« (West & Wicklund, 1985, S. 256). Diesen Effekt nennt man den *Saure-Trauben-Effekt.*

12.3 Reaktanz und kognitive Dissonanz

Daß Dinge, die man nicht bekommen hat, abgewertet werden, sollte Ihnen bekannt vorkommen. Dieser Effekt ist das grundsätzliche Ergebnis von Dissonanzreduktion nach einer Entscheidung (vgl. 11.4.1). Wir sehen nun: Wird keine Wahlfreiheit erwartet, setzt die Dissonanzreduktion sofort ein. Wenn dagegen die Freiheit zuvor gesehen wurde, und jetzt besteht sie nicht mehr, dann steht der Dissonanzreduktion eine Hürde in Form der Reaktanz im Wege. Man kann auch sagen: Reaktanz ist das Phänomen, das den Verlust der Wahlfreiheit so sehr dissonant macht.

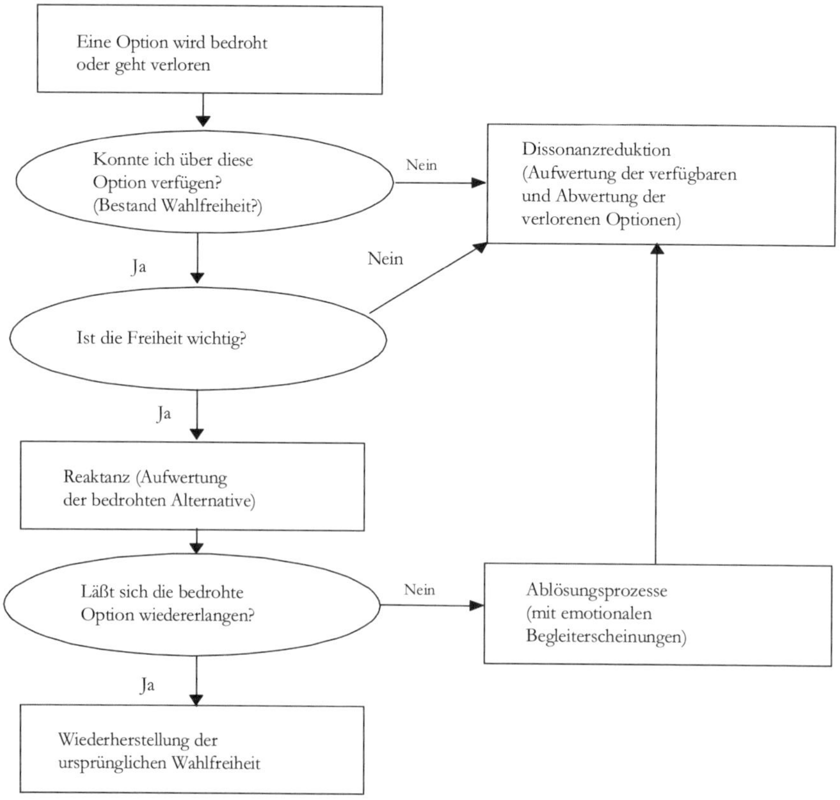

Abbildung 12.1 Prozeßmodell der Reaktanz und der Dissonanzreduktion.

Abbildung 12.1 zeigt die Dissonanzreduktion und die Reaktanz als Elemente in einem psychologischen Prozeß, der bei einer Freiheitseinschränkung einsetzt. Bevor es zur Reaktanz kommt, werden verschiedene Bedingungen geprüft. Abbildung 12.1 enthält die beiden wichtigsten: die Wahlfreiheit und die Wichtigkeit der Option. Ist auch nur eine dieser beiden Bedingungen nicht erfüllt, kommt es sofort zur Dissonanzreduktion, etwa in Form des Saure-Trauben-Effekts. Diese Teile des Modells habe ich bereits diskutiert. Neu ist an dem Modell in Abbildung 12.1 die Frage, was denn aus der Reaktanz hervorgeht.

Offenbar gibt es hier im Prinzip zwei Möglichkeiten: Man stellt die ursprüngliche Wahlfreiheit wieder her oder nicht. Die Wiederherstellung ist natürlich an die Bedingung geknüpft, daß dies überhaupt möglich ist. Wenn ich zweifelnd in der Kantine vor den letzten Dessertschalen stehe, und ein anderer ist schneller und schnappt sich die *Mousse au chocolat*, dann kann ich die nicht mehr haben, so groß meine Reaktanz auch sein mag. Ich muß nun den Vanillepudding nehmen und mich damit arrangieren. In vielen anderen Situationen dagegen, vor allem wenn es nicht um Gegenstände, sondern darum geht, sich eine Meinung zu bilden, kann ich mir die bedrohte Option durchaus sichern.

Zwei Punkte möchte ich zu dieser Stelle im Modell besonders hervorheben: Zum einen ist es nicht zwingend, daß die Wahlfreiheit wiederhergestellt wird, wenn dies möglich ist. Das hängt einerseits von der Stärke der Reaktanz und andererseits von dem Commitment ab, das vielleicht mit dem Freiheitsverlust einhergeht (siehe hierzu 11.3).

Zum anderen: Wenn sowohl Wahlfreiheit als auch Wichtigkeit der Option gegeben sind, dann ist es nicht ganz so einfach, zur Dissonanzreduktion zu finden. Der Umweg über »Ablösungsprozesse mit emotionalen Begleiterscheinungen« gibt Stoff für umfangreiche Forschungsprogramme, die sich damit beschäftigen, wie und warum Menschen in aller Regel auch bei schweren Schicksalsschlägen und Verlusten irgendwann wieder bei ihrem habituellen Zufriedenheitsniveau ankommen (zum Beispiel Brickman, Coates & Janoff-Bulman, 1978; Diener et al., 1999). Das Modell aus Abbildung 12.1 gilt nämlich nicht nur für banale Verluste und Freiheitseinschränkungen, wie sie der Konsum-Alltag vielleicht mit sich bringt. Das Grundprinzip gilt mit einigen Modifikationen auch in der Forschung zur Bewältigung kritischer Lebensereignisse oder etwa alternsbedingter Einschränkungen. Dort wird genau dieses lapidare Stichwort von den »Ablösungsprozessen« mit Inhalt gefüllt (siehe etwa Brandtstädter & Renner, 1990).

Insgesamt zeigt das Modell in Abbildung 12.1, daß Dissonanzreduktion ein sehr wahrscheinlicher Zustand ist, für den die Reaktanz oft allenfalls einen Umweg, aber kein prinzipielles Hindernis darstellt. Verglichen mit dem Zustand einer reduzierten Dissonanz ist die Reaktanz sehr kurzlebig. Meist werden schon wenige Minuten nach der Entscheidung nur noch dissonanzreduzierende Bewertungen beobachtet (vgl. Clee & Wicklund, 1980, S. 398). So mächtig also der Aktivierungszustand der Reaktanz auch ist, er ist an einen bestimmten Zeitraum gebunden und klingt ziemlich sicher nach einer Weile wieder ab. In aller Regel finden wir das, was wir haben, toller als das, was uns abgeht.

12.4 Reaktanz und Gesetze

Die universale Wirksamkeit von Reaktanz zeigt sich auch in der Befolgung von Gesetzen. Aus psychologischer Sicht ist es bedenklich, auf die Bevölkerung durch Gesetze Zwang auszuüben. Als zum Beispiel am 1.6.1982 in der US-Gemeinde Kennesaw, Georgia, ein Gesetz erlassen wurde, das es unter Androhung von Strafe vorschrieb, eine Waffe zu besitzen, wurden von der Bevölkerung wesentlich weniger Waffen gekauft (Cialdini, 1993); und das, obwohl in Amerika das Besitzen von Waffen geradezu Ehrensache ist. Einen ähnlichen Effekt hatte zehn Jahre zuvor das

Verbot von phosphathaltigen Waschmitteln in Dade County (Miami), Florida. Sogar der Besitz von phosphathaltigen Waschmitteln war nicht erlaubt. Was war der Effekt? Nun, die Leute begannen, Phosphat-Waschmittel zu schmuggeln. In regelrechten Seifen-Karawanen führten sie einen Vorrat für die Zukunft ein und versorgten sich über Jahre hinaus mit dem verbotenen Produkt. Darüber hinaus sahen jetzt aber auch die meisten Verbraucher die verbotenen Phosphat-Waschmittel in einem besseren Licht als zuvor. Verglichen mit Einschätzungen aus der Nachbargemeinde, die von dem Verbot nicht betroffen war, hielten die Einwohner von Dade County Phosphat-Waschmittel einfach für die besseren Produkte (Mazis, 1975; Mazis, Settle & Leslie, 1973).
Ein gesetzlicher Eingriff, der die Verfügbarkeit einer Sache einschränken kann und der auf jeden Fall den Charakter der nicht-natürlichen, gemachten Einschränkung trägt, ist eine Steuer. Daher könnten also auch Freiheitseinschränkungen durch die Erhebung von Steuern Reaktanz erzeugen. Nun würden wahrscheinlich Ökonomen einwenden, daß der Nutzen eines Gutes abnimmt, wenn sein Preis steigt, ohne daß gleichzeitig sein Wert zunimmt. Daher müßte eigentlich ein Gut, auf das eine Steuer erhoben wird, abgewertet werden, denn sein Nutzen verringert sich ja durch die Steuer. Wir haben es hier mit widersprechenden Vorhersagen zu tun. Die Ergebnisse einer Untersuchung von Wicklund (1970) können zwischen beiden Standpunkten vermitteln: Stellen wir uns eine Person vor, die sich über ein bestimmtes Produktespektrum noch keine Meinung gebildet hat. Um des Beispiels willen denken wir uns eine Person aus, die ihr erstes Auto kauft und die bisher noch keinen Gedanken an Autos verschwendet hat. Kurz bevor sie beginnt, sich kundig zu machen, werden die Einfuhrzölle für Autos aus Phantasien drastisch erhöht. Was wird diese Person über Autos aus Phantasien denken? Wie die Ökonomen vorhersagen würden, dürfte sich unsere Beispielperson sagen, »was nützen mir die Autos aus Phantasien, die sind ja viel zu teuer...«. Wie sieht es aber mit Personen aus, die sich längst ein Meinung gebildet haben, und bei denen Autos aus Phantasien weit oben in der Präferenzhierarchie stehen? Bei diesen Personen, die bereits deutliche Präferenzen haben, greifen die Einfuhrzölle in eine selbstverständlich erwartete Freiheit ein. Diese Personen dürften daher an ihren bisherigen Präferenzen festhalten. Das bedeutet: Reaktanzeffekte verhindern die aus rein ökonomischer Sicht zu erwartende Abwertung. Dieser Gedankengang mag erklären, warum die Erhebung von Steuern auf Genußmittel in der Regel nicht zu einer Minderung des Verbrauchs führt. Die psychologische Reaktanz wirkt den Effekten eines geringeren Gesamtnutzens entgegen und sorgt dadurch für stabile Präferenzen.
In diesen Zusammenhang gehört auch das Thema Zensur. Es ist zunächst mit und ohne Reaktanztheorie einsichtig, daß wir Informationen, die man uns vorenthalten will, heiß begehren. Wir wissen, daß Zensurbestrebungen eine der besten Promotionleistungen für einen Film oder ein Buch sind. Mit Zensur ist aber auch ein weit interessanteres Reaktanzphänomen verknüpft: Eine Information, die uns durch Zensur vorenthalten wird, ist nicht nur besonders begehrt, sondern wird mit höherer Wahrscheinlichkeit für wahr gehalten als frei zugängliche Informationen. Stellen wir uns vor, ein Oppositionspolitiker wollte eine Rede über die radioaktive Verseuchung der Mosel halten, die von der Regierung verboten wird. Nicht nur, daß viele Personen diese Rede hören wollen. Es würden auch viel mehr Personen glauben, der Inhalt der verbotenen Rede sei wahr, als wenn die Rede nicht verboten würde (zum Beispiel Worchel, Arnold & Baker, 1975). Wenn also ein politischer Agitator wünscht, daß seine Scharlatanerien geglaubt werden, sollte er nicht etwa versuchen, seine Ansichten öffentlich zu verbreiten, sondern er sollte es darauf anlegen, daß seine Reden verboten werden und dann das Verbot verbreiten. Dieser Mechanismus zeigt, wie wichtig es sein kann, daß grundsätzlich alle Personen ihre Meinung frei äußern dürfen.

12.5 Die Reaktanztheorie in Werbung und Verkauf

Fragen wir uns nun, was die Reaktanztheorie für die Werbepsychologie bedeutet. Wicklund (1979) meint, »für den ökonomischen Bereich [...] genügt die globale Feststellung, daß das Auftreten von Reaktanz dazu geeignet ist, die Effizienz der Werbung und der Akquisition als Möglichkeit beeinflussender Kommunikation prinzipiell herabzumindern« (S. 88). Ich glaube nicht, daß diese Feststellung genügt. Im folgenden möchte ich dafür argumentieren, daß es auch weitere praktische Konsequenzen der Reaktanztheorie in Werbung und Verkauf gibt. Beginnen wir aber mit dem naheliegenden Thema: Reaktanz und Beeinflussung.

12.5.1 Reaktanz und Beeinflussung

Wenn jemand mich ganz offensichtlich beeinflussen will, wehre ich mich gegen die Manipulation und tue unter Umständen das Gegenteil dessen, was von mir erwartet wird – sozusagen um sicherzustellen, daß ich trotz der Beeinflussungsversuche noch immer frei bin. Ein einleuchtendes Beispiel ist ein aufdringlicher Verkäufer. Wenn wir das Gefühl haben, der Verkäufer will unbedingt, daß wir etwas bei ihm kaufen, fühlen wir uns unbehaglich und neigen eher dazu, lieber nichts zu kaufen, schon um der Manipulation durch den Verkäufer zu widerstehen. Dazu zwei Beispiele in Exkurs 37. Wenn ein Verkäufer den Kunden sehr freundlich und zuvorkommend bedient hat, dann kann sich der Kunde dadurch verpflichtet fühlen, nun auch etwas zu kaufen. Die Bedienung wird als ein Entgegenkommen gewertet, demgegenüber man nicht undankbar sein darf. Dieses Gefühl der Verpflichtung kann als unangenehm erlebt werden. Diese Unbehaglichkeit, stellt eine Form der Reaktanz dar (Wiswede, 1979). Hier tritt das Gefühl der Reaktanz in Konkurrenz zur Regel der Gegenseitigkeit (siehe 10.3).

Exkurs 37 *Zwei Experimente:*

Experiment I: »In einem Supermarkt wurde Hausfrauen ein bestimmter Geldbetrag gegeben mit der Bitte, sich eine ganz bestimmte Brotmarke zu kaufen. In der Kontrollgruppe (kein Einfluß) kauften 24 Prozent diese Marke, bei mäßigem Einfluß (»Bitte kaufen Sie...«) taten dies 70 Prozent, während bei starkem Druck (»Sie sollen...«) nur noch 51 Prozent diese Marke kauften. Das Absinken der Verkäufe von 70 auf 51 Prozent wurde als durch Reaktanz bedingt interpretiert« (Weiner & Brehm, 1966; zitiert nach v. Rosenstiel & Neumann, 1982, S. 179).

Experiment II: Wicklund, Slattum und Solomon (1970) baten College Studentinnen, Sonnenbrillen auszuprobieren. Mit einer Sonnenbrille ihrer Wahl sollten die Studentinnen als Fotomodell fungieren. Später hatten sie dann die Möglichkeit, die Sonnenbrille, die sie gewählt hatten, auch zu kaufen. In einer Versuchsbedingung ließ die Versuchsleiterin durchblicken, daß sie die Brillen auf Provision verkaufe, und daher ein gewisses Interesse habe, daß möglichst viele Brillen verkauft würden. In der anderen Versuchsbedingung tat die Versuchsleiterin so, als sei es ihr eigentlich egal, ob die Brillen gekauft würden oder nicht. Während die Studentinnen verschiedene Brillen aufsetzten, brachte die Versuchsleiterin nun die üblichen Verkäufersprüche: »Die steht Ihnen ganz großartig«, »Die ist wie für Sie gemacht«. In der Provisionsbedingung nun vermuteten die Studentinnen hinter diesen Sprüchen eine Manipulationsabsicht der Versuchsleiterin. Sie glaubten, sie sollten dadurch überredet werden, eine Brille zu kaufen. Dementsprechend war das Ergebnis, daß die Brillen in der Provisionsbedingung wesentlich schlechter abschnitten und auch weniger gekauft wurden.

Werbung zielt definitionsgemäß auf die Einengung von Verhaltens- und Entscheidungsspielräumen. Eine Beeinflussungsabsicht ist bei der Werbung immer gegeben. Eigentlich müßte also Werbung stets mit Bumerang-Effekten rechnen. Daß diese Effekte aber nicht die ganze Werbewirkung zunichte machen, liegt an verschiedenen Gründen. Die Beeinflussungsversuche der Werbung sind nicht immer plump, sondern manchmal sogar sehr unterhaltsam. Die Gestaltung der Werbung bringt es daher oft mit sich, daß Reaktanzeffekte neutralisiert werden, etwa indem die Werbung ästhetisch ansprechend ist und von sympathischen Kommunikatoren präsentiert wird (vgl. Clee & Wicklund, 1980, S. 398). Zudem betrifft die meiste Werbung Themen, die uns nicht aktuell interessieren. Wir betrachten Werbung in der Regel mit geringem Involvement. In Fällen von geringem Involvement aber, wenn uns der Bereich der Beeinflussung nicht besonders wichtig ist, behindert auch das Wissen um die Beeinflussungsabsicht nicht die beeinflussende Wirkung (Petty & Cacioppo, 1979). Reaktanz setzt erst bei einigermaßen wichtigen Themen ein. Die Bedingungen für Reaktanz sind also in der Werbung nicht optimal erfüllt; trotzdem kann man mit einer Werbebotschaft leichtsinnig Reaktanz gegenüber der eigenen Werbebotschaft provozieren. Für diesen Fall geben Kroeber-Riel und Meyer-Hentschel (1982, S. 107*ff*) folgende Empfehlungen:

1. *»Vermeide unnötige Hinweise auf Entscheidungsfreiheiten.«* Als Negativbeispiel sei ein Anzeigentext für den Nagellack von *fair girl* angeführt (vgl. Kroeber-Riel & Meyer-Hentschel, 1982, S. 108): »Das ist eine Anzeige für alle Frauen, die Nagellack verwenden. Ihr Selbstbewußtsein ist so groß, daß Sie unbeeinflußt selbst entscheiden, wo Sie Ihren Nagellack kaufen. Für Sie ist die Qualität und die Farbe das alles Entscheidende. Deshalb gibt's Ihren Nagellack im Supermarkt. In ganz bezaubernden Farben und in ganz ausgezeichneter Qualität.« Die Freiheit, die im zweiten und dritten Satz beschworen wird, soll also unmittelbar danach wieder eingeschränkt werden. Ein unverständlicher und unnötiger Hinweis auf das Thema Entscheidungsfreiheit.
2. *»Vermeide den Eindruck, Entscheidungsfreiheiten seien wichtig.«* Gerade im Bereich von Produkten, bei denen die Kaufentscheidung mit einer gewissen Beliebigkeit getroffen wird, ist es unsinnig, die Wichtigkeit von Entscheidungsfreiheiten zu betonen.
3. *»Vermeide den Eindruck, Entscheidungsfreiheiten werden eingeengt.«* Der Eindruck einer Einengung ist dann herabgesetzt, wenn der Rezipient die vorgeschlagenen Optionen für notwendig, vernünftig oder gut begründet hält. Zum Beispiel lösen Einschränkungen durch den Rat eines Arztes dann keine Reaktanz aus, wenn der Patient erwartet, daß der Rat gut ist, und daß er vernünftigerweise keine Wahl hat. Ebenso erzeugen gut begründete oder besonders glaubwürdige Beeinflussungsversuche weniger Reaktanz. Daher ist schon zur Vermeidung von Reaktanz von der Werbung Glaubwürdigkeit zu fordern. Zur Erhöhung der Glaubwürdigkeit ist es übrigens auch möglich, Anzeigenwerbung im redaktionellen Stil des Werbeträgers zu gestalten, so daß sie wie ein seriöser Bericht und nicht wie Werbung aussieht. Dieses Vorgehen ist in seiner drastischen Form allerdings nicht statthaft (vgl. Kroeber-Riel & Meyer-Hentschel, 1982, S. 113; 1.4).

12.5.2 Werbeunterbrechungen

Wenn ein Programm von Werbung unterbrochen wird, verlassen Zuschauer oft den Raum, zappen durch die Kanäle oder arbeiten sich in einer Videoaufnahme durch den Schnellvorlauf voran (vgl. Exkurs 1). Dieses Vermeidungsverhalten kann als typisch reaktant gedeutet werden; insofern ist die Unterbrecherwerbung ein sehr naheliegender Fall, bei dem Werbung Reaktanz auslöst (Schimansky, 1999).

Die Reaktanz wird um so stärker sein, je mehr die Motive des Zuschauers beim Fernsehen frustriert werden. Ein Ziel wie Zerstreuung wird durch die Unterbrechung weniger beeinträchtigt als etwa Informationsbedürfnis oder der Wunsch nach einer ganz bestimmten Art von Unterhaltung.

Schimansky (1999) geht von zwei unterschiedlichen Weisen aus, auf die Unterbrecherwerbung Reaktanz auslöst. Zum einen stellt die Werbung eine *Barriere* dar, die dem eigentlich gewünschten Fernseh-Konsum entgegensteht. Zum anderen bedeutet die Werbung inhaltlich dann eine Form der *Meinungs-* oder *sozialen Beeinflussung*. Die Einengung ist also eine doppelte: Der Reiz, der mir die Freiheit eines ungestörten Fernseh-Konsums nimmt, zielt nun auch noch darauf ab, mir die Freiheit einer unbeeinflußten Produktentscheidung zu nehmen.

Diese Effekte der Unterbrecherwerbung sind wohlgemerkt nur mögliche, keineswegs sichere Effekte. Ob sie eintreffen, hängt von einer Reihe von Faktoren ab, die wir zum Teil auch unmittelbar aus der Reaktanztheorie ableiten können. Zum Beispiel dürfte eine berechenbare Werbepause weniger Reaktanz auslösen als eine überraschende. Wenn etwa die *Harald-Schmidt-Show* regelmäßig nach den ersten fünf Minuten und nach dem ersten Interview unterbrochen wird, dann wird dieser Rhythmus sehr schnell gelernt – Reaktanz ist für den regelmäßigen Zuschauer nicht zu erwarten. Wird dieser Rhythmus durchbrochen oder die Dauer der Unterbrechung verändert, ist Reaktanz dagegen vorprogrammiert.

Eine andere Bedingung ist die Einstellung der Zuschauer zur Werbung: Würde man sich beispielsweise vor Augen führen, daß die Werbung das betrachtete Programm finanziert, würde damit auch dem ersten Grund für die Reaktanz der Boden entzogen; ein ungestörter Fernseh-Konsum ist nämlich unter diesem Blickwinkel ohne Werbung eigentlich überhaupt nicht möglich, denn ohne Werbung gäbe es das Programm gar nicht.

12.5.3 Reaktanz und Kaufentscheidungen

Eine weitere Vorhersage der Reaktanztheorie betrifft Entscheidungen ganz allgemein. Jeder von uns kennt die Erfahrung, wie es ist, vor zwei Alternativen zu stehen, die etwa gleich attraktiv sind: Am selben Abend ist *Die Hard Teil XIII* sowie der neue Wim Wenders-Film im Kino zu sehen. Nur an diesem Abend. Man wird hin- und hergerissen. Beides verspricht ganz phantastisch, ganz berauschend zu werden, aber hingehen kann man nur zu einem. Und dann das Gefühl, wenn es kein Zurück mehr gibt. Wir gehen zu Wim Wenders, und während wir noch unterwegs sind, erscheinen uns die Vorzüge von Bruce Willis in *Die Hard* maßlos und überwältigend. Oder wir haben endgültig festgelegt, heute abend ein Actionfilm, und während wir den Eintritt bezahlen, bereuen wir schon schwer.

Die Reue nach definitiven Entscheidungen, von denen es kein Zurück mehr gibt, sagt die Reaktanztheorie voraus. Eine Entscheidung bedeutet Freiheitseinschränkung. Ich habe keine freie Verfügung mehr über das, wogegen ich mich soeben entschieden habe, und die Reaktanztheorie behauptet ja, daß diejenigen Alternativen, die mir versperrt sind, besonders attraktiv sind. Der Augenblick von Entscheidungen ist besonders sensibel für Reaktanzphänomene. Das Phänomen der Reue nach einer Entscheidung kennen auch geschickte Verkäufer. Wenn ich mich endgültig nach langem Ringen für einen teuren Artikel, zum Beispiel eine Stereoanlage entschieden habe, wird ein geschickter Verkäufer sofort meine Entscheidung verstärken, sie loben und gutheißen und die bisher ebenso gepriesenen Alternativen ignorieren. Er erreicht damit, daß ich nicht ins Grübeln über meine Entscheidung verfalle und aus Angst vor der Endgültigkeit (es geht immerhin um Geld) meine Entscheidung wieder rückgängig mache. Aber auch längere Zeit nach dem Entscheidungsprozeß können noch immer Bestätigungen für das Kaufverhalten gegeben werden. Zum Beispiel lassen viele Hersteller die Gebrauchsanweisungen zu ihrem Produkt mit den Worten beginnen: »Wir beglückwünschen Sie zu Ihrer Entscheidung...« (Kotler & Bliemel, 1995, S. 305).

12.5.4 Einschränkung als Werbe- und Verkaufsmittel

Mit den vorangegangenen Empfehlungen ist noch lange nicht alles zur Anwendbarkeit der Reaktanztheorie im Bereich des Konsumentenverhaltens gesagt. Reaktanz kann auch direkt zur Beeinflussung genutzt werden. Die Beeinflussung kann geradezu auf der Reaktanz der beeinflußten Personen beruhen, wie wir schon in unserem Eingangsbeispiel von Mark Twain gesehen haben. Zudem kommt der bloßen Tatsache, daß ein Gut selten und schwierig zu bekommen ist, bereits ein gewisser Informationswert zu (Lynn, 1992), der bereits ohne den Motivationszustand der Reaktanz eine Aufwertung des seltenen Gutes erwarten läßt.
Wie läßt sich die Reaktanztheorie oder die Seltenheit eines Gutes nun in der Werbung einsetzen, oder wo wird sie gar jetzt schon eingesetzt? Betrachten wir einen historischen Fall: Kartoffeln waren in Europa über lange Zeit ein Gemüse zweiter Klasse, eher für das Vieh als für Menschen geeignet. Um die Kartoffel im russischen Speiseplan populär zu machen, ließ Zarin Katharina die Große um jeden Kartoffelacker einen Zaun bauen. Große Schilder warnten davor, die Kartoffeln auf dem Acker zu stehlen (Pratkanis & Aronson, 1992, S. 188). In diesem Beispiel wurde also Reaktanz aktiv erzeugt, um den erwünschten Effekt zu erzielen. Auch heute noch gibt es solche Beispiele in Werbung und Verkauf.[1]

Limitierung und geringe Verfügbarkeit
Wenn zum Beispiel ein Produkt nur in limitierter Stückzahl zur Verfügung steht, dann spricht das unsere Reaktanz an. Wenn wir nicht bald zuschlagen und das Produkt besorgen, dann haben wir die Freiheit verspielt, das Produkt jemals zu besitzen. Dem entspricht auch eine Werbekampagne von *McDonald's* aus den neunziger Jahren: Ein Werbespot von *McDonald's* verkündete im Radio, es werde den *BigMac* nun nicht mehr lange geben. Wer nun hörte, der *BigMac* werde abgeschafft, der mußte zu seiner Bestürzung feststellen, daß ihm damit ja eine Freiheit genommen wird. Die Freiheit, *BigMac* zu kaufen, konnte man natürlich noch notdürftig sicherstellen, indem man es in der verbleibenden Zeit noch tat. Bei dieser Werbung ist freilich möglich, daß *McDonald's* hier mit ganz offenkundigen Manipulationsstrategien nur gespielt hat. Der *BigMac* wurde natürlich nicht aus dem Verkehr gezogen, bzw. er wurde innerhalb kurzer Zeit wieder eingeführt.
Anbieter für Handy-Verträge bieten günstige Paket-Preise innerhalb von Aktionswochen an, die jeweils nur bis zum Monatsende laufen. Überraschte Kunden stellen allerdings fest, daß die Aktionswoche nach Ablauf des Monats stets verlängert wird und dann also bis zum nächsten Monatsende gilt – und so fort bis in alle Ewigkeit.
Cialdini (1993, S. 198*f*) berichtet von einigen Verkaufstechniken, bei denen Produkte durch geringe Verfügbarkeit attraktiver gemacht werden sollten: Ein Photograph von Kinderportraits beispielsweise habe seine Kunden standardmäßig darauf hingewiesen, daß er nicht genügend Lagerplatz habe und daher gezwungen sei, die Negative bald zu vernichten. Daher sei es angeraten, jetzt schon möglichst viele Kopien anfertigen zu lassen. Ein Vertreter, der an der Tür Zeitschriften-Abonnements verkauft, habe seine Kunden stets darauf hingewiesen, daß er »nur heute« in der Gegend sei und auch nicht so schnell wiederkomme, um das großzügige Angebot zu wiederholen.

---

[1] Ungeeignet sind als Beispiele jedoch Fälle, in denen Reaktanzphänomene nur erwähnt, aber nicht benutzt werden. Ein solches Beispiel bringt Kroeber-Riel (1992, S. 216; Abb. 49; vgl. auch Kroeber-Riel & Meyer-Hentschel, 1982, S. 105*f*). Der Werbetext lautet: »Ich will mich selbst entscheiden können.« Es folgen einige Argumente, die darlegen, daß für die Wahl der Krankenversicherungen genau dieselben Freiheiten erstrebenswert sind, wie für die Wahl des Urlaubsortes. Natürlich wird hier, wie Kroeber-Riel (1992) anmerkt, »mit den Reaktanzgefühlen der Umworbenen [gespielt]« (S. 216). Aber die Werbung benutzt nicht wirklich die Reaktanz, sondern andere psychologische Mechanismen (zum Beispiel 10.1.2).

Diese Politik kennt Cialdini (1993) aus eigener Erfahrung. Er hatte sich in ein Unternehmen eingeschleust, um Verkaufstechniken vor Ort zu untersuchen. Dieses Unternehmen instruierte seine Mitarbeiter, sie sollten gegenüber den Kunden gezielt behaupten, man könne sein Angebot nicht zweimal machen, ja man könne auch dann das Angebot nicht wiederholen, wenn sich die Person später erst entschließen sollte, darauf einzugehen. Freilich sind solche Drohungen in der Regel nicht ernst gemeint. Womit sollten solche Unternehmen denn auch sonst ihr Geld verdienen, wenn nicht damit, Sachen zu verkaufen?

Es gibt in Deutschland das gesetzliche Verbot, eine Ware als verkauft zu bezeichnen, die in Wirklichkeit noch nicht verkauft ist (Mayer et al., 1982). Dieses Vorgehen gehört natürlich schon deshalb verboten, weil es gelogen ist. Der Punkt ist folgender: Wenn es keine Wirkung hätte, eine Ware dem Kunden aktiv vorzuenthalten, dann käme kein Verkäufer auf den Gedanken es zu versuchen. Tatsache ist aber: Wenn ein Käufer glaubt, daß ein Produkt schwer zu bekommen ist, erscheint es ihm attraktiver, als wenn er glaubt, es sei im Grunde ohne Probleme verfügbar (Schwarz, 1984). Dies gibt den Anstoß zu folgender Strategie (Cialdini, 1993): Ein Verkäufer erkennt, daß bestimmte Kunden an einem Produkt besonderes Interesse haben. Diese Erkenntnis ist durch Beobachten relativ leicht zu gewinnen. Er wendet sich an diese Kunden: »Entschuldigen Sie, daß ich Sie anspreche, aber ich sehe, Sie interessieren sich für dieses Angebot. Nun habe ich den Artikel soeben an einen anderen Kunden verkauft, es tut mir sehr leid. Soviel ich weiß, war es das letzte, das wir hatten.« Durch diesen plötzlichen Verlust der Freiheit, steigt nun die Attraktivität des Artikels beim Kunden. Ihn beginnt die Frage zu interessieren, ob der Verkäufer denn recht hat, wenn er glaubt, der Artikel sei nicht mehr auf Lager. Der Verkäufer seinerseits knüpft seine Bemühungen aber an eine Bedingung: »Möglicherweise haben wir noch ein Exemplar übrig. Ich würde mir auch gerne die Mühe machen, einmal im Lager nachzusehen. Ich verstehe Sie doch richtig, daß Sie an diesem Artikel zu diesem Preis interessiert sind...« Normalerweise würde es nun genügen, daß der Kunde sagt, »Ja, das bin ich«, um ihn festzunageln und ihm nahezu unmöglich zu machen, das Produkt nicht zu kaufen (vgl. 11.4.2). Das Perfide besteht darin, daß der Kunde in der Situation, in der er am wenigsten einen klaren Kopf hat, unter Druck gesetzt und zu einer öffentlichen Willensbekundung aufgefordert wird, nämlich dann, wenn die Reaktanz am stärksten ist.

Unfreiwillige Reaktanzeffekte erzeugte noch im Jahr 1997 die englische Regierung mit der Drohung, Rindfleisch wegen der BSE-Gefahr aus dem Verkehr zu ziehen. Der Absatz vervielfachte sich – wenigstens damals... (TIME-Magazine vom 15. Dez. 1997; S. 28*ff*).

Exklusivität

Ein anderes Beispiel, das in etwas schwächerer, aber subtiler Weise Reaktanz anspricht: Es handelt sich um eine Weinbrandwerbung. Eine Gruppe von Leuten, jung, attraktiv, dynamisch, kurz, wie Sie und ich, kommen bei einem Strandspaziergang auf die Idee, es sich mit einem Weinbrand gemütlich zu machen. Sie gehen in ein Restaurant, bestellen eine ganze Flasche mit Gläsern, und verschwinden damit dann – ganz entgegen den üblichen Gepflogenheiten – wieder ins Freie, setzen sich in die Dünen und schenken aus. Dazu der Spruch »einem *Remy Martin* ist es egal, wo er getrunken wird, nur nicht von wem«. Was hat das mit Reaktanz zu tun? Hier wird die Gruppe, für die das Produkt gedacht ist, explizit eingeschränkt. Nach dem Prinzip: »Nur für Mitglieder« wird das Verhalten, *Remy Martin* trinken, nur einem exklusiven Kreis zugestanden. Gehören Sie dazu? Die Freiheit dazuzugehören hat nur derjenige, der *Remy Martin* auch kauft. Andere Beispiele:

- In einer Werbeanzeige für die *Franklin Mint Golden Falcon Watch*, einer hochexklusiven Uhr, steht neben der Abbildung eines jungen Mannes im Smoking der Text: »Some men have it. Most never will« (Cialdini, 1993, S. 198, Abbildung 7.1).
- »Der Sekt *Fürst von Metternich* ist nur ›für die wenigen, die mehr verlangen‹ hergestellt [...] *Dimple* wirbt demonstrativ mit dem hohen Preis der Marke: ›Teuer finden ihn nur die, die ihn noch nie getrunken haben.‹ In einer anderen Anzeige heißt es provozierend: ›Whisky muß nicht billig sein‹« (Kroeber-Riel & Meyer-Hentschel, 1982, S. 148).
- »Das Londoner Bankunternehmen *C Hoare & Co.* erwägt eine Person nur aufgrund einer Empfehlung langjähriger Klienten und eines persönlichen Interviews als neuen Kunden. Es hat *Hoare* nie an Klienten gemangelt« (O'Shaughnessy, 1987, S. 141, Übers. GF).

Exklusivität einer Tätigkeit, einer Mitgliedschaft und eines Produkts, Unnahbarkeit einer Person können also die Attraktivität von Produkt und Person steigern. Reaktanz ist allerdings nicht der einzige mögliche Weg, auf dem Dinge durch Unzugänglichkeit attraktiver werden. Die Information, daß eine Sache nur wenig verfügbar ist, erzeugt oft beim Konsumenten die Wahrnehmung, daß die Sache wertvoll ist. Der Wert einer Sache hängt ja schon objektiv davon ab, wie weit verbreitet und wie leicht verfügbar sie ist. Wenn man also in diesem Sinne ein Produkt als wertvoll erlebt, dann sind dafür Urteilsprozesse verantwortlich, die ungefähr so funktionieren, wie der Schluß vom Preis auf die Qualität des Produktes. So konnte Lynn (1989) zeigen, daß seltene Güter vor allem für solche Personen begehrenswert wurden, die besonders an den Preis dachten und die darüber hinaus auch den tatsächlichen Preis der Ware nicht kannten. Demnach geht zumindest ein Teil der Effekte für seltene Güter auf die Unterstellung der Konsumenten zurück, seltene Güter müßten auch mehr kosten.

Reaktanz dagegen ist dann im Spiel, wenn die Einschränkung der Verfügbarkeit »gemacht« erscheint, etwa wenn es andere Personen und nicht unkontrollierbare Umstände sind, die die Verfügbarkeit der Sache einschränken. Das Kriterium des Künstlichen und Unnatürlichen würde hier zu einer Verstärkung des Effekts führen.

In den Beispielen liegt es sehr nahe, die Freiheitseinschränkung als »gemacht« zu erleben: Eine limitierte Auflage beispielsweise ist ja in der Regel nur deswegen limitiert, weil die Hersteller sie eingeschränkt haben. Dabei ist der unterstellte Grund, daß die Produzenten nicht auf unverkauften Resten eines Liebhaberartikels mit nur kleinem Publikum sitzen bleiben wollten, noch eine verhältnismäßig natürliche Erklärung für die Knappheit. Genausogut hätte das ganze Verfahren auf nichts anderes als die Reaktanz gezielt haben können. In jedem Fall ist Reaktanz eine plausible Reaktion. Dasselbe gilt bei einer Produktgestaltung, in der absichtlich und gezielt ein großer Personenkreis ausgespart bleibt.

Verbot und Zensur

Es erscheint relativ unwahrscheinlich, daß man mit einer Werbestrategie Erfolg haben könnte, die einem den Gebrauch des Produktes regelrecht untersagt, obwohl dieses Verfahren wohl eine besonders prototypische Anwendung der Reaktanztheorie darstellen würde. Entsprechende Werbebeispiele sind in der Tat selten und sind natürlich in der Regel nur ironische, parodistische Verbote. Hierunter fällt etwa ein Album der deutschen Gruppe *Die Ärzte* aus den achtziger Jahren mit dem Titel »ab 18«.

Im Winter und Frühjahr 2000 warb der Tochtersender des Mitteldeutschen Rundfunks (*mdr*) *Jump FM* mit einer solchen Strategie (siehe Abbildung 12.2). Absender der Anzeigen war die fiktive »Initiative für Radioüberwachung« mit ihrem immer wiederkehrenden Aufruf »Stoppt Radio *Jump*

FM«. Vor einem Tapetenmuster, das an Biederkeit kaum zu übertreffen ist, stellte die Initiative provokative Fragen wie:

- »Wird Radio *Jump FM* zu laut gehört?«
- »Was hat Radio *Jump FM* im Radio zu suchen?«
- »Hat Radio *Jump FM* eine Sendeerlaubnis?«
- »Darf ein deutscher Radiosender *Jump FM* heißen?«

Abbildung 12.2 Werbung mit Verbot und Zensur.

Die Kampagne hatte irritierte Anfragen und reichlich Aufmerksamkeit zur Folge. Einige Rezipienten hielten die Werbung für eine Reaktion der privaten Anbieter auf den neu eingeführten öffentlich-rechtlichen Sender. *Jump* hatte in 2000 einen Zuwachs von über 140 Prozent, womit der Sender für diese Zeit den ersten Platz in Deutschland belegte (bezogen auf Hörerzuwächse, Daten aus *compact,* 7-8/2000, S. 22).

Ironischerweise durfte der Sender übrigens wirklich nicht *Jump FM* heißen. Ein Hamburger Gericht untersagte den Betreibern, den Namen zu führen, weil eine Verwechslung mit einem Konkurrenzsender zu wahrscheinlich war. Auch dieses Verbot hatte der *mdr* in einer Anzeigenkampagne zur Werbung genutzt, indem die Hörer informiert wurden, daß der Name *Jump FM* verboten sei, und nun statt dessen unter dem Namen *Jump* gesendet werde.

Die *Jump*-Kampagne ist eine von wenigen, in denen das Risiko gewagt wurde, mit einem Verbot und eigentlicher Anti-Werbung das Produkt attraktiv zu machen. Wenn aber Verbot und Zensur von anderer Stelle vorgenommen wurden, ist dies als Werbeargument auch gut nutzbar. Wir wissen, daß wir eine Information, die uns vorenthalten wird, besonders begehren. Die Reaktanz wertet diese Informationen auf, und so finden auch durchschnittliche bis uninteressante Informationen neugierige Rezipienten. Die unzensierte und ungekürzte Fassung eines Buches oder Filmes profitiert von vergangenen Einschränkungen. Der vielfach gepriesene »Director's cut«, also die Version eines Filmes, die der Regisseur eigentlich vorgesehen hatte und die nur wegen der kommerziellen Interessen raffgieriger Produzenten nicht in die Kinos kam, enthält also Informationen, die man uns als Filmfreunden vorenthalten wollte. Man wird leicht einsehen, daß uns die unschuldigen Opfer des Schneidetisches besonders lieb und wert sind. Diese reaktante Aufwertung des unzugänglichen Materials kann häufig die Argumente gegen eine Wiederaufführung des im Wesentlichen ja gleichen Films aufwiegen, und nur wenige stellen sich die Frage, ob der ungekürzte Film eigentlich besser sei als die übliche Version.

Limitierte Abgabe
Eine interessante Frage wirft die Untersuchung von Lessne und Notarantonio (1988) auf: Sie konfrontierten ihre Versuchspersonen mit einem Verkaufslimit. Sie verkauften Cola-Flaschen zu einem sehr günstigen Preis. Jeder Konsument durfte aber nur zwei bzw. vier solcher Flaschen kaufen, je nachdem zu welcher Experimentalgruppe er gehörte. Der vorhergesagte Reaktanzeffekt trat ein, allerdings nicht in der erwarteten Stärke. Diejenige Gruppe, die bloß zwei Cola-Flaschen zu dem günstigen Preis bekommen konnten, zeigte auf manchen Variablen sogar eher Neigungen in Richtung eines Saure-Trauben-Effektes. Wir haben oben gesehen, daß Reaktanzeffekte besonders stark sind, wenn andere Personen in Konkurrenz um das bedrohte Gut treten (12.2.1). Im Fall von Lessne und Notarantonio (1988) gab es eine solche Konkurrenz nicht. Die Limitierung pro Person bestand ganz unabhängig davon, ob jemand anders ebenfalls Anspruch auf das Gut erhob. Damit war eine wichtige, wenn auch nicht zentrale Bedingung für einen starken Reaktanzeffekt nicht erfüllt. Dies mag erklären, warum die Reaktanzeffekte in der Untersuchung von Lessne und Notarantonio (1988) so schwach waren.
Zudem konkurriert bei der zahlenmäßigen Vorgabe bestimmter Limits der Reaktanz- mit dem Ankereffekt (4.1.6), dem zufolge das Urteil – hier also die Entscheidung über die Menge, die man kaufen möchte – sich am Ausgangswert orientiert und nicht besonders weit davon entfernt.
Praktisch bedeuten die Ergebnisse: Die Limitierung eines Angebots kann sich positiv auf die Verkaufszahlen auswirken. Die Art der Limitierung spielt allerdings eine Rolle. Wenn das Produkt in den Augen der Konsumenten zwar hinreichend vorhanden, jedoch die Abgabe pro Konsument eingeschränkt ist, dann hängt die Einschränkung nicht mehr vom Verhalten anderer Konsumenten ab. Dies spricht für schwächere Reaktanzeffekte. Außerdem muß man darauf achten, wo man das Limit zieht: In der Untersuchung von Lessne und Notarantonio (1988) durften die Versuchspersonen nur maximal vier Getränkeflaschen kaufen. Die Kaufhandlung selbst mag dadurch aufgewertet worden seien, auch die Absicht, mehr zu kaufen, wurde dadurch gesteigert. Aber in der Kontrollgruppe ohne Limit war der Absatz höher!

DREIZEHN: **Einstellung und Einstellungsänderung**

Zusammenfassung:

1. *Einstellungen regeln die Bereitschaft, auf den Gegenstand der Einstellung mit Zu- oder Abwendung zu reagieren. Sie haben eine Wissens- und eine Bewertungskomponente.*

2. *Einstellungen gehen in erster Linie auf direkte Erfahrungen mit dem Einstellungsobjekt oder auf persönliche Kommunikation zurück. Die öffentliche Kommunikation spielt bei der Beeinflussung von Einstellungen erst an dritter Stelle eine Rolle.*

3. *Die Kenntnis der Einstellungen einer Person erlaubt noch keine perfekte Vorhersage über ihr Verhalten. Vorhersagen können scheitern, weil man nicht alle relevanten Einstellungen berücksichtigt hat, oder weil das Verhalten von anderen Gründen außer den Einstellungen beeinflußt wird. Solche anderen Gründe sind zum Beispiel:*
   - *Freundschaft und Sympathie,*
   - *Belohnung und Bestrafung,*
   - *Autorität und Gehorsam.*

4. *Die Effektivität einer beeinflussenden Kommunikation hängt unter anderem von der Qualität der verwendeten Argumente ab. Die Empfänger können die Argumente tief oder oberflächlich verarbeiten. Eine Einstellungsänderung nach tiefer Verarbeitung folgt der »zentralen Route der Überredung«, eine Einstellungsänderung nach oberflächlicher Verarbeitung dagegen der »peripheren Route«.*

5. *Auf der zentralen Route zählt für die Einstellungsänderung vor allem die Qualität der Argumente. Auf der peripheren Route spielen zusätzlich andere Gesichtspunkte eine Rolle, zum Beispiel die Attraktivität des Kommunikators, sein Auftreten oder sein Ruf sowie die Menge der Argumente unabhängig von der Qualität.*

6. *Die Frage, ob der zentrale oder periphere Weg der Überredung eingeschlagen wird, hängt an folgenden Bedingungen:*
   - *Fähigkeit und Gelegenheit der Person zu einer tieferen kognitiven Verarbeitung,*
   - *Motivation bzw. Involvement der Person,*
   - *Stimmung der Person,*
   - *Darbietung der Information.*

7. *Um die Rolle von Argumenten in unseren Überzeugungen richtig zu verstehen, muß man folgende Punkte berücksichtigen:*

- *Das Einsehen und Akzeptieren von Argumenten beruht nicht auf einer Entscheidung. Man kann sich nicht aussuchen, was man für wahr hält. Das gilt insbesondere für unmittelbare Evidenz.*
- *Einige unserer stabilsten Überzeugungen sind nicht durch Argumente abgesichert und nicht durch Argumente umzustoßen.*
- *Bei der Informationsverarbeitung gelangen wir bevorzugt zu solchen Schlüssen, die uns angenehm sind. Bedrohlichen Informationen begegnen wir häufig mit einem motivierten Denkmodus, der die Abwehr der Bedrohung bereits enthält.*

8. *Beeinflussende Kommunikation ist unter folgenden Bedingungen besonders erfolgversprechend:*
   - *Wenn bei dem Beeinflussungsversuch nicht nur die Vorteile der angepriesenen Position genannt werden, sondern auch deren Nachteile.*
   - *Wenn das Publikum auf Gegenargumente vorbereitet, gleichsam dagegen »geimpft« wird.*
   - *Wenn das Publikum die entscheidenden Schlußfolgerungen nicht selbst ziehen muß.*
   - *Wenn das Publikum in die Beeinflussung einbezogen wird.*

Zur Beeinflussung des Verhaltens setzt man häufig an der dazugehörigen Einstellung an. Diese Strategie beruht auf dem Grundgedanken, daß sich Personen ihren Einstellungen entsprechend verhalten. Der Grundgedanke ist nicht ganz unproblematisch. Zwischen eine Einstellung und ein Verhalten treten häufig andere Einflüsse, die eine perfekte Korrespondenz von Einstellung und Verhalten verhindern. Ein anderes Problem besteht in der Tatsache, daß in Werbung und Verkauf die Einstellung in erster Linie auf kommunikativem Weg beeinflußt werden soll. Das ist nur eine von mehreren Arten, Einstellungen zu beeinflussen. Die Besonderheiten dieses Weges sollen im folgenden vor allem diskutiert werden.

13.1 Was sind Einstellungen und woher kommen sie?

Will man Einstellungen gegen die verwandten Begriffe »Emotion« und »Motivation« abgrenzen, bietet sich folgende Unterscheidung an (Kroeber-Riel, 1992, S. 51): Eine Emotion ist nach innen auf das eigene Erleben, Motivation auf Handlungen und eine Einstellung auf Objekte gerichtet. Im folgenden verwende ich einen sehr weiten Einstellungsbegriff. Mit »Einstellung« meine ich die geistige, kognitive Haltung einer Person gegenüber einer Sache, die die Person dazu geneigt macht, sich in bestimmten Situationen eher für dieses als für jenes Verhalten zu entscheiden (Stahlberg & Frey, 1990, S. 145; Kotler & Bliemel, 1995, S. 302; Greenwald & Banaji, 1995, S. 7). Einstellungen regeln demnach die Bereitschaft zu Reaktionen, etwa die Bereitschaft, »Hurra!« oder »Pfui!« zu rufen oder die Bereitschaft, eine Sache zu kaufen oder links liegen zu lassen. Einstellungen werden neben Motiven und Persönlichkeitsmerkmalen als diejenigen Dispositionen verstanden, die dafür sorgen, daß eine Person sich gegenüber gleichartigen Objekten auch stets in ungefähr gleicher Weise verhält.
In erster Linie bestehen Einstellungen in einer Bewertungskomponente. Einstellungen regeln die Fragen, was eine Person »gut«, »richtig«, »schön« oder »angemessen« findet. Zudem haben Einstellungen auch eine Urteilskomponente. Durch Änderungen in dem, was man über einen Gegenstand für wahr hält, können nämlich Einstellungen modifiziert werden. Wenn ich zum Beispiel

erfahre, daß 85 Prozent der Konsumenten des neuen Duschgels *Savallas* später Haarausfall bekamen, dann kann diese Information meine Einstellung gegenüber dem Produkt erheblich beeinflussen. Wenn man aber genau sein will, dann kann man nicht sagen, meine Einstellung bestehe in dem Urteil, »*Savallas* erzeugt Haarausfall«. Meine Einstellung besteht in der Disposition, dieses Produkt abzulehnen. Diese Ablehnung ist eine verständliche, aber keine zwingende Folge meines Urteils. Somit bestehen Einstellungen aus Urteilen (zum Beispiel »Schwarze Oliven enthalten einen Wirkstoff, mit dem man 150 Jahre alt wird«) und einer Bewertung (wie »Prima!«). Die Einstellung disponiert in der Folge zu bestimmten Verhalten (zum Beispiel schwarze Oliven zu essen, wenn man sie bekommen kann).

Welche Faktoren sind geeignet, Ihre Einstellung zu einem Produkt zu beeinflussen? Stellen wir uns vor, ein Freund von Ihnen hätte eine Kaffeemaschine. Der Kaffee aus dieser Maschine hat Ihnen noch nie geschmeckt. Nun wird diese Kaffeemaschine im Fernsehen als gut und wertvoll angepriesen. Welchen Erfolg könnte man sich von dieser Werbung noch bei Ihnen versprechen? Stellen wir dieser Situation eine andere zur Seite: Was wäre, wenn Ihr Freund sich über die Kaffeemaschine beklagt hätte? Sie selbst hätten zwar noch nie eine Tasse Kaffee bei ihm getrunken. Er aber hätte stets gesagt, daß er sich eine neue Maschine kaufen wolle, weil die alte nichts tauge. Was könnte die Werbung bei Ihnen noch erreichen? Beide Faktoren, die direkte Erfahrung mit dem Produkt und die persönliche Kommunikation sind die wichtigsten und entscheidenden Komponenten ihrer Einstellung gegenüber dem Produkt. Die öffentliche Kommunikation durch Massenmedien spielt frühestens an dritter Stelle eine Rolle.

Die Werbung kann versuchen, mittelbar zu wirken, indem sie besonders diejenigen Konsumenten anspricht, die eher in Frage kommen, die Meinung anderer zu beeinflussen. Das sind einerseits die Meinungsführer einer Gruppe (14.2.3). Andererseits sind das solche Konsumenten, die das betreffende Produkt bereits besitzen. Diesen Kunden gegenüber ist es sinnvoll, auch nach dem Kauf über Nachkaufwerbung noch immer den Kontakt zu halten, um die Wahrscheinlichkeit zu erhöhen, daß die so umworbenen Kunden wertvolle Mundpropaganda betreiben. Was Ihre Freunde über ein Produkt sagen, prägt Ihre Meinung oft mehr als die Werbung (vgl. auch O'Shaughnessy, 1987, S. 50). Ihre Freunde wiederum werden eher dann freundlich über das Produkt sprechen, wenn sie auch im nachhinein durch die Werbung zusätzliche, den Kauf stützende Argumente erhalten haben (vgl. 11.4.1).

Mit der *Slice-of-life* und noch mehr mit der *Testimonial*-Technik versucht die Werbung die zweite Quelle der Einstellungen, die Erfahrung anderer Personen, zu simulieren. In der Tat gehören Präsentationsformen, in denen Produktverwender auftreten und von ihren Erfahrungen berichten, zu den erfolgreichsten Werbeformen (vgl. Laskey, Fox & Crask, 1994). Zu diesem Ergebnis kommt auch eine Studie des Gesamtverbandes Werbeagenturen (1999): »Überdurchschnittliche [Aufmerksamkeitswerte] erzielten Spots, die [...] Darstellungen von typischen Alltagssituationen (Slice-of-life) und Testimonials beinhalteten, das heißt Frauen oder Männer, die ›aus eigener Erfahrung‹ über die Vorzüge eines Produkts sprechen. [...] Weniger beliebt waren dagegen Demonstrationen, Presenter (= Personen, die ein Produkt zwar präsentieren, jedoch nicht wie Testimonials über eigene Erfahrungen damit berichten)« (Gleich, 2000c, S. 42).

Wie kommen nun Einstellungen zustande? Welcher psychologische Mechanismus führt zu Einstellungen? Einer älteren theoretischen Vorstellung zufolge sind Einstellungen durch klassische, um genau zu sein: evaluative Konditionierung erworben (Staats & Staats, 1958; Stroebe & Jonas, 1990, S. 176; siehe 6.1.3). Andere theoretische Ideen betonen eher die kognitive Seite von Einstellungen. Da Einstellungen erheblich davon abhängen, wie Wissen über einen Sachverhalt strukturiert ist, wird auch die Entstehung von Einstellungen im wesentlichen als eine Art von kognitiver Strukturierung gesehen. Der Königsweg zur Einstellungsänderung wird in der Erzeugung einer kognitiven Dissonanz gesehen. Einstellungen ändern sich demnach, wenn die Person Unverträglichkeiten zwischen verschiedenen wichtigen Ansichten wahrnimmt.

13.2 Einstellung und Verhalten

Einstellungen und Verhalten entsprechen einander nicht immer (zum Beispiel LaPiere, 1934; kritisch hierzu Six & Eckes, 1996). Wir handeln aus den verschiedensten Gründen anders als unsere Einstellungen nahelegen.

13.2.1 Das Problem der Verhaltensvorhersage

Ich möchte zwei Gründe vorstellen, warum Einstellungen nicht immer dem Verhalten entsprechen. Der erste ist ein methodischer Grund. Wenn man mit Hilfe einer bestimmten Einstellung Verhalten vorhersagen will, kann es konkurrierende andere Einstellungen geben, die dem Verhalten, das man vorhersagen will, näher stehen. Wenn diese Tatsache eine gute Vorhersage verhindert, dann hat man einfach nicht richtig oder nicht das Richtige gemessen. Der zweite ist ein prinzipieller Grund: Es gibt andere Gründe für unser Verhalten neben den Einstellungen. Daher können Einstellungen auch keine perfekte Verhaltensvorhersage liefern. Für den zweiten Punkt möchte ich unten drei Beispiele geben (13.2.2). Kommen wir zuvor zu dem ersten Punkt.

Einstellungen beziehen sich auf unterschiedlich abstrakte Objekte. Man kann gegenüber einer Idee, einer Person oder gegenüber einem konkreten Verhalten eine Einstellung haben. Daher beziehen sich Einstellungen auch auf ganz unterschiedliche Formen von Verhalten. Stellen wir uns vor, es geht um die Einstellung zu rechtsradikalen Ideen. Wer hierzu eine Einstellung hat, neigt entweder zu ablehnendem oder zustimmendem Verhalten. Dieses Verhalten spielt sich aber zunächst nur auf der Ideen-Ebene ab. Mit anderen Worten: Das zu dieser Einstellung zugehörige Verhalten besteht in erster Linie aus verbaler, gedanklicher oder emotionaler Zustimmung oder Ablehnung. Die Frage, ob jemand auf eine Demonstration geht, um gegen Rechtsradikalismus zu protestieren, hängt dagegen nicht allein von seiner Einstellung gegenüber den Ideen ab. Ideen haben mit Marschieren oder Demonstrieren nur mittelbar etwas zu tun. Eine andere Einstellung, auf die es ebenfalls ankommt, ist die Einstellung gegenüber Demonstrationen.

So kann es also durchaus vorkommen, daß jemand zwar eine protestierende Haltung gegenüber rechtsradikalen Ideen einnimmt, aber trotzdem nicht auf einer Demonstration lauthals protestiert. Wenn ich die Einstellung gegenüber den Ideen verwenden möchte, um die Teilnahme an der Demonstration vorherzusagen, dann werde ich damit wenig Erfolg haben. Der Gegenstand der Einstellung ist zu wenig auf das Verhalten bezogen, das ich vorhersagen möchte. Es kommt auf die Spezifität der betrachteten Einstellung an. Dies gilt auch bei einem Einstellungsgegenstand wie Werbung. Man kann gegenüber der Werbung insgesamt kritisch gestimmt sein und trotzdem eine bestimmte Anzeige oder Anzeigenserie attraktiv empfinden. Die besten Aussichten, korrekt von einer Einstellung auf ein später folgendes Verhalten zu schließen, habe ich, wenn ich die Einstellung einer Person sehr spezifisch erfasse. Es macht eben einen sehr großen Unterschied, ob ich frage: »Was halten Sie vom Umweltschutz?« oder »Was halten Sie davon, Ihr Haus von Grund auf neu isolieren zu lassen, um dadurch Energie zu sparen und die Umwelt zu schonen?«.

Natürlich stellt sich nicht allein die Frage, ob Einstellungen überhaupt verhaltenswirksam werden, sondern auch, welche Einstellungen den Ausschlag geben. So fanden zum Beispiel Heslop, Moran und Couniseau (1981), daß bei der Frage nach einer energiebewußten Lebensweise einzig ein hohes Preisbewußtsein mit Energiesparen einherging. Andere auf den ersten Blick relevante Einstellungsbereiche, wie zum Beispiel politische Gesinnung, Umwelt- und soziales Verantwortungsbewußtsein, hingen nicht mit dem Energieverbrauch zusammen.
Auch die Quelle der Einstellung ist wichtig bei der Frage, welche von verschiedenen konkurrierenden Einstellungen sich durchsetzt. Auch hier sind vor allem jene Einstellungen relevant, die auf Erfahrung beruhen (Fazio, Powell & Williams, 1989).

13.2.2 Verhaltensänderung ohne Einstellungsänderung

Unser Verhalten unterliegt mitunter Einflüssen, die überhaupt nicht darauf angewiesen sind, daß sie mit unseren Einstellungen verträglich sind. Das Beispiel der psychologischen Konsistenztheorien hat uns ja bereits gezeigt, wie das Verhalten der Einstellungen gelegentlich vorausgehen kann (siehe Kapitel 11). Im folgenden möchte ich drei Möglichkeiten vorstellen, wie ein Verhalten beeinflußt werden kann, ohne daß dabei die Einstellung eine Rolle spielen.

Belohnung und Bestrafung
Solange es nur Kampagnen zur Gurtbenutzung gegeben habe, hätten sich nur wenige Autofahrer dazu bereit gefunden, den Gurt auch tatsächlich anzulegen. Als dann aber das Gesetz zur Anschnallpflicht eingeführt worden sei, sei die Häufigkeit der Gurtbenutzung sofort sprunghaft angestiegen. Dies ist nur eines von vielen Beispielen dafür, daß man Verhalten sehr gut dadurch kontrollieren kann, daß man Anreize für dieses Verhalten setzt (Stroebe & Jonas, 1990). Äußere Anreize zur Verhaltenskontrolle haben aber einen entscheidenden Nachteil: Sie erzeugen fast nie eine dauerhafte Einstellungsänderung. Wenn die Hoffnung auf Belohnung oder die Furcht vor Bestrafung wegfällt, dann fällt die ganze Basis für das Verhalten in sich zusammen. Wir haben dieses Phänomen für das Konsumentenverhalten bereits als *Overjustification*-Effekt kennengelernt (11.4.4). Ein weiteres Beispiel hierzu: Vielfach sind an die Abnahme von Abonnements bestimmte Vorteile geknüpft. Man erhält eine besondere Vergünstigung oder ein Geschenk, wenn man das Abonnement nimmt. Solche Vorteile werden oft nicht nur beim ersten Mal gewährt, wenn man das Abonnement nimmt, sondern häufig auch bei jedem Mal, zu dem man das Abonnement verlängert. Wenn der Konsument aber gewohnt ist, daß mit jeder Verlängerung des Abonnements gleichzeitig auch konkrete materielle Vorteile verbunden sind, dann besteht das Risiko, daß er sich die Verlängerung gut überlegt, sobald die gewohnten Vorteile einmal ausbleiben. Aus dem Kunden ist kein treuer Kunde oder »Gewohnheitskäufer« geworden.
Auch die Arbeitsleistung hängt mit der Belohnung auf subtilere Weise zusammen, als es die Lerntheorie vermuten läßt. Nicht nur, daß eine Aufgabe, die uns interessiert, zu der wir »intrinsisch motiviert« sind, auf Belohnung nicht angewiesen ist, sie wird sogar dadurch verdorben, daß wir eine Belohnung dafür erhalten: »Studien über die Wirkung extrinsischer Anreize auf intrinsische Motivation und auf damit verbundene Leistung haben [...] gezeigt, daß die Leistung bei der intrinsisch interessanten Aufgabe abzunehmen beginnt, sobald die Betreffenden eine Belohnung für die Durchführung der Aufgabe erhalten [...] Verhalten, das unter extrinsischer Kontrolle steht, [muß] nicht nur ständig überwacht werden, sondern es [ist] auch nur noch schwer oder überhaupt nicht möglich, zu internaler Kontrolle zurückzukehren« (Stroebe & Jonas, 1990, S. 199*ff*).

Freundschaft und Sympathie

Einer Bitte oder Aufforderung kommt man entschieden eher nach, wenn sie von einem Freund, einem guten Bekannten oder einer Person kommt, die einem sympathisch ist (zum Beispiel Cialdini, 1993, S. 136*ff*). Dies ist einer der Gründe, warum es für Verkäufer sehr günstig ist, wenn sie sich sympathisch machen (vgl. 10.2.3) oder wenn sie sich an neue Kunden mit den Worten wenden können, »der Soundoso hat mir Ihren Namen genannt als eine Person, die vielleicht an dieser vorzüglichen Enzyklopädie interessiert sein könnte...«. Eine praktische Anwendung dieser Prinzipien findet man in den verbreiteten »*Tupper*-Parties« (vgl. Exkurs 38), die ja in aller Regel in privatem Kreise unter befreundeten Hausfrauen stattfinden, ganz so als wären es gar keine Verkaufsveranstaltungen.

Exkurs 38 *Die Verkaufspolitik auf* Tupper-*Parties*

Wir gehen zu einer *Tupper*-Party, traditionell ein »Hausfrauen-Ereignis«: Alles findet in privatem Rahmen, meist im Haus einer Freundin statt. Zunächst bekommt jede anwesende Person ein Geschenk, entweder in Form eines kleinen Gewinns oder eben einfach so. Dann sollen alle nacheinander beschreiben, wozu die Artikel von *Tupper* alles gut sind, was man alles hineintun kann, und was sie oder er selbst schon alles hineingetan haben. Schließlich beginnt das Kaufen, einige beginnen, andere ziehen nach.

Dieses Vorgehen weist gleich mehrere beeinflussende Komponenten auf (vgl. auch Cialdini, 1993, S. 136*f*). Zum Beispiel verläßt niemand die Party ohne ein Geschenk. Auf diese Weise wird die Regel der Gegenseitigkeit wirksam (vgl. 10.3). Das laute Aufsagen von Vorteilen der *Tupperware*-Artikel schafft Bindung, erhöht das Commitment (vgl. 11.3). Wenn dann einige Leute mit dem Kaufen beginnen wird dadurch die Angemessenheit dieses Verhaltens bestätigt, die Verfügbarkeit der Kaufhandlung wird erhöht, die Schwelle für jede weitere Person gesenkt (vgl. 10.1.2). Einen besonderen Effekt hat es aber, daß diese Parties stets im privaten Rahmen, ja Freundeskreis durchgeführt werden. Schon die Einladung dahin kann man schwieriger ausschlagen, wenn sie von einer Freundin kommt. Wenn man darüber hinaus auch noch Anlaß hat, zu glauben, man tue der betreffenden Person einen Gefallen, indem man kommt, oder gar, indem man etwas kauft, ist auch hier die Schwelle etwas zu kaufen ganz erheblich gesenkt.

Ein anderes Beispiel: Ein Freund verkauft etwas, das wir anderswo billiger haben könnten. Was treibt uns dazu, hier überhaupt andere als ökonomische Gesichtspunkte zu erwägen? Was bringt uns eigentlich dazu, zu erwarten, daß eine Person, die wir kennen, grundsätzlich zu bevorzugen ist? In den konkreten Beispielen kommt uns nichts natürlicher vor als diese Haltung.

Genauso wie Belohnung und Bestrafung können auch Freundschaft und Sympathie eine Bindung und damit eine Einstellungsänderung systematisch verhindern. In einer kulinarischen Variante des *Forced-compliance*-Paradigmas servierten Zimbardo et al. (1965) ihren Versuchspersonen ein recht unappetitlich aussehendes exotisches Essen: gebratene Heuschrecken. Die Helfer des Versuchsleiters waren dabei entweder sehr sympathisch oder sehr unsympathisch. In welcher Bedingung wird das Essen nachher besser bewertet? Die Sympathie zu der anwesenden Person wirkte hier wie die Entlohnung in den anderen Varianten des Paradigmas. Die Sympathie schafft allenfalls Bindung an die Person, sie zieht sie aber in jedem Fall von dem Verhalten ab. In der sympathischen Bedingung wird also die distanzierte Haltung zu der ursprünglich als eklig empfundenen Speise beibehalten. Zimbardo et al. (1965) berichten sogar von einem Bumerang-Effekt, dem zufolge die Probanden Heuschrecken als Nahrung nach dem Experiment sogar noch negativer bewerteten.

Umgekehrt fördert die geringe Sympathie zu der anwesenden Person die Einstellungsänderung, da man nun zu folgendem Gedankengang gezwungen ist: »Ich werde doch keine Heuschrecken gegessen haben, um dieser unsympathischen Person zu gefallen. Da wird wohl eher die Neigung zu dem Essen eine Rolle gespielt haben...«

Autorität und Gehorsam
Die Untersuchungen von Stanley Milgram (zum Beispiel 1961; 1965) zum Gehorsam gehören zu dem Beeindruckendsten, was die Psychologie an experimentellen Ergebnissen hervorgebracht hat. Die Milgram-Untersuchungen zeigen vielleicht nicht unbedingt einen wichtigen Aspekt des Konsumentenverhaltens, sie sind aber ein Baustein in dem Argument, daß freiwilliges menschliches Verhalten durchaus nicht immer darauf angewiesen ist, im Einklang mit den Einstellungen der handelnden Person zu stehen. Milgram wollte ursprünglich zeigen, daß der blinde Gehorsam, der in Deutschland zur Nazi-Zeit auf so schreckliche Weise genutzt wurde, in Amerika undenkbar wäre. Dazu konstruierte er eine Situation, in der seine Versuchspersonen von einer Autoritätsperson üble Befehle erhielten. Die Versuchspersonen sollten andere (vermeintliche) Probanden mit Stromstößen bestraften, sobald diese in einem Lernversuch einen Fehler machten. Die Stromstöße wurden mit jedem Fehler stärker und endeten schließlich bei einer Voltzahl, die eigentlich tödlich sein mußte.
Das Ergebnis entsprach keineswegs den Erwartungen. Die meisten Versuchspersonen waren bereit, ihre vermeintlichen Kollegen mit sehr schmerzhaften und gefährlichen Stromstößen zu quälen. Einige Probanden gingen sogar über die volle Distanz und drückten auf die wiederholte Aufforderung des Versuchsleiters nacheinander alle Knöpfe der Voltskala. Sie blieben dabei unbeirrt vom Jammergeschrei des Kollegen, der unsichtbar im Nebenraum saß und nur über einen Lautsprecher zu hören war. Mit diesen Untersuchungen hatte Milgram sicher den Bogen überspannt und die Grenze des ethisch Vertretbaren überschritten. Trotzdem wurden die Ergebnisse in ähnlichen Versuchen häufig repliziert. Das Ganze hatte sein Gutes. Die Ergebnisse können als außerordentlich gut gesichert gelten. Und Milgram konnte immerhin zeigen, daß blinder Gehorsam kein spezifisch deutsches Phänomen ist.
Einen bedeutenden Anteil an der Autorität des Versuchsleiters hatte sein Auftreten, etwa sein weißer Kittel oder sein vermeintlicher Rang als Professor. Wenn solche Randinformationen fehlten, wenn etwa der Versuchsleiter als eine Hilfskraft am Lehrstuhl vorgestellt wurde, war die Bereitschaft zum Gehorsam geringer. In Werbung und Verkauf werden Autoritäten oft mit ähnlichen Utensilien ausgestattet. Man denke nur an *Dr. Best*, der zeigt, daß sogar Konsumenten mit einem Zahnfleisch wie Tomatenpelle mit der neuen Zahnbürste ungefährdet die Zähne putzen können.
Die Autoritätswirkung von Ärzten trägt mitunter skurrile Züge. Personen tun manchmal völlig unsinnige Dinge, im Glauben, ein Arzt habe das so angeordnet. So berichtet Cialdini (1995, S. 272) von dem einzigartigen Fall rektaler Ohrenschmerzen (»rectal earache«, siehe auch Cohen & Davis, 1981): Der Arzt schreibt auf das Rezept für die Ohrentropfen nicht »place in right ear«, sondern »place in r ear«. Die Schwester verabreicht daraufhin die Ohrentropfen in den Hintern. Dies als Beispiel für die fatale Macht von Autoritäten.

13.2.3 Die Verfügbarkeit einer Einstellung

Wenn unser Verhalten anderen Einflüssen als unseren Einstellungen folgt, dann hat das oft einen ganz banalen Grund: Wir denken nicht immer an unsere Einstellungen; nicht alle Einstellungen sind uns in einer gegebenen Situation hoch verfügbar. Verhaltenswirksam werden aber nur die verfügbaren Einstellungen.
Fazio et al. (1989) baten ihre Versuchspersonen um Urteile zu zehn Schokoriegeln. Dabei wurde die Zeit gemessen, die die Probanden für eine Antwort brauchten. Diese Zeit kann als Maß für die Verfügbarkeit der Einstellung gelten; wenn die Einstellung hoch verfügbar ist, reagieren die Probanden eben schneller. Nach dem Experiment durften sich die Probanden »als Dank für die Teilnahme« einen Schokoriegel aussuchen. Es zeigte sich, daß ein enger Zusammenhang zwischen Einstellung und Verhalten

nur bei hoher Verfügbarkeit zu erwarten war. Waren die Einstellungen dagegen weniger verfügbar, dann hing die Wahl mehr von unwesentlichen Merkmalen des Objekts ab, zum Beispiel davon, wo es stand.

Der Effekt der Verfügbarkeit galt unabhängig von der Tatsache, daß hoch verfügbare Einstellungen auch meistens eher extreme Einstellungen sind. Dies führt nämlich zu dem trivialen Befund, daß das Verhalten besonders dann von der Einstellung abhängt, wenn die Einstellung sehr positiv oder sehr negativ ist, während »lauwarme« Einstellungen mit dem Verhalten weniger zu tun haben – daher ist es wichtig, diese Alternativerklärung ausgeschlossen zu haben.

Ein anderer Befund aus dieser Studie sei am Rande berichtet: Objekte, gegenüber denen die Person eine Einstellung hatte, wurden immer bevorzugt wahrgenommen, auch wenn die Einstellung eigentlich negativ war.

Für Werbung und Marketing folgt hieraus, daß man zunächst einmal sicherstellen muß, ob überhaupt eine Einstellung besteht. Ist das nicht der Fall, dann sollte man darauf achten, daß Randbedingungen der Wahl optimal realisiert sind (wie Positionierung des Produkts). Besteht eine positive Einstellung, sollte diese auch hoch verfügbar gemacht werden, die Konsumenten sollten daran erinnert werden, daß sie diese Einstellung haben (»Als Eltern wollen Sie immer das Beste für Ihr Kind.«).

Besteht eine negative Einstellung, wird die Sache etwas schwieriger. Es stellt sich dann die Frage, ob man es sich leisten kann, das Vorhandensein einer Einstellung zu ignorieren. Kann man dies nicht, ist man spätestens dann dazu aufgerufen, die Einstellung zu ändern – dieses Problem wird uns im folgenden beschäftigen.

13.3 Einstellungsänderung durch Kommunikation: Zwei Wege zur Beeinflussung

Es gibt verschiedene Arten, wie eine Einstellung durch Kommunikation entstehen kann. Stellen wir uns vor, wir verfolgten eine Fernsehansprache. Wir können uns die Mühe machen, das, was der Redner im Fernsehen behauptet hat, zu überprüfen und über seine Argumente nachzudenken. Aber sind wir ehrlich, tun wir das bei allem, wozu wir uns eine Meinung bilden? Was wir am Ende von einer beeinflussenden Kommunikation übernehmen, hängt sehr oft von ganz einfachen Gedankengängen ab, gedanklichen Abkürzungen, Heuristiken. Solche Heurisitiken wären etwa: »Wer mir sympathisch ist, dessen Meinung zählt mehr als die einer unsympathischen Person« oder »Wenn es ein Experte sagt, muß es wahr sein«.

13.3.1 Das Modell der Elaborationswahrscheinlichkeit

Der erstgenannte Weg, zu einer Einstellungsänderung zu gelangen, wird von Petty und Cacioppo (1986) als der »zentrale Weg der Überredung« beschrieben. Der zweite Weg würde die »periphere Route der Überredung« genannt werden, weil hier eine Reihe von Gesichtspunkten eine Rolle spielen, die mit den eigentlichen Argumenten nicht viel zu tun haben.

Eine der wichtigsten Fragen an eine beeinflussende Kommunikation ist nun: Wie wahrscheinlich ist es, daß eine Person über die Kommunikation nachdenkt?[1] Wenn sie viel nachdenkt, dann nimmt die Überredung die zentrale Route, denkt sie wenig, schlägt die Überredung den peripheren

---

[1] Was ich hier etwas salopp »Nachdenken« nenne, ist bei Petty und Cacioppo (1986) der Begriff »elaboration«. Präziser wäre es daher vielleicht, von »kognitiver Verarbeitung«, »Ausarbeitung« bzw. »Elaboration« zu sprechen. Die Frage nach der Wahrscheinlichkeit dieses Nachdenkens ist für Petty und Cacioppo so zentral, daß sie ihren Ansatz danach benennen: »elaboration likelihood model« (ELM).

Weg ein. Auf dem zentralen Weg der Überredung zählen vor allem Argumente. Und die Qualität der Argumente einer Kommunikation kann erheblich variieren. Eine Position kann mit starken und mit schwachen Argumenten verfochten werden. Wenn man starke Argumente vorzuweisen hat, dann profitiert man unbedingt davon, daß das Publikum diese Argumente zur Kenntnis nimmt und verarbeitet. Sind die Argumente schwach, dann sollte man sich nach stützenden Randbedingungen umsehen.

Was sind schwache, was sind starke Argumente? Petty und Cacioppo (1986, S. 32*ff*) machen es sich bei der Beantwortung dieser Frage leicht und lassen Versuchspersonen in Normierungsstudien darüber entscheiden, welche Argumente sie für stark und welche sie für schwach halten. Die Ergebnisse solcher Normierungen sind meist leicht nachvollziehbar. Ein Beispiel für unterschiedlich starke Argumente aus einer Studie von Huddleston (1985, zit. n. Petty & Cacioppo, 1986, S. 54*ff*): Der Füllfederhalter *OMEGA III*. Dieses Schreibgerät von erlesenem Luxus enthält eine spezielle Tinte, die absolut schmierfest ist und die man ohne Mühe mit einem normalen Radiergummi wieder ausradieren kann. Zudem sei erwähnt, daß auch der Präsident einen *OMEGA III* benutzt, wenn er Abkommen unterzeichnet. Und der *OMEGA III* schwimmt, wenn man ihn ins Wasser fallen läßt. Welches sind nun die starken und welches die schwachen Argumente?

Schwache Argumente profitieren von Ablenkung. Zur Ablenkung von Konsumenten werden beispielsweise in Werbespots verschiedene Mittel eingesetzt, etwa Musik, verfremdete Bilder, ungewöhnliche Kameraperspektiven, schnelle Schnitte und überhaupt ein hohes Darbietungstempo. Diese Maßnahmen senken nachweislich das Involvement der Betrachter (Yoon, Bolls & Muehling, 1999). Einen Vorteil verspricht das aber nur bei schwachen Argumenten. Wer starke Argumente hat, muß schon ziemlich dämlich sein, wenn er sein Publikum durch Ablenkung davon abhalten will, diese Argumente zu prüfen. So erklärt sich der Widerspruch, daß manche Werbepraktiker (zum Beispiel Ogilvy, 1984) keine guten Erfahrungen mit ablenkenden Elementen in ihrer Werbung gemacht haben (Festinger & Maccoby, 1964; Osterhouse & Brock, 1970; Petty, Wells & Brock, 1976; Pratkanis & Aronson, 1992, S. 139*ff*; Frey & Eagly, 1993).

Exkurs 39 *Das Tempo der Darbietung*

Spätestens seit den Experimenten von LaBarbera und MacLachlan (zum Beispiel 1979) wird die Darbietungsgeschwindigkeit von Werbespots als ein wichtiger Faktor diskutiert, mit dem sich die Effektivität der Werbung erhöhen läßt. In den frühen Experimenten wurden Versuchspersonen verkürzte Werbespots dargeboten. Die Spots wurden in vollem Umfang gezeigt, jedoch waren Sprech- und Bildgeschwindigkeit jeweils höher. Es zeigte sich, daß die Erinnerungsleistung an die verkürzten Spots etwas höher lag als an die Spots in normaler Länge (um 36 Prozent für freies Erinnern und um 40 Prozent beim unterstützten Erinnern). Spätere Untersuchungen zu Fernsehen und Radio erbrachten allerdings keine einheitlichen Belege für einen besonderen Gedächtniseffekt (Mayer, 1993, S. 152*ff*). Vermutlich hat man mit dem Gedächtnismaß nicht die entscheidende Wirkdimension beschleunigter Spots betrachtet. Die Effektivität beruht wohl eher auf der Tatsache, daß ein kürzerer Spot grundsätzlich weniger Zeit zur Verarbeitung läßt. Das kann unter Umständen bedeuten, daß der Spot geringere Gedächtnisspuren hinterläßt. Wichtiger ist aber, daß auch andere kognitiven Reaktionen schwächer ausfallen. Während der Zuschauer bei normalem Tempo Gegenargumente zu der Werbeinformation generiert hätte, bietet sich ihm dazu in der Kurzversion kaum Gelegenheit (Moore, Hausknecht & Thamodaran, 1986).

Zudem vermittelt schnelles Sprechen den Eindruck von Kompetenz, Überzeugung, Enthusiasmus und Energie (siehe unten; vgl. auch Clark, 1989, S. 132). Vor allem wird einer Person eher abgenommen, daß sie weiß, wovon sie redet, wenn sie schnell spricht. Die technische Unterstützung ist hierbei sehr nützlich. Es ist einfacher, ein Band mit gesprochener Sprache schneller laufen zu lassen, als eine Person zu bitten, noch schneller zu sprechen, als sie es ohnehin schon tut. Eine künstliche Temposteigerung von 15 Prozent wird in der Regel überhaupt nicht als unnatürlich bemerkt. Die Methode der Wahl besteht ohnehin nicht im schnelleren Abspielen, sondern im gezielten Löschen auch der geringsten Sprech- und Atempausen, wie eine Meldung im

Nachrichtenmagazin *Focus* (6/2000, S. 240) unter dem Titel: »Schneller reden, mehr Werbung« zeigt: »Im Dienste des Profits sollen amerikanische Radiosprecher künftig schneller reden: Eine neue Computertechnik kann Sprechpausen und bestimmte Wörter digital so komprimieren, daß mehr Zeit für Werbepausen bleibt. Bis zu vier Minuten extra liefert das Softwareprogramm Cash pro Stunde. Bereits 50 US-Radiostationen setzen den profitablen Helfer bereits ein – zum Teil ohne Wissen ihrer Moderatoren.«

Auf dem peripheren Weg beeinflussen immer mehr äußere Reize, die nichts mit den Inhalten der Kommunikation zu tun haben, die Verarbeitung. Diese Äußerlichkeiten regen die oben angesprochenen automatischen Denkprozesse, die Anwendung einfacher Heuristiken an. Daher spricht man von ihnen auch als »Hinweisreize«. Ein solcher Hinweisreiz ist zum Beispiel die Beliebtheit eines Kommunikators. Wenn eine beliebte Person eine bestimmte Einstellung vertritt, dann hat ihre Beliebtheit nichts mit dem Inhalt der Einstellung zu tun. Trotzdem wird die Beliebtheit einen Einfluß darauf haben, wie das Publikum die Informationen weiter verarbeitet.

Der Grad der kognitiven Verarbeitung entscheidet also darüber, welchen Stellenwert in einer beeinflussenden Kommunikation die Argumente und welchen die Hinweisreize bekommen. Stellen wir uns also noch einmal die Frage: Woran liegt es, wenn eine beeinflussende Kommunikation tief verarbeitet wird? Die wichtigsten Determinanten der Weiterverarbeitung sind Fähigkeit und Motivation der Zielpersonen. Zunächst einmal muß eine Person in der Lage sein, die Information weiter zu verarbeiten. Die Information darf nicht so kompliziert sein, daß sie schon ganz zu Anfang die Waffen streckt – ein Phänomen, das bei komplizierten Produkten wie etwa einer Lebensversicherung häufig der Fall ist, so daß oft ausgerechnet bei diesen eigentlich sehr wichtigen Kaufentscheidungen paradoxerweise periphere Merkmale der Kommunikation den Ausschlag geben (vgl. Rossiter & Percy, 1987). Außerdem darf die Person weder ein störendes Geräusch noch ihre eigene intellektuelle Minderbegabung daran hindern, der Kommunikation zu folgen (Stroebe & Jonas, 1990, S. 181*f*). Und was soll sie dazu motivieren? Warum sollte sie ein Interesse daran haben, sich mit einer Information auseinanderzusetzen? Offenbar muß es in irgendeiner Weise für die Person wichtig sein, daß sie sich eine Meinung über ein Thema bildet. Das ist zum Beispiel dann der Fall, wenn das Thema einen Einfluß auf ihr Leben hat, wenn sie also in das Thema involviert ist (vgl. Petty & Cacioppo, 1986; Kroeber-Riel, 1992; Zuwerink & Devine, 1996). Unser unterschiedliches Involvement bestimmt ganz wesentlich das Ausmaß, in dem wir uns mit Argumenten zu einer Sache beschäftigen. Stellen Sie sich vor, sie hätten gestern beschlossen, eine Spülmaschine zu kaufen. Seit diesem Augenblick gehen Sie mit Informationen zu Spülmaschinen anders um. Einerseits sind Sie eher bereit, sich überhaupt eine Meinung zu Spülmaschinen zu bilden. Andererseits nutzen Sie zu dieser Meinungsbildung auch andere Informationen als zuvor. Viele eher nebensächliche Dinge, die sonst einen Einfluß auf Ihr Urteil gehabt hätten, treten zurück. Petty und Cacioppo (1986, S. 142*ff*; vgl. auch Petty, Cacioppo & Schuman, 1983) nennen ein ganze Reihe von äußeren Merkmalen, von Hinweisreizen, die an Wirkung einbüßen, sobald die Zielpersonen hoch involviert sind:

- *Der Expertenstatus des Kommunikators.* Bei hohem Involvement werden auch diejenigen Argumente noch geprüft, die von einem Experten stammen und die bei geringem Involvement weitgehend ungeprüft ihre Wirkung entfaltet hätten.
- *Die Beliebtheit und Attraktivität des Kommunikators.* Normalerweise gilt: Wenn man eine beliebte Person in der Werbung auftreten und Argumente verbreiten läßt, dann kann die Beliebtheit den schwächenden Effekt von schlechten Argumenten ein wenig auffangen. Aus dem Munde einer beliebten Person klingen eben auch schlechte Argumente noch überzeugend. Dieser Effekt ist nicht mehr zu erwarten, wenn die Zielpersonen hoch involviert sind.

- *Das nonverbale Verhalten des Kommunikators.* Grundsätzlich werden alle Merkmale einer freien ungehemmten Rede von den Rezipienten als Hinweise auf Glaubwürdigkeit wahrgenommen. Im Umkehrschluß heißt das: Ein Kommunikator, der den Blickkontakt meidet, nicht in die Kamera schaut, oder langsam und gehemmt spricht, ist wenig glaubwürdig. Auch Merkmale der Körperhaltung und Mimik, die Unsicherheit ausdrücken, werden als Zeichen für geringe Glaubwürdigkeit gewertet. Im selben Sinne wird auch die Frage gewertet, ob man sehen kann, daß er ein Manuskript benutzt oder nicht. Wird zum Beispiel durch eine geringe Änderung einer Kameraperspektive plötzlich ein Redemanuskript sichtbar, sinkt die Glaubwürdigkeit des Sprechers (vgl. Kroeber-Riel & Meyer-Hentschel, 1982, S. 28; Smith & Shaffer, 1991). Sind die Zielpersonen jedoch hoch involviert, fällt das Verhalten des Kommunikators nicht mehr so stark ins Gewicht. Die Qualität seiner Argumente wird demgegenüber wichtiger.
- *Die Glaubwürdigkeit der Informationsquelle.* Wenn eine Quelle im Ruf steht, unrichtige oder verzerrte Informationen zu verbreiten, dann wird ihr mißtraut. Bei geringem Involvement würde bereits der schlechte Ruf der Quelle genügen, damit das Zielpublikum die Information abwertet. Eine solche quasi automatische Abwertung tritt bei hohem Involvement nicht ein.
- *Anzahl der Argumente.* Die Grundregel »Je mehr Argumente desto besser« gilt nur für geringes Involvement. Bei hohem Involvement kommt es auf die Qualität der Argumente an. Ein Zuwachs an schwachen Argumenten schadet der Kommunikation sogar. Ein positiver Effekt, der durch starke Argumente erzielt wurde, kann geschwächt werden, wenn man schwache Argumente hinzunimmt (siehe auch Petty & Cacioppo, 1984).
- *Die* serielle *Position der Argumente.* Hovland (1957) beobachtet, daß analog zum Primacy-Recency-Effekt (7.3.6) die erst- und letztgenannten Informationen einer Reihe überzeugender seien als die in der Mitte. Dieser Effekt gelte aber nur bei geringem Involvement.
- Angenehme *Musik.* In Entscheidungs- und Bewertungssituationen wirkt angenehme Musik als Hintergrundkontext. Die Bewertung eines Produktes ist aber weit eher bei geringem Involvement durch Musik zu beeinflussen.

Der Grundgedanke des Modells der Elaborationswahrscheinlichkeit wird in Abbildung 13.1 zusammengefaßt (vgl. auch Petty & Cacioppo, 1986, S. 4). Die entscheidenden Weichen werden gestellt, wenn über die Motivation und über die Kompetenz zur elaborierten Verarbeitung entschieden ist. Wichtig ist noch, daß keiner der beiden Wege a priori mit größerer Wahrscheinlichkeit zu einer Einstellungsänderung führt. Nur der Grund für die Einstellungsänderung ist auf der peripheren Route ein anderer als auf der zentralen.

Auf dem zentralen Weg zählen die Argumente. Das heißt auch, daß für eine Verarbeitung auf dem zentralen Weg Gedanken über das Produkt angeregt werden müssen. Andrews und Shimp (1990) testeten diese Überlegung, indem sie ihren Probanden eine fingierte Anzeige zu einem alkoholreduzierten Bier präsentierten. Die Hälfte der Probanden erwartete, später eine größere Produktprobe von diesem Bier zu erhalten, die andere Hälfte nicht. Damit war die eine Gruppe stärker involviert als die andere. Die Attraktivität der Modelle auf der Anzeige wurde manipuliert; ein Teil der Probanden sah unattraktive Modelle, während der andere Teil dieselben Modelle in attraktiver Aufmachung sah. Auch die Stärke der Argumente variierte: Als starkes Argument galt: »*Break* ist eine gute Wahl, wenn du entspannen willst, ohne gleich einen schweren Kopf zu kriegen«. Das schwache Argument dagegen: »*Break* wurde für Biertrinker gemacht« (Übersetzung GF).

In der Tat zeigte sich, daß hoch involvierte Personen mehr über den Inhalt der Anzeige nachdachten als wenig involvierte Personen. Von den Gedanken hing dann die Einstellungsänderung ab; erwartungsgemäß waren die Kognitionen bei dem starken Argument positiver als beim schwachen.

Wenig involvierte Probanden generierten immerhin noch einige Gedanken über die Quelle der Nachricht, etwa über die dargestellten Modelle. Erwartungsgemäß wurden sie eher von den attraktiven als den unattraktiven Modellen überzeugt.

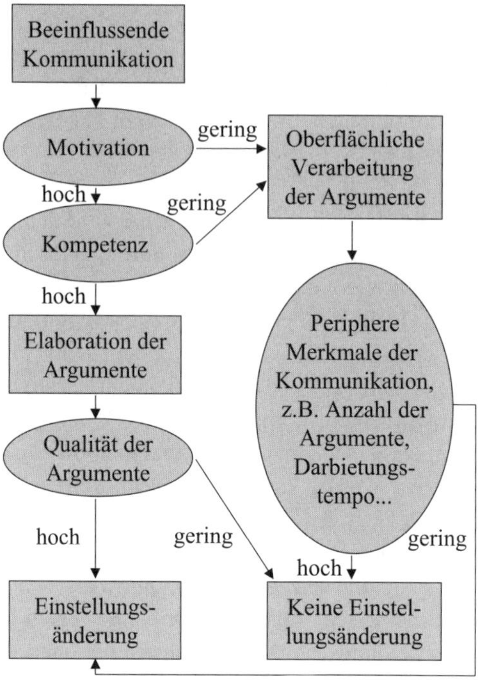

Abbildung 13.1 Prozeßmodell der Elaborationswahrscheinlichkeit, (nach Petty & Cacioppo, 1986).

Für die Frage, ob man sich beeinflussen läßt oder nicht, ist das Involvement wichtiger als die Kenntnis der psychologischen Mechanismen, die zur Beeinflussung beitragen. Anders ausgedrückt: Es nützt uns nicht viel, wenn wir rationale und irrationale Überzeugungsstrategien durchschaut haben. In einer konkreten Situation, der wir nur mit geringem Involvement begegnen, sind diese Strategien des peripheren Weges bei uns genauso wirksam wie bei psychologischen Laien. Nun läßt sich leicht der Fall denken, daß das Involvement die meiste Zeit niedrig ist, und dann punktuell ansteigt. Die Spülmaschine ist ein gutes Beispiel. Man kauft nur selten eine. Daher ist auch das Involvement gegenüber Spülmaschinen zumeist niedrig. Wenn wir glauben, eine Sache betrifft uns nicht, dann erreichen uns die Überzeugungsversuche auf peripherem Weg. Auch wenn wir wissen, daß wir beeinflußt werden sollen, ist die Wirkung der beeinflussenden Kommunikation so lange nicht verringert, solange wir die Inhalte nicht auf uns selbst anwenden (Petty & Cacioppo, 1979). Praktisch heißt das, gerade in bezug auf Spülmaschinen sind wir in den meisten Zeiten unseres Konsumentenlebens leicht beeinflußbar. Und die Überzeugungsarbeit, die zu Zeiten geringen Involvements geleistet wurde, wirkt auch noch, wenn das Involvement bei gegebenem Anlaß steigt.

Es wird viel darüber diskutiert, welche Rolle die Stimmung der Rezipienten bei der Beeinflussung spielt (vgl. Petty, Cacioppo, Sedikidies & Strathman, 1988). Daß die Stimmung einen Einfluß auf die Beeinflußbarkeit von Personen hat, ist nicht weiter umstritten. Die Frage ist, wie dieser Einfluß beschrieben werden soll. Die Stimmung der Rezipienten von Werbung ist eine wichtige Größe, die in verschiedenen Werbesituationen systematisch variiert. Man denke nur daran, daß Werbung häufig in Kontexte gestellt wird, in der die Stimmung der Rezipienten stark beeinflußt wurde, zum Beispiel, wenn die Werbung einen Spielfilm unterbricht. Die Unterbrechung selbst kann ihrerseits wieder eine Stimmung erzeugen. In anderen Situationen wie etwa dem Kino wird die Werbung an Rezipienten weitergegeben, die ebenfalls in einer charakteristischen Weise eingestimmt sind.

Die Forschungsbefunde deuten dahin, daß traurige, depressive oder sonstwie mißgestimmte Personen zu einer tieferen kognitiven Verarbeitung neigen als Personen in Hochstimmung (Bless, Bohner, Schwarz & Strack, 1990). Das kann dazu führen, daß depressiv gestimmte Personen nicht so leicht durch unwesentliche Hinweisreize zu beeinflussen sind wie hochgestimmte Personen. Es finden sich aber auch Hinweise darauf, daß depressiv gestimmte Personen grundsätzlich mehr Informationen nutzen als hochgestimmte (Bohner, Chaiken & Hunyadi, 1994). Nach diesem Befund unterliegen schlecht gestimmte Personen durchaus auch dem Einfluß nebensächlicher Informationen. Schließlich sprechen auch einige Befunde dafür, daß hochgestimmte Personen unter gewissen Bedingungen doch zu einer gründlichen Informationsverarbeitung bereit sind, zum Beispiel dann wenn sich aus der Information selbst wieder angenehme, stimmungssteigernde Konsequenzen ergeben (Wegener, Petty & Smith, 1995). Der Verarbeitungsunterschied zwischen den verschiedenen Stimmungslagen ist also nicht unbedingt gleichzusetzen mit einer geringeren Beeinflußbarkeit depressiv gestimmter Menschen oder gar einer grundsätzlich höheren Bereitschaft, den zentralen Weg der Beeinflussung einzuschlagen.

Bless und Schwarz (1999) gehen davon aus, daß bei positiver Stimmung die Neigung zu einer heuristischen Informationsverarbeitung (also einer Verarbeitung auf peripherem Weg) wahrscheinlich ist. Den Grund hierfür sehen sie darin, daß wir uns in unbedrohlichen Situationen auf unsere normalen Wissensstrukturen verlassen und erwarten, mit bewährten Faustregeln auszukommen. Diese Erklärung schließt nicht aus, daß wir bei Bedarf bzw. nach Aufforderung auch andere Verarbeitungswege einschlagen.

Außer dem Involvement des Konsumenten bestimmen auch Merkmale des Spots die Wahrscheinlichkeit, mit der es zu einer tieferen Verarbeitung der beeinflussenden Informationen einer Werbung kommt. Beispielsweise regen Spots, die eine Handlung haben, eine weniger rationale Informationsverarbeitung an als Spots ohne Handlung (Deighton, Romer & McQueen, 1989). Ebenso stimulieren rhetorische Fragen, die der Produktinformation folgen, eine tiefere Verarbeitung der Informationen (Howard, 1990). Bohner, Erb und Crow (1995) konnten zeigen, daß die Weiterverarbeitung von Argumenten auch durch Priming beeinflußbar ist: In ihrem Experiment wurde durch Priming nahegelegt, einen Kommunikator eher unter dem Gesichtspunkt seines hohen Sachverstandes oder unter dem Blickwinkel seiner eigennützig motivierten Beeinflussungsabsicht wahrzunehmen. Eine tiefe Verarbeitung – gemessen als deutliche Überlegenheit der starken gegenüber den schwachen Argumenten – fand sich nur, wenn der Kommunikator als kompetent angesehen wurde.

13.3.2 Heuristische und systematische Informationsverarbeitung

Das Modell der Elaborationswahrscheinlichkeit geht davon aus, daß zwei verschiedene Wege zur Beeinflussung führen können. Solche sogenannten »Zwei-Prozeß-Modelle« sind in der Psychologie recht populär (siehe Chaiken & Trope, 1999). Eine konkurrierende theoretische Idee, die ebenfalls von zwei unterschiedlichen Beeinflussungsprozessen ausgeht, stammt von Shelly Chaiken (zum Beispiel 1987). Sie unterscheidet eine *heuristische* und eine *systematische* Art der Informationsverarbeitung – und meint damit etwas sehr ähnliches wie Petty und Cacioppo (1986) mit der peripheren und zentralen Route der Verarbeitung auch meinen.

Die Unterschiede zwischen den beiden Modellen sind nicht sehr groß. Für unsere Zwecke soll daher nur ein Punkt hervorgehoben werden, der nun allerdings einiges Interesse verdient: Während für Petty und Cacioppo (1986) immer nur einer der beiden Prozesse in Frage kommt, geht Chaiken (1987) von der Möglichkeit aus, daß sich die Effekte der beiden Verarbeitungsmodi mischen können.

Es geht also mit anderen Worten um die Frage: Wirken periphere Reize wie zum Beispiel ein attraktiver, selbstsicherer und glaubwürdiger Kommunikator auch auf jene Personen, die die Argumente konzentriert und kompetent prüfen? Und: Wirken starke Argumente auch auf abgelenkte Personen?

Die letztere Frage läßt sich mit den oben berichteten Befunden von Andrews und Shimp (1990) positiv beantworten. Aus ihren Ergebnissen zu Anzeigen für ein alkoholreduziertes Bier resümieren die Autoren: »Central route attitude change was influenced by message cognitions, while peripheral route attitude change was determined by both message cognitions and simple perceptions of the source« (S. 195). Die heuristisch bzw. peripher verarbeitenden Personen waren also gegenüber der Qualität der Argumente keineswegs blind.

Aber auch solche Konsumenten, die über die Argumente nachdenken, die in der Werbung genannt werden, sind nicht gegen den Einfluß peripherer Merkmale immun. In einer Untersuchung von Heath, McCarthy und Mothersbaugh (1994) sollten die Probanden zwei konkurrierende Produkte miteinander vergleichen. Wenn der Vergleich dazu führte, daß die Probanden die Produkte für gleichwertig hielten, dann gab die Berühmtheit des Kommunikators den Ausschlag für die Produktbewertung.

Periphere Merkmale werden also sehr wohl beachtet, auch wenn die Informationen eigentlich systematisch und nicht heuristisch verarbeitet werden. Dies spielt eine große Rolle in einer Konsum-Umgebung, bei der die konkurrierenden Produkte einander zunehmend ähneln und die Konsumenten keine wesentliche Unterschiede in der Qualität mehr erwarten. Dann nämlich kommt den peripheren Merkmalen gleichsam die Rolle des »Züngleins an der Waage« zu – und es wird eben doch zugunsten der Produkte entschieden, die mit dem netteren Beiwerk daherkommen.

Die Frage, welches Modell eher gültig ist, läßt sich mit den angeführten Beispielen nicht endgültig klären. Unlängst legten Keller, Bohner und Erb (2000) korrelative Daten vor, die eher mit dem Modell der Elaborationswahrscheinlichkeit verträglich sind. Sie erfaßten bei ihren Probanden die Neigung zu einem aufwendigen, zentralen Verarbeitungsmodus (vgl. »need for cognition«; 14.3.1), die Neigung zu einer intuitiven Informationsverarbeitung und die Bereitschaft, bestimmte Heuristiken für Entscheidungen zu nutzen. Wenn Heuristiknutzung gleichzeitig mit der zentralen Verarbeitung einhergehen kann, dann dürften die beiden Verarbeitungsstile nicht korreliert sein. Tatsächlich korrelierte aber die Zustimmung zu bestimmten heuristischen Entscheidunsstilen und die »need for cognition« – Skala signifikant negativ zwischen $r = -.22$ und $r = -.34$ ($p < .01$). Wer also Informationen eher aufwendig und elaboriert verarbeitete, war gleichzeitig auch weniger bereit, grobe Faustregeln zu benutzen. Noch einmal anders gesagt: Die beiden Verarbeitungsstile schlossen sich tendenziell gegenseitig aus.

13.3.3 Zwei-Prozeß-Modelle: Wie wird das Publikum verarbeiten?

Genauso wie das Modell der Elaborationswahrscheinlichkeit stellt auch Chaikens Modell der Persuasion an den Kommunikator die Frage, wie vermutlich das Publikum verarbeiten wird – je nachdem sind die Strategien zu wählen. Prinzipiell können zwei Strategien angewandt werden: zentral bzw. systematisch auf der einen Seite und peripher bzw. heuristisch auf der anderen. Dieser Gedankengang ist ein durchgängiges Muster in vielen theoretischen Überlegungen, die unter dem Oberbegriff »Zwei-Prozess-Modelle der Informationsverarbeitung« zusammengefaßt werden können (Chaiken & Trope, 1999).

Wie muß Werbung nun also gestaltet sein, wenn man die Rezeptionshaltung korrekt einplanen will? Vermutlich ist die Frage nicht so schwer, wie sie sich zunächst anhört. Selbst wenn Petty und Cacioppo (1986) recht haben und in der Tat bei der Verarbeitung immer nur einer von zwei Wegen beschritten werden kann, heißt das für die Kommunikationsstragie nicht, daß man auch hier die eine Strategie immer auf Kosten der anderen verwenden sollte, im Gegenteil. Wer mit Argumenten wirbt, kann gleichzeitig attraktiv, selbstsicher und prominent sein. Es können durchaus beide Wege gleichzeitig vorbereitet werden, periphere und zentrale bzw. heuristische und systematische. Die Konsumenten können dann im Prinzip auf beiden erfolgreich überzeugt werden. Ausnahmen hierzu gibt es vermutlich wenige, gleichwohl möchte ich an dieser Stelle wenigstens zwei ansprechen: Zum Beispiel kann eine hohe Anzahl der Argumente bei heuristischer Verarbeitung als ein großer Vorteil gewertet werden. Wenn allerdings darunter auch schwache Argumente vertreten sind, dann können diese den starken bei einer systematischen Verarbeitung schaden (siehe oben; Petty & Cacioppo, 1984).

Zudem können periphere Mittel der Beeinflussung auch als unpassend erlebt werden und Reaktanz auslösen (siehe Exkurs 40). Ein gewisses Ausmaß an Stimmigkeit ist daher unverzichtbar, wenn man auch hoch involvierte Personen erreichen will.

Exkurs 40 *Humor in der Werbung*

Vermutlich ist witzige Werbung das erste, was sich viele Konsumenten unter ›guter Werbung‹ vorstellen. Wenn man etwa die preisgekrönten Spots der *Cannes-Rolle* betrachtet, drängt sich diese Gleichsetzung von ›gut‹ und ›lustig‹ bzw. ›humorvoll‹ auf. Dabei spricht die Befundlage keineswegs eindeutig zugunsten humorvoller Werbung (Erbeldinger & Kochhan, 1998). Weder Beliebtheit noch Originalität und Kreativität eines Werbespots sind für sich genommen bereits hinreichend starke Gründe für dessen späteren Erfolg (Hollis, 1995; Kover, Goldberg & James, 1995).

Innerhalb der Werbebranche vermerken Praktiker nicht ohne Häme, daß prämierte Werbung keineswegs unbedingt auch die erfolgreichere ist (Polonsky & Waller, 1995), so daß Werbekunden mitunter schlecht beraten sind, wenn sie die stolz hervorgehobenen Auszeichnungen der Kampagnen als Kriterium für die Wahl der Agentur heranziehen.

Für Humor in der Werbung spricht der positive Effekt, den eine witzige Gestaltung auf die Beliebtheit und Akzeptanz des Spots nimmt, sowie die Aufmerksamkeitswirkung.

Einschränkungen ergeben sich daraus, daß sich witzige Spots verhältnismäßig schnell abnutzen. Zudem muß der benutzte Humor eher einfach sein. Subtile Kommunikationsformen, etwa Ironie, Sarkasmus oder Satire, werden in der Werbung oft nicht verstanden.

Humor interagiert stark mit Merkmalen der Informationsverarbeitung. Tiefere Verarbeitungsprozesse werden durch eine witzige Präsentation eher behindert. Vielfach wird auch befürchtet, daß eine allzu humorvolle Darstellung dem Image des Produktes schadet, so daß der Einsatzbereich witziger Werbung auf solche Produkte beschränkt bleibt, die ohne Schaden »durch den Kakao gezogen« werden können.

Zwar hat Humor auf die ersten Wirkgrößen der Werbung, etwa Aufmerksamkeit und Verständnis eine positive Wirkung, diese verwischt aber immer mehr, je näher man den weniger direkten, erst später beobachtbaren Erfolgskriterien kommt. Daß humorvolle Werbung das Kaufverhalten direkt beeinflußt, kann man kaum mehr nachweisen. Hierzu ist eine Vielzahl von interagierenden Einflußgrößen zu berücksichtigen, etwa: »Um welche Art von Humor handelt es sich?«, »Um welches Produkt geht es?«, »welche Art von Argumenten wird verwendet?« und so weiter. Zu dem letzteren Punkt meinen Cline und Kellaris (1999, zit. n. Gleich, 2000c, S. 42), »daß Humor bei starken Argumenten eher überflüssig ist und sogar die positive Beurteilung von Werbung und Produkt stört«.

Kennt man die Rezeptionshaltung des Publikums, ist es freilich trotzdem ratsam, die Kommunikation schwerpunktmäßig daran auszurichten. Zum Beispiel kann man davon ausgehen, daß für Meinungsführer (14.2.3) bzw. Produktexperten die meisten Bedingungen für eine zentrale Verarbeitung erfüllt sind: Meinungsführer nehmen Informationen aus dem Bereich ihrer Kompetenz aufmerksamer und differenzierter wahr, als Experten für eine Produktkategorie sind sie eher kompetent und sie sind eher motiviert, sich mit der Information auseinanderzusetzen. Wenn man sich also beispielsweise an Meinungsführer wendet, liegt es nahe, eher auf die zentralen bzw. systematischen Verarbeitungsprozesse zu bauen (vgl. Gawronski & Erb, im Druck).

In den meisten Zwei-Prozeß-Modellen wird stillschweigend vorausgesetzt, daß von den zwei möglichen Informationsverarbeitungsstilen der eine dem anderen überlegen ist. Gigerenzer und Todd (1999, S. 21) kritisieren diese Unterstellung. Sie belegen eindrucksvoll (siehe Gigerenzer, Todd et al., 1999), daß einfache Heuristiken sehr häufig wesentlich effizienter bei der Entscheidungsfindung sind als komplizierte Regeln, und daß viele Alltagssituationen sehr viel erfolgreicher aufgrund grober Faustregeln als mit Hilfe von breit angelegter Überlegung bewältigt werden können. Ich bin auf diese Argumentation im vorangegangenen an verschiedenen Stellen eingegangen (zum Beispiel 3.1.3, Kapitel 4).

13.3.4 Die Rolle von Argumenten in der beeinflussenden Kommunikation

Petty und Cacioppo (1986) weisen der Qualität von Argumenten, also bestimmten bewertbaren Wissensinhalten, in der beeinflussenden Kommunikation eine wichtige Rolle zu. Die Rolle, die bei einem Überzeugungsversuch Argumente spielen, wird aber noch immer gelegentlich mißverstanden. So glauben beispielsweise Kroeber-Riel und Meyer-Hentschel (1982), die Frage »ob [man] einer Information glauben soll oder nicht«, beruhe auf einer »inneren Entscheidung« (S. 13). Die Psychologie hat unter der Überschrift »motivierte Informationsverarbeitung« (»motivated reasoning«, Kunda, 1990) gerade in letzter Zeit wieder verstärkt Argumente für die These zusammengetragen, daß Menschen eher dazu neigen, das zu glauben, was ihnen auch in den Kram paßt. Damit scheint das Akzeptieren und Zurückweisen von Argumenten ein willkürliches Element zu erhalten.

Daraus aber abzuleiten, man könne sich dazu entscheiden, eine Information zu glauben oder ein Argument einzusehen, beruht auf einem groben Mißverständnis unserer Informationsverarbeitungsprozesse (vgl. hierzu auch Wittgenstein, 1980; 1984). Diese Ansicht ist ungefähr so intelligent wie die Annahme, man könne sich nach langem Suchen eines Gegenstandes endlich dazu entschließen, ihn zu finden. Das Einsehen und Akzeptieren von Argumenten ist ein Widerfahrnis. Es beruht auf unwillkürlichen Prozessen, die zwar in einer automatisierten Weise motiviert erfolgen, die aber keineswegs auf Entscheidungen beruhen (vgl. Kapitel 9 und 11.2)! Es ist also nicht überflüssig, in diesem Zusammenhang auf drei Punkte aufmerksam zu machen, die sehr wichtig sind, wenn man verstehen will, welches Gewicht Argumente für unsere Einstellungen und Überzeugungen haben.

Beweise und Evidenz

Man kann Argumente nicht nur danach einteilen, ob sie stark oder schwach sind. Ein Extremfall von Argumenten, dem ich eine eigene Kategorie vorbehalten möchte, wären zwingende Argumente. Damit meine ich solche Argumente, gegen die man sich nicht mehr wehren kann, sobald man sie verstanden hat. Dazu zählen beispielsweise Beweise. Die Einsicht in einen Beweis und die darauf beruhende Überzeugung ist einfach das Ergebnis dessen, daß man den Beweis verstanden hat. Anders ausgedrückt: In manchen Fällen kann man nicht das Argument verstehen und sich trotzdem eine andere Meinung bilden. Beispiele hierzu sind mathematische und logische Sätze. Wer nicht glaubt, daß die Winkelsumme im Dreieck 180° beträgt, hat eben das Argument noch nicht verstanden. Wer dagegen nicht glaubt, daß es Atlantis gegeben hat, könnte alle Argumente verstanden haben, die dafür sprechen, und trotzdem dazu eine andere Meinung vertreten.

Der interessante Punkt am Beweis ist: Alles steht und fällt damit, daß die Argumente verstanden werden, von da an ist die Einstellungsänderung zwingend. Der Fall des logisch-mathematischen Beweises dürfte in Werbeanstrengungen alles andere als zentral sein. Ein zwingendes Argument, das die Werbung für sich nutzen kann, ist allerdings die nackte unmittelbare Evidenz. Es ist trivial, daß man gegen Evidenz nichts mehr sagen kann. Wenn ich zum Beispiel behaupte, daß die portablen Computer, die ich verkaufe, so klein und handlich sind wie kein anderer Computer der Konkurrenz, dann müßte ich die verschiedenen Exemplare nur nebeneinander legen und zeigen: In der Tat, kleiner und handlicher ist keiner mehr. Es gibt Merkmale, die man unmittelbar zeigen kann, und die folglich auch jedem unmittelbar einleuchten müßten. In der Werbung kann man mit solchen evidenten Merkmalen arbeiten.

Gewißheit

Einstellungen sind unterschiedlich stabil, wenn sie einmal gebildet wurden. Wenn man sagt, eine Einstellung sei stabil, dann kann das zweierlei heißen. Entweder die Einstellung bleibt über eine längere Zeit so wie ist. Das würde bedeuten, die Einstellung ist »persistent«. Beispielsweise sind Einstellungen, die auf Nachdenken und tiefer Verarbeitung beruhen, besonders persistent (Petty & Cacioppo, 1986, S. 27). Oder man sagt, die Einstellung ist gegen Beeinflussung besonders widerstandsfähig, also »resistent«. Auch hier sind Einstellungen, die auf dem zentralen Weg der Überredung entstanden sind, im Vorteil.

Es besteht aber ein Unterschied zwischen Persistenz und Resistenz. Es gibt Einstellungen, die zwar sehr persistent, aber gleichzeitig nicht besonders resistent sind. Das ist immer dann der Fall, wenn die Annahmen, die einer Einstellung zugrunde liegen, so gut wie nie angegriffen werden. Manche solcher Annahmen liegen unserem Verhalten nur implizit zugrunde. Wir handeln so, als würden wir von der Gültigkeit dieser Annahme ausgehen, auch wenn wir uns auf Nachfragen nicht zu dieser Annahme bekennen würden. Zum Beispiel sieht unser Kaufverhalten bei den meisten Produkten so aus, als würden wir glauben, es sei immer und überall von allem etwas da (O'Shaughnessy, 1987, S. 19). Was nicht im Regal ist, ist bestimmt im Lager, oder es kommt spätestens morgen wieder rein. Daher spielt auch die Rücksicht auf mögliche Knappheiten in unseren Kaufentscheidungen so gut wie keine Rolle. Diese Überzeugung ist äußerst dauerhaft, weil sie so gut wie nie erschüttert wurde. Man kann sich aber leicht vorstellen, was passieren müßte, um sie zu erschüttern. Wir wissen, daß in anderen Wirtschaftssystemen – zum Beispiel auch im früheren planwirtschaftlichen System der DDR – das Kaufverhalten der Konsumenten sehr wohl von dem Gedanken geprägt ist, daß die Waren, die heute noch zu haben sind, morgen schon vergriffen sein werden und dann so schnell nicht mehr wiederkommen.

Andere sehr persistente Überzeugungen sind zwar wesentlich expliziter, sind aber deshalb gleichwohl nicht unerschütterlich. McGuire (1964) hat sich in einem Experiment zunutze gemacht, daß wir zu bestimmten Binsenweisheiten, die ganz selbstverständlich zu unserem Leben gehören, oft nur sehr spärliche Argumente nennen können. Eine solche Binsenweisheit ist der Satz: »Man sollte täglich die Zähne putzen«. Er versuchte, seine Versuchspersonen durch Überredung an diesen Binsenweisheiten irre zu machen. Tatsächlich konnte er die Überzeugung seiner Probanden erheblich beeinflussen. McGuire konnte zeigen, daß die Beeinflußbarkeit seiner Probanden im wesentlichen darauf zurückging, daß sie nicht genügend Argumente kannten, die ihre Ansicht untermauern konnten (hierzu unten mehr, 13.4.3).

Bevor man nun aber folgert, daß alle persistenten Überzeugungen, zu denen man keine Argumente nennen kann, deshalb wenig resistent sein müssen, muß man einige wichtige Unterscheidungen machen. Nicht alle »schlecht abgesicherten« Überzeugungen lassen sich durch gute Argumente resistenter machen als sie schon sind. Einige Überzeugungen sind so resistent, wie man es sich nur denken kann, und trotzdem gibt es keine Argumente, mit denen man sie begründen könnte.

Wittgenstein hat in *Über Gewißheit* (1984) einige erhellende Bemerkungen über unsere Überzeugungen gemacht, die zeigen, daß es für unser Leben typisch ist, wenn am Grunde unserer Handlungen Überzeugungen stehen, die nicht mehr weiter begründet werden. Die Tatsache, daß wir solche Überzeugungen nicht mehr weiter begründen, geht aber nicht auf Faulheit und mangelhaftes Nachdenken zurück. In vielen Fällen ist die Forderung nach einer Begründung der reine Unsinn. Für einige Überzeugungen lassen sich keine Argumente nennen, die sicherer wären, als die Überzeugung selbst – und genau das müßten sie sein, um als Begründung etwas zu taugen. Ein Beispiel dafür ist meine Überzeugung, daß ich »Georg Felser« heiße. Wenn man mich fragen würde, warum ich mir dessen so sicher bin, käme ich ziemlich in Verlegenheit. Die Argumente, die mir dazu einfallen würden (zum Beispiel, daß dieser Name in meinem Paß steht, daß mich bisher alle so genannt haben...), kämen mir etwas merkwürdig vor. Denn eigentlich ist keines dieser Argumente so stark, wie meine Überzeugung, »Georg Felser« zu heißen. Im Gegenteil, diese Überzeugung dient mir sogar als Grundlage für andere Feststellungen, zum Beispiel darüber, ob eine andere Person, die mir diese Überzeugung ausreden will, noch ganz bei Trost ist.

Andere Überzeugungen sind noch weniger durch Argumente zu stützen, da alles was als Begründung für die Überzeugung gebracht werden kann, nur dann eine Begründung sein kann, wenn man die Überzeugung selbst bereits hat. Wittgensteins Beispiel ist der Satz: »Die Erde hat schon lange vor meiner Geburt existiert.« Alles, was wir normalerweise für einen solchen Satz als Begründung ansehen, erhält im Grunde seinen ganzen Sinn nur durch die Überzeugung, die wir doch eigentlich begründen wollten.

Konklusionsgetriebene Verarbeitung beeinflussender Kommunikation

»People are more likely to arrive at those conclusions that they want to arrive at« (Kunda, 1990, S. 495). Diese Feststellung scheint auf den ersten Blick mit den vorangegangenen Ausführungen nicht verträglich zu sein. Einerseits heißt es, Evidenz kann mich zu bestimmten Ansichten zwingen, andererseits aber kann man beobachten, wie Menschen immer wieder so mit den zur Verfügung stehenden Argumenten umgehen, wie es ihnen am besten in den Kram paßt. In der Tat muß man beide Aspekte berücksichtigen: Die Evidenz, die Argumente und nicht zuletzt die Gewißheit bereits existierender Überzeugungen kanalisieren die Informationsverarbeitung. Aber schon die Frage, was für eine Person als Evidenz in Frage kommt, hängt auch davon ab, was für die Person eine angenehme, schmeichelhafte oder wenigstens unbedrohliche Evidenz wäre. Zum Beispiel steigt die Bereitschaft, an bestimmten Argumenten zu zweifeln, wenn die Folgerung, auf die sie hinauslaufen, unangenehm ist (Ditto & Lopez, 1992).

Petty und Cacioppo (1986, zum Beispiel S. 36) streichen heraus, daß unser Nachdenken über bestimmte Dinge häufig »Schlagseite« in eine bestimmte Richtung hat. Gerade wenn es um persönlich relevante Dinge geht, gibt es oft Ergebnisse, die uns eher gelegen kommen als andere. Und das sieht man auch an unserer Art zu denken. Es gibt eine große Menge von Prozessen, die dafür sorgen, daß Personen eher das glauben, was sie gerne glauben. Ein alltägliches Beispiel für dieses Phänomen ist, daß uns in den meisten Fällen eher angenehme Erinnerungen kommen als unangenehme, und daß wir folglich in den meisten alltäglichen Situationen über die Vergangenheit eher positive als negative Urteile abgeben. Aber – und jetzt kommt der unwillkürliche Anteil an diesem Phänomen: Die Erinnerungen haben wir uns nicht ausgesucht. Sie kommen ganz automatisch. Ebenso automatisch kommt dann auch das Urteil.

Man könnte nun einwenden: Wenn die Informationsverarbeitung von dem abhängt, was die Rezipienten wünschen und was ihnen gelegen kommt, dann liegt das nur daran, daß sie nicht mit genügender Aufmerksamkeit verarbeiten. Dieser Gedanke mag richtig sein. In der Tat werden bestimmte motivierte Fehler der Informationsverarbeitung ausbleiben, wenn die Rezipienten die Information nur tief genug verarbeiten (Petty & Cacciopo, 1986). Aber auch das Vermeiden von Fehlern in der Informationsverarbeitung scheint seinerseits wiederum motiviert zu sein. Zum Beispiel begehen Versuchspersonen in Experimenten immer wieder typische Urteilsfehler, indem sie etwa wichtige statistische Informationen nicht nutzen, um eine Frage zu beantworten (Kahneman & Tversky, 1973). Wenn aber das Ergebnis der Überlegung für die Versuchspersonen dadurch angenehmer wird, daß sie die statistischen Information nutzen, dann begehen sie den Fehler nicht mehr (zum Überblick Kunda, 1990, S. 488*f*). Es war also nicht allein die geringe Tiefe der Informationsverarbeitung, die zu dem Fehler geführt hat. Schon die Variation der Annehmlichkeit einer Schlußfolgerung führt dazu, daß der Fehler beim Schlußfolgern ausbleibt.

Man kann also nicht sagen, daß unangenehme (dissonante) Kognitionen einfach aus der Aufmerksamkeit ausgeblendet werden. Es finden offenbar automatische Prozesse statt, die gewisse Inhalte zuvor semantisch analysieren, in diesem Sinne also sehr wohl zur Kenntnis nehmen, bevor im Rahmen dieser Automatismen »entschieden« wird, wie die weitere Verarbeitung erfolgen soll. Es werden eben nicht einfach kritiklos alle Argumente für die eigene Position bevorzugt behandelt.

Stellen wir uns vor, jemand versuchte mich davon zu überzeugen, daß Caterine Deneuve eine Schlampe ist. Wie würde ich wohl mit dieser Kommunikation umgehen? Ich würde mich kaum fragen: »Ist Caterine Deneuve eine Schlampe?« Mein Umgang mit den Argumenten würde eher der Frage folgen: »Was spricht dafür, daß Caterine Deneuve *keine* Schlampe ist?« Die zweite Variante ist, obwohl sie die wahrscheinlichere ist, weniger objektiv. Sie geht bereits von der Folgerung aus und sucht nach Argumenten dafür. Dagegen stellt die erste Variante einen Denkmodus dar, der nur von akkuraten Beantwortung der Frage motiviert zu sein scheint. Somit kann man einen konklusionsgetriebenen von einem eher akkuratheitsmotivierten Denkmodus unterscheiden (vgl. Kunda, 1990).

Auf viele Werbebotschaften reagieren Konsumenten eher mit dem konklusionsgetriebenen Denkmodus. Werbung zeichnet oft Zustände, die hoch erwünscht sind. Und solche Zustände werden in der Regel für wahrscheinlicher gehalten (Kunda, 1990, S. 488). Die meisten Menschen werden es zum Beispiel für wahrscheinlicher halten, daß Heilmittel gegen Krebs und AIDS gefunden werden, als daß die Suche auf ewig zur Ergebnislosigkeit verdammt ist. Wenn eine Werbekommunikation impliziert, man könne jugendliches Aussehen konservieren, oder man könne ganz bequem 25 Pfund in zwei Wochen abnehmen (O'Shaughnessy, 1987, S. 20), dann ist das zu schön, um wahr zu sein. Wir haben allen Grund, die Argumente hierfür mit zurückhaltender Sorgfalt zu prüfen. Und trotzdem: Die kognitiven Prozesse, die darauf folgen, werden immer wieder in die Frage verfallen: »Was spricht dafür, daß diese Aussage wahr ist?«

13.4 Strategien der Einstellungsänderung

Die Hauptquelle unserer Meinungen über eine Sache sind die Erfahrungen, die wir mit dieser Sache gemacht haben. Ein wichtiger Spezialfall sind die Erfahrungen anderer, von denen wir nur durch Beobachtung oder vom Hörensagen wissen. Diese Erfahrungen sind aber, wie wir bei der Diskussion des Modell-Lernens (10.1.2) festgestellt haben, sehr wichtig. Die Kommunikation solcher Erfahrungen unterliegt zudem einer charakteristischen Asymmetrie, die für das Konsumentenverhalten wichtig ist: »...enttäuschte Kunden [geben] ihre negativen Erfahrungen an elf Bekannte weiter, während zufriedene Kunden nur drei Bekannten von ihren positiven Erfahrungen berichten« (Kotler Bliemel, 1995, S. 25; dies ist in den Augen der Autoren eine weiteres Argument gegen ein ausgeprägtes Verkaufskonzept als Unternehmenseinstellung, vgl. Exkurs 9).
Gegenüber diesen Faktoren nimmt sich die Kommunikation von Einstellung, also Überzeugungs- und Überredungsversuche, eher unbedeutend aus. Konkrete Erfahrungen spielten in der Ausbildung einer Einstellung eine Rolle, die sogar gute Argumente dominiert. Stellen sie sich zum Beispiel vor, Sie erführen über den neuen japanischen Wagen *Sayonara 2000*, daß er in einem umfangreichen Test mit 1.000 Exemplaren stets haltbarer und sicherer war als seine Konkurrenz. Außerdem wüßten Sie von einem Bekannten, daß dieser soeben seinen *Sayonara 2000* zum dritten Mal in zwei Wochen in die Werkstatt gefahren hat. Rational wäre nun, diese eine konkrete Erfahrung in die andere abstrakte Erfahrung aufzunehmen. Sie hätten demnach Daten von 1.001 *Sayonaras*. Dieser eine, der hinzukommt, würde natürlich an dem Fazit nichts ändern. Tatsache ist aber, daß Sie das eigentlich starke statistische Argument zugunsten der einen konkreten Erfahrung zurückstellen. Wir haben eine ähnliche Tendenz bei der Diskussion der Repräsentativitätsheuristik kennengelernt (4.1.1). Dabei ging es darum, daß ein Beispiel, das als repräsentativ für eine bestimmte Kategorie gelten konnte, sich gegen statistische Informationen durchsetzt. Ganz ähnlich auch hier: Das konkrete Beispiel sticht jede noch so zuverlässige Information über den Regelfall aus. Nicht nur die Repräsentativität, sondern auch die Konkretheit ist also wichtig. Stalin hatte die Bedeutung der Konkretheit für eine effektive Propaganda offenbar erkannt: »Der Tod *eines* russischen Soldaten ist eine Tragödie. Eine Million Tote sind eine Statistik« (zitiert nach Pratkanis & Aronson, 1992, S. 133; Beispiel nach Nisbett & Ross, 1980).

13.4.1 Glaubwürdigkeit

Wenn wir andere argumentativ überzeugen wollen, sollten wir glaubwürdig sein. Ein Mangel an Glaubwürdigkeit wirkt auf die Nachricht wie ein Abwertungshinweis (»discounting cue«), der den Rezipienten signalisiert: »Was immer jetzt kommt, du kannst dich nicht sicher drauf verlassen«. Günstig ist daher, wenn wir unsere Beeinflussungsabsicht möglichst wenig durchscheinen lassen. Die Reaktanztheorie sagt voraus, daß eine deutlich wahrnehmbare Beeinflussungsabsicht der Einstellungsänderung hinderlich ist. Daher ist es günstig, wenn der Empfänger keine oder nur eine geringe Beeinflussungsabsicht wahrnimmt. Hierzu kann man drei Empfehlungen aussprechen:

1. Eine Beeinflussungsabsicht wird kaum empfunden, wenn die Empfänger sich selbst gar nicht zu dem ursprünglichen Adressatenkreis zählen (Walster & Festinger, 1962). Stellen wir uns vor, wir »belauschen« zufällig das Gespräch zweier Bankangestellten über eine vielversprechende Geldanlage. Wir wären weit eher bereit, der Ansicht der beiden zuzustimmen, als wenn sie sich direkt an uns gewandt hätten, um uns diese Anlage zu empfehlen.
2. Eine Beeinflussungsabsicht wird in beiläufigen und spontanen Äußerungen sehr viel seltener vermutet als in bewußten und gezielten Mitteilungen. Diese Tatsache macht sich die *Slice-of-life-* oder die *Testimonial*-Werbung zunutze, wenn in ihr Personen aus dem Alltag »ganz spontan« zu Wort kommen.
3. Kaum etwas steigert die Authentizität einer Botschaft so sehr wie das Verbreiten der Botschaft gegen die eigenen Interessen. »Communicators can make themselves seem trustworthy by apparently acting against their own self interest« (Pratkanis & Aronson, 1991, S. 94). Würde es uns überzeugen, wenn der deutsche Bundestrainer die eigene Mannschaft lobt? Welches Gewicht hätte seine Meinung gegen die Meinung des italienischen oder englischen Trainers, die ebenfalls die deutsche Mannschaft loben?

Exkurs 41 *Der Schläfer-Effekt*

»Bei der Variation von der Glaubwürdigkeit von Informationsquellen fanden Hovland und Weiss (1951) zunächst erwartungsgemäß geringe Einstellungsänderungen bei geringer Glaubwürdigkeit des Senders und auf der anderen Seite ausgeprägtere Änderungen der Einstellungen bei hoher Glaubwürdigkeit. Bei wiederholter Messung zeigte sich aber nach vier Wochen ein überraschendes Ergebnis: Die Einstellungsänderungen, verursacht durch die hoch glaubwürdige Informationsquelle, hatten sich verringert, während sich die der weniger glaubwürdigen Quelle vergrößert hatte« (Mayer et al., 1982, S. 89).

Diesen Effekt, bei dem also eine unglaubwürdige Information quasi über Nacht doch noch geglaubt (und eine glaubwürdige Information bezweifelt) wird, nennt man »Schläfer-Effekt«. Die ursprüngliche Erklärung hierfür sahen Hovland und Weiss (1951) darin, daß mit der Zeit und ohne weiteren Anlaß im Gedächtnis die Information über Nachricht und Quelle entflochten werden. Man erinnert sich dann zwar noch, was gesagt wurde, bringt das aber nicht mehr damit in Verbindung, wer es gesagt hat. Diese theoretische »Dissoziations-Interpretation« steht im Einklang mit der Unterscheidung verschiedener Gedächtnissysteme: Im episodischen Gedächtnis wird die eigentliche Konfrontation mit der Botschaft abgespeichert; hier findet sich auch die Information, wer die Quelle ist. Die Botschaft selbst dagegen findet sich im semantischen Gedächtnis. Möglicherweise tragen die Unterschiedlichkeit der Gedächtnissysteme dazu bei, daß die Assoziation von Nachricht und Quelle schwach ist.

Ein weiteres Experiment stammt von Kelman und Hovland (1953). Diese Autoren erinnerten einige ihrer Versuchspersonen später daran, woher sie ihre Informationen hatten. Der Schläfer-Effekt beruht darauf, daß die Information und ihre Quelle entflochten, dissoziiert werden. Der Effekt mußte also dort ausbleiben, wo die Personen an die Informationsquelle erinnert wurden und dadurch die Assoziation zwischen Quelle und Information wieder präsent und gefestigt war. Tatsächlich gab es nur dort einen Schläfer-Effekt, wo die Versuchspersonen nicht an die Quelle erinnert wurden.

Man könnte jetzt den Schluß ziehen, daß es demnach nicht so sehr darauf ankommt, eine glaubwürdige Quelle, also in unserem Fall einen glaubwürdigen Werbeträger zu wählen, denn wenn die Information im Gedächtnis sich selbst überlassen wird, löst sie sich sozusagen im Schlaf von ihrer Assoziation mit der womöglich unglaubwürdigen Quelle – nach dem Motto: »at home disbelief – in the store belief« (Maloney, 1963, S. 5). Allerdings hat sich der Schläfer-Effekt in der Folge nur selten replizieren lassen.

In einer Reihe von Experimenten zeigen Pratkanis et al. (1988), unter welchen Bedingungen ein Schläfer-Effekt zu erwarten ist: Danach ist es am günstigsten, wenn ...

(1) die Information über die Glaubwürdigkeit der Quelle nicht gleichzeitig mit der Information gegeben wird, sondern erst etwas später folgt. Im optimalen Fall wird der Abwertungshinweis in einem anderen Zusammenhang gegeben.

(2) Die Nachricht selbst sollte einen starken Effekt haben. Pratkanis et al. (1988) erzeugten diesen Effekt, indem sie ihre Versuchspersonen baten, das stärkste Argument aus der Nachricht zu benennen.
(3) Der Abwertungshinweis sollte ebenfalls einen starken Effekt haben. Dies ist zum Beispiel der Fall, wenn die Glaubwürdigkeit der Quelle ausdrücklich festgestellt wird (zum Beispiel, wenn man die Versuchspersonen fragt: »Hältst du diese Quelle für glaubwürdig?«).

Wenn die Quelle nicht gleichzeitig mit der Nachricht präsentiert wird, dann besteht die Möglichkeit, daß sich ihre Gedächtniswirkung langsamer abbaut als die der Nachricht. Unter diesen Umständen ist ein Schläfer-Effekt möglich.

Zudem machen Pratkanis et al. (1988) noch auf zwei weitere Punkte aufmerksam. Zum einen: Obwohl in der Forschung der Schläfer Effekt meistens mit der Aufwertung einer eigentlich unglaubwürdigen Nachricht in Verbindung gebracht wird, gibt es auch den umgekehrten Fall: Auch Nachrichten aus glaubwürdiger Quelle werden mit der Zeit weniger glaubwürdig. Zum anderen: Der Schläfer-Effekt ist sehr schwach und störungsanfällig. Er ist nur zu erwarten, wenn die oben genannten Bedingungen erfüllt sind.

13.4.2 Zweiseitigkeit der Information

Besonders der letzte der oben genannten drei Punkte findet sich im folgenden wieder: Eine Person, die sich über einen Gegenstand noch keine Meinung gebildet hat, wird eher von einer Position überzeugt, wenn sie positive wie negative Argumente erhält, wenn die Argumentationsstruktur also zweiseitig ist (zum Beispiel Stroebe, 1980; Kroeber-Riel & Meyer-Hentschel, 1982; Kamins, Brand, Hoeke & Moe, 1989). Typischerweise werden bei der Darlegung der Argumente zunächst diejenigen aufgeführt, die gegen die angestrebte Position sprechen und danach die dafür. Dies ist das Prinzip des Schulaufsatzes, und dieses Prinzip ist auch psychologisch plausibel, allein wenn man bedenkt, daß man auf diese Weise den Recency-Effekt auf seiner Seite hat (vgl. 7.3.6). Mullen und Johnson (1990) betonen, daß die Erwartungshaltung des Publikums eine Rolle spielt: Es habe die stärkste überzeugende Wirkung, wenn zuerst die von seiten des Publikums erwünschte Information dargeboten wird, was plausiblerweise bei einem Überzeugungsversuch der Position entspricht, von der man sein Publikum gerade abbringen möchte.

Unnava, Burnkrant und Erevelles (1993) untersuchten die Effekte der Reihenfolge bei der Präsentation von schwachen versus starken Argumenten und fanden einen deutlichen Primacy-Effekt: Die Überzeugungswirkung war am größten, wenn die starken Argumente zuerst dargeboten wurden. Dieser Effekt fand sich allerdings nur für rein auditiv, nicht aber für visuell präsentierte Werbung. Auch wenn dieses Ergebnis also nur mit Einschränkung gilt, wird man doch folgern können: Die entscheidenden Argumente sollten an exponierter Stelle stehen, so daß man entweder vom Primacy- oder vom Recency-Effekt profitieren kann.

Welche Vorteile hat es darüber hinaus, zur Überzeugung zweiseitig zu argumentieren? Die eigene Position erscheint objektiver und redlicher, denn die Gegenargumente werden ja gesehen. Die Gegenargumente sollen natürlich erscheinen, als seien sie entkräftet worden. Darüber hinaus liefert die Schlußfolgerung im Sinne der angestrebten Position eine Art von sozialer Bestätigung oder Konsensinformation (vgl. 10.1.2). Man sieht: So muß man sich gegenüber den Einwänden verhalten. Außerdem ist die Folgerung aus zweiseitiger Argumentation auch deshalb besonders überzeugend, weil man sie als das Ergebnis einer mühevollen Abwägung – eventuell gar gegen inneren Widerstand – ausgeben kann: Wer angesichts dieses Für und Wider das Ergebnis empfehlen kann, der folgt nicht einfach einer vordergründigen Begeisterung. Kamins et al. (1989) zeigten, daß besonders in der Werbung mit Prominenten eine zweiseitige Information die Glaubwürdigkeit erhöht.

Ein Kommunikator muß oft davon ausgehen, daß die Empfänger die Gegenargumente entweder schon kennen, oder wenigstens früher oder später darauf stoßen werden (Stroebe, 1980). In diesem Fall spricht alles dafür, auf diese Punkte einzugehen. Wenn die Gegenargumente später bei anderer Gelegenheit geliefert werden, hat ein einseitiger Beeinflussungsversuch keine Chance. Die letztgenannten Argumente werden sich durchsetzen. Wer die Gegenargumente dagegen schon vorher gehört hat, ist quasi bereits »geimpft« (McGuire, 1961, 1964; McGuire & Papageorgis, 1961). Bei dem haben es die wiederholt vorgetragenen Gegenargumente schwerer (Lumsdaine & Janis, 1953).
Angesichtes eines schwindenden Raucheranteils und wachsenden Drucks von seiten der nichtrauchenden Bevölkerung setzte die *Reynolds Tobacco Company* eine Anzeige in die Zeitung, die für Toleranz zwischen Rauchern und Nichtrauchern werben sollte. Die eine Seite der Anzeige enthielt unter der Überschrift »for those who don't« Argumente dafür, daß Rauchen an öffentlichen Orten erlaubt sein sollte. Die andere Seite legte unter der Überschrift »for those who do« die Position der Nichtraucher dar. In dieser vermittelnden Form ließ sich die Anzeige tatsächlich wie ein Appell an die Toleranz lesen. Aber sie war noch mehr: Sie war gleichzeitig ein Impfstoff für die Raucher gegen die Argumente der Nichtraucher. Sie zeigte, welche Argumente von Nichtraucherseite gegen das Rauchen an öffentlichen Orten vorgebracht werden, und wie man diesen Argumenten begegnen kann (Pratkanis & Aronson, 1991, S. 213*f*; siehe auch Exkurs 42; 9.4.3).

Exkurs 42 *Kühne Geständnisse*
Der Chef des verhältnismäßig kleinen amerikanischen Tabakunternehmens *Liggett* mit den Produkten *Chesterfied*, *L&M* oder *Eve*, der Zigarettenhersteller Bennett LeBow erklärte 1997 öffentlich, daß Rauchen ein gesundheitsschädliches Verhalten mit Suchtcharakter ist. Im einzelnen bekannte sich LeBow zu den Annahmen: »[...] that cigarette smoking causes lung cancer, heart disease and emphysema. In another affirmation of the obvious, *Liggett* acknowledged that nicotine is an addictive substance. That refuted the sworn denials that seven industry leaders, including a *Liggett* representative, made before Congress in 1994« (J. Greenwald, 1997, S. 38).
Diese Annahmen werden zwar außerhalb der Zigarettenindustrie längst wie unzweifelhafte Fakten gehandelt. Von den Herstellern selbst werden aber entsprechende Behauptungen gern als unbewiesene Vermutungen hingestellt. Das kühnste Geständnis aus dem Hause Liggett, wurde von vielen Adressaten doch noch mit einiger Verwunderung zur Kenntnis genommen: »*Liggett* confessed that cigarette companies like itself have long aimed their pitches directly at teenagers – something the rest of the industry denies« (S. 38).

In einer jüngeren Anzeigenserie wirbt die Tabakindustrie in Deutschland um Verständnis. So zeigt zum Beispiel eine Anzeige eine Gruppe von Teenagern. Eine Bildüberschrift kommentiert dazu: »Andere Unternehmen sehen hier eine Zielgruppe. Wir nicht.« Diese Anzeige der Serie impliziert, daß es gut und richtig ist, auf eine der ertragreichsten Zielgruppen der Werbung zu verzichten, weil diese Zielgruppe von dem Produkt möglicherweise nicht den richtigen Gebrauch macht (siehe hierzu den Slogan der Serie: »Jede Cigarette, die man nicht bewußt genießt, ist eine zuviel.«). Insofern kann sie als ein freiwillig vorgetragenes Gegenargument zur Zigarettenwerbung verstanden werden. Insgesamt sollen die Anzeigen die Betrachter auf die Webseite www.adfreedom.com aufmerksam machen, wo eine Diskussion über die Freiheit der Werbung stattfinden soll (*w&v* 28/2000, S. 50*f*).
Die oben zitierte Anzeigenstrategie wurde allerdings auch kritisiert: Wenn das Rauchen den Jugendlichen mit dem Argument vorenthalten werde, daß es eine besonders ›erwachsene‹ Tätigkeit sei und mit typisch erwachsenen Einstellungen in Zusammenhang gebracht wird, dann verstärke man damit nur das Motiv der Jugendlichen, durch Zigarettenrauchen dem Erwachsensein näher zu kommen. Dies gilt freilich nur für dieses eine Argument der Kampagne. Andere lauten etwa: »Es

gibt Menschen, die haben nie Zigarettenwerbung gesehen. Trotzdem rauchen sie.« oder »Niemand bekommt Bluthochdruck, weil er eine Kaffeeanzeige sieht.«
Ein anderes praktisches Beispiel: Eine Autofirma beginnt ihre Anzeigen mit dem Hinweis, daß »nur Schlangenmenschen die Fensterkurbel an der Fahrerseite bedienen könnten« (Stroebe, 1980, S. 309). Hierauf berichtet die Anzeige freilich in erster Linie von Vorzügen des Fahrzeugs, so daß dieser erste Hinweis gemeinsam mit anderen Nachteilen durch Vorteile ergänzt und aufgewogen wird. Nach Stroebe (1980) hatte diese Anzeige, ein tatsächliches Beispiel, großen Erfolg. Die Frage ist nun, warum? Zunächst dürfte schon die ungewöhnliche Strategie Aufsehen erregt und für einen deutlichen Gedächtniseffekt gesorgt haben. Zudem hat aber möglicherweise die Zweiseitigkeit der Information, also das ehrliche Zugestehen von Nachteilen für eine Erhöhung der Glaubwürdigkeit geführt. Die Rezipienten meinten, der Anzeige trauen zu dürfen. Später erwähnte Vorteile können durch das Zugestehen des Nachteils womöglich durch Kontrast sogar verstärkt werden. Indem die Anzeige Nachteile des Produktes explizit enthält, stellt sie sich gleichsam selbst in einen anderen Kommunikationszusammenhang. Sie bewirbt das Produkt nicht mehr, sie informiert darüber. Dadurch folgt der Werbetext nun Kommunikationsregeln, wie sie etwa von Grice (1975) formuliert wurden. Aus diesen Regeln ergibt sich zum Beispiel, daß ich, sofern ich überhaupt über Nachteile berichte, relevante Nachteile anführe und nicht etwa unwichtige erwähne und gravierende verschweige. Wenn nur über die Kurbel und andere Kleinigkeiten berichtet wird, dann kann man davon ausgehen, daß keine anderen gravierenden Mängel bekannt sind. Die Auflistung besagt nicht nur: ›Das sind die Mängel‹, sondern auch: ›Das sind die einzigen oder wenigstens die wichtigsten Mängel‹. Vor diesem Hintergrund erscheint auch der Nachteil noch als ein verkappter Vorteil. Stellen sie sich einen Filmkritiker vor, der für jeden Film einen Vorteil und einen Nachteil nennt. Was ist dann von folgender Filmkritik zu halten: »Der wichtigste Vorzug von *Space invaders eat virgin flesh* liegt in seinem gut durchdachten Drehbuch und dessen solider Umsetzung. Ein Nachteil dieses Films ist, daß er schon nach 85 Minuten zu Ende ist.« Obwohl die Anzeige nicht behauptet, daß dies der einzige Nachteil ist, glaubt wohl jeder, es sei der wichtigste. Und wenn das der wichtigste Nachteil ist, dann muß der Film wirklich gut sein.
Man sollte allerdings nicht verschweigen, daß gerade in bezug auf Werbung die Befunde zur zweiseitigen Argumentation nicht immer eindeutig waren. Zunächst einmal zeigt sich ein Vorteil für zweiseitige Information nur, wenn die in Frage stehende Produktentscheidung mit einem Mindestmaß von Involvement getroffen wird. Zweiseitigkeit bringt nichts, wenn es nur um Zahncreme geht (Belch, 1981; Percy & Rossiter, 1991). Nach Pechmann (1992) sind widersprüchliche Befunde zu erwarten, wenn man nicht darauf achtet, wie die positiven und negativen Produktmerkmale zusammenhängen. Betrachten wir wieder die Preis-Qualitäts-Beziehung. Die meisten Konsumenten werden davon ausgehen, daß ein Vorteil auf der einen Dimension durch einen Nachteil auf der anderen erkauft werden muß. Dagegen werden womöglich andere Merkmale als unkorreliert wahrgenommen, etwa das Styling eines Produkts und seine Funktionalität. Einen echten Vorteil für die zweiseitige Kommunikation konnte Pechmann in ihrer Studie nur nachweisen, wenn der eingeräumte Nachteil (zum Beispiel hoher Preis) die Versuchspersonen einen Vorteil (zum Beispiel hohe Qualität) erwarten ließ.
Einen Beleg für diese These liefern die Befunde von Einwiller, Erb und Bohner (1997). Sie untersuchten eine zweiseitige Information zu einem neuen Restaurant. Das besondere Verkaufsargument, quasi die USP dieses Restaurants bestand darin, daß dort nur die besten und frischesten Zutaten verwendet wurden. Die Nachteile variierten in unterschiedlichen Bedingungen: In einer Bedingung war der Nachteil, daß die Auswahl an Speisen auf einige wenige Gerichte begrenzt sei und je nach Saison schwanke. In der anderen Bedingung bestand der Nachteil darin, daß das Re-

staurant nur wenige Parkplätze zur Verfügung stellen konnte. In der ersten Bedingung bestand ein logischer Zusammenhang zwischen Vor- und Nachteil, denn je abwechslungsreicher man den Speiseplan gestaltet, desto mehr Zutaten muß man bereithalten, und dies ist natürlich sehr schwierig, wenn diese Zutaten immer frisch sein sollen oder nur in einer bestimmten Jahreszeit frisch verfügbar sind. Es war also nachvollziehbar, daß der Speiseplan genau wegen des Vorteils besonders frischer Zutaten beschränkt bleiben mußte.
Die Menge der Parkplätze hatte demgegenüber nur wenig mit der Frische der Speisen zu tun. Daher war auch die Überzeugungswirkung in der ersten Bedingung größer als in der zweiten. Allerdings blieb auch hier gegenüber einer Kontrollbedingung ein Vorteil der zweiseitigen gegenüber der einseitigen Argumentation erhalten. Die zweiseitige Information erhöhte die Glaubwürdigkeit und dieser Effekt verbesserte die Überzeugungskraft auch ohne eine Beziehung zwischen Vor- und Nachteilen.
Demnach ist also die logische Beziehung zwischen Vor- und Nachteil zwar ein wichtiger, aber keineswegs der einzige Grund, der für eine zweiseitige Information spricht.
Offenbar sind die Gründe, die theoretisch für den Einsatz zweiseitiger Information sprechen, sehr vielfältig. Die theoretisch zu erwartenden Vorteile zweiseitiger Argumentation konnte Mäßen (1998) in einer Meta-Analyse von insgesamt 118 Studien zur Werbewirkung aus den Jahren 1980 bis 1996 auch praktisch nachweisen: Aus einer Reihe von Gestaltungselementen (zum Beispiel Humor, Musik, Bilder, Erotik) wirkte sich allein die zweiseitige Argumentation positiv auf die Kaufabsicht aus.
Was ist zu tun, wenn man die eingeräumten Gegenargumente eigentlich gar nicht entkräften kann? Sollte man sie dann unter den Tisch fallen lassen? Nicht unbedingt. Erinnern Sie sich an das Experiment von Langer, Blank und Chanowitz (1978; Exkurs 12). Dieses Experiment sollte nachweisen, daß viele Kommunikationsinhalte auch dann akzeptiert werden, wenn sie nur eine passende Form haben, inhaltlich aber gar nichts oder ganz etwas anderes bedeuten. Noch ein Beispiel hierzu: Betrachten Sie etwa das Antwortverhalten von Politikern in Interviews. Typisch ist hierbei, daß die Antworten nur sehr lose zu den Fragen passen. Es gibt oft nur äußere Merkmale, die nahelegen, daß es sich jetzt um eine Antwort handelt, etwa die bloße Tatsache, daß dem Satz des Politikers eine Frage vorangegangen ist, oder Floskeln wie, »Sehen Sie...« oder »Hierzu muß ich sagen, daß...« Durch solche Äußerlichkeiten wird nahegelegt, daß das kommende mit dem in Verbindung steht, was vorangegangen ist. Ob das wirklich der Fall ist, kann man nur feststellen, wenn man den Inhalt prüft, der gesagt wird. Oft zeigt sich dann, daß die Antworten nur aussehen wie Antworten. In Wirklichkeit wird vielfach nur das gesagt, was auch ohne die Frage gesagt worden wäre. Diesen Effekt kann man sich bei der zweiseitigen Argumentation zunutze machen.
Wir können also festhalten: Wenn Gegenargumente erwähnt werden, dann sollten die sehr klein und mickerig aussehen, oder sie sollten im selben Atemzug entkräftet werden. Besonders effektiv ist die Erwähnung von Nachteilen, die auf andere Vorteile schließen lassen. Wenn man die Gegenargumente nicht entkräften kann, dann lohnt es sich doch immerhin noch, die Argumentation so aussehen zu lassen, als sei sie eine Entkräftung.

13.4.3 Immunisierung durch Gegenargumente

Stellen Sie sich vor, ich wollte überzeugende Argumente gegen die Abtreibung vortragen. Welche Rolle würde es dann spielen, was Sie im vorhinein von meinem Vortrag wissen? Schon wenn Sie nur wüßten, daß ich über Abtreibung sprechen möchte, ohne meine Beeinflussungsabsicht zu ken-

nen, wäre Ihre wahrscheinlichste Reaktion, daß Sie sich vorbereiten hätte, indem Sie diejenigen Argumente gesammelt hätten, die Sie von ihrer bisherigen Position überzeugt haben. Das würde heißen: Bei Ankündigung des Inhalts würde es dank der möglichen geistigen Vorbereitung schwieriger, Personen von ihrer bisherigen Position abzubringen.
Wichtig ist: Es kommt gar nicht so sehr darauf an, daß Sie von meiner Beeinflussungsabsicht wissen. Wir haben oben schon gesehen, daß es uns überhaupt nichts hilft, daß wir von einer Beeinflussungsabsicht wissen, solange wir die Inhalte nicht auf uns selbst anwenden (siehe oben; Petty & Cacioppo, 1979). Daher werden auch nur diejenigen von Ihnen durch meine Ankündigung vor der Beeinflussung geschützt, die dem Thema Abtreibung mit einem gewissen Involvement begegnen. Aber was schützt diese Personen überhaupt? Ist es allein ihr Involvement, ihre Bindung an das kontroverse Thema? Offenbar genügt das nicht. Die Bindung muß auch durch Argumente gesichert sein. Fehlen die Argumente zum Zeitpunkt der Beeinflussung, ist die Widerstandsfähigkeit herabgesetzt. Die Erinnerung von Argumenten zu der bisherigen Meinung braucht Zeit. Wenn nun dem Publikum nach der Ankündigung des Inhalts keine Zeit mehr gegeben wird, mit Argumenten zu ihrer bisherigen Meinung »aufzurüsten«, dann sinkt die Widerstandsfähigkeit gegen eine Beeinflussung (Petty & Cacioppo, 1986, S. 113*ff*).
Grundsätzlich gilt also: Gegen eine Beeinflussung können Sie sich wesentlich besser zur Wehr setzen, wenn Sie Gegenargumente kennen. Je mehr Gegenargumente Sie kennen, und je besser Sie im Argumentieren geübt sind, desto leichter können Sie sich Beeinflussungsversuchen widersetzen. Erinnern wir uns hierzu an McGuires (1964) Versuch, seinen Versuchspersonen die triviale Überzeugung auszureden, daß man sich täglich die Zähne putzen sollte (vgl. oben 13.3.4). McGuire glaubte, daß es den Teilnehmern nur an dem nötigen Rüstzeug, nämlich den Argumenten und der Übung im Argumentieren fehlte. Daher bot er einigen Experimentalgruppen Argumente an, mit denen sich die Einwände gegen die Binsenweisheiten widerlegen ließen. Außerdem ließ er seine Versuchspersonen das Widerlegen von Einwänden durch Schreiben eines Aufsatzes üben. Nach einem solchen Vorgehen waren die Versuchspersonen wesentlich weniger dazu bereit, eine Information zu akzeptieren, die der Binsenweisheit widersprach. Der Widerstand gegen die Beeinflussung war auch dann noch wirksam, wenn die Versuchspersonen sich im Vorfeld mit anderen Argumenten beschäftigt hatten, als sie nachher zu Widerlegung brauchten.
Mit anderen Worten: Nicht nur die Verfügbarkeit von ganz spezifischen Gegenargumenten verbessert die Widerstandsfähigkeit gegen Beeinflussung. Auch die Fähigkeit zum Argumentieren überhaupt hat eine positive Wirkung. Der Immunisierungseffekt hat auch in der Werbung Effekte. Denken wir nur an die Kampagne der *Reynolds Tobacco Company*.

13.4.4 Explizite Schlußfolgerungen

Soll der Kommunikator eigentlich ausdrücklich sagen, worauf es ihm ankommt, soll er die Meinung, von der er sein Publikum überzeugen will, deutlich aussprechen und auf dem Silbertablett servieren? Man könnte vielleicht einwenden, was eigentlich dagegen spricht, das Ziel der Kommunikation explizit auszusprechen. Es gibt aber Argumente, nach denen es womöglich Erfolg verspricht, die entscheidenden Schlüsse aus dem Gesagten nicht selbst zu ziehen, sondern dem Publikum zu überlassen.
Wenn ich Ihnen zum Beispiel Argumente vortrage, aus denen sich zwingend ergibt, daß man bei der nächsten Bundestagswahl konservativ wählen sollte, ich aber in meinem ganzen Vortrag niemals deutlich sage: ›Man sollte konservativ wählen‹, dann habe ich zum Beispiel den Vorteil, daß

man mir nicht so leicht Demagogie vorwerfen kann (Stroebe, 1980). Außerdem, und das halte ich vom werbepsychologischen Standpunkt für wichtiger, lege ich den entscheidenden Schluß nur nahe, ziehen müssen Sie ihn selbst, und ich kann hoffen, daß Sie sich einem Schluß, zu dem Sie selbst etwas beigetragen haben, stärker verbunden fühlen (siehe 11.3). Zudem hat die nur implizite Schlußfolgerung einen gewissen Aufforderungs- oder Anregungscharakter. Eine Kommunikation, die etwas von Ihnen verlangt, zu der sie selbst etwas beitragen müssen, genießt bei Ihnen auch höhere Aufmerksamkeit (denken wir hier auch an den Aufmerksamkeitseffekt von Werbespots, die zum Rätseln anregen, vgl. 5.3.4; Witt & Witt, 1990). Schließlich hinterlassen Informationen, die kognitiv tiefer verarbeitet werden, auch tiefere Gedächtnisspuren. Vor allem hätte man bei dieser Strategie den Generierungs-Effekt (vgl. 7.3.2) auf seiner Seite, nach dem alle Informationen, die man selbst »erfunden« hat, leichter zu merken sind als Informationen aus anderen Quellen. Schließlich sind, wie ich unten noch ausführen werde, selbstgefundene Argumente auch überzeugender als von außen präsentierte (13.4.5).

Sawyer und Howard (1991; vgl. auch Kardes, 1988; Stayman & Kardes, 1992) konnten daher auch zeigen, daß solche Werbespots, in denen die entscheidende Schlußfolgerung ausgelassen war, eine größere Überzeugungskraft besaßen. Allerdings galt ihr Ergebnis nur bei hohem Involvement! Ist das Involvement gering, wie man in sehr vielen Fällen erwarten muß, dann spricht nicht mehr viel dafür, dem Publikum die Schlußfolgerungen selbst zu überlassen (Hovland & Mandell, 1952; Percy & Rossiter, 1991).

Für eine explizite Darlegung der Schlußfolgerungen spricht, daß das Publikum weit eher eine Schlußfolgerung im Gedächtnis behält als die Argumente, die dazu geführt haben. Wenn Sie also zum Beispiel bei einer Gelegenheit überzeugende Argumente für ein Tempolimit auf deutschen Autobahnen gehört haben, dann ist es wahrscheinlicher, daß Sie sechs Wochen später sagen können, »Ich habe überzeugende Argumente dafür gehört«, als daß Sie die Argumente selbst noch kennen. Daher ist es äußerst wichtig, sicherzustellen, daß das Publikum die Kommunikationsabsicht richtig verstanden hat. Das ist es nämlich, woran es sich später erinnern wird, und das sollte man tatsächlich nicht dem Zufall überlassen. In der direkten Kommunikation ist ein Ansatz möglich, der alle oben genannten Argumente gleichzeitig berücksichtigt: Wenn die Person, die überzeugt werden soll, die Schlüsse, die sie zieht, auch selbst laut ausspricht, dann hat der Kommunikator einerseits die Kontrolle darüber, was die Person jetzt genau gerade gefolgert hat, hat aber andererseits alle Vorteile einer nur impliziten Kommunikation. Ganz zu schweigen davon, daß die Methode des lauten Aussprechens eine der bestgeeigneten Methoden ist, die Bindung einer Person im Sinne der Konsistenztheorien (vgl. 11.3.5) zu erhöhen.

13.4.5 Selbstüberredung

Denken Sie einmal für eine Minute über folgende Frage nach: »Was finden Leute eigentlich gut an einem *BMW*?« Oder überlegen Sie einmal: »Welche Vorteile hätte ich, wenn ich mir Kabelfernsehen in die Wohnung holte?« Oder widmen Sie nur einige kurze Gedanken folgender Frage: »Womit könnte man andere Leute davon überzeugen, weniger Fett zu essen?« Würden Sie tatsächlich diese Fragen erwägen, dann wären Sie gleichzeitig bereits auf halbem Weg, *BMW*, Kabelfernsehen oder eine fettarme Ernährung für sich selbst aufzuwerten. Eine der zuverlässigsten Quellen für eine beeinflussende Kommunikation ist nämlich die eigene Person. Wenn Sie jemanden überzeugen wollen, ist eine der besten Empfehlungen: Lassen Sie die andere Person die Argumente selbst entwickeln, von denen sie überzeugt werden soll.

Schon bloße Vorstellungen, sich zum Beispiel auszumalen, wie das wäre, wenn ich dieses oder jenes Produkt hätte, kann zu einer Einstellungsänderung führen (Gregory, Cialdini & Carpenter, 1982). Besonders erfolgversprechend ist es aber, wenn man die Zielpersonen dazu bringen kann, offen die Position zu vertreten, von der sie erst überzeugt werden sollen. Dies kann man zum Beispiel im Rahmen von Rollenspielen tun. Einer Person wird zugemutet, daß sie in einer inszenierten Diskussion bestimmte Argumente verteidigt. Es gibt eine Reihe von Argumenten, warum eine solche Strategie funktionieren könnte, das heißt, daß die Person sich der Position nähert, die sie vertreten hat, selbst wenn sie anfangs gar nicht davon überzeugt war (vgl. Lewin, 1947; Janis, 1968; Stroebe, 1980, S. 357; Boninger, Brock, Cook, Gruder & Romer, 1990; vgl. auch Pratkanis & Aronson, 1991, S. 123*ff*; Greenwald & Banaji, 1995, S. 11):

- Als Rollenspieler erfährt die Person Anerkennung von ihrem »Publikum«. Ihr Verhalten, die Argumentation, wird im Sinne der Lerntheorie verstärkt. Vielleicht findet sie gar Gefallen an ihrer eigenen Leistung im Rollenspiel und belohnt ihr Verhalten dadurch quasi selbst.
- Sie wendet sich mit größerer Aufmerksamkeit den Argumenten zu. Das Rollenspiel sorgt dabei für eine tiefere Verarbeitung der Argumente. Dies spricht für sich genommen bereits dafür, daß sie die Argumente besser behält. Wenn sie nun aber auch noch einige der Argumente selbst (er-)findet, dürfte der Erinnerungsvorteil noch größer sein, denn selbst produziertes Material wird grundsätzlich besser erinnert als fremdes (zum Beispiel Wippich, 1989, S. 238*f*; 7.3.2).
- Durch die tiefere Verarbeitung behält die Person die Argumente nicht nur besser, sie schlägt damit auch gezwungenermaßen die zentrale Route der Beeinflussung ein (Petty & Cacioppo, 1986). Ihre Einstellung wird auf diesem Wege stabiler und wird eher zu Verhalten führen, als wenn die Einstellung auf dem peripheren Weg entstehen würde.
- Als Rollenspieler muß die Person ihre Argumente vorverdauen. Sie muß sich um eine verständliche Darstellung bemühen. Dies verbessert die Qualität der Argumente. Denken Sie daran, welch großen Lern-Effekt es hat, wenn man zum Beispiel einen schwierigen mathematischen Beweis, den man selbst kaum verstanden hat, jemand anders zu erklären versucht.
- Während der Rollenspieler improvisiert, kann er sich nicht auf Gegenargumente konzentrieren.
- Im Rollenspiel findet eine Identifikation mit der Person statt, die man spielt. Man macht sich diese Person vertraut, auch wenn diese Person natürlich nur in der Phantasie existiert. Diese Identifikation kann über die Spielsituation hinaus wirken. Das Rollenspiel bringt die Zielpersonen nicht nur auf intellektuell-argumentativem sondern auch auf emotionalem Weg der bisher abgelehnten Position näher. Das Rollenspiel kann spürbar und nachvollziehbar machen, wie sich eine bestimmte Sache ausnimmt, wenn man sie von einer anderen Seite betrachtet.
- Der Mechanismus der kognitiven Dissonanz geht davon aus, daß die Zielperson die Tatsache, daß sie bestimmte Argumente vertreten hat, ihre bisherige Meinung als unstimmig und aversiv erlebt. Sie darf nur nicht das Gefühl haben, gezwungen worden zu sein. Es wäre demnach eine spätere Anpassung der Einstellung an das zuvor gezeigte Verhalten zu erwarten (vgl. Kapitel 11).

Ich möchte noch einmal betonen: Es geht nicht so sehr um das Rollenspielen, sondern darum, daß man selbst die Argumente für eine Sache generiert. Das kann auch in der bloßen Vorstellung ohne ein Publikum bereits effektiv sein. Vielleicht fallen Ihnen selbst ja noch einige Gründe dafür ein, warum selbstgenerierte Argumente die besten sind.

VIERZEHN: : Differentielle Konsumentenpsychologie

Zusammenfassung:

1. *Menschen reagieren unterschiedlich auf Werbe- und Konsumangebote. Anbieter und Werbungtreibende haben daher das Ziel, möglichst viel über die Unterschiede zwischen Individuen und damit auch über ihre spezifische Zielgruppe zu erfahren. Zwei wesentliche Probleme ergeben sich hierbei:*
   - *Manche Dimensionen der Charakterisierung gelten nur für eingeschränkte Situationen oder eine bestimmte historische Zeit.*
   - *Es ist oft kaum praktikabel, relevante Unterschiede zwischen einzelnen Konsumenten zu erheben und zu berücksichtigen. Oft behilft man sich damit, weniger relevante Merkmale als Indikatoren für die eigentlich bedeutsamen Merkmale heranzuziehen.*

2. *Wichtige Unterscheidungsdimensionen für die Konsumentenpsychologie sind neben den klassischen differentialpsychologischen Konstrukten (zum Beispiel »Big Five«, Intelligenz, Kreativität) auch Einstellungen und Motive der Konsumenten oder ihre Rolle in der sozialen Gruppe.*

3. *Eine herausragende Rolle im Einfluß sozialer Gruppen spielen »Meinungsführer«. Die Beeinflussung einer ganzen Gruppe kann bereits dadurch wirksam sein, daß man sich an diese besonderen Personen wendet.*

4. *Bekannte Effekte der Konsumentenpsychologie gelten für unterschiedliche Persongruppen in unterschiedlichem Ausmaß. Zum Beispiel sind manche Menschen für bestimmte Beeinflussungsstrategien (zum Beispiel Fuß-in-der-Tür-Technik, Appell an die Reaktanz) anfälliger als andere.*

5. *Kinder werden von der heutigen Werbewirtschaft als Konsumenten ernst genommen und stellenweise ähnlich behandelt wie Erwachsene. Begründet wird dies mit einer hohen »Medien-« und »Konsumkompetenz« heutiger Kinder.*

6. *Senioren werden trotz hoher Kaufkraft und leichter Ansprechbarkeit durch die Medien in der Werbung noch immer vernachlässigt.*

Die gesamten bisherigen Kapitel beschäftigten sich so mit der Psychologie, wie sie für uns alle gilt. Entscheidungsanomalien, Wahrnehmungs-, Lern- oder Gedächtnismechanismen, Reaktanz und kognitive Dissonanz sind alles Phänomene, die im Prinzip bei allen Menschen zu beobachten sind. Auf den Unterschied zwischen verschiedenen Menschen, das Thema der Differentiellen Psychologie, bin ich bislang kaum eingegangen. Zentrale Bemühungen der Konsumentenforschung zielen aber darauf ab, Zielgruppen zu identifizieren, also Personen mit einem bestimmten Merkmalsprofil herauszugreifen, weil man erwartet, daß diese Gruppe sinnvollerweise gezielt angesprochen werden sollte und vielleicht auch eine andere Ansprache braucht als andere.

14.1 Probleme einer differentiellen Konsumentenpsychologie

Es ist eine banale Alltagserfahrung: Menschen sind verschieden. Es gibt Frauen und Männer, Alte und Junge, Dumme und Gescheite, Introvertierte und Extravertierte, Nette und Fiese und so weiter. Diese unterschiedlichen Menschen verhalten sich doch sicher auch unterschiedlich – oder etwa nicht?

14.1.1 Die Konsistenzforderung

Eine entscheidende Annahme hinter jeder Art von Differentieller Psychologie ist der, daß die Unterschiede zwischen Personen über verschiedene Situationen hinweg auch konsistent sind. Das ist nicht selbstverständlich (Mischel, 1984; Schmitt, 1990). Beispiel: Wenn ich heute beim Zahnarzt mutiger war als mein Bruder, heißt das, daß ich auch morgen meinem Chef gegenüber mutiger sein werde als er? Wenn ich meinen Kollegen gegenüber launisch war, werde ich dann meiner Frau gegenüber auch launisch sein? Sprich: Werde ich mich über verschiedene Situationen hinweg immer gleich verhalten?

Wenn ich davon spreche, daß eine Person bestimmte Eigenschaften hat, dann setze ich genau das voraus, daß nämlich ihre Verhaltensweisen in verschiedenen Situationen viele Gemeinsamkeiten haben, daß sie sich immer konsistent in ähnlicher Weise verhält. Der Eigenschaftsbegriff ist auf Konsistenz angewiesen. (Sie bemerken, daß hier ein anderer Konsistenzbegriff benutzt wird als bei den Konsistenztheorien aus Kapitel 11.)

Für eine Reihe von klassischen persönlichkeitsbeschreibenden Merkmalen mag diese Konsistenzforderung ja auch noch gelten (siehe Exkurs 43). Wie sieht es aber mit den Merkmalen aus, die für unser Konsumverhalten besonders relevant zu sein scheinen?

Exkurs 43 *Die wichtigsten Dimensionen der Differentiellen Psychologie*

Die Differentielle Psychologie beschäftigt sich mit den Unterschieden zwischen Individuen. Solche Unterschiede bestehen zum Beispiel im Bereich der *Begabung*, vor allem der Intelligenz. Wenngleich es eine Reihe von unterschiedlichen Intelligenztests gibt (zum Beispiel Hamburg Wechsler Intelligenztest – HAWIE; Intelligenz-Struktur-Test-2000 – I-S-T-2000; Wilde-Intelligenztest – WIT; Leistungsprüfsystem – LPS), so stimmen doch die Ergebnisse dieser Tests relativ gut miteinander überein und stehen zudem in einigermaßen engem Zusammenhang mit anderen Begabungsmerkmalen, etwa dem Erfolg in Schule und Beruf (Amelang & Zielinski, 1997).

Ein weiteres großes Feld der Differentiellen Psychologie ist die Forschung zu *Persönlichkeitsmerkmalen*. Wenn man unsere alltägliche Redeweise zu Personmerkmalen zugrunde legt, dann lassen sich fünf Dimensionen der Persönlichkeit unterscheiden, die in der Forschungsliteratur als »Big Five« bekannt sind (siehe Costa & McCrae, 1992). Diese Dimensionen sind (mit Beispielitems aus dem Fragebogen von Borkenau & Ostendorf, 1993):

- Neurotizismus, emotionale Reizbarkeit (»Ich fühle mich oft angespannt und nervös«),
- Extraversion (»Ich habe gerne viele Leute um mich herum«),
- Offenheit für Erfahrungen (mit negativer Polung: »Ich finde philosophische Diskussionen langweilig«),
- Verträglichkeit (mit negativer Polung: »Manche Leute halten mich für kalt und berechnend«),
- Gewissenhaftigkeit (»Ich bin eine tüchtige Person, die ihre Arbeit immer erledigt«).

Wenn man den Anhängern der »Big Five« glaubt, dann kann man einen Großteil der Unterschiede zwischen Personen allein anhand dieser fünf Merkmalsdimensionen umschreiben. Eine Anwendung der »Big Five« auf das Konsumentenverhalten diskutiere ich in 14.2.2.

Übrigens: Der Gegenpol zu Introversion heißt Extraversion. Gelegentlich trifft man auch auf den Begriff »Extroversion« oder »extrovertiert«. Dies ist aber nicht etwa die Mitte zwischen den Polen Extra- und Introversion, sondern einfach nur Unsinn.

Nehmen wir etwa eine Studie aus dem Jahr 1993 zu Konsumstilen in den neuen Bundesländern (Stern Bibliothek, 1993). Hier werden die Bürger der ehemaligen DDR den Anbietern, Marketern, Werbern und Unternehmern aus dem Westen »nähergebracht«, indem sie in neun Gruppen unterteilt werden: *Bossis, Wossis, Ankläger, Mundtote, Hilfesucher, Dulder, Eremiten, Allwissende* und *Idealisten*. Jedem Typ wird ein bestimmtes Verhalten auf dem Markt zugesprochen: Die *Ankläger* etwa fühlen sich durch die Wiedervereinigung über den Tisch gezogen und kaufen nur im Einzelfall, stellen ausgedehnte Vergleiche an und kennen die Urteile der *Stiftung Warentest*. Die *Wossis* dagegen versuchen, besonders westlich zu sein und zu wirken, kaufen viel, beinahe rauschartig und interessieren sich für alles, was das Kaufen und Konsumieren noch leichter macht.
Eine solche Typologie macht zunächst einmal die Voraussetzung, daß man für jeden Typ genügend Prototypen antreffen kann und daß die Mischtypen nicht allzu häufig sind. Bereits dies ist sicher häufig eine problematische Annahme, aber davon wollen wir an dieser Stelle absehen. Eine andere Frage ist: Wie stabil sind denn solche Merkmale über die Zeit? Würde man heute noch immer neun Konsumtypen in den neuen Bundesländern unterscheiden können? Wie lange wird man überhaupt noch einen Unterschied zwischen neuen und alten Bundesländern wahrnehmen können?
Ein anderes Beispiel: Wie sieht der typische Internetnutzer aus? »Der typische Internetnutzer ist männlich, zwischen 18 und 25 Jahre alt und Student.« Daß diese Charakterisierung überholt ist, will uns eine jüngere Werbekampagne eindringlich klarmachen (siehe Abbildung 14.1). Hier heißt es: »Den typischen Internetnutzer gibt es nicht mehr.« Diese Anzeige hat eine wichtige forschungsmethodische Dimension: Ein Konsumverhalten wie die Nutzung des Internets erfüllt nach dieser Erwartung nicht mehr die Voraussetzung einer differentiellen Konsumentenpsychologie. Die Kunden haben kein konsistentes Merkmalsprofil mehr, aus der Tatsache der Internetnutzung läßt sich praktisch keine Aussage über die Menschen dahinter ableiten.

Abbildung 14.1 Der typische Internetnutzer.

Es sei dahingestellt, ob die Aussage der Anzeige in Abbildung 14.1 für die Internetnutzung zutrifft. Ein wichtiges Problem wird aber deutlich – und dafür lohnt es sich, die bunten Vögel dieser

Anzeigenserie im Gedächtnis zu behalten: Damit sich die Mühsal einer genauen Zielgruppenbeschreibung überhaupt lohnt, muß eine gewisse Konsistenz von Verhaltensunterschieden über verschiedene Situationen hinweg vorausgesetzt werden dürfen. Wenn in der einen Situation diese Person ein Kunde oder gar ein »heavy user« ist, und in einer vergleichbaren anderen Situation eine andere Person, dann fehlt die Basis für eine einfache und eindeutige Kundenbeschreibung.
Ein ähnlicher Ansatz besteht darin, die Konsumenten situationsabhängig zu »bündeln« und dabei »consumption clusters« zu identifizieren, »also Gruppen, die zum Kauf eines ganzen Sets ähnlicher Waren neigen« (Jo Groebel in *w&v*, 30/2000, S. 56). Wer schon einmal im Internet bei *Amazon* gestöbert hat, wird dort unter den meisten Angeboten den Hinweis finden, welche Titel Personen, die das entsprechende Buch gekauft haben, noch in ihrem Warenkorb hatten. Diese Information ist in mehrfacher Hinsicht interessant – zum einen für die Verkäufer, denn hier zeigt sich, welche Angebote ähnliche Käufergruppen ansprechen, zum anderen aber auch für die Käufer, denn die nutzen diese Information im Sinne eines Konsenses bzw. einer sozialen Bestätigung (vgl. 10.1.2) und prüfen daran die Frage: »Ist dieses Produkt etwas für mich, oder eher nicht?«

14.1.2 Die Praktikabilität: Annäherung statt Messung

Personunterschiede haben für das Marketing mindestens zwei wesentliche Probleme: Zum einen kann man sie nur einfach hinnehmen, man hat sie nicht unter Kontrolle (so wie man etwa die Frage, welche Werbestrategie man wählt, unter Kontrolle hat). Zum anderen sind den Menschen die meisten Eigenschaften nicht ins Gesicht geschrieben. Viele Personmerkmale erschließen sich nicht auf den ersten Blick. Man müßte eine Person näher kennen oder psychologisch testen, um über ihre Merkmale informiert zu werden, was natürlich für eine breit angelegte Marketingstrategie völlig indiskutabel ist.
Aber selbst wenn ich die Persönlichkeitsprofile, Einstellungen oder Lebensstile meiner potentiellen Kunden wirklich kennen würde, ist nicht gesagt, daß ich diese auch gezielt ansprechen kann. Es ist ja nicht gesagt, daß alle Menschen mit dem interessierenden Merkmal im selben Stadtteil wohnen, so daß man mit geringen Streuverlusten genau diese Gruppe ansprechen kann.
Den gut etablierten differentialpsychologischen Konstrukten wie etwa Intelligenz, Extraversion oder Offenheit für Erfahrungen (siehe Exkurs 43) kann sich das Marketing nur sehr grob annähern. Zum Beispiel liegt es nahe, daß etwa die Besucher einer bestimmten Veranstaltung eher extravertiert sind, und wenn ich mit meinem Produkt Extravertierte besonders ansprechen will, dann lohnt es sich, auf dieser Veranstaltung zu werben. Aber der Besuch einer Veranstaltung oder der Kauf eines bestimmten Mediums (vgl. das Beispiel von *Amazon*) sind eben keine etablierten Persönlichkeitstests. Zur Feststellung der Personmerkmale sind es eben allenfalls Faustregeln.
Die Werbewirkungsforschung untersucht nicht zuletzt, wie ergiebig die Anwendung dieser Faustregeln sein kann: Dadurch, daß Personen ein bestimmtes Programm betrachten, eine Zeitschrift abonnieren oder anderes Konsumverhalten an den Tag legen, ordnen sie sich gleichsam ganz von selbst in bestimmte Gruppen. In einem sehr grundlegenden Verständnis ordnet sich die Person zunächst einmal der Gruppe derer zu, die ein bestimmtes Produkt oder eine Information bereits *haben*. Dies ist zwar trivial, werbetechnisch und psychologisch ist es gleichwohl nicht uninteressant. So lohnt es sich beispielsweise für Online-Werbevermarkter, die Webseiten, auf denen ihre Vertragspartner Werbebanner plaziert haben, mit kleinen Dateien, sogenannten »Cookies«, auszustatten, die sich bei den Besuchern der Seite auf der Festplatte einnisten und ein späteres Wiedererkennen des Internetnutzers ermöglicht. »Der ›Datenkeks‹ solle ›vorbeugen‹, daß dieselbe Wer-

bung zu häufig auf dem Bildschirm erscheint« (*Focus*, 14/2000, S. 256). Banner-Einblendungen können auf diesem Weg individualisiert werden. Freilich sind bei diesem Verfahren Fragen des Datenschutzes noch offen.

Die Selbstselektion erlaubt natürlich auch Rückschlüsse auf weniger triviale Merkmale, etwa Einstellungen, Interessen oder demographische Merkmale, ja sogar Persönlichkeitseigenschaften und andere psychologische Differenzierungsdimensionen. So unterscheiden sich Menschen zum Beispiel, wie leicht sie durch emotionale Stimuli ansprechbar sind. Menschen mit einem sehr hohen Reaktionspotential lassen sich grundsätzlich leichter von Spots beeindrucken, die entweder stark positiv oder stark negativ emotional argumentieren. In einer Untersuchung von Moore und Harris (1996) verstärkten sich bei positiver Argumentation die positiven Gefühle von Personen mit hohem Reaktionspotential. Bei negativem Appell setzte dagegen nicht etwa eine Intensivierung negativer Gefühle, sondern eher eine empathisch-mitfühlende Haltung ein. Eine Verstärkung der positiven Gefühle verbesserte auch gleichzeitig das Urteil über den Spot. Die emotionale Reaktion auf negative Appelle wirkte sich nicht auf die Bewertung des Spots aus. Ähnliche Ergebnisse erzielten auch Geuens und De Pelsmacker (1999). Hohe Affektintensität war nur in Interaktion mit positiven und humorvollen Kommunikationsstrategien erfolgreich, ansonsten war die Affektintensität wenig bedeutsam.

Insgesamt deutet sich danach an, daß das unterschiedliche Reaktionspotential auch mit Unterschieden in der Spot-Bewertung zusammenhängt. Gleichzeitig ist bekannt, daß Personen mit hohem Reaktionspotential emotionale Programminhalte wie etwa Komödien, Liebesgeschichten, Action oder Musik besonders bevorzugen. »Dies bedeutet: Werden Werbespots mit positivem emotionalem Appell in solchen Programmkontexten plaziert, so steigt nach Ansicht der Autoren die Wahrscheinlichkeit, daß man damit gerade diejenigen Rezipienten erreicht, die stärker (positiv) darauf reagieren« (Gleich, 1997, S. 403).

Über das Internet lassen sich verhältnismäßig leicht persönliche Profile von Konsumenten gewinnen. So geben manche Internet-Provider bereits mit Einverständnis der Kunden und unter Einhaltung des Datenschutzes Nutzerprofile an Werbekunden weiter. Die Firma *FairAd* zum Beispiel wirbt damit, daß sie ihre Surfer besonders gut kennt: »Mit der Anmeldung erhalten wir ihr Interessenprofil und ihre persönlichen Daten. Mit Einverständnis des Surfers beobachten wir aktiv, wo sie surfen. Das Surfverhalten werten wir anonym und unter strenger Einhaltung des Datenschutzes aus. Exklusiv: Wir wissen, wo der Surfer unterwegs ist und aktualisieren und erweitern laufend sein Userprofil. [...] Mit dem Ergebnis, daß Ihre Werbung zielgenau trifft. Maximale Click-Through-Rates beweisen das.« (Anzeigentext in *w&v*, 29/2000, S. 13).

14.2 Dimensionen der Konsumentenbeschreibung

Man kann Menschen anhand verschiedener Merkmale charakterisieren. Für Marketing-Zwecke kommen in erster Linie solche Merkmalsdimensionen in Frage, die man relativ leicht identifizieren kann. Meyer-Hentschel (1996, S. 26) schlägt in einer offenen Liste eine Reihe von möglichen Dimensionen vor, anhand deren man »die Fingerabdrücke einzelner Zielpersonen« bestimmen kann (siehe Tabelle 14.1).

Tabelle 14.1 Mögliche Kriterien für eine Konsumententypologie; offene Liste nach Meyer-Hentschel (1986, S. 26)

Soziodemographische Merkmale: • Geschlecht • Alter • Bildung • Beruf • Einkommen • soziale Schicht • Familienstand • Haushalts- oder Betriebsgröße • Wohnort oder Betriebstandort	Angebotsbezogene Merkmale: • Produktkenntnis (Experten, Laien) • Kundenstatus (eigene Kunden, Wechselkunden, Kunden der Konkurrenz) • Produktverwendung (mäßig, normal, intensiv) • Kaufstil (impulsiv, gewohnheitsmäßig) • Zufriedenheit (zufriedene – unzufriedene Produktverwender)
Diffusions- und Informationsmerkmale: • Innovatoren • Nachzügler • Gegner • Informationsbedürfnis (hoch – niedrig) • Einstellung zur Werbung (positiv – negativ)	Persönlichkeitsmerkmale: • Beeinflußbarkeit (hoch – niedrig) • Entscheidungsstil (schnell – langsam; emotional – rational) • Risikoverhalten (mißererfolgvermeidend, erfolgsuchend) • ...

14.2.1 Einstellungen als Persönlichkeitsmerkmale

Einstellungen lassen sich auch als einigermaßen überdauernde Merkmale einer Persönlichkeit verstehen. Die Marketing-Forschung versucht beispielsweise häufig, Konsumenten anhand von überdauernden Einstellungen, etwa Lebensstilen zu unterscheiden. In die Beschreibung der Lebensstile fließen die Aktivitäten und Interessen der Personen, ihre charakteristische Motivation und Temperamentsmerkmale mit ein. Die Basis für solche Unterscheidungen sind die Antworten auf Fragen wie:

- Die Kirche paßt nicht in unsere Zeit.
- Gutes Aussehen ist sehr wichtig im Leben.
- Mich interessieren besondere Gerichte der ausländischen Küche.

Auf diesem Wege hofft man charakteristische Interessens- und Persönlichkeitsprofile zu finden, die häufig gemeinsam auftreten. Ein Zusammenschluß europäischer Marktforschungsinstitute fand mit einer solchen Methode 16 unterscheidbare Lebensstil-Gruppen.

Unterscheidungen zwischen Personen lassen sich auch umgekehrt von seiten der Nutzer bestimmter Produkte treffen. Zum Beispiel wurde untersucht, wie sich die Leser von *Playboy* und *Reader's Digest* in ihren Einstellungen unterscheiden. Wesentlich mehr *Playboy*-Leser stimmten der Aussage zu, daß ihre größten Erfolge noch vor ihnen liegen (50 Prozent versus 26 Prozent). Dagegen gehen nur 18 Prozent der *Playboy*-Leser regelmäßig zur Kirche – verglichen mit immerhin 40 Prozent der *Reader's Digest*-Leser (Kotler & Bliemel, 1995, S. 290*ff*; Moser, 1991, S. 41; Tigert, 1974; siehe auch Celuch & Slama, 1995).

Nicht nur die Einstellungen zu Leben und Werten insgesamt, sondern insbesondere die zu Konsum und Werbung sind als unterscheidende Merkmale von Interesse. Wolfradt und Petersen (1997) ermittelten fünf unterschiedliche Dimensionen der Einstellung gegenüber Fernsehwerbung:

1) Positive Bewertung der inhaltlichen Aspekte von Fernsehwerbung (insbesondere ihr Unterhaltungspotential).
2) Funktion der Fernsehwerbung für das eigene Leben (u.a. Anregung für das tägliche Leben).
3) Negative Auswirkungen von Fernsehwerbung (insbesondere ihr Unterhaltungspotential).
4) Störungen durch Fernsehwerbung beim Fernsehkonsum.
5) Manipulativer Charakter der Fernsehwerbung.

Hinsichtlich dieser Einstellungsdimensionen fanden Wolfradt und Petersen (1997) unterschiedliche Muster für unterschiedliche Personen: Frauen bewerteten die inhaltlichen Aspekte positiver als Männer (Kategorie 1), betonten dabei aber gleichzeitig die möglichen negativen Auswirkungen stärker (Kategorie 3). Der manipulative Charakter der Werbung (Kategorie 5) wurde dagegen von den Männern stärker betont.

Ein enger Zusammenhang fand sich überdies zwischen einem hohen Fernsehkonsum sowie einer Präferenz für private Programme und einer Betonung der Nützlichkeit von Werbung (Kategorie 2). Wer dagegen öffentlich rechtliche Programme bevorzugte, sah in der Werbung tendenziell weniger Nützliches für das eigene Leben (zum Beispiel bei Items wie »ich möchte so sein wie die Menschen in Fernsehwerbespots«). Ein weiterer Unterschied zwischen den Nutzern privater und öffentlich-rechtlicher Programme bestand in der Erwartung negativer Folgen: die Nutzer privater Programme sahen diese negativen Seiten weniger dramatisch (siehe auch Gleich, 1998).

14.2.2 Kauf-Motive und die »Big Five«

Daß sich Menschen in ihren Bedürfnissen unterscheiden, wird niemanden überraschen. Insofern sind natürlich Bedürfnisse und Motive eine weitere wichtige Unterscheidungsdimension. Konsumenten befriedigen ihre Bedürfnisse aber nicht nur durch das, was sie kaufen, auch die Kaufhandlung selbst kann – unabhängig vom Produkt – Bedürfnisse befriedigen. So schlägt zum Beispiel Tauber (1972) insgesamt elf verschiedene Bedürfnisse vor, die mit einer Kaufhandlung bzw. durch einen Einkaufsbummel befriedigt werden können.

Diese Motive sind im Unterschied etwa zu grundlegenden Bedürfnissen wie sie in Kapitel 2 diskutiert wurden, bei unterschiedlichen Personen auch unterschiedlich stark ausgeprägt. So genießen etwa manche Menschen die Atmosphäre von Kaufhäusern und Einkaufszentren, andere fliehen regelrecht davor. Einige Menschen neigen dazu, sich durch eine Kaufhandlung zu belohnen, andere sehen es gar als eine lohnende Tätigkeit, sich beim Einkauf über neue Trends zu informieren.

Mooradian und Olver (1996) konnten zeigen, daß zwischen diesen Kauf-Motiven und den klassischen Persönlichkeitsdimensionen, den »Big Five« (siehe Exkurs 43), eine enge und theoretisch plausible Beziehung besteht. Hierzu entwickelten sie aus den Beschreibungen von Tauber (1972) einen Fragebogen, der die verschiedenen Einkaufs-Motive (»shopping motives«) erfassen soll. Tabelle 14.2 stellt diesen Fragebogen mit Beispielformulierungen vor.

Tabelle 14.2 Einkaufsmotive und Beispielitems

Einkaufs-Motive	Beispielitems
– Zerstreuung	Einkaufen ist eine gute Gelegenheit, einmal aus dem Haus zu kommen.
– sensorische Stimulation	Ich schaue mir gerne Schaufenster an.
– Selbstbelohnung	Ich kaufe öfter mal Sachen, die ich nicht brauche, um mich aufzuheitern.
– etwas über neue Trends lernen	Was es Neues gibt, erfahre ich beim Einkaufen.
– physische Aktivität	Manchmal gehe ich ins Einkaufszentrum, nur um mich ein bißchen zu bewegen.
– soziale Aktivität	Manchmal gehe ich ins Einkaufszentrum, nur um unter Leute zu kommen.
– eine Rolle spielen	Bei Mooradian & Olver (1996) nicht umgesetzt.
– Kommunikation mit Personen, die die gleichen Interessen haben	Ich unterhalte mich gerne mit den Verkäufern oder anderen Kunden.
– Kontakt zu Freunden	Ich gehe gerne mit meinen Freunden einkaufen.
– Status und Autorität	Ich genieße die Aufmerksamkeit, die mir in besseren Geschäften zuteil wird.
– Vergnügen am Handeln	Wenn ich denke, daß ich handeln kann, biete ich einen niedrigeren Preis.
– Vergnügen an günstigem Einkauf	Ich bin immer auf der Suche nach Sonderangeboten.

Aus: Mooradian & Olver, 1996, S. 584, Tabelle 1, Übers. GF

Mooradian und Olver (1996) erweiterten die Liste von Tauber (1972) in einem Punkt: Die ursprüngliche Form bezeichnete noch »bargaining« als ein einzelnes Motiv. Die Liste aus Tabelle 14.2 unterscheidet jedoch zwischen dem Prozeß des »bargaining« und dem Ergebnis, dem »bargain«. Dementsprechend werden zwei Motive beschrieben: Einerseits das »pleasure in bargaining«, also das Vergnügen daran, einen günstigen Kauf herbeizuführen. Damit ist in der Regel das Vergnügen am Verhandeln gemeint. Andererseits gibt es das »pleasure in bargains«, also das Vergnügen an einem günstigen Kauf, der wie auch immer herbeigeführt sein mag. Wir werden unten sehen, daß diese Unterscheidung sehr sinnvoll ist.

Diese verschiedenen Motive wurden in einer Befragung zu den »Big Five« in Beziehung gesetzt. Die Autoren hatten hierzu differenzierte theoretische Vorstellungen:

Neurotizismus oder »emotionale Labilität« ist zum Beispiel definiert als eine allgemeine Tendenz, negative Gefühlszustände wie etwa Angst oder Niedergeschlagenheit zu erleben. Personen, die dieses Merkmal besitzen, müßten daher eher zu den stimmungsregulierenden Aspekten der Kaufmotivation neigen. Zum Beispiel müßten neurotische eher als emotional stabile Personen Dinge kaufen, um sich in bessere Stimmung zu bringen.

Extraversion zeigt sich besonders in der sozialen Interaktion. Extravertierte Menschen sind gerne mit anderen zusammen und legen Wert auf Kommunikation. Daher sollten Extravertierte die sozialen und kommunikativen Facetten des Konsumverhaltens höher bewerten als Introvertierte.
Offenheit für Erfahrungen ist durch eine besondere Neugier und Bereitschaft zur intellektuellen Stimulation gekennzeichnet. Offene Personen sollten besonders empfänglich für die sensorische Seite des Kaufens sein und sie sollten den »Lerneffekt« beim Kaufen (zum Beispiel etwas über neue Trends zu erfahren) besonders schätzen.
Eine *verträgliche* Person ist besonders auf andere ausgerichtet, hilfsbereit, konfliktvermeidend, einfühlsam und freundlich. Daher sollte Verträglichkeit auch mit sozialen Motiven des Kaufens zusammenhängen. Da verträgliche Personen nicht sehr konfliktfreudig sind, sollte man nicht erwarten, daß sie gerne Preise verhandeln.
Gewissenhaftigkeit schließlich äußert sich in planendem, zielgerichtetem, absichtsvollem, zuverlässigem und wenig impulsivem Verhalten. Ein Kauf, der bloß der Stimmungsregulation dient, ist sicher untypisch für das Merkmal Gewissenhaftigkeit, das Ziel, durch einen Einkaufsbummel Informationen zu gewinnen, dagegen schon eher.
Tabelle 14.3 zeigt Ergebnisse einer ersten Überprüfung dieser Zusammenhänge mit Fragebögen, die einer Stichprobe von 211 Studierenden vorgelegt wurden (Mooradian & Olver, 1996). Die Tabelle zeigt die Produkt-Moment-Korrelationen der »Big Five« mit den erhobenen Einkaufs-Motiven (siehe oben Tabelle 14.2). Zur besseren Übersicht werden nur solche Korrelationen gezeigt, die statistisch bedeutsam sind ($p < .01$).

Tabelle 14.3 Korrelationen der Einkaufs-Motive mit den »Big Five«

Motiv	Neurotizismus	Extraversion	Offenheit	Verträglichkeit	Gewissenhaftigkeit
Zerstreuung	.18		.20		
Selbstbelohnung	.32		.22		–.17
Physisch	.21				
Sensorisch	.17		.22	.21	
Lernen			.24	.19	.17
Sozial		.28	.20		
Kommunikation		.24			
Freunde		.23			
Status		.18			
Handeln	–.27			–.26	
Schnäppchen				.26	.29

Anmerkung: N = 211. Alle p < .01.
Nach Mooradian & Olver, 1996, S. 588, Tabelle 3.

Die Daten entsprechen weitgehend den theoretischen Erwartungen. Emotional labile (neurotische) Personen neigen zu einer Reihe von stimmungsregulierenden Strategien beim Einkauf, insbesondere dazu, sich durch einen Kauf selbst zu belohnen. Zudem lehnen sie das Verhandeln von Preisen eher ab. Extraversion geht erwartungsgemäß mit Motiven einher, die sich auf die zwischenmenschliche Interaktion beziehen. Offenheit für Erfahrung korreliert mit verschiedenen erfahrungsbezogenen Motiven, so etwa dem, durch den Einkaufsbummel etwas über neue Trends zu lernen, aber auch mit solchen Motiven, die die sensorische, soziale oder unterhaltende Facette des Einkaufs betonen. Erwartungsgemäß neigen hoch verträgliche Personen nicht dazu, Preise zu verhandeln, sie genießen es aber gleichzeitig durchaus, wenn sie eine Sache zu einem günstigen Preis gekauft haben. Spätestens hier zeigt sich, daß die Motive, einen günstigen Kauf herbeizuführen und etwas günstig zu kaufen, sehr verschieden, unter Umständen sogar gegenläufig sind. Das letztere Motiv, das ja darin besteht, Sonderangebote zu beachten und Preise zu vergleichen, korreliert erwartungsgemäß besonders mit Gewissenhaftigkeit.

Der Wert einer solchen Untersuchung besteht darin, die differentielle Konsumentenpsychologie auf den Boden einer weithin akzeptierten und theoretisch eingebundenen Persönlichkeitsbeschreibung gestellt zu haben. Dies ist angesichts der Unbändigkeit, mit der immer neue und immer kurzlebigere Typologien entwickelt werden, besonders verdienstvoll. Die Überlegungen von Mooradian und Olver (1996) ermöglichen es uns, in der Beschreibung von Konsumententypen eine einheitliche, weit verbreitete Sprache zu sprechen. Sie ermöglichen uns freilich weiterhin nicht, Konsumententypen ohne größeren Erhebungsaufwand zu erkennen. Auch die »Big Five« werden typischerweise mit Fragebögen oder Fremdbeschreibungen, auf jeden Fall aber mit verhältnismäßig aufwendigen Methoden erhoben.

Allerdings weiß man über die »Big Five« in der Regel deutlich mehr als über andere Persönlichkeitsdimensionen – und das kann in der Praxis denn doch von Vorteil sein. So weiß man zum Beispiel, daß ältere Menschen in der Regel emotional stabiler sind als jüngere, bzw. daß Männer weniger zu Neurotizismus neigen als Frauen. Zudem ist bekannt, daß Neurotizismus mit einer erhöhten Sensibilität für negative Stimuli der Außenwelt einhergeht (zusammenfassend Mooradian & Olver, 1996). Solche Erkenntnisse lassen sich gemeinsam mit dem Wissen über Kauf-Motive durchaus praktisch nutzen, wenn es um die Umsetzung einer Verkaufsstrategie für eine bestimmte Zielgruppe geht.

14.2.3 Meinungsführer

Besondere Qualitäten als Modelle oder als Lieferanten der sozialen Bestätigung (vgl. 10.1.2) haben sogenannte »Meinungsführer« (»opinion leader«). Damit sind solche Personen gemeint, die mit besonders hoher Wahrscheinlichkeit eine Kommunikation aufnehmen und sie weitergeben. Sie treten gerade in Wahl- und Entscheidungssituationen zwischen die Kommunikatoren und die Rezipienten und vermitteln auf diese Weise die Botschaften. Diese Vermittlung geschieht in persönlicher Kommunikation, und genau darin liegt auch der besondere Vorteil der Meinungsführer. Persönliche Kommunikation ist nämlich bei der Beeinflussung wesentlich bedeutsamer als Massenkommunikation (vgl. 13.1). Die Strategie, Meinungsführer bei der Beeinflussung verstärkt anzusprechen, wird zum Beispiel verfolgt, wenn Pharmahersteller ihre Produkte in kostenlosen Proben an Ärzte weitergeben. Die Verbreitung wird dann allerdings nicht über eine Empfehlung, sondern über die Verschreibung besorgt.

Meinungsführer sind nicht immer die Personen, die in einer Gruppe auch den Boß abgeben (vgl. auch Kotler & Bliemel, 1995, S. 285). Meinungsführer können ganz durchschnittliche Menschen sein. In der Regel zeichnet diese Menschen nur aus, daß sie ...

- außerordentlich viel Kontakt zu anderen haben (zum Beispiel Ärzte, Geschäftsleute),
- normalerweise gut informiert sind (also Experten im weitesten Sinne, aber auch »Freaks«, wie zum Beispiel ein Mensch, der jede Neuerscheinung auf dem Hifi-Markt beobachtet),

- gesellig sind (Personen, die in Clubs und Vereinen verkehren),
- ein hohes Selbstbewußtsein besitzen, wenn es darum geht, sich eine Meinung zu bilden,
- viele Ratschläge geben, aber auch viele Ratschläge erhalten,
- durch ihre sozialen Rollen (zum Beispiel eine großen Haushalt versorgen zu müssen) als kompetent gelten,
- sich aus den richtigen Quellen mit Informationen versorgen (Fachzeitschriften anstelle von Werbung),
- sich für die aktuellen gesellschaftlichen Strömungen interessieren (also sich in der Mode und in Stilfragen auf dem Laufenden halten und über Preisentwicklungen und Angebote Bescheid wissen),
- das in Frage stehende Produkt erst kürzlich gekauft haben (Lachmann, 1993, S. 852, spricht von »rezenten Käufern«) und deshalb bevorzugt von anderen angesprochen werden.

Meinungsführer sind häufig auch Innovatoren. Typisch für eine innovativ eingestellte Person ist, daß sie relativ schnell zu einer Entscheidung für das Produkt finden (Lachmann, 1993).
Solche Merkmale haben Meinungsführer mit größerer Wahrscheinlichkeit (Mullen & Johnson, 1990; Myers & Robertson, 1972; Schmitz, Noll & Feiten, 1996). Wie identifiziert man nun Meinungsführer? Da bietet sich zunächst das Soziogramm an (vgl. Moreno, 1974; siehe auch Rogers & Cartano, 1962): Wenn man die Mitglieder einer bestimmten Gemeinschaft auf einer »sozialen Landkarte« verzeichnet, und nach den Angaben der Gruppenmitglieder Pfeile zu jedem zieht, zu dem das entsprechende Gruppenmitglied einen häufigen Kontakt hat, dann erhält man ein Muster von Pfeilen unterschiedlicher Dichte. Normalerweise werden leicht spezielle Knotenpunkte sichtbar, an denen man Personen erkennen kann, die zu vielen anderen Kontakt haben. Diese Personen sind besonders vielversprechende Kandidaten für die Rolle des Meinungsführers.

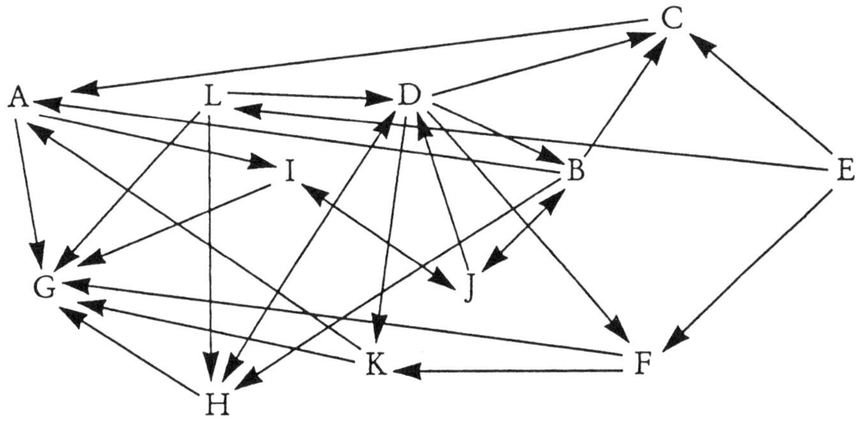

Abbildung 14.2 Phantasiebeispiel für ein Soziogramm.

Abbildung 14.2 enthält ein erfundenes Beispiel für ein solches Muster. Die Personen A bis L wurden aufgefordert, diejenigen anderen zu benennen, zu denen sie häufig und gern Kontakt haben. Jede Nennung ergab einen Pfeil. Die Pfeile zeigen auch an, ob eine Nennung beidseitig erfolgte. Wie deutlich wird, ist G offenbar besonders beliebt, während E von niemandem aktiv aufgesucht wird. Für die untersuchte Gruppe wäre es somit vielversprechend, den G für eine Sache zu gewinnen, da er vermutlich viele andere Leute mitreißen dürfte.

Zur Bestimmung eines Meinungsführers ist das Soziogramm freilich zu aufwendig. Man kann Personen auch nach ihrer Rolle in einer Gruppe befragen. Zum Beispiel fragt man eine Person danach, ob sie mit ihren Freunden über dies oder jenes spricht, ob sie viel oder wenig Informationen zu einem bestimmten Thema hat, wie oft sie in der letzten Zeit über dieses Thema mit anderen gesprochen hat, ob und wann sie zu dem Thema um Rat gebeten wurde, und so weiter (Childers, 1986; Flynn, Goldsmith & Eastman, 1994; King & Summers, 1970).

Freilich ist sowohl die bloße Kommunikationshäufigkeit als auch die Selbstzuschreibung problematisch, denn daraus geht nicht hervor, ob eine entsprechende Person auch von anderen für einen Meinungsführer gehalten wird (Gawronski & Erb, im Druck). Insofern erscheint es sinnvoll, auch die Rezipienten zu fragen, wen sie als Meinungsführer in einem bestimmten Bereich ansehen (Rogers & Cartano, 1962).

Man kann Meinungsführer auch auf dem Weg der Beobachtung ermitteln. Zum Beispiel lassen sich Kommunikationsmuster auf Konsumveranstaltungen wie etwa einer »*Tupper*-Party« (vgl. Exkurs 38) beobachten.

Meinungsführer geben sich dem Anbieter oft aktiv zu erkennen, zum Beispiel indem sie Informationen zu einem Produkt anfordern. Daher werden die Adressen derjenigen Personen, die auf beigefügten Coupons oder mit Hilfe einer eingeblendeten Telefonnummer Zusatzinformationen erfragt haben, gut verwahrt. Außerdem offenbaren sich auch die Abonnenten von »Special-Interest«-Zeitschriften (zum Beispiel Fachblätter für HiFi, Motorräder, Musikinstrumente etc.) als besonders interessierte potentielle Kunden.

Wenn es darum geht, die entscheidenden Personen zu identifizieren oder gezielt anzusprechen, treten verschiedene Schwierigkeiten auf (vgl. Grefe & Müller, 1976; Kroeber-Riel, 1992; Bründe, 1989; Schmitz, Noll & Feiten, 1996): Manchmal ist der Bereich, in dem eine Person als Meinungsführer gilt, sehr eng umgrenzt, und jeder Bereich scheint seine eigenen Meinungsführer zu haben. Denken Sie zum Beispiel an den Hifi-Freak, den Sie vielleicht fragen würden, wenn Sie sich einen CD-Spieler kaufen wollen, der aber sicher nicht Ihr erster Kontakt wäre, wenn es Ihnen um den Kauf eines Autos ginge. Durch diese Spezifizierung kommt es, daß sich eigentlich die meisten Menschen (in einer Umfrage etwa 69 Prozent, King & Summers, 1970) in irgendeinem Bereich als Meinungsführer bezeichnen.

Meinungsführer kann es nur in relativ kleinen Gruppen geben, in denen häufiger persönlicher Kontakt stattfindet. Daher ist die Zahl der Meinungsführer sehr hoch. Sie wird pro Einstellungsgegenstand auf 20-25 Prozent der Adressaten geschätzt.

Aus diesen Punkten ergibt sich, daß Meinungsführerschaft weniger eine Eigenschaft bestimmter Personen, sondern eine Kommunikationsform innerhalb einer Gruppe ist. Ob eine Person Meinungsführer ist, hängt nur mittelbar von ihren Merkmalen ab. Vermittelt wird ihre Meinungsführerschaft durch die Rolle, die sie in der Gruppe einnimmt.

Wenn man die einfache Unterscheidung zwischen Meinungsführern und »Meinungsgeführten« weiter differenziert, dann zeigt sich folgendes Bild: In einer Gruppe interessierter Personen wechseln die Individuen zwischen der Rolle derjenigen, die eine Meinung erfragen und derjenigen, die sie weitergeben. Eine dritte Gruppe von Uninteressierten und Inaktiven dagegen beteiligt sich nicht an diesem Informationsfluß. Sie gibt also weder Informationen, noch erfragt sie welche. Daher wird diese Gruppe auch durch die Kommunikation nicht erreicht, denn die Meinungsführer halten sich nur an die Aktiven und Interessierten. Die Gruppe der Uninteressierten wird nach einer Studie von Troldahl und Van Dam (1965/1966) auf 63 Prozent geschätzt.

Neben dem Versuch, Meinungsführer zu finden und gezielt anzusprechen, steht die Möglichkeit, fiktive, virtuelle oder symbolische Meinungsführer zu schaffen (Schmitz, Noll & Feiten, 1996).

Zum Beispiel kann ein Hersteller bestimmte Personen zu Meinungsführern erklären, indem er sie mit dem Produkt selbst und mit wichtigen Informationen zu dem Produkt versorgt. Was noch fehlt, ist allerdings die garantierte Glaubwürdigkeit und Kompetenz der Personen, die bei einem richtigen Meinungsführer gegeben ist. Daher werden über die Werbung häufig symbolische Meinungsführer geschaffen. Denken wir nur an die »Zahnarztfrau«, die uns eine Zahncreme empfiehlt. Symbolische Meinungsführer treten meist bei der *Slice-of-life*-Technik der Werbung auf (vgl. 1.4.4). Die sogenannten virtuellen oder fiktiven Meinungsführer gehen dagegen mit der Testimonial-Technik einher. Der entscheidende Punkt bei dieser Art von Meinungsführer ist, daß sie schon vor der Werbung bekannt waren. Die Hoffnung ist, durch selbstgeschaffene Meinungsführer die passiven und kontaktarmen Rezipienten zu erreichen, deren soziales Leben ganz entscheidend darin besteht, daß sie das Medienangebot konsumieren.

Besonders beliebt ist der Einsatz von Prominenten in der Werbung. Auch hier besteht das Problem der Glaubwürdigkeit. Wenngleich das Publikum einer beliebten prominenten Person sehr leicht positive Eigenschaften zuschreibt, ohne viel darüber zu wissen, kann sich dieser Vorteil in sein Gegenteil verkehren, wenn das Idealbild der prominenten Person nicht mehr aufrecht erhalten werden kann. Eindrucksvoll hat sich das am Beispiel der Star-Sprinterin Katrin Krabbe gezeigt, die für die Aktion »Keine Macht den Drogen« warb und später des Dopings überführt wurde.

Noch eine weitere Einschränkung muß bei der Werbung mit Prominenten beachtet werden: Sobald ein prominenter Meinungsführer für mehr als ein Produkt wirbt, sinkt seine Glaubwürdigkeit, er wird als weniger sympathisch empfunden, und es wird ihm eine geringere Expertise zugeschrieben (Tripp, Jensen & Carlson, 1994). Dieser Effekt wird plausibel, wenn man bedenkt, wie wir uns als Konsumenten das Verhalten der berühmten Testimonials erklären: Je mehr Produkte eine prominente Person in der Werbung anpreist, desto eher springt ins Auge, daß diese Person finanzielle Motive hatte, diese Werbung zu machen, und desto weniger halten wir es für plausibel, daß die Person das Produkt selbst benutzt oder von dessen Qualität besonders überzeugt ist (vgl. auch Rhodes, 1997). Dieser Effekt droht beispielsweise bei der Kampagne vom Spätsommer 2000, in der Thomas Gottschalk für Aktien der *Post* wirbt, nachdem er jahrelang auch für *Haribo* in den Ring gestiegen ist (siehe auch *w&v*, 30/2000, S. 8*f*).

Wie die meisten werbetechnischen Maßnahmen sind auch Meinungsführer nur unter bestimmten Involvement-Bedingungen wirksam. Meinungsführerschaft als solche ist nur ein peripheres Merkmal (im Sinne des ELM, siehe 13.3.1) einer Kommunikation. Die Tatsache, daß ein Kommunikator ein Meinungsführer ist, wird daher eher von solchen Menschen als ein Argument gewertet, die entweder zu wenig Kompetenz oder zu wenig Motivation haben, sich mit der Information detailliert auseinanderzusetzen.

Gawronski und Erb (im Druck) beschreiben eine Reihe von Einschränkungen für die Wirksamkeit von Meinungsführern. Eine davon besteht in der unterschiedlichen Bereitschaft von Personen, Heuristiken zu nutzen. Nicht nur die Entscheidung, überhaupt nach einer Faustregel zu verfahren, sondern auch die Frage, welche Faustregel genutzt werden soll, hängt von der einzelnen Person ab (vgl. auch Keller, Bohner & Erb, 2000, siehe unten 14.3.3). Manche Personen tendieren eher dazu, einer sympathischen Person zu glauben, andere richten sich vor allem nach der Mehrheitsmeinung. Die Orientierung an einem Meinungsführer stellt eben nur ein Beispiel für heuristische Informationsverarbeitung dar. Ein Kommunikator sollte daher seine Präsentation daraufhin untersuchen, welche Heuristiken darauf angewendet werden können – die sind nämlich potentielle Konkurrenten für den Meinungsführer.

Meinungsführer sind nach Gawronski und Erb (im Druck) einigermaßen überflüssig, wenn die Argumente ohnehin sehr stark und verständlich sind und das Publikum ein entsprechendes Involvement mitbringt. In diesen Fällen hat ein Meinungsführer keinen größeren Erfolg bei der Kommunikation als andere auch.
Negativ können sich Meinungsführer dann auswirken, wenn die Argumente, mit denen sie auftreten, eigentlich zu schwach sind. Die schwachen Argumente können per Kontrasteffekt noch schwächer, ja lächerlich wirken, wenn sie aus dem Munde eines bekannten Experten kommen.
Die eigentliche Indikation für den Einsatz von Meinungsführern ist in Fällen gegeben, in denen Informationen unvollständig oder mehrdeutig sind. In beiden Fällen haben selbst motivierte Konsumenten keine Möglichkeit der aufwendigen Prüfung. Sie müssen auf Faustregeln ausweichen. Auf die unvollständige Information wirkt der Meinungsführer gleichsam additiv (Gawronski & Erb, im Druck); sein Gewicht kann unter Umständen den Ausschlag geben. Bei mehrdeutiger Informationslage kann der Effekt des Meinungsführers gleichsam mit der Information interagieren: ›Dadurch, daß es der Meinungsführer sagt, bedeutet es etwas anderes.‹ Gerade pseudo-präzise und halb-wissenschaftliche Aussagen in der Werbung sind von diesem Effekt betroffen. Aus dem Munde eines Experten hören sich Begriffe wie ›LC-1-Kulturen‹ und ›mehrfach ungesättigte Fettsäuren‹ eben anders an, als wenn Sie oder ich das sagen (Beispiel nach Gawronski & Erb, im Druck).

14.3 Differentialpsychologische Moderatoren im Konsumentenverhalten

Viele von den Effekten, die ich in den vorangehenden Kapiteln diskutiert habe, gelten nicht für alle Menschen im gleichen Ausmaß. Für manche Effekte ist vielleicht diese Person anfälliger als jene. Diejenigen Merkmale, die darüber entscheiden, wie stark ein bestimmter Effekt ausfällt, nennen wir »Moderatoren« oder »Moderatorvariablen«. Einer der bedeutendsten Moderatoren im Konsumentenverhalten ist – wie Sie an den vorangegangenen Kapiteln zur Genüge erkennen können – das Involvement. Nun ist aber Involvement verglichen mit der Persönlichkeit keine sehr stabile Variable, man kann es in gewissen Grenzen sogar manipulieren.
Jüngere Forschungsarbeiten zeigen, daß Werbung auch je nach Selbstkonzept der Rezipienten unterschiedlich wirkt. Mehta (1999) oder Wang und Mowen (1997) zeigen, daß Werbespots positiver beurteilt und das Produkt bereitwilliger zum Kauf erwogen wird, wenn die Spots zu dem Bild passen, das die Personen von sich selbst haben. Das Selbstbild einer Person ist zwar im Prinzip veränderlich, tatsächlich bleibt es aber über den Lebenslauf im wesentlichen erhalten (Felser, 2000a). Die folgenden Ausführungen stellen Ihnen nun einige weitere moderierende Merkmale vor, von denen angenommen wird, daß sie einigermaßen stabil sind.

14.3.1 »Need for cognition«

Personen unterscheiden sich in der Bereitwilligkeit, mit der sie sich auf Tätigkeiten einlassen, die intensives Nachdenken von ihnen fordern. Cacioppo und Petty (1982) nennen dies den »need for cognition«. Sie entwickelten eine Skala, mit der man dieses Merkmal messen kann (ins Deutsche übersetzt von Bless et al., 1994). In der Tat ist der »need for cognition« eine vergleichsweise gut etablierte und geläufige Moderatorvariable in der Persuasionsforschung. Bei einem hohen »need

for cognition« wird auch mit höherer Wahrscheinlichkeit der zentrale Weg der Überredung beschritten, das heißt die Argumente werden stärker beachtet und intensiver reflektiert. So zeigt sich, daß Personen mit einem hohen »need for cognition« stärker beeinflußt werden, wenn sich die Qualität der Argumente verbessert, als Personen mit einem niedrigen »need for cognition« (Cacioppo, Petty & Morris, 1983).
Unklar ist, ob Personen mit einem niedrigen »need for cognition« nur weniger stark auf die Qualität der Argumente reagieren, oder ob sie gar im Umkehrschluß eine heuristische Verarbeitung bevorzugen bzw. von einem peripheren Argument stärker beeinflußt werden. Evidenz für die letztere Erwartung berichtet Chaiken (1987, S. 17): Sie konfrontierte ihre studentischen Versuchspersonen mit einer Reihe von Argumenten für eine Änderung der Prüfungsmodalitäten. Die Argumente waren in jeder experimentellen Bedingung dieselben. In der einen Bedingung jedoch kündigte der Redner an, er werde zwei Argumente für eine Änderung vortragen, in der anderen erklärte er, es würden zehn Argumente folgen. Hierdurch wurde also nur die unterstellte Menge der Argumente verändert, ihre tatsächliche Menge und Qualität blieb jedoch in beiden Bedingungen gleich. Durch den Hinweis auf die Menge der Argumente wird die Heuristik angestoßen, daß viele Argumente für eine starke Position sprechen (»length implies strength«). Diese Heuristik nutzten aber offenbar nur Personen mit einem niedrigen »need for cognition«, denn nur in dieser Teilstichprobe war die experimentelle Variation wirksam. Nach diesen Ergebnissen zeigt der »need for cognition« also gleich zweierlei an: Die Ansprechbarkeit durch Argumente und die Ansprechbarkeit durch periphere Hinweise.

14.3.2 Das Konsistenzmotiv

In einer Tageszeitung (*Trierischer Volksfreund,* 14./15. Jan. 1995, Nr. 12, S. 11) war unter der Überschrift »Per Mitleids-Masche zur Unterschrift« von einem Verkaufs-Trick die Rede: Zwei junge Leute klingeln an der Tür und fragen, ob man bereit sei, an einer Umfrage teilzunehmen. Die Frage ist, ob man Vorurteile gegen ehemals Drogenabhängige habe und ob man selbst befürworten würde, daß man diesen Leuten auf dem Weg der Resozialisierung helfen sollte. Nachdem diese Frage beantwortet wurde, erklären die beiden, sie seien selbst ehemalige Drogenkonsumenten, und sie sammelten Geld für ein therapeutisches Wohnheim. Es würde aber gegen ihre Bewährungsauflagen verstoßen, wenn sie Spenden nähmen. Statt dessen könnten sie Abonnements für verschiedene Zeitschriften anbieten.
Dieses Szenario ist Ihnen aus Kapitel 11 wohlbekannt; die jungen Zeitungs-Drücker nutzen natürlich nicht eine »Mitleids-Masche«, sondern die Fuß-in-der-Tür-Technik (11.4.2). Aber auch das universale Fuß-in-der-Tür-Phänomen muß differentialpsychologisch spezifiziert werden. Offenbar gibt es Personen, die für die Fuß-in-der-Tür-Technik anfälliger sind als andere. Cialdini, Trost und Newsom (1995) untersuchten einen Motivzustand, den sie das »Konsistenzmotiv« nennen. Damit meinen sie ein besonders ausgeprägtes Bedürfnis, im Einklang mit den inneren Überzeugungen zu handeln, auf andere stimmig zu wirken, und sich möglichst wenig von irrelevanten Äußerlichkeiten beeinflussen zu lassen. Wenn nun das Gegenüber diese Bedürfnisse nicht hat, dann braucht der Zeitschriftendrücker die Fuß-in-der-Tür-Technik eigentlich gar nicht so dringend. Wer nicht besonders konsistent ist, kauft das Abonnement auch so.
Die Wirkung der Technik zeigt sich vor allem bei hoch konsistenten Personen, denn die würden ohne den Druck ihrer eigenen »Ja«-Antworten deutlich weniger kaufen. Abbildung 14.3 illustriert diesen Zusammenhang anhand der Daten von Cialdini et al. (1995, S. 323, Tabelle 3): Rechts steht

der Effekt für die hoch konsistenten Personen, links der für die niedrig konsistenten. Für die letzteren scheint es kaum eine Rolle zu spielen, ob sie mit der Fuß-in-der-Tür-Technik auf die »Ja«-Sage-Schiene gesetzt werden. Sie brauchen nur einen leichten Anstoß, dann nehmen die das Abonnement mit einer relativ hohen Wahrscheinlichkeit. Der Effekt der Fuß-in-der-Tür-Technik ist dagegen sehr groß bei den Konsistenten.

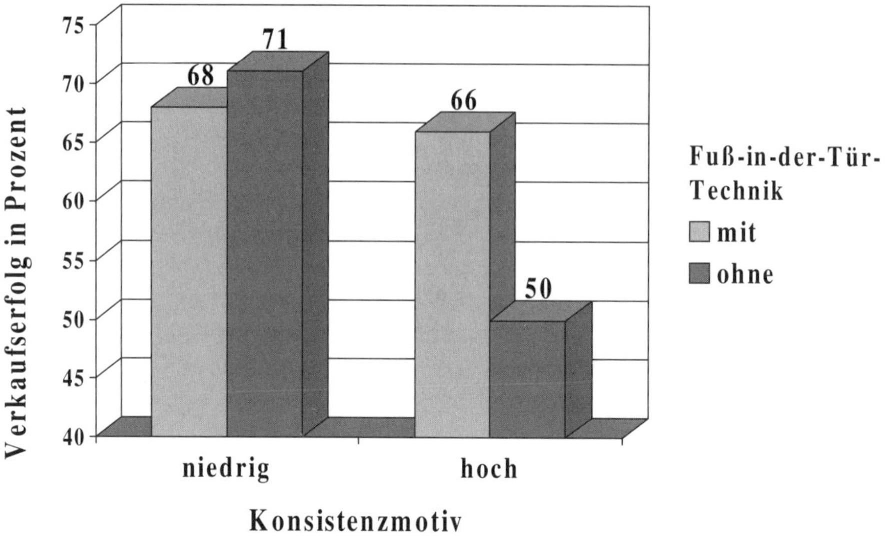

Abbildung 14.3 Verkaufserfolg (in Prozent) in Abhängigkeit vom Einsatz der Fuß-in-der-Tür-Technik moderiert durch die Stärke des Konsistenzmotivs. (Vgl. Cialdini et al., 1995, S. 323, *Tabelle 3*)

Ähnliche Effekte erzeugten Cialdini et al. (1995) im *Forced-compliance-* (vgl. 11.2) und im *Anticipated-interaction*-Paradigma (10.2.3). Personen mit einer hohen Präferenz für Konsistenz waren in ihrem Verhalten grundsätzlich stärker davon abhängig, daß sie in der Situation auch eine Bindung eingegangen waren. Ohne diese Bindung (zum Beispiel das Ja-Sagen bei der Fuß-in-der-Tür-Technik oder die geringe Entlohnung im *Forced-compliance*-Paradigma) waren sie relativ unempfänglich für die Situationseinflüsse, kauften also weniger als niedrig Konsistente oder stimmten einer einstellungskonträren Position weniger zu.

14.3.3 Präferenz für bestimmte Heuristiken

Zwei-Prozess-Modelle wie das Modell der Elaborationswahrscheinlichkeit von Petty und Cacioppo (1986; 11.3.1) oder das Modell der systematischen oder heuristischen Verarbeitung von Chaiken (1987; 11.3.2) gehen nur davon aus, daß Informationen entweder mit hohem kognitiven Aufwand oder auf der Basis von Faustregeln verarbeitet werden. Diese Vorstellung ist aus mehreren Gründen zu einfach. Der erste dieser Gründe ist folgender:

Wenn wir Informationen nicht aufwendig, sondern allenfalls oberflächlich und heuristisch verarbeiten, dann ist damit über die Art der Verarbeitung noch nicht viel gesagt. Es gibt eine große Menge von möglichen Faustregeln (siehe etwa 4.1). Die Tatsache, daß man überhaupt Heuristiken anwendet, erlaubt noch keinen Rückschluß darauf, *welche* denn zur Anwendung kommt. Vorhersagbar ist die Anwendung allenfalls insofern, als sich nicht immer alle Faustregeln anbieten. Die Expertenheuristik (»Wenn es ein Experte sagt, wird es schon stimmen«) kann nur dort angewandt werden, wo auch ein Experte aufgetreten ist. Ob sie aber tatsächlich genutzt wird, hängt nicht zuletzt von individuellen Merkmalen der Person selbst ab.

Bearden, Netemeyer und Teel (1989) zeigten mit einem eigenen Erhebungsinstrument, daß Personen unterschiedlich stark geneigt sind, einer Mehrheitsmeinung oder einem Meinungsführer zu folgen. In ähnlicher Weise untersuchten Keller, Bohner und Erb (2000) die unterschiedliche Neigung von Personen, bestimmte Heuristiken anzuwenden. Sie entwickelten ein Fragebogeninstrument, in dem die Probanden bestimmten Faustregeln zustimmen sollen. Damit soll die Neigung zu drei exemplarischen Heuristiken erfaßt werden, nämlich der Konsensheuristik (vgl. 10.1.2; Beispiel: »Ich vertraue Mehrheiten mehr als Minderheiten«), der Expertenheuristik (Beispiel: »Ich finde, daß Experten eher recht haben als Nicht-Experten«) und der Sympathieheuristik (10.2.3; Beispiel: »Ich stimme sympathischen Menschen eher zu als unsympathischen«).

Hiermit wird zwar nur erfaßt, inwieweit eine Person von sich behauptet, sie nutze eine bestimmte Faustregel, der tatsächliche Gebrauch könnte davon auch abweichen. Allerdings ist auch bei dieser Methode bemerkenswert, daß diese drei Tendenzen, die jede mit vier Aussagen erfragt werden, eine klare faktorielle Struktur ergeben und nur verhältnismäßig schwach interkorrelieren. Mit anderen Worten: Die Tatsache, daß eine Person die eine Strategie nutzt, erlaubt kaum einen Rückschluß darauf, ob sie auch die andere nutzen würde. Es ist also sehr plausibel, daß Personen unterschiedlich stark geneigt sind, einem sympathischen Kommunikator, der Mehrheitsmeinung oder einem Experten zu folgen. Der Einsatz der dazugehörigen Strategien macht demnach nur insoweit Sinn als das Publikum eine Präferenz für die entsprechende Heuristik hat.

In den Daten von Keller et al. (2000) zeigte sich auch, daß die unterschiedlichen Heuristiken unterschiedliches soziales Ansehen genießen: Die Experten- oder Konsensheuristik unterliegen anscheinend einer höheren sozialen Billigung als die Sympathieheuristik (Keller et al., 2000, S. 98), denn nur die Zustimmung zu der letzteren Faustregel korrelierte signifikant mit einer Tendenz, sich im Sinne der sozialen Billigung zu verhalten.

Ich habe oben behauptet, Zwei-Prozeß-Modelle seien aus mehreren Gründen zu einfach; einen zweiten, der sich ebenfalls aus der Arbeit von Keller et al. (2000) ergibt, möchte ich hier kurz ansprechen: Eine weitere geläufige Unterscheidung von Informationsverarbeitungsstilen ist die von intuitiv-gefühlsmäßiger und analytisch-rationaler Verarbeitung (zum Beispiel Pacini & Epstein, 1999). Oft wird zu Unrecht unterstellt, der intuitive Verarbeitungsstil sei etwa mit einem heuristischen, peripheren oder einem anderen weniger aufwendigen kognitiven Prozeß identisch.

Keller et al. (2000) zeigen demgegenüber, daß die Bereitschaft, bestimmte Heuristiken zu nutzen, nicht grundsätzlich mit einem intuitiven Verarbeitungsstil korreliert. Dies galt nur in einem Fall: Personen, die die Sympathieheuristik anwendeten, folgten auch in ihrem grundsätzlichen Verarbeitungsstil gerne dem Gefühl. Die Anwendung der Experten- und der Konsensheuristik hing dagegen nicht mit einem intuitiven Verarbeitungsstil zusammen.

Grundsätzlich wird man also sagen müssen: Eine Entscheidung, die man eher gefühlsbestimmt und ›aus dem Bauch‹ trifft, ist nicht unbedingt eine heuristische und die Anwendung einer Heuristik hat zunächst noch nichts mit einer Entscheidung ›aus dem Bauch‹ zu tun (siehe hierzu auch 4.2).

Ein weiterer Punkt zu dem Konstrukt rationaler und intuitiver Verarbeitungsstile: In empirischen Untersuchungen (zum Beispiel Pacini & Epstein, 1999) erweisen sich diese Stile als unabhängige Dimensionen. Eine Person, die einen intuitiven Verarbeitungsstil einsetzt, kann also gleichwohl gleichzeitig in der Lage sein, rationale Stile zu verwenden. Die beiden Verarbeitungsarten schließen einander nicht aus.

14.3.4 Präferenz für bestimmte Argumente

Im Modell der Elaborationswahrscheinlichkeit wird davon ausgegangen, daß Argumente entweder gut oder schlecht sind, und es wird wenig danach gefragt, für wen ein Argument gut ist. Das ist vielleicht auch philosophisch und unter dem Gesichtspunkt der Wahrheitsfindung richtig. Subjektiv lassen sich nun aber allerdings Personen durch unterschiedliche Argumente unterschiedlich stark ansprechen. Dies liegt nicht allein daran, daß nicht alle Menschen ein gutes Argument erkennen, wenn sie es sehen. Gerade im Bereich der Produkte spielen sehr persönliche Wertvorstellungen eine wichtige Rolle, und so kann es durchaus vorkommen, daß ein Produkt für die eine Person ihre Wertvorstellungen ausdrückt (zum Beispiel teuer, aber umweltfreundlich), während es für die andere gar keinen Bezug zu ihren Werten hat.

Eine Persönlichkeitsdimension, die in diesem Zusammenhang einschlägig ist, bezieht sich auf die Bereitschaft, das eigene Verhalten zu überwachen und an die Erfordernisse der Umwelt anzupassen (Snyder, 1974). Personen mit einer hohen Tendenz zur Selbstüberwachung, sogenannte »high self-monitorer«, sind zum Beispiel eher durch eine *Soft-sell*-Strategie anzusprechen, die auf das Image des Produktes und damit auf seine soziale Anpassungsfunktion abzielt (Snyder & DeBono, 1985, zit. n. Diehl, Ziegler & Schwarzbach, 1998, S. 135*f*). Personen mit einer geringen Tendenz zur Selbstüberwachung neigen demgegenüber eher dazu, in ihrem Verhalten ohne weiteren Anpassungsdruck sich selbst und ihre eigenen Werte auszudrücken. Diese Personen waren in der genannten Untersuchung eher durch eine *Hard-sell*-Strategie anzusprechen, bei der vor allem die Qualität des Produktes, also sein objektiver Wert betont wurde.

Diehl, Ziegler und Schwarzbach (1998) untersuchten die Präferenz für bestimmte Argumente auf der Basis einer laienpsychologischen Konsumententypologie (Levinson, Gallagher & Wilson, 1993), der zufolge die Persönlichkeit des Konsumenten als eine Mischung aus drei Typen dargestellt werden kann:

Typ 1: der ich-bezogene narzistische Typ,
Typ 2: der freundlich zugewandte Typ,
Typ 3: der sachlich autoritäre Typ.

Diese Typologie unterzogen Diehl et al. (1998) einer empirischen Prüfung. Hierzu entwickelten sie aus der Charakterisierung in Levinson et al. (1993) ein Erhebungsinstrument in Fragebogenformat. Die Probanden sollten angeben, inwieweit sie folgenden Aussagen zustimmen (Beispielitems aus Diehl et al., 1998, S. 146):

Zum *ich-bezogenen narzistischen* Typ:
- Sie sind ehrgeizig.
- Sie nehmen ungern Ratschläge von außen an.
- Sie orientieren sich oft an anderen Leuten. Status und Prestige sind Ihnen dabei wichtig.

Zum *freundlich zugewandten* Typ:
- Sie suchen Anerkennung bei anderen. Sie möchten akzeptiert werden.
- Sie sind manchmal unsicher und lassen sich daher auch mal ausnutzen.
- Alleinsein ist Ihnen unangenehm.

Zum *sachlich autoritären* Typ:
- Ihnen ist zu große Intimität zuwider. Man sollte immer eine gewisse Distanz wahren.

- Sie lieben Ordnung und Genauigkeit.
- Prestige und Status haben keine Bedeutung für Sie.

Bei dieser Erhebungsmethode ordnen sich zwar gut die Hälfte der Probanden dem freundlich zugewandten Typ zu, jedoch ist von den anderen beiden Typen keiner so deutlich unterrepräsentiert, daß er unbeachtet bleiben könnte. Werden die Probanden danach gefragt, zu welchen Anteilen sie die jeweiligen Typen in sich ausgeprägt sehen, zeigt sich eine eindeutige Dominanz des jeweils gewählten Typs.

In der eigentlichen experimentellen Prüfung wurden drei Versionen eines Werbe-Videos vorgeführt, in dem jeweils unterschiedliche Argumentationsstile verwandt wurden. Diese Stile waren eigens auf die drei Typen hin formuliert und in einer Voruntersuchung normiert worden. Ein Argument für den ich-bezogenen narzistischen Typ wäre etwa: »Ihre Bekannten würden Sie um dieses Produkt beneiden«.

Die Probanden ordneten sich in einer unabhängigen Befragung einem der drei Typen zu und sahen dann eines der drei Videos. Später hatten sie Gelegenheit, das Produkt zu kaufen. Es zeigte sich, daß in der Tat jene Probanden das Produkt häufiger kauften, auf deren Typ hin die Präsentation zugeschnitten war.

Die Ergebnisse belegen auf der Verhaltensebene die Wirksamkeit der typpassenden Kommunikation. Auf der Einstellungsebene zeigte sich diese Wirkung allerdings nicht immer in der erwarteten Richtung. Zum Beispiel bewertete der ich-bezogene narzistische Typ die Argumente, mit denen er überzeugt werden sollte, eher negativ. Dies ist insofern nicht erstaunlich, als ja vermutlich tatsächlich keiner gern von sich behauptet, er habe es auf den Neid der anderen abgesehen. Gleichzeitig konnten Diehl et al. (1998) allerdings zeigen, daß alle Typen, auch der ich-bezogen narzistische, immer am ehesten dann zum Kauf angeregt werden konnten, wenn sie zu ihrem Typ passende Argumente hörten.

Insgesamt erscheint die Typologie von Levinson et al. (1993) durchaus geeignet, differentielles Verhalten gegenüber Überzeugungsversuchen zu beschreiben. Wichtig wäre allerdings noch, eine Methode zu entwickeln, mit der auch Außenstehende, Verkäufer zum Beispiel, Personen diesen Typen zuordnen können.

14.3.5 Bedürfnis nach Einzigartigkeit

Ein Großteil der Werbung ist darauf ausgerichtet, die Einzigartigkeit des Produkts oder des Besitzers zu behaupten. Nach einer Analyse von Lynn und Harris (1997b) ist dies in zehn Prozent der Spots ein zentrales und in 23 Prozent ein mindestens teilweises Ziel.

Menschen suchen Einzigartigkeit in dem Rahmen, der durch ihr gegenläufiges Bedürfnis nach sozialer Integration gesteckt wird. Dieses Bedürfnis wird durch eine Skala erfaßt, die Lynn und Harris (1997a) vorstellen. In einer ersten Erprobung differenzierte die Skala erfolgreich zwischen Kino-Betreibern, die seltene Filme spielen, und solchen, die Filme anboten, die anderswo schon gelaufen waren. Auch die Nachfrage nach seltenen Produkten läßt sich durch den so erfaßten »need for uniqueness«, das Bedürfnis nach Einzigartigkeit, vorhersagen (Lynn & Harris, 1997b). Die Personen mit hohem Bedürfnis nach Einzigartigkeit bevorzugen eher individuelle Läden, keine Großeinkaufsstätten. Sie sind zudem eher bereit, neue Produkte auszuprobieren, also in diesem Sinne Meinungsführer zu werden.

Man kann erwarten, daß das Bedürfnis nach Einzigartigkeit auch mit der Bereitschaft zusammenhängt, Reaktanz zu empfinden: Zumindest der Reaktanzeffekt für seltene Güter ist stärker für Personen mit einem hohen Bedürfnis nach Einzigartigkeit (Lynn, 1991, vgl. Kapitel 12).

14.4 Altersunterschiede

Die Frage nach Altersunterschieden stellt sich typischerweise nicht die Differentielle, sondern eher die Entwicklungspsychologie. Abgesehen von der traditionellen Zuordnung allerdings liegt die differentielle Dimension auf der Hand: In unterschiedlichen Phasen unseres Lebens haben wir unterschiedliche Aufgaben zu bewältigen, daher auch unterschiedliche Bedürfnisse, und folglich sind für uns unterschiedliche Produkte interessant.

Die Unterschiede in den Lebensaltern kommen prinzipiell immer aus zwei Quellen: Zum einen sind dies entwicklungsspezifische Einflüsse. Kindheit, Jugendalter, erste Liebe, Heirat, Elternschaft oder Ruhestand sind Teile eines normalen Lebenslaufs, und zwar weitgehend unabhängig von der historischen Zeit, in der jemand lebt.

Zum anderen unterliegt aber jeder Mensch auch bestimmten historischen Einflüssen. So ist für unsere Eltern- und Großelterngeneration das Erlebnis des Krieges und der Nachkriegszeit besonders prägend. Es ist nicht ohne weiteres auszumachen, ob die heutigen 80jährigen ihre gemeinsamen Einstellungen und Temperamentsmerkmale wegen ihres Alters haben oder wegen ihrer Zugehörigkeit zu dieser speziellen Generation.

Um allgemeine Aussagen über Alterseinflüsse machen zu können, müssen wir also von den echten Alterseffekten die Kohorteneffekte, die für einen bestimmten Geburtsjahrgang spezifisch sind, trennen. Methodisch nähert man sich dieser Aufgabe im besten Fall durch eine Kombination von Quer- mit Längsschnittstudien, also indem man Personen unterschiedlichen Alters über einen längeren Zeitraum untersucht.

Für einen gegebenen Augenblick ist der Unterschied zwischen Alters- und Kohorteneffekten zumindest für Praktiker aus Werbung und Marketing relativ gleichgültig. Es ist in jedem Fall ein Fortschritt, wenn man zutreffende Aussagen über Unterschiede zwischen verschieden alten Konsumentengruppen treffen kann. Selbst wenn die gefundenen Unterschiede im wesentlichen auf den Geburtsjahrgang und nicht so sehr auf echte Alterseffekte zurückgehen, kann man den damit getroffenen Aussagen noch immer mindestens die gleiche Halbwertszeit unterstellen wie den sonst üblichen Konsumententypologien, die ich zum Beispiel in 14.1.1 zitiert habe. Gleichwohl ist zu bedenken: Ein Kohorteneffekt läßt sich nicht verallgemeinern. Altersunterschiede, die auf Kohorteneffekte zurückgehen, werden nachrückende Generationen in der Regel nicht wieder zeigen.

Kindheit und Werbung

Die Kindheit ist der entwicklungspsychologisch am besten untersuchte Lebensabschnitt, und so verwundert es auch nicht, daß auch die Bedeutung der Werbung in der Kindheit verhältnismäßig oft untersucht wurde (zum Beispiel Baacke, 1999; Baacke, Sander & Vollbrecht, 1993; Meister & Sander, 1997a; Singer & Singer, 2001; Unnikrishnan & Bajpai, 1996).

Das Thema Kinder und Werbung wird in aller Regel unter einem halb moralischen Gesichtspunkt untersucht. Analysen zu diesem Thema kommen oft entweder zu dem Schluß, daß es sich nicht gehört, Werbung mit oder vor Kindern zu machen, oder aber daß alles nur halb so wild sei, und daß man sehr wohl, ohne Gewissensnöte zu befürchten, Kinder als Konsumenten ernst nehmen dürfe.

Befürworter einer Werbung vor Kindern betonen beispielsweise, daß die heutige Kindheit nicht mehr mit der Kindheit heutiger Erwachsener vergleichbar sei (zum Beispiel Nickel, 1997: »Die Welt der Kinder heute ist nicht mehr die Kinderwelt der heutigen Erwachsenen«, S. 125, »Die heutigen Erwachsenen sollten nicht mehr ihre eigene Kindheit als Maßstab für Kinder- und Jugendpolitik anlegen, sondern die Veränderungen wahrnehmen«, S. 128).

Kinder seien verantwortungsvoller, selbständiger und im Umgang mit Medien kompetenter als ihnen von vielen Erziehern und Wissenschaftlern zugestanden werde. Dies liege unter anderem an einer »Verkürzung des Spielalters von Kindern heute«. Daraus folge eine »rasche Zunahme autonomer Entscheidungen bei Jugendlichen«. Der Jugendforscher Prof. Klaus Hurrelmann aus Bielefeld habe gar das Wahlrecht für Jugendliche gefordert. »Auch wenn sich Kinder in stärkeren Entwicklungsphasen befinden als die Erwachsenen, so gilt auch für sie: Menschen sind keine Pawlowschen Hunde; sie reagieren anders beim Ertönen eines Glöckchens« (Nickel, 1997, S. 128).

Kinder als Zielgruppe ernst zu nehmen, bedeute nicht zuletzt, ihnen eine »spezifische Lebensgeschichte und einen eigenen Lebensstil« zuzugestehen (Nickel, 1997, S. 126, dort: »Kindern werden von den Medien und von der Wissenschaft [...] eigene Biographien und eigene Lebensstile zugestanden. Es ist noch nicht allzulange her, da leugnete man beides.«)

Mit zehn Thesen versucht Volker Nickel (1997), Mitglied der Geschäftsführung im Zentralverband der deutschen Werbewirtschaft, zu begründen, daß »die Angst vor der Werbung und selbst das Unbehagen an ihr in dieser Ausprägung extrem überhöht ist« (S. 128*ff*):

1. »Kinder haben Medienkompetenz.« Sie sehen weniger fern als andere Altersgruppen. Bei ständig steigendem Angebot an Sendungen stagniert ihr Fernsehkonsum. Eltern schätzen den Fernsehkonsum ihrer Kinder höher ein, als er tatsächlich ist. Zudem gehen Kinder im Alter zwischen sechs und 13 Jahren in der Regel nicht davon aus, daß das Fernsehen für sie nützliche Problemlösungen bereitstellt oder daß es die Realität abbildet.
2. Fernsehen und Fernsehwerbung sind »im Alltag der Kinder zwischen drei und 13 Jahren [...] nur eine Randerscheinung« (S. 129). Nickel schätzt den täglichen Konsum an Fernsehwerbung für ein einzelnes Kind auf neun Minuten.
3. Kinder sind zwar ein Marktfaktor, ihr Konsumspielraum ist aber nicht hoch. Das meiste Geld, das sie haben, sparen sie, und zeigen damit eine ausgeprägte Konsumkompetenz.
4. »Der Einfluß der Kinder auf die Konsumentscheidungen der Erwachsenen wird deutlich überschätzt« (S. 130). Kinder dürfen zwar mehrheitlich beim Kauf ihrer eigenen Sachen (Bekleidung, Limonade, Schokoriegel, Cornflakes etc.) mitbestimmen, bei gewichtigeren Entscheidungen für die Familie, etwa bei teuren Elektrogeräten, sinkt ihr Einfluß bereits erheblich. Zudem kaufen Kinder nur in seltenen Fällen ihre Sachen alleine ein. Beim Kauf teurer Produkte (mehr als DM 100) sind in 85 Prozent der Fälle die Eltern dabei.
5. Die meisten Kinder (ca. 62 Prozent) können bereits ab dem Vorschulalter (vier bis sechs Jahre) Werbung und Programm im Fernsehen unterscheiden. Die Fähigkeit hierzu steigt mit zunehmendem Alter weiter an. Die meisten Kinder behaupten auch von sich, sie glaubten der Werbung gar nicht oder nur manchmal. Zudem ist bei der Sozialisation als Konsumenten die Werbung nur eine Informationsquelle unter vielen.
6. »Kinder entwickeln früh und [...] mit rasch anwachsender Tendenz eine kritische Distanz zur Werbung« (S. 132).
7. Es ist bislang noch kein Nachweis geführt worden, daß Fernsehwerbung einen Einfluß auf Fehlverhalten und Auffälligkeiten von Kindern ausübt.
8. Zukünftig werden Kinder vor allem über Bildschirmmedien mit Informationen versorgt. Der Umgang mit diesen Medien sollte genauso erlernt werden wie das Lesen und Schreiben. Kinderschutz in diesen Medien sollte global und weltweit geregelt werden.
9. Das Niveau, auf dem Kinder in ihrem Umgang mit Medien geschützt werden sollen, muß nicht mehr extrem hoch sein. Dafür sind Kinder zu kompetent im Umgang mit diesen Medien. Gleichwohl bleibt die Kindheit eine schützenswerte Entwicklungsphase. Kinder benötigen also

trotz aller Kompetenz nach wie vor der schützenden Aufmerksamkeit. Hierzu gibt es allerdings bereits eine Reihe von Institutionen, etwa...

- die Bestimmungen der EU-Fernsehrichtlinie,
- den deutschen Rundfunkstaatsvertrag,
- die Werberichtlinien der öffentlichen Rundfunkveranstalter oder
- die Verhaltensregeln des Deutschen Werberats über die Werbung mit und vor Kindern in Werbefunk und Werbefernsehen (S. 133).

10. Firmen dürfen auf die redaktionellen Teile eines Programmes keinen Einfluß nehmen. Werbung muß losgelöst vom Programm bleiben. »Eine Firma bricht demnach immer dann Recht, wenn sie ihre Etatvergabe bewußt und erklärtermaßen mit der Absicht der Verhaltenssteuerung von Redaktionen vornimmt« (S. 134).

Werden Kinder und Jugendliche durch die Werbung manipuliert? Die Thesen von Nickel (1997), die zum Teil durch Forschungsergebnisse belegt sind, sprechen eher dagegen. Ebenfalls dagegen spricht die Tatsache, daß etwa Jugendtrends von Firmen in der Regel nicht initiiert, sondern allenfalls reflektiert werden können (Meister & Sander, 1997b; eine Ausnahme hierzu bildet das Eventmarketing, zum Beispiel Streetball von *Adidas*, *Camel* Airrave von *Reynolds*, siehe Vollbrecht, 1997). Diese Reflexion freilich kann durchaus beachtliche Ausmaße annehmen. Schmidt (1995, S. 37) spricht daher von den modernen Werbesystemen als »voluminöse Resonanzkörper, die jeden Anstoß der Gesellschaft merklich hörbar machen« (zit. n. Meister & Sander, 1997, S. 47).
Um es dahin zu bringen, setzen Firmen mehrere Strategien ein. Eher traditionell zur Ermittlung neuer Trends sind die Methoden der Gruppendiskussion, der standardisierten Befragung oder des Interviews. Andere Quellen sind etwa:

- *Trendscouts*: Personen aus der Zielgruppe, also Kinder und Jugendliche, die die Werbungtreibenden über aktuelle Trends informieren;
- *Inner Circle Research:* Zusammenarbeit mit trendsetzenden Insider;
- *Trendmonitoring:* Informationsnetz aus Partnern, die alle ein Interesse haben, Trends zu kennen, wie Händler, Hersteller, Journalisten, Designer, Konsumenten (Vollbrecht, 1997, S. 65).

Die Idee, Trends nur vorzufinden und nicht selbst zu schaffen, hat viel gemeinsam mit dem ökonomischen Glaubensbekenntnis, Präferenzen der Konsumenten nicht zu schaffen, sondern allenfalls zu bedienen (siehe dazu Exkurs 9). Eine Werbeanzeige für Verbraucheranalysen unter Kindern wirbt daher zum Beispiel auch mit der Feststellung: »Die Kids von heute sind eine Zielgruppe, die schon weiß, was sie will« (zit. in Felser, 1994). Nun ist die These, daß die Präferenzen stabil sind, schon bei Erwachsenen nicht haltbar (obwohl sie eine der Kernannahmen vieler ökonomischer Theorien ist). Die Ausführungen in diesem Buch zeigen das an verschiedenen Stellen (insbesondere in Kapitel 4 sowie in 16.3.5). Insofern ist es reichlich unplausibel, daß die »Kids von heute« tatsächlich, bereits bevor sie Werbung sehen, wüßten, was sie wollen (weitere Argumente hierzu in Exkurs 44).
Kommen wir zu den Argumenten von Nickel (1997) aus seinen zehn Thesen, von denen einige einen Kommentar aus psychologischem Blickwinkel verdienen. Zunächst noch weitere Statistiken: Das Münchner Institut für Jugendforschung ermittelte, daß Kinder zwischen sechs und 14 Jahren im Jahr 2000 etwa DM 5,2 Milliarden zur Verfügung hatten, die sie in Süßwaren (35 Prozent), Zeitschriften (28 Prozent) und Tonträger (22 Prozent) investierten. Im Vorjahr betrug die verfügbare Geldsumme noch 4,3 Milliarden. Diese Beträge sind wohl nicht zu vergleichen mit dem Vermögen, das andere Altersgruppen, vor allem Senioren (siehe unten) zur Verfügung haben, sie steigen aber offenbar stark an. In 2000 betrug das durchschnittliche Taschengeld DM 35. Zu Geburtstagen bekommen Kinder etwa DM 130 und zu Weihnachten durchschnittlich DM 150 an

Geldgeschenken. 44 Prozent der Jugendlichen gab an, ihr Taschengeld zu sparen, etwa für Computer oder Spielkonsole, Spielsachen, Fahrrad oder Mofa (*w&v*, 27/2000, S. 31).
Insgesamt wächst demnach die Kaufkraft der Kinder; eine andere Studie schätzt den jährlichen Zuwachs auf sieben Prozent (*w&v*, 27/2000, S. 40). Zudem steigt die Zahl der Kinder, die bestimmte Basisausstattungen wie Computer, CD-Player, Videogeräge und ähnliches haben, die also auf Dauer an Zubehör für diese Produkte interessiert sein dürften.
Die »Medienkompetenz« der Kinder wird relativ häufig ins Feld geführt, um Werbung vor Kindern zu rechtfertigen (siehe auch Felser, 1994). In den Begriff der »Medienkompetenz« fließen dabei viele Facetten ein, so etwa – wie bei Nickel (1997) – die schiere Menge des kindlichen Medienkonsums, der offenbar in der Regel von Außenstehenden überschätzt wird. Kinder zählen Fernsehen auch nicht zu ihren Lieblingsbeschäftigungen. In der ›Kids-Verbraucher-Analyse 2000‹ der Verlage *Lübbe*, *Bauer* und *Springer* wird Fernsehen unter den zwölf beliebtesten Beschäftigungen nicht einmal aufgeführt, wohl aber »Videofilme anschauen«, was mit 88 Prozent auf dem dritten Platz rangiert (*compact*, 7-8/2000, S. 18). Insofern sind Statistiken zu hinterfragen, bei denen die vor dem Bildschirm verbrachte Zeit von Kindern nicht nach Video- und Fernsehkonsum differenziert wird. Freilich wird man auf der anderen Seite zugestehen müssen, daß dieser Konsum gleichwohl gegenwärtig so hoch ist wie nie zuvor und daß er weiter ansteigt (zum Beispiel Unnikrishnan & Bajpai, 1996, S. 347*ff*).
Eine weitere Facette der Medienkompetenz ist die Unterscheidung zwischen Werbung und Programm. Auch diese Unterscheidung machen Kinder bereits relativ früh. Allerdings lassen sich in diese Bestimmung nur klassische Werbeformen aufnehmen. Kinderprogramme verquicken Werbung und Programm oft dergestalt, daß es dem Betrachter wenig hilft, wenn er die klassische Werbung erkennt (vgl. Exkurs 4, weitere Beispiele in Meister & Sander, 1997b, S. 52). Zudem gibt es neben der klassischen Werbung auch andere Mittel der Verkaufsförderung (zum Beispiel Merchandising, Event-Marketing, Product-Placement etc.; siehe auch Baacke, Sander & Vollbrecht, 1993; Meister & Sander, 1997), die sich auch an Kinder richten und die ebenfalls nicht mit der vielbeschworenen »Medienkompetenz« der Kinder gemeint sind.
Zudem assoziieren Kinder – zumal kleine Kinder (um sechs Jahre) – mit Werbung fast nur das Fernsehen. Daß ihnen auch in anderen Medien (zum Beispiel Radio, Zeitschriften, Internet, Kino etc.) Werbung begegnet, realisieren sie kaum, obwohl sie diese Medien zum Teil sehr ausgiebig nutzen (Böhm-Kasper & Kommer, 1997; Henke, 1999). Diese Befunde lassen Zweifel an der Erwartung aufkommen, Kinder könnten wirklich durchgängig Werbung von eigentlichem Programm unterscheiden.
Die nächste Facette der Medienkompetenz besteht in einer »kritischen Distanz zur Werbung« (Nickel, 1997, S. 132), oder besser allgemein: einer kritischen Distanz zu Medieninhalten insgesamt. Die Glaubwürdigkeit der Werbung stufen Kinder schon früh als gering ein. Schon ab dem Grundschulalter zweifelt etwa ein Drittel der Kinder an der Glaubwürdigkeit der Werbung. Diese Haltung spiegelt meist die der Eltern wider. Sie ist allerdings kein Kriterium für Gefallen. Auch unglaubwürdige Werbung gefällt, solange sie gut (zum Beispiel witzig) gemacht ist (Böhm-Kasper & Kommer, 1997, S. 176).
Ein psychologischer Blickwinkel zwingt auch in diesem Punkt zu Differenzierungen. Zunächst einmal ist zu unterscheiden zwischen der geäußerten kritischen Distanz und den tatsächlichen Wirkungen. Daß Kinder genauso wie Erwachsene sagen, sie ließen sich von der Werbung nicht beeinflussen, kann nicht weiter überraschen. Wir kennen dieses Phänomen zum Beispiel als den Dritte-Person-Effekt (siehe 10.2.2). Zudem wissen wir, daß wir sehr häufig die tatsächlichen Einflüsse auf unser Verhalten nicht erkennen und sie sogar dann nicht anerkennen, wenn man sie uns

nachweist (siehe 2.2.9). Insbesondere ist es sehr unwahrscheinlich, daß Personen wirklich glaubwürdig über eine eigene Einstellungsänderung berichten können (siehe Exkurs 21 und 11.2). Insgesamt ist also nicht einmal bei Erwachsenen die Selbstzuschreibung einer kritischen Distanz mit einer tatsächlichen Distanz zu verwechseln. Warum dies bei Kindern anders sein soll, muß erst noch gezeigt werden.

Ob die Werbung einen Einfluß hat, hängt nicht davon ab, ob die Adressaten glauben, sie hätte einen. Die Tatsache, daß die Kinder so antworten, kann ebensogut bedeuten, daß sie es bereits – genau wie Erwachsene – für wenig schmeichelhaft halten, von Werbung beeinflußt zu werden.

Was verstehen Kinder überhaupt von der Werbung? Sie geben zwar an, daß sie die Beeinflussungsabsicht durchschaut haben, aber bei detaillierterem Nachfragen zeigt sich, daß dieses Verständnis noch auf sehr unsicheren Füßen steht. So wird von gut der Hälfte der befragten Kinder zwischen sechs und zwölf Jahren unabhängig vom Alter der Unterbrecherwerbung die Absicht unterstellt: »Damit man auch mal etwas anderes machen kann.« Auch andere nebensächliche Effekte der Werbung (zum Beispiel »Damit Kinder etwas zu lachen haben«) werden von einer nicht unbeträchtlichen Zahl der angeblich aufgeklärten Kinder (je nach Alter zwischen 21 und 53 Prozent) als wesentliche Ziele der Werbung angesehen (Böhm-Kasper & Kommer, 1997, S. 178, Tab. 8).

Vollbrecht (1997, S. 70*f*) zitiert Befunde, nach denen Kinder nicht – wie Erwachsene – zwischen der Sympathie für einen Werbespot und für das beworbene Produkt trennen. Für Erwachsene ist es kein Problem, eine Werbung gut zu finden, ohne damit auch gleich das Beworbene zu meinen. So war zum Beispiel Anfang der neunziger Jahre die Kampagne von *Camel* mit niedlichen Stoff-Dromedaren außerordentlich beliebt, sie war aber für den Konzern keineswegs erfolgreich und wurde bald wieder eingestellt. Jüngere Kinder nehmen solche Trennungen noch nicht vor. Wenn man sie fragt, warum sie eine bestimmte Werbung mögen, verbinden ihre Vorliebe für eine Werbung mit einer Vorliebe für das Produkt. Erst Jugendliche trennen hier schärfer, prüfen die Werbung gleichsam auf ihre Einzelteile und finden Teile davon gut, ohne dabei die anderen Teile mitzumeinen.

Wie also ist dieser Aspekt der Medienkompetenz, die kritische Distanz zu den Inhalten, zu beurteilen? Es gibt bereits bei Erwachsenen den Befund, daß hohe Mediennutzung mit spezifischen Urteilsverzerrungen einhergeht: Personen, die sehr viel fernsehen, über- und unterschätzen Wahrscheinlichkeiten (zum Beispiel die Wahrscheinlichkeit, Opfer eines Verbrechens zu werden oder in einer Notsituation Hilfe zu erhalten) in einer Weise, die eher die Fernseh-Realität widerspiegelt (Gerbner et al., 1986). Daß dies nicht etwa daran liegt, daß Personen, die ohnehin zu verzerrten Urteilen neigen, auch mehr fernsehen, zeigen experimentelle Befunde von Iyengar und Kinder (1987).

Belegen solche Befunde, daß selbst erwachsene Menschen das Fernsehen mit der Wirklichkeit verwechseln? Hier muß man differenziert antworten: Sie belegen eine solche Verwechslung nur in einem gewissen Sinne. Sicherlich können auch die ›Vielseher‹ Fakten von Fiktion unterscheiden. Aber auch wenn die Fernsehrealität explizit nicht mit der Wirklichkeit verwechselt wird, erhöhen doch die Fernsehbilder die kognitive Verfügbarkeit bestimmter Informationen und beeinflussen damit sehr wohl das Urteilsverhalten (vgl. 4.1.1).

Befunde zum Modell-Lernen zeigen zudem, daß die im Fernsehen beobachteten Verhaltensweisen von Kindern sehr wohl in das Verhaltensrepertoire aufgenommen werden. Die Frage, ob das Verhalten offen gezeigt wird, hängt dann davon ab, ob sich die Person davon einen Vorteil verspricht (10.1.2).

Der Hinweis, Menschen seien keine Pawlowschen Hunde, muß wohl ebenfalls relativiert werden. In Kapitel 6 wurden Belege dafür angeführt, daß etliche Mechanismen, die sich auf die

Pawlowsche Versuchsanordnung beziehen, auch beim Menschen gelten. Signallernen, evaluatives oder operantes Konditionieren sind elementare Bestandteile unseres Verhaltens, ihre Wirksamkeit kann kaum bestritten werden. Daß sie die einzigen Bestandteile des Verhaltens seien, hat niemand behauptet, weder vom Menschen noch vom Hund! Dies ist allerdings kein Anlaß, das Glöckchen für unwirksam zu erklären – weder beim Menschen noch beim Hund.

Insgesamt ist aus psychologischem Blickwinkel offenbar nur einem Teil der zehn Thesen von Nickel zuzustimmen. Medienkompetenz und kritische Distanz zu Medieninhalten sind bereits für Erwachsene hoch problematische Argumente, um damit die ›Unbedenklichkeit‹ der Werbung zu belegen. Welche Schlüsse hieraus zu ziehen sind, hängt zum Teil davon ab, inwieweit man Nickel darin folgt, daß Kinder in der heutigen Zeit sehr viel früher wie Erwachsene behandelt werden sollen, als das zur Zeit unserer eigenen Kindheit der Fall war. Diesen Punkt möchte ich hier bewußt offen lassen und allenfalls in einem Exkurs (siehe Exkurs 44) ansprechen.

Exkurs 44 *Philosophische Argumentation*

Die Debatte um Kindheit und Werbung bezieht häufig eine Diskussion um Werte und Moral mit ein und wird in diesem Sinne also philosophisch. Eine Tatsache danach zu bewerten, ob sie gut oder schlecht sei, ist ein Merkmal philosophischer Diskussionen. Ein anderes besteht darin, den prinzipiellen und von Fakten unabhängigen Status mancher Argumente deutlich zu machen. Für beides ein Beispiel:

Zum ersten: Manche Kritiker der Werbung vor Kindern könnten vielleicht akzeptieren, daß heutige Kinder ›erwachsener‹ sind als sie selbst im gleichen Alter waren, dies aber bedauerlich, schlecht und änderungsbedürftig finden. In der Tat ergibt sich ja aus der Tatsache, daß eine Sache so ist, nicht, daß sie so sein soll.

Zum zweiten: Andere Kritiker könnten vielleicht dazu neigen, bei Kindern grundsätzlich mehr auf die Beeinflußbarkeit Rücksicht zu nehmen als bei Erwachsenen, obwohl die letzteren durchaus auch kindliche Eigenschaften haben könnten. Selbst in einer Welt, in der – dank einem ungewöhnlichen Kohorteneffekt – alle Erwachsenen beeinflußbarer sind als die Kinder, seien nach dieser Position die Kinder mehr zu schützen. Begründen läßt sich diese Haltung damit, daß die Beeinflußbarkeit von Kindern im Unterschied zu Erwachsenen kein bloßer Zufall ist. Die Tatsache, daß die Kinder ›erwachsene‹ Merkmale besitzen, berührt in diesem Sinne ihre größere Schutzwürdigkeit kaum.

Auch andere Argumente und Werte werden typischerweise eher in einer philosophischen Diskussion aktiviert, so etwa die Frage, wie mit kindlichen Präferenzen umgegangen werden soll oder allgemeiner: was gute Erziehung ist. Eine Position, die bereits auf die Antike zurückgeht (hier ist wieder einmal Aristoteles zu zitieren, vgl. Exkurs 8), besagt, es sei gerade die Aufgabe der Erzieher, Wünsche und Emotionen der Zöglinge zu bilden.

Mit dieser Position gehen in der Regel eine Reihe weiterer Annahmen einher. Die einfachste davon ist, daß Kinder, und seien es auch die »Kids von heute«, keineswegs wissen, was sie wollen, und daß gerade das Wollen ein Gegenstand der Bildung ist. Eine andere, weniger einfache ist die, daß es Kriterien für das gute und richtige Wollen gibt, und daß es also keineswegs in das Belieben der Erzieher gestellt ist, zu welchen Präferenzen ein Kind erzogen werden soll. Nach dieser Idee kann man ein Kind durchaus falsch erziehen, indem man bei ihm die falschen Wünsche fördert und die richtigen unterdrückt.

Ein letzter Punkt soll in unserem philosophischen Exkurs angesprochen werden. Nickel (1997; siehe oben Punkt 7) betont, daß bislang noch nicht nachgewiesen wurde, daß Werbung Kindern *schade*. Hierzu ist zweierlei anzumerken. Erstens: Ob Werbung vor Kindern eine schlechte Sache ist, hängt nicht allein davon ab, ob sie Kindern schadet. Es ist durchaus möglich und keineswegs inkohärent, wenn man Werbung vor Kindern verurteilt, *obwohl* sie nicht schadet. Dies zeigt sich an einem parallelen Beispiel: Lügen ist eine schlechte Sache, und man kann damit auch Schaden anrichten. Man kann aber auch lügen, ohne einen Schaden zu stiften (zum Beispiel weil einem sowieso niemand glaubt). In diesen Fällen wird das Lügen aber nicht zu einem neutralen oder gar guten Verhalten – es bleibt unabhängig vom Schaden eine schlechte Sache. Diese Unabhängigkeit der Bewertung des Verhaltens vom Wert seiner Folgen besteht zwar nicht prinzipiell (wenn Lügen *nie* schaden könnte, wäre es vermutlich keine schlechte Sache), wohl aber im Einzelfall.

Das vorangegangene Argument setzt einen bestimmten, sehr empirischen Schadensbegriff voraus, etwa materiellen oder seelischen Schaden. Mein zweiter Punkt hinterfragt aber genau diesen Schadensbegriff. Für viele Menschen gibt es neben dem materiellen und dem psychischen noch einen moralischen Schaden, der auch dann zu vermeiden ist, wenn gar kein materieller Schaden droht, ja selbst dann, wenn der materielle Schaden bei Vermeidung des moralischen größer ist als bei dessen Inkaufnahme. Dies ergibt sich unter anderem aus dem alten sokratischen Prinzip, daß es besser ist, Unrecht zu erleiden, als es selbst zuzufügen (von Platon wird dieses Argument zum Beispiel in der Apologie des Sokrates ausgeführt). So gesehen trägt jemand, der lügt, auf jeden Fall einmal den moralischen Schaden davon. Wenn man zu dem Schluß käme, daß Werbung vor Kindern eine schlechte Sache wäre, dann würde sie also nach diesem Argument auf jeden Fall einen Schaden anrichten.
Was könnte unabhängig vom materiellen und psychischen Schaden ein Argument sein, Werbung vor Kindern für eine schlechte Sache zu halten? Ein wesentlicher Punkt wird von manchen Kritikern (siehe Felser, 1994) in der Haltung der Werbungtreibenden gesehen: Diese werben ja gezielt um die Kinder und mischen sich so in die Erziehung ein. Das Wohl des Zöglings – die entscheidende Legitimation erzieherischen Handelns – strebt die Werbung allenfalls akzidentell an, das wesentliche Ziel ihres Handelns ist ein anderes. Werbung vor Kindern ist auch nicht gleichzusetzen mit den meisten Medienangeboten, an denen Kinder ihre ›Medienkompetenz‹ üben können. Letztere sind dem zuzuordnen, was Pädagogen zur Unterscheidung von der intentionalen eine »funktionale Erziehung« nennen. Damit sind all jene Umwelteinflüsse gemeint, die einen erzieherischen Einfluß ausüben, ohne mit der Absicht der Erziehung eingesetzt worden zu sein (wie zum Beispiel der Mann, der ohne erzieherische Absicht bei Rot über die Ampel geht, und dadurch für das beobachtende Kind zum funktionalen Erzieher wird). Werbung, die sich nicht explizit an Kinder richtet, ist ähnlich zu beurteilen wie andere funktionale Erzieher auch. Werbung im Kinderprogramm mischt sich dagegen beim besten Willen nicht mehr beiläufig und unbeabsichtigt in die Erziehung ein. Sie muß strenger beurteilt werden als funktionale Erzieher, hat aber gleichzeitig nicht die Legitimation echter intentionaler Erzieher.

Über 50jährige als Zielgruppe für Marketing und Werbung

Gleich (1999b) analysiert unter dem oben angeführten Titel »Argumente für eine differenzierte Ansprache einer vernachlässigten Altersgruppe« (S. 301). Diese Analyse liegt den folgenden Ausführungen wesentlich zugrunde.
Das Lamento, daß ältere Konsumenten in der Werbung zu wenig angesprochen würden, ist genauso verbreitet wie die nachdrückliche Erinnerung, daß diese Altersgruppe eine besonders lohnende Zielgruppe ist. Die Kaufkraft älterer Menschen liegt nach Angaben des statistischen Bundesamtes deutlich über dem der Durchschnittsbevölkerung (zit. n. Gleich, 1999b, S. 301). Zudem haben ältere Menschen in der Regel positive Einstellungen zum Konsum und entwickeln ein zunehmendes Marken- und Qualitätsbewußtsein (laut einer Umfrage der Werbeagentur Grey, Düsseldorf, zit. n. Gleich, 1999b, S. 303).
Dank ihrer ausgiebigen Mediennutzung (durchschnittlich sehen über 50jährige täglich mehr als vier Stunden fern) sind ältere Konsumenten verhältnismäßig gut zu erreichen. Sie sind allerdings als Zielgruppe vergleichsweise inhomogen. Wie also lassen sich ältere Personen kategorisieren bzw. segmentieren? Eines der nächstliegenden Merkmale ist das Alter selbst, etwa 50, 60, 70jährige und so fort. Diese Einteilung läßt allerdings unberücksichtigt, daß sich gerade ältere Menschen in der Regel subjektiv nicht dem Alter zurechnen, das sie laut Geburtsdatum haben. Die meisten älteren Personen fühlen sich jünger als sie sind. Dies hat unter anderem starke Konsequenzen für die Frage, mit wem sich Senioren vergleichen, wer für sie als relevante Bezugsgruppe und somit auch als Modell in der Werbung in Frage kommt (Schmitz, 1998).
Andere mögliche Segementierungskriterien basieren auf den Phasen im Lebenszyklus (zum Beispiel Kinder aus dem Haus, Ruhestand, Verwitwung...) oder Einstellungen und Werthaltungen (Arbeitsethos, Freizeit- und Genußmentalität, Risikobereitschaft; siehe Gleich, 1999b, S. 302). Zudem konkurrieren auch in der Zielgruppe der älteren Konsumenten wieder eine Vielzahl von

Typologien, die mit attraktiven Schlagworten die modernen Senioren beschreiben, dabei aber nicht selten den Eindruck erwecken, ältere Konsumenten stürzten sich sämtlich voller Schwung und mit locker sitzendem Geldbeutel in die Freuden des modernen Konsums. Es bleibt aber zu betonen: Die Segmentierung wird letztlich darauf hinauslaufen, daß nur ein Teil der älteren Konsumenten als Zielgruppe attraktiv ist. Etliche Lebensstile älterer Menschen sind von »Zurückgezogenheit, Inaktivität, Konservatismus, Resignation etc.« (Gleich, 1999b, S. 303) geprägt. Außerdem stimmt das Selbstbild der Älteren, das vielfach Aufgeschlossenheit und Konsumfreude signalisiert, nicht immer mit dem alltäglichen Verhalten überein, das noch immer sehr von Routinen bestimmt wird.
Zum Alltagsverhalten der Senioren zählt allerdings, wie oben gesagt, eine besonders intensive Mediennutzung. Das Fernsehen dominiert hierbei und erfüllt wichtige Informations- und soziale Funktionen. Senioren präferieren zwar die öffentlich-rechtlichen gegenüber den privaten Sendern, sie sind aber insgesamt der Werbung aufgeschlossener als jüngere Personen (laut einer Umfrage der *Gong*-Gruppe, zit. n. Gleich, 1999b, S. 305).
Trotz der hohen Kaufkraft und der positiven Haltung gegenüber Werbung und Konsum sind Personen über 50 der Werbewirtschaft offenbar nicht viel wert. Am Beispiel der Frauenzeitschriften läßt sich das nachweisen: Über 50 Prozent der Frauenzeitschriften richten sich an Leserinnen über 50. Die Werbeinvestitionen in diese Titel betragen aber nur 20 Prozent. Während also die Werbewirtschaft in eine Leserin der *Maxi* durchschnittlich DM 4,30 investiert, liegt der entsprechende Betrag für eine Leserin der *Neuen Post* bei gerade mal 28 Pfennigen (Jaeckel, 1998, zit. n. Gleich, 1999b, S. 305). Die Orientierung an jüngeren Zielgruppen geht sogar so weit, daß ein Programm, das im Fernsehen einen zu hohen Anteil an Zuschauern über 50 hat, zugunsten anderer Angebote das Feld räumen muß. Das liegt daran, daß die Werbeeinnahmen der Sender über den Tausend-Kontakt-Preis (TKP, siehe 5.1.1) in der Zuschauergruppe zwischen 14 und 49 Jahren bemißt. Diese Programm- bzw. Preispolitik verhindert freilich systematisch eine Orientierung der Medienplanung an älteren Zielgruppen.
Dies sind strukurell bedingte Gründe für die Vernachlässigung älterer Zielgruppen; es fragt sich, welche inhaltlich-psychologischen Gründe hierfür verantwortlich sind. Gleich (1999b, S. 306) nennt die folgenden:

- Furcht um die Akzeptanz von Marken durch die jüngeren Zielgruppen,
- Erwartung, daß ältere Menschen in ihren Markenpräferenzen ohnehin schon zu festgelegt und durch Werbung nicht anzusprechen seien,
- mangelndes Einfühlungsvermögen der Produktmanager und Werbemacher in ältere Menschen bzw. zu starke Orientierung an der eigenen meist jungen Kohorte,
- insgesamt ein negatives Altersstereotyp.

Dieses negative Bild des alten Menschen wird freilich von der Werbung selbst ausgiebig gepflegt. Nur selten treten in Anzeigen und Spots ältere Personen als Identifikationsfiguren auf. In einer Analyse von 1998 (zit. n. Gleich, 1999b, S. 306) haben ältere Menschen in der Werbung mehrheitlich die Rolle von Witzfiguren oder Großeltern. Eine Expertenfunktion wurde ihnen nur sehr selten zugeschrieben. Häufig thematisiert würden dabei Defizite des Alters und Hilfsbedürftigkeit. Ein anderes Thema, der »Generationenvertrag« bzw. die Verantwortung der jüngeren für die ältere Generation ist ebenfalls nicht immer dazu angetan, positive Assoziationen zum Alter zu verstärken (vgl. auch Thimm, 1998). Es kann daher nicht verwundern, daß die Mehrzahl der älteren Zuschauer meint, Werbung richte sich nicht an Menschen ihres Alters (zit. n. Gleich, 1999b, S. 307).
Die tatsächlichen Senioren fühlen sich dem negativen Altersbild durchaus nicht ähnlich. Wie oben schon angedeutet, fühlen sich ältere Menschen in der Regel deutlich jünger als ihr chronologisches Alter nahelegt. Begriffe, die Altsein implizieren, wenden Senioren nur sehr selektiv auf sich selbst

an (zum Beispiel Thimm, 1998). Trotzdem erfüllt das negative Stereotyp auch für die Senioren eine wichtige Funktion, nämlich als eine Art Negativ-Folie, von der sich die eigene Person entschieden abhebt. »Alt« sind für viele Senioren vor allem andere, und daß man selbst jung geblieben ist, zeigt sich eben im Vergleich mit diesen stereotypen Alten (vgl. auch Schmitz, 1998).
Auch diese Kontrastfunktion mag also ein negatives Altersbild zementieren. Die objektiven Gegebenheiten des Alters würden dagegen eine durchaus positivere Sicht erlauben. Zwar sind mit dem Alter nachlassende körperliche Fähigkeiten nicht zu leugnen. Im kognitiven Bereich jedoch lassen die Fähigkeiten älterer Menschen oft kaum bzw. erst sehr spät nach. Intelligenzleistungen, die auf angesammeltem Wissen beruhen, bleiben mit dem Alter stabil, ebenso wie bestimmte Gedächtnisleistungen (zum Beispiel das gestützte, nicht aber das freie Erinnern, Sorce, 1995, zit. n. Gleich, 1999b, S. 308*f*). Neuere Forschungen zum Bewältigungsverhalten belegen, daß ältere Menschen im Umgang mit Problemen zunehmend flexibler werden. So zeigen ältere Personen eine stärkere Bereitschaft als jüngere, sich an unangenehme Lebensumstände anzupassen und sich angesichts nicht lösbarer Probleme neu zu orientieren (Brandtstädter & Renner, 1990). Solche nachgewiesenen Merkmale des höheren Lebensalters sind im Prinzip durchaus geeignet, ein negatives Altersstereotyp zu untergraben.
Wie also sollte mit älteren Menschen in Werbung und Marketing umgegangen werden? Zunächst ist sicher nicht zu fordern, anstelle jugendlicher Modelle nun Greise einzusetzen. Wenngleich das Durchschnittsalter der dargestellten Person durchaus steigen darf, ist doch nicht zu erwarten, daß Senioren, die sich im Schnitt 14 Jahre jünger fühlen, als ihr chronologisches Alter ausweist, Wert auf Identifikationsfiguren in ihrem tatsächlichen Alter legen. Noch weniger wünschen sich ältere Personen »Ghetto-Produkte« nur für Senioren (Gleich, 1999b, S. 309).
Dagegen ist stärkeres Einfühlungsvermögen in die ältere Zielgruppe für Werbungtreibende gefragt. Hierzu hat die Meyer-Hentschel Management Consulting einen sogenannten »Age-Simulator« entwickelt. »Er besteht aus einem Anzug mit Helm, in dem unter anderem mit Hilfe eines Spezialvisiers das veränderte Farbsehen sowie die altersbedingte Veränderung der Sehschärfe simuliert werden können. Ebenfalls ist es möglich, durch bleigefüllte, kräftezehrende Arm- und Beinmanschetten nachlassende Kraft und eingeschränkte Beweglichkeit sowie durch Schallschützer am Kopf nachlassendes Hörvermögen zu simulieren« (Gleich, 1999b, S. 309).
Die oben zitierten Befragungen lassen deutlich erkennen, daß Senioren vor allem die Informationsfunktion der Werbung bevorzugen. Hierauf sollte in der Gestaltung ein deutlicher Akzent gesetzt werden. Eine tendenziell eher sachliche Gestaltung empfiehlt sich auch aus anderen Gründen: Mit dem Alter läßt bei den kognitiven Aufmerksamkeitsfunktionen vor allem die Hemmung irrelevanter Information nach (Hasher & Sacks, 1988, siehe 5.3.1). Dies hat eine höhere Ablenkbarkeit zur Folge; die Informationsverarbeitung älterer Menschen wird also durch ablenkende Elemente stärker beeinträchtigt als bei jüngeren.

FÜNFZEHN: **Gestaltung der Werbung**

Zusammenfassung:

1. *Werbeträger werden danach ausgesucht, daß man mit ihnen so viele Empfänger wie möglich, dabei aber auch die richtigen Empfänger erreichen kann. Der Werbeträger ist gleichzeitig Kontext der Werbung.*

2. *Eine häufige Wiederholung dient der Werbung eher, als daß sie schadet. Überdrußreaktionen auf seiten der Empfänger lassen sich meist schon durch geringe Variationen der Werbegestaltung unterbinden.*

3. *Überschriften von Werbeanzeigen sollten ihren Inhalt auf möglichst engem Raum enthalten. Der Sinn der Anzeige und ein Nutzen für den Betrachter sollten bereits aus der Überschrift hervorgehen. Anzeigen sollten so groß wie möglich sein. Die Blickbewegungen der Betrachter folgen weitgehend der Leserichtung.*

4. *Farben sollen in der Werbung Aufmerksamkeit steuern sowie Lebendigkeit und Realitätsnähe vermitteln. Farben gehen auch mit bestimmten Anmutungen einher.*

5. *Die meisten gebräuchlichen Schriften unterscheiden sich in ihrer Lesbarkeit nicht erheblich. Abweichungen von der Orthographie verhindern die Formerkennung und stören daher die Lesbarkeit. Das gilt auch für den Gebrauch von Großbuchstaben innerhalb der Wörter.*

6. *Bilder sind das zentrale Medium der Werbegestaltung. Sie erleichtern die Informationsaufnahme und -speicherung. Sie sind in der Lage, den Betrachter zu aktivieren und seine Einstellungen zu beeinflussen. Der Bildkommunikation steht eine große Menge von Techniken zur Verfügung, um Aussagen in Bilder umzusetzen. Die effektivsten Werbebilder sind solche, die sich über eine lange Zeit nicht ändern.*

7. *Die Werbesprache nutzt traditionelle rhetorische Mittel, um einprägsame Aussagen zu machen. Grundsätzlich soll Werbesprache einfach sein. Allerdings kommen Verfremdungen der Sprachregeln bis zur Unsinnigkeit vor. Für die Namen von Produkten sind auch ungebräuchliche und exotische Wörter üblich.*

Wie soll Werbung gestaltet sein, damit sie einen möglichst guten Effekt bringt? Diese Frage ist angesichts der Entwicklungen im Medienbereich heute schwieriger zu beantworten als vielleicht vor zwanzig Jahren. Wir dürfen davon ausgehen, daß in Zukunft der Zuschnitt von Werbebotschaften auf ein bestimmtes Publikum einfacher wird, weil die Werbungtreibenden mehr über die Rezipienten eines bestimmten Mediums wissen (Stewart & Ward, 1994). Zum Beispiel wird es in Zukunft mehr Fernsehkanäle und demzufolge auch mehr Spartensender geben. Die Rezipienten dieser sehr spezifischen Programme, zum Beispiel Deutsches Sportfernsehen (*DSF*) oder *ARTE* sind in der Regel eine

spezielle Auswahl aus der Gesamtpopulation, die man gezielt ansprechen kann. Auch das sogenannte »Direktmarketing«, die gezielte Informierung von möglichen Kunden durch Prospekte, wird in Zukunft neuen Aufwind durch bessere Nutzung von Adreß-Datenbanken erhalten (Ehm, 1995).
Zudem gehört nicht allein das Aussehen einer Anzeige oder der Inhalt eines Werbespots bzw. einer Broschüre zur Gestaltung der Werbung. Das Design und die Verpackung eines Produktes, das Einrichten von Zweigstellen eines Unternehmens, die Wahl von Verkaufsstellen, das Warensortiment, der Kundendienst oder die Innenarchitektur der Verkaufsstelle sind ebenfalls wichtige Gestaltungsfragen des Marketings, die auf die Werbung zurückwirken (Kroeber-Riel, 1993a; Stewart & Ward, 1994; Kirchler, 1995, S. 150*f*). Schließlich wird in letzter Zeit immer häufiger die Gestaltung von Werbung und Verkaufsorten durch Gerüche eingesetzt. Die theoretischen Überlegungen und demzufolge auch die ernst zu nehmende Evidenz zur Wirksamkeit dieser Strategie stecken aber zur Zeit noch in den Kinderschuhen (vgl. Mitchell, Kahn & Knasko, 1995; Spangenberg, Crowley & Henderson, 1996).

15.1 Die Umgebung der Werbung

Im folgenden werden wir wechselweise die Gestaltung von Anzeigenwerbung und Spots diskutieren. Dabei steht die Frage im Vordergrund, welche Gestaltungsmerkmale sich im Sinne der Werbeziele als effektiv erweisen. Ich beginne mit der Frage nach dem Werbeträger.

15.1.1 Reichweite des Werbeträgers

Eine effektive Werbung setzt voraus, daß sie möglichst viele, und zwar die richtigen Adressaten erreicht. Der einfachste Weg, um dieses Ziel zu erreichen, wäre, überall zu werben. Dagegen spricht der Geldbeutel. Die einzelnen Werbeträger sind unterschiedlich teuer. Sie machen ihre Kosten zum Teil davon abhängig, wie groß das Publikum ist, das man mit diesem Werbeträger erreicht. In der Regel werden die absoluten Kosten einer Anzeige oder eines Spots an der Anzahl der Personen relativiert, die man mit der Werbemaßnahme erreicht.

Zeitschriften
Eines der Hauptargumente, mit dem ein Werbeträger Werbekunden überzeugen kann, ist seine Reichweite (vgl. Abbildung 1.3). Die entscheidende Einheit bildet hier der sogenannte »Tausend-Kontakt-Preis« (TKP, vgl. auch Moser, 1991, S. 38*f*; Feldmeier, 1995): Der Preis einer Anzeige wird durch die Anzahl der Leser geteilt und mit Tausend multipliziert. Mit diesem Preis erfährt man, wieviel man bezahlt, um tausend Personen zu erreichen. Damit sind aber wohlgemerkt nur die Chancen auf einen Kontakt gemeint, nicht die tatsächlichen Kontakte!
Die Reichweiten verschiedener Medien kann man nicht einfach addieren. Wenn ich mit einer Zeitschrift zehn Prozent der Bevölkerung erreiche, muß sich meine Reichweite nicht dadurch verdoppeln, daß ich eine andere Zeitschrift mit derselben Reichweite hinzu nehme. Man muß vielmehr damit rechnen, daß einige Leser sowohl die eine als auch die andere Zeitschrift lesen. Man spricht hier von »externer Überlappung« (Stewart & Ward, 1994). Dasselbe Problem ergibt sich, wenn man in mehreren aufeinanderfolgenden Ausgaben derselben Zeitschrift inseriert, was ein Fall von »interner Überlappung« wäre. Die besten Aussichten auf eine breite Streuung ergeben sich, wenn man verschiedene Medien mit möglichst geringer Überschneidung einsetzt.

Fernsehen
Kommen wir zum Fernsehen. Auch hier wird ein Tausend-Kontakt-Preis ermittelt. Tabelle 15.1 zeigt Marktanteile und TKP für deutsche Fernsehsender in den Jahren 1999 und 2000. Die Marktführerschaft der öffentlich rechtlichen Sender in dieser Tabelle geht wohl auf die Fußball EM 2000 zurück.

Tabelle 15.1 Deutsche Fernsehsender im Juni 2000: Marktanteile in Prozent und Tausend-Kontakt-Preise der wichtigsten Zeitschienen in Euro

Sender	Zuschauer		17-20 Uhr		20-23 Uhr	
	Juni 2000	Juni 1999	Juni 2000	Juni 1999	Juni 2000	Juni 1999
ARD	15,7	14,8	37,13	29,13	–*	–*
ZDF	15,3	12,6	24,16	25,56	–*	–*
RTL	13,7	15,3	19,39	18,36	22,35	20,99
ProSieben	8,0	8,3	17,42	21,33	21,94	23,83
Sat.1	9,1	10,3	21,04	19,17	21,50	21,81
Vox	2,8	3,0	15,39	13,17	17,19	12,42
Super-RTL	2,6	2,9	13,49	21,65	11,89	9,51
Kabel 1	5,3	5,4	12,96	10,77	15,71	13,37
RTL II	5,0	3,9	11,89	9,28	12,66	15,69

Anmerkung: Zuschauerzahlen und TKP für Erwachsene von 14–49 Jahren.
Aus w&v, 27/2000, S. 22. Quelle: AGF/GfK (PC#TV), MediaGruppe München.
** Werte lagen nicht vor.*

Die Preise variieren offensichtlich nicht nur zwischen verschiedenen Fernsehsendern, sondern vor allem zwischen verschiedenen Sendezeiten. Die wichtigste Zeit, die »Primetime«, ist die Zeit zwischen 20 und 23 Uhr. Diese Zeit ist aus drei Gründen wichtig. Erstens sehen zu dieser Zeit besonders viele Leute fern. Zweitens »[wird] in der Zeit nach 20 Uhr intensiver ferngesehen. Die Zuschauer beschäftigen sich weniger nebenher und schalten weniger um, als etwa am Vorabend« (Feldmeier, 1995, S. 91). Drittens aber erreicht man nach 20 Uhr einige der interessantesten Zielgruppen, die zu anderen Zeiten nicht fernsehen, zum Beispiel berufstätige Konsumenten, vor allem Männer.
Die Primetime ist aber nicht uneingeschränkt attraktiv. Wer eine bestimmte Zielgruppe zu einer anderen Tageszeit erreichen kann, der sollte dies auch versuchen. In der teuren Primetime erreicht man eben vor allem viele Personen, dies aber relativ undifferenziert. Die Tausend-Kontakt-Preise sind zur Primetime besonders hoch. Die Werbekunden stehen bei den Sendern Schlange, was dazu führen kann, daß die Werbeblöcke in der Primetime immer länger werden. Das wiederum verschreckt die Zuschauer (Feldmeier, 1995, S. 91), so daß die Attraktivität der Primetime für die Werbetreibenden eine zweischneidige Angelegenheit ist: Um diese Uhrzeit zu werben, hat nur so lange Sinn, solange die Werbeflut nicht zu groß ist.

15.1.2 Die Zielgruppe

Oben haben wir uns gefragt, wie man möglichst viele Personen erreicht. Eine andere Frage ist, wie man die richtigen Personen erreicht. Die Werbung muß sich an Zielgruppen orientieren. Nun hat jeder Werbeträger seine eigene Kundschaft, und es ist eine offene Frage, ob die Zielgruppe dabei ist. Die Empfehlung von oben muß nach diesem Gedankengang relativiert werden: Wichtiger, als möglichst viele Personen zu erreichen, ist, die richtigen zu erreichen, damit keine Streuverluste entstehen (Kroeber-Riel, 1992, S. 642). Tabelle 15.2 enthält demographische Daten der Leserschaft verschiedener Zeitschriften. Zum Beispiel kann man erkennen, daß etwa 4,8 Prozent der männlichen Bevölkerung die Zeitschrift *Capital* lesen. Der Anteil an Männern in der Leserschaft von *Capital* liegt bei 77 Prozent. Das ausgewogenste Geschlechterverhältnis findet sich in dieser Liste bei dem Magazin *Stern* (55 Prozent Männer, 45 Prozent Frauen). Gleichzeitig ist der Akademikeranteil sowie der Anteil von Besserverdienenden in der Leserschaft des *Stern* geringer als bei den anderen untersuchten Magazinen (14 Prozent bzw. 22 Prozent).

Tabelle 15.2 Qualitative Reichweite von Werbeträgern

Medien	Quantitative Reichweite in Prozent	Männer		Frauen		Haushaltseinkommen über DM 5000		Studium	
		Bevölkerung	*Leser*	*Bevölkerung*	*Leser*	*Bevölkerung*	*Leser*	*Bevölkerung*	*Leser*
Der Spiegel	12,3	16,7	64	8,4	36	21,1	28	36,4	24
Capital	2,9	4,8	77	1,3	23	6,6	37	8,1	23
Stern	16,5	19,1	55	14,1	45	22,1	22	28,2	14
Die Zeit	3,3	4,2	60	2,5	40	6,5	32	16,4	41
FAZ	1,9	2,5	61	1,4	39	4,6	39	8,2	35
Die Welt	1,4	1,8	64	0,9	36	2,8	34	4,2	26

Anmerkung: Aus Kroeber-Riel, 1992, S. 642, Abbildung 142. Quelle: Spiegel-Verlag, 1991.
In den unterteilten Spalten sind unterschiedliche Prozentangaben enthalten. Zum Beispiel kann man der Spalte »Männer« entnehmen, daß 16,7 Prozent aller Männer in der Bevölkerung den Spiegel *lesen. Die Prozentzahl in der nebenstehenden Spalte bezieht sich auf die Leserschaft des* Spiegel *und besagt, daß 64 Prozent der* Spiegel-*Leser Männer sind.*

Dies sind zunächst noch rein demographische Daten über die ansprechbaren Zielgruppen. Über die psychologischen Eigenschaften der Leser kann man anhand dieser Daten nur Vermutungen anstellen (vgl. 14.1.2). Häufig sind aber die Merkmale der Leser bestimmter Zeitschriften noch wesentlich besser bekannt. Mit Hilfe von umfassenden Medien-Analysen lassen sich die Gewohnheiten einzelner Zielgruppen beschreiben. Nehmen wir zum Beispiel die wichtige Zielgruppe der Frauen, die ungesüßten Naturjoghurt ohne Fruchtzusatz bevorzugen (vgl. Kotler & Bliemel, 1995, S. 983*f*) – eine Zielgruppe, die für die verschiedensten Werbebemühungen immer wieder isoliert und gesondert betrachtet werden sollte. Eine Medienanalyse von 1993 belehrt uns, daß diese Gruppe in Deutschland aus 4,67 Millionen Frauen besteht. Das sind 7,2 Prozent der damaligen

Gesamtbevölkerung. Von dieser Zielgruppe weiß die Medien-Analyse zu berichten, in welchem Umfang sie beispielsweise die *Bunte*, die *Neue Revue* oder den *Stern* liest, oder wie viele von diesen Frauen *RTL*, *ARD* oder *PRO Sieben* schauen. Diese Nutzungsgewohnheiten machen die Information erst richtig interessant. Jeder Werbeträger kann nämlich jetzt daran gemessen werden, ob bei ihm besonders viele oder besonders wenige Frauen aus der Zielgruppe angesprochen werden. Zum Beispiel besteht die Leserschaft der *Neuen Revue* zu 5 Prozent aus Frauen, die ungesüßten Naturjoghurt ohne Fruchtzusatz bevorzugen. Das ist ein geringerer Anteil als in der Gesamtbevölkerung. Die *Fernsehwoche* hat dagegen mit 7,6 Prozent Leserinnen aus der Zielgruppe ungefähr den gleichen Anteil wie die Gesamtbevölkerung. Einen ganzen Club von Frauen, die ungesüßten Naturjoghurt ohne Fruchtzusatz bevorzugen, findet man aber unter den Leserinnen von *Brigitte* (13,7 Prozent), *Freundin* (12,7), *Für Sie* (12,3) und *Burda Moden* (12,3). Bei diesen Blättern war um 1995 die Zielgruppengenauigkeit für Hersteller, die gerne ungesüßten Naturjoghurt ohne Fruchtzusatz an Frauen verkaufen würden, am größten.

Die Zielgruppengenauigkeit kann man mit einer einzigen Zahl auf dem Punkt bringen, indem man nämlich den Anteil der Zielgruppe bei einem bestimmten Werbeträger am Anteil der Zielgruppe in der Gesamtbevölkerung relativiert. Dies ergibt einen sogenannten Affinitätsindex, eine Zahl, die an der Basis 100 normiert ist. Ein Wert unter 100 bedeutet, daß der Anteil der Zielgruppe in dem Werbeträger kleiner ist als in der Gesamtbevölkerung. Zum Beispiel hat die *Neue Revue* bezogen auf Frauen, die ungesüßten Naturjoghurt ohne Fruchtzusatz bevorzugen, einen Affinitätsindex von 69. Die genannten Frauenzeitschriften haben dagegen Affinitätsindices zwischen 171 und 190.

Große Verlage wie etwa *Burda*, *Gruner + Jahr* oder der *Spiegel Verlag* versorgen ihre Werbekunden mit speziellen Informationsangeboten (Kotler & Bliemel, 1995, S. 975). Jeder dieser Verlage hat eine ganze Reihe von Servicebroschüren herausgebracht, in denen zum Beispiel Daten über die Leserschaft der hauseigenen Publikationen berichtet werden. Die Broschüren tragen Titel wie: »Konsumstile in den neuen Bundesländern«, »Soll und Haben. Einstellungen zum Geld, Bankverbindungen, Kredite...«, »Made in ... what Germans think about foreign products«. Mit solchen Informationen können Werbungtreibende präzisere Gestaltungspläne entwickeln. Die Werbeträger ihrerseits machen durch diese Serviceangebote nützlich Eigenwerbung.

15.1.3 Der Werbeträger als Kontext der Werbung

Der Werbeträger spielt als die Umgebung, in der die Werbung erscheint, die Rolle eines Kontextes (vgl. 8.1). Werbung erscheint in verschiedenem Licht, je nachdem, wer sie verbreitet bzw., wer in ihr auftritt (zum Beispiel Appel, 1987; Homer & Kahle, 1990; Ratneshwar & Chaiken, 1991). Schon bei der Frage, wie das Werbevolumen wahrgenommen wird, schafft dieser Kontext für unterschiedliche Werbeträger unterschiedliche Effekte. Im Januar 1996 befragte das Berliner Forsa-Institut Zuschauer nach ihrer Wahrnehmung der Fernsehwerbung *(w&v*, 11/1996, S. 16). Dabei wurde die meiste Werbung dem Sender *RTL* zugesprochen, und das, obwohl tatsächlich *SAT1* mit insgesamt 67.855 Werbeminuten in 1995 der Spitzenreiter war (*RTL*: 62.500, *Pro Sieben*: 62.029). Außerdem wurde angegeben, daß die Werbung von *RTL* am meisten störe (siehe Abbildung 15.1).

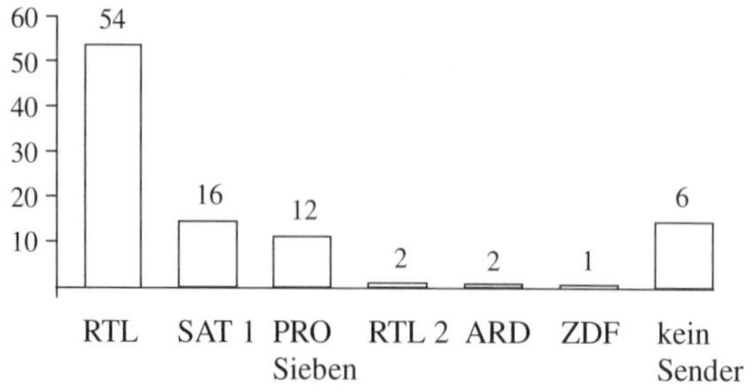

Abbildung 15.1 Antwort auf die Frage: »Bei welchem Sender stört Werbung?« Zuerst genannter Sender in Prozent.
Aus: w&v, 11/1996, S. 16. Quelle: Forsa/MediaResearch.

Man mag diesen Kontexteffekt damit erklären, daß *RTL* für viele Zuschauer den Prototyp des werbefinanzierten Privatfernsehens darstellt, und daß dem Sender somit undifferenziert alle Vor- und Nachteile dieser Institution zugeschrieben werden. Wer bei Beantwortung dieser Frage die Verfügbarkeitsheuristik (4.1.1.) benutzt, wird *RTL* mit hoher Wahrscheinlichkeit auch dann nennen, wenn sie oder er keinerlei Erinnerung an die Spots von *RTL* hat.

Psychologisch ist aber unabhängig von der Interpretation das Ausmaß der Verschätzung interessant. Man sieht hieran sehr deutlich, wie stark verschiedene Quellen einer Information auf die Wahrnehmung dieser Information Einfluß nehmen können.

Informationen erscheinen uns unterschiedlich glaubwürdig, je nachdem, wer sie verbreitet. Zum Beispiel waren in den 70er Jahren so gut wie alle Nachrichten der Zeitung *Neues Deutschland* oder der *Prawda* in hohem Maße unglaubwürdig und hatten auch dann Schwierigkeiten, sich durchzusetzen, wenn sie eigentlich den Tatsachen entsprachen. Eine Quelle, die unserer Erfahrung nach wenig glaubwürdig ist, versieht jede Information, die von ihr ausgeht, mit einem Hinweis, der besagt, daß die Information nicht besonders ernst zu nehmen ist (»Abwertungshinweis« bzw. »discounting cue«, Stroebe, 1980, S. 291). Die Glaubwürdigkeit einer Informationsquelle wird an verschiedenen Merkmalen festgemacht. Am wichtigsten ist, ob dem Kommunikator die nötige Vertrauenswürdigkeit und Expertise zugetraut wird (»trustworthiness« und »expertness«; vgl. Mayer, 1993, S. 109). Diese Unterscheidung ist auch für die Frage nach Werbung mit Prominenten wichtig. Viele prominente Personen gelten als glaubwürdig, trotzdem wird ihnen nicht in allen Punkten Kompetenz zugetraut. Leider ist es aber genau die Expertise und nicht so sehr die Vertrauenswürdigkeit, womit Prominente Kaufentscheidungen beeinflussen können (Ohanian, 1991).

Nicht nur die Glaubwürdigkeit eines Werbeträgers färbt auf die Produktwahrnehmung ab. Auch andere Merkmale, wie zum Beispiel der Ruf eines Magazins, Experteninformationen bereitzustellen (zum Beispiel *Auto, Motor und Sport*), beeinflußt die Wirkung einzelner Anzeigen. Einen ähnlichen Effekt kann man auch für die Personen nachweisen, die in der Werbung auftreten. Cohen (1992) konnte zum Beispiel zeigen, daß Asiaten, die ein »High-tech«-Produkt anpriesen, einen besonders kompetenten Eindruck erzeugten.

15.1.4 Andere Kontexteffekte

Innerhalb eines Werbeträgers wirken weiterhin verschiedene Kontextreize auf die Verarbeitung von Werbung. Wenn wir uns nun fragen, wie diese Kontexte denn wirken, dürfen wir nicht vergessen, daß wir es bei den Nutzern verschiedener Medien meist mit einer selegierten Gruppe zu tun haben. Die meisten Nutzer haben sich die Nutzung ausgesucht, indem sie eine Zeitung aufgeschlagen oder ein Programm eingeschaltet haben. Und nach welchen Prinzipien haben sie gewählt? Schon aus konsistenztheoretischen Überlegungen heraus ist plausibel, daß Personen eher Informationen nutzen, die mit dem, was sie ohnehin schon glauben, konsistent sind, als daß sie widersprechende Informationen aufnehmen. Die Benutzer eines Mediums setzen sich selektiv vor allem solchen Informationen aus, für die sie sich interessieren, die ihr Selbstwertgefühl unangetastet lassen oder sogar heben, und die konsistent mit dem sind, was sie glauben (vgl. Kapitel 11, 13.3.4; Stewart & Ward, 1994).

Werbespots im Fernsehen

Wer haßt nicht innig die Frustration, wenn im Spielfilm mitten in einer spannenden Szene eine Werbeeinblendung kommt. Was bringt eigentlich die Unterbrecherwerbung im Fernsehen? Welche Faktoren bestimmen ihre Effektivität?

Der einfache Hintergedanke bei der Unterbrecherwerbung ist, daß die Zuschauer das laufende Programm mit Interesse verfolgen und deshalb die Werbung betrachten, um das eigentliche Programm nicht zu versäumen. Diese Erwartung trifft auch ein, wenn man die Zahlen zum Zapping (vgl. Exkurs 1) betrachtet. Zwischen 22 und 38 Prozent der Zuschauer meiden einen Werbeblock gezielt durch Umschalten. Diese Zahl ist am größten, wenn das Programm, das vor der Unterbrechung lief, nach der Unterbrechung nicht mehr fortgesetzt wird (sogenannte Scharnier-Werbung). Ein Spot, der innerhalb des Programmes plaziert ist, wird also mit höherer Wahrscheinlichkeit gesehen als ein Spot zwischen verschiedenen Programmen (vgl. Barclay, Doub & McMurtrey, 1965; Yorke & Kitchen, 1985; Brockhoff & Dobberstein, 1988; Danaher, 1995; van Meurs, 1998; siehe aber Thorson & Zhao, 1997, mit widersprechenden Ergebnissen).

Zapping muß nicht unbedingt die Werbewirkung beeinträchtigen: Anscheinend erhält ein Spot im Augenblick des Umschaltens eine besonders hohe Aufmerksamkeit, so daß er am Ende besser erinnert wird, als wenn er im unbeachtet im Hintergrund gelaufen wäre (Zufryden, Pedrick & Sankaralingam, 1993). Zumindest die Spots, die kurz vor dem Zapping gelaufen sind, haben also durch das Umschalten sogar einen Vorteil.

Auch wenn die Werbung im Schnellvorlauf betrachtet wird, also mit Hilfe des Zipping umgangen werden soll, ist der erwartbare Effekt nicht negativ: Insbesondere Spots, die bereits vorher bekannt waren und Spots die auch statische Bilder enthalten, profitieren von diesem Vorgehen (zum Beispiel Gilmore & Secunda, 1993). In der Regel erwarten die Zuschauer beim Schnellvorlauf die Fortsetzung des eigentlichen Programmes und sind daher aufmerksam genug, um auch die Werbeinhalte zu verarbeiten.

Eine weitere Erwartung besagt, daß sich die Aufmerksamkeit, die die Zuschauer auf das Programm verwendet haben, auf die Werbung überträgt. Die Folge sollten verbesserte Gedächtnisleistungen sein. Sollte diese Erwartung zutreffen, müßte die Unterbrechung eines interessanten Programms besonders effektiv sein. Hierzu gibt es widersprüchliche Befunde. Soldow und Principe (1981) konnten zeigen, daß »die Marken-Erinnerung, die Erinnerung an die Verkaufsargumente, die Einstellung gegenüber dem Spot sowie die Ausprägung der Kaufabsicht« (Mayer et al., 1982, S. 127) beeinträchtigt ist, wenn die Werbung ein spannendes Programm statt eines langweiligen unterbricht (vgl. auch Bryant & Cominsky, 1978; Lord & Burnkrant, 1988). In einer Untersuchung von Norris und Coleman (1993) litt vor allem die Erinnerung an die Spots, wenn die Zuschauer das eigentliche Programm mit Interesse verfolgten und durch die Unterbrechung also gestört wurden. Diese Ergebnisse sind vor allem vor dem Hintergrund der Reaktanztheorie plausibel, denn das Eindringen in besonders aufmerksame Prozesse der Informationsverarbeitung kann als plumper und drastischer Beeinflussungsversuch erlebt werden. Entsprechend stark kann der Bumerang-Effekt ausfallen.

Krugman (1983) hält dagegen, daß der Langzeiteffekt von Werbeunterbrechungen dann am größten sei, wenn sie eine tatsächliche Unterbrechung darstellten und sich nicht am Ablauf des Programms orientierten. Nach seinen Erfahrungen überträgt sich die erhöhte Aufmerksamkeit bei einem interessanten Programm durchaus auf die Verarbeitung der Werbung. So meinten beispielsweise Mattes und Cantor (1982; vgl. auch Jenzowsky, 1999) einen Übertragungseffekt festgestellt zu haben, nach dem sich die Stimmung eines anregenden Programmes spätestens nach zweieinhalb Minuten auch auf die unterbrechende Werbung ausdehnte. Die zeitliche Verzögerung wird damit erklärt, daß die Aktivation bei den ersten Spots vom Betrachter noch dem vorangegangenen Programm zugeschrieben wird, so daß die Werbung davon nicht profitieren kann. Nach zweieinhalb Minuten werde aber eine »Fehlzuschreibung« dieser Erregung auf das Konto der Werbung wahrscheinlich. Dies ist die logische Fortführung des Gedankens, der sich aus dem Schachter-Singer-Paradigma ergibt, wie ich es in 2.1.1 diskutiert habe. Die Ergebnisse von Mattes und Cantor (1982) konnten aber in dem Replikationsversuch von Mundorf, Zillmann und Drew (1991) nicht bestätigt werden. Jenzowsky (1999) fand eine positive Wirkung späterer Spots, also eine Erregungsübertragung im Sinne von Schachter und Singer nur für Spots in der Scharnier-, nicht jedoch für Unterbrecherwerbung.

Sehr hohe Erregung durch das laufende Programm, sei es nun durch sexuell stimulierendes oder besonders sensationsträchtiges Programm scheint den folgenden Werbespots wenig zu nützen (siehe auch Bello, Pitts & Etzel, 1983). Erst ab einem mittleren Erregungsniveau ergeben sich positive Wirkungen der allgemeinen Erregung auf die Werbewirkung (Park & McClung, 1986). Mattenklott et al. (1997) fanden die beste Erinnerungsleistung für Spots, die ein neutrales Programm (einen Landschaftsfilm) unterbrachen. Gleichzeitig konnten sie deutliche Erinnerungsnachteile für solche Werbung feststellen, die ein interessantes Programm unterbrachen; ein positiver Effekt im Sinne einer Erregungsübertragung war hier nicht nachzuweisen.

Auch in den Befunden von Broach, Page und Wilson (1997) sowie von Gunter, Furnham und Beeson (1997) zeigte sich eher ein Nachteil für solche Spots, die eine anregendes Programm anstelle eines uninteressanten unterbrachen, was klar im Widerspruch zu der These des Erregungstransfers steht. Der Effekt des Programmkontextes war aber – zumindest in den Daten von Broach et al. (1997) – auf die ersten drei Spots beschränkt, und er zeigte sich zudem nicht bei emotional positiv gestalteten Spots. Nach diesen Befunden scheint es immerhin günstig zu sein, Werbespots mit positiver emotionaler Ausstrahlung zu präsentieren, weil deren Bewertung weitgehend unabhängig vom Programmkontext ist (siehe auch Gleich, 1999a, S. 313).

Die Ergebnisse von Mattenklott (1998) setzen einen vorläufigen Schlußpunkt unter die Debatte um einen möglichen Erregungstransfer von Programm auf die Werbung: In seiner Meta-Anlayse wirkte sich ein aktivierendes Programm in acht von neuen Studien negativ auf die Erinnerung der Spots aus. Auch die Bewertung der Spots verbesserte sich durch ein aktivierendes Programmumfeld nicht. Derzeit spricht also mehr für die Erwartung, daß eine programminduzierte Erregung kognitive Ressourcen bindet, die dann der Werbung nicht mehr zur Verfügung stehen (Gleich, 1999a, S. 131). Hohe Aufmerksamkeit auf das Programm dämpft die Gedächtniseffekte für die Werbung und auch die Bewertung der Spots profitiert nicht von dieser Aufmerksamkeit.

Lord und Burnkrant (1993) unterscheiden zwischen der Aufmerksamkeit, die das Programm erhält und der, auf die die Werbung rechnen kann. Um die Aufmerksamkeit für Unterbrecherwerbung zu steigern, könne ein aufmerksamkeitsfördernder Stimulus eingesetzt werden, etwa ein witziger Gag. Die Wirkung dieses Stimulus hänge allerdings wesentlich davon ab, wie sich das Involvement für Programm und Werbung kombinieren: Der theoretischen Idee zufolge geht es für die Werbung darum, die vorhandenen kognitiven Ressourcen optimal zu nutzen. Ein aufmerksamkeitsbindender Stimulus zu Beginn der Werbung habe daher unterschiedliche Wirkung, je nachdem, wie stark die Ressourcen bereits beansprucht werden. Wenn die Ressourcen ungleich verteilt seien, das Involvement für die Werbung hoch, für das Programm jedoch niedrig ist, oder umgekehrt, dann sei ein zusätzlicher Stimulus, der nun seinerseits die Aufmerksamkeit auf sich zieht, kontraindiziert. Er würde nur weiter ablenken. Dagegen hebe ein solcher Stimulus bei insgesamt niedrigem Involvement (weder die Werbung noch das Programm beanspruchen viele kognitive Ressourcen) die Aufmerksamkeit auf ein Niveau, das der Werbung nützt. Bei hohem Involvement für beides, für Programm wie für Werbung, sei ein aufmerksamkeitsfördernder Stimulus zu Beginn der Werbung ebenfalls günstig, kann er doch die Konkurrenz zwischen Programm und Werbung unter Umständen zugunsten der Werbung entscheiden. Lord und Burnkrant (1993) können zeigen, daß sich die Gedanken ihrer Probanden über die Werbung (»ad-relevant thoughts«) entsprechend den Hypothesen von einem aufmerksamkeitsfördernden Stimulus zu Beginn der Werbung entweder verstärken oder hemmen lassen.

In der Untersuchung von Norris und Colman (1993) wurde zwar die Erinnerung an die Spots beeinträchtigt, wenn das Programm, das unterbrochen wurde, interessant war. Die Kaufabsicht und andere Bewertungen der beworbenen Produkte war aber überraschenderweise erhöht. Eine Einstellungsverbesserung scheint nach diesen Befunden also nicht ausgeschlossen, wenn ein interessantes Programm unterbrochen wird. Allerdings sprechen die Befunde nicht für Krugmans These, daß die Aufmerksamkeit der Zuschauer der entscheidende Wirkfaktor bei der Einstellungsverbesserung sei. Wie wir in Kapitel 9 gesehen haben, ist die Aufmerksamkeit auch keineswegs eine notwendige Bedingung für eine effektive Werbewirkung. Zudem konnten Brown und Rothschild (1993) zeigen, daß eine besonders hohe Menge von Werbespots innerhalb einer Unterbrechung keinen negativen Einfluß auf die Erinnerungsleistung an die Spots hat. Nach diesen Argumenten müßte man eigentlich folgern, daß Werbeuterbrechungen, so unangenehm sie sein mögen, doch eine Wirkung haben.

Bisher haben wir nur von allgemeiner Aktivation, Erregung oder Aufmerksamkeit durch das Programm gesprochen. Nun werden wir durch ein Programm nicht etwa nur global stimuliert, sondern auch in spezifische Stimmungen versetzt. Wird dieses Programm durch Werbung unterbrochen, die ihrerseits wieder Stimmungen erzeugen kann, welche Stimmungen sind dann für die Werbewirkung die besten? Kirchler und Hermann (1986; vgl. auch Clark, 1989, S. 137*ff*; Kamins, Marks & Skinner, 1991; Mathur & Chattopadhyay, 1991) konnten für solche Werbespots, die den Stimmungen des umgebenden Programms entsprachen, bessere Erinnerungsleistungen nachweisen als für stimmungsinkongruente Spots. Eine Erklärung für solche Effekte mag darin liegen, daß »physiologische Erregung, die von einem Programm erzeugt wird, auf direkt nachfolgende Programme übertragen wird, da sich physiologische Erregung verhältnismäßig langsam abbaut« (Groebel & Gleich, 1988, S. 251), eine Erklärung, die vom Schachter-Singer-Effekt inspiriert ist (vgl. 2.1.1). Bei Print-Werbung ist die Befundlage allerdings weniger eindeutig. Hier erhalten gerade stimmungsinkongruente Werbebotschaften bessere Erinnerungswerte (Kirchler & Kapfer, 1987). Das mag daran liegen, daß Print-Medien insgesamt mit geringerer Aktivation aufgenommen werden. Die Betrachter müßten demnach durch eine auffallende Werbebotschaft erst noch aktiviert werden,

damit sie überhaupt ein Mindestmaß von Aufmerksamkeit investieren. Darüber hinaus besteht bei Print-Werbung eine wesentlich bessere Möglichkeit, sich der Werbebotschaft ganz zu entziehen. Hier könnte eine gesteigerte Eindringlichkeit durch Stimmungsinkongruenz positiv wirken.
In Videoaufnahmen werden die Werbeunterbrechungen entweder schon während der Aufnahme herausgeschnitten, oder später beim Abspielen im Schnellvorlauf übergangen. Stout und Burda (1989) konnten zeigen, daß auch mit diesem Schnellvorlaufverfahren die Werbung erinnert wird. Zwölf Prozent der Zuschauer konnten den Markennamen frei erinnern, 45 Prozent erinnerten die Produktkategorie und 65 Prozent erkannten das Produkt wieder. Diese Zahlen liegen zwar unter den Ergebnissen, die bei normaler Betrachtung zu erwarten wären, sie zeigen aber doch, daß Werbung im Schnelldurchlauf nicht unwirksam ist. Zudem ist zu betonen, daß die beiden Forscherinnen in ihrer Untersuchung erfundene Marken verwandten. Bei tatsächlich existierendem Material dürfte schon wegen der Wiedererkennungeffekte ein stärkerer Effekt und damit eine geringere Einbuße durch Zipping zu erwarten sein.
Werbespots sind sowohl von einem bestimmten Programm als auch von anderer Werbung umgeben. Die Darbietungsform der Blockwerbung bringt es mit sich, daß die hintereinander geschalteten Spots mindestens so starke Kontextwirkungen erzielen können wie das Programm, das sie unterbrechen. Dies gilt beispielsweise für die Stimmungswirkung: Brosius und Fahr (1996, vgl. auch Spanier, 1993) fanden, daß emotionalisierende Spots nicht nur ihrerseits besser erinnert wurden, sondern daß darüber hinaus auch die vorangehenden und vor allem die folgenden Spots einen Erinnerungsvorteil davontrugen. Der Erinnerungsvorteil war besonders ausgeprägt für Personen, die sich selbst als emotional ansprechbar beschrieben. Dieses Ergebnis spricht wieder für die These, daß ein stimulierender Kontext auf dem Wege der allgemeinen Aktivierung auch die Verarbeitung der Zielinformation fördert. Allerdings fand sich nur bei der Erinnerung ein Vorteil für die umgebenden Spots, nicht aber für die Akzeptanz. Die emotionalen Ziel-Spots wurden zwar positiver bewertet, gleichzeitig sank aber die Bewertung für die folgenden Spots.
In einem weiteren Experiment zeigten Brosius und Fahr (1996, S. 88*ff*), daß bei der Betrachtung von Werbespots auch Interferenzeffekte (7.3.5) auftreten können. Wenn innerhalb desselben Werbeblocks verschiedene Anbieter für ähnliche Produkte werben, dann behindern sich diese Darbietungen gegenseitig. Die Marken wurden zwar noch korrekt frei erinnert. Bei der unterstützten und der Detailerinnerung ergaben sich jedoch Nachteile für eine Werbegestaltung, in der mehrere ähnliche Spots in einem Block vertreten waren.

Zeitschriftenanzeigen
Da Anzeigen sich in keinen zeitlichen Ablauf einklinken, können sie schon theoretisch weniger von der Interessantheit des Kontexts, also der Berichte und Reportagen profitieren. Wenn eine Anzeige von interessanteren Informationen umgeben ist, dann ist eher zu erwarten, daß diese Informationen auch den Hauptanteil der Aufmerksamkeit erhält. Dementsprechend zeigte sich in einer Untersuchung von Norris und Colman (1992), daß solche Anzeigen, die von interessanten und fesselnden Berichten umgeben waren, besonders schlecht erinnert wurden. Am besten war die Erinnerungsleistung an Anzeigen, die in der Gesellschaft von Kochrezepten standen.
Wo soll die Anzeige innerhalb der Zeitschrift plaziert werden? Wir haben schon gesehen, daß in einer Reihe von Reizen, zum Beispiel Werbespots im Fernsehen, die ersten und die letzten die größten Chancen haben, später wieder erinnert zu werden. Diesen Effekt haben wir unter der Bezeichnung *Primacy-recency*-Effekt diskutiert (vgl. 7.3.6). Für aufeinanderfolgende Werbespots kann man demnach auch einen Erinnerungsvorteil für die ersten und die letzten Spots einer Reihe nachweisen

(zum Beispiel Zhao, 1997; siehe auch Abb. 7.1).[1] Zeitschriften dagegen werden nicht durchgängig vom Anfang bis zum Ende durchgeblättert, man legt sie zwischendurch aus der Hand, man beachtet bestimmte Teile besonders stark, andere weniger. Daher gibt es schon theoretisch wenig Argumente für eine bestimmte serielle Plazierung innerhalb einer Zeitschrift. Dementsprechend sind die Ergebnisse dazu auch recht dürftig. Lediglich für die Rückseite einer Zeitschrift lassen sich klare Vorteile nachweisen (vgl. Frankel & Solov, 1962; Diamond, 1968; Engel, Blackwell & Miniard, 1986).
Wenn die Menge der Anzeigen zunimmt, ist das für die später gezeigten Anzeigen nachteilig. Die Aufmerksamkeit läßt nach. Diesen Effekt kann man abschwächen, wenn man für möglichst verschiedene Produkte wirbt. Beim Betrachten von Werbevorlagen ermüdet man schneller, wenn die Anzeigen sich stets auf ähnliche Produktarten beziehen (Mayer et al., 1982, S. 124). Außerdem werden auch hier wieder Interferenzeffekte (7.3.5) wahrscheinlicher: Die Anzeigen werden schlechter erinnert.

15.1.5 Werbung im Internet

Das Internet bietet durch seine spezielle Nutzungsform die Basis für einige Neuerungen der Werbegestaltung. Zum Beispiel ist im Internet prinzipiell eine wesentlich pointierte Ansprache der Zielgruppe möglich. Gleichzeitig kann man diese Zielgruppe verhältnismäßig genau kennenlernen, indem nämlich prinzipiell das Surfverhalten einer einzelnen Person rückverfolgt werden kann. Beide Praktiken werden freilich durch die Notwendigkeit des Datenschutzes eingeschränkt. Mit der Einwilligung der Internet-Nutzer sind sie allerdings jetzt schon Teil der Werbepraxis (zum Beispiel *w&v*, 29/2000, S. 13; 14.1.2).
Gleich (2000a) faßt die Werbeformen im Internet zusammen: »Neben direkter Werbung, die dem Direct-Marketing über Individualmedien entspricht (zum Beispiel E-Mail-Werbebriefe), gibt es indirekte Werbung, bei der vor allem die Bannerwerbung (neben Unterbrecherwerbung – sogenannte Interstitials –, Microsites und Sponsoring) eine zentrale Rolle spielt, sowie Werbung im redaktionellen Umfeld (zum Beispiel Einträge in Suchmaschinen und Adressbüchern, Placements in Datenbanken. [...] Schließlich können auch sämtliche Internetauftritte von Unternehmen und Organisationen (Websites, Homepages) als werbliche Kommunikation betrachtet werden.«
Werbung im Internet wird weitgehend begrüßt. In einer Befragung von Ducoffe (1996) hielten die Nutzer Internetwerbung für nützlich und informativ, wenngleich auch nicht besonders unterhaltend. Die Informationsmöglichkeiten stehen in der Bewertung von Internetwerbung offenbar noch im Vordergrund. Gleich (2000a, S. 135) berichtet von Umfragedaten von *Infratest Burke*, denen zufolge nur sechs Prozent der Internet-Nutzer sich in letzter Zeit über Werbung bzw. Werbebanner

---

[1] Zum Beispiel Nieschlag, Dichtl & Hörschgen, 1988; Webb & Ray, 1979, Mayer & Schuhmann, 1979; 1981. Allerdings könnte der Vorteil der ersten und der letzten Positionen bei den Spots auch dadurch verstärkt werden, daß Werbepausen nicht tatsächlich betrachtet, sondern vielmehr dazu genutzt werden, die Toilette zu benutzen, Getränke zu holen oder in andere Sender hereinzuschauen. Besteht aber grundsätzliches Interesse an dem Programm, dann wird der Zuschauer sich auch später wieder einklinken, um von Anfang an dabei zu sein. Besonders die letzten Spots kurz vor der Wiederaufnahme des eigentlichen Programms haben dadurch eine wesentlich bessere Chance wahrgenommen zu werden. Die Haltung gegenüber Werbeunterbrechungen scheint auch einem Fuß-in-der-Tür-Effekt zu unterliegen (11.4.2). Wenn man beim ersten Spot noch nicht umgeschaltet hat, dann wird es immer unwahrscheinlicher, daß man überhaupt noch umschaltet (Brockhoff & Dobberstein, 1989). Daher ist es offenbar besonders wichtig, wie dieser erste Spot aussieht. Wenn er sich mit einem Knalleffekt, einem sogenannten »Clincher« in die Aufmerksamkeit des Zuschauers einklinkt, kann er damit die Chancen des gesamten Blocks erhöhen.

»so richtig geärgert« hätten. Er fährt fort: »Dies bedeutet, daß die Werbung im Netz von den Internetnutzern (zumindest bislang noch) geduldiger hingenommen wird als Werbung im Fernsehen.«
Die meisten werbepsychologischen Untersuchungen wurden zur Nutzung von Werbebannern durchgeführt. Damit sind kleine Werbebilder, Logos oder andere Grafiken gemeint, die in der Regel Verbindungen zu den werbenden Firmen herstellen und die am Bildschirmrand plaziert sind. Als Erfolg eines Werbebanners wird in der Regel die Rate angesehen, mit der das Banner angeklickt und die Webseite der Firma betrachtet wird.
Um dies zu erreichen, sollten Werbebanner möglichst nah am »scroll bar«, dem Verschiebe-Regler der Webseite anbracht sein. Diese Banner werden nämlich erheblich häufiger angeklickt als Banner, die etwa am oberen Ende des Bildschirmes angebracht sind (Doyle, Minor & Weyrich, 1997). Die einfache Regel hierfür besagt, daß die Benutzer offenbar die Maus nur ungern sehr weit bewegen und solche Informationen häufiger abrufen, die ohnehin bereits in ihrer Nähe angeboten werden.
Aufforderungen zum Klicken (etwa »Hier klicken«) erhöhen die Klickrate um 48 Prozent, zusätzliche Animation um 66 Prozent (Jarchow, 1999; Schweiger & Reisbeck, 1999; siehe auch Gleich, 2000a, S. 137*f*). Wenn die Werbebanner animiert sind, verbessert sich auch die Erinnerung an sie, und verkürzt sich die Zeit bis sie angeklickt werden. Der Vorteil der Zeitverkürzung gilt auch für größere Banner (Li & Bukovac, 1999).
Das tatsächliche Durchklicken bis zur Homepage einer Firma ist aber nicht unbedingt das einzige oder wichtigste Kriterium für den Erfolg einer Werbepräsentation im Internet. Die Banner sind offenbar mehr als nur das »Eingangstor zu den Werbeseiten der Anbieter« (Gleich, 1998b): Briggs und Hollis (1997) konnten zeigen, daß Internetbenutzer, denen ein Banner präsentiert wurde, unabhängig von ihrem weiteren »Klick-Verhalten« bereits eine um neun Prozent verbesserte Produkterinnerung vorwiesen. Zudem wurden die Produkte in der Experimentalgruppe mit Banner-Präsentation besser beurteilt.
Wenn nun aber doch die Firmenseite aufgesucht wird, was bestimmt dann über ihren Erfolg? In einer Untersuchung von Ghose und Dou (1998) zeigte sich, daß die meistbesuchten Internet-Auftritte von Firmen auch gleichzeitig die umfangreicheren Interaktionsmöglichkeiten (zum Beispiel Möglichkeiten zum Download, interne Suchmaschinen, interaktive Produktpräsentationen, Händlerverzeichnisse, Preisausschreiben, Spiele etc.) anboten. Unklar ist bei einem solchen Befund freilich, ob die Seiten deshalb zu den meistbesuchten gehörten, *weil* sie diese Interaktionsmöglichkeiten anboten (Gleich, 2000a). Genausogut könnte es sein, daß besonders attraktive Firmen auch die finanzstärkeren sind und daher mehr personelle und finanzielle Mittel in ihre Internet-Auftritte investieren können.
Wovon hängt es ab, wie eine Webseite ankommt? Chen und Wells (1999) analysierten Urteile über Webseiten und ermittelten daraus drei Dimensionen der Bewertung:
– Unterhaltung, bestimmt durch Bezeichnungen wie: Spaß, cool, aufregend, unterhaltend, einfallsreich, auffallend;
– Informationsgehalt: informativ, intelligent, aufschlußreich, fundiert, nützlich, zweckdienlich;
– Organisation: nicht unordentlich, nicht schwerfällig und mühsam, nicht konfus, nicht irritierend.
Wenn aus diesen Kriterien das Gesamturteil über eine Webseite (über eine multiple Regression) vorhergesagt wird, dann erhält der Informationsgehalt das größte Gewicht (bei Chen & Wells, 1998, Regressionskoeffizient *beta* = .57). Weniger wichtig sind demgegenüber Unterhaltungswert (.35) und Organisiertheit (.23). Zudem interagieren diese Faktoren miteinander: Informationsgehalt und Organisiertheit sind offenbar die wichtigeren. »Sind diese beiden Aspekte wenig ausgeprägt, so kann auch ein hoher Unterhaltungswert die Site nicht mehr ›retten‹« (Gleich, 2000a, S. 140).

Viele Unternehmen binden ihre Internetadressen (URLs = Uniform Resource Locators) in ihre Werbung außerhalb des Internets ein. Diese Erwähnung der Web-Adressen wird von den Betrachtern in der Regel registriert, und auch wenn nur ein sehr kleiner Teil der Adressaten die Webseite tatsächlich besucht, rechtfertigt allein schon der Image-Vorteil die Erwähnung der URL. Die Teilnehmer einer Befragung von Maddox, Mehta und Daubek (1997) »hielten Unternehmen, die mit URLs warben, für konsumentenorientierter (zum Beispiel im Hinblick auf individuelles Feedback), ›High-tech‹-orientierter, stärker an einem jugendlichen Markt interessiert, und sie schrieben ihnen bessere Chancen auf dem Markt zu« (Gleich, 1998b, S. 371*f*).

15.2 Häufigkeit der Darbietung, Kontinuität und Konsistenz

Wie oft sollen wir eine Werbung darbieten, damit sie effektiv wird? Bei der Frage der Reichweite haben wir vorausgesetzt, daß wir möglichst viele Personen unserer Zielgruppe mindestens einmal erreichen wollen. Aber ist einmal denn genug? Die meisten Werbungtreibenden legen es darauf an, ihre Zielgruppe mehr als einmal zu erreichen. Hinter dieser Absicht steht eine bestimmte Vorstellung von der Art, wie Werbung wirkt, nämlich anfangs noch sehr schwach, dann immer mehr. Hier müssen wir aber bereits einhaken. Wir haben nämlich nicht gesagt, worauf genau denn die Werbung wirken soll. Geht es um Marken-Erinnerung, Kaufabsicht, Wissen über das Produkt? Diese Fragen machen einen Unterschied. In einer vielzitierten Untersuchung von Ray und Sawyer (1971) wirkte die Wiederholung nämlich in erster Linie auf die Erinnerungsleistung – und das war es dann auch. Weder die Einstellung zum Produkt, noch die geäußerte Kaufabsicht, noch die Menge der eingelösten Coupons waren durch die Wiederholung zu beeinflussen.

Zudem wird angenommen, daß nach sehr häufiger Darbietung jede weitere Darbietung kaum noch Effekte nach sich zieht, ja daß sogar bei exzessiv häufiger Darbietung Überdruß und Langeweile, also eher schlechtere Effekte erzielt werden (vgl. auch Mayer, 1993, 1994; Greenberg & Suttoni, 1973). Diese Ansicht ist umstritten. So betont beispielsweise Kroeber-Riel (1993a, S. 281*f*): »Werbung für wenig involvierte Empfänger (das ist fast die ganze Werbung) [nutzt sich] kaum ab. Im übrigen genügen fast immer leichte Eingriffe – Variationen der Botschaft und der Gestaltung –, um Abnutzungsgefahren vorzubeugen.« »Starke Werbebotschaften nutzen sich auch durch Wiederholung kaum ab. Der sogenannte Abnutzungseffekt der Werbung, an den heute noch viele Werbeleute glauben, ist weder theoretisch noch empirisch abgesichert« (Kroeber-Riel & Meyer-Hentschel, 1982, S. 53).

Was bedeutet Variation der Werbung? Was soll bei einer Wiederholung variiert werden? Schumann, Petty und Celmons (1990) konnten zeigen, daß es hierbei wieder auf das Involvement bzw. die Art der Informationsverarbeitung ankommt. Bei hohem Involvement, wenn also der zentrale Weg der Beeinflussung beschritten wird (vgl. 13.3.1), profitiert die Werbung, wenn weitere produktrelevante Informationen hinzukommen. Bei geringem Involvement profitiert die Werbung eher, wenn die peripheren Reize variiert werden.

Für die Wirksamkeit eines Abnutzungseffekts argumentieren Greenberg und Suttoni (1973). Dieser Effekt setze nach etwa 15 Darbietungen ein. Sie sprechen allerdings bereits von einer Abnutzung, wenn die Betrachter die Werbung nicht mehr mögen. Ein geringer Unterhaltungswert ist aber keineswegs ein Argument für die Wirkungslosigkeit der Werbung. Greenberg und Suttoni (1973) betonen ebenfalls, daß bereits kleinere Variationen in der Gestaltung die Überdrußeffekte auffangen können. Eine Überdrußreaktion sei vor allem bei witziger Werbung zu erwarten, die auf eine bestimmte Pointe hinauslaufe. Die Werbung für Produkte, die sehr häufig gekauft werden, sei ebenfalls stärker von Überdrußreaktionen bedroht.

Nach einer Analyse von Hughes (1992) seien Abnutzungseffekte nur dann zu befürchten, wenn die Werbung mit negativen Affekten einhergeht, oder wenn der Zuschauer keine zuvor gebildeten positiven Assoziationen zu der Werbung hat. Überhaupt wirke sich eine häufige Wiederholung auf unterschiedliche Bewertungdimensionen unterschiedlich aus. Kognitive Reaktionen und Kaufabsicht leiden nach Hughes' (1992) Argumentation weniger als die affektiven Bewertungen. Calder und Sternthal (1980) berichten von einem Abnutzungseffekt nur für solche Werbung, in der es um unbekannte oder nicht verwendete Produkte ging. Wenn die Werbung sich dagegen mit bevorzugten Marken beschäftigte, hatte eine wiederholte Darbietung auch ein größeres Gefallen zur Folge.

Lachmann (in Vorbereitung) betont die Notwendigkeit der Konsistenz. Außer bei besonderen Anlässen, zum Beispiel wenn das eigenen Unternehmen mit einem anderen fusioniert hat (zum Beispiel *Daimler* mit *Chrysler*), gebe es praktisch kaum einen Vorteil, wenn man eine laufende Werbestrategie wechselt. Er zitiert hierzu die Beurteilung eines über mehr als zwei Jahre identischen Werbespots für *Jever*, bei dem sich ein junger Mann im Trenchcoat in die Dünen der Nordsee wirft. Dieser Spot hat über die Jahre nicht nur nicht verloren, sondern sogar an Sympathie und Aufmerksamkeitswerten gewonnen (siehe Tabelle 15.3; aus Lachmann, in Vorbereitung, Tab. 99).

Tabelle 15.3 Beurteilung identischer TV-Spots in der Kampagne von *Jever* (6 = höchste Bewertung)

	Sept. 1995	April 1997
Erzeugt Sympathie	4,9	5,1
Sehe ich mir gerne an	4,3	4,8
Paßt gut zur Marke	5,3	5,4
Erregt Aufmerksamkeit	4,3	4,8

(aus Lachmann, i.V., Tab. 99; Quelle: IVE)

Neuere Forschungsergebnisse widmen sich der Technik der Reminder- oder Tandem-Werbung, bei der innerhalb desselben Blocks der gleiche Spot in verkürzter Form wiederholt wird. Dabei zeigten sich deutliche Erinnerungsvorteile für die Tandem-Versionen der untersuchten Spots, ohne daß gleichzeitig die Akzeptanz der Werbebotschaft unter der Wiederholung gelitten hätte (Brosius, 1995; Fahr, 1995; Mattenklott, Held, Klöckner, Knoll & Ryschke, 1995; Brosius & Fahr, 1996). Allerdings fanden Dumbs, Eßbauer und Jenzowsky (1999) nur Vorteile für die freie Erinnerung, nicht jedoch für das Wiedererkennen. Auch der persuasive Effekt der Werbung ist durch Wiederholung nicht zu steigern – vermutlich weil die kognitiven Prozesse, die für die Überzeugung nötig sind, nicht durch Wiederholung angesprochen werden (Malaviya, Meyers-Levy & Sternthal, 1999). Demnach nützen Tandemspots allenfalls dann, wenn man ein Produkt bekannt machen will, zu einer besseren Produktbeurteilung tragen sie aber nicht bei (siehe auch Gleich, 2000b).

15.3 Makrotypische Gestaltungsmerkmale einer Anzeige

Bisher haben wir über Phantasieanzeigen oder -spots gesprochen, die wir noch gar nicht gestaltet haben. Es wird also Zeit, etwas konkreter zu werden. Im folgenden kommen wir zu der Gestaltung einer Anzeige im einzelnen. Wir beginnen mit den sogenannten makrotypischen Gestaltungsmerkmalen, zum Beispiel der Anordnung von Bild und Text in der Anzeige oder den Regeln für eine Überschrift.

15.3.1 Die Überschrift

Die Überschrift oder »Headline« ist das erste, was an einer Anzeige gelesen wird. Meistens ist die auch das einzige, was überhaupt gelesen wird – und auch das ist schon alles andere als sicher. Damit sie gelesen wird, muß die Überschrift groß, farbig, auffällig, prägnant, klar und kontrastreich sein. »Zuerst wirkt die Form, dann der Inhalt« (Meyer-Hentschel, 1993, S. 69). Die Festlegung auf eine bestimmte Form kann darüber hinaus auch den Inhalt beeinflussen: Eine besonders große Überschrift muß meist schon zwangsläufig eine besonders kurze Überschrift sein. Praktiker empfehlen folgende Regeln für die »ideale Headline« (vgl. Ogilvy, 1984, S. 71*ff*; Schönert, 1984, S. 222*ff*; Meyer-Hentschel, 1993):

– Sie soll kurz sein. Fünf bis acht Wörter sind die optimale Länge. Noch kürzere Überschriften sind zwar möglich, es ist aber unwahrscheinlich, daß man einen prägnanten Gedanken in dieser Kürze ausdrücken kann.
– Sie soll möglichst viele Substantive enthalten. Vorausgesetzt, daß die Überschrift besonders kurz ist, dann ist die Anzahl der Substantive ein anschauliches Maß dafür, ob in der Überschrift überhaupt etwas gesagt wird. Meyer-Hentschel (1993) empfiehlt, die Anzahl der Substantive durch die Anzahl der Wörter insgesamt zu teilen. So erhält man einen Koeffizienten, der zwischen Null und Eins liegen kann und der mißt, wie gut die Forderung nach vielen Substantiven erfüllt ist.
– Sie sollte nicht als Frage formuliert sein. Beispiele (aus Meyer-Hentschel, 1996, S. 75): »Haben sechs Millionen Deutsche verschlafen?« (*Vaillant*); »Was hat ein Zündholz mit *Zantic* zu tun?« (*Zantic*); »Hat der Vorstand noch genügend Profil?« (*Fulda-Reifen*). Diese Regel ist unter Praktikern nicht unumstritten. Ogilvy (1991/1963; 1984, S. 76) nennt eine als Frage formulierte Überschrift »blind«. Damit meint er solche Überschriften, die für den Betrachter keinen Sinn ergeben, ohne daß er den restlichen Anzeigentext liest. Das ist für wenig involvierte Leser eine Zumutung. Betrachten wir folgendes Beispiel: »Wie viele Ihrer Mitarbeiter sprechen eigentlich Chinesisch?« Man meint, eine Anzeige für einen Sprachkurs zu erahnen. Weit gefehlt. Es geht um eine Fachzeitschrift, die damit wirbt, daß sie nicht das übliche Fachchinesisch enthält (nach Meyer-Hentschel, 1993, S. 150 und 152; vgl. auch Kroeber-Riel, 1992, S. 227*f*). Die Überschrift ist offenbar stockblind, denn auch nach dem Lesen des Textes fragt sich der Betrachter, was denn eigentlich die Frage sollte. Nach Ogilvys Regel sind aber rhetorische Fragen erlaubt, sie sind nicht einmal kurzsichtig. Zum Beispiel macht es wenig Mühe, den Sinn dieser Überschrift zu ermitteln: »Haben Sie sich auch entschlossen, niemals dick zu werden?« Und damit sind wir bei dem umstrittenen Punkt, denn es gilt sehr häufig die Empfehlung, daß die Überschrift Fragen offenlassen und auf diese Weise zum Weiterlesen animieren soll. Zum Beispiel: »New York hin und zurück 7 Mark 23.« Worum geht's? Um das Telefon.

– Sie soll nicht passiv formuliert sein und sie soll keine Negationen enthalten. Passivkonstruktionen erfordern eine längere Verarbeitungszeit und sie werden häufiger mißverstanden. Betrachten wir als Beispiel die Überschrift von *Biotherm*: »Sogar tiefe Falten werden reduziert.« Nichts liegt näher, als diese Formulierung in »Reduziert sogar tiefe Falten« zu ändern. Einen ähnlich dämpfenden Effekt hat eine Negation. Beispiele: »Unverkennbar besser«, statt »Deutlich besser«, oder »Überblick verlangt unkonventionelles Denken«, statt »innovatives«, »kreatives« oder »originelles Denken« (Meyer-Hentschel, 1993, S. 151*ff*; Motes, Hilton & Dulek, 1995; zur Verarbeitung von Negationen siehe auch 7.4.3).
– Sie sollte sich an den Adressaten richten. Dies erreicht sie zum Beispiel, indem sie einen Ratschlag erteilt. Der Satz »Unser Produkt entfernt Flecken« wird eindringlicher in der Form »Wie man Flecken entfernt«. Andere Methoden, die Eindringlichkeit zu erhöhen, sind Anführungszeichen oder lokale Bezüge in der Überschrift. Stellen Sie sich zum Beispiel vor, Sie wohnten in der Schloßstraße. Nun stoßen Sie in einer Anzeige auf die Überschrift, »Wie die Bewohner der Schloßstraße 40 Prozent ihrer Heizkosten einsparen können«. Nicht nur der versprochene Nutzen steigert hier die Aufmerksamkeit, sondern auch der spezifische Zuschnitt auf Sie. Die gleiche Anzeige unter der Überschrift »Heizkosten sparen bis zu 40 Prozent« bekäme eine geringere Aufmerksamkeit.

15.3.2 Größe und Plazierung einer Anzeige

Daß größere Anzeigen die Aufmerksamkeit steigern können, wird kaum bezweifelt. Wir wissen aber, daß bei Steigerung der Größe der Effekt nicht im gleichen Verhältnis wächst (siehe 5.3.3). Man muß auch bedenken, daß die Anzeigengröße mit anderen aufmerksamkeitsfördernden Variablen einhergeht. Eine größere Anzeige kann eine größere Zahl von Schriftarten oder Wörtern enthalten, die Buchstaben können größer sein, es können mehr Produktvorteile genannt werden, und die Illustrationen haben eine größere Fläche. Die vergrößerten Anzeige kann dabei derart ihren Charakter verändern, daß die verschiedenen Gesamteindrücke nicht miteinander vergleichbar sind (Twedt, 1952, S. 431; Meyer-Hentschel, 1993, S. 44). Hadley (1950) konnte bestätigen, daß um so mehr Personen die Anzeige wahrnahmen, je größer sie war. Es kamen gegenüber der kleineren Anzeige aber vor allem solche Personen hinzu, die das beworbene Produkt nicht benutzten. Eine besonders große Anzeige scheint also nur dann angebracht, wenn es darum geht, möglichst viele neue Käufer zu werben.

Wenn große Anzeigen teuer sind, sollte man dann nicht statt einer großen Anzeige lieber zwei kleine in die Zeitung setzen? Zwei kleine hätten möglicherweise zwei Vorteile: Erstens könnten durch mehrere Anzeigen auch mehr Personen angesprochen werden. Wenn aber nicht neue Personen die zweite Anzeige sehen, sondern dieselben, die schon die erste Anzeige bemerkt haben, dann läßt sich – zweitens – wenigstens noch ein Wiederholungseffekt ausnutzen. Tatsächlich ist es so, daß sich Versuchspersonen nach wiederholter Darbietung derselben Anzeige besser an die Anzeige erinnern. Jedoch kann der Gewinn in der Erinnerungsleistung durch die wiederholte Darbietung nicht aufwiegen, daß kleinere Anzeigen schlechter bemerkt und schlechter erinnert werden. Aus psychologischen Gründen spricht also weiterhin sehr viel dafür, seine Anzeigen möglichst groß zu gestalten (Moser, 1990, S. 156*ff*; Kroeber-Riel, 1992, S. 72; Jost, 1995).

Das bedeutet allerdings nicht, daß sich die Anzeige ohne Probleme über zwei Seiten ausbreiten könnte. Bemühen wir noch einmal die Gestaltgesetze: Ein gute Gestalt ist nicht zu erreichen, wenn das zentrale Bild oder die Überschrift über die Falz gehen. Wenn aber beide Seiten durch die Falz getrennt sind, was garantiert dann noch dafür, daß sie trotzdem als zusammengehörig wahrgenommen werden? Die Empfehlung lautet daher, Produkt, Idee und vor allem den Hinweis auf die Marke und den Absender der Werbebotschaft auf beiden Seiten der Anzeige unterzubringen (Meyer-Hentschel, 1993, S. 129).

Kommen wir zu Fragen der Aufteilung und Plazierung. Praktiker gehen hier von einem eindeutigen Betrachtungspfad aus, der der Leserichtung folgt. Informationen links oben und mehr noch in der Mitte werden danach deutlich früher registriert als Informationen rechts unten. »Den ›Rückwärtsgang‹ nach links und nach oben mag das Auge nicht« (Meyer-Hentschel 1993, S. 80, Hervorhebungen im Original). Diese Annahme läßt sich auch empirisch betätigen (Adams, 1920; Leven, 1991; Moser, 1990, S. 162*f*; Kroeber-Riel & Meyer-Hentschel, 1982, S. 82). Wenn dieser Effekt von der Leserichtung geprägt sein sollte, dann muß er in Kulturen, wo nicht von links oben nach rechts unten gelesen wird, auch anders ausfallen. In der Tat konnte Yamanake (1962) zeigen, daß in Japan die rechte Seite eine größere Aufmerksamkeitswirkung erzielt – entsprechend der japanischen Leserichtung, die rechts oben beginnt. Damit ist nicht nur eine Empfehlung für die Plazierung einer Anzeige in einer Zeitschrift ausgesprochen. Auch die Frage, wohin der Text einer Anzeige im Verhältnis zur Illustration gesetzt werden sollte, läßt sich mit diesen Argumenten beantworten. Unter der Illustration wird der Text länger fixiert und länger behalten als darüber. Ein entsprechender, aber etwas schwächerer Vorteil findet sich beim Links-Rechts-Vergleich für die Plazierung rechts von der Illustration. Auch hier ist zu vermeiden, daß das Auge den »Rückwärtsgang« einlegen muß. Das Bild wird zwangsläufig zuerst betrachtet. Wenn man dem Text überhaupt eine Chance geben will, dann muß er ohne Mühe bei gewohnter Blickbewegung registriert werden können. »Der Betrachtungspfad geht klar von oben nach unten... Headlines, die sich unter dem Bild befinden, werden von 10 Prozent mehr Lesern betrachtet als Headlines über dem Bild. Ebenso werden Texte und Headlines rechts neben einem Bild häufiger gelesen als links stehende« (Meyer-Hentschel, 1993, S. 124*f*; siehe auch Gutman, 1972; Ogilvy, 1984, S. 89; Jost, 1995). Gegen diese Gestaltungsregel wird verhältnismäßig oft verstoßen. Zum Beispiel sind unter diesem Gesichtspunkt unsere Beispielanzeigen aus den Abbildungen 1.3; 4.3 oder 8.3 nicht optimal gestaltet.

Nicht nur, wofür geworben wird, soll erinnert werden, sondern auch wer wirbt. Der Absender einer Anzeige ist daher ebenso wichtig wie das Produkt. Der optimale Platz für den Absender ist rechts unten auf der Anzeige (Meyer-Hentschel, 1993).

Leven (1991) kommt nach seinen Untersuchungen der Blickbewegung von Konsumenten zu folgenden Schlußfolgerungen zur Gestaltung von Anzeigen:

- Die untere Hälfte einer Anzeige wird seltener und später fixiert. Größere Beachtung finden Elemente, die in der Mitte und oben angeordnet sind.
- Bilder werden eher fixiert als Text, allerdings kann die Bildüberlegenheit durch die räumliche Anordnung kompensiert werden.
- Die Größe der betrachteten Einheit spielt eine geringere Rolle; große Einheiten werden früher und häufiger fixiert, allerdings werden große Elemente oft weniger genau wahrgenommen.

Bei der Betrachtung wird nur ein Teil der Informationen verarbeitet: »Nach zwei Batrachtungssekunden sind ca. 31 Prozent, nach der relativ langen Betrachtungszeit von 8 Sekunden sind ca. 56 Prozent der angebotenen Informationen mindestens einmal fixiert worden« (Leven, 1991, S. 218). Die nicht betrachteten Einheiten seien allerdings nicht überflüssig, sie trügen vielmehr zum emotionalen Wahrnehmungsklima für die Anzeige bei.

Eine etwas andere Empfehlung läßt sich aus der theoretischen Idee der Gehirn-Lateralisierung ableiten. Bekannt ist, daß die rechte Gehirnhälfte eher eine holistisch-bildhafte und die linke eher eine analytisch-sprachliche Informationsverarbeitung bevorzugt. Über die Nervenbahnen wird die rechte Hirnhälfte zuerst aus dem linken Gesichtsfeld (nicht Auge!) und die linke aus dem rechten Gesichtsfeld versorgt. Ein Austausch der Informationen findet in einem zweiten Schritt über das *corpus callosum* statt, das die beiden Gehirnhälften verbindet. Trotzdem neigen manche Forscher dazu, eine Informationsdarbietung zu empfehlen, bei der die Spezialisierung der Hirnhälfte berücksichtigt wird. Das bedeutet einfach gesagt: Bild links, Text rechts. Diese Anordnung entspricht noch immer der Empfehlung, die sich aus der Leserichtung ebenfalls ableiten läßt, allerdings läßt sich aus der Lateralisierung-Idee nicht bestimmen, ob das Bild über oder unter dem Text stehen sollte.

Janiszewski (1988) bot seinen Probanden in die rechte (linke) Gesichtsfeldhälfte je passende und unpassende Anzeigen. Passend bedeutete, wie gesagt: Bild links, Schrift rechts. Beide Bedingungen unterschieden sich beim bewußten Wiedererkennen nicht, wohl aber zeigte sich bei einem indirekten Gedächtnistest (siehe Exkurs 28; 9.4.1) ein Unterschied in der Bewertung der Anzeigen: »Passende« Anzeigen wurden bevorzugt. Dieses Ergebnis stützt nicht nur die Lateralisierung als Gestaltungsempfehlung. Es bestätigt auch noch einmal die These, daß explizite und implizite Maße zu unterschiedlichen Ergebnissen kommen und daß sich Präferenzen unbewußt bilden können (»preferences can be generated independently of conscious thought«, Janiszewski, 1988, S. 203).

15.4 Farbgestaltung

Man möchte meinen, Farben gehörten seit jeher zum Handwerkszeug bei der Werbe- und Produktgestaltung. Keineswegs. Henry Ford war beispielsweise noch der Ansicht, auf die Farbe seiner Produkte komme es überhaupt nicht an. Zu den Farbwünschen seiner Kunden erklärte er, »they could have any color provided it was black.«[2]

Farben können in der Werbung Aufmerksamkeit steuern. Wenn zum Beispiel Teile einer Anzeige in Schwarz-Weiß, andere dagegen farbig gehalten sind, wird sich die Aufmerksamkeit fast unwillkürlich den farbigen Teilen zuwenden. Stärker noch als auf die Aufmerksamkeit schlägt sich die farbige Gestaltung einer Anzeige auf die Sympathie gegenüber der Anzeige nieder (Kroeber-Riel, 1993a, S. 102): Bunte Bilder wirken sympathisch. Zudem verleihen Farben den dargestellten Gegenständen die notwendige Realitätsnähe.

Weiterhin dienen Farben der Identifizierung der Kennzeichnung des Gegenstandes. Viele Produkte haben einen eindeutig zugeordneten Farbton, an dem man sie schnell erkennen kann. Zwischen verschiedenen Produkten des gleichen Herstellers differenzieren Farben ebenfalls. Zum Beispiel sind die »leichten« Produkte, etwa alkohol- und kalorienreduzierte Biere, immer eher in hellen Tönen, meist in Weiß gehalten. Wenn jemand eine leichte Zigarette auf den Markt bringen will, wird er sich hüten, der Packung tiefstes Pechschwarz zu verleihen. Schließlich haben auch bestimmte Produktgruppen häufig typische Farben, wie Weiß und Hellblau für Reinigungsmittel.

Die tatsächliche Werbegestaltung läuft in der Regel nicht auf eine bunte Darstellung hinaus. Es dominieren vielmehr häufig in Anzeigen und Spots ausgewählte Farben. Dies läßt sich durch eine eigene Beobachtung belegen (vgl. Kapitel 1, Fußnote 2). Drei Gruppen von Einschätzern (jeweils mindestens 20 Beobachter) hatten die Aufgabe, in einem zehn Sekunden Takt aus einem Non-Stop Fernseh-Werbeprogramm zu entscheiden, ob in der Szene zu dem entsprechenden Zeitpunkt eine

[2] Zit. n. O'Shaughnessy, 1987, S. 139. Daß sich letztlich auch die Farbgestaltung seiner Produkte als wichtig erwies, konnte Ford kaum verwinden. Er soll daraufhin erklärt haben: »We are no longer in the automobile but in the millinery business.«

Farbe deutlich dominierte oder nicht. Die Farbe und das beworbene Produkt wurden benannt. Insgesamt wurden 69 Spots auf diese Weise eingeschätzt. Davon waren nur 17 Spots wirklich bunt. Das heißt, nur in 17 Fällen (etwa 25 Prozent) ließ sich keine einheitliche Farbe benennen, die in dem Spot eindeutig dominierte. Sechs Spots waren schwarz-weiß bzw. monochrom mit bräunlichem Farbton.

Bei der Zuordnung der Farben zu der Werbung ließen sich einige Regelmäßigkeiten nachweisen. Im Falle von Nahrungsmitteln wurde die natürliche Farbe dieser Nahrungsmittel eingesetzt. Dies galt für Mayonnaise, Joghurt, Bier (in allen drei Fällen Werbung in starken Gelbtönen, bzw. in Hellgelb) sowie für Pralinen, Whisky und Kaffee (Brauntöne). Keine konkrete Farbdominanz fand sich als einziges Nahrungmittel bei *Nutella*. In den meisten anderen Fällen folgte die Wahl der Farbe der bereits existierenden Produktgestaltung. Das heißt, daß typische aber arbiträre (nicht natürliche) Produktfarben auch die Werbung dominierten. Das war etwa bei *After Eight* das charakteristische Grün, oder bei *Tempo* bzw. der *BHW-Bank* die üblichen Farben Blau und Weiß. Die frühere Produktgestaltung, in der auch eine bestimmte Farbfestlegung enthalten war, ist also für die Gestaltung der Werbung von großer Bedeutung. In der Kategorie der »bunten« Werbung ohne deutliche Farbdominanz waren vor allem Produkte aus dem Unterhaltungsbereich enthalten. Folgende Spots fielen insbesondere unter diese Kategorie: *Lego*-Spielzeug, *Super-Mario* Computer-Spiel, die Jugendzeitschrift *Bravo*, drei Spots für Kino-Filme, zwei verschiede Spots für CD-Hit-Sampler. Aus diesen Befunden läßt sich schließen, daß sich Werbung in den meisten Produktbereichen zwar kräftiger Farben bedient, dabei aber eine Homogenisierung und Vereinheitlichung anstrebt. In etwa drei Viertel der betrachteten Spots konnten die Beobachter eine einzige dominierende Farbe erkennen. Wirklich bunte Werbung findet sich vor allem bei Produkten, die der Unterhaltung dienen, und die daher ihrerseits bereits Abwechslungsreichtum und Stimulation versprechen.

Kommen wir noch einmal kurz zurück zur Aufmerksamkeitssteuerung durch Farben. Der oben schon angeschnittene Kostengesichtspunkt läßt sich natürlich auch bei der Farbgestaltung anführen. Eine farbige Anzeige kostet gegenüber der schwarz-weißen zwischen 58 und 86 Prozent mehr (GWA, 1980). Lohnt sich der erhebliche Kostenaufwand, ist der Effekt der farbigen Anzeige auch entsprechend stärker? Die Ergebnisse von Starch (1966) deuten immerhin auf eine sehr deutliche Steigerung der Erinnerungsleistung bei farbigen Anzeigen hin.

Es liegt nahe, Farben eine bestimmte, typische Gefühlswirkung zuzuschreiben. Die Signalwirkung von Rot wird nicht erst seit der Einführung von Verkehrsampeln genutzt. Für die Gefühlsqualitäten von Farben gibt es eine Reihe von Ergebnissen (vgl. auch O'Shaughnessy, 1987, S. 138). Mayer et al. (1982, S. 111) haben vier Untersuchungen zu den Farben Rot, Gelb und Blau zusammengetragen. Ihren Ergebnissen zufolge gibt es Übereinstimmung bei den Erlebnisqualitäten dieser drei Farben, so die Wärme und Energie des Rot, die Helligkeit des Gelb und die Kühle des Blau. Ähnliche Ergebnisse fanden auch Adams und Osgood (1973, vgl. auch Moser, 1990, S. 172, Tab. 61) bei einer kulturvergleichenden Untersuchung. Helle Farben werden demnach dunklen vorgezogen, Blau wird am besten, Rot am stärksten bewertet. Kroeber-Riel (1993a, S. 102) unterscheidet zwischen den erregenden Farben Rot, Orange und Gelb und den »lustbetonten« Farben Grün, Blau und Violett. Hackl-Grümm (1994) stellt fest, daß verschiedene Farben Erwartungen an das Produkt induzieren, zum Beispiel einen süßen (Rosa) oder sauren Geschmack (Gelb-Grün) oder Sauberkeit und Reinheit (Weiß).

Exkurs 45 *Eigenschaftszuschreibung aufgrund von Farben*
Farben sind oft wirksame Kontextreize im Sinne der Diskussion aus Kapitel 8 (siehe auch Greenwald & Banaji, 1995). Ein Beispiel: Nach der Beobachtung, daß man im Western die »Bad guys« an ihren schwarzen Hüten erkennen kann, wollten Frank und Gilovich (1988) wissen, ob die schwarze Farbe häufiger mit Aggressivität assoziiert wird. »[Sie] untersuchten Football- und Eishockeyteams, die schwarze Trikots trugen. [...] [D]iese Mannschaften [wurden] in den 17 Erhebungsjahren in den höchsten US-amerikanischen Ligen öfter des Regelverstoßes bezichtigt. Den Teams, die während dieser Zeit die Farbe ihrer Trikots in Schwarz geändert haben, wurden in der Folgezeit mehr Fouls zugesprochen. Ein von den gleichen Autoren durchgeführtes Experiment zeigte, daß von den Beobachtern bei den (jeweils gleichen!) Teams mehr Fouls entdeckt wurden, wenn die Teams schwarze Spielkleidung trugen. Eine dritte Untersuchung ergab schließlich, daß Versuchspersonen, die schwarze Kleidung trugen, mehr Gelegenheit zu aggressivem Wettbewerb suchten« (Moser, 1990, S. 171).

15.5 Schriftgestaltung

Wie soll die Schrift in einer Anzeige aussehen, damit sie möglichst leicht gelesen werden kann? Teigeler (1982, S. 126) weist treffend auf die Lesegewohnheiten erwachsener Menschen in der Muttersprache hin: Wir lesen nicht wie Bücherwürmer, Buchstaben für Buchstaben, sondern wie Känguruhs. Unser Blick macht Sprünge über den Text und nimmt meist ganze Reihen von Buchstaben auf einmal als eine geschlossene Gestalt wahr (vgl. 5.2.2). Beim geübten Leser kommt es also auf die Wortgebilde als Ganze an. Die Gestalt ganzer Worte muß eindeutig, die Wort-Silhouette muß prägnant sein. Einzelne Buchstaben sind dabei weniger wichtig.
Sie können sich leicht selbst davon überzeugen, welches Gewicht das Erkennen der Wörter als Ganzes gegenüber dem Analysieren hat, wenn Sie komplizierte zusammengesetzte Wörter betrachten. Teigeler (1982) schlägt vor, solche Wörter stets mit Bindestrich zu schreiben. Auf diese Weise würden die einzelnen Wortelemente wieder sichtbar und unmittelbar als Ganzes erkennbar. So wird »Wortungetüm« zu »Wort-Ungetüm« oder »Industriefleischwarenvertretung« zu »Industrie-Fleischwaren-Vertretung« (Teigeler, 1982, S. 134). An diesen Beispielen kann man sehr gut sehen, daß die Wörter im Grunde einfach sind und durch die Zusammensetzung nur ihre prägnante Gestalt, ihre Konturen verloren haben. Dadurch werden wir in die uneigentliche Lesemethode des Bücherwurms zurückgedrängt. Der Bindestrich gibt den Wörtern ihre Konturen zurück, und wir können wieder springen
Die gebräuchlichen Schriftarten unterscheiden sich in bezug auf die Lesbarkeit kaum. Allerdings sollte man Texte nicht in Großbuchstaben schreiben. Großbuchstaben haben selbst jeweils eine sehr prägnante Form. Dadurch stören sie im Zusammenhang mit anderen Buchstaben das Gesamtbild. Die Formerkennung, die Voraussetzung für das »Känguruh-Lesen«, wird behindert. Die Prägnanz von Großbuchstaben kann man aber nutzen, wenn der Leser beispielsweise aus größerer Entfernung lesen muß, oder wenn man nur Einzelbuchstaben für eine Aufzählung oder Gliederung verwendet. Von größtem Gewicht bleibt aber nach wie vor das Argument der Formerkennung. Texte, und seien es auch nur kurze Überschriften, sollte man im gewohnten orthographischen System von Groß- und Kleinschreibung gestalten. Auch schräg und vertikal gesetzte Schriften werden schlecht gelesen. Ebenso ist es mit verzerrten Buchstaben: Wenn ein Text zum Beispiel in eine halbrunde Anordnung gebracht wird, büßt er mit Sicherheit an Lesbarkeit ein. Wer nur auf die Lesbarkeit bedacht ist, sollte also mit der Anordnung seiner Schrift keine Experimente machen (vgl. Poffenberger, 1932; Elbracht, 1967; Tinker, 1969; Teigeler, 1982; Meyer-Hentschel, 1993, S. 90*ff*).

Exkurs 46 *Das Tachistoskop*

Zur Untersuchung der Lesbarkeit von Schriften wird häufig ein sogenanntes »Tachistoskop« eingesetzt. Eine der gebräuchlisten Formen eines Tachistoskops kann man sich wie Guckkästen vorstellen, mit deren Hilfe verschiedene visuelle Reize in beliebiger Dauer dargeboten werden können. Die Wahrnehmungseindrücke werden oft nur noch als ein kurzes Aufblitzen erlebt. Der Experimentator kann die Dauer dieses Aufblitzens manipulieren. Auf diese Weise kann er zum Beispiel feststellen, wie lange er eine Textzeile darbieten muß, bis Sie den Inhalt verstanden haben. Diese »Verstehensschwelle« kann er nun für verschiedene Schriften ermitteln, um am Ende die optimal lesbare Schrift zu ermitteln.

Die Untersuchung von Schriftarten ist nur eine von vielen möglichen Anwendungen eines Tachistoskops. Eine andere typische Frage, die sich auf Werbung bezieht, wäre etwa: »Ist das Produkt [in einer Anzeige] so prägnant (klar und deutlich) abgebildet, daß man es in weniger als einer Sekunde erkennen kann?« (Meyer-Hentschel, 1993, S. 147). Das Tachistoskop stellt sicher, daß die Versuchspersonen die Anzeige in der Tat nur für eine Sekunde zu sehen bekommen. Da aber ein Tachistoskop bis zu einer Tausendstel Sekunde noch zuverlässig darbieten kann, ist es auch dazu geeignet, Wahrnehmungsschwellen oder bestimmte Effekte der unterschwelligen Reizdarbietung zu ermitteln (vgl. 5.1.1 bzw. 9.5). Nach einer verbreiteten theoretischen Idee stoßen sehr kurze Reizdarbeitungen auch nur sehr grundlegende und unreflektierte kognitive Prozesse an. Das Tachistoskop eignet sich offenbar auch, um solche Prozesse gezielt zu provozieren.

Die heutige Computer-Technologie erlaubt auch kurze Darbietungszeiten von Reizen auf dem Computermonitor, so daß zumindest Teile der Aufgaben eines Tachistoskops von Computern übernommen werden können.

15.6 Bilder in der Werbung

Bilder sind *das* Medium der Werbekommunikation, denn »Bilder werden fast immer zuerst betrachtet, [sie] werden schneller verarbeitet, [...] [sie] sind glaubwürdig [...] [und sie] werden schneller gelernt« (Meyer-Hentschel, 1993, S. 18). Bilder werden auch besser im Gedächtnis behalten als Worte. Angenehme Bilder fördern zudem eine positive Einstellung gegenüber der Anzeige (vgl. auch Kroeber-Riel, 1992a, S. 16*f*; Kroeber-Riel & Meyer-Hentschel, 1982, S. 57*f*).

Einschränkend ist allenfalls zu bemerken, daß bei der assoziativen Bahnung bzw. beim Priming (vgl. Kapitel 8) keine grundsätzliche Überlegenheit der Bildinformation gegenüber Worten festzustellen ist. Bilder eigenen sich nicht besser zum Priming als Begriffe.

Bildkommunikation ist auf dem Vormarsch. Werbung ist immer weniger argumentationsbetont. Der Anteil von Anzeigenwerbung ohne Fließtext ist von 1960 bis 1990 von 16 auf 37 Prozent gestiegen. Ebenso ist der Flächenanteil von Bildern in Anzeigen deutlich gewachsen. Die durchschnittliche Länge der Fließtexte hat im selben Zeitraum erheblich abgenommen (Kroeber-Riel, 1993a, S. 4*f*; zu den psychologischen Effekten des Fließtextes in Anzeigen siehe aber Exkurs 12). In einer Untersuchung von Jost (1995) zeigte sich, daß die Beachtungschance einer Anzeige um so größer war, je weniger Text sie enthielt.

Was sind die besonderen Eigenschaften von Bildern gegenüber Text? Bilder vermitteln mehr Information in kürzerer Zeit. Das Verständnis eines Textes ist auf die sukzessive Abfolge der Inhalte angewiesen. Bei einem Bild werden viele Elemente des Inhalts simultan erfaßt. Daher ist aber auch die Verarbeitung von Bildern weit intuitiver als die von Texten. Was bedeutet das aber für die Qualität der Informationsverarbeitung? Wird auch verstanden, was gesehen wurde? Wird es später erinnert? Es ist schwer vorstellbar, daß ein Bild schon bei kurzer Betrachtung tatsächlich alle seine Informationen zum Betrachter transportiert und alle seine Bedeutungen bei ihm freisetzt. Zwei Punkte muß man aber festhalten:

1. Auch bei äußerst kurzer tachistoskopischer Darbietung von Bildern (vgl. Exkurs 46) können Versuchspersonen angenehme oder unangenehme Vorstellungen von den Bildinhalten haben. In solchen Fällen können die Versuchspersonen nicht sagen, was sie gesehen haben (zum Beispiel Kroeber-Riel, 1993a, S. 63*f*). Die Verarbeitung der Bildinhalte hat also bereits einen gewissen Grad von semantischer Analyse erreicht, bevor die Versuchspersonen die Inhalte benennen können. Auf unsere Frage: »Hat der Betrachter verstanden, was er gesehen hat?«, müssen wir also antworten: »Bis zu einem gewissen Grade ja«.
2. Bei Bildern können natürlicherweise sehr viele Informationen beiläufig, ohne Aufmerksamkeit aufgenommen werden. Das macht die bildliche Informationsverarbeitung zu einem sehr fruchtbaren Gebiet für implizite Gedächtniseffekte (vgl. 9.2). Auf unsere Frage: »Kann sich der Betrachter an das erinnern, was er gesehen hat?«, müssen wir also antworten: »Bis zu einem gewissen Grade ja«.

Bilder haben auch einen starken Effekt auf Einstellungen und Meinungen. Inhalte politischer Propaganda werden geschickterweise durch einprägsame Bilder vermittelt. Gute Beispiele hierfür sind die maßlos übertriebenen Diffamierungen der politischen Gegner in den Wahlkämpfen der Weimarer Republik oder die Propaganda während des Kalten Krieges. Ein beeindruckendes jüngeres Beispiel für eine Meinungsmanipulation durch Bilder ist die extrem zensierte Berichterstattung aus dem Golfkrieg (vgl. Kroeber-Riel, 1993a, S. 82*f*).

15.6.1 Das Bild und seine Aussage

Die Abbild-Theorie
Zwei theoretische Grundpositionen zur Bildwirkung lassen sich unterscheiden. Die traditionelle Auffassung sieht Bilder als Repräsentationen der Wirklichkeit. Die Bildwirkung wird nach dieser Auffassung im wesentlichen dadurch vermittelt, daß sie auf real existierende Objekte bezogen werden. Die Art der Informationsverarbeitung ist bei Bildern gegenständlich. Das Verständnis von Bildern wird kaum elaboriert. Bilder sind nach dieser Auffassung »Schnellschüsse ins Gehirn« der Betrachter (Kroeber-Riel, 1993a, S. 54). Sie werden sehr intuitiv mit geringer kognitiver und hoher affektiver Beteiligung aufgenommen.
Stützende Argumente für diese Position werden aus der Physiologie entnommen. Man weiß, daß die kognitive Verarbeitung von Bildern vorrangig von der rechten Gehirnhemisphäre geleistet wird (zum Beispiel Kroeber-Riel, 1993a, S.22*ff*). Dieser Teil des Gehirns hat vor allem mit der Entschlüsselung und Verarbeitung emotional getönter oder gar ästhetischer Inhalte zu tun. Von dieser Gehirnhälfte werden auch bevorzugt emotionale und affektive Inhalte verwaltet. Der theoretische Gedanke ist nun, daß diese »räumliche Nähe« der verschiedenen Gehirntätigkeiten beide Verarbeitungsprozesse auch in einen inhaltlichen Zusammenhang bringt: Bilder werden demnach affektiver und weniger rational verarbeitet als Sprache. Das bedeutet auch, daß Bilder auf Einstellungen nicht über begründete Argumente, sondern über affektive Reaktionen wirken.
Was folgt aus dieser Position für die Werbegestaltung? Zum Beispiel sollte aufgrund der traditionellen Vorstellung die Bildaussage einfach, real und affirmativ sein. Wenn Bilder die physikalische Realität repräsentieren, bestehen Bildaussagen allenfalls aus bejahten Behauptungen. Auf dem Boden dieser Ansicht erklärt beispielsweise Kroeber-Riel (1993a, S. 69*f*), daß man Verneinungen nicht bildlich darstellen kann. Er fährt fort: »Deshalb haben konkrete Sätze, die eine Verneinung enthalten, auch keine Imagerywirkung.«

Eine andere Konsequenz ist die Unterscheidung zwischen Werbebildern, in denen relevante Produktinformationen gegeben werden, und solchen, die keinerlei Produktinformationen enthalten (zum Beispiel Miniard, Bhatla, Lord, Dickinson & Unnava, 1991, S. 92). Die letztere Klasse kann in der Bildverarbeitung eigentlich nur der Erzeugung von Stimmungen bzw. einem Konditionierungseffekt dienen (Rossiter & Percy, 1980). Abstrakte und verfremdete Bilder gehören dieser Kategorie schon per Voreinstellung an. Da solche Bilder nichts aus der Wirklichkeit repräsentieren, sind sie nur wegen ihrer affektiven Wirkung nützlich. Dies ist eine dritte Konsequenz der traditionellen Position.
Eine Hoffnung, die sich mit der Abbild-Theorie der Bildverarbeitung verbindet, ist die gezielte Ansprechbarkeit der Emotionen beim Betrachter. Wenn Bilder wie Wirklichkeit wahrgenommen werden, dann ist es denkbar, daß in vielen Fällen die kognitive Verarbeitung die bildlichen Inhalte bis zu einem gewissen Grade vorbehaltlos für bare Münze nimmt. Was bildlich dargestellt wurde, wird eher geglaubt, als eine konkurrierende verbale Evidenz. So ist zum Beispiel unsere Vorstellung vom Golfkrieg vor allem durch saubere Flugzeuge und beeindruckendes High-Tech-Kriegsgerät geprägt. Die in Kriegen unvermeidlichen Leichen, das Blut und der Dreck, in dem die Toten liegen, sind nicht gezeigt worden. Die realistischste Vorstellungskraft hat es schwer, sich gegen solche Bilder durchzusetzen.

Die Theorie der Bild-Rhetorik
Ein alternativer theoretischer Ansatz wird von Scott (1994) vorstellt. Ihrer Ansicht nach unterliegt der Einsatz von Bildern einem ganzen Bündel von kulturell geprägten Regeln. Bilder spiegeln nicht notwendigerweise die Wirklichkeit. Sie tun viel mehr als das. Vor allem aber erfüllen sie in verschiedenen Situationen sehr verschiedene Funktionen. Bildliche Aussagen können daher sehr verschieden ausfallen, je nachdem, ob in der Kultur ein bestimmter Gebrauch vorgesehen ist. Ein Beispiel für einen sehr heterogenen Einsatz von Bildinformationen sind Piktogramme (vgl. Exkurs 47). Ein Problem mit dem Piktogramm-Beispiel ist allenfalls, daß mit dieser Art der Bildkommunikation ein Gebrauch nicht gewachsen ist, sondern künstlich ins Leben gerufen wurde. Trotzdem kann man sich in diesem Beispiel leicht eine Widerlegung der These vorstellen, man könne Verneinungen nicht bildlich darstellen. Ein Gegenbeispiel wäre bereits ein Bild mit dem Inhalt »Hier können Sie kein Geld wechseln«.

Exkurs 47 *Piktogramme*
Das Prinzip der Piktogramme ist erstmals bei den Olympischen Spielen 1964 in Tokio umfassend eingesetzt und seitdem immer wieder ausgebaut worden (Teigeler, 1982). Mit diesen Bildzeichen sollen Personen ohne Worte auf wichtige Sachverhalte in ihrer Umwelt hingewiesen werden. Die Herausforderung besteht darin, Sätze wie zum Beispiel »Hier ist ein Reisebüro« oder »Hier können Sie Ihren Schlüssel abgeben«, in einem einzigen möglichst einfachen Bild darzustellen. Dabei können Piktogramme den Charakter von Aufforderungen, Aussagen, Bitten, Verboten, Fragen, Empfehlungen, Mitteilungen, Behauptungen oder anderen Sprachhandlungen haben. Diese Bildsprache soll zwar international verständlich sein, sie macht aber offensichtlich wichtige Voraussetzungen über die Interpretation von Bildinhalten. Eine Abbildtheorie der Bildkommunikation kann offenbar nicht erklären, warum Piktogramme funktionieren.

Unser alltäglicher Einsatz von Bildern folgt nach Scott (1994) einer bestimmten Rhetorik. Sofern sich ein bestimmter Gebrauch etabliert hat, nach dem ein Bild so oder so gesehen wird, kann man diesen Gebrauch genauso wie sprachliche Regeln zu Kommunikationszwecken rhetorisch nutzen. Zum Beispiel bieten sich für die Werbung folgende Nutzungsmöglichkeiten an (vgl. Kroeber-Riel, 1993a, S. 126):

Freie Bildassoziation: Man hat eine schier unbegrenzte Freiheit, das Produkt mit allen möglichen Dingen in Zusammenhang zu bringen. So ließ *Philip Morris* seine Zigaretten wie Satelliten durch den Weltraum fliegen, so stellte *Nordmende* seine HiFi-Produkte neben eine elegante Frau vor einen kargen himmelblauen Hintergrund. Eine Verbindung mit diesen Kontexten gibt es eigentlich nicht. Die reine räumliche Verbindung wirkt aber. Freie Bildassoziationen haben so gut wie gar keine textliche Entsprechung. Sie können in der Tat nur mit Bildern geschaffen werden.
Bildanalogien: Das Produkt wird mit einem Vergleichsgegenstand in eine Beziehung gesetzt. Der Betrachter soll das Produkt wahrnehmen, »als ob« es die Eigenschaften des Vergleichsgegenstands hätte. In der Autowerbung wurde diese Technik angewandt, indem zum Beispiel dem fahrenden *Ford Orion* sein Schatten in Form eines eleganten Rennpferdes nebenherlief (vgl. Kroeber-Riel, 1993a, S. 132). Hier sollte das Auto nicht nur in Gesellschaft eines schnellen Pferdes gesehen werden – es sollte so wahrgenommen werden wie ein Pferd.
Bildmetaphern: Eine Metapher ist im Unterschied zur Analogie kein »als ob«-Vergleich mehr. Bei einer Metapher wird das Produkt mit dem Vergleichsgegenstand nicht mehr nur verglichen, es wird ihm gleichgesetzt. Wenn beispielsweise die Delikatess-Erbse von *Hero* appetitlich-glänzend in einer offenen Muschel liegt, dann entnimmt man diesem Bild nicht, daß die Erbse einer Perle ähnlich ist. Auf diesem Bild ist die Erbse eine Perle (vgl. Kroeber-Riel, 1993a, S. 136).
Solche Nutzungsformen gibt die Abbildtheorie der Bildkommunikation nicht her. In dieser Theorie würden die Kontextinformationen »Rennpferd« und ganz besonders »Weltraum« nur als irrelevante, rein affektgeladene unkonditionierte Stimuli betrachtet. Eine klassische Untersuchung von Mitchell und Olson (1981) ist über eine lange Zeit immer in diesem Sinne interpretiert worden: Sie setzten drei Anzeigen für dasselbe Produkt ein, wovon zwei lediglich dem Image dienen sollten, die dritte aber eine tatsächliche Produktinformation enthielt. Die Imagebilder waren ein Sonnenuntergang und ein mutmaßlich neutrales abstraktes Gemälde. Die Produktinformation »Sanftheit« sollte durch das Bild eines flauschigen jungen Kätzchens vermittelt werden. Die Erwartung war, daß die Reaktion auf das Kätzchen am positivsten ausfalle, da hier ein emotionaler und ein inhaltlicher Aspekt gleichzeitig wirke. Beim Sonnenuntergang sollte die nächstbeste Reaktion erzielt werden, denn hier wirke die affektive Komponente allein. Das abstrakte Bild transportiere weder Produktinformationen noch Emotionen, also sollten hier überhaupt keine Reaktionen zu erwarten sein.
Zwar wurde im Ergebnis tatsächlich das Kätzchen am liebsten gemocht, aber es wurden aus allen drei Bildern Informationen über das Produkt entnommen. Zum Beispiel erwarteten die Versuchspersonen, die den Sonnenuntergang gesehen hatten, daß das Produkt in attraktiven Farben zu haben sei. Eine ähnliche Erwartung hatten auch die Betrachter des abstrakten Gemäldes, die aber überdies glaubten, das Produkt sei nicht besonders teuer. Ohne die Abbildtheorie der Bildkommunikation aufzugeben, ließen die Autoren diesen Befund als rätselhaft im Raum stehen und staunten darüber, daß die Versuchspersonen »Schlüsse über andere Merkmale der Produkte zogen, obwohl keine relevanten Informationen gegeben wurden« (S. 329; Übers. GF). Vom Standpunkt der Theorie der Bild-Rhetorik würde man antworten: Die Versuchspersonen hatten relevante Informationen. Sie behandelten alle drei Bildversionen wie Informationen. Alle drei Gestaltungsformen haben bestimmte kognitive Konzepte aktiviert, die bestimmte Erwartungen an das Produkt wahrscheinlicher gemacht haben.
Die wahrnehmende Zielperson muß dabei nicht aktiv Vergleiche ziehen. Es genügt bereits, daß die semantische Umgebung der Kontextreize aktiviert worden ist. Das elegante Pferd in der *Ford*-Werbung aktiviert beispielsweise Begriffe wie »sportlich, schnell, wendig und gutaussehend« (Kroeber-Riel, 1993a, S. 131). Diese Begriffe sind auch in der Erinnerung an die Anzeige als Assoziationen besonders verfügbar. Sie werden eher zur Beurteilung herangezogen als andere. Dieser

Effekt kann ganz unbewußt ablaufen. In einer entsprechenden Untersuchung der Gesellschaft für Konsumforschung konnten die Versuchspersonen dieser Werbevorlage keine klare Aussage entnehmen. Trotzdem wurden die oben genannten Begriffe auf die Werbung angewendet. Das bedeutet, die Betrachter fällten Urteile in der erwünschten Richtung, sie führten ihre Urteile aber nicht auf die Betrachtung der Werbung zurück.
Damit sind wir bei einem weiteren wichtigen Punkt, in dem Scotts Position von der traditionellen Auffassung abweicht: Das Verständnis von Bildkommunikation kann ein kognitiv sehr komplexer Vorgang sein. Die Idee, daß Bilder vor allem affektiv wirken, ist vor diesem Hintergrund fragwürdig. So ist zum Beispiel eine Anspielung auf allgemein geteilte Schemabilder (siehe unten, zum Beispiel Exkurs 48) oder das Verständnis einer Bildmetapher ohne abstraktes Denken nicht möglich. Hier kommen wir wieder auf die wichtige Feststellung zurück, daß nicht nur Emotionen, sondern eben auch Kognitionen automatisch und reflexhaft aktiviert werden können (4.2.2).

15.6.2 Wie sollen Werbebilder gestaltet sein?

Bilder können sehr viele Aufgaben bei der Unterstützung oder Gestaltung einer Aussage übernehmen. Die entscheidende Herausforderung der Werbegestaltung heißt Visualisierung. Gaedes (1992) Vorschläge zur Visualisierung bieten bereits den Ansatz zu einer umfassenden Bild-Rhetorik, wie Scott (1994) sie fordert. Seine Systematik von zwölf Visualisierungs-Methoden sollte vielleicht nicht als eine erschöpfende Ableitung aller möglichen Gestaltungsideen verstanden werden. Die zwölf Prinzipien können aber als wertvolle Anregung dienen, um sich klar zu machen, welche verschiedenen Aufgaben Bilder bei der Umsetzung einer Aussage übernehmen können. Im folgenden daher ein kurzer Abriß von Gaedes Systematisierung (1992, S. 29*ff*; siehe Tabelle 15.4).

Tabelle 15.4 Prinzipien der Bildgestaltung nach Gaede, 1992

Gestaltungs-Prinzip	Beispiel
Ähnlichkeit: Das Bild gilt als Analogie zur Textaussage	Aussage: Autofahrer nehmen einander mit. Diese Aussage wird durch ein Känguruh versinnbildlicht, das in seinem Beutel verschiedene andere »Passagiere« transportiert.
Beweis: Das Bild tritt regelrecht als Argument auf. Es demonstriert die Wahrheit oder Angemessenheit der Aussage.	Aussage: Mit unserer Schreibmaschine können Sie sich keinen Bruch heben. Auf dem Bild ist ein kleines Mädchen zu sehen, das die Schreibmaschine lässig mit einer Hand trägt.
Gedanken-Verknüpfung: Es werden bestimmte semantische Verbindungen zwischen den Bildelementen genutzt. Diese Assoziationen bestehen schon, zum Beispiel durch Wissen, und werden durch das Bild nur aktiviert.	Begriff: Wilhelm Tell. Das Bild zeigt einen Apfel mit einer Zielscheibe.

Fortsetzung auf Seite 384

Fortsetzung Tabelle 15.4

Teil für ein Ganzes: Die alte rhetorische Figur des *pars pro toto* oder der Synekdoche. Ein weiter Begriff wird durch einen engeren dargestellt.	Begriff: Holland. Das Bild zeigt eine Windmühle.
Grund – Folge: Das Bild zeigt, was die Folge dessen ist, was ausgesagt wird. Zwischen Bild und Aussage besteht eine kausale oder eine instrumentale Verbindung.	Begriff: Steuerschulden. Das Bild zeigt einen Steuersünder hinter Gittern.
Wiederholung: Das Bild wiederholt die Aussage.	Aussage: Das Deo für den ganzen Körper. Das Bild zeigt, wie das Deo von einem Konsumenten tatsächlich am ganzen Körper eingesetzt wird – naja, jedenfalls an ziemlich vielen verschiedenen Stellen.
Hinzufügung: Bei dieser Methode wird die eigentliche Textaussage durch das Bild erst vollständig. Das Bild addiert eine eigene Bedeutung zu der Gesamtaussage hinzu.	Aussage: Die *Creme 21* kann man nicht nur für das Gesicht verwenden, sondern auch für den ganzen Körper, zum Beispiel den Po. Der Text sagt nur: »Nicht nur fürs Gesicht.« Erst das Bild zeigt dann den Po, der soeben einen Klecks der *Creme 21* abbekommen hat.
Bedeutungsbestimmung: Der Text deutet eine Aussage an, die durch das Bild ausgeführt wird.	Aussage: ...die allgemeine Meinung über die Lage der deutschen Industrie. Das Bild zeigt einen Mann, dem das Wasser buchstäblich bis zum Hals steht.
Verkoppelung: Ein Zielobjekt auf dem Bild soll mit einem anderen Objekt durch die bildliche Darstellung auch sachlich in Verbindung gebracht werden. Es soll ein Kontext geschaffen werden, in dem eine Assimilation der Bildelemente wahrscheinlich wird (vgl. 5.2.2).	Aussage: Der *Citroen SM* ist ein luxuriöses Auto der Spitzenklasse. Auf dem Bild ist das Auto und im Hintergrund eine teure Luxusvilla zu sehen.
Verfremdung: Die Erwartung, die der Text weckt, wird durch das Bild enttäuscht. Ein Überraschungseffekt wird angestrebt.	Aussage: Die schweigende Mehrheit. Das Bild zeigt ein riesiges Feld voller Kriegsgräber.
Symbolisierung: Das Bild faßt die Aussage in ein Symbol. Der hier zugrunde liegende Symbolbegriff ist sehr weit gefaßt. Das Verständnis der Symbole setzt eine gewisse Vorbildung oder Erfahrung voraus.	Begriff: Liebe. Das Bild zeigt Herzen. (Andere »Symbole»: Blume für »Schönheit«, Uhr für »Zeit«.)
Steigerung: Das Bild steigert die Aussage des Textes bis hin zur Übertreibung.	Aussage: Ein Leben im Dreck. Das Bild zeigt eine Gegend, die so unvorstellbar dreckig ist, daß sie niemals zum Leben, auch nicht für ein Leben im Dreck, in Frage käme.

Aktivierende Bilder
Was wird eigentlich bei den Betrachtern einer Werbevorlage aktiviert? Kroeber-Riel (1993a, S. 147) beschreibt zum Beispiel eine Anzeige für ein Spülmittel. Auf dem Anzeigenbild ist eine saubere Tasse mit dampfendem frischem Kaffee zu sehen. Geradezu unwillkürlich wird beim Betrachter die Assoziation »Kaffeetrinken, Pause machen, Kuchen, Frühstück...« geweckt. Was noch schwerer wiegt: Der Betrachter denkt wahrscheinlich an vergleichbare Anzeigen für bestimmte Kaffeesorten. Der Gedanke an sauberes Geschirr ist nicht völlig abwegig, wird aber durch all die anderen Assoziationen vermutlich völlig überlagert. In diesem Beispiel ist die kognitive Aktivierung verschiedener Konzepte offenbar falsch eingeschätzt worden. Es ist daher für Praktiker von großer Bedeutung, allgemein verbreitete Assoziationen zu kennen und von sehr individuellen Verbindungen zu unterscheiden. »Kenntnisse über die Assoziationsvorgänge der Bevölkerung (der Zielgruppen) kann man zukünftig mit Hilfe von Computerprogrammen (Expertensystemen) erhalten« (Kroeber-Riel, 1993a, S. 139). Ein solches Expertensystem ist das *CAAS*-Suchsystem, das unter Kroeber-Riel an der Universität des Saarlandes in Saarbrücken entwickelt wurde. *CAAS* steht dabei für *Computer Aided Advertsing System*. Es stellt unter anderem Informationen über die »psychologische Wirksamkeit von Erlebniskonzepten« zur Verfügung und kann zur Anregung der Kreativität beim Suchen nach Gestaltungslösungen eingesetzt werden (Kroeber-Riel, 1992, S. 39, S. 134; Esch, 1994; Esch & Kroeber-Riel, 1994). Zum Beispiel kann man dem System entnehmen, daß Kleidung in verschiedenster Weise zu sehr vielen für die Werbung bedeutsamen Bereichen assoziiert wird (Kroeber-Riel, 1993a, S. 143*f*).
Bestimmte bildliche Inhalte können mit hoher Zuverlässigkeit den Betrachter aktivieren – dazu zählen Gesichter (vgl. auch Kroeber-Riel, 1993a, S. 10; Jarchow, 1999), dazu zählen ganz besonders die Augen, dazu zählt ganz sicher aber auch Erotik. Um Aktivierung zu erreichen, ist es zudem nützlich, etablierte schematisch vorgeformte Bilder aufzugreifen. Damit sind Bilder gemeint, die beim Betrachter nach sehr kurzem Kontakt bereits eine große Menge von Assoziationen wachrufen (zum Schemabegriff vgl. u.a. Anderson, 1988, S. 120*ff*). Die Assoziationen sind vor allem breit. Sie bestehen aus Wissensinhalten und Affekten, wobei aber dasselbe Schemabild verschiedene affektive Bedeutungen haben kann. Die Gründe, aus denen Schemabilder wirken, können verschieden sein. Zum Beispiel wirken manche Schemata schon aus biologischen Gründen. Die bekanntesten biologischen Schemabilder kommen aus dem sexuellen Bereich. Aktivation ist auch zu erwarten, wenn man Kinder zeigt. Mit dem sogenannten »Kindchen-Schema«, also der Darstellung einer Figur mit ausgesprochen großen Augen, wie zum Beispiel »Bambi«, kann man eine relativ sichere positive Gefühlsassoziation ansprechen. Diese positiven Gefühle scheinen angeboren zu sein. Manche Schemata sind dagegen wahrscheinlich kulturell entstanden. Einige stammen aus Mythen und Märchen, etwa »der einsame Held«, »der Erlöser«, »die Fee« oder »die schlafende Schöne« etc. Andere Schemabilder sind relativ neu, etwa der abgerissene Detektiv im Trenchcoat oder der mächtige Pate mit röchelnder Stimme. Mit diesen Figuren werden sehr konkrete Vorstellungen verbunden, die nach kurzer Darbietung bereits aktiviert sind. Werbung tut gut daran, solche Schemabilder für sich zu nutzen, um die Assoziationen der Betrachter zu kontrollieren.

Exkurs 48 *Skripten*
Schemata beziehen sich nicht nur auf statische Konstellationen wie zum Beispiel Bilder, sondern auch auf Ereignisse. Ein Ereignisschema wird auch als »Skript« bezeichnet (zum Beispiel Abelson, 1980). Damit ist ein Verhaltensablauf gemeint, der allgemein bekannt ist. Das Skript umfaßt eine Folge von Aktionen, die auf einen Hinweisreiz hin automatisch aktiviert sind und gegebenenfalls auch autonom ablaufen können (Bargh, 1996, S. 179). Ein alltägliches und in so gut wie allen Kulturen verbreitetes Skript betrifft Grußhandlungen. Die einfachen Regeln in diesem Skript besagen zum Beispiel, daß man Leute grüßt, sobald man sie sieht, und nicht etwa,

nachdem man bereits eine Stunde mit ihnen gesprochen hat. Das beliebteste Beispiel für ein Skript betrifft den Restaurantbesuch (Anderson, 1988, S. 126*f*). Vom Betreten des Restaurants, über das Lesen der Karte, das Bestellen, das Essen bis zum Holen der Mäntel ist der typische Restaurantbesuch eigentlich bei jedem Angehörigen unserer Kultur gleich repräsentiert.
Eine originelle Nutzung von Skripten und Schemata findet sich in einem Werbespot für *Henkel*-Sekt aus dem Jahr 1995. Das erste Bild in diesem Spot dauert nur höchstens zwei Sekunden – und trotzdem hat der Zuschauer mit diesem Bild bereits eine Situation in großer Komplexität erfaßt. Was ist zu sehen? Ein sehr eleganter Vortragssaal, fein gekleidete Leute, auf der Bühne ein Herr, der ein Redemanuskript in der Hand hält, und der vernehmen läßt: »Blabla, blabla...« Mit dieser einen Einstellung weckt der Spot das Schemabild der »langweiligen Rede«. Nach weniger als zwei Sekunden weiß der Betrachter bereits,

- um welchen sozialen Kontext es sich handelt, nämlich einen Festakt, zu dem man in Abendgarderobe erscheint,
- wie sich die anderen Anwesenden im Saal fühlen, nämlich gelangweilt,
- was sie wahrscheinlich erwarten, nämlich, »das wird nie enden...«,
- was sie im Unterschied zu dieser Erwartung wünschen, nämlich »wenn er doch nur schon fertig wäre...«

Auch in den folgenden Szenen lassen sich Schemabilder nachweisen: Ein unerschrockener Retter wird von einem besonders gelangweilten weiblichen Luxusgeschöpf durch Blicke aufgefordert, seine Loge zu verlassen, um die auf Eis liegenden Sektflaschen noch während der Rede zu entkorken und damit dem Spuk ein Ende zu bereiten. Der Retter seinerseits, dargestellt von dem Schauspieler Götz George, erweist sich als charmanter, aber etwas ungeschicker Nonkonformist, indem er seine Loge nicht durch die Tür, sondern vorne herunterkletternd verläßt, was nicht ohne Schwierigkeiten zu schaffen ist. Am Ende steht er Sekt trinkend im Mittelpunkt.

Einprägsame Bilder

Denken wir auch hier wieder daran: Eine Anzeige wird im Durchschnitt nur zwei Sekunden lang betrachtet. Daraus läßt sich schon die wichtigste Empfehlung zur Gestaltung ableiten: Keine ablenkenden Bildelemente! Alles, was zu der einen angestrebten Werbeaussage hinzukommt, »bremst« die Anzeige. Wir können nur etwa sieben sinnvolle Einheiten gleichzeitig verarbeiten (vgl. 7.1.2). Unter diesen sieben Einheiten sollte der Markenname möglichst enthalten sein. Die wenigsten Werbungtreibenden riskieren es, ohne zusätzlichen Text auszukommen. Damit sind bereits für Markenname und Text mindestens zwei Speicherplätze belegt.
Ein überladenes Bild kann wertvolle Kapazität unnötig an sich binden. Das ist zum Beispiel der Fall, wenn der Hintergrund zu einem Bild zu viele Informationen enthält. Ein Suchbild, das sich erst bei längerer Betrachtung richtig entfaltet, ist bereits ungeeignet. Besser ist, wenn es einen klaren Vordergrund und einen unauffälligen Hintergrund gibt. Ein einziger Schwerpunkt – oder in den Begriffen der Gestaltpsychologie: eine einzige Gestalt – genügt. Auf keinen Fall ist es ratsam, mehrere Bilder auf einmal zu zeigen. Die Nachteile beginnen hier schon bei der geringen Größe (vgl. auch Kroeber-Riel, 1993a, S. 206*f*). Ein optimales Werbebild ist schlicht und einfach groß!
Wenn man die Betrachtungsdauer eines Bildes steigern will, dann ist nichts so wirksam wie die Darstellung einer Person. Personendarstellungen, insbesondere die Darstellung von Gesichtern, sind die wirksamsten Variablen in der Gestaltung von Werbebildern (siehe oben; vgl. Kroeber-Riel, 1993a, S. 106; Jarchow, 1999).
Einprägsame Bilder knüpfen an etwas an, was der Betrachter bereits mitbringt (Kroeber-Riel, 1993a, S. 77). Die Anknüpfungspunkte sind in der Regel zweierlei:

1. Ein Bild kann Kenntnisse aktivieren, dic die Person bereits hat. Es stößt Wissensinhalte an. Das gilt auch für Handlungsweisen, die uns mehr oder weniger vertraut sind (vgl. Exkurs 48. Unter dem Gesichtspunkt der Erinnerungsleistung ist ohnehin Darstellung von Handlungen, und Bewegungen gegenüber statischen Bildern der Vorzug zu geben). Ein Bild von einer Fa-

milie beim Frühstück hat mehr Bezüge zu dem, was wir bereits kennen, als ein Bild von einem Flugkapitän im Cockpit.

2. Das Bild kann bereits vorhandene Bedürfnisse, Wünsche oder Interessen aktivieren. Demnach sind zum Beispiel Bilder im Vorteil, die auf eigene Wünsche bezogen werden können. Den Büchernarren aktiviert zum Beispiel bereits das bloße Bild einer schönen Bibliothek.

Die Bilder sollen geeignet sein, etwas zu aktivieren, was schon vorhanden ist. Variation mit dem Vertrauten, Vorstellung von Neuartigem und kreativer Umgang mit dem Material ist auch wichtig, kommt aber erst danach in Frage. Umgekehrt ausgedrückt heißt das: Bilder, die weder auf Vorwissen noch auf Interessen und Wünsche beziehbar sind, können kaum aktivieren und prägen sich daher auch kaum ein.

Um die Erinnerungsleistung zu steigern, ist es sinnvoll, stets dieselben Bilder einzusetzen. Kroeber-Riel (1993a, S. 199, S. 306) spricht von »Schlüsselbildern«, visuellen Grundmotiven gleichsam. Er fordert denn auch, die zentralen Schlüsselbilder eines Unternehmens über alle Werbekanäle, als »Printmuster«, als »szenische« und als »akustische Muster« konstant zu halten und zu verbreiten. Jedes Werbemittel sollte in der Folge – auch bei Abwandlung von Details – immer das erkennbare Schlüsselbild enthalten. In der Tat gibt es manche Marken, die sich über ein einziges Bild erschließen. Denken Sie an die lila Kuh für *Milka* oder an den *Marlboro*-Cowboy. Vor dem Hintergrund dieses Ratschlags spricht nicht sehr viel dafür, die Werbestrategie immer wieder zu verändern (siehe auch oben 15.2).

Eine Markenidentität ist nur durch Kontinuität zu erreichen: »Wird bei freier Bildauswahl heute dieses, morgen jenes Bildmotiv geschaltet (weil das Bildmotiv interessant, aufmerksamkeitsstark oder gerade in Mode ist), so bestehen praktisch keine Chancen, daß sich klare Firmen- oder Markenbilder herausbilden« (Kroeber-Riel, 1993a, S. 276). Praktiker erwarten meist, daß Kontinuität durch immer gleiche Bilder beim Konsumenten zu Überdrußreaktionen führt. Dies führt zu übergroßer Vorsicht bei der Gestaltung. Zur Sicherheit wird lieber einmal zu häufig als zu selten variiert. Aber was dem Werbungtreibenden abgedroschen und überholt vorkommt, muß deshalb noch lange nicht dem Kunden so erscheinen. Statt dessen kann man sicher sein, daß die Werbeideen sich niemals zu einer Markenidentität etablieren werden. Die Werbeleute haben viel zu früh selbst die Nase voll von ihrer eigenen Idee. Der Konsument hat überhaupt nicht die Möglichkeit, sich an dem Vorschlag »sattzusehen«.

Das Problem der Eigenständigkeit von Anzeigen haben wir schon im Zusammenhang mit der Reizdiskriminierung beim klassischen Konditionieren angesprochen (6.1.1). Um festzustellen, wie austauschbar verschiedene Werbevorlagen sind, kann man Versuchspersonen bitten, Teile von Anzeigen, aus denen die Marke nicht hervorgeht, der richtigen Marke zuzuordnen. Kroeber-Riel (1993a, S. 295) nennt für solche Versuche eine durchschnittliche Trefferquote von 51 Prozent. Es wurde also gut die Hälfte aller Anzeigen der falschen Marke zugeordnet. Als besonders austauschbar erweist sich immer wieder die Zigarettenwerbung, bei der nur die Marken *Marlboro* und *Camel* hinreichend eigenständige Bildmotive einsetzen.

Um dem Kunden eine stabile bildhafte Vorstellung vom Produkt zu vermitteln, ist die Werbung nicht das wichtigste Mittel. Sehr bedeutsam sind auch das Design des Produktes, seine Verpackung und die Gestaltung des »Point of sale«. Meist steht hinter der Gestaltung aller dieser Elemente das Ziel, insgesamt einheitlich aufzutreten. Das Unternehmen soll in vielen Zusammenhängen dasselbe Bild vermitteln, sei es auf den eigenen Briefbögen, sei es auf Firmenfahrzeugen, sei es auf dem Koffer der Kundenbesucher (Kroeber-Riel, 1993a, S. 256, S. 302).

Exkurs 49 *Warum Werbebilder hinter ihren Möglichkeiten zurückbleiben*

Ruge und Andresen (1994) beklagen, daß Werbebilder häufig zu einem Zeitpunkt bereits gewechselt werden, zu dem sie noch gar keine Gelegenheit hatten, ihre Wirkung zu entfalten. Sie beschreiben »acht Barrieren für die strategische Bildkommunikation«, die einer effektiven Werbung entgegenstehen:

1. Fehlende Konzentration auf relevante Produktvorteile. Wer mit einem Bild werben will, darf die Aussage nicht zu komplex machen. Wirksam sind einzelne Schlüsselbilder, nicht viele.
2. Fehlende Integration: Alle Kommunikationskanäle eines Unternehmens müssen dasselbe Schlüsselbild vermitteln. Das bedeutet einerseits, daß das Schlüsselbild sowohl in der Printwerbung, als auch in Spots, als auch in der Händlerwerbung, der Verkaufsförderung und so weiter darstellbar sein muß. Ein Bild, das nur im Film, nicht aber im Druck wirkt, ist deshalb ungeeignet. Das bedeutet andererseits, daß sich einzelne Teilgruppen des Unternehmens der Schlüsselbild-Idee unterordnen und ihre eigene Kreativität zurückhalten sollen.
3. Fehlende Kontinuität: Erfolgreich sind nur die Schlüsselbilder, die jahre- und jahrzehntelang immer gleich geblieben sind, wie der *Bärenmarke*-Bär oder der *Marlboro*-Cowboy. Ein Grund für das Fehlen von Kontinuität liegt auch darin, daß die Werbungtreibenden ihr eigenes Bild für bekannter halten als es in Wirklichkeit ist. Die Wahrscheinlichkeit für einen zweiten Kontakt mit der Werbung ist bei dem normalen Betrachter bereits nur noch halb so groß wie für den ersten. Nur ein Fünftel der Personen, die eine Werbung überhaupt gesehen haben, sehen dieselbe Werbung insgesamt vier Mal und häufiger. Wer die Werbung bis zum Überdruß zu sehen bekommt, sind fast immer nur die Macher. Kroeber-Riel und Meyer-Hentschel (1982, S. 53) betonen gar mit allem Nachdruck, daß sich die Betrachter einer erfolgreichen Werbung nie, gar nicht, wirklich zu keinem Zeitpunkt, auch nicht in ferner Zukunft jemals an dieser Werbung derart sattsehen, daß sie gar keinen Erfolg mehr hätte.
4. Geringe Begeisterung bei den Werbeagenturen: Häufig fühlen sich die kreativen Mitarbeiter in Werbeagenturen unterfordert, wenn von ihnen verlangt wird, ein einziges Schlüsselbild für ein Unternehmen zu entwerfen. Besonders »groß« ist die Begeisterung, wenn das Ziel deutlich wird, in Zukunft bei dieser einen Lösung zu bleiben – so daß dies gleichzeitig der letzte kreative Auftrag an die Werbeagentur ist.
5. Profilierungsdrang der Marketingmanager: Auch firmenintern verantwortliche Mitarbeiter sehen ein Problem darin, nur für die Beibehaltung und Pflege eines Schlüsselbildes verantwortlich zu sein. Damit geht ihnen subjektiv eine entscheidende Möglichkeit zur Profilierung verloren, nämlich stets Neuerungen im Bereich der Werbung bereitzuhalten.
6. Schwierigkeiten im Nachweis von Bildwirkungen: Bildwirkungen sind zu einem großen Teil sprachlich nicht faßbar. Die Meßinstrumente zum Nachweis von Bildwirkungen werden als unzureichend erlebt.
7. Zu großer Aufwand bei der Entwicklung eines Schlüsselbildes: Nach Ruge und Andresen (1994, S. 152*f*) stellt es schon eine große Herausforderung an die Praktiker dar, die Tatsache der Mehrfachkodierung von Informationen im menschlichen Gedächtnis angemessen zu berücksichtigen (zum Beispiel 7.3.1).
8. Unangemessene Entlohnungssysteme: Normalerweise werden die Leistungen einer Werbeagentur nicht pauschal, sondern einzeln entlohnt. Das bringt es mit sich, daß es für die Agenturen attraktiver ist, ein Vielfalt an Einzelleistungen zu erbringen, als einen vereinheitlichenden Vorschlag zu machen.

15.6.3 Akustische Bilder

Zu der Empfehlung, möglichst viel in der Werbung bildlich darzustellen, kommt nun noch der Rat, möglichst viele Medien gleichzeitig dafür einzusetzen. Zur weiteren Veranschaulichung können zum Beispiel akustische Eindrücke, Töne und Geräusche, dienen, zum Beispiel eine zischende Wurst in der Bratpfanne oder das Geräusch des Filters in einer Kaffeemaschine (Ogilvy, 1984, S. 112). Jingles, einprägsame Werbemelodien, sind ein wirksames Mittel, akustisch an Kontur zu gewinnen. Konsumenten können sich oft an Werbemusik leichter erinnern als an wörtliche Zitate aus Werbespots. Andere akustische Werbebilder betreffen die Intonation eines Slogans oder Produktnamens. Bekannt ist zum Beispiel *Ma-o-am*. Ein Schlüsselbild der Werbung ist auch der angebissene Apfel der *Blend-a-med*-Werbung. Das Geräusch, wie die *Blend-a-med*-Benutzer »kraftvoll zubeißen«, hatte seinen festen Platz in dem Spot – auch im Radio (vgl. hierzu Kroeber-Riel, 1993a, S. 304; Stewart, Farmer & Stannard, 1990; Yalch, 1991 zu den spezifischen Verarbeitungsbedingungen von Werbejingles).

Kroeber-Riel (1993a, S. 322) teilt die verschiedenen Nutzungsmöglichkeiten von »akustischen Bildern« in der Werbung in drei Kategorien ein:

1. Audiovisuelle Bildeinheiten. Als ein Beispiel wäre die Werbung für *Calgon* zu erwähnen: Der soeben wunderbar gereinigte Heizstab wird aufgeschlagen, und man hört einen sauberen Ton. Zuvor hat man am zugekalkten Stab ein häßliches Kratzgeräusch gehört.
2. Selbständige akustische Bilder, eingängige Melodien, Schlager. Zum Beispiel vermitteln Samba-Rhythmen stets den Eindruck von südamerikanischer Vitalität.
3. Akustische Bilder, die erst durch die Werbung mit einem visuellen Bild verbunden werden. Dazu gehört zum Beispiel Musik, die extra für den Spot komponiert wurde (vgl. Exkurs 50).

Exkurs 50 *Musik und das klassische Konditionieren in der Werbung*

Beim klassischen Konditionieren in der Werbung gilt das Produkt oder die Marke als der neutrale Stimulus. Die Konsumenten haben hierzu noch keine Reaktion ausgebildet. Es soll eine Reaktion von einem positiven Stimulus erborgt werden. Eine naheliegende und häufig eingesetzte Reizkategorie ist Musik. Werbung wird auf unterschiedliche Weise an Musik gekoppelt. Einige Beispiele:

In einem Werbespot wird das Produkt mit besonders schöner Musik verknüpft, etwa *Solveigs Lied* aus Edvard Griegs Vertonung von *Peer Gynt*.

In einem anderen Spot wird *O Fortuna* aus Carl Orffs *Carmina Burana* verbraten, leider mit dem Pferdefuß, daß auf diese gute Idee noch jemand anders gekommen ist.

Ein dritter Spot wird mit Klaviermusik unterlegt, die so klingt wie die *Gymnopédies* von Erik Satie, tatsächlich aber nur eine Kopie des Stils ist und eigens für den Spot komponiert wurde.[3]

Ein vierter Spot schließlich enthält Musik, die zwar schön und eingängig ist, die aber niemand vorher kennen konnte, weil sie erst für den Spot geschrieben wurde.

Aber kommen wir zurück zu unserem Konditionierungsversuch: Eine wirksame Koppelung der Musik mit der Werbung ist für die verschiedenen Spots in unterschiedlicher Weise zu erwarten. Für *Solveigs Lied* besteht die Frage allenfalls darin, wie bekannt es beim Publikum ist. Wer die Musik aus vielen anderen Zusammenhängen kennt, der wird sie vermutlich nicht leicht mit der Werbung in Verbindung bringen. Eine Konditionierung ist bei derart bekannten Melodien unwahrscheinlich. Bei der Übernahme bereits existierender Musikstücke ist neben eventuellen Lizenzgebühren (siehe Fußnote) zu bedenken, daß die Musik nicht zu verbreitet ist. Daher bieten sich beispielsweise Oldies an. So konnte etwa *Opel* mit dem Louis Armstrong *Stück What a wonderful world* deutlich Sympathiepunkte machen. Carl Orffs *O Fortuna* war erstens schon vor der Werbung sehr bekannt, zweitens wurde es dummerweise gleich in mehreren verschiedenen Spots verwendet, so daß eine hinreichende Diskriminierung sehr erschwert wurde. Bei der Kopie von Satie ist es nur der Stil, der – so die Hoffnung der Werbungtreibenden – bereits angenehm empfunden wird. Die tatsächliche Musik kann in dieser Form nicht bekannt sein. Es besteht also die Hoffnung, daß in der Tat diese Takte nur mit dieser Werbung assoziiert werden.

Die besten Chancen in dieser Hinsicht hätte aber der vierte Spot. Allerdings gibt es hier andere Nachteile: Es ist nicht eben leicht, eine großartige Musik zu schreiben. Der Werbekomponist John Groves schätzt die Quote seiner verwertbaren Kompositionen auf ein Siebtel (Schuster, 1995). Der Wiedererkennungseffekt sowie der kulturelle Anstrich fehlt einer eigens komponierten Musik zunächst. Gleichwohl gibt es auch Erfolgsbeispiele für Originalarbeiten von Werbekomponisten, etwa der Song *Bacardi feeling* des französischen Komponisten Olivier Bloch-Lainé (Schuster, 1995).

---

[3] Diese Strategie wurde deshalb notwendig, weil die Erben von Satie, der 1925 starb, noch immer Rechte an seiner Musik haben, und zu hohe Forderungen stellten. Die Lizenzgebühren für existierende Melodien oder Hits liegen in sechsstelliger Höhe. Es ist lediglich erlaubt, Klänge und Stilarten zu kopieren. Melodien unterliegen auch nach der Variation einiger Töne noch immer dem Urheberrecht (Schuster, 1995).

Die Rolle der Musik in der Werbung ist über lange Zeit lediglich als eine Art der klassischen Konditionierung gesehen worden (vgl. Gorn, 1982; Kellaris & Cox, 1989; 6.1, Exkurs 50). Es scheint aus heutiger Sicht angemessener, die Einflüsse der Musik auf Informationsverarbeitungsprozesse in den Mittelpunkt zu stellen (MacInnis & Park, 1991). Scott (1990) betont, daß die Wirksamkeit von Musik nicht so sehr in einem reflexhaften Affekt beruht. Entscheidend ist aus ihrer Sicht, daß Musik kulturell vorgeprägte Kognitionen aktiviert und daher ähnlich wie Sprache und Bilder einer eigenen Rhetorik unterliegt. Natürlich beeinflußt Musik auch Stimmungen und hat dadurch einen Effekt auf das Konsumverhalten (Bruner, 1990; Alpert & Alpert, 1990). Außerdem bindet sie kognitive Verarbeitungskapazitäten. Dies beeinträchtigt zwar die Markenerinnerung (Gorn, Goldberg, Chattopadhyay & Litvack, 1991), gleichzeitig unterliegt aber eine mit Musik unterlegte Werbebotschaft sehr viel eher den typischen Verarbeitungsprozessen, die bei geringer Aufmerksamkeit zu erwarten sind (wie sie zum Beispiel in 5.3.2, Kapitel 9 oder 13.3 beschrieben wurden). Außerdem ist der Abnutzungseffekt von Werbung mit Musik geringer als ohne (Anand & Sternthal, 1990).

15.7 Sprache

Fast alle positiven Merkmale eines Produktes werden in Form von Substantiven ausgedrückt. Dies hat verschiedene Gründe. Einer ist die Platzersparnis, die mit der Verwendung von Substantiven einhergeht. Sätze, die viele Substative enthalten, sind kürzer als Sätze mit dem gleichen Inhalt, der aber nicht durch Substantive ausgedrückt wird. Daher »[kann] durch inhaltsreiche Substantive die Schnelligkeit der Informationsaufnahme gesteigert werden« (Kroeber-Riel & Meyer-Hentschel, 1982, S. 161). Ein zweiter Grund liegt im psychologischen Effekt der »Etikettierung«: Personen wie Gegenstände bekommen mit hoher Wahrscheinlichkeit die Merkmale zugeschrieben, die ihre Namen implizieren. Es ist also nur zweckmäßig, in den Produktnamen inhaltlich sinnvolle Anspielungen auf Eigenschaften des Produktes einzuflechten (Ries & Trout, 1981). Wenn ein Kaffee bereits Schonkaffee heißt, wird ihm sehr viel eher Magenfreundlichkeit zugeschrieben, als wenn er unter einem anderen Namen nur mit den Worten beworben wird: »Der Kaffee für den empfindlichen Magen.«

Über die besondere Form der Werbesprache sollen Vorteile des Produktes so stark wie möglich gemacht werden. Zu diesem Zweck werden Begriffe erfunden, die es vorher gar nicht gab (zum Beispiel: »Geschmacks-Verfeinerung«, *Warsteiner* Bier; »Kurvenstabilität«, *Good Year* Reifen; oder »Kenner-Sorte«, *Lindt* Pralinen; Kroeber-Riel & Meyer-Hentschel, 1982, S. 161).

Adjektiv-Verbindungen wie zum Beispiel »der herzhafte Genuß«, »die fruchtige Frische«, »der strahlende Glanz« gelten unter Stilkundlern als starr, lähmend und einfallslos. Reiners (zum Beispiel 1969) spricht von »zusammengefrorenen Verbindungen«. Schönert (1984, S. 1995) bezeichnet sie in der Werbung als »Dutzendware«. Einen anschaulicheren Stil erzeugt man, wenn man gezielt auf Beiwörter verzichtet. Für Schönert (1984) geht es hier um den Unterschied zwischen Formulierungen wie den folgenden: »Hält jung und vital bis ins hohe Alter.« Diese Formulierung ist noch durch Adjektive geprägt. Bin ich nun gezwungen, ohne Adjektive zu schreiben, muß ich mir schon etwas einfallen lassen. Die andere Formulierung zum Vergleich: »Gestern abend kam Oma wieder erst um elf Uhr nach Hause«.

Werbesprache enthält besonders häufig Begriffe, die sowohl wertend als auch beschreibend gebraucht werden. Dies ist etwa bei dem Begriff »groß« der Fall. So heißt es zum Beispiel: »*Dresdner Bank* – die große Bank für kleine Kredite«. Ganz ähnlich funktioniert die Sprache, wenn von einem Hersteller oder einem Produkt behauptet wird, es handele sich um den oder das »erste«. Damit wird nicht nur eine Reihenfolge, sondern auch eine Position in der Wertung ausgedrückt (Kroeber-Riel & Meyer-Hentschel, 1982, S. 169).

In der Werbung kommen Argumente und Begriffe vor, denen nichts in der Wirklichkeit entspricht, und die sogar zu Mißverständnissen führen müssen, wenn man sie wörtlich versteht. Darunter zählen Begriffe wie »Hautatmung« oder »Nährcreme« aus dem Bereich der Körperpflegeprodukte (Kroeber-Riel & Meyer-Hentschel, 1982, S. 158*f*). Diese Begriffe suggerieren zum Beispiel, über die Haut finde ein Gasaustausch statt, oder man könne der Haut von außen Nährstoffe zuführen – ein großer Unsinn.[4] Manche Produktbeschreibungen, die im Grunde völlig selbstverständlich sind, zum Beispiel »ohne Zusatz von Nitriden« oder »ohne schädliche Hormone«, können einem Produkt Vorteile eintragen. Vor allem solch unklare Begriffe wie »leicht«, »natürlich« oder »organisch« sind in Gefahr, zu trivialen, aber dennoch wirksamen Produktbeschreibungen mißbraucht zu werden. Besonders die Verwendung des Begriffs »organisch« für Nahrungsmittel sollte einen aufmerksamen Konsumenten eigentlich stutzig machen. Organisch ist fast jede chemische Verbindung, die Kohlenstoffatome enthält. Somit ist natürlich so gut wie jede Nahrung organisch. Warum sollte man das hervorheben (Mullen & Johnson, 1990)?[5]

Wenig erfolgreich war in der jüngeren Vergangenheit der Trend, englischsprachige Slogans zu verwenden. Das Münchner Marktforschungsinstitut IMAS ermittelte die bekanntesten Slogans in Deutschland (*w&v,* 48/2000, S. 72*ff*). Unter den Siegern war kein einziger englischsprachiger Spruch vertreten, wohl aber unter den wenig bekannten Schlußlichtern (zum Beispiel »Whatever it takes«, *FedEx*; »Future.Together.Now«, *Axa-Colonia*). Die bekanntesten Slogans waren:

- »Die zarteste Versuchung, seit es Sokolade gibt« (*Milka*),
- »... macht Kinder froh, und Erwachs'ne ebenso« (*Haribo*),
- »Bitte ein *Bit*« (*Bitburger*),
- »Wenn's um Geld geht...« (*Sparkasse*),
- »Waschmaschinen leben länger mit ...« (*Calgon*),

(Quelle: IMAS International, München; zit. n. *w&v,* 48/2000, S. 74).

Mehr als drei Viertel der Befragten können diese Slogans auch ohne Nennung der Marke zuordnen. Bemerkenswert sei auch die verhältnismäßig geringe Kenntnis des Englischen bei den Schöpfern der Slogans gewesen. Die Mißgriffe reichten von falscher Groß- und Kleinschreibung bis hin zu unfreiwillig komischen Wortverwechslungen. So nannte etwa die *Deutsche Post World Net* eines ihrer Produkte »Lucky Päck« – vermutlich im Glauben, damit das Glück des zufriedenen Kunden zu illustrieren. Den Textern war offenbar entgangen, daß der Begriff »luck« im englischen vom Doppelsinn des deutschen Wortes »Glück« nur die Facette »glücklicher Zufall« ausdrückt. Das Ausliefern eines Päckchens durch die *Deutsche Post* als bloß glücklichen Zufall zu bezeichnen, wollte das Unternehmen denn doch nicht dulden, und die Bezeichnung wurde wieder zurückgezogen.

---

[4] Zum Gasaustausch: Grundsätzlich findet ein Gasaustausch über die Haut nur von innen nach außen statt. Möchte ich nun – zum Beispiel mit Hilfe eines Vaporisators – ein Gasgemisch von außen in die Haut einführen, werde ich damit Schiffbruch erleiden. Ein solches Unternehmen würde sehr spezifische Bedingungen voraussetzen, insbesondere einen sehr ungewöhnlichen Außendruck. Zur Nährstoffaufnahme: Die Haut kann in einem bestimmten Milieu – etwa unter einem Pflaster – verschiedene Stoffe aufnehmen. Allerdings gehören ausgerechnet Proteine, die für das gute Aussehen der Haut besonders wichtig zu sein scheinen, nicht zu diesen Stoffen. Entscheidend ist hier die besondere Molekülgröße von Proteinen. Da sie aus einer großen Kette von Polypeptiden bestehen, haben Proteine einen zu großen Durchmesser und können nur schwerlich über die Hautoberfläche eingeschleust werden. Das ginge allenfalls über die Hautporen, die allerdings nur zehn Prozent der Hautoberfläche ausmachen. Man muß also folgern: Eine Hauternährung im kosmetischen Sinne ist nur unter sehr speziellen Bedingungen denkbar.

[5] Wer's ganz präzise haben will: Eigentlich kommt nur eine anorganische Substanz als Nahrungsmittel in Frage, nämlich Salz. Ob Sie jetzt Salz ein Nahrungsmittel nennen wollen, stelle ich Ihnen anheim.

15.7.1 Der Name des Produkts

Es ist sehr wirksam, wenn der Name eines Produktes sofort über bestimmte Heuristiken die Wahrnehmung prägt. Wenn zum Beispiel die eine Margarine *Becel* und die andere *Du darfst* heißt, dann ist bereits durch den Namen vorprogrammiert, welchem Produkt man weniger Kalorien unterstellen würde (siehe oben; vgl. auch Pratkanis & Aronson, 1991, S. 122). In Deutschland darf der Produktname keine direkte Beschreibung des Produkts enthalten. Man darf also zwar von einem Produkt behaupten, es sei ein »Allesreiniger« oder ein »Schonkaffee«, man darf das Produkt aber nicht so nennen. Durch verschiedene rhetorische Mittel soll trotzdem eine Bedeutung mit dem Produktnamen aktiviert werden. Ein solches Mittel ist die phonetische Assoziation. So hatte beispielsweise das Speiseöl *Livio*, eine Ölmischung mit einem 90prozentigen Anteil an Sonnenblumenöl, durch den Namen die Assoziation geweckt, es sei das höherwertige Olivenöl im Spiel. Einige Beispiele für weniger subtile phonetische Anspielungen: *Nutella* für eine Nußmasse, *Nirosta* für ein rostfreies Material, *Vileda* für einen lederähnlichen Putzlappen oder *Wuxal* für ein Mittel, das den Pflanzenwuchs anregen soll. Weniger konkrete Assoziationen verbinden sich mit Hochwert- und Prestigewörtern, etwa *Diplomat, Lord, Commodore, Capri* oder *Granada* (Kroeber-Riel & Meyer-Hentschel, 1982, S. 20; Lötscher, 1989). Tabelle 15.5 gibt einen ausschnitthaften Überblick über die linguistischen Mittel, mit denen man Produkt- und Markennamen gestalten kann.

Tabelle 15.5 Linguistische Komponenten von Markennamen

Linguistische Mittel	Beispiel
Phonetisch	
Alliteration (Stabreim)	*Coca-Cola*
Binnenreim	*Raum-Traum*
Assonanz (Vokalwiederholung)	*Hin und Mit*
Stumpfer, einsilbiger Reim	*Max Pax*
Unreine, schwache Reime	*Black und Decker*
Onomatopoie (Lautmalerei)	*Cracker, Sanso*
Wortverstümmelung	*Chevy* (für *Chevrolet*)
Verschnitt (Morphemkombination mit Auslassungen)	*Duracell*
Anfangsplosive	*Big Mac*
Orthographisch	
Ungewöhnliches oder falsches Buchstabieren	*Kool-Aid, TOYS ›R‹ US*
Abkürzungen	*7-Up*
Akronyme	*Eduscho, Haribo, Adidas*
Palindrome	*Omo, Maoam, Mum, Ata, Sugus*
Morphologisch	
Affixationen (Hinzufügungen)	*Jell-O*
Zusammenfügungen	*Daimler-Benz*

(vgl. Bergh, Adler & Oliver, 1987; Lötscher, 1989; Moser, 1990, S. 11, Tab. 6)

Krishnan und Shapiro (1996) verglichen implizite und explizite Erinnerung an Produktnamen. Eine implizite Erinnerung war eher bei solchen Produktnamen zu erwarten, die aus allgemein gebräuchlichen Wörtern bestanden. Einzigartige Namen und Wortneuschöpfungen wurden dagegen eher explizit erinnert.

Gebräuchliche Wörter als Produktnamen wecken im Fall des impliziten Erinnerns ein Gefühl der Vertrautheit bei den Konsumenten, ohne daß diese die Quelle für diese Vertrautheit zuschreiben können (9.2). Dieses Gefühl beeinflusse die Kaufentscheidung eher in solchen Situationen, in denen impulsiv gekauft werde. Krishnan und Shapiro (1996, S. 159) empfehlen daher, Produkten aus der Impulskauf-Kategorie (vgl. 3.2.2) eher gebräuchliche Wörter als Namen zu geben. Einzigartige und ungebräuchliche Namen sollten dagegen eher an Produkte vergeben werden, bei denen eine bewußte und explizite Erinnerung dem Kauf vorangeht.

Interessante Gesichtspunkte ergeben sich aus dem Problem, ein bekanntes Produkt in eine fremde Kultur einzuführen. Wie soll man hier mit dem Namen des Produktes umgehen? In europäischen Ländern ist man es gewohnt, daß bestimmte Produkte ausländische Namen haben und ungewohnt ausgesprochen werden, wie etwa *Lancia, Renault* oder *Toys ›R‹ Us.* Schwieriger wird es zum Beispiel bei asiatischen Ländern. Hier muß der Name in eine neue Schrift übertragen werden, und es ist sehr fraglich, ob ähnliche Laute in der anderen Schrift dargestellt werden können. Zudem ist es eine offene Frage, ob der Produktname überhaupt nachempfunden werden sollte, oder ob das Produkt im fremden Land nicht auch einen völlig anderen Namen bekommen soll.

Ein interessanter Beispielfall für diese Probleme ist China: Jinlong (1994) berichtet von mehreren verschiedenen Strategien, ein Produkt in den chinesischen Markt zu übernehmen. Zum einen kann man sich bemühen, einfach die Lautfolge des Original-Namens zu behalten (zum Beispiel fangtà für *Fanta* oder kédá für *Kodak*)[6]. Manchmal versucht man dagegen nur die Bedeutung eines Namens zu behalten, also ein möglichst treffendes chinesisches Äquivalent zu finden (zum Beispiel jízhuang-xiang für Container).

Zwischen diesen Extrempunkten der Übernahme versucht man aber auch manchmal, den Namen einerseits einen ähnlichen Klang zu geben, andererseits aber gewisse Bedeutungskomponenten hinzuzufügen. Dies tut man schon deswegen, weil ausländische Ware gelegentlich noch mit Skepsis betrachtet wird. »Unsinnswörter« zur Bezeichnung dieser Waren dürften diese Skepsis natürlich kaum lindern. So wird zum Beispiel der Markenname *Coca-Cola* im Chinesischen so übersetzt, daß das chinesische Wort zum einen etwas vom ursprünglichen Klang enthält, zusätzlich aber auch eine Bedeutung besitzt:

»Kekou kelè ist eine interpretierende lautangleichende Übernahme von *Coca-Cola*. Die Marke ist auch wegen ihrer Einfachheit und Klarheit, ihrer Lesbarkeit und Einprägsamkeit weltbekannt geworden. Die chinesische Übersetzung kennt in China jedermann. Sie klingt phonetisch ähnlich wie *Coca-Cola*, so daß der Konsument sogleich an ein ausländisches Produkt denkt. Zusätzlich lenkt die Bedeutung der chinesischen Lautfolge die Phantasie jedoch in eine bestimmte Richtung. Denn sie besagt wörtlich: ›Es schmeckt gut, und man trinkt es mit Behagen‹. Diese reizvolle Übersetzung kann sowohl unter marktpsychologischen wie kommerziellen Gesichtspunkten als ein hervorragendes Beispiel für die Übernahme eines fremden Produktnamens angesehen werden« (Jinlong, 1994, S.19).

Die Übernahme von *Coca-Cola* ist ein besonderer Glücksfall. Nicht immer ist das, was in der einen Sprache einfach auszusprechen und geläufig ist, in der anderen Sprache ebenso naheliegend.

---

[6] Selbstverständlich ist die Wiedergabe chinesischer Laute mit unserer Schrift nur eine sehr grobe Annäherung. Ich orientiere mich an Jinlong (1994), muß aber die Schreibweise bei dieser Übernahme bereits etwas vereinfachen.

Ein Produktname, der in einer bestimmten Sprache wie ein Zungenbrecher wirkt, dürfte seine Schwierigkeiten haben. Gleichwohl gilt natürlich für viele Produkte: Ein exotischer Klang macht neugierig – auch in China. Wie wichtig der Klang des neuen Namens ist, demonstriert Jinlong (1994) an zwei anderen Beispielen: Unglücklich sei die chinesische Bezeichnung Léi Silìng für Riesling. Auch wenn es klangliche Überlappungen gibt, sei doch die Assoziation, die das chinesische Wort beim Muttersprachler auslöst, sehr unpassend. Léi Silìng sei nämlich eine militärische Anrede, ungefähr zu übersetzen als »Kommandeur Donner«. Anders das chinesische Wort Tàifei: »Es handelt sich um eine interpretierende lautangleichende Übernahme des englischen toffee. Das chinesische Wort Tàifei ist in der Zeit der Qing-Dynastie eine Bezeichnung, mit der der regierende Kaiser die Konkubinen seines Großvaters und seines Vaters ehrte. Vor einer Tàifei hatten sogar regierende Kaiser Respekt. Sie war eine hochgeschätzte Begleiterin, der man Verehrung entgegenbrachte und die dies mit Wonne dankte. Wie bei dem Cognac *Napoleon* oder dem Sekt *Fürst Metternich* überträgt der Käufer nunmehr die historische Assoziation auf heutige Produkte. Bei dem Bonbon Tàifei hat das zur Folge, daß man es als ein feines Konfekt ansieht, das heute ähnliche Freuden verheißt wie eine historische Tàifei dem Kaiser. So darf sich jeder Käufer mit Fug und Recht als Kaiser fühlen. Dank dieser Warenbezeichnung hat das Bonbon tatsächlich einen großen Erfolg auf dem chinesischen Markt errungen« (Jinlong, 1994, S. 20).

15.7.2 Werbetexte

»Niemand liest den Text.« Naja, nicht eben niemand, aber doch nur sehr wenige. Ogilvy (1984, S. 80) schätzt die Leser des Werbetextes auf 5 Prozent der Betrachter. Normalerweise wird der Text gar nicht gelesen, auch dann nicht, wenn er kurz ist. Sogar Konsumenten mit hohem Interesse an dem Produkt lesen Werbetexte eher selten (Meyer-Hentschel, 1993, S. 117; Kroeber-Riel, 1993a, S. 15*ff*). Werbetexte sind schon aus diesem Grund in der Regel außerordentlich kurz. Der Text einer Anzeige wird grundsätzlich erst nach dem Bild betrachtet. Auch wenn eine Anzeige länger als zwei Sekunden betrachtet wird, holt der Text relativ zum Bild nicht auf. Wenn eine Anzeigenwerbung gut wirkt, hat sie das kaum jemals ihrem Text zu verdanken. Vermutlich gilt ähnliches auch für Werbung im Fernsehen. Schaden kann der Text allerdings schon. Es lohnt sich also, nach den Merkmalen eines möglichst effektiven Werbetextes zu fragen.

Inhaltliche Merkmale von Werbetexten

Der Kontakt mit dem Werbetext sollte keinen Anlaß zur Irritation geben. Die Überlegenheit des Bildes gegenüber dem Text haben wir auch an anderer Stelle schon erörtert. Bei der Kombination von Bild und Text ist daher zu beachten, daß der Text das Bild niemals ergänzen oder gar korrigieren soll (Kroeber-Riel, 1993a, S. 125). Der Text soll nicht Informationen bereitstellen, die mit den Inhalten des Bildes unverträglich sind und sich nicht darauf beziehen lassen.

Die meisten Slogans sind so formuliert, daß sie einen Produktvorteil oder Nutzen allenfalls implizieren. Die Slogans, die bei diesem Verfahren herauskommen, sind von einem formalen Standpunkt betrachtet reizvoller, pägnanter und kürzer. Viele kreative Werbegestalter sehen in der Prägnanz und Kürze eine besondere Herausforderung und messen dem gelungenen Werbetext einen künstlerischen Wert bei (zum Beispiel Schirner, 1977; Sendlmeier, 1996). Betrachten wir einige Beispiele (Tabelle 15.6; Kotler & Bliemel, 1995, S. 970):

Tabelle 15.6 Indirekte und kreative Formulierung von Werbeaussagen

Die Aussage...	wird in der Werbung zu...
Unser Auto ist vielseitig.	*Fiat Panda*: Die tolle Kiste.
Mit unserer Finanzierung können Sie Ihre Pläne verwirklichen.	Wir machen den Weg frei.
Alkoholfreies Bier steht dem normalen Bier in nichts nach.	Alles, was ein Bier braucht.
Unsere farbenfrohe Mode wird weltweit getragen.	United Colors of *Benetton*.
Bestellen Sie nicht irgendein Bier. Bestellen Sie Bitburger.	Bitte ein *Bit*.
Pickel verschwinden im Nu	Tschüss, ihr dummen Pickel
Mit diesem Duft werden Sie ihm gefallen.	Want him to be more of a man? Try being more of a woman.
Lesen Sie die neue Artikelserie über die Syphilis-Gefahren.	If your son is old enough to shave, he's old enough to get syphilis.
Jeder sollte Englisch sprechen können.	»Do you speak English?« – »Nö.«
Der Käfer hält unglaublich lange.	Er läuft und läuft und läuft...

Vgl. Kotler & Bliemel, 1995, S. 970; Schöndert, 1984, S. 194.

Formale Merkmale von Werbetexten

Die formale Gestalt von Werbetexten ist für die Erinnerung der Werbung wichtiger als die Laufzeit einer Werbung oder der Etat, mit dem geworben wird (Reece, Vandem & Hairong, 1994). Ein formales Sprachmerkmal ist zum Beispiel die Länge von Sätzen. Je länger die Sätze sind, desto schwerer ist ein Text in der Regel zu verstehen. Reiners (1969) empfiehlt eine Satzlänge von 15 Wörtern als »leicht verständlich«. »Verständlich« seien noch immer Sätze von 19 bis 25 Wörtern. Alles darüber werde »schwer verständlich«. Für Werbezwecke sollte die leicht verständliche Version mit 15 Wörtern pro Satz angestrebt werden.

Ein weiteres Kriterium ist die sogenannte Satztiefe. Damit ist die Menge an Informationen gemeint, die man aufnehmen muß, bis man den Inhalt eines Satzes verstanden hat. Die Satztiefe ist nicht identisch mit der Menge an Informationen, die im Satz steckt. Es geht vielmehr darum, wieviel vom Satz gelesen oder gehört sein muß, bis man endlich weiß, woher der Hase läuft. Anders ausgedrückt: In besonders tiefen Sätzen wird erst ganz am Schluß des Satzes klar, worum es die ganze Zeit geht (zum Konzept der Satztiefe siehe Yngve, 1960, sowie Teigeler, 1968). Die deutsche Sprache neigt ganz besonders zu tiefen Sätzen. Die Regeln der Grammatik verweisen in vielen Fällen das Prädikat an den Schluß des Satzes. Dies ist in verschiedenen Formen von Nebensätzen, bei zusammengesetzten Zeiten und bei Funktionsverbgefügen der Fall. Alle diese Fälle verkomplizieren eine Aussage und sollten in der Werbesprache vermieden werden.

Nun nimmt die Korrektheit der Sprache in der Werbung hinter Sparsamkeit einer Aussage erst den zweiten Rang ein. Die Bereitschaft auch völlig ungrammatische Aussagen zu akzeptieren, führt oft zu blankem grammatischen Unsinn, zum Beispiel »Deutschlands meiste Kreditkarte«. Besonders

häufig sind allerdings »Sätze« ohne Prädikat, zum Beispiel »Traumhaft sahnig, traumhaft frisch« oder »*Davidoff* – Cool water«.
Es sind aber nicht zuletzt solche stilistischen Besonderheiten (siehe Tabelle 15.7; vgl. auch Harris, Sturm, Klassen & Bechtold, 1986; Stern, 1988; McQuarrie & Mick, 1996), auf denen die beeindruckende Erinnerungswirkung bei Werbeslogans beruht. Gail und Eves (1999) analysierten die Ergebnisse der Gallup & Robinson-Umfragen und fanden Erinnerungsvorteile und höheres Kaufinteresse für Spots, die zu ihren Slogans passende visuelle Metaphern anboten (vgl. Gleich, 2000b, S. 267). Nelson und Hitchon (1999) untersuchten methaphorische Figuren, die auf dem Phänomen der Synästhesie beruhen, also der Bereitschaft, Sinnesempfindungen unterschiedlicher Modalitäten miteinander zu verbinden (zum Beispiel »loud taste«, »colored fragrance«, »scented sounds«; vgl. Exkurs 17). Ihre Versuchspersonen bewerteten Werbepräsentationen, die mit synästhetischen Metaphern gestaltet waren, deutlich positiver. Allerdings kam es darauf an, daß diese Synästhesien nicht bereits durch die Produkte nahegelegt wurden. Ein Parfum, das mit dem Begriff »bunt« warb, profitierte in der Bewertung deutlich mehr als ein Fernsehsender, der ebenfalls den – hier deutlich näherliegenden – Begriff »bunt« beanspruchte.

Tabelle 15.7 Rhetorische Figuren der Werbesprache

Linguistische Mittel	Beispiel
Befehlsformen	»Komm auch Du, greif zu.«
Präsens	»Wir arbeiten dran.«
Alliteration	»Gut ist uns nicht gut genug.«
Hyperbel	»Ausgewählte Zutaten machen unsere Suppe so unverwechselbar.«
Antithese	»Einfach riesig, der Kleine.«
Anapher	»So hoch das Land, so mild der Kaffee.«
Klimax	»Schmeckt so lang, länger, extra lang.«
Metapher	»Ein Meer an Cremigkeit.«
Rhetorische Frage	»Haben Sie schon einmal probiert, Tomaten aufs Brot zu streichen?«
Paradoxie	»Auch wenn sie naß sind, sind sie schön trocken.«
Doppeldeutigkeit	»*Aral*. Alles Super.« oder
	»Sie fahren mit Abstand am besten.«

nach Brenner, 1994, S. 10

Young und Robinson (1989) konnten eine positive Wirkung für rhythmische Gestaltung von Werbespots nachweisen. Reece, Vandem und Hairong (1994) befragten telefonisch knapp 200 erwachsene Amerikaner, ob sie bestimmte Werbeslogans erinnerten. Nur die linguistische Gestaltung konnte die tatsächliche Erinnerungsleistung vorhersagen. Es kam also vor allem darauf an, daß die Slogans Reime, eine rhythmische Sprache, Wiederholungen oder ausdrücklich den Produktnamen enthielten. Metaphern, Alliterationen oder besonders aktuelle Begriffe wirkten sich ebenfalls positiv aus. Direkte Befehlsformen werden eher selten eingesetzt, meist bei der Werbung vor Kindern. In diesem Fall sind sie allerdings nach den Richtlinien des ZAW unzulässig (vgl. ZAW, 1990; Felser, 1994; 1.6.2).

Sechzehn: **Inhalte der Werbe- und Produktgestaltung**

Zusammenfassung:

1. *Werbung mit Furchtappellen ist nur dann effektiv, wenn der Betrachter das Gefühl hat, die dargestellte Bedrohung wirksam abwenden zu können.*

2. *Erotik hat einen besonders starken Effekt auf die Aufmerksamkeit des Betrachters. Die gesteigerte Aufmerksamkeit kann aber häufig der erotischen Darstellung allein gelten, so daß gerade die Erinnerung an Details der Werbebotschaft bei erotischer Gestaltung leidet.*

3. *Der Preis eines Produktes hängt eng mit der Wahrnehmung seiner Qualität zusammen. Hohe Preise können eine besondere Bindung der Konsumenten an das Produkt bzw. an die Kaufentscheidung bewirken, die bei sehr niedrigen Preisen ausbleiben würde. Konsumenten sind in der Regel stärker motiviert, einen eigenen Verlust durch überhöhte Preise zu vermeiden, als durch günstige Preise einen Gewinn zu erzielen.*

4. *Einer der wichtigsten Faktoren für die subjektive Preiswahrnehmung ist die Preisstruktur. Damit ist die Aufteilung eines Gesamtpreises auf einzelne Elemente (zum Beispiel Grundgebühr, Verbrauch, Einzelteile, Extras...) sowie die Kommunikation des Preises nach außen (zum Beispiel als »Ersparnis« versus »Gewinn«) gemeint.*

5. *Bei der Bewertung von Preisunterschieden berechnen Konsumenten in der Regel nicht den tatsächlichen Preis, sondern neigen vielmehr dazu, Einzelvergleiche für einzelne Elemente der Preisstruktur zu ziehen. Je häufiger ein Angebot bei diesen Vergleichen günstiger erscheint, desto besser. Dies gilt unabhängig davon, wie günstig das Angebot in der Gesamtsumme ist.*

Bisher haben wir uns mit den formalen Gestaltungsmerkmalen von Werbung und Produkt beschäftigt. Im folgenden möchte ich einige Gestaltungsoptionen diskutieren, die mehr mit den Inhalten einer Werbung zu tun haben. Ich möchte exemplarisch auf zwei konkrete inhaltliche Gestaltungsmöglichkeiten eingehen, nämlich auf Furchtappelle und Erotik in der Werbung.
Eine dritte Gestaltungsoption ist bereits weniger inhaltlich, spielt aber in der Produktwahrnehmung und im Entscheidungsprozeß eine wesentliche Rolle: Der Preis. Die psychologischen Mechanismen der Preiswahrnehmungen sind in der Vergangenheit vernachlässigt worden; die unten folgenden Absätze sollen zumindest in Ansätzen die Bedeutung dieser Mechanismen aufzeigen.

16.1 Werben mit Angstappellen

Ein Werbespot für eine Gaspistole: Wir hören den Anruf einer Frau bei der Polizei. Ein Fremder befindet sich in ihrer Wohnung. Die ersten Worte richten sich noch an die angerufenen Beamten.

Die nächsten Worte gelten dem Eindringling, der sich offenbar mittlerweile direkt vor ihr befindet. Entsetzte Fragen, was er von ihr wolle, verzweifelte Hilfeschreie... Das Eintreffen der Polizei kann die Vergewaltigung nicht mehr verhindern.

Starker Tobak. Ein ähnlicher Spot wurde aber – zumindest im Rahmen eines Experiments – eingesetzt (LaTour, Snipes & Bliss, 1996), und zwar keineswegs mit dem Geschrei einer Schauspielerin, sondern mit einem authentischen Hilferuf. Ein Angst- oder Furchtappell besteht nicht einfach darin, daß man dem Publikum Angst einjagt. Vielmehr geht es darum, dem Publikum meist auf drastische Weise darzustellen, welche unerwünschten Konsequenzen die Unterlassung eines bestimmten Verhaltens hat. Auf diese Weise soll das Publikum zu dem entsprechenden Verhalten motiviert werden, sei es nun der Gebrauch eines Produktes, die Änderung der Lebensgewohnheiten oder die Inanspruchnahme einer Dienstleistung. Bis heute reißt die Diskussion nicht ab, unter welchen Bedingungen solche Appelle wirksam sind.

Ein Markstein für die Zweifel an der Wirksamkeit von Furchtappellen ist die Untersuchung von Janis und Feshbach (1953). Sie erschreckten Schüler bei einem Vortrag über die Folgen schlechter Zahnpflege. Die Schüler in der extrem furchterregenden Versuchsbedingung sahen farbige Dias mit scheußlichen Krankheiten des Mund- und Rachenraumes. Die möglichen Folgen einer schlechten Zahnpflege wurden ihnen verbal und visuell aufs drastischste veranschaulicht. Die Botschaft dabei war immer wieder: »Das kann auch dir passieren!« Andere Schülergruppen sahen weniger entsetzliche Bilder, wieder andere sahen gar keine. Obwohl nun die erste Schülergruppe nach dem Vortrag durchaus die größte Angst vor Mund- und Zahnerkrankungen hatte, wurden in ihr die geringsten Änderungen in Richtung auf eine verbesserte Mundhygiene erreicht. Man könnte meinen, die Schüler hätten den schrecklichen Vortrag so schnell wie möglich vergessen.

Wie läßt sich diese Reaktion erklären? Beginnen wir mit einer Differenzierung. Stellen wir uns vor, Sie würden mit der Möglichkeit konfrontiert, daß Sie eine gefährliche Krankheit haben könnten. Sie haben zwei Probleme, mit denen Sie umgehen müssen. Zum einen haben Sie die Furchtreaktion, der Sie mit der Frage begegnen: »Wie werde ich die Anspannung wieder los, in die mich diese Information versetzt hat?« Zum anderen beschäftigt Sie die Gefahr selbst, also grob gesagt die Frage, »Wie ist die Gefahr abzuwenden?« Dominieren aber bei Ihnen nicht die Gefahren-, sondern die Angstkontrollprozesse (Leventhal, 1970), dann reagieren Sie fast unweigerlich mit dem in 13.3.4 beschriebenen konklusionsgetriebenen Denkmodus (Ditto & Lopez, 1992; McCaul, Thiesse-Duffy & Wilson, 1992; Liberman & Chaiken, 1992). Sie prüfen nicht etwa, ob und inwieweit die bedrohlichen Informationen tatsächlich auf Sie selbst zutreffen könnten. Statt dessen suchen Sie in Ihrem Denken nach Argumenten, die gegen die Annahme sprechen, daß Sie in irgendeiner Weise bedroht sind. Bedrohliche Informationen werden grundsätzlich mit größerer Skepsis behandelt.

Für die praktische Anwendung bedeutet das: Der erste Gedanke, den ein Zuschauer bei einer bedrohlichen Information hat, ist: »Was spricht dagegen, daß diese Bedrohung für mich gilt.« Diesen Gedanken muß man beim Konsumenten in Rechnung stellen. Da muß man ihn abholen. Wenn sich sehr leicht beschwichtigende Argumente finden lassen, hat man bereits verloren. Denn die Betrachter werden gar nicht motiviert sein, sorgfältig über alle Gesichtspunkte des Problems nachzudenken. Sie werden im Gegenteil ihre Überlegungen abbrechen und ihre Schlußfolgerung »einfrieren«, sobald sie ein plausibles Argument dafür gefunden haben, daß die bedrohliche Information nicht auf sie selbst anwendbar ist (Ditto & Lopez, 1992).

Eine entscheidende Information ist die Kontrollier- und Vermeidbarbarkeit einer angsteinflößenden Situation. So beklagte sich zum Beispiel in der Untersuchung von Janis und Feshbach (1953) einer der Teilnehmer: »I don't think you should have shown so many gory pictures without showing more to prevent it« (S. 83). Diese Information hätte in der Tat einen Unterschied bedeutet. Zunächst einmal ist trivial, daß ein Furchtappell als solcher nur auf den emotionalen Zustand und die Motivation wirken kann. Fehlen geeignete Instruktionen, wie die Gefahr abzuwenden ist, dann muß der Furchtappell ins Leere gehen. Schon aus diesem Grund wirken Furchtappelle eigentlich nur gemeinsam mit konkreten Instruktionen (Leventhal, 1970). Wichtig sind aber die Informationen über die Vermeidbakeit auch aus anderen Gründen. Mit Hilfe der Kontrollierbarkeit kann man sich selbst gegenüber begründen, daß man nicht in die unangenehme Situation kommen wird (siehe Exkurs 51). Die Kontrollierbarkeit ist ein entscheidender Faktor bei der Frage, ob sich das Publikum der angsteinflößenden Information zuwendet oder nicht. Für diesen Gedanken gibt es eine Reihe von empirischen Belegen (zum Beispiel Chu, 1966; Rogers, 1983).

Exkurs 51 *Blaming the victim*

Wenn ein Geschworenengericht über einen Kriminalfall wie zum Beispiel Vergewaltigung zu befinden hat, dann trifft man dabei immer wieder auf ein eigentlich überraschendes Phänomen. Manchmal sind es gerade die weiblichen Geschworenen, die bereit sind, dem Opfer der Vergewaltigung eine Teilschuld zuzuweisen. Was kann diese Frauen dazu bewegen? Mit den Gedanken zum konklusionsgetriebenen Denken und dem Umgang mit angsteinflößender Information kann man darauf eine Antwort geben. Wer dem Opfer eines Verbrechens in relevanter Hinsicht ähnlich ist, kann leicht vor der Frage stehen: Bin ich eigentlich sicher davor, selbst einmal Opfer eines Verbrechens zu werden? Eine Frau, die bei der Bewertung eines Vergewaltigungsfalles zu dem Schluß kommt, daß das Opfer ohne den geringsten eigenen Beitrag aus heiterem Himmel vergewaltigt wurde, gesteht damit zu, daß solche Dinge jeder Frau zu jeder Zeit passieren können. Die Bedrohung, selbst einmal Opfer einer Vergewaltigung zu werden, erscheint damit unkontrollierbar. Wenn sie dagegen Besonderheiten bei dem Fall wahrnimmt, bestimmte Merkmale des Opfers, die sie selbst nicht besitzt, und ganz besonders ein bestimmtes leichtsinniges Verhalten, das sie selbst nie zeigen würde, dann wird die Gefahr der Vergewaltigung subjektiv kalkulierbar (zum Phänomen des »blaming the victim« siehe Ryan, 1971).

Rogers und Mewborn (1976) informierten ihre Probanden über Verkehrsunfälle in unterschiedlich angstinduzierender Weise. Die Unfälle wurden unterschiedlich grausam dargestellt und als unterschiedlich wahrscheinlich bezeichnet. Das Ziel der Information war, die Versuchspersonen vom Gebrauch des Sicherheitsgurtes zu überzeugen. Wenn der Sicherheitgurt als eine ziemlich effektive Methode bezeichnet wurde, um Unfälle zu verhüten – es wurde gesagt, der Sicherheitsgurt rette in 90 Prozent der schweren Unfälle das Leben der Fahrer –, dann hatte eine stärker angstinduzierende Information auch einen stärkeren Effekt auf die Bereitschaft, den Sicherheitsgurt zu verwenden. Wenn dagegen gesagt wurde, der Sicherheitsgurt könne nur 10 Prozent der Menschenleben in schweren Unfällen retten, dann hatte ein stärkerer Angstappell keine Wirkung auf die Bereitschaft. Im Gegenteil, die Versuchspersonen wandten sich eher vom angstinduzierenden Material ab und entzogen sich der Informierung. Der Angstappell ist also nur dann wirklich effektiv, wenn die Vermeidungsmöglichkeiten der angstbesetzten Situation klar und sicher sind.

Hier bietet sich auch eine Erklärung an, warum manche Furchtappelle eine eher lähmende als motivierende Wirkung haben. Manche Autoren glauben, dieses Phänomen gehe auf eine allzu starke Aktivierung durch die angsteinflößenden Bedingungen zurück (zum Beispiel Henthorne, LaTour & Nataraajan, 1993). Neuere Forschungsergebnisse zeigen aber demgegenüber, daß auch sehr starke Furchtappelle den mittleren Niveaus durchaus überlegen sind (LaTour, Snipes & Bliss, 1996; siehe auch Sutton, 1982). Somit scheint ein zu hohes Aktivationsnivau nicht der Grund für die Wirkungslosigkeit mancher Furchtappelle zu sein. Keller und Block (1996) halten die kognitive Ausarbeitung der unangenehmen Konsequenzen für eine entscheidende Variable, auf der der Unterschied zwischen effektiven und ineffekten Furchtappellen beruhen soll. Sie argumentieren dafür, daß schwache Furchtappelle dann ineffektiv sind, wenn die Personen sich die unangenehmen Folgen gar nicht erst vorstellen, und daß starke Furchtappelle dann ineffektiv sind, wenn sich die Personen die Konsequenzen in allzu schillernden Farben ausmalen.

Aus unseren Überlegungen zur Kontrollierbarkeit der Gefahren läßt sich ein weiterer Gesichtspunkt ableiten. Wir könnten nämlich sagen: Der lähmende Anteil der Furcht geht auf die Erwartung zurück, mit der Bedrohung nicht umgehen zu können. Hierzu Bush und Boller (1991): »Advertising campaigns can most effectively induce fear in an audience by failing to provide information regarding the means to cope with the threat« (S. 35). Nach dieser Interpretation ist der Unterschied zwischen wirksamen und unwirksamen Furchtappellen nicht der von geeigneten und ungeeigneten Reizstärken, sondern der zwischen einer bedrohlichen, aber kontrollierbaren, und einer unkontrollierbaren Situation.

Welche Rolle die prinzipielle Kontrollierbarkeit bei der Werbung mit Furchtappellen spielt, zeigt sich schließlich auch an den verschiedenen Kampagnen zur AIDS-Prophylaxe. Der Gedanke an eine Ansteckung mit AIDS ist zwar hochgradig mit Angst besetzt, trotzdem kann man die Gefahr als kontrollierbar erleben. Wenn man betont, daß AIDS in erster Linie eine ›erworbene‹ Krankheit ist, die man normalerweise nicht einfach so bekommt, sondern die man sich extra holen muß, schafft man günstige Voraussetzungen für die Bereitschaft, sich mit AIDS auseinanderzusetzen. Dies zeigt auch, wie groß die psychologischen Unterschiede zwischen verschiedenen Übertragungswegen der Krankheit sind. Beim Geschlechtsverkehr liegen für die einzelne Person weit mehr Kontrollmöglichkeiten als bei einer Blutübertragung. Daher untergraben die Verbrechen mit verseuchten Blutkonserven nicht nur die Sicherheit in unserer medizinischen Versorgung, sondern auch die Wirksamkeit der psychologischen AIDS-Prävention. Wer nämlich die Bedrohung durch AIDS nicht mehr als kontrollierbar erlebt, wird weniger bereit sein, sich mit dem Thema zu beschäftigen (Alden & Crowley, 1995; LaTour & Pitts, 1989; Struckman-Johnson, Gilliland, Struckman-Johnson & North, 1990; Exkurs 52).

Exkurs 52 *Wir können auch anders*

Bei den bisherigen Kampagnen zur AIDS-Prävention wurden unterschiedliche Schwerpunkte gesetzt. So war zum Beispiel die amerikanischen Kampagne des Jahres 1987 geprägt durch einen »Slice of death« und »a morbid sense of disaster« (Bush & Boll, 1991, S. 32). In der Kampagne von 1988 wurden spezielle Risikogruppen direkt angesprochen. AIDS wurde nicht als ein gesellschaftliches Problem, sondern eher als die tödliche Konsequenz eines verantwortungslosen Verhaltens dargestellt (Bush & Boll, 1991, S. 33). Erst im Jahr 1989 gewannen konkrete Vorschläge zum Umgang mit der Bedrohung an Bedeutung.

Im Vergleich hierzu setzen die AIDS-Kampagnen in Deutschland eigene Akzente. Während englische und amerikanische Plakate Waffen, Knochen und Totenköpfe zeigen und deutlich machen: »AIDS kills. Use Condoms« oder »Gay sex aids AIDS«, betont die deutsche Kampagne gegen die Verbreitung von AIDS die Kontrollierbarkeit des Phänomens. Sie folgt dabei dem Motto: »Vorbeugen durch Vielfalt« (Waltje, 1993). Im Kern soll offenbar versucht werden, eher durch positive, lebensbejahende Botschaften als durch Erinnerung an die Gefährlichkeit von AIDS, an Krankheit und Tod die nötige Verhaltensänderung zu erzielen. Man denke hier an Plakat-Sprüche wie »Spaß am Sex – Mit Kondom« oder »Lust ohne Reue – Mit Kondom«. Andere Beispiele sind Plakate, auf denen schwule Männer abgebildet sind, etwa einer, der den anderen als Rettungsschwimmer aus dem Wasser fischt und auf den Armen hält, oder ein anderer, der seinen Partner intim berührt. Diese Bilder schrecken nicht ab, sie appellieren an Verständnis für die Situation und die Lebensweise schwuler Männer. Diese Beispiele werden ergänzt durch den Versuch, auch für die AIDS-Kranken um Verständnis und Akzeptanz zu werben (Plakat-Spruch: »Kranke gehören dazu«).

Es gibt auch Beispiele für Plakate, in denen die Spanne zwischen Erotik und dem Schutz vor AIDS bewußt verkleinert wird, indem durch erotische Aufmachung sexuelle Bedürfnisse angesprochen werden. Damit wird suggeriert, daß eine erfüllte Sexualität mit dem Schutz vor AIDS

vereinbar ist (Waltje, 1993). So gibt es beispielsweise zwei sehr populäre Plakate, die jeweils einen nackten männlichen bzw. weiblichen Körper in sandigen Dünen liegend zeigen.
Es dominieren Positivbilder verantwortungsbewußter Partner. Diese Partner sind keine Übermenschen. Sie haben ihre Schwierigkeiten mit der Treue, mit dem offenen Reden über Sex oder dem »peinlichen« Kauf von Kondomen. Sie springen aber über ihren Schatten und geben ihre negativen Gewohnheiten auf. Sogar Versuche einer eher humorvollen Bewältigung des Themas sind zu beobachten (Beispiele aus Waltje, 1993, S. 6):

- Kondome schützen – Oder fahren Sie Auto ohne Bremsen?
- Pariser schützen – Oder klettern Sie in den Bergen ohne Seil?
- Gummis schützen – Oder tanzen Sie auf dem Seil ohne Netz?
- Präser schützen – Oder springen Sie ohne Fallschirm aus dem Flugzeug?

Furchtappelle wenden sich auf emotionalem Wege an den Rezipienten. Damit gehören sie zu jenen Beeinflussungsversuchen, die nicht auf Argumenten beruhen. In solchen Fällen, wenn ein Beeinflussungsversuch nicht auf Argumente, sondern auf Emotionen setzt, ist Reaktanz eine wahrscheinliche Folge. Je plumper dieser Versuch unternommen wird, und je weniger glaubwürdig die Quelle der Nachricht, desto deutlicher ist die Beeinflussungsabsicht. In solchen Fällen verschließen wir uns leicht der neuen Information. In extremen Fällen kann ein Appell an Emotionen sogar zur gegenteiligen Wirkung führen. Dieser Effekt gilt nicht nur für Angstappelle, sondern zum Beispiel auch für Werbung mit Appellen an das Schuldbewußtsein (Coulter & Pinto, 1995).
Nicht-argumentative Beeinflussungsstrategien unterliegen auch immer einer besonderen Verantwortung. Dem Werben mit furchteinflößenden Informationen wird in Deutschland bereits durch das Gesetz gegen den unlauteren Wettbewerb Grenzen gesetzt (Mayer, 1993, S. 202). Praktisch spielen Furchtappelle in der deutschen Werbung eine sehr untergeordnete Rolle. In einer Untersuchung von Seel (1983) bei deutschen Werbeanzeigen fanden sich so gut wie keine drastischen Darstellungen von lebensbedrohlichen Situationen (allerdings verwendet er Material aus den siebziger Jahren). Angstbesetzte Situationen beschränkten sich meist auf soziale Folgen eines Verhaltens. Es ist für die Werbepraxis ohnehin zu fragen, ob man Konsumenten in eine negative Stimmung versetzen und dabei riskieren soll, daß diese Stimmung bis zum Ende der Botschaft vorhält und nicht mehr aufgelöst wird. Aber selbst wenn diese Frage unproblematisch sein sollte, bleibt doch ein weiterer Punkt noch offen: Die Erkenntnisse zu Furchtappellen wurden mit zum Teil extremen gesundheitlichen Bedrohungen durch Verkehrsunfälle, Rauchen, mangelhafte Mundhygiene und AIDS gewonnen. Ob die Folgerungen hieraus auf die verhältnismäßig harmlosen Kümmernisse übertragbar sind, auf die die Konsum-Werbung anspielt, ist nicht erwiesen.

16.2 Erotik in der Werbung

Was genau mit »Erotik« oder »Sex-Appeal« gemeint ist, erweist sich schnell als strittiges Thema. Insbesondere Frauen haben bei der Beurteilung männlicher Erotik oft stark voneinander abweichende Meinungen (Moser, 1997b, S. 38), so daß manche Forscher für die Untersuchung erotischer Werbung die Konsequenz gezogen haben, nur mit männlichen Beurteilern zu arbeiten. Dies beengt natürlich den Kenntnisstand zur Wirkung von Erotik in der Werbung.
Die zentrale und weitgehend übereinstimmende Assoziation zur Erotik, zumal der Erotik in der Werbung ist die Nacktheit (siehe jedoch Exkurs 54). Erotische Assoziationen knüpfen sich in erster Linie an die Wahrnehmung nackter Haut. Weitere erotische Merkmale ergeben sich auch aus dem »sexuellen Bedeutungsgehalt, der den beworbenen Produkten innewohnt, der Suggestivität der verbalen und bildlichen Aussage sowie dem in der Werbung zum Ausdruck kommenden

›romantischen‹ Gehalt« (Moser, 1997b, S. 38; nach einer Analyse von Morrison & Sherman, 1972).

Exkurs 53 *Lippenstift und* Tupper-*Topf*

Die Verwendung Freudscher Sexualsymbolik in der Werbung wird verhältnismäßig selten betrachtet (als Ausnahme etwa Ruth, Mosatche & Kramer, 1989). Dabei wurde diese Form des Ausdrucks in früheren Zeiten von manchen populärwissenschaftlichen Autoren (u.a. Key, 1980) für ein wesentliches Element der unterschwelligen Beeinflussung durch die Werbung ausgegeben (auch hier treffen wir wieder auf eine degenerierte Form des Begriffs »unterschwellig«; vgl. 9.5.1).

Die Grundidee hinter der Freudschen Symbolsprache ist die, daß sexuelle Inhalte angstbesetzt sind und daher vom Individuum in eine symbolisch-metaphorische Bildsprache übersetzt werden. In dieser Sprache erscheint uns das verdrängte Sexuelle in unseren Träumen und zu anderen Gelegenheiten, bei denen das »Ich«, die vermittelnde Instanz zwischen Triebleben und Moralität, gerade mal nicht aufpaßt, etwa bei Versprechern.

Der Mensch findet also bereits eine ausgearbeitete Symbolsprache vor, in der er über verschiedene Bewußtseins-Etagen quasi mit sich selbst kommuniziert, und die auch Außenstehende zur Kommunikation verwenden können. Verhältnismäßig naheliegende Symbole sind etwa längliche Gegenstände oder Vorgänge des Ausdehnens für das Männliche und Gefäße aller Art bzw. Vorgänge des Aufnehmens und Eintretens für das Weibliche.

Sexualsymbole dieser Art kann der Eingeweihte durchschauen, der Uneingeweihte dagegen ist der Macht dieser Symbole schutzlos ausgeliefert. Obwohl also der Lippenstift oder das *Tupper*-Gefäß nicht im eigentlichen Sinn des Wortes unterschwellig dargeboten werden, wirkt doch ihre genitale Bedeutung auf uns, ob wir nun davon wissen oder nicht.

Diese Denkmuster werden heute sicher eher belächelt als ernsthaft diskutiert, das bedeutet jedoch nicht, daß sich ein Mensch des 21. Jahrhunderts leisten könnte, die Freudsche Traum- und Sexualsymbolik zu ignorieren. Allein als künstlerische Ausdrucksform ist sie zum Verständnis unserer Kultur unverzichtbar. Von Thomas Mann über Salvador Dali bis in die Bildersprache des modernen Kinos finden wir Freudsche Symbolik, und selbstverständlich sind auch Kunstwerke aus Zeiten lange vor Freud von Sexualsymbolen durchzogen. Ist also auch dies ein Aspekt von Erotik in der Werbung? Nicht im Sinne der Manipulation durch unterschwellige Ansprache des Unterbewußten, vielleicht aber im Einzelfall als absichtsvoll plaziertes Zitat, für den, der's versteht.

Man kann davon ausgehen, daß Erotik und die nackte Haut eine nennenswerte Aktivierung ausüben (5.3.4). Die Funktion erotischer Werbedarstellung geht aber oft über die Aktivierung hinaus. Moser (1997b, S. 49*ff*) belegt mit eigenen Daten, daß erotisch dargestellte Personen in der Werbung vielfach als Modelle dienen. Es finden sich nämlich in Frauenzeitschriften relativ mehr erotische Darstellungen von Frauen und in Männerzeitschriften (zum Beispiel *Playboy*) mehr Darstellungen von Männern. Das deutet darauf hin, daß es eher darum geht, den Zielpersonen das Aussehen der Stimuluspersonen als Ziel für die eigene Person schmackhaft zu machen, als sie mit dem Anblick schöner gegengeschlechtlicher Modelle zu stimulieren.

Exkurs 54 *Nacktheit und Erotik*

Ein wichtiges Argument in der Diskussion um Erotik in der Werbung ist, daß sich die Erotik als Mittler von Werbebotschaften abgenutzt habe. Die Darstellung nackter Modelle werde nicht mehr automatisch mit Erotik gleichgesetzt (Bolz, 1994). Nacktheit werde vielmehr als ein Zeichen für Natürlichkeit wahrgenommen (Schütte, 1995). Diese Entwicklung zu einer eher natürlichen als erotischen Darstellung nackter Modelle läßt sich im Bereich der Werbung für Kosmetika ebenso nachweisen wie bei der Werbung für unerotische Produkte. Beispielsweise wirbt der Rucksack-Hersteller *4 you* mit einer Reihe von nackten weiblichen und männlichen Modellen, die sich in alltäglichen Situationen befinden und lediglich mit dem Rucksack ausgerüstet sind. Das Motto ist: »*4 you*. All you need«.

Der Umgang mit Nacktheit ist in verschiedenen Kulturen offenbar verschieden unbefangen. Dies zeigte recht eindrucksvoll die Reaktion aufrechter Amerikaner im *TIME*-Magazine auf eine

Kampagne der Tierschutzorganisation PETA (People for the Ethical Treatment of Animals). Auf einer Abbildung posiert Kim Basinger nackt auf dem Rücken liegend. Die Bildunterschrift lautet: »Beauty is not about wearing someone else's coat«. John Cooney aus Mountain Brook, Alabama, schrieb daraufhin an das TIME-Magazine (TIME, 21. März, 1994, S. 12):
»Posing naked gains nothing at all for animals. It just makes people looking at the pictures want to put something on to warm up rather than take something off. Men and women who pose naked are simply being laughed at and mocked by the American public.«
Zur Ehrenrettung der Amerikaner sei hier betont: Es gibt auch Europäer, die nackte Menschen auslachen und verspotten. Kleine Kinder nämlich.

Erotische Werbung und Geschlecht

Bis in die jüngere Vergangenheit wurden erotische Darstellungen in der Werbung vor allem durch die Abbildung von Frauen bestritten. Dies mochte auch psychologische Gründe gehabt haben: Spätestens seit den vierziger Jahren galt als erwiesen, daß Frauen zwar die Abbildung von anderen Frauen beachten, daß aber umgekehrt Männer auf Abbildung anderer Männer nicht mit erhöhter Aufmerksamkeit reagieren (Rudolph, 1947). Eine Umfrage des Sample Instituts von 1991 (zit. n. Moser, 1997b, S. 106) kommt gar zu dem Ergebnis, Männer sähen durch die Darstellung des männlichen nackten Körpers ihre eigene Würde gefährdet, weil »männliche Körper nicht so schön anzusehen« seien.

Gleichzeitig wird nicht weiter bezweifelt, daß erotische Stimuli bei Männern wie Frauen gleichermaßen eine Aufmerksamkeitssteigerung bewirken. Belch, Holgerson, Belch und Koppmann (1982) wiesen eine starke Aktivierung durch erotische Werbevorlagen für beide Geschlechter nach, wobei die Ergebnisse bei den Frauen allerdings widersprüchlich waren. Zwar behaupteten die weiblichen Versuchsteilnehmer, sie würden durch männliche Modelle am stärksten angesprochen. Wurde die Aktivation jedoch über die Änderung des Hautwiderstands gemessen, zeigte sich, daß Frauen stärker durch erotische Modelle des eigenen Geschlechts aktiviert wurden. Allerdings sehen LaTour, Pitts und Snook-Luther (1990) in ihren Ergebnissen einen qualitativen Unterschied zwischen den Aktivierungsarten: Männer würden durch weibliche Modelle eher angeregt, während Frauen auf weibliche Erotik mit Anspannung reagierten. Diese Interpretation verträgt sich gut mit der Beobachtung von Moser (1997b, S. 49*ff*), der zufolge in Frauenzeitschriften sehr häufig weibliche und nicht etwa männliche Erotik gezeigt wird (siehe oben). Diese Präsentation hat zu einem erheblichen Anteil Modellfunktion, soll also den Frauen einen anstrebenswerten Zielzustand demonstrieren, den sie subjektiv als fordernd erleben.

Geschlechtsunterschiede in der Wahrnehmung physischer Attraktivität lassen sich aus der Forschung zur Partnerwahl ableiten. Über verschiedene Kulturen hinweg zeigt sich, daß die Attraktivitätssignale für Männer andere sind als für Frauen: Die physische Erscheinung des potentiellen Partners bzw. der Partnerin wird praktisch überall in der Welt von Männern als wichtiger erlebt als von Frauen, während Frauen Statusmerkmale des Partners deutlich attraktiver erleben als Männer (Buss, 1989).

Männer schreiben physische Attraktivität auch mit größerer Einigkeit zu als Frauen. Die Urteile der Frauen hingegen variieren nicht nur stärker, so daß also von Frauen verhältnismäßig unterschiedliche Modelle als attraktiv erlebt werden können. Frauen sind in ihren Urteilen auch beeinflußbarer als Männer: In einem Experiment von Graziano, Jensen Campbell, Shebilske und Lundgren (1993) orientierten sich weibliche Probanden in ihrem Attraktivitätsurteil deutlich mehr an dem Urteil anderer Frauen, als dies die männlichen Probanden taten. Männer vergaben in der Untersuchung ihre Urteile mit relativ großer subjektiver Sicherheit und weitgehend unbeeindruckt von manipulierten Werten vermeintlich anderer Urteiler; auf diese Weise erzeugten sie gleichzeitig eine hohe Übereinstimmung in den Urteilen. Diese Befunde sprechen dafür, daß für Frauen »Sex-Appeal« sowohl inhaltlich als auch in seiner Wertigkeit etwas anderes bedeutet als für Männer.

Aktivierung und Informationsverarbeitung

Können wir von einer erotischen Gestaltung nun mehr als die ziemlich sichere Aufmerksamkeitssteigerung erwarten? Kritiker befürchten, daß ein zu starkes Interesse am erotischen Kontext, in den das Produkt gestellt wird, das Interesse vom Produkt insgesamt abzieht, der sogenannte »Vampireffekt« (vgl. Lutz von Rosenstiel in einem Interview mit *w&v*, 45/99, S. 108), so daß die Werbebotschaft um so schlechter erinnert wird, je erotischer der Kontext ist. Daher resümiert beispielsweise Steadman (1969, S. 15): »The indication is that interest starts with sex and stops just there«. In der Tat spricht viel für die Wirksamkeit eines solchen Vampireffekts (zum Beispiel Weller, Roberts & Neuhaus, 1979). Chestnut, LaChance und Lubitz (1977) zeigten, daß ihre Versuchspersonen zwar die erotische Anzeige wiedererkennen konnten, nicht aber die Marke erinnerten. In einer Studie von Alexander und Judd (1978) wurden männlichen Versuchspersonen Werbebilder mit weiblichen Modellen gezeigt. Die Fotomodelle waren in unterschiedlichen Phasen der Entkleidung dargestellt. Die höchste Stufe bestand aus der frontalen Ganzkörperabbildung einer vollständig entkleideten Frau. Auch in dieser Studie waren Blutsauger am Werk: Es ergaben sich Erinnerungsnachteile der erotischen gegenüber den unerotischen Abbildungen. Dieser Nachteil verstärkte sich allerdings wider Erwarten nicht für unterschiedliche Härtegrade der Erotik. Brosius und Fahr (1996) konnten zeigen, daß der Einsatz nackter (weiblicher) Haut zwar gesteigerte Aufmerksamkeit und Spot-Erinnerung zur Folge hatte, daß aber gleichzeitig die Detailverarbeitung der Werbeinformationen gegenüber neutralen Versionen derselben Spots nachließ.

Severn, Belch und Belch (1990) zeigten in ihrer Untersuchung, daß eine explizite sexuelle Darstellung in einer Werbeanzeige die Aufmerksamkeit der Betrachter auf die Anzeige selbst, auf ihre Machart und Gestaltung lenkt. In ihrem Experiment waren ein Mann und eine Frau dargestellt, die nur die Schuhe trugen, um die es in der Werbung gehen sollte, und die offensichtlich soeben im Begriff waren, das Fehlen der restlichen Kleidung gemeinsam auf angenehme Weise zu nutzen. Die Betrachter dachten mehr über die Anzeige selbst als über die Werbebotschaft nach. Dies hatte aber nicht nur negative Effekte. Zum Beispiel wurde die im Experiment eingesetzte sexuell explizite Anzeige von der studentischen Stichprobe als attraktiver eingeschätzt als eine unerotische Kontrollversion derselben Anzeige. Ist diese Werbung also wirksam? Dazu müßte man wohl sagen: Ja, insofern eine Werbung wirksam ist, bei der nur die Machart, nicht aber die Botschaft registriert und positiv bewertet wurde.

Insgesamt läßt sich resümieren, daß der Einsatz erotischer Stimuli eine höhere Aktivation bewirkt. Gleichzeitig sprechen aber die vorliegenden Befunde dafür, daß es keine positiven Auswirkungen auf die Erinnerungen gibt. Offenbar bedeutet eine intensive Informations*aufnahme* nicht gleichzeitig auch eine intensive Informations*verarbeitung*.

Diese Befunde wurden aber mit expliziten und direkten Methoden erhoben. Wir kennen die impliziten Effekte noch nicht. Wir wissen nicht, ob der Ablenkungseffekt erotischer Stimuli unter Umständen zu nützlichen Kontexteffekten führt, dem *Mere-exposure*-Effekt Vorschub leistet oder anderweitig implizite Gedächtnisspuren hinterläßt (vgl. Kapitel 8 und 9).

Moderierende Einflüsse: Einstellung und Passung

Die Gefahr eines Vampireffekts ist nachgewiesen. Trotzdem kann man fragen, ob es konkrete Bedingungen gibt, unter denen erotische Stimuli in der Werbung besser wirken. Zwei Variablen werden diskutiert: Akzeptanz von Erotik in den Medien und Passung zum Produkt.

Zum ersten Punkt: Nicht alle Personen akzeptieren Erotik in den Medien. Ablehnende Reaktionen können oft sehr heftig ausfallen, gerade wenn diskriminierende bzw. herabwürdigende Tendenzen in der Vorlage erkannt werden. Dieser Gedanke führte zu der Meinung, die Frage der Wirksamkeit stelle sich erst nach der Frage der Akzeptanz. Steadman (1969) konnte zeigen, daß die Erinnerung erotischer Werbung für solche Personen verringert war, die erotische Abbildungen insgesamt ablehnten. In erster Linie waren es jüngere Personen, Männer und Personen mit höherer Bildung, die Erotik in der Werbung begrüßten. In der Studie von Alexander und Judd (1978) ergab sich allerdings kein Zusammenhang der Werbeerinnerung mit der Einstellung gegenüber Erotik in den Medien.

Unabhängig vom Zusammenhang mit der Wirkung läßt sich aber festhalten: Es sind in erster Linie Frauen, die Erotik in der Werbung und in den Medien allgemein als übertrieben bewerten oder ganz ablehnen (zusammenfassend Moser, 1997b, S. 107*ff*, bzw. Tab. 12). Eine der größten repräsentativen Umfragen neueren Datums aus Deutschland (Bergler, Pörzgen und Harich, 1992) kommt bezüglich der absoluten Ablehnungsquote und der erwartbaren Konsequenzen zwar zu beschwichtigenden Ergebnissen: Erotische Werbung werde nur von einer Minderheit der Betrachter abgelehnt und diese Ablehnung wirke sich nur äußerst selten auf das Kaufverhalten aus. Allerdings weist diese Untersuchung erhebliche handwerkliche Mängel auf (zu einer Kritik siehe Moser, 1997b, S. 109*ff*). Wie stark die Ablehnung erotischer Werbung wirklich ist und was sie bewirkt, kann man daher nur aus früheren, vermutlich veralteten Daten schätzen, denen zufolge gerade auf seiten der Frauen durchaus auch verhaltenswirksame Vorbehalte anzutreffen sind.

Kommen wir zur Frage der Passung: Es entspricht einem grundsätzlichen Glaubensbekenntnis der Kommunikations- und Werbeforschung, daß Erotik nur wirksam ist, wenn das Produkt ohnehin Verbindungen zur Erotik erlaubt, wie zum Beispiel Körperpflegeprodukte oder Unterwäsche. So konnten etwa Richmond und Hartmann (1982) sowie Tinkham und Reid (1988, zit. n. Moser, 1997b) an jeweils verhältnismäßig großen Stichproben (in beiden Fällen weit über 300 Personen) von Männern und Frauen nachweisen, daß unangemessener Sex-Appeal zu schlechteren Erinnerungsleistungen führt als produktangemessener Sex-Appeal.

Ein unmotivierter Bezug zur Erotik kann nach einer verbreiteten Auffassung nur schaden. Gerade in diesen Fällen werde die Erotik mehr beachtet als die Werbebotschaft. In noch ungünstigeren Fällen irritiere oder verärgere eine unmotivierte erotische Darstellung den Betrachter gar (Steadman, 1969; Teigeler, 1982; Severn, Belch & Belch, 1990). Umgekehrt zeigt sich aber auch, daß bei sehr naheliegendem und deutlichem erotischen Bezug auch die Wirksamkeit durch erotische Gestaltung gesteigert werden kann. So waren beispielsweise in einem Experiment zur AIDS-Prophylaxe von Struckman-Johnson et al. (1990) die sexuell stimulierenden Anzeigen auch die wirksameren. Brosius und Fahr (1996) fanden allerdings keinen Nachteil für erotische Werbung, die nicht zum Produkt paßte.

Die Frage der Passung wird sehr ernst genommen, und das obwohl hier wie überall zu betonen ist: Werbung wird in der Regel gar nicht mit so hoher Aufmerksamkeit wahrgenommen. Werbebotschaften werden womöglich gar nicht so weit elaboriert, daß die Betrachter die Frage der Passung auf die Goldwaage legen könnten.

Wirkungswege erotischer Werbung

Nach einer Untersuchung von LaTour, Pitts und Snook-Luther (1990) ist es nicht so sehr die Erotik per se, die zu einer Wirkung führt, sondern die Aktivierungswirkung erotischer Anzeigen. Das heißt, Erotik wirkt nur, insofern sie den Betrachter aktiviert, ihn in einen Erregungszustand versetzt. In diesem Fall hat sie sogar eine positive Wirkung und führt zu einer Aufwertung der Werbung.

Erotik kann in manchen Verwendungsformen nur der »Garnierung« der Werbebotschaft dienen, ohne einen inhaltlichen Bezug dazu zu haben. Schmerl (1989, S. 195) würde an dieser Stelle vom

»Petersilien-Effekt« sprechen. Mit diesem Ausdruck bezieht sie sich auf die Darstellung von Frauen als Accessoire der Werbung. Seit einiger Zeit werden zunehmend Männer und Paare, nicht mehr allein Frauen, in erotischer Weise dargestellt, so daß gegenwärtig ein Petersilien-Effekt offenbar auf sehr verschiedene Weise angestrebt wird. Der Petersilien-Effekt läßt sich ähnlich wie die in Kapitel 8 diskutierten Kontexteffekte verstehen. Die Produktwahrnehmung soll sich durch die Erotik insgesamt verändern. Eine solche Hoffnung kann sich auf die historische Studie von Smith und Engel (1968; vgl. 8.3.2) berufen. Darin wurde ein Auto wesentlich »ansprechender, lebendiger, jugendlicher, schöner im Design, [...] teurer, schneller, mit mehr PS ausgerüstet, aber auch weniger sicher« wahrgenommen, wenn zusätzlich ein attraktives weibliches Modell abgebildet wurde. Dieser Befund galt für Frauen wie für Männer. Dabei gab es keinen Bezug zwischen der Werbebotschaft und der Darstellung des Modells. Vielmehr war die Absicht der Autoren, die Frau als bloße Dekoration einzubinden: »She had no obvious function of demonstrating or pointing out features of the car« (Smith & Engel, 1968, S. 681).

Als Kontextreiz im Hintergrund hat die Erotik die Funktion der ablenkenden peripheren Reize, wie sie etwa im Modell der Elaborationswahrscheinlichkeit diskutiert werden (13.3.1). Moser (1997b, S. 95) warnt allerdings, daß Erotik für die wenig involvierten Betrachter vielleicht noch positiv wirken mag, dem hoch involvierten jedoch signalisieren könnte, daß die Quelle der Nachricht wenig glaubwürdig ist.

Wir haben gesehen, daß die Erinnerung an eine Werbepräsentation durch starke erotische Stimuli im Kontext durchaus leiden kann. Dem Praktiker wäre also nicht zu empfehlen, ein neues Produkt, das allererst einmal bekannt gemacht werden sollte, durch Erotik zu bewerben. Möglich bleiben aber weiterhin Effekte auf das Image der Produkte, die sich dann positiv entfalten könnten, wenn die Produkte selbst bereits bekannt sind. Zudem ist die Beziehung zwischen Einstellung und Erinnerung nicht so eng, daß eine positive Einstellung nur dann zu erwarten wäre, wenn auch gleichzeitig die positiven Merkmale der Präsentation abgerufen werden. Daher spekuliert Moser (1997b, S. 120), Erotik könnte möglicherweise positive Einstellungen erzeugen, ohne daß die Probanden viel über das Produkt wissen.

16.3 Die psychologische Bedeutung des Preises bei der Produktgestaltung

Der Preis eines Produktes hat viel damit zu tun, wie das Produkt emotional erlebt und bewertet wird (Leavitt, 1954; McConnell, 1968; Peterson, 1978; Tull et al., 1964; Kirchler, 1995, S. 143*ff*). Die projektive Wahrnehmung eines Preises ist sogar ein interessantes Maß für die Produktwahrnehmung allgemein (vgl. zum Beispiel Spiegel, 1970, S. 129). Preisinformationen und -wahrnehmungen sind auch sehr wichtige Faktoren bei Assimilations- und Kontrasteffekten (vgl. Kapitel 8; siehe auch Herr, 1989).

Nun wird der Preis eines Produktes die Kaufentscheidung in der Regel nicht auslösen. Der Preis ist kein eigentlicher Produktvorteil. Er spielt erst dann eine Rolle, wenn die Überlegung zum Kauf schon existiert. Eine besondere differenzierende Information über das Produkt stellt der Preis dort dar, wo eine Person im vorhinein schon ungefähr weiß, was dieses Produkt kosten sollte, wieviel es woanders kostet, und was ein fairer Preis ist (»Internal reference price«). Dies ist bei häufig gekauften und nicht übermäßig kostspieligen Produkten der Fall. Um diesen »Referenzpreis« herum liegt ein gewisser Toleranzbereich, innerhalb dessen Preisschwankungen kaum einen Effekt auf die Konsumenten haben (Kalwani & Yim, 1992). Liegt ein Preis aber außerhalb der Spanne

von vernünftigen Beträgen, verliert der Konsument schnell das Interesse. Beispielsweise könnte er einem ganz unerwartet teuren Produkt unterstellen, daß es eine Reihe von Extras hat, die ihn nicht interessieren (O'Shaughnessy, 1987, S. 152*f*; Mullen & Johnson, 1990).
Konsumenten sind in der Regel motiviert, beim Kauf zu sparen. Dies ist eine elementare ökonomische Grundannahme. Merkwürdigerweise sparen aber Konsumenten nicht unbedingt am liebsten bei den teuren Produkten. Sowohl die Kenntnis der vernünftigen Preisspanne als auch die Bereitschaft, durch Preisvergleiche Geld zu sparen, sind nicht unbedingt bei den teuren Produkten am stärksten ausgeprägt. Ein Beispiel aus Österreich (zit. n. Kirchler, 1995, S. 145): »Während 64 Prozent der österreichischen Konsumenten auf den Preis von Schuhcreme achten, interessiert der Preis beim Kauf von Möbel nur 63 Prozent und noch weniger Konsumenten schauen auf den Preis, wenn es um ihr Auto geht.«
Die folgenden Ausführungen diskutieren die Funktion von Preisen bei der Produktgestaltung unter verschiedenen Blickwinkeln, etwa unter der Frage, ob der Preis eine Information über das Produkt oder eher ein Vor- oder Nachteil des Produktes ist, welchen Gesetzen die Wahrnehmung von Preisen folgt, welche Motive durch Preise angesprochen werden und schließlich, an welchen Stellen eine psychologische Betrachtung von Preispolitik über die gängigen wirtschaftswissenschaftlichen Vorstellungen zu diesem Thema hinausgehen.

16.3.1 Information oder weiterer Produktvorteil?

Die Qualität eines Produktes liegt oft in kleinen Details der Produkteigenschaften verborgen. Der Preis dagegen springt sofort ins Auge. Daher liegt es nahe, den Preis als offenkundige Information zur Bewertung des Produktes heranzuziehen und vom Preis auf die Qualität zu schließen. Dies ist aber nur eine von zwei möglichen Rollen, die der Preis in der Kaufentscheidung spielen kann. Ein niedriger Preis kann genausogut als ein besonderer Beitrag zum Nutzen des Produktes angesehen werden. Die Informations- und die Nutzenfunktion kann der Produktpreis allerdings nicht gleichzeitig ausüben. Entscheidend dafür, welche Rolle der Preis spielt, sind unter anderem Produktexpertise und Involvement.
Kennen wir uns nun mit den Qualitätsmerkmalen des Produkts nicht besonders gut aus, und haben wir auch keine präzisen Vorstellungen von einem fairen Preis, dann können wir den Preis als eine Zusammenfassung der unbekannten Produkteigenschaften betrachten. Bei geringem Involvement dient also der Preis dazu, bestimmte Heuristiken zu den Produkteigenschaften anzustoßen. Ist unser Involvement dagegen hoch, oder haben wir bereits eine präzise Vorstellung von den Qualitätsmerkmalen des Produktes, dann geht der Preis als zusätzliche Eigenschaft in die Entscheidung mit ein. Wir betrachten in diesen Fällen den Preis nicht als Zeichen für etwas, sondern eher als einen zusätzlichen Vorzug oder Nachteil dieses Produktes (vgl. Tybout & Artz, 1994, S. 152*ff*).
Geringes Involvement und mangelnde Expertise sind zwei Bedingungen, unter denen die Preis-Qualitäts-Regel eher angewendet wird. Weitere Bedingungen beschreibt Moser (1997b, S. 15*f*). Demnach wird besonders dann vom Preis auf die Qualität geschlossen, wenn...

- der absolute Preis hoch ist (Monroe & Shapiro, 1985),
- die Preise der unterschiedlichen Konkurrenzprodukte sich um ähnliche Beträge voneinander unterscheiden,
- die Preise üblicherweise stabil sind und weder stark saisonal schwanken, noch häufig im Rahmen von Sonderangeboten gesenkt werden,
- das Produkt zu einer »großen« Marke gehört, die viele verschiedene Produkte anbietet (Obermiller, 1988).

Wenn wir sagen: »Der Preis spielt keine Rolle«, dann meinen wir in der Regel, das Produkt dürfe ruhig teuer sein. Mit anderen Worten: Der Preis spielt in diesem Fall sehr wohl eine Rolle. Denn wenn das Produkt unerwartet billig ist, werden wir argwöhnisch. Sobald Unsicherheit über die Qualität eines Produkts besteht, sobald wir das Produkt nicht völlig unabhängig vom Preis einschätzen können, greift die Preis-Qualitäts-Regel. Und ein außerordentlich niedriger Preis gilt als Anzeichen für eine geringe Qualität (zum Beispiel O'Shaughnessy, 1987, S. 153; Tellis & Gaeth, 1990) oder geringe Vertrauenswürdigkeit des Verkäufers (Schindler, 1994). Die Wahrscheinlichkeit, daß wir ein eher teures Produkt kaufen, können wir dadurch steigern, daß wir uns einen möglichen Fehlkauf in kräftigen Farben ausmalen (Simonson, 1992).

Ein häufiges Mißverständnis der Preis-Qualitäts-Regel besagt, daß Personen demnach mit teureren Produkten qualitativ zufriedener sein müßten als mit billigen. Dies ergibt sich aber keineswegs. Die Regel sagt nur, daß bei einem teuren Produkt hohe Qualität erwartet wird. Das kann heißen, daß wir bei der Bewertung einen hohen Qualitätsstandard ansetzen. Genügt das Produkt im Gebrauch diesem Standard nicht, dann sind wir womöglich mit diesem Produkt weniger zufrieden, als mit einem billigeren Produkt von gleicher Qualität (vgl. Peterson, 1970). Der Preis beeinflußt also vor allem die apriori-Wahrnehmung der Qualität. Für die Qualitätsurteile nach einiger Erfahrung mit dem Produkt ist der Preis eine Komponente unter vielen, und die psychologischen Effekte sind hier komplexer.

Es wird Sie nicht überraschen, daß der Schluß vom Preis auf die Qualität eines Produktes durchaus nicht immer gerechtfertigt ist. Kirchler (1995, S. 149*f*) berichtet verschiedene Untersuchungen, in denen objektive Urteile aus den Testnoten der *Stiftung Warentest* bzw. des österreichischen Gegenstücks *Konsument* mit den Produktpreisen korreliert wurden. Die Korrelation schwanken zwischen -.79 und .69. Eine Nullkorrelation ist keine Seltenheit. Das bedeutet: Für die Beziehung zwischen Preis und Qualität kann man alles erwarten. Die teuren Produkte können die besseren sein, es kommt aber auch vor, daß man zuverlässig die schlechten Produkte wählt, wenn man sich für teurere entscheidet. Hier kommt es auf die Produktkategorie an.

Nun mag es auch ein Geltungsstreben befriedigen, ein teures Produkt gekauft zu haben. Der Status in einer sozialen Gruppe kann durch den Besitz besonders teurer Güter um so exklusiver werden. Hier werden die Neigungen des Snobs angesprochen. Die Slogans hierzu: »Es war schon immer etwas teurer, einen guten Geschmack zu haben«, »Treat yourself; you deserve the best« (O'Shaughnessy, 1987, S. 152). Dies ist eine Erklärung (neben anderen) dafür, daß manche Produkte geradezu damit werben, daß sie nicht eben billig sind.

Die Bedeutung des Preises als Qualitätsmerkmal ist auch eine Frage der sozialen Schicht: In höheren Sozialschichten gehen hohe Qualitätseinschätzungen seltener mit der Wahrnehmung hoher Preise einher als in niedrigeren (Fry & Siller, 1970). Für diesen Unterschied könnten Reaktanzeffekte verantwortlich sein: Produkte, auf die man grundsätzlich einen Anspruch machen würde, die aber aufgrund von äußeren Umständen dem eigenen Zugriff entzogen sind, erscheinen attraktiver und wertvoller. Wer Geld hat, für den stellen Produktpreise kein Hindernis dar. Wer keines hat, für den hängt die Verfügbarkeit eines Produkts ganz entscheidend am Preis.

Eine Abneigung, hohe Preise zu bezahlen, beruht nicht allein auf Sparsamkeit, Geiz oder Geldmangel. Viele Konsumenten haben eine grundsätzliche Abneigung dagegen, teure Produkte zu kaufen. Wie im Fall der passiven Wünsche (2.2.6) kann es sein, daß die durch den Kauf realisierten Werte den hohen Preis nicht aufwiegen können. Es kann aber auch sein, daß der Konsument insgesamt durch den Luxus und die Extravaganz, die mit einem teuren Produkt verbunden sind, abgeschreckt wird. Eine Konsumentin gab zum Beispiel in einem Kaufprotokoll an: »I have a certain resistance to buying jewellery. It always seems a rather frivolous, extravagant purchase« (O'Shaughnessy, 1987, S. 152). Die Konsumentin hat ein bestimmtes Wertesystem, in dem sich der Kauf von teurem Juwelenschmuck unpassend und »frivol« ausnehmen würde. Sie muß also nicht aus Geldmangel argumentieren und einem Saure-Trauben-Effekt (12.2.3) erlegen sein. Der Kauf von übertriebenen Luxusgütern widerspricht eben ihren Einstellungen. Der populäre Slogan, »Man gönnt sich ja sonst nichts«, geht auf solche Bedenken ein. Er impliziert nämlich, daß der Käufer des teuren Produktes keineswegs zu der Gruppe der Snobs gehört, die immer unterschiedslos die teuren Produkte kaufen. Der angesprochene Konsument soll sein ansonsten besonnenes und von Extravanganzen freies Kaufverhalten nur in diesem Ausnahmefall einmal zugunsten des Luxus durchbrechen. Die Rechtfertigung wird mitgeliefert: »Man gönnt sich ja sonst nichts.«

16.3.2 Preisänderungen

Sinkt der Preis eines Produktes, dann steigt seine Nachfrage und umgekehrt. Daß diese Aussage nicht ohne Abstriche zutrifft, haben wir schon mehrfach diskutiert. Hier noch ein ergänzender Gesichtspunkt: Ein plötzlich steigender Preis kann für die Konsumenten das erste Zeichen für eine generelle Teuerung sein. In diesem Fall neigen viele Personen dazu, gerade jetzt noch zu kaufen, um weiteren Steigerungen zu entgehen. Für den umgekehrten Fall ein Beispiel: Lange Zeit waren RAM-Bausteine für den Computer verhältnismäßig teuer. Die Preiseinbrüche, die sich bei den meisten Rechnerkomponenten ereigneten, galten in der Regel nicht für die Arbeitsspeicher-Module. Eine plötzliche Verbilligung dieser Produkte löste bei vielen interessierten Benutzern die Erwartung aus, daß der lange erwartete Preisverfall endlich einsetzte. Die Folge war also kein Ansturm auf RAM-Bausteine, sondern eher eine abwartende Haltung.
Preisänderungen ergeben sich häufig sehr früh im Lebenszyklus eines Produktes. Damit sind zwei gegensätzlichen Strategien verbunden, das »Abschöpfen« (»skimming«) und die »Durchdringung« (»penetration«; Mullen & Johnson, 1990). Beim Abschöpfen wird ein Produkt zunächst zu einem hohen Preis angeboten, wobei die Personen, die bereit sind, einen hohen Preis zu zahlen, abgeschöpft und als Kunden gewonnen werden. Durch den hohen Preis erweckt das Produkt bei allen, auch den nur potentiellen Käufern den Eindruck hoher Qualität. In der Folge wird dann aber der Preis gesenkt. Die Käufer, alte wie neu dazugekommene, halten das neue Angebot für ein gutes Geschäft und kaufen das Produkt um so bereitwilliger. Das Kontrastprinzip (vgl. 8.2) legt nahe, daß das neue Angebot wesentlich günstiger wahrgenommen wird, wenn ihm ein teureres vorangegangen ist.
Das Prinzip der Durchdringung beginnt mit einem billigen Angebot und hat das Ziel, auf breiter Front Käufer zu rekrutieren. Wenn über einen längeren Zeitraum das Produkt auf dem Markt war und zu einem geringen Preis von vielen Verbrauchern gekauft wurde, wird der Preis angehoben, in der Hoffnung, daß die Konsumgewohnheiten so eingefahren sind, daß die Verbraucher den neuen Preis akzeptieren.
Man kann sich vorstellen, daß die Strategie der Durchdringung in einigen speziellen Fällen funktioniert – zum Beispiel wenn sich ein Produkt unentbehrlich gemacht hat. In einem Experiment von Doob, Carlsmith, Freedman, Landauer und Soleng (1969) zeigte sich jedoch, daß Verbraucher eher geneigt waren, die Marke zu wechseln, wenn der Preis angehoben wurde. Dies ist aus mehreren Gründen plausibel: Zunächst erscheint ein lange bestehender Preis, je länger er besteht, um so angemessener. Die Kunden mußten die Preiserhöhung als ungerechtfertigt empfinden. Außerdem

stellt beim Prinzip der Durchdringung die Käuferschaft, die zuerst das Produkt gekauft hat, nicht das »Sahnehäubchen« dar, wie im Falle des Abschöpfens. Die durchdrungene Gruppe hat sich vielleicht an das Produkt gewöhnt, sie hat aber sicher keine Loyalitätsgefühle entwickelt, während die abgeschöpfte Gruppe schon aus Gründen der kognitiven Dissonanz dem Produkt positiver gegenüberstehen müßte (vgl. 11.3.3; siehe hierzu auch die Interpretation von Doob et al., 1969).
Schauen wir uns hierzu ein weiteres empirisches Beispiel an: Eine neue Zeitung möchte den Markt erobern und bietet Probe-Abonnements an. Mit Bedacht überläßt sie den interessierten Personen dieses Probe-Abonnement nicht völlig umsonst, aber auch nicht zum vollen, sondern zum halben Preis. Diese Strategie verspricht die größte Zahl an späteren Abonnenten, etwas mehr als wenn das Abo von Anfang an den vollen Preis gekostet hätte, und wesentlich mehr, als wenn es umsonst gewesen wäre (Sternthal, Scott & Dholakia, 1976). Wenn das Abonnement den vollen Preis gekostet hätte, dann wären nur solche Personen darauf eingegangen, die in hohem Maße an der Zeitung interessiert sind. Das ist für sich genommen sehr hilfreich. Die spätere Ausbeute zeigt, daß man auf diese Weise einen zuverlässigen Kundenkreis identifizieren kann. Wenn das Abo umsonst gewesen wäre, hätten sehr viele Leute sich interessiert gezeigt, aber dabei geblieben wären nur wenige. Das mag zum Teil daran liegen, daß der Bezug der Zeitung schon dadurch gerechtfertigt gewesen wäre, daß sie umsonst war. Besondere Qualitäten der Zeitung waren gar nicht erforderlich. Daher werden diese positiven Eigenschaften auch nicht gesehen (*Overjustification*-Effekt, vgl. 11.4.4).
Den entscheidenden Impuls erhält die Strategie aber dadurch, daß ein gewisser, aber nicht übermäßig großer Rabatt gewährt wird. Der halbe Preis ist noch lange nicht geschenkt, daher beziehen nur solche Personen die Zeitung, die überhaupt interessiert sind. Durch den Rabatt kommen aber noch einige Unentschlossene hinzu, die den vollen Preis nicht gezahlt hätten – der erste Vorteil. Für alle Personen, die für das Abonnement etwas gezahlt haben, gilt: Sie haben etwas für die Zeitung investiert, sich in die Handlungsweise »Bezug der Zeitung« engagiert. Dieses Engagement soll gerechtfertigt werden, denn die Kognition: »Geld ausgegeben für eine miese Zeitung« wird als dissonant erlebt und nach Möglichkeit gemieden. Konsequenz: die Zeitung wird aufgewertet, die Wahrscheinlichkeit steigt, daß sie abonniert wird – der zweite Vorteil.

16.3.3 Die Wahrnehmung von Preisen

Effekte der letzten Ziffer
Eine bekanntermaßen starke Bedeutung hat die Frage, mit welcher Ziffer der Preis eines Produktes endet. Üblicherweise wird die letzte Ziffer so gewählt, daß der Preis gerade noch unterhalb eines bestimmten runden Werts fällt. Diese Strategie führt zu den bekannten Neuner-Preisen. Die Hoffnung dahinter ist, daß Preise in dieser Form als besonders günstig erlebt werden. Doch wie genau soll diese Wahrnehmung aussehen, und wie plausibel ist die Erwartung einer solchen Wahrnehmung überhaupt?
Schindler (1994) diskutiert drei unterschiedliche denkbare Effekte, die zu der Wahrnehmung führen, Neuner-Preise seien besonders günstig. Der erste ist eine Art Ankereffekt, Schindler (1994, S. 253) spricht von »underestimation effects«. Wenn dies das wirksame Prinzip wäre, dann nähmen die Konsumenten einen Preis von 49,99 DM als ›ungefähr 40 DM‹ oder ›40 DM und ein bißchen Kleingeld‹ wahr. Allerdings zeigen sich in den Erinnerungen von Konsumenten an Neuner-Preise keine systematischen Verzerrungen nach unten. Verzerrt könnte allenfalls ein erster Eindruck sein, der dann aber sofort wieder korrigiert würde, gleichzeitig aber wirksam genug ist, um die Wahl

zugunsten des Neuner-Preises zu beeinflussen (Schindler, 1994, S. 254). Wir kennen auch aus anderen Zusammenhängen Beispiele, in denen Menschen an einem ersten Eindruck festhalten, selbst, wenn dieser Eindruck widerlegt worden ist (Nisbett & Ross, 1980, S. 175*ff*; siehe auch 7.4.3).

Der zweite Mechanismus, der die Überlegenheit der Neuner-Preise erklären könnte, wäre eine Art »Bedeutungs-Effekt« (»meaning effect«, Schindler, 1994, S. 255*f*). Ein Neuner-Preis kommuniziert gleichsam per Konvention, daß er der kleinste mögliche Preis ist oder daß er von einem höheren Preis reduziert wurde. Erste Belege für eine besondere Bedeutung der Neuner-Preise liefert ein Feldexperiment von Schindler und Kibarian (1992, unveröffentlicht, zit. n. Schindler, 1994): Die Autoren verschickten drei unterschiedliche Versionen des gleichen Warenhauskataloges: einer enthielt nur Preisendungen auf 00, ein zweiter Endungen auf 99 und ein dritter auf 88. In der 99er Version wurden um 10 Prozent höhere Dollar-Erträge in Form von Warenbestellungen erwirtschaftet als dies in der 00er Version der Fall war. Überraschenderweise war aber der Erfolg der 88er Version der gleiche wie bei den runden 00er Preisen. Die Differenz von 12 Cent hatte also keinen Effekt, es kam auf die Erscheinungsform eines 99er Preises an. Dieser Effekt läßt sich mit einer bloßen Unterschätzung des Preises nicht erklären, denn die hätte ja in der 88er Version mindestens so groß sein müssen wie in der 99er.

In einer Nachbefragung zu dem Katalog-Experiment deutete sich an, welche Bedeutung aufgrund der 99er Preise eher zugeschrieben werden: Konsumentinnen erwarteten bei 99er Preisen eher, daß der Preis der niedrigste verfügbare Preis ist, daß er in letzter Zeit nicht angehoben wurde, oder daß es sich um ein Sonderangebot handelte. Allerdings wurden Produkten mit 99er Preisen mit geringerer Wahrscheinlichkeit eine überdurchschnittliche Qualität zugeschrieben.

Die dritte mögliche Quelle für den Effekt der Neuner-Preise ist das Gedächtnis. Die linke Ziffer eines Preises ist stets die wichtigste, denn sie bezeichnet die höchste am Preis beteiligte Einheit, die Zehner, Hunderter oder gar Tausender. Daher sollte diese Ziffer eine höhere Aufmerksamkeit erhalten und besser erinnert werden als die folgenden rechten Ziffern. Schindler und Wimann (1989) fanden in der Tat, daß Neuner-Preise in der Erinnerung unterschätzt wurden; dies galt allerdings nur für solche Preise, bei denen die Neuner-Version eine Änderung in der äußersten linken Ziffer bedeutete, zum Beispiel bei $ 199,99 im Unterschied zu $ 200.

Schindler (1994, S. 257) erklärt diesen Befund damit, daß wir die rechten Ziffern, wenn wir sie nicht erinnern, rekonstruieren. Hierbei setzen wir das ein, was am ehesten zu erwarten ist – das sind eben meist Neuner. Ein tatsächlicher Preis von $ 249,99 kann daher sowohl als ›$ 200 und ein bißchen Kleingeld‹ als auch als ›$ 299,99‹ rekonstruiert werden – letzteres ist dann für den Verkäufer freilich eher ungünstig.

Nach dieser Befundlage spricht viel dafür, die Ursache für die Effekte der letzten Ziffer in Bedeutungs- und Gedächtniseffekten zusehen. Die Idee der Unterschätzung hat dagegen wenig Rückhalt durch die Empirie. Neuner-Preise sind besonders dann zu empfehlen, wenn die Konsumenten einen niedrigen Preis gegenüber hoher Qualität bevorzugen, und wenn der volle Preis gegenüber dem Neuner-Preis eine höhere linke Ziffer hat.

Das Konzept der Preisschwellen

Eine Preisgestaltung durch Neuner-Preise legt auch das Konzept der Preisschwellen nahe. Was ist damit gemeint? Im Rahmen des klassischen Preismanagements unterstellt man, daß die Konsumenten eine Vorstellungen von einem »fairen Preis« haben, der von zwei Extrempunkten nachlassender Kaufbereitschaft eingerahmt wird. Das Produkt darf nicht zu teuer, aber auch nicht zu billig

sein. Der dazwischen liegende Anker- oder Referenzpreis darf bis an die angenommene Obergrenze noch ohne Nachlassen der Kaufbereitschaft überschritten werden.
Stellen wir uns vor, der angenommene faire Preis für 500 Gramm Margarine liege bei DM 2,19. Was passiert nun, wenn dieser Preis überschritten wird? Möglicherweise passiert bis zu einem Preis von DM 2,39 gar nichts. Die Kaufbereitschaft der Konsumenten nimmt nicht nennenswert ab. Erst ab einem Preis von DM 2,49 ist ein Einbruch zu verzeichnen. Dies würde dafür sprechen, daß die angenommen Obergrenze überschritten wurde, ab der eine Preiserhöhung wahrgenommen wird. Diese Obergrenzen oder Schwellenpreise sind als ganze Zahlen und nicht als Neuner-Preise repräsentiert. In unserem Beispiel dürfte der Schwellenpreis also DM 2,40 sein. DM 2,39 liegen noch darunter, DM 2,41 liegen bereits darüber und würde daher als teurer betrachtet und weniger akzeptiert.

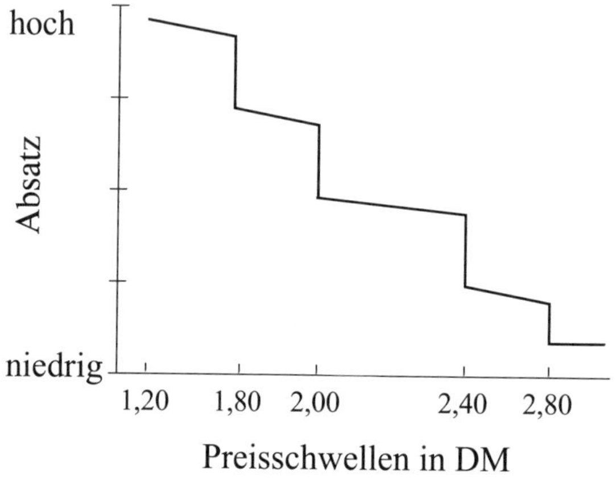

Abbildung 16.1 Schwellenpreise für Margarine (in Anlehnung an Högl, 1989, S. 372, Abb. 2 und 3).

Dieser Gedanke soll in Abbildung 16.1 ausgedrückt werden. Der Absatz sinkt bei Verteuerung des Produkts hier nicht kontinuierlich, sondern stufenweise. Innerhalb der Stufen mag noch eine geringe Binnenabnahme zu verzeichnen sein, daher laufen die Stufen in der Abbildung nicht parallel zur Abszisse, sondern sind leicht gesenkt gezeichnet. Die Abbildung soll aber verdeutlichen, daß bei der Verteuerung immer wieder subjektive Stufen überschritten werden, und daß innerhalb dieser Stufen Preisbewegungen kaum bemerkt werden.[1]
Das Konzept der Schwellenpreise legt eine Preisgestaltung über Neuner-Preise nahe. »Wenn Glattpreise in der Regel die Preisschwellen bilden, liegen manche Neuner-Preise an der Obergrenze einer Preisbeurteilungskategorie und werden damit unter Umständen besonders absatzwirksam. [...] Profitabel ist es dann für den Händler allemal, mit dem Produktpreis dicht an diese Grenze heranzugehen und DM 1,99 und nicht etwa DM 1,90 zu verlangen« (Högl, 1989, S. 373*ff*).
Die Annahme solcher Schwellenpreise kann den paradoxen Effekt haben, daß gleich große Unterschiede sehr unterschiedlich wahrgenommen werden. So wäre zum Beispiel der Unterschied zwischen DM 37 und DM 39 subjektiv weniger groß als der zwischen DM 39 und DM 41.
Diese Effekte gelten allerdings nicht unter allen Umständen. Sehr viel schwächer dürften sie ausgeprägt sein, wenn der Preis bei dem Kauf wenig beachtet wird. Sehr markentreue Kunden zum Beispiel kaufen oft auch bei Preissteigerungen. Außerdem setzt die Wahrnehmung eines fairen

[1] Die Preisschwellen zwischen DM 1,80 und DM 2,40 sind durch die Ergebnisse von Högl (1989) belegt, die anderen Zahlen in der Grafik sind nicht empirisch gestützt.

Preises eine gewisse Mindestkenntnis des Produktes voraus. Je weniger sich die Konsumenten mit dem Produkt auskennen, desto diffuser sind die repräsentierten Schwellenpreise.
Betrachten wir zur Illustration eine Untersuchung der Gesellschaft für Konsumforschung (GfK, vgl. Högl, 1989) zu Margarinepreisen. In verschiedenen Supermärkten wurde der Preis für *Rama* experimentell variiert. Neben dem üblichen Preis von DM 2,39 wurden vier Experimentalpreise realisiert: DM 2,19, DM 2,19 als Sonderangebot, DM 1,99 und DM 1,79. Das Modell unterstellt eine Preisschwelle genau bei DM 2. Der Absatz verbesserte sich signifikant durch die Unterschreitung der unterstellten Schwelle von DM 2. Dagegen gab es kaum eine Verbesserung bei der Senkung von 2,39 auf 2,19. Eine weitere Absatzsteigerung fand – entgegen dem Modell – allerdings von 1,99 auf 1,79 statt. Vermutlich liegt also bei DM 1,80 eine weitere Preisschwelle. Das ist plausibel, denn die Intervalle unterschiedlicher Kaufattraktivität müssen durchaus nicht gleich groß sein (vgl. Abbildung 16.1).
Eine weitere Beobachtung betrifft die Markentreue der Kunden. Wenn der Glattpreis unterschritten wurde, erhöhte sich zwar der Anteil der markenuntreuen Kunden. Trotzdem war der Hauptabsatz darauf zurückzuführen, daß die Markentreuen nun Hortungskäufe vornahmen. Dieses Ergebnis zeigt, wie wichtig es ist, den Anteil an markentreuen Kunden zu kennen. Wenn der Preis steigt, werden wenige markentreue, aber viele untreue Kunden abspringen und nicht mehr kaufen. Wenn nun das Produkt wesentlich von markentreuen Kunden lebt, dann ist der Verlust von einigen dieser Kunden zu verschmerzen. Wenn dagegen das Produkt nicht gewohnheitsmäßig gekauft wird, also von den untreuen Kunden lebt, dann werden nach einer Anhebung sehr viele Kunden verloren gehen.
Die Kaufbereitschaft variiert also stufenweise und nicht kontinuierlich. Über das Kontinuum möglicher Preise verteilen sich gleich mehrere Schwellenpreise. Die Abstände zwischen verschiedenen Schwellenpreisen sind vermutlich unterschiedlich groß. Diese Preise sind als runde Zahlen repräsentiert, zum Beispiel DM 40. Alles, was über dieser Schwelle liegt, befindet sich automatisch auf einer anderen Preisstufe, mit anderen Referenzpunkten. Optimaler Profit wird erzielt, wenn man knapp unter dieser angenommenen Preisschwelle liegt, zum Beispiel DM 39,90. Dann bewegt man sich einerseits zwar auf einer psychologisch niedrigeren Preisstufe, realisiert innerhalb dieser Stufe allerdings einen maximalen Betrag.

16.3.4 Motivation durch Preise

Sonderangebote
Niedrige Preise sind besonders attraktiv, wenn sie zudem als Sonderangebote erlebt werden. Der entscheidende Gedanke hierbei ist, daß bei einem Sonderangebot der interne Referenzpreis stabil bleibt, wohingegen andere Billig-Angebote oft den Referenzpreis mit ändern. Um den Effekt eines Sonderangebotes zu haben, empfiehlt es sich, in der Werbung auf den Referenzpreis hinzuweisen (zum Beispiel »4,99 statt 6,99« oder »um 20 Prozent reduziert«). Weniger effektiv ist demgegenüber eine Werbung, die keine Rückschlüsse auf den Referenzpreis zuläßt, etwa: »Angebot!« oder »Hier können Sie sparen!«
Stellen wir uns vor, Sie finden einen Fernseher für DM 649. Dieses Angebot ist eigens inseriert worden. Dieses Inserat war hinsichtlich des Referenzpreises entweder hoch informativ (zum Beispiel »unverbindliche Preisempfehlung des Herstellers DM 839«) oder man konnte über den unterstellten Referenzpreis nichts erfahren (zum Beispiel »Angebot!«). Wenn Sie nun schätzen sollen, wie teuer der Fernseher denn wäre, wenn er nicht inseriert wird, dann schätzen Sie unter der informativen

Bedingungen einen deutlich höheren Preis als unter der nicht informativen Bedingung (Beispiel nach Schindler, 1994, S. 259). Wenn keine detaillierten Informationen zu der Ersparnis gegeben werden, neigen wir offenbar dazu, diese Ersparnis als verhältnismäßig gering einzuschätzen.
David Ogilvy meint daher: »Die meisten Texter glauben, Preisnachlässe und Sonderangebote seien langweilig. Die Verbraucher sind da aber ganz anderer Meinung. Dementsprechend kann man damit auch überdurchschnittlich hohe Aufmerksamkeit erzielen. Versuchen Sie möglichst stets den Preis Ihres Produktes anzugeben. [...] Wird der Preis des angebotenen Produktes nicht genannt, blättern viele Leser einfach weiter« (Ogilvy, 1984, S. 84). Konsumenten neigen sogar dazu, ein Produkt, dessen Preis nicht frühzeitig ersichtlich ist, abzuwerten, und in der Folge nur noch verhältnismäßig geringe Preise als angemessen zu akzeptieren (Rao & Sieben, 1992).
Dies bedeutet allerdings nicht, daß man grundsätzlich die Ersparnis so detailliert wie möglich bewerben sollte. Zunächst muß man eine wichtige Faustregel in Rechnung stellen, die wir als Konsumenten offenbar regelmäßig anwenden. In der Regel gehen Konsumenten davon aus, daß die in der Werbung angegebene Ersparnis übertrieben ist. Wenn wir auf ein Angebot stoßen, bei dem ein früherer Preis oder die Preisempfehlung des Herstellers dem reduzierten Preis gegenübergestellt wird, dann nehmen wir diese höheren Vergleichspreise nicht für bare Münze. Wir reduzieren vielmehr die Ersparnis gegenüber der Angabe noch einmal, und zwar je nach Ausgangspreis sogar sehr erheblich. Unterschiedliche empirische Untersuchungen können Reduktionen zwischen 8 und 54 Prozent belegen (zusammenfassend Schindler, 1994, S. 260). Mit anderen Worten, Sie werden die Ersparnis bei dem oben genannten Fernseher nicht wirklich bei DM 190 (der Differenz zwischen angeblichem Referenzpreis und Angebot) ansiedeln. Ihre Schätzung für die tatsächliche Ersparnis wird vielleicht bei DM 150 oder sogar noch niedriger liegen. Dies gilt übrigens auch dann, wenn der angegebene Referenzpreis durch den Händler nicht künstlich überhöht, sondern vielmehr exakt berechnet ist.
Auf der anderen Seite rechnen Konsumenten bei wenig informativer Werbung immer noch mit einer gewissen minimalen Ersparnis, die erfahrungsgemäß bei etwa 10 bis 12 Prozent liegt. Das macht es zu einer sinnvollen Strategie, für ein Produkt zu inserieren, dessen Preis überhaupt nicht reduziert ist.
Werden diese beiden Erkenntnisse kombiniert, ergibt sich folgende Schlußfolgerung:

- Wenn die Ersparnis bei mindestens 20 Prozent liegt, dann lohnt es sich auf jeden Fall, diese Differenz in der Werbung auch deutlich zu machen, weil aus einer wenig informativen Werbung der ersparte Betrag vermutlich unterschätzt würde.
- Liegt die Ersparnis zwischen 10 und 20 Prozent, dann dürften sich hoch und niedrig informative Werbung nicht unterscheiden: Eine genau bezifferte Preisdifferenz wird von den Konsumenten sowieso nicht für bare Münze genommen. Die reduzierte subjektive Ersparnis liegt dann vermutlich bei dem Betrag, den die Konsumenten auch bei einer wenig informativen Werbung unterstellen werden.
- Liegt die Ersparnis gar unter 10 Prozent, sollte man sie in der Werbung gar nicht mehr beziffern. Auch in diesem Fall nämlich würden die Konsumenten unterstellen, daß die in der Werbung angegebene Differenz übertrieben ist und den »tatsächlichen« Preisunterschied weit geringer veranschlagen. Da Konsumenten aber bei jeder Werbung, die keinen Referenzpreis nennt, auch eine Ersparnis unterstellen und die sogar durchschnittlich zwischen 10 und 12 Prozent liegt, ist es allemal besser, sich auf diese Faustregel zu verlassen.
- Sehr große Preisdifferenzen von über 50 Prozent sind erfahrungsgemäß überhaupt nicht effektiv, da sie als unglaubwürdig erlebt werden (Schindler, 1994, S. 261*f*).

Aber nicht nur die Wahrnehmung einer Ersparnis ist für den Effekt eines Sonderangebotes wichtig. Ein Sonderangebot wahrzunehmen, bereitet für Konsumenten auch subjektive Kosten: Vielleicht muß man einen langen Weg hierfür zurücklegen, es ist platzaufwendig, sich von dem inse-

rierten Produkt einen Vorrat anzulegen, man würde die Marke wechseln, wenn man das Sonderangebot nutzt und so weiter. Diese Nachteile nimmt man eher in Kauf, wenn das Sonderangebot hinreichend wichtig oder bedeutsam ist. Die Bedeutsamkeit läßt sich zum Beispiel mit Hilfe der Konsensinformation steigern (vgl. 10.1.2), also durch Hinweise, daß viele andere dieses Angebot nutzen wollen. Reaktanzeffekte können hier ebenfalls wirksam werden (vgl. Kapitel 12). Wenig subtil, aber wirkungsvoll waren auch die »Blaulicht-Angebote« (»blue light specials«, vgl. Schindler, 1994, S. 262*f*) von *K-Mart*. Die Kunden wurden in der Tat mit einem Blaulicht auf das Sonderangebot aufmerksam gemacht; die Folge war eine mitunter bizarre Wertigkeit, die diese Angebote in den Augen der Kunden gewannen.
Zur Steigerung der Bedeutsamkeit eignen sich wieder jene Mittel, die grundsätzlich das Commitment bzw. die Bindung an ein Verhalten festigen (vgl. 11.3). Die oben genannten Nachteile, etwa der Aufwand eines Preisvergleichs oder der Umweg beim Einkauf erhöhen rückwirkend wieder die Bedeutsamkeit der Ersparnis.
Hier setzen auch Mechanismen der »Ich-Beteiligung« an: Ein günstiger Preis kann als persönlicher Erfolg erlebt werden, sei es, daß der Preis geschickt ausgehandelt wurde, sei es aber auch nur, daß eine gute Suchstrategie zu einer hohen Ersparnis geführt hat. Ähnlich wie bei der Gegenseitigkeit in Verhandlungen (siehe 10.3.2) hängt die Zufriedenheit mit einer Ersparnis oft stärker von dem eigenen Beitrag ab, den man zu diesem Ergebnis geleistet zu haben glaubt als von dem eigentlichen Ausmaß der Ersparnis (Schindler, 1994, S. 263).

Gewinne und Verluste durch Produktpreise
»...consumers are generally more concerned with avoiding a loss than making an equivalent gain« (O'Shaughnessy, 1987, S. 155; vgl. 4.1.2 und 11.3.6). Aus diesem Befund läßt sich eine konkrete Vorhersage ableiten. Stellen wir uns vor, Paula möchte sich einen Computer kaufen. Sie stößt auf ein Paket-Angebot, in dem mehrere Komponenten zu bestimmten Preisen zu haben sind, wenn man das ganze Paket kauft. Nach genauer Prüfung stellt Paula fest, daß zwar viele Komponenten billiger sind als in den Konkurrenz-Angeboten, daß aber die Tastatur zu einem überhöhten Preis angeboten wird. Die Differenz zu den Preisen der Konkurrenz bilden die Grundlage für Paulas Gewinn- und Verlustrechnung. Der überhöhte Preis für die Tastatur wird dabei als potentieller Verlust verbucht. Stellen wir uns weiter vor, der Verlust durch den Kauf der Tastatur würde DM 50 betragen. Wir können nun von einem psychologischen Standpunkt aus vorhersagen, daß Paula durch den Verlust dieser DM 50 stärker vom Kauf abgeschreckt wird, als sie von der Aussicht, an anderer Stelle DM 50 zu sparen, angezogen würde. Es stellt sich also die Frage: Wie groß muß der subjektive Gewinn jetzt noch ausfallen, damit Paula das Rechner-Paket doch noch kauft?
In der Praxis werden die Effekte solcher auf den ersten Blick irrationaler Gewinn- und Verlustrechnungen häufig unterschätzt. Viele Konsumenten nehmen bereits dann von einer Transaktion Abstand, wenn ein im Grunde vernachlässigbares Element des Austauschs in ihren Augen ungerechtfertigte Kosten verursacht. Paula würde vielleicht sogar gegen ihre eigenen Interessen handeln, denn womöglich fällt der Netto-Nutzen (vgl. Exkurs 55), den sie insgesamt mit dem Kauf erzielen kann, noch immer recht groß aus. Paula hat aber leider kein Auge für diesen Gesamtnutzen. Psychologisch dominiert bei ihr der Drang, auf jeden Fall, den Verlust zu vermeiden (O'Shaughnessy, 1987, S. 155; Kahneman & Tversky, 1982; Kirchler, 1995, S. 28*ff*).
Die amerikanische Kreditkartenindustrie hat mit Rücksicht auf das Phänomen der »Verlust-Aversion« schon in den siebziger Jahren gefordert, daß Kosten für das bargeldlose Zahlen nicht als Verlust des Kreditkartenhalters, sondern als Rabatt für Barzahler dargestellt werden (Bauer, 2000).

Exkurs 55 *Wertgewinn*

In der Marketingtheorie geht man von folgender Modellvorstellung aus: Der Kunde will bei einer Transaktion am Ende besser dastehen als vorher. Das heißt, er will bei einer Aufrechnung von dem Aufwand, den er hat, und dem Nutzen, den er erzielt, eine Differenz zugunsten des Nutzens verzeichnen. Auf diese Weise erzielt er seinen Wertgewinn. Der marketingtheoretische Begriff des Austauschs geht davon aus, daß von beiden Beteiligten einer Transaktion ein Wertgewinn erzielt werden kann (Kotler & Bliemel, 1995, S. 11). Dabei sind auf seiten der Kosten neben den monetären auch alle möglichen anderen Aufwendungen zu berücksichtigen. Auf seiten des Nutzens werden verschiedene Aspekte des Nutzens zu einer Wertsumme zusammengefaßt. Der Wertgewinn wird als die Differenz von Kosten- und Wertsumme berechnet. Gekauft wird nur, wenn der Netto-Nutzen durch den Kauf gemehrt werden kann (Kotler & Bliemel, 1995, S. 52*f*).

Das Argument zur unterschiedlichen psychologischen Bewertung von Gewinnen und Verlusten stellt eine nicht unerhebliche Ergänzung zum Modell des Wertgewinnes dar: Bei der Berechnung der Kosten-Summe gehen bestimmte bei der Transaktion befürchtete Verluste mit stärkerem Gewicht ein als bei der Berechnung der Wertsumme objektiv gleichwertige Gewinne. Ob ein Element der Transaktion wie ein Verlust oder wie ein Gewinn gewertet wird, kann variieren. Konsumenten sehen ihr Verhalten in unterschiedlichen Rahmen (Kahneman & Tversky, 1982; Beggan, 1994). Die Kontexte der Wahrnehmung können bei den Konsumenten die kognitive Rahmung ihres Verhaltens beeinflussen. Je nach dem Blickwinkel des Konsumenten erscheinen die gleichen Schritte in einer Transaktion in unterschiedlichem Grade als Gewinne oder Verluste. Die Verlustwahrnehmung eines Konsumenten kann man schon dadurch vermindern, daß man dieselbe preisliche Differenz nicht so sehr nach einem Verlust aussehen läßt (vgl. auch 11.3.6). Wenn zum Beispiel ein Autohaus seine Preise anhebt und dies als den Wegfall eines Rabattes darstellt, erscheint dieser Schritt den Konsumenten eher als eine faire Entwicklung, als wenn das Autohaus einfach eine Verteuerung bekannt gegeben hätte (Thaler, 1982; Levin & Gaeth, 1988; Pratkanis & Aronson, 1991, S. 44). Ein besonders vieldeutiger Schritt in einer Transaktion ist die Rückzahlung eines Betrags, den man schuldig geblieben ist. Einen Gewinn stellt dieses Verhalten nur vom Standpunkt der Tilgung dar: Wer seine Schulden in den Mittelpunkt stellt, dem wird die Rückzahlung wie eine Linderung vorkommen. Wer dagegen nur sein jetziges Kapital betrachtet, dem erscheint die Rückzahlung wie ein Verlust, denn sie reißt ja in der Tat ein Loch in die aktuelle Kasse. Der rationale Blickwinkel wäre wohl, weder Verlust noch Gewinn zu sehen, denn der Aufwand durch die Rückzahlung läßt sich ja im Grunde genau mit dem früheren Vorteil durch das Darlehen verrechnen. Aber diese Haltung kann man bei den Konsumenten nicht voraussetzen. Tatsächlich ist diese rationale Haltung empirisch selten und psychologisch unplausibel (zum Beispiel Beggan, 1994).

Hier bewegen wir uns wieder auf einem Terrain, in dem sich die »Brüchigkeit der ökonomischen Prinzipien« (Kirchler, 1995, S. 19*ff*) erweist. Es läßt sich zeigen, daß Konsumenten immer gerne ein gutes Geschäft machen, zum Beispiel, indem sie ein Produkt billiger kaufen als sie erwartet haben. Die Freude an dem »guten Geschäft« hängt dabei aber nicht von dem tatsächlichen finanziellen Gewinn ab. Von einem ökonomischen Standpunkt wäre ja nichts einleuchtender, als daß eine Person sich über gesparte DM 100 beim Kauf eines Computers mehr freut als über gesparte DM 25 beim Kauf der Tastatur. Tatsache ist aber, daß Konsumenten durch beide Gewinne beinahe unterschiedslos zu motivieren sind (Darke & Freedman, 1995; vgl. auch Heath, Chatterjee & France, 1995; hier hat offenbar das Webersche Gesetz bzw. sein Vorläufer von Bernoulli, vgl. 5.1.1, Pate gestanden). Es sind also nicht allein finanzielle Motive und Gewinnmaximierung, die das Marktverhalten bestimmen.

16.3.5 Preisstruktur[2]

Stellen Sie sich vor, Sie sollen einen Vertrag für die Karte in Ihrem Handy abschließen. Eine immer wiederkehrende Frage in dem Gewirr von Angeboten betrifft zum Beispiel das Verhältnis von

[2] Die folgenden Ausführungen sind nicht nur der Arbeit von Herrn Dr. Florian Bauer (Bauer, 2000) in hohem Maße verpflichtet, sie sind zudem auch unter seiner tatkräftigen Hilfe entstanden. Ihm sei an dieser Stelle besonders gedankt.

Grundgebühr und Einheitenpreis. Je höher Sie die Grundgebühr wählen, desto preiswerter wird die einzelne Einheit. Ihnen ist dabei keineswegs klar, welche der Lösungen dabei auf den günstigsten Preis hinauslaufen wird. Das ist auch nicht Ihre Schuld – es gibt hier nicht a priori eine günstigere und eine weniger günstige Variante. Je nach konkreter Nutzung ist einmal die eine, ein anderes Mal die andere preiswerter.

Sie entscheiden sich für eine bestimmte Variante, die Ihnen vielleicht im Monat regelmäßig einen gewissen Betrag abverlangt, die aber dafür das einzelne Gespräch ziemlich billig macht. Nun kommt ein Freund und rechnet Ihnen vor, daß Sie nach allem, was zu erwarten steht, in der Summe weniger bezahlen würden, wenn Sie einen teuren Einheitenpreis, dafür aber eine geringe Grundgebühr wählen. Würden Sie Ihre Entscheidung ändern? Was könnte Sie davon abhalten? Vielleicht sagen Sie sich: ›Ich genieße die Sicherheit, daß ich mir auch mal ein längeres Gespräch leisten kann, ohne gleich an die Kosten denken zu müssen.‹ oder: ›Vielleicht telefoniere ich in Zukunft mehr als ich jetzt schon absehen kann, diese Freiheit möchte ich mir erhalten‹.

Diese Überlegungen sind durchaus plausibel und empirisch auch gar nicht selten (Bauer, 2000). Sie zeigen aber einen Punkt, der im klassischen ökonomischen Preismanagement bisher kaum eine Rolle gespielt hat. Dort dominierte die Vorstellung, daß die Wirkung des Preises auf das Käuferverhalten im wesentlich die Wirkung der *effektiven Preishöhe* sei. Offenbar aber gibt es neben der effektiven auch noch eine empfundene Preishöhe, die für das Verhalten wesentlich wichtiger ist, und die unter anderem durch die *Preisstruktur* bestimmt wird.

Bauer (2000, S. 8) versteht unter Preisstruktur alles, was die Zusammensetzung des Preises betrifft. Die Elemente der Preisstruktur können aus Grundgebühr und Einheitenpreis bestehen, es gehören dazu aber auch andere Elemente, zum Beispiel Zinssätze, Raten, Anzahlungen oder ungleichmäßige Aufteilung der Kosten, wie sie bei der Preisstruktur »buy two get one for free« vorkommt. Was sich davon auf die Berechnung des effektiven Preises auswirkt, gehört zur Preisstruktur im engeren Sinne. Zur Preisstruktur im weiteren Sinne zählt aber auch »die rechnerisch irrelevante Darstellung und Kommunikation der Preisstrukturelemente« (S. 8). Wenn zum Beispiel zur Berücksichtigung der »Verlust-Aversion« bzw. des Endowment-Effektes dasselbe Preiselement nicht als möglicher Gewinn, sondern als zu verhindernder Verlust dargestellt wird, dann betrifft das die Preisstruktur im weiteren Sinne. Besteht zwischen Bar- und Kreditkartenzahlung ein Preisunterschied, so kann dieser dementsprechend als Rabatt bei Barzahlung oder aber als Preiserhöhung bei Kreditkartenzahlung positioniert werden. Die erstere Darstellungsform wird typischerweise positiver bewertet.

Annahmen des klassischen Preismanagements auf dem Prüfstand

»Innerhalb des klassischen Preismanagements werden mehrfach Annahmen mit psychologischer Relevanz getroffen, die jedoch im Gegensatz zu allgemeineren Annahmen der mikroökonomischen Theorienbildung [...] bislang kaum empirisch hinterfragt wurden.« (Bauer, 2000, S. 13). Eine dieser Annahmen ist die folgende:

Menschen können unabhängig davon, was vorangehende Produkteinheiten gekostet haben, sagen, was sie für eine weitere Einheit maximal zu zahlen bereit sind (Annahme der Unabhängigkeit von Preisbereitschafts- und Preisstrukturfunktion bzw. Annahme exogener Präferenzen). Das würde bedeuten, daß in dem oben genannten Beispiel (16.3.3) der »faire Preis« für die Margarine, vor allem aber der Extrempunkt, ab dem man nicht mehr zu kaufen bereit ist, unabhängig von den Preisen anderer Margarinen genannt werden kann.

Um diese Annahme zu testen, ließ Bauer (2000, Experiment 1, S. 151*ff*) seine Versuchspersonen angeben, welchen Maximalpreis sie bereit wären, für eine dritte CD zu bezahlen, wenn sie sich bereits für zwei andere entschieden hätten. Dieses Produkt ist schon deshalb besonders gut geeignet, weil studentische Probanden außerordentlich klare Vorstellungen darüber haben, wie teuer CDs normalerweise sind. Da dies für die Annahme des klassischen Preismanagements einen erheblichen Vorteil bedeutet, ist der Test besonders konservativ.

Die Probanden sollten sich vorstellen, sie hätten in einem Geschäft drei CDs gefunden, die sie noch nirgendwo sonst entdeckt hätten. Sie hätten sich bereits entschlossen, zwei CDs zu kaufen. Die erste Frage war nun, was sie für die dritte nun noch zu zahlen bereit seien. Nach dem klassischen Preismanagement müßte diese Frage ohne Probleme beantwortet werden können – schon gar bei CDs, von deren Preis die Probanden ja eine ziemlich genaue Vorstellung hatten.

Jene Probanden, die auf die erste Frage einen Preis nennen konnten, wurden daraufhin gefragt, welchen Maximalpreis sie zahlen würden, wenn die ersten beiden CDs überraschenderweise zum »nice price« von DM 14,95 angeboten würden. Nach der klassischen Preistheorie dürfte sich die Preisbereitschaft nicht ändern.

Dieses normativ zu erwartende Verhalten zeigten allerdings nur elf Prozent der Versuchspersonen. Die anderen verletzten in verschiedener Weise die Erwartungen des klassischen Preismanagements:

- 46 Prozent der Personen konnten bereits auf die erste Frage keinen Maximalpreis nennen. Mehr als zwei Drittel dieser Personen begründeten dies damit, daß ihnen die Information über die Preise der anderen beiden CDs fehle.
- 56 Prozent der Personen, die einen Maximalpreis angeben konnten, veränderten ihre Schätzung, nachdem sie erfuhren, daß die vorangegangenen CDs günstiger waren als erwartet.

Die Gründe für diese Veränderung entsprachen bekannten psychologischen Mechanismen. Die meisten Probanden (79 Prozent) erhöhten ihren Maximalpreis, weil sie nun mehr Geld für die dritte übrig hätten. Diese Begründungsfigur beruht auf dem Phänomen der mentalen Kontoführung (siehe 4.1.5), nach dem Personen ein bestimmtes Budget für CDs vorsehen und bei einer Entlastung dieses Budgets von einer Seite, größere Belastungen von anderer Seite akzeptieren.

Ein kleinerer Teil von 21 Prozent der Probanden verringerte den subjektiven Maximalpreis mit der Begründung, daß bei einem so geringen Preisniveau die dritte CD nicht wesentlich teurer sein dürfte. Dieses Urteilsphänomen entspricht dem Ankereffekt, den ich in 4.1.6 diskutiert habe.

Dieses Experiment zeigt einmal mehr, daß die Präferenzen von Konsumenten nicht stabil sind und daß sie von Merkmalen, die nichts mit der eigentlichen Leistung (in diesem Fall: der CD selbst) zu tun haben, stark beeinflußt werden. Das Experiment zeigt auch, daß ein dominierender Einfluß auf die Präferenzen durch die mentale Kontoführung (vgl. 4.1.5) ausgeübt wird.

Unbefriedigend ist freilich, daß neben der Erhöhung des Maximalpreises (auf der Basis der mentalen Kontoführung) auch das gegenteilige Phänomen beobachtet wird, nämlich die Senkung des Maximalpreises auf Basis der Ankerheuristik. Hier müßten noch die Bedingungen spezifiziert werden, unter welchen Umständen was zu erwarten ist. Bauer (2000) macht hierzu folgenden Vorschlag:

Feste Budgets existieren vor allem bei solchen Produkten, deren Anschaffung noch fraglich ist, auf die man also auch verzichten könnte, wenn das Budget zu stark belastet ist (vgl. »hedonic goods« nach Dhar & Wertenbroch, 1997). Bei Produkten, die man auf jeden Fall anschaffen muß, Waren des täglichen Bedarfs, macht es keinen Sinn, ein Budget einzurichten (vgl. »utilitarian goods« nach Dhar & Wertenbroch, 1997): Sein täglich Brot kann man nicht mit der Begründung einschränken, daß man dafür bereits so viel und für CDs dagegen viel zu wenig ausgegeben hat (obwohl ich persönlich auch Ausnahmefälle kenne, denen ich diese Denkfigur durchaus zutraue). Bei diesen Produkten sollte die mentale Kontoführung weniger Einfluß auf den subjektiven Maximalpreis haben als die Ankerheuristik.

In dem Experiment von Bauer (2000, S. 157*ff*) wurden die durchweg männlichen Probanden mit einem Angebot von Boxer-Shorts konfrontiert, einem Produkt also, das weniger als Luxus, sondern eher als notwendige Anschaffung gelten kann. In einer Versuchsanordnung ganz analog zum CD-Experiment verhielten sich 19 Prozent der Probanden konsistent zur Annahme des klassischen Preismanagements. Das Verhalten der restlichen Probanden verletzten diese Annahmen auf verschiedene Weise. Von jenen Probanden, die ihren Maximalpreis veränderten, nachdem sie über den (unerwartet niedrigen) Preis der vorangehenden Einheiten informiert wurden, nutzten diesmal 61 Prozent die Ankerheuristik und senkten den Preis. Dieses Ergebnis steht in Einklang mit der Erwartung, daß das relative Gewicht der mentalen Kontoführung sinkt, je notwendiger und alltäglicher die Produkte werden, für die Geld ausgegeben werden soll.

Zwei wichtige Schlußfolgerungen sind hier zu ziehen. Erstens: Konsumenten können nicht ohne weiteres und ohne Kenntnis des Preises für die vorangehenden Einheiten angeben, was ihnen eine bestimmte Leistung wert ist; selbst dann nicht, wenn die Leistung selbst bekannt und vertraut ist. Zweitens: In welcher Weise Preisstruktur und der Preis anderer Produkte auf den subjektiven Maximalpreis wirken (ob sie diesen Preis zum Beispiel erhöhen oder senken), hängt davon ab, wie diese Produkte subjektiv repräsentiert sind (als »notwendig« oder »Luxus«).

Eine zweite unplausible Annahme des klassischen Preismanagements ist, daß bei einer Steigerung des pauschalen Preiselementes bei einem zweiteiligen Tarif (zum Beispiel bestehend aus pauschaler Grundgebühr und variablem Einheitenpreis bei Telefondienstleistungen) nur zwei mögliche Reaktionen vorkommen können: Entweder die Konsumenten behalten den gleichen Konsum bei oder sie stellen den Konsum ein (dichotome Abhängigkeit der Abnahmemenge vom pauschalen Preisstrukturelement, siehe auch Bauer, 2000, S. 51*ff*). Aus psychologischer Sicht sind jedoch noch mindestens zwei andere Verhaltensmuster zu erwarten, nämlich gesteigerter oder reduzierter Konsum. Diese Reaktionen hängen wieder von Deutung der Situation ab. Im Experiment von Bauer (2000, Experiment 2, S. 162*ff*) sollten die Probanden entscheiden, welche Reaktionen der Kunden die Betreiber eines Squash-Centers zu erwarten haben, wenn sie die Grund- bzw. Mitgliedsgebühr erhöhen würden. In der Tat wurde bei dieser Schätzung keine der vier Verhaltensoptionen (Konsum konstant, reduziert, gesteigert und ganz eingestellt) so selten gewählt, daß sie als völlig unplausibel gelten müßte.

Auch hier stellt sich wieder die Frage, wie die nicht normativen Verhaltensweisen psychologisch erklärbar sind. Ein gedrosselter Konsum könnte sich wieder aus dem Gedanken der mentalen Kontoführung ergeben, denn nach der Erhöhung der Grundgebühr wäre das »Squash-Konto« stärker belastet als vorher, und dieser Verlust müßte durch reduzierte Besuche (die ja ihrerseits wieder etwas kosten) ausgeglichen werden. Ein erhöhter Konsum verstößt vielleicht noch am ehesten gegen die ökonomische Intuition. In der Tat konnten immerhin sieben von 48 Probanden dieses Verhalten nicht nachvollziehen, was die größte Häufigkeit für nicht nachvollziehbare Entscheidungen in dem Experiment war. Allerdings ist ausgerechnet dieser Effekt sogar empirisch nachgewiesen (Gourville & Somann, im Druck, zit. n. Bauer, 2000, S. 171). Einen gesteigerten Konsum zeigen Konsumenten zum Beispiel mit der Begründung, daß sie ja nun, da sie mehr bezahlt haben, diese Bezahlung durch einen erhöhten Konsum rechtfertigen müßten. Ich habe dieses Phänomen an anderer Stelle unter dem Stichwort »versunkene Kosten« (»sunk cost fallacy«; siehe 11.4.5) diskutiert.

Psychologische Effekte der Preisstruktur

Ein Verstoß gegen normative Vorstellung der Preisgestaltung liegt meist schon dann vor, wenn rechnerisch gleichwertige Optionen unterschiedlich bewertet werden. Dabei sind aber mehr Unter-

scheidungen bedeutsam als nur die zwischen subjektivem und objektivem Preis. Auch subjektive Preise variieren noch in ihrer empfunden Preisgünstigkeit.
Bauer (2000, Experiment 3, S. 172*ff*) legte seinen Probanden zwei unterschiedliche Angebote für ein Auto vor. Diese Angebote hatten den gleichen Gesamtpreis. Sie unterschieden sich allerdings darin, wie sich dieser Preis zusammensetzte. Das Auto verfügte über mehrere Ausstattungselemente, die zum größten Teil im Grundpreis inbegriffen waren. Drei davon wurden jedoch extra berechnet und diese zusätzlich zu zahlenden Elemente variierten in den beiden Bedingungen. In der »teuren Bedingung« bestanden die zusätzlich zu zahlenden Elemente aus relativ einfachen, wenig aufwendigen Ausstattungselementen, in der günstigen Bedingung dagegen waren dies eher luxuriöse bzw. teure Elemente (siehe Tabelle 16.1).

Tabelle 16.1 Unterschiedliche Angebote für das gleiche Auto

	Günstige Bedingung	Teure Bedingung	Preis
Grundmodell mit enthaltenen Ausstattungselementen	Beifahrer-Airbag Nebelscheinwerfer Alarmanlage **Zentralverriegelung** **Elektr. Antenne** **Fußmatten**	Beifahrer-Airbag Nebelscheinwerfer Alarmanlage *Allradantrieb* *Klimaanlage* *Leichtmetallfelgen*	42.479
Zusätzlich zu bezahlende Ausstattungselemente	*Allradantrieb*	**Zentralverriegelung**	1.349
	Klimaanlage	**Elektr. Antenne**	1.015
	Leichtmetallfelgen	**Fußmatten**	682

Tabelle aus Bauer, 2000, S. 174, Abb. 5.6.

Durch diese experimentelle Variation waren Einzel- und Gesamtpreis wie auch die Gesamtleistung in beiden Bedingungen die gleichen. Die Angebote unterschieden sich nur in der Preisgünstigkeit einzelner Ausstattungselemente. Gefragt wurden die Probanden unter anderem nach dem subjektiven Preis wie auch nach der empfundenen Preisgünstigkeit. Ein Unterschied in der Bewertung zeigte sich nicht im subjektiven Preis, der nach Abschluß des Experimentes abgefragt wurde. Dagegen wurde das Angebot in der teuren Bedingung als deutlich weniger preisgünstig bewertet als das Angebot in der günstigen Bedingung.
Dieser Verstoß gegen normative Vorstellungen der Preiswahrnehmung geht vermutlich darauf zurück, daß die Probanden die Preisgünstigkeit der Einzelelemente relativ zum Grundpreis stark überbewerten. Etwas überspitzt ausgedrückt sähe dann der Urteilsprozeß für das teure Angebot etwa so aus: ›Von vier Preiselementen sind drei deutlich überteuert. Das sind drei Viertel des ganzen Angebots, also ziemlich viel.‹
Bauer (2000) konnte weiterhin zeigen, daß die ungleiche Bewertung der Preisgünstigkeit nicht auf die reine Aufteilung des Preises zurückgeht. Wenn Grundpreis und Ausstattungselemente nur anhand von Artikelnummern kenntlich waren, änderte sich die subjektive Preisgünstigkeit selbst bei starker Variation der einzelnen Preise nicht. Die entscheidende Information ist also nicht allein, wie sich der Preis aufteilt, sondern vor allem, was man für die einzelnen Preiselemente bekommt.
In einem weiteren Experiment konnte Bauer (2000, Experiment 4, S. 184*ff*) zeigen, wie bei konstanter Leistung unterschiedliche Relationen in den Preisstrukturelementen von den Konsumenten

bewertet werden. Die Probanden sollten Angebote für Mobiltelefone bewerten. Der Geldbetrag war in Dänischen Kronen (DKK) angegeben; Voruntersuchungen hatten ergeben, daß diese Währung unter den Probanden hinreichend unbekannt und eine Bewertung der absoluten Preisgünstigkeit damit nicht möglich war. Weiterhin wurden die Probanden darauf hingewiesen, daß die Angebote rechnerisch gleichwertig sind.
Die experimentelle Manipulation bestand in Variationen der relativen Unterschiede für einzelne Elemente zweier Angebote A und B (siehe Tabelle 16.2).

Tabelle 16.2 Angebotspaare für Mobiltelefone

Angebotspaar 1	A	B
Anschlußpreis	449	449
Telefon »Handy«	5.749	9.589
Monatlicher Basispreis	399	239
Angebotspaar 2	**A**	**B**
Anschlußpreis	449	449
Telefon »Handy«	2.549	6.389
Monatlicher Basispeis	399	239
Angebotspaar 3	**A**	**B**
Anschlußpreis	449	719
Telefon »Handy«	5.749	9.319
Monatlicher Basispreis	399	239

Anmerkung: Vertragslaufzeit in allen Angeboten 24 Monate. Geldbeträge in Dänischen Kronen (DKK).

Beide Angebote des ersten Paares würden über die Vertragslaufzeit von 24 Monaten DKK 15.774 kosten. Von dem Zinsvorteil in Angebot B abgesehen sind die Angebote A und B gleichwertig, das gleiche gilt für die anderen beiden Angebote. Im ersten Angebotspaar nun bilden die beiden ungleichen Preisstrukturelemente exakt komplementäre Relationen: Der Preis für das B-Handy beträgt zwar das 1,67fache des Preises für das A-Handy, dafür liegt aber der Monats-Preis für A beim 1,67fachen des Preises für B. Hier sind also sowohl die Summen für die Angebote als auch die Relationen der einzelnen Preisstrukturelemente identisch. In diesem Fall wird von den Versuchspersonen auch keines der beiden Angebote bevorzugt.
Im zweiten Paar wurde demgegenüber ein extremer Unterschied für die Handys konstruiert: Handy B kostet das 2,5fache von Handy A. Da die Kosten für beide Handys gegenüber A nur einfach um den gleichen Betrag von DKK 3.200 gesenkt wurden, sind die Angebote immer noch rechnerisch identisch. Trotzdem hat diese Manipulation zur Folge, daß das Angebot A deutlich bevorzugt wird. Mit anderen Worten: Die Probanden rechnen nicht etwa aus, welche Kosten der Kauf wirklich verursachen würde. Sie bilden vielmehr drei Einzelurteile, die sie dann gleichgewichtig nebeneinander stellen. Bei einem der Urteile stellen sie eine extreme Verzerrung zugunsten des Angebotes A fest und entscheiden sich nun für A, ohne dabei in Rechnung zu stellen, daß diese Verzerrung über die gesamte Vertragslaufzeit wieder ausgeglichen wird.
Bei dem Angebotspaar 3 wurde zwischen dem Preis für das Handy und der Anschlußgebühr gegenüber dem Paar 1 eine leichte Umverteilung vorgenommen: DKK 270 wurden vom Handy-Preis abgezogen und zu dem Anschlußpreis addiert. Dies ändert nichts am Gesamtpreis für das Angebot, auch der relative Unterschied zwischen den Handy-Preisen bleibt nahezu erhalten, der relative

Unterschied zwischen Anschlußgebühren wird jedoch drastisch erhöht. Nunmehr erscheint das Angebot A auf zwei von drei Dimensionen deutlich überlegen – und in der Tat wird bei dieser minimalen Veränderung A deutlich häufiger gewählt als B.
Die Konsumenten fokussieren offenbar auf die Menge der Vergleiche, die zugunsten oder zuungunsten einer Option ausfallen. Wenn ein Produkt auf zwei Dimensionen überlegen ist, dann bedeutet dies einen Vorteil gegenüber der Situation, in der es nur auf einer überlegen ist. Dies gilt auch dann, wenn absolut gesehen die Angebote gleichwertig sind. »...offenbar werden selbst dort relative Einzelurteile gebildet, wo Preisstrukturelemente relativ leicht aggregiert werden können. Dies bestätigt wiederum die Tendenz zu lokalen Vergleichen, selbst in Situationen, in denen sie nicht notwendig, gar irreführend sind« (Bauer, 2000, S. 190).

Die »Theorie der relativen Einzelurteile«
Die berichteten Ergebnisse unterstützen die von Bauer (2000, S. 134*ff*) entwickelte »*Theorie der relativen Einzelurteile*« (TRE). Ohne im einzelnen auf die theoretische Herleitung dieser Theorie menschlichen Entscheidungsverhaltens einzugehen, möchte ich nachfolgend deren zentrale Eigenschaften darstellen und mit den eben berichteten empirischen Ergebnissen verknüpfen:
Die TRE faßt die fundamentalen Mechanismen menschlichen Entscheidungsverhaltens in drei Gruppen von Annahmen zusammen, aus denen sich viele der bisher empirisch beschriebenen Entscheidungsanomalien vorhersagen und zueinander in Beziehung setzen lassen.

1. Grundannahmen: Ausgangspunkt der TRE ist die Annahme, daß Menschen nicht in der Lage sind, reliable Absoluturteile zu fällen (siehe zum Beispiel das Scheitern bei der verläßlichen Angabe eines Maximalpreises unabhängig vom Preis vorangehender Einheiten, wie es in Experiment 1 von Bauer, 2000, demonstriert wurde). Die Unfähigkeit, absolute Urteile zu fällen, erzeugt Unsicherheit bei der Bewertung und Entscheidung, die als unangenehm empfunden wird (ähnlich dem handlungsmotivierenden Spannungszustand in Lewins Feldtheorie von 1951).
2. Annahmen zur Urteilsbildung: Aufgrund der eben beschriebenen Unsicherheit suchen Menschen nach Möglichkeiten, ihre Urteile zu validieren. Dazu ziehen sie je nach Situation und Verfügbarkeit externe Vergleichsanker oder -werte heran (in Experiment 3 von Bauer, 2000, wurde die eigene Preiskenntnis der einzelnen Angebotskomponenten herangezogen, um sich ein Urteil über die Preisgünstigkeit des gesamten Angebots zu machen). Mit Hilfe dieser Vergleichsanker werden relative anstelle absoluter Urteile gebildet. Relativ sind diese Urteile, weil sie immer in Relation zu einem solchen Vergleichswert getroffen werden. Dies war auch in Experiment 1 zu beobachten: Dort wurde der subjektive Maximalpreis entweder in Relation zum Preis der vorangehenden Einheit oder in Relation zu einem mentalen Budget bestimmt. Die insgesamt aktuell zur Verfügung stehenden Vergleichsanker bilden die »Bewertungssituation«. Diese Vergleichsanker können unterschiedlich valide, das heißt unterschiedlich gut geeignet sein, das anstehende Urteil zu unterstützen. Im allgemeinen wählen Menschen den relevantesten der zur Verfügung stehenden Anker aus. Sie lassen sich aber auch von irrelevanten Werten beeinflussen, die in der Bewertungssituation »greifbar« sind (siehe hierzu Experiment 5, Bauer, 2000, S. 191*ff*). In dem Maße, wie irrelevante Vergleichsanker genutzt werden, entstehen stabile Entscheidungsanomalien.
   Die Qualität dieser relativen Urteile wird aber nicht nur durch die Bewertungssituation determiniert, sondern auch durch die Tatsache beeinflußt, daß Menschen normalerweise nicht kontinuierlich, sondern kategorial urteilen, weil dies den Bewertungsprozess erst handhabbar macht. Menschen fällen also keine Urteile wie ›der angegebene Preis entspricht 73 Prozent meines Maximalpreises‹, sondern es werden Urteile gefällt, die zum Beispiel den Kategorien

›günstiger‹, ›gleich teuer‹ und ›teurer‹ entsprechen. Häufig, aber eben nicht immer, sind solche Differenzierungen ausreichend, um nahezu optimale Entscheidungen zu fällen.

3. Annahmen zum Bewertungsprozeß: Neben diesen Annahmen zur Bildung einzelner Urteile macht Bauer (2000, S. 140*ff*) auch verschiedene Aussagen zur Aggregation dieser Einzelurteile in Situationen, wo komplexere Optionen mit verschiedenen Leistungsdimensionen bewertet werden müssen. Zentral ist hierbei die Annahme, daß sich die Bewertung komplexerer Optionen, wie zum Beispiel die oben dargestellten Angebote für Mobiltelefone (Experiment 4), aus mehreren Einzelurteilen zusammensetzen, wobei jedes für sich so gefällt wurde, wie eben beschrieben. Die Aggregation dieser Einzelurteile folgt aber wiederum bestimmten psychologischen Gesetzmäßigkeiten, die zum Ziel haben, diese komplexe Aufgabe zu vereinfachen: Die Einzelurteile werden meist sowohl gleichgewichtet als auch kompensatorisch, das heißt additiv zum Gesamturteil integriert. Dimensionen, auf denen es keine Unterschiede zwischen den Angeboten gibt, werden ignoriert. Übertragen auf Experiment 4 bedeutet dies, daß Angebotspaar 1 sehr vereinfachend etwa wie folgt verglichen wurde: ›Der Anschlußpreis ist bei beiden Angeboten gleich. Das Handy bei Angebot A ist jedoch günstiger als bei Angebot B. Dafür ist der monatliche Basispreis bei Angebot B in etwa gleicher Weise günstiger. Folglich sind auch die Angebote ungefähr gleich.‹ Dagegen könnte der entsprechende Urteilsprozeß bei Angebotspaar 2 etwa so aussehen: ›Der Anschlußpreis ist bei beiden Angeboten gleich. Das Handy bei Angebot A ist sehr viel günstiger als bei Angebot B. Der monatliche Basispreis ist jedoch bei Angebot B günstiger. Der Unterschied beim Handy-Preis ist jedoch zugunsten von Angebot A sehr viel größer als der beim monatlichen Basispreis. Also ist Angebot A günstiger.‹ Dieser innere Monolog muß nicht tatsächlich stattfinden, die *Theorie der relativen Einzelurteile* kann damit aber ziemlich genau die beobachteten Ergebnisse erklären (siehe oben).

Siebzehn: Messung der Werbewirkung und Methoden der Marktforschung

Zusammenfassung:

1. *Bei den wissenschaftlichen Methoden kann man zwischen explorativer, deskriptiver und kausaler Forschung unterscheiden. Die stärksten Argumente für kausale Aussagen liefern Experimente. Von einem Experiment kann man nur sprechen, wenn folgende drei Bedingungen erfüllt sind:*
   - *Vergleich einer Experimental- mit einer Kontrollgruppe,*
   - *aktive Manipulation der experimentellen Bedingungen durch den Experimentator,*
   - *aktive Manipulation der Zusammenstellung von Experimental- und Kontrollgruppen durch den Experimentator.*

2. *Als psychologische Kriterien für Werbeerfolg kommen verschiedene Variablen in Frage. Die Festlegung auf eine dieser Variablen hängt von der ursprünglichen Fragestellung ab.*

3. *Die interessierenden Variablen können auf unterschiedlichem Wege gemessen werden. Die Festlegung auf eine Meßmethode hängt von theoretischen Vorstellungen über das menschliche Verhalten ab.*

4. *Zur Messung von Aufmerksamkeit werden Konsumentenbeobachtung und Aufzeichnung der Blickbewegung eingesetzt.*

5. *Gedächtniseffekte werden mit Hilfe des freien und unterstützten Erinnerns sowie des Wiedererkennungtests nachgewiesen.*

6. *Die Informationsverarbeitung der Konsumenten kann zum Beispiel durch Verbalprotokolle erhoben werden.*

7. *Motivation und Emotion der Konsumenten spielen bei der Messung von Werbewirkung eine besondere Rolle. Folgende Verfahren sind gebräuchlich:*
   - *Projektive Tests: Zu einem vieldeutigen Material soll frei assoziiert werden. Die emotionale Befindlichkeit spiegelt sich nach der theoretischen Idee in den spontanen Assoziationen.*
   - *Pupillenreflex und Hautwiderstand: Normalerweise sind physiologische Reaktionen willentlich nicht kontrollierbar. Daher gelten sie als ein weitgehend unverfälschtes Maß für emotionale Zustände. Die Qualität der Zustände läßt sich mit physiologischen Maßen aber nicht erheben.*

- *Reaktionszeit: Die Zeit, die eine Person für bestimmte Reaktionen braucht, gibt Aufschluß über die kognitive Verfügbarkeit der Reaktionen. Diese Verfügbarkeit hängt mit Emotionen und Bewertungen gegenüber den Zielgegenständen zusammen.*
- *Befragung: Nach Motivation und Emotion kann man Konsumenten direkt fragen. Befragung ist eine der zentralen Methoden der Marktforschung. Neue Entwicklungen der Computertechnik erlauben in Zukunft rechnergestützte Befragungen.*

8. *Verschiedene Maße erlauben eine Bewertung von Produkten und Werbung durch den Konsumenten, der in diesem Fall als »Experte« auftritt. Gebräuchlich sind Punktesysteme, semantische Differentiale, Gruppendiskussionen und wieder die Befragung.*

Marktforschung bedeutet nicht allein, daß die Wirkung einer Marketing-Maßnahme überprüft wird. Gerade wenn ein Produkt neu eingeführt wird, ist die Marktforschung gefragt. Durch Motivanalysen oder Produkttests sollen die Chancen einer Innovation auf dem Markt abgeschätzt werden. Dies ist eine wichtige Aufgabe, wenn man bedenkt, »daß beispielsweise ein Unternehmen wie *Siemens* heute rund 50 Prozent seines Umsatzes mit Produkten macht, die es vor fünf Jahren noch gar nicht gab« (Salcher, 1995, S. 207). Die Marktforschung gibt ihre Antworten an unterschiedlichen Stellen der Produktentwicklung oder Werbeplanung. Vor jeder Marketinganstrengung will man zum Beispiel wissen, ob ein bestimmtes Angebot überhaupt eine Chance auf dem Markt hat. Bei der Produktgestaltung stehen dann vielleicht verschiedene Möglichkeiten zur Verfügung, die Merkmale des Produktes zu kombinieren. Solche Fragen lassen sich ökonomisch mit Hilfe des »conjoint measurement« beantworten. Im Vorfeld einer Kampagne geht des dann um die Zielgruppenbestimmung, die Werbekonzeption und die Gestaltung der Werbemittel. Im nachhinein sind das die Werbewirkungskontrollen, die Erfolgsanalysen und die Änderung von der Einführungs- zur Fortführungs- und Erinnerungswerbung (vgl. Salcher, 1995, S. 253, Abb. 53). An allen diesen Punkten ist Marktforschung erforderlich.
Die Marktforschung beginnt nicht unbedingt mit der Erhebung von Daten. Oft lassen sich Fragen dadurch beantworten, daß man auf bereits vorliegende Daten zurückgreift, die zu anderen Zwecken erhoben wurden, sogenannte *Sekundärdaten*. Erste Lösungen ergeben sich schon aus der Analyse der eigenen oder offizieller Statistiken, veröffentlichter Daten aus der Wirtschaftspresse bzw. der statistischen Bundes- und Landesämter oder allgemein zugänglicher Datenbanken (vgl. Kotler & Bliemel, 1995, S. 193*ff*; Salcher, 1995, S. 10*f*). Bei spezifischen Problemen wird dagegen häufig eine eigene Erhebung von Primärdaten notwendig. Mit diesem Problem beschäftigen wir uns im folgenden. Die Frage nach der späteren Datenauswertung wird in diesem Buch nicht behandelt.

17.1 Der Graben zwischen Marktforschern und Praktikern

»Axel Dahm, Marketingvorstand bei *Reemstma*, gibt sich ketzerisch: ›Werbeforschung ist in hohem Maße sinnvoll. Sie dient dazu, politische Spielchen zu spielen und Vorstände zu überzeugen oder auszuschalten. Mit der Werbeidee hat sie aber nichts zu tun.‹ Jochen Pläcking, Deutschland Chef von *DDB Needham Worldwide*, schlägt in die gleiche Kerbe: ›Wir Kreativen glauben, daß die Marktforschung die kreative Idee rund lutscht. Diese verliert dann ihre Schlagkraft im Markt.‹ Und Veronika Claßen, Kreativchefin von *D'Arcy Deutschland*, bedauert, daß sich die Manager nicht mehr auf ihr Bauchgefühl verlassen« (*w&v*, 44/2000, S. 193).

Gräben tun sich auf und der Ruf nach Abschaffung der Marktforschung wird laut: »Pläcking: ›Kreative Entscheidungen sollten ohne Absicherung durch Forschung mit Kopf und Bauch gefällt werden.‹« (*w&v*, 44/2000, S. 193).
Im Gegenzug werfen Marktforscher Kreativen und Management vor, sie schöpften die Möglichkeiten der Marktforschung nicht annähernd aus. Aus Kostengründen bleibe es immer bei Gruppendiskussionen und Explorationen. Dabei sei die Marktforschung als Brücke zur Zielgruppe unentbehrlich. »Wenn jeder Kreative den direkten Kontakt zur Zielgruppe hätte, wäre Marktforschung überflüssig« (Heinrich Litzenroth, *GfK*, zit. n. *w&v*, 44/2000, S. 193).
Diese Zitate illustrieren einen problematischen *status quo*, den ich schon im ersten Kapitel (vgl. 1.7) angedeutet habe: Die Kommunikation zwischen Wissenschaft und Praxis ist noch immer schlecht, Gestalter der Werbung sehen ihre Bedürfnisse von der Forschung kaum befriedigt und die Forscher haben das Gefühl, ihre tatsächlichen Qualitäten nicht zeigen zu können.

17.1.1 Die Bäuche der Kreativen

Ein Teil der Probleme mag auf einem Phänomen beruhen, das in der Wissenschaft bislang wohl falsch eingeschätzt und erst in den letzten Jahren aus einem anderen Blickwinkel betrachtet wurde. An mehreren Stellen des Buches habe ich auf neuere Forschungen hingewiesen (Gigerenzer, Todd et al., 1999), die nachweisen, daß einfachste Faustregeln bei einer Entscheidung oft mindestens genauso gut funktionieren wie komplizierte Algorithmen (zum Beispiel 3.1.3; 3.2.3; Kapitel 4). So mögen die Kreativchefin und der Manager mit Fug und Recht den Eindruck haben, gut gefahren zu sein, wenn sie ihre Entscheidungen mit Hilfe einfacher Faustregeln getroffen haben. Diese einfachen Faustregeln können zum Beispiel die Verfügbarkeits- oder Rekognitionsheuristik sein; bei Anwendung solcher Verfahren haben diese Entscheidungsträger dann das Gefühl, ›aus dem Bauch‹ oder ›intuitiv‹ vorgegangen zu sein.
Was bedeuten diese Erkenntnisse für den Graben zwischen Marktforschung und Praxis? Sehr viel. Zum einen muß man sich wohl von der Idee verabschieden, die beste Entscheidung sei die, bei der alle verfügbaren Informationen wirklich genutzt werden. Der Aufwand bei der Berücksichtigung aller Informationen wird durch den Gewinn an Treffsicherheit bei der Entscheidung oft nicht aufgewogen. Zu wissen, daß eine bestimmte Größe relevant ist, bedeutet noch keine Verpflichtung, diese Größe bei der Entscheidung zu berücksichtigen.
Möglicherweise ist es gerade diese Forderung an eine rationale Entscheidung, nämlich: ›alles was relevant ist, mußt du auch berücksichtigen‹, die letztlich dazu führt, daß »Ideen rundgelutscht« werden und nur Vorschläge ohne Ecken und Kanten den Test der Forschung bestehen.
Zum zweiten ist es natürlich wichtig zu wissen, welche Informationen entbehrlich sind und welche nicht. Hierzu lohnt es sich möglicherweise, die Entscheidungsstrategien der Kreativen und Manager zu erforschen. Der oft reklamierte Bauch, aus dem die Entscheidungen angeblich kommen, enthält mit Sicherheit eine Reihe von beschreibbaren und vermutlich größtenteils auch bekannten Entscheidungsregeln. Letztlich ist auch der erfolgreichste Kreative nicht vom Heiligen Geist inspiriert, sondern geht vielmehr mit den verfügbaren Informationen in einer bestimmten Weise um. Daß er sich und uns darüber keine Rechenschaft geben kann und statt dessen auf seinen Bauch verweist, braucht ihm niemand vorzuwerfen. Die Forscher sind schließlich andere.
Was weiß man, wenn man die Entscheidungsstrategien der erfolgreichen Praktiker kennt? Gilt dann nicht noch immer, daß, wer ohnehin schon einen zuverlässigen Bauch besitzt und zudem

auch noch den Kontakt zur Zielgruppe hat, keine Forschung braucht? Das gilt wohl gleich aus mehreren Gründen nicht:
Zum einen fehlen einer Einzelperson in der Regel für ihre Entscheidungen die hohen Fallzahlen. Hin und wieder wird auch der Bauch Hunger nach größeren Portionen verspüren – mit anderen Worten: Manchmal ist auch ein tiefer Kenner der Zielgruppe froh, wenn sich seine Erwartungen an einer großen Stichprobe bestätigen.
Zum anderen ist es keineswegs so, daß der bloße Kontakt zur Zielgruppe bereits zu verwertbaren Erkenntnissen führt. Ich hoffe, Sie folgen mir darin, daß man aus den vorangegangenen 16 Kapiteln des Buches hier und da auch einmal eine konkrete Praxisempfehlung ableiten kann. Mag sein, daß Sie viele Inhalte schon kannten und vieles schon wußten. Aber auf Ehre und Gewissen: Wußten Sie es deshalb, weil Sie die Zielgruppe kannten oder dazu gehören? Oder nicht vielleicht doch deshalb, weil es Großmutter oder David Ogilvy schon wußten oder weil Sie schon einmal ein anderes Buch über Konsumentenverhalten in der Hand hatten? Also: Der Kontakt zur Zielgruppe ist nicht so wichtig wie die theoretische Idee, die Interpretation für das menschliche Verhalten. Und die Forschung ist eben eine Quelle für theoretische Ideen – nicht die einzige, aber sicher eine der wichtigsten.
Zum dritten nun: Forschung ist auch deshalb für den erfolgreichen Bauch nicht entbehrlich, weil die intuitive Strategie eben auf Faustregeln beruht, die ihrer Natur nach nicht immer greifen. Die Forscher sollten die Praktiker nicht davon abhalten, ihre Bäuche zu befragen. Sie sollten vielmehr versuchen, diese Bauch-Strategien zu verstehen, und wenn sie die erfolgreichen kennen, sollten sie über die Bedingungen wachen, wann eine Faustregel noch erfolgreich und wann sie verfehlt ist.

17.1.2 Das Dilemma der Werbewirkungsforschung

Marktforschung ist in aller Regel auf ein konkretes Thema, eine bestimmte Kampagne gerichtet. Die meisten Erkenntnisse der Konsumentenforschung, auch die hier im Buch verwendeten Wissensbestände, entstammen demgegenüber eigentlich anderen Quellen. Was wir über das Konsumentenverhalten wissen, verdanken wir meist Forschungsarbeiten, die an Universitäten und Fachhochschulen durchgeführt werden. Diese Forschung findet typischerweise nicht in der natürlichen Umgebung der Konsumenten statt, und untersucht werden auch meistens die Konsumenten, die gerade auf dem Campus herumlaufen oder »Credits« für ihre Kurse benötigen. Dieses Vorgehen ist der Konsumentenforschung oft als Praxisferne vorgeworfen worden.
McQuarrie (1998) fragte in einer Meta-Analyse von insgesamt 443 Studien der Jahre 1990–1997 danach, inwieweit in der Werbewirkungsforschung die tatsächliche Werbeumwelt nachgezeichnet wird. Er prüfte die untersuchten Forschungsarbeiten unter anderem nach fünf Realitätskriterien (siehe auch Gleich, 2000c, S. 41):

1. Ist das Stimulusmaterial so wie in der Realität in ein Rahmenprogramm eingebettet oder wird es – unrealistisch – isoliert dargeboten?
2. Können sich die Probanden wie in der Realität zwischen verschiedenen Alternativen entscheiden?
3. Werden auch Werbepräsentationen für andere Produkte gezeigt?
4. Werden die Probanden häufiger als einmal mit dem Stimulusmaterial konfrontiert?
5. Handelt es sich bei den untersuchten Spots bzw. Anzeigen um solche für bekannte (= realistisch) oder für unbekannte (= unrealistisch) Produkte?

Die meisten untersuchten Studien (60 Prozent) berücksichtigten keines der genannten Kriterien, 32 Prozent berücksichtigten wenigstens einen und 19 Prozent zwei Realitätsfaktoren. Allenfalls 10 Prozent der Forschungsarbeiten genügten mehr als drei der Anforderungen.
McQuarrie (1998) konstatiert in diesem Zusammenhang eine Entwicklung zum Schlechteren: Zwischen 1960 und 1990 wurden noch durchschnittlich 1,45 der Realitätskriterien umgesetzt. Dieser Wert liegt für neuere Untersuchungen nurmehr bei 1. Zudem haben die meisten Studien (etwa zwei Drittel, McQuarrie, 1998) studentische Versuchspersonen eingesetzt, also eine eingeschränkte und nicht unbedingt besonders finanzstarke Zielgruppe.
Alle diese Bedingungen beschränken die Möglichkeiten, Ergebnisse der Werbewirkungsforschung zu verallgemeinern. Nun geht die »Künstlichkeit« der üblichen Experimente nicht nur auf bloße Bequemlichkeit der Forscher zurück, die nur ungern einen Fuß vor die Tür ihres gut geheizten Labors setzen und die von einem Leben außerhalb des Campus nur aus Erzählungen anderer wissen.
Stellen wir uns vor, wir wollten wissen, ob die Überschrift zu einer Anzeige besser über oder besser unter dem Bild plaziert werden soll. Unser Ziel ist, die Werbeaussage bei möglichst vielen Betrachtern bekannt zu machen. Wir erstellen zwei Versionen der Anzeige mit je unterschiedlicher Plazierung der Überschrift und entscheiden nun zwischen Labor- und Feldexperiment.
Ein Laborexperiment hat den Vorteil, daß man bei einem gefundenen Effekt (zum Beispiel Version A ist besser als Version B) relativ sicher sein kann, daß es an der Plazierung lag. Um diese Sicherheit zu erreichen, müssen wir nur die Regeln der Kunst beachten, die für ein gutes Experiment gelten. Hierzu zählen auch Merkmale, die das Experiment künstlich erscheinen lassen. Zum Beispiel werden Einflußgrößen, von denen wir absehen wollen (zum Beispiel Geschlecht) entweder ganz ausgeschaltet (wir untersuchen von vornherein nur Frauen, so daß der Geschlechtsfaktor zwischen den Gruppen nicht variiert) oder es wird versucht, sie gleichmäßig auf beide Bedingungen zu verteilen (Experimental- und Kontrollgruppe haben exakt gleich viele Männer wie Frauen).
Nun finden wir, daß bei die Version A (Plazierung Bild über Text) der Version B überlegen ist. Die Beweiskraft solcher Befunde ist sehr hoch, weil man ziemlich sicher sein kann, daß die Effekte, die man findet, auf die Plazierung zurückgehen – durch die Künstlichkeit des Experiments haben wir die Möglichkeit anderer Einflüsse ja systematisch ausgeschaltet. Wissenschaftler sprechen davon, daß das Experiment eine hohe interne Validität (Gültigkeit) hat.
Die Frage ist nun, ob sich die Befunde auch auf Bedingungen übertragen lassen, die man nicht untersucht hat, ob also die Ergebnisse verallgemeinert werden können. Dies ist die Frage nach der externen Validität und die kann bei Laborbefunden problematisch sein.
Hätten wir also mit der »Feld«-Version des Experiments weniger Probleme? Stellen wir uns vor, wir würden die unterschiedlichen Versionen der Anzeige in verschiedenen Ausgaben der gleichen Zeitschrift unterbringen und würden in der einen Woche die Käufer der einen Ausgabe und in der anderen Woche die Käufer der anderen Ausgabe befragen. Nun finden wir heraus, daß die Käufer, die Version A in ihrer Ausgabe hatten, die Werbeaussage besser erinnern als die Käufer von Version B.
Ich muß Ihnen sicher nicht die vielen Einwände aufzählen, die uns zur Vorsicht bei der Interpretation eines solchen Befundes gemahnen. Der Punkt ist, alles was wir zur Berücksichtigung dieser Einwände unternehmen können, wird die Lebensnähe dieses Experiments mindern. Zum Beispiel: Es könnte ja jemand beide Ausgaben in den jeweiligen Wochen gekauft haben, dann gibt es doch Übertragungseffekte von einer Woche auf die andere. Ich müßte mich also auf Leser konzentrieren, die jeweils nur diese eine Ausgabe hatten. Die Ausgaben der Zeitschrift sind ohnehin unterschiedlich, und um diese Unterschiedlichkeit auszuschalten, könnte ich die Anzeigen in unterschiedliche Exemplare derselben Ausgabe plazieren und die Versionen in unterschiedlichen Städten verkaufen. Das aber hätte wieder den Nachteil, daß ein späteres Ergebnis nicht mehr eindeutig

interpretierbar ist: Wurde die Version A besser erinnert oder sind die Einwohner der Teststadt A einfach nur anders drauf als die Bürger von B?
Kurz gesagt: Zwischen interner und externer Validität von Forschungsergebnissen besteht ein Wechselverhältnis: Will man das eine steigern, mindert sich das andere. Im optimalen Fall ist von beidem genug da, so daß ein Ergebnis eindeutig interpretierbar ist und gleichzeitig verallgemeinert werden kann. Im ungünstigsten Fall kann man nur eines von beiden haben. Zum Beispiel: Man kennt zwar genau die Bedingungen für einen Effekt, die sind aber nie außerhalb des Labors zu realisieren (Effekte der unterschwelligen Beeinflussung sind, sofern es sie überhaupt gibt, mit hoher Wahrscheinlichkeit von dieser Art, siehe 9.5). Oder man weiß zwar, *daß* es so und so klappt, kann aber nicht zweifelsfrei feststellen, *warum* (viele Bauch-Entscheidungen von Praktikern dürften von diesem Risiko betroffen sein).
Noch einmal: In vielen Fällen sind sowohl interne und externe Validität gegeben und die Bereiche, in denen sich das eine auf Kosten des anderen vergrößern läßt, sind ohnehin sehr klein. In anderen Fällen werden die Hindernisse gegen eine Verallgemeinerung der Laborergebnisse überschätzt. So ist zunächst einmal nicht zu erwarten, daß in dem oben skizzierten Experiment zur Plazierung von Bild und Text Männer anders reagieren als Frauen, Junge anders als Alte und Studierende anders als der Rest der Menschheit. Ohne eine konkrete Idee, *warum* sich die studentische Stichprobe systematisch anders verhalten sollte als andere Menschen, wird aber der Hinweis auf die eingeschränkte Stichprobe zu einem bloßen Totschlag-Argument.

17.2 Erhebungsansätze

Bei der Marktanalyse wird zwischen verschiedenen wissenschaftlichen Vorgehensweisen unterschieden (vgl. Kotler & Bliemel, 1995, S. 192), nämlich zwischen explorativer, deskriptiver und kausaler Forschung.

17.2.1 Explorative Forschung

Explorativ nennt man ein Verfahren, das nicht so sehr darauf aus ist, eine Annahme zu prüfen als vielmehr zu vernünftigen Annahmen zu gelangen. Beispielsweise haben Kundeninterviews oft explorativen Charakter. Wenn man noch gar keine konkrete Annahme darüber getroffen hat, welche Gesichtspunkte überhaupt bei einer Kaufentscheidung eine Rolle gespielt haben, dann helfen Auskünfte der Konsumenten, um auf Ideen zu solchen Annahmen zu kommen. Explorative Forschung ist besonders im Vorfeld von Werbemaßnahmen üblich. Zur Anregung setzen Werbepraktiker zum Beispiel sogenannte Tiefeninterviews ein, bei denen die Konsumenten sehr breit zu ihrer Produktverwendung Stellung nehmen sollen. Dabei werden die Konsumenten manchmal über mehrere Stunden zu ihren Erfahrungen und Meinungen sowie zu ihren Wünschen und Anregungen befragt. Solche Interviews sind sehr aufwendig, deshalb werden sie selten mit einer großen Stichprobe durchgeführt. Das Ziel der Methode ist auch nicht, allgemeingültige Aussagen über Konsumentenverhalten zu überprüfen. Das Ziel ist, solche Aussagen allererst zu gewinnen (vgl. Salcher, 1995, S. 27*ff*). Von einem explorativen Vorgehen würde man aber auch dann sprechen, wenn man einen Datensatz ohne eine konkrete theoretische Annahme auswertet. »Explorativ« ist also nicht so sehr die Forschungsmethode, sondern vielmehr die Forschungshaltung.

17.2.2 Deskriptive Forschung

Gronholdt und Hansen (1988) nutzten die Tatsache, daß in den südlichen Teilen von Dänemark das deutsche Fernsehen zu empfangen ist und auch rezipiert wird. Sie untersuchten die Marktanteile bestimmter Produkte in Abhängigkeit von dem Werbeaufwand, der im Fernsehen um diese Produkte betrieben wurde. Es zeigten sich recht deutliche Zusammenhänge zwischen Werbung und Marktanteilen. Man kann also einen Zusammenhang zwischen der Rezeption der Werbung und dem Kaufverhalten zeigen. Deskriptive Forschung besteht genau in dieser Leistung. Den Zusammenhang zwischen Werbung und Absatz kann man mit diesem Ansatz *beschreiben*, aber nicht *erklären*. Zusammenhänge, die wir auf deskriptivem Wege finden, lassen sich grundsätzlich auf drei verschiedene Weisen erklären. Stellen wir uns dazu folgendes Beispiel vor: Eine Datenerhebung zeigt, daß Konsumenten, die die Werbung für den Fünf-Frucht-Saft *Obelix* häufiger gesehen haben, dieses Produkt auch häufiger gekauft haben. Folgende Erklärungsmodelle sind mit diesem Befund verträglich (vgl. Abbildung 17.1):
Modell A: Die Konsumenten haben *Obelix* gekauft, weil sie die Werbung gesehen haben.
Modell B: Die Konsumenten haben die Werbung gesehen, weil sie *Obelix* gekauft haben oder die Absicht hatten, *Obelix* zu kaufen.
Modell C: Es gibt einen anderen Grund, weshalb bestimmte Konsumenten *Obelix* mögen und daher sowohl die Werbung gerne sehen als auch das Produkt kaufen.

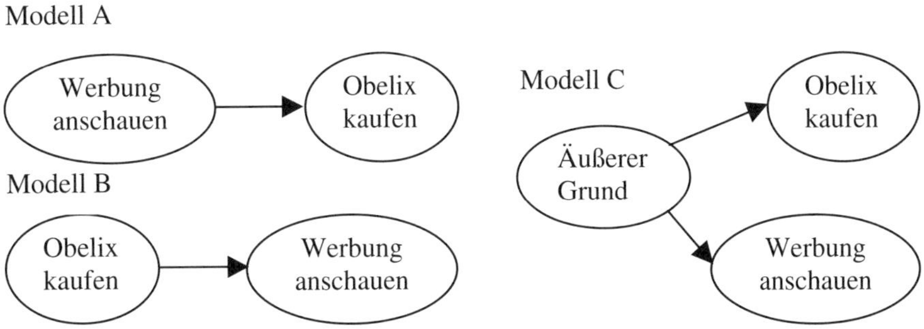

Abbildung 17.1 Drei Erklärungsmodelle für den Zusammenhang zwischen zwei Variablen.

Die erste Erklärung mag zwar die erwünschte sein, aber die zweite hat sehr viel für sich. Sie war beispielsweise eine der ersten Anwendungen der Dissonanztheorie auf das Konsumentenverhalten: Konsumenten, die sich bereits für ein Produkt entschieden haben, setzen sich besonders intensiv der Werbung aus, die ihren Entschluß bekräftigt (vgl. 11.4.1). Erklärungsmodell C schließlich besagt, daß es einen dritten Faktor gibt, der sowohl für die erhöhte Werberezeption als auch für die Kaufentscheidung verantwortlich ist. Damit leugnet es, daß der Zusammenhang zwischen Rezeption und Verhalten kausal, daß also das eine die Ursache des anderen ist.
Mit deskriptiver Forschung lassen sich Ursachen für die erforschten Phänomene nicht schlüssig nachweisen. Das soll aber nicht bedeuten, daß die Frage nach Ursachen in einem deskriptiven Rahmen keinen Platz hat. Innerhalb eines rein deskriptiven Ansatzes lassen sich zwar keine weiteren *methodischen* Argumente führen, mit denen man eine Entscheidung zwischen den drei Erklärungsmustern treffen könnte. Wenn man aber eine plausible Theorie hat, dann wird man sich allein deswegen vernünftigerweise für die Erklärung entscheiden, die aus dieser Theorie hervorgeht. Der Punkt ist aber: Man begründet in diesem Fall seine Annahmen nicht mit der Stärke seiner Forschungsmethoden, sondern mit der Plausibilität der Theorie. Auf unser Beispiel angewendet:

Wenn alle drei Erklärungsmuster gleich plausibel sind, dann sollte man sich über den gefundenen Zusammenhang freuen und über die vermutlichen Ursachen des Kaufverhaltens schweigen.

17.2.3 Kausale Forschung

Im vorangegangenen Absatz wollte ich folgendes betonen: Ursachen eines Phänomens identifiziert man nur mit plausiblen Theorien. Die Theorie steht immer am Anfang. Trotzdem sind die sich anschließenden wissenschaftlichen Methoden zur Prüfung einer Theorie unterschiedlich stark. Wirklich starke methodische Gründe für kausale Annahmen liefert nur das *Experiment*. Wie lassen sich Experimente in der Marktforschung vorstellen?

Betrachten wir dazu ein Projekt, das die Gesellschaft für Konsumforschung (GfK) seit 1986 in Haßloch durchführt (vgl. Kotler & Bliemel, 1995, S. 204; Förster, 1993; siehe auch das ursprüngliche Projekt der Information Resources Inc. von 1980, Clark, 1989). Dabei wurden etwa 3.000 Haushalte repräsentativ ausgewählt, deren Lebensgewohnheiten gegen eine geringe Entschädigung systematisch aufgezeichnet werden. Diese Haushalte gehören also zu einer festen Mannschaft, einem »Panel« (siehe Exkurs 56), das in der Folge repräsentativ für die Gesamtpopulation steht. Dieses Projekt enthält deutliche experimentelle Elemente.

»Die 3.000 Haushalte sind in zwei Stichproben unterteilt: 2.000 Haushalte mit und 1.000 Haushalte ohne TV-Kabelanschluß. An den 2.000 verkabelten Fernsehern ist ein elektronisches Gerät, die sogenannte GfK-Box, angeschlossen. Ein komplettes TV-Studio mitten in Haßloch ermöglicht es, die regulär ausgestrahlte Werbung der Fernsehanstalten [...] unbemerkt mit Testfilmen gleicher Länge zu überblenden. Jeder der verkabelten Haushalte kann einzeln angesteuert werden... Bei 200 Haushalten werden zusätzlich Einschaltquoten sekundengenau registriert. Schon am Tag nach der Ausstrahlung kann im Laden die Wirkung der TV-Werbung auf die Kauflust gemessen werden. Im Mikrotestmarkt Haßloch werden auch gezielt die klassischen Printmedien eingesetzt: Plakate, Tageszeitungen und Zeitschriften. So bekommen die Testhaushalte wöchentlich kostenlos eine Ausgabe von drei Zeitschriftentiteln, in die vorher Testanzeigen montiert werden können. Bei reinen Fernsehspot-Tests untersucht die GfK vor allem die Auswirkungen von Werbedruckveränderungen, die Verkaufskraft alternativer TV-Kampagnen und den Unterschied zwischen kontinuierlicher und pulsierender Werbung. Um exakte Ergebnisse zu erzielen, werden Test- und Kontrollgruppen mit gleichen Einkaufsgewohnheiten gebildet« (Kotler & Bliemel, 1995, S. 989).

Exkurs 56 *Panelforschung*

Ein Panel ist eine Gruppe von Personen, die über einen längeren Zeitraum untersucht wird, und deren Zusammenstellung über diesen Zeitraum immer gleich bleibt. Im Fall der Panelforschung stellen ausgewählte Untersuchungseinheiten (Haushalte, Händler, Lieferanten...) ihre Daten – meist gegen Entgelt – zur Verfügung, um dadurch Rückschlüsse auf die Grundgesamtheit zu ermöglichen. »Das Charakteristikum dieser Messung ist die periodische Wiederholung von Einzelerhebungen bei einem gleichbleibenden repräsentativen Personen- bzw. Adressatenkreis zu dem gleichen Untersuchungsgegenstand« (Zentes, 1994, S. 351). Auf diese Weise lassen sich Entwicklungsverläufe im Längsschnitt nachzeichnen.

Im Falle eines Konsumentenpanels wird beispielsweise das Einkaufsverhalten über besondere Befragungen oder das Führen eines Einkaufstagebuchs ermittelt. Neuere Techniken erlauben die computergestützte Erfassung des Kaufverhaltens (Zentes, 1994). Beim Haßlocher Projekt (siehe Text) verfügen die Kunden über eine eigene Kundenkarte, auch »smart card« genannt, mit deren Hilfe ihre Einkäufe an einer gesonderten Kasse registriert und individuell zugeordnet werden können (vgl. Kotler & Bliemel, 1995, S. 186; S. 204*f*; 989*f*). Die Repräsentativität im Panel hängt davon ab, daß alle ausgewählten Mitglieder der Stichprobe auch zur Zusammenarbeit bereit sind. Ist diese Voraussetzung nicht erfüllt, muß man eine gewisse Einseitigkeit in der Zusammenstellung der Stichprobe befürchten.

Innerhalb dieses Erhebungsansatzes lassen sich außerhalb des Labors beinahe alle relevanten Merkmale eines Experiments realisieren. Drei Merkmale sind für Experimente besonders zentral.

Vergleich einer Experimental- mit einer Kontrollgruppe
Stellen wir uns vor, die Werbemacher für *Obelix* würden uns lediglich erklären, daß von den Personen, die ihre Werbung gesehen haben, 50 Prozent den Fruchtsaft gekauft haben. Das klingt doch gut, nicht wahr? Nein, das klingt nach gar nichts. Eine solche Aussage hängt in der Luft, solange man keinen Vergleich hat. Wir müssen wissen, wie hoch die Kaufquote bei jenen Personen war, die die Werbung nicht gesehen haben. Wenn die nämlich ebenfalls bei 50 Prozent liegt, dann gibt es keinen Zusammenhang zwischen Werbung und Kauf. Liegt die Quote ohne Werbung bei 80 Prozent, dann schleicht sich der Verdacht ein, daß die Werbung dem Produkt mehr schadet als nützt. Mit anderen Worten: Ergebnisse kann man nur interpretieren, wenn man einen Referenzpunkt, typischerweise eine Kontrollgruppe hat.
Die Kontrollgruppe können dieselben Personen *vor* dem Senden der Werbung sein, man kann aber auch andere Personen heranziehen, die die Werbung nicht gesehen haben, obwohl sie schon gezeigt wurde. Beide Verfahren haben Vor- und Nachteile, die ich hier nicht diskutieren will. Wichtig ist: Einen Erkenntnisfortschritt erzielt man nur im Vergleich zwischen Experimental- und Kontrollbedingung. Der zwingende Vergleich der verschiedenen Bedingungen ist nicht nur für Experimente typisch. Auch in der deskriptiven Forschung kann man Effekte nur so zeigen.
In dem GfK-Ansatz von Haßloch können als Kontrollgruppen sowohl die nicht angesprochenen Haushalte als auch der restliche Markt in Deutschland gelten. Dies ist ein erheblicher Vorteil gegenüber den sogenannten »Gebietsverkaufstests« (vgl. Moser, 1990, S. 50). In diesen Fällen wird ein Produkt mit seiner Kampagne erst in einem räumlich begrenzten Testmarkt eingeführt. Dabei besteht die Schwierigkeit, den Testmarkt wirksam zu isolieren. Die Einflüsse, die im Versuchsgebiet wirken, sollten möglichst nicht nach außen getragen werden. Neben Streuungsverlusten, nach denen auch Außenstehende von den Marketingmaßnahmen beeinflußt werden, gibt es auch Motivationseffekte: Wenn zum Beispiel das Produkt für Außenstehende nicht zu haben ist, könnte sich bei denen Ärger oder Reaktanz einstellen. Weiterhin besteht das Risiko, daß das Gebiet, das man als Testmarkt ausgewählt hat, nicht repräsentativ ist. Wenn man zum Beispiel – um für möglichst gute Isolierung des Testmarktes zu sorgen – ein einsames Alpendorf oder eine Hallig ausgewählt hat, dann kann wohl niemand die Hand dafür ins Feuer legen, daß die Testgruppe sich nicht durch irgendwelche relevanten Eigenheiten vom Rest der Bevölkerung, der Kontrollgruppe, unterscheidet. In früheren Zeiten war es noch möglich, West-Berlin als einen isolierten Testmarkt einzusetzen. Eine derart künstliche und grausame Isolierung sollte aber wohl ein Einzelfall bleiben, der sich nicht wiederholt.

Manipulation der experimentellen Bedingungen.
Typisch für Experimente ist nun, daß die Bedingungen, die man prüfen will, eigens gezielt manipuliert werden. In den Beispielen mit unserem Fruchtsaft und in der Untersuchung von Groholdt und Hansen (1988) wurden zwar ebenfalls Gruppen verglichen, nämlich solche Konsumenten, die die Kampagne häufig, und solche, die sie selten oder gar nicht rezipieren. Die unterschiedliche Rezeption haben wir aber schon vorgefunden. Im Haßlocher Projekt ist es demgegenüber möglich, verschiedene Stufen der Werbedarbietung zu variieren, so daß zumindest theoretische Höchstgrenzen der Werberezeption aktiv manipuliert werden können.

Daher lassen sich in Haßloch tatsächliche Feldexperimente mit ziemlich hoher Lebensnähe und daher auch hoher externer Validität durchführen. Ein Laborexperiment hätte demgegenüber natürlich den Vorteil, daß die entscheidenden Variablen (zum Beispiel Werbedruck) punktgenau manipuliert werden können. Der Experimentator kann eben festlegen, daß die eine Gruppe den Spot genau fünf Mal und die anderen ihn sieben Mal sieht.

Manipulation der Gruppenzusammenstellung

Beim Gebietsverkausfstest haben wir keinen Einfluß auf die Gruppenzusammenstellung. Wir arbeiten mit vorgefundenen Gruppen. Solche Versuchsanordnungen gelten als »Quasi-Experimente« (Campbell & Stanley, 1965) und nicht als Experimente im eigentlichen Sinne. Der oben beschriebene GfK-Ansatz erlaubt demgegenüber, für jede einzelne Teiluntersuchung neue Experimental- und Kontrollgruppen zu bilden. Der entscheidende Punkt bei dieser dritten Bedingungen besteht darin, daß sich Experimental- und Kontrollgruppe nur in einem einzigen Punkt unterscheiden dürfen, nämlich in den experimentellen Bedingungen. Ansonsten sollten die Gruppen gleich sein, und das kann man auf verschiedenen Wegen erreichen. Eine Möglichkeit besteht in einer strengen Zufallsauswahl bei der Zusammenstellung der Stichproben. Allerdings führt dies gerade bei kleinen Stichproben nicht mit Sicherheit zu parallelen Gruppen. Eine zweite Möglichkeit besteht darin, die Gruppen nach einem eigenen Algorithmus zu parallelisieren. In diesem Fall spricht man von »Matching«.

Stellen wir uns etwa vor, wir wollten sicherstellen, daß die Teilnehmer in Experimental- und Kontrollgruppe gleichermaßen extravertiert sind (vielleicht weil das Produkt in der Öffentlichkeit konsumiert wird und daher zu erwarten ist, daß Extravertierte einen anderen Konsumstil zeigen als Introvertierte). Wir haben das Merkmal bei unseren Probanden gemessen und können nun anhand dieser Messung parallele Gruppen bilden: Der Proband mit dem höchsten Wert kommt in die eine Gruppe, die mit dem zweit- und drittgrößten Wert in die andere Gruppe, die mit dem viert- und fünfthöchsten Wert wieder in die eine und so fort. Auf diese Weise erreicht man, daß in beiden Gruppen Mittelwert und Streuung für das Merkmal Extraversion einigermaßen ähnlich und die Gruppen mithin vergleichbar sind.

Die aktive Manipulation der Gruppenzusammenstellung ist eine der Grundvoraussetzungen der internen Validität. Gruppen, die man schon vorfindet, unterscheiden sich notwendig in irgendwelchen Merkmalen von anderen vorgefundenen Gruppen (sonst könnte man sie ja nicht vorfinden), und es besteht natürlich immer die Möglichkeit, daß der Unterschied der Gruppen an dem gefundenen Effekt beteiligt war. (Allerdings ist dies auch wirklich nur eine *Möglichkeit* – oft ist der Unterschied zwischen den Gruppen nicht relevant.)

Aber oft wiederum ist es unmöglich, wenigstens eine minimale Lebensnähe herzustellen und gleichzeitig die Zusammenstellung der experimentellen Gruppen zu manipulieren. Das gilt nicht nur in der Marktforschung: Stellen Sie sich vor, Sie wollten wissen, welche Unterrichtsmethode am effektivsten ist, und verteilen nun die unterschiedlichen Methoden auf unterschiedliche Klassen. Dieses Vorgehen erfüllt zwar die zweite Bedingung, denn Sie können ja in der Tat aktiv bestimmen, welche Klasse welche Methode bekommt. Um aber die dritte Bedingung zu erfüllen, müßten Sie für das Experiment ganz neue Schulklassen bilden – ein Vorgehen, das Ihr Experiment meilenweit von jedem realistischen Schulalltag mit festen Klassenstrukturen entfernen würde.

17.2.4 Das Problem der abhängigen Variablen

Welche Variablen sollen in der Marktforschung betrachtet werden? Auf welche Variablen soll Werbung wirken? Was soll ich denn messen – und eventuell als Erfolg oder Mißerfolg werten? Diese Frage ist bereits auf dem Gebiet der ökonomischen Kriterien nicht einfach zu beantworten. Zunächst müssen wir den Begriff der Werbewirkung vom Begriff des Werbeerfolgs abgrenzen (vgl. Moser, 1990, S. 49*f*; Mayer, 1993, S. 19). Machen wir uns die Unterscheidung einfach: Irgendeine Wirkung unterstellen wir der Werbung eigentlich fast immer. Ob wir diese Wirkung als Erfolg bezeichnen, hängt davon ab, welche Wirkung wir angestrebt hatten. Der Werbeerfolg ist demnach eine bestimmte, und zwar die erwünschte Art der Werbewirkung (Flögel, 1990, S. 235). Werbeerfolg bedeutet nicht nur Steigerung der Verkaufszahlen für ein bestimmtes Produkt, die Größe des Absatzes, die Steigerung des Umsatzes, die erzielte Kostenreduktion oder der erzielte Gewinn. Auch eher psychologische Wirkungen sind für den Werbeerfolg wichtig, zum Beispiel die Kundenzufriedenheit oder die kognitive Repräsentation, das Image des Produktes und des Unternehmens.

Trotzdem ist das naturgemäße Ziel ökonomischen Handelns, mit der Zufriedenstellung von Kunden Geld zu verdienen. Daher drängt sich als einfachstes Erfolgskriterium der Verkauf eines beworbenen Produktes auf. Da aber Werbeanstrengungen häufig und aus gutem Grund mit Preisänderungen beim Produkt verbunden werden, muß ein erhöhter Absatz nicht identisch mit einem erhöhten Umsatz sein. Andere mögliche Erfolgskriterien sind Erstkäufe, die Wiederverkaufsrate, der Mehrverbrauch bei einem Produkt pro Einwohner, Kostenreduktion oder die Verbreitungsdichte einer Marke. Eine wichtige ökonomische Größe ist auch die Prognose über den Erfolg, den ein Produkt haben wird. Diese Prognose müßte dann aber auch zeitlich spezifiziert sein. Bedenken wir nur das vermutliche Verhalten der Konkurrenz. Ein Wettbewerbsvorteil, der durch eine Innovation erzielt wird, ist möglicherweise nur von kurzer Dauer, weil die Konkurrenz ihr Angebot anpaßt (Mayer, 1993, S. 253*ff*; Kirchler, 1995, S. 120; Kotler & Bliemel, 1995, S. 191). Wenn wir die Werbewirkung messen wollen, müssen wir auch zwischen der Entscheidung für ein Produkt und der Entscheidung für eine Produktmenge unterscheiden. Es zeigt sich nämlich, daß Konsumenten durch Werbung zwar nicht leicht dazu gebracht werden können, ein Produkt zu kaufen, das sie vorher nicht gekauft haben, daß sie aber sehr wohl nach verstärkter Werbung für ihre bevorzugte Marke größere Mengen davon kaufen (Tellis, 1988).

Bei den psychologischen Größen bieten sich ebenso vielfältige Möglichkeiten. Soll die Werbung nur die Aufmerksamkeit steigern, soll sie die Stimmung beeinflussen, soll sie sich tief ins Gedächtnis einprägen, soll sie uns besonders motivieren, Wünsche wecken, glaubwürdig sein, das Image des Produktes verbessern, Handlungen nach sich ziehen, reflexartiges Verhalten anstoßen...? Die Frage nach der Werbewirkung ist stark davon abhängig, welche Ziele die Werbung überhaupt anfangs hatte.

In der Praxis sind die wesentlichen Kriterien für die Auswahl von Variablen bei der Erfolgskontrolle: Kann man das leicht messen, ist das auch nicht zu teuer, leuchtet die Variable auf den ersten Blick ein (Mayer, 1993, S. 33)? Der entscheidende Gedanke sollte aber die Frage sein: Ist der Zusammenhang der Variablen mit dem Werbeerfolg erwiesen? Diese Frage wird aber viel zu oft zugunsten der Einfachheit zurückgestellt. So dominiert in den meisten Untersuchungen zur Werbewirkung die Betrachtung von Gedächtniseffekten (zum Beispiel Clark, 1989, S. 144; Higie & Sewall, 1990; Brosius & Fahr, 1996; Gleich, 1996).

17.3 Meßmethoden und Variablen in der Marktforschung

Im folgenden möchte ich eine Reihe von Datenerhebungsmethoden vorstellen, die in der Markt- und Werbewirkungsforschung eingesetzt werden. Dabei orientiere ich mich an zentralen Variablen des Konsumentenverhaltens, etwa Aufmerksamkeit oder Gedächtnisleistung. Einzelne Meßmethoden können aber mit verschiedenen Zielsetzungen eingesetzt werden. Beispielsweise diskutiere ich zwar die Beobachtung vor allem bei der Messung von Aufmerksamkeit. Das soll aber nicht heißen, daß dies der einzige Fall ist, wo Beobachtungsmethoden gebraucht werden. Sie werden zum Beispiel häufig in Produkthandhabungstests eingesetzt. Diesen Gedanken soll die Matrix in Tabelle 17.1 veranschaulichen. Wenn ein Zelle dieser Matrix markiert ist, so soll das bedeuten, daß die Variable in der Spalte mit der Methode in der Zeile erhoben werden kann. Eine solche Zuordnung läßt sich nicht endgültig und definitiv vornehmen. Sie ist auch in Tabelle 17.1 nur als ein Vorschlag zur Anregung gemeint. Wenn man entsprechende theoretische Argumente führt, wird man auch andere Zuordnungen vertreten können. Beispielsweise schlägt Rüdell (1993) vor, auch Kundenemotionen und -einstellungen zu beobachten. Demnach würde sie in der ersten Zeile auch die Spalte »Einstellungen« markieren. Lassen wir die Argumente, die zu meiner Zuordnung geführt haben, auf sich beruhen, und schauen wir uns im folgenden eine Auswahl an Methoden und Variablen an.

Tabelle 17.1 Zuordnung verschiedener Variablen zu möglichen Datenerhebungsmethoden (Auswahl)

	Variablen					
Erhebungsmethoden	*Aufmerksamkeit*	*Gedächtnis*	*Informations-verarbeitung*	*Produkthand-habung*	*Einstellungen*	*Qualität einer Werbevorlage*
Beobachtung	o		o	o		
Compagnon-Verfahren	o		o			
Blickbewegung	o		o		o	
Eyes on screen	o		o		o	o
Freies Erinnern		o			o	o
Unterstütztes Erinnern		o				o
Wiedererkennen		o				o
Implizite Maße		o	o		o	
Informations-Display-Matrix			o			
Verbalprotokolle			o		o	
Schnellgreifbühne					o	
Projektive Tests	o				o	
Pupillenreaktion	o				o	
Hautwiderstand					o	
Reaktionszeiten	o	o			o	
Befragung		o	o	o	o	o
Punktesystem						o
semantisches Differential					o	o
Programmanalysator	o				o	o
Gruppendiskussion				o		o
Fragebogen		o		o	o	o

17.3.1 Aufmerksamkeit

Beobachtung und Compagnon-Verfahren

Eine einfache Methode, die Aufmerksamkeitssteuerung einer Maßnahme zu untersuchen, besteht darin, Personen in ihrem natürlichen Umfeld zu beobachten (zum Beispiel Beike, 1974; Rüdell, 1993; Salcher, 1995, S. 99*ff*). Lysinski (1919/1920) beobachtete bei systematischer Variation von Schaufensterdekorationen das Verhalten der Passanten, ohne daß diese die Beobachtung bemerkten. Registriert wurde, wie sich Passanten in Abhängigkeit von der farblichen Gestaltung der Schaufenster verhielten. Es zeigte sich, daß bunte Schaufenster häufiger und länger betrachtet wurden als einfarbige.

Auch heutzutage werden noch einfache Beobachtungen eingesetzt, um die Aufmerksamkeit von Konsumenten zu messen. Das sogenannte Compagnon-Verfahren sieht vor, daß die Probanden in einer Wartezimmer-Situation gefilmt werden. Auf einem schräg geneigten Lesepult liegt eine Illustrierte, die die Versuchspersonen lesen. Eine Spiegelvorrichtung ermöglicht es, durch die Neigung des Pultes die Augenpartie der Personen zu filmen. Eine andere Kamera, die hinter den Versuchspersonen versteckt ist, nimmt gleichzeitig die aufgeschlagene Illustrierte auf, so daß nachvollziehbar bleibt, was die Personen gerade sehen (Salcher, 1995, S. 102).

Blickbewegungsaufzeichnung

Um Aufmerksamkeitsprozesse nachzuvollziehen, werden auch die Blickbewegungen von Versuchspersonen untersucht. In der Regel verweilt der Blick zwischen 200 bis 400 Millisekunden auf einem Punkt. Die Bewegung von einem Punkt zum anderen, eine sogenannte »Saccade«, vollzieht sich dagegen in etwa 30 bis 90 Millisekunden (vgl. Kroeber-Riel & Meyer-Hentschel, 1982, S. 79). »Interessant kann es dabei zum Beispiel sein, ob tatsächlich die relevante Information (zum Beispiel die Botschaft oder der Markenname) beachtet wird, oder lediglich ein Blickfang, der dann – was das Werbeziel betrifft – eher ablenkt, indem er die gesamte Aufmerksamkeit auf sich zieht (›Vampireffekt‹, Kroeber-Riel & Meyer-Hentschel, 1982)« (v. Rosenstiel & Neumann, 1988, S. 215*f*).

Mit Hilfe einer Brille der japanischen Firma *NAC* können Blickbewegungen ohne größere Unbequemlichkeiten für die Probanden aufgezeichnet werden. Die *NAC*-Brille enthält zwei Objektive, von denen eines das Blickfeld der Testperson erfaßt, und das andere die Bewegungen auf der Hornhaut aufzeichnet. Dies geschieht mit Hilfe eines auf die Hornhaut projizierten Infrarot-Lichtstrahls. Der Reflexion dieses Lichtes lassen sich die Augenbewegungen entnehmen. Mit dieser verhältnismäßig bequemen Apparatur ist es möglich, diese Methode nicht nur in der Grundlagenfoschung (zum Beispiel Janiszewski & Warlop, 1993), sondern auch im Bereich der professionellen Marktforschung einzusetzen (Keitz-Krewel, 1994; siehe auch Salcher, 1995, S. 100*ff*). Blickbewegungsmaße stehen nicht nur mit der Erinnerung oder einigen Bewertungen der Anzeige in Zusammenhang: »Der *Otto*-Versand verglich solche Doppelseiten aus dem Katalog, die im Blickaufzeichnungs-Test gut abgeschnitten hatten [...], und Seiten, mit denen sich die Leser nur flüchtig beschäftigt hatten, und korrelierte sie mit den bundesdeutschen Abverkaufszahlen, die für jede Doppelseite im Hause Otto bekannt sind. Das Ergebnis: ein Korrelationskoeffizient von .70« (Keitz-Krewel, 1994, S. 55). Demnach läßt sich späteres Kaufverhalten zu einem beträchtlichen Ausmaß durch die Aufmerksamkeit gegenüber einer Anzeige im Blickbewegungs-Test vorhersagen.

Eyes on screen

Die Aufmerksamkeit gegenüber dem Fernsehen kann auch durch ein weniger aufwendiges Verfahren gemessen werden. Viele wichtige Fragen der Werberezeption können beantwortet werden, wenn man Versuchspersonen einfach danach beobachtet, ob sie auf den Bildschirm schauen. Das hierbei entstehende Maß »Eyes on screen« (EOS) hängt sowohl mit den späteren Sympathie- als auch mit den Erinnerungswerten eines Spots zusammen. Andere Maße der Aufmerksamkeit seien dem Maß EOS deutlich unterlegen (Thorson, 1994, S. 68*ff*). So läßt sich Aufmerksamkeit gegenüber dem Fernsehen zwar auch im nachhinein durch eine Befragung der Zuschauer ermitteln. Bei solchen Befragungen werden aber häufig Nebentätigkeiten nicht in Rechnung gestellt. Es gehört zum typischen Nutzungsverhalten, daß viele Leute auch andere Dinge machen, wenn sie fernsehen.

Reaktionszeiten
Aus der pädagogischen Psychologie stammt folgende Methode zur Aufmerksamkeitsmessung: Die Probanden halten ein Gerät in der Hand, mit dem sie auf ein akustisches Signal reagieren sollen. Dieses Signal hören sie, während sie gleichzeitig dem Programm folgen. Die Reaktionszeit auf das Signal gilt als Maß für die Ablenkung (das Involvement) während des Programms: Verlängert sich die Reaktionszeit, wird daraus geschlossen, daß die Probanden an diesen Stellen dem Programm gegenüber besonders aufmerksam waren (zum Beispiel Lord & Burnkrant, 1993).

17.3.2 Gedächtnis

Ein weiteres wichtiges Wirkungskriterium für Werbung ist die Frage, ob Produkt und Werbung beim Betrachter eine Gedächtnisspur hinterlassen. Nun ist die Frage nach der Erinnerung nicht so einfach, denn je nachdem, was ich als Erinnerung gelten lasse, werde ich unterschiedliche Ergebnisse erhalten. Erinnern wir uns den Unterschied zwischen freiem und unterstütztem Erinnern (7.3.4).

Ein Verfahren, das auf das freie Erinnern abzielt, ist der DAR-Test (Day After Recall). Danke (1989) beschreibt das Grundprinzip des DAR für Fernseh-Spots: »Der TV-Spot wird über den Sender ausgestrahlt. Am nächsten Tag werden Telefoninterviews bei zufällig ausgewählten Personen durchgeführt. Anhand eines Kontaktfragebogens wird vorab ermittelt, ob die Testperson [...] überhaupt die Gelegenheit hatte, den Spot zu sehen, also ein sogenannter Blockviewer ist. Erst dann erfolgt das eigentliche Interview zum Testspot. Eine Variante besteht darin, die Blockviewer künstlich durch die sogenannte Vor-Rekrutierung zu erzeugen, d.h. zufällig ausgewählte Personen werden gebeten, in der Zeit ›von – bis‹ einen bestimmten TV-Sender einzuschalten« (S. 201). Der DAR wird wegen geringer Zuverlässigkeit und enorm hoher Kosten kritisiert (Danke, 1989).

Typischerweise wird beim freien Erinnern weniger produziert als beim Wiedererkennen, und es liegt nahe, daß man mit der Methode des freien Erinnerns zu den wirklich tiefen Gedächtnisspuren gelangt. Aber vielleicht spricht das unterstützte Erinnern eine sehr willkommene und völlig ausreichende Art von Wirkung an. Wenn eine Person zum Beispiel im Kaufhaus vor der Entscheidung steht, ein bestimmtes Produkt aus einer Reihe von konkurrierenden Produkten zu wählen, dann mag es genügen, daß sie sich an die Werbung erinnert, wenn sie das Produkt im Regal sieht, wenn sie also einen Hinweis hat. Wird dagegen eine extensive Kaufentscheidung vorbereitet, dann hat der Anbieter den Wettbewerb bereits verloren, wenn der Konsument im Vorfeld der Entscheidung keine bewußte Erinnerung an Marke oder Produkt hat.

Bei einem Wiedererkennungstest (Rekognition, vgl. Moser, 1990, S. 56*f*) bekommen die Versuchspersonen einige Werbevorlagen gezeigt und sollen sagen, ob sie diese Vorlagen schon einmal gesehen haben. Beim kontrollierten Rekognitionstest sehen die Personen auch einige

Vorlagen, die sie mit Sicherheit nicht kennen. An dieser Gruppe der unbekannten Vorlagen kann man erkennen, in wie vielen Fällen die Versuchspersonen nur raten und aufs Geratewohl behaupten, sie hätten die Vorlage schon gesehen. Ein Beispiel für einen kontrollierten Rekognitionstest ist der Starch-Test. »Hier geht ein Versuchsleiter mit der Versuchsperson nach dem Lesen einer Zeitschrift diese nochmals durch und fragt, ob die Versuchsperson die Werbevorlagen zuvor gesehen hat (›noted‹), näher betrachtet hat, so daß die Marke identifiziert werden konnte (›seen associated‹), oder mehr als 50 Prozent gelesen wurde (›read most‹)« (Moser, 1990, S. 56*f*; siehe auch Kotler & Bliemel, 1995, S. 993).

In einem Rekognitionstest sind prinzipiell immer zwei Fehler denkbar: Entweder ein Reiz, der zuvor nicht präsentiert wurde, wird fälschlicherweise ›wiedererkannt‹ oder ein tatsächlich präsentierter wird gesehen. Den ersten Fall würde man als ›falschen Alarm‹ bezeichnen, der zweite wäre ein Auslassungsfehler. Man könnte das Ergebnis des Rekognitionstests ganz auf die korrekt erkannten Fälle, die ›Treffer‹, reduzieren, aber diese Information ist irreführend: Jemand, der von allen Reizen behauptet, er kenne sie, wird natürlich eine Trefferrate von 100 Prozent erzielen, dafür aber auch sehr häufig falschen Alarm schlagen. Daher werden eine Reihe von Möglichkeiten in der Signal-Entdeckungs-Theorie der Psychophysik diskutiert, wie die wichtigen Größen miteinander verrechnet werden. Zum Beispiel nutzte Duke (1995) in seinem Vergleich verschiedener Gedächtnistests für Werbevorlagen den sogenannten d'-Wert. Hierzu werden die Falschen Alarme von den Treffern abgezogen.

Die Ergebnisse, die mit freiem Erinnern oder Wiedererkennen erzielt werden, sind ernüchternd (zum Überblick Perfect & Askew, 1994, S. 694). Auch bei sehr häufiger Darbietung ist kaum zu hoffen, daß sich auch nur ein Viertel der Rezipienten an eine Werbebotschaft erinnern. Im Kapitel über das implizite Erinnern (9.2) haben wir aber gesehen, daß auch solche Anzeigen, die weder bewußt erinnert, noch wiedererkannt werden, eine Wirkung hinterlassen.

17.3.3 Informationsverarbeitung

Die Frage nach der Informationsverarbeitung stellt den Prozeß der Reizaufnahme und -verwertung in den Mittelpunkt. Hierzu werden Versuchspersonen zum Beispiel in konkrete Wahl- und Entscheidungssituationen gebracht, in denen ihnen die wichtigen Informationen in unterschiedlicher Menge und in unterschiedlicher Anordnung dargeboten werden.

Informations-Display-Matrix

Auf der sogenannten »Informations-Display-Matrix« (vgl. Kroeber-Riel, 1992; Kirchler, 1995, S. 129) können zeilenweise verschiedene Informationen abgerufen werden, die zu den spaltenweise dargebotenen Produkten Auskunft geben. Zum Beispiel könnten in den Spalten verschiedene Keks-Sorten stehen, etwa *Voltaire*, *Descartes* und *Spinoza*. In den Zeilen stehen verschiedene Informationen über die Sorten, zum Beispiel Preis, Menge, Schokoladen- und Zuckeranteil, verwendetes Getreide, Kalorien, Verpackung und so weiter. Die Zellen der Matrix sind verschlossen. Sie müssen die Information aktiv abrufen. Welche Information würde Sie als erstes interessieren, welche danach? Die Reihenfolge und die Menge der erfragten Informationen lassen Rückschlüsse auf Ihr Entscheidungsverhalten zu. Payne, Bettman und Johnson (1993; siehe auch Jungermann et al., 1998, S. 130) untersuchen Entscheidungen anhand eines »Mouselab«. Die Probanden sehen eine Informationstafel auf dem Monitor, bei der verschiedene Informationen verdeckt sind. Mit der

Computer-Maus können die Probanden jene Informationen aufdecken, die sie für ihre Entscheidung benötigen.
Ähnlich lassen sich auch hier wieder Blickbewegungsaufzeichnungen einsetzen (vgl. Aschenbrenner, 1987, S. 155*f*). Mit Hilfe der Blickbewegungen könnte man verfolgen, welche der Alternativen in welcher Reihenfolge erwogen werden. Sinnvoll wäre eine solche Methode zum Beispiel, wenn es um Entscheidungen im Geschäft, am *Point of sale*, vor dem Regal geht. Andere Situationen, die eine Registrierung der Blickbewegung zulassen, sind tabellarische Anordnung von verschiedenen Produktalternativen in Katalogen, Werbeprospekten oder Ergebnissen der *Stiftung Wartentest.*

Verbalprotokolle
Bei einer anderen Methode bittet man die Versuchspersonen, laut zu denken (Bettman, 1979; Harte, Westenberg & van Someren, 1994; v. Rosenstiel & Neumann, 1988, S. 216; Shapiro, 1994). O'Shaughnessy (1987) hat seine Befunde zu Kaufentscheidungen im wesentlichen dadurch gewonnen, daß er Konsumenten vor, während und nach einem Kauf aufforderte, laut zu denken. Das Kaufverhalten sollte kommentiert werden. Er erhielt dabei Kaufprotokolle in Alltagssprache, in denen die Konsumenten ihre früheren Kauferfahrungen, ihr Produktwissen, ihre Erfahrungen mit Werbung, ihre Zufriedenheit mit dem Produkt, ihre aktuellen Stimmungen und vieles mehr berichteten. In der Auswertung ging es unter anderem um implizite Kaufregeln (zum Beispiel 3.2.3) oder um die Bedürfnisse und Wünsche, die die Konsumenten mit der Kaufhandlung befriedigen wollten (2.2).
Man sollte aber nicht unbesehen davon ausgehen, daß Menschen über ihre eigenen inneren Zustände, über ihre tatsächlich wirksamen Absichten zuverlässig Auskunft geben können (Nisbett & Wilson, 1977a; 2.2.8). Seit Freud herrscht in der Psychologie Zweifel darüber, ob bewußte kognitive Vorgänge alles abdecken, was unser eigenes Verhalten beeinflußt. Wer einem Gruppendruck, den Erfordernissen der Gegenseitigkeit, der Reaktanz oder kognitiven Dissonanz unterliegt, wird oft nicht einmal in der eigenen Alltagssprache einen Hinweis auf solche motivierenden Ursachen geben. Mit O'Shaughnessys Methode werden insbesondere diejenigen Gedanken abgerufen, die den Konsumenten beim Kauf besonders verfügbar waren. Die Unmittelbarkeit der Datenerhebung, zum Beispiel auch während des Kaufs, macht ein übermäßiges Glätten der Gedanken für die Versuchspersonen immerhin sehr schwierig. Dies spricht für die Methode. Andererseits weiß man auch, daß Entscheidungen, über deren Gründe die Personen nachdenken, durch dieses Nachdenken beeinflußt werden. Lautes Denken ist eine einfache und sehr wirksame Methode, die eigenen intellektuellen Problemlöseleistungen zu verbessern. Eine Entscheidung, die durch lautes Denken begleitet ist, könnte daher rationaler sein als sie es ohne lautes Denken gewesen wäre. Es gibt sogar Gründe für die Annahme, daß reflektierte Entscheidungen unter gewissen Gesichtspunkten weniger optimal ausfallen (Wilson & Schooler, 1991; 4.2.1). Die Forderungen an den Konsumenten bei einem Verbalprotokoll heben jedenfalls den Entscheidungsprozeß auf ein Reflexionsniveau, das er normalerweise nicht hat. O'Shaughnessy (1987, S. 53) selbst erklärt, daß seine Methode bei Gewohnheitskäufen weniger geeignet ist, da bei dieser Kaufart die eigentlichen Gründe für den Kauf nicht im Kurzzeitspeicher präsent seien.

Schnellgreifbühne
Will man die Kaufentscheidung mit einem Minimum an Informationsverarbeitung darstellen, dann bietet sich die sogenannte Schnellgreifbühne an (vgl. zum Beispiel Salcher, 1995, S. 118*ff*). Die Probanden sitzen vor einem großen Kasten, in dem Produkte oder Packungen enthalten sind. Der Kasten öffnet sich immer nur für sehr kurze Zeit, und in dieser Zeit müssen die Versuchspersonen

eine Wahl treffen und etwas greifen. Danach schließt sich der Kasten wieder mit einer gepolsterten Klappe. Dabei können die Probanden unterschiedlich instruiert sein. Möglich sind etwa folgende Anweisungen: »Wählen Sie das wirkungsvollste Waschmittel«, »Wählen Sie die auffälligste Verpackung« oder »Welches Produkt ist wohl das teuerste?« Man könnte nun meinen, mit diesem Verfahren werde die genaue Kehrseite eines Verbalprotokolls gewonnen: Der Unterschied zwischen der Wahl nach Verbalisierung und der Wahl in der Schnellgreifbühne ginge demnach genau auf das Konto der Informationsverarbeitung, und man hätte in diesem Unterschied also ein Maß für die Leistung der kognitiven Verarbeitung. Aber so einfach ist die Sache nicht. Obwohl es rein physiologisch möglich wäre, innerhalb von zwei Sekunden in den Kasten zu greifen, so sind die Probanden doch nicht dazu zu bewegen, innerhalb dieser kurzen Zeit etwas zu wählen. Erst eine Darbietungszeit von etwa fünf Sekunden führt zuverlässig zu Wahlhandlungen der Versuchspersonen. Ein gewisses Minimum an Informationsverarbeitung läßt sich also mit dieser Methode nicht unterschreiten.

17.3.4 Die Produkthandhabung

Ich hatte einmal eine elektrische Zahnbürste, die hatte folgendes Problem: Wenn man damit beim Zähneputzen die Position der Bürste zum Beispiel von Oberkiefer rechts nach Oberkiefer links wechselte, dann konnte es nicht ausbleiben, daß man beim Drehen in der Hand an den Einschaltknopf der Zahnbürste geriet und das Gerät ausschaltete. Der Schalter war so ungünstig angebracht, daß man die Zahnbürste bei jedem Zähneputzen ein- bis zweimal versehentlich ausschaltete. Das war ein Fall für einen Handhabungstest. Bei einer guten Marktforschung hätte eigentlich auffallen müssen, daß hier ein Bedienungsproblem vorlag.
In einem Handhabungstest werden in der Regel Videoaufzeichnungen der Produktverwendung angefertigt, denn es geht häufig um komplexe Handlungsabläufe, die analysiert werden müssen. Die Versuchspersonen sind nicht immer darin eingeweiht, daß sie beobachtet werden. Spontane bzw. eingefahrene, gewohnheitsmäßige und automatisierte Verhaltensabläufe sind meist interessanter als ein reflektiertes Verhalten. Ein Beispiel mag die Anwendung von Handhabungstests am besten illustrieren (Salcher, 1995, S. 105*f*): Die Hersteller von Haarspray waren sich nicht immer darüber im klaren, wie die Konsumentinnen ihre Haare einsprühten. Jedenfalls war folgende Beobachtung eine Offenbarung: Frauen mit kurzen Locken und Dauerwellen neigen dazu, sehr dicht heranzugehen und jede Locke einzeln zu bearbeiten. Da aber die Düsen der Sprays nicht auf solch kurze Distanzen eingerichtet waren, mußte das Verfahren zu Klumpenbildung führen. Mit dieser Information konnten die künftigen Sprühdosen auf eine wesentlich feinere Zerstäubung eingerichtet werden.

17.3.5 Werthaltungen, Motivation und Emotion

Eine andere Wirkgröße, die uns interessiert, sind Werturteile und Gefühle, die durch eine Werbung in der Person hervorgerufen werden. Die Frage, wie sich die Person in Zukunft gegenüber dem Produkt verhalten wird, hängt sicher zu einem Großteil davon ab, welche Gefühlstönung das Produkt bei ihr hervorruft, bzw. welches Image es bei ihr hat.

Projektive Verfahren

Eine Möglichkeit, emotionale Tönungen zu erfassen, liegt in projektiven Testverfahren. Bei diesen Verfahren sollen die Versuchspersonen zu mehrdeutigen Vorgaben spontan assoziieren. Die bekanntesten Beispiele für projektive Verfahren entstammen eigentlich der klinischen Persönlichkeitsdiagnostik. Hier werden zum Beispiel der Thematische Apperzeptionstest (TAT) von Murray (vgl. Revers, 1973) oder der Rorschach »Tintenklecks«-Test angewendet. Im TAT sehen die Versuchspersonen zum Beispiel Bilder mit verschiedenen Szenen. Sie sollen zu diesen Szenen Geschichten erzählen. Der Grundgedanke in allen projektiven Verfahren ist, daß die Versuchspersonen ihre Motivlage, also auch ihre Emotionen in das spontane Material quasi hineinprojizieren. So gesehen sind projektive Daten ein Standardfall sogenannter »impliziter Messungen« (Greenwald & Banaji, 1995; vgl. Kapitel 9), denn das, was man eigentlich messen will, ist gar nicht Teil der Instruktion; es zeigt sich vielmehr implizit in dem, was auf die Instruktion hin produziert wird.

In Abbildung 17.2 erscheint der projektive Gedanke bereits in ironischer Weise gebrochen: Die ›mehrdeutige‹ Reizvorlage ist hoch suggestiv und die angesprochene Motivlage ist so weit verbreitet, daß es hier eigentlich nichts zu diagnostizieren gibt. Die Abbildung zeigt aber auch, daß der Grundgedanke des projektiven Tests eigentlich ein Allgemeingut ist. So kann diese Anzeige in parodistischer Weise als ›Diagnoseinstrument‹ auftreten, mit dessen Hilfe sich die Betrachter mit der Frage: ›Gehöre ich zur Zielgruppe oder nicht?‹ quasi selbst testen können.

Abbildung 17.2 Parodie auf einen projektiven Test: ›Diagnostiziert‹ wird hier die Zugehörigkeit zur Zielgruppe.

Auch einen anderen zentralen Gedanken projektiver Tests parodiert die Anzeige aus Abbildung 17.2: Typischerweise sollen projektive Tests solche Inhalte zutage fördern, die die Probanden aus sich heraus nicht produziert hätten. Sie sollen ein Schlüssel zu verdrängten, jedenfalls unbewußten Motiven sein – und solche Motive sind eben häufig sexueller Art (vgl. Exkurs 53).

Aber sowohl die Beispielanzeige als auch die klinischen Anwendungen unterscheiden sich in einem wesentlichen Punkt von den Anwendungen projektiver Verfahren in der Marktforschung: In der Diagnostik geht es darum, etwas über die untersuchten Personen, ihre Persönlichkeit und Motive zu erfahren. Üblicherweise steht dagegen in der Marktforschung das Produkt im Vordergrund. Ein zweiter Unterschied zu klinischen Anwendungen besteht darin, daß in den Marktforschungsanwendungen kein standardisiertes Material verwendet wird. Die TAT- oder die Rorschach-Tafeln sind seit Jahrzehnten dieselben. Für die Marktforschung dagegen gilt, daß das Material, zu dem die Probanden etwas produzieren sollen, eigentlich beliebig sein kann, nur *mehrdeutig* muß es sein. Den Bezug zum Produkt kann man entweder über das Material oder über die Instruktion herstellen. Dies wird deutlicher, nachdem wir einige Beispiele betrachtet haben. In der Marktforschung sind folgende projektive Verfahren gebräuchlich (vgl. Salcher, 1995, S. 59*ff*):

- *Die einfache projektive Frage:* Dabei sollen die Probanden nicht ihre eigene Einstellung zu einem Produkt berichten, sondern die einer vorgestellten anderen Person. Eine solche Frage könnte zum Beispiel lauten: »Was versprechen sich die Kunden von *Cartier* von ihren Luxus-Uhren?« Der Hintergedanke ist, daß hierbei Ansichten geäußert werden, die die Personen zwar insgeheim hegen, die sie sich aber nicht so leicht selbst offen zuschreiben würden.
- *Ballon- oder »picture frustration«-Test:* Der Ballon-Test geht auf ein klinisches Verfahren der Persönlichkeitsdiagnostik von Rosenzweig (1950) zurück. Die Personen werden mit Bildern konfrontiert, die in der Regel eine Konfliktsituation darstellen. Eine Person schildert in einer Sprechblase den Konflikt. Die andere sagt auch etwas, aber die Sprechblase ist leer. Die Antwort legen die Probanden der Person in den Mund. In anderen Varianten müssen die Versuchspersonen vorgegebene Sätze der Bildpersonen ergänzen, zum Beispiel: »Es sind doch immer dieselben Leute, die *Ferrero Rocher* kaufen, nämlich... «
- *Bildzuordnung- oder Collagentechnik:* Hierbei sollen die Versuchspersonen dem Produkt Bilder zuordnen. Das Material kann man zum Beispiel Zeitschriften und Illustrierten entnehmen, aus denen die Probanden auch einzelne Bild- und Textteile zu Collagen zusammenstellen können. Auf diese Weise können recht kreative Anordnungen rund um das Produkt entstehen.
- *Assoziative Verfahren:* Bei einem assoziativen Test verbalisieren die Probanden alles, was ihnen zu einer bestimmten Vorgabe durch den Kopf geht. Die Vorgabe kann, wie bei einem typischen projektiven Verfahren, sehr vieldeutig sein. Es kann sich aber auch um eine klare Frage handeln, etwa »Sprechen Sie bitte alles aus, was Ihnen zu dem Begriff Zahncreme durch den Kopf geht« (Salcher, 1995, S. 70*f*). Entscheidend ist auch hier, daß es die Versuchsleiter auf die spontanen, automatischen und ungefilterten Gedanken abgesehen haben. Um diesen Effekt auf die Spitze zu treiben, wird auch gerne mit Zeitdruck gearbeitet.

Exkurs 57 *Aus dem Repertoire der Marktforscher*

Im Grunde kann ein projektives Marktforschungsverfahren zu jeder neuen Aufgabe auch immer neu konstruiert werden. So sind der kreativen Phantasie keine prinzipiellen Grenzen gesetzt, originelle Aufgaben zu erfinden, mit denen die Probanden etwas über ihre Einstellung zum Produkt mitteilen. Die folgenden Aufgaben sind durch verschiedene praktische Anwendungsbeispiele inspiriert (für Anregungen danke ich Dipl.-Psych. Heiko Bolz, Bolz Consumer Insight, Frankfurt/Main und Dipl.-Psych. Ursula Müller):

Stellen wir uns vor, wir wollten etwas über die Wertschätzung eines Fachbuch-Verlages erfahren, nennen wir ihn *Prisma*. Unsere Probanden könnten verschiedene Aufgaben zu dem *Prisma*-Verlag erfüllen:

- Als assoziative Verfahren bieten sich Satzergänzung (»Hätte der *Prisma*-Verlag doch bloß nicht...«) oder Buchstabenergänzung (P steht für...; R steht für ...) an.
- Wir könnten unsere Probanden in Rollenspiele verwickeln. Inszeniert wird etwa ein Streitgespräch zwischen Lesern der Prisma-Titel und Lesern anderer Fachbücher. Die Rollen werden zufällig vergeben.

- Wir unternehmen Phantasiereisen (auf einen Planeten, wo es nur den *Prisma*-Verlag gibt; in ein Land, wo der *Prisma*-Verlag verboten würde). Die Probanden sollen beschreiben, wie es an diesen Orten zugeht.
- Die Probanden schreiben Tagebuch: ein Tag im Leben des *Prisma*-Verlags.

Besonders reichhaltig sind die Möglichkeiten, mit dem Produkt Analogien zu bilden:
- Personifizierung (»Die Tür geht auf und der *Prisma*-Verlag kommt herein.« ...).
- Der *Prisma*-Verlag als Tier, Pflanze, Land, Auto, Film- oder Märchenfigur.
- Phantastischer Stammbaum (die phantastischen Vorfahren des *Prisma*-Verlags).
- Restaurant (Stellen Sie sich vor, der *Prisma*-Verlag würde ein Restaurant eröffnen. Was stünde auf der Speisekarte? Wer wären die Gäste?).

Nicht nur die Eigenschaften des Produktes werden durch projektive Tests erfragt, sondern auch die Eigenschaften eines vorgestellten Produktverwenders. Für diese Verwendungsweise steht eine Untersuchung von Haire (1950). Es geht wieder einmal um den Pulverkaffee, der, wie schon mehrfach betont wurde, nicht immer einen leichten Stand hatte. Um herauszufinden, warum die Konsumentinnen den Pulverkaffee ablehnten, legte Haire einer Reihe von Hausfrauen Einkaufslisten vor, die nur in einem Punkt voneinander verschieden waren: Eine Liste enthielt Pulverkaffe, eine andere Liste normalen Bohnenkaffee. Die Hausfrauen wurden gebeten, die Person zu beschreiben, die diese Liste geschrieben haben könnte. Die Person, die den Pulverkaffee in ihrer Liste hatte, wurde – unter anderem – als »faul, knauserig, schlechte Ehefrau und nicht imstande, die Familie gut zu versorgen« beschrieben (Kotler & Bliemel, 1995, S. 207). Aus diesen Beschreibungen wurde geschlossen, daß die Hausfrauen den Pulverkaffee nicht als angemessenes Prokukt für einen gut organisierten Haushalt ansahen. Das neue Produkt, das es einem offenbar besonders leicht machte – zu leicht – stand nicht im Einklang mit Bedürfnissen, für gewissenhaft und kompetent zu gelten. In der Folge wurden die Werbeanstrengungen darauf abgestimmt, den Pulverkaffee mit kompetenter und effizienter Haushaltsführung zu assoziieren.

Üblicherweise erhält man mit projektiven Verfahren qualitative Daten, etwa Verbalprotokolle oder sogar Bildmaterial wie bei der Collagentechnik oder der Technik des »Psychodrawing«, bei dem man zum Beispiel die typischen Produktverwender zeichnen soll (McDaniel & Gates, 1991). Solche Daten sind nicht einfach auszuwerten. Als ideal gilt eine Auswertung in der Gruppe (evtl. mit den Probanden selbst). Die Gruppensituation erzeugt eine gewisse Objektivität, und wenn die Probanden dabei sind, können diese zu dem produzierten Material Stellung nehmen. Prinzip der Auswertung ist immer die Suche nach Ähnlichkeit und Gemeinsamkeit. In einem weiteren Schritt können dann ähnliche Inhalte zu Äquivalenzklassen zusammengefaßt werden und spätestens dann eröffnen sich Möglichkeiten der quantitativen Auswertung.

Projektive Verfahren werden gerne als ein Standardfall qualitativer Methoden angesehen (zum Beispiel Kepper, 1996). Dies ist allerdings aus zwei Gründen irreführend. Zum einen: Die Begriffe »qualitativ« und »projektiv« gehören zu unterschiedlichen Kategorien. *Qualitativ* nennt man ein bestimmtes Datenniveau, also praktisch, das was am Ende bei der Messung herauskommt. Als *projektiv* bezeichnet man dagegen nicht das Ergebnis der Messung, sondern das Material oder die Aufgabe, mit der diese Ergebnisse erzielt werden. Daher ist es – zum zweiten – durchaus möglich, daß mit einem projektiven Material quantitative Daten erzeugt werden. Das möchte ich an einem Beispiel demonstrieren.

Zum Beispiel könnten in der Untersuchung von Haire (1950) die Probanden die vermeintliche Autorin der Einkaufszettel anhand einer vorgegebenen Merkmalsliste auf Schätz-Skalen beschreiben (siehe Abbildung 17.3). Projiziert werden dann zwar nicht mehr so sehr die Merkmale, denn die sind ja vorgegeben, wohl aber noch immer die *Ausprägung* dieser Merkmale. Das Ergebnis steht dann praktisch dem ganzen Arsenal statistischer Auswertungsverfahren zur Verfügung.

Bitte beschreiben Sie die Person, die den Einkaufszettel geschrieben hat, anhand der folgenden Merkmale:

Die Person, die diesen Einkaufszettel geschrieben hat, ist...

	gar nicht								sehr
Modern	0	1	2	3	4	5	6	7	8
Intelligent	0	1	2	3	4	5	6	7	8
Genußfreudig	0	1	2	3	4	5	6	7	8
Fleißig	0	1	2	3	4	5	6	7	8
Gesundheitsbewußt	0	1	2	3	4	5	6	7	8
Humorvoll, heiter, lustig	0	1	2	3	4	5	6	7	8
Bequem	0	1	2	3	4	5	6	7	8
Familienorientiert	0	1	2	3	4	5	6	7	8
Gutaussehend, attraktiv	0	1	2	3	4	5	6	7	8
Kompetente Hausfrau	0	1	2	3	4	5	6	7	8

Abbildung 17.3 Quantitative Vorgabe zur projektiven Beschreibung einer fiktiven Person.

Was versprechen sich Marktforscher von projektiven Verfahren? Die Erwartung, bei den Probanden verdrängte und angstbesetzte Inhalte zu erheben, steht in der Marktforschungsanwendung sicher nicht mehr im Vordergrund. Auch die Idee unbewußter Wünsche, die durch das Produkt befriedigt werden sollen, wird heutzutage nicht mehr besonders ernst genommen. Warum dann also projektive Erhebungsmethoden?

Die erste Antwort hierauf ist trivial, aber trotzdem wichtig: Natürlich erwartet jeder Anwender, daß die Probanden auf sein projektives Material andere Antworten geben als sie bei direkter Befragung gegeben hätten. Viele projektive Verfahren sind zunächst nicht besonders gut durchschaubar. Oft wissen die Probanden nicht, wie die Antworten später gedeutet werden. Eine gezielte gedankliche Kontrolle der Antworten ist daher meist nutzlos. Dieses Argument gilt allerdings typischerweise eher für die klinischen Tests, nicht so sehr für Marktforschungs-Varianten. Allerdings ist auch dann, wenn der Test leicht zu durchschauen ist, mit einer geringeren Reaktivität zu rechnen (zum Begriff der Reaktivität siehe 18.1): Die Aufgabe im projektiven Test hat ja meist mit dem Produkt nur noch indirekt zu tun (zum Beispiel: eine Geschichte mit dem Produkt zu erzählen, dem Produkt eine Tier-, Pflanzen- oder Filmfigur zuordnen...). Die Aufmerksamkeit der Probanden wird vom Produkt abgezogen und auf eine andere Aufgabe gelenkt, eben das kreative Ausfüllen der vieldeutigen Vorgabe. Wird diese Aufgabe mit dem nötigen Eifer erfüllt, ist ebenfalls die kognitive Kontrolle in bezug auf das Produkt reduziert. In diesem Sinne ist es natürlich ratsam, den Charakter der Aufgabe so zu gestalten, daß die Aufmerksamkeit möglichst effektiv von der kognitiven Kontrolle abgezogen wird. Zum Beispiel könnte man bei dem Bilder-Erzähl-Test (in Anlehnung an den TAT) darum bitten, die Geschichte zu dem Produkt möglichst spannend zu gestalten. Dies macht den Probanden oft mehr Spaß und hat gleichzeitig den Effekt, die Reaktivität zu verringern.

Diesen Vorteilen stehen freilich auch gewichtige Nachteile der projektiven Verfahren entgegen. Von diesen ist sicher ein besonders wichtiger die notorisch geringe Testgüte dieser Methoden. Im einzelnen ist fraglich

- ob verschiedene Anwender und Auswerter bei denselben Probanden auch die gleichen Ergebnisse erzielen würden (Durchführungs- und Auswertungsobjektivität);
- ob bei mehrmaliger Anwendung desselben Tests oder gar bei Anwendung verschiedener Tests bei denselben Personen auch immer dasselbe Ergebnis herauskommt (Reliabilität).
- Ebenso ist oft fraglich, ob die Ergebnisse des Tests wirklich für das stehen, wofür man sie gerne stehen lassen würde (Validität).

Bei diesen Unwägbarkeiten sind projektive Tests auch noch aufwendig in Erhebung und Auswertung. Sie stellen eine hohe Anforderungen an Motivation, Intelligenz und Kreativität der Teilnehmer. Zudem liegt ihr theoretischer Hintergrund in der Tiefenpsychologie und Psychoanalyse, deren Ideen von unbewußten Motiven in der wissenschaftlichen Psychologie nicht sehr verbreitet sind. Selbst wenn man davon ausgeht, daß es unbewußte und verdrängte Motive gibt, bleibt noch immer fraglich, warum diese verhaltenswirksamer sein sollen als die bewußten (vgl. hierzu 2.2.8; Exkurs 53).

Angezeigt sind projektive Verfahren daher wohl nur in bestimmten Situationen bzw. zu bestimmten Zwecken, zum Beispiel

- bei schwer zugänglichen Inhalten (zum Beispiel unbestimmten Aversionen),
- bei Inhalten mit starker sozialer Bewertung (zum Beispiel Pornographie; Ausländerfeindlichkeit),
- bei tabuisierten Inhalten (zum Beispiel Hygieneartikel),
- bei starker Dominanz von schematischen Assoziationen (zum Beispiel Brot, wozu den meisten Menschen außerhalb eines projektiven Tests wohl nur sehr banale und hergebrachte Inhalte einfallen dürften),
- zur Auflockerung einer ansonsten drögen Konsumentenbefragung.

Exkurs 58 *Empfehlungen bei der Nutzung projektiver Verfahren*

Nutzen Sie mehrere projektive Verfahren mit zunehmender Standardisierung.

Betrachten Sie die Ergebnisse eines projektiven Verfahrens nie isoliert! Es hilft bereits, wenn Sie mehrere unterschiedliche projektive Verfahren einsetzen.

Trennen Sie sorgfältig zwischen Verfahren zum Ideenfinden und zum Hypothesentesten. In der Regel werden projektive Verfahren vor allem für ersteres eingesetzt. In diesem Fall sind die Anforderungen an Repräsentativität der Stichprobe und Testgüte gering. Man kann aber projektive Verfahren auch zum Hypothesentesten einsetzen. In diesem Fall gelten strengere Anforderungen!

Pupillenreaktion und Hautwiderstand

Eine ganz andere Gruppe von Maßen bilden die reinen Körperreaktionen. Physiologische Reaktionen sind meist nicht bewußt steuerbar. Daher bieten sie sich als ein verhältnismäßig unverfälschtes Reaktionsmaß an. Allerdings können die meisten physiologischen Messungen nur als implizite Maße für psychologische Vorgänge gelten (vgl. Exkurs 28). Sie deuten in der Regel nur auf bestimmte psychologische Phänomene, ohne dafür ein Kriterium zu sein.

Lang (1994b) diskutiert das Erfassen des Herzschlags zur Messung der Reaktion auf Medien. Neben diesem recht einfachen Maß werden auch die Pupillenreaktion und der Hautwiderstand eingesetzt. Die Gefühle zu einem Gegenstand spiegeln sich nach einer verbreiteten Auffassung auch in den Augen, nämlich in den Pupillen. Diesen Standpunkt vertreten nicht nur Künstler und Poeten sondern auch einige Wissenschaftler. Der Grundgedanke ist der, daß sich die Pupillen gegenüber einem angenehmen und erstrebenswerten Gegenstand oder einer entsprechend sympathischen Person weiten, während sie sich angesichts eines negativen oder unerwünschten Gegenstands verengen (Hess, 1965, 1977; Mullen & Johnson, 1990, S. 13). In Untersuchungen zur Werbewirkung wurde die Pupillengröße als Maß für die Beliebtheit eines Produktes verwendet: »Hess (1965) berichtete, daß Personen die stärkste Pupillenerweiterung zeigten, wenn sie dasjenige Orangengetränk tranken, das sie später auch bevorzugten. [...] Halpern (1967) beobachtete Pupillenerweiterung als Reaktion auf eine Schilderung der Bequemlichkeitsvorteile, die eine Art der Verpackung gegenüber einer anderen hatte« (Mullen & Johnson, 1990, S. 13, Übersetzung GF).

Janisse (1973) argumentiert gegen die Annahme, daß die Pupillenerweiterung ein deutliches Zeichen von positiven Affekten sei. Vielmehr zeige sich Pupillenerweiterung grundsätzlich bei stärkeren affektiven Reaktionen, seien sie nun positiv oder negativ. Diese Argumente stehen im Einklang mit den unterstellten physiologischen Zusammenhängen und stellen auch keinen krassen Widerspruch zu den bisherigen Befunden dar. Sie zeigen, daß physiologische Daten die eigentlichen psychologischen Phänomene nur sehr unvollkommen abbilden, und daß man von physiologischen Zuständen nicht spezifisch auf psychologische schließen kann.

Kommen wir zu der Variable des Hautwiderstandes oder der »elektrodermalen Reaktion«. Diese psychobiologische Größe wird von einigen Praktikern als ein gutes Maß für das Aktivierungspotential einer Anzeige betrachtet (zum Beispiel Kroeber-Riel & Meyer-Hentschel, 1982, S. 71; Hopkins & Fletcher, 1994; LaBarbera & Tucciarone, 1995):

»Zur Messung der elektrodermalen Reaktion werden zwei Elektroden am Daumen und Kleinfingerballen befestigt. Durch die Elektroden wird der Haut ein sehr schwacher konstanter Strom (10 Mikroampère) zugeführt. Die auftretende Spannung wird fortlaufend auf einem Polygraphen aufgezeichnet. Die Spannungsveränderungen geben Aufschluß über den jeweiligen elektrischen Widerstand der Haut. Der Hautwiderstand hängt direkt von den Aktivierungsvorgängen im zentralen Nervensystem ab. Die elektrodermale Reaktion ermöglicht lediglich Aussagen über die Aktivierungsstärke einer Anzeige. Sie gibt keine Auskunft darüber, ob die Anzeige von der Testperson positiv oder negativ erlebt wird, ob sie verstanden oder akzeptiert wird« (Meyer-Hentschel, 1993, S. 27*f*).

Fassen wir zusammen: Mit physiologischen Reaktionen kann man »zwar die Intensität emotionaler Reaktionen, nicht jedoch deren Richtung (positiv oder negativ) abbilden« (Stahlberg & Frey, 1990, S. 153). Solche Argumente und sicherlich auch die Widersprüchlichkeit von Befunden zu diesem Thema veranlassen Mayer (1993, S. 263) zu der Warnung, daß man die »in der Praxis ohnehin weit verbreitete Skepsis und Zurückhaltung [...] gegenüber diesen Indikatoren auch beibehalten« sollte.

Reaktionszeit

»...die Schnelligkeit, mit der Antworten gegeben werden, [kann] ebenso informativ sein, wie die Antwort selbst. [...] Wenn zum Beispiel eine Testperson gefragt wird, ob sie Coke oder Pepsi den Vorzug geben würde, und sie antwortet schnell ›Coke‹, dann deutet das auf eine starke Präferenz hin; antwortet sie hingegen langsam, läßt das auf eine schwache Präferenz schließen« (MacLachlan & Myers, zit. n. Clark, 1989, S. 130; siehe auch Cameron & Frieske, 1994; Fazio et al., 1989). In diesem Beispiel wird das theoretische Konstrukt »Präferenzstärke« mit dem Maß »Reaktionszeit« verknüpft. Eine theoretisch plausible Verknüpfung ergibt sich, wenn man annimmt, daß die kognitive Verfügbarkeit, die Abrufbarkeit einer Information unter anderem davon abhängt, welche Valenz die Information besitzt. Gering bewertete Informationen würden demnach schlechter abgerufen als hoch bewertete. Wenn nun »Coke« besonders schnell abgerufen wird – es geht bei solchen Reaktionszeitmessungen um Millisekunden –, dann deutet das auf eine gute Verfügbarkeit und eben auch auf eine positive Bewertung.

Die Reaktionszeit ist aber vermutlich kein besonders gutes Maß für Präferenzen. Reaktionszeiten hängen auch von vielen anderen Dingen ab. Zum Beispiel reagiert die Reaktionszeit sehr empfindlich auf ein vorangegangenes Priming (vgl. Kapitel 8). Außerdem läßt sich damit auch die Stärke einer Gedächtnisspur bestimmen. Eine positive Bewertung ist eben nur eine von mehreren möglichen Variablen, die die Verfügbarkeit beeinflussen können.

Befragung

Die Befragung ist sicher die am weitesten verbreitete Methode in der Werbewirkungsforschung. So naheliegend sie aber sein mag, hat sie doch einige methodische Probleme. Zum Beispiel können die Konsumenten bei der Befragung nur solche psychologischen Prozesse angeben, die mit relativ hoher Aufmerksamkeit einhergehen, sogenannte »High-Involvement«-Prozesse (vgl. Keitz-Krewel, 1994, S. 57). Kognitive und emotionale Prozesse, die ohne Aufmerksamkeit ablaufen, sind der betreffenden Person nicht nur weitgehend unzugänglich. Sie verändern sich auch, wenn die Aufmerksamkeit, zum Beispiel durch Nachfragen, auf sie gelenkt wird (vgl. Kapitel 9).

Die Gründe, die ein Mensch zu seinem Verhalten angibt, sind nicht immer die Gründe, die ihn zu dem Verhalten motiviert haben. Dies gilt auch für die Fälle, in denen Personen ganz aufrichtig und ohne Beschönigungen eine Selbstauskunft geben (Nisbett & Wilson, 1977a). Daher erklären zum Beispiel Kroeber-Riel und Meyer-Hentschel (1982): »Viele Käufer ordnen ihrem Verhalten durchweg vernünftige, rationale Gründe zu, obwohl diese Gründe gar nicht maßgebend für ihr Verhalten waren. [...] Der Mißerfolg von manchen Produkten ist nicht zuletzt darauf zurückzuführen, daß die Marktforscher den rationalen Auskünften der Konsumenten zu viel Glauben geschenkt haben« (S. 20). Das Perfide an Befragungen ist: »Auf eine Frage erhält man im Regelfalle ein Antwort« (Bergler, 1984, S. 14). Trivial, möchte man meinen, aber in diesem Satz steckt eine wichtige Überlegung. Der Befragte läßt den Frager nicht im Regen stehen und bleibt ihm eine Antwort schuldig. Im Gegenteil: »Weiß der Befragte keine Antwort, dann erfindet er eben eine.« Auf diesen Punkt werde ich im kommenden Kapitel noch einmal zurückkommen (vor allem in 18.4.2).

Man kann eine Befragung mündlich, meist als Interview, und schriftlich, als Fragebogen, durchführen. Was sinnvoller ist, hängt unter anderem davon ab, wie weit man die Teile der Befragung standardisieren möchte. Im standardisierten Fall bekommt jeder Teilnehmer dieselben Fragen. Im Extremfall sind sogar die Antwortmöglichkeiten vorgegeben. Diese Form der Befragung ließe sich dann aber ebensogut als Fragebogen-Erhebung durchführen, da sich der Einsatz eines Befragers erübrigt. Bei der standardisierten Befragung kann man die Formen der Fragestellung danach unterscheiden, wie man zu antworten hat (zum Beispiel Kotler & Bliemel, 1995, S. 198). Zum Beispiel können lediglich »Ja/Nein« Antworten verlangt sein, oder aber man wählt nach dem »multiple choice«-Prinzip aus mehreren Antwortalternativen. In einem unstandardisierten Verfahren wären die Antwortmöglichkeiten frei. Es gäbe nur einige Fragen zur Anregung. Im Extremfall würde hier der gesamte Verlauf der Befragung davon abhängen, was die Gesprächspartner antworten.

Befragungen lassen sich nicht nur in der direkten Interaktion oder in Form von Fragebögen durchführen. Verbreitet ist auch die Methode des Telefoninterviews, bei der eine Zufallsauswahl von Personen angerufen und kurz befragt wird. In Deutschland rangiert allerdings das Telefoninterview in seiner Verbreitung nach dem mündlichen Interview, der Zufallsbefragung auf der Straße und dem Fragebogen an letzter Stelle.

Das sogenannte CATI-System (für »computer-assisted-telephone-interview«) kombiniert die Methode des Telefoninterviews mit computergestützter Datenerfassung und -verarbeitung. In verschiedenen Telefonkabinen sitzen die Telefoninterviewer, haben vor sich einen Bildschirm mit verschiedenen Fragen und rufen nach einem Zufallsprinzip eine Person nach der anderen an. Auch die Frage, wer angerufen wird, wird maschinell geregelt. Wenn zum Beispiel unter einer gewählten Nummer niemand zu erreichen ist, dann »merkt« sich das der Rechner und wählt die Nummer nach einer bestimmten Zeit wieder an, um eine bessere Stichprobenausschöpfung zu erreichen (vgl. Jeck-Schlottmann & Neibecker, 1994, S. 31; Salcher, 1995, S. 17).

Die Möglichkeiten einer computerunterstützten Datenerhebung eröffnen den Befragungsmethoden ganz neue Dimensionen. Man kann den Computer auf viele verschiedene Weisen einsetzen. Von der Art des Einsatzes hängt es ab, welche Vorteile mit dem Rechner verbunden sind. Hierzu nur einige Gesichtspunkte (Jeck-Schlottmann & Neibecker, 1994, S. 33*ff*; Meyer, 1994, S. 313*ff*):

- Der Computer kann bei der Befragung als besseres Notizbuch dienen. Der Interviewer macht seine Einträge direkt in den Rechner. Datenerhebung und Dateneingabe werden auf einen Arbeitsschritt reduziert. Eine Fehlerquelle entfällt somit.
- Die Ergebnisse der Befragung liegen sofort nach dem Gespräch vor. Je nach Grad der Standardisierung sind nach jeder Datenerhebung Auswertungsschritte möglich, die Rückschlüsse auf die Tauglichkeit der Methode erlauben.
- Typische Reihenfolge-Effekte bei der Befragung lassen sich ausschalten, indem der Computer die Reihenfolge der Fragen nach einem Zufallsprinzip variiert.
- Der Computer kann automatisch solche Fragen ausblenden, die durch frühere Antworten hinfällig geworden sind.
- Besondere Vorteile ergeben sich, wenn die Befragten ihre Antworten selbst eintragen. Zunächst einmal entfällt bei diesem Verfahren die Arbeit des Befragers. Außerdem ist mit einer größeren Ehrlichkeit bei der Beantwortung zu rechnen, wenn die Befragten beim Antworten allein sind. Der Computer bietet auch neue Möglichkeiten der Anonymisierung von Befragungsdaten, da ja zwischen Datenerhebung und Dateneingabe keine weitere Person mehr tritt, die ihrerseits die Daten zu sehen bekommt.
- Es werden über die Antwort hinaus auch bestimmte Modalitäten des Antwortverhaltens meßbar, zum Beispiel die Antwortzeit (siehe oben).
- Auch über Bildschirmtext sind prinzipiell Konsumentenbefragungen denkbar. Dieses Verfahren würde die Bequemlichkeit für die Befragten noch weiter erhöhen.
- Das große Problem der Datenkonservierung stellt sich nicht mehr. Ein Interview ist ja nicht selten erst dann auswertbar, wenn es schriftlich fixiert ist. Das kann im Einzelfall bedeuten, daß von einer Tonbandaufnahme eine Abschrift erstellt wird – und das ist außerordentlich aufwendig. Ein mit dem Rechner erstelltes Protokoll hat alle Vorteile eines Transkripts, kann darüber hinaus aber auch sogar dann noch maschinell ausgewertet werden, wenn es nur in sprachlicher Form als Fließtext vorliegt.

Nachteile liegen beispielsweise in Schulungskosten für die Interviewer. Zudem könnte das computergestützte Interview deshalb unflexibel sein, weil die zur Verfügung stehenden Rechner nicht umhergetragen werden können. Dieses Problem wird sich in Zukunft allerdings mit immer kleiner werdenden leistungsfähigen Rechnern verringern. Auch eine eventuelle Reserviertheit der Befragten gegenüber Computern wird, so hart sich das anhören mag, aussterben. Der Einsatz von Computern ist also zukünftig eine sehr ernst zu nehmende Option.

17.3.6 Qualität einer Werbevorlage

Ein Punktesystem

Das Punktesystem von Kotler (1978; Kotler & Bliemel, 1995, S. 991; vgl. Abbildung 17.4) ist auf das AIDA-Modell ausgerichtet (vgl. 1.3.2). Wir haben im AIDA-Modell gesehen, daß Werbung für »Attention«, »Interest«, »Desire« und »Action« sorgen soll. In Kotlers Einschätzungsbogen sollen die Experten für die einzelnen Komponenten Punkte vergeben. Der so erhaltene Gesamtwert bildet die Qualität der Werbung in einer Art Notensystem ab. Die Werte können zwischen 0 und 100 liegen.

		Höchste Punktzahl
Signalwirkung		
Wie stark erweckt die Anzeige die Aufmerksamkeit des Lesers?	___	15
Wie gut erweckt die Anzeige die Aufmerksamkeit des erwünschten Lesers?	___	5
Weiterlesewirkung		
Wie gut erfüllt die Anzeige die Aufgabe, den Betrachter zum Weiterlesen zu veranlassen?	___	20
Kognitive Wirkung		
Wie klar ist die Kernbotschaft oder der beschriebene Vorteil?	___	20
Affektive Wirkung		
Wie gut ist die Wahl des Werbeappells im Vergleich zu anderen möglichen Appellen ausgefallen?	___	10
Wie wirksam erweckt dieser Appell die gewünschten Gefühlsregungen?	___	10
Verhaltenswirkung		
Wie gut suggeriert die Anzeige die entsprechende Handlung?	___	10
Wie wahrscheinlich ist, daß die Anzeige eine entsprechende Handlung nach sich zieht?	___	10

Punkte und Bewertung
bis 20 sehr schlecht, 20–40 mittelmäßig, 40–60 durchschnittlich, 60–80 recht gut, 80–100 sehr wirksam

Abbildung 17.4 Beurteilung einer Anzeige nach einem Punktesystem (Kotler, 1978).

In einer Untersuchung von Espe und Walter (1999) ergab sich für die fünf Kriterien eine klare Faktorenstruktur: Die Signal- und Weiterlesewirkung auf der einen und die kognitive, affektive und Verhaltenswirkung auf der anderen Seite bilden je eigenständige Dimensionen. Espe und Walter (1999) kombinierten die Kotler-Liste mit einer weiteren Zusammenstellung von Qualitätskritieren, die weniger an Marketing- als vielmehr an Design-Gesichtspunkten orientiert ist. Aus Sicht des Art-Directors-Club Deutschland wird gute Werbung durch folgende Merkmale bestimmt:
Originalität, Klarheit, Überzeugungskraft, Ästhetik und Freude.
Beide Listen wurden kombiniert und zusammengefaßt. Die zugehörigen Fragen wurden 71 Beurteilern vorgelegt, die anhand dieser nunmehr zehn Kriterien insgesamt 24 Anzeigen bewerten sollten. Diese Urteile konvergierten zu einer interpretierbaren Faktorenstruktur (siehe Tabelle 17.2). Demnach besteht gute Werbung aus drei Faktoren (siehe Espe & Walter, 1999):

- *Originalität*: »Neu, originär, durchbricht Normen, weckt Aufmerksamkeit, veranlaßt zum Weiterlesen, Anschauen bereitet Vergnügen.«
- *Klarheit*: »Leicht erfaßbar, sofort begreifbar, klare Kernbotschaft, klarer Vorteil, glaubhafte Argumente.«
- *Verhaltenswirkung*: »Weckt die gewünschten Gefühlsregungen und Verhaltensweisen.«

Tabelle 17.2 Faktorenanalyse aus den Kriterien der Listen von Kotler und des ADC

	Originalität	Klarheit	Verhaltenswirkung
Originalität	.87		
Klarheit		.85	
Überzeugungskraft		.72	
Ästhetik	.59	.63	
Freude	.79		
Signalwirkung	.76		
Weiterlesewirkung	.77		
Kognitive Wirkung		.74	
Affektive Wirkung			.72
Verhaltenswirkung			.84

Anmerkung: Aus Espe & Walter, 1999. Faktorladungen > .50

Das semantische Differential

Das sogenannte semantische Differential (auch Polaritätenprofil, vgl. Osgood, 1970) wurde ursprünglich dazu entwickelt, um den Bedeutungsgehalt von Wörtern zu ermitteln. Mittlerweile wird es aber zur Einschätzung verschiedenster Dinge herangezogen. Das Grundprinzip besteht darin, daß ein bestimmter Gegenstand mit Hilfe einer Reihe von Adjektiven beschrieben werden soll. Im Laufe seiner vielfältigen Anwendungen hat das semantische Differential immer wieder eine stabile Grundstruktur bestätigt, der zufolge sich die Gegensatzpaare von Adjektiven grundsätzlich zu drei Dimensionen gruppieren lassen: Bewertung (»evaluation«), Potenz (»potency«) und Aktivierung (»activity«). Diese drei Dimensionen spannen den semantischen Raum auf, in dem sich die unterschiedlichsten Gegenstände einordnen lassen (Ewen & Droge, 1988).

Gegensatzpaare aus dem semantischen Differential sind etwa:

schwach – stark
sanft – wild
gefühlvoll – kühl
zart – robust
nachgiebig – streng

gehemmt – triebhaft
beweglich – starr
gesellig – zurückgezogen
unterwürfig – herrisch
redselig – verschwiegen

Die Begriffe werden nicht in ihrer rein sachlichen, sondern eher in ihrer konnotativen Bedeutung verwendet. Es geht also mehr um Anmutungsqualitäten als um tatsächliche Bedeutung. Trotzdem zeigen sich mit dieser Methode auch Unterschiede zwischen den eingeschätzten Objekten. In einem Beispiel von Ewen und Droge (1988) wurden nicht nur unterschiedliche Produkte mit dieser Methode eingeschätzt, sondern auch unterschiedliche Aspekte desselben Produktes. So zeigte sich etwa für ein Deo-Spray, daß Geruch, Name und Dose eine recht einheitliche Konnotation hatten: »[Sie sind] zu vergleichen mit den Begriffen Glück, Heiterkeit, Mutter und Liebe, und sie werden eher weiblich erlebt. Charakteristische Adjektive sind gesellig, offen, sanft, zart und gefühlvoll. Die *Anzeige* dagegen fügt sich dieser Konsistenz nicht. Sie wirkt im emotionalen Bereich vergleichsweise herrischer, hart, eher aggressiv und ernst, also eher männlich«

(S. 64, Hervorhebung im Original). Hier zeigt sich also im semantischen Differential eine Diskrepanz zwischen der Werbung und der sonstigen Wahrnehmung des Produktes.

Eine gebräuchliche Eigenschaftsliste zur Messung der Einstellung gegenüber Werbeanzeigen ist auch das MMA-Profil, das vom Institut *Media Markt Analysen* entwickelt wurde (zit. n. Meyer-Hentschel, 1993, S. 210). Die Einschätzer sollen die Werbevorlagen anhand folgender Merkmale auf einer vierstufigen Skala beurteilen: *überzeugend / langweilig / heiter / harmonisch / glaubwürdig / beziehungslos / mal was anderes.*

Ähnlich, wenn auch spezifischer auf einen bestimmten Zweck ausgerichtet, funktioniert das Aktivierungsprofil von Meyer-Hentschel (zum Beispiel 1993). Dabei werden den Einschätzern Bilder vorgelegt, die sie nach bestimmten Kriterien einschätzen sollen (siehe Abbildung 17.5). Das Ergebnis dieses Einschätzungsprofils hängt mit anderen Maßen der Aktivierung zusammen, so zum Beispiel der elektrodermalen Reaktion (Meyer-Hentschel, 1993, S. 68).

Das Bild ist...		
wenig lebendig	1-2-3-4-5	sehr lebendig
sehr alltäglich	1-2-3-4-5	wenig alltäglich
wenig dynamisch	1-2-3-4-5	sehr dynamisch
sehr durchschnittlich	1-2-3-4-5	wenig durchschnittlich
wenig ungewöhnlich	1-2-3-4-5	sehr ungewöhnlich
Summe		

Abbildung 17.5 Aktivierungsprofil nach Meyer-Hentschel (1993, S. 68).

Ein Vorteil und gleichzeitig ein Problem dieser Verfahren ist, daß sie auf alle möglichen Gegenstände angewendet werden können. Das macht sie zwar universell einsetzbar, aber die Begriffe, mit denen man ein Einstellungsobjekt beurteilen soll, sind wenig spezifisch. Mit derart allgemein gehaltenen Begriffen kann man nur schlecht vorhersagen, wie sich die einschätzenden Personen in Zukunft gegenüber dem Einstellungsobjekt verhalten werden (vgl. Stahlberg & Frey, 1990, S. 150; siehe auch 13.2).

Der Programmanalysator

Der Programmanalysator ist eine apparative Vorrichtung, bei der die Zuschauer ihre Reaktionen während des Betrachtens einer Werbevorlage »on-line« angeben. Er bietet sich also besonders für Fernseh- oder Radiospots an. Das Verfahren stammt eigentlich aus den dreißiger Jahren, und wird heute nach demselben Prinzip, aber unter neuen Bezeichnungen, zum Beispiel *CRAC, PEAC* oder *PROLOG*, in der professionellen Marktforschung angewandt (vgl. Lackner, 1992). Die Probanden halten während der Darbietung eines Programmes ein Bedienungsteil in der Hand, über das sie durch Drücken von Tasten oder Hebeln ihre augenblicklichen emotionalen Zustände mitteilen. Das Maß basiert also nicht so sehr auf einer Messung an den Personen als vielmehr auf der Selbstbeobachtung der Probanden. Es soll in erster Linie dazu dienen, die typischen Rückschaufehler und Vergessenseffekte einer Nachbefragung auszuschalten (vgl. Kroeber-Riel, 1992, S. 108).

Gruppendiskussionen

Eine beliebte Methode der Marktforschung besteht darin, daß man Versuchspersonen in einer Gruppe Werbebeiträge vorführt, und sie daraufhin bittet, darüber zu diskutieren. Auf dem Wege

der Gruppendiskussion sollen wichtige Eindrücke, die die Werbung bei den Teilnehmern der Diskussion hinterlassen hat, zur Sprache kommen.
Auch für andere Situationen wie zum Beispiel bei einem Produkttest, ersten explorativen Analysen von Kundenbedürfnissen oder gar bei der kreativen Entwicklung von Produktideen werden Gruppendiskussionen mit einer »Focus-Gruppe« durchgeführt (zum Beispiel Groebel & Gleich, 1988; Kotler & Bliemel, 1995, S. 196; Salcher, 1995, S. 44*ff*). Solche Gruppen werden nicht nach einem Zufallsprinzip ausgesucht. Sie sind zudem in der Regel viel zu klein, um als repräsentativ für die Grundgesamtheit der Konsumenten in Frage zu kommen. Das Ziel bei der Arbeit mit der Focus-Gruppe ist dann erreicht, wenn viele interessante Gesichtspunkte genannt werden. Stellen wir uns vor, es ginge um die Einführung einer Kinderbetreuung im Kaufhaus. Die Marktforschung soll ermitteln, wie groß der Bedarf danach bei den Kunden ist. In der explorativen Phase der Untersuchung ist den Forschenden eher willkommen, wenn bei den befragten Konsumenten die Überlegungen, Sorgen und Strategien beim Einkauf mit Kindern nur so hervorsprudeln. So gelangen die Forscher zu Ideen, die sie vielleicht alleine nie gehabt hätten. Es besteht dagegen keineswegs die Absicht, von solchen besonders gesprächigen Eltern auf alle anderen Eltern zu schließen.
Anleitungen zu Planung, Durchführungen und Auswertung von Gruppendiskussionen geben Dammer und Szymkowiak (1998) oder Lamnek (1998).

ACHTZEHN: **Psychologische Einflüsse auf Ergebnisse der Marktforschung**

Zusammenfassung:

1. *Psychologische Messungen müssen das Problem der Reaktivität berücksichtigen. Reaktivität bezeichnet die Änderung im Verhalten einer Person, wenn sie weiß, daß sie beobachtet oder »gemessen« wird.*

2. *Was eine Person über sich selbst sagt, unterliegt verschiedenen Einflüssen, zum Beispiel ihrer aktuellen Bedürfnislage, ihrer Erwartung, welche Konsequenzen sich aus ihrer Auskunft ergeben oder ihrem Streben nach Konsistenz.*

3. *Wir können unsere eigenen zukünftigen Wünsche und Präferenzen oft nur ungenau angeben. Die tatsächlichen Einflüsse auf unser Verhalten erkennen wir nur, wenn sie ohnehin schon zu unserer Theorie über unser Verhalten passen.*

4. *In standardisierten Befragungen beeinflussen Fragen und Antwortvorgaben das Urteil, das doch eigentlich erst erhoben werden soll. Zum Beispiel entscheiden die Antwortvorgaben in einem Fragebogen mit darüber,*
   - *ob die Probanden mit ihrer Antwort eine inhaltlich interpretierbare oder eine indifferente Position einnehmen,*
   - *wie wichtig welches Merkmal ist,*
   - *was die Befragten unter Begriffen wie ›viel‹ oder ›wenig‹ verstehen.*

5. *In Befragungssituationen kommt es oft vor, daß Personen zu dem in Frage stehenden Gegenstand keine Meinung haben, sondern ihre Antwort ad hoc aus verfügbaren Informationen konstruieren. Bei dieser Konstruktion verwenden sie vorzugsweise besonders wichtige, besonders hervorstechende und kurz zuvor aktivierte Informationen.*

6. *Befragungssituationen werden von den Befragten ähnlich wie andere Kommunikationssituationen auch verstanden. Daher folgen Personen bei ihren Antworten üblichen Kommunikationsregeln. Zum Beispiel berücksichtigen sie, welche Information der Frager schon hat und welche Konsequenz ihre Antwort möglicherweise haben könnte.*

7. *Aus einer psychologischen Sicht können vermeintliche Fehlerquellen bei standardisierten Befragungen auch als wertvolle Erkenntnisquellen nutzbar gemacht werden. Hierzu ist es erforderlich, daß man die Verarbeitungsprozesse nachvollzieht, die zu dem angeblich verzerrten Urteil geführt haben.*

Bei den Messungen, die im vorangegangenen Kapitel diskutiert wurden, haben unsere Versuchspersonen verschiedene Rollen eingenommen. Das eine Mal waren sie Gegenstand unserer Untersuchung, besonders augenfällig, wenn es um ihre Emotionen und Einstellungen ging. Ein anderes Mal waren sie eher »Experten« für bestimmte Fragen, ganz besonders, wenn es um Produktentwicklung oder die Bewertung einer Werbevorlage ging. Diese beiden Blickwinkel lassen sich vor allem daran unterscheiden, welche Art von Problemen in ihnen vorkommen. Bei der Messung an Versuchspersonen ist ein Hauptproblem, daß Personen sich vielleicht nicht mehr spontan verhalten, sobald sie registrieren, daß sie beobachtet werden und daß man an ihnen Messungen vornimmt. Diesen Verlust der Spontaneität bezeichnet man als »Reaktivität«. Die Tatsache, daß Menschen verschiedenen Wahrnehmungsverzerrungen und Motivationseffekten unterliegen, stört bei der Messung an Versuchspersonen kaum, denn das ist es ja normalerweise, was wir messen wollen. Genau diese Phänomene werden aber zu ernsten Problemen, wenn die Personen als »Experten« auftreten, also selbst die Meßinstrumente sind, mit denen die Daten gewonnen werden.

18.1 Reaktivität

Es gibt verschiedene Gründe, aus denen sich Personen anderes verhalten sollten, wenn sie »gemessen« werden. Wenn es zum Beispiel um eine Messung von Emotionen geht, können wir uns leicht vorstellen, daß Versuchspersonen hier ihre Spontaneität verlieren, um nicht durch die Emotionen, die sie haben, in ein unvorteilhaftes Licht zu geraten. Messungen werden dadurch bedroht, was die Versuchspersonen als allgemein erwünscht ansehen (Crowne & Marlowe, 1960, 1964). Daher ist die Reaktivität bereits geringer, wenn eine Versuchsperson sicher ist, daß ihre Daten anonym bleiben, und aus diesem Grund viel weniger Anlaß sieht, sich unangemessen positiv darzustellen. Bei der Gelegenheit einer Messung bilden die Versuchspersonen auch Hypothesen darüber aus, was wohl die Absicht der Untersuchung ist. Je nachdem wie wohlgesonnen uns die Versuchspersonen sind, werden sie versuchen, das ihrer Meinung nach erwünschte Ergebnis zu unterstützen oder zu umgehen.

Exkurs 59 *Der Hawthorne Effekt*
»In den 30er Jahren untersuchten Psychologen in einem Werk der *Western Electric Company* in Hawthorne, Chicago, ob die Beleuchtungsstärke in einer Werkhalle einen Einfluß auf die Produktivität der dort arbeitenden Angestellten hatte. Sie mußten zu ihrer großen Überraschung feststellen, daß sich die Leistungen zwar unter der Bedingung erhöhter Helligkeit, aber auch in Gruppen mit der Bedingung verminderter Helligkeit steigerten. Erst wenn die Beleuchtung auf Mondhelligkeit verringert wurde, sank die Effizienz der Arbeiter. Die plausible Erklärung: Die bloße Tatsache, daß sich die Arbeiter unter Beobachtung wußten, löste Effekte aus, die alle Effekte durch die experimentelle Manipulation überdeckten« (Greve & Wentura, 1991, S. 65).

Projektive Tests sollen zu den nicht-reaktiven Messungen gehören. Die Versuchspersonen wissen normalerweise überhaupt nicht, wie das Material später ausgewertet wird. Sie können daher auch nur schwach vermuten, in welche Richtung sie ihr Verhalten lenken sollen. Schwieriger wird es bei Gedächtnisexperimenten. Wenn die Versuchspersonen wissen, daß es um Gedächtnis geht, könnten sie das dargebotene Material aktiv memorieren und dadurch das Ergebnis verfälschen. Diese Verfälschung wird noch schlimmer, wenn die Versuchspersonen sogar wissen, welche konkrete Hypothese getestet werden soll. Eine Lösung zu diesem Problem sind »Blind-Versuche«.

Damit ist gemeint, daß die Versuchspersonen zwar wissen, daß sie an einem Experiment teilnehmen, nicht aber, worum es in dem Experiment geht. Sie sind also gegenüber der Absicht des Experiments »blind«. Diese Methode kann ebenfalls einige Erwartungseffekte ausschalten – aber nicht alle. Auch die Erwartung desjenigen, der eine Messung durchführt, kann nämlich das Meßergebnis beeinflussen. Zu diesem Thema hat Robert Rosenthal eine ganze Reihe berühmter Experimente durchgeführt (siehe Greve & Wentura, 1991; Exkurs 60).

Exkurs 60 *Rosenthal-Effekt*

Zu der Zeit, als die Psychologie noch vielfach mit Ratten arbeitete, gab Rosenthal (1976) seinen Mitarbeitern eine Menge von Versuchsratten aus derselben Zucht. Einer Gruppe der Mitarbeiter sagte er, es handele sich um eine besonders wertvolle Rasse, die wahrscheinlich sehr schnell und sehr effektiv lernen werde. Der anderen Mitarbeitergruppe sagte er von genau derselben Zucht, es seien keine besonders intelligenten Ratten, die auch wahrscheinlich beim Lernen einfacher Aufgaben Schwierigkeiten hätten. Tatsächlich zeigten die angeblich intelligenten Ratten bessere Lernergebnisse als die Ratten gleicher Herkunft, die für dumm gehalten wurden. Offenbar hatte die Erwartungshaltung der Experimentatoren dazu geführt, daß die hohen Leistungen auch erzielt wurden.

Eine Konsequenz hieraus sind sogenannte »Doppel-Blind-Versuche«. Dabei werden nicht nur die Versuchspersonen, sondern auch diejenigen Mitarbeiter, die das Experiment durchführen, über die Absicht im unklaren gelassen. So wissen zum Beispiel die Pfleger, die in der Probephase zu einem Medikament die Präparate an Patienten ausgeben, oft nicht, welcher Patient das zu untersuchende Medikament und welcher ein Placebo erhält. Das stellt bei einer sorgfältig geplanten Untersuchung, bei der die einzelnen Ergebnisse immer wieder den ursprünglichen experimentellen Bedingungen zugeordnet werden können, kein Problem dar.

18.2 Probleme bei Selbstauskünften

Ist der Mensch ein unbestechliches Meßinstrument, auf dessen Meßergebnisse sich die Wissenschaft blind verlassen kann? Natürlich nicht, blöde Frage! Aber was sind die Mechanismen, die die Urteilsbildung beeinflussen? Diese Frage können wir eigentlich bereits mit Hilfe des gesamten bisherigen Textes beantworten; fast alle Kapitel werfen etwas hierzu ab. Die Probleme beginnen bei der Wahrnehmung. Wahrnehmungseindrücke sind keine unbeeinflußte Abbildung der Außenwelt. Hierzu sei nur noch einmal an optische Täuschungen oder Kippbilder erinnert (vgl. 5.2).

18.2.1 Motivationale Einflüsse auf Wahrnehmung und Urteil

Zudem beeinflussen auch unsere »inneren« Zustände, unsere Motive, das, was wir wahrnehmen. So führt bekannterweise Hunger dazu, daß man zum Beispiel beim Gang durch die Stadt eher das registriert, was mit Essen zu tun hat, zum Beispiel eine Pizzeria oder einen Würstchenstand. Man würde hier von einer motivierten Wahrnehmung sprechen (vgl. McClelland & Atkinson, 1948). Ein anderes Phänomen der motivierten Wahrnehmung nennt man die »absolute Größenakzentuierung«. Nachgewiesen wurde diese Erscheinung in einem Experiment von Bruner und Goodman (1947). Kindern aus unterschiedlichen sozialen Schichten wurden Geldmünzen vorgelegt. Die Kinder sollten die Größe der Münzen schätzen. Es zeigte sich, daß Kinder aus ärmeren Verhältnissen die gleichen Münzen als wesentlich größer einschätzten, als die Kinder reicher Eltern. Theoretisch wird der Wahrnehmungsunterschied damit erklärt, daß Dinge um so größer wahrgenommen werden, je wertvoller sie uns erscheinen und je mehr wir sie begehren. Der Effekt von Bruner und Goodman (1947) wurde mehrfach repliziert (Kirchler, 1995, S. 278*f*). Auch das Vertrauen in eine Währung schlägt sich danach in einem Akzentuierungseffekt nieder. In Zeiten der Inflation oder bei einer Währungsumstellung wird dabei die Währung, der man mißtraut, auch bei der Größenwahrnehmung deutlich nach unten verschätzt (u.a. Leiser & Izak, 1987). Diese Erkenntnis wird in der Werbung nutzbar gemacht, indem Produkte als unverhältnismäßig groß dargestellt werden. Dadurch erscheinen sie wertvoller und zuverlässiger. Auch die Ästhetik soll durch Größe gesteigert werden. Zum Beispiel zeigt die Werbung gerade im Nahrungsmittelbereich häufig nicht die tatsächlichen Produkte, sondern übertrieben große, ästhetisch ansprechendere »Dummies«. Solche Produktattrappen haben neben dem psychologischen Effekt auch noch den Vorteil, daß man sie immer wieder verwenden kann. Stellen Sie sich zum Beispiel vor, wie eine Foto-Session für ein Speiseeis ablaufen würde, wenn man keinen Dummy, sondern echtes Eis ablichten wollte.

Wahrnehmung und Erinnerung folgen häufig einem Hang zur Konsistenz (5.2.2). Ereignisse oder Berichte, die Inkonsistenzen und Brüche enthalten, erscheinen in der Erinnerung glatter und folgerichtiger als sie sich ursprünglich dargestellt haben (zum Beispiel Marder & David, 1961). Ein anderer Fehler, der auf Konsistenzbestrebungen zurückgeht, ist der Halo-Effekt (Exkurs 23). Danach färbt ein bestimmtes Urteil, das man einmal gefaßt hat, alle anderen ein. Ein Beispiel aus dem Bereich der Produktwahrnehmung: »...das Geräusch beim Zuschlagen einer Wagentür [ist] für den Rezipienten bereits ein Indiz für die Gesamtqualität des Wagens« (Groebel & Gleich, 1988, S. 250*f*).

In einer Befragung machen sich Probanden in aller Regel darüber Gedanken, wozu ihre Auskünfte später verwendet werden. Je nach unterstelltem Verwendungszweck verzerren sie ihr Urteil gegebenenfalls, um auf diese Verwendung Einfluß zu nehmen. Wenn etwa Personen erwarten, daß ein Produkt oder eine Dienstleistung verbessert wird, wenn sie nur hinreichend unzufrieden sind, berichten sie unter Umständen größere Mängel als sie eigentlich sehen. Solche motivationalen Verzerrungen kann man auch bei der Auskunft über den eigenen Gesundheitszustand beobachten: Wenn dieser Information im Rahmen einer Bewerbung gefragt ist, neigen die Befragten zu deutlich positiveren Schilderungen als wenn der Hintergrund der Frage eine Untersuchung zum Umweltschutz ist (zum Überblick Strack, 1994, S. 35). Die Befragung wird dann quasi instrumentalisiert, um einen erwünschten Zweck zu erreichen, das eine Mal die Akzeptanz der Bewerbung, das andere Mal den verbesserten Umweltschutz.

18.2.2 Vorhersage des eigenen Nutzens

In der Marktforschung liegt es sicher besonders nahe, Personen danach zu fragen, wie ihnen eine bestimmte Sache in Zukunft wohl gefallen wird, etwa: »Was würde Ihnen besser gefallen: Ein Urlaub in den Bergen oder am Meer?« Aber genau an dieser Aufgabe scheitern Konsumenten oft. Kahneman und Snell (1992) untersuchten dieses Phänomen. Zum Beispiel sollten ihre Versuchspersonen vorhersagen, wie gut ihnen ein Joghurt schmecken oder ein Musikstück gefallen werde, wenn sie den Joghurt acht Tage lang einmal täglich essen bzw. das Musikstück hören würden. Während dieser Zeit wurde dann auch an jedem der Tage das aktuelle Urteil erhoben, so daß man den vorhergesagten dem tatsächlichen (Erfahrungs-)Nutzen gegenüberstellen konnte. Beide Arten des Nutzens korrelierten jedoch zu Null.

Simonson (1990) ließ Studenten aus einer Palette von Snacks wählen. Die Studierenden der Kontrollgruppe trafen drei Wochen lang eine Entscheidung pro Woche. Die Studierenden der Experimentalgruppe wählten dagegen für drei Wochen im voraus. In der Kontrollgruppe neigten die Studierenden dazu, jede Woche den gleichen oder einen ähnlichen Snack zu wählen wie zuvor. In der Experimentalgruppe dagegen variierten die Probanden ihre Wahl und suchten sich für jede der drei Wochen einen anderen Snack aus. Die Studierenden nahmen offenbar in der Vorausschau an, daß ihnen eine Variation der Produkte besser gefallen würde als die Konstanz – eine Annahme, die Lügen gestraft wurde, sobald die Probanden nicht im voraus, sondern in der aktuellen Situation wählen durften.

Die tatsächliche Präferenz wäre vorhersagbar gewesen, hätten die Probanden den Effekt der bloßen Darbietung, den *Mere-exposure*-Effekt (vgl. 9.2.2) in Rechnung gestellt. Dieser Einfluß auf das menschliche Verhalten ist allerdings offenbar nicht intuitiv sofort einsichtig. Von selbst kommt so schnell niemand auf die Idee, einen solchen Effekt auf die eigenen Vorlieben anzuwenden.

Aber auch wenn uns die psychologischen Einflüsse auf unsere Präferenzen bekannt sind, ist noch immer nicht klar, ob wir sie korrekt anwenden. Zu verbreitet sind Tendenzen, die eigene Beeinflußbarkeit bei sich selbst zu leugnen und allenfalls bei anderen zu sehen (zum Beispiel beim Einfluß, den Werbung auf uns hat; vgl. »Dritte-Person-Effekt«, Davison, 1983; 10.2.2). Nisbett und Wilson (1977a) zeigen an einer Vielzahl von Beispielen, daß Menschen häufig die tatsächlichen Einflüsse auf ihr Verhalten nicht korrekt erkennen und zudem auch noch weit von sich weisen, wenn sie darauf aufmerksam gemacht werden.

18.2.3 Komplexität eines Urteils

Konsumenten geben wesentlich weniger extreme Urteile ab, wenn sie die Produkte auf sehr vielen Dimensionen bewerten. Zum Beispiel ließ Linville (1982) ihre Versuchspersonen Kekse beurteilen. Eine Experimentalgruppe sollte die Kekse auf sechs verschiedenen Dimensionen einschätzen. Solche Dimensionen waren zum Beispiel, wie süß die Kekse schmeckten, oder wie groß der Schokoladenanteil war. Eine andere Gruppe sollte nur zwei dieser Dimensionen berücksichtigen. Je mehr Dimensionen für die Beurteilung genutzt wurden, desto moderater waren die Urteile. Erklären kann man sich den Effekt folgendermaßen (vgl. auch Wilson & Schooler, 1991, S. 182): Je mehr Dimensionen bei der Beurteilung berücksichtigt werden müssen, desto deutlicher tritt der bewertenden Person vor Augen, daß die Zielgegenstände positive und negative Eigenschaften haben. Diese Differenziertheit macht es zunehmend schwierig, die Produkte eindeutig einer positiven oder negativen Seite zuzuschlagen. Auch im Einzelurteil bleibt man gemäßigt. Das bedeutete aber auch, daß die verschiedenen Produkte in einer Präferenzrangfolge einander näher waren, wenn viele Dimensionen bei der Beurteilung berücksichtigt wurden. Eine eindeutige Entscheidung für eines der Produkte war dadurch erschwert worden. Dieses Argument spricht dafür, Werbung nach dem Prinzip der USP-Formel möglichst mit nur einem einzigen Argument auszustatten (vgl. 1.4.1).

18.3 Das Bearbeiten eines Fragebogens

Ein großer Teil der Sozialforschung wird mit Fragebogen geleistet. Das Standardverfahren besteht in Ankreuzvorlagen. Der Grund dafür ist naheliegend: Die statistische Auswertung einer Reihe von Kreuzchen ist wesentlich einfacher als die Auswertung frei formulierter Texte. Ich möchte im folgenden einige Punkte diskutieren, die wichtig sind, damit man Verkürzung und Mechanisierung von Fragebogenverfahren rechtfertigen kann.

18.3.1 Skalen und Antwortverhalten

Die Basis vieler Verfahren zur Einstellungsmessung (vgl. zum Beispiel das semantische Differential, 17.3.4; siehe Abbildung 17.3) ist die »Likert-Skalierung«. Dabei sollen die Befragten ihre Zustimmung zu einer vorgegebenen Aussage nach Graden abstufen (siehe Abbildung 18.1). Likert-Skalen müssen einige methodische Bedingungen erfüllen. Zum Beispiel müssen die einzelnen Fragen so formuliert sein, daß nicht jeder ihnen zustimmt bzw. sie ablehnt. Nur in diesem Falle sind die Fragen trennscharf. Die trennschärfsten Fragen sind diejenigen, bei denen die Hälfte der Befragten zustimmt, und die eine andere Hälfte ablehnt. Zu einer *Skala* gehören mehrere Fragen. Der Likert-Skalierung liegt die Annahme zugrunde, daß Fragen, die in gleicher Weise trennscharf sind, auch nur auf einer Dimension liegen. Das heißt praktisch, daß man die Antworten auf solche Fragen zu einem Gesamtwert zusammenfassen kann (zu Bedingungen und Problemen der Likert-Skalierung zum Beispiel Benz, 1976).

»Es ist mir ein Bedürfnis, neue und aktuelle Produkte zu verwenden. «

Gar nicht	0	1	2	3	4	5	6	7	8	sehr

Abbildung 18.1 Beispiel für eine Likert-Skala zur Einstellungsmessung.

Das Bearbeiten einer Reihe von Fragen in Fragebögen unterliegt bestimmten psychologischen Prinzipien, von denen ich im folgenden einige ansprechen möchte. So macht man zum Beispiel oft die Erfahrung, daß die Probanden beim Einschätzen nach dem Likert-Typ die Extremwerte meiden und ihre Angaben um den mittleren Wert herum streuen. Diese »Tendenz zur Mitte« kann unterschiedlich erklärt werden:

- Die Probanden wollen nicht gleich zu Anfang ganz extreme Einschätzungen abgeben, damit sie für den restlichen Fragebogen über die hohen und niedrigen Werte noch frei verfügen können.
- Manche extremen Meinungen sind sozial nicht sehr angesehen.
- Extreme Urteile wirken manchmal unbesonnen und grob. Gemäßigte Urteile mögen in den Augen der Probanden dagegen eine Zeichen von Nachdenklichkeit und Abgeklärtheit sein.

Eng verwandt mit den Tendenzen zur Mitte ist das »Gesetz des trägen Bleistifts«: Die Probanden machen mit ihrem Stift auf dem Papier scheinbar ungern große Sprünge und bleiben daher mit Einschätzungen, die aufeinander folgen, meist in der Umgebung der jeweils vorangegangenen. Das heißt, solche Einschätzungen, die im Fragebogen nah beieinander stehen, sind sich ähnlicher (korrelieren höher) als weiter voneinander entfernte.

Anders als bei der Likert-Skalierung kann man auch durch vorgegebene Antwortkategorien die Zustimmung und Ablehnung gegenüber einem bestimmten Einstellungsgegenstand erfassen. Die Stärke dieses Urteils bleibt dabei unberücksichtigt, statt dessen können zu einer Frage Antworten gegeben werden, die sich auf mehr als einer Dimension unterscheiden.

Eine häufige Frage bei der Skalierung ist, ob man einen neutralen Skalenpunkt bzw. eine »Weiß nicht«-Kategorie anbieten sollte. Ein Problem bei dieser Kategorie scheint auf den ersten Blick ihr

Aufforderungscharakter zu sein: Steht sie einmal zur Verfügung – so könnte man befürchten – wird sie sicher auch ausgiebig genutzt. Besser wäre es, man würde die Skalierung so gestalten, daß die Probanden auf jeden Fall eine Entscheidung treffen oder sich einer von zwei Seiten zuordnen müssen, eine Bedingung, die ich im folgenden »forced choice« nennen möchte.

Streng genommen müßten sich freilich die Personen, die die neutrale Antwortkategorie wählen, unter der »forced choice«-Bedingung gleichmäßig auf die anderen Antwortkategorien verteilen. Somit wäre deren Antwortverhalten in beiden Bedingungen gleich informativ. Aber es spricht bereits eine naive psychologische Intuition dagegen: Möglicherweise gibt es eine Reihe von Probanden, die zwar zu einer bestimmten Antwort neigen, dies aber nur dann offenbaren, wenn sie nicht die Möglichkeit haben, auf eine neutrale Kategorie auszuweichen.

Diese Überlegung haben wir in einer eigenen Befragung geprüft.[1] Wir befragten hierzu 223 Personen, ob sie am Bankschalter lieber von einer Frau oder von einem Mann bedient werden wollten. Ein Teil der Personen ($N = 83$) hatte die Möglichkeit, auf eine neutrale Kategorie mit der Bezeichnung »egal« auszuweichen. Die anderen waren laut Antwortvorgaben gezwungen, sich für Mann oder Frau zu entscheiden. Tabelle 18.1 zeigt die Ergebnisse der Befragung in Prozent.

Tabelle 18.1 Verteilung der Antworten auf die Frage: »Würden Sie am Bankschalter lieber von einer Frau oder einem Mann bedient werden?« (in Prozent)

	Frau	*Mann*	*Egal*	*Fehlend*
Mit neutraler Kategorie	12,0	18,1	66,3	3,6
»forced choice«	35,0	15,7	26,4	22,9
Gesamt	26,5	16,6	41,3	15,7

Betrachten wir in der Tabelle zunächst die Spalte mit der neutralen Kategorie (»egal«): Knapp zwei Drittel der Probanden haben diese Kategorie gewählt, wenn sie verfügbar war. Der Aufforderungscharakter dieser Vorgabe scheint also wie vermutet sehr hoch zu sein. Interessant ist nun, daß mehr als ein Viertel der Probanden eine indifferente Haltung zum Ausdruck brachten, selbst, wenn dies gar nicht vorgegeben war. Diese Probanden haben zum Beispiel auf dem Befragungsbogen ausdrücklich geschrieben, daß ihnen das Geschlecht der Bedienung egal sei, haben ihr Kreuz demonstrativ zwischen die Kategorien »Mann« und »Frau« gesetzt oder haben sich ihre eigene neutrale Kategorie gezeichnet und dann angekreuzt.

Als nächstes betrachten wir die fehlenden Werte, also die Anzahl von Fragebögen, die zu dieser Frage überhaupt keine Angaben enthielten. Dieser Anteil ist sehr gering, solange es eine neutrale Kategorie gibt, er steigt aber enorm an, wenn diese Möglichkeit fehlt.

Wie ist dieser Verlust an interpretierbaren Daten zu werten? Grundsätzlich ist es sehr ungünstig, wenn Probanden zu einer Frage keine Angabe machen. Dies bringt immer Unsicherheiten in der Interpretation mit sich. In unserem Beispiel können wir zwar vermuten, daß die meisten Probanden, die unter der »forced choice«-Bedingung keine Angaben machten, die neutrale Kategorie gewählt hätten, aber das ist erstens nur eine Vermutung und zweitens können wir die ja auch nur formulieren, weil wir zum Vergleich die Bedingung mit neutraler Kategorie erhoben haben. Wenn

[1] Diese Befragung wurde im WS 2000/01 im Rahmen eines Seminars im Studiengang Wirtschaftspsychologie an der Hochschule Harz in Wernigerode geplant und durchgeführt. Ich bedanke mich an dieser Stelle bei den beteiligten Studierenden.

wir diesen Vergleich nicht hätten, wüßten wir die fehlenden Werte streng genommen gar nicht zu deuten (vgl. Exkurs 61).

Exkurs 61 *Falls Sie mal einen Fragebogen konstruieren*
Eine wichtige Faustregel für die Konstruktion von Fragebögen: Geben Sie nie Antwortkategorien so vor, daß Sie das Fehlen einer Angabe inhaltlich interpretieren; zum Beispiel ›Ein Kreuz an dieser Stelle interpretiere ich als *ja*, wenn hier nichts angekreuzt wird, interpretiere ich das als *nein*‹. In einem solchen Fall können Sie nie mit Sicherheit davon ausgehen, daß die Person wirklich *Nein* meinte, als sie nichts eingetragen hat, denn Sie können die Nein-Antworten nicht von den fehlenden Werten unterscheiden. Geben Sie daher die Kategorien, die Sie interessieren, explizit vor, auch wenn sie redundant erscheinen. Das Fehlen einer Angabe sollte nichts anderes bedeuten als eben nur, daß die befragte Person hier keine Angabe gemacht hat.

Aber die »forced choice«-Bedingung hat uns keineswegs nur Datenverluste gebracht. Dies zeigt sich in den Befunden zum bevorzugten Geschlecht. Offensichtlich haben sich unter der »forced choice«-Bedingung erheblich mehr Personen zu einer Festlegung bewegen lassen als unter der Bedingung mit neutraler Kategorie (50,7 versus 30,1 Prozent). Und noch etwas: Diese hinzugekommenen knapp 20 Prozent verteilen sich nicht etwa gleichmäßig auf beide Geschlechter – es zeigt sich vielmehr eine deutliche Bevorzugung der Frauen.

Die Daten widersprechen der These, daß die Nutzer einer neutralen Kategorie auch dann noch indifferent antworten, wenn ihnen keine neutrale Kategorie zur Verfügung steht. Wenn eine Entscheidung erzwungen wird, ändert sich das Antwortverhalten und es zeigen sich Entscheidungstendenzen, die ohne erzwungene Entscheidung verborgen geblieben wären.

Allerdings zeigen die Daten nicht, welche psychologischen Prozesse zu der Wahl in der »forced choice«-Bedingung geführt haben. Daher ist auch nicht klar, wie hoch der Informationsgewinn durch die erzwungene Entscheidung ist: Vielleicht geht der Effekt auf ein banales Urteils-Phänomen der sozialen Wahrnehmung zurück; vielleicht aber auch kommen hier Bevorzugungen zum Ausdruck, die weniger leicht eingestanden werden und die sich erst bei entsprechender Frageform offenbaren.

Trotz diesen Interpretationsunklarheiten erscheinen die Ergebnisse doch pointierter, wenn keine neutrale Antwortkategorie vorgegeben ist. Ist also die »forced choice«-Bedingung einer Vorgabe mit neutraler Kategorie vorzuziehen? In unseren Daten halten sich »Gewinn« und »Verlust« durch die erzwungene Entscheidung rein zahlenmäßig die Waage: Im Vergleich zur Bedingung mit neutraler Kategorie werden unter der »forced choice«-Bedingung die inhaltlichen Kategorien von rund 20 Prozent mehr Personen gewählt, demgegenüber verweigern aber auch rund 20 Prozent mehr Personen die Aussage ganz.

Die Frage, welche Version an Vorgaben günstiger ist, hängt wohl damit zusammen, was im konkreten Fall bedeutsamer ist: Inhaltliche Entscheidungen zu provozieren – auch wenn sie nur auf schwachen Präferenzen beruhen – oder möglichst wenig Antwortverweigerungen zu bekommen.

18.3.2 Die Formulierung von Fragen und Antworten

Wenn Sie wissen wollen, ob jemand eine bestimmte Sache eher erlauben oder eher verbieten würde, dann wird es auf die Formulierung Ihrer Frage doch nicht ankommen. Fragen Sie: »Wollen Sie X erlauben?«, dann sind alle, die hierauf mit »Nein« antworten also eher dafür, X zu verbieten. Wenn Sie umgekehrt fragen: »Wollen Sie X verbieten?«, sind jene, die »Nein« sagen, offensichtlich dafür, X zu erlauben.

Diese zwingend anmutende Regel bewährt sich in der Praxis der standardisierten Befragung nicht. Es sieht vielmehr so aus, als wären eine Reihe der Personen, die sich gegen das Erlauben aussprechen, ebensowenig geneigt, X zu verbieten. Mit anderen Worten, es gibt in solchen Fällen immer Personen, die auf beide Fragen mit »Nein« antworten.

Der Effekt zu »erlauben« und »verbieten« ist die am meisten untersuchte von mehreren Anomalien, die sich bei Verwendung von Antonymen in Fragebögen ergeben (zum Überblick Strack, 1994, S. 28*ff*). Hippler und Schwarz (1986) konnten zeigen, daß dieser Effekt auf unterschiedliche Verstehensweisen der Formulierung auf seiten der Befragten zurückgeht: Die meisten Personen konzentrieren sich auf das, was sie laut Frage tun sollen und beachten weniger die logischen Konsequenzen, die eine Unterlassung hat. Indifferente bzw. unentschlossene Personen sehen also in beiden Fällen die Handlung, nämlich »verbieten« oder »erlauben« und handeln wollen sie eben nicht. Daß eine Verneinung des einen das andere impliziert, wird dabei nicht gesehen. In der Tat verschwindet die Asymmetrie, wenn man indifferenten Personen mit Hilfe einer »weiß nicht«-Kategorie Gelegenheit gibt, ihre Indifferenz auszudrücken.

18.3.3 Freie und vorgegebene Antwortformate

Bringt es einen Vorteil, wenn man Personen im Fragebogen in freiem Format antworten läßt, oder ist ein vorgegebenes Antwortformat genauso informativ? Betrachten wir ein Beispiel, in dem mit beiden Methoden gearbeitet wird: Stellen wir uns vor, wir sollten jene Merkmale nennen, die bei einer Liebesbeziehung zentral sind. Welche Merkmale fallen uns zuerst ein? In einer entsprechenden Untersuchung fand Hassebrauck (1995) bei 120 Befragten insgesamt über tausend verschiedene Assoziationen. Trotzdem konvergierten die Ergebnisse zu einem bestimmten Bild, zeigte sich doch, daß bei den Ergebnissen der meisten Befragten Merkmale wie »Vertrauen«, »Toleranz« und »gemeinsame Interessen« vertreten waren. Damit war der Kreis der wichtigsten Merkmale bereits deutlich eingeschränkt. Nur 64 Merkmale wurden von mindestens drei Personen gleichzeitig genannt und konnten somit als bedeutsam gelten.

Die verwendete Methode der freien Produktion (Hassebrauck, 1995, spricht daher von der »Produktionsmethode«) hatte demnach zwar eine ziemlich hohe und schwer handhabbare Datenmenge zur Folge. Gleichzeitig scheint es aber, daß eine einigermaßen übersichtliche Zahl von zentralen Merkmalen ermittelt worden war – mit dem Vorteil, daß die Probanden frei und unbeeinflußt assoziierten.

In einem weiteren Schritt setzte Hassebrauck (1995) nun eine weitere Methode ein, die »Urteilsmethode«. Hierbei legte er Probanden die 64 Merkmale vor mit der Bitte, diese danach einzuschätzen, wie zentral sie für eine gute Beziehung seien. Die Aufgabe hätte eigentlich das gleiche Ergebnis erzielen müssen, das schon bei der Produktionsmethode herauskam; Merkmale, die mit hohem Konsens spontan produziert wurden, müßten auch als sehr zentral gewertet werden, Merkmale, die nur von wenigen produziert wurden, müßten demgegenüber deutlich weniger zentral erlebt werden. Dies galt aber nur für das erste Merkmal, »Vertrauen«. Sowohl »Toleranz« als auch »gemeinsame Interessen« wurden – im Vergleich zu anderen Vorgaben – als wenig zentral angesehen und rangierten in ihrer Zentralität eher im Mittelfeld bzw. in den unteren Rangplätzen der 64 Merkmale. Ähnliches zeigte sich für die anderen Merkmale.

Strack (1994) zitiert Ergebnisse von Schuman und Scott (1987), nach denen »auf die Frage nach den wichtigsten Ereignissen der letzten 50 Jahre die Erfindung des Computers nur dann mit beträchtlicher Häufigkeit genannt wurde, wenn dieses Ereignis explizit als Antwortkategorie vorgegeben war« (Strack, 1994, S. 27).

Die beiden Methoden, die freie Produktion und die Einschätzung von Vorgaben, erbringen also deutlich unterschiedliche Ergebnisse. Anscheinend sind die kognitiven Prozesse bei der Produktion verschieden, so daß eine Sache spontan zwar nicht als wichtig erkannt, bei Nachfragen die Wichtigkeit aber sofort eingesehen wird.

Vermutlich ist also auch die Einschätzung richtig, daß ein spontanes Urteil durch Vorgaben beeinflußt wird. Damit ist allerdings noch nicht entschieden, ob das spontane oder das beeinflußte Urteil das nützlichere ist. Stellen wir uns vor, die Befragung soll ermitteln, welche Kriterien beim Kauf einer Waschmaschine in die Entscheidung einfließen. In einer solchen Situation ist es eher unplausibel, daß die Konsumenten die wichtigen Kriterien spontan assoziieren müssen. Produktinformationen und Verkäufer stellen diese Kriterien bereit – so gesehen simuliert die Urteilsmethode die Realität besser als die Produktionsmethode. In anderen Situationen mag dies umgekehrt sein.

Strack (1994, S. 28) resümiert, es »lassen sich keine Einflüsse von offenen vs. geschlossenen Fragen nachweisen, die von weiteren Variablen, wie zum Beispiel dem Frageinhalt oder anderen Merkmalen der Befragten unabhängig wären.« Die Frage, welche Methode der anderen überlegen ist, läßt sich also nur klären, wenn man den die Situation und den Zweck kennt, zu dem sie eingesetzt werden.

Diese Folgerung kann man zur Umsetzung in die Praxis auch anders wenden: Allein des größeren Auswertungsaufwandes wegen empfiehlt es sich, von einem geschlossenen Antwortformat auszugehen und offene Fragen nur unter besonderen Bedingungen zu wählen. Solche Bedingungen könnten in Anbetracht der oben ausgeführten Argumente zum Beispiel sein:

- Man ist an jenen Inhalten interessiert, die Personen ohne weitere Anregung spontan einfallen.
- Man möchte einen geschlossenen Fragebogen entwickeln und sucht hierzu möglichst valide Kategorien (vgl. auch Strack, 1994, S. 28).

Wir werden übrigens strukturell ähnliche Probleme weiter unten am Beispiel des *Nike*-Laufschuhs noch einmal diskutieren (siehe 18.4.1).

18.3.4 Antwortformate und Verteilungseinschätzungen

Ein geschlossenes Antwortformat wird häufig nicht nur als Projektionsfläche für das Urteil, sondern auch als Information über den Gegenstand der Befragung oder den Sinn der Frage verwendet. Zum Beispiel werden nur wenige Personen ganz genau wissen, wie teuer die Kontoführung bei ihrer Bank genau ist – erst recht nicht, wenn sie bedenken, daß neben Kontoführungs- und Überweisungsgebühren auch Kosten für Euroscheck- oder Kreditkarte, Depotgebühren, Kosten für Daueraufträge und vieles mehr anfallen können. In einer eigenen Untersuchung (siehe oben Fußnote 1) befragten wir 108 Versuchspersonen, wie viele Gebühren sie jährlich an ihr Kreditinstitut zahlen. Die Probanden konnten die Gebühren anhand unterschiedlicher Skalenvorgaben schätzen, die entweder bis DM 180 oder bis DM 230 reichte und die auch leicht unterschiedliche Abstände zwischen einzelnen Skalenpunkten realisierte (siehe Tabelle 18.2)

Tabelle 18.2 Verteilung der Antworten auf unterschiedliche Skalierungsvorgaben bei der Frage: Wieviel Gebühren zahlen Sie jährlich an Ihr Kreditinstitut?

Rang	Version A	Prozent	Version B	Prozent
1	Bis 50 DM	59.1	Bis 20 DM	58.7
2	Zwischen 50 und 100 DM	29.5	Zwischen 20 und 60 DM	25.4
3	Zwischen 100 und 140 DM	9.1	Zwischen 60 und 100 DM	9.5
4	Zwischen 140 und 180 DM	2.3	Zwischen 100 und 140 DM	6.3
5	Zwischen 180 und 230 DM	-	Zwischen 140 und 180 DM	-

Wie ebenfalls aus Tabelle 18.2 ersichtlich ist, verteilten sich Antworten auf diese unterschiedlichen Vorgaben gleichwohl nahezu gleich. Betrachtet man die Antwortvorgaben als Rangplätze wie in der ersten Spalte der Tabelle, so ist der mittlere Rang von Version A und Version B praktisch identisch. Ein entsprechender statistischer Test auf Unterschiedlichkeit wird nicht signifikant. Diese Gleichverteilung hat allerdings eine enorme Auswirkung auf die Geldbeträge, die aus den Antworten ableitbar sind. So können Sie bereits auf den ersten Blick sehen, daß bei der Antwortvorgabe der Version A 11,4 Prozent der Befragten behaupten, mehr als DM 100 an Bankgebühren zu zahlen, unter der Vorgabe B jedoch nur 6,3 Prozent.

Wenn man von den Obergrenzen in den vorgegebenen Kategorien ausgeht, dann behaupten die Probanden unter der Bedingung A, im Durchschnitt DM 75,90 an Gebühren zu zahlen, während die Probanden unter der Bedingung B angeblich im Schnitt nur DM 45,40 zahlen. Dieser Unterschied ist statistisch hochsignifikant ($t(105) = 4.36$; $p < .001$).

Wie läßt sich diese Anomalie erklären? Die Probanden nehmen die Antwortvorgaben als eine Information und schließen davon auf die Verteilung in der Gesamtpopulation. Die Person nimmt etwa den dritten Rangplatz als Anker, geht dann davon aus, daß dieser Punkt ungefähr den Mittelwert repräsentiert und schaut nun, wo sie selbst sich relativ zu diesem Punkt vermutlich wiederfindet.

Der Punkt bei dieser Erklärung ist nicht, daß die Probanden die Skalenmitte bei der Antwortvorgabe auch für den empirischen Mittelwert halten. Der entscheidende Punkt ist vielmehr, daß die Skala als Referenz genommen wird, an der ersichtlich ist, was im gegebenen Augenblick als »viel« oder »wenig« zu gelten hat.

Solche Effekte findet man wieder einmal vor allem bei Laien, also bei Personen, die sich in dem gefragten Bereich nicht so gut auskennen und gerne weitere Informationen, wie sie die Skalierung bereitstellt, nutzen. Diese Effekte sind auch besonders wahrscheinlich in Bereichen, bei denen es zu schwierig ist, den Überblick zu behalten. Im Beispiel waren das die Gebühren der eigenen Bank; Schwarz et al. (1985) konnten einen entsprechenden Effekt für den geschätzten eigenen Fernsehkonsum nachweisen.

Im folgenden Beispiel erschließt sich der Sinn der Frage aus der Antwortvorgabe (aus Strack, 1994, S. 66*f*): »Wie oft haben Sie sich in der Vergangenheit richtig geärgert?« Das kommt sicher darauf an, was mit ›richtig ärgern‹ gemeint ist. Geht es um den alltäglichen Ärger über verpaßte Straßenbahnen, schlechtes Essen in der Kantine und rücksichtslose Verkehrsteilnehmer? Oder geht es um einen Ärger der tagelang vorhält, etwa eine saftige Steuernachforderung, eine grobe Ungerechtigkeit, eine tiefe Kränkung? Die Antwortvorgabe gibt hierüber Aufschluß: Wenn darin von Jahren und Monaten die Rede war (zum Beispiel »weniger als ein Mal im Jahr«, »häufiger als alle drei Monate«), dann gingen die Probanden von gravierenderen Ärgeranlässen aus, als wenn die Vorgaben von Wochen und Tagen ausgingen (zum Beispiel »weniger als einmal die Woche«, »mehrmals an einem Tag«; siehe Schwarz, Strack, Müller & Chassein, 1988).

18.3.5 Antwortformate und Kontrasteffekte

Wenn Urteile in Form von vorgegebenen Antworten verlangt werden, dann sind Ankereffekte zu erwarten. Solche Effekte können zum Beispiel darin bestehen, daß man aus einer Reihe von Objekten, die zu beurteilen sind, extreme herauspickt, sie als Ankerpunkte festlegt und die anderen Urteile daran ausrichtet. Stehen nicht alle Objekte gleichzeitig zu Verfügung, dann fungieren die zuerst gefällten Urteile als Anker für die folgenden. Man versucht also, spätere Urteile so zu fällen, daß sie relativ zu den bereits gegebenen kohärent sind.
Auch die in Kapitel 8 diskutierten Kontrasteffekte stellen sich ein, nachdem ein Objekt mit extremen Merkmalen zu einer Reihe von anderen Objekten als Kontextreiz hinzukommt. Diese Kontrasteffekte nehmen Einfluß auf die Präferenzen von Konsumenten. Sie sind also nicht nur methodisch, sondern auch inhaltlich für uns von großer Bedeutung. Nun kann es passieren, daß das Vorgeben bestimmter Antwortformate oder Skalen uns in manchen Situationen Kontrasteffekte vorgaukeln kann, die in Wirklichkeit nichts anderes sind als Ankereffekte. Dieses Problem wird in der Konsumentenpsychologie ernst genommen (zum Beispiel Lynch, Chakravarti & Mitra, 1991), ich möchte es daher vereinfacht darstellen. Rekapitulieren wir in einem Beispiel noch einmal den Kontrasteffekt bei der Produktwahrnehmung:
Soeben sind wir mit der Zeitmaschine im Jahr 2500 angekommen. In dieser Zeit bewegen wir uns nicht mehr in Autos, sondern in Luftkissenfahrzeugen fort, die mit einem Gemisch aus Milch und Wasser betrieben werden. Wir haben ein kleines Konto mit 2.000 Talern, der zukünftigen Währung, und müssen uns nun als erstes ein solches Fahrzeug kaufen. Wir können zwischen zwei Fahrzeugen wählen, A und B. A kostet 950 Taler und verbraucht 8,7 Liter auf 100 km. Fahrzeug B kostet 880 Taler und verbraucht 7,8 Liter. Leider haben wir nicht den Hauch einer Ahnung, wie wir die Informationen über Preis und Verbrauch bewerten sollen. Aber was passiert nun, wenn wir von einem Fahrzeug C erfahren, daß es mit 5,2 Litern auf 100 Kilometern auskommt? Was denken wir jetzt über A und B? Die Bedeutung des Kraftstoffverbrauchs relativ zum Preis sinkt in diesem Fall, denn im Kontext mit dem viel geringeren Wert von C nimmt sich der Unterschied zwischen A und B unbedeutend aus. Die Folge wäre, daß B relativ zu A aufgewertet würde. Auf demselben Wege könnte es zu einem entgegengesetzten Effekt kommen, wenn wir nämlich erfahren, daß ein beliebiges Fahrzeug C 1.900 Taler kostet. In diesem Fall würde uns der Preisunterschied zwischen A und B vernachlässigbar erscheinen. Dadurch würde A relativ zu B aufgewertet. Diesen Effekt habe ich unter dem Begriff »Bereitstellen einer Attrappe« bzw. »Attraktions-Effekt« (siehe 4.1.6) diskutiert.
Stellen wir uns nun vor, wir sollten auf einer Skala, die von 0 (= billig) bis 8 (= teuer) reicht, beide Zielreize, die Fahrzeuge A und B, bewerten. Wir kommen zu folgendem Ergebnis (siehe Abbildung 18.2):

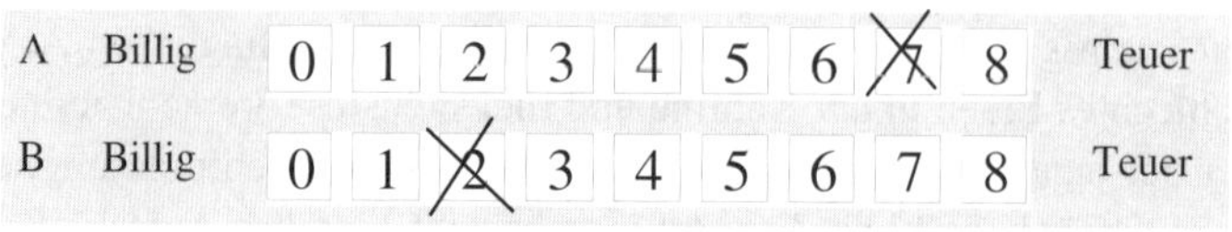

Abbildung 18.2 Vergleich zweier Objekte A und B.

Kommt der Kontextreiz C hinzu, führt das in der Regel zu einer Verschiebung der Einschätzung, da jetzt andere Ankerpunkte gesetzt sind. Die Relation zwischen A und B bleibt erhalten, aber um den Unterschied zu C darzustellen, werden weniger extreme Werte gewählt (siehe Abbildung 18.3). Diese Konstellation ist die Basis für den Attraktions-Effekt, der ja zur Verschiebung unserer Präferenzen führen kann.

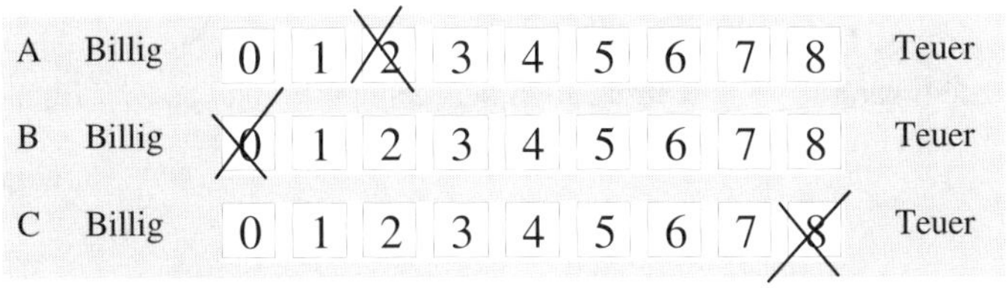

Abbildung 18.3 Vergleich dreier Objekte A, B und C.

Doch dem muß nicht so sein. Das Antwortverhalten auf solchen Skalen, wie überhaupt das Antwortverhalten bei vorgegebenen Antwortformaten, ist von der tatsächlichen psychologischen Repräsentation grundsätzlich zu trennen. Es gibt Fälle, in denen zwar auf der Ebene der Skalennutzung Kontrasteffekte sichtbar sind, bei denen sich aber die Bewertung der Zielobjekte durch einen hinzukommenden Kontextreiz nicht wirklich ändert. Es könnte also sein, daß Probanden zwar ihre Kreuze für A und B dichter aneinander rücken, wenn sie zusätzlich C bewerten müssen, daß sie aber den Unterschied zwischen A und B deshalb nicht wesentlich geringer bewerten, als sie das ohne den Kontextreiz C gemacht haben.

Wir hatten ein ähnliches Phänomen zum Beispiel in 10.1.2 diskutiert: Hier sollten Studentinnen ihre eigene Attraktivität einschätzen, nachdem sie zuvor besonders attraktive Models gesehen hatten (Cash, Cash & Butters, 1983). Auf einer Skala wie den oben abgebildeten hätte der »extreme« Kontext der Models sicher dafür gesorgt, daß für die eigene Attraktivität geringere Werte gewählt werden, als wenn die Models nicht präsentiert werden. Bedeutet aber die Vergabe niedrigerer Werte notwendig auch, daß die Studentinnen ihre eigene Attraktivität auch als gering *empfinden*? Dies scheint nicht so zu sein: Wenn zusätzlich die Zufriedenheit mit der eigenen Attraktivität erhoben wurde, dann war die nur beeinträchtigt, wenn die Fotos als Schnappschüsse von Frauen in ihrem Alltag ausgegeben wurden, wenn also die Urteilerinnen das Gefühl haben mußten, sie hätten es mit ganz normalen Frauen zu tun. Wenn dagegen dieselben Fotos durch Hinzufügen von Überschrift und Werbetext wie Anzeigen aussahen und damit die dargestellten Frauen in die Welt der professionellen Schönheiten entrückt wurden, schlug sich der anscheinend so unvorteilhafte Vergleich nicht mehr in der Zufriedenheit nieder. Wichtig ist: Den Models wurden auch unter dieser Bedingung deutlich höhere Werte für Attraktivität gegeben als der eigenen Person. Dieser Unterschied in der Skalennutzung schlug sich aber nicht in der Bewertung (hier: der Zufriedenheit mit der eigenen Attraktivität) nieder.

Manche Kontrasteffekte sind also reine Effekte der Skalennutzung ohne weitere psychologische Konsequenzen. Das ist, wenn wir bei Kaufentscheidungen bleiben, dann der Fall, wenn...

- eine Kaufsituation sehr trivial ist, und die Kaufhandlung mit großer Routine erfolgt,
- uns die Produktunterschiede wohlvertraut sind,
- unsere Präferenzen ohnehin schon feststehen.

In solchen Situationen sind Kontrasteffekte selten. Wir haben das bereits in 8.2.7 bzw. 8.2.9 diskutiert. Dort war ich mit einem Freund zum Autokauf unterwegs. Da ich bei dieser Kaufentscheidung blutiger Laie bin, nehme ich Autos nicht wesentlich differenzierter wahr als Luftkissenfahrzeuge. Daher kann mich ein Verkäufer durch die Darbietung verschiedener Kontext-Angebote beeindrucken. Mein Freund dagegen kennt sich mit Autos aus, und daher ist er gegen solche Eindrücke immun. Seine Expertise schützt ihn davor. Zum Beispiel weiß er unabhängig von anderen Autos, ob der Preis dieses bestimmten Exemplars hoch oder niedrig liegt. Trotzdem könnte es sein, daß er bei der oben gezeigten Skala seine Kreuze so setzt wie ich. Das heißt, das Hinzukommen des Autos C würde auch ihn dazu bewegen, die Skala nun mit anderen Ankerpunkten zu nutzen. Nur: Diese Anpassung hätte bei ihm keinen Einfluß auf seine Präferenzen. Bei Experten bleiben die Präferenzen mit und ohne Kontextreiz gleich. Mein Punkt ist nun: Trotzdem kann der Kontextreiz auch bei meinem Freund auf der Ebene des Antwortformats einen Kontrasteffekt erzeugen (Lynch, Chakravarti & Mitra, 1991).

18.4 Marktforschung und Informationsverarbeitung

Kann man Personen zu allen Dingen nach ihrer Einstellung fragen? Das ist sicher naiv. Nicht daß Menschen keine Einstellungen darlegen würden, wenn man sie fragt – das tun sie durchaus. Das Problem ist eher, daß diese Einstellungen oft genug ad hoc konstruiert werden.

Einstellungen werden eben nicht immer auf eine Frage hin abgerufen, sondern in vielen Situationen allererst konstruiert. In aller Regel bildet man über einen Gegenstand – also auch ein Produkt – keine Einstellung aus, bevor man muß, zum Beispiel weil man gefragt wird, oder weil man sich entscheidet. Eine frühere Ausbildung einer Einstellung ist meist auch überflüssig, weil ja ohnehin in der entscheidenden Kaufsituation die notwendigen Informationen, zum Beispiel die konkurrierenden Produkte, besser zur Verfügung stehen, als jemals zuvor. Da wäre es ja reine Zeitverschwendung, wenn man sich schon vorher allzu viel Gedanken dazu macht.

Von seiten der Psychologie plädieren daher einige Forscher (zum Beispiel Strack, 1994; Wänke, 1997) dafür, in der Markt- und Meinungsforschung genauer zu berücksichtigen, wie Menschen Informationen verarbeiten und wie sie daher zu den Urteilen kommen, die die Marktforschung zutage fördert. Im folgenden stelle ich zunächst ein Beispiel vor, an dem recht deutlich wird, wie der Blick auf die Informationsverarbeitung rätselhafte Datenmuster entschlüsselt und vielleicht sogar aus Fehlerquellen wertvolle Optionen für die Marktforschung gewinnen kann.

18.4.1 Der *Nike*-Sportschuh

Stellen Sie sich vor, Sie hätten für den Sportartikel-Hersteller *Nike* eine Marktforschungs-Studie zu seinem neuen Laufschuh angefertigt (das Beispiel stützt sich auf eine Untersuchung von Bickart, 1992). Ihre Probanden sollten zu diesem Schuh zunächst eine Reihe von Einzelattributen bewerten. Zum Abschluß war aber auch eine Gesamtbewertung gefordert. Nun möchten Sie wissen, wie eng denn die Einzelbewertungen mit der Gesamtbewertung zusammenhängen. Hierzu bestimmen Sie die einfachen bivariaten Korrelationen zwischen der Einzelbewertung und dem zusammenfassenden Globalurteil.

Die Ergebnisse finden Sie in der linken der beiden Spalten in Tabelle 18.3. Als dominierende Merkmale stellen sich vor allem die Stoßfestigkeit des Schuhs und das modische Design heraus. Beide korrelieren zu $r = .72$ mit dem Gesamturteil. Mit anderen Worten: Gut die Hälfte der Varianz des Gesamturteils läßt sich jeweils aus diesen Einzelbewertungen vorhersagen.

Tabelle 18.3 Bivariate Korrelationen einzelner Werturteile mit einem Gesamturteil für den *Nike*-Laufschuh (Daten aus Bickart, 1992)

	Allgemein *nach* spezifisch	Allgemein *vor* spezifisch
Bequemlichkeit	.65	.55
Robustheit	.72	.52
Modisches Design	.72	.01
Viele Farben	.19	–.11

Anscheinend sind den Konsumenten Stoßfestigkeit, modisches Design und Bequemlichkeit besonders wichtig. Hieraus könnte man eine Marketing-Strategie ableiten, die besondere Anstrengungen in ein zufriedenstellendes Design und die entsprechende Stoßfestigkeit des Schuhs investiert.

So, wie ich die Untersuchung vorgestellt habe, wurden zunächst die Einzelurteile erfragt und dann in der Folge das Gesamturteil erhoben. Dieses Verfahren ist in der Marktforschung durchaus üblich. Den Probanden sollen auf diese Weise Gesichtspunkte für die Bewertung an die Hand gegeben werden. Dieser Gedanke hat einiges für sich, wie wir später noch sehen werden.

Was passiert nun, wenn wir die Reihenfolge der Fragen umdrehen, wenn wir also zuerst nach der Gesamtbewertung fragen und dann erst die Einzelbeurteilungen erheben? Die Daten hierzu (vgl. Bickart, 1992) finden Sie in der rechten Spalte der Tabelle 18.3. Hier zeigt sich ein deutlich anderes Muster. Nach wie vor sind Stoßfestigkeit und Bequemlichkeit wichtig. Die Bedeutung des modischen Designs allerdings hat sich praktisch auf Null reduziert.

Wie kann das sein? Warum ist ein Merkmal bei der einen Fragenreihenfolge hoch bedeutsam und bei einer anderen Reihenfolge nicht? Die Antwort liegt in den psychologischen Prozessen, die hinter einem solchen Urteil, hinter einer Produktbewertung stehen. Was würden Sie tun, wenn man Sie danach fragt, was Sie von einem bestimmten *Nike*-Schuh halten?

Vermutlich haben Sie wie die meisten Menschen noch keine feste Meinung über diesen Schuh. In diesem Fall bleibt Ihnen nichts anderes übrig, als Ihr Urteil ad hoc zu konstruieren. Sie überlegen sich: Was ist wichtig an einem Schuh, worauf kommt es Ihnen dabei an?

Wenn der Schuh vor Ihnen steht, werden Sie natürlich darauf achten, was Ihnen daran auffällt, ob irgendwelche Merkmale ins Auge stechen, so daß Sie diese Merkmale in Ihr Urteil einfließen lassen können. Schließlich spielt noch eine Rolle, worüber Sie kurz zuvor nachgedacht haben. Wenn Sie zum Beispiel soeben mit einem Verkäufer über einen anderen Schuh verhandelt haben, der aus einem angenehm riechenden Material hergestellt wurde, dann wird Ihnen vielleicht sogar eine so nebensächliche Dimension wie der Geruch des Materials in den Sinn kommen, und Sie werden es für Ihr Urteil nutzen. In einem anderen Fall sind Sie vielleicht zuvor mit einer Reihe von interessanten Sonderangeboten konfrontiert worden – und dieser Umstand läßt Sie auch in diesem Fall früher auf den Preis schauen, als sie das ohne die Sonderangebote getan hätten.

Das konstruierte Urteil über den Schuh ist eine Mischung aus diesen Komponenten: Irgendwie spielt natürlich mit hinein, was Ihnen persönlich an einem Schuh wichtig ist, aber auch andere, mitunter irrelevante Einflüsse bestimmen Ihr Urteil.

18.4.2 Ein konstruktivistisches Modell der Einstellungsmessung

An dieser Stelle sollten wir zunächst einmal die vorangegangenen Überlegungen etwas genauer festhalten. Dies soll die Abbildung 18.4. leisten (in Anlehnung an Strack, 1994, S. 56, Abb. 6). Wir gehen in diesem Modell davon aus, daß von uns ein Urteil verlangt wird, etwa: »Was halten Sie von dem neuen *Nike*-Schuh?« Daß diese Frage zunächst vor dem Hintergrund des Fragekontextes interpretiert wird, ist keine Trivialität. Stellen Sie sich zum Beispiel vor, Ihre Freunde im Tennisverein hätten Ihnen mit diesem Schuh ein Geschenk gemacht. In dieser Situation würden Sie Ihre Antwort auf die Frage sicher anders formulieren, als wenn Sie in einer offenkundigen Marktforschungssituation gefragt worden wären. Zu der Interpretation von Fragen werde ich allerdings erst später noch mehr sagen (18.4.3); hier stehen die nun folgenden Schritte im Zentrum.

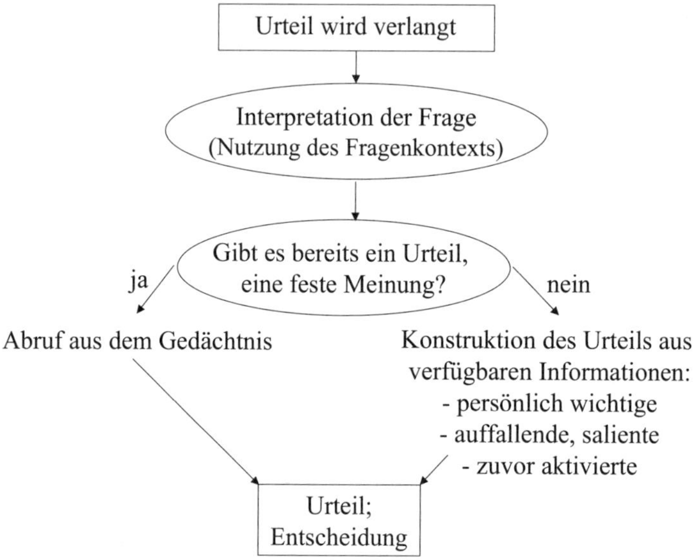

Abbildung 18.4 Prozeßmodell der Einstellungskonstruktion.

Wie oben bereits angedeutet, stellt sich zunächst die Frage, ob Sie zufällig bereits eine Meinung zu dem *Nike*-Schuh haben. Wenn ja, dann brauchen Sie die nur zu erinnern und mitzuteilen. Wenn nein, dann müssen Sie diese Meinung jetzt bilden. Abbildung 18.4 nennt hierzu drei Informationsquellen, die Sie vermutlich nutzen werden: Sie werden auf das achten, was Ihnen ohnehin an einem Schuh wichtig ist, Sie werden auf das achten, was besonders ins Auge springt, und wenn Sie soeben auf besondere Punkte aufmerksam gemacht worden sind, werden Sie auch diese Informationen nutzen.

Was sagt uns das für die Daten aus Tabelle 18.3? Zunächst erklärt sich damit, warum die Korrelationen so viel höher sind, wenn man zuerst nach den Einzelurteilen fragt. Damit richtet man die Aufmerksamkeit der Befragten auf genau diese Bereiche und damit steigt bei jenen Personen, die das Urteil konstruieren, das Gewicht der zuvor aktivierten Informationen. Insbesondere das modische Design wird mit einem Mal wichtig und fließt in die Gesamtbewertung mit ein.

Das Modell in Abbildung 18.4 sagt vorher, daß nur solche Probanden das Urteil konstruieren, die noch keines haben. Bickart (1992) untersuchte auch diese Hypothese, das heißt, sie prüfte, ob

tatsächlich nur solche Personen durch die voraktivierten Informationen beeinflußt werden, die das Urteil konstruieren müssen. Zu diesem Zweck befragte sie Sportler, die im Produktbereich »Sportschuhe« als Experten gelten können. Man kann davon ausgehen, daß ein Experte sehr viel eher weiß, welche Kriterien er bei einer Bewertung anlegen soll, und daß er vielleicht schon zu dem ein oder anderen Gegenstand seiner Expertise eine Meinung hat (siehe Exkurs 62).
In der Tat zeigten sich die beobachteten Korrelationsunterschiede nur in der Gruppe der Laien. Für die Sportler machte es keinen Unterschied, ob sie die Einzelurteile vor oder nach dem Globalurteil abgeben sollten.

Exkurs 62 *Zum Unterschied zwischen Experten und Laien*

In den vorangegangenen Ausführungen wurde deutlich, daß die Produktexpertise eine fast so wichtige Moderatorvariable ist wie etwa das Involvement. Als Faustregel kann vielleicht tatsächlich gelten, daß Experten bereits bei geringerem Involvement zentral verarbeiten, daß sie weniger leicht zu beeinflussen oder gar zu täuschen sind. In der Untersuchung von Bickart (1992) zeigen sich Experten als weniger anfällig für Kontexteffekte und Voraktivierungen.
Vielleicht ist es aber nicht überflüssig, zu betonen: Experten sind keineswegs grundsätzlich weniger anfällig für Voraktivierungen. Sie sind sogar durch bestimmte Aktivierungen eher beeinflußbar als Laien, nämlich solche, die auf die bereits gebildeten Kategorien passen. Zum Beispiel lassen sich Experten beim Autokauf eher durch Preiskategorien beeinflussen, weil sie mit der Preiskategorie auch etwas verbinden. Wenn also die Aktivierung Voraussetzungen macht, dann kann es sein, daß Experten eher darauf anspringen als Novizen, weil diesen die Information ja gar nichts sagt. Anderes Beispiel: Wenn ich Kleinwagen oder die S-Klasse aktiviere, dann kann das nur bei solchen Menschen einen Effekt haben, die damit auch etwas anfangen können. Völlige Auto-Laien können damit nichts anfangen.
Die folgenden Annahmen können aber wohl gelten: Experten erinnern leichter Informationen, die für die Bewertung des Produkts wichtig sind, sie scheuen aber auch den kognitiven Aufwand beim Bewerten weniger. Sie geben seltener »quick and easy«-Antworten. Experten überblicken ihre Antworten besser und bemerken eher irrelevante Einflüsse. Sie merken daher auch eher, wenn eine bestimmte Information aus banalen Gründen verfügbarer ist, und neigen dann dazu, diesen Einfluß korrigierend aus ihrem Urteil herauszuhalten (Bickart, 1992, spricht von einem »backfire«, ich habe diesen Effekt an anderer Stelle den »Wasservogel-Effekt« genannt, Exkurs 25). Dieser Korrektureffekt gilt aber nur für irrelevante Informationen. Wenn die Information dagegen diagnostisch ist, dann wird das von Experten sogar eher erkannt als von Novizen, und diese Information wird auch genutzt.

18.4.3 Effekte vorangehender Fragen auf folgende

Beim Beantworten von Fragen aller Art, ob im Interview oder im Fragebogen, folgen wir allgemeinen Kommunikationsregeln (vgl. Grice, 1975). Wir stellen beispielsweise in Rechnung, was unser Gegenüber schon weiß und deuten die Frage vor diesem Hintergrund. Wenn ich Sie zum Beispiel im Flughafen treffe und frage: »Na, wo fliegen Sie denn hin?«, dann könnten Sie mir antworten: »Nach San Francisco«. Diese Antwort würden Sie mir auf dieselbe Frage nicht geben, wenn ich Sie im Flieger nach San Francisco ansprechen würde; die Information wäre trivial. Sie würden berücksichtigen, was ich schon weiß, und nun andere Informationen geben, etwa: »Ich fliege zu Verwandten, um dort Urlaub zu machen« (Beispiel nach Strack, 1994, S. 101). Dies ist ein weiterer wichtiger Punkt, der im Modell von Abbildung 18.4 die Interpretation einer Frage beeinflußt.
Eine ganz ähnliche Regel besagt, daß man eine Information, die man schon einmal gegeben hat, in einer ernst zu nehmenden Kommunikationssituation kein zweites Mal gibt. Man wird vielmehr bemüht sein, zu große Redundanz zu vermeiden. Stellen wir uns dazu ein Beispiel vor: In einem Fragebogen kommt die Frage vor: »Wie denken Sie über *McDonald's*?« Die nächste Frage lautet:

»Wie denken Sie über »Fast food«-Restaurants?« Wenn die beiden Fragen in dieser Reihenfolge gestellt werden, dann kann man davon ausgehen, daß die befragten Personen bei der zweiten Frage ausdrücklich nicht mehr an *McDonald's* denken werden. Sie werden diese Frage so verstehen, als hätte sie gelautet: »Wie denken Sie über »Fast food«-Restaurants – von *McDonald's* einmal abgesehen?« Die Antwort auf die vorangegangene Frage soll nicht zwei Mal gegeben werden und wird daher von der folgenden Antwort regelrecht subtrahiert. Diese Subtraktion ist ein reiner Effekt der Reihenfolge. Hätte man zuerst die allgemeine und dann die spezifische Frage gestellt, dann hätte die antwortende Person gar keine Gelegenheit gehabt, Redundanz zu vermeiden. In der ersten Antwort hätte sie also alle »Fast food«-Restaurants berücksichtigt, einschließlich *MacDonald's* (vgl. Strack, Schwarz & Gschneidinger, 1985).
Auch diesen Effekt haben wir im Rahmen der oben beschriebenen eigenen Untersuchung überprüft (siehe Fußnote 1). Unsere Probanden sollten folgende zwei Fragen beantworten:

A »Wie gut erfüllen Ihrer Meinung nach deutsche Banken ihre Funktion als Dienstleister?«
B »Wie gut erfüllt Ihrer Meinung nach Ihre Bank ihre Funktion als Dienstleister?«

Die Antwortskala reichte von 0 (= sehr schlecht) bis 6 (= sehr gut). Die Fragen wurden einem Teil der Probanden in der Reihenfolge AB und einem anderen Teil in der Reihenfolge BA präsentiert. Wenn die allgemeine Frage der spezifischen voranging, korrelierten beide Urteile zu $r = .69$. Diese Korrelation sank auf $r = .44$, wenn die Reihenfolge umgedreht wurde. Der Korrelationsunterschied ist hochsignifikant ($r = .69$ versus $r = .44$, $z = 2.67$, $p < .01$).
Dies ist nur ein Beispiel dafür, daß die Reihenfolge, in der Fragen gestellt werden, einen erheblichen Einfluß auf die Antwort ausübt. Es ist freilich leicht irreführend, diese Effekte als »Reihenfolge«-Effekte zu bezeichnen, denn genau genommen ist es immer die vorhergehende Frage, die einen Effekt auf die folgende ausübt, nicht aber umgekehrt (Strack, 1992b).
Entscheidend für Effekte dieser Art ist wieder die Kategorisierung der Frage: Eine starke Wirkung hat die vorangehende Frage dann, wenn sie im selben Kontext steht wie die spätere. Wenn etwa im selben Fragebogen kurz hintereinander nach der eigenen Bank und dann nach Kreditinstituten allgemein gefragt wird, dann sind die Probanden motiviert, dieselbe Antwort nicht zwei Mal zu geben. Wenn der Fragebogen dagegen den Eindruck erweckt, beide Fragen ständen in unterschiedlichen Kontexten, zum Beispiel indem sie von verschiedenen Auftraggebern gestellt wurden, dann beantworten die Versuchspersonen die Fragen durchaus in ähnlichem Sinne. Selbst wenn die Fragen nur optisch, über das Layout des Fragebogens in verschiedene Kontexte gestellt werden, etwa wenn die eine Frage die letzte auf der vorherigen Seite und die andere die erste auf der folgenden ist, verringert sich der Effekt und die Probanden beantworten beide Fragen wieder ähnlicher (Strack, 1994, S. 194*ff*).
Es ist vielleicht nicht überflüssig zu betonen, daß die in diesem Kapitel beschriebenen Effekte ergänzt werden durch Einflüsse, die in den vorangegangenen Kapiteln ausführlich diskutiert wurden (besonders Kapitel 4). So sind an dieser Stelle die Effekte von vorheriger Aktivierung bzw. von Kontrast und Assimilation hervorzuheben. Eine vorhergehende Frage kann für eine spätere den Kontext abgeben, innerhalb dessen das Urteil abgegeben wird. Urteile über ein Produkt (zum Beispiel einen neuen Mittelklasse-Wagen) unterliegen etwa eher einem Kontrasteffekt, wenn zuvor über vergleichsweise extreme Kontextreize (wie sehr teure Autos) geurteilt werden sollte; sie unterliegen eher einem Assimilationseffekt, wenn zuvor moderate Exemplare beurteilt wurden (zum Beispiel andere Mittelklasse-Wagen). Solche und andere Fälle wurden bereits in Kapitel 8 diskutiert, hier werden sie wieder bedeutsam.

18.4.4 Die Befragung als Intervention

Die Befragung selbst sollte eigentlich für den Gegenstand der Befragung wirkungslos sein, so wie ein Objekt ja auch nicht schwerer oder leichter wird, indem man es wiegt. Es zeigen sich jedoch durchaus Gelegenheiten, bei denen die Tatsache der Befragung auf die Einstellungen oder späteres Verhalten der Befragten einen deutlichen Einfluß nimmt. Zum Beispiel ist die Geburtsangst von Erstgebärenden deutlich größer, wenn sie zuvor die Geburtsangstskala von Lukesch (1983) bearbeitet haben (Nebel, Strack & Schwarz, 1989). Das verwundert nicht, wenn man bedenkt, daß für die meisten Menschen ihre Angst nicht unabhängig davon besteht, welche Informationen ihnen gerade präsent sind – und die Geburtsangstskala aktiviert in 77 einzelnen Items eine Vielzahl von Informationen, vor denen Schwangere Angst haben könnten.
Befragungen können die Befragten an ihre Einstellungen erinnern. Im Sinne der Konsistenztheorien wird durch das Bekenntnis zu der Einstellung ein Commitment erzeugt und der Druck wächst, sich in der Folge einstellungskonsistent zu verhalten (vgl. 11.3).
Eine Befragung kann uns Informationen über uns selbst geben, die in der Folge auf Einstellungen und Verhalten wirken. Wenn es etwa um das Thema »Auto« geht, dann könnten Fragen zu entlegenen technischen Details die Befragten derart überfordern, daß sie zu dem Eindruck gelangen, sie kennten sich mit Autos nicht besonders gut aus. Umgekehrt können relativ leichte Fragen das Gefühl wecken, dem Thema gewachsen zu sein (vgl. auch Strack, 1994, S. 78*ff*). Ob man sich selbst für einen Experten hält oder nicht, hat wiederum großen Einfluß auf die Beeinflußbarkeit; Experten reagieren auf andere Merkmale der Kommunikation als Laien (siehe u.a. Exkurs 62).
Ebenso kann durch die Befragung die Verarbeitungsflüssigkeit für die gefragten Informationen derart beeinflußt werden, daß dies auch Einfluß auf die Einstellung hat. Wenn ich nach zwölf Vorteilen des Produkts gefragt werde, dann wird mir diese Aufgabe schwerer fallen, als wenn ich nur nach vier Vorteilen gefragt werde. Diese Schwierigkeit wird, wenn sie selbst wieder wie eine Information gewertet wird, sich negativ auf meine Einstellung zum Produkt auswirken – selbst wenn es mir tatsächlich gelungen wäre, zwölf Vorteile zu generieren (Wänke et al., 1996; siehe auch 4.1.1).
Nach geltenden Kommunikationsregeln (Grice, 1975) liegt es näher, die Inhalte, die in einer bestimmten Bemerkung impliziert sind, zu akzeptieren, als ihnen zu widersprechen. Dies liegt dem Prinzip der Suggestivfrage zugrunde und kann im Rahmen einer Befragung ebenfalls zur Beeinflussung eingesetzt werden. Im Bestreben um eine gewisse Konsistenz in ihrem Verhalten geben Personen, nachdem sie einer Suggestivfrage zugestimmt haben, weit eher Standpunkte wieder, die im Einklang mit dem suggerierten Inhalt stehen.
Sind jedoch die eigenen Überzeugungen sehr gefestigt, in einem hohen Grade gewiß, dann stellen sich bei Suggestivfragen Widerstände ein. Gewißheit kann hier verstanden werden als die Bereitschaft zum Widerstand gegenüber Beeinflussungsversuchen. Wenn nun einer solchen Person eine Position suggeriert wird, die ihrer bisherigen Meinung widerspricht, dann ist der Widerstand sicher und die Suggestion schlägt fehl. Da sich aber hochgewisse Individuen auf jeden Fall gegen Beeinflussung zur Wehr setzen, kann man sie durch eine paradoxe Strategie dennoch zu einer Abschwächung ihrer Position bewegen:
Swann, Pelham und Chidester (1988) konfrontierten ihre Versuchspersonen mit extremen Varianten ihrer eigenen Position. Probanden, die sehr konservative Anschauungen hinsichtlich der Geschlechtsrollen vertraten, bekamen eine Karikatur ihrer eigenen Position zu hören, etwa: »Nicht wahr, Frauen sollten gar nicht erst so viel lernen, damit sie nicht aufbegehren...« Wie erwartet setzten sich die Probanden gegen diese Beeinflussung zur Wehr und brachten Argumente vor, mit

denen sie die extreme Position zurückwiesen. Die paradoxe Strategie, die Swann et al. vorschlagen, macht beim Widerstehen gerade die Argumente verfügbar, die für die Gegenmeinung sprechen. Auf diese Weise wurde die eigene Position zugunsten der Gegenmeinung abgeschwächt.

18.4.5 Einstellungen zu Dingen, die es gar nicht gibt

Wenn Sie eine Person nach ihrer Meinung zu einem Gegenstand fragen, den es gar nicht gibt, können Sie durchaus damit rechnen, eine Antwort zu erhalten. Dieses Phänomen wurde unter dem Begriff »non-attitudes« untersucht, die ermittelten Ergebnisse wurden als Zufallsantworten interpretiert (zum Überblick siehe Strack, 1994, S. 16*ff*). Beide Kennzeichnungen sind problematisch. Auf den ersten Blick erscheint es freilich logisch, daß jemand keine Einstellung zu einer Sache haben kann, die es gar nicht gibt – besser: von der er bislang nicht geglaubt haben kann, daß es sie gebe. Daß die Antworten aber gar keinen Hinweis auf die Einstellung des Antwortenden enthalten, müssen wir bezweifeln, wenn wir die Annahme näher prüfen, daß es sich tatsächlich um Zufallsantworten handelt.
Schumann und Presser (1981; zit. n. Strack, 1994, S. 18) befragten Probanden nach dem fiktiven »Agricultural Trade Act« (ATA). Weit über die Hälfte der Befragten, nämlich 62 Prozent, waren dafür. Dies allein widerspricht bereits der Erwartung, es handele sich um eine Zufallsantwort, denn unter der Zufallsbedingung hätten sich Zustimmung und Ablehnung gleich verteilen müssen. Es stellte sich in der Folge heraus, daß besonders jene Personen den ATA befürworteten, die auch mit der Arbeit der Regierung insgesamt einverstanden waren. Demnach zeigte sich also durchaus eine Einstellung in den Befragungsergebnissen; ganz analog zu dem Modell in Abbildung 18.4 konstruierten die Probanden ihre Meinung aus dem, was ihnen verfügbar war. In diesem Fall wurden offenbar besonders persönlich wichtige Informationen genutzt wie etwa: »Der ATA kommt von der Regierung und deren Arbeit gefällt mir in der Regel.«

18.4.6 Kontexteffekte in Befragungen: Fehlerquellen oder wertvolle Optionen für die Marktforschung?

Pointierung einer Frage durch Reihenfolgemanipulation
Man ist leicht geneigt, die beschriebenen Effekte, etwa für die Fragenreihenfolge, als reine Fehlerquellen zu interpretieren. Dies wäre allerdings eine fatale Neigung, denn man kann diese Effekte, sobald man sie kennt, auch als wertvolle Informationsquellen nutzen. Eine Nutzungsmöglichkeit ergibt sich aus dem oben konstruierten Beispiel zu »Fast food«-Restaurants und *McDonald's*, in dem ein Experiment von Strack et al. (1985) abwandelt wird. In dem Beispiel wurden die Probanden dazu angeregt, eine Frage, die sie ursprünglich global verstanden hätten, spezifisch zu deuten und entsprechend zu beantworten. Das heißt, durch die Reihenfolge-Manipulation konnte das Verständnis der Frage beeinflußt werden, und dieser Effekt kann durchaus einmal sehr nützlich sein. Stellen wir uns etwa vor, wir wollten wissen, wie zufrieden die Kunden mit dem Design des Produktes sind, wollen aber die Farbe nicht dazuzählen (vielleicht weil die Farbe als einziges Merkmal des Designs nicht neu ist). Eine Möglichkeit wäre, in der Frage die Farbe ausdrücklich auszuklammern (etwa: »Wie zufrieden sind Sie mit dem Design des Produktes, von der Farbe einmal abgesehen?«). Eine weitere, vielleicht unterstützende Möglichkeit wäre allerdings, zuvor nach der Farbe eigens zu fragen. Auf diese Weise unterstreicht man das eigentlich angestrebte Verständnis für die Folgefrage, die dann weniger global verstanden wird.

Diesen Effekt belegen Daten von Strack (1994, S. 111*ff*), der seine Probanden danach fragte, wie glücklich und wie zufrieden sie seien. Man wird zugeben, daß Glück und Zufriedenheit ziemlich ähnliche Begriffe sind, und wenn man Personen nur nach einem von beiden fragt, fließen in das Urteil auch immer beide Aspekte mit hinein. Fragt man jedoch nach beidem, also: »wie glücklich sind Sie?« und »wie zufrieden sind Sie?«, dann können dieselben Personen sehr wohl systematische Unterschiede machen. In der Regel betont man dann beim Urteil über die Zufriedenheit eher die kognitiven und beim Urteil über das Glück eher die affektiven Aspekte des Wohlbefindens. Folgerichtig sank denn auch in der Befragung von Strack (1994) die ursprünglich hohe Korrelation des Zufriedenheitsurteils mit einer Stimmungsskala (also einem Maß für die affektive Befindlichkeit), wenn im selben Kontext auch nach dem Glück gefragt wurde.

Herausfinden, wo Werbung sich lohnen wird

Betrachten wir noch einmal die Daten aus dem Experiment von Bickart (1992, siehe Tabelle 18.3): Wenn das allgemeine noch vor den spezifischen Urteilen gefordert ist, dann werden keine Informationen systematisch voraktiviert. Die Probanden sind ganz auf sich gestellt, bekommen keine Schützenhilfe, worauf sie ihr Urteil gründen. Dies bietet den Marktforschern die Chance, herauszufinden, welche Informationen die Personen *spontan* für ihr Urteil nutzen.

Es geht hier – wie zum Beispiel auch bei projektiven Tests (17.3.4) – um das Problem, welche Produktmerkmale es sind, mit denen Personen ihr Urteil fällen. Wenn jemand das Produkt gut findet, *warum* findet er es dann gut? Welches Merkmal ist es, dessentwegen er ein positives Urteil fällt?

Offenbar sind dies vor allem die beiden Merkmale »Bequemlichkeit« und »Stoßfestigkeit«, denn die korrelieren mit dem Gesamturteil auch dann hoch, wenn die Probanden nicht eigens darauf aufmerksam gemacht wurden.

Daß der *Nike*-Schuh in vielen Farben verfügbar ist, zählt offenbar zu den peripheren Merkmalen: Die Bewertung dieser Tatsache korreliert unter keiner der beiden Bedingungen hoch mit dem Gesamturteil. Interessant wird es nun aber bei dem modischen Design: Nachdem die Befragten darauf aufmerksam gemacht wurden, stieg die Korrelation dieser Bewertung mit dem Gesamturteil deutlich an (der Korrelationsunterschied ist übrigens signifikant, $r = .01$ versus $r = .72$, $z = 2.66$, $p < .01$). Dies wäre ein marketingtechnisch außerordentlich wertvoller Hinweis: Offenbar bringt es etwas, den Konsumenten vor Augen zu führen, daß man ein gutes modisches Design hat, denn wenn sie darauf aufmerksam werden, dann verändert das auch ihr Gesamturteil. Der von Bickart (1992) nachgewiesene Effekt wäre danach alles andere als eine lästige Fehlerquelle. Bewußt eingesetzt könnte er gut begründete Ideen dafür liefern, wo sich weitere Werbeanstrengungen lohnen und wo nicht.

Fragen zu nicht-existierenden Gegenständen als projektives Verfahren

Die angeblich so erschreckenden Befunde zu den »non-attitudes« sind offensichtlich ebenfalls sinnvoll interpretierbar. Betrachten wir den erfundenen Einstellungsgegenstand als Vorlage in einem projektiven Test. Er erfüllt das Kriterium, mehrdeutig zu sein, und man kann davon ausgehen, daß die Probanden *a priori* keine klare Meinung dazu haben. Dies macht ihn zu einer brauchbaren Projektionsfläche für tatsächliche Einstellungen – in diesem Sinne kann man die angeblichen »non-attitudes« durchaus sinnvoll interpretieren, ja sogar in manchen Situation gezielt erheben!

Besonderheiten des konstruktivistischen Modells und Empfehlungen

Diese optimistisch klingenden Empfehlungen gebe ich wohlgemerkt auf der Basis des konstruktivistischen Modells der Einstellungsmessung ab. Dieses Modell verläßt eine naive Vorstellung über die

Gültigkeit von Befragungsergebnissen; Strack (1994) nennt sie die »Standardtheorie der Befragung«, der zufolge »Personen einen privilegierten und unmittelbaren Zugang zu den Inhalten des Bewußtseins haben und [...] diese Inhalte von den Personen selbst unverfälscht ›abgelesen‹ werden können« (S. 8). Wänke (1997) nennt dieselbe Idee das »Schubladen-Modell« der Einstellung: Zu jedem Gegenstand sei eine Einstellung in einer Schublade abgelegt und könne bei Bedarf abgerufen werden. Eine Störung dieses Abrufs gehe allenfalls auf Unwilligkeit oder Unfähigkeit zurück.

Die konstruktivistische Alternative läßt uns mit einer liebgewonnenen Frage im Regen stehen, nämlich mit der Frage: Was ist eigentlich die echte, die wahre Einstellung einer Person? Diese Frage nach der »wahren Einstellung« stellt sich im konstruktivistischen Modell nicht, denn »every construal is as valid as the other« (Wänke, 1997, S. 267). Allenfalls unterscheiden sich die Konstruktionen danach, wie lange sie schon bestehen und ob sie im gegebenen Augenblick aus dem Gedächtnis reproduziert oder ganz neu geschaffen werden.

An der Idee einer wahren Einstellung könnte man im Rahmen des konstruktivistischen Modells festhalten, wenn man sich von der Idee verabschiedet, befragte Personen hätten zu dieser Einstellung einen direkten Zugang und könnten darüber unverfälscht Auskunft geben. Nach der alternativen Vorstellung offenbart sich die wahre Einstellung in Selbstauskünften im Rahmen einer Befragung genauso vieldeutig und interpretetationsbedürftig, wie in anderen Verhaltensdaten auch (vgl. auch Strack, 1994, S. 129).

Für die Marktforschung ist dieser Ansatz sehr zielführend – vorausgesetzt man kennt die psychologischen Befunde und Theorien. Aber auch ohne viel Detailkenntnis kann man mit einigen Faustregeln die Vorhersagequalität von Marktforschungsergebnissen verbessern. Wänke (1997) empfiehlt, daß in Marktforschungs-Untersuchungen vor allem darauf geachtet werden sollte, daß die Prädiktor- und die Kriteriumssituation einander so ähnlich wie möglich sind. Mit anderen Worten: Die Situation, aus der heraus man die Vorhersage machen will (zum Beispiel die Befragung, das Experiment etc.), sollte genauso aussehen, wie die Situation, die vorhergesagt werden soll (zum Beispiel die Kauf- bzw. Entscheidungssituation).

Das bedeutet im einzelnen (siehe Wänke, 1997):

- Informationen eliminieren, die in der entscheidenden Situation nicht verfügbar sein werden.
- Informationen bereitstellen, die in der Situation verfügbar sein werden.
- Fragen so formulieren, daß sie der Repräsentation des Empfängers entsprechen. (Nicht fragen: »Soll X verboten werden?«, wenn es darum geht, ob X erlaubt sein soll, auch wenn es logisch auf dasselbe hinausläuft. Oder: Nicht A mit B vergleichen lassen, wenn B mit A verglichen werden soll. In aller Regel wird das Neue mit dem Alten, das Unvertraute mit dem Vertrauten, der Newcomer mit dem Marktführer etc. verglichen (Wänke, 1997, S. 270).)
- Motivationales und emotionales Klima sollen einander entsprechen.
- Die Zeit, die für eine Antwort zur Verfügung steht, sollte der echten Entscheidungszeit entsprechen (kurz für Entscheidungen ohne Commitment bzw. bei geringem Involvement, evtl. sogar künstlicher Zeitdruck bei der Bearbeitung; lang bei extensiven Kaufentscheidungen).

Folgerichtig fordert Wänke daher auch, mehr Energie darein zu investieren, die Kriteriums-Situation, also die Kauf- und Entscheidungs-Situation zu erforschen. Die soll ja in der Marktforschung simuliert werden, daher ist die Kernfrage: »which variation best captures the criteria situation« (S. 272).

Mit diesen Ausführungen schließen wir das Thema Messung der Werbewirkung und Marktforschung ab. Gleichzeitig ist dieses Kapitel auch das letzte im Buch. Wer bis hierhin durchgehalten hat, den möchte ich beglückwünschen. Ich hoffe, es war nicht allzu ermüdend.

...and now for something completely different.

Literaturverzeichnis

Aaker, D. A. & Bruzzone, D. E. (1981). Viewer perceptions of prime-time television advertising. *Journal of Advertising Research, 21*, 15–23.

Abelson, R. P. (1980). Psychological status of the script concept. *American Psychologist, 36*, 715–729.

Adams, F. M. & Osgood, C. E. (1973). A cross-cultural study of the affective meanings of color. *Journal of Cross-Cultural Psychology, 4*, 135–156.

Adams, H. F. (1920). *Advertising and its mental laws*. New York: MacMillan.

Ajzen, I. (1988). *Attitudes, personality and behavior*. Stratford: Open University Press.

Alden, D. L. & Crowley, A. E. (1995). Sex guilt and receptivity to condom advertising. *Journal of Applied Social Psychology, 25*, 1446–1463.

Alexander, M. W. & Judd, B., Jr. (1978). Do nudes in ads enhance brand recall? *Journal of Advertising Research, 18*, 47–50.

Allen, C. T. & Madden, T. (1985). A closer look at classical conditioning. *Journal of Consumer Research, 12*, 301–315.

Allison, R. J. & Uhl, K. P. (1964). Influence of beer brand identification on taste perception. *Journal of Marketing Research, 1*, 36–39.

Alpert, J. I. & Alpert, M. I. (1990). Music influences on mood and purchase intentions. *Psychology and Marketing, 7*, 109–133.

Ambler, T. & Burne, T. (1999). The impact of affect on memory of advertising. *Journal of Advertising Research, 39*, 25–34.

Anand, P. & Sternthal, B. (1990). Ease of message processing as a moderator of repetition effects in advertising. *Journal of Marketing Research, 27*, 345–353.

Anderson, J. R. (1988). *Kognitive Psychologie. Eine Einführung*. Heidelberg: Spektrum.

Andrews, J. C., Akhter, S. H., Durvasula, S. & Muehling, D. D. (1992). The effects of advertising distinctiveness and message content involvement on cognitive and affective responses to advertising. *Journal of Current Issues and Research in Advertising, 14*, 45–58.

Andrews, J. C. & Shimp, T. A. (1990). Effects of involvement, argument strength, and source characteristics on central and peripheral processing of advertising. *Psychology & Marketing, 7*, 195–214.

Appel, V. (1987). Editorial environment and advertising effectiveness. *Journal of Advertising Research, 27*, 11–16.

Arkes, H. R. & Blumer, C. (1985). The psychology of sunk cost. *Organizational Behavior and Human Decision Processes, 35*, 124–140.

Arkes, H. R., Boehm, L. E. & Xu, G. (1991). Determinants of judged validity. *Journal of Experimental Social Psychology, 27*, 576–605.

Aronson, E. (1969). The theory of cognitive dissonance: a current perspective. In L. Berkowitz (Hrsg.). *Advances in Experimental Social Psychology* (Band 4, S. 1–34). San Diego, CA: Academic Press.

Aronson, E. (1992). The return of the repressed: Dissonance theory makes a come back. *Psychological Inquiry, 3*, 303–311.

Asbell, B. & Wynn, K. (1993). *Du bist durchschaut*. Hamburg: Kabel.

Asch, S. E. (1955). Opinions and social pressure. *Scientific American, 193*, 31–35.

Aschenbrenner, K. M. (1987). Kaufentscheidung. In C. Graf Hoyos, W. Kroeber-Riel, L. von Rosenstiel & B. Strümpel (Hrsg.). *Wirtschaftspsychologie in Grundbegriffen*, zweite Auflage (S. 151–161). Weinheim: Psychologie Verlags Union.

Atkin, C. K. (1978). Observation of parent-child interaction in supermarket decision making. *Journal of Marketing, 42*, 41–45.

Baacke, D. (1999). *Zielgruppe Kind: kindliche Lebenswelt und Werbeinszenierungen*. Opladen: Leske + Budrich.

Baacke, D., Sander, U. & Vollbrecht, R. (1993). *Kinder und Werbung*. [Unter Mitarbeit von S. Kommer. Schriftenreihe des Bundesministeriums für Frauen und Jugend, Band 12]. Stuttgart: Kohlhammer.

Bacon, F. T. (1979). Credibility of repeated statements: Memory for trivia. *Journal of Experimental Psychology: Human Learning and Memory, 5*, 241–252.

Baeyens, F., Houwer, J. D., Vansteenwegen, D. & Eelen, P. (1998). Evaluative conditioning is a form of associative learning: On the artifactual nature of Field and Davey's (1997) artifactual account of evaluative learning. *Learning and Motivation, 29*, 461–474.

Bahrmann, H. (1995). Werbetrick: Vom Kinostar zum Serienheld. *Trierischer Volksfreund, 72*, 25.
Baker, M. J. & Churchill, G. A., Jr. (1977). The impact of physical attractive models on advertising evaluation. *Journal of Marketing Research, 14*, 538–555.
Baker, W. (1993). The relevance accessibility model of advertising effectiveness. In A. A. Mitchell (Hrsg.), *Advertising, exposure, and choice* (S. 49–87). Hillsdale, NJ: Erlbaum.
Banaji, M. R. (im Druck). Implicit attitudes can be mealured. In H. L. Roediger, J. S. Nairne, I. Neath & A. Surprenant (Hrsg.), *The nature of remembering: Essays in honor of Robert G. Crowder*. Washington, DC: American Psychological Association.
Bandura, A. (1971). *Social learning theory*. Morristown, NJ: General Learning Press.
Barcley, W. D., Doub, R. M. & McMurtrey, L. T. (1965). Recall of TV commercials by time and program slot. *Journal of Advertising Research, 5*, 41–47.
Bargh, J. A. & Chartrand, T. L. (1999). The unbearable automaticity of being. *American Psychologist, 57*, 462–479.
Bargh, J. A. (1996). Automaticity in social psychology. In E. T. Higgins & A. W. Kruglanski (Hrsg.), *Social psychology: Handbook of basic principles* (S. 169–183). New York: The Guilford Press.
Bar-Hillel, M. & Neter, E. (1996). Why are people reluctant to exchange lottery tickets? *Journal of Personality and Social Psychology, 70*, 17–27.
Bartlett, F. C. (1932). *Remembering*. Cambridge: Cambridge University Press.
Bastardi, A. & Shafir, E. (1998). On the pursuit and misuse of useless information. *Journal of Personality and Social Psychology, 75*, 19–32.
Bauer, F. (2000). *Die Psychologie der Preisstruktur. Entwicklung der »Entscheidungspsychologischen Preisstrukturgestaltung« zur Erklärung und Vorhersage nicht-normativer Einflüsse der Preisstruktur auf die Kaufentscheidung*. München: CS Press.
Bearden, W. O., Netemeyer, R. G. & Teel, J. E. (1989). Measurement of consumer susceptibility to interpersonal influence. *Journal of Consumer Research, 15*, 473–481.
Beatty, S. E. & Hawkins, D. I. (1989). Subliminal stimulation: Some new data and interpretation. *Journal of Advertising, 18*, 4–8.
Beggan, J. K. (1994). The preference for gain frames in consumer decision making. *Journal of Applied Social Psychology, 16*, 1407–1427.
Beike, P. (1974). Beobachtung als Instrument der empirischen Marktforschung. In K. C. Behrens (Hrsg.). *Handbuch der Marktforschung* (S. 547–568). Wiesbaden.
Belch, G. E. (1981). An examination of comparative and noncomparative television commercials: The effect of claim variation and repetition on cognitive response and message acceptance. *Journal of Marketing Research, 18*, 333–349.
Belch, M. A., Holgerson, B. E., Belch, G. E. & Koppmann, J. (1982). Psychophysical and cognitive responses to sex in advertising. In A. Mitchell (Hrsg.), *Advances in Consumer Research* (Band 9, S. 424–427). Ann Arbor, MI: Association for Consumer Research.
Bello, D. C., Pitts, R. E. & Etzel, M. J. (1983). The communication effects of controversial sexual in television-programs and commercial. *Journal of Advertising, 12*, 32–42.
Bem, D. J. (1972). Self-perception theory. In L. Berkowitz (Hrsg.). *Advances in Experimental Social Psychology* (Band 6, S. 1–62). San Diego, CA: Academic Press.
Bem, D. J. & McConnell, H. K. (1970). Testing the self-perception explanation of dissonance phenomena: On the salience of premanipulation attitudes. *Journal of Personality and Social Psychology, 14*, 23–31.
Benson, P. L., Karabenic, S. A. & Lerner, R. M. (1976). Pretty pleases: The effects of physical attractiveness on race, sex, and receiving help. *Journal of Experimental Social Psychology, 12*, 409–415.
Bergler, R. (1984). *Werbung als Untersuchungsgegenstand der empirischen Sozialforschung*. Bonn: Edition ZAW.
Bergler, R., Pörzgen, B. & Harich, K. (1992). *Frau und Werbung: Vorurteile und Forschungsergebnisse*. Köln: Deutscher Instituts-Verlag.
Berman, J. J. & Brickman, P. (1971). Standards for attribution of liking: Effects of sex, self-esteem, and other's attractiveness. *Proceedings of the 79th Annual Convention of the American Psychological Association, 6*, 271–272.
Berry, C., Gunter, B. & Clifford, B. R. (1980). Nachrichtenpräsentation im TV: Faktoren, die die Erinnerungsleistung der Zuschauer beeinflussen. *Media Perspektiven, 10,* 688–694.
Berry, S. H. & Kanouse, D. E. (1987). Physician response to a mailed survey. *Public Opinion Quaterly, 51*, 102–114.
Berscheid, E., Graziano, W., Monson, T. & Dermer, M. (1976). Outcome dependency: Attention, attribution, and attraction. *Journal of Personality and Social Psychology, 34*, 978–989.
Berscheid, E. & Walster, E. (1969). *Interpersonal attraction*. Reading, Mass.: Wesley.

Berscheid, E. & Walster, E. (1974). Physical attractiveness. In L. Berkowitz (Hrsg.) *Advances in Experimental Social Psychology* (Band 7, S. 157–215). New York: Academic Press.

Betsch, T., Plessner, H., Schwieren, C. & Gütig, R. (2001). I like it but I don't know why: A value-account approach to implicit attitude formation. *Personality and Social Psychology Bulletin*, 27, 242–253.

Bettman, J. R. (1979). *An information processing theory of consumer choice*. Reading: Addison-Wesley.

Bettman, J. R. & Sujan, M. (1987). Effects of framing on evaluation of comparable and noncomparable alterantives by expert and novice consumers. *Journal of Consumer Research, 14*, 141–154.

Bickart, B. A. (1992). Question-order effects and brand evaluations: The moderating role of consumer knowledge. In N. Schwarz & S. Sudman (Hrsg.), *Context effects in social and psychological research* (S. 63–80). New York: Springer.

Bierhoff, H.W., Buck, E. & Klein, R. (1989). Attractiveness and respectability of the offender as factors in the evaluation of criminal cases. In H. Wegener, F. Lösel & J. Haisch (Hrsg.) *Criminal behavior and the justice system* (S. 193–207). New York: Springer.

Bierley, C., McSweeney, F. K. & Vanieuwkerk, R. (1985). Classical conditioning of preference for stimuli. *Journal of Consumer Research, 12*, 316–323.

Bless, H., Bohner, G., Schwarz, N. & Strack, F. (1990). Mood and persuasion: A cognitive response analysis. *Personality and Social Psychology Bulletin, 16*, 331–345.

Bless, H., Igou, E. R., Schwarz, N. & Wänke, M. (2000). Reducing context effects by adding context information: The direction and size of context effects in political judgment. *Personality and Social Psychology Bulletin, 26*, 1036–1045.

Bless, H. & Wänke, M. (2000). Can the same information be typical and atypical? How perceived typicality moderates assimilation and contrast in evaluative judgements. *Personality and Social Psychology Bulletin, 26*, 306–314.

Bless, H., Wänke, M., Bohner, G., Fellhauer, R. F. & Schwarz, N. (1994). Need for Cognition: Eine Skala zur Erfassung von Engagement und Freude bei Denkaufgaben. *Zeitschrift für Sozialpsychologie, 25*, 147–154.

Böhm-Kasper, O. & Kommer, S. (1997). Kinder und Werbung. Ausgewählte Ergebnisse eines Forschungsprojektes. In D. M. Meister & U. Sander (Hrsg.), *Kinderalltag und Werbung. Zwischen Manipulation und Faszination* (S. 166–185). Neuwied: Luchterhand.

Bohner, G., Chaiken, S. & Hunyadi, S. (1994). The role of mood and message ambiguity in the interplay of heuristic and systematic processing. *European Journal of Social Psychology, 24*, 207–221.

Bohner, G., Erb, H. P. & Crow, K. (1995). Priming und Persuasion: Einflüsse der Aktivierung verschiedener Persönlichkeitsdimensionen auf Prozesse der Einstellungsänderung und auf die Beurteilung des Kommunikators. *Zeitschrift für Sozialpsychologie, 26*, 263–271.

Bolz, A. (1994). Nackt, und keiner guckt hin. *Die Zeit, 4* (21.1.1994).

Boninger, D. S., Brock, T. S., Cook, T. D., Gruder, C. L. & Romer, D. (1990). Discovery of reliable attitude change persistence from a transmitter tuning set. *Psychological Science, 1*, 268–271.

Borges, B., Goldstein, D. G., Ortmann, A. & Gigerenzer, G. (1999). Can ignorance beat the stock market? In G. Gigerenzer, P. M. Todd and the ABC Research Group (Hrsg.), *Simple Heuristics that make us smart* (S. 59–72). New York: Oxford University Press.

Borkenau, P. & Ostendorf, F. (1993). *NEO-Fünf-Faktoren Inventar (NEO-FFI) nach Costa & McCrae*. Göttingen: Hogrefe.

Bornstein, R. F. (1989a). Exposure and affect: Overview and meta-analysis of research, 1968–1987. *Psychological Bulletin, 106*, 265–289.

Bornstein, R. F. (1989b). Subliminal techniques as propaganda tools: Review and critique. *The Journal of Mind and Behavior, 10*, 231–262.

Bornstein, R. F. & D'Agostino, P. R. (1994). The attribution and discounting of perceptual fluency: Preliminary tests of a perceptual fluency/attributional model of the mere exposure effect. *Social Cognition, 12*, 103–128.

Bottler, S. (1995). »Zeigen Sie den Vogel«. *werben & verkaufen, 28*, 52–55.

Bourne, L. E. & Ekstrand, B. R. (1992). *Einführung in die Psychologie*. Eschborn bei Frankfurt am Main: Klotz.

Bower, G. H., Gilligan, S. G. & Monteiro, K. P. (1981). Selectivity of learning caused by affective states. *Journal of Experimental Psychology, 110*, 451–473.

Bowlby, J. (1969). *Attachment and loss: Band 1 Attachment*. New York: Basic Books.

Brammen, C. (1995). Spots statt Gebührenerhöhungen. *TV-Movie, 25*, 11–12.

Brand, H. W. (1978). *Die Legende von den »geheimen Verführern«. Kritische Analysen zur unterschwelligen Wahrnehmung und Beeinflussung*. Weinheim: Beltz.

Brandmaier, F. (1996). Werbung direkt ins Kinderzimmer. *Trierischer Volksfreund, 63*, 15.

Brandtstädter, J. (1982). Apriorische Elemente in psychologischen Forschungsprogrammen. *Zeitschrift für Sozialpsychologie, 13*, 267–277.

Brandtstädter, J. (1984). Apriorische Elemente in psychologischen Forschungsprogrammen: Weiterführende Argumente und Beispiele. *Zeitschrift für Sozialpsychologie, 15*, 151–158.

Brandtstädter, J. (1985). Emotion, Kognition, Handlung: konzeptuelle Beziehungen. In L. Eckensberger & E. Lantermann (Hrsg.). *Emotion und Reflexivität* (S. 252–264). Göttingen: Hogrefe.

Brandtstädter, J. & Renner, G. (1990). Tenacious goal pursuit and flexible goal adjustment: Explication and age-related analysis of assimilative and accommodative strategies of coping. *Psychology and Aging, 5*, 58–67.

Bransford, J. D. (1979). *Human cognition: Learning, understanding and remembering*. Belmont, CA: Wadsworth.

Braun, K. A. & Loftus, E. F. (1998). Advertising's misinformation effect. *Applied Cognitive Psychology, 12*, 569–591.

Bredenkamp, J. & Wippich, W. (1977). Lern- und Gedächtnispsychologie (2 Bände). Stuttgart: Kohlhammer.

Brehm, J. W. (1966). *A theory of psychological reactance*. New York: Academic Press.

Brehm, J. W., Stires, L. K., Sensening, J. & Shaban, J. (1966). The attractiveness of an eliminated choice alternative. *Journal of Experimental Social Psychology, 2*, 301–313.

Brendl, C. M., Markman, A. B. & Higgins, E. T. (1998). Mentale Kontoführung als Selbstregulierung: Repräsentativität für zielgerichtete Kategorien. *Zeitschrift für Sozialpsychologie, 29*, 89–104.

Brenner, D. (1994). *Besonderheiten der TV-Werbung: Strukturmuster der Einflußnahme, untersucht am Beispiel eines Werbeblocks auf RTL-Plus*. Betzdorf: Unveröffentlichtes Manuskript.

Brewer, M. B. (1979). In-group bias in the minimal intergroup situation: A cognitive motivational analysis. *Psychological Bulletin, 86*, 307–324.

Brickman, P., Coates, D. & Janoff-Bulman, R. (1978). Lottery winners and accident victims: Is happiness relative? *Journal of Personality and Social Psychology, 36*, 917–927.

Briggs, R. & Hollins, N. (1997). Advertising on the web: Is there response before click-through? *Journal of Advertising Research, 37*, 33–45.

Broach, V. C., Page, T. J. & Wilson, R. D. (1997). The effect of program context on advertising effectiveness. In W. D. Wells (Hrsg.), *Measuring advertising effectiveness* (S. 203–214). Mahwah, NJ: Lawrence Erlbaum.

Broadbent, D. E. (1958). *Perception and communication*. London: Pergamon.

Brockhoff, K. (1988). Werbeblocklänge und Werbereichweite. *Werbeforschung und Praxis, 33*, 162–164.

Brockhoff, K. & Dobberstein, N. (1989). Zapping. Zur Umgehung der Fernsehwerbung. *Marketing. Zeitschrift für Forschung und Praxis, 11*, 27–40.

Brockner, J., Mouser, R., Birnbaum, G., Lloyd, K., Deitcher, J., Nathanson, S. & Rubin, J. S. (1986). Escalation of commitment to an ineffective course of action. *Administrative Science Quaterly, 31*, 109–126.

Brooks, J. (1958). The little ad that isn't there. *Consumer Reports, 23*, 7–10.

Brosius, H.-B. (1995). *Werbeakzeptanz und Werbewirkung*. München: MGM.

Brosius, H.-B. & Engel, D. (1996). The causes of third-person effects: unrealistic optimism, impersonal impact, or generalized negative attitudes towards media influence? *Journal of Public Opinion Research, 8*, 142–162.

Brosius, H.-B. & Fahr, A. (1996). *Werbewirkung im Fernsehen. Aktuelle Befunde der Medienforschung*. München: Verlag Reinhard Fischer.

Brown, J. D., Collins, R. L. & Schmidt, G. W. (1988). Self-esteem and direct versus indirect forms of self-enhancement. *Journal of Personality and Social Psychology, 55*, 445–453.

Brown, R. & Kulik, J. (1977). Flashbulb memories. *Cognition, 5*, 73–99.

Brown, T. J. & Rothschild, M. L. (1993). Reassessing the impact of television advertising clutter. *Journal of Consumer Research, 20*, 138–146.

Brüne, G. (1989). *Meinungsführerschaft in Konsumgütermarketing. Theoretischer Erklärungsansatz und empirische Überprüfung*. Heidelberg.

Bruner, G. C. (1990). Music, mood and marketing. *Journal of Marketing, 54*, 94–104.

Bruner, J. S. & Goodman, C. C. (1947). Value and need as organizing factors in perception. *Journal of Abnormal and Social Psychology, 42*, 33–44.

Bryant, J. & Comisky, P. W. (1978). The effect of positioning a message within differentially cognitively involving portions of a television segment on recall of the message. *Human Communication Research, 5*, 63–75.

Bultmann, F. (1989). Irreführende und verteuernde Werbung. In G. Kalt (Hrsg.), *Öffentlichkeitsarbeit und Werbung* (S. 145–149). Frankfurt am Main, Institut für Medienentwicklung und Kommunikation GmbH (IMK).

Burger, J. M. (1986). Increasing compliance by improving the deal: The that's-not–all technique.

Journal of Personality and Social Psychology, 51, 277–283.
Burgess, R. L. & Huston, T. L. (1979). *Social exchange in developing realtionships*. New York: Academic Press.
Burnkrant, R. E. & Cousineau, A. (1975). Informational and normative social influence in buyer behavior. *Journal of Consumer Research, 2*, 206–215.
Bush, A. J. & Boller, G. W. (1991). Rethinking the role of television advertising during health crises: A rhetorical analysis of the federal AIDS campaigns. *Journal of Advertising, 20*, 28–37.
Buss, D. M. (1989). Sex differences in human mate preferences: Evolutionary hypotheses tested in 37 cultures. *Behavioral and Brain Sciences, 12*, 1–49.
Byrne, D. (1959). The effect of a subliminal food stimulus on verbal responses. *Journal of Applied Psychology, 43*, 249–252.
Byrne, D. & Rhamey, R. (1965). Magnitude of positive and negative reinforcements as a determinant of attraction. *Journal of Personality and Social Psychology, 2*, 884–889.
Caballero, M., Lumpkin, J. R. & Madden, C. S. (1989). Using physical attractiveness as an advertising tool: An empirical test of the attraction phenomenon. *Journal of Advertising Research, 29*, 16–22.
Cacioppo, J. T. & Petty, R. E. (1982). The need for cognition. *Journal of Personality and Social Psychology, 42*, 116–131.
Cacioppo, J. T., Petty, R. E. & Morris, K. J. (1983). Effects of need for cognition on message evaluation, recall, and persuasion. *Journal of Personality and Social Psychology, 45*, 805–818.
Calder, B. J. (1981). Cognitive consistency and consumer behavior. In H. H. Kassarjian & T. S. Robertson (Hrsg.), *Perspectives in consumer behavior* (S. 258–269). Glenview, Il: Scott, Foresman & Co.
Calder, B. J. & Sternthal, B. (1980). Television commercial wearout: An information processing view. *Journal of Marketing Research, 13*, 345–357.
Cameron, G. T. & Frieske, D. A (1994). The time needed to answer: Measurement of memory response latency. In A. Lang (Hrsg.), *Measuring psychological responses to media* (S. 149–164). Hillsdale, NJ: Erlbaum.
Campbell, J. D. & Stanley, J. C. (1965). Experimental and quasi-experimental designs for research on teaching. In N. L. Gage (Hrsg.). *Handbook of research on teaching* (S. 171–246). Chicago: Rand McNally. [Deutsch: Experimentelle und quasiexperimentelle Anordnungen in der Unterrichtsforschung. In K. H. Ingenkamp (Hrsg.) (1970). *Handbuch der Unterrichtsforschung*. Weinheim: Beltz.]
Cantor, J. R., Bryant, J. & Zillmann, D. (1974). Enhancement of human appreciation by transferred exitation. *Journal of Personality and Social Psychology, 30*, 812–821.
Capon, N., Kuhn, D. & Carretero, M. (1989). Consumer reasoning. In J. D. Sinnott (Hrsg.), *Every day problem solving: Theory and applications* (S. 153–174). New York: Praeger Publishers.
Carey, R. J., Clicque, S. H., Leighton, B. A. & Milton, F. (1976). A test of positive reinforcement of customers. *Journal of Marketing, 40*, 98–100.
Cash, T. F., Cash, D. W. & Butters, J. W. (1983). »Mirror, mirror on the wall...?«: Contrast effects and self-evaluations of physical attractiveness. *Personality and Social Psychology Bulletin, 9*, 351–358.
Catalano, E. M. & Sonenberg, N. (1996). *Kaufen, kaufen, kaufen... Ein Wegweiser für Menschen mit zwanghaftem Kaufverhalten*. Stuttgart: TRIAS – Thieme Hippokrates Enke.
Celuch, K. & Slama, M. (1995). »Getting along« and »getting ahead« as motives for self presentation: Their impact on advertising effectiveness. *Journal of Applied Social Psychology, 25*, 1700–1713.
Chaiken, S. (1979). Communicator physical attractiveness and persuasion. *Journal of Personality and Social Psychology, 37*, 1387–1397.
Chaiken, S. (1987). The heuristic model of persuasion. In M. P. Zanna, J. M. Olson & C. P. Herman (Hrsg.), *Social Influence: The Ontario symposium* (Band 5, S. 3–39). Hillsdale, NJ: Erlbaum.
Chaiken, S. & Pliner, P. (1987). Women, but not men, are what they eat: The effect of meal size and gender on perceived feminity and masculinity. *Personality and Social Psychology Bulletin, 52*, 166–176.
Chaiken, S. & Trope, Y. (Hrsg.). (1999). *Dual Process Theories in Social Psychology*. New York: Guilford Press.
Charlton, P. & Ehrenberg, A. S. C. (1976). An experiment in brand choice. *Journal of Marketing Research, 13*, 152–160.
Chen, Q. & Wells, W. D. (1999). Attitudes toward the site. *Journal of Advertising Research, 39*, 27–38.
Cherry, E. C. (1953). Some experiments on the recognition of speech, with one and two ears. *Journal of the Acoustical Society of America, 25*, 975–979.
Cheskin, L. (1957). *How to predict what people will buy*. New York: Liveright.
Chestnut, R., LaChance, C. & Lubitz, A. (1977). The »decorative« female model: Sexual stimuli and the recognition of advertisments. *Journal of Advertising, 11*, 18–20.
Childers, T. L. (1986). Assessment of the psychometric properties of an opinion leadership scale. *Journal of Marketing Research, 23*, 184–188.

Chu, C. C. (1966). Fear arousal, efficacy and imminency. *Journal of Personality and Social Psychology, 4*, 517–524.
Cialdini, R. B. (1993). *Influence – Science and Practice*. Harper Collins Publishers.
Cialdini, R. B. (1995). Principles and techniques of social influence. In A. Tesser (Hrsg.), *Advanced Social Psychology* (S. 257–281). New York: McGraw-Hill.
Cialdini, R. B., Borden, R. J., Thorne, A., Walker, M. R., Freeman, S. & Sloan, L. R. (1976). Basking in reflected glory: Three (football) field studies. *Journal of Personality and Social Psychology, 34*, 366–375.
Cialdini, R. B., Cacioppo, J. T., Bassett, R. & Miller, J. (1978). Low-ball procedure for compliance: Commitment then cost. *Journal of Personality and Social Psychology, 36*, 463–476.
Cialdini, R. B. & Schroeder, D. A. (1976). Increasing compliance by legitimizing paltry contributions: When even a penny helps. *Journal of Personality and Social Psychology, 24*, 599–604.
Cialdini, R.B., Vincent, J. E., Lewis, S. K., Catalan, J., Wheeler, D. & Darby B. L. (1975). Reciprocal concessions procedure to induce compliance: the door-in-the-face technique. *Journal of Personality and Social Psychology, 31*, 206–215.
Cialdini, R. B., Trost, M. R. & Newsom, J. T. (1995). Preference for consistency: The development of a valid measure and the discovery of surprising behavioral implications. *Journal of Personality and Social Psychology, 69*, 318–328.
Clark, E. (1989). *Weltmacht Werbung. Die Kunst, Wünsche zu wecken*. Bergisch Gladbach: Lübbe. [Original: 1988. The want makers. London: Hodder & Stoughton Publishers.]
Clee, M. A. & Wicklund, R. A. (1980). Consumer behavior and psychological reactance. *Journal of Consumer Research, 6*, 389–405.
Cline, T. W. & Kellaris, J. J. (1999). The joint impact of humor and argument strength in print advertising context: A case for weaker arguments. *Psychology & Marketing, 16*, 69–86.
Cohen, A. R. (1962). An experiment on small rewards for discrepant compliance and attitude change. In J.W. Brehm & A.R. Cohen (Hrsg.). *Explorations in cognitive dissonance* (S. 75–77). New York: Wiley.
Cohen, J. (1992). White consumer response to Asian models in advertising. The *Journal of Consumer Marketing, 9*, 17–27.
Cohen, J. B. & Golden, E. (1972). Informational social influence and product evaluation. *Journal of Applied Psychology, 56*, 54–59.
Cohen, M. & Davis, N. (1981). *Medication errors: Causes and prevention*. Philadelphia: G. F. Stickley Co.
Collins, A. M. & Loftus, E. F. (1975). A spreading activation theory of semantic processing. *Psychological Review, 82*, 407–428.
Condon, J. W. & Crano, W. D. (1988). Inferred evaluation and the relation between attitude similarity and interpersonal attraction. *Journal of Personality and Social Psychology, 54*, 789–797.
Cooper, J. (1992). Dissonance and the return of the self-concept. *Psychological Inquiry, 3*, 320–323.
Costa, P. T. & McCrae, R. R. (1992). *Revised NEO Personality Inventory (NEO PI-R) and NEO Five Factor Inventory. Professional manual*. Odessa, FL: Psychological Assessment Resources.
Coulter, R. H. & Pinto, M. B. (1995). Guilt appeals in advertising: What are their effects? *Journal of Applied Psychology, 80*, 697–705.
Craik, F. I. M. & Lockhart, R. S. (1972). Levels of processing: A framework for memory research. *Journal of Verbal Learning and Verbal Behavior, 11*, 671–684.
Crowne, D. P. & Marlowe, D. (1960). A new scale of social desirability independent of psychopathology. *Journal of Consulting Psychology, 24*, 349–354.
Crowne, D. P. & Marlowe, D. (1964). *The approval motive*. New York: Wiley.
Czerlinski, J., Gigerenzer, G. & Goldstein, D. G. (1999). How good are simple heuristics. In G. Gigerenzer, P. M. Todd and the ABC Research Group (Hrsg.), *Simple Heuristics that make us smart* (S. 97–118). New York: Oxford University Press.
Dammann, R. & Strickstrock, F. (Hrsg.) (1995). *Der Unternehmenstester. Die Lebensmittelbranche*. Reinbek: Rowohlt Taschenbuch Verlag.
Dammer, I. & Szymkowiak, F. (1998). *Die Gruppendiskussion in der Marktforschung. Grundlagen – Moderation – Auswertung. Ein Praxisleitfaden*. Opladen: Westdeutscher Verlag.
Danaher, P. J. (1995). What happens to television ratings during commercial breaks? *Journal of Advertising Research, 35*, 37–47.
Danke, R. (1989). Recall testing can be dangerous to your brand's health and to your research budget, too. *Planung und Analyse, 16*, 201–202.
Darke, P. R. & Freedman, J. L. (1995). Nonfinancial motives and bargain hunting. *Journal of Applied Social Psychology, 25*, 1957–1610.
Darley, J. M. & Berscheid, E. (1967). Increased liking as a result of the anticipation of personal contact. *Human Relations, 20*, 29–40.

Davey, G. C. L. (1994). Is evaluative conditioning a qualitatively distinct form of classical conditioning? *Behavior Research and Therapy, 3,* 291–299.

Davis, F. D., Lohse, G. L. & Kottemann, J. E. (1994). Harmful effects of seemingly helpful information on forecasts of stock earnings. *Journal of Economic Psychology, 15,* 353–267.

Davison, W. P. (1983). The third-person effect in communication. *Public Opinion Quaterly, 47,* 1–15.

Deighton, J., Romer, D. & McQueen, J. (1989). Using drama to persuade. *Journal of Consumer Research, 16,* 335–343.

Denz, H. (1976). Trennschärfebestimmung von Items und Likert-Skalierung. In K. Holm (Hrsg.), *Die Befragung* (S. 96–108). München: UTB.

Deutsch, M. & Gerard, H. B. (1955). A study of normative and informational social influences upon individual judgment. *Journal of Abnormal and Social Psychology, 51,* 629–636.

Devine, P. G. (1989). Stereotypes and prejudice. *Journal of Personality and Social Psychology, 56,* 5–18.

Dhar, R. & Wertenbroch, K. (1997). *Consumer choice between hedonic and utilitarian goods.* New Haven: Working paper, Yale School of Management.

Diamond, D. S. (1968). A quantitative approach to magazine advertisement formal selection. *Journal of Marketing Research, 5,* 376–386.

Dichter, E. (1964). *Handbook of consumer motivations.* New York: MacGraw-Hill.

Dickinson, J. P. (1972). Coordinating images between media. *Journal of Advertising Research, 12,* 25–28.

Diehl, M., Ziegler, R. & Schwarzbach, S. (1998). Persönlichkeit und Persuasion: Die Überprüfung der Validität einer Konsumententypologie. *Zeitschrift für Sozialpsychologie, 29,* 134–146.

Diekhof, R. (1995). Mit Schirm, Charme und Zynismus. *werben & verkaufen, 27,* 82–83.

Diener, E., Eunkook, M. S., Lucas, R. E. & Smith, H. (1999). Subjective well-being: Three decades of progress. *Psychological Bulletin, 125,* 276–302.

Diskrell, J. E., Jr., US Navy Huma Factors Laboratory. Beauty as status. *American Journal of Sociology, 89,* 141–165 (zit. n. Asbell & Wynn, 1993).

Ditto, P. H. & Lopez, D. F. (1992). Motivated scepticism: Use of differential criteria for preferred and nonpreferred conclusions. *Journal of Personality and Social Psychology, 63,* 568–584.

Doob, A. J., Carlsmith, J. M., Freedman, J. L., Landauer, T. K. & Soleng, T. (1969). Effect of initial selling price in subsequent sales. *Journal of Personality and Social Psychology, 11,* 345–350.

Downs, A. C. & Harrison, S. K. (1985). Embarrassing age spots or just plain ugly? Physical attractiveness stereotyping as an instrument of sexism on American television commercials. *Sex Roles, 13,* 9–19.

Doyle, K., Minor, A. & Weyrich, C. (1997). Banner ad placement study. http://www.webreference.con/dev/banners.

Dryer, D. C. & Horowitz, L. M. (1997). When do opposites attract? Interpersonal complementarity versus similarity. *Journal of Personality and Social Psychology, 72,* 592–603.

Ducoffe, R. H. (1996). Advertising value and advertising on the web. *Journal of Advertising Research, 36,* 21–36.

Duke, C. R. (1995). Exploratory comparisons of alternative memory measures for brand name. *Psychology & Marketing, 12,* 19–36.

Dumbs, S., Eßbauer, S. & Jenzowsky, S. (1999). Bessere Werbewirkung durch Tandemspots? Ein Experiment über Wiederholungseffekte in der Werbung. In M. Friedrichsen & S. Jenzowsky (Hrsg.), *Fernsehwerbung. Theoretische Analysen und empirische Befunde* (S. 221–234). Opladen: Westdeutscher Verlag.

Duncker, K. (1938). Experimental modification of children's food preferences through social suggestion. *Journal of Abnormal and Social Psychology, 33,* 489–507.

du Plessis, E. (1994). Recognition versus recall. *Journal of Advertising Research, 34,* 75–91.

Eagly, A. & Chaiken, S. (1975). An attribution analysis of the effect of communicator characteristics on opinion change. The case of communicator attractiveness. *Journal of Personality and Social Psychology, 32,* 136–144.

Easterbrook, J. A. (1959). The effect of emotion on cue utilization and the organization of behavior. *Psychological Review, 66,* 183–201.

Ebbinghaus, H. (1902). *Grundzüge der Psychologie.* Leipzig: Veit.

Efran, M. G. & Patterson, E. W. J. (1976). *The politics of appearance.* Unpublished Manuscript, University of Toronto (zitiert nach Cialdini, 1993).

Ehm, P. (1995). Großer Wurf mit Database. *werben & verkaufen, 27,* 130–133.

Ehrlich, D., Guttman, J., Schoenbach, P. & Mills, J. (1971). Die Verarbeitung relevanter Informationen nach einer Entscheidung. In H. Thomae (Hrsg.). *Die Motivation menschlichen Handelns* (S. 405–412). Köln: Kiepenheuer & Witsch.

Eicke, U. (1993). Werbung: Dumm, ärgerlich, wirkungslos? *Psychologie heute, 4,* 30–34.

Einwiller, S., Erb, H.-P. & Bohner, G. (1997, Juni). *Schlußfolgerungsprozesse und die Wirkung zweisei-*

tiger Kommunikation. Vortrag auf der 6. Tagung der Fachgruppe Sozialpsychologie der Deutschen Gesellschaft für Psychologie, Konstanz.

Elbracht, D. (1967). Erkennbarkeit und Lesbarkeit von Zeitungsschriften. *Archiv, 4*, 24–28.

Engel, J. F., Blackwell, R. D. & Miniard, P. W. (1986). *Consumer behavior*. Chicago: Dryden.

Erb, H.-P. (1998). Sozialer Einfluß durch Konsens: Werbung mit Meinungsübereinstimmung. *Zeitschrift für Sozialpsychologie, 29*, 156–164.

Erbeldinger, H. & Kochhan, C. (1998). Humor in der Werbung. Chancen und Risiken. In M. Jäckel (Hrsg.), *Die umworbene Gesellschaft. Analysen zur Entwicklung der Werbekommunikation* (S. 141–178). Opladen: Westdeutscher Verlag.

Esch, F. R. (1994). Computer Aided Advertising System – Wissensbasierte Systeme für die Werbung. In Forschungsgruppe Konsum und Verhalten (Hrsg.), *Konsumentenforschung* (S. 281–303). München: Vahlen.

Espe, H. & Walter, K. (1999, 10.10.). *Was ist »gute« Werbung? Studien zur Konzeption und Rezeption von Printkampagnen.* Vortrag auf dem 20. Kongreß für angewandte Psychologie, Berlin.

Evans, F. B. (1963). Selling as a dyadic relationship. *American Behavioral Scientist, 6*, 76–79.

Ewen, V. & Droge, U. (1988). Zum Stellenwert eines »betagten« Verfahrens. Das Semantische Differential in der praktischen Anwendung. *Planung und Analyse, 15*, 62–64.

Fahr, A. (1995). Erfolgreicher per Tandem (I)? Ergebnisse einer empirischen Untersuchung von Reminder-Werbung. *Media Spectrum, 10*, 20–24.

Fahr, A. (1996). Neue Formen der Fersehwerbung: Die Wirkung von Tandemspots. In A. Schorr (Hrsg.), *Experimentelle Psychologie. Beiträge zur 38. Tagung experimentell arbeitender Psychologen, 1.–4. April 1996. Beiträge zur DGMF Tagung Medienpsychologie – Medienwirkungsforschung* (S. 70–71). Lengerich: Pabst Science Publishers.

Fazio, R. H., Effrein, E. A. & Falender, V. J. (1981). Self-perception following social interaction. *Journal of Personality and Social Psychology, 41*, 232–242.

Fazio, R. H., Herr, P. M. & Powell, M. C. (1992). On the development and strength of category-brand associations in memory: The case of mystery ads. *Journal of Consumer Psychology, 1*, 1–13.

Fazio, R. H., Powell, M. C. & Williams, C. J. (1989). The role of attitude accessibility in the attitude-to-behavior process. *Journal of Consumer Research, 16*, 280–288.

Feinberg, R. A. (1986). Credit cards as spending facilitating stimuli. *Journal of Consumer Research, 13*, 348–356.

Feldmeier, S. (1995). Ärzte als Allheilmittel. *werben & verkaufen, 27*, 90–91.

Felser, G. (1994). »Sag' deiner Mama, nächste Woche ist der Weihnachtsmann bei Hertie.« Zur Ethik der Werbung. Universität Trier: Trierer Psychologische Berichte, Band 21, Heft 8.

Felser, G. (1999a). Motivforschung. In W. Pepels (Hrsg.), *Moderne Marktforschungspraxis. Handbuch für mittelständische Unternehmen* (S. 635–646). Kriftel: Luchterhand.

Felser, G. (1999b). *Bin ich so, wie du mich siehst? Die Psychologie der Partnerwahrnehmung.* München: Beck.

Felser, G. (2000a). *Inkonsistenzen zwischen Selbstbild und der Wahrnehmung durch den Partner: Bedingungen der interpersonellen Wahrnehmung und ihr Zusammenhang mit der Partnerschaftsqualität.* (Psychologia Universalis Band 18). Lengerich: Pabst.

Felser, G. (2000b). *Motivationsmethoden für Wirtschaftsstudierende. Sich selbst und andere motivieren.* Berlin: Cornelsen.

Felser, G. & Baum, C. (1999, 12.06.). *Wenn Ihnen »König der Löwen« gefallen hat, dann werden Sie auch »Der Glöckner von Notre Dame« lieben. Ungewollte Kontrastbildung in der Produktwahrnehmung.* Vortrag auf der 7. Tagung der Fachgruppe Sozialpsychologie der Deutschen Gesellschaft für Psychologie, Kassel.

Festinger, L. & Maccoby, N. (1964). On resistance to persuasive communications. *Journal of Abnormal Social Psychology, 68*, 359–366.

Festinger, L. E. (1954). A theory of social comparison process. *Human Relations, 7,* 117–140.

Festinger, L. E. & Carlsmith, J. M. (1959). Cognitive consequences of forced compliance. *Journal of Abnormal and Social Psychology, 58*, 203–210.

Fiedler, K., Armbruster, T., Nickel, S., Walther, E. & Asbeck, J. (1996a). Constructive biases in social judgement: Experiments on the self-verification of question contents. *Journal of Personality and Social Psychology, 71*, 861–873.

Fiedler, K., Walther, E., Armbruster, T., Fay, D. & Naumann, U. (1996b). Do you really know what you have seen? Intrusion errors and presupposition effects on constructive memory. *Journal of Experimental Social Psychology, 32*, 484–511.

Fischhoff, B. (1977). Perceived informativeness of facts. *Human Perception and Performance, 3*, 349–358.

Fisher, R. J. & Price, L. L. (1992). An investigation into the social context of early adoption behavior. *Journal of Consumer Research, 19*, 477–486.

Fiske, S. T. (1995). Social cognition. In A. Tesser (Hrsg.), *Advanced Social Psychology* (S. 149–194). New York: McGraw Hill.

Flögel, H. (1990). Analyse des Werbeerfolgs. In L. Poth, K. Rippel, D. Pflaum, J. Dohmen, R. Grimm, R. Waldeck, R. Huth, D. Heymans, H. Flögel, H. Kienscherf & G. Jaster, *Praktisches Lehrbuch der Werbung* (S. 235–252). Berlin: Verlag Die Wirtschaft.

Flynn, L. R., Goldsmith, R. E. & Eastman, J. K. (1994). The King and Summers Opinion Leadership Scale: Revision and refinement. *Journal of Business Research, 31*, 55–64.

Forschungsgruppe Konsum und Verhalten (Hrsg.) (1994). *Konsumentenforschung*. München: Vahlen.

Förster, A. (1993). Wie uns TV-Werbung zum Kaufen verführt. *TV-Movie, 14*, 24–25.

Förster, J. & Strack, F. (1996). Subjective theories about encoding may influence recognition. Judgmental regulation in human memory. *Social Cognition, 16*, 78–92.

Foster, D., Pratt, C. & Schwortz, N. (1955). Variation in flavor judgments in a group situation. *Food Research, 20*, 539–544.

Frank, M. G. & Gilovich, T. (1988). The dark side of self- and social perception: Black uniforms and aggression in prof. sports. *Journal of Personality and Social Psychology, 54*, 74–85.

Frankel, L. R. & Solov, B. M. (1962). Does recall of an advertisement depend on its position in the magazine? *Journal of Advertising Research, 2*, 28–32.

Franz, G. & Bay, G. (1993). Werbewirkung des Fernsehens in den 90er Jahren. *Media Perspektiven, 5*, 211–222.

Freedman, J. L. & Fraser, S. C. (1966). Compliance without pressure: The foot-in-the-door technique. *Journal of Personality and Social Psychology, 4*, 195–203.

Frey, K. B. & Eagly, A. H. (1993). Vividness can undermine the persuasiveness of messages. *Journal of Personality and Social Psychology, 6*, 32–44.

Friedman, H. H. & Fireworker, R. B. (1977). The susceptibility of consumers to unseen group influence. *The Journal of Social Psychology, 102*, 155–156.

Friestad, M. & Wright, P. (1995). Persuasion knowledge: Lay people's and researchers' beliefs about the psychology of advertising. *Journal of Consumer Research, 22*, 62–74.

Frisby, J. P. (1983). *Sehen: Optische Täuschungen, Gehirnfunktionen, Bildgedächtnis*. [Übers.: Felicitas Schätzl]. München: Moos.

Fry, J. M. & Siller, F. H. (1970). A comparison of housewife decision making in two social classes. *Journal of Marketing Research, 8*, 333–337.

Gadel, M. S. (1964). Concentration by salesmen on congenial prospects. *Journal of Marketing, 28*, 64–66.

Gaede, W. (1992). *Vom Wort zum Bild. Kreativ-Methoden der Visualisierung*. München: Wirtschaftsverlag Langen-Müller, KNO.

Gail, T. & Eves, A. (1999). The use of rhetorical devices in advertising. *Journal of Advertising Research, 39*, 39–44.

Galley, N. (1984). *Hören – Ohr und Gehirn*. (= Studieneinheit Physiologische Psychologie 1, Kapitel Phy 1/5). In W. F. Kugelmann & W. Toman (Hrsg.) Studienmaterialien FIM-Psychologie. Erlangen/Tübingen: DIFF, Universität Erlangen-Nürnberg.

Gatter, H. J. (1987). Zapping – Phantom, Realität oder Herausforderung? Ein Plädoyer. *Blickpunkte, 18*, 18–20.

Gawronski, B. & Erb, H.-P. (im Druck). Meinungsführerschaft und Persuasion. *Marketing ZFP*.

Geen, R. G. (1995). Human motivation: A social psychological approach. Pacific Grove (CA): Brooks/Cole Publishing Company.

Gerbner, G., Gross, L., Morgan, M. & Signorielli, N. (1986). Living with television: The dynamics of the cultivation process. In J. Bryant & D. Zillman (Hrsg.), *Perspectives on media effects* (S. 17–40). Hillsdale, NJ: Erlbaum.

Gergen, K., Ellsworth, P., Maslach, C. & Seipel, M. (1975). Obligation, donor resources, and reaction to aid in three cultures. *Journal of Personality and Social Psychology, 31*, 390–400.

Gesamtverband Werbeagenturen GWA (Hrsg.). (1999). *TV-Werbung: Der Einfluß von Gestaltungsmerkmalen*. Frankfurt am Main: GWA.

Gesellschaft für Konsumforschung (GfK) (1976). Einstellung zum Marketing – eine empirisch-komparative Studie. In K. G. Specht & G. Wiswede (Hrsg.), *Marketing Soziologie*. Berlin: Duncker & Humbolt.

Geuens, M. & De Pelsmacker, P. (1999). Affect intensity revisited: Individual differences and the communication effects of emotional stimuli. *Psychology & Marketing, 16*, 195–209.

Ghose, S. & Dou, W. (1998). Interactive functions and their impacts on the appeal of internet presence sites. *Journal of Advertising Research, 38(4)*, 29–44.

Gigerenzer, G. (1993). Die Repräsentation von Information und ihre Auswirkungen auf statistisches Denken. In W. Hell, K. Fiedler & G. Gigerenzer (Hrsg.), *Kognitive Täusuchungen. Fehl-Leistungen*

und Mechanismen des Urteilens, Denkens und Erinnerns (S. 99–127). Heidelberg: Spektrum.
Gigerenzer, G. & Goldstein, D. G. (1999). Betting on one good reason. The take the best heuristic. In G. Gigerenzer, P. M. Todd and the ABC Research Group (Hrsg.), *Simple Heuristics that make us smart* (S. 75–95). New York: Oxford University Press.
Gigerenzer, G. & Todd, P. M. (1999). Fast and frugal heuristics. The adaptive toolbox. In G. Gigerenzer, P. M. Todd and the ABC Research Group (Hrsg.), *Simple Heuristics that make us smart* (S. 3–34). New York: Oxford University Press.
Gigerenzer, G., Todd, P. M. and the ABC Research Group (1999). *Simple Heuristics that make us smart.* New York: Oxford University Press.
Gilbert, D. T. (1993). The assent of man: Mental representation and the control of belief. In D. M. Wegner & J. W. Pennebaker (Hrsg.), *Handbook of mental control* (S. 57–87). Englewood Cliffs, NJ: Prentice Hall.
Gilbert, D. T. (1995). Attribution and interpersonal perception. In A. Tesser (Hrsg.), *Advanced Social Psychology* (S. 99–147). New York: McGraw-Hill.
Gilbert, D. T. (1998). Speeding with Ned: A personal view of the correspondence bias. In J. M. Darley & J. Cooper (Hrsg.), *Attribution and social interaction. The legacy of Edward E. Jones* (S. 5–36). Washington, DC: American Psychological Association.
Gilbert, D. T., Krull, D. S. & Malone, P. S. (1990). Unbelieving the unbelievable: Some problems in the rejection of false Information. *Journal of Personality and Social Psychology, 59*, 601–613.
Gilges, T., Groß, G., Müller-Götze, H., Rudolph, H., Waltje, A. (1993). Das Dilemma der Light- und Sahne Produkte. Universität Trier: Unveröffentlichter Praktikumsbericht (Leitung: Dr. Petra Platte).
Gilmore, R. F. & Secunda, E. (1993). Zipped TV commercials boost prior learning. *Journal of Advertising Research, 33*, 28–38.
Gleich, U. (1996). Effekte formaler und inhaltlicher Gestaltungsmerkmale von Anzeigen und Fernsehspots. *Media Perspektiven, 6*, 351–356.
Gleich, U. (1997). Aktuelle Ergebnisse aus der Werbeforschung. *Media Perspektiven, 7*, 400–405.
Gleich, U. (1998a). Aktuelle Ergebnisse aus der Werbeforschung. *Media Perspektiven, 4*, 206–210.
Gleich, U. (1998b). Werbung im Internet – Gestaltung und Wahrnehmung. *Media Perspektiven, 7*, 367–372.
Gleich, U. (1999a). Aktuelle Ergebnisse aus der Werbeforschung. *Media Perspektiven, 6*, 312–317.
Gleich, U. (1999b). Über 50jährige als Zielgruppe für Marketing und Werbung. Argumente für eine differenzierte Ansprache einer vernachlässigten Altersgruppe. *Media Perspektiven, 6*, 301–311.
Gleich, U. (2000a). ARD-Forschungsdienst: Werbewirkung im Internet. *Media Perspektiven, 3*, 135–141.
Gleich, U. (2000b). Aktuelle Ergebnisse aus der Werbeforschung. *Media Perspektiven, 6*, 266–273.
Gleich, U. (2000c). ARD-Forschungsdienst: Werbewirkung – Gestaltungseffekte und Rezipientenreaktionen. *Media Perspektiven, 1*, 40–46.
Goldberg, M. E. (1990). A quasi-experiment assessing the effectiveness of TV advertising directed to children. *Journal of Marketing Research, 27*, 445–454.
Goldman, M. & Creason, C. R. (1981). Inducing compliance by a two-door-in-the-face procedure and a self-determination request. *The Journal of Social Psychology, 114*, 229–235.
Goldstein, D. C. & Gigerenzer, G. (1999). The recognition heuristic. How ignorance makes us smart. In G. Gigerenzer, P. M. Todd and the ABC Research Group (Hrsg.), *Simple Heuristics that make us smart* (S. 37–58). New York: Oxford University Press.
Gonzales, M. H., Aronson, E. & Costanzo, M. (1988). Increasing the effectiveness of energy auditors: A field experiment. *Journal of Applied Psychology, 18*, 1046–1066.
Gorn, G. J. (1982). The effect of music in advertising on choice behavior: A classical conditioning approach. *Journal of Marketing, 46*, 94–101.
Gorn, G. J., Goldberg, M. E., Chattopadhyay, A. & Litvack, D. (1991). Music and information in commercials: Their effects with an eldery sample. *Journal of Marketing Research, 27*, 445–454.
Gouldner, A. (1960). The norm of reciprocity: A preliminary statement. *American Sociological Review, 25*, 161–179.
Gourville, J. T. & Soman, D. (im Druck). Payment deprication: The effects of temporally separating payments from consumption. *Journal of Consumer Research.*
Granbois, D. H. (1968). Improving the study of costumer in-store behavior. *Journal of Marketing, 30*, 28–33.
Graziano, W. G., Jensen-Campbell, L. A., Shebilske, L. J. & Lundgren, S. R. (1993). Social influence, sex differences, and judgments of beauty: Putting the interpersonal back in interpersonal attraction. *Journal of Personality and Social Psychology, 65*, 522–531.
Greenberg, A. & Suttoni, C. (1973). Television commercial wearout. *Journal of Advertising Research, 13*, 47–54.

Greenwald, A. G. & Banaji, M. R. (1995). Implicit social cognition: Attitudes, self-esteem, and stereotypes. *Psychological Review, 102*, 4–27.

Greenwald, A. G., Carnot, C. G., Beach, R. & Young, B. (1987). Increasing voting behavior by asking people if they expect to vote. *Journal of Applied Psychology, 72*, 315–318.

Greenwald, A. G., McGhee, D. E. & Schwartz, J. L. K. (1998). Measuring individual differences in implicit cognition: The implicit association test. *Journal of Personality and Social Psychology, 74*, 1464–1480.

Greenwald, A. G. & Leavitt, C. (1984). Audience involvement in advertisting: Four levels. *Journal of Consumer Research, 11*, 581–592.

Greenwald, J. (1997). Smoking gun. *Time-Magazine* (March 31), 36–39.

Grefe, R. & Müller, S. (1976). Die Entwicklung des »Opinion-Leader«-Konzeptes und die Hypothese vom zweistufigen Kommunikationsfluß. *Zeitschrift für Markt-, Meinungs- und Zukunftsforschung, 19*, 4011–4033.

Gregory, W. L., Cialdini, R. B. & Carpenter, K. M. (1982). Self-relevant scenarios as mediators of likelihood estimates and compliance: does imagining make it so? *Journal of Personality and Social Psychology, 43*, 89–99.

Greve, W. & Wentura, D. (1991). *Wissenschaftliche Beobachtung in der Psychologie*. München: Quintessenz.

Grice, H. P. (1975). Logic in conversation. In P. Cole & J. L. Morgan (Hrsg.), *Syntax and semantics* (Band 3, S. 41–48). New York: Academic Press.

Groebel, J. & Gleich, U. (1988). Werbewirkung: Ausgewählte Probleme, Ergebnisse und Methoden aus der Grundlagenforschung. *Media Perspektiven, 4*, 248–255.

Groebel, J. & Gleich, U. (1991). ARD-Forschungsdienst – Werbewirkungsforschung. *Media Perspektiven, 3*, 213–217.

Gronholdt, L. & Hansen, F. (1988). The effects of German television advertising on brands in Denmark – a unique experimental situation, Teil 2. *Planung und Analyse, 15*, 175–178.

Groome, D. (1999). *An introduction to cogntive psychology: processes and disorders*. East Sussex: Psychology Press.

Grunert, K. G. (1996). Automatic and strategic processes in advertising effects. *Journal of Marketing, 60*(4), 88–101.

Grunert, S. C. (1994). On gender issues in eating behavior as compensatory consumption. In J. A. Costa (Hrsg.), *Gender issues and consumer behavior* (S. 63–83). Thousand Oaks, CA: Sage.

Gunter, B., Furnham, A. & Beeson, C. (1997). Recall of television advertisements as a function of program evaluation. *The Journal of Psychology, 13*, 541–553.

Gutman, J. (1972). Tachistoscopic tests of outdoor ads. *Journal of Advertising Research, 12*, 21–27.

GWA (Hrsg.) (1980). *Zahlen und Daten für die Werbe-Planung*. Frankfurt.

Hackl-Grümm, A. (1994). *Farbpsychologische Grundlagen. Modul A (Forschungsbericht)*. Wien: Psychotechnisches Insititut (zitiert nach Kirchler, 1995, S. 126).

Hadley, H. D. (1950). How readership is affected by size of an advertisement. *Advertising Agency, 43* (7), 8.

Hagemann, H. W. & Schürmann, P. (1988). Der Einfluß musikalischer Untermalung von Hörfunkwerbung auf Erinnerungswirkung und Produktbeurteilung. Ergebnisse einer experimentellen Untersuchung. Marketing. *Zeitschrift für Forschung und Praxis, 10*, 271–276.

Haire, M. (1950). Projective techiques in marketing research. *Journal of Marketing, 14*, 649–626.

Haller, T. B. (1974). What students think of advertising. *Journal of Advertising Research, 14*, 33–38.

Halpern, R. S. (1967). Application of pupil response to before and after experiments. *Journal of Marketing Research, 4*, 320–321.

Hammerl, M. & Grabitz, H.-J. (1996). Human evluative conditioning without experiencing a valued event. *Learning and Motivation, 27*, 278–293.

Hammock, T. & Brehm, J. (1966). The attractiveness of choice alternatives when freedom to choose is eliminated by a social agent. *Journal of Personality, 34*, 546–554.

Han, C. M. (1989). Country image: Halo or summary construct? *Journal of Marketing Research, 26*, 222–229.

Hansen, U., Schoenheit, I. & Devries, J. (1994). Sustainable consumption und der Bedarf an unternehmensbezogenen Informationen. In Forschungsgruppe Konsum und Verhalten (Hrsg.), *Konsumentenforschung* (S. 227–244). München: Vahlen.

Harmon-Jones, E. (2000). Cognitive dissonance and negative affect: Evidence that dissonance increases experienced negative affect even in the absence of aversive consequences. *Personality and Social Psychology Bulletin, 26*, 1490–1501.

Harmon-Jones, E., Brehm, J. W., Greenberg, J., Simon, L. & Nelson, D. E. (1996). Evidence that the production of aversive consequences is not necessary to create cognitive dissonance. *Journal of Personality and Social Psychology, 70*, 5–16.

Harris, R. J., Sturm, R. E., Klassen, M. L. & Bechtold, J. I. (1986). Language in advertising: A psycholinguistic approach. *Current Issues and Research in Advertising, 9* (February), 1–26.

Harte, J. M., Westenberg, M. R. M. & van Someren, M. (1994). Process models of decsion making. *Acta Psychologica, 87*, 95–120.

Hasher, L., Goldstein, D. & Toppino, T. (1977). Frequency and the conference of referential validity. *Journal of Verbal Learning and Verbal Behavior, 16*, 107–102.

Hasher, L. & Zacks, R. T. (1988). Working memory, comprehension, and aging: A review and a new view. In G. H. Bower (Hrsg.), *The psychology of learning and motivation: Advances in research and theory* (Band 22, S. 193–225). San Diego, CA: Academic Press

Hassebrauck, M. (1985). Der Einfluß von Attitüdenähnlichkeit und physischer Attraktivität auf die Beurteilung von Personen. *Psychologische Beiträge, 27*, 265–276.

Hassebrauck, M. (1993). Die Beurteilung der physischen Attraktivität. In M. Hassebrauck & R. Niketta (Hrsg.), *Physische Attraktivität* (S. 29–59). Göttingen: Hogrefe.

Hassebrauck, M. (1995). Kognitionen von Beziehungsqualität: Eine Prototypenanalyse. *Zeitschrift für Sozialpsychologie, 26*, 160–172.

Hatfield, E., Traupman, J., Sprecher, S., Utne M. & Hay, J. (1985). Equity and Intimate Relations: Recent Research. In W. Ickes (Hrsg.), *Compatible and Incompatible Relationships* (S. 91–117). New York: Springer.

Hawkins, D. (1970). The effects of subliminal stimulation on drive leves and brand preference. *Journal of Marketing Research, 7*, 322–326.

Hawkins, S. A. & Hoch, S. J. (1992). Low-involvement learning: Memory without evaluation. *Journal of Consumer Research, 19*, 212–225.

Heath, C. & Soll, J. B. (1996). Mental budgeting and consumer decisions. *Journal of Consumer Research, 23*, 40–52.

Heath, T. B., Chatterjee, S. & France, K. R. (1995). Mental accounting and changes in price: The frame dependence of reference dependence. *Journal of Consumer Research, 22*, 90–97.

Heath, T. B., McCarthy, M. S. & Mothersbaugh, D. L. (1994). Spokesperson fame and vividness effects in the context of issue-relevant thinking: The moderating role of competitive setting. *Journal of Consumer Research, 20*, 520–534.

Heeter, C. & Greenberg, B. S. (1985). Profiling the zappers. *Journal of Advertising Research, 25*, 15–19.

Heider, F. (1977, orig. 1958). *Psychologie der interpersonalen Beziehungen*. Stuttgart: Klett. [Orig.: The psychology of interpersonal relations. New York: Wiley.]

Heimbach, J. T. & Jacoby, J. (1972). The Zeigarnik effect in advertising. *Proceedings of the annual conference of the Association for Consumer Research,* November, S. 746–758 (zit. n. Mullen & Johnson, 1990).

Heller, N. (1956). An application of psychological learning theory to advertising. *Journal of Marketing, 20*, 248–257.

Henke, L. L. (1999). Children, advertising, and the internet: An exploratory study. In D. W. Schumann & E. Thorson (Hrsg.), *Advertising and the World Wide Web* (S. 73–80). Mahwah, NJ: Lawrence Erlbaum Associates.

Henry, W. A. III (1990). Did the music say »Do it«? *TIME-Magazine, 31*, 65.

Henss, R. (1993). Kontexteffekte bei der Beurteilung der physischen Attraktivität. In M. Hassebrauck & R. Niketta (Hrsg.). *Physische Attraktivität* (S. 62–94). Göttingen: Hogrefe.

Henthorne, T. L., LaTour, M. S. & Nataraajan, R. (1993). Fear appeals in print advertising: An analysis of arousal and ad response. *Journal of Advertising, 22*, 59–68.

Hering, K., Feist, A. & Bente, G. (1996). Wieviel Fernsehwerbung kann noch verarbeitet werden? Der Einfluß der Gesamtwerbemenge auf ausgewählte TV-Werbespots in bezug auf Akzeptanz, physiologische Aktivierung und Erinnerungsleistung. In A. Schorr (Hrsg.). *Experimentelle Psychologie. Beiträge zur 38. Tagung experimentell arbeitender Psychologen, 1.–4. April 1996. Beiträge zur DGMF Tagung Medienpsychologie – Medienwirkungsforschung* (S. 118–119). Lengerich: Pabst Science Publishers.

Herr, P. M., Sherman, S. J. & Fazio, R. H. (1983). On the consequences of priming. *Journal of Experimental Social Psychology, 19*, 323–340.

Herr, P. M. (1989), Priming price: Prior knowledge and context effects. *Journal of Consumer Research, 16*, 67–75.

Hertwig, R. & Gigerenzer, G. (1999). The »conjunction fallacy« revisited: How intelligent inferences look like reasoning errors. *Journal of Behavioral Decision Making, 12*, 275–305.

Hertwig, R. (1993). Frequency-Validity-Effekt und Hindsight-Bias: Unterschiedliche Phänomene – gleiche Prozesse. In W. Hell, K. Fiedler & G. Gigerenzer (Hrsg.), *Kognitive Täusuchungen. Fehl-Leistungen und Mechanismen des Urteilens, Denkens und Erinnerns* (S. 39–71). Heidelberg: Spektrum.

Heslop, L. A., Moran, L. & Couniseau, A. (1981). ›Consciousness‹ in energy conservation behavior:

An exploratory study. *Journal of Consumer Research, 8*, 299–305.
Hess, H. E. (1977). *Das sprechende Auge.* München: Kindler.
Hess, H. E. (1965). Attitude and pupil size. *Scientific American, 212*, 46–54.
Higgins, E. T. & Bargh, J. A. (1987). Social cognition and social perception. In M. R. Rosenweig & L.W. Porter (Hrsg.), *Annual review of psychology* (Band 38, S. 369–425). Palo Alto, CA: Annual Reviews.
Higie, R. A. & Sewall, M. A. (1991). Using recall and brand preference to evaluate advertising effectiveness. *Journal of Advertising Research, 31*, 56–63.
Hippler, H. J. & Schwarz, N. (1986). Not forbidding isn't allowing: The cognitive basis of the forbid-allow asymmetry. *Public Opinion Quaterly, 50*, 87–96.
Högl, S. (1989). Preisschwellen und Preispolitik. Teil 1: Grundlagen und Ergebnisse eines Feldexperiments. *Planung und Analyse, 10*, 371–376.
Holender, D. (1986). Semantic activation without conscious identification in dichotic listening, parafoveal vision, and visual masking: A survey and appraisal. *The Behavioral and Brain Sciences, 9*, 1–66.
Hollis, N. S. (1995). Like it or not, liking is not enough. *Journal of Advertising Research, 35*, 7–16.
Homer, P. M. & Kahle, L. R. (1990). Source expertise, time of source identification and involvement in persuasion: An elaborative processing perspective. *Journal of Advertising, 19*, 30–39.
Hong, S. T. & Wyer, R. S. J. (1989). Effects of country-of-origin and product attribute information on product evaluation: An information-processing perspective. *Journal of Consumer Research, 16*, 175–187.
Hong, S. T. & Wyer, R. S. J. (1990). Determinants of product evaluation: Effects of the time interval between knowledge of a product's country of origin and information about its specific attributes. *Journal of Consumer Research, 17*, 277–288.
Hopkins, R. & Fletcher, J. E. (1994). Electrodermal measurement: Particularly effective for forecasting message influence on sales appeal. In A. Lang (Hrsg.). *Measuring psychological responses to media* (S. 113–132). Hillsdale, NJ: Erlbaum.
Houston, D. A., Sherman, S. & Baker, S. M. (1989). The influence of unique features and direction of comparison on preferences. *Journal of Experimental Social Psychology, 25*, 121–141.
Houston, M. J., Childers T. L. & Heckler, S. E. (1987). Picture-word consistency and the elaborative processing of advertisements. *Journal of Marketing Research, 24*, 359–369.
Hovland, C. T. (1957). *The order of presentation in persuasion.* New Haven, CT: Yale University Press.
Hovland, C. I. & Mandell, W. (1952). An experimental comparison of conclusion drawing by the communicator and by the audience. *Journal of Abnormal and Social Psychology, 47*, 581–588.
Hovland, C. I. & Weiss, W. (1951). The influence of source credibility on communication effectiveness. *Public Opinion Quaterly, 15*, 635–650.
Howard, D. J. (1990a). The influence of verbal responses to common greetings on compliance behavior: The foot-in-the-mouth-effect. *Journal of Applied Social Psychology, 20*, 1185–1196.
Howard, D. J. (1990b). Rhetorical question effects on message processing and persuasion: The role of information availibility and the elicitation of judgement. *Journal of Experimental Psychology, 26*, 217–239.
Howard, D. J., Gengler, C. & Jain, A. (1995). What's in a name? A complimentary means of persuasion. *Journal of Consumer Research, 22*, 200–211.
Howard, J. A. & Sheth, J. N. (1969). *The theory of buyer behavior.* New York: Wiley.
Hoyer, W. D. & Brown, S. P. (1990). Effects of brand awareness on choice for a common, repeat-purchase product. *Journal of Consumer Research, 17*, 141–148.
Huber, J., Payne, J. W. & Puto, C. (1982). Adding asymmetrically dominated alternatives: Violations of regularity and the similarity hypothesis. *Journal of Consumer Research, 9*, 90–98.
Huber, J. & Puto, C. (1983). Market boundaries and product choice: Illustrating attraction and substitution effects. *Journal of Consumer Research, 10*, 31–44.
Hughes, G. D. (1992). Realtime response measures redefine advertising wearout. *Journal of Advertising Research, 32*, 61–77.
Huston, T. L. & Levinger, G. (1978). Interpersonal attraction and relationships. *Annual Review of Psychology, 29*, 115–156.
Iyengar, S. & Kinder, D. (1987). *News that matters.* Chicago: University of Chacago Press.
Jacoby, L. L. (1998). Invariance in automatic influences of memory: Toward a user's guide for the process-dissociation procedure. *Journal of Experimental Psychology: Learning, Memory & Cognition, 24*, 3–26.
Jacoby, L. L. & Kelley, C. (1992). Unconscious influences of memory. In A. D. Milner & M. D. Rigg (Hrsg.), *The neuropsychology of consciousness* (S. 201–233). London: Academic Press.
Jacoby, L. L., Kelley, C., Brown, J. & Jasechko, J. (1989). Becoming famous overnight: Limits on the

ability to avoid unconscious influences of the past. *Journal of Personality and Social Psychology, 56*, 326–338.

Jaeckel, R. (1998). Im besten Alter: Übersieht das jugendliche Management die Zielgruppe Senioren? *Media Spektrum, 4*, 51–52.

Jäger, J. E. (1995). Flurbereinigung mit Folgen. *werben & verkaufen, 27*, 114–118

Janis, I. L. (1968). Attitude change via role playing. In R. P. Abelson, E. Aronson, W. J. McGuire, T. M. Newcomb, M. J. Rosenberg & P. H. Tannenbaum (Hrsg.), *Theories of cognitive consistency: A sourcebook* (S. 810–818). Chicago: Rand McNally & Company.

Janis, I. L. & Feshbach, S. (1953). Effects of fear arousing communications. *Journal of Abnormal and Social Psychology, 48*, 78–92. [Deutsche Übersetzung unter dem Titel »Auswirkungen angsterregender Kommunikation« erschienen in Irle, M. (Hrsg.) (1969). *Texte aus der empirischen Sozialpsychologie.* Neuwied und Berlin.]

Janisse, M. P. (1973). Pupil size and affect: A critical review of the literature since 1960. *Canadian Psychologist, 14*, 311–329.

Janiszewski, C. (1988). Preconscious processing effects: The independence of attitude formation and conscious thought. *Journal of Consumer Research, 15*, 199–209.

Janiszewski, C. (1990a). The influence of nonattended material on the processing of advertising claims. *Journal of Marketing Research, 27*, 263–278.

Janiszewski, C. (1990b). The influence of print advertisement organization on affect toward the brand. *Journal of Consumer Research, 17*, 53–65.

Janiszewski, C. & Warlop, L. (1993). The influence of classical conditioning procedures on subsequent attention to the conditioned brand. *Journal of Consumer Research, 20*, 171–189.

Jarchow, C. (1999). Werbebanner im World Wide Web. Ergebnisse einer empirischen Studie. *Planung & Analyse, 2*, 45–47.

Jeck-Schlottmann, G. & Neibecker, B. (1994). Interviewpartner Computer quo vadis? In Forschungsgruppe Konsum und Verhalten (Hrsg.), *Konsumentenforschung* (S. 29–46). München: Vahlen.

Jenzowsky, S. (1999). Spannende Spielfilme mit eingebetteter Fernschwerbung. Eine experimentelle Untersuchung zur Werbewirkung im Kontext spannenden Fernsehprogramm-Materials. In M. Friedrichsen & S. Jenzowsky (Hrsg.), *Fernsehwerbung. Theoretische Analysen und empirische Befunde* (S. 307–336). Opladen: Westdeutscher Verlag.

Jinlong, X. (1994). Coca-Cola, Minirock und Toffee. Die Bedeutung der Übersetzung von internationalen Warenbezeichnungen für den Markterfolg in China. *Unijournal – Zeitschrift der Universität Trier, 3*, 18–20.

Jones, E. E. (1990). *Interpersonal perception.* New York: Freeman & Co.

Jones, E. E., Bell, L & Aronson, E. (1972). The reciprocation of attraction from similar and dissimiliar others. In C.G. NcClintock (Hrsg.), *Experimental Social Psychology* (S. 142–179). New York: Holt Rinehart & Winston.

Jones, E. E. & Harris, V. A. (1967). The attribution of attitudes. *Journal of Experimental Social Psychology, 3*, 1–24.

Jones, J. P. & Blair, M. H. (1996). Examining »conventional wisdoms« about advertising effects with evidence from independent sources. *Journal of Advertising Research, 36*, 37–56.

Joseph, W. B. (1982). The credibility of physically attractive communicators: A review. *Journal of Advertising, 11*, 15–24.

Jost, K. (1995). Kreativität ist die halbe Miete. *Media Trend Journal, 4*, 16–20.

Kaas, K. P. (1994). Ansätze einer institutenökonomischen Theorie des Konsumentenverhaltens. In Forschungsgruppe Konsum und Verhalten (Hrsg.), *Konsumentenforschung* (S. 245–260). München: Vahlen.

Kahle, L. R. & Homer, P. M. (1985). Physical attractiveness of the celebrity endorser: A social adaptation perspective. *Journal of Consumer Research, 11*, 954–961.

Kahneman, D. (1994). New challenges to the rationality assumption. *Journal of Institutional and Theoretical Economics, 150*, 18–36.

Kahneman, D., Knetsch, J. L. & Thaler, R. H. (1990). Experimental test of the endowment effect and the coase theorem. *Journal of Political Economy, 98*, 1325–1347.

Kahneman, D. & Miller, D. T. (1986). Norm theory: Comparing reality to its alternatives. *Psychological Review, 93*, 136–153.

Kahneman, D. & Snell, J. (1992). Prediciting a changing taste: Do people know what they will like? *Journal of Behavioral Decision Making, 5*, 187–200.

Kahneman, D. & Tversky, A. (1972). Subjective probability: A judgement of representativeness. *Cognitive Psychology, 3*, 430–454.

Kahneman, D. & Tversky, A. (1973). On the psychology of prediction. *Psychological Review, 80*, 237–251.

Kahneman, D. & Tversky, A. (1982). The psychology of preferences. *Scientific American, 246*, 136–143.

Kahneman, D. & Tversky, A. (1984). Choices, values and frames. *American Psychologist, 39,* 341–350.

Kalt, G. (Hrsg.). (1989). *Öffentlichkeitsarbeit und Werbung.* Frankfurt am Main: Institut für Medienentwicklung und Kommunikation GmbH (IMK).

Kalwani, M. U. & Yim, C. K. (1992). Consumer price and promotion expectations: An experimental study. *Journal of Marketing Research, 29,* 90–100.

Kamins, M. A. (1990). An investigation into the »match-up« hypothesis in celebrity advertising: When beauty may be only skin deep. *Journal of Advertising, 19,* 4–13.

Kamins, M. A., Brand, M. J., Hoeke, S. A. & Moe, J. C. (1989). Two-sided celebrity endorsements: the impact on advertising effectiveness and credibility. *Journal of Advertising, 18,* 4–10.

Kamins, M. A., Marks, L. J. & Skinner, D. (1991). Television commercials evaluation in the context of program induced mood: Congruency versus consistency effects. *Journal of Advertising, 20,* 1–14.

Kardes, F. R. (1988). Spontaneous inference processes in advertising: The effect of conclusion omission and involvement on persuasion. *Journal of Consumer Research, 15,* 225–233.

Kardes, F. R. (1999). *Consumer behavior & managerial decision making.* Reading, MA: Addison-Wesley.

Kassin, S. M., Williams, L. N. & Saunders, C. L. (1990). Dirty tricks of cross-examination: The influence of conjectural evidence on the jury. *Law and Human Behavior, 14,* 373–384.

Kastl, A. J. & Child, I. L. (1968). Emotional meaning of four typographical variables. *Journal of Applied Psychology, 52,* 440–446.

Katona, G. (1960). *Das Verhalten der Verbraucher und Unternehmer.* Tübingen: Mohr.

Kaufman, L. (1980). Prime-time nutrition. *Journal of Communication, 30,* 37–46.

Keitz-Krewel, B. von (1994). Werbe-Tests mit apparativen Methoden: Das Beispiel »Anzeigen-Tests mit Blickaufzeichnung«. In Forschungsgruppe Konsum und Verhalten (Hrsg.), *Konsumentenforschung* (S. 47–59). München: Vahlen.

Kellaris, J. J. & Cox, A. D. (1989). The effects of background music in advertising: A reassessment. *Journal of Consumer Research, 16,* 113–118.

Keller, J., Bohner, G. & Erb, H.-P. (2000). Intuitive und heuristische Urteilsbildung – verschiedene Prozesse? Präsentation des »Rational-Experiential Inventory« sowie neuer Selbstberichtskalen zur Heuristiknutzung. *Zeitschrift für Sozialpsychologie, 31,* 87–101.

Keller, K. L. (1993). Memory retrieval factors and advertising effectiveness. In A. A. Mitchell (Hrsg.), *Advertising, exposure, and choice* (S. 11–48). Hillsdale, NJ: Erlbaum.

Keller, P. A. & Block, L. G. (1996). Increasing the effectiveness of fear appeals: The effect of arousal and elaboration. *Journal of Consumer Research, 22,* 448–459.

Kellermann, M. (1997). *Suggestive Kommunikation. Unterschwellige Botschaften in Alltag und Werbung.* Bern: Huber.

Kelley, H. H. (1972). Attribution in social interaction. In E. E. Jones, D. E. Kanouse, H. H. Kelley, R. E. Nisbett, S. Valins & B. Weiner (Hrsg.), *Attribution: Perceiving the causes of behavior* (S. 1–26). Morristown, NJ: General Learning Press.

Kelman, H. C. & Hovland, C. I. (1953). »Reinstatement« of the communicator in delayed measurement of opinion change. *Journal of Abnormal and Social Psychology, 48,* 327–335.

Kendall, C. & Hailey, B. J. (1993). The relative effectiveness of three reminder letters on making and keeping mammogram appointments. *Behavior Medicine, 19,* 29*ff*.

Kenrick, D. T. & Gutierres, S. E. (1980). Contrast effects and judgments of physical attractiveness: When beauty becomes a social problem. *Journal of Personality and Social Psychology, 39,* 131–140.

Kenrick, D. T., Gutierres, S. E. & Goldberg, L. L. (1989). Influence of popular erotica on judgments of strangers and mates. *Journal of Experimental Social Psychology, 25,* 159–167.

Kent, R. J. (1993). Competitive versus noncompetetive clutter in television advertising. *Journal of Advertising Research, 33,* 40–46.

Kepper, G. (1996). *Qualitative Marktforschung. Methoden, Einsatzmöglichkeiten und Beurteilungskriterien.* Wiesbaden: Deutscher Universitäts Verlag.

Kerin, R. A., Lundstrom, W. J. & Sciglimpaglia, D. (1979). Women in advertising: Retrospect and prospect. *Journal of Advertising, 8,* 37–42.

Key, W. B. (1980). *The clam-plate orgy: And other techniques for manipulating your behavior.* Englewood Cliffs, NJ: Prentice-Hall.

Kienscherf, H. (1990). Werbung und Recht. In L. Poth, K. Rippel, D. Pflaum, J. Dohmen, R. Grimm, R. Waldeck, R. Huth, D. Heymans, H. Flögel, H. Kienscherf und G. Jaster, *Praktisches Lehrbuch der Werbung* (S. 253–267). Berlin: Verlag Die Wirtschaft.

King, C. W. & Summers, J. O. (1970). Overlap of opinion leadership across consumer product categories. *Journal of Marketing Research, 7,* 43–50.

Kirchler, E. M. (1989). *Kaufentscheidungen im privaten Haushalt.* Göttingen: Hogrefe.

Kirchler, E. M. (1993). Beeinflussungstaktiken von Eheleuten: Entwicklung und Erprobung eines Instruments zur Erfassung der Anwendungshäufigkeit verschiedener Beeinflussungstaktiken in familiären Kaufentscheidungen. *Zeitschrift für experimentelle und angewandte Psychologie, 40*, 102–131.

Kirchler, E. M. (1995). *Wirtschaftspsychologie. Grundlagen und Anwendungfelder der Ökonomischen Psychologie*. Göttingen: Hogrefe.

Kirchler, E. M. & Hermann, M. (1986). Simmung als Filter von Werbebotschaften. *Jahrbuch der Absatz- und Verbrauchsforschung*, 4, 355–367.

Kirchler, E. M. & Kapfer, J. (1987). Emotionen in der Werbung – Zum Einfluß des redaktionellen Umfelds auf die Werbewirkung in Print-Medien. *Jahrbuch der Absatz- und Verbrauchsforschung, 4*, 379–395.

Kirchler, E. M. & de Rosa, A. S. (1996). Wirkungsanalyse von Werbebotschaften mittels Assoziationsgeflecht. Spontane Reaktionen auf und überlegte Beschreibung von Benetton-Werbebildern. *Jahrbuch der Absatz- und Verbrauchsforschung, 1*, 67–89.

Klein, S. B. & Loftus, J. (1993). The mental representation of trait and autobiographical knowledge about the self. In T.K. Srull & R.S. Wyer, Jr. (Hrsg.), *Advances in Social Cognition*, (Band 5, S. 1–49). Hilldsale, NJ: Erlbaum.

Kotler, P. (1978). *Marketing für Non Profit Organisationen*. Stuttgart: Poeschel.

Kotler, P. & Bliemel, F. (1995). *Marketing-Management: Analyse, Planung, Umsetzung und Steuerung (achte Auflage)*. Stuttgart: Schaeffer-Poeschel.

Kover, A. J., Goldberg, S. M. & James, W. L. (1995). Creativity vs. effectiveness? An integrating classification for advertising. *Journal of Advertising Research, 35*, 29–40.

Krauss, W. (1982). *Insertwirkung im Werbefernsehen. Eine empirische Untersuchung zum »Mainzelmänncheneffekt«*. Bochum: Studienverlag Dr. N. Brockmeyer.

Krishnan, H. S. & Shapiro, S. (1996). Comparing implicit and explicit memory for brand names from advertisements. *Journal of Experimental Psychology Applied, 2*, 147–163.

Kroeber-Riel, W. (1979). Activation research: Psychological approaches in consumer research. *Journal of Consumer Research, 5*, 240–250.

Kroeber-Riel, W. (1992). *Konsumentenverhalten (fünfte Auflage)*. München: Vahlen.

Kroeber-Riel, W. (1993a). *Bildkommunikation. Imagerystrategien für die Werbung*. München: Valhen.

Kroeber-Riel, W. (1993b). *Strategie und Technik der Werbung. Verhaltenswissenschaftliche Ansätze (vierte Auflage)*. Stuttgart: Kohlhammer.

Kroeber-Riel, W. & Meyer-Hentschel, G. (1982). *Werbung. Steuerung des Konsumentenverhaltens*. Würzburg/Wien: Physica.

Krugman, H. E. (1962). An application of learning theory to TV copy testing. *Public Opinion Quarterly, 26*, 626–634.

Krugman, H. E. (1966). The measurement of advertising involvement. *Public Opinion Quarterly, 30*, 583–596.

Krugman, H. E. (1983). Television program interest and commercial interruption: Are commercials on interesting programs less effective? *Journal of Advertising Research, 28*, 47–50.

Kulka, R. A. & Kessler, J. R. (1978). Is justice really blind? The effect of litigant physical attractiveness on judical judgement. *Journal of Applied Psychology, 4*, 336–381.

Kunda, Z. (1990). The case for motivated reasoning. *Psychological Bulletin, 108*, 480–498.

Kunda, Z. (1999). *Social cognition. Making sense of people*. Cambridge, MA: The MIT Press.

Kurz, H. (1993). Österreichs Exportwirtschaft Probleme und Chancen für erfolgreiche Exportwerbung. *Werbeforschung & Praxis, 6*, 205–212.

Kyner, D. B., Jacoby, J & Chestnut, R. W. (1976). Dissonance resolution by grade school consumers. *Advances in Consumer Research, 3*, 134–137.

LaBarbera, P. & MacLachlan, J. (1979). Time compressed speech in radio advertising. *Journal of Marketing, 43*, 30–36.

LaBarbera, P. A. & Tucciarone, J. (1995). GSR reconsidered: A behavior-based approach to evaluating and imporving the sales potency of advertising. *Journal of Advertising Research, 35*, 33–53.

Lachmann, U. (1993). Kommunikationspolitik bei langlebigen Gebrauchsgütern. In R. Berndt & A. Hermanns (Hrsg.), *Handbuch Marketing-Kommunikation* (S. 831–856). Wiesbaden: Gabler.

Lachmann, U. (1994). Die Kommunikationsmauer. Von den Problemen, Marktforschungsergebnisse in Unternehmensentscheidungen umzusetzen. In T. Tomczak & S. Reinecke (Hrsg.), *Marktforschung* (S. 31–41). St.Gallen: Thexis.

Lachmann, U. (in Vorbereitung). *Wahrnehmung von Werbung und Gestaltungskonsequenzen*.

Lackner, R. (1992). Spontane Gefühle »aus dem Bauch« in der Werbeforschung. *Werbeforschung & Praxis, 37*, 123–126.

Lamnek, S. (1998). *Gruppendiskussion. Theorie und Praxis*. Weinheim: Beltz.

Landy, D. & Sigall, H. (1974). Beauty is talent: Task evaluation as a function of the performer's

physical attractiveness. *Journal of Personality and Social Psychology, 29*, 299–304.
Lang, A. (Hrsg.) (1994a). *Measuring psychological responses to media*. Hillsdale, NJ: Erlbaum.
Lang, A. (1994b). What can the heart tell us about thinking? In A. Lang (Hrsg.), *Measuring psychological responses to media* (S. 99–113). Hillsdale, NJ: Erlbaum.
Langen, M., Maurischat, C. & Weber, A. (1992). Anmutungsqualitäten von Druckschriften. In P. Karow, *Schriftentechnologie. Methoden und Werkzeuge* (S. 405–422). Berlin: Springer.
Langer, E., Blank, A. & Chanowitz, B. (1978). The mindlessness of sensibly thoughtful action: The role of »placebic« information in interpersonal interaction. *Journal of Personality and Social Psychology, 36*, 635–642.
LaPiere, R. T. (1934). Attitudes and actions. *Social Forces, 13*, 230–237.
LaTour, M. S. & Pitts, R. E. (1989). Using fear appeals in advertising für AIDS prevention in the college-age population. *Journal of Health Care Marketing, 9*, 5–14.
LaTour, M. S., Pitts, R. E. & Snook-Luther, D. C. (1990). Female nudity, arousal, and ad response: An experimental investigation. *Journal of Advertising, 19*, 51–62.
LaTour, M. S., Snipes, R. L. & Bliss, S. J. (1996). Don't be afraid to use fear appeals: An experimental study. *Journal of Advertising Research, 36*, 59–67.
Law, S. & Hawkins, S. A. (1997). Advertising repetition and consumer beliefs: The role of source memory. In W. D. Wells (Hrsg.), *Measuring advertising effectiveness* (S. 67–75). Mahwah, NJ: Lawrence Erlbaum.
Law, S., Hawkins, S. A. & Craik, F. I. M. (1998). Repetition-induced belief in the elderly: Rehabilitating age-related memory deficits. *Journal of Consumer Research, 25*, 91–107.
Lazarus, R. S. (1984). On the primacy of cognition. *American Psychologist, 39*, 124–129.
Leavitt, H. J. (1954). A note on some experimental findings about the meaning of price. *Journal of Business, 27*, 205–210.
Lefrançois, G. R. (1976). *Psychologie des Lernens*. Berlin: Springer.
Lehmann, M. (1989). Wettbewerbsrechtliche Grenzen. In G. Kalt (Hrsg.), *Öffentlichkeitsarbeit und Werbung* (S. 141–144). Frankfurt am Main: Institut für Medienentwicklung und Kommunikation GmbH (IMK).
Leibenstein, H. (1950). Bandwagon, snob and Veblen effects in the theory of consumers' demand. *Quaterly Journal of Economics, 64*, 183–207.
Leiser, D. & Izak, G. (1987). The money size illusion as a barometer of confidence? The case of high inflation in Israel. *Journal of Economic Psychology, 8*, 347–356.
Lejoyeux, M., Ades, J., Tassain, V. & Solomon, J. (1996). Phenomenology and psychopathology of uncontrolled buying. *American Journal of Psychiatry, 153*, 1524–1529.
Lepper, M. R., Greene, D. & Nisbett (1973). Undermining children's intrinsic interest with extrinsic reward: A test of the »overjustification« hypothesis. *Journal of Personality and Social Psychology, 28*, 129–137.
Lessne, G. J. & Notarantonio, E. M. (1988). The effects of limits in retail advertisements: A reactance theory perspective. *Psychology and Marketing, 5*, 33–44.
Leven, W. (1991). *Blickverhalten von Konsumenten*. Heidelberg: Physica-Verlag.
Leventhal, H. (1970). Findings and theory in the study of fear communications. In L. Berkowitz (Hrsg.), *Advances in Experimental Social Psychology* (Band 5, S. 119–186). New York: Academic Press.
Levin, I. P. & Gaeth, G. J. (1988). How consumers are affected by the frame of attribute information before and after consuming the product. *Journal of Consumer Research, 15*, 374–378.
Levine, M. W. (2000). *Fundamentals of sensation and perception (dritte Auflage)*. Oxford: Oxford University Press.
Levinson, C. L., Gallagher, B. & Wilson, O. R. (1993). *Guerrilla Verkauf: Mit unkonventionellen Ideen den Kunden gewinnen*. Frankfurt am Main: Campus.
Lewin, K. (1947). Group decision and social change. In T. M. Newcomb & E. L. Hartley (Hrsg.), *Readings in social psychology* (S. 220–244). New York: Holt.
Lewin, K. (1951). *Field theory in social science*. Chicago: University Press.
Li, H. & Bucovac, J. L. (1999). Cognitive impact of banner ad characteristics: An experimental study. *Journalism Quaterly, 76*, 341–353.
Liberman, A. & Chaiken, S. (1992). Defensive processing of personally relevant health messages. *Personality and Social Psychology Bulletin, 18*, 669–679.
Lindsay, P. H. & Norman, D. A. (1981). *Einführung in die Psychologie: Informationsaufnahme und -verarbeitung beim Menschen*. Berlin: Springer.
Link, R., Schmidt, B., Gniech, G. & Dickenberger, D. (1977). *Psychologische Reaktanz: Auslösende Situationen im Alltagsleben und beobachtetes Ver-*

halten – Materialsammlung. Mannheim: Universität Mannheim.

Linneweh, K. (1989). *Wahrnehmen, Gestalten, Wirken: Grundlagen einer Werbepsychologie*. Stuttgart: Deutscher Sparkassenverlag.

Linville, P. W. (1982). The complexity-extremity effect and age based stereotyping. *Journal of Personality and Social Psychology, 42*, 193–211.

Lloyd, D. W. & Clancy, K. J. (1991). CPMs versus CPMIs: Implications for media planning. *Journal of Advertising and Research, 31*, 34–44.

Loewenstein, G. F. & Issacharoff, S. (1994). Source-dependence in the valuation of objects. *Journal of Behavioral Decision Making, 7*, 175–168.

Loftus, E. F. (1997). Creating false memories. *Scientific American, 277*, 70–75.

Loftus, E. F. & Palmer, J. C. (1974). Reconstruction of automobile destruction: an example of the interaction between language and memory. *Journal of Verbal Learning and Verbal Behavior, 13*, 585–589.

Lombard, G. F. (1955). *Behavior in a selling group*. Boston: Irvin.

Lombardi, W. J., Higgins, E. T. & Bargh, J. A. (1987). The role of consciousness in priming effects on categorization. *Personality and Social Psychology Bulletin, 13*, 808–817.

Lord, K. R. & Burnkrant, R. E. (1988). Television program elaboration effects in commercial processing. *Advances in Consumer Research, 15*, 213–218.

Lord, K. R. & Burnkrant, R. E. (1993). Attention versus distraction: The interactive effect of program involvement and attentional devices on commercial processing. *Journal of Advertising, 22*, 47–60.

Lötscher, A. (1989). Produktnamen – sinnvoller Unsinn mit versteckter Bedeutung. In G. Kalt (Hrsg.), *Öffentlichkeitsarbeit und Werbung* (S. 213–218). Frankfurt am Main: Institut für Medienentwicklung und Kommunikation GmbH (IMK).

Lukesch, H. (1983). *Die Geburtsangstskala*. Göttingen: Hogrefe.

Lumsdaine, A. A. & Janis, I. L. (1953). Resistance to »counterpropaganda« produced by one-sided and two-sided »propaganda« presentations. *Public Opinion Quaterly, 17*, 311–318.

Lutz, K. A. & Lutz, R. L. (1977). Effects of interactive imagery on learning: Applications to advertising. *Journal of Applied Psychology, 62*, 493–498.

Lynch, J. G. J., Chakravarti, D. & Mitra, A. (1991). Contrast effects in consumer judgments: Changes in mental representations or in the ancoring of rating scales. *Journal of Consumer Research, 18*, 284–297.

Lynch, J. & Schuler, D. (1994). The matchup effect of spokesperson and product congruency: A schema theory interpretation. *Psychology and Marketing, 11*, 417–445.

Lynn, M. (1989). Scarcity effects on desirability: Mediated by assumed expensiveness? *Journal of Economic Psychology, 10*, 257–274.

Lynn, M. (1991). Scarcity effects on value: A quantitative review of the commodity theory literature. *Psychology and Marketing, 8*, 43–57.

Lynn, M. (1992). The psychology of unavailability: Explaining scarcity and cost effects on value. Special Issue: The psychology of unavailability: Explaining scarcity and cost effects on value? *Basic and Applied Social Psychology, 13*, 3–7.

Lynn, M. & Harris, J. (1997a). The desire for unique consumer products: A new individual differences scale. *Psychology and Marketing, 14*, 601–616.

Lynn, M. & Harris, J. (1997b). Individual differences in the pursuit of self-uniqueness through consumption. *Journal of Applied Social Psychology, 27*, 1861–1883.

Lysinski, E. (1919/20). Zur Psychologie der Schaufensterreklame. *Zeitschrift für Handelswissenschaft und Handelspraxis, 12*, 6*ff* (zit. nach Kroeber-Riel & Meyer-Hentschel, 1982, S. 69).

MacInnis, D. J. & Park, C. W. (1991). The differential role of characteristics of music on high- and low-involvement consumers' processing of ads. *Journal of Consumer Research, 18*, 161–173.

Mack, D. & Rainey, D. (1990). Female applicants' grooming and personnel selection. *Journal of Social Behavior and Personality, 5*, 399–407.

Maheswaran, D. & Meyers-Levy, J. (1990). The influence of message framing and issue involvement. *Journal of Marketing Research, 27*, 361–367.

Malaviya, P., Meyers-Levy, J. & Sternthal, B. (1999). Ad repetition in a cluttered environment: The influence of type of processing. *Psychology & Marketing, 16*, 99–118.

Maloney, J. C. (1963). Is advertsing believability really important? *Journal of Marketing, 27*, 1–8.

Mandese, J. (1993, November 22). Glut of rival brands worsens ad clutter. *Advertising Age, 64*, 28.

Manson, R. (1996). Wenn neue Quellen sprudeln. *werben & verkaufen, 10*, 90.

Marder, E. & David, M. (1961). Recognition of ad elements: Recall or projection? *Journal of Advertising Research, 1*, 23–25.

Marinho, H. (1942). Social influence in the formation of enduring preferences. *Journal of Abnormal and Social Psychology, 37*, 448–468.

Martin, L. L. (1986). Set/reset: Use and disuse of concepts in impression formation. *Journal of Personality and Social Psychology, 51*, 493–504.

Martin, L. L., Seta, J. J. & Crelia, R. A. (1990). Assimilation and contrast as a function of people's willingness and ability to expend effort in forming

an impression. *Journal of Personality and Social Psychology, 59*, 27–37.
Maslow, A. H. (1943). A theory of human motivation. *Psychological Review, 50*, 370–396.
Maslow, A. H. (1954). *Motivation and personality.* New York: Harper & Row.
Mäßen, A. (1998). *Werbemittelgestaltung im vorökonomischen Werbewirkungsprozeß. Metaanalytische Befunde.* Wiesbaden: Deutscher Universitäts-Verlag.
Mathur, M. & Chattopadhyay, A. (1991). The impact of moods generated by television programs on responses to advertising. *Psychology and Marketing, 8*, 59–77.
Mattenklott, A. (1998). Werbewirkung im Umfeld von Fernsehprogrammen: Programmvermittelte Aktivierung und Stimmung. *Zeitschrift für Sozialpsychologie, 29*, 175–193.
Mattenklott, A., Bretz, J. & Wolf, D. (1997). Fernsehwerbung im Kontext von Filmen: Die kommunikative Wirkung von Filmunterbrechung, Art der Werbespots und Filmgenre. *Medienpsychologie, 9*, 41–56.
Mattenklott, A., Held, D., Klöckner, A., Knoll, N. & Ryschke, J. (1995). Erfolgreicher per Tandem (II)? Werbung als Single- und als Tandem-Spot: Erinnerung und Akzeptanz. *Media Spectrum, 10*, 26–31.
Mattes, J. & Cantor, J. (1982). Enhancing responses to television advertisements via the transfer of residual arousal from prior programming. *Journal of Broadcasting, 26*, 553–556.
Mayer, H. (1993). *Werbepsychologie (zweite Auflage).* Stuttgart: Schäffer-Poeschel.
Mayer, H. (1994). Kosmetische und substanzielle Variation zur Therapie des Wearout-Effekts. *Jahrbuch der Absatz- und Verbrauchsforschung, 40*, 83–100.
Mayer, H. O. (2000). *Einführung in die Wahrnehmungs-, Lern- und Werbepsychologie.* München: R. Oldenbourg.
Mayer, H., Däumer, U. & Rühle, H. (1982). *Werbepsychologie.* Stuttgart: Schäffer-Poeschel.
Mayer, H. & Schuhmann, G. (1979). Wiederholungseffekte von Werbemaßnahmen. *Jahrbuch der Absatz- und Verbrauchsforschung, 2*, 143–161.
Mayer, H. & Schuhmann, G. (1981). Positionseffekte bei TV-Spots. *Jahrbuch der Absatz- und Verbrauchsforschung, 27*, 291–304.
Mazis, M. B. (1975). Antipollution measures and psychological reactance theory: A field experiment. *Journal of Personality and Social Psychology, 31*, 654–666.
Mazis, M. B., Settle, R. B. & Leslie, D. C. (1973). Elimination of phosphate detergents and psychological reactance. *Journal of Marketing Research, 10*, 390–395.
McCaul, K. D., Thiesse-Duffy, E. & Wilson, P. (1992). Coping with medical diagnosis: The effects of at-risk versus desease labels over time. *Journal of Applied and Social Psychology, 22*, 1340–1355.
McClelland, D. C. & Atkinson, J. W. (1948). The projective expression of needs: In the effects of different intensities of the hunger drive on perception. *Journal of Psychology, 25*, 205–232.
McConnell, J. D. (1968). Effect of pricing on perception of product quality. *Journal of Applied Psychology, 52*, 331–334.
McDaniel, C. & Gates, R. (1991). *Contemporary marketing research.* St. Paul u.a.
McGuire, W. J. (1961). The effectiveness of supportive and refutational defenses in immunizing and restoring beliefs against persuasion. *Sociometry, 24*, 184–197.
McGuire, W. J. (1964). Inducing resistance to persuasion: Some contemporary approaches. In L. Berkowitz (Hrsg.), *Advances in Experimental Social Psychology, 1.* New York: Academic Press.
McGuire, W. J. & Papageorgis, D. (1961). Efficacy of varios types of prior belief defense in producing immunitiy against persuasion. *Journal of Abnormal and Social Psychology, 62*, 327–337.
McQuarrie, E. F. (1998). Have laboratory experiments become detachted from advertiser goals. *Journal of Advertising Research, 38*, 15–26.
McQuarrie, E. F. & Mick, D. G. (1996). Figures of rhetoric an advertising language. *Journal of Consumer Research, 22*, 424–438.
McSweeney, F. K. & Bierley, C. (1984). Recent developments in classical conditioning. *Journal of Consumer Research, 11*, 619–631.
Mehta, A. (1999). Using self-concept to assess advertising effectiveness. *Journal of Advertising Research, 39*(1), 81–89.
Meister, D. M. & Sander, U. (Hrsg.). (1997a). *Kinderalltag und Werbung. Zwischen Manipulation und Faszination.* Neuwied: Luchterhand.
Meister, D. M. & Sander, U. (1997b). Kinder und Werbewirkung. Ein Plädoyer für einen erweiterten Wirkungsbegriff. In D. M. Meister & U. Sander (Hrsg.), *Kinderalltag und Werbung. Zwischen Manipulation und Faszination* (S. 45–61). Neuwied: Luchterhand.
Menasco, M. B. & Curry, D. J. (1989). Utility and choice: An empirical study of husband/wife decision making. *Journal of Consumer Research, 16*, 76–86.
Meurs, L. von (1998). Zapp! A study of switching behavior during commercial breaks. *Journal of Advertising Research, 38*, 43–53.

Meyer, J. A. (1994). Multimedia in der Werbe- und Konsumentenforschung. In Forschungsgruppe Konsum und Verhalten (Hrsg.), *Konsumentenforschung* (S. 305–320). München: Vahlen.
Meyer-Hentschel Management Consulting (1993). *Erfolgreiche Anzeigen: Kriterien und Beispiele zur Beurteilung und Gestaltung.* Wiesbaden: Gabler.
Meyer-Hentschel, G. (1996). *Alles Werbung.* Wiesbaden: Gabler.
Meyerowitz, B. & Chaiken, S. (1987). The effect of message framing on breast self-examination attitudes, intentions and behavior. *Journal of Personality and Social Psychology, 52*, 500–510.
Meyers, W. (1986). Why Americans are turning off to TV ads. *Adweek, 1*, 4–6.
Mikula, G. & Stroebe, W. (1991). Theorien und Determinanten der zwischenmenschlichen Anziehung. In M. Amelang, H.-J. Ahrens & H. W. Bierhoff (Hrsg.), *Attraktion und Liebe* (S. 61–104). Göttingen: Hogrefe.
Milgram, S. & Sabini, J. (1975). *On maintaining norms: A field experiment in the subway.* Unpublished manuscript, city University of New York (zitiert nach Cialdini, 1993).
Milgram, S. (1961). Nationality and conformity. *Scientific American, 206*, 45–51.
Milgram, S. (1965). Some conditions of obedience and disobedience to authority. *Human Relations, 18*, 57–76.
Milgram, S., Bickman, L. & Berkowitz, O. (1969). Note on the drawing power of crowds of different size. *Journal of Personality and Social Psychology, 13*, 79–82.
Miller, G. A. (1956). The magic number seven, plus or minus two. Some limits on our capacity for processing information. *Psychological Review, 63*, 81–97.
Mills, J. & Aronson, E. (1965). Opinion change as a function of communicator's attractiveness and desire to influence. *Journal of Personality and Social Psychology, 1*, 173–177.
Miniard, P. W., Bhatla, S., Lord, K. R., Dickinson, P. R. & Unnava, R. H. (1991). Picure-based persuasion process and the moderating role of involvement. *Journal of Consumer Research, 18*, 92–102.
Mischel, W. (1984). Convergences and challenges in the search for consistency. *American Psychologist, 39*, 351–364.
Misra, S. & Beatty, S. E. (1990). Celebrity spokesperson and brand congruence: An assessment of recall and affect. *Journal of Business Research, 21*, 159–173.
ell, A. A. & Olson, J. C. (1981). Are product attribute beliefs the only mediator of advertising effects on brand attitude. *Journal of Marketing Research, 18*, 318–332.
Mitchell, A.A. (Hrsg.) (1993). *Advertising, exposure, and choice.* Hillsdale, NJ: Erlbaum.
Mitchell, D. J., Kahn, B. E. & Knasko, S. C. (1995). There's something in the air: Effects of congruent or incongruent ambient odor on consumer decision making. *Journal of Consumer Research, 22*, 229–238.
Mittal, B. (1994). Public assessment of TV advertising: Faint praise and harsh criticism. *Journal of Advertising Research, 34*, 35–53.
Monroe, K. B. & Krishnan, R. (1985). The effect of price on subjective product evaluations. In J. Jacoby & J. C. Olson (Hrsg.), *Perceived quality* (S. 209–232). Lexington, MA: Lexington Books.
Montada, L. (1989). Bildung der Gefühle? *Zeitschrift für Pädagogik, 35*, 239–312.
Moore, D. J. & Harris, W. D. (1996). Affect intensity and the consumer's attitude toward high impact emotional advertising appeals. *Journal of Advertising Research, 25*(2), 37–50.
Moore, D. L., Hausknecht, D. & Thamodaran, K. (1986). Time compression, response opportunity and persuasion. *Journal of Consumer Research, 13*, 85–99.
Moore, T. E. (1982). Subliminal advertising: What you see is what you get. *Journal of Marketing, 46*, 38–47.
Mord, M. S. & Gilson, E. (1985). Shorter units: Risk-responsibility-reward. *Journal of Advertising Research, 25*, 9–19.
Moreno, J. L. (1974). *Die Grundlagen der Soziometrie: Wege zur Neuordnung der Gesellschaft.* Opladen.
Morrison, B. J. & Sherman, R. C. (1972). Who responds to sex in advertising. *Journal of Advertising Research, 12*, 15–19.
Moser, K. (1990). *Werbepsychologie. Eine Einführung.* München: Psychologie Verlags Union.
Moser, K. (1997a). Modelle der Werbewirkung. *Jahrbuch der Absatz- und Verbrauchsforschung, 43*, 270–284.
Moser, K. (1997b). *Sex-Appeal in der Werbung.* Göttingen: Verlag für angewandte Psychologie.
Moser, K. & Hertel, G. (1998). Der Dritte-Person-Effekt in der Werbung. *Zeitschrift für Sozialpsychologie, 29*, 147–155.
Moskowitz, G. B. & Roman, R. J. (1992). Spontaneous trait interferences as self-generated primes: Implications for conscious social judgment. *Journal of Personality and Social Psychology, 62*, 728–738.
Mowen, J. C. & Minor, M. (1998). *Consumer behavior (fünfte Auflage).* Upper Saddle River, NJ: Prentice-Hall.

Mühlbacher, H. (1982). *Selektive Werbung*. Linz: Rudolf Trauner Verlag.

Mullen, B. & Johnson, C. (1990). *The psychology of consumer behavior*. Hillsdale, N.J.: Erlbaum.

Müller, A.W. in Zusammenarbeit mit Greve, W., Han, Y.-Y. & Rothermund, K. (1995). *Ende der Moral? Mit einem Gespräch mit Hildegard Hamm-Brücher*. Stuttgart: Kohlhammer.

Müller, B. (1995). Wenn der Kunde zweimal klingelt. *werben & verkaufen, 27*, 120–129.

Müller, W. E. (1995). Rechtslage. [Anlage zu: Müller (1995): Wenn der Kunde zweimal klingelt.] *werben & verkaufen, 27*, 126.

Mundorf, N., Zillmann, D. & Drew, D. (1991). Effects of disturbing televised events on the acquisition of information from subsequently presented commercials. *Journal of Advertising, 20*, 46–53.

Murray, H. A. (1938). *Explorations in personality*. New York: Oxford University Press.

Murstein, B. I. & Lamb, J. (1973). *The determinants of friendship in a girl's cooperative. Connecticut College*: Unpublished Manuscript. Zitiert in Murstein, B. I. (1976). Who will marry whom? Theories and research in marital choice (S. 80). New York: Springer.

Mussweiler, T., Förster, J. & Strack, F. (1997). Der Ankereffekt in Abhängigkeit von der Anwendbarkeit ankerkonsistenter Information: Ein Modell selektiver Zugänglichkeit. *Zeitschrift für Experimentelle Psychologie, 44*, 589–615.

Mussweiler, T., Strack, F. & Pfeiffer, T. (2000). Overcoming the inevitable anchoring effect: Considering the opposite compensates for selective accessibility. *Personality and Social Psychology Bulletin, 26*, 1142–1150.

Myers, J. H. & Reynolds, W. H. (1967). *Consumer behavior and marketing management*. Boston, MA: Houghton-Mifflin.

Myers, J. H. & Robertson, T. S. (1972). Dimensions of opinion leadership. *Journal of Marketing Research, 9*, 41–46.

Nash, J. F. (1950). The bargaining problem. *Econometrica, 18*, 155–162.

Naylor, J. C. (1962). Deceptive packaging: Are the deceivers being deceived? *Journal of Applied Psychology, 46*, 393–398.

Nebel, A., Strack, F. & Schwarz, N. (1989). Test als Treatment. Wie die psychologische Messung ihren Gegenstand verändert. *Diagnostica, 35*, 191–200.

Neely, J. H. (1977). Semantic priming and retrieval from lexical memory: Roles of inhibitionless spreading activation and limited-capacity attention. *Journal of Experimental Psychology: General, 106*, 226–254.

Neisser, U. (1982). Snapshots or benchmarks? In U. Neisser (Hrsg.), *Memory observed: Remembering in natural contexts* (S. 43–48). San Francisco: Freeman.

Nelson, M. R. & Hitchon, J. C. (1999). Loud tastes, colored fragrances, and scented sounds: How and when to mix the senses in persuasive communication. *Journalism Quaterly, 76*, 354–372.

Nemetz, K. (1992). Wie lernt der Konsument? Werbliches wird beiläufig gelernt. *Marketing Journal, 25*, 152–157.

Neumann, O. (1992). Theorien der Aufmerksamkeit: Von Methaphern zu Mechanismen. *Psychologische Rundschau, 43*, 83–101.

Nickel, V. (1993). *Werbung, Wirtschaft und Moral. Qualitative Merkmale einer unendlichen Diskussion*. Bonn: Zentralverband der Deutschen Werbewirtschaft (ZAW). [Vortragstext zum Vortrag vom 26.1.1993, gehalten an der Universität Leipzig; bzw. vom 20.6.1994, gehalten an der Universität Münster/MTP e.V.]

Nickel, V. (1997). Manipulation oder Markenkommunikation? Kinder als Ansprechpartner der Wirtschaft. In D. M. Meister & U. Sander (Hrsg.), *Kinderalltag und Werbung. Zwischen Manipulation und Faszination* (S. 125–137). Neuwied: Luchterhand.

Nieschlag, R., Dichtl, E. & Hörschgen, H. (1988). *Marketing*. Berlin: Duncker & Humboldt.

Nisbett, R. & Ross, L. (1980). *Human inference: Strategies and shortcomings of social judgment*. Engelwood Cliffs, NJ: Prentice Hall.

Nisbett, R. E. & Wilson, T. D. (1977a). Telling more than we know: Verbal reports and mental processes. *Psychological Review, 84*, 231–259.

Nisbett, R. E. & Wilson, T. D. (1977b). The halo effect: Evidence for unconscious alteration of judgments. *Journal of Personality and Social Psychology, 35*, 250–256.

Nisbett, R. E., Zuiker, H. & Lemley, R. E. (1981). The dilution effect: Nondiagnostic information weakens the implications of diagnostic information. *Cognitive Psychology, 13*, 248–277.

Noordzij, G. (1985). *Das Kind und die Schrift*. München: Typographische Gesellschaft.

Norris, C. E. & Colman, A. M. (1992). Context effects on recall and recognition of magazine advertisements. *Journal of Advertising, 21*, 37–46.

Norris, C. E. & Colman, A. M. (1993). Context effects on memory for television advertisements. *Social Behavior and Personality, 21*, 279–296.

Northcraft, G. B. & Neale, M. A. (1987). Experts, amateurs and real estate. An anchoring-and-adjustment perspective on property pricing decisions. *Organizational Behavior and Human Decision Processes, 39*, 84–97.

O'Shaughnessy, J. (1987). *Why people buy*. New York: Oxford University Press.

Obermiller, C. (1988). When do consumers infer quality from price? In M. J. Houston (Hrsg.), Advances in Consumer Research (Band 15, S. 304–310). Provo, UT: Association for Consumer Research.

Ogilvy, D. (1984). Ogilvy über Werbung. Düsseldorf: Econ.

Ogilvy, D. (1991, orig. 1963). *Geständnisse eines Werbemannes*. Düsseldorf: Econ. [Original: Confessions of an advertising man. New York: Atheneum Publishers.]

Ohanian, R. (1991). The impact of celebrity spokepersons' perceived image on consumers' intention to purchase. *Journal of Advertising Research, 31*, 46–54.

Olman, E. C. (1932).*Purposive behavior in animals and men*. New York: Appleton.

Olson, J. M. & Zanna, M. P. (1993). Attitudes and attitude change. *Annual Review of Psychology, 44*, 117–154.

Osgood, C. E. (1970). Eine Entdeckungsreise in die Welt der Begriffe und Bedeutungen. In W. Schramm (dritte Auflage): *Grundfragen der Kommunikationsforschung* (S. 39–54). München Juventa.

Osterhouse, R. A. & Brock, T. C. (1970). Distraction increases yielding to propaganda by inhibiting counterarguing. *Journal of Personality and Social Psychology, 15*, 344–358.

Ottler, S. (1997). Das Märchen von der Zapp-Manie. *Tele-Images, 1*, 18–21.

Pacini, R. & Epstein, S. (1999). The relation of rational and experiential information processing styles to personality, basic beliefs, and the ratio-bias phenomenon. *Journal of Personality and Social Psychology, 76*, 972–987.

Packard, V. (1974, orig. 1957). *Die geheimen Verführer. Der Griff nach dem Unbewußten in jedermann*. Frankfurt: Ullstein.

Paivio, A. (1971). *Imagery and verbal processes*. New York: Holt, Rinehart & Winston.

Pallak, M. S., Cook, D. A. & Sullivan, J. J. (1980). Commitment and energy conversation. *Applied Social Psychology Annual, 1*, 235–253.

Parfitt, J. H. & Collins, B. J. K. (1972). Prognose des Marktanteils eines Produktes auf Grund von Verbraucherpanels. In W. Kroeber-Riel (Hrsg.), *Marketingtheorie. Verhaltensorientierte Erklärungen von Marktsituationen* (S. 171–207). Köln: Kiepenheuer & Witsch.

Park, C. W. & McClung, G. W. (1986). The effects of TV-program involvement with commercials. *Advances in Consumer Research, 13*, 544–548.

Patzer, G. L. (1985). *The physical attractiveness phenomena*. New York: Plenum Press.

Payne, J. W., Bettman, J. R. & Johnson, E. J. (1992). Behavioral decision research: A constructive processing perspective. *Annual Review of Psychology, 43*, 87–131.

Payne, J. W., Bettman, J. R. & Johnson, E. J. (1993). *The adaptive decision maker*. Cambridge, MA: Cambridge University Press.

Pechmann, C. (1992). Prediciting when two-sided ads will be more effective than one-sided ads: The role of correlational and correspondent inferences. *Journal of Marketing Research, 24*, 441–453.

Peirce, C. S. & Jastrow, J. (1884). On small differences of sensation. *Mess. Nat. Acad. Sci., 3*, 73–83

Percy, L. & Rossiter, J. R. (1991). Advertising stimulus effects: A review. *Planung und Analyse, 18*, 340–351.

Perfect, T. J. & Askew, C. (1994). Print adverts: Not remembered but memorable. *Applied Cognitive Psychology, 8*, 693–703.

Perfect, T. J. & Edwards, A. (1998). Implicit memory for radio advertising. *Psychological Reports, 38*, 1091–1094.

Perrig, W. J., Wippich, W. & Perrig-Chiello, P. (1993). *Unbewußte Informationsverarbeitung*. Bern: Huber.

Perruchet, P. & Baveaux, P. (1989). Correlational analyses of explicit and implicit memory performance. *Memory & Cognition, 17*, 77–86.

Peterson, R. (1970). The percieved price-quality relationship: Experimental evidence. *Journal of Marketing Research, 7*, 525–528.

Petty, R. E. & Cacioppo, J. T. (1979). Effect of forewarning of persuasive intent and involvement on cognitive responses and persuasion. *Personality and Social Psychology Bulletin, 5*, 173–176.

Petty, R. E. & Cacioppo, J. T. (1984). The effects of involvement on responses to argument quantity and quality: Central and peripheral routes to persuasion. *Journal of Personality and Social Psychology, 46*, 69–81.

Petty, R. E. & Cacioppo, J. T. (1986). *Communication and persuasion. Central and peripheral routes to attitude change*. New York: Springer.

Petty, R. E., Cacioppo, J. T. & Schuman, D. (1983). Central and peripheral routes to advertising effectiveness. *Journal of Consumer Research, 10*, 134–148.

Petty, R. E., Cacioppo, J. T., Sedikidies, C. & Strathman, A. J. (1988). Affect and persuasion. *American Behavioral Scientist, 31*, 355 371.

Petty, R. E., Wells, G. L. & Brock, T. C. (1976). Distraction can enhance and reduce yielding to propaganda: Thought disruption versus effort justification. *Journal of Personality and Social Psychology, 34*, 874–884.

Pflaum, D. (1990). Organisation der Werbewirtschaft. In L. Poth, K. Rippel, D. Pflaum, J. Dohmen, R. Grimm, R. Waldeck, R. Huth, D. Heymans, H. Flögel, H. Kienscherf & G. Jaster, *Praktisches Lehrbuch der Werbung* (S. 73–104). Berlin: Verlag Die Wirtschaft.

Pieters, R. G. M. & Bijmolt, T. H. A. (1997). Consumer memory for television advertising: A field study of duration, serial position, and competition effects. *Journal of Consumer Research, 23*, 362–371.

Pincus, S. & Waters, L. K. (1977). Informational social influence and product quality judgments. *Journal of Applied Psychology, 62*, 615–619.

Plattig, K. H. (1984). Hautsinne, Geschmack und Geruch (= Studieneinheit Physiologische Psychologie 1, Kapitel Phy 1/4). In W. F. Kugelmann & W. Toman (Hrsg.) *Studienmaterialien FIM-Psychologie*. Erlangen/Tübingen: DIFF/Universität Erlangen-Nürnberg.

Plessner, H. & Banse, R. (Hrsg.) (2001). Attitude measurement using the Implizit Association Test (HAT) [spacial issue]. *Zeitschrift für experimentelle Psychologie, 48*.

Pliner, P., Hart, H., Kohl, J. & Saari, D. (1974). Compliance without pressure: Some further data on the foot-in-the-door technique. *Journal of Experimental Social Psychology, 10*, 17–22.

Poffenberger, A. T. (1932). *Psychology in advertising*. New York: MacGraw Hill.

Polonsky, M. J. & Waller, D. S. (1995). Does winning an advertising award pay?: The Australian experience. *Journal of Advertising Research, 35*, 25–35.

Pongratz, L. J. (1983). *Hauptströmungen der Tiefenpsychologie*. Stuttgart: Kröner.

Posner, M. I. & Snyder, C. R. R. (1975). Attention and cognitive control. In R. L. Solso (Hrsg.), *Information processing and cognition – The Loyola symposium* (S. 55–85). Hillsdale, NJ: Erlbaum.

Pratkanis, A. R. (1989). The cognitive representation of attitudes. In A. R. Pratkanis, S. J. Breckler & A. G. Greenwald (Hrsg.), *Attitude structure and function* (S. 71–98). Hillsdale, NJ: Erlbaum.

Pratkanis, A. R. & Aronson, E. (1992). *Age of propaganda. The everyday use and abuse of persuasion*. New York: W. H. Freeman and Company.

Pratkanis, A. R. & Greenwald, A. G. (1988). Recent perspectives on unconscious processing: Still no marketing applications. *Psychology and Marketing, 5*, 339–355.

Pratkanis, A. R., Greenwald, A. G., Leippe, M. R. & Baumgardner, M. H. (1988). In search of reliable persuasion effects: III. The sleeper effect is dead. Long live the sleeper effect. *Journal of Personality and Social Psychology, 54*, 203–218.

Puzo, M. (1973). *The Godfather*. London: Pan Books Ltd.

Rao, A. R. & Sieben, W. A. (1992). The effect of prior knowledge on price acceptability and the type of information examined. *Journal of Consumer Research, 19*, 52–62.

Ratneshwar, S. & Chaiken, S. (1991). Comprehension's role in persuasion: The case of its moderating effect on the persuasive impact of source cues. *Journal of Consumer Research, 18*, 52–62.

Ratneshwar, S., Shocker, A. D. & Stewart, D. W. (1987). Toward understanding the attraction effect: The implications of product stimulus meaningfulness and familiarity. *Journal of Consumer Research, 13*, 520–533.

Ray, M. L. (1973). Marketing communication and the hierarchy-of-effects. In P. Clarke (Hrsg.), *New models for mass communication research* (S. 147–176). Beverly Hills, CA.

Ray, M. L. & Sawyer, A. G. (1971). Repetition in media models: A laboratory technique. *Journal of Marketing Research, 8*, 20–29.

Ray, M. L. & Ward, S. (1976). Experimentation for pretesting public health programs: The case of the anti-drug campaigns. *Advances in Consumer Research, 3*, 278–286.

Reardon, R. & Moore, D. J. (1996). The greater memorability of self-generated versus externally presented product information. *Psychology & Marketing, 13*, 305–320.

Reece, B. B., Vandem, B. G. & Hairong, L. (1994). What makes slogans memorable and who remembers it? *Journal of Current Issues and Research in Advertising, 16*, 41–59.

Reeves, R. (1961). *Reality in advertising*. New York: Alfred A. Knopf, Inc. [deutsch: ohne Datum, Werbung ohne Mythos. Übersetzt von H. Bullinger. Kindler.]

Regan, D. T. (1971). Effects of a favor and liking on compliance. *Journal of Experimental Social Psychology, 7*, 627–639.

Reiners, L. (1969). *Stilfibel. Der sichere Weg zum guten Deutsch*. München: dtv.

Reingen, P. H., Foster, B. L., Brown, J. J. & Seidman, S. B. (1984). Brand congruence in interpersonal relations: A social network analysis. *Journal of Consumer Research, 11*, 771–783.

Rescorla, R. A. (1988). Pavlovian conditioning: It's not what you think it is. *American Psychologist, 43*, 151–160.

Revers, W. J. (1973). *Der thematische Apperzeptionsstest (TAT)*. Bern: Huber.

Rhodes, N. D. (1997). Consumer behavior. In S. W. Sadava & D. R. McCreary (Hrsg.), *Applied social psychology* (S. 185–208). Upper Saddle River, NJ: Prentice Hall.

Richins, M. L. (1983). Negative word-of-mouth by dissatisfied consumers: A pilot study. *Journal of Marketing, 47*, 68–78.

Richins, M. L. (1991). Social comparison and the idealized images of advertising. *Journal of Consumer Research, 18*, 71–83.

Richmond, D. & Hartman, T. P. (1982). Sex-appeal in advertising. *Journal of Advertising Research, 22*, 53–60.

Ries, A. & Trout, J. (1981). *Positioning: The battle for your mind.* New York: Warner Books.

Rippel, K. (1990). Grundlagen der Werbung. In L. Poth, K. Rippel, D. Pflaum, J. Dohmen, R. Grimm, R. Waldeck, R. Huth, D. Heymans, H. Flögel, H. Kienscherf & G. Jaster, *Praktisches Lehrbuch der Werbung* (S. 37–72). Berlin: Verlag Die Wirtschaft.

Robertson, K. R. (1987). Recall and recognition effects of brand name imagery. *Psychology and Marketing, 4*, 3–15.

Roediger, H. L. & McDermott, K. B. (1993). Implicit memory in normal human subjects. In F. Boller & J. Grafman (Hrsg.), *Handbook of Neuropsychology* (Band 8, S. 63–131). North Holland: Elsevier Science Publishers B.V.

Roediger, H. L., Weldon, M. S. & Challis, B. H. (1989). Explaining dissociations between implicit and explicit measures of retention: A processing account. In H. L. Roediger & F. I. M. Craik (Hrsg.), *Varieties of memory and consciousness: Essays in honour of Endel Tulving* (S. 3–41). Hillsdale, NJ: Lawrence Erlbaum Associates.

Rogers, E. M. & Cartano, D. G. (1962). Methods of measuring opinion leadership. *Public Opinion Quaterly, 26*, 435–441.

Rogers, M. & Smith, K. H. (1993). Public perceptions of subliminal advertising: Why practitioners shouldn't ignore this issue. *Journal of Advertising Research, 33*, 10–18.

Rogers, R. W. (1983). Cognitive and physiological processes in fear appeals and attitude change: A revised theory of protection motivation. In J. T. Caccioppo & R. E. Petty (Hrsg.), *Social psychophysiology: A sourcebook* (S. 153–176). New York: Guilford.

Rogers, R.W. & Mewborn, C. D. (1976). Fear appeals and attitude change: Effects of a threat's noxiousness, probability of occurence and the efficacy of coping responses. *Journal of Personality and Social Psychology, 34*, 54–61.

Rogers, T. B., Kuiper, N. A. & Kirker, W. S. (1977). Self-reference and the encoding of personal information. *Journal of Personality and Social Psychology, 35*, 677–688.

Romeo, J. (1991). The effect of negative information on the evaluation of brand extensions and the family brand. In M. Goldberg, G. Gorn & R. Pollay (Hrsg.), *Advances in consumer research* (Band 17, S. 339–406). Provo, UT: Association for Consumer Research.

Rook, D. W. & Fisher, R. J. (1995). Normative influences on impulsive buying behavior. *Journal of Consumer Research, 22*, 305–313.

Rook, D. W. & Gardner, M. P. (1993). In the mood: Impulse buying's affective antecendents. *Research in Consumer Behavior, 6,* 1–28.

Röper, H. (1989). Product Placement – Einfluß auf die Redaktionen. In G. Kalt (Hrsg.), *Öffentlichkeitsarbeit und Werbung* (S. 181–183). Frankfurt am Main: Institut für Medienentwicklung und Kommunikation GmbH (IMK).

Rosen, S. & Tesser, A. (1970). On the reluctance to communicate undesirable information: The MUM effect. *Sociometry, 33*, 253–263.

Rosenstiel, L. von & Neumann, P. (1982). *Einführung in die Markt- und Werbepsychologie.* Darmstadt: Wissenschaftliche Buchgesellschaft.

Rosenstiel, L. von & Neumann, P. (1988). Psychologie in Marketing und Werbung. In D. Frey, C. Graf Hoyos & D. Stahlberg (Hrsg.) *Angewandte Psychologie: Ein Lehrbuch* (S. 208–228). München: Psychologie Verlags Union.

Rosenthal, R. (1976). *Experimenter effects in behavioral research.* New York: Appleton.

Rosenzweig, S. (1950). Levels of behavior in psychodiagnosis with special reference to the Picture-Frustration-Study. *American Journal of Orthopsychiatry, 20*, 63–72.

Ross, L., Lepper, M. R. & Hubbard, M. (1975). Perseverace in self-perception and social perception: Biased attribution processes in the debriefing paradigm. *Journal of Personality and Social Psychology, 32*, 880–892.

Rossiter, J. R. & Percy, L. (1980). Attitude change through visual imagery in advertising. *Journal of Advertising, 9*, 10–16.

Rossiter, J. R. & Percy, L. (1987). *Advertising and promotion management.* New York: McGraw Hill.

Rost, D. (1989). Wenn der Werberat die gelbe Karte zeigt. In G. Kalt (Hrsg.), *Öffentlichkeitsarbeit und Werbung* (S. 151–155). Frankfurt am Main: Institut für Medienentwicklung und Kommunikation GmbH (IMK).

Rothermund, K. (1995). *Wem nützt der Egoismus?* Universität Trier: Unveröffentlichter Vortragstext [Vortrag gehalten am 1.2.1995 an der Universität

Trier in einer Reihe der Forschungsstelle für aktuelle Fragen der Ethik der Universität Trier].

Rüdell, M. (1993). *Konsumentenbeobachtung am Point of Sale.* Ludwigsburg und Berlin: Verlag Wissenschaft und Praxis.

Rudolph, H. J. (1947). *Attention and interest factors in advertising.* New York: Funk and Wagnalls.

Ruge, H.-D. & Andresen, T. B. (1994). Acht Barrieren für die strategische Bildkommunikation. In Forschungsgruppe Konsum und Verhalten (Hrsg.). *Konsumentenforschung* (S. 139–156). München: Vahlen.

Ruth, W. J., Mostache, H. S. & Kramer, A. (1989). Freudian sexual symbolism: Theoretical considerations and an empirical test in advertising. *Psychological Reports, 64,* 1131–1139.

Ryan, W. (1971). *Blaming the victim.* New York: Pantheon Press.

Salcher, E. F. (1995). *Psychologische Marktforschung.* Berlin: de Gruyter.

Sanyal, A. (1992). Priming and implicit memory: A review and a synthesis relevant for consumer behavior. *Advances in Consumer Research, 19,* 795–805.

Sawyer, A. (1981). Repetition, cognitive responses and persuasion. In R. E. Petty, T. M. Ostrom & T. C. Brock (Hrsg.), *Cognitve responses in persuasion* (S. 237–261). Hillsdale, NJ: Erlbaum.

Sawyer, A. G. & Howard, D. J. (1991). Effects of omitting conclusions in advertisements to involved and uninvolved audiences. *Journal of Marketing Research, 28,* 467–474.

Schachter, S. & Singer, J. E. (1962). Cognitive, social and physiological determinants of emotional state. *Psychological Review, 69,* 379–399.

Scheier, M. F. & Carver, C. S. (1980). Private and public self-attention, resistance to change, and dissonance reduction. *Journal of Personality and Social Psychology, 31,* 361–369.

Schellenberg, J. A. (1960). Homogamy in personal values and the »Field of elegibles«. *Social Forces, 39,* 157–162.

Schimansky, A. (1999). Ist Fernsehwerbung noch zu retten? Die Werbespotqualität als Ursache von Fernsehwerbevermeidung. In M. Friedrichsen & S. Jenzowsky (Hrsg.), *Fernsehwerbung. Theoretische Analysen und empirische Befunde* (S. 121–146). Opladen: Westdeutscher Verlag.

Schindler, R. M. (1994). How to advertise price. In E. M. Clark, T. C. Brock & D. C. Stewart (Hrsg.), *Attention, attitude, and affect in response to advertising* (S. 251–269). Hillsdale, NJ: Lawrence Erlbaum Associates, Inc.

Schindler, R. M. & Wiman, A. R. (1989). Effect of odd pricing on price recall. *Journal of Business Research, 19,* 165–177.

Schirner, M. (1977). Werbung ist Kunst. *Format, Zeitschrift für verbale und visuelle Kommunikation, 13,* 17–20.

Schmerl, C. (1989). Frauenfeindlichkeit in der Werbung. In G. Kalt (Hrsg.) *Öffentlichkeitsarbeit und Werbung: Instrumente, Strategien, Perspektiven* (S. 195–198). Frankfurt am Main: Institut für Medienentwicklung und Kommunikation.

Schmidt-Atzert, L. (1986). Selbstenthüllung auf Gegenseitigkeit: Was du mir verrätst, verrate ich auch dir. In A. Spitznagel & L. Schmidt-Atzert (Hrsg.), *Sprechen und Schweigen: Zur Psychologie der Selbstenthüllung* (S. 92–124). Bern: Huber.

Schmitt, M. (1990). *Konsistenz als Persönlichkeitseigenschaft? Moderatorvariablen in der Persönlichkeits- und Einstellungsforschung.* Berlin: Springer.

Schmitt, M. (1992). Schönheit und Talent: Untersuchungen zum Verschwinden des Halo-Effekts. *Zeitschrift für Experimentelle und Angewandte Psychologie, 39,* 475–492.

Schmitz, M., Noll, A. & Feiten, S. (1996). *Die Rolle von Meinungsführern in der Vermarktung eines Produktes.* Universität Trier: Unveröffentlichtes Manuskript.

Schmitz, U. (1998). *Entwicklungserleben älterer Menschen: Eine Interviewstudie zur Wahrnehmung und Bewältigung von Entwicklungsproblemen im höheren Alter.* Regensburg: Roderer.

Schober, H. (1976). Platz und Lücke. *Absatzwirtschaft, 19,* 95–96.

Schönert, W. (1984). *Werbung, die ankommt.* Landsberg: Verlag Moderne Industrie.

Schopenhauer, A. (1851). Aphorismen zur Lebensweisheit. In A. Schopenhauer; *Parerga und Paralipomena I: Kleine philosophische Schriften* (S. 297–465). Berlin: A.W. Hayn.

Schrank, J. (1977). *Snap, crackle, popular taste.* New York: Dell.

Schröder, I. (1996). Tarnen, Täuschen, Tricksen. *TV-Movie, 9,* 12.

Schuler, H. & Berger, W. (1979). Physische Attraktivität als Determinante von Beurteilung und Einstellungsempfehlung. *Psychologie und Praxis, 23,* 59–70.

Schuman, H. & Presser, S. (1981). *Questions and answers in attitude surveys.* Orlando: Academic Press.

Schuman, H. & Scott, J. (1987). Problems in the use of survey questions to measure public opinion. *Science, 45,* 216–223.

Schumann, D. W., Petty, R. E. & Clemons, D. S. (1990). Predicting the effectiveness of different strategies of advertising variation: A test of the repetition-variation hypotheses. *Journal of Consumer Research, 17,* 192–202.
Schuster, K. (1995). Durch sieben Filme. *werben & verkaufen, 28,* 58.
Schütte, S. (1995). Nackte in der Werbung: Die Zuschauer gähnen. *Trierischer Volksfreund, 6,* 25.
Schwarz, N. & Bless, H. (1992). Constructing reality and its alternatives: An inclusion/exclusion model of assimilation and contrast effects in social judgment. In L. L. Martin & A. Tesser (Hrsg.), *The construction of social judgments* (S. 217–245). Hillsdale, NJ: Erlbaum.
Schwarz, N. & Scheuring, B. (1986). Die Vergleichsrichtung bestimmt das Ergebnis von Vergleichsprozessen: Ist-Idealdiskrepanz in der Beziehungsbeurteilung. *Zeitschrift für Sozialpsychologie, 20,* 168–171.
Schwarz, N. (1984). When reactance effects persist despite restoration of freedom: Investigation of time delay and vicarious control. *European Journal of Social Psychology, 14,* 405–419.
Schwarz, N., Hippler, H. J., Deutsch, B. & Strack, F. (1985). Response scales: Effects of category range on reported behavior and subsequent judgments. *Public Opinion Quaterly, 49,* 1460–1469.
Schwarz, N., Strack, F., Müller, G. & Chassein, B. (1988). The range of response alternatives may determine the meaning of the question: Further evidence on informative functions of response alternatives. *Social Cognition, 6,* 106–117.
Schweiger, G. & Friederes, G. (1994). Die emotionale Wirkung der Produktherkunft. In Forschungsgruppe Konsum und Verhalten (Hrsg.). *Konsumentenforschung* (S. 157–170). München: Vahlen.
Schweiger, W. & Reisbeck, M. (1999). Bannerwerbung im Web. Zum Einfluß der Faktoren Animation und Platzierung auf die Selektion. In W. Wirth & W. Schweiger (Hrsg.), *Selektion im Internet. Empirische Analysen zu einem Schlüsselkonzept* (S. 222–247). Opladen: Westdeutscher Verlag.
Schwenckendiek, J. (1990). Werbung im Deutschunterricht. In D. Arnsdorf, J. Schwenckendiek & S. Wolf (Hrsg.), *Die Krönung der schönsten Stunden. Begleitheft zum Video mit Unterrichtsvorschlägen.* München: Hueber.
Scott, L. M. (1990). Understanding jingles and needledrop: A rhetorical approach to music in advertising. *Journal of Consumer Research, 17,* 223–236.
Scott, L. M. (1994). Images in advertising: The need for a theory of visual rhetoric. *Journal of Consumer Research, 21,* 252–273.
Seel, B. R. (1983). *Die Angst in der Werbung.* München: Wirtschaftsverlag Langen-Müller/Herbig.
Sendlmeier, H. (1996). Göttliche Heimsuchung. *werben & verkaufen, 11,* 94–95.
Severn, J., Belch, G. E. & Belch, M. A. (1990). The effects of sexual and non-sexual advertising appeals and information level oncognitive processing and communication effectiveness. *Journal of Advertising, 19,* 14–22.
Shapiro, M. A. (1994). Think-aloud and thought list procedures in investigating mental processes. In A. Lang (Hrsg.), *Measuring psychological responses to media* (S. 113–132). Hillsdale, NJ: Erlbaum.
Shapiro, S., Macinnis, D. J. & Heckler, S. E. (1997). The effects of incidental ad exposure an the formation of consideration sets. *Journal of Consumer Research, 24,* 94–104.
Sherif, M., Harvey, O. J., White, B. J., Hood, W. R. & Sherif, C. W. (1961). *Intergroup conflict and cooperation: The Robbers' cave experiment.* Norman, Oklahoma: University of Oklahoma Press.
Sherman, S. J. (1980). On the self-erasing nature of errors of prediction. *Journal of Personality and Social Psychology, 39,* 211–221.
Shimp, T. A. (1976). Methods of commercial presentation employed by national television advertisers. *Journal of Advertising, 5,* 30–36.
Shimp, T. A., Stuart, E. W. & Engle, R. W. (1991). A program of classical conditioning experiments testing variations in the conditioned stimulus and the context. *Journal of Consumer Research, 18,* 1–12.
Sigall, H. & Ostrove, N. (1975). Beautiful but dangerous. Effects of offender attractiveness and nature of crime on juridic judgement. *Journal of Personality and Social Psychology, 31,* 410–414.
Signiorelli, N., McLeod, D. & Healy, E. (1994). Gender stereotypes in MTV commercials: The beat goes on. *Journal of Broadcasting & Electronic Media, 38,* 91–101.
Silberer, G. (1987). Dissonanz bei Konsumenten. In C. Graf Hoyos, W. Kroeber-Riel, L. von Rosenstiel & B. Strümpel (Hrsg.), *Wirtschaftspsychologie in Grundbegriffen, zweite Auflage* (S. 344–350). Weinheim: Psychologie Verlags Union.
Simon, H. A. (1955). A behavioral model of rational choice. *Quaterly Journal of Economics, 69,* 99–118.
Simonson, I. (1990). The effect of purchase quantity and timing on variety-seeking behavior. *Journal of Marketing Research, 27,* 150–162.
Simonson, I. (1992). The influence of anticipated regret and responsibility on purchase decisions. *Journal of Consumer Research, 19,* 105–118.
Singer, D. G. & Singer, J. L. (Hrsg.) (2001). *Handbook of children and the media.* Thousand Oaks, CA: Sage Publications.

Six, B. & Eckes, T. (1996). Metaanalysen in der Einstellung-Verhaltens-Forschung. *Zeitschrift für Sozialpsychologie, 27*, 7–17.

Slamecka, N. J. & Graf, P. (1978). The generation effect: Delineation of a phenomenon. *Journal of Experimental Psychology: Human Learning and Memory, 5*, 607–617.

Smedslund, J. (1988). *Psycho-Logic*. Berlin: Springer.

Smith, G. E. (1996). Framing in advertising and the moderating impact of consumer education. *Journal of Advertising Research, 36*, 49–64.

Smith, G. H. & Engel, R. (1968). Influence of a female model on perceived characteristics of an automobile. *Proceedings of the 76th Annual Convention of the American Psychological Association [Washington, DC], 3*, 681–682.

Smith, K. H. & Rogers, M. (1994). Effectiveness of subliminal messages in television commercials: Two experiments. *Journal of Applied Psychology, 79*, 866–874

Smith, S. M. & Shaffer, D. R. (1991). Celerity and cajolery: Rapid speech may promote or inhibit persuasion through its impact on message elaboration. *Personality and Social Psychology Bulletin, 17*, 663–669.

Smolowe, J. (1990, November). Contents require immediate attention. *Time, 26*, 64.

Snyder, M. (1974). The self-monitoring of expressive behavior. *Journal of Personality and Social Psychology, 30*, 526–537.

Snyder, M. & DeBono, K. G. (1985). Appeals to image and claims about quality: Understandig the psychology of advertising. *Journal of Personality and Social Psychology, 49*, 586–597.

Soldow, G. F. & Principe, V. (1981). Response to commercials as a function of program context. *Journal of Advertising Research, 21*, 59–65.

Solomon, M. R. (1999). *Consumer behavior (vierte Auflage)*. Upper Saddle River, NJ: Prentice Hall.

Sommer, R., Wynes, M. & Brinkley, G. (1992). Social facilitation effects in shopping behavior. *Environment and Behavior, 24*, 285–297.

Sorce, P. (1995). Cognitive competence of older consumers. *Psychology and Marketing, 12*, 467–480.

Spangenberg, E. R., Crowley, A. E. & Henderson, P. W. (1996). Improving the store environment: Do olfactory cues affect evaluations and behaviors? *Journal of Marketing, 60*, 67–80.

Spanier, J. (1993). *Ausstrahlungseffekte von emotionalisierenden Werbespots*. Mainz: Johannes Gutenberg Universität, unveröffentlichte Magisterarbeit, zit. nach Brosius & Fahr, 1996.

Spiegel, B. (1961). *Die Struktur der Meinungsverteilung im sozialen Feld*. Bern: Huber.

Spiegel, B. (1970). *Werbepsychologische Untersuchungsmethoden. Experimentelle Forschungs- und Prüfverfahren*. Berlin: Duncker & Humboldt.

Squire, L. R. & Kandel, E. R. (1999). *Memory. From mind to molecures*. New York: Scientific American Library.

Staats, A. W. & Staats, C. U. (1958). Attitudes established by classical conditioning. *Journal of Abnormal and Social Psychology, 57*, 37–40.

Stahlberg, D. & Frey, D. (1990). Einstellungen I: Struktur, Messung und Funktionen. In W. Stroebe, M. Hewstone, J.-P. Codol & G. M. Stephenson (Hrsg.) *Sozialpsychologie: Eine Einführung* (S. 144–170). Berlin: Springer.

Stapel, D. A., Koomen, W. & Velthuijsen, A. S. (1998). Assimilation or contrast? Comparison relevance, distinctness, and the impact of accessible information on consumer judgments. *Journal of Consumer Psychology, 7*, 1–24.

Stapel, D. A. & Schwarz, N. (1998). The Republican who did not want to becopme president. Collin Powell's impact on evaluations of the Republican Party and Bob Dole. *Personality and Social Psychology Bulletin, 24*, 690–698.

Starch, D. (1966). *Measuring advertising readership and results*. New York: McGraw-Hill.

Stayman, D. M. & Kardes, F. R. (1992). Spontaneous inference processes in advertising: Effects of need for cognition and self-monitoring in inference generation. *Journal of Consumer Psychology, 1*, 125–142.

Steadman, M. (1969). How sexy illustrations affect brand recall. *Journal of Advertising Research, 9*, 15–19.

Stern Bibliothek (1993). *Der unbekannte Konsument. Konsumstile in den neuen Bundesländern*. Hamburg: Stern Anzeigenabteilung.

Stern, B. B. (1988). Medieval allegory: Roots for advertising strategy for mass markets. *Journal of Marketing, 52*, 84–94.

Sternthal, B., Scott, C. A. & Dholakia, R. R. (1976). Self-perception as a means of personal influence: The foot-in-the-door technique. *Advances in Consumer Research, 3*, 387–393.

Stewart, D. W., Farmer, K. M. & Stannard, C. I. (1990). Music as a recognition cue in advertising-tracking studies. *Journal of Advertising Research, 30*, 39–48.

Stewart, D. W. & Ward, S. (1994). Media effects on advertising. In J. Bryant & D. Zillman (Hrsg.) *Media effects. Advances in theory and research* (S. 315–363). Hillsdale, NJ: Erlbaum.

Stout, P. A. & Burda, B. L. (1989). Zipped commercials. Are they effective? *Journal of Advertising, 18*, 23–32.

Strack, F. (1992a). The different routes to social judgments: Experiental versus informational strategies. In L. L. Martin & A. Tesser (Hrsg.), *The construction of social judgments* (S. 249–275). Hillsdale, NJ: Erlbaum.

Strack, F. (1992b). »Order effects« in survey research: Activation and information functions of preceding questions. In N. Schwarz & S. Sudman (Hrsg.), *Context effects in social and psychological research* (S. 23–34). New York: Springer.

Strack, F. (1994). *Zur Psychologie der standardisierten Befragung. Kognitive und kommunikative Prozesse*. Berlin: Springer.

Strack, F. & Mussweiler, T. (1997). Explaining the enigmatic anchoring effect: Mechanisms of selective accessibility. *Journal of Personality and Social Psychology, 73*, 437–446.

Strack, F., Schwarz, N., Bless, H., Kübler, A. & Wänke, M. (1993). Awareness of the influence as a determinant of assimilation versus contrast. *European Journal of Social Psychology, 23*, 53–62.

Strack, F., Schwarz, N. & Gschneidinger, E. (1985). Happiness and reminiscing: The role of time perspective, affect, and mode of thinking. *Journal of Personalitiy and Social Psychology, 49*, 1460–1469.

Stroebe, W. & Jonas, K. (1990). Einstellungen II: Strategien der Einstellungsänderung. In W. Stroebe, M. Hewstone, J.-P. Codol & G. M. Stephenson (Hrsg.) *Sozialpsychologie: Eine Einführung* (S. 171–205). Berlin: Springer.

Stroebe, W. (1980). *Grundlagen der Sozialpsychologie*. Stuttgart: Klett-Cotta.

Stroebe, W., Hewstone, M., Codol, J.-P. & Stephenson, G. M. (Hrsg.) (1990). *Sozialpsychologie. Eine Einführung*. Berlin: Springer.

Struckman-Johnson, C. J., Gilliland, R. C., Struckman-Johnson, D. L. & North, T. C. (1990). The effects of fear of AIDS and gender on responses to fear arousing condom advertisements. *Journal of Applied and Social Psychology, 20*, 1396–1410.

Stuart, E. W., Shimp, T. A. & Engle, R. W. (1987). Classical conditioning of consumer attitudes: Four experiments in an advertising context. *Journal of Consumer Research, 14*, 334–349.

Sutton, S. R. (1982). Fear-arousing communiaction. In J. R. Eiser (Hrsg.), *Social psychology and behavioral medicine* (S. 303–337). London.

Swann, B. R. J., Pelham, B. W. & Chidester, T. R. (1988). Change through paradox: Using self-verification to alter beliefs. *Journal of Personality and Social Psychology, 54*, 268–273.

Tajfel, H. (1981). *Human groups and social categories*. Cambridge: Cambridge University Press.

Tasche, K. & Sang, F. (1996). Fernsehwerbeblocks: Wirkungslos trotz häufiger und ständiger Nutzung? In A. Schorr (Hrsg.), *Experimentelle Psychologie*. Beiträge zur 38. Tagung experimentell arbeitender Psychologen, 1.–4. April 1996. Beiträge zur DGMF Tagung Medienpsychologie – Medienwirkungsforschung (S. 329–330). Lengerich: Pabst Science Publishers.

Tauber, E. (1972). Why do people shop? *Journal of Marketing, 36*, 46–49.

Tavassoli, N. T., Shultz, C. J. & Fitzsimons, G. J. (1995). Program involvement: Are moderate levels best for ad memory and attitude toward the ad? *Journal of Advertising Research, 35*, 61–72.

Teigeler, P. (1968). *Verständlichkeit und Wirksamkeit von Sprache und Text, 1. Folge der Schriftenreihe Effektive Werbung*. Karlsruhe: Nadolski.

Teigeler, P. (1982). *Verständlich sprechen, schreiben, informieren*. Bad Honnef: Bock und Herchen.

Tellis, G. J. (1988). Advertising exposure, loyality and brand purchase: A two-stage model of choice. *Journal of Marketing Research, 25*, 134–144.

Tellis, G. J. & Gaeth, G. J. (1990). Best value, price-seeking and price aversion: The impact of information and learning on consumer choices. *Journal of Marketing, 54*, 34–45.

Tetlock, P. E. (1983). Accountability and the perseverance of first impressions. *Social Psychology Quarterly, 46*, 285–292.

Thaler, R. H. (1980). Toward a positive theory of consumer choice. *Journal of Economic Behavior and Organization, 1*, 39–60.

Thaler, R. H. (1985). Mental accounting and consumer choice. *Marketing Science, 4*, 199–214.

Thaler, R. H. (1992). *The winner's course: Paradoxes and anomalies of economic life*. New York: MacMillan.

Theus, K. T. (1994). Subliminal advertising and the psychology of processing unconscious stimuli: A review of research. *Psychology and Marketing, 11*, 271–290.

Thibaut, J. & Kelley, H. (1959). *The social psychology of groups*. New York: Wiley.

Thimm, C. (1998). Sprachliche Symbolisierung des Alters in der Werbung. In M. Jäckel (Hrsg.), *Die umworbene Gesellschaft. Analysen zur Entwicklung der Werbekommunikation* (S. 113–140). Opladen: Westdeutscher Verlag.

Thorndike, E. L. (1920). A constant error in psychological ratings. *Journal of Applied Psychology, 4*, 25–29.

Thornton, G. R. (1943). The effect upon jugdments of personality traits of varying a single factor in a photograph. *Journal of Social Psychology, 18*, 127–148.

Thornton, G. R. (1944). The effect of wearing glasses upon judgments of personality traits of persons seen briefly. *Journal of Applied Psychology, 28*, 203–207.

Thorson, E. (1994). Using eyes on screen as a measure of attention to television. In A. Lang (Hrsg.), *Measuring psychological responses to media* (S. 65–84). Hillsdale, NJ: Erlbaum.

Thorson, E. & Zhao, X. (1997). Television viewing behavior as an indicator of commercial effectiveness. In W. D. Wells (Hrsg.), *Measuring advertising effectiveness* (S. 221–237). Mahwah, NJ: Lawrence Erlbaum.

Tigert, D. J. (1974). Life style analysis as a basis for media selection. In W.D. Wells (Hrsg.), *Life style and psychographics* (S. 179–194). Chicago: American Marketing Association.

Tinker, M. A. (1969). *Legibility of print.* Ames, IO: Iowa State University.

Tinkham, S. F. & Reid, L. N. (1988). Sex-appeal in advertising revisited: Validation of a tyology. In J. D. Leckenby (Hrsg.), *Proceedings of the 1988 Conference of American Academy of Advertising* (RC 118–123). Academy of Advertising.

Tom, G. T., Barnett, W., Lew, W. & Selmants, J. (1987). Cueing the consumer: The role of salient cues in consumer perception. *The Journal of Consumer Marketing, 4*, 23–28.

Trappey, C. (1996). A meta-analysis of consumer choice and subliminal advertising. *Psychology and Marketing, 13*, 517–530.

Treisman, A. M. (1960). Contextual cues in selective listening. *Quaterly Journal of Experimental Psychology, 12*, 242–248.

Tripp, C., Jensen, T. D. & Carlson, L. (1994). The effects of multiple product endorsements by celebrities on consumers' attitudes and intentions. *Journal of Consumer Research, 20*, 535–547.

Troldahl, V. C. & Van Dam, R. (1965/1966). Face-to-face communication abour major topics in the news. *Public Opinion Quaterly, 29*, 626–634.

Tull, D., Boring, R. A. & Gonsior, M. H. (1964). A note on the relationship of price and imputed quality. *Journal of Business, 37*, 186–191.

Tulving, E. (1983). *Elements of episodic memory.* New York: Oxford University Press.

Tulving, E. & Thomson, D. M. (1973). Encoding specifity and retrieval processes in epsiodic memory for words. *Psychological Review, 80*, 352–373.

Turner, J. C. (1987). *Rediscovering the social group.* New York: Blackwell.

Tversky, A. (1977). Features of similarity. *Psychological Review, 84*, 327–352.

Tversky, A. & Kahneman, D. (1974). Judgment under uncertainty: Heuristics and biases. *Science, 185*, 1124–1131.

Tversky, A. & Kahneman, D. (1981). The framing of decisions and the psychology of choice. *Science, 211*, 1124–1131.

Tversky, A. & Kahneman, D. (1983). Extensional versus intuitive reasoning: The conjunction fallacy in probability judgments. *Psychological Review, 90*, 293–315.

Tversky, A. & Kahneman, D. (1991). Loss aversion in riskless choice: A reference-dependent model. *Quaterly Journal of Economics, 106*, 1039–1061.

Twain, M. (1960, orig. 1876). *The Adventures of Tom Sawyer.* New York: Platt & Munk, Publishers.

Twedt, D. K. (1952). A multiple factor analysis of advertising readership. *Journal of Applied Psychology, 36*, 207–215.

Tybout, A. M. & Artz, N. (1994). Consumer psychology. *Annual Review of Psychology, 45*, 131–169.

Ulin, L. G. (1962). Does page size influence advertising effectiveness? *Medial Scope, July*, S. 47–50, (zit. nach Mullen & Johnson, 1990).

Unnava, H. R. & Burnkrant, R. E. (1991). An imagery-processing view of the role of pictures in print advertisements. *Journal of Marketing Research, 28*, 226–231.

Unnava, H. R., Burnkrant, R. E. & Erevelles, S. (1994). Effects of presentation order and communication modality on recall and attitude. *Journal of Consumer Research, 21*, 481–490.

Unnikrishnan, N. & Bajpai, S. (1996). *The impact of television advertising on children.* New Delhi: Sage Publications.

van den Bergh, B., Adler, K. & Oliver, L. (1987). Linguistic distinction among top brand names. *Journal of Advertising Research, 27*, 39–44.

van Lange, P. A. M. (1999, 12. Juni). *The virtues and vices of reciprocity in social interaction.* Vortrag auf der 7. Tagung der Fachgruppe Sozialpsychologie der Deutschen Gesellschaft für Psychologie, Kassel.

van Strien, T., Frijters, J. E. R., Bergers, G. P. A. & Defares, B. P. (1986). The Dutch Eating Behavior Questionnaire for the assessment of restrained, emotional and external eating behavior. *International Journal of Eating Disorders, 5*, 259–315.

Venkatesan, M. (1966). Experimental study of consumer behavior conformity and independence. *Journal of Marketing Research, 3*, 384–387.

Vester, F. (1980). *Lernen, Denken, Vergessen.* München: dtv.

Vicary, J. (1957). Subliminal svengali? *Sponsor, 11, (30. Nov.)*, 38–42.
Walster, E. & Festinger, L. (1962). The effectiveness of »overheard« pesuasive communications. *Journal of Abnormal and Social Psychology, 65*, 395–402.
Walther, E. (2000). *Guilty by mere association: Evaluative conditioning and the spreading attitude effect.* Manuscript submitted for publication, University of Heidelberg.
Waltje, J. (1993). *Discourse/Intercourse. A look at German AIDS-Posters.* Boulder, CO: unpublished manuscript.
Wang, C. L. & Mowen, J. C. (1997). The separateness – connectedness self-schema: Schale development and application to message construction. *Psychology & Marketing, 14*, 185–207.
Wänke, M. (1996a). *Informationsnutzung bei der Konstruktion von Einstellungsurteilen: Schnittstellen von Sozialpsychologie und Konsumentenpsychologie.* Unveröffentlichte Habilitationsschrift, Ruprecht-Karls-Universität Heidelberg, Heidelberg.
Wänke, M. (1996b). Comparative judgments as a function of the direction of comparison versus word order. *Public Opinion Quarterly, 60*, 400–409.
Wänke, M. (1997). Making context effects work for you: Suggestions for improving data quality from a construal perspective. *International Journal of Public Opinion Research, 9*, 266–276.
Wänke, M. (1998). Markenmanagement als Kategorisierungsproblem. *Zeitschrift für Sozialpsychologie, 29*, 117–123.
Wänke, M., Bless, H. & Biller, B. (1996). Subjective experience versus content of information in the construction of attitude judgments. *Personality and Social Psychology Bulletin, 22*, 1105–1113.
Wänke, M., Bless, H. & Igou, E. (2001). Next to a star: Paling, shining or both? Turning inter-exemplar contrast into inter-exemplar assimilation. *Personality and Social Psychology Bulletin, 27*, 14–29.
Wänke, M., Bless, H. & Schwarz, N. (1998). Context effects in product line extensions: Context is not destiny. *Journal of Consumer Psychology, 7*, 299–322.
Wänke, M., Bless, H. & Schwarz, N. (1999a). Lobster, wine and cigarettes: Ad hoc categorizations and the emergence of context effects. *Marketing Bulletin*, 52–56.
Wänke, M., Bless, H. & Schwarz, N. (1999b). Assimilation and contrast in brand and product evaluations: Implications for marketing. *Advances in Consumer Research, 26*, 95–98.
Wänke, M., Bohner, G. & Jurkowitsch, A. (1997). There are many reasons to drive a BMW: Does imagined ease of argument generation influence attitudes? *Journal of Consumer Research, 24*, 170–177.
Watzlawick, P. (1989). *Gebrauchsanweisung für Amerika.* München: Piper.
Webb, P. H. & Ray, M. L. (1979). Effects of TV clutter. *Journal of Advertising Research, 19*, 7–12.
Webster, D. M., Richter, L. & Kruglanski, A. W. (1996). On leaping to conclusions when feeling tired: Mental fatigue effects on impressional primacy. *Journal of Experimental Social Psychology, 32*, 181–195.
Wegener, D. T. & Petty, R. E. (1995). Flexible correction processes in social judgment: The role of naive theories in corrections for perceived bias. *Journal of Personality and Social Psychology, 68*, 36–51.
Wegener, D. T., Petty, R. E. & Smith, S. M. (1995). Positive mood can increase or decrease message scrutiny: The hedonic contigency view of mood and message processing. *Journal of Personality and Social Psychology, 69*, 5–15.
Wegner, D. M., Wenzalaff, R., Kerker, R. M. & Beattie, A. E. (1981). Incrimination through innuendo: Can media questions become public answers? *Journal of Personality and Social Psychology, 40*, 822–832.
Weinberg, P. (1994). Emotionale Aspekte des Entscheidungsverhaltens. Ein Vergleich von Erklärungskonzepten. In Forschungsgruppe Konsum und Verhalten (Hrsg.), *Konsumentenforschung* (S. 171–181). München: Vahlen.
Weiner, J. & Brehm, J. W. (1966). Buying behavior as a function of verbal and monetary inducements. In J. W. Brehm (Hrsg.), *A Theory of Psychological Reactance.* New York: Academic Press.
Weller, B. R., Roberts, C. R. & Neuhaus, C. (1979). A longitudinal study of the effect of erotic content upon advertising brand recall. In L. H. Leigh & C. K. Martin (Hrsg.), *Current issues and research in advertsing* (Band 2, S. 145–161).
West, S. E. & Wicklund, R. A. (1985). Die Reaktanztheorie. In S. E. West & R. A. Wicklund, *Einführung in sozialpsychologisches Denken* (S. 249–281). Weinheim: Beltz.
White, G. L. (1980). Physical attractiveness and courtship progress. *Journal of Personality and Social Psychology, 39*, 660–668.
Whitney, R. A., Hubin, T. & Murphy, J. D. (1965). *The new psychology of persuasion and motivation in selling.* Engelwood Cliffs, NJ: Prentice-Hall.
Wicklund, R. A. (1970). Prechoice preference reversal as a result to threat to decision freedom. *Journal of Personality and Social Psychology, 14*, 8–17.

Wicklund, R. A. & Frey, D. (1991). Cognitive consistency: Motivational versus non-motivational perspectives. In J. P. Forges (Hrsg.), *Social cognition. Perspectives on everyday understanding* (S. 141–163). London: Academic Press.
Wicklund, R. A., Slattum, V. & Solomon, E. (1970). Effects of implied pressure toward commitment on ratings of choice alternatives. *Journal of Experimental Social Psychology, 6*, 449–457.
Wilson, T. D. & Schooler, J. W. (1991). Thinking too much: Introspection can reduce the quality of preferences and decisions. *Journal of Personality and Social Psychology, 60*, 181–192.
Wind, Y. J. (1976). Preference of relevant others in individual choice models. *Journal of Consumer Research, 3*, 50–57.
Winkler, S. (1995). Wenn die Kasse zweimal klingelt. *TV-Movie, 23*, 28.
Wippich, W. (1989). Remembering social events and acitivities. In H. Wegener, F. Lösel & J. Haisch (Hrsg.), *Criminal behavior and the justice system* (S. 228–241). New York: Springer.
Wiswede, G. (1979). Reaktanz. Zur Anwendung einer sozialwissenschaftlichen Theorie auf Probleme der Werbung des Verkaufs. *Jahrbuch der Absatz- und Verbrauchsforschung, 25*, 81–110.
Witt, F.-J. & Witt, K. (1990). Irritationswerbung. *planung & analyse, 4*, 132–135.
Witt, R. E. & Bruce, G. D. (1972). Group influence and brand choice congruence. *Journal of Marketing Research, 9*, 440–443.
Wittgenstein, L. (1980). *Philosophische Untersuchungen*. Frankfurt: Suhrkamp.
Wittgenstein, L. (1984). *Über Gewißheit*. Frankfurt: Suhrkamp.
Wolfradt, U. & Petersen, L.-E. (1997). Dimensionen der Einstellung gegenüber Fernsehwerbung. *Rundfunk und Fernsehen, 45*, 324–335.
Woodside, A. D. & Davenport, J. W. (1974). The effect of salesman similarity and expertise on consumer purchasing behavior. *Journal of Marketing Research, 11*, 198–202.
Worchel, S., Arnold, S. E. & Baker, M. (1975). The effect of censorship on attitude change: The influence of censor and communicator characteristics. *Journal of Applied Social Psychology, 5*, 222–239.
Worchel, S., Lee, J. & Adewole, A. (1975). Effects of supply and demand on ratings of object value. *Journal of Personality and Social Psychology, 32*, 906–914.
Wortberg, S., Wänke, M. & Bless, H. (1998, 29. Sept.). *Karrierefrauen und andere Frauen: Warum beruflich erfolgreiche Frauen das Frauenstereotyp nicht verändern*. Dresden: Poster auf dem 41. Kongreß der DGPs.
Wührl-Struller, K. (1993). *Aristoteles und die Bilanz. Über Moral und Unmoral hoher Gewinne*. Institut für Wirtschaftsethik der Hochschule St. Gallen für Wirtschafts-, Rechts- und Sozialwissenschaften, Beiträge und Berichte, Nr. 58.
Yalch, R. F. (1991). Memory in a jingle jungle: Music as a mnemonic device in communicating advertising slogans. *Journal of Applied Psychology, 76*, 268–275.
Yamanake, J. (1962). The prediction of ad readership scores. *Journal of Advertising Research, 2*, 18–23.
Yerkes, R. M. & Dodson, J. D. (1908). The relation of strength of stimulus to rapidity of habit formation. *Journal of Comparative Neurology of Psychology, 18*, 459–482.
Yi, Y. (1990). The effects of contexual priming in print advertisements. *Journal of Consumer Research, 17*, 215–222.
Yngve, V. H. (1960). A model for language structure. Proceed. *Americ. Phil. Soc., 104*. (zit. nach Mayer, et al, 1982)
Yoon, K., Bolls, P. D. & Muehling, D. D. (1999). The effect of involvement, arousal, and pace on claim and non-claim components of attitude toward the ad. *Media Psychology, 1*, 331–352.
Yorke, D. A. & Kittchen, P. J. (1985). Channel flickers and video speeders. *Journal of Advertising Research, 25*, 21–25.
Young, C. E. & Robinson, M. (1989). Video rhythmus and recall. *Journal of Advertising Research, 29*, 22–25.
Young, C. E. & Robinson, M. (1992). Visual connectedness and persuasion. *Journal of Advertising Research, 32*, 51–59.
Yzerbyt, V. Y., Lories, G. & Dardenne, B. (Hrsg.). (1998). *Metacognition: Cognitive and social dimensions*. Thousand Oaks, CA: Sage.
Zajonc, R. B. (1968). Attitudinal effects of mere exposure. *Journal of Personality and Social Psychology Monographs 9*(2, Pt. 2), 1–27.
Zajonc, R. B. (1980). Feeling and thinking: Preferences need no inferences. *American Psychologist, 35*, 151–175.
Zanna, M. P. & Cooper, J. (1974). Dissonance and the pill: An attribution approach to studying the arousal properties of dissonance. *Journal of Personality and Social Psychology, 29*, 703–709.
Zanot, E. J., Pincus, J. D. & Lamp, E. J. (1983). Public perception of subliminal advertising. *Journal of Advertising, 12*, 37–45.
Zentes, J. (1994). Elektronische Panels und Single-Source-Ansätze in der Konsumentenforschung. In Forschungsgruppe Konsum und Verhalten (Hrsg.),

Konsumentenforschung (S. 349–365). München: Vahlen.
Zentralverband der deutschen Werbewirtschaft (ZAW) (1990). *Spruchpraxis Deutscher Werberat.* Bonn: Verlag edition ZAW.
Zentralverband der deutschen Werbewirtschaft (ZAW) (1993a). *Werbung in Deutschland 1993.* Bonn: Verlag edition ZAW.
Zentralverband der deutschen Werbewirtschaft (ZAW) (1993b). *Zigaretten Werbung. Fakten ohne Filter.* Bonn: Verlag edition ZAW.
Zhao, X. (1997). Clutter and serial order redefined and retested. *Journal of Advertising Research, 37,* 57–74.
Zillmann, D., Kachter, A. H. & Milavsky, B. (1972). Exitation transfer from physical exercise to subsequent aggressive behavior. *Journal of Experimental Social Psychology, 8,* 247–259.
Zimbardo, P. G., Weisenberg, M., Firestone, I. & Levy, B. (1965). Communicator effectiveness in producing public conformity and private attitude change. *Journal of Personality, 33,* 233–255.
Zufryden, F. S., Pedrick, J. H. & Sankaralingam, A. (1993). Zapping and its impact on brand purchase behavior. *Journal of Advertising Research, 33,* 58.
Zuwerink, J. R. & Devine, P. G. (1996). Attitude importance and resistance to persuasion. *Journal of Personality and Social Psychology, 70,* 931–944.

Bildnachweise

1.3	copyright: Jahreszeiten-Verlag 2000.
4.2	RTS Rieger Team Business-to-Business Communication Stuttgart/Düsseldorf.
4.3	Verlagsgruppe Handelsblatt GmbH.
5.8	Alfred Schladerer Alte Schwarzwälder Hausbrennerei GmbH.
8.1	© Nike International, 2000. Foto: Dirk Karsten
8.3	Mit freundlicher Genehmigung der CDU Nordrhein-Westfalen.
8.4	© SPD
14.1	Mit freundlicher Genehmigung der Planetactive GmbH.
17.2	© PREMIERE WORLD / Thomas Balzer

Index